भारतीय राजव्यवस्था

ओरियंट ब्लैकस्वॉन द्वारा प्रकाशित अन्य पुस्तकें

राजनीति विज्ञान : एक समग्र अध्ययन
भारतीय विदेश नीति : भूमंडलीकरण के दौर में

भारतीय राजव्यवस्था

(Indian Polity)

चौथा संस्करण

राजेश मिश्रा

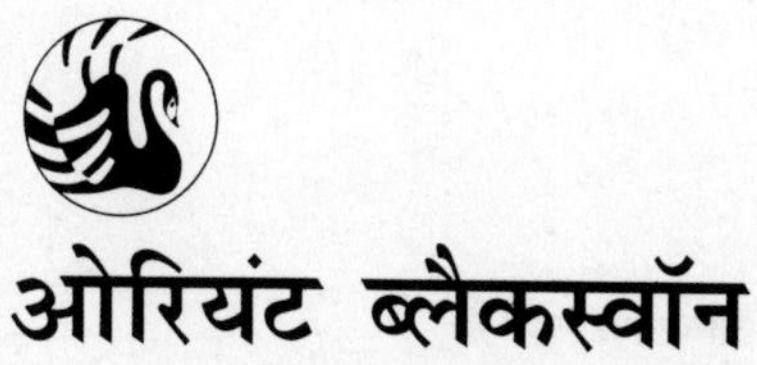

भारतीय राजव्यवस्था (चौथा संस्करण)

ओरियंट ब्लैकस्वॉन प्राइवेट लिमिटेड

मुख्य कार्यालय
3-6-752 हिमायतनगर, हैदराबाद 500 029, तेलंगाना, भारत
ई-मेल: centraloffice@orientblackswan.com

शाखाएँ
बंग्लुरू, भोपाल, चेन्नई, गुवाहाटी, हैदराबाद, जयपुर, कोलकाता,
लखनऊ, मुंबई, नई दिल्ली, नोएडा, पटना, विशाखापट्टनम

चतुर्थ संस्करण ओरियंट ब्लैकस्वॉन द्वारा प्रकाशित 2019
पुनर्मुद्रण 2019
सरस्वती IAS, दिल्ली द्वारा प्रकाशित पहला संस्करण-2015, दूसरा संस्करण-2015, तीसरा संस्करण-2017

ISBN 978-93-5287-619-8

030082

पुस्तक सज्जा : ओरियंट ब्लैकस्वॉन

आवरण सज्जा : OSDATA, हैदराबाद

लेज़रटाइपसेटर
कमल लेज़र ग्राफ़िक्स, नई दिल्ली द्वारा वॉकमैन चाणक्य 905 12.5/15 पाइंट में टंकणांकित

मुद्रक
यश प्रिंटोग्राफ़िक्स, नोएडा

प्रकाशक
ओरियंट ब्लैकस्वॉन प्राइवेट लिमिटेड
3-6-752 हिमायतनगर, हैदराबाद 500 029, तेलंगाना, भारत
ई-मेल: info@orientblackswan.com

विषय-सूची

आभार .... *ix*

भूमिका .... *xi*

भाग-1 भारतीय संविधान का ऐतिहासिक आधार 1

1. भारतीय संविधान का ऐतिहासिक विकास 3
2. संविधान सभा 15
3. संविधान पर आंतरिक एवं बाह्य प्रभाव 20

भाग-2 भारतीय संविधान की विशेषताएं 23

1. भारतीय संविधान की विशेषताएं 25
2. भारतीय संविधान की प्रस्तावना 31
3. संघ एवं राज्य क्षेत्र 36
4. नागरिकता 43
5. मूल अधिकार 51
6. राज्य के नीति निदेशक तत्त्व 89
7. मूल कर्त्तव्य 103
8. संविधान संशोधन 109
9. संविधान की आधारभूत संरचना 116
10. शक्ति का पृथक्करण 121

भाग-3 संघ एवं राज्यों के कार्य एवं उत्तरदायित्व 125

1. संघीय शासन की संरचना 127
2. संघीय शासन की चुनौतियां 140
3. संघीय शासन से संबंधित मुद्दे 154

4. संघीय शासन में स्वायत्तता के विशिष्ट रूप 179
5. स्थानीय स्तर पर शक्ति एवं वित्तीय हस्तांतरण 184
6. नगरपालिका 199

भाग-4 संवैधानिक ढांचा 209

1. भारतीय संसद-संरचना 211
2. संसद के कार्य एवं शक्तियां 230
3. संसद का कार्य संचालन 234
4. संसदीय विशेषाधिकार 248
5. संसदीय कार्यप्रणाली 252
6. संसदीय समितियां 269

भाग-5 संघ सरकार की संरचना, संगठन एवं प्रकार्य 277

1. राष्ट्रपति 279
2. उप-राष्ट्रपति 296
3. प्रधानमंत्री 300

भाग-6 न्यायपालिका की संरचना एवं कार्य 315

1. उच्चतम न्यायालय 317
2. उच्च न्यायालय 333
3. न्यायिक पुनरावलोकन एवं न्यायिक सक्रियता 338
4. अधीनस्थ न्यायालय 346
5. वैकल्पिक न्याय प्रणाली 350

भाग-7 राज्य सरकार 363

1. राज्यपाल 365
2. मुख्यमंत्री 376
3. राज्य विधान मंडल 378

भाग-8 संवैधानिक निकाय 387

1. निर्वाचन आयोग ... 389
2. जन-प्रतिनिधित्व अधिनियम ... 396
3. चुनाव प्रणाली ... 404
4. नियंत्रक एवं महालेखा परीक्षक ... 409
5. संघ लोक सेवा आयोग ... 413
6. राष्ट्रीय अनुसूचित जाति आयोग ... 416
7. राष्ट्रीय अनुसूचित जनजाति आयोग ... 418

भाग-9 सांविधिक निकाय 421

1. राष्ट्रीय अल्पसंख्यक आयोग ... 423
2. राष्ट्रीय मानवाधिकार आयोग ... 425
3. राष्ट्रीय महिला आयोग ... 430
4. राष्ट्रीय पिछड़ा वर्ग आयोग ... 433

भाग-10 अन्य संवैधानिक उपबंध 437

1. केंद्र-शासित क्षेत्र ... 439
2. राजभाषा ... 443
3. आपात उपबंध ... 449

भाग-11 मंत्रालय एवं दबाव समूह 455

1. मंत्रालय एवं विभाग ... 457
2. दबाव समूह ... 465

भाग-12 भारतीय संवैधानिक योजना की अन्य देशों की संवैधानिक योजनाओं के साथ तुलना 471

1. ब्रिटेन का संविधान ... 473
2. संयुक्त राज्य अमेरिका का संविधान ... 480
3. फ्रांस का संविधान ... 488

4. चीन का संविधान 492
5. स्विट्जरलैंड का संविधान 497

भाग-13 शासन 501

1. शासन (गवर्नेंस) 503
2. ई-गवर्नेंस 512
3. सिटीजन चार्टर (नागरिक अधिकार-पत्र) 521
4. सूचना का अधिकार 523

भाग-14 वर्तमान राजनीतिक मुद्दे 529

1. क्षेत्रवाद 531
2. संप्रदायवाद 534
3. पंथनिरपेक्षता 537

परिशिष्ट 541

संदर्भ पुस्तकें 570

आभार

भारतीय दर्शन एवं परंपरा की मूल मान्यता के अनुसार, व्यक्ति अनेक प्रकार के ऋण लेकर पैदा होता है, इसलिए व्यक्ति के किसी भी कार्य में अनंत लोगों का योगदान सम्मिलित होता है। इसमें कुछ लोगों का नाम उल्लेखनीय है। भारतीय राजव्यवस्था की समझ विकसित करने तथा विषय के संबंध में अंतर्दृष्टि एवं अनुसंधानात्मक दृष्टिकोण के विकास के लिए मैं प्रोफेसर रजनी रंजन झा का आभारी हूं, जिन्होंने भारतीय राजव्यवस्था के महत्त्वपूर्ण ग्रंथों के अध्ययन के लिए मुझे प्रेरित किया।

माता-पिता के आशीर्वाद के बिना कोई भी कार्य संभव नहीं है। इसके अतिरिक्त ''सरस्वती IAS'' संस्थान के प्रबंधक राकेश जी का योगदान उल्लेखनीय है, जिन्होंने मुझे प्रबंधकीय कार्यों से मुक्त रखा। मैं अपनी पत्नी सुनीता के सहयोग के लिए आभारी हूं, जिन्होंने मुझे घरेलू दायित्व से मुक्त रखा तथा मेरे बच्चों अदिति एवं नंदिता के स्नेह ने यह कार्य ज्यादा आसान बना दिया।

मेरे मित्र विनीत वर्मा का योगदान भी सराहनीय है, जिन्होंने सदैव नवीन विचारों एवं मौलिक चिंतन के लिए प्रेरित किया। ओरियंट ब्लैकस्वॉन के संपादकीय विभाग की प्रेरणा से मैंने लेखन में गुणवत्ता बनाए रखने का प्रयास किया। इनके सहयोग के बिना यह कार्य संभव ही नहीं था, जिन्होंने पुस्तक लेखन में अथक् परिश्रम किया। इसके अतिरिक्त मैं मो. अब्दुल्लाह जी एवं दिवस चंद को भी धन्यवाद देना चाहता हूं, जिन्होंने इस पुस्तक को अंतिम रूप देने में अत्यंत महत्त्वपूर्ण भूमिका निभाई है। अंततः उन हजारों विद्यार्थियों का आभार व्यक्त करता हूं, जिन्होंने कक्षा में विचार-विमर्श के द्वारा सदैव नवीन विचारों तक पहुंच बनाने में मेरी सहायता की।

राजेश मिश्रा

भूमिका

परीक्षा एवं प्रतिस्पर्धा के वर्तमान युग में प्रत्येक परीक्षा का विशिष्ट महत्त्व है, परंतु सिविल सेवा परीक्षा का स्थान सबसे प्रतिष्ठित एवं निर्णायक माना जाता है। इस परीक्षा में अभ्यर्थी के विश्लेषणात्मक दृष्टिकोण का मूल्यांकन तथा अनुप्रयोगात्मक प्रश्नों पर बल दिया जाता है।

भारतीय राजव्यवस्था की इस पुस्तक में विश्लेषणात्मक एवं व्यावहारिक दृष्टि पर अत्यधिक बल दिया गया है। राजव्यवस्था अथवा राजनीतिक अध्ययन का दृष्टिकोण विधि शास्त्र से अलग तथा प्रशासन से भी पृथक होता है। अध्ययन के दौरान राजव्यवस्था के विशिष्ट दृष्टिकोण को ध्यान में रखने की आवश्यकता होती है।

भारतीय राजव्यवस्था पाठ्य-पुस्तक मेरे राजव्यवस्था के 8 वर्षों की विश्वविद्यालयी शिक्षा के परिश्रम का परिणाम है तथा 18 वर्षों की भारतीय राजव्यवस्था के अध्यापन के अनुभवों का फल है। इस पुस्तक में संविधान के प्रत्येक महत्त्वपूर्ण बिंदुओं का उल्लेख किया गया है। संविधान निर्माण के ऐतिहासिक परिप्रेक्ष्य का भी उल्लेख तथा वर्तमान राजनीतिक, सामाजिक परिवर्तन के दौर में संविधान में होने वाले महत्त्वपूर्ण परिवर्तनों का भी उल्लेख है। इस पुस्तक में वर्तमान में विद्यमान अधिकांश राजनीतिक एवं संवैधानिक विवादों का उल्लेख सहज एवं सरल रूप में प्रस्तुत किया गया है। यह पुस्तक सिविल सेवा प्रतियोगी परीक्षाओं के अलावा स्नातक एवं परास्नातक के छात्रों के लिए भी समान रूप में उपयोगी है, जो भारतीय राजव्यवस्था को सरल एवं सटीक रूप में समझना चाहते हैं।

इस पुस्तक की महत्त्वपूर्ण विशेषता सिविल सेवा मुख्य परीक्षा के विश्लेषणात्मक दृष्टिकोण का समावेश करना है। सिविल सेवा प्रारंभिक परीक्षा हेतु महत्त्वपूर्ण तथ्यों का भी संकलन किया गया है। भारतीय राजव्यवस्था की यह पाठ्य-पुस्तक स्वयं में संपूर्ण है।

राजेश मिश्रा

भारतीय संविधान का ऐतिहासिक आधार

भाग 1

1) भारतीय संविधान का ऐतिहासिक विकास, 2) संविधान सभा, 3) संविधान पर आंतरिक एवं बाह्य प्रभाव

अध्याय 1

भारतीय संविधान का ऐतिहासिक विकास

(Historical Evolution of Indian Constitution)

● भारत शासन अधिनियम, ● 1858, ● भारत परिषद् अधिनियम, ● 1861, भारत परिषद् अधिनियम, 1892, ● भारत परिषद् अधिनियम, 1909, ● भारत शासन अधिनियम, 1919, ● विषयों का विभाजन, ● केंद्र में द्वि-सदनात्मक व्यवस्था, ● प्रांतीय विधान परिषदों की संख्या में वृद्धि, ● विशेषताएं, ● अधिनियम की आलोचना, ● आलोचनात्मक मूल्यांकन, ● भारतीय स्वतंत्रता अधिनियम, 1947, ● निष्कर्ष

भारतीय संविधान का निर्माण किसी निश्चित समय पर नहीं हुआ वरन् यह क्रमिक विकास का परिणाम है, जो ब्रिटिश शासन के दौरान धीमी गति से हुआ। ब्रिटिश शासन ने साम्राज्य विस्तार की आकांक्षाओं से भारत का आधुनिकीकरण किया तथा पाश्चात्य शिक्षा का प्रसार किया, जिसके परिणामस्वरूप भारत में राजनीतिक चेतना जागृत हुई। इसी कारण भारतीयों ने विकास व स्वतंत्रता हेतु ब्रिटिश सरकार से विभिन्न राजनीतिक सुधारों की मांग की। इन राजनीतिक सुधारों की मांगों के क्रम में सर्वप्रथम रेग्युलेटिंग एक्ट, 1773 आया, जिसमें ब्रिटिश सरकार द्वारा कंपनी के कार्यों पर नियंत्रण की बात की गई। इसके द्वारा पहली बार कंपनी के प्रशासनिक एवं राजनीतिक कार्यों को मान्यता दी गई। यहीं से भारत में केंद्रीय प्रशासन की नींव पड़ी। विकास के क्रम में 1773 के एक्ट की कमियों को दूर करने हेतु 1781 का सेटलमेंट एक्ट तथा 1784 का पिट्स इंडिया एक्ट लाया गया। इसके अंतर्गत् पहली बार द्वैध शासन की अवधारणा आई, जिसके तहत् कंपनी के व्यापारिक मामलों की देख-रेख डायरेक्टरों की सभा (Court of Directors) एवं राजनैतिक मामलों की देख-रेख नियंत्रण बोर्ड (Board of Control) के अंतर्गत् रखी गई।

भारत शासन अधिनियम, 1858

वर्ष-1858 के पश्चात् ब्रिटिश शासन के अंतर्गत् भारत में किए गए सुधारों का मुख्य उद्देश्य 1857 के विद्रोह जैसी घटना की पुनरावृत्ति को रोकना, साथ ही एक प्रशासनिक व्यवस्था को स्थापित करके भारत का उपयोग ब्रिटिश औपनिवेशिक हित में करना था। इसके द्वारा ब्रिटिश सम्राट का सीधा शासन भारत पर स्थापित हो गया तथा कंपनी के शासन का अंत कर दिया गया। अब गवर्नर जनरल को वायसराय कहा जाने लगा, क्योंकि गवर्नर जनरल ब्रिटिश भारत का प्रतिनिधित्व करने लगा। इसके द्वारा भारत में कंपनी व ब्रिटिश सरकार के द्वैध शासन का अंत हो गया। नियंत्रण बोर्ड (Board of Control) व डायरेक्टरों की सभा (Court of Directors) दोनों को समाप्त कर दिया गया तथा इसके द्वारा भारत-सचिव नामक एक नए पद की स्थापना हुई, जो ब्रिटिश कैबिनेट का एक सदस्य था और ब्रिटिश संसद के प्रति उत्तरदायी था। भारत-सचिव की सहायता के लिए 15 सदस्यीय भारत परिषद् की स्थापना हुई। इसी परिषद् के कार्यालय को **'भारत कार्यालय'** (India Office) कहा जाने लगा।

भारत परिषद् अधिनियम, 1861

इस अधिनियम के द्वारा पहली बार भारतीयों का प्रतिनिधित्व या लोकप्रियता का पहला तत्त्व शामिल किया गया था। अत: इसके द्वारा पहली बार विधायी परिषद् में गैर-सरकारी सदस्यों को मनोनीत किया गया तथा इसके द्वारा विकेंद्रीकरण की प्रक्रिया भी आरंभ हुई और बंबई, मद्रास जैसी प्रेसीडेंसियों को उनकी अलग विधायी शक्तियां सौंप दी गईं। इसके द्वारा बंगाल, पश्चिमोत्तर सीमा प्रांत व पंजाब के लिए भी विधायी परिषदों की स्थापना हुई। इस अधिनियम के द्वारा पहली बार मंत्रिमंडलीय या विभागीय व्यवस्था का आधार भी रखा गया। इस अधिनियम के द्वारा वायसराय को अध्यादेश जारी करने की शक्ति प्रदान की गई। विधि-निर्माण हेतु वायसराय की कार्यकारी परिषद् में न्यूनतम 6 व अधिकतम 12 सदस्यों की नियुक्ति का प्रावधान भी किया गया।

भारत परिषद् अधिनियम, 1892

इस अधिनियम के द्वारा गैर-सरकारी सदस्यों (केंद्रीय विधान मंडल) की संख्या बढ़ाकर कम-से-कम 10 व अधिकतम 16 की गई। इस अधिनियम के अंतर्गत् विधान मंडल के सदस्यों को प्रश्न पूछने व बजट पर चर्चा करने का अधिकार दे दिया गया। अत: यह अधिनियम मूलत: संशोधनात्मक है।

भारत परिषद् अधिनियम, 1909

इस अधिनियम को मार्ले-मिंटो सुधार के नाम से भी जाना जाता है, क्योंकि इस अधिनियम के जन्मदाता भारत-सचिव मार्ले और गवर्नर जनरल लॉर्ड मिंटो थे। इसी अधिनियम के द्वारा पहली बार चुनाव का प्रावधान करने के साथ ही, पृथक् निर्वाचन मंडल का भी प्रावधान किया गया। जिसके अनुसार, मुसलमान केवल मुसलमानों के लिए ही मत दे सकते थे। भारत में सांप्रदायिक प्रतिनिधित्व का जन्मदाता लॉर्ड मिंटो को माना जाता है। इनके द्वारा केंद्रीय विधान परिषद् के सदस्यों की संख्या बढ़ाकर 16 से 69 कर दी गई। केंद्रीय विधान परिषद् में सरकारी सदस्यों का बहुमत बना रहा, परंतु राज्य विधान परिषदों में गैर-सरकारी सदस्यों का बहुमत कायम रहा। विधान सभा में सदस्यों को पूरक प्रश्न पूछने व बजट पर चर्चा करने की शक्तियां प्रदान की गईं। पहली बार वायसराय की कार्यकारी परिषद् में एक भारतीय सत्येन्द्र प्रसाद सिन्हा की नियुक्ति हुई।

भारत शासन अधिनियम, 1919

1919 के अधिनियम को मॉण्टेग्यू-चेम्सफोर्ड सुधार भी कहते हैं, क्योंकि इस अधिनियम के जन्मदाता भारत-सचिव मॉण्टेग्यू और भारत में गवर्नर जनरल चेम्सफोर्ड थे। यह अधिनियम ब्रिटिश सरकार द्वारा सुधारों का एक और तथाकथित प्रयास था। 20 अगस्त, 1917 को भारत-सचिव लॉर्ड मॉण्टेग्यू ने एक घोषणा की, जिसमें भविष्य के सुधारों की ओर संकेत किया गया था। 1918 में मॉण्टेग्यू-चेम्सफोर्ड के संयुक्त हस्ताक्षरों से भारत में सुधारों के लिए एक रिपोर्ट प्रकाशित की गई। इसी आधार पर ब्रिटिश संसद द्वारा 1919 का भारत शासन अधिनियम पारित किया गया। तात्कालिक समय में सुधारों की मांग, होमरूल आंदोलन, प्रथम विश्व युद्ध इत्यादि कारणों से यह अधिनियम पास किया गया। इस अधिनियम के आधार पर प्रांतों में आंशिक रूप में उत्तरदायी सरकार की स्थापना की गई। इसके अनुसार, प्रांतीय कार्यपालिका को दो भागों में बांट दिया गया था-पार्षद् (Councillor) तथा मंत्रिगण (Minister)। पार्षद् कार्यपालिका का एक ऐसा भाग था, जो गवर्नर के प्रति उत्तरदायी था और दूसरा भाग मंत्रिगण था, जो प्रांतीय व्यवस्थापिका के प्रति उत्तरदायी था। **प्रांतीय विषयों को भी दो भागों में बांट दिया गया था–**

1. **संरक्षित विषय** (Reserved Subject)

यह कार्यकारिणी परिषद् के सदस्यों के जिम्मे था, जो गवर्नर के प्रति उत्तरदायी होते थे।

2. **हस्तांतरित विषय** (Transferred Subject)

यह लोकप्रिय मंत्रियों के जिम्मे था, जो व्यवस्थापिका के निर्वाचित बहुमत से चुने जाते और व्यवस्थापिका के प्रति उत्तरादायी होते थे।

विषयों का विभाजन

1919 के अधिनियम के माध्यम से प्रांतों पर केंद्रीय सरकार के नियंत्रण को कम करने का प्रयास तथा केंद्रीय और प्रांतीय सरकारों के बीच विषयों का विभाजन किया गया। इस अधिनियम के द्वारा केंद्रीय और प्रांतीय सरकारों के बीच शक्तियों का भी विभाजन कर दिया गया। वे विषय जो संपूर्ण भारत के हितों से संबंधित थे, केंद्रीय सरकार के अंतर्गत् तथा जो विषय प्रांतीय हितों से विशेष संबंध रखते थे, वे प्रांतीय सरकार के अंतर्गत् रखे गए। अब

केंद्र सरकार की पूर्व अनुमति के बिना भी प्रांतीय विषय पर विधेयक प्रस्तुत किए जा सकते थे। प्रांतीय बजटों को केंद्रीय बजट से अलग कर दिया गया तथा प्रांतों को ऋण लेने और कर लगाने का अधिकार भी प्रदान किया गया। अधिनियम द्वारा केंद्रीय सरकार के मूल ढांचे में कोई परिवर्तन नहीं किया गया एवं केंद्र में पूर्ववत् अनुत्तरदायी सरकार बनी रही।

केंद्र में द्वि-सदनात्मक व्यवस्था

1919 के अधिनियम द्वारा केंद्रीय विधान परिषद् के स्थान पर एक द्वि-सदनात्मक विधान मंडल की स्थापना की गई। इन सदनों के नाम केंद्रीय विधान सभा और राज्य परिषद् रखे गए। राज्य परिषद् में 60 सदस्य (26 गवर्नर जनरल द्वारा मनोनीत तथा 34 निर्वाचित) तथा केंद्रीय विधान सभा में 145 सदस्य थे, जिनमें 104 निर्वाचित तथा 41 मनोनीत थे। इस अधिनियम के द्वारा केंद्रीय विधान मंडल की शक्तियों में वृद्धि कर दी गई। प्रत्यक्ष निर्वाचन पद्धति का सूत्रपात किया गया और मताधिकार को बढ़ाया गया तथा सदस्यों को प्रश्न और पूरक प्रश्न पूछने का पूर्ण अधिकार तथा स्थगन प्रस्ताव पास करने का अधिकार दिया गया। इस अधिनियम द्वारा मुसलमानों के साथ-साथ अन्य संप्रदायों को भी विशेष प्रतिनिधित्व की सुविधा देकर भारत में सांप्रदायिक प्रतिनिधित्व का और अधिक विस्तार कर दिया गया। अब मुसलमानों, सिक्खों, आंग्ल-भारतीयों, यूरोपियनों और ईसाईयों को विशेष प्रतिनिधित्व प्रदान किया गया। इस अधिनियम के तहत् भारत परिषद् का पुनर्गठन कर कम-से-कम 8 और अधिक से अधिक 12 सदस्य नियुक्त करने की व्यवस्था की गई, साथ ही इसमें कम-से-कम आधे सदस्य ऐसे होने आवश्यक थे, जो नियुक्ति के समय से पूर्व भारत में कम-से-कम 10 वर्ष व्यतीत कर चुके हों और जिनको भारत छोड़े 5 वर्ष से अधिक न हुए हों। इस परिषद् का कार्यकाल 7 वर्ष से घटाकर 5 वर्ष कर दिया गया। इस अधिनियम के अंतर्गत् एक **नरेश मंडल** (Chamber of Princes) के निर्माण का सुझाव दिया गया था। तदनुसार 8 फरवरी, 1921 को दिल्ली में इसकी स्थापना की गई तथा इस मंडल में 121 देशी रियासतों के सदस्य थे, जिसका अध्यक्ष वायसराय था तथा यह नरेश मंडल वास्तव में एक परामर्शदात्री सभा के समान था।

प्रांतीय विधान परिषदों की संख्या में वृद्धि

इस अधिनियम द्वारा प्रांतीय विधान परिषदों की सदस्य संख्या में वृद्धि की गई व बड़े प्रांतों की परिषदों में अधिकतम 140 और छोटे प्रांतों में न्यूनतम 60 सदस्य रखने की व्यवस्था तथा सरकारी सदस्यों की संख्या 20 प्रतिशत से अधिक नहीं हो सकती थी। 70 प्रतिशत सदस्य निर्वाचित और शेष 10 प्रतिशत सदस्य गैर-सरकारी किंतु गवर्नर द्वारा मनोनीत होते थे। इस अधिनियम के द्वारा प्रांतों की कार्यकारिणी परिषदों में भारतीय सदस्यों की संख्या पहले से अधिक कर दी गई। मद्रास, बंबई और बंगाल की सरकारों के आरक्षित भाग के 4 सदस्यों में से 2 भारतीय सदस्य लेने की व्यवस्था की गई तथा शेष 6 प्रांतों में जहां कार्यकारिणी परिषद् में रक्षित भाग के लिए केवल 2 सदस्य होते थे, जिसमें एक भारतीय सदस्य लेने की व्यवस्था की गई। इन सदस्यों की नियुक्ति भारत-सचिव की सिफारिश पर ब्रिटिश सम्राट द्वारा की जाती थी। इस अधिनियम के माध्यम से केंद्रीय कार्यकारिणी परिषद् में अधिक भारतीयों की नियुक्ति का प्रावधान भी किया गया। **मुख्य रूप से इस अधिनियम में निम्नलिखित दोष थे-**

- केंद्र में सरकार अनुत्तरदायी ही बनी रही।
- सांप्रदायिक निर्वाचन प्रणाली को समाप्त करने के बजाय, उसका और विस्तार किया गया।

महत्त्व

- इसी अधिनियम के द्वारा प्रांतों में पहली बार उत्तरदायी शासन की स्थापना का शुभारंभ किया गया था।
- इस अधिनियम के प्रस्ताव में प्रथम बार भारत में ब्रिटिश शासन के उद्देश्य की स्पष्ट घोषणा की गई थी।
- इस अधिनियम के द्वारा मताधिकार में वृद्धि की गई।
- शासकीय सेवाओं के भारतीयकरण की दिशा में भी इस अधिनियम से विशेष प्रगति हुई थी।
- भारतीयों को राजनीतिक प्रशिक्षण का अवसर प्राप्त हुआ।
- विधान मंडलों का विस्तार किया गया।
- स्थानीय स्वशासन के क्षेत्र का विस्तार किया गया।

भारतीय शासन अधिनियम, 1935

वर्ष-1930, 1931 और 1932 के गोलमेज सम्मेलनों में किए गए विचारों के आधार पर मार्च, 1933 में भावी सुधार योजना के संबंध में एक **श्वेत-पत्र** (White paper) प्रकाशित किया गया, जिसमें प्रांतों में उत्तरदायी शासन व्यवस्था और केंद्र में आंशिक उत्तरदायी शासन की स्थापना का सुझाव दिया गया था। श्वेत-पत्र के सुझावों को स्वीकार करते हुए ही ब्रिटिश सरकार द्वारा 1935 के भारतीय शासन अधिनियम का निर्माण किया गया।

विशेषताएं

1935 के अधिनियम की निम्नलिखित विशेषताएं थीं-

1. प्रस्तावना

1935 के अधिनियम में कोई नई प्रस्तावना नहीं जोड़ी गई, क्योंकि ब्रिटिश सरकार ने इस अधिनियम के लक्ष्य के संबंध में किसी नई नीति की घोषणा नहीं की थी, जिससे अधिनियम के उद्देश्य का ज्ञान हो सकें 1919 के अधिनियम को रद्द करने के बावजूद उसकी प्रस्तावना को 1935 के अधिनियम के साथ जोड़ दिया गया, जिससे भारतीयों को यह बताया जा सके कि ब्रिटिश सरकार का अंतिम लक्ष्य भारत में डोमिनियन स्टेट की स्थापना करना है। 1935 का भारतीय शासन अधिनियम एक बहुत लंबा और जटिल प्रलेख था, इसमें 14 भाग, 321 अनुच्छेद और 10 अनुसूचियां थी। केंद्रीय और प्रांतीय सरकारों के ढांचे का विस्तृत वर्णन किया गया था।

2. ब्रिटिश संसद की सर्वोच्चता

1935 के अधिनियम में संशोधन सुधार या रद्द करने का अधिकार ब्रिटिश संसद के पास रखा गया और अधिनियम में किसी प्रकार के परिवर्तन का अधिकार प्रांतीय विधान मंडल तथा संघीय व्यवस्थापिका को नहीं दिया गया। इस प्रकार भारत के भाग्य के निर्णय की अंतिम शक्ति ब्रिटिश संसद के पास ही बनी रही।

3. प्रांतीय स्वायत्तता

1935 के अधिनियम की सबसे बड़ी विशेषता प्रांतीय स्वायत्तता की स्थापना थी। प्रांतों से द्वैध शासन के प्रावधानों को समाप्त कर अब प्रांतों को एक नया संवैधानिक दर्जा दे दिया गया और उनको अपने आंतरिक मामलों में पूर्ण स्वायत्तता भी प्रदान कर दी गई।

4. केंद्र में द्वैध शासन की स्थापना

1935 के अधिनियम द्वारा प्रांतों में द्वैध शासन प्रणाली को समाप्त कर दिया गया, किंतु अब उसे केंद्र में लागू कर दिया गया। **केंद्रीय विषयों को दो भागों में बांटा गया**-आरक्षित विषय और हस्तांतरित विषय। आरक्षित विषय में प्रतिरक्षा, चर्च संबंधी, विदेशी तथा जनजातीय मामले शामिल थे, जिनका शासन गवर्नर जनरल अपनी इच्छानुसार चला सकता था। हस्तांतरित विषयों का संचालन गवर्नर एक मंत्रिपरिषद् की सहायता से करता था। ये मंत्री विधान मंडल के प्रति उत्तरदायी होते थे, जिसमें मंत्रियों की संख्या 10 से अधिक नहीं हो सकती थी, जो गवर्नर जनरल द्वारा नियुक्त और पदच्युत किए जाते थे और गवर्नर जनरल को अध्यादेश जारी करने की शक्ति भी प्राप्त थी।

5. संघीय शासन व्यवस्था

1935 के अधिनियम के अनुसार यह निर्णय किया गया कि केंद्र में ब्रिटिश प्रांतों और देशी रियासतों को मिलाकर एक संघ स्थापित किया जाएगा। यह संघ 11 ब्रिटिश गवर्नर प्रांतों, 6 चीफ कमिश्नर के क्षेत्रों और देशी रियासतों को मिलाकर बनाया जाना था, किंतु देशी रियासतों द्वारा संघ में सम्मिलित न होने के कारण प्रस्तावित संघ की स्थापना न हो सकी।

6. विषयों का बंटवारा

1935 के अधिनियम द्वारा विषयों को **तीन सूचियों** में बांटा गया-

(i) **संघीय सूची**- इसके अंतर्गत् 59 विषय थे।
(ii) **प्रांतीय सूची**- इसके अंतर्गत् 54 विषय थे।
(iii) **समवर्ती सूची**- इसके अंतर्गत 36 विषय थे।

समवर्ती सूची पर दोनों (संघ एवं प्रांतों) को विधि-निर्माण का अधिकार था, परंतु दोनों के बीच विरोध की स्थिति में संघीय विधि को प्राथमिकता दी जाती थी। अवशिष्ट शक्तियां न तो संघ सरकार को प्राप्त थी और न ही प्रांतीय सरकारों को, बल्कि यह शक्ति गवर्नर जनरल को दी गई थी।

7. आपातकाल का प्रावधान

आपातकाल के दौरान संघ सरकार को प्रांतीय सूची पर

भी विधि-निर्माण का अधिकार प्राप्त था तथा संघ एवं राज्यों के बीच शक्तियों का विभाजन समाप्त हो जाता था।

8. राज्यों को निर्देश

संघ सरकार के द्वारा प्रांतीय सरकारों को निर्देश देने का भी प्रावधान था।

9. संघीय न्यायालय

इस अधिनियम द्वारा भारत में एक संघीय न्यायालय की स्थापना भी की गई, जिसका प्रमुख कार्य संघ सरकार और इकाइयों के मध्य उत्पन्न होने वाले विवादों का निपटारा करना था। यह भारत का उच्चतम न्यायालय नहीं था, क्योंकि विशेष परिस्थितियों में इसके निर्णयों के विरुद्ध प्रिवी कौंसिल में अपील की जा सकती थी।

10. विधान मंडल और मताधिकार का विस्तार

1935 के अधिनियम द्वारा प्रांतीय और केंद्रीय विधान मंडलों की सदस्य संख्या में भी काफी वृद्धि की गई। केंद्र में विधान सभा के सदस्यों की संख्या-375 (250 सदस्य प्रांतों से तथा 125 सदस्य रियासतों के प्रतिनिधि थे) और राज्य सभा के सदस्यों की संख्या-260 (156 सदस्य ब्रिटिश भारत से एवं 104 सदस्य देशी रियासतों से थे) निर्धारित की गई। इसी प्रकार प्रांतीय विधान मंडलों का आकार भी लगभग दोगुना कर और 6 प्रांतों में विधान मंडलों को दो सदनों वाला बनाया एवं मताधिकार का भी विस्तार किया गया। प्रांतों के लिए 10 प्रतिशत जनता को वोट देने का अधिकार तथा सांप्रदायिक निर्वाचन पद्धति को कायम रखा गया और इनमें हरिजनों के लिए भी सांप्रदायिक निर्वाचन पद्धति का प्रावधान किया गया।

11. भारतीय परिषद् की समाप्ति

1935 के अधिनियम द्वारा भारतीय परिषद् को समाप्त कर दिया गया और इसके स्थान पर सचिव के लिए कुछ परामर्शदाता नियुक्त किए गए, जिनकी संख्या कम-से-कम 3 और अधिक से अधिक 6 निर्धारित की गई। इस अधिनियम द्वारा बर्मा (म्यांमार) को भारत से अलग कर दिया गया। अदन को भारत सरकार के नियंत्रण से मुक्त करके इंग्लैंड के उपनिवेश कार्यालय के अधीन कर दिया गया। यद्यपि बरार के ऊपर हैदराबाद के निजाम की नाममात्र की सत्ता स्वीकार कर ली गई, किंतु उसको शासन की दृष्टि से मध्य प्रांत का अंग बना दिया गया।

अधिनियम की आलोचना

1935 के अधिनियम को 1 अप्रैल, 1937 को लागू कर दिया गया। किंतु इस अधिनियम के संघीय सरकार से संबंधित प्रावधानों को लागू नहीं किया गया, बल्कि केवल प्रांतों से संबंधित प्रावधानों को ही लागू किया गया। इस अधिनियम में अनेक दोष थे, जिसकी भारत के लगभग सभी राजनीतिक दलों ने कटु आलोचना की थी। मोहम्मद अली जिन्ना ने इसको पूर्ण रूप से रद्दी, बुनियादी रूप से बुरा और स्वीकार करने के लिए पूर्णतया अयोग्य बताया। पण्डित मदन मोहन मालवीय ने कहा कि ''यह एक्ट ऊपर से लोकतांत्रिक, परंतु अंदर से खोखला है।'' जवाहरलाल नेहरू ने इस अधिनियम की आलोचना करते हुए कहा कि 1935 का अधिनियम दासता का एक नया अधिकार-पत्र (चार्टर) था।

क्रिप्स मिशन (Cripps Mission)

22 मार्च, 1942 को क्रिप्स मिशन भारत आया। यह एक सदस्यीय आयोग था, जो सर स्टेफोर्ड क्रिप्स (Sir Stefford Cripps) के नेतृत्व में ब्रिटिश सरकार द्वारा भेजा गया था। सर स्टेफोर्ड क्रिप्स ब्रिटिश युद्ध मंत्रिमंडल के सदस्य थे। क्रिप्स मिशन को भारत भेजने के कारणों में ब्रिटिश जनमत का बढ़ता दबाव, विश्व के अन्य राष्ट्रों का दबाव एवं जापान की विजय प्रमुख थी। सर स्टेफोर्ड क्रिप्स 20 दिन के भारत निवास के दौरान कांग्रेस, मुस्लिम लीग, हिंदू महासभा, दलित वर्ग, उदारवादी नेताओं व देशी नरेशों के प्रतिनिधियों से मिले। इसके बाद उन्होंने भारत के वैधानिक गतिरोध को दूर करने के लिए निम्नलिखित प्रस्ताव प्रस्तुत किए, **जो क्रिप्स प्रस्ताव के नाम से प्रसिद्ध है–**

- ब्रिटिश सरकार एक ऐसे भारतीय संघ की स्थापना करना चाहती है, जिसकी स्थिति ब्रिटिश सम्राट के अंतर्गत् एक पूर्ण औपनिवेशिक स्वराज की होगी। इसे ब्रिटेन से संबंध विच्छेद करने की भी स्वतंत्रता होगी।
- युद्ध की समाप्ति के तुरंत बाद भारत के लिए संविधान बनाने हेतु एक संविधान सभा की स्थापना की जाएगी, जिसमें दोनों (ब्रिटिश भारतीय प्रांतों तथा देशी रियासतों) के प्रतिनिधि सम्मिलित होंगे।

- ब्रिटिश सरकार इस संविधान सभा द्वारा निर्मित संविधान को स्वीकार कर लेगी, परंतु शर्त यह है कि ब्रिटिश सरकार के प्रांतों या देशी रियासतों को यदि नवीन संविधान पसंद नहीं होगा, तो वे अपनी वर्तमान संवैधानिक स्थिति बनाए रख सकेंगे। ऐसे प्रांतों को भी अपने लिए एक संविधान बनाने का अधिकार होगा तथा उनकी स्थिति भी भारतीय संघ के समान होगी।
- संविधान सभा और ब्रिटिश सरकार के बीच अन्य संस्थाओं की सुरक्षा हेतु एक संधि की जाएगी।
- जब तक नवीन संविधान कार्यान्वित न हो, तब तक ब्रिटिश सरकार ही भारत की सुरक्षा के लिए उत्तरदायी होगी।
- क्रिप्स प्रस्ताव के अंत में कहा गया कि ब्रिटिश सरकार की यह इच्छा है कि भारतीय जनता के विविध वर्गों के नेता अपने देश ब्रिटिश राष्ट्र मंडल तथा मित्र राष्ट्रों के विचार-विमर्श में प्रभावपूर्ण ढंग से भाग लें, जो भारत की स्वाधीनता के लिए अत्यंत महत्त्वपूर्ण है।

कांग्रेस द्वारा क्रिप्स प्रस्तावों को अस्वीकार कर दिए जाने के निम्नलिखित कारण थे–

(i) क्रिप्स प्रस्तावों में अप्रत्यक्ष रूप से पाकिस्तान की मांग को स्वीकार किया गया था।

(ii) भारत की सुरक्षा के प्रश्न पर कांग्रेस क्रिप्स प्रस्ताव से सहमत नहीं थी।

कांग्रेस के द्वारा संपूर्ण भारत के लिए पूर्ण स्वतंत्रता की मांग की जा रही थी। लेकिन क्रिप्स प्रस्तावों में औपनिवेशिक स्वराज की ही बात कही गई थी और वास्तव में औपनिवेशिक स्वराज के लिए भी कोई तिथि निश्चित नहीं की गई थी। इसी कारण महात्मा गांधी द्वारा इन प्रस्तावों को **'दिवालिया बैंक'** तथा **'भविष्य की तिथि में भुनाने वाला चेक'** (Post-dated cheque) कहा गया था। मुस्लिम लीग द्वारा क्रिप्स प्रस्तावों में पाकिस्तान के निर्माण की स्पष्ट व्यवस्था न होने के कारण इन प्रस्तावों को अस्वीकार कर दिया गया।

वेवेल योजना (The Wavell Plan)

अक्टूबर, 1943 में लॉर्ड लिनलिथगो (Lord Linlithgow) के स्थान पर लॉर्ड वेवेल भारत के गवर्नर जनरल बनकर आए। उन्होंने 14 जून, 1945 में भारतीय समस्या के समाधान के लिए नवीन योजना प्रस्तुत की, जो **वेवेल योजना** के नाम से प्रसिद्ध है। **वेवेल योजना की मुख्य शर्तें निम्नलिखित थीं–**

- ब्रिटिश सरकार भारत के राजनीतिक गतिरोध को दूर कर उसे स्वशासन की ओर अग्रसर करना चाहती है। इस लक्ष्य की प्राप्ति के लिए गवर्नर जनरल की कार्यकारिणी परिषद् का पुनर्गठन किया जाएगा, जिसमें गवर्नर जनरल और प्रधान सेनापति को छोड़कर अन्य सभी सदस्य भारत के राजनीतिक नेता होंगे।
- गवर्नर जनरल की परिषद् में हिंदू और मुसलमानों के बराबर सदस्य होंगे।
- गवर्नर जनरल की यह पुनर्गठित परिषद् एक प्रकार की अंतरिम राष्ट्रीय सरकार के समान होगी और गवर्नर जनरल निषेधाधिकार (वीटो) का प्रयोग अकारण नहीं करेगा।
- दूसरे अधिराज्यों के समान ही भारत में भी ब्रिटेन के व्यापारिक और अन्य हितों की देखभाल के लिए **'ब्रिटिश हाई कमिश्नर'** की नियुक्ति की जाएगी।
- द्वितीय विश्व युद्ध की समाप्ति के बाद स्वयं भारतीयों द्वारा अपने लिए भारतीय संविधान का निर्माण किया जाएगा।
- भारतीय नेताओं द्वारा इस योजना को स्वीकार किए जाने पर प्रांतों में सामान्य संवैधानिक सरकारों की पुनः स्थापना की जाएगी।
- यह घोषणा की गई कि उपर्युक्त प्रस्तावों पर विचार के लिए शीघ्र ही शिमला में एक सम्मेलन का आयोजन किया जाएगा।

शिमला सम्मेलन (Shimla Conference)

25 जून से 14 जुलाई, 1945 के बीच वायसराय द्वारा भारतीय नेताओं का एक सम्मेलन बुलाया गया, जिसमें विभिन्न दलों की मतभिन्नता के चलते यह सम्मेलन भी किसी ठोस निर्णय पर नहीं पहुंच सका। इस सम्मेलन में कांग्रेस जहां अखंड भारत की मांग कर रही थी, वहीं मुस्लिम लीग पाकिस्तान के लिए अपनी जिद पर डटी रही।

कैबिनेट मिशन योजना (Cabinet Mission Plan)

19 फरवरी, 1946 को भारत मंत्री लॉर्ड पैथिक लॉरेंस ने हाउस ऑफ लॉर्ड्स में घोषणा की कि ब्रिटिश सरकार एक कैबिनेट मिशन भेजेगी, जो भारतीय नेताओं से राजनैतिक मामलों पर विचार करेगी। 24 मार्च, 1946 को कैबिनेट मिशन दिल्ली आया। इस कमीशन के अध्यक्ष लॉर्ड पैथिक लारेंस थे और इसके दो अन्य सदस्य सर स्टेफोर्ड क्रिप्स और ए.वी. अलेक्जेंडर थे।

कैबिनेट मिशन ने भारत आते ही भारतीय समस्या का सर्वसम्मत हल ढूंढने के उद्देश्य से कांग्रेस, मुस्लिम लीग और अन्य राजनीतिक दलों के प्रतिनिधियों से वार्ता आरंभ की, जो अप्रैल, 1946 तक चलती रही। किंतु भारत के प्रमुख राजनीतिक दलों में किसी प्रकार का समझौता नहीं हो सका। फलस्वरूप भारत की वैधानिक समस्या के समाधान के लिए कैबिनेट मिशन के द्वारा अपनी ओर से एक योजना प्रकाशित की गई, जो कैबिनेट मिशन योजना के नाम से प्रसिद्ध है। **इस योजना की मुख्य बातें निम्नलिखित थीं–**

- भारत में एक संघ-राज्य की स्थापना की जाए, जिसमें ब्रिटिश भारत के सभी प्रांत तथा देशी रियासतें सम्मिलित हों। इस संघ-राज्य का अधिकार वैदेशिक, रक्षा तथा यातायात संबंधी विषयों पर हो।
- संघ शासन की कार्यकारिणी तथा व्यवस्थापिका सभी में ब्रिटिश भारतीय प्रांतों तथा देशी रियासतों दोनों के प्रतिनिधि सम्मिलित होंगे।
- संघ-राज्य की व्यवस्थापिका सभा में ऐसे प्रत्येक प्रश्न का समाधान, जिसका संबंध किसी महत्त्वपूर्ण सांप्रदायिक समस्या से होगा, उस संप्रदाय के सदस्यों के बहुमत के द्वारा ही किया जाएगा।
- संघ-राज्य को दिए गए विषयों को छोड़कर शेष सभी विषयों पर प्रांतों का अधिकार होगा।
- भारतीय संविधान के निर्माण के लिए अप्रत्यक्ष चुनाव प्रणाली के आधार पर एक संविधान सभा की स्थापना की जाएगी। इस संविधान सभा में कुल 389 सदस्य होंगे, जिनमें 292 ब्रिटिश प्रांतों के, 93 देशी रियासतों के और 4 चीफ कमिश्नरों के क्षेत्र के प्रतिनिधि होंगे।
- यह निश्चित किया गया कि लगभग 10 लाख व्यक्तियों पर संविधान सभा में एक सदस्य होगा तथा प्रांतों को संविधान सभा में प्रतिनिधित्व जनसंख्या के आधार पर दिया गया। देशी रियासतों को भी जनसंख्या के आधार पर ही प्रतिनिधित्व देने का निश्चय किया गया, किंतु उनके प्रतिनिधियों के चुनाव का ढंग ब्रिटिश भारत के संविधान सभा के लिए चुने गए प्रतिनिधियों की समझौता समिति और देशी रियासतों की ओर से नियुक्त की गई समिति के बीच में आपसी बातचीत द्वारा तय होना था।
- प्रांतों को इस बात की स्वतंत्रता होगी कि वे परस्पर मिलकर अपने पृथक् शासन संबंधी गुट बना सकते थे।
- प्रांतों के लिए अलग संविधान बनाए जाने की भी इस योजना में व्यवस्था की गई। इसके लिए यह निश्चय किया गया कि संविधान सभा की प्रारंभिक बैठक के बाद प्रांतीय सदस्य अपने आपको तीन वर्गों में बांट लेंगे। **पहले वर्ग में,** हिंदू बहुमत वाले प्रांतों जैसे–मद्रास, बंबई, संयुक्त प्रांत, उड़ीसा, बिहार तथा मध्य प्रांत के प्रतिनिधि होंगे। **दूसरे वर्ग में,** मुस्लिम बहुमत वाले उत्तर-पश्चिमी प्रांतों जैसे-सिंध और पंजाब के प्रतिनिधि होंगे। **तीसरे वर्ग में,** मुस्लिम बहुमत वाले उत्तर-पूर्वी सीमा के प्रांतों में बंगाल और असम के प्रतिनिधि होंगे।
- एक अंतरिम सरकार की स्थापना की जाएगी, जिसमें 14 सदस्य होंगे, जिनमें से 6 कांग्रेसी, 5 मुस्लिम लीग, 1 भारतीय ईसाई, 1 सिक्ख और 1 पारसी।
- भारतीय संविधान सभा तथा ब्रिटेन के बीच सत्ता हस्तांतरण के फलस्वरूप उठने वाले मामलों के संबंध में एक संधि होगी।

आलोचनात्मक मूल्यांकन

भारत शासन अधिनियम, 1935 कभी भी व्यावहारिक रूप में लागू नहीं हो सका, क्योंकि संघीय शासन के कार्यकरण के लिए यह निर्धारित किया गया था कि जब आधी देशी रियासतें शामिल होंगी तभी संघीय शासन का निर्माण होगा, जबकि देशी रियासतों ने संघीय शासन में शामिल होने से इनकार कर दिया। इसलिए संघ में संघीय सरकार का गठन नहीं हो सका। यद्यपि राज्यों में लोकप्रिय उत्तरदायी सरकारों का निर्माण हो गया। इसलिए भारत का शासन व्यावहारिक रूप से एकात्मक रूप में ही संचालित था।

माउंटबेटन योजना (Mountbatten Plan)

मार्च, 1947 में लॉर्ड माउंटबेटन भारत आए और यहां की राजनीतिक स्थिति पर विभिन्न नेताओं से उन्होंने विचार-विमर्श किया। तत्पश्चात् वह इस निष्कर्ष पर पहुंचे कि भारतीय समस्या का एकमात्र समाधान देश का विभाजन और पाकिस्तान की स्थापना है। इस प्रकार समय एवं स्थिति का अध्ययन कर तथा दोनों प्रमुख राजनीतिक दलों कांग्रेस और मुस्लिम लीग का दृष्टिकोण समझकर वह 18 मई, 1947 को लंदन गए। वहां ब्रिटिश मंत्रिमंडल से परामर्श कर उन्होंने 3 जून, 1947 को एक योजना प्रस्तावित की, जो **माउंटबेटन योजना** के नाम से जानी गई। **इस योजना की मुख्य बातें निम्नलिखित थीं–**

- ब्रिटिश सरकार की यह इच्छा है कि वह भारत का शासन शीघ्र ही ऐसी सरकार को सौंप दे, जिसका निर्माण जनता की इच्छा पर किया गया हो।
- ब्रिटिश सरकार यह नहीं चाहती कि वर्तमान संविधान सभा के कार्य में किसी प्रकार की बाधा उपस्थित की जाए।
- योजना में यह स्पष्ट कर दिया गया कि वर्तमान संविधान सभा द्वारा निर्मित संविधान को देश के उन भागों पर न थोपा जाए, जो उसको स्वीकार नहीं करते।
- यह जानने के लिए कि देश के वे भाग जो इस संविधान सभा के संविधान को स्वीकार नहीं करते हैं किसी नई संविधान सभा का निर्माण करना चाहते हैं या नहीं, इस प्रक्रिया का अनुसरण किया जाएगा।
- पंजाब और बंगाल की विधान सभाओं के अधिवेशन दो भागों में किए जाएंगे। एक भाग उन क्षेत्रों के प्रतिनिधियों का होगा, जिसमें मुसलमानों का बहुमत नहीं है। इनके सामने यह प्रश्न प्रस्तुत किया जाएगा कि वे अपने प्रांतों का विभाजन करना चाहते हैं अथवा नहीं। यदि वोट विभाजन के पक्ष में आए, तो उनको यह निर्णय करना होगा कि वे संविधान सभा में सम्मिलित होना चाहते हैं या एक पृथक् संविधान सभा का निर्माण करना चाहते हैं।
- सिंध की विधान सभा को भी इस बात का निर्णय करने का अवसर प्रदान किया जाएगा।
- उत्तर-पश्चिम सीमा प्रांत के विषय का निर्णय वहां की विधान सभा द्वारा नहीं वरन्, वहां का निर्णय जनमत संग्रह द्वारा किया जाएगा।
- असम के सिलहट जिले में मुसलमान बहुसंख्यक हैं, जबकि अन्य भागों में हिंदुओं का बहुमत है। सिलहट जिले में इस बात का निर्णय जनमत द्वारा किया जाएगा कि वहां की जनता असम के अंतर्गत् रहना या पूर्वी बंगाल में सम्मिलित होना चाहती है।
- देशी रियासतों के संबंध में उसी योजना तथा व्यवस्था को स्वीकार किया जाएगा, जिनका निर्धारण कैबिनेट मिशन योजना में किया गया था।
- यदि उपर्युक्त योजना के अनुसार मुस्लिम क्षेत्र विभाजन का समर्थन करते हैं, तो भारत और पाकिस्तान सीमा का निर्धारण करने के लिए एक कमीशन की नियुक्ति की जाएगी।
- इस बात को स्पष्ट कर दिया गया कि ब्रिटिश सरकार वर्ष-1948 तक सत्ता हस्तांतरित करने की प्रतीक्षा न करके वर्ष-1947 में ही भारत को सत्ता सौंप देगी।

भारतीय स्वतंत्रता अधिनियम, 1947

भारत के विभाजन की प्रक्रिया समाप्त हो जाने के बाद विभाजन को लागू करने के लिए ब्रिटिश संसद में 4 जुलाई, 1947 को भारतीय स्वतंत्रता विधेयक पेश किया गया। यह प्रस्ताव 18 जुलाई, 1947 को स्वीकृत हो गया। नॉर्मन डी. पॉमर ने लिखा है कि 'ब्रिटिश पार्लियामेंट के इतिहास में शायद ही कोई इतना महत्त्वपूर्ण विधेयक इतने कम समय और इतने कम वाद-विवाद के पास हुआ हो।'

भारतीय स्वतंत्रता अधिनियम की मुख्य विशेषताएं थीं-

- भारतीय स्वतंत्रता अधिनियम के अंतर्गत् भारत का विभाजन कर पाकिस्तान बना दिया जाएगा।
- भारत दो डोमिनियनों, हिंदुस्तान और पाकिस्तान में विभाजित होगा।
- 15 अगस्त, 1947 को भारत को स्वतंत्र कर दिया जाएगा।
- पाकिस्तान के अंतर्गत् दो भाग (Wings) थे, पूर्वी पाकिस्तान और पश्चिमी पाकिस्तान। पूर्वी पाकिस्तान में पूर्वी बंगाल तथा सिलहट शामिल था तथा पश्चिमी पाकिस्तान में सिंध, पंजाब, उत्तर-पश्चिम प्रांत, बहावलपुर, खैरपुर, बलूचिस्तान और इसकी आठ देशी रियासतें भी सम्मिलित की गई थीं।

- जब तक नया संविधान नहीं बन जाता, तब तक दोनों देशों की संविधान सभाओं को अपने-अपने देशों के लिए कानून बनाने की आज्ञा दी गई। इसके साथ ही दोनों को अपनी इच्छानुसार संविधान निर्माण करने की स्वतंत्रता होगी। इस प्रकार संविधान सभाएं संपूर्ण प्रभुत्व संपन्न होंगी।
- भारत और पाकिस्तान, दोनों देशों में एक-एक गवर्नर जनरल होगा, जिसकी नियुक्ति उनके मंत्रिमंडल की सलाह से की जाएगी। भविष्य में गवर्नर जनरल और प्रांतों के गवर्नर केवल वैधानिक शासक होंगे। यह भी निश्चित किया गया कि जब तक दोनों डोमिनियन अपना-अपना नया संविधान नहीं बना लेते, तब तक शासन 1935 के अधिनियम द्वारा चलता रहेगा, साथ ही दोनों डोमिनियन को 1935 के अधिनियम में संशोधन करने का अधिकार होगा।
- जब तक संविधान सभाएं, संविधान का निर्माण नहीं कर लेती हैं, तब तक संविधान सभा, विधान मंडल के रूप में कार्य करेंगी। साथ ही विधान मंडल के रूप में कार्य करते समय इनकी शक्तियों पर किसी प्रकार का नियंत्रण नहीं होगा।

15 अगस्त, 1947 के बाद विधान मंडलों की स्वीकृति के बिना ब्रिटिश संसद द्वारा पारित कोई भी अधिनियम लागू नहीं होगा। जब तक नए संविधान के अनुसार प्रांतों में निर्वाचन नहीं होते हैं, तब तक प्रांतों में इस समय के विधान मंडल ही कार्य करते रहेंगे। भारत तथा पाकिस्तान को अपनी इच्छानुसार ब्रिटिश राष्ट्र मंडल की सदस्यता रखने अथवा छोड़ने का अधिकार दिया गया। गवर्नर जनरल को आवश्यकतानुसार भारत शासन अधिनियम, 1935 में 31 मार्च, 1948 तक आवश्यक परिवर्तन करने का अधिकार दिया गया। इसके बाद अधिनियम में संशोधन करने का अधिकार संविधान सभाओं को दे दिया जाएगा। भारत मंत्री पद को समाप्त कर दिया गया, क्योंकि 15 अगस्त, 1947 के बाद ब्रिटिश संसद का भारत और पाकिस्तान पर कोई नियंत्रण नहीं होगा। देशी रियासतों पर ब्रिटेन की सर्वोच्चता को समाप्त कर दिया गया तथा उनको किसी भी डोमिनियन में शामिल होने व अपने भावी संबंधों का निश्चय करने की स्वतंत्रता प्रदान की गई। अधिनियम में यह निश्चय किया गया कि भारत-सचिव अथवा भारत-सचिव की परिषद् के द्वारा जिन व्यक्तियों को ब्रिटिश ताज के अधीन किसी भी नागरिक सेवा में किसी असैनिक पदों पर 15 अगस्त, 1947 से पूर्व नियुक्त किया जा चुका है, वे स्वतंत्रता के बाद भी अपने पदों पर बने रहेंगे और उन्हें सभी सुविधाएं और अधिकार पूर्ववत् प्राप्त होते रहेंगे।

निष्कर्ष

भारत में संवैधानिक विकास का एक लंबा इतिहास है, जिसके आधार पर भारतीय संविधान का निर्माण किया गया और अतीत में विद्यमान समस्याओं के समाधान के लिए विशिष्ट प्रबंध भी किए गए, जिसे संविधान सभा के द्वारा संग्रहित किया गया है।

प्रारंभिक परीक्षोपयोगी महत्त्वपूर्ण तथ्य

- आंग्ल-भारतीय विधि संहिताओं के निर्माण एवं विकास की नींव 1600 के चार्टर द्वारा डाली गई तथा भारत में ईस्ट इंडिया कंपनी की स्थापना भी इसी चार्टर के द्वारा की गई।
- बंगाल का प्रथम गवर्नर जनरल वारेन हेस्टिंग्स को बनाया गया।
- भारत में ईस्ट इंडिया कंपनी ने अपना कार्य सूरत से प्रारंभ किया।
- 1773 के रेग्यूलेटिंग एक्ट द्वारा कंपनी में गवर्नर जनरल का पद बनाया गया।
- गवर्नर जनरल और उसकी परिषद् इंग्लैंड में स्थित निदेशक बोर्ड के प्रति उत्तरदायी थे।
- रेग्यूलेटिंग एक्ट, 1773 के अंतर्गत् ईस्ट इंडिया कंपनी पर संसदीय नियंत्रण का प्रथम प्रयास किया गया।
- कलकत्ता (कोलकाता) में उच्चतम न्यायालय की स्थापना रेग्यूलेटिंग एक्ट, 1773 के अंतर्गत् (वर्ष-1774) की गई।
- गवर्नर जनरल एवं उसकी 24 सदस्यीय परिषद् में ही ईस्ट इंडिया कंपनी की प्रबंध शक्ति निहित थी।
- कलकत्ता (कोलकाता) स्थित उच्चतम न्यायालय में मुख्य न्यायाधीश सर एलिजा इम्पे थे व अन्य न्यायाधीश चैम्बर्स, लिमैस्टर एवं हाइड थे।
- गवर्नर जनरल वारेन हेस्टिंग की परिषद् में चार सदस्य (फिलिप फ्रांसिस, क्लेवरिंग, मानसन एवं वारवैल) सम्मिलित थे।
- पिट्स इंडिया एक्ट, 1784 द्वारा गवर्नर जनरल के सदस्यों की संख्या 4 से घटाकर 3 कर दी गई, जिसमें प्रांत का मुख्य सेनापति होना अनिवार्य कर दिया गया। इसी अधिनियम के द्वारा ही कंपनी के राजनैतिक एवं व्यापारिक क्रिया-कलापों को एक-दूसरे से अलग कर दिया गया।
- अंग्रेजों को भारत में आकर बसने और व्यापार करने के लिए लाइसेंस की अनिवार्यता 1813 के चार्टर एक्ट द्वारा किया गया और भारत में कंपनी के व्यापारिक एकाधिकार को समाप्त कर दिया गया।
- एक्ट ऑफ सेटेलमेंट, 1781 के द्वारा गवर्नर जनरल इन कौंसिल को उच्चतम न्यायालय की अधिकारिता से मुक्त कर दिया गया तथा उच्चतम न्यायालय की राजस्व अधिकारिता भी इसी एक्ट के द्वारा समाप्त कर दी गई।
- 1784 में पिट्स इंडिया एक्ट द्वारा कंपनी के कर्मचारियों पर उपहार ग्रहण करने पर प्रतिबंध लगा दिया गया।
- 1786 के अधिनियम द्वारा लॉर्ड कार्नवालिस को सर्वप्रथम मुख्य सेनापति एवं गवर्नर जनरल दोनों की शक्तियां प्रदान की गई।
- 1793 के चार्टर एक्ट द्वारा बोर्ड ऑफ कंट्रोल के सदस्यों को वेतन भारतीय राजस्व से देना निर्धारित किया गया।
- 1813 के अधिनियम द्वारा भारत में ईसाई मिशनरियों को धर्म प्रचार की अनुमति एवं भारतीयों की शिक्षा पर एक लाख रुपये व्यय निर्धारित किया गया।
- भारत में सर्वप्रथम शासन के केंद्रीकरण, दास प्रथा को गैर-कानूनी एवं भारत में ईस्ट इंडिया कंपनी के व्यापारिक अधिकार को 1833 के अधिनियम के द्वारा समाप्त किया गया। गवर्नर जनरल की परिषद् में विधि सदस्य की नियुक्ति का प्रावधान तथा अंग्रेजों को बिना लाइसेंस भारत आने-जाने, व्यापार करने एवं बसने की स्वतंत्रता इसी अधिनियम द्वारा प्रदान की गई। 1833 के अधिनियम द्वारा लॉर्ड मैकाले की अध्यक्षता में प्रथम विधि आयोग का गठन किया गया।

- भारत का प्रथम गवर्नर जनरल लॉर्ड विलियम बैंटिक था।
- 1853 के अधिनियम के अंतर्गत् प्रतियोगी परीक्षा कर्मचारियों की नियुक्ति का आधार बनी और इस अधिनियम के अंतर्गत् विधि सदस्य को गवर्नर जनरल की कार्यकारिणी का पूर्ण सदस्य बना दिया गया।
- 1 नवंबर, 1858 को ब्रिटिश महारानी की घोषणा को भारतीय शिक्षित वर्ग ने अपने अधिकारों का मैग्नाकार्टा कहा।
- वायसराय लॉर्ड कैनिंग को भारत में मंत्रिमंडलीय व्यवस्था का जन्मदाता कहा जाता है।
- 1858 के अधिनियम द्वारा बोर्ड ऑफ कंट्रोल को समाप्त कर दिया गया एवं भारत के गवर्नर जनरल का नाम बदलकर वायसराय कर दिया गया। इसी अधिनियम के द्वारा ही भारत में कंपनी शासन का अंत कर दिया गया और भारतीय मामलों पर सीधे ब्रिटिश संसदीय नियंत्रण स्थापित हो गया।
- भारत में शासन के विकेंद्रीकरण तथा प्रतिनिधि शासन की शुरुआत भारत के गर्वनर जनरल को अध्यादेश जारी करने की शक्ति भारत परिषद् अधिनियम, 1861 के द्वारा दी गई।
- भारतीय परिषद् अधिनियम, 1892 के द्वारा भारत में प्रतिनिधि सरकार की नींव पड़ी तथा भारतीयों को वार्षिक बजट पर बहस का अधिकार मिला। अतः भारत में आंशिक रूप से सर्वप्रथम संसदीय व्यवस्था का आरंभ भारत परिषद् अधिनियम, 1892 में ही दिखाई देता है।
- सर जॉर्ज अरुन्डेल समिति की रिपोर्ट के आधार पर पारित मार्ले-मिंटो सुधार अधिनियम, 1909 के द्वारा पहली बार मुस्लिम समुदाय के लिए पृथक् प्रतिनिधित्व का उपबंध करके भारत में 'फूट डालो और राज करो' की नीति को बढ़ावा दिया गया।
- सन् 1909 में भारतीय सदस्यों को पूरक प्रश्न पूछने का अधिकार दिया गया।
- के.सी. गुप्ता और सैयद हुसैन बिलग्रामी, इंग्लैंड की भारत परिषद् में नियुक्त होने वाले प्रथम भारतीय थे।
- लियोनस कर्टियस ने सर्वप्रथम अपनी पुस्तक-'डायर्की' में द्वैध शासन व्यवस्था का वर्णन किया था। अतः इनको ही द्वैध शासन का जन्मदाता कहा जाता है।
- प्रांतों में द्वैध शासन एवं उत्तरदायी शासन की स्थापना तथा केंद्र एवं प्रांतों में प्रशासनिक शक्ति का विभाजन 1919 के अधिनियम द्वारा किया गया।
- द्वैध शासन की असफलता की जांच के लिए सर अलेक्जेंडर मुडीमैन की अध्यक्षता में एक समिति गठित की गई।
- 1919 के अधिनियम द्वारा सिक्खों पर सांप्रदायिक आधार पर निर्वाचन प्रणाली आरोपित की गई।
- 1919 में भारत-सचिव तथा उसकी परिषद् का वेतन भारतीय राजस्व से दिया जाना बंद कर दिया गया और इसी समय सर्वप्रथम भारत में महिलाओं को मताधिकार दिया गया।
- 1935 के एक्ट के द्वारा प्रांतों में द्वैध शासन प्रणाली को समाप्त कर दिया गया।
- भारत शासन अधिनियम, 1935 प्रस्तावना विहीन था, क्योंकि 1919 के अधिनियम की प्रस्तावना इसमें जोड़ दी गई थी।
- भारत शासन अधिनियम, 1935 में संघीय सरकार की स्थापना का प्रस्ताव किया गया था, परंतु भारत में संघीय सरकार स्थापित नहीं की जा सकी, क्योंकि देशी रियासतें संघ में शामिल नहीं हुईं।
- संघीय न्यायालय की स्थापना भारत शासन अधिनियम, 1935 के द्वारा की गई। इस संघीय न्यायालय को तीन प्रकार की अधिकारिता (प्रारंभिक अधिकारिता, अपीलीय अधिकारिता एवं परामर्शदात्री अधिकारिता) प्राप्त थी।

- भारत शासन अधिनियम, 1935 द्वारा केंद्र में द्वैध शासन व्यवस्था को स्थापित किया गया, जबकि प्रांतों में स्वायत्त शासन व्यवस्था अपनाई गई।
- 1935 के अधिनियम द्वारा केंद्र और प्रांतों में शक्तियों का विभाजन तीन सूचियों के माध्यम से किया गया, जिसमें संघ सूची (59 विषय), राज्य सूची (54 विषय) एवं समवर्ती सूची में (36 विषय) थे।
- सांप्रदायिक निर्वाचन पद्धति का विस्तार करते हुए 1935 के अधिनियम द्वारा इसमें आंग्ल-भारतीयों, ईसाइयों, यूरोपियों एवं हरिजनों को भी सम्मिलित कर लिया गया।
- भारत शासन अधिनियम, 1935 द्वारा 6 प्रांतों में द्विसदनीय विधान मंडल स्थापित किया गया और भारत परिषद् को समाप्त कर दिया गया।
- जवाहरलाल नेहरू ने 1935 के अधिनियम को 'अनेक ब्रेकों वाली इंजन रहित गाड़ी' कहा था।
- संविधान सभा के कुल सदस्यों के निर्वाचन हेतु मान्यता प्राप्त तीन समुदाय (सामान्य जन, मुस्लिम एवं सिक्ख) थे।
- क्रिप्स मिशन, 1942 को महात्मा गांधी ने 'उत्तर-दिनांकित चेक' (Post-dated cheque) कहा।
- मार्च, 1946 में कैबिनेट मिशन भारत आया, जिसके सदस्य पैंथिक लारेंस (भारत-सचिव), स्टेफोर्ड क्रिप्स (व्यापार बोर्ड के अध्यक्ष) एवं ए.वी. अलेक्जेंडर (नौसेना प्रमुख) थे। भारत विभाजन की मांग तथा संविधान सभा में पृथक् निर्वाचक मंडल की मांग को स्वीकार न किए जाने के कारण मुस्लिम लीग ने क्रिप्स मिशन को अस्वीकार कर दिया।
- संविधान सभा में कुल सदस्यों की संख्या-389 निश्चित की गई थी, जिसमें 10 लाख की जनसंख्या पर एक सदस्य नियुक्त किए जाने का प्रावधान था। एक मात्र रियासत हैदराबाद थी, जिसके प्रतिनिधि संविधान सभा में सम्मिलित नहीं हुए।
- संविधान सभा का निर्वाचन प्रांतीय विधान सभा के सदस्यों द्वारा अप्रत्यक्ष निर्वाचन पद्धति से किया गया था।
- कैबिनेट मिशन योजना के अनुसार, अंतरिम सरकार का गठन 2 सितंबर, 1946 को किया गया, जिसके उपाध्यक्ष जवाहरलाल नेहरू एवं गृह मंत्री सरदार बल्लभ भाई पटेल थे।
- जुलाई, 1946 में 296 स्थानों के लिए संविधान सभा का चुनाव संपन्न हुआ।
- सर्वप्रथम एम.एन. राय ने औपचारिक रूप से संविधान सभा के विचार का प्रतिपादन किया था।
- ब्रिटिश प्रधानमंत्री क्लीमेंट एटली द्वारा जून, 1948 तक अंग्रेजों द्वारा भारत छोड़ने की घोषणा की गई।
- 18 जुलाई, 1947 को ब्रिटिश संसद द्वारा भारतीय स्वतंत्रता अधिनियम पारित किया गया।
- संविधान सभा में सर्वाधिक प्रतिनिधि मैसूर (7) तथा ट्रावनकोर (6) रियासतों के थे।
- 1946 के चुनाव के पश्चात् बंगाल में मुस्लिम लीग ने प्रधानमंत्री एच.एस. सुहरावर्दी के नेतृत्व में सरकार बनाई।
- डोमिनियन का शाब्दिक अर्थ है-शासन करना या शासित प्रदेश।
- वर्तमान में डोमिनियन की जगह राष्ट्र मंडल सदस्य शब्द का प्रयोग ज्यादा हो रहा है।
- ब्रिटेन की महारानी का स्वदेश अथवा विदेश में स्थित वह क्षेत्र जिस पर महारानी का शासन था, डोमिनियन या राष्ट्र मंडल सदस्य के रूप में जाना जाता था।
- ऐसी परिषद्, जिसे तत्कालीन ब्रिटिश सम्राट ने मुख्य रूप से शासन कार्यों को संचालित करने के लिए चुना था, उसे प्रिवी कौंसिल कहते थे।

अध्याय 2

संविधान सभा

(Constitution Assembly)

● संविधान सभा की कार्य प्रणाली, ● संविधान सभा की प्रकृति, ● संविधान सभा से संबंधित विवाद, ● संविधान सभा का प्रतिनिधित्वपूर्ण स्वरूप, ● निष्कर्ष

भारत में संविधान सभा के गठन का प्रयत्न राष्ट्रीय आंदोलन के दौरान हुआ। वर्ष 1922 में महात्मा गांधी ने मांग की कि भारतीय संविधान सभा का गठन भारतीयों द्वारा किया जाना चाहिए, साथ ही वर्ष-1928 में नेहरू रिपोर्ट में भी यह कहा गया था कि संविधान सभा का गठन भारतीय द्वारा किया जाना चाहिए। ब्रिटिश सरकार ने क्रिप्स मिशन प्रस्ताव (1942) के द्वारा पहली बार यह स्वीकार किया कि भारत के लिए संविधान का निर्माण स्वयं भारतीय जनता के द्वारा होगा और कैबिनेट मिशन योजना (1946) के द्वारा संविधान के गठन का प्रारूप निर्मित किया गया। इस योजना के अनुसार संविधान सभा के लिए 389 सदस्य लिए जाएंगे, जिनमें से 296 सदस्य उन राज्यों से होंगे, जिस पर ब्रिटिश सरकार का सीधा नियंत्रण था तथा 93 सदस्य देशी रियासतों से लिए जाएंगे। राज्यों को संविधान सभा में प्राप्त सीटें जनसंख्या के अनुसार आवंटित की गईं और 10 लाख की जनसंख्या के लिए एक सीट का आवंटन किया गया।

संविधान का निर्माण

संविधान सभा की पहली बैठक संसद भवन के केंद्रीय कक्ष में 9 दिसंबर, 1946 को हुई। इस सभा के वरिष्ठतम सदस्य डॉ. सच्चिदानंद सिन्हा को अस्थायी अध्यक्ष चुना गया। 11 दिसंबर, 1946 को डॉ. राजेंद्र प्रसाद संविधान सभा के स्थायी अध्यक्ष के रूप में चुने गए। एच.सी. मुखर्जी को उपाध्यक्ष बनाया तथा संवैधानिक सलाहकार के रूप में सर बी.एन. राव को नियुक्त किया गया। संविधान निर्माण की शुरूआत 13 दिसंबर, 1946 को पंडित जवाहरलाल नेहरू के **'उद्देश्य प्रस्ताव'** से हुई। यही उद्देश्य प्रस्ताव भावी संविधान की रूपरेखा थी। नेहरू के उद्देश्य प्रस्ताव ने भारतीय संविधान के प्रमुख उद्देश्यों जिसमें सामाजिक, आर्थिक एवं राजनीतिक न्याय, अभिव्यक्ति की स्वतंत्रता एवं उपासना का अधिकार सम्मिलित था। समाज के पिछड़े वर्गों, अनुसूचित जातियों, जनजातियों और अल्पसंख्यकों के हितों की रक्षा की घोषणा हुई। भारत को एक संप्रभु राज्य के रूप में पहचाना तथा विश्व शांति पर बल प्रदान किया गया। संविधान निर्माण के क्रम में संविधान सभा ने समितियों के माध्यम से कार्य करना शुरू किया। संविधान निर्माण हेतु महत्त्वपूर्ण समितियां-

- प्रारूप समिति (Drafting Committee)
- संघ संविधान समिति (Union Constitution Committee)
- संघ शक्ति समिति (Union Powers Committee)

- प्रांतीय संविधान समिति (Provincial Constitution Committee)
- मूल अधिकारों, अल्पसंख्यकों इत्यादि से संबंधित समिति (Committee Related to Fundamental Rights and Minorities)
- वार्ता समिति (Negotiation Committee)

संविधान सभा की शुरूआत 9 दिसंबर, 1946 को हुई तथा फरवरी, 1948 में संविधान का मसौदा प्रकाशित किया गया। नवंबर, 1948 से नवंबर, 1949 के बीच उस पर पुनः विचार किया गया। 26 नवंबर, 1949 को भारतीय संविधान का निर्माण हुआ, जिसमें 395 अनुच्छेद और 8 अनुसूचियां शामिल थीं। अंतिम रूप से पारित संविधान पर 26 नवंबर, 1949 को संविधान सभा के 284 सदस्यों ने हस्ताक्षर किया। 2 वर्ष, 11 महीने, 18 दिन के बाद 26 जनवरी, 1950 को संविधान लागू कर दिया गया।

संविधान सभा की कार्य प्रणाली

संविधान सभा में कांग्रेस का निर्णायक बहुमत था। ग्रेनविल ऑस्टिन के अनुसार, संविधान के निर्माण में कांग्रेस के जवाहरलाल नेहरू, बल्लभ भाई पटेल, डॉ. राजेन्द्र प्रसाद तथा मौलाना अबुल कलाम आजाद की भूमिका सर्वाधिक महत्त्वपूर्ण थी। संविधान सभा के द्वारा प्रत्येक पक्षों पर विचार-विमर्श करने का प्रयत्न और प्रत्येक सदस्यों के विचारों और मतों का सम्मान किया गया तथा बहुमत से निर्णय लेने के बजाए, आम सहमति से निर्णय लेने का प्रयत्न किया गया। बहुमत के द्वारा अल्पमत पर अपने विचार थोपने का प्रयत्न नहीं किया गया। संविधान सभा की यह कार्य प्रणाली गैर-कांग्रेसी सदस्यों को संविधान सभा में शामिल करने से स्पष्ट होती है।

संविधान निर्माताओं के द्वारा किसी विशेष विचारधारा को अपनाने के बजाए, उन विचारों को प्राथमिकता दी गई, जो भारतीय परिस्थितियों के लिए अनुकूल थे। भारतीय संविधान निर्माताओं के समक्ष अमेरिका की अध्यक्षीय शासन प्रणाली तथा ब्रिटेन की संसदीय शासन प्रणाली का मॉडल विद्यमान था। संविधान निर्माताओं का दृष्टिकोण मध्यममार्गी था। संविधान निर्माण के दौरान संविधान सभा के सदस्य एस.एन. अग्रवाल, जो प्रसिद्ध गांधीवादी थे, उन्होंने गांधीवादी सिद्धांतों के आधार पर भारत के भविष्य के संविधान निर्माण पर बल दिया। उनके अनुसार, गांधीजी द्वारा प्रतिपादित विकेंद्रीकृत शासन और पंचायती राज भारतीय परिस्थितियों के लिए अत्यधिक अनुकूल थे। यह उल्लेखनीय है कि संविधान सभा में शामिल ज्यादातर सदस्य उदारवादी विचारधारा से अत्यधिक प्रभावी थे। संविधान सभा के सदस्यों की शिक्षा-दीक्षा भी यूरोपीय देशों में हुई थी। इसलिए स्वतंत्रता, विधि का शासन तथा धार्मिक स्वतंत्रता पर विशेष बल दिया गया। जिस दौरान भारतीय संविधान का निर्माण हुआ, उस समय साम्यवादी सोवियत संघ का भी अत्यधिक प्रभाव था। संविधान निर्माताओं ने भारत की शासन प्रणाली का मूल आधार उदारवादी रखा, जबकि शासन के उद्देश्य समाजवादी माने गए तथा गांधीवादी आदर्शों को नीति निदेशक तत्त्वों के अध्याय में शामिल किया गया, जिससे यह प्रतीत होता है कि संविधान निर्माताओं ने समायोजन के सिद्धांत को अपनाया और विभिन्न विचारधाराओं के बेहतरीन तत्त्वों का संविधान में समावेश किया गया है।

संविधान सभा की प्रकृति

संविधान सभा निर्वाचित और आंशिक रूप में मनोनीत संस्था थी। राज्यों के प्रतिनिधियों का निर्वाचन आनुपातिक प्रतिनिधित्व की एकल संक्रमणीय पद्धति के द्वारा हुआ, जबकि देशी रियासतों के प्रतिनिधियों को मनोनीत किया गया। स्वतंत्रता के पूर्व ब्रिटिश सरकार का नियंत्रण भारतीय प्रांतों पर था, जबकि देशी रियासतों के राजाओं का नियंत्रण उनके क्षेत्र पर था। देशी रियासतों के राजा अपने शासन में स्वतंत्र थे, यद्यपि इनके ऊपर भी ब्रिटेन की संप्रभु शक्ति का नियंत्रण था। संविधान सभा में कांग्रेस दल का निर्णायक बहुमत होने के कारण इनकी भूमिका सर्वाधिक महत्त्वपूर्ण थी। इसलिए यह कहा जाता है कि "संविधान सभा कांग्रेस थी और कांग्रेस ही संविधान सभा।" संविधान सभा में कांग्रेस का निर्णायक प्रभुत्व था, परंतु संविधान सभा में डॉ. अंबेडकर, डॉ. राधाकृष्णन, प्रो. के.टी. शाह, हृदय नाथ कुजरू जैसे प्रमुख गैर-कांग्रेसी सदस्य भी थे। तत्कालीन कांग्रेस एक ऐसा संगठन था, जिसमें भारत के प्रत्येक क्षेत्र, जाति, धर्म, भाषा एवं विचारधारा का प्रतिनिधित्व था। इसलिए कांग्रेस विविधतापूर्ण भारत का एक लघुरूप था। समाजवादियों को संविधान सभा में आमंत्रित किया गया, परंतु उन्होंने संविधान सभा में भागीदारी से इनकार कर दिया। मार्क्सवादी अथवा साम्यवादियों के द्वारा संविधान सभा का बहिष्कार किया गया था।

संविधान सभा से संबंधित विवाद

संविधान सभा का निर्माण कैबिनेट मिशन प्रस्ताव और ब्रिटिश संसद में प्रधानमंत्री एटली द्वारा की गई घोषणा पर आधारित था, साथ ही कैबिनेट मिशन ने केंद्र सरकार को मात्र **तीन विभाग** (प्रतिरक्षा, विदेश और संचार) दिए थे। इन तीनों विभागों को चलाने के लिए राजस्व इकट्ठा करने का अधिकार दिया था। इसलिए भारतीय शासन मूलतः ब्रिटिश संसद के अंतर्गत् था। चूंकि संविधान सभा का गठन ब्रिटेन की संसद में पारित प्रस्ताव पर आधारित था। इस कारण आलोचकों ने कहा कि भारतीय संविधान सभा संप्रभु नहीं थी, क्योंकि संविधान सभा का गठन ब्रिटिश सरकार के द्वारा किया गया न कि भारतीय लोगों ने संविधान सभा का गठन किया। इसलिए इसे किसी भी समय ब्रिटिश संसद द्वारा भंग किया जा सकता था, परंतु संविधान सभा को संप्रभु न मानना उचित एवं तार्किक नहीं है, **जिसके निम्नलिखित कारण हैं**-

- भारत तत्कालीन समय में ब्रिटिश शासन के अधीन था, इसलिए संविधान सभा के गठन का प्रस्ताव ब्रिटिश सरकार के द्वारा ब्रिटिश संसद में लाया गया। वैधानिक रूप में ब्रिटिश सरकार का भारत पर नियंत्रण था, परंतु राजनीतिक रूप में सरकार के द्वारा भारतीयों को शक्तियों का हस्तांतरण कर दिया गया था। इसलिए इसे संप्रभु न मानना तार्किक नहीं है।
- नेहरू द्वारा प्रस्तुत उद्देश्य प्रस्ताव में यह स्पष्ट उल्लिखित था कि भारत एक संप्रभु राज्य है। नेहरू का यह उद्देश्य प्रस्ताव 22 जनवरी, 1947 को संविधान सभा में सर्वसम्मति से पारित कर दिया गया।
- संप्रभुता का यह अभिप्राय नहीं है कि किसी भी देश के साथ संबंध निर्मित न हो, स्वतंत्रता के बाद भारत ब्रिटिश सरकार के द्वारा स्थापित कॉमनवेल्थ का सदस्य बना रहा, जिसका यह अभिप्राय नहीं है कि भारत संप्रभु नहीं है। पहले कॉमनवेल्थ की सदस्यता महारानी की इच्छा पर निर्भर थी, परंतु वर्तमान में यह निर्णय भारतीय जनता का है।

संविधान सभा का प्रतिनिधित्वपूर्ण स्वरूप

संविधान की प्रस्तावना में यह स्पष्ट उल्लिखित है कि संविधान का निर्माण भारत के लोगों के द्वारा किया गया अथवा भारत की आम जनता (हम भारत के लोग), परंतु संविधान सभा का निर्वाचन आम जनता के द्वारा नहीं हुआ, बल्कि संविधान सभा के सदस्यों का निर्वाचन प्रांतीय विधान सभा के सदस्यों के द्वारा हुआ। यह भी उल्लेखनीय है कि तत्कालीन समय में प्रांतीय विधान सभा चुनाव में मतदान का अधिकार केवल 28.5 प्रतिशत नागरिकों को दिया गया था, जो संपत्तिशाली और शिक्षित थे। इसलिए जनसंख्या का अधिकांश भाग विधान सभा के चुनाव में सम्मिलित नहीं था। इसलिए आम जनता के द्वारा संविधान निर्माण की कल्पना तो दूर की बात है संविधान निर्माण बहुमत जनता के द्वारा भी नहीं हुआ। देशी रियासतों के प्रतिनिधि निर्वाचित नहीं थे, बल्कि इनका मनोनयन किया गया था। इसलिए मुट्ठीभर लोगों ने संविधान सभा का निर्वाचन किया।

संविधान सभा को अप्रतिनिधिपूर्ण कहने से पहले उन परिस्थितियों पर विचार करना चाहिए, जो संविधान निर्माण के समय भारत में विद्यमान थी। स्वतंत्रता के बाद देशी रियासतों के विलय की समस्या विद्यमान थी। उत्तर-पूर्वी क्षेत्रों के राज्यों में उपद्रवी गतिविधियां कायम थीं। आजादी के बाद मद्रास प्रांत सूखे की चपेट में था तथा भारत विभाजन के दौरान भीषण सांप्रदायिक दंगा हुआ था और पाकिस्तान से आने वाले लाखों लोगों को भारत में बसाने की चुनौती बनी हुई थी। इस दौरान संविधान सभा के निर्माण के लिए आम निर्वाचन कराना कठिन था। संविधान निर्माण विशेषज्ञता का कार्य है, इसलिए विशेषज्ञ लोगों द्वारा संविधान निर्माण लोकतांत्रिक भावना के विरुद्ध नहीं है। लोकतंत्र का सैद्धांतिक अभिप्राय जनता का शासन माना जाता है, परंतु व्यावहारिक रूप में यह जनता के प्रतिनिधियों का शासन होता है। इसलिए संविधान सभा के सदस्य जनता के प्रतिनिधि थे।

निष्कर्ष

संविधान सभा समूचे भारतीय समाज का एक लघु रूप थी, क्योंकि संविधान सभा में कांग्रेस सबसे बड़ा दल था, जिसमें भारत के प्रत्येक क्षेत्र, जाति, धर्म एवं समुदाय का प्रतिनिधित्व सुनिश्चित किया गया था। संविधान सभा के द्वारा भारत में सर्व समावेशी शासन प्रणाली का आधार निर्मित किया गया, जिसमें सभी नागरिकों की समान गरिमा का सम्मान सुनिश्चित है।

प्रारंभिक परीक्षोपयोगी महत्त्वपूर्ण तथ्य

- डॉ. राजेन्द्र प्रसाद व एच.सी. मुखर्जी को संविधान सभा के अध्यक्ष व उपाध्यक्ष के रूप में 11 दिसंबर, 1946 को निर्वाचित किया गया।
- बी.एन. राव संविधान सभा के संवैधानिक सलाहकार नियुक्त किए गए।
- संविधान सभा के सदस्यों का चयन कैबिनेट मिशन के प्रस्ताव के अनुसार ही हुआ।
- राज्य व देशी रियासतों को उनकी जनसंख्या के अनुपात में सीटें प्रदान की गई। यह अनुपात 10 लाख लोगों पर 1 सदस्य का निर्वाचन किया गया। अत: विभाजन के पश्चात् संविधान सभा के सदस्य 299 हो गए।
- 1946 में संपन्न संविधान सभा के प्रारंभिक चुनाव में डॉ. भीम राव अंबेडकर अविभाजित भारत के बंगाल प्रांत के पूर्वी भाग से निर्वाचित हुए थे। बाद में यह क्षेत्र पाकिस्तान में चले जाने के कारण डॉ. अंबेडकर भारतीय गणराज्य के बंबई प्रेसीडेंसी के पूना संसदीय क्षेत्र से उपचुनाव में निर्वाचित होकर संविधान सभा में पहुंचे। पूना सीट कांग्रेस के एम.आर. जयकर ने त्यागपत्र देकर छोड़ी थी।
- 26 जनवरी, 1950 से भारतीय संविधान लागू किया गया, परंतु इसके कुछ प्रावधान 26 नवंबर, 1949 से लागू हो गए थे। जैसे-नागरिकता का प्रावधान, चुनाव, अस्थायी संसद व संक्रमणकालीन प्रावधान शामिल थे।
- 26 नवंबर, 1949 को निर्मित संविधान में 395 अनुच्छेद व 8 अनुसूचियां थीं, जिसे पूरा करने में 2 वर्ष, 11 माह एवं 18 दिन लगे थे।
- स्वतंत्र भारत के प्रथम भारतीय गवर्नर जनरल सी. राजगोपालाचारी थे।
- भारतीय स्वतंत्रता के समय ब्रिटेन में लेबर पार्टी की सरकार थी।
- भारत-पाकिस्तान सीमा निर्धारण समिति के अध्यक्ष सर रेडक्लिफ थे।
- जवाहरलाल नेहरू ने 13 दिसंबर, 1946 को उद्देश्य प्रस्ताव प्रस्तुत किया, जिसे संविधान सभा द्वारा 22 जनवरी, 1947 को स्वीकार किया गया और इस उद्देश्य प्रस्ताव में 8 अनुच्छेद थे।
- संविधान के प्रारूप समिति के सदस्य डी.पी. खेतान की मृत्यु के बाद टी. कृष्णामचारी को सदस्य बनाया गया।
- संविधान सभा की अंतिम बैठक 24 जनवरी, 1950 को हुई।
- भारतीय स्वतंत्रता के पश्चात् संविधान सभा की प्रथम बैठक 31 अक्टूबर, 1947 को हुई।
- संविधान का प्रथम प्रारूप अक्टूबर, 1947 में संविधान सभा के संवैधानिक सलाहकार बी.एन. राव ने प्रस्तुत किया।
- प्रारूप समिति द्वारा तैयार प्रारूप संविधान में कुल 315 अनुच्छेद एवं 8 अनुसूचियां थीं।
- संविधान निर्माण के संदर्भ में संविधान सभा के कुल 12 अधिवेशन (165 दिन) हुए।
- संविधान निर्माण प्रक्रिया के दौरान प्रारूप संविधान का तीन वाचन हुआ।
- 26 नवंबर को भारत में विधि दिवस के रूप में मनाया जाता है।
- संविधान सभा की पहली बैठक 9 दिसंबर, 1946 को अस्थायी अध्यक्ष डॉ. सच्चिदानंद सिन्हा की अध्यक्षता में संपन्न हुई।
- संघीय शक्ति समिति के अध्यक्ष जवाहरलाल नेहरू थे। (सदस्यों की कुल संख्या-9)

- मूल अधिकार व अल्पसंख्यकों के अधिकारों से संबंधित समिति के अध्यक्ष सरदार पटेल थे। (सदस्यों की कुल संख्या-54)
- संचालन समिति के अध्यक्ष राजेन्द्र प्रसाद थे। (सदस्यों की कुल संख्या-3)
- कार्य संचालन समिति के अध्यक्ष के.एम. मुंशी थे।
- प्रारूप (ड्राफ्टिंग) समिति के अध्यक्ष डॉ. बी.आर. अंबेडकर थे। (सदस्यों की कुल संख्या-7)
- संघ के संविधान से संबंधित समिति के अध्यक्ष जवाहरलाल नेहरू थे।
- संविधान के प्रारूप परीक्षण करने की विशेष समिति के अध्यक्ष अल्लादि कृष्णा स्वामी अय्यर थे।
- नियम समिति के अध्यक्ष डॉ. राजेन्द्र प्रसाद थे। (सदस्यों की कुल संख्या-15)
- संविधान सभा में साम्यवादी दल, समाजवादी दल एवं हिंदू महासभा का प्रतिनिधित्व नहीं था।
- संविधान सभा में महत्त्वपूर्ण महिलाओं में हंसा मेहता एवं राजकुमारी अमृत कौर थीं।
- संविधान सभा के गैर-कांग्रेसी सदस्य थे–ए.के. अय्यर, हृदय नाथ कुंजरू, के. संथानम्, सच्चिदानंद सिन्हा, के.एम. मुंशी, जॉन मथाई, एम.आर. जयकर एवं डॉ. बी.आर. अंबेडकर इत्यादि।

अध्याय 3

संविधान पर आंतरिक एवं बाह्य प्रभाव

(Internal and External Influence Over Constitution)

● भारतीय शासन अधिनियम, 1935, ● ब्रिटिश संसदीय शासन प्रणाली, ● अमेरिकी संविधान का प्रभाव, ● कनाडाई संविधान, ● जर्मन संविधान, ● आयरलैंड का संविधान, ● उधार का थैला, ● निष्कर्ष

प्रत्येक देश का संविधान अपनी आंतरिक परिस्थितियों से प्रभावित होता है। स्वतंत्रता पूर्व भारत में एक विषमतामूलक और सोपानिक समाज था, जहां जातिगत विभाजन के अतिरिक्त छुआछूत की अमानवीय प्रवृत्ति भी विद्यमान थी। देशी रियासतों की एकीकरण की समस्या बनी हुई थी। जहां भीषण सांप्रदायिक दंगों के बीच देश को स्वतंत्रता प्राप्त हुई और पाकिस्तान से बड़ी संख्या में विस्थापित लोगों को भारत में बसाने की चुनौती विद्यमान थी, तो वहीं देश में आर्थिक रूप से अत्यधिक विषमता व्याप्त थी। स्वतंत्रता के तत्काल बाद ही कश्मीर में कबायलियों का हमला हुआ, जो मूलत: पाकिस्तान समर्थित थे। उत्तरी-पूर्वी राज्यों में उपद्रवी गतिविधियां विद्यमान थीं तथा तेलंगाना में साम्यवादी आंदोलन जारी था। अत: देश के समक्ष अत्यधिक चुनौतीपूर्ण परिस्थितियां विद्यमान थीं। इसलिए भारतीय संविधान में शक्तिशाली संघवादी व्यवस्था को अपनाया और छुआछूत को पूर्णत: प्रतिबंधित किया तथा सामाजिक न्याय प्राप्त करने के लिए निदेशक तत्त्वों के अध्याय का उल्लेख किया एवं राष्ट्रीय अखंडता पर भी बल दिया गया।

भारतीय शासन अधिनियम, 1935

भारतीय शासन अधिनियम, 1935 से संविधान का लगभग दो-तिहाई भाग प्रभावित है। अधिनियम में संघात्मक शासन का निर्माण किया गया था और अधिनियम के द्वारा संसदीय शासन प्रणाली को प्राथमिकता दी गई, जिसे संविधान में स्वीकार किया गया। संघ लोक सेवा आयोग, राज्यपाल का पद, आपातकालीन प्रावधान भी अधिनियम में उल्लिखित हैं। अधिनियम में मूल अधिकार, निदेशक तत्त्व एवं प्रस्तावना जैसे प्रावधान अनुपस्थित थे, जिन्हें भारतीय संविधान में शामिल किया गया।

ब्रिटिश संसदीय शासन प्रणाली

संविधान निर्माण में विश्व की अत्यधिक बेहतरीन विशेषताओं का भी सामंजस्य किया गया तथा ब्रिटेन से संसदीय शासन प्रणाली को अपनाया गया। यद्यपि ब्रिटेन की संसदीय सर्वोच्चता के सिद्धांत को भारत में नहीं अपनाया गया। ब्रिटेन का संसदीय शासन एकात्मक शासन के साथ कार्य करता है, जबकि भारतीय संसदीय शासन को संघात्मक शासन के साथ समायोजित किया गया है। भारतीय संविधान में मूल अधिकार का प्रावधान है। संविधान लिखित है। इसीलिए ब्रिटेन के संसदीय सर्वोच्चता के सिद्धांत के बजाए, संविधान की सर्वोच्चता के विचार को अपनाया गया।

अमेरिकी संविधान का प्रभाव

अमेरिकी संविधान से न्यायिक पुनरावलोकन का प्रावधान लिया गया। अमेरिकी संविधान विश्व का पहला लिखित संविधान है, जिसमें मूल अधिकारों का प्रावधान भी किया गया है। यद्यपि अमेरिकी संविधान में वर्णित मूल अधिकार निरपेक्ष हैं, क्योंकि संविधान में मूल अधिकारों पर कोई प्रतिबंध नहीं है, जबकि भारतीय संविधान में मूल अधिकारों पर वास्तविक और तार्किक प्रतिबंध आरोपित किए गए हैं। भारत में उपराष्ट्रपति का पद भी अमेरिका से लिया गया है व प्रस्तावना भी अमेरिकी संविधान से प्रभावित है।

कनाडाई संविधान

भारतीय संघीय व्यवस्था कनाडा के संघीय शासन से प्रभावित है, जहां संघ सरकार को अत्यधिक शक्तिशाली बनाया गया है। कनाडा में संघीय शासन का सामंजस्य संसदीय शासन के साथ किया गया है। भारत में भी संघीय शासन एवं संसदीय शासन का समिश्रण है। कनाडा में संघीय व्यवस्था राज्यों के समझौते का परिणाम नहीं है। भारत में भी संघ समझौते से नहीं बना है।

जर्मन संविधान

भारतीय संघीय व्यवस्था में आपातकाल के प्रावधानों का उल्लेख है, जो पूर्व के जर्मन संविधान से प्रभावित है। अमेरिकी एवं कनाडाई संविधान में आपातकाल का प्रावधान नहीं है, जिसका प्रयोग जर्मन संविधान से किया गया, जिसे वीमर गणतंत्र (Weimar Republic) भी कहा जाता था।

आयरलैंड का संविधान

निदेशक तत्त्वों का अध्याय आयरलैंड के संविधान से लिया गया है। भारतीय निदेशक तत्त्वों के अध्याय में आयरलैंड के अलावा भारतीय शासन अधिनियम, 1935 का भी प्रभाव है और संविधान के निदेशक तत्त्वों में गांधीवादी सिद्धांतों को भी जोड़ा गया, जो आयरलैंड के संविधान में शामिल नहीं है। भारतीय राष्ट्रपति के निर्वाचन का तरीका भी आयरलैंड के संविधान से लिया गया है।

उधार का थैला

भारतीय संविधान में उपरोक्त देशों की विशेषताओं के अलावा ऑस्ट्रेलियाई संविधान से समवर्ती सूची का प्रयोग किया गया और दक्षिण अफ्रीका से संविधान के संशोधन की प्रक्रिया ली गई। मूल कर्तव्य सोवियत संघ के संविधान से प्रभावित प्रतीत होते हैं। इसीलिए डॉ. अंबेडकर ने भारतीय संविधान को उधार के थैले की संज्ञा दी है, क्योंकि इसमें दुनिया के विभिन्न संविधान से अनेक प्रावधान लिए गए हैं। डॉ. राजेन्द्र प्रसाद के अनुसार, यदि भारत का संविधान उधार का थैला है, तो यह अत्यधिक बेहतरीन है।

डॉ. राजेन्द्र प्रसाद के अनुसार, भारतीय संविधान भारत की परिस्थितियों के लिए उपयोगी है। अत: इस बात से कोई फर्क नहीं पड़ता है कि संविधान को उधार का थैला कहा जा रहा है। भारतीय संविधान में जिन प्रावधानों का समावेश किया गया है, उन्हें भारतीय परिस्थितियों के अनुसार सामंजस्यपूर्ण बनाया गया है। अत: इसे उधार का थैला कहना पूर्वाग्रहपूर्ण प्रतीत होता है।

निष्कर्ष

भारतीय संविधान में घरेलू और बाहरी तत्त्वों के प्रभाव को सामंजस्यपूर्ण बनाने का प्रयत्न किया गया है, जो भारतीय परिस्थितियों के लिए अत्यधिक उपयुक्त या कारगर हैं तथा संविधान में सामाजिक परिवर्तन के समावेश के लिए संशोधन की लचीली प्रक्रिया अपनाई गई है।

भारतीय संविधान की विशेषताएं

भाग

2

1) भारतीय संविधान की विशेषताएं, 2) भारतीय संविधान की प्रस्तावना, 3) संघ एवं राज्य क्षेत्र, 4) नागरिकता, 5) मूल अधिकार, 6) राज्य के नीति निदेशक तत्त्व, 7) मूल कर्त्तव्य, 8) संविधान संशोधन, 9) संविधान की आधारभूत संरचना, 10) विवाद निवारण तंत्र, 11) शक्ति का पृथक्करण

अध्याय
1

भारतीय संविधान की विशेषताएं

(Features of Indian Constitution)

● संपूर्ण प्रभुत्व-संपन्न राज्य, ● लोकतंत्रात्मक राज्य, ● गणराज्य, ● पंथनिरपेक्ष राज्य, ● कठोरता और लचीलेपन का समन्वय, ● संसदीय प्रणाली, ● संसदीय संप्रभुता तथा न्यायिक सर्वोच्चता में समन्वय, ● संघीय शासन, ● वयस्क मताधिकार, ● मौलिक अधिकार और मूल कर्तव्य, ● राज्य के नीति निदेशक तत्त्व, ● सामाजिक समानता की स्थापना, ● कल्याणकारी राज्य की स्थापना का आदर्श, ● स्वतंत्र न्यायपालिका और अन्य स्वतंत्र अभिकरण, ● एकल नागरिकता, ● निष्कर्ष

संविधान किसी राष्ट्र की मौलिक विधि होती है, जिसमें शासन की विशेषताएं, शासकों के कर्तव्य, शक्तियां एवं आम जनता के अधिकार इत्यादि वर्णित होते हैं। किसी राष्ट्र द्वारा तभी संविधान निर्मित एवं स्वीकृत किया जाता है, जब जनता बिल्कुल नए प्रकार की शासन प्रणाली चाहती है तथा पुराने शक्ति संबंध समाप्त करने होते हैं, साथ ही नए वर्ग सत्ता में भागीदार बनना चाहते हैं। ऐसे परिवर्तन के लिए संविधान निर्माण का सहारा लिया जाता है। जैसे-नेपाल में संविधान निर्माण हो रहा है। परिवर्तन के लिए संविधान निर्माण का सहारा लिया जाता है। जैसे-नेपाल में संविधान निर्माण हो रहा है।

1. संपूर्ण प्रभुत्व-संपन्न राज्य (Sovereign State)

संपूर्ण प्रभुत्व-संपन्न राज्य का अर्थ है कि आंतरिक या बाहरी दृष्टि से भारत पर किसी विदेशी सत्ता का अधिकार नहीं है। भारत अंतर्राष्ट्रीय क्षेत्र में अपनी इच्छानुसार आचरण कर सकता है और वह किसी भी अंतर्राष्ट्रीय समझौते या संधि को मानने के लिए बाध्य नहीं है।

2. लोकतंत्रात्मक राज्य (Democratic State)

भारत एक लोकतंत्रात्मक राज्य है, अर्थात् भारत में राजसत्ता जनता में निहित है और जनता को अपने प्रतिनिधि निर्वाचित करने का अधिकार होगा, जो जनता का स्वामी न होकर, सेवक होगा।

3. गणराज्य (Republic State)

गणतंत्रात्मक व्यवस्था से अर्थ है कि देश में सभी पद सभी नागरिकों के लिए खुले होते हैं, अर्थात् देश का सर्वोच्च पद भी सामान्य नागरिक प्राप्त कर सकता है। अत: भारत एक लोकतंत्रात्मक राज्य होने के साथ-साथ एक गणराज्य भी है। भारतीय राज्य का गणतंत्रात्मक स्वरूप इससे स्पष्ट हो जाता है कि भारत राज्य का सर्वोच्च अधिकारी वंशानुगत राजा न होकर, भारतीय जनता द्वारा अप्रत्यक्ष रूप से निर्वाचित राष्ट्रपति है। भारत अपने गणतंत्रात्मक स्वरूप के साथ राष्ट्रमंडल जैसे संगठन में सम्मिलित हुआ। राष्ट्रमंडल की सदस्यता के अनेक कारण थे। अनेक व्यक्तियों का मत है कि इसके सदस्य राज्यों द्वारा ब्रिटिश सम्राट को अपने प्रधान के रूप में स्वीकार किया गया है, परंतु यह एक लचीला संगठन है और जिस समय भारत को राष्ट्रमंडल की सदस्यता प्रदान की गई, उसी समय राष्ट्रमंडलीय सम्मेलन में यह स्वीकार किया गया था कि राष्ट्रमंडल में भारत की स्थिति वैधानिक रूप में अन्य उपनिवेशों की अपेक्षा कुछ अलग है।

भारतीय संविधान की विशेषताएं

शासन प्रणाली

1. संसदात्मक शासन व्यवस्था।
2. संघीय शासन।
3. संसदीय प्रभुता तथा न्यायिक सर्वोच्चता में समन्वय।
4. वयस्क मताधिकार।
5. संपूर्ण प्रभुत्व-संपन्न राज्य।
6. लोकतांत्रिक गणराज्य।
7. पंथनिरपेक्ष राज्य।
8. कठोरता और लचीलेपन का समन्वय।

संविधान का दर्शन

1. प्रस्तावना।
2. मूल अधिकार।
3. राज्य के नीति निदेशक तत्त्व।

4. पंथनिरपेक्ष राज्य (Secular State)

पंथनिरपेक्ष राज्य का तात्पर्य है कि राज्य की दृष्टि में सभी धर्म समान हैं और राज्य के द्वारा विभिन्न धर्मावलंबियों में कोई भेदभाव नहीं किया जाएगा। पश्चिम की उदारवादी प्रजातांत्रिक परंपरा के अनुसार, पंथनिरपेक्ष राज्य धर्म के विरुद्ध नहीं है, वरन् वह धार्मिक मामलों में तटस्थ है। 42वें संविधान संशोधन, 1976 द्वारा प्रस्तावना में अब भारत को स्पष्ट रूप से **'पंथनिरपेक्ष राज्य'** घोषित किया गया है। मूल संविधान में कहीं पर भी भारत को स्पष्टत: पंथनिरपेक्ष राज्य घोषित नहीं किया गया है, फिर भी ऐसी व्यवस्थाएं हैं, जिनके कारण पंथनिरपेक्ष राज्य का रूप स्पष्ट हो जाता है। प्रस्तावना में सभी नागरिकों को धर्म, विचार अभिव्यक्ति, विश्वास, धर्म और उपासना की स्वतंत्रता दी गई है। मौलिक अधिकारों के अंतर्गत यह कहा गया है कि राज्य धर्म, जाति, लिंग या इनमें से किसी के आधार पर अपने नागरिकों में कोई भेदभाव नहीं करेगा। संविधान में उपबंधित किया गया है कि सार्वजनिक व्यवस्था, सदाचार और स्वास्थ्य के नियमों के अधीन रहते हुए सभी नागरिकों को अंत:करण की तथा धर्म को अबाध रूप से मानने, आचरण करने तथा प्रचार-प्रसार करने की पूर्ण स्वतंत्रता होगी। संविधान ने धार्मिक अल्पसंख्यकों को आश्वासन दिया है कि वे अपनी भाषा, लिपि या संस्कृति की रक्षा कर सकेंगे और उन्हें अपनी इच्छा की शिक्षण संस्थाएं संचालित करने का अधिकार होगा।

5. कठोरता और लचीलेपन का समन्वय (Coherence between Rigidity and Flexibility)

संशोधन प्रणाली के आधार पर **संविधान दो प्रकार के होते हैं**–कठोर संविधान तथा लचीला संविधान। कठोर संविधान में संवैधानिक संशोधन के लिए साधारण कानून निर्माण के अतिरिक्त जटिल प्रक्रिया को अपनाया जाता है। इसके विपरीत लचीला संविधान उस प्रावधान को कहते हैं, जिसमें साधारण कानून और संवैधानिक कानून में कोई अंतर नहीं किया जाता तथा संविधान में विधि-निर्माण की साधारण प्रक्रिया के आधार पर संशोधन किया जा सकता है। भारत ने इन दोनों के बीच का रास्ता अपनाया। **भारतीय संविधान न तो अत्यधिक कठोर है और न ही अत्यधिक लचीला।** भारतीय संविधान में कुछ ऐसे प्रावधान हैं, जिन्हें आसानी से परिवर्तित नहीं किया जा सकता। इनमें संशोधन के लिए संसद के समस्त सदस्यों के बहुमत और मत देने वाले उपस्थित सदस्यों के दो-तिहाई बहुमत के अतिरिक्त कम-से-कम आधे राज्यों के विधान मंडलों का अनुसमर्थन भी आवश्यक है। जैसे-राष्ट्रपति के निर्वाचन की पद्धति, संघ और राज्य इकाइयों के बीच शक्ति विभाजन, राज्यों का संसद में प्रतिनिधित्व एवं जी.एस.टी. का प्रावधान इत्यादि। कुछ विषयों में तो संसद के साधारण बहुमत से ही संविधान में संशोधन हो जाता है। उदाहरणस्वरूप, नवीन राज्यों के निर्माण, वर्तमान राज्यों के पुनर्गठन और भारतीय नागरिकता संबंधी प्रावधानों में परिवर्तन इत्यादि संशोधन संसद साधारण बहुमत से कर सकती है।

इस प्रकार भारतीय संविधान न तो ब्रिटिश संविधान की भांति अत्यधिक लचीला है और न ही अमेरिकी संविधान की भांति अत्यधिक कठोर। इस संबंध में भारतीय संविधान में मध्यम मार्ग को अपनाया गया है। यदि संविधान में सब कुछ स्थायी और कठोर बना दिया जाए, तो राष्ट्र का विकास रूक जाएगा, क्योंकि राष्ट्र जीवित विकासशील प्राणियों का समूह है। किसी भी स्थिति में हमें अपने संविधान को इतना कठोर नहीं बनाना चाहिए कि वह बदलती हुई परिस्थितियों के अनुरूप परिवर्तित न हो सकें भारतीय संविधान में पर्याप्त लोचशीलता है और अभी तक भारतीय संविधान में 100 से अधिक संवैधानिक संशोधन हो चुके हैं।

6. संसदीय प्रणाली (Parliamentary System)

संसदीय प्रणाली ऐसी शासन व्यवस्था है, जिसमें मंत्रियों के समूह द्वारा सरकार चलाई जाती है और सरकार संसद के प्रति जबावदेह होती है। जब तक संसद में बहुमत है, तब तक सरकार चलती है। संसदीय प्रणाली में कार्यपालिका, विधायिका के प्रति उत्तरदायी रहती है और इसका विश्वास खो देने पर यह कायम नहीं रह सकती। भारतीय संविधान संसदात्मक शासन प्रणाली की स्थापना करता है, क्योंकि राष्ट्रपति संवैधानिक अध्यक्ष होता है और वास्तविक शक्तियां मंत्रिमंडल में निहित होती हैं, जो लोक सभा (संसद) के प्रति उत्तरदायी है। भारतीयों को 1919 और 1935 के भारत शासन अधिनियम के अंतर्गत् संसदीय शासन का अनुभव था।

7. संसदीय संप्रभुता तथा न्यायिक सर्वोच्चता में समन्वय (Harmony between Parliamentary Sovereignty and Judicial Supremacy)

भारतीय संविधान की एक विशेषता यह है कि संविधान में संसदीय संप्रभुता एवं न्यायिक सर्वोच्चता के बीच मध्यम मार्ग का अनुसरण किया गया है। संसदीय व्यवस्था में व्यवस्थापिका सर्वोच्च है, क्योंकि लोकतंत्र में जनता की इच्छाओं का सर्वाधिक महत्त्व होता है। न्यायालय संविधान का रक्षक और अभिभावक है। न्यायालय संघीय व्यवस्थापिका अर्थात् संसद द्वारा निर्मित कानून या कार्यपालिका के आदेशों का परीक्षण कर यह सुनिश्चित करता है कि कोई विधि या आदेश संविधान के उपबंधों के विरुद्ध तो नहीं है। संविधान का उल्लंघन करने वाली विधियों या आदेशों को उसके द्वारा अवैध घोषित कर दिया जाता है। न्यायालय की इस शक्ति को **'न्यायिक पुनरावलोकन की शक्ति'** (Power of Judicial Review) कहते हैं। भारत में संसदात्मक व्यवस्था को अपनाकर संसदीय सर्वोच्चता को स्वीकार किया गया है, लेकिन इसके साथ ही संघात्मक व्यवस्था के आदर्श के अनुरूप न्यायालय को संविधान की व्याख्या करने तथा उन विधियों और आदेशों को अवैध घोषित करने का अधिकार दिया गया है, जो संविधान के विरुद्ध हों। इस प्रकार भारतीय संविधान द्वारा न तो ब्रिटेन के समान संसदीय प्रभुता को स्वीकार किया गया है और न ही अमेरिका की भांति न्यायपालिका की सर्वोच्चता को, वरन् उपर्युक्त दोनों पद्धतियों के बीच की प्रणाली को अपनाया गया है।

8. संघीय शासन (Federal Government)

संघीय शासन का तात्पर्य संविधान द्वारा विभिन्न घटकों के मध्य शक्तियों के विभाजन से है। सामान्यत: संघीय शासन में एक संविधान के द्वारा केंद्र व राज्यों के मध्य शक्तियां विभाजित कर एक संघीय न्यायालय की स्थापना कर दी जाती है, जो केंद्र तथा राज्यों के मध्य विवादों का निपटारा करता है। भारत में सामाजिक, सांस्कृतिक, भाषायी एवं नृजातीय विविधता पाई जाती है। संविधान निर्माताओं ने एक ऐसी संघीय व्यवस्था की स्थापना की, जिसका झुकाव एक शक्तिशाली केंद्र की तरफ था। संविधान के अनुच्छेद-1 के अनुसार, भारत, राज्यों का संघ (Union of states) है। राज्यों के संघ शब्द के महत्त्व की व्याख्या करते हुए डॉ. बी.आर. अंबेडकर ने कहा कि इसके अंतर्गत् दो चीजें अंतर्निहित हैं-**प्रथम,** भारतीय संघ, विभिन्न इकाइयों के मध्य एक समझौते का परिणाम नहीं है। **द्वितीय,** किसी भी इकाई को संघ से अलग होने की स्वतंत्रता प्राप्त नहीं है।

9. वयस्क मताधिकार (Adult Franchise)

भारतीय संविधान सभी लोगों को समानता के आधार पर मताधिकार प्रदान करता है, धर्म, जाति एवं आर्थिक आधार पर नहीं। जबकि ब्रिटिश शासनकाल में 1909 के अधिनियम द्वारा सांप्रदायिक प्रतिनिधित्व की पद्धति को लागू किया गया था, जिसने भारत के विभिन्न संप्रदायों

को एक-दूसरे का विरोधी बना दिया। अत: नवीन संविधान के अंतर्गत् सांप्रदायिक प्रतिनिधित्व का अंत कर वयस्क मताधिकार के आधार पर संयुक्त प्रतिनिधित्व की पद्धति को अपनाया गया है। करोड़ों व्यक्तियों को एक साथ मताधिकार प्रदान करना संविधान सभा का निश्चित रूप से एक साहसिक कार्य था।

10. मौलिक अधिकार और मूल कर्तव्य

(Fundamental Rights and Duties)

मौलिक अधिकारों का आशय, नागरिकों को संविधान द्वारा प्रदत्त ऐसे अधिकार और स्वतंत्रताओं से है, जिन्हें राज्य तथा केंद्र सरकार के विरुद्ध भी लागू किया जा सकता है। मूल संविधान द्वारा नागरिकों को सात मौलिक अधिकार प्रदान किए गए थे। लेकिन वर्तमान में संपत्ति का अधिकार 44वां संविधान संशोधन, 1978 द्वारा एक मौलिक अधिकार नहीं रहा और अब नागरिकों को छह मौलिक अधिकार प्राप्त हैं। भारतीय संविधान द्वारा प्रदत्त अधिकारों के संबंध में विशेष बात यह है कि संविधान द्वारा अधिकार प्रदान किए जाने के साथ-साथ यह भी स्पष्ट कर दिया गया है कि इन अधिकारों पर किन परिस्थितियों में और किस प्रकार के प्रतिबंध लगाए जा सकेंगे। इसके अतिरिक्त भारतीय संविधान में संवैधानिक उपचारों के अधिकार के रूप में मूल अधिकारों को लागू करने के लिए पृथक् से वैधानिक व्यवस्था की गई है, (अनुच्छेद-32)।

11. राज्य के नीति निदेशक तत्त्व

(Directive Principles of State Policy)

राज्य के नीति निदेशक तत्त्व को नीति निर्धारित करने वाला तत्त्व कहा गया है। राज्य इन तत्त्वों को कानून निर्माण तथा नीति निर्माण में उपयोग करेगा तथा जहां संविधान मौन है, वहां निदेशक तत्त्व दिशा प्रदान करेंगे। भारतीय संविधान के चौथे अध्याय में शासन संचालन के लिए मूलभूत सिद्धांतों का वर्णन किया गया है। भारतीय संविधान में नीति निदेशक तत्त्व का विचार आयरलैंड के संविधान से लिया गया है। इस तत्त्व की प्रकृति के संबंध में संविधान के 37वें अनुच्छेद में कहा गया है कि नीति निदेशक तत्त्वों को किसी न्यायालय द्वारा बाध्यकारी नहीं बनाया जा सकता, किंतु ये तत्त्व देश के शासन में मूलभूत हैं। इस प्रकार निदेशक तत्त्वों को वैधानिक शक्तियां तो प्राप्त नहीं हैं, लेकिन इन्हें राजनीतिक शक्ति अवश्य प्राप्त हैं।

12. सामाजिक समानता की स्थापना

(Socialist Structure of Society)

सामान्यतया संविधानों के द्वारा अपने नागरिकों की राजनीतिक और कानूनी समानता पर ही बल दिया जाता है, सामाजिक समानता पर नहीं। लेकिन भारतीय संविधान की विशेषता यह है कि संविधान के द्वारा सामाजिक क्षेत्र में भी सभी नागरिकों की समानता के सिद्धांत का प्रतिपादन किया गया है।

13. कल्याणकारी राज्य (Welfare State)

संविधान के नीति निदेशक तत्त्वों के अध्ययन से यह नितांत स्पष्ट हो जाता है कि संविधान निर्माताओं द्वारा भारत के लिए आदर्श निश्चित किया गया है। वह आदर्श है, कल्याणकारी राज्य की स्थापना। भारतीय संविधान निर्माता स्पष्ट रूप से यह चाहते थे कि भारत की केंद्रीय और राज्य सरकारें भारतीय नागरिकों को पौष्टिक भोजन, वस्त्र, निवास, शिक्षा और स्वास्थ्य की अधिकाधिक सुविधाएं प्रदान करें तथा उनके जीवन स्तर को ऊंचा उठाएं एवं उनके द्वारा अधिक से अधिक संभव सीमा तक आर्थिक समानता की स्थापना की जाए।

14. स्वतंत्र न्यायपालिका और अन्य स्वतंत्र अभिकरण

(Independent Judiciary and other Agencies)

संघात्मक शासन व्यवस्था में न्यायपालिका का संविधान की व्याख्याता और रक्षक होने के कारण स्वतंत्र होना आवश्यक है। इसके अतिरिक्त संविधान द्वारा नागरिकों को प्रदान किए गए मौलिक अधिकारों की रक्षा के लिए भी न्यायपालिका की स्वतंत्रता नितांत आवश्यक हो जाती है। न्यायपालिका की स्वतंत्रता हेतु संविधान में अनेक प्रावधान हैं। जैसे-उच्चतम न्यायालय और उच्च न्यायालयों के न्यायाधीशों की नियुक्ति राष्ट्रपति द्वारा की जाती है, जिससे न्यायाधीशों को पद की सुरक्षा प्राप्त होती है। न्यायाधीशों के कार्यकाल के दौरान उनके वेतन में कमी नहीं की जा सकती और न ही न्यायाधीशों के आचरण पर व्यवस्थापिका द्वारा विचार किया जा सकता है, परंतु

न्यायाधीशों के विरुद्ध महाभियोग प्रस्ताव के दौरान उनके आचरण पर टिप्पणी की जा सकती है।

15. एकल नागरिकता (Single Citizenship)

भारतीय संविधान के द्वारा संघात्मक शासन की व्यवस्था की गई है। सामान्यतया ऐसा समझा जाता रहा है कि संघ-राज्य के नागरिकों को दोहरी नागरिकता प्राप्त होनी चाहिए। **प्रथम,** संघ की नागरिकता और **द्वितीय,** इकाई या राज्य की नागरिकता। भारतीय संविधान के निर्माताओं का विचार था कि दोहरी नागरिकता भारत की एकता को बनाए रखने में बाधक सिद्ध हो सकती है। अत: संविधान निर्माताओं द्वारा संघ-राज्य की स्थापना करते हुए भी दोहरी नागरिकता को नहीं, वरन् एकल नागरिकता के आदर्श को ही अपनाया गया है।

निष्कर्ष

भारतीय संविधान, विश्व का सबसे बड़ा संविधान है, जिसमें संसदीय सर्वोच्चता एवं न्यायिक सर्वोच्चता के मार्ग को स्वीकार नहीं किया गया है, बल्कि एक व्यावहारिक एवं मध्यम मार्ग अपनाते हुए संसदीय शासन एवं न्यायिक पुनरावलोकन का आधार निर्मित किया गया है, जिससे सामाजिक न्याय की उपलब्धता हो सके एवं प्रत्येक नागरिक की गरिमा और स्वतंत्रता की रक्षा भी सुनिश्चित हो।

प्रारंभिक परीक्षोपयोगी महत्त्वपूर्ण तथ्य

- भारतीय संविधान लिखित, नवनिर्मित तथा विश्व का सर्वाधिक व्यापक संविधान है।
- भारत का संविधान संपूर्ण प्रभुत्वसंपन्न, लोकतांत्रिक, पंथनिरपेक्ष तथा समाजवादी है।
- भारतीय संविधान में एक स्वतंत्र न्यायपालिका की स्थापना की गई है।
- भारतीय संविधान भारत में विधि के शासन की स्थापना करता है तथा संविधान को ही सर्वोच्च मानता है।
- भारतीय संविधान संघात्मक होते हुए भी एकात्मक है। इकहरी नागरिकता, एकीकृत न्याय प्रणाली तथा अखिल भारतीय सेवाएं संघ को एकात्मक परिदृश्य में परिवर्तित कर देती हैं।
- संविधान द्वारा गणराज्य की स्थापना यह सिद्ध करती है कि शासनाध्यक्ष वंशानुगत न होकर, निर्वाचित प्रतिनिधि होता है।
- प्रजातंत्रात्मक सरकार के गुणों को संविधान में समाहित करते हुए प्रत्येक स्त्री-पुरुष जिनकी आयु 18 वर्ष हो, वयस्क मताधिकार प्रदान किया गया है, (61वां संविधान संशोधन, 1989)।
- भारतीय संविधान में मूल अधिकारों को शामिल करके नागरिकों को पूर्ण सुरक्षा प्रदान की गई है।
- आयरलैंड के संविधान के प्रतिमान के आधार पर नीति निदेशक सिद्धांतों को सम्मिलित करके प्रशासन को कल्याणकारी बनाने का प्रयास किया गया है।
- भारतीय संविधान में अनुसूचित जातियों तथा जनजातियों को कुछ विशेष अधिकार संविधान द्वारा सौंप कर सामाजिक असमानता को दूर करने का प्रयास किया गया है।
- विघटनकारी प्रवृत्तियों से निपटने के लिए हमारे संविधान में राष्ट्रपति को आपातकालीन शक्तियां प्रदान की गई हैं।

अध्याय 2

भारतीय संविधान की प्रस्तावना

(Preamble to the Constitution)

● आदर्श, ● सरकार की प्रणाली, ● निर्माण की तिथि, ● प्रस्तावना, संविधान का भाग, ● प्रस्तावना का संशोधन, ● संविधान की जन्मकुंडली, ● संवैधानिक नैतिकता, ● आलोचना, ● निष्कर्ष

भारतीय संविधान की प्रस्तावना अमेरिकी संविधान से प्रभावित है। यह भारतीय संविधान की मूल कुंजी है, जिसमें संविधान के मूलभूत आदर्शों एवं उद्देश्यों का वर्णन है। प्रस्तावना में वर्णित ये आदर्श संविधान सभा द्वारा 22 जनवरी, 1947 को उद्देश्य प्रस्ताव के रूप में स्वीकार किए गए थे, जिससे भारत में सामाजिक, आर्थिक एवं राजनैतिक न्याय स्थापित करने का संकल्प लिया गया था। प्रस्तावना में संविधान का मूल दर्शन अंतर्निहित है। यह भारतीय संविधान की जन्मकुंडली है। कॉर्ल फ्रेड्रिक के अनुसार, 'प्रस्तावना के द्वारा वह जनमत प्रकट होता है, जिससे संविधान अपनी शक्ति प्राप्त करता है।' पं. नेहरू के अनुसार, 'प्रस्तावना में दो महान क्रांतियों के आदर्शों, फ्रांसीसी क्रांति का दर्शन, अभिव्यक्ति की स्वतंत्रता, समानता और भ्रातृत्व का वर्णन है।' रूसी क्रांति के सामाजिक एवं आर्थिक न्याय के आदर्शों को भी सम्मिलित किया गया है।

शक्ति का स्रोत

प्रस्तावना में संविधान की शक्ति के स्रोत का वर्णन है, जिसमें स्पष्ट कहा गया है कि **हम भारत के लोगों** ने संविधान का निर्माण किया तथा उसे स्वयं स्वीकार किया। हम भारत के लोग का अभिप्राय भारत के वयस्क मतदाता हैं, जो 18 वर्ष की आयु पूर्ण कर चुके हैं। अत: संविधान किसी विशेष समूह या व्यक्ति द्वारा निर्मित नहीं है, अपितु इसका निर्माण जनता के प्रतिनिधियों के द्वारा किया गया। लोकतंत्र में जनता को ही शक्ति का मूल स्रोत माना जाता है। लोकतंत्र में जनता को ही जनार्दन की संज्ञा दी जाती है। अंग्रेजों के भारत पर शासन के दौरान आम जनता शोषित एवं वंचित थी। जबकि आजादी के बाद आम जनता के द्वारा अपने प्रतिनिधियों के माध्यम से संविधान का निर्माण किया गया।

आदर्श

इसमें भारतीय संविधान के दर्शन का उल्लेख है। प्रस्तावना में भारतीय संविधान के मूलभूत आदर्शों का वर्णन है। डॉ. अंबेडकर के शब्दों में 'स्वतंत्रता के पश्चात् भारत में राजनीतिक लोकतंत्र की स्थापना हो चुकी है और संविधान का मूलभूत उद्देश्य सामाजिक एवं आर्थिक लोकतंत्र को स्थापित करना है।' **ग्रेनविल ऑस्टिन के अनुसार, 'भारतीय संविधान मूलतः सामाजिक क्रांति का दस्तावेज है।' प्रस्तावना में वर्णित निम्नलिखित आदर्श इसी ओर संकेत करते हैं-**

न्याय (Justice)
सामाजिक, आर्थिक एवं राजनैतिक न्याय की प्राप्ति इसका मूल उद्देश्य है। सामाजिक न्याय का अभिप्राय समाज के संसाधनों का समाज में उचित वितरण है। जाति, लिंग, धर्म तथा प्रजाति के आधार पर भेदभाव का अभाव है। सामाजिक न्याय का आशय समाज में सभी व्यक्तियों के लिए शिक्षा, स्वास्थ्य तथा आवास की मूलभूत सुविधाएं उपलब्ध कराना है। भारत में आर्थिक न्याय का अभिप्राय संपत्तिशाली लोगों की संपत्ति को छिनना नहीं, बल्कि समाज के वंचित लोगों के जीवन को बेहतर बनाना है। राजनीतिक न्याय का आशय, सभी व्यक्तियों को राजनीतिक व्यवस्था में भागीदारी का समान अधिकार प्रदान करना तथा सभी को राजनीतिक उद्देश्यों के लिए समूह एवं संगठन के निर्माण का अधिकार है। मूल अधिकार के भाग और निदेशक तत्त्वों के भाग में संविधान की अंतर्रात्मा निहित है। इसके अतिरिक्त अनुसूचित जातियों एवं जनजातियों, पिछड़े वर्गों और महिलाओं के कल्याण के विशेष उपाय भी वर्णित हैं। इसलिए प्रस्तावना को **'संविधान की जन्मकुंडली'** भी कहा जाता है।

स्वतंत्रता (Liberty)
विचार, अभिव्यक्ति, विश्वास, धर्म और उपासना की स्वतंत्रता प्रस्तावना में वर्णित है, जिसके अंतर्गत् सभी व्यक्तियों को मुक्त रूप में अपने विचार रखने की स्वतंत्रता है। विश्वास और उपासना की स्वतंत्रता अंत:करण की स्वतंत्रता से संबंधित हैं, जो धार्मिक स्वतंत्रता के लिए आवश्यक होती है। इससे यह प्रतीत होता है कि विश्वास और उपासना व्यक्ति की निजी आस्था का विषय है, जिसका निर्धारण सरकार के द्वारा नहीं होगा। इसमें पंथनिरपेक्षता का आधार भी दिखाई देता है, क्योंकि विश्वास और उपासना का नियंत्रण सरकार के द्वारा नहीं होगा।

समानता (Equality)
प्रस्थिति और अवसर की समानता को अर्जित करना प्रस्तावना का मूल भाग है। संविधान में सभी व्यक्तियों के साथ समानता का प्रावधान वर्णित है। इसलिए अमीर-गरीब, पुरुष-महिला, उच्च तथा निम्न जाति के आधार पर व्यक्तियों के साथ भेदभाव संभव नहीं है। व्यक्ति को जीवन में अपने व्यवसाय के चयन की स्वतंत्रता है। राज्य के अंतर्गत् पदों के लिए सभी व्यक्तियों को समान अवसर दिए गए हैं, जिससे व्यक्ति अपने जीवन के लक्ष्यों का निर्धारण कर सकें

बंधुता (Fraternity)
सभी नागरिकों में बंधुता की भावना का विकास और व्यक्ति की गरिमा के साथ राष्ट्र की एकता, अखंडता की रक्षा करना प्रस्तावना का मूल ध्येय है। प्रस्तावना में राष्ट्र शब्द का प्रयोग किया गया है, राज्य शब्द का नहीं। जिसका अभिप्राय है कि नागरिकों के बीच मनोवैज्ञानिक और भावनात्मक एकता का निर्माण आवश्यक है। जबकि राज्य शब्द से प्रशासनिक एकता का बोध होता है। संविधान में स्वतंत्रता एवं समानता प्रदान करने के साथ-साथ समाज में विद्यमान द्वेष को भी समाप्त करने का प्रयत्न किया गया है, जिससे लोगों के बीच भाई-चारे का विकास और अपनत्व की भावना का निर्माण हो। व्यक्ति को प्राप्त स्वतंत्रता, समानता तथा न्याय उपलब्ध कराने के लिए राष्ट्रीय एकता एवं अखंडता का निर्माण प्राथमिक शर्त है। भारत की आजादी के बाद देश के समक्ष एकता एवं अखंडता के लिए अनेक चुनौतियां विद्यमान थीं तथा वर्तमान में भी आतंरिक सुरक्षा की चुनौतियां बनी हुई हैं।

प्रस्तावना में राष्ट्रीय एकता एवं अखंडता बनाए रखने पर भी महत्त्वपूर्ण बल प्रदान किया गया है, क्योंकि जिस समय भारत स्वतंत्र हुआ, तत्कालीन समय में **देश की राष्ट्रीय एकता एवं अखंडता के समक्ष निम्नलिखित चुनौतियां विद्यमान थीं-**

(i) देशी रियासतों का भारतीय संघ में विलय।
(ii) उत्तर-पूर्वी राज्यों में आतंकवाद या अलगाववाद।
(iii) पाकिस्तान द्वारा जम्मू एवं कश्मीर में कबायली आक्रमण।
(iv) देश में बड़े पैमाने पर सांप्रदायिक दंगे।

सरकार की प्रणाली

1. संप्रभु (Sovereign)
प्रस्तावना में वर्णित उपरोक्त आदर्शों को पूर्ण करने के लिए सरकार की प्रणाली का भी स्पष्ट वर्णन है। इसके अनुसार, 'भारत ने संप्रभु, समाजवादी, पंथनिरपेक्ष, लोकतांत्रिक गणराज्य शासन के मूलभूत आधार को स्वीकार किया।' संप्रभु का अभिप्राय, आंतरिक रूप में सर्वशक्तिशाली

एवं बाह्य रूप में स्वतंत्र है। वर्ष-1947 में भारत ब्रिटिश साम्राज्ञी की अधीनता से मुक्त हो गया और स्वतंत्रता के बाद भारतीय सरकार किसी अन्य सरकार के अधीन नहीं है।

2. समाजवादी (Socialist)

समाजवादी, पंथनिरपेक्ष और अखंडता शब्द 42वें संविधान संशोधन, 1976 द्वारा जोड़ा गया। संविधान में समाजवाद का अर्थ स्पष्ट नहीं है। इसे स्पष्ट करते हुए वर्ष-1955 के कांग्रेस के आवाड़ी अधिवेशन में कहा गया कि समाजवाद का आशय सभी लोगों को जीवन की न्यूनतम सुविधाएं प्रदान करना, अवसर की समानता और समाज में शोषण एवं विभेदों को समाप्त करते हुए समाज के समाजवादी ढांचे का निर्माण करना है। प्रधानमंत्री इंदिरा गांधी के अनुसार, हमारे समाजवाद का एक अलग रूप है, जो सोवियत संघ से भिन्न है। भारत में राष्ट्रीयकरण तभी किया जाएगा, जब आवश्यकता होगी। केवल राष्ट्रीयकरण हमारे समाजवाद का अभिप्राय नहीं है। यह बिंदु ध्यान देने योग्य है कि संविधान सभा में प्रो. के.टी. शाह ने प्रस्तावना में समाजवाद शब्द जोड़ने का आग्रह किया था, परंतु डॉ. अंबेडकर ने इसे अस्वीकृत कर दिया। इनके अनुसार, समाजवाद भारतीय संविधान में अंतर्निहित है। इसलिए इसे 42वें संविधान संशोधन द्वारा जोड़कर स्पष्ट बना दिया गया।

3. पंथनिरपेक्षता (Secular)

पंथनिरपेक्षता के अनुसार, धर्म, व्यक्ति की निजी आस्था का विषय है। राज्य का कोई धर्म नहीं है तथा राज्य के द्वारा किसी भी धर्म को प्रोत्साहित नहीं किया जाएगा और न ही राज्य के द्वारा किसी धर्म का विरोध किया जाएगा। अत: राज्य, धर्म से तटस्थ है। राज्य का सरोकार सामाजिक और आर्थिक नीतियों का निर्माण है। धार्मिक गतिविधियों में हस्तक्षेप राज्य के कार्य में सम्मिलित नहीं है। लोकतंत्र का आशय जनता के द्वारा निर्वाचित सरकार है अर्थात् यह जनता की सहमति पर आधारित सरकार है, जो जनता के प्रति उत्तरदायी होती है।

यह बिंदु अत्यधिक दिलचस्प और उल्लेखनीय है कि पंथनिरपेक्षता शब्द को भी डॉ. अंबेडकर ने संविधान सभा में प्रस्तावना में सम्मिलित करने से इनकार कर दिया था, क्योंकि इनके अनुसार, भारतीय संविधान में पंथनिरपेक्षता अंतर्निहित है और प्रस्तावना में विचार, अभिव्यक्ति, विश्वास, आस्था और उपासना की स्वतंत्रता को पहले ही अपनाया जा चुका है। इसलिए पंथनिरपेक्ष शब्द को जोड़ने की आवश्यकता नहीं है, परंतु 42वें संविधान संशोधन द्वारा इसे भी प्रस्तावना में सम्मिलित किया गया। पंथनिरपेक्ष शब्द भी परिभाषित नहीं है। सामान्यत: पंथनिरपेक्षता का आशय, राज्य द्वारा सभी धर्मों के प्रति समानता का भाव प्रदर्शित करना है। इसके अनुसार, 'राज्य का कोई धर्म नहीं होगा, अपितु धर्म, व्यक्ति विशेष का होगा।' अत: भारत में धर्म और राज्य के मध्य स्पष्ट विभाजन किया गया। इससे स्पष्ट है कि भारत जैसे विविधतापूर्ण और बहुलता वाले देश में सभी धर्मावलंबियों का महत्त्व समान है।

4. गणतंत्र (Republic)

नकारात्मक रूप में गणतंत्र का अभिप्राय यह है कि राष्ट्र का प्रधान वंशानुगत् तथा मनोनीत नहीं होगा। गणराज्य का अभिप्राय है कि राज्य का प्रधान निर्वाचित होगा, जैसा कि भारत के राष्ट्रपति का निर्वाचन किया जाता है। गणतंत्र का व्यापक अभिप्राय यह भी है कि भारत का प्रत्येक नागरिक राष्ट्रपति पद अथवा सर्वोच्च पद के लिए निर्वाचन में भाग ले सकता है। अत: गणतंत्र शब्द सभी नागरिकों की समानता का द्योतक तथा शासन की शक्ति का मूल आधार जनता में ही निहित है। इसलिए लोकतंत्र में निर्वाचन से भी ज्यादा महत्त्वपूर्ण जनता की शक्ति है, जिसे **गणतंत्र** कहा जाता है।

निर्माण की तिथि

प्रस्तावना में संविधान के निर्माण की तिथि (26 नवंबर, 1949) का भी उल्लेख है। प्रस्तावना के लागू होने की तिथि से यह प्रतीत होता है कि संविधान के लागू होने के पहले ही प्रस्तावना को लागू कर दिया गया।

प्रस्तावना, संविधान का भाग

प्रस्तावना का निर्माण भारतीय संविधान के निर्माण के बाद हुआ। अत: प्रस्तावना भारतीय संविधान के अनुसार निर्मित है न कि प्रस्तावना के अनुसार भारतीय संविधान बना है। प्रस्तावना में भारतीय संविधान के मूल आदर्शों एवं उद्देश्यों का वर्णन है। *बेरूबारी केस, 1960* में न्यायपालिका के अनुसार, प्रस्तावना, संविधान का भाग नहीं है, क्योंकि संविधान सर्वोच्च विधि है, जिसमें आदर्शों और उद्देश्यों

का महत्त्व नहीं होता। बेरूबारी, पश्चिम बंगाल राज्य का एक भू-भाग है, जिसे भारत सरकार के द्वारा पाकिस्तान को सौंपने का समझौता हुआ। परंतु इस समझौते का आम जनता के द्वारा विरोध किया गया और उच्चतम न्यायालय में याचिका दायर की गई, जिसके द्वारा याचिका कर्ता ने यह आरोप लगाया कि समझौते में प्रस्तावना की भावना का उल्लंघन किया जा रहा है, क्योंकि प्रस्तावना में आम लोगों को शक्ति का मूल स्रोत बताया गया है। इसलिए बेरूबारी को पाकिस्तान को सौंपने से पहले जनमत संग्रह होना चाहिए, जिसे न्यायपालिका ने अस्वीकार कर दिया। न्यायपालिका के अनुसार, संसद संविधान संशोधन के द्वारा भारत के किसी भू-भाग को विदेशी सरकार को सौंप सकती है, जिसके लिए जनमत संग्रह की आवश्यकता नहीं है।

केशवानंद भारती वाद, 1973 में न्यायपालिका ने बेरूबारी के निर्णय को पलट दिया। प्रस्तावना को संविधान का अभिन्न भाग माना, क्योंकि प्रस्तावना में आदर्श और उद्देश्य का वर्णन है, जो भारतीय संविधान की मूल आत्मा है। न्यायपालिका के अनुसार, प्रस्तावना का प्रयोग संविधान की व्याख्या के लिए किया जा सकता है। संविधान के किसी भाग में अस्पष्टता की व्याख्या के लिए प्रस्तावना का सहारा लिया जा सकता है। न्यायपालिका ने कहा कि प्रस्तावना में संविधान की शक्ति के स्रोत का वर्णन नहीं है, परंतु प्रस्तावना, संविधान का भाग है। वर्ष-*1994 में बोम्मई वाद* में उच्चतम न्यायालय ने पंथनिरपेक्षता को संविधान का आधारभूत ढांचा माना, जिससे यह स्पष्ट है कि प्रस्तावना संविधान का भाग है। क्योंकि भारतीय संविधान केवल शासन संचालन का एक माध्यम मात्र नहीं है, बल्कि मूलतः सामाजिक क्रांति का दस्तावेज है। प्रस्तावना को संविधान की जन्मकुंडली भी कहा जाता है।

प्रस्तावना का संशोधन

भारतीय संविधान में संशोधन की प्रक्रिया एवं शक्ति का उल्लेख संविधान के अनुच्छेद-368 में किया गया है, जिसके अनुसार, संविधान संशोधन के लिए संसद को विशेष बहुमत की आवश्यकता होती है। संसद सदन की कुल सदस्य संख्या के बहुमत और उपस्थित एवं मत देने वाले दो-तिहाई सदस्यों के बहुमत से संविधान का संशोधन कर सकती है।

प्रस्तावना एवं मूलभूत ढांचा

वर्ष-1973 में उच्चतम न्यायालय ने *केशवानंद भारती वाद* के ऐतिहासिक निर्णय में यह कहा कि संसद अनुच्छेद-368 में उल्लिखित प्रक्रिया एवं शक्ति के द्वारा संविधान के सभी भागों का संशोधन नहीं कर सकती। संसद के द्वारा संविधान के मूलभूत ढांचे का संशोधन नहीं किया जा सकता तथा मूलभूत ढांचे का निर्धारण न्यायपालिका के द्वारा होगा। उच्चतम न्यायालय के द्वारा सरकार का लोकतांत्रिक, गणतांत्रिक स्वरूप एवं पंथनिरपेक्षता को संविधान का आधारभूत ढांचा घोषित किया गया है। अंतःकरण की स्वतंत्रता, विधि का शासन, राष्ट्रीय एकता व अखंडता भी आधारभूत ढांचे का भाग है। मूल अधिकार व निदेशक तत्त्वों के बीच सामंजस्य भी आधारभूत ढांचे में शामिल हैं। ये तत्त्व प्रस्तावना में प्रत्यक्ष अथवा परोक्ष रूप से सम्मिलित हैं। इसलिए प्रस्तावना में संशोधन संभव नहीं है।

संविधान की आत्मा

प्रस्तावना समूचे संविधान का सारांश है, जिसमें संविधान के आदर्श और शासन प्रणाली का उल्लेख है। प्रस्तावना के अध्ययन द्वारा संविधान निर्माताओं के उद्देश्यों को समझा जा सकता है। संविधान में सामाजिक न्याय को अर्जित करने के लिए लोकतांत्रिक ढांचे को अपनाया गया है। उल्लेखनीय है कि डॉ अम्बेडकर ने अनुच्छेद 32 को संविधान की आत्मा कहा है।

संविधान की जन्मकुंडली

प्रस्तावना, अमेरिकी संविधान से लिया गया है। पूर्व न्यायामूर्ति हिदायतउल्ला के द्वारा कहा गया कि प्रस्तावना, संयुक्त राज्य अमेरिका की स्वतंत्रता के घोषणा-पत्र की भांति है। परंतु यह घोषणा-पत्र से ज्यादा महत्त्वपूर्ण है, जिसके द्वारा संविधान के आदर्शों और साधनों का उल्लेख किया गया है। के.एम. मुंशी के द्वारा प्रस्तावना को **संविधान की जन्मकुंडली** के रूप में चित्रित किया गया तथा ठाकुरदास भार्गव के द्वारा प्रस्तावना को संविधान का सबसे महत्त्वपूर्ण **भाग और आत्मा** कहा गया।

जन्मकुंडली का अभिप्राय है कि प्रस्तावना में वर्णित मूल आदर्शों एवं उद्देश्यों को प्राप्त करने के लिए संविधान

में विभिन्न प्रकार की संस्थाओं का निर्माण किया गया है। प्रस्तावना में वर्णित आदर्श, संविधान के मूल अधिकार के अध्याय तथा निदेशक तत्त्वों के अध्याय में वर्णित हैं। संसदीय संघात्मक सरकार के द्वारा इन उद्देश्यों को प्राप्त करने का लक्ष्य रखा गया है।

संवैधानिक नैतिकता

भारतीय दंड संहिता की धारा-377 को संवैधानिक घोषित करते हुए कहा कि समलैंगिक संबंध अपराध नहीं है और समाज में बहुमत को खुश करने के लिए अथवा परंपराओं अथवा प्रथाओं के नाम पर निजता के अधिकार और जीवन के अधिकार का हनन संभव नहीं है। न्यायालय के अनुसार, सामाजिक परंपराओं के नाम पर संवैधानिक नैतिकता को समाप्त नहीं किया जाएगा। प्रस्तावना में संवैधानिक नैतिकता की मूल मान्यताओं का उल्लेख मिलता है। जिसके अनुसार, स्वतंत्रता, समानता, बंधुत्व एवं सामाजिक न्याय संवैधानिक नैतिकता के मूल आधार हैं, जिससे पुनः यह प्रतीत होता है कि संविधान एवं विधि की व्याख्या के लिए उच्चतम न्यायालय के द्वारा प्रस्तावना को केंद्रीय महत्त्व प्रदान किया गया है।

आलोचना

आलोचकों के अनुसार, प्रस्तावना में यह उल्लिखित है कि आम जनता के द्वारा निर्मित और आत्मार्पित किया गया, परंतु संविधान सभा के द्वारा प्रस्तावना के निर्माण के बाद इसे आम जनता के समक्ष जनमत संग्रह के लिए प्रस्तुत नहीं किया गया। इसलिए यह आम लोगों के द्वारा आत्मार्पित नहीं है। यद्यपि यह आलोचना वास्तविक नहीं है, क्योंकि संविधान सभा जनता के प्रतिनिधियों की संस्था थी। अमेरिकी प्रस्तावना को भी आम जनता के समक्ष जनमत संग्रह के लिए नहीं रखा गया था।

निष्कर्ष

प्रस्तावना, संविधान का दर्शन तथा संविधान का मूलभूत ढांचा है, जिसमें संविधान के आदर्शों एवं संस्थाओं का समावेश किया गया है। यह संविधान की व्याख्या का मूल स्रोत है और राष्ट्रीय आंदोलन में सम्मिलित नेताओं के आदर्शों एवं सिद्धांतों का लिखित रूप है।

अध्याय 3

संघ एवं राज्य क्षेत्र

(The Union Government and Union Territorty)

• राज्यों का संघ, • भारत का राज्य क्षेत्र, • नए राज्यों का भारत संघ में प्रवेश, • देशी रियासतों का एकीकरण, • राज्यों के पुनर्गठन के विभिन्न आधार, • स्वतंत्र भारत में विभिन्न राज्यों का निर्माण, • निष्कर्ष

राज्यों का संघ (Union of States)

भारतीय संविधान के अनुच्छेद-1 में वर्णन है कि भारत अर्थात् इंडिया, (India, That is Bharat अर्थात् इंडिया, जो कि भारत है) राज्यों का संघ होगा। अतः स्पष्ट है कि भारत, राज्यों का संघ है, न कि राज्यों का समूह। संविधान की पहली अनुसूची में भारत के राज्यों एवं उनके संघ क्षेत्रों का उल्लेख किया गया है। **भारत के संविधान में 'यूनियन' शब्द का प्रयोग किया गया है, 'संघ' शब्द का नहीं। जिसके निम्नलिखित कारण थे-**

- भारत का संघवाद, अमेरिकी संघवाद की तरह संघ की इकाइयों (राज्यों) के बीच परस्पर किसी समझौते का परिणाम नहीं है।
- संघ में सम्मिलित राज्यों को संघ से अपनी इच्छानुसार अलग होने का अधिकार नहीं है।

अतः भारतीय संविधान में संघ का नाम **'इंडिया' अर्थात् 'भारत'** है और प्रशासनिक सुविधा के लिए पूरा देश एवं इसके अंतर्गत् निवास करने वाला प्रत्येक व्यक्ति एक ही स्रोत से उत्पन्न सर्वोच्च शक्ति के अधीन है।

भारत का राज्य क्षेत्र

अनुच्छेद-1 के अंतर्गत् भारत के राज्य क्षेत्र में राज्यों की **तीन श्रेणियों** का उल्लेख किया गया है, **जो निम्नलिखित हैं-**

1. राज्यों के क्षेत्र।
2. केंद्रशासित क्षेत्र।
3. सरकार द्वारा अर्जित राज्य क्षेत्र (इसके अंतर्गत् ऐसे क्षेत्र आते हैं, जिन्हें किसी भी समय भारत सरकार द्वारा अधिग्रहित किया जा सकता है।)।

मूल संविधान में राज्यों की चार श्रेणियां उल्लिखित थीं, प्रथम अनुसूची में भाग-A, B, C में राज्य एवं भाग-D में अर्जित किए गए राज्य क्षेत्रों को रखा गया था। भाग-A में ब्रिटिश भारतीय प्रांतों को रखा गया था, जिनकी संख्या-9 थीं। भाग-B में उन राज्यों को रखा गया था, जिनका जन्म देशी रियासतों के विलय के परिणामस्वरूप हुआ था। भाग-C में चीफ कमिश्नर के प्रांतों को रखा गया था, जबकि भाग-D में अंडमान और निकोबार द्वीप समूह का उल्लेख था। **विभिन्न श्रेणियों में उल्लिखित राज्य इस प्रकार से हैं**-संघ के अधीन सभी राज्यों को राज्य पुनर्गठन अधिनियम, 1956 के द्वारा एक स्तर प्रदान किया गया। इस अधिनियम द्वारा उपरोक्त चार श्रेणियों को समाप्त करके राज्यों की केवल **तीन श्रेणियां रखी गई हैं**-1. राज्य। 2. संघ-राज्य क्षेत्र। 3. अन्य अर्जित क्षेत्र।

राज्यों की श्रेणियां

भाग-A	भाग-B	भाग-C	भाग-D
1. असम	1. हैदराबाद	1. अजमेर	1. अंडमान और निकोबार द्वीप समूह
2. बिहार	2. जम्मू-कश्मीर	2. भोपाल	2. अर्जित राज्य क्षेत्र (यदि कोई हों)
3. मुंबई	3. मध्य भारत	3. बिलासपुर	
4. मध्य प्रांत	4. मैसूर	4. कूच बिहार	
5. मद्रास	5. पटियाला और पूर्वी पंजाब	5. कोड़गू	
6. उड़ीसा	6. राजस्थान	6. दिल्ली	
7. पंजाब	7. सौराष्ट्र	7. हिमाचल प्रदेश	
8. संयुक्त प्रांत	8. त्रावणकोर-कोचीन	8. कच्छ	
9. पश्चिम बंगाल	9. विंध्य प्रदेश	9. मणिपुर	
		10. त्रिपुरा	

संविधान की पहली अनुसूची में राज्यों एवं संघ शासित राज्यों के नाम और उनके क्षेत्र विस्तार का वर्णन किया गया है। वर्तमान में भारत में 29 राज्य एवं 7 संघ शासित क्षेत्र हैं।

नए राज्यों का भारत संघ में प्रवेश

भारत, एक संप्रभु राज्य है। इसलिए अंतर्राष्ट्रीय कानूनों के अंतर्गत् भारत किसी विदेशी क्षेत्र का अधिग्रहण कर सकता है। अनुच्छेद-2 के अंतर्गत् **संसद को दो प्रकार की शक्ति प्राप्त है-**

1. नए राज्यों को संघ में शामिल करने की शक्ति।
2. नए राज्यों को स्थापित करने की शक्ति।

नए राज्यों की निर्माण प्रक्रिया

अनुच्छेद-3 के अंतर्गत् नए राज्यों की स्थापना **निम्नलिखित आधार पर की जा सकती है-**

(i) किसी भी राज्य में से उसका राज्य क्षेत्र अलग करके अथवा दो या अधिक राज्यों को या राज्यों के भागों को मिलाकर अथवा किसी राज्य क्षेत्र को किसी राज्य के भाग के साथ मिलाकर नए राज्य का निर्माण कर सकेगी,

(ii) किसी भी राज्य का क्षेत्र बढ़ा सकेगी,

(iii) किसी भी राज्य का क्षेत्र घटा सकेगी,

(iv) किसी भी राज्य के सीमाओं में परिवर्तन कर सकेगी,

(v) किसी भी राज्य के नाम में परिवर्तन कर सकेगी।

अनुच्छेद-3 के अंतर्गत् संसद को यह शक्ति प्राप्त है कि वह साधारण बहुमत से पारित कानून द्वारा नए राज्यों के निर्माण तथा पुराने राज्यों के क्षेत्रों, सीमाओं या नामों में परिवर्तन कर सकती है। इसके लिए संसद द्वारा पारित कोई भी विधि अनुच्छेद-368 के संदर्भ में संविधान का संशोधन नहीं समझी जाएगी। ऐसा कोई भी विधेयक राष्ट्रपति की पूर्व अनुशंसा के बिना संसद के किसी भी सदन में नहीं लाया जा सकता। संसद में ऐसे किसी भी विधेयक को पेश करने से पहले उसको राष्ट्रपति द्वारा संबंधित राज्य विधायिका को विचार करने के लिए भेजा जाएगा और संसद, राज्य विधायिका के मत अथवा दृष्टिकोण को मानने के लिए बाध्य नहीं है। प्रस्तावित अथवा स्वीकृत ऐसे विधेयकों में संशोधन के दौरान प्रत्येक बार संबंधित राज्य विधायिका से उसका मत जानना आवश्यक नहीं है। भारत, राज्यों का संघ है, लेकिन किसी भी राज्य को संघ से अलग होने का अधिकार नहीं है। संसद को यह अधिकार है कि वह किसी राज्य क्षेत्र की सीमाओं एवं नामों में तथा राज्यों के नाम एवं भू-भाग में परिवर्तन कर सकती है, परंतु राज्यों की राजधानियों के नाम परिवर्तित करने का अधिकार राज्य विधान सभाओं को है। इसका कारण है कि संविधान के अंतर्गत् किसी राज्य की क्षेत्रीय अखंडता की गारंटी नहीं दी गई है। इसीलिए भारत को **'नाशवान राज्यों का अविनाशी संघ'** कहा जाता है।

राज्य क्षेत्रों का दूसरे देश को देना अथवा प्रत्यावर्तन

संसद को भारत के राज्य क्षेत्रों की सीमाओं तथा नामों में

परिवर्तन एवं नए राज्य क्षेत्र के निर्माण की शक्ति प्राप्त है, परंतु क्या संसद को यह अधिकार अथवा शक्ति प्राप्त है कि वह भारत के राज्य क्षेत्र या उसके किसी भाग को विदेशी राज्य को सौंप दे? यह प्रश्न उस समय सामने आया, जब वर्ष-1958 में भारत-पाकिस्तान सीमा विवाद के दौरान बेरूबारी संघ (पश्चिम बंगाल में स्थित) को भारत द्वारा पाकिस्तान को देने का समझौता हुआ। इस समझौते के खिलाफ भारत में जनांदोलन शुरू हो गए और यह विवाद उच्चतम न्यायालय जा पहुंचा। न्यायालय ने कहा कि अनुच्छेद-3 में उल्लिखित राज्यों के क्षेत्रों में यह अधिकार समाहित नहीं है कि संसद किसी राज्य या उसके भू-भाग को किसी विदेशी राज्य को सौंप दे। इस प्रकार संसद, साधारण विधि द्वारा इस तरह के समझौते लागू नहीं कर सकती। इस प्रकार के समझौतों के लिए अनुच्छेद-368 के अंतर्गत् संविधान संशोधन आवश्यक है। उल्लेखनीय है कि उच्चतम न्यायालय के निर्णय के बाद 9वां संविधान संशोधन विधेयक, 1960 संसद द्वारा पारित किया गया, जिसके बाद भारत द्वारा बेरूबारी संघ को पाकिस्तान को सौंपा गया। इसी तरह भारत और बांग्लादेश के बीच भारत की पूर्व प्रधानमंत्री इंदिरा गांधी और बांग्लादेश के तत्कालीन प्रधानमंत्री शेख मुजीबुररहमान द्वारा 16 मई, 1974 को सीमा समझौता किया गया था, जिसके लिए भारतीय संसद ने 119वां संविधान संशोधन विधेयक, 2015 पास किया है। इस समझौते से भारत के 4 राज्यों (पश्चिम बंगाल, त्रिपुरा, मेघालय और असम) की कुल 10,500 वर्ग किमी. जमीन बांग्लादेश को और लगभग 6,000 वर्ग किमी. भारत को बांग्लादेश से जमीन प्राप्त हुई।

राज्य पुनर्गठन (State Reorgnisation)

वर्ष-1947 में स्वतंत्रता प्राप्ति के बाद भारत में राज्यों के पुनर्गठन की मांग तेज होने लगी। स्वतंत्रता प्राप्ति के समय भारत में राजनीतिक इकाइयों की **दो श्रेणियां थीं**-

1. ब्रिटिश प्रांत अर्थात् जो अंग्रेजों के शासन के अधीन थे।
2. देशी रियासतें अर्थात् जहां भारतीय राजा-महाराजाओं का शासन था और यह बिटिश सर्वोच्चता के सिद्धांत के अंतर्गत थी।

स्वतंत्रता के बाद भारतीय सीमा के भीतर लगभग 552 देशी रियासतें थीं, जिसमें 549 रियासतें भारतीय संघ में शामिल हो गईं, लेकिन तीन रियासतों ने (जम्मू एवं कश्मीर, जूनागढ़ एवं हैदराबाद) भारतीय संघ में शामिल होने से इनकार कर दिया। भारत के प्रथम गृहमंत्री सरदार बल्लभ भाई पटेल की सूझ-बूझ एवं दृढ़ राजनीतिक इच्छा शक्ति के कारण कुछ समय पश्चात् इन तीनों रियासतों का भारत में विलय संभव हो पाया। सरदार पटेल ने पुलिस कार्यवाही के माध्यम से हैदराबाद एवं जनमत संग्रह के द्वारा जूनागढ़ का भारतीय संघ में विलय करवाया और कश्मीर के महाराजा हरि सिंह द्वारा एक विलय-पत्र के माध्यम से कश्मीर का विलय भारत में कर दिया गया।

देशी रियासतों के भारतीय संघ में विलय के पश्चात् राज्यों के पुनर्गठन की मांग विशेषकर दक्षिण भारत से तेज होने लगी। दक्षिण भारत से भाषायी आधार पर राज्यों के पुनर्गठन की मांग की जा रही थी, जिसका समाधान तलाशने के लिए **विभिन्न आयोग एवं समितियां** बनाई गईं, **जो निम्नलिखित हैं**-

1. धर आयोग (Dhar Commission)

जून, 1948 में एस.के. धर की अध्यक्षता में भाषायी प्रांत आयोग का गठन किया गया और भाषायी आधार पर राज्यों के पुनर्गठन के प्रश्न पर एस.के. धर आयोग ने अपनी सिफारिश में कहा कि राज्यों का पुनर्गठन भाषायी आधार पर न होकर, प्रशासनिक सुविधा के आधार पर होना चाहिए।

2. जे.वी.पी. समिति (J.V.P. Committee)

दर आयोग की सिफारिशों के पश्चात् भाषायी पुनर्गठन आंदोलन अधिक तीव्र हो गया, जिसके समाधान के लिए कांग्रेस सरकार ने जे.वी.पी. समिति का गठन दिसंबर, 1948 में किया। इसमें जवाहरलाल नेहरू, बल्लभ भाई पटेल एवं पट्टाभि सीता रमैया सम्मिलित थे। इस समिति ने अपनी सिफारिश में भाषायी आधार पर राज्यों के पुनर्गठन को तत्कालीन समय में अव्यावहारिक बताया। जे.वी.पी. समिति ने अपनी सिफारिश अप्रैल, 1949 में सरकार के सामने पेश की थी। भाषायी राज्य पुनर्गठन आंदोलन एवं भूख हड़ताल, जिसके दौरान 56 दिनों के भूख हड़ताल के बाद एक कांग्रेसी पोट्टी श्रीरामालू का निधन हो गया, जिसके बाद अक्टूबर, 1953 में भारत सरकार को मजबूर होकर भाषायी आधार पर राज्य का गठन करना पड़ा। अतः मद्रास

से तेलुगू भाषी क्षेत्रों को अलग करके एक नए राज्य आंध्र प्रदेश का गठन किया गया।

3. फजल अली आयोग (Fazal Ali Commission)

अक्टूबर, 1953 में नए राज्य आंध्र प्रदेश के भाषायी आधार पर गठन के पश्चात् भाषायी राज्य पुनर्गठन की मांग अधिक तेज हो गई, जिसके पश्चात् भारत सरकार ने दिसंबर, 1953 में फजल अली की अध्यक्षता में एक तीन सदस्यीय राज्य पुनर्गठन आयोग बनाया। आयोग के अन्य दो सदस्यों में के.एम. पणिक्कर और एच.एन. कुंजरू सम्मिलित थे। फजल अली आयोग ने 1955 में सरकार को अपनी सिफारिशें सौंपी, **जिनमें प्रमुख सिफारिशें निम्नलिखित थीं**-

- किसी भी राज्य के पुनर्गठन में भारत की एकता एवं सुरक्षा को प्रमुखता दी जानी चाहिए।
- राज्यों के पुनर्गठन में भाषा को मुख्य आधार बनाया जाना चाहिए।
- इस प्रकार भाषायी एवं सांस्कृतिक एकरूपता को ध्यान में रखा जाना चाहिए, लेकिन आयोग ने **'एक राज्य, एक भाषा'** के फॉर्मूले को अस्वीकार कर दिया।
- प्रशासनिक, वित्तीय एवं आर्थिक परिस्थितियों को नजरंदाज नहीं किया जा सकता।

फजल अली आयोग की अनुशंसा के आधार पर भारत में 16 नए राज्यों के निर्माण की सिफारिश की गई तथा 3 नए संघ शासित क्षेत्रों के निर्माण की अनुशंसा की गई। सरकार के द्वारा 1956 में आयोग की अनुशंसाओं में कुछ परिवर्तन करते हुए इन सिफारिशों को स्वीकार किया गया। परिणामस्वरूप 1 नवंबर, 1956 को 14 नए राज्य तथा 6 नए संघ शासित क्षेत्रों का निर्माण किया गया है। हालांकि आयोग ने 3 ही संघ शासित क्षेत्रों के निर्माण की अनुशंसा की थी। आयोग के द्वारा एक मात्र भाषायी आधार पर ही राज्यों का पुनर्गठन नहीं किया गया, क्योंकि बंबई और पंजाब प्रांत का भाषायी आधार पर वर्ष-1956 में विभाजन नहीं किया गया।

देशी रियासतों का एकीकरण

स्वतंत्र भारत के एक-तिहाई भाग पर देशी रियासतों का नियंत्रण था। स्वतंत्र भारत में लगभग 552 देशी रियासतें थीं, जिनमें कुछ देशी रियासतों का क्षेत्रफल गांव के आकार का था, जबकि कुछ देशी रियासतें अत्यधिक बड़ी थीं। अंग्रेजों के भारत पर शासन के दौरान ब्रिटिश शासन का देशी रियासतों के विदेश मामलों, रक्षा तथा संचार विषय पर ही नियंत्रण था। अन्य मामलों में देशी रियासतें पूर्णत: स्वतंत्र थीं। स्वतंत्रता संघर्ष के दौरान भी देशी रियासतों की स्वतंत्रता के लिए प्रयास किए गए थे। वर्ष-1926 में ऑल इंडिया पीपुल्स कांफ्रेंस का जन्म इसका एक उदाहरण है, जिसने देशी रियासतों में लोकप्रिय सरकारों का गठन तथा स्वतंत्रता की प्राप्ति के लिए संघर्ष किया। जवाहरलाल नेहरू ने कहा था कि 'हम न केवल ब्रिटिश भारत, बल्कि संपूर्ण भारत की स्वतंत्रता के लिए यह लड़ाई लड़ रहे हैं तथा राजाओं और रजवाड़ों में मेरी कोई आस्था नहीं है।' देशी रियासतों के विलय के मामले में अंतरिम सरकार ने कड़ा रुख अपनाया। 22 जून, 1947 को भारत सरकार द्वारा सरदार बल्लभ भाई पटेल के नेतृत्व में रियासती मंत्रालय बनाया गया। सरदार पटेल ने संचार (Communication), रक्षा (Defence) और विदेशी मामले (Foreign Affairs) भारत सरकार के अधीन रखकर अन्य मामलों में देशी रियासतों को स्वायत्तता देने की अपील की। 15 अगस्त, 1947 तक कश्मीर, जूनागढ़ तथा हैदराबाद को छोड़कर अन्य सभी रियासतों ने विलय के सहमति पत्र (Instrument of Accession) पर हस्ताक्षर कर दिए थे। भारतीय एकीकरण में सरदार पटेल के योगदान एवं दृढ़ राजनीतिक इच्छा शक्ति के कारण ही उन्हें **'लौह पुरुष या भारत के बिस्मार्क'** की संज्ञा दी जाती है।

जूनागढ़

जूनागढ़ पर मुस्लिम नवाब का शासन था, परंतु वहां हिंदू जनता बहुसंख्यक स्थिति में थी। जूनागढ़ का नवाब पाकिस्तान में शामिल होना चाहता था, जिसका स्थानीय जनता ने विरोध किया। परिणामस्वरूप वर्ष-1948 में वहां जनमत संग्रह कराया गया, जिसमें जूनागढ़ की जनता द्वारा भारत में विलय का निर्णय लिया गया।

हैदराबाद

हैदराबाद का निजाम पाकिस्तान की सहायता से हैदराबाद को स्वतंत्र राष्ट्र घोषित करने की योजना बना रहा था। निजाम ने नवंबर, 1947 में भारत के साथ एक साल तक यथास्थिति बहाल रखने का समझौता किया। इस बीच हैदराबाद की

जनता ने निजाम के शासन के खिलाफ आंदोलन प्रारंभ किया, जिसे बलपूर्वक दबाने का प्रयास किया गया। अतः सितंबर, 1948 में भारतीय सेना ने हस्तक्षेप किया और हैदराबाद पहुंच गई और भारतीय सेना के सामने निजाम ने आत्मसमर्पण कर दिया। इस प्रकार हैदराबाद का भारत में विलय सैन्य कार्यवाही द्वारा हुआ।

जम्मू एवं कश्मीर

जम्मू एवं कश्मीर में हिंदू शासक हरि सिंह का शासन था, जबकि राज्य की आबादी मुस्लिम बहुल थी। अक्टूबर, 1947 में पाकिस्तानी सेना ने कबाइलियों के वेश में कश्मीर पर आक्रमण कर दिया। महाराजा हरि सिंह ने भारत से मदद की अपील की, परंतु भारत ने पहले विलय-पत्र पर हस्ताक्षर की शर्त रखी। 26 अक्टूबर, 1947 को कश्मीर के महाराजा ने अपने प्रधानमंत्री मेहर चंद महाजन को भारत के साथ विलय-पत्र पर हस्ताक्षर के लिए भेजा। इसके बाद भारतीय सेना ने कश्मीर में हस्तक्षेप किया। मार्च, 1948 में शेख अब्दुल्ला जम्मू एवं कश्मीर के प्रधानमंत्री बने। अगस्त, 1948 को संयुक्त राष्ट्र सुरक्षा परिषद् के हस्तक्षेप से युद्ध विराम लागू हुआ। इस प्रकार जम्मू एवं कश्मीर का भारत में विलय विलय-पत्र के द्वारा हुआ।

भारत में यूरोपीय उपनिवेशों का विलय

अनुच्छेद-2 के अनुसार, भारतीय संसद को यह अधिकार प्राप्त है कि संघ में शामिल होने वाले राज्यों के बारे में जो वह उचित समझे, शर्तों एवं दशाओं का निर्धारण कर सकती है। स्वतंत्रता प्राप्ति के समय फ्रांस के 5 उपनिवेश (पांडिचेरी, कराईकल (तलिमनाडु), माहे (केरल), यनम (आंध्र प्रदेश) तथा चंद्र नगर (पश्चिम बंगाल)) भारत की मुख्य भूमि पर थे। यनम क्षेत्र 13 जून, 1954 को जनता के दबाव तथा भारत-फ्रांस वार्ता के कारण स्वतंत्र घोषित कर दिया गया। 31 अक्टूबर, 1954 को पांडिचेरी सहित फ्रांसीसी उपनिवेशों का भारत में विलय हो गया, परंतु क्षेत्रों का वास्तविक हस्तांतरण वर्ष-1962 में ही संभव हो पाया। 16 अगस्त, 1962 को पांडिचेरी सहित सभी फ्रांसीसी क्षेत्रों को मिलाकर संघ-राज्य क्षेत्र घोषित किया गया। गोवा, दमन और दीव पर पुर्तगालियों का आधिपत्य था। भारत ने गोवा की स्वतंत्रता के लिए कूटनीतिक प्रयास तेज करने के लिए पुर्तगाल की राजधानी लिस्बन में कार्यालय खोला और कूटनीतिक प्रयासों के विफल हो जाने पर वर्ष-1953 में यह कार्यालय बंद कर दिया गया। दिसंबर, 1961 को भारतीय सेना द्वारा गोवा की मुक्ति के लिए **ऑपरेशन विजय** चलाया गया, जो 19 दिसंबर, 1961 को पूरा हुआ। गोवा, दमन और दीव को संघ शासित प्रदेश घोषित किया गया। 56ठे संविधान संशोधन, 1987 द्वारा गोवा को भारत के 25वें राज्य का दर्जा 12 अगस्त, 1987 को दिया गया। आजादी के समय सिक्किम भारत का शरणागत क्षेत्र था और सिक्किम की रक्षा और विदेश मामलों का दायित्व भारत सरकार का था, जबकि आंतरिक प्रशासन की बागडोर राजा चोग्याल के हाथों में थी। वर्ष-1974 में सिक्किम में लोकतांत्रिक चुनाव कराए गए, जिसमें सिक्किम कांग्रेस को भारी विजय मिली। अप्रैल, 1975 में सिक्किम कांग्रेस ने सिक्किम को भारत का **सहप्रांत** बनाने का प्रस्ताव पारित किया। इसके तुरंत बाद कराए गए जनमत संग्रह में भी जनता ने विधान सभा के इस फैसले की पुष्टि की। 26 अप्रैल, 1975 को 36ठे संविधान संशोधन द्वारा सिक्किम विधान सभा के अनुरोध और जनमत संग्रह के आधार पर सिक्किम को भारत के 22वें राज्य का दर्जा दिया गया।

राज्यों के पुनर्गठन के विभिन्न आधार

राज्यों के पुनर्गठन के निम्नलिखित तीन आधार हैं-

1. सांस्कृतिक आधार

प्रथम चरण के अंतर्गत् राज्यों का पुनर्गठन भाषायी आधार पर किया गया, जिसके अंतर्गत् पुनर्गठित होने वाला राज्य आंध्र प्रदेश था। इसके बाद वर्ष-1960 में बंबई प्रांत को विभाजित करके गुजरात और महाराष्ट्र राज्य का गठन हुआ। वर्ष-1965 के युद्ध के बाद वर्ष-1966 में पंजाब प्रांत को विभाजित करके पंजाब और हरियाणा बना दिया गया।

2. नृजातीय और भौगोलिक आधार

दूसरे चरण के अंतर्गत् राज्यों का पुनर्गठन नृजातीय और भौगोलिक स्थिति के आधार पर हुआ। जैसे-नागालैंड, मणिपुर, मिजोरम, अरुणाचल प्रदेश (NEFA) का निर्माण हुआ। **नागालैंड के निर्माण के प्रमुख कारण थे**-आंतरिक सुरक्षा की चुनौती एवं उपद्रवी परिस्थितियां और इसकी भौगोलिक अवस्थिति। परंतु नागालैंड के निर्माण में फजल अली आयोग की सिफारिशों का ध्यान नहीं रखा गया था।

3. आर्थिक विकास का आधार

वर्ष-1990 के बाद उदारीकरण की आर्थिक नीति को स्वीकार किया गया, परिणामस्वरूप कुछ राज्यों ने तेजी से विकास किया। जैसे-गुजरात, कर्नाटक, आंध्र प्रदेश इत्यादि। परंतु वहीं कुछ राज्य विकास की दौड़ में पिछड़ते चले जा रहे थे। जैसे-उत्तर प्रदेश, बिहार इत्यादि। ऐसे में नए राज्यों के निर्माण की मांग तेजी से उभरी। उदारीकरण के बाद इस विषमता के कारण नए राज्यों की मांग और प्रभावी हुई। परिणामस्वरूप वर्ष-2000 में तीन नए राज्यों (छत्तीसगढ़ (मध्य प्रदेश), उत्तराखंड (उत्तर प्रदेश), झारखंड (बिहार)) का निर्माण हुआ तथा वर्ष-2014 में नवगठित राज्य तेलंगाना (आंध्र प्रदेश) का गठन आर्थिक विकास के आधार पर हुआ। आंध्र प्रदेश पुनर्गठन विधेयक, 2013 द्वारा आंध्र प्रदेश राज्य को विभाजित कर भारत के 29वें राज्य तेलंगाना का गठन 2 जून, 2014 को किया गया। अगले 10 वर्षों तक हैदराबाद दोनों राज्यों की संयुक्त राजधानी होगी।

स्वतंत्र भारत में विभिन्न राज्यों का निर्माण

1. आंध्र राज्य अधिनियम, 1953 के द्वारा मद्रास राज्य से आंध्र प्रदेश का निर्माण हुआ।
2. हिमाचल प्रदेश और विलासपुर अधिनियम, 1954 के द्वारा हिमाचल प्रदेश और बिलासपुर को मिलाकर हिमाचल प्रदेश राज्य बनाया गया।
3. राज्य पुनर्गठन अधिनियम, 1956 के द्वारा भाषायी आधार पर राज्यों का पुनर्गठन किया गया तथा एक नए राज्य केरल का निर्माण और मध्य भारत पेप्सू, सौराष्ट्र, ट्रावनकोर-कोचीन, अजमेर, भोपाल, कोडगू, कच्छ और विंध्य प्रदेश की रियासतों का उनके निकट स्थित राज्यों में विलय कर दिया गया।
4. बंबई पुनर्गठन अधिनियम, 1960 के द्वारा बंबई राज्य को विभाजित करके गुजरात तथा बचे हुए भाग को महाराष्ट्र राज्य बनाया गया।
5. नागालैंड राज्य अधिनियम, 1962 के द्वारा नागालैंड राज्य का निर्माण असम राज्य के नागा पहाड़ी और त्युएनसांग क्षेत्र को मिलाकर किया गया।
6. पंजाब पुनर्गठन अधिनियम, 1966 के द्वारा पंजाब राज्यों को पंजाब और हरियाणा नामक राज्यों में विभाजित किया गया तथा चंडीगढ़ संघ शासित क्षेत्र की स्थापना की गई।
7. असम पुनर्गठन अधिनियम, 1969 द्वारा असम राज्य से मेघालय नामक स्वशासी उप-राज्य का निर्माण किया गया।
8. पूर्वोत्तर क्षेत्र अधिनियम, 1971 द्वारा मणिपुर, त्रिपुरा और मेघालय को राज्य का दर्जा दिया गया और मिजोरम एवं अरूणाचल प्रदेश को संघ शासित क्षेत्र का दर्जा दिया गया तथा वर्ष-1987 में मिजोरम और अरूणाचल प्रदेश को राज्य का दर्जा दे दिया गया।
9. गोवा, दमन एवं दीव पुनर्गठन अधिनियम, 1987 द्वारा गोवा को दमन और दीव से अलग करके राज्य का दर्जा दे दिया गया।
10. वर्ष, 2000 में मध्य प्रदेश पुनर्गठन अधिनियम से छत्तीसगढ़ का, उत्तर प्रदेश पुनर्गठन अधिनियम, 2000 से उत्तरांचल का तथा बिहार पुनर्गठन अधिनियम, 2000 से झारखंड राज्य का निर्माण किया गया।
11. आंध्र प्रदेश पुनर्गठन अधिनियम, 2014 द्वारा एक अलग राज्य तेलंगाना का निर्माण किया गया।

निष्कर्ष

राज्य, समाज का संगठित रूप है तथा भारतीय समाज संक्रमणकालीन एवं निरंतर परिवर्तनशील है। इसीलिए राज्यों के आकार एवं भू-भाग में परिवर्तन भी स्वाभाविक है। नए राज्यों का निर्माण क्षेत्रीय आकांक्षाओं का परिणाम है, जिसके द्वारा प्रत्येक समूह लोकतांत्रिक व्यवस्था में अपनी सहभागिता में वृद्धि का इच्छुक है।

प्रारंभिक परीक्षोपयोगी महत्त्वपूर्ण तथ्य

- भारतीय राष्ट्रीय कांग्रेस के 1920 के अधिवेशन में यह स्वीकार किया गया था कि स्वतंत्र भारत में राज्यों का पुनर्गठन भाषायी आधार पर होगा, परंतु स्वतंत्रता के पश्चात् दर आयोग एवं जे.वी.पी. समिति ने भाषायी आधार पर राज्यों के पुनर्गठन की मांग को अस्वीकृत कर दिया, क्योंकि इससे राष्ट्रीय एकता एवं अखंडता प्रभावित होती।
- पहले चरण में नए राज्यों का गठन भाषायी आधार पर किया गया।
- इस आंदोलन के दौरान एक प्रसिद्ध गांधीवादी नेता पोट्टी श्रीरामालू ने आंध्र प्रदेश राज्य के निर्माण के लिए अनशन किया एवं उनकी मृत्यु हो गई। परिणामस्वरूप व्यापक हिंसा हुई और संघ सरकार ने पहली बार भाषायी आधार पर एक नए राज्य का निर्माण कर दिया।
- आंध्र प्रदेश नामक एक नए राज्य के निर्माण (1 अक्टूबर, 1953) के बाद भारत में राज्यों के पुनर्गठन के लिए फजल अली की अध्यक्षता में एक आयोग (1953) की स्थापना हुई, जिसके अन्य दो सदस्य हृदयनाथ कुंजरू और के.एम. पणिक्कर थे।
- आयोग की अनुशंसा के अनुसार, 1956 में भारत में 14 नए राज्यों और 6 केंद्रशासित प्रदेशों का निर्माण किया गया, जिसके लिए संविधान में 7वां संशोधन किया गया।
- वर्ष-1960 में बंबई का विभाजन करके महाराष्ट्र व गुजरात राज्यों का निर्माण किया गया।
- वर्ष-1966 में पंजाब सूबे की मांग पूरी हो गई और पंजाब को विभाजित करके पंजाब, हरियाणा, चंडीगढ़ व हिमाचल प्रदेश राज्यों का निर्माण किया गया।
- वर्ष-1970 में हिमाचल प्रदेश को राज्य का दर्जा दिया गया।
- नागालैंड राज्य अधिनियम, 1962 द्वारा वर्ष-1964 में असम से नागालैंड राज्य का निर्माण हुआ।
- उत्तरी-पूर्वी क्षेत्र अधिनियम, 1971 मणिपुर, त्रिपुरा व मेघालय को राज्य की श्रेणी में रखा गया तथा मिजोरम एवं अरूणाचल प्रदेश को केंद्रशासित क्षेत्र का दर्जा मिला।
- वर्ष-1987 में मिजोरम, अरूणाचल प्रदेश एवं गोवा को राज्य का दर्जा दिया गया।
- दूसरे चरण में राज्यों के गठन की विशेषता यह थी कि विकास के आधार पर नए राज्यों का निर्माण किया गया।
- छत्तीसगढ़ (1 नवंबर, 2000), उत्तराखंड (9 नवंबर, 2000) एवं झारखंड (15 नवंबर, 2000) का निर्माण हुआ।
- वर्ष-2014 में भारत में 29वें राज्य का निर्माण तेलंगाना राज्य के रूप में हुआ। आंध्र प्रदेश तथा तेलंगाना में द्विसदनीय विधायिका होगी।
- भारत के संघीय क्षेत्र में केंद्रशासित क्षेत्र नहीं आते, क्योंकि केंद्र व केंद्रशासित क्षेत्रों के मध्य शक्ति विभाजन नहीं है।

अध्याय
4

नागरिकता
(Citizenship)

● नागरिकता संबंधी प्रावधान, ● नागरिकता अधिनियम, 1955, ● नागरिकता की समाप्ति, ● नागरिकता संबंधी विवाद, ● अनिवासी भारतीय, ● भारतीय मूल के व्यक्ति, ● भारत के समुद्रपारीय नागरिक, ● निष्कर्ष

नागरिकता किसी व्यक्ति की वह स्थिति होती है, जिसमें उसे नागरिक के रूप में वे समस्त अधिकार प्राप्त होते हैं, जो किसी विदेशी व्यक्ति को प्राप्त नहीं हो सकते। राज्य में निवास करने वाला वह व्यक्ति, जिसे राज्य की पूर्ण सदस्यता प्राप्त है और वह अपने राज्य और संविधान के प्रति पूर्ण आस्था रखता है, नागरिक कहलाता है।

नागरिकता संबंधी प्रावधान

भारतीय संविधान के भाग-2, अनुच्छेद-5 से 11 में नागरिकता संबंधी प्रावधान का वर्णन है। संविधान में केवल यह उल्लिखित है कि संविधान के लागू होने के समय अर्थात् 26 जनवरी, 1950 को कौन व्यक्ति भारत का नागरिक होगा। अनुच्छेद-11 नागरिकता संबंधी विधि बनाने की शक्ति संसद को देता है। किसी संप्रभु राष्ट्र में राज्य की ओर से अपने नागरिकों को ऐसे अधिकार प्रदान किए जाते हैं, जो विदेशियों को प्रदान नहीं किए जाते हैं, **वे इस प्रकार हैं-**

1. केवल धर्म, मूल वंश, जाति, लिंग एवं जन्म स्थान इत्यादि के आधार पर विभेद का प्रतिषेध, (अनुच्छेद-15)।
2. लोक नियोजन के विषय में अवसर की समानता, (अनुच्छेद-16)।
3. विचार, अभिव्यक्ति, शांतिपूर्ण एवं निरायुध सम्मेलन, निर्बाध विचरण एवं निवास तथा संघ बनाने की स्वतंत्रता, (अनुच्छेद-19)।
4. अल्पसंख्यकों को शिक्षा एवं संस्कृति संबंधी अधिकार, (अनुच्छेद-29)।
5. अल्पसंख्यकों को अपनी संस्कृति के संरक्षण हेतु रुचि की शैक्षणिक संस्थाओं की स्थापना एवं प्रबंध का अधिकार है, (अनुच्छेद-30)।

कुछ उच्च पदों जैसे-राष्ट्रपति, उप-राष्ट्रपति, राज्यपाल, उच्चतम न्यायालय तथा उच्च न्यायालयों के न्यायाधीश, महान्यायवादी और महाधिवक्ता जैसे पदों पर केवल भारतीय नागरिक ही आसीन हो सकते हैं। संसद और राज्य विधान मंडलों के सदस्य बनने का अधिकार केवल भारत के नागरिकों को प्राप्त है।

संवैधानिक प्रावधान

26 नवंबर, 1949 को संविधान सभा द्वारा संविधान को अंगीकृत किए जाने के साथ ही अनुच्छेद-5 से 8 तक के नागरिकता संबंधी प्रावधान लागू कर दिए गए। अनुच्छेद-5 से 8 तक जन्म, प्रवसन (एक स्थान से दूसरे स्थान को

स्थायी रूप से निवास करने के आशय से जाना) या अधिवास के आधार पर नागरिकता प्रदान करने की व्याख्या करता है। संविधान के प्रारंभ में भारत के राज्य क्षेत्र में निवास करने वाला प्रत्येक व्यक्ति भारत का नागरिक माना जाएगा, **जो इस प्रकार हैं-**

1. ऐसा व्यक्ति, जो भारत में जन्मा है और भारतीय राज्य क्षेत्र में उसका निवास स्थान है। चाहे उसके माता-पिता की राष्ट्रीयता कुछ भी हो, (अनुच्छेद-5(a))।
2. वह व्यक्ति, जो भारत में पैदा न हुआ हो, परंतु भारतीय राज्य क्षेत्र में निवास करता हो तथा उसके माता-पिता में से किसी का भी जन्म भारतीय राज्य क्षेत्र में हुआ था। उसके माता-पिता की राष्ट्रीयता चाहे कुछ भी हो, (अनुच्छेद-5(b))।
3. वह व्यक्ति, जिसका जन्म भारत में न हुआ हो और जिसके माता या पिता का जन्म भी भारत में नहीं हुआ था, लेकिन वह व्यक्ति भारत का निवासी हो और संविधान लागू होने के ठीक पहले 5 वर्ष तक भारत के राज्य क्षेत्र में मामूली तौर पर रहा हो। ऐसी स्थिति में उस व्यक्ति के माता-पिता की राष्ट्रीयता का कोई विशेष महत्त्व नहीं रह जाता कि उनकी राष्ट्रीयता क्या है? यह प्रावधान भारत में निवास कर रहे पुर्तगालियों के लिए था, (अनुच्छेद-5(c))।

पाकिस्तान से भारत आने वाला व्यक्ति भी भारतीय नागरिक बन सकता है, लेकिन इसके लिए कुछ आवश्यक शर्तें थीं, जैसे-

(i) यदि वह या उसके माता-पिता, दादा-दादी अथवा नाना-नानी में से कोई भी भारत में जन्मा हो (1935 के अधिनियम के अंतर्गत् भारतीय राज्य क्षेत्र का)।

(ii) यदि वह व्यक्ति 19 जुलाई, 1948 से पहले पाकिस्तान से भारत आया हो और मामूली तौर पर ही भारत में रहा हो।

(iii) यदि वह व्यक्ति 19 जुलाई, 1948 को या उसके बाद भारत आया हो और संविधान लागू होने के पहले ही भारतीय नागरिकता के लिए आवेदन दिया हो और उसका इस आधार पर नागरिकता के लिए रजिस्ट्रीकरण किया गया है कि आवेदन देने की तारीख के ठीक पहले कम-से-कम 6 महीने तक भारतीय राज्य क्षेत्र में निवास किया है, (अनुच्छेद-6)।

(iv) कोई ऐसा व्यक्ति, जो 1 मार्च, 1947 के बाद भारत से पाकिस्तान चला गया था और वह भारत वापस आ गया। लेकिन उसकी वापसी विधि के अनुसार हुई है, जिसके लिए आवश्यक है कि वह अनुच्छेद-6(b) (ii) के अनुसार अपने आप को रजिस्ट्रीकृत करवा ले, (अनुच्छेद-7)।

(v) ऐसा व्यक्ति अथवा उसके दादा-दादी, नाना-नानी में से कोई भी भारत में (1935 अधिनियम के अंतर्गत् भारतीय राज्य क्षेत्र) जन्मा हो, लेकिन वह भारत से बाहर किसी देश में मामूली तौर पर रह रहा हो, तो वह अपने निवास वाले देश में भारत के राजनयिक प्रतिनिधि के यहां भारतीय नागरिकता के लिए रजिस्ट्रीकरण करा सकता है, (अनुच्छेद-8)। यह प्रावधान विदेशों में रहने वाले व्यक्तियों के लिए था।

नागरिकता अधिनियम, 1955

भारतीय संसद को नागरिकता के संबंध में विधि-निर्माण का अधिकार दिया गया है, जिसके अंतर्गत् वर्ष-1955 में नागरिकता अधिनियम पारित किया गया, (अनुच्छेद-11)। वर्ष-1986, 1992, 2003, 2005 एवं 2015 में नागरिकता अधिनियम, 1955 में संशोधन किया गया। **इस अधिनियम के अनुसार, भारतीय नागरिकता पांच प्रकार से प्राप्त की जा सकती है-**

1. जन्म से नागरिकता।
2. वंशाधिकार द्वारा नागरिकता।
3. पंजीकरण द्वारा नागरिकता।
4. देशीकरण द्वारा नागरिकता।
5. राज्य क्षेत्र में मिल जाने से।

1. जन्म से नागरिकता

भारत में जन्म से (26 जनवरी, 1950 के बाद) तथा माता-पिता में से कोई भी भारतीय नागरिक होना चाहिए (*Jus Soli* Law of the Soil)। इस विधि के दो अपवाद हैं- **प्रथम,** यह विधि वहां लागू नहीं होती, जहां जन्म के समय शिशु का पिता किसी दूसरे देश या शत्रु देश का राजनयिक (Diplomat) हो, **द्वितीय,** शत्रुओं के अधीन भारत के किसी भाग में उत्पन्न होने वाले बच्चे हों।

2. वंशाधिकार द्वारा नागरिकता

भारत के बाहर जन्म लेने वाला बच्चा वंशानुक्रम से भारत का नागरिक होगा। यदि जन्म के समय उसका पिता भारत का नागरिक है, अर्थात् रक्त का संबंध है, (Law of blood) तो उन व्यक्तियों के बच्चे जो भारत के नागरिक न होते हुए भी भारत सरकार या राज्य सरकार के अधीन सेवा कर रहे हैं, वे पंजीकरण द्वारा वंशानुगत् भारतीय नागरिक बन सकते हैं।

3. पंजीकरण द्वारा नागरिकता

ऐसा व्यक्ति, जो भारत का नागरिक नहीं है, वह निम्नलिखित शर्तों में से किसी एक से संबंधित होने पर भी पंजीकरण द्वारा भारत का नागरिक बन सकता है। जैसे-भारत में जन्म लेने वाला कोई व्यक्ति यदि भारत के नागरिक के रूप में पंजीकृत होना चाहता है, तो उसे भारत में लगातार 5 से 7 वर्षों तक रहने का प्रमाण प्रस्तुत करना होगा। नागरिकता संशोधन अधिनियम, 1986 के पहले उपरोक्त निवास करने की अवधि मात्र छह (6) महीने थी। भारतीय उद्गम के वे व्यक्ति, जो अविभाजित भारत से बाहर किसी देश अथवा स्थान में रह रहे हों व भारतीय नागरिकों के साथ विवाह करने वाली स्त्रियां तथा भारतीय नागरिकों के अल्पवयस्क बच्चे।

4. देशीकरण द्वारा नागरिकता

किसी विदेशी नागरिक द्वारा भारत सरकार को आवेदन करके भारतीय नागरिकता प्राप्त की जा सकती है। **इसके लिए निम्नलिखित शर्तें अनिवार्य हैं-**

- वह जिस देश का नागरिक है, उसकी नागरिकता का त्याग।
- वह उस देश का नागरिक नहीं होना चाहिए, जहां देशीकरण द्वारा भारतीय नागरिकों को नागरिकता लेने से रोका जाता हो।
- देशीकरण (Naturalization) के आवेदन के तत्काल पूर्व कम-से-कम एक-वर्ष तक भारत में रहा हो।
- वह पूर्ण आयु, क्षमता तथा सच्चरित्र वाला व्यक्ति होना चाहिए।
- संविधान में उल्लिखित भाषाओं में से किसी भी एक भाषा का पर्याप्त ज्ञान होना चाहिए।
- राष्ट्र के प्रति सकारात्मक आस्था रखना अथवा निश्चित रूप से निष्ठा की एक शपथ लेना चाहिए।
- एक विशेष उपबंध के तहत् यह छूट दी गई है कि यदि कोई व्यक्ति विज्ञान, दर्शन, कला, साहित्य, विश्व शांति अथवा मानव विकास के क्षेत्र में विशेष कार्य कर चुका हो, तो उसे उपरोक्त शर्तों को पूर्ण किए बगैर भी नागरिकता देशीकरण के द्वारा दी जा सकती है।

5. किसी क्षेत्र के भारतीय राज्य क्षेत्र में सम्मिलित हो जाने से प्राप्त नागरिकता

यदि कोई नया राज्य क्षेत्र भारत के राज्य क्षेत्र में सम्मिलित हो जाए अथवा कर लिया जाए। उदाहरण के लिए, 1974 में सिक्किम का विलय भारत में हो गया। अत: सिक्किम वासी भारतीय नागरिक हो गए, तो भारत सरकार यह सुनिश्चित करेगी कि उस क्षेत्र के लोग भारत के नागरिक होंगे। भारत में केवल एकल नागरिकता (Single Citizenship) है। भारत की नागरिकता को अनुच्छेद-11 के अंतर्गत् संसद कानूनों के माध्यम से नियंत्रित/विनियमित (Regulate) करती है।

नागरिकता की समाप्ति

(Termination of Citizenship)

अनुच्छेद-10 यह स्पष्ट करता है कि किसी नागरिक की नागरिकता का अधिकार संसद द्वारा बनाई गई विधि के अलावा किसी अन्य प्रकार से छीना नहीं जा सकता। अनुच्छेद-11 संसद को नागरिकता के अर्जन, समाप्ति तथा नागरिकता संबंधी अन्य उपबंधों में परिवर्तन करने की निर्बाध शक्ति प्रदान करता है। नागरिकता अधिनियम, 1955 के अनुसार **किसी भारतीय नागरिक की नागरिकता समाप्ति के तीन आधार हैं-**

1. परित्याग (Renunciation)

भारत का कोई भी वयस्क नागरिक घोषणा करके अपनी नागरिकता का त्याग कर सकता है। इस प्रकार की घोषणा वही व्यक्ति कर सकता है, जो भारत के अतिरिक्त किसी दूसरे देश का भी नागरिक है।

2. पर्यावसान (Termination)

भारत का वह नागरिक, जिसने देशीकरण अथवा रजिस्ट्रीकरण द्वारा अपनी इच्छा से भारत की नागरिकता

स्वीकार की थी और वर्तमान में वह स्वेच्छा से किसी दूसरे देश की नागरिकता ग्रहण कर लेता है।

3. **वंचित किया जाना** (Deprivation)

ऐसा भारतीय नागरिक, जो रजिस्ट्रीकरण के द्वारा भारत का नागरिक बना है, वह केंद्र सरकार के आदेश से वंचित किया जा सकता है। भारत सरकार निम्नलिखित में से किसी भी आधार पर किसी व्यक्ति को **भारतीय नागरिकता से वंचित कर सकती है-**

- संविधान के प्रति निष्ठा न रखने अथवा संविधान में आस्था न रखने वाले व्यक्ति को।
- युद्ध के समय शत्रुओं की सहायता करने वाले व्यक्ति को।
- यदि किसी व्यक्ति ने कपटपूर्वक अर्थात् गलत तरीके से भारतीय नागरिकता अर्जित की है।
- देशीकरण या पंजीकरण द्वारा नागरिकता प्राप्ति के 5 वर्ष के अंदर किसी अन्य देश द्वारा 2 वर्ष की सजा दिए जाने पर।
- किसी भारतीय नागरिक स्त्री/पुरुष द्वारा दूसरे देश के स्त्री/पुरुष के साथ विवाह करने पर।
- लगातार 7 वर्षों तक भारत से बाहर रहने पर।

नागरिकता संबंधी विवाद

उल्लेखनीय है कि कांग्रेस अध्यक्षा सोनिया गांधी के प्रधानमंत्री बनने की संभावना ने (13वीं लोक सभा) इस विवाद को जन्म दिया कि देशीकरण (Naturalization) अथवा पंजीकरण (Registration) के द्वारा नागरिकता अर्जित करने वाला कोई व्यक्ति भारत के उच्चतम संवैधानिक पद अर्थात् प्रधानमंत्री के पद पर आसीन हो सकता है अथवा नहीं। लोक सभा के चुनाव लड़ने के प्रश्न पर भारतीय संविधान सामान्य नागरिक (Ordinary Citizen) और देशीयकृत नागरिक (Naturalized Citizen) में कोई विभेद नहीं करता और कोई भी लोक सभा सदस्य सांविधानिक रूप से प्रधानमंत्री बन सकता है, यदि उसे लोक सभा में आवश्यक समर्थन प्राप्त है। भारतीय संविधान का अनुच्छेद-14 विधि के समक्ष समता का आश्वासन और अनुच्छेद-16 सरकारी नियोजनों व नियुक्तियों में अवसर की समानता देता है तथा किसी भी विभेद (Discrimination) को रोकता है। अतः भारतीय संविधान का कोई भी उपबंध किसी देशीयकृत नागरिक (Naturalized Citizen) को प्रधानमंत्री बनने से नहीं रोकता। अमेरिकी संविधान अपने देशीयकृत नागरिकों (Naturalized Citizen) को केवल सीनेट सदस्य (भारत का राज्य सभा) बनने का अधिकार देता है और अमेरिका में पैदा व्यक्ति ही अमेरिकी राष्ट्रपति हो सकता है। कुछ विशेषज्ञों का मानना है कि अमेरिका में ऐसे नियम के पीछे आंतरिक सुरक्षा (Internal Security) प्रमुख कारण है, जो कि बहुत तर्कसंगत नहीं लगता, क्योंकि राज्य की सुरक्षा (Security of State) का पद भी महत्त्वपूर्ण होता है और आंतरिक सुरक्षा हेतु संकट पैदा कर सकता है। अतः सोनिया गांधी को प्रधानमंत्री बनने से रोकने हेतु अमेरिकी संविधान की दोषपूर्ण विधि का सहारा नहीं लिया जा सकता। प्रधानमंत्री पद पर आसीन होने के लिए अनिवार्य दक्षता है अथवा नहीं, इस बात पर ध्यान दिया जाना चाहिए।

विदेशी निवासियों के लिए विशेष प्रावधान

भारतीय मूल के विदेशों में रहने वाले व्यक्तियों को भारत सरकार द्वारा नागरिकता से अलग विशेष दर्जा प्रदान करने का प्रावधान किया गया है, जिससे भारतीय मूल के विदेशों में बसे भारतीयों को भारत सरकार विशेष सुविधाएं देती हैं, **जो इस प्रकार हैं-**

1. अनिवासी भारतीय
2. भारतीय मूल के व्यक्ति
3. भारत के समुद्रपारीय नागरिक

1. अनिवासी भारतीय (Non-Resident Indian : NRI)

अनिवासी भारतीय शब्द भारत के टैक्स कानून में उल्लिखित है। ऐसे भारतीय नागरिक, जो नौकरी अथवा व्यवसाय के उद्देश्य से वर्ष में 182 दिन अथवा उससे अधिक समयावधि तक विदेशों में रहते हैं और भारतीय पासपोर्ट धारण करते हैं, **अनिवासी भारतीय (NRI)** कहलाते हैं। संयुक्त राष्ट्र संघ (UNO) और अन्य विदेशी नियुक्तियों पर भारत सरकार द्वारा भेजे जाने वाले व्यक्तियों को भी अनिवासी भारतीय का दर्जा दिया जाता है। अनिवासी भारतीयों द्वारा लंबे समय से मांग की जा रही थी कि उन्हें भी भारत के आम चुनाव में मतदान का अधिकार दिया जाए। भारत सरकार द्वारा वर्ष-2011 में एक अधिसूचना जारी करके अनिवासी

भारतीयों को भारत में मतदाता के रूप में पंजीकरण कराने हेतु सुविधा प्रदान कर दी गई। केंद्र सरकार द्वारा 3 फरवरी, 2011 को निर्वाचन आयोग के परामर्श से मतदाता पंजीकरण (संशोधन) अधिनियम, 2011 प्रकाशित किया गया। इस अधिनियम का मुख्य उद्देश्य विदेशों में रह रहे भारतीय मूल के सक्षम मतदाताओं के नाम मतदाता सूची में सूचीबद्ध करना है। **फॉर्म-6 A** के माध्यम से विदेशों में रहने वाले सक्षम मतदाता आवेदन करके मतदाता सूची में अपना नाम सम्मिलित करवा सकेंगे।

2. भारतीय मूल के व्यक्ति (Persons of Indian Origin Card : PIO Card)

वे व्यक्ति, जो लगभग चार पीढ़ी पहले भारत से जा चुके थे और उन्होंने विदेशी नागरिकता ले ली थी। इन भारतीयों की संतानों को **भारतीय मूल के व्यक्ति (PIO)** कहा जाता है, अर्थात् जिनके माता-पिता, दादा-दादी अथवा नाना-नानी में से कोई भी भारत शासन अधिनियम, 1935 के अंतर्गत् आने वाले भारत का निवासी रहा था। उल्लेखनीय है कि ऐसे व्यक्ति जो पाकिस्तान, श्रीलंका, नेपाल, भूटान, अफगानिस्तान, चीन अथवा बांग्लादेश के नागरिक थे अथवा कभी रहे थे, उनकी संतानों को भारतीय मूल का दर्जा प्राप्त नहीं होगा।

भारतीय मूल के व्यक्ति (PIO) कार्ड के लाभ

वर्ष-2002 में भारतीय मूल के व्यक्तियों के लिए भारतवंशी कार्ड (PIO Card) की प्रक्रिया प्रारंभ की गई थी तथा **इस कार्ड द्वारा भारतवंशियों को निम्नलिखित सुविधाएं दी गई थीं**-

- भारतीय मूल के व्यक्ति (PIO) का कार्ड धारक व्यक्ति कार्ड जारी होने की तिथि से 15 वर्षों तक बिना वीजा के भारत आ सकता है।
- भारत में आने की तिथि से 180 दिनों तक **'विदेश क्षेत्रीय पंजीकरण अधिकारी'** (Foreigners Regional Registration Officer : **FRRO**) के पास पंजीकरण कराने से छूट दी गई है।
- भारतीय मूल के व्यक्ति (PIO) जैसे धारक को भी अनिवासी भारतीयों (NRI) जैसे-आर्थिक, वित्तीय तथा शैक्षिक सुविधाएं प्राप्त हैं, परंतु कुछ सुविधाएं इनको नहीं मिलती हैं, जैसे-भारतीय मूल के व्यक्ति (PIO) का कार्ड धारक कृषि भूमि नहीं खरीद सकता है। चुनाव लड़ने जैसे राजनीतिक अधिकार इन्हें नहीं दिए गए हैं। राष्ट्रपति एवं राज्यपाल जैसे उच्च संवैधानिक पदों पर भारतीय मूल के व्यक्ति (PIO) के कार्ड धारक की नियुक्ति नहीं हो सकती। भारतीय मूल के व्यक्ति (PIO) का कार्ड धारक यदि भारत की नागरिकता लेना चाहता है, तो उसे कम-से-कम 7 वर्षों तक भारत में निवास करने के बाद भारतीय नागरिकता के लिए आवेदन करना होगा। वर्ष-2015 में इसे समाप्त करके इसका विलय समुद्रपारीय नागरिकता में कर दिया गया।

3. भारत के समुद्रपारीय नागरिक (Overseas Citizenship of India : OCI)

भारत सरकार द्वारा समुद्रपारीय नागरिकता का प्रारंभ वर्ष-2005 से किया गया है, जिसके अनुसार नागरिकता अधिनियम, 1955 के खंड-7 (A) के अंतर्गत रजिस्टर्ड होना चाहिए। इसके लिए प्रमुख प्रावधान इस प्रकार हैं-ऐसा व्यक्ति, जो भारतीय संविधान लागू होने के समय अथवा उसके पश्चात् कभी भी भारत का नागरिक बनने की योग्यता रखता था। वह व्यक्ति जो वर्तमान में दूसरे देश का नागरिक है अथवा भारत के किसी ऐसे क्षेत्र का निवासी था, जो 15 अगस्त, 1947 के बाद भारत का अंग बन गया। इन योग्यताओं को धारण करने वाले व्यक्ति के पुत्र-पुत्री, पोता-पोती अथवा नाती-नातिन को भी ओ.सी.आई. कार्ड जारी किया जा सकता है और वह व्यक्ति जो कभी भी पाकिस्तान अथवा बांग्लादेश का नागरिक रहा हो, वह समुद्रपारीय भारतीय नागरिकता प्राप्त नहीं कर सकता। इसे लोकप्रिय रूप में दोहरी नागरिकता भी कहा जाता है, जिसके अनेक लाभ हैं।

भारत के समुद्रपारीय नागरिक (OCI) कार्ड के लाभ

समुद्रपारीय भारतीय नागरिकों (OCI) को बहुउद्देशीय आजीवन वीजा (Multipurpose lifelong Visa) दिया जाता है, जिससे समुद्रपारीय भारतीय नागरिक (OCI) कार्ड धारक व्यक्ति जितनी बार चाहे भारत आ सकता है। विदेश पंजीकरण अधिकारी (Foreign Registration Officer : FRO) के पास पंजीकरण कराने के लिए कोई समय सीमा निर्धारित नहीं की गई है। अत: इनको

पंजीकरण कराने से छूट प्राप्त है। ओ.सी.आई. कार्ड धारकों को अनिवासी भारतीयों (NRI) को आर्थिक, वित्तीय एवं शैक्षिक सुविधाएं प्राप्त हैं, लेकिन इन्हें भूमि अथवा कृषि संपत्ति पर स्वामित्व का अधिकार नहीं दिया गया है। ओ.सी.आई. कार्ड प्राप्त व्यक्तियों को भारत के कुछ महत्त्वपूर्ण उच्च पदों पर नियुक्त नहीं किया जा सकता। जैसे-राष्ट्रपति, उप-राष्ट्रपति, उच्चतम एवं उच्च न्यायालय के न्यायाधीश इत्यादि। ओ.सी.आई. दर्जा प्राप्त व्यक्तियों को संसद तथा राज्य विधान मंडल की सदस्यता जैसे राजनीतिक अधिकार भी नहीं दिए गए हैं तथा इन्हें सरकारी नौकरियों (संघ एवं राज्य सरकारों) के लिए भी योग्य नहीं माना गया है।

समुद्रपारीय नागरिकता की समाप्ति

यदि कोई व्यक्ति, जिसे ओ.सी.आई. का दर्जा प्राप्त है, वह समुद्रपारीय भारतीय नागरिकता (OCI) को त्यागना चाहता है, तो उसे इस संबंध में निर्धारित प्रारूप के अनुसार घोषणा करना पड़ेगा और केंद्र सरकार द्वारा ऐसी किसी घोषणा को स्वीकार करते ही ओ.सी.आई. दर्जा प्राप्त व्यक्ति की नागरिकता समाप्त हो जाएगी। इसके अतिरिक्त **निम्नलिखित आधार पर समुद्रपारीय नागरिकता (OCI) भारत सरकार द्वारा समाप्त की जा सकती है-**

- यदि किसी व्यक्ति ने झूठे तथ्यों के आधार पर अथवा कोई तथ्य छुपाकर समुद्रपारीय नागरिकता (OCI) प्राप्त की है।
- भारत के संविधान के प्रति असम्मान प्रकट करता है।
- भारत के युद्धरत होने की दशा में शत्रु देश के साथ व्यापार करना अथवा ऐसी जानकारी को साझा करना, जिससे शत्रु देश को लाभ हो और भारत को नुकसान पहुंचे।
- समुद्रपारीय नागरिकता (OCI) प्राप्त करने के बाद 5 वर्षों की समयावधि के अंदर 2 वर्षों तक जेल में

अनिवासी भारतीय (NRI) एवं समुद्रपारीय भारतीय नागरिकता (OCI) के बीच तुलना

अनिवासी भारतीय (NRI)	**समुद्रपारीय भारतीय नागरिकता (OCI)**
• अनिवासी भारतीय वे नागरिक होते हैं, जो नौकरी, पेशा अथवा व्यवसाय के लिए देश से बाहर (एक वर्ष में 182 दिनों से अधिक समय तक) रहते हैं, जिनके पास भारतीय नागरिकता होती है।	• विदेशी नागरिकता धारण करने वाला व्यक्ति, जो भारतीय संविधान लागू होने के समय अथवा पश्चात् कभी भी भारतीय नागरिक बनने की योग्यता रखता था।
• ऐसे व्यक्ति सामान्यत: एक साल में 182 दिनों से अधिक अवधि तक भारत से बाहर विदेशों में रहते हैं।	• ऐसे व्यक्ति विदेशों में ही निवास करते हैं।
• अनिवासी भारतीयों को भी भारतीय नागरिकों को प्राप्त नागरिकता संबंधी लाभ प्राप्त हैं, अर्थात् एक प्रकार से ये लोग भारतीय नागरिक ही होते हैं।	• समुद्रपारीय भारतीय नागरिकता का दर्जा प्राप्त व्यक्ति को आजीवन वीजा मिलता है और विदेश पंजीकरण अधिकारी के पास पंजीकरण कराने की आवश्यकता नहीं होती है।
• अनिवासी भारतीयों को भारतीय नागरिकों की सभी सुविधाएं मिलती हैं। जैसे-सभी आर्थिक, वित्तीय व शैक्षिक इत्यादि।	• समुद्रपारीय भारतीय नागरिकता का दर्जा प्राप्त व्यक्ति को वही आर्थिक, वित्तीय व शैक्षिक सुविधाएं प्राप्त हैं, जो भारतीय मूल के व्यक्ति (PIO) कार्ड धारक को प्राप्त हैं।
• नागरिकता प्राप्त करने के लिए आवेदन की आवश्यकता नहीं होती, क्योंकि ये भारतीय नागरिक ही हैं।	• समुद्रपारीय भारतीय नागरिकता के रूप में पंजीकरण होने के 5 साल बाद आवेदन कर सकते हैं, लेकिन आवेदन से पहले कम-से-कम 1 वर्ष तक लगातार भारत में निवास कर रहा हो।

रहने पर ओ.सी.आई. दर्जा समाप्त किया जा सकता है।

- भारत सरकार की दृष्टि में ओ.सी.आई. कार्ड का दर्जा प्राप्त व्यक्ति से भारत की संप्रभुता, अखंडता, सुरक्षा एवं जनहित को नुकसान हो सकता है।

वर्तमान स्थिति

भारतीय संसद द्वारा नागरिकता (संशोधन) विधेयक, 2015 को मंजूरी दे दी गई है। इस विधेयक से भारतीय नागरिकता कानून, 1955 में संशोधन किया गया है। इस संशोधन द्वारा भारतीय मूल के व्यक्ति कार्ड (PIO-Card) तथा समुद्रपारीय भारतीय नागरिक (OCI) कार्ड को एक साथ मिला देने का प्रावधान किया गया है। इस विधेयक द्वारा पी.आई.ओ. कार्ड योजना को समाप्त कर दिया गया है और अभी तक जारी किए गए पी.आई.ओ. कार्ड को ओ.सी.आई. कार्ड का दर्जा देने का प्रावधान किया गया है। ओ.सी.आई. कार्ड धारक व्यक्तियों का लाभ उनकी चौथी पीढ़ी तक के बच्चों को मिलेगा, जबकि यह सुविधा अभी तक केवल पी.आई.ओ. कार्ड धारक व्यक्तियों को ही मिलती थी।

निष्कर्ष

संविधान निर्माता आरंभिक रूप में नागरिकता का पृथक् भाग नहीं बनाना चाहते थे, परंतु भारत विभाजन के बाद नागरिकता के प्रावधान को शामिल करने का निर्णय लिया गया और वर्तमान उदारीकरण एवं भूमंडलीकरण के दौर में संविधान में वर्णित एकल नागरिकता व्यावहारिक रूप में दोहरी नागरिकता के साथ जुड़ गई है।

प्रारंभिक परीक्षोपयोगी महत्त्वपूर्ण तथ्य

- भारतीय संविधान के अनुच्छेद-5 से 11 तक नागरिकता से संबंधित उपबंधों का प्रावधान किया गया है।
- भारतीय संविधान में एकल नागरिकता का प्रावधान है।
- संविधान के अनुच्छेद-11 के अंतर्गत् संसद को नागरिकता से संबंधित विधि बनाने का अधिकार दिया गया है।
- भारतीय नागरिकता 5 प्रकार (जन्म से, वंशानुगत् तरीके से, पंजीकरण से, देशीकरण से एवं भूमि विस्तार से) से प्राप्त की जा सकती है।
- भारतीय नागरिकता की समाप्ति निम्नलिखित तरीके से हो सकती है-किसी अन्य देश की नागरिकता ग्रहण करने पर, नागरिकता का त्याग करने पर एवं सरकार द्वारा नागरिकता से वंचित किए जाने पर।
- लगातार 7 वर्षों तक भारत से बाहर रहने वालों की नागरिकता सरकार द्वारा समाप्त की जा सकती है।
- प्रवासी भारतीयों को सीमित रूप से दी जाने वाली दोहरी नागरिकता को समुद्रपारीय भारतीय नागरिकता (OCI) कहा जाता है।
- अनुच्छेद-9 के अंतर्गत् यह प्रावधान है कि किसी दूसरे देश की नागरिकता स्वेच्छा से स्वीकार करने के बाद भारतीय नागरिकता स्वत: समाप्त हो जाती है।

अध्याय 5

मूल अधिकार

(Fundamental Rights)

● भारतीय संविधान द्वारा प्रदत्त मूल अधिकार, ● मूल अधिकार और विधि, ● समानता का अधिकार, ● सामाजिक समानता, ● सरकारी सेवाओं में अवसर की समता, ● बोलने व अभिव्यक्ति की स्वतंत्रता, ● शांतिपूर्ण एवं बिना हथियार के सम्मेलन का अधिकार, ● समुदाय या संघ बनाने की स्वतंत्रता, ● अबाध भ्रमण की स्वतंत्रता, ● जीवन का अधिकार, ● संघ सरकार निर्मित विधि, ● धार्मिक स्वतंत्रता का अधिकार, ● धार्मिक गतिविधियों के प्रबंध का अधिकार, ● धार्मिक उद्देश्यों हेतु करारोपण पर प्रतिबंध, ● शिक्षण संस्थाओं में धार्मिक शिक्षा पर प्रतिबंध, ● अल्पसंख्यकों के संस्कृति व शिक्षा संबंधी, भाषा, लिपि एवं संस्कृति के संरक्षण का अधिकार, ● शिक्षण संस्थानों की स्थापना व प्रबंध का अधिकार, ● संवैधानिक उपचारों का अधिकार, ● बंदी प्रत्यक्षीकरण रिट, ● परमादेश, ● अधिकार पृच्छा, ● उत्प्रेषण, ● प्रतिषेध, ● मूल अधिकारों पर प्रतिबंध, ● न्यायपालिका के द्वारा प्रतिपादित सिद्धांत, ● मौलिक अधिकारों का संशोधन, ● निष्कर्ष

भारतीय संविधान में वर्णित मूल अधिकारों पर अमेरिकी संविधान का प्रभाव है। संविधान सभा में विभिन्न विषयों पर विचार के लिए अनेक समितियों का गठन किया गया था, जिन्होंने अपनी अलग-अलग सिफारिशें दीं, जिसके बाद मूल अधिकारों की पुन: जांच-परख के लिए एक उपसमिति भी गठित की गई, जिसके अध्यक्ष जे.बी. कृपलानी थे। भारतीय संविधान में मौलिक अधिकारों के व्यापक प्रावधान अपनाए गए हैं, परंतु अमेरिकी संविधान में वर्णित मौलिक अधिकारों पर किसी भी प्रकार के प्रतिबंध नहीं हैं। इसलिए अमेरिकी संविधान में वर्णित मौलिक अधिकारों को निरपेक्ष अधिकार भी कहा जाता है, जबकि भारतीय संविधान में वर्णित मौलिक अधिकारों पर अनेक प्रतिबंध हैं। इसलिए इन्हें **सापेक्ष अधिकार** भी कहा जाता है।

मौलिक अधिकार तथा कानूनी अधिकार में अंतर

कानूनी अधिकार, कानून के द्वारा संरक्षित और न्यायालय द्वारा बाध्यकारी तथा मौलिक अधिकार भी कानून द्वारा संरक्षित और बाध्यकारी होते हैं। दोनों में अंतर यह है कि कानूनी अधिकारों के उल्लंघन पर निचले न्यायालय और सामान्य प्रक्रियाओं के माध्यम से कार्यवाही होती है, जबकि मौलिक अधिकारों के हनन पर सीधे उच्चतम न्यायालय में अनुच्छेद-32 में वर्णित विशिष्ट रिटों के माध्यम से कार्यवाही की जाती है। कानूनी अधिकारों को विधायिका द्वारा बनाए गए सामान्य कानूनों से परिवर्तित किया जा सकता है, जबकि मौलिक अधिकारों के परिवर्तन के लिए संविधान संशोधन का सहारा लिया जाता है। सभी कानूनी अधिकारों का पूर्णत: समापन या उनमें अंशत: परिवर्तन किया जा सकता है, जबकि *केशवानंद भारती वाद* के पश्चात् उन मौलिक अधिकारों को संसद या विधान सभाएं संशोधित या परिवर्तित नहीं कर सकती हैं, जो आधारभूत ढांचे से संबंधित हैं। मौलिक अधिकारों को आपातकाल के अतिरिक्त कभी भी निलंबित नहीं किया जा सकता। 44वें संविधान संशोधन, 1978 के पश्चात् अपराध के लिए दोष-सिद्धि के विषय में संरक्षण (अनुच्छेद-20) व जीवन का अधिकार (अनुच्छेद-21) आपातकाल के दौरान भी समाप्त नहीं किए जा सकते।

भारतीय संविधान द्वारा प्रदत्त मूल अधिकार

भारतीय संविधान का लगभग 70 प्रतिशत भाग भारत शासन अधिनियम, 1935 से प्रभावित है, परंतु इस अधिनियम में मूल अधिकारों का उल्लेख नहीं किया

गया था। इसीलिए संविधान सभा में मूल अधिकार पर सर्वाधिक चर्चा हुई और इसे सर्वाधिक महत्त्व प्रदान किया गया। किसी भी देश के संविधान को उस देश का मूल या मौलिक कानून माना जाता है। भारत के संविधान के भाग-3 में अनुच्छेद-12 से 35 तक मौलिक अधिकारों का वर्णन किया गया है।

मौलिक अधिकारों की विशेषता

- मौलिक अधिकार व्यक्ति के व्यक्तित्त्व के विकास के लिए मूल माने जाते हैं, जिनके अभाव में व्यक्ति अपनी क्षमताओं एवं विशेषताओं का पूर्ण विकास नहीं कर सकता।
- मूल अधिकार राज्य के विरुद्ध उपलब्ध होते हैं और राज्य भारतीय भू-भाग पर शक्ति प्रयोग की सर्वोच्च संस्था है। मूल अधिकार राज्य की तुलना में व्यक्ति को प्राथमिक बना देते हैं।
- मौलिक अधिकारों के उल्लंघन के पश्चात् किसी भी व्यक्ति को सीधे उच्चतम न्यायालय में प्रवेश कर अपने अधिकारों को संरक्षित करने की शक्ति प्रदान की गई है। अतः मौलिक अधिकार का प्रावधान लोकतांत्रिक शासन की सर्वाधिक महत्त्वपूर्ण पहचान है, क्योंकि नागरिकों के द्वारा अधिकारों के संरक्षण के लिए राज्य का निर्माण किया गया है। अतः मूल अधिकार साध्य तथा सरकार इसे संरक्षित करने का एक साधन है।

राज्य की परिभाषा

मौलिक अधिकार के अध्याय की शुरूआत **राज्य** से होती है, क्योंकि मौलिक अधिकार राज्य के विरुद्ध प्राप्त होने वाले अधिकार हैं। अनुच्छेद-12 में **राज्य** का अभिप्राय स्पष्ट किया गया है, जिसके अनुसार राज्य में निम्नलिखित तत्त्वों का उल्लेख किया गया है-

- भारतीय सरकार एवं संसद।
- प्रत्येक राज्यों की विधायिकाएं एवं सरकार।
- सभी प्रकार के स्थानीय शासन।
- अन्य संस्थाएं।

संविधान की व्याख्या का अधिकार उच्चतम न्यायालय को प्रदान किया गया है। इसलिए राज्य के उपरोक्त संवैधानिक प्रावधानों की व्याख्या करते हुए उच्चतम न्यायालय ने कहा कि राज्य की सभी एजेंसियां अथवा प्राधिकरण भी राज्य की श्रेणी में शामिल किए जाएंगे। उदाहरण के लिए, दिल्ली विश्वविद्यालय व अखिल भारतीय आयुर्विज्ञान संस्थान (AIIMS) राज्य की परिभाषा में सम्मिलित हैं। अतः राज्य वित्त से संचालित संस्थाएं एवं राज्य के द्वारा नियुक्त पदाधिकारियों के द्वारा कार्य करने वाले अधिकरण भी राज्य के दायरे में शामिल होते हैं। संविधान लागू होने के दौरान भारत में समाजवादी आर्थिक प्रणाली का प्रयोग किया गया। अतः राज्य के द्वारा शिक्षा, स्वास्थ्य एवं भारी उद्योगों पर नियंत्रण स्थापित किया गया था। परंतु वर्ष-1991 में उदारीकरण एवं निजीकरण की नीति अपनाई गई, जिससे

मूल अधिकारों का वर्गीकरण

भारतीय नागरिकों को प्राप्त मूल अधिकार

- धर्म, मूलवंश, जाति, लिंग या जन्म-स्थान के आधार पर विभेद का प्रतिषेध, (अनुच्छेद-15)।
- सरकारी सेवाओं के विषय में अवसर की समानता, (अनुच्छेद-16)।
- वाक्-स्वातंत्र्य, समवेत् होने, संगम बनाने, संचरण, निवास एवं वृत्ति की स्वतंत्रताएं, (अनुच्छेद-19)।
- अल्पसंख्यक वर्ग के हितों का संरक्षण, (अनुच्छेद-29)।
- शिक्षण संस्थाओं की स्थापना और प्रशासन करने का अल्पसंख्यक वर्गों का अधिकार, (अनुच्छेद-30)।

विदेशियों को प्राप्त मूल अधिकार

- विधि के समक्ष समता और विधि का समान संरक्षण, (अनुच्छेद-14)।
- अपराधों के लिए दोष-सिद्धि में संरक्षण, (अनुच्छेद-20)।
- जीवन का अधिकार, (अनुच्छेद-21)।
- शोषण के विरुद्ध अधिकार, (अनुच्छेद-23, 24)।
- धर्म की स्वतंत्रता, (अनुच्छेद-25, 26, 27, 28)।

राज्य के कार्य सीमित हो गए। क्योंकि शिक्षा, स्वास्थ्य, परिवहन व बैंकिंग जैसे क्षेत्रों में निजी उद्योगों को कार्य करने की अनुमति प्रदान कर दी गई है। राज्य के कार्यों के सीमित होने के कारण मूल अधिकारों का दायरा भी सीमित होने लगा, क्योंकि मूल अधिकार राज्य के विरुद्ध प्राप्त होते हैं। उदाहरण के लिए, सरकारी सेवाओं में आरक्षण का प्रावधान किया गया है, परंतु निजी सेवाओं में आरक्षण की व्यवस्था नहीं है। अतः निजीकरण से आरक्षण का अधिकार सीधे प्रभावित हो रहा है।

मूल अधिकार और विधि

अनुच्छेद-13 में **विधि** शब्द की व्याख्या की गई है। जिसके अनुसार, यदि मूल अधिकारों एवं संविधान के निर्माण के पहले की विधियों (पूर्व संवैधानिक विधि) के बीच टकराव होता है, तो मूल अधिकार पूर्व संवैधानिक विधियों को ढंक लेते है, जिसे न्यायपालिका ने **'आच्छादन का सिद्धांत'** (Principle of Eclipses) कहा। इसके अनुसार मूल संवैधानिक विधियां समाप्त नहीं होंगी, अपितु इन्हें मूल अधिकारों द्वारा ढक लिया जाएगा। यदि मूल अधिकार समाप्त हो गए, तो पूर्व संवैधानिक विधियां पुनः प्रभावी हो जाएंगी। वर्ष-1860 में निर्मित विधि पूर्व संवैधानिक विधि का उदाहरण है। संविधान वर्ष-1950 में लागू हुआ, जिसमें मूल अधिकारों का प्रावधान किया गया। (अनुच्छेद-13(i))।

- राज्य के द्वारा ऐसी विधि का निर्माण नहीं किया जाएगा, जो भाग-3 में वर्णित मूल अधिकारों के विरुद्ध या प्रतिकूल हों, ऐसी विधियों को न्यायपालिका द्वारा असंवैधानिक घोषित कर दिया जाएगा। राज्य के द्वारा निर्मित विधि का कोई एक भाग मूल अधिकारों के विरुद्ध हो, न्यायपालिका केवल उसी विशेष भाग को अवैध घोषित करेगी, समूची विधि को नहीं। न्यायपालिका के द्वारा विधि के वैध एवं अवैध भागों के बीच अलगाव किया जाता है, जिसे **'पृथक्करण का सिद्धांत'** (Principle of Severability) कहा जाता है, (अनुच्छेद-13(ii))।

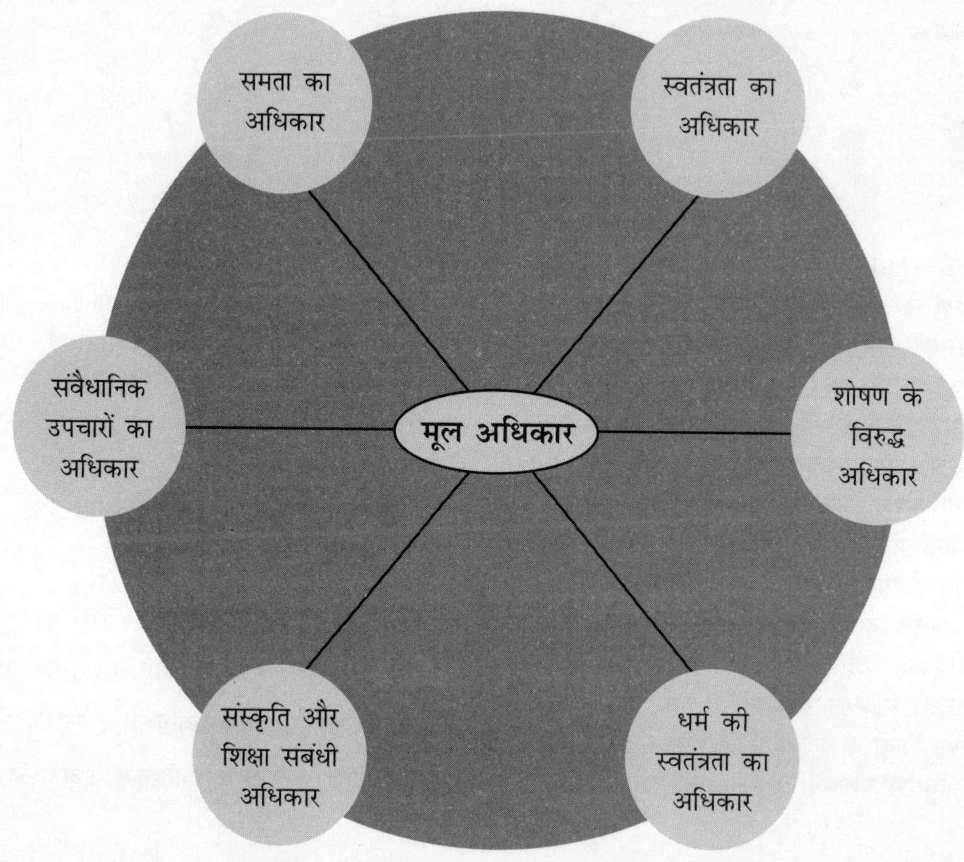

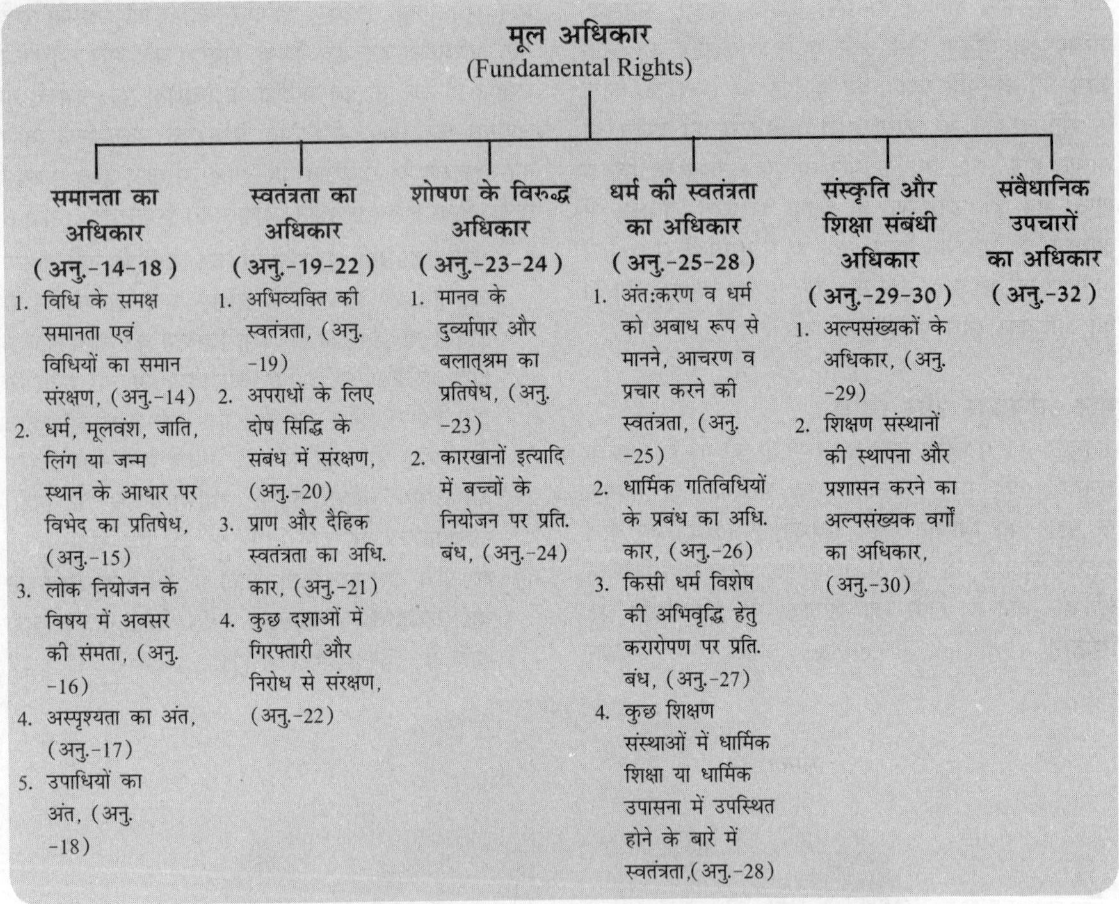

- अनुच्छेद-13(iii) में विधि की परिभाषा है। इन विधियों में अध्यादेश, उपनियम, विनियम, प्रथा और अधिसूचना भी सम्मिलित हैं। राज्य विधान सभा अथवा भारतीय क्षेत्र में किसी भी अधिकारी द्वारा निर्मित विधियों को भी इसमें सम्मिलित किया जाएगा।

24वें संविधान संशोधन, 1971 द्वारा अनुच्छेद-13(iv) जोड़ा गया। इसके अनुसार, अनुच्छेद-13 में विधि का उल्लेख किया गया है, जो संविधान संशोधन विधि से पृथक् है। संविधान संशोधन विधि अनुच्छेद-368 के अंतर्गत निर्मित होती है, जिसके द्वारा संविधान में कोई अनुच्छेद अथवा भाग जोड़ा जाएगा अथवा इसे परिवर्तित या समाप्त किया जा सकता है। संविधान संशोधन के द्वारा मूल अधिकारों का उल्लंघन किया जा सकता है। क्योंकि अनुच्छेद-13 के प्रावधान संविधान संशोधन पर लागू नहीं होते।

मूल अधिकार के प्रकार

संविधान में मूल अधिकारों को 7 भागों में विभाजित किया गया था, परंतु 44वें संविधान संशोधन, 1978 के द्वारा संपत्ति के अधिकार को मूल अधिकारों के भाग से हटा लिए जाने के पश्चात् मूल अधिकार को छह भागों में विभाजित किया गया है-

1. समानता का अधिकार, (अनुच्छेद-14-18)
2. स्वतंत्रता का अधिकार, (अनुच्छेद-19-22)
3. शोषण के विरुद्ध अधिकार, (अनुच्छेद-23-24)
4. धर्म की स्वतंत्रता का अधिकार, (अनुच्छेद-25-28)
5. संस्कृति और शिक्षा संबंधी अधिकार, (अनुच्छेद-29-30)
6. संवैधानिक उपचारों का अधिकार, (अनुच्छेद-32)

1. समानता का अधिकार (Right to Equality)

(i) विधि के समक्ष समानता (Equality before Law)

विधि के समक्ष समानता का अधिकार ब्रिटिश विचारक डायसी के विचारों में निहित है। यह विचार ब्रिटिश संविधान से लिया गया है। इसका अभिप्राय है कि सभी व्यक्तियों पर एकसमान विधि लागू की जाएगी। किसी व्यक्ति की पद, प्रतिष्ठा या पंक्ति कुछ भी क्यों न हो, वह विधि के समक्ष समान माना जाएगा, अर्थात् किसी भी व्यक्ति को कोई विशेषाधिकार नहीं होगा। धन, संपत्ति, भूमि एवं वंश इत्यादि के आधार पर नागरिकों में विभेद नहीं किया जाएगा तथा कोई भी व्यक्ति कानून से ऊपर नहीं है और सभी को कानून के उल्लंघन पर दंडित किया जाएगा। यह विचार समानता का नकारात्मक विचार है, जिसके अनुसार, व्यक्तियों के बीच कोई भेदभाव नहीं होगा एवं उन पर समान विधि लागू होगी। परंतु समाज में सभी व्यक्तियों की स्थिति एकसमान नहीं है। यह विचार व्यक्ति की परिस्थितियों की उपेक्षा करता है और समानता का असर सभी के साथ समान व्यवहार मान लिया जाता है।

(ii) विधियों का समान संरक्षण
(Equal Protection of Laws)

भारत जैसे विषमतामूलक समाज में सभी के लिए एकसमान विधि का निर्माण करना समानता नहीं है, यह समानता का सकारात्मक विचार है, क्योंकि इससे वंचित लोगों को संरक्षित करने का प्रयत्न किया जाता है। यह अमेरिकी संविधान से लिया गया विचार है। सामाजिक परिस्थितियों के आधार पर कानून में विभेद किया जा सकता है, अर्थात् सभी व्यक्तियों के लिए एक जैसे नियम नहीं बनाए जा सकते। समान लोगों के साथ समान व्यवहार तथा असमान लोगों के साथ असमान व्यवहार किया जाएगा। सभी पर समान करारोपण आरोपित करना सही नहीं है। महिलाओं, बच्चों तथा आम पुरुषों हेतु एकसमान कानून नहीं बनाए जा सकते, अतः परिस्थितियों की भिन्नता के आधार पर अलग-अलग विधि लागू करना समानता का उल्लंघन नहीं होगा। न्यायालय ने नागरिकों के इस तरह के वर्गीकरण को सही माना।

उच्चतम न्यायालय द्वारा दिए गए एक ऐतिहासिक निर्णय में किन्नरों को तीसरे लिंग का दर्जा दिया गया। न्यायपालिका के अनुसार, किन्नरों को प्राप्त अधिकार सामाजिक अथवा जैविक आधार पर निर्धारित नहीं है, बल्कि यह मानवाधिकार का मुद्दा है। इस निर्णय के बाद किन्नरों को पुल्लिंग अथवा स्त्रीलिंग के बजाए, तीसरे लिंग के रूप में मान्यता प्रदान की गई है। न्यायपालिका ने इनके लिए सरकारी सेवाओं में आरक्षण का निर्देश भी दिया है, क्योंकि लिंग के आधार पर भेदभाव संविधान की मूल मान्यताओं के प्रतिकूल है।

विधि के समक्ष समानता (Equality Before Law)	**विधि का समान संरक्षण** (Equal Protection of Law)
• सभी के साथ समान व्यवहार। • भेदभाव का अभाव • सभी व्यक्तियों के लिए समान विधि लागू होगी।	• परिस्थितियों के अनुसार पृथक् व्यवहार • भेदभाव किया जाएगा। • विभिन्न समूहों एवं व्यक्तियों के लिए पृथक विधियों का प्रयोग होगा।
• यह नकारात्मक है, क्योंकि राज्य व्यक्तियों के लिए सुविधा प्रदान नहीं करेगा।	• यह सकारात्मक है, क्योंकि वंचित वर्गों का राज्य के द्वारा संरक्षण किया जाएगा।

भेदभाव का आधार

संविधान में वर्णित समानता के अधिकार में भेदभाव भी अंतर्निहित है, क्योंकि विधि के समान संरक्षण का स्पष्ट अभिप्राय है कि समान लोगों के साथ असमान व्यवहार नहीं होना चाहिए। राज्य द्वारा निर्मित विभिन्न विधियों के आधार पर लोगों के बीच भेदभाव किया जा सकता है। परंतु यह भेदभाव पूर्ण नहीं होना चाहिए, जिसका परीक्षण न्यायपालिका करती है। लोगों के बीच भौगोलिक आधार पर वर्गीकरण किया जा सकता है और पूर्वोत्तर के लोगों या पहाड़ी लोगों हेतु अलग कानून बनाया जा सकता है। उदाहरण के लिए, कुटीर उद्योग तथा बड़े उद्योगों में अंतर किया जा सकता है। व्यवसाय के आधार पर भी व्यक्तियों के बीच भेदभाव किया जा सकता है। सैन्य सेवा में कार्य करने वाले व्यक्तियों के अधिकारों को अनुशासन के लिए सीमित किया जा सकता है। यह वर्गीकरण मनमाना नहीं होना चाहिए। जाति एवं धर्म के आधार पर लोगों के साथ भेदभाव तार्किक नहीं है। न्यायपालिका ने यह भी कहा कि महिलाओं को मंदिर में प्रवेश के अधिकार से वंचित करना भी अतार्किक भेदभाव है।

विधि के समक्ष समानता का अपवाद

- राष्ट्रपति एवं राज्यपाल केवल दो पदाधिकारी हैं, जिन्हें विधि के समक्ष समानता के सिद्धांत से छूट प्रदान की गई है, (अनुच्छेद-361)।
- राष्ट्रपति एवं राज्यपाल दोनों अपने पद की शक्तियों के प्रयोग और कर्त्तव्यों के लिए न्यायपालिका के प्रति उत्तरदायी नहीं होंगे।
- दोनों के विरुद्ध उनके कार्यकाल के दौरान किसी प्रकार की दांडिक अथवा आपराधिक कार्यवाही न तो आरंभ होगी और न ही बनी रहेगी। उदाहरण के लिए, मध्य प्रदेश के राज्यपाल के विरुद्ध भ्रष्टाचार के मामले में प्राथमिकी दर्ज कराने का प्रयास किया गया, जिसे मध्य प्रदेश उच्च न्यायालय ने अस्वीकृत कर दिया। राष्ट्रपति या राज्यपाल के अवकाश प्राप्त करने के बाद उन्हें किसी प्रकार की छूट प्राप्त नहीं होगी।
- राष्ट्रपति व राज्यपाल पर उनके कार्यकाल के दौरान या बाद में उनके व्यक्तिगत कार्यों के लिए सिविल कार्यवाही आरंभ की जा सकती है। इसके लिए 2 महीने पूर्व नोटिस देना होगा, जिसमें व्यक्ति का नाम एवं पता तथा राष्ट्रपति अथवा राज्यपाल के विरुद्ध कार्यवाही के कारण का उल्लेख होना चाहिए, जिसका अभिप्राय यह है कि राष्ट्रपति अथवा राज्यपाल के विरुद्ध वैवाहिक विवाद के संबंध में कोई मामला न्यायालय में आरंभ किया जा सकता है।

सामाजिक समानता

समता के आधार को विशेष क्षेत्रों में लागू करने हेतु अनुच्छेद-15 की व्यवस्था की गई है। यह अनुच्छेद धर्म, मूलवंश, जाति, लिंग या जन्म स्थान के आधार पर किसी भी प्रकार के विभेद से रोकता है। यह मूल अधिकार सिर्फ भारतीय नागरिकों को उपलब्ध हैं। **इस अनुच्छेद के पांच खंड हैं**-

(i) **विभिन्न आधारों पर भेदभाव पर प्रतिबंध**

अनुच्छेद-15 (1) के अनुसार, राज्य केवल धर्म, मूलवंश, जाति, लिंग व जन्म स्थान के आधार पर नागरिकों के मध्य विभेद नहीं करेगा। यह अनुच्छेद राज्य के विरुद्ध है। इस अनुच्छेद में **केवल** शब्द का प्रयोग किया गया है, जिसका अभिप्राय है कि शैक्षिक योग्यता अथवा शारीरिक मापदंड के आधार पर व्यक्तियों के साथ भेदभाव किया जा सकता है।

(ii) **विभिन्न स्थानों पर भेदभाव पर प्रतिबंध**

डॉ. अंबेडकर के साथ अन्य सार्वजनिक स्थानों पर भेदभाव किया गया था। ब्रिटिश प्रशासन के द्वारा अनेक सड़कों और होटलों को भारतीयों के प्रवेश के लिए प्रतिबंधित किया गया था, जिसे मूल अधिकारों के द्वारा समाप्त किया गया है, (अनुच्छेद-15 (2))। केवल धर्म, मूलवंश, जाति, लिंग व जन्म स्थान के आधार पर किसी भी नागरिक पर अयोग्यता, प्रतिबंध या देयता आरोपित नहीं होगी, **जो निम्नलिखित के लिए हैं**-

- दुकानों, सार्वजनिक भोजनालयों, होटलों तथा सार्वजनिक मनोरंजन के स्थानों पर।
- ऐसे कुओं, तालाबों व स्नानघाट, सड़क, सार्वजनिक रिसोर्ट पर विभेद नहीं किया जाएगा, जो पूर्णतः या अंशतः राज्य वित्त द्वारा संचालित हैं अथवा सार्वजनिक उद्देश्यों के लिए निर्मित हैं।

(iii) **तार्किक भेदभाव**

इस अनुच्छेद में राज्य के द्वारा वंचित वर्गों के लिए विभिन्न प्रावधान किए जा सकते हैं। इसलिए विधि के समान संरक्षण का विचार अनुच्छेद-15(3) में स्पष्ट दिखाई देता है। इस अनुच्छेद के अनुसार, राज्य, महिलाओं व बच्चों के उत्थान के लिए विशेष उपाय करेगा। अतः राज्य इनके संरक्षण व विकास हेतु विशेष सुविधाएं प्रदान कर सकता है। विशेष उपाय में शैक्षिक आर्थिक एवं वैधानिक सभी प्रकार के प्रावधान शामिल होंगे। यह प्रावधान समानता के सिद्धांतों के विरुद्ध नहीं है।

वर्ष-1996 में उच्चतम न्यायालय के द्वारा विशाखावाद में यौन शोषण को परिभाषित तथा इसे रोकने के उपायों का भी उल्लेख किया गया। उच्चतम न्यायालय ने यौन शोषण को निम्नलिखित रूप में परिभाषित किया-

- शारीरिक संपर्क और महिलाओं के निकट जाने का प्रयत्न करना।
- यौन सुविधा की मांग अथवा अनुरोध।
- अश्लील सामग्री दिखाना।
- यौन प्रेरित संदेश भेजना।

- अन्य अस्वीकृत शारीरिक शाब्दिक यौन प्रकृति के व्यवहार।

रोकने के उपाय

उच्चतम न्यायालय के अनुसार, किसी भी संस्थान के मालिक का यह उत्तरदायित्व होगा कि वहां यौन शोषण प्रतिबंधित करे और कार्यस्थल पर यौन शोषण के लिए संस्था का मालिक उत्तरादायी होगा। उच्चतम न्यायालय के अनुसार, यौन शोषण जीवन के अधिकार का उल्लंघन है, क्योंकि जीवन के अधिकार का आशय, गरिमामय जीवन का अधिकार है। न्यायपालिका के द्वारा यह निर्देशित किया गया है कि सभी कार्यस्थलों पर यौन शोषण को परिभाषित और इसको प्रतिबंधित करने के उपायों का प्रचार एवं प्रसार किया जाएगा। सरकारी संस्थान अथवा सार्वजनिक क्षेत्र में यौन शोषण प्रतिबंधित होगा और इसके विरुद्ध दंड का स्पष्ट प्रावधान किया जाएगा। निजी क्षेत्रों में भी यौन शोषण को रोकने के लिए उपरोक्त नियम पारित किया जाए तथा कार्यस्थल पर वातावरण महिलाओं के विरुद्ध नहीं होना चाहिए। इसलिए सुविधा, स्वास्थ्य और स्वच्छता के अतिरिक्त कार्यस्थल का वातावरण महिलाओं के विरुद्ध नहीं होगा। यौन शोषण के आरोप में दोषी व्यक्ति के विरुद्ध आपराधिक और मालिकों के द्वारा ऐसे व्यक्ति के विरुद्ध अनुशासनात्मक कार्यवाही भी की जाएगी। यौन शोषण के विरुद्ध शिकायत दर्ज करने की व्यवस्था होनी चाहिए, जिसकी सुनवाई एक ऐसी समिति के द्वारा किया जाएगी, जिसकी अध्यक्ष महिला होगी और जिसमें कम-से-कम आधी सदस्य महिलाएं ही होंगी।

पिछड़े वर्गों के लिए विशेष प्रावधान

अनुच्छेद-15(4) में सामाजिक एवं शैक्षणिक दृष्टि से पिछड़े वर्गों तथा अनुसूचित जातियों व जनजातियों के उत्थान के लिए राज्य विशेष प्रावधान कर सकता है तथा राज्य द्वारा किया जाने वाले यह प्रावधान या कार्य विधि के समक्ष समानता का उल्लंघन नहीं माना जाएगा। चूंकि ये जातियां सदियों से दमित एवं सामाजिक विकास में निम्न स्थान पर रही हैं। अत: इनके उत्थान व विकास हेतु राज्य आवश्यक संरक्षण प्रदान कर सकता है।

शैक्षणिक संस्थाओं में आरक्षण

मंडल आयोग की रिपोर्ट के आधार पर वर्ष-1990 में वी.पी. सिंह सरकार के द्वारा सेवाओं में पिछड़े वर्गों के लिए आरक्षण का प्रावधान किया गया और वर्ष-2006 में तत्कालीन मानव संसाधन मंत्री अर्जुन सिंह के द्वारा शैक्षणिक संस्थाओं में आरक्षण की घोषणा की गई तथा एक नया संविधान संशोधन किया गया और अनुच्छेद-15(5) जोड़ा गया। यह अनुच्छेद 93वें संविधान संशोधन अधिनियम, 2006 द्वारा सम्मिलित किया गया। वर्ष-2004 के पश्चात् सामाजिक और शैक्षिक रूप में पिछड़े वर्गों, अनुसूचित जातियों और जनजातियों के लिए केंद्रीय शैक्षणिक संस्थाओं में आरक्षण की व्यवस्था की गई, चाहे वे संस्थाएं राज्य के द्वारा अनुदान प्राप्त करतीं हों या नहीं। अत: यह आरक्षण निजी शैक्षणिक संस्थाओं के लिए भी है, लेकिन अल्पसंख्यक शिक्षण संस्थाओं पर यह आरक्षण लागू नहीं होगा।

सरकारी सेवाओं में अवसर की समानता

आधुनिक भारत में ये राजकीय सेवाएं संपत्ति और प्रतिष्ठा के नए अवसर हैं। अनुच्छेद-16 सरकारी सेवाओं में सभी की नियुक्ति हेतु समानता का अवसर उपलब्ध कराता है।

राज्य के अंतर्गत नियुक्ति एवं रोजगार में समानता

इसके अनुसार, राज्य के अंतर्गत् नियुक्ति और रोजगार में सभी नागरिकों को अवसर की समानता प्रदान की जाएगी। नियुक्ति का अभिप्राय सेवाओं में प्रवेश सुनिश्चित करना है। जबकि रोजगार का अवसर, सेवाओं में प्रवेश के बाद वेतन, भत्ते तथा विभिन्न सुविधाओं में भी समानता प्रदान की जाएगी, जिसे रोजगार में समानता कहा जाता है, (अनुच्छेद-16(1))।

भेदभाव पर प्रतिबंध

यह निर्धारित करता है कि राज्य के अंतर्गत् रोजगार और नियुक्ति में केवल धर्म, प्रजाति (मूलवंश), जाति, लिंग, उद्भव, जन्म स्थान एवं निवास के आधार पर अथवा इनमें से किसी भी एक आधार पर भेदभाव नहीं किया जाएगा, जबकि अन्य आधारों, जैसे-शैक्षणिक योग्यता, शारीरिक क्षमता, तकनीकी योग्यता के आधार पर विभेद किए जा सकते हैं, जो तार्किक व आवश्यक हैं। उपरोक्त व्यवस्था केवल सरकारी सेवाओं हेतु हैं, न कि निजी कंपनियों के लिए। निजी कंपनियां अपने अनुसार पदों हेतु नियोजन कर

सकती हैं, (अनुच्छेद-16(2))।

अनुच्छेद-15 में धर्म, मूलवंश, जाति, लिंग व जन्म स्थान केवल पांच आधारों पर प्रतिषेध पर मनाही है। परंतु अनुच्छेद-16 में दो अतिरिक्त आधारों उद्‌भव व निवास स्थान के आधार पर भी विभेद को रोका गया है। इसका ध्येय यह है कि राज्य केवल अपने निवासियों को ही सरकारी नौकरियों में प्रश्रय न दे, बल्कि देश के सभी नागरिकों को समान अवसर दिया जाए।

निवास के आधार पर भेदभाव

स्वतंत्रता के पश्चात् भारत में प्रभावी क्षेत्रीय विषमता विद्यमान थी। शैक्षिक स्तर भी एकसमान नहीं था। इसलिए किसी क्षेत्र विशेष में स्थानीय निवासियों को सेवाओं में प्राथमिकता प्रदान की गई। अत: संविधान में भौगोलिक विषमता को भी स्वीकार किया गया है, जिसे लोकप्रिय रूप में भूमि-पुत्र (The Sons of Soil) का विचार भी कहा जाता है। इसके अनुसार एक भू-भाग में विद्यमान रोजगार पर पहला अधिकार उस भू-भाग में पैदा हुए लोगों का होना चाहिए। संसद, विधि द्वारा राज्य विशेष को यह अधिकार दे सकती है कि वह सरकारी सेवाओं के किन्हीं कर्मचारियों के वर्गों के रोजगार एवं नियुक्ति के लिए निवास के आधार पर अपने राज्य के निवासियों को प्राथमिकता दे सकती है, अर्थात् भर्ती प्रक्रियाओं में निवास की शर्त लगाई जा सकती है, परंतु यह तभी हो सकता है जब संसद के द्वारा विधि का निर्माण किया जाए। क्योंकि राज्य विधान सभाओं को यह अधिकार नहीं दिया गया है। (अनुच्छेद- 16(3))

राज्य के अंतर्गत नियुक्ति एवं रोजगार में आरक्षण

यह अनुच्छेद भी विशेष उद्देश्यों हेतु समता के नियमों में ढील देता है। इस अनुच्छेद के तहत् राज्य पिछड़े वर्गों को राज्य के अंतर्गत् नियुक्ति एवं रोजगार में आरक्षण प्रदान करेगा। राज्य द्वारा पिछड़े वर्गों को तब आरक्षण दिया जा सकता है, जब उस वर्ग को राज्य के अधीन सेवाओं में पर्याप्त प्रतिनिधित्व प्राप्त न हो, अनुच्छेद-16(4) तभी लागू हो सकता है, जब निम्नलिखित शर्तों को पूरा करते हों। **प्रथम**, वह वर्ग पिछड़ा हो एवं **द्वितीय**, उसका सरकारी सेवाओं में पर्याप्त प्रतिनिधित्व न हो। **तीसरा**, सामाजिक एवं शैक्षिक रूप में पिछड़ा हो। इन शर्तों के पूर्ण होने पर ही आरक्षण की व्यवस्था की जा सकती है, किसी एक शर्त के आधार पर आरक्षण प्राप्त नहीं होगा।

पिछड़ेपन की पहचान के लिए गठित आयोग

अनुच्छेद-340 के अंतर्गत् राष्ट्रपति को यह अधिकार है कि वह सामाजिक और शैक्षणिक दृष्टि से पिछड़े वर्गों की दशाओं की जानकारी एवं उनकी समस्याओं को दूर करने के लिए एक आयोग नियुक्त करेगा। अनुच्छेद-16(4) में या संविधान के किसी भाग में **पिछड़ेपन** को परिभाषित नहीं किया गया है। अत: इन वर्गों के पहचान व निर्धारण में समस्याएं आ रही हैं। सरकार ने समय-समय पर पिछड़े वर्ग की पहचान हेतु प्रयास किया है। स्वतंत्रता के बाद पिछड़े वर्गों की पहचान के लिए भारत में **काका कालेलकर आयोग** की स्थापना वर्ष-1953 में हुई। हालांकि यह आयोग अंतिम निष्कर्ष पर नहीं पहुंच सका कि पिछड़े वर्ग के लोग कौन हैं। इनके अनुसार, केवल जाति को भारत में पिछड़े वर्ग का आधार नहीं माना जा सकता। काका कालेलकर आयोग ने सभी महिलाओं को पिछड़े वर्ग में सम्मिलित करने की सिफारिश की, परंतु सरकार ने काका कालेलकर आयोग की सिफारिश को स्वीकार नहीं किया। इसी समस्या के समाधान के लिए वर्ष-1979 में मंडल आयोग की स्थापना हुई, जिसकी नियुक्ति जनता पार्टी सरकार के द्वारा की गई। मंडल आयोग ने पिछड़े वर्गों की पहचान के लिए निम्नलिखित (सामाजिक, शैक्षिक एवं आर्थिक) संकेतकों का प्रयोग किया। इससे यह निष्कर्ष निकाला कि भारत में पिछड़ी जातियां ही पिछड़े वर्ग में सम्मिलित की जा सकती हैं। कहने का अभिप्राय है कि भारत में जाति और वर्ग परस्पर अंतर्संबंधित हैं। इसलिए पिछड़ी जाति के लोग ही पिछड़े वर्ग तथा अगड़ी जाति के लोग ही अगड़े वर्ग में शामिल किए जा सकते हैं। अत: वर्ष-1990 में केंद्रीय सरकार ने मंडल आयोग की सिफारिशों को लागू कर दिया तथा जाति को ही सामाजिक व शैक्षणिक पिछड़ेपन का आधार माना गया तथा सरकार ने अपने निर्णय में पिछड़े वर्गों को 27 प्रतिशत आरक्षण देने की घोषणा कर दी। फलत: अन्य वर्गों ने सरकार के इस कदम का विरोध किया। वर्ष-1991 में नरसिंह राव सरकार ने ऊंची जाति के आर्थिक रूप से कमजोर लोगों के लिए 10 प्रतिशत आरक्षण लागू करने की घोषणा की। इन सभी विवादों को न्यायालय में *इंदिरा साहनी बनाम भारत संघ* के रूप में चुनौती दी गई, जो लोकप्रिय रूप में **'मंडलवाद'** के नाम से जाना जाता है।

उच्चतम न्यायालय ने इंदिरा साहनी बनाम भारत संघ, 1992 में ऐतिहासिक निर्णय देते हुए निम्नलिखित मुद्दों का समाधान किया–

(i) **पिछड़ेपन का अभिप्राय** : उच्चतम न्यायालय ने यह स्वीकार किया कि भारत में पिछड़ापन मूलत: सामाजिक एवं शैक्षिक है। इन दोनों आधारों का एक साथ प्रयोग होना चाहिए। संविधान में पिछड़ापन आर्थिक नहीं है। परंतु न्यायालय ने यह भी स्वीकार किया कि पिछड़े वर्गों में सभी की हैसियत एकसमान नहीं है। इसलिए जो पिछ्ड़े में अगड़े हैं, उन्हें आरक्षण का लाभ प्राप्त नहीं होगा, जिसे क्रीमी लेयर भी कहा गया। अत: सभी पिछड़ों को एक ही समूह में शामिलकरना तार्किक नहीं है। न्यायालय के अनुसार भारत मेंपिछड़ी जातियों को ही पिछड़े वर्ग की श्रेणी में रखा जा सकता है, लेकिन पिछड़े वर्ग की एकमात्र पहचान जाति ही नहीं है, क्योंकि पिछड़ी जातियों में सम्मिलित वे लोग जो आर्थिक रूप में संपन्न हैं, उन्हें आरक्षण का लाभ नहीं मिलना चाहिए। अत: न्यायालय के अनुसार, ये लोग **'मलाईदार परत' (Creamy Layer)** में सम्मिलित किए जाएंगे। क्रीमी लेयर को परिभाषित करने का दायित्व संसद का है।

(ii) **क्रीमी लेयर की पहचान** : उच्चतम न्यायालय ने मंडलवाद के निर्णय में यह कहा कि पिछड़े वर्गों की सूची का निर्माण करने और पिछड़े वर्गों को आरक्षण की सीमा से बाहर रखने के लिए एक स्थायी सांविधिक संस्था का निर्माण किया जाए, साथ ही यह संस्था क्रीमी लेयर की सीमा का निर्धारण भी करे तथा क्रीमी लेयर की सीमा में आने वाले लोगों को आरक्षण का लाभ नहीं मिलेगा। इसके फलस्वरूप पिछड़ा वर्ग आयोग का गठन किया गया, जिसकी सलाह के बाद संघ सरकार के द्वारा क्रीमी लेयर का निर्धारण किया जाता है।

(iii) **आरक्षण की उच्चतम सीमा** : न्यायपालिका ने आरक्षण की उच्चतम सीमा को 50 प्रतिशत निर्धारित किया, जो प्रत्येक वर्ष भरी जाने वाली रिक्तियों के लिए लागू होगा। इसके अनुसार आरक्षण प्रदान करते समय अनुच्छेद-335 के अनुसार, सेवाओं में दक्षता या कुशलता को बनाए रखा जाना चाहिए। अत: 50 प्रतिशत से ज्यादा आरक्षण सेवाओं की कुशलता के विरुद्ध होगा। आरक्षण पिछड़े वर्गों के उत्थान के लिए होना चाहिए। परंतु यह अन्य वर्गों के प्रति भेदभावपूर्ण नहीं होना चाहिए।

(iv) **प्रोन्नति में आरक्षण** : अनुसूचित जाति एवं जनजाति को वर्ष-1955 से ही राज्य के अंतर्गत सेवाओं में आरक्षण प्रदान किया गया तथा उन्हें प्रोन्नति में भी आरक्षण दिया गया। इस वाद में उच्चतम न्यायालय ने प्रोन्नति में दिए जा रहे आरक्षण को अस्वीकार कर दिया। न्यायालय के अनुसार, आरक्षण का आशय केवल आरंभिक नियुक्ति से ही है। आरक्षण प्रदान करते समय सेवाओं की कुशलता को क्षतिग्रस्त करना उचित नहीं है।

(v) **आर्थिक पिछड़ापन** : नरसिंहा राव सरकार के द्वारा 1992 में ऊंची जातियों के आर्थिक रूप में पिछड़े व्यक्तियों को भी आरक्षण प्रदान किया गया। न्यायालय ने आर्थिक आधार पर दिए गए 10 प्रतिशत आरक्षण को रद्द कर दिया, क्योंकि संविधान में पिछड़ापन मूलत: सामाजिक पिछड़ापन है, क्योंकि आर्थिक पिछड़ेपन का संविधान में उल्लेख नहीं है।

(vi) **'आगे ले जाने के नियम'** : न्यायपालिका ने 'आगे ले जाने के नियम' (Carry forward Rule) को स्वीकार किया और यह कहा कि आरक्षित वर्गों की रिक्त पदों को अगले वर्ष भरा जाएगा, परंतु आरक्षण की उच्चतम सीमा 50 प्रतिशत से अधिक नहीं होनी चाहिए।

क्रीमी लेयर का निर्धारण

क्रीमी लेयर का विचार उच्चतम न्यायालय द्वारा दिया गया, परंतु क्रीमी लेयर की सीमा का निर्धारण सरकार के द्वारा पिछड़ा वर्ग आयोग की सलाह के आधार पर किया जाता है। पिछड़े वर्गों के वे लोग जो अत्यधिक संपन्न हैं, उन्हें न्यायालय ने क्रीमी लेयर कहा है। क्रीमी लेयर के निर्धारण के लिए वर्ष-1993 में राम नंदन समिति का गठन किया गया, जिसके अंतर्गत् निम्नलिखित व्यक्तियों को शामिल किया जाता है, **जिसका निर्धारण सरकार के द्वारा किया गया है-**

- संवैधानिक पद धारण करने वाले व्यक्ति, जैसे-राष्ट्रपति, प्रधानमंत्री, न्यायाधीश इत्यादि।
- ग्रुप 'ए' तथा ग्रुप 'बी' की सेवा के क्लास सेकेंड रैंक के अधिकारी।

- सेना में कर्नल या उससे ऊपर रैंक के अधिकारी।
- डॉक्टर, अधिवक्ता, इंजीनियर, कलाकार, लेखक, सलाहकार इत्यादि प्रकार के पेशेवर।
- व्यापार, वाणिज्य एवं उद्योग में लगे व्यक्ति।
- शहरी क्षेत्रों में जिन लोगों के पास भवन हैं तथा जिनके पास एक निश्चित सीमा से अधिक की कृषि भूमि या रिक्त भूमि रखने वाले तथा जिन लोगों की सालाना आय 8 लाख से अधिक है या जिनके पास एक छूट सीमा से अधिक की संपत्ति है, ऐसे लोग आरक्षण में भागीदार नहीं होंगे। अत: आरक्षण पिछड़े वर्गों को ही मिलना चाहिए, जिनका सेवाओं में प्रतिनिधित्व अपर्याप्त हो।

तमिलनाडु के आरक्षण का बचाव

इंदिरा साहनी वाद में उच्चतम न्यायालय ने यह कहा कि आरक्षण 50 प्रतिशत से ज्यादा नहीं होगा, जबकि तमिलनाडु में 69 प्रतिशत आरक्षण प्रदान किया गया था। तमिलनाडु के इस आरक्षण को बचाने के लिए संसद के द्वारा 76वां संविधान संशोधन, 1994 पारित किया गया और तमिलनाडु के आरक्षण को नवीं अनुसूची में शामिल कर दिया गया, क्योंकि परंपरागत् रूप में यह माना जाता है कि नवीं अनुसूची का न्यायिक पुनरावलोकन नहीं होगा। वर्तमान में न्यायपालिका ने यह स्पष्ट कहा है कि वर्ष-1973 के बाद नवीं अनुसूची में शामिल उन सभी विषयों का न्यायिक पुनरावलोकन होगा, जिनके द्वारा मूलभूत ढांचे का उल्लंघन किया जा सकता है।

प्रोन्नति में आरक्षण

मंडलवाद में न्यायालय का मानना था कि अनुच्छेद-16(4) के अनुसार, आरक्षण केवल प्रारंभिक नियुक्तियों में प्रदान किया जा सकता है, पदोन्नति में नहीं। न्यायालय का तर्क था कि प्रोन्नति में आरक्षण से प्रशासनिक कार्यकुशलता प्रभावित होगी, जो अनुच्छेद-335 में निहित कार्यकुशलता तथा दक्षता की भावनाओं के खिलाफ है। अत: न्यायालय के आदेश को समाप्त करने हेतु सरकार द्वारा 77वां संविधान संशोधन अधिनियम (वर्ष-1995) पास किया गया तथा अनुच्छेद-16(4)(क) स्थापित किया गया, जिसमें यह व्यवस्था की गई कि अनुसूचित जातियों तथा जनजातियों को प्रोन्नति में आरक्षण दिया जाना वैधानिक है।

परिणामिक ज्येष्ठता (Consequential Seniority)

वीरपाल सिंह चौहान वाद में न्यायालय ने यह कहा कि आरक्षण से प्रोन्नति प्राप्त करने वाले अधिकारी वरिष्ठता का फायदा नहीं प्राप्त कर सकते, अर्थात् अपने समकक्षों तथा ज्येष्ठ अधिकारियों से उन्हें वरिष्ठ नहीं माना जाएगा तथा ज्येष्ठता के निर्धारण का आधार प्रारंभिक नियुक्ति की तिथि होगी, न कि प्रोन्नति की। उपरोक्त प्रावधानों को रद्द करने हेतु संसद ने 85वां संविधान संशोधन, 2001 पारित किया तथा अनुच्छेद-16(4)(क) में संशोधन कर यह व्यवस्था दी गई कि प्रोन्नति में आरक्षण के साथ वरिष्ठता का लाभ अनुसूचित जाति व जनजाति के वर्गों को दिया जा सकता है, जिसे 'परिणामिक वरिष्ठता का सिद्धांत' कहा जाता है। इसके अनुसार एक ही साथ सेवा में प्रवेश करने वाले सामान्य वर्ग एवं अनुसूचित जाति व जनजाति समुदाय के व्यक्तियों को प्रोन्नति देने में अनुसूचित जाति व जनजाति के उम्मीदवार को पहले प्रोन्नति दी जाएगी। इसके बाद अन्य प्रोन्नति में भी उन्हें प्राथमिकता दी जाएगी। बार-बार प्रोन्नति में मिलने वाले लाभ को ही परिणामिक ज्येष्ठता का विचार कहा गया है। अत: अनुसूचित जाति व जनजाति का उम्मीदवार एक बार ज्येष्ठ होने पर लगातार ज्येष्ठता का लाभ प्राप्त करेगा और अनारक्षित समुदाय का व्यक्ति अपने साथ भर्ती होने वाले बैच उम्मीदवार का जूनियर हो जाएगा।

बैकलॉग सीट

मंडलवाद में उच्चतम न्यायालय ने आरक्षित वर्ग की सीटों को आगे ले जाने के विचार को स्वीकार कर लिया, परंतु न्यायपालिका ने आरक्षण की अधिकतम सीमा को 50 प्रतिशत निर्धारित कर दिया था। इसीलिए **'आगे ले जाने के नियम'** से आरक्षित वर्गों को लाभ नहीं हुआ। उच्चतम न्यायालय ने सीटों के अग्रेषण को कुछ शर्तों के साथ वैधानिक ठहराया। इस व्यवस्था को समाप्त करने के लिए संसद ने 81वां संविधान संशोधन, 2000 पारित किया। इसके तहत् संविधान में अनुच्छेद-16 (4)(ख) जोड़ा गया, जिसमें यह कहा गया है कि यदि आरक्षित सीटें खाली रह जाती हैं, तो इन्हें अलग माना जाए तथा अगले वर्ष होने वाली नियुक्तियों में इन्हें न जोड़ा जाए, बल्कि अलग से रिक्तियों को भरा जाए। यह भर्ती 50 प्रतिशत सीमा के अंदर नहीं मानी जाएगी, (अनुच्छेद-335)। 82वें

संविधान संशोधन, 2000 द्वारा यह प्रावधान किया गया कि संघ अथवा राज्य के किसी सेवा में अनुसूचित जाति एवं जनजाति के किसी उम्मीदवार के लिए न्यूनतम अर्हता अंकों में कटौती की जा सकती है तथा उनके प्रवेश के लिए न्यूनतम अंक निर्धारित नहीं होंगे।

प्रोन्नति में आरक्षण का विवाद

वर्ष-2007 में *नागराजन वाद* में 77वें, 81वें, 82वें तथा 85वें संविधान संशोधन को उच्चतम न्यायालय में चुनौती दी गई, लेकिन उच्चतम न्यायालय ने इसे वैध मानते हुए प्रोन्नति में आरक्षण को स्वीकार कर लिया। परंतु न्यायपालिका ने कहा कि प्रोन्नति में आरक्षण के लिए निम्नलिखित शर्त पूर्ण करना होगा-

- सरकार को यह प्रमाणित करना होगा कि अनुसूचित जाति एवं जनजातियों के उम्मीदवार सेवाओं में प्रवेश के बाद भी पिछड़ेपन के शिकार हैं।
- प्रोन्नति में आरक्षण से सेवाओं की कुशलता प्रभावित नहीं होगी।
- अनुसूचित जाति एवं जनजातियों का सेवाओं में अपर्याप्त प्रतिनिधित्व अभी भी अपर्याप्त है, जिसकी भरपाई के लिए उन्हें प्रोन्नति में आरक्षण प्रदान किया जा रहा है।

उच्चतम न्यायालय ने उत्तर प्रदेश सरकार के द्वारा अनुसूचित जातियों एवं जनजातियों को प्रोन्नति में आरक्षण के प्रावधान को अवैध घोषित कर दिया। न्यायपालिका के अनुसार, सरकार अनुसूचित जाति एवं जनजाति के पिछड़ेपन, सेवाओं की कुशलता तथा अपर्याप्त प्रतिनिधित्व का आंकड़ा प्रस्तुत करने में विफल रही। इसके बाद सरकार के द्वारा राज्य सभा में संविधान संशोधन विधेयक लाया गया, परंतु यह अभी भी पारित नहीं हो सका है। वर्ष-2018 में उच्चतम न्यायालय के द्वारा *नागराजन वाद* की समीक्षा की गई और न्यायालय ने यह स्वीकार किया कि प्रोन्नति में आरक्षण देने का निर्णय राज्यों के द्वारा किया जाएगा, जिसके लिए उपरोक्त आधार बताने की आवश्यकता नहीं है।

अनुसूचित जातियों एवं जनजातियों के लिए क्रीमी लेयर

उच्चतम न्यायालय द्वारा मंडलवाद में क्रीमी लेयर का विचार केवल पिछड़े वर्गों के लिए निर्मित किया गया था। परंतु वर्ष-2018 में अत्यधिक महत्त्वपूर्ण निर्णय देते हुए उच्चतम न्यायालय ने कहा कि अनुसूचित जातियों एवं जनजातियों की आरक्षण में भी क्रीमी लेयर का प्रावधान लागू होगा, जिसे निर्धारित करने का निर्देश सरकार को दिया गया है। परन्तु यह लागू नहीं है।

विकलांगों के लिए आरक्षण

उच्चतम न्यायालय ने केंद्र सरकार व राज्य सरकारों को आदेश दिया है कि विकलांगों को सभी प्रकार की नौकरियों में 3 प्रतिशत आरक्षण दिया जाए, लेकिन यह आरक्षण 50 प्रतिशत की सीमा के अतिरिक्त होगा। न्यायालय का मानना था कि सरकारी नियोजन विकलांगों के सशक्तिकरण का सबसे अच्छा उपाय है।

आरक्षण और व्यावहारिक राजनीति

आरक्षण की संकल्पना सामाजिक न्याय से संबंधित है। आरक्षण सामाजिक लोकतंत्र को व्यावहारिक रूप में प्राप्त करने का माध्यम है, क्योंकि समाज में किसी भी समूह की स्थिति यदि वंचित वर्ग की है या उस समूह के साथ ऐतिहासिक रूप में भेदभाव किया गया है, तो ऐसे समूह के सामाजिक एवं आर्थिक उत्थान के लिए आरक्षण दिया जा सकता है। यदि किसी सामाजिक समूह की स्थिति वंचित वर्ग की है, तो उसकी स्थिति को सुधारने का दायित्व वर्तमान पीढ़ी का है। अतः वर्तमान पीढ़ी को उसके साथ किए गए भेदभाव की भरपाई करनी होगी। सामाजिक न्याय की यह मान्यता है कि समाज में वस्तुओं, सेवाओं और पदों का वितरण उचित रूप में होना चाहिए। संविधान के निदेशक तत्त्वों में यह उल्लिखित है कि संपत्ति का केंद्रीकरण समाज के किसी समूह विशेष में नहीं होना चाहिए। इसी आधार पर अनुसूचित जातियों, जनजातियों एवं पिछड़े वर्गों के लोगों को आरक्षण दिया गया। नीति निदेशक तत्त्वों में उल्लिखित है कि राज्य ऐसी सामाजिक व्यवस्था का निर्माण करेगा, जिसमें व्यक्तियों और समूहों के बीच आय, प्रतिष्ठा, सुविधाओं तथा अवसरों की समानता निर्मित हो सकें अतः इस संदर्भ में आरक्षण पिछड़े वर्गों की सशक्तिकरण में अभिवृद्धि करेगा। भारतीय संविधान में वर्णित प्रस्तावना सामाजिक न्याय को प्राप्त करने का स्पष्ट रूप में उद्देश्य स्थापित करती है।

समकालीन राजनीतिक परिप्रेक्ष्य में एक विरोधाभासी प्रवृत्ति देखी जा रही है, जिसमें आरक्षण का लाभ वह वर्ग प्राप्त करने की कोशिश कर रहा है, जो सामाजिक, राजनीतिक तथा आर्थिक रूप में शक्तिशाली हो गया है, साथ ही अत्यंत महत्त्वपूर्ण रूप में अगड़ी जाति के लोगों ने भी आरक्षण की मांग उठाई है। आरक्षण से संबंधित विवाद मूलतः आरक्षण की प्रक्रिया और मानदंड से संबंधित हैं। आरक्षण की संकल्पना में स्वाभाविक रूप से अनारक्षण की संकल्पना भी निहित है, क्योंकि जिन लोगों को आरक्षण का लाभ प्राप्त हो चुका है, उन्हें आरक्षण का लाभ नहीं मिलना चाहिए, जबकि व्यावहारिक रूप में आरक्षण की सूची में जातियों को निरंतर सम्मिलित किया जा रहा है, किसी को निकाला नहीं जाता। ऊंची जातियों के आरक्षण की मांग में अनेक विसंगतियां हैं। उदाहरण के लिए, संविधान में सामाजिक और शैक्षणिक रूप से पिछड़े वर्गों के आरक्षण का उल्लेख है, आर्थिक रूप में पिछड़े वर्गों के आरक्षण का नहीं। इसलिए दोनों प्रकार के पिछड़ेपन में भेद किया जाना चाहिए। एक पिछड़ापन, जो सामाजिक कारणों से है, लेकिन दूसरा पिछड़ापन, जो निजी कारणों से। ऊंची जातियों के लोग सामाजिक पिछड़ेपन के शिकार नहीं हैं।

आरक्षण रोजगार प्रदान करने का माध्यम नहीं, अपितु सामाजिक न्याय का एक यंत्र है। यदि समाज में किसी की स्थिति आर्थिक रूप में पिछड़े वर्ग की है, तो उनके लिए शासन प्रणाली में अनेक उपाय हैं। प्रत्येक समस्या का एकमात्र उपाय आरक्षण ही नहीं है। आरक्षण की उच्चतम सीमा पहले ही 50 प्रतिशत निर्धारित की जा चुकी है। अतः ऊंची जातियों को आरक्षण प्रदान करने के लिए या तो इस सीमा का उल्लंघन करना होगा या पहले से आरक्षण प्राप्त समूहों के हिस्से में से कटौती करनी होगी, जो कि दोनों संभावनाएं व्यावहारिक प्रतीत नहीं होती। इस उदारीकरण और निजीकरण के युग में जहां राजकीय सेवाओं की संख्या निरंतर कम होती जा रही है, इसके बावजूद सभी के लिए आरक्षण प्रदान करने का दावा न केवल अव्यावहारिक है, अपितु राजनीतिक लाभ की दुर्भावना से प्रेरित है।

राजनीतिक आधार पर आरक्षण के लिए आंदोलन

गुजरात में पटेल समुदाय द्वारा आरक्षण की मांग तथा हरियाणा में जाटों द्वारा आरक्षण के लिए किया गया आंदोलन यह प्रदर्शित करता है कि आरक्षण एक राजनीतिक मुद्दा बन चुका है। दोनों राज्यों में दोनों जातियों की आर्थिक स्थिति शक्तिशाली है तथा ये सामाजिक रूप में पिछड़े भी नहीं हैं। राष्ट्रीय पिछड़े वर्ग आयोग के द्वारा यह अनुशंसा की गई कि जाट पिछड़ी जाति में शामिल नहीं हैं। इसके बावजूद संघ सरकार के द्वारा केंद्रीय सेवाओं के लिए जाटों को आरक्षण प्रदान कर दिया गया, जिसे न्यायपालिका ने लागू करने पर रोक लगा दी। गुजरात में आरक्षण की मांग करने वाले नेता हार्दिक पटेल के द्वारा एक ओर पटेल समुदाय के लिए आरक्षण की मांग की गई, तो दूसरी ओर उन्होंने आरक्षण को समाप्त करने की भी मांग उठाई। महाराष्ट्र में मराठा पिछड़ी जातियों के द्वारा आरक्षण की मांग की जा रही है, जिससे यह प्रतीत होता है कि जिन जातियों को आरक्षण का लाभ प्राप्त हो चुका है, उनको भी आरक्षण की सूची से बाहर करने पर विचार करना चाहिए।

धार्मिक संस्थाओं में नियोजन

किसी धार्मिक मामलों के प्रबंध अथवा धार्मिक संस्थाओं में उस धर्म से संबंधित व्यक्तियों की नियुक्ति की जा सकती है, ऐसे में अवसर की समानता का उल्लंघन नहीं माना जाएगा। जैसे-हिंदू धार्मिक संस्थाओं या मन्दिरों में हिंदुओं की नियुक्ति तथा मुस्लिम धार्मिक संस्थाओं में मुसलमानों की नियुक्ति की जा सकती है, (अनुच्छेद-16(5))।

अस्पृश्यता का अंत

समानता का अभिप्राय, केवल अवसर की समानता नहीं, अपितु विशेषाधिकारों और विषमताओं का भी अंत करना है। इसी उद्देश्य की पूर्ति हेतु अनुच्छेद-17 में अस्पृश्यता के समापन की व्यवस्था की गई है। अस्पृश्यता प्रतिबंधित है और अस्पृश्यता का किसी भी रूप में प्रयोग दंडनीय अपराध है। अस्पृश्यता का अंत एक निरपेक्ष अधिकार है। अतः इस अधिकार के विरुद्ध कोई प्रतिबंध नहीं लगाया जा सकता। अनुच्छेद-17 व्यक्ति एवं राज्य दोनों के विरुद्ध उपलब्ध है। अस्पृश्यता शब्द की परिभाषा का उल्लेख संविधान में नहीं दिया गया है, क्योंकि न्यायालय ने अस्पृश्यता शब्द को ऐतिहासिक करार दिया है जहां जन्मजात कारणों से कुछ लोगों या जातियों को निम्न समझा जाता है।

भारतीय समाज की मूल संरचना जाति आधारित है, जिसका सबसे विकृत पक्ष अस्पृश्यता के रूप में देखा गया।

राष्ट्रीय आंदोलन के दौरान ही अस्पृश्यता को समाप्त करने और अछूतों के लिए मंदिर में प्रवेश का आंदोलन आरंभ किए गए थे। गांधीजी ने **हरिजन आंदोलन** के माध्यम से समाज की इस बुराई को दूर करने का प्रयास किया, जबकि डॉ. अंबेडकर ने इस छुआछूत को एक दंडनीय अपराध माना। अस्पृश्यता निवारण के लिए संसद के द्वारा विधि का निर्माण किया गया। संसद को मूल अधिकार को क्रियान्वित करने के लिए विधि के निर्माण का अधिकार है, (अनुच्छेद-35)।

अस्पृश्यता निवारण अधिनियम, 1955

इस अधिनियम के द्वारा भी अस्पृश्यता को परिभाषित नहीं किया गया, परंतु कुछ कार्यों को अस्पृश्यता के व्यवहार में शामिल किया गया। इसी संदर्भ में संसद ने वर्ष-1955 में **अस्पृश्यता निरोधक एक्ट** बनाया, जो संप्रति **सिविल अधिकार संरक्षण एक्ट, 1976** के नाम से जाना जाता है। छुआछूत का व्यवहार करने पर एक से दो वर्ष तक की सजा का प्रावधान है। ऐसे व्यक्ति को संसद या विधान सभा के निर्वाचन में भाग लेने से भी प्रतिबंधित किया जा सकता है। इस अधिनियम में निम्नलिखित व्यवहारों को अस्पृश्यता फैलाने वाला माना गया तथा **दंड की व्यवस्था भी की गई है-**

- किसी व्यक्ति को पूजा स्थल पर जाने तथा पूजा करने से रोकना।
- सार्वजनिक स्थानों (जैसे-दुकानों, भोजनालयों इत्यादि) पर प्रवेश पर रोक।
- किसी व्यक्ति को सामाजिक संस्थाओं एवं अस्पतालों में प्रवेश से रोक।
- किसी भी मार्ग, तालाब व नलकूप के प्रयोग से रोक।
- किसी व्यक्ति को जातिसूचक शब्दों के द्वारा अपमानित करना।
- छुआछूत का किसी दार्शनिक या धार्मिक आधार पर औचित्य सिद्ध करना।

यदि किसी व्यक्ति के विरुद्ध अस्पृश्यता के प्रयोग की शिकायत की जाती है, तो न्यायपालिका के समक्ष स्वयं उस व्यक्ति को यह सिद्ध करना होगा कि उसके द्वारा अस्पृश्यता का व्यवहार नहीं किया गया। संसद के द्वारा अस्पृश्यता का व्यवहार करने वाले लोगों को दंडित करने के लिए अलग न्यायालय के निर्माण का प्रस्ताव किया गया है।

उपाधियों का अंत

वस्तुतः एक लोकतांत्रिक देश में व्यक्ति का महत्त्व उसकी क्षमता या योग्यता से है, उसके जन्म से नहीं। राष्ट्रीय आंदोलन के नेताओं द्वारा सदैव शिकायत की जाती रही कि ब्रिटिश शासन साम्राज्यवादी है और अपने हित तथा सार्वजनिक जीवन को भ्रष्ट करने के लिए उपाधियां प्रदान कर रहा है। जे.बी. कृपलानी ने उपाधियों पर संविधान सभा में तीखा आक्षेप किया था। इसलिए स्वतंत्र भारत में शैक्षिक संस्थाओं या सैन्य प्रयोजनों के अलावा राज्य द्वारा उपाधियों को प्रदान करने पर प्रतिबंध है, क्योंकि उपाधियां एक प्रकार से समाज में विषमता पैदा करती हैं। **यह अनुच्छेद निम्नलिखित प्रकार की उपाधियों पर रोक लगाता है-**

राज्य के द्वारा उपाधियों पर प्रतिबंध : इसके अंतर्गत् किसी भी प्रकार की उपाधियां राज्य के द्वारा नहीं प्रदान की जाएंगी, परंतु राज्य अकादमिक एवं सैन्य उपाधियां प्रदान कर सकता है। राज्य का अभिप्राय, अनुच्छेद-12 में पहले ही परिभाषित किया जा चुका है। अनुच्छेद-18(1)

विदेशी राज्य से उपाधि पर प्रतिबंध : कोई भी भारतीय नागरिक विदेशी राज्य से कोई उपाधि ग्रहण नहीं करेगा, जिसका अभिप्राय है कि भारतीय नागरिक किसी अन्य राज्य से भी उपाधि प्राप्त नहीं करेगा। अनुच्छेद-18(2)

राष्ट्रपति की सहमति से उपाधि : एक ऐसा व्यक्ति, जो भारत का नागरिक न हो, लेकिन राज्य के अंतर्गत् किसी ट्रस्ट में किसी पद पर हो, वह राष्ट्रपति की सहमति के बिना किसी विदेशी राज्य से उपाधि ग्रहण नहीं कर सकता। अनुच्छेद-18(3)

उपहार भेंट एवं उपलब्धियों पर प्रतिबंध : ऐसा व्यक्ति, जो राज्य के अंतर्गत् स्थापित किसी ट्रस्ट में कार्य कर रहा हो, वह राष्ट्रपति की सहमति के बिना किसी विदेशी राज्य से उपहार, भेंट या उपलब्धि प्राप्त नहीं कर सकता। अनुच्छेद-18(4)

पुरस्कार एवं उपाधि

वर्ष-1954 में भारत सरकार ने **चार प्रकार के सम्मान प्रारंभ किए**-भारत रत्न, पद्म विभूषण, पद्म भूषण एवं पद्म श्री। आलोचकों ने इनका तीव्र विरोध करते हुए

कहा कि यह उद्देशिका में वर्णित प्रतिष्ठा एवं समता के अधिकार के विरुद्ध है। परिणामस्वरूप वर्ष-1977 में जनता पार्टी की सरकार ने इन सम्मानों को समाप्त कर दिया, परंतु इंदिरा गांधी सरकार ने वर्ष-1980 में पुनः इन सम्मानों को प्रारंभ कर दिया, जिसे न्यायपालिका में चुनौती दी गई, जिसमें न्यायपालिका ने महत्त्वपूर्ण निर्णय देते हुए कहा कि उपाधियों और पुरस्कारों में अंतर होता है। भारत रत्न जैसे पुरस्कार सामंतवादी उपाधियां नहीं हैं। न्यायालय के अनुसार, 'समानता का यह अभिप्राय यह नहीं है कि विशिष्टता या गुणवत्ता का सम्मान न किया जाए।' *बालाजी राघवन वाद* (वर्ष-1994) में न्यायपालिका ने पुरस्कार (Award) एवं उपाधि (Title) दोनों में अंतर बताया। इस वाद में न्यायपालिका ने पद्म विभूषण, पद्म भूषण एवं पद्म श्री को उचित ठहराया तथा कहा कि ये पुरस्कार हैं, उपाधि नहीं। न्यायपालिका के अनुसार, इनका प्रयोग किसी व्यक्ति के नाम के पहले नहीं होना चाहिए।

2. स्वतंत्रता का अधिकार (Right to Freedom)

A. बोलने व अभिव्यक्ति की स्वतंत्रता

संविधान में नागरिकों को वाक् एवं अभिव्यक्ति की स्वतंत्रता प्रदान की गई है। (अनुच्छेद-19(1)(A) वाक् का अभिप्राय बोलना है, जबकि अभिव्यक्ति में बोलना, किसी पुस्तक का प्रकाशन, फिल्म निर्माण अथवा लेखन भी शामिल हो जाता है। इसीलिए एक लोकतांत्रिक देश में इस अधिकार का अत्यधिक महत्त्व है।

संविधान में वाक् एवं अभिव्यक्ति की स्वतंत्रता का उल्लेख एक साथ किया गया है। अभिव्यक्ति की स्वतंत्रता में चुप रहना भी व्यक्ति का अधिकार है। अतः व्यक्ति को अभिव्यक्ति के लिए बाध्य नहीं किया जा सकता।

फिल्मों पर प्रतिबंध

उच्चतम न्यायालय ने यह स्पष्ट किया है कि फिल्मों पर प्रतिबंध लगाने का यह आधार नहीं होना चाहिए कि यह किसी व्यक्ति अथवा समूह को पसंद नहीं है। अभिव्यक्ति की स्वतंत्रता के अंतर्गत आलोचना असहमति एवं मतभेद का अधिकार सुरक्षित होना चाहिए और फिल्मों पर प्रतिबंध लगाने का सीधा दायित्व न्यायालय का नहीं है। अपितु इसके लिए फिल्म सेंसर बोर्ड की स्थापना की गई है और सेंसर बोर्ड के द्वारा किसी फिल्म को अनुमति देने के बाद भीड़ के द्वारा फिल्म प्रदर्शन पर प्रतिबंध असंवैधानिक है। सेंसर बोर्ड के निर्णय को न्यायपालिका में चुनौती दी जा सकती है। न्यायपालिका के अनुसार, अभिव्यक्ति के सभी माध्यम एकसमान रूप में प्रभाव पैदा नहीं करते और सिनेमा हाल में एक बंद कमरे में फिल्म दिखाई जाती है, जिसका जनमानस पर अत्यधिक संवेदनशील प्रभाव पड़ता है। इसलिए फिल्म अभिव्यक्ति का एक सशक्त माध्यम है, जिस पर सेंसर लगाने के अलग मानदंड पर विचार होना चाहिए।

भारत में वाक् एवं अभिव्यक्ति की स्वतंत्रता निरपेक्ष नहीं है। इस स्वतंत्रता पर राष्ट्रीय सुरक्षा, देश की एकता व अखंडता, न्यायालय की अवमानना तथा मानहानि जैसे आधारों पर स्वतंत्रता पर प्रतिबंध लगाया जा सकता है, परंतु न्यायपालिका ने यह माना है कि एकता व अखंडता के विरुद्ध भाषण ज्यादा बड़ा खतरा है। जबकि अवमानना तथा मानहानि के आधार पर स्वतंत्रता को प्रभावी रूप में प्रतिबंधित करना उचित नहीं है।

(i) अभिव्यक्ति की स्वतंत्रता एवं मानहानि

भारतीय दंड संहिता की धारा-499 में जानबूझकर की गई मानहानि को दंडनीय अपराध माना गया है, जिसका अभिप्राय है कि यदि कोई व्यक्ति दूसरे की मानहानि करता तो उसे 2 वर्ष तक की सजा और आर्थिक दंड अथवा दोनों दिया जा सकता है। इसके विरुद्ध सुब्रमणियम स्वामी के द्वारा उच्चतम न्यायालय में याचिका दायर की गई और यह कहा गया कि मानहानि के विरुद्ध आपराधिक दंड उचित नहीं है, बल्कि इसके लिए केवल आर्थिक दंड का प्रावधान होना चाहिए, जिससे पत्रकारों को अभिव्यक्ति की स्वतंत्रता का वास्तविक अधिकार प्राप्त होगा।

उच्चतम न्यायालय के द्वारा इस तर्क को स्वीकार नहीं किया गया और न्यायालय ने कहा कि जीवन के अधिकार में (अनुच्छेद-21) प्रतिष्ठा (Reputation) का अधिकार भी शामिल है। इसलिए अभिव्यक्ति की स्वतंत्रता एवं जीवन के अधिकार (प्रतिष्ठा के अधिकार) के बीच समन्वय व सामंजस्य होना चाहिए। न्यायालय ने कहा कि प्रतिष्ठा का अधिकार, अभिव्यक्ति की स्वतंत्रता से ज्यादा महत्त्वपूर्ण है, जो बंधुता बनाए रखने के लिए आवश्यक है, जिससे

एक व्यक्ति, दूसरे व्यक्ति के ऊपर अनावश्यक आरोप न लगा सकें लोकतंत्र में असहमति का अधिकार है, जिसमें दूसरे व्यक्ति की प्रतिष्ठा पर आघात पहुंचाना सही नहीं है। सहिष्णुता का अभिप्राय दूसरे व्यक्ति के विचारों का सम्मान करना है, न कि दूसरे व्यक्ति की प्रतिष्ठा पर आक्रमण करना। न्यायपालिका के अनुसार, भारतीय संविधान में स्वतंत्रता पर अनेक प्रतिबंध हैं।

(ii) अभिव्यक्ति की स्वतंत्रता एवं देशद्रोह

भारत की दंड संहिता (Indian Penal Code) की धारा-124(A) के अनुसार, विधि द्वारा स्थापित सरकार के विरुद्ध घृणा, मानहानि अथवा दुर्भावना फैलाना एक दंडनीय अपराध है, जिसके लिए तीन वर्ष अथवा आजीवन सजा का प्रावधान है। इसके साथ ही आर्थिक दंड भी आरोपित किया जा सकता है। दुर्भावना का अभिप्राय विधि द्वारा स्थापित सरकार के प्रति निष्ठा का अभाव तथा शत्रुता की भावना का प्रसार करना है, जिसे देशद्रोह माना जाता है।

देशद्रोह का यह कानून वर्ष-1860 में ब्रिटिश सरकार के द्वारा निर्मित किया गया, जिसका अत्यधिक दुरुपयोग किया जा सकता है। इंग्लैंड, न्यूजीलैंड, अमेरिका, कनाडा और ऑस्ट्रेलिया में ये कानून समाप्त किए जा चुके हैं। इस कानून से यह प्रतीत होता है कि सरकार की आलोचना का अभिप्राय देशद्रोह है। जबकि लोकतंत्र में सरकार की आलोचना अभिव्यक्ति की स्वतंत्रता का महत्त्वपूर्ण भाग है। भारतीय संविधान में यह उल्लिखित है कि जो विधि संविधान लागू होने के पूर्व निर्मित है और मूल अधिकार के विरुद्ध है (अनुच्छेद-13), तो मूल अधिकारों को इस विधि की तुलना में प्राथमिकता दी जाएगी। भारतीय दंड संहिता की धारा-121, 121(A) और 122 में यह उल्लिखित है कि सरकार के विरुद्ध युद्ध छेड़ना अथवा इस युद्ध में सहायता करना दंडनीय अपराध है। इसलिए धारा-124(A) को बनाए रखना विसंगतिपूर्ण प्रतीत होता है।

उच्चतम न्यायालय ने यह स्पष्ट कहा है कि देशद्रोह के संबंध में धारा-124(A) संवैधानिक है। विचारकों के अनुसार, सरकार के विरुद्ध केवल नारेबाजी देशद्रोह नहीं कहा जा सकता, बल्कि व्यक्ति अथवा व्यक्ति समूह के द्वारा हिंसा किया जाए अथवा हिंसा को बढ़ावा दिया जाए, तो इसे देशद्रोह मानना उचित होगा।

(iii) प्रेस की स्वतंत्रता

भारत में प्रेस को प्रतिबंधित करने के लिए वर्ष-1951 में प्रेस आक्षेपणी एक्ट-1951 (Press Objectionable Act) तथा वर्ष-1976 में संसद ने एक अलग एक्ट प्रकाशन सामग्री आक्षेपणी निवारक अधिनियम, 1976 बनाया। उच्चतम न्यायालय ने *प्रिंटर्स मैसूर केस* में कहा कि भारत में प्रेस को भी मानहानि के नियमों से छूट नहीं है। उच्चतम न्यायालय ने *कम्युनिस्ट पार्टी ऑफ इंडिया बनाम भारत संघवाद* में कहा कि वाक् स्वतंत्रता या अभिव्यक्ति की स्वतंत्रता में बंद या हड़ताल आयोजित करने की स्वतंत्रता नहीं है। संविधान निर्माताओं ने उन आपवादिक परिस्थितियों की कल्पना भी की, जहां पर ये अधिकार व्यक्ति को प्राप्त नहीं होंगे। इसलिए यदि देश में आपातकाल की घोषणा, युद्ध या बाह्य आक्रमण के आधार पर होती है, तो ये उपरोक्त अधिकार निलंबित हो जाएंगे। इसलिए संविधान निर्माताओं ने व्यक्ति के अधिकारों और राष्ट्र की सुरक्षा में एक सूक्ष्म संतुलन स्थापित किया है। अभिव्यक्ति की स्वतंत्रता में मीडिया की स्वतंत्रता भी शामिल है।

चूंकि संविधान में प्रेस की स्वतंत्रता का कहीं पर भी पृथक् उल्लेख नहीं किया गया है। न्यायपालिका के अनुसार, वर्तमान में प्रेस का संगठित विकास हो चुका है और प्रेस का संचालन एक व्यापार एवं उद्योग भी बन चुका है। इसलिए प्रेस की स्वतंत्रता पर आरोपित प्रतिबंध व्यक्ति की स्वतंत्रता के लिए लागू नहीं होंगे। इसलिए भारत में प्रेस को सेंसर करने का अधिकार है।

भारत में प्रेस को अलग से कोई विशेषाधिकार प्राप्त न होने के कारण प्रेस की स्वतंत्रता के लिए वही मापदंड हैं, जो सामान्य नागरिक के लिए हैं। प्रेस को कर के प्रावधान से छूट नहीं है तथा औद्योगिक क्षेत्र की सामान्य विधि भी प्रेस पर लागू होती है। इसके अतिरिक्त कर्मचारियों की सेवा शर्तों के नियमन वाले कानून भी यहां लागू होते हैं। परंतु न्यायालय के निर्णयों के अनुसार **प्रेस को निम्नलिखित अधिकार प्राप्त हैं-प्रथम**, प्रेस पर ऐसा कोई कानून नहीं लागू किया जा सकता, जो व्यक्तिगत स्वतंत्रता को कम करे, एवं **द्वितीय**, प्रेस पर अलग से कोई कर या दायित्व नहीं थोपा जा सकता।

(iv) सूचना का अधिकार

अभिव्यक्ति की आजादी को व्यापकता प्रदान करते हुए *इंडियन एक्सप्रेस वाद* में न्यायालय ने यह कहा कि नागरिकों को यह अधिकार है कि वह सरकार तथा सरकारी कार्यवाही से संबंधित तथ्यों की जानकारी प्राप्त करें। यह लोकतांत्रिक व्यवस्था का महत्त्वपूर्ण लक्षण है, परंतु सूचना के अधिकार को सुरक्षा एवं लोकहित इत्यादि बंधनों के अधीन किया जा सकता है। लोकतांत्रिक मांगों को देखते हुए सरकार ने वर्ष-2005 में **सूचना का अधिकार विधेयक** को पास किया तथा लोगों को सूचना मुहैया कराया जाना अनिवार्य किया गया। इस हेतु एक केंद्रीय सूचना आयोग का गठन किया गया तथा प्रत्येक विभाग में सूचना अधिकारी की नियुक्ति की गई। न्यायालय ने निर्धारित किया है कि प्रत्येक मतदाता को अपने उम्मीदवारों की संपत्ति, आपराधिक मामलों तथा अन्य जानकारी प्राप्त करने का अधिकार है।

(v) अभिव्यक्ति की स्वतंत्रता और सूचना तकनीकी अधिनियम, 2000

भारतीय संविधान में अभिव्यक्ति की स्वतंत्रता मूल अधिकारों का अत्यधिक महत्त्वपूर्ण भाग है। वर्तमान सूचना तकनीकी के युग में सूचना साधनों के द्वारा व्यक्ति के जीवन में अनेक सकारात्मक साधनों का विकास हुआ है, तो दूसरी ओर साइबर अपराध की घटनाएं भी बढ़ रही हैं। इसलिए इस अधिनियम के धारा-66(A) के अंतर्गत् **निम्नलिखित बिंदुओं को दंडनीय अपराध की श्रेणी में रखा गया था-**

- कंप्यूटर द्वारा अथवा किसी अन्य संचार साधनों के द्वारा दूसरे व्यक्ति को आक्रामक संदेश भेजना।
- ऐसी सूचना, जो पूर्णत: आक्रामक और नुकसान पहुंचाने वाली प्रकृति की हो।
- ऐसी झूठी सूचना, जिसे किसी व्यक्ति के लिए असुविधा, खतरा, अपमान, आपराधिक, प्रताड़ना, घृणा एवं असद्भावपूर्ण उद्देश्य के लिए संप्रेषित किया जाए तथा जिसके लिए कंप्यूटर अथवा संचार साधनों का प्रयोग हो।
- ऐसा इलेक्ट्रॉनिक मेल अथवा संदेश, जिसके द्वारा किसी को असुविधा अथवा धोखा अथवा गुमराह किया जाए, ऐसे कार्यों के लिए 3 वर्ष की सजा तथा जुर्माना का भी प्रावधान किया गया है।

(vi) सूचना तकनीकी अधिनियम की धारा-66(A) समाप्त

उच्चतम न्यायालय ने आई.टी. अधिनियम की धारा-66(A) को समाप्त कर दिया है, जिसके अंतर्गत् प्रावधान था कि वेबसाइटों पर **अपमानजनक** सामग्री डालने पर पुलिस को किसी भी व्यक्ति को गिरफ्तार करने का अधिकार था। विचार और अभिव्यक्ति की स्वतंत्रता को **आधारभूत** बताते हुए न्यायामूर्ति जे. चेलमेश्वर और न्यायामूर्ति आर.एफ. नरीमन की न्यायिक पीठ ने कहा कि सूचना प्रौद्योगिकी अधिनियम की धारा-66(A) से लोगों के जानने का अधिकार प्रत्यक्ष रूप से प्रभावित होता है। यह अभिव्यक्ति की स्वतंत्रता के विरुद्ध अनावश्यक प्रतिबंध है।

B. शांतिपूर्ण एवं बिना हथियार के सम्मेलन का अधिकार

सभी नागरिकों को शांतिपूर्ण तरीके से भारत भूमि के किसी भी भाग पर सम्मेलन करने का अधिकार प्राप्त है, जो बिना हथियार के हों। नागरिक जुलूस या प्रदर्शन एवं सभा भी कर सकते हैं। इसमें सार्वजनिक बैठक में भाग लेने के अधिकार को भी सम्मिलित किया गया है, परंतु न्यायालय के अनुसार हड़ताल का अधिकार सम्मिलित नहीं है, (अनुच्छेद-19(1)(B))।

C. समुदाय या संघ बनाने की स्वतंत्रता

यह अनुच्छेद समस्त भारतीय नागरिकों को समुदाय या संघ बनाने की स्वतंत्रता प्रदान करता है। इस अधिकार के बिना लोकतांत्रिक प्रक्रिया ठप हो जाएगी। इसी अनुच्छेद के तहत् दलों, मजदूर संगठनों द्वारा दबाव समूह का निर्माण किया जाता है। समुदाय या संघ में समूह राजनीतिक दल, क्लब, व्यापार संगठन, कंपनी, साझा फर्म इत्यादि सम्मिलित हैं। 97वें संविधान संशोधन, 2011 के तहत् सहकारी समिति का निर्माण भी समुदाय निर्माण की स्वतंत्रता में सम्मिलित हो गया है, (अनुच्छेद-19(1)(C))।

D. अबाध भ्रमण की स्वतंत्रता

भारत में सभी नागरिकों को भारतीय क्षेत्र में कहीं भी बिना रोक-टोक भ्रमण करने का अधिकार प्राप्त है तथा कोई राज्य अन्य राज्यों के निवासियों को आने-जाने से

रोक नहीं सकता। अत: यह अनुच्छेद क्षेत्रवाद की प्रवृत्तियों के विरोध में है। संचरण के दो रूप हैं-**प्रथम**, आंतरिक भाग में संचरण एवं **द्वितीय**, विदेश यात्रा। यह अनुच्छेद प्रथम प्रकार के संचरण की रक्षा करता है, जबकि विदेश जाने का अधिकार जीवन के अधिकार में सम्मिलित है, (अनुच्छेद-19(1)(D))।

E. निवास करने और बस जाने की स्वतंत्रता

किसी भी भारतीय नागरिक को भारतीय क्षेत्र के किसी भी भाग में निवास करने एवं बसने की आजादी है और कहीं भी बसने के लिए किसी की अनुमति की आवश्यकता नहीं होती। बसने या निवास करने की आजादी तथा बिना रोक-टोक यात्रा करने की आजादी का पूरक है, (अनुच्छेद-19(1)(E))।

F. संपत्ति का अधिकार

इसमें मूल रूप में संपत्ति के अर्जन एवं व्यय का अधिकार प्राप्त था। इस अनुच्छेद को 44वें संविधान संशोधन, 1978 के तहत् समाप्त कर दिया गया, जिसमें नागरिकों को संपत्ति का मूल अधिकार दिया गया था और अब यह अधिकार अनुच्छेद-300(क) में सम्मिलित किया गया है, जो एक वैधानिक अधिकार है, न कि मूल अधिकार, (अनुच्छेद-19(1)(F))।

G. वृत्ति, उपजीविका, व्यापार या कारोबार करने का अधिकार

यह अधिकार भारत के प्रत्येक नागरिक को अपनी इच्छानुसार व्यवसाय करने की स्वतंत्रता प्रदान करता है। इस अनुच्छेद में वृत्ति (Profession), उपजीविका (Occupation), व्यापार (Trade) तथा कारोबार (Business) शामिल है। वृत्ति का अभिप्राय, आजीविका के संचालन के लिए वह कार्य करना है, जिसमें विशेषज्ञता की आवश्यकता हो। जबकि कारोबार लाभ के लिए किया जाता है तथा व्यापार वस्तुओं अथवा सेवाओं के लेन-देन का नाम है। उपजीविका एक व्यापक शब्द है, जिसमें व्यक्ति के द्वारा किए गए सभी कार्य शामिल हो जाते हैं, (अनुच्छेद-19(1)(G))।

भारत में वृत्ति एवं कारोबार करने की स्वतंत्रता है, परंतु नशीले पदार्थों का कारोबार करने की अनुमति नहीं है। बिहार सरकार के द्वारा हाल ही में ही शराब बेचने पर पूर्ण प्रतिबंध लगा दिया, जिसके विरोध में कोई नागरिक यह दावा नहीं कर सकता कि उसके कारोबार के अधिकारों का उल्लंघन हुआ है। हाल ही में कई राज्य सरकारों के द्वारा गायों के वध को दंडनीय अपराध घोषित कर दिया गया। यद्यपि भारत मांस का बड़ा निर्यातक देश है। इसलिए गायों के वध को दंडनीय अपराध घोषित करने से कुछ लोगों के कारोबार के अधिकारों का हनन हो सकता है। परंतु उच्चतम न्यायालय के द्वारा वर्ष-2005 में दिए गए एक ऐतिहासिक निर्णय में यह कहा गया कि गायों की रक्षा आर्थिक रूप में अत्यधिक महत्त्वपूर्ण है। इसलिए गायों के वध को प्रतिबंधित करना अवैधानिक है।

तार्किक प्रतिबंध

संविधान में वर्णित स्वतंत्रता का अधिकार निरपेक्ष नहीं है, बल्कि इन प्रावधानों पर अनेक प्रतिबंध लगाए गए हैं। भारत की एकता और अखंडता, राज्य की सुरक्षा, विदेशी राज्यों के साथ मित्रतापूर्ण संबंध, लोक व्यवस्था एवं सदाचार, न्यायालय की अवमानना, मानहानि तथा अपराध को बढ़ावा देने वाले कार्यों को प्रतिबंधित किया गया है। स्वतंत्रता के अधिकार में विभिन्न प्रकार के प्रतिबंधों का उल्लेख अनुच्छेद-19(2) से 19(6) में उल्लिखित है। स्वतंत्रता पर प्रतिबंध लगाने का अधिकार राज्य को है, परंतु यह प्रतिबंध उचित एवं तार्किक होने चाहिए, मनमानी अथवा अतार्किक नहीं। स्वतंत्रता पर लगाया गया प्रतिबंध इसके दुरुपयोग को रोकने के लिए किया जाता है, न कि स्वतंत्रता का विनाश करने के लिए।

स्वतंत्रता पर प्रतिबंध आरोपित करने का कोई सार्वभौमिक सिद्धांत नहीं है, बल्कि अलग-अलग मामलों में इस पर पृथक् रूप में विचार किया जाएगा। यह प्रतिबंध इसलिए आवश्यक है कि स्वतंत्रता के नाम पर सामाजिक व्यवस्था का विघटन न किया जा सके और दूसरे के समान स्वतंत्रता पर हमला न हो। उच्चतम न्यायालय ने वर्ष-2015 में श्रेया सिंघल वाद में कहा कि सरकार के द्वारा सूचना एवं तकनीकी अधिनियम के अंतर्गत् आरोपित प्रतिबंध अत्यधिक अनुपात से ज्यादा तथा अविवेकपूर्ण है, जिसे न्यायपालिका ने रद्द कर दिया, क्योंकि यह प्रतिबंध अभिव्यक्ति की स्वतंत्रता के विरुद्ध थे।

अपराधों के आरोपी व्यक्तियों के अधिकार

भारतीय संविधान के मूल अधिकारों वाले भाग में किसी अपराध में बंदी व्यक्ति के लिए भी मूल अधिकारों का प्रावधान है। यह अधिकार नागरिकों व विदेशियों दोनों को प्राप्त हैं। इस अनुच्छेद (अनुच्छेद-20) के तहत् सभी व्यक्ति को तीन प्रकार के मूल अधिकार प्रदान किए गए हैं-

1. किसी व्यक्ति को उस समय विद्यमान विधि के उल्लंघन के आधार पर ही दंडित किया जाएगा और दंड की मात्रा अपराध से ज्यादा नहीं होगी, जो उस दौरान विधि में उल्लिखित है।
2. किसी व्यक्ति को एक ही अपराध के लिए दो बार अभियोजित एवं दंडित नहीं किया जाएगा।
3. किसी भी व्यक्ति को अपने विरुद्ध गवाही देने के लिए विवश नहीं किया जाएगा।

A. भूतलक्षी दांडिक विधियों से संरक्षण

(Ex-Post facto law)

भूतलक्षी विधि से तात्पर्य ऐसी विधियों से है, जिन्हें निर्माण की तारीख से पहले लागू कर दिया जाता है। जैसे-संसद ने वर्ष-2013 में कोई विधि पास की और उसे वर्ष-2005 में संपन्न कार्यों या विवादों हेतु भी लागू कर दिया। राज्य अपराध से संबंधित विधियों को भूतलक्षी प्रभाव वाला नहीं बना सकता। आपराधिक मामलों में निर्मित विधियां निर्माण की तिथि के बाद में लागू होती हैं, जबकि राज्य सिविल कानूनों को भूतलक्षी प्रभाव दे सकता है, अर्थात् संपत्ति विवादों जैसे सिविल कानूनों को पिछली तारीखों से लागू किया जा सकता है, (अनुच्छेद-20(1))।

B. दोहरे दंड (Double Jeopardy) से संरक्षण

दोहरे दंड शब्द अमेरिकी संविधान में वर्णित है। इस अनुच्छेद के अनुसार किसी भी व्यक्ति को किसी अपराध के लिए एक बार ही दंडित किया जा सकता है, दो बार नहीं। दोहरे दंड का आशय केवल न्यायपालिका द्वारा दिए गए दंड से है, प्रशासनिक दंड से नहीं। अतः किसी व्यक्ति को न्यायिक और प्रशासनिक दोनों दंड दिया जाए, तो यह दोहरे दंड का उदाहरण नहीं होगा, अपितु एक ही अपराध के लिए एक बार से अधिक न्यायिक दंड नहीं दिया जाएगा, (अनुच्छेद-20(2))।

C. अपने विरुद्ध गवाही देने से संरक्षण

इस अनुच्छेद के अनुसार किसी व्यक्ति को किसी आपराधिक मामले में स्वयं अपने विरुद्ध गवाही देने हेतु बाध्य नहीं किया जाएगा, अर्थात् किसी भी व्यक्ति को शारीरिक या मानसिक रूप से प्रताड़ित कर अपराध कबूलने पर मजबूर नहीं किया जाएगा, परंतु व्यक्ति स्वेच्छा से अपने विरुद्ध गवाही दे सकता है, लेकिन ऐसे अभियुक्त के विरुद्ध पाए गए शारीरिक निशान या चिकित्सीय परीक्षण (Medical Test) को उसके विरुद्ध साक्ष्य माना जाएगा। अतः एक लोकतांत्रिक देश में कोई भी व्यक्ति तब तक निरअपराधी है, जब तक उसे न्यायपालिका द्वारा दंडित न किया जाए, (अनुच्छेद-20(3))।

हाल में ही न्यायालय ने इस अनुच्छेद की नई व्याख्या दी है, अब किसी भी व्यक्ति को अपराध परीक्षण हेतु नार्को, पॉलीग्राफ, ब्रेन मैपिंग, फिंगर प्रिंट जैसे विभागों को अपनाने हेतु बाध्य नहीं किया जाएगा। क्योंकि इन विधियों में व्यक्ति स्वयं पर नियंत्रण नहीं रख सकता, जिसे जबर्दस्ती गवाही दिलवाना माना जाएगा, परंतु न्यायपालिका ने स्पष्ट कहा कि 'फिंगर प्रिंट और लिखावट को व्यक्ति के विरुद्ध साक्ष्य माना जाएगा।'

जीवन का अधिकार

संविधान निर्माताओं ने अनुच्छेद-21 के तहत् प्राण और दैहिक स्वतंत्रता के संरक्षण का प्रावधान किया है, जिसमें यह स्पष्ट वर्णित है कि किसी भी व्यक्ति को उसके प्राण या दैहिक स्वतंत्रता से विधि द्वारा स्थापित प्रक्रिया के अनुसार ही वंचित किया जा सकता है। इसका सामान्यतः यह अर्थ है कि कार्यपालिका या सरकार किसी भी नागरिक की स्वतंत्रता में तभी हस्तक्षेप करेगी, जब उसने देश में स्थापित किसी विधि का उल्लंघन किया हो, (अनुच्छेद-21)।

जीवन की स्वतंत्रता (Right to Life)	दैहिक स्वतंत्रता (Personal Liberty)
• व्यक्ति के शरीर एवं उसके अंगों की सुरक्षा।	• मनमानी हिरासत में रखने के विरुद्ध स्वतंत्रता।
• शरीर पर हमले अथवा बलात्कार के विरुद्ध स्वतंत्रता।	• निजता एवं निजी जीवन में कपड़े, निवास के चयन की स्वतंत्रता।
• प्रताड़ना से मुक्ति।	• आवागमन की स्वतंत्रता।
• आजीविका, शिक्षा एवं शुद्ध पर्यावरण।	• निगरानी एवं नियंत्रण के विरुद्ध स्वतंत्रता।

गोपालन वाद (1950)

अरूण कुमार गोपालन भारतीय साम्यवादी दल के सदस्य थे, जिन्होंने भारत की स्वतंत्रता के पश्चात् भारत के विरुद्ध आंदोलन आरंभ किया, क्योंकि साम्यवादी भारत की स्वतंत्रता को वास्तविक नहीं मानते थे। इसलिए उन्हें निवारक नजरबंदी के अंतर्गत बंदी बना लिया गया। इसके विरुद्ध उन्होंने उच्चतम न्यायालय के समक्ष मूल अधिकारों की रक्षा के लिए याचिका प्रस्तुत की।

न्यायपालिका के अनुसार, जीवन के अधिकार का अभिप्राय, व्यक्ति को प्रताड़ित करना नहीं, बल्कि व्यक्ति को कैद में रखने के विरुद्ध स्वतंत्रता होनी चाहिए। इसलिए इसे जीवन के अधिकार का संकीर्ण अर्थ माना जाता है। इसके अनुसार विधायिका विधि बनाकर जीवन के अधिकार अथवा दैहिक स्वतंत्रता समाप्त कर सकती है। न्यायपालिका का कार्य केवल यह देखना है कि किसी व्यक्ति को विधि के उल्लंघन के बिना तो दंडित नहीं किया गया है। विधि उचित है अथवा अनुचित यह न्यायपालिका के विचार का विषय नहीं है। न्यायपालिका ने अनुच्छेद-21 में वर्णित अधिकारों की व्याख्या की है। *गोपालन वाद* (1950) में न्यायपालिका ने स्पष्ट रूप से स्वीकार किया कि यदि विधि द्वारा स्थापित प्रक्रिया के अनुसार किसी व्यक्ति की स्वतंत्रता का हनन किया जा रहा है, तो न्यायालय को यह शक्ति प्राप्त नहीं है कि वह संसद की विधि को अविधिमान्य घोषित करे, अर्थात् जीवन का अधिकार कार्यपालिका के विरुद्ध है, विधायिका के विरुद्ध नहीं। जब विधायिका कानून के द्वारा जीवन के अधिकार को समाप्त कर दे, तो न्यायालय संरक्षण प्रदान नहीं कर सकता, (अनुच्छेद-20(1))। गोपालन वाद में न्यायपालिका ने यह स्पष्ट रूप में माना कि उसका कार्य यह देखना है कि किसी व्यक्ति से कार्यपालिका विधि के अभाव में जीवन का अधिकार न छीनें।

न्यायपालिका ने स्वतंत्रता के अधिकार अनुच्छेद-19 एवं अनुच्छेद-21 को अलग-अलग माना। न्यायपालिका के अनुसार, जीवन के अधिकार में जीवन एवं दैहिक स्वतंत्रता का अधिकार है। जबकि अनुच्छेद-19 में विशिष्ट प्रकार की स्वतंत्रताओं का उल्लेख है, इसलिए दोनों एक-दूसरे से अलग हैं। जीवन के अधिकार की इसी प्रकार की व्याख्या न्यायपालिका के द्वारा आपातकाल के दौरान भी की गई और उच्चतम न्यायालय ने कहा कि आपातकाल के दौरान मूल अधिकार निलंबित कर दिए गए थे। इसलिए न्यायपालिका इन अधिकारों की रक्षा करने में समर्थ नहीं थी। *हैबियस कॉर्पस वाद*, 1976 में न्यायपालिका ने आपातकाल में व्यक्ति के जीवन के अधिकार की रक्षा करने में अपनी असमर्थता व्यक्त की, क्योंकि न्यायपालिका के अनुसार, विधायिका को विधि-निर्माण करने का अधिकार प्राप्त है। अतः न्यायपालिका ने विधि द्वारा स्थापित प्रक्रिया का पालन किया।

मेनका गांधी वाद (1978)

मेनका गांधी, जिनका वास्तविक नाम मनेका गांधी है। ये संजय गांधी की पत्नी हैं। वर्ष-1977 में जनता पार्टी की सरकार के निर्माण के बाद मेनका गांधी के पासपोर्ट को जब्त कर लिया गया और उन्हें विदेश यात्रा से ही प्रतिबंधित कर दिया गया। इसके विरुद्ध उन्होंने उच्चतम न्यायालय के समक्ष जीवन के अधिकार की रक्षा के लिए याचिका प्रस्तुत की और सरकार के निर्णय को चुनौती दी गई।

संविधान में यह उल्लिखित है कि विधि द्वारा स्थापित प्रक्रिया से ही व्यक्ति के जीवन एवं दैहिक स्वतंत्रता का उल्लंघन किया जा सकता है। परंतु *मेनका गांधी वाद* में विधि द्वारा स्थापित प्रक्रिया को परिवर्तित करके विधि की उचित प्रक्रिया का प्रयोग किया गया। न्यायपालिका ने इस वाद में विधि की उचित प्रक्रिया की संकल्पना का प्रयोग किया। इस वाद में न्यायपालिका ने विधि की उचित प्रक्रिया का प्रतिपादन किया, जो अमेरिकी विधि में वर्णित है। **दूसरे शब्दों में,** न्यायपालिका ने यहां विधि के औचित्य का परीक्षण किया। सात न्यायाधीशों की बैंच ने पहले के गोपालन वाद के निर्णय को परिवर्तित करते हुए कहा कि विधायिका को विधि के निर्माण का अधिकार है, परंतु विधायिका द्वारा निर्मित विधि तार्किक, उचित एवं औचित्यपूर्ण होनी चाहिए, न कि मनमानी और भेदभावपूर्ण। अतः जीवन का अधिकार कार्यपालिका के अलावा विधायिका के विरुद्ध भी पाया जाता है। यदि विधायिका किसी अतार्किक विधि के द्वारा जीवन के अधिकार को छीनने का प्रयत्न करे, तो न्यायपालिका इसे अवैध कर देगी। इसलिए विधायिका को विधि के निर्माण का अधिकार है, परंतु विधि उचित होनी चाहिए तथा न्यायपालिका ने इस वाद में प्राकृतिक न्याय का सिद्धांत भी प्रतिपादित किया।

इस वाद में जीवन के अधिकार की उदारवादी व्याख्या की गई। जीवन के अधिकार का अभिप्राय केवल प्रताड़ना का अभाव ही नहीं, बल्कि गरिमामय जीवनयापन है। इसलिए इस जीवन के अधिकार में स्वतंत्रता, भोजन और शिक्षा का अधिकार भी शामिल हैं। जीवन के अधिकार में स्वतंत्रता के अधिकार को भी शामिल किया गया। न्यायपालिका के अनुसार, जीवन के ऐसे अधिकार का महत्त्व नहीं होगा, जिसमें व्यक्ति को अभिव्यक्ति की स्वतंत्रता और अबाध रूप में संचरण से वंचित किया जाए। इसलिए जीवन के अधिकार का आशय, गरिमामय जीवन से है, पशुवत् जीवन से नहीं। गोपालन वाद में दिए गए अपने निर्णय को पलटते हुए न्यायपालिका ने कहा कि 'जीवन का अधिकार (अनुच्छेद-21) एवं स्वतंत्रता का अधिकार (अनुच्छेद-19) आपस में अंतर्संबंधित हैं। इसलिए जीवन के अधिकार में विशिष्ट स्वतंत्रताओं का अधिकार स्वाभाविक रूप में सम्मिलित हो जाता है।'

विधि द्वारा स्थापित प्रक्रिया (Procedure Established by Law)	**विधि की उचित प्रक्रिया** (Due Process of Law)
• यह संविधान में उल्लिखित है।	• न्यायपालिका द्वारा प्रतिपादित है।
• न्यायपालिका यह सुनिश्चित करती है प्रक्रिया संसदीय विधि द्वारा निर्धारित है।	• विधि द्वारा निर्धारित प्रक्रिया उचित एवं तार्किक होनी चाहिए।
• न्यायापालिका के अनुसार निर्धारित प्रक्रिया का पालन करते हुए जीवन का अधिकार छीना जा सकता है।	• प्रक्रिया प्राकृतिक न्याय के सिद्धांतों के अनुरूप होनी चाहिए।
• विधि में उल्लिखित प्रक्रिया का उल्लंघन करते हुए दंड नहीं दिया जा सकता। अत: संसद की शक्ति प्राथमिक हो जाती है।	• प्रक्रिया होना मात्र पर्याप्त नहीं है, अपितु यह उचित एवं सम्यक होने चाहिए। इसमें न्यायपालिका की शक्तियों में वृद्धि हो जाती है।

जीवन के अधिकारों की गतिशीलता

वर्ष-1980 के दशक में जनहित याचिका (Public Interest Litigation, (PIL)) के प्रचलन के पश्चात् न्यायपालिका ने जीवन के अधिकारों की व्याख्या अत्यधिक विस्तृत रूप में की। इसलिए यह मान्यता परिवर्तित हुई कि भारत में मौलिक अधिकार केवल भाग-3 में वर्णित अनुच्छेदों में ही है। अत: निदेशक तत्त्व में वर्णित प्रावधान भी अधिकार ही हैं। न्यायपालिका ने समूचे संविधान के प्रावधान में एक आंगिक (Organic) एकता देखी, जिसके अनुसार, जीवन के अधिकार की व्याख्या करते समय निदेशक तत्त्वों में वर्णित प्रावधानों को भी ध्यान में रखने की आवश्यकता है। न्यायालय के अनुसार, किसी व्यक्ति को निर्धारित मूल्य से कम मजदूरी देना भी जीवन के अधिकार का उल्लंघन है। जबकि यह प्रावधान शोषण के विरुद्ध अधिकार में निहित है। न्यायपालिका के अनुसार, निम्नलिखित बातें जीवन के अधिकार में अंतर्निहित हैं-

1. शिक्षा का अधिकार

उच्चतम न्यायालय ने *मोहनी जैन वाद एवं उन्नीकृष्णनवाद* में पहले ही निर्देश दिया था कि प्राथमिक शिक्षा सभी बच्चों को अनिवार्य एवं नि:शुल्क प्राप्त होनी चाहिए। संविधान के निदेशक तत्त्वों के अध्याय में भी 14 वर्ष से कम उम्र के बच्चों के लिए अनिवार्य एवं नि:शुल्क शिक्षा का प्रावधान है। इन्हीं प्रावधानों को व्यवहार में लागू कराने के लिए संविधान में 86वां संविधान संशोधन, 2002 किया गया, जिसके द्वारा अनुच्छेद-21(A) मूल अधिकारों के अध्याय में जोड़ा गया, जिसमें यह प्रावधान किया गया कि राज्य के द्वारा 6-14 वर्ष के बच्चों को अनिवार्य एवं नि:शुल्क शिक्षा का प्रावधान किया जाएगा, जिसे राज्य विधि के द्वारा लागू करेंगे। इससे जीवन के अधिकार का अत्यधिक विस्तार हो गया है। वर्ष-2009 में संसद के द्वारा नि:शुल्क एवं अनिवार्य शिक्षा प्रदान करने के लिए अधिनियम का निर्माण किया गया।

2. आजीविका का अधिकार

वर्ष-1985 में *बाम्बे म्यूनिसिपल कॉरपोरेशन* (Bombay Municipal Corporation) के द्वारा झुग्गी-झोपड़ी में रहने वाले एवं सड़क के किनारे रेहड़ी लगाने वाले व्यक्तियों को हटाने का प्रयास किया गया। उच्चतम न्यायालय ने *ओलगा टेलिस वाद* (Olga Tellis) में कहा कि आजीविका का अधिकार, जीवन के अधिकार में शामिल है। इसलिए रेहड़ी लगाने वालों को मनमानी से नहीं हटाया जा सकता है।

3. यौन उत्पीड़न के विरुद्ध अधिकार

उच्चतम न्यायालय के द्वारा वर्ष-1997 के प्रसिद्ध *विशाखा*

बनाम राजस्थान राज्य वाद में कहा कि यौन उत्पीड़न जीवन के अधिकार का उल्लंघन है। अन्य निर्णयों में उच्चतम न्यायालय ने कहा यदि किसी महिला के विरुद्ध बलात्कार होता है, तो उसे मुआवजा प्राप्त करने का अधिकार है।

4. प्रदूषण मुक्त पर्यावरण का अधिकार

उच्चतम न्यायालय ने *एम.सी. मेहता वाद* में कहा कि प्रदूषण जीवन के अधिकार के लिए सबसे बड़ा खतरा है, और प्रदूषण नियंत्रित करने के लिए राज्य को निर्देश भी प्रदान किया।

5. स्वेच्छाचारी हिरासत लेने एवं बंदी बनाए जाने के विरुद्ध अधिकार

हुसैन आरा खातून वाद में उच्चतम न्यायालय ने यह कहा कि दैहिक स्वतंत्रता का सर्वाधिक महत्त्वपूर्ण भाग मनमानी तरीके से हिरासत में रखने के विरुद्ध अधिकार है।

6. विदेश जाने का अधिकार

मेनका गांधी वाद में एवं सतवंत सिंह वाद में उच्चतम न्यायालय ने यह स्पष्ट कहा कि दैहिक स्वतंत्रता में विदेश यात्रा का अधिकार भी शामिल है।

7. निजता का अधिकार

वर्ष-2018 में उच्चतम न्यायालय ने नौ न्यायाधीशों की बैंच के द्वारा आम सहमति से निर्णय लेते हुए कहा कि निजता का अधिकार जीवन के अधिकार में शामिल है। *पुट्टास्वामी वाद* में न्यायालय ने कहा कि निजता के अधिकार में व्यक्ति के यौन इच्छाओं का चयन, वैवाहिक संबंध तथा निजी जीवन से संबंधित चयन शामिल है। यह अधिकार व्यक्ति को सार्वजनिक रूप में भी उपलब्ध होगा, क्योंकि किसी भी व्यक्ति की सार्वजनिक रूप में कपड़े उतारकर तलाशी नहीं ली जा सकती।

निजता के अधिकार का अभिप्राय है कि राज्य के द्वारा व्यक्ति के निजी मामलों में हस्तक्षेप न किया जाए और व्यक्ति के जीवन से संबंधित निजी सूचनाओं और आंकड़ों का भी संरक्षण करने की आवश्यकता है। न्यायालय ने निजता को पूर्ण रूप में परिभाषित नहीं किया, क्योंकि अलग-अलग वादों एवं परिस्थितियों के अनुसार इसे परिभाषित किया जाएगा।

न्यायालय ने यह भी माना कि जीवन का अधिकार निरपेक्ष नहीं है, क्योंकि जीवन के अधिकार में मृत्यु का अधिकार शामिल नहीं है और न ही गर्भवती महिला को मनमानी गर्भपात का अधिकार है। इसलिए निजता का अधिकार भी निरपेक्ष नहीं हो सकता। इसलिए राष्ट्रीय सुरक्षा, आतंकवाद एवं सामाजिक न्याय जैसे मामलों के लिए निजता के अधिकार को प्रतिबंधित किया जा सकता है।

8. इच्छामृत्यु का अधिकार

उच्चतम न्यायालय ने वर्ष-1996 में *ज्ञान कौर बनाम पंजाब राज्य वाद* में यह स्पष्ट रूप में कहा कि जीवन के अधिकार में इच्छामृत्यु का अधिकार शामिल नहीं है। इसीलिए उच्चतम न्यायालय ने इच्छामृत्यु (Euthanasia) को अवैधानिक माना है। परंतु उच्चतम न्यायालय ने इच्छामृत्यु (Euthanasia) के नकारात्मक रूप को स्वीकार किया है, जिसके अंतर्गत् व्यक्ति को प्रदान किए गए तकनीकी यंत्र जैसे वेन्टीलेटर हटाए जा सकते हैं। परंतु व्यक्ति को सीधे इंजेक्शन देकर नहीं मारा जा सकता। उच्चतम न्यायालय ने वर्ष-2018 में एक महत्त्वपूर्ण निर्णय देते हुए कहा कि व्यक्ति को गरिमामय रूप में इच्छामृत्यु (Euthanasia) का अधिकार है। अत: व्यक्ति यदि गंभीर बीमारी से पीड़ित है, तो वह अपनी इच्छामृत्यु की वसीयत (Will) लिख सकता है। अत: पहली बार उच्चतम न्यायालय ने व्यक्ति को अपनी इच्छामृत्यु निर्धारित करने का अधिकार दिया है। लेकिन इसके दुरूपयोग को रोकने के लिए उच्चतम न्यायालय ने इसके लिए चिकित्सक के परामर्श एवं लिखित आदेश को अनिवार्य माना है।

गिरफ्तारी और निरोध से संरक्षण का अधिकार

अनुच्छेद-22(1) के अनुसार, किसी व्यक्ति को कारण बताए बिना हिरासत में नहीं लिया जाएगा, और न ही बंदीगृह में रखा जाएगा तथा उसे अपनी पसंद के वकील से परामर्श करने का अधिकार होगा तथा हिरासत में लिए गए एवं बंदी बनाए गए व्यक्ति को 24 घंटे के अंदर नजदीकी मजिस्ट्रेट के न्यायालय के समक्ष प्रस्तुत किया जाएगा, जिसमें यात्रा का समय शामिल नहीं होगा। मजिस्ट्रेट की अनुमति के बाद ही उसे 24 घंटे से ज्यादा समय के लिए बंदी बनाया जाएगा, (अनुच्छेद-22

(2))। यह सुविधा विदेशी शत्रु तथा निवारक निरोध के अंतर्गत् बंदी बनाए गए लोगों के लिए नहीं है, (अनुच्छेद-22(3))।

निवारक निरोध (Preventive Detention)

इसका अभिप्राय किसी व्यक्ति को किसी अभियोग के लिए दंड देना नहीं, बल्कि उसे अपराध करने से रोकना है। संक्षेप में यह एक सचेत करने का उपकरण है। यह शासन के हाथ में एक ऐसा यंत्र है, जिससे अपराध की आशंका मात्र पर ही व्यक्ति को अदालती जांच के बिना बंदी अथवा नजरबंद रखा जा सकता है। संविधान के अनुसार, इस प्रकार की निवारक निरोध की व्यवस्था सामान्य एवं संकटकाल दोनों में ही की जा सकती है। अतः संविधान में दो प्रकार के निरोध हैं-**प्रथम,** अपराध के पहले जो **निवारक निरोध** कहलाता है एवं **द्वितीय,** अपराध के बाद जिसे **दंडात्मक निरोध** कहा जाता है।

दंडात्मक नजरबंदी (Punitive Detention)	**निवारक नजरबंदी** (Preventive Detention)
• विधि के उल्लंघन के बाद किसी व्यक्ति को हिरासत में लेना।	• विधि के उल्लंघन के पूर्व व्यक्ति को हिरासत में लेना।
• न्यायालय के अनुमति के बाद व्यक्ति को बंदी बनाया जाता है।	• पुलिस की अनुमति से ही व्यक्ति को बंदी बना लिया जाता है।
• यह विधि के शासन के अनुकूल है।	• इससे पुलिस राज्य की स्थापना होती है।
• इसके अंतर्गत व्यक्ति को पुलिस केवल 24 घंटे तक बंदी बना सकती है।	• इसके अंतर्गत यह प्रतिबंध लागू नहीं होता।

नजरबंद व्यक्तियों को प्राप्त अधिकार

निवारक निरोध में बंदी व्यक्तियों के लिए मूल अधिकारों का उल्लेख अनुच्छेद-22(4) से 22(7) तक किया है, जिसके अंतर्गत् वे भी अपने निवारक निरोध का कारण जान सकेंगे और वे अपनी सहायता के लिए वकील भी कर सकते हैं। किसी भी व्यक्ति को यदि तीन माह से अधिक निवारक निरोध के तहत् बंदी रखना है, तो उसके लिए उसे एक बोर्ड के समक्ष प्रस्तुत करना होगा; जिसका अध्यक्ष उच्च न्यायालय के न्यायाधीश की योग्यता रखने वाला व्यक्ति होगा। इसकी अनुमति के बाद ही व्यक्ति को तीन महीने से ज्यादा नजरबंद रखा जा सकता है। निवारक नजरबंदी में रखे गए व्यक्तियों को नजरबंदी का कारण नहीं बताया जाएगा, यदि यह सार्वजनिक हितों के विरुद्ध हो। संसद को नजरबंदी की ऐसी विधि के निर्माण का अधिकार है, जिसमें व्यक्तियों को तीन महीने से ज्यादा नजरबंद रखा जा सकता है।

नजरबंदी के आधार

निवारक नजरबंदी बनाने का आधार है-राज्य की सुरक्षा, लोक व्यवस्था, समुदाय की आवश्यक सेवाओं की पूर्ति को बनाए रखना, रक्षा, विदेश संबंध अथवा भारत की सुरक्षा से संबंधित आधारों पर किसी भी व्यक्ति को निवारक नजरबंदी में लिया जा सकता है। निवारक निरोध के संबंध में कानून बनाने की शक्ति संसद और राज्य विधान सभाओं दोनों को है। संविधान सभा में इस बिंदु पर अत्यधिक विवाद हुआ कि क्या निवारक निरोध जैसे प्रावधानों का उल्लेख मूल अधिकारों के भाग में तार्किक है? यदि तत्कालीन परिस्थितियों की ओर ध्यान दिया जाए, तो विध्वंसकारी तत्त्वों से नवजात गणतंत्र को बचाने के लिए राज्य को यह शक्ति प्रदान करना आवश्यक था। इसके लिए किसी अन्य देश से तुलना करना तार्किक नहीं है, क्योंकि प्रत्येक देश की परिस्थितियां भिन्न-भिन्न होती हैं। अतः निवारक निरोध संविधान में एक अनिवार्य दुर्गुण के रूप में है, परंतु समकालीन समय में जहां राज्य की आंतरिक सुरक्षा को अलगाववादी, आतंकवादी इत्यादि तत्त्वों से खतरा है, वहां इस विधि की प्रासंगिकता आज भी है।

संघ सरकार निर्मित विधि

निवारक निरोध से संबंधित पहला कानून बंगाल में **बंगाल अधिनियम, 1818** के नाम से बनाया गया, उसके बाद वर्ष-1939 में भारतीय रक्षा अधिनियम बनाया गया, जो वर्ष-1950 तक लागू रहा। **अन्य कानून इस प्रकार हैं-**

1. निवारक निरोध अधिनियम, 1950

यह अधिनियम वर्ष-1951 से लेकर वर्ष-1969 तक प्रभावी रहा तथा इसमें 10 माह से अधिक समय तक की गिरफ्तारी हेतु सलाहकारी बोर्ड की व्यवस्था थी। यह स्वतंत्र भारत का पहला नजरबंदी कानून था।

2. आंतरिक सुरक्षा कानून, 1971

यह कानून मीसा (MISA) के नाम से भी जाना जाता है। यह कानून निवारक निरोध अधिनियिम का संशोधित रूप था, जो वर्ष-1971 में लागू हुआ तथा वर्ष-1978 तक चला। वर्ष-1976 के आपातकाल के समय इस कानून का दुरुपयोग किया गया, फलत: यह कानून वर्ष-1978 में जनता पार्टी द्वारा रद्द कर दिया गया।

3. विदेशी मुद्रा संरक्षण एवं तस्करी निवारक अधिनियम, 1974 (The Conservation of Foreign Exchange and Prevention of Smuggling Activities Act, (COFEPOSA)

यह कानून विदेशी मुद्रा से जुड़े अपराधों हेतु बनाया गया था, जो आंतरिक सुरक्षा कानून, 1971 के पूरक के रूप में कार्य कर रहा है।

4. राष्ट्रीय सुरक्षा कानून, 1980

यह संक्षिप्त रूप से **रासुका** के नाम से जाना जाता था। श्रीमती इंदिरा गांधी द्वारा निर्मित यह कानून **आंतरिक सुरक्षा कानून, 1971** का नया रूप था, जिसे जनता पार्टी की सरकार ने निरस्त कर दिया था।

5. आतंकवाद एवं विध्वंसक गतिविधि निवारक अधिनियम, 1985 (Terrorist and Disruptive Activities (Prevention) Act, (TADA)

यह कानून वर्ष-1985 में आतंकी गतिविधियों से निपटने हेतु बनाया गया, जिसने पंजाब व कश्मीर में आतंकवाद से लड़ने में मदद किया, परंतु दुरुपयोग के कारण वर्ष-1995 में इसे निरस्त कर दिया गया।

6. आतंकवाद निवारक अधिनियम, 2002 (Prevention of Terrorism Act, 2002: POTA)

यह कानून **पोटा** के नाम से जाना जाता है। इसे एन.डी.ए. सरकार ने वर्ष-2001 में पारित करवाया। इस अधिनियम के तहत् गिरफ्तार व्यक्ति को बिना आरोप-पत्र के 180 दिनों तक कारावास में रखा जा सकता था। इस कानून को वर्ष-2002 में संशोधित किया गया और वर्ष-2004 में इस कानून को यू.पी.ए. सरकार ने निरस्त कर दिया।

7. गैर-कानूनी गतिविधि (निवारण) संशोधन अधिनियम, 2008

यह कानून वर्ष-1967 में पास किया गया था तथा वर्ष-2008 में आवश्यकतानुसार संशोधित किया गया। इस कानून के अंतर्गत् **पोटा** की अधिकांश उपयोगी धाराएं सम्मिलित हैं। यह अब भी उपयोग में है।

3. शोषण के विरुद्ध अधिकार

(Right against Exploitation)

मानव के दुर्व्यापार और बलात्श्रम का प्रतिषेध

जीवन के अधिकार का आशय, गरिमामय जीवन से है। भारतीय संविधान में मानव के दुर्व्यापार, बेगार और बलात्श्रम प्रतिबंधित है और इनका उल्लंघन दंडनीय अपराध है, (अनुच्छेद-23(1))। मानव दुर्व्यापार का अभिप्राय महिलाओं, बच्चों और अपंग व्यक्तियों के अनैतिक दुर्व्यापार पर प्रतिबंध लगाना है। **मानव व्यापार में निम्नलिखित बातें सम्मिलित हैं-**

- वस्तु के समान महिलाओं, बच्चों और अन्य पुरुषों की खरीद-फरोख्त।
- महिलाओं तथा बच्चों का व्यापार या वेश्यावृत्ति।
- देवदासी तथा दास प्रथा को प्रतिबंधित करना।

बेगार से तात्पर्य, बिना पारिश्रमिक या कम पारिश्रमिक के आधार पर कार्य करवाना है। सामंतवादी व्यवस्था में बेगार पद्धति प्रचलित थी, जहां व्यक्ति को कार्य करने के पश्चात् किसी भी प्रकार से पैसा नहीं दिया जाता था। बेगार में बंधुआ मजदूरी भी सम्मिलित है। यह अनुच्छेद बंधुआ मजदूरी पर भी रोक लगाता है, (नि:शुल्क कार्य)। लेकिन यह ध्यान देने योग्य है कि राज्य लोक प्रयोजन या सार्वजनिक कल्याण के लिए अनिवार्य भर्ती या सेवा लागू करे, तब इसे शोषण नहीं माना जाएगा। यद्यपि इन सेवाओं में केवल धर्म, प्रजाति, जाति अथवा वर्ग या इनमें से किसी एक आधार पर भेदभाव नहीं किया जाएगा, (अनुच्छेद-23(2))। यूरोपीय देशों में नागरिकों से अनिवार्य रूप में सेना में सेवा देने का प्रावधान किया गया है, जिसे भारत में परिवर्तित रूप में अपनाया गया है। इस अनुच्छेद को लागू करने हेतु संसद द्वारा विधियां पारित की गई हैं, **जो इस प्रकार हैं-**

- न्यूनतम मजदूरी एक्ट, 1948
- अनैतिक व्यापार निवारण अधिनियम, 1956
- समझौता मजदूर एक्ट, 1970
- बंधुआ मजदूर श्रम व्यवस्था समाप्त एक्ट, 1976
- समान पुरस्कार एक्ट, 1976

शोषण के व्यापक अभिप्राय

नई दिल्ली में आयोजित एशियाई खेल के दौरान वर्ष-1983 में बड़ी संख्या में मजदूरों को काम पर लगाया गया था, परंतु उन्हें कम मजदूरी दी जा रही थी। *एशियाई वर्कर्स केस* में उच्चतम न्यायालय ने कहा कि निर्धारित दर से कम मजदूरी देना भी शोषण का पर्याय है।

शोषण के विरुद्ध बच्चों के अधिकार

अनुच्छेद-24 के अंतर्गत् विशिष्ट रूप में 14 वर्ष से कम आयु के बच्चों को किसी कारखाने या खान या किसी अन्य संकटमय या खतरनाक कार्यों में नहीं लगाया जाएगा। अतः बच्चों को किसी भी रूप में खतरनाक कार्यों में नहीं लगाया जा सकता। यह अधिकार राज्य एवं व्यक्ति दोनों के विरुद्ध प्राप्त है। वर्ष-2015 में संघ सरकार के कैबिनेट प्रस्ताव के अनुसार, बच्चे घरेलू कार्यों में परिवार की सहायता कर सकते हैं। इसे बालश्रम की श्रेणी में नहीं रखा जाएगा। यह उल्लेखनीय है कि बच्चों के प्राथमिक शिक्षा का अनिवार्य एवं निःशुल्क अधिकार, (अनुच्छेद-21(A)) शोषण के विरुद्ध अधिकार का पूरक है। इस प्रावधान को पूर्ण करने हेतु संसद द्वारा विधियां पारित की गई हैं, **जो इस प्रकार हैं-**

- बच्चों का रोजगार अधिनियम, 1938
- कारखाना अधिनियम, 1948
- प्लांटेशन लेबर अधिनियम, 1951
- मोटर ट्रान्सपोर्ट मजदूर अधिनियम, 1951
- खान अधिनियम, 1952
- व्यापारी जहाज अधिनियम, 1956
- बीड़ी-सिगार कार्य अधिनियम, 1966
- बालश्रम अधिनियम, 1986

शोषण के विरुद्ध अधिकार से संबंधित वाद

एम.सी. मेहतावाद में उच्चतम न्यायालय ने बालश्रम के संदर्भ में महत्त्वपूर्ण निर्देश जारी किया और न्यायपालिका ने यह भी निर्देश दिया कि **बालश्रम पुनर्वास कल्याण कोष** का निर्माण हो, जिसमें वह व्यक्ति 20 हजार रुपए जमा करेगा, जिसने बच्चों को काम पर लगाया था। वह उस बच्चे के घर के वयस्क सदस्य को रोजगार प्रदान करेगा। इसके अतिरिक्त बंधुआ मुक्ति मोर्चावाद, 1997 में उच्चतम न्यायालय ने मजदूरों को उचित दर पर मजदूरी प्रदान करने के निर्देश जारी किया।

राष्ट्रीय बाल संरक्षण आयोग

राष्ट्रीय बाल संरक्षण आयोग (National Commission for Protection of Child Rights) का गठन 23 फरवरी, 2007 को किया गया। यह आयोग बच्चों को अत्याचार तथा उत्पीड़न से बचाने की दिशा में कार्य करेगा। इस आयोग में कुल 6 सदस्य होंगे, जिनका कार्यकाल 3 वर्षों का होगा। इस आयोग की पहली अध्यक्ष शांता सिन्हा को बनाया गया। आयोग की मुख्य भूमिका बाल अत्याचार और बाल अपराध को रोकने की है। राष्ट्रीय बाल संरक्षण आयोग को सिविल न्यायालय की तरह अधिकार होंगे और इसका स्वरूप राष्ट्रीय मानवाधिकार आयोग की तरह होगा।

आयोग के प्रमुख कार्य इस प्रकार हैं-

1. यह बच्चों को आतंकवाद, सांप्रदायिक हिंसा, प्राकृतिक आपदा एवं घरेलू हिंसा से बचाने के लिए काम करेगा।
2. बच्चों का शोषण और उन पर अत्याचार न होने पाए इसका ध्यान रखेगा।
3. राष्ट्रीय बाल आयोग, बाल अधिकारों से जुड़े किसी भी मामले की जांच और राज्य सरकारों और पुलिस को निर्देश जारी कर सकता है। आयोग के पास बच्चों को परेशान करने वाले किसी भी व्यक्ति के खिलाफ सम्मन या नोटिस जारी करने का अधिकार है।

शोषण के अधिकार का विस्तार

उच्चतम न्यायालय के द्वारा *विशाखा बनाम राजस्थान राज्य* के महत्त्वपूर्ण वाद में यह निर्णय दिया कि यौन शोषण भी शोषण का एक रूप है, जिसे प्रतिबंधित करने के लिए निर्देश दिया गया।

4. धार्मिक स्वतंत्रता का अधिकार

(Right to Freedom of Religion)

संविधान सभा में राजकुमारी अमृत कौर के द्वारा धार्मिक अधिकारों को मूल अधिकार के रूप में शामिल करने का कड़ा विरोध किया गया था। उनके अनुसार धार्मिक अधिकार के आधार पर सामाजिक सुधार को प्रतिबंधित

किया जा सकता है। परंतु एक पंथनिरपेक्ष लोकतांत्रिक शासन में धार्मिक अधिकार व्यक्तियों को प्राप्त होने चाहिए।

धार्मिक स्वतंत्रता के अधिकार के अंतर्गत् भारतीय संविधान में धर्म को अंत:करण के रूप में मानने, आचरण करने एवं उसके प्रचार करने की स्वतंत्रता है। अंत:करण की स्वतंत्रता कहती है कि कोई भी व्यक्ति ईश्वर या उसके किसी भी रूप को मान सकता है और वह अपने इस विश्वास एवं आस्था को सार्वजनिक कर सकता है। आचरण करने के अधिकार के तहत् पूजा, धार्मिक अनुष्ठान, विचारों का प्रदर्शन इत्यादि शामिल है। साथ ही धार्मिक स्वतंत्रता में धर्म प्रचार की स्वतंत्रता भी सम्मिलित है। वह अपने धार्मिक मान्यताओं को प्रकट कर बढ़ावा दे सकता है, (अनुच्छेद-25(1))।

धार्मिक स्वतंत्रता पर प्रतिबंध

1. लोक व्यवस्था, स्वास्थ्य एवं सदाचार के आधार पर : भारतीय संविधान में धार्मिक स्वतंत्रता का अधिकार निरपेक्ष नहीं है। इसे सदाचार, स्वास्थ्य और लोक व्यवस्था बनाए रखने के लिए प्रतिबंधित किया जा सकता है। अत: धार्मिक अधिकारों के नाम पर सांप्रदायिक हिंसा व अश्लीलता की अनुमति नहीं दी जा सकती, (अनुच्छेद-25(2))।

2. आर्थिक, वित्तीय एवं लौकिक आधार पर : राज्य के द्वारा धर्म से जुड़ी हुई आर्थिक, वित्तीय व राजनीतिक और अन्य लौकिक गतिविधियों पर नियंत्रण किया जा सकता है। अत: संविधान में यह अंतर्निहित है कि धर्म से संबंधित लौकिक अथवा भौतिक विषय धर्म के मूल भाग नहीं हैं, बल्कि द्वितीयक या गौण विषय हैं, जिन्हें राज्य के द्वारा नियंत्रित किया जाएगा।

3. सामाजिक सुधार के आधार पर : भारत में सामाजिक सुधार, कल्याण और हिंदू धार्मिक संस्थाएं, जो सार्वजनिक प्रकृति की हों, उन्हें हिंदू समाज के सभी वर्गों के लिए खोलने का प्रावधान किया जाएगा, जिसे धार्मिक स्वतंत्रता के नाम पर रोका नहीं जा सकता, (अनुच्छेद-25(2))। अत: राज्य के द्वारा धार्मिक गतिविधियों में हस्तक्षेप किया जा सकता है, परंतु धार्मिक समूहों अथवा संस्थाओं के द्वारा राज्य के कार्यों में दखल संभव नहीं है। इसलिए संविधान में राज्य एवं धर्म के बीच का विभाजन एकतरफा है क्योंकि राज्य को धर्म को नियंत्रित करने की शक्ति दी गई है।

पंथनिरपेक्ष राज्य

भारत, मूलत: एक बहुधर्मी व बहुभाषायी राष्ट्र है। राज्य के लिए सभी व्यक्तियों का महत्त्व समान है, चाहे वह कोई धर्मावलंबी ही क्यों न हो, क्योंकि धर्म, व्यक्ति की निजी आस्था का विषय है। इसलिए राज्य का कोई धर्म नहीं होगा तथा राज्य सभी धर्मों के लिए तटस्थ होगा। इसे सामान्यत: **पंथनिरपेक्षता** (Secularism) की संज्ञा दी जाती है, जिसमें राज्य एवं धर्म का अलगाव होता है। 42वें संविधान संशोधन, 1976 के द्वारा पंथनिरपेक्षता को प्रस्तावना में जोड़ा गया, जिससे इस बात को बल मिलता है कि **भारत, एक पंथनिरपेक्ष राष्ट्र है।**

इसके अंतर्गत् राज्य एवं धर्म के बीच अलगाव और राज्य, धर्म से तटस्थ होता है। पंथनिरपेक्षता का यह अभिप्राय नहीं है कि राज्य, धर्म का विरोधी होगा, बल्कि धर्म, व्यक्ति की आस्था का विषय है। अनुच्छेद-25(1) के अंतर्गत् धर्म को अंत:करण से मानने, आचरण और प्रचार करने की स्वतंत्रता है, जिससे यह स्पष्ट होता है कि धर्म, व्यक्ति की आस्था का विषय है। मूल अधिकार के अन्य भागों में भी पंथनिरपेक्ष राज्य का विचार विद्यमान है। सार्वजनिक स्थानों पर धर्म के आधार पर भेदभाव संभव नहीं है। पंथनिरपेक्ष राज्य का अभिप्राय है कि राज्य के द्वारा निर्मित सामाजिक एवं आर्थिक नीतियां धर्म से प्रभावित नहीं होंगी। पंथनिरपेक्ष राज्य धर्म का विरोधी नहीं है, बल्कि इसके अनुसार, राज्य का कोई धर्म नहीं है। पंथनिरपेक्ष राज्य, धार्मिक राज्य और धर्म विरोधी राज्य के बीच का मार्ग है।

न्यायपालिका की व्याख्या

उच्चतम न्यायालय के द्वारा पंथनिरपेक्ष राज्य को संविधान के आधारभूत ढांचे में शामिल किया गया है। उच्चतम न्यायालय ने पंथनिरपेक्ष राज्य को स्पष्ट करते हुए कहा कि राज्य और धर्म के बीच अलगाव ही नहीं है, बल्कि राज्य के लिए सभी धर्मों का समान महत्त्व है। उच्चतम न्यायालय का दृष्टिकोण गांधीजी के **सर्व-धर्म-समभाव** के विचार से प्रभावित है। पंथनिरपेक्षता का नकारात्मक पहलू यह है कि राज्य का कोई धर्म नहीं होगा। यह परिभाषा

पश्चिमी देशों में दी जाती है, जबकि इसका सकारात्मक पक्ष राज्य का सभी धर्मों के प्रति समान व्यवहार करना है।

धर्म परिवर्तन एवं धार्मिक स्वतंत्रता

मूल प्रश्न उठता है कि धार्मिक स्वतंत्रता के अंतर्गत् धर्म परिवर्तन भी सम्मिलित है। यह विवाद तब उत्पन्न हुआ, जब उड़ीसा (1967) और मध्य प्रदेश (1968) की सरकारों ने एक विधि निर्मित करते हुए यह व्यवस्था की कि लोभ, कपट और बल के आधार पर धर्म परिवर्तन दंडनीय अपराध होगा, लेकिन कुछ लोगों ने इसे धर्म विशेष के प्रति विरोधी बताते हुए न्यायपालिका में चुनौती दी। ऐसे लोगों का तर्क था कि धार्मिक प्रचार में धार्मिक परिवर्तन का अधिकार भी सम्मिलित है। स्टेनिस्लासवाद (1977) के प्रसिद्ध निर्णय में उच्चतम न्यायालय द्वारा मध्य प्रदेश और उड़ीसा सरकारों द्वारा बनाई गई विधि को वैधानिक माना गया। न्यायपालिका ने यह स्पष्ट रूप से कहा कि लोभ, कपट और बल के आधार पर धर्म परिवर्तन से लोक व्यवस्था क्षतिग्रस्त हो सकती है। यहां यह उल्लेखनीय है कि व्यक्तिगत रूप में कोई भी व्यक्ति धर्म परिवर्तन कर सकता है, लेकिन लोभ, कपट और बल का प्रयोग न किया जाए।

B. धार्मिक गतिविधियों के प्रबंध का अधिकार

पंथनिरपेक्ष राज्यों में व्यक्तियों को धार्मिक कार्य की स्वतंत्रता होती है। इसीलिए धर्मावलंबियों को अपने कार्यों के प्रबंध का अधिकार दिया गया है और धार्मिक कार्यों का प्रबंध भी धार्मिक स्वतंत्रता के अधिकार में सम्मिलित है। लोक व्यवस्था, सदाचार एवं स्वास्थ्य के आधार पर प्रतिबंध के अंतर्गत् सभी धार्मिक समुदायों या उनके वर्गों का निम्न अधिकार होगा-

- धर्म के प्रयोजनार्थ और धार्मिक दान की प्राप्ति के लिए संस्थाओं की स्थापना और उनको बनाए रखना।
- धार्मिक कार्यों का प्रबंध करना।
- चल-अचल संपत्ति अर्जन एवं प्राप्त करना।
- संपत्ति का विधि के अनुसार प्रशासन करना।

अनुच्छेद-25 के तहत् व्यक्तिगत स्तर पर धार्मिक स्वतंत्रता प्रदान की गई है, जबकि अनुच्छेद-26 धार्मिक समूहों एवं वर्गों को अधिकार प्रदान करता है। यह उल्लेखनीय है कि संपत्ति का अधिकार अब मूल अधिकार का भाग नहीं है। परंतु धार्मिक संस्थाओं को अभी भी संपत्ति के अर्जन का मूल अधिकार प्राप्त है।

C. धार्मिक उद्देश्यों हेतु करारोपण पर प्रतिबंध

पंथनिरपेक्ष राज्य की विशेषता इस प्रावधान में भी विद्यमान है क्योंकि सरकार के निर्माण में बहुमत समुदाय का प्रभाव होता है। परंतु बहुमत समुदाय धार्मिक आधार पर अल्पसंख्यकों के साथ भेदभाव नहीं कर सकता। इसीलिए राज्य किसी धर्म विशेष के प्रोत्साहन के लिए कर नहीं लगा सकता तथा राज्य सरकारी धन को किसी विशेष धर्म या संप्रदाय की उन्नति के लिए उपयोग नहीं करेगा। परंतु न्यायालय के अनुसार, राज्य सभी धर्मों को समान महत्त्व देते हुए धार्मिक कार्यों तथा धार्मिक उत्सव के प्रबंध हेतु सरकारी धन का उपयोग कर सकता है। यह अनुच्छेद कर की उगाही पर रोक लगाता है, न कि शुल्क की। कर राज्य के द्वारा लोगों पर आरोपित किया जाता है, जिसके बदले व्यक्ति को कोई सुविधा देने की गारंटी नहीं दी जाती। जबकि शुल्क के बदले राज्य आम लोगों को सेवाएं प्रदान करता है। अतः राज्य धार्मिक सुविधाएं प्रदान करने के लिए शुल्क ले सकता है, (अनुच्छेद-27)।

D. शिक्षण संस्थाओं में धार्मिक शिक्षा पर प्रतिबंध

शैक्षणिक संस्थाएं बच्चों के विचारों को प्रभावित करने के महत्त्वपूर्ण माध्यम हैं। अतः शैक्षणिक संस्थाओं के माध्यम से राज्य बहुमत समुदाय के धर्म अथवा संस्कृति का प्रचार न कर सकें अनुच्छेद-28 में निम्नलिखित प्रकार की शिक्षण संस्थाओं का उल्लेख किया गया है-

- राज्य द्वारा निर्मित और पूर्णतः वित्त संचालित किसी भी शैक्षणिक संस्थान में कोई भी धार्मिक शिक्षा नहीं दी जा सकती। केंद्रीय विश्वविद्यालय व केंद्रीय विद्यालय में किसी प्रकार की धार्मिक शिक्षा नहीं दी जा सकती। परंतु किसी विश्वविद्यालय में अकादमिक अनुसंधान के लिए धार्मिक शिक्षा का प्रावधान हो सकता है। उदाहरण के लिए, अनेक विश्वविद्यालयों में बौद्ध धर्म अनुसंधान केंद्र स्थापित किया गया है।
- वे शैक्षणिक संस्थाएं, जो राज्य द्वारा अनुदान एवं मान्यता प्राप्त हों, तो ऐसी स्थिति में धार्मिक शिक्षा छात्र की सहमति से और यदि बच्चा अल्पवयस्क है,

तो बच्चों के अभिभावकों की सहमति द्वारा धार्मिक शिक्षा दी जा सकती है।

- ऐसी शैक्षणिक संस्थाएं, जो किसी ट्रस्ट द्वारा संचालित हैं, उसमें धार्मिक शिक्षा दी जा सकती है। क्योंकि पंथनिरपेक्ष राज्य में धार्मिक समूहों को शैक्षणिक संस्थाओं की स्थापना का अधिकार है और वे धार्मिक शिक्षा भी दे सकते हैं। जैसे आर्य समाज के द्वारा स्थापित शैक्षणिक संस्थाओं में धार्मिक शिक्षा दी जाती है।

धार्मिक अधिकार एवं जीवन के अधिकार

उच्चतम न्यायालय के द्वारा अधिकारों की व्याख्या करते हुए यह स्वीकार किया गया कि मूल अधिकारों में भी कुछ अधिकार अन्य अधिकारों से ज्यादा महत्त्वपूर्ण हैं। न्यायालय के समक्ष जीवन के अधिकार एवं धार्मिक अधिकारों के बीच टकराव को हल करने के मुद्दे भी उपस्थित हुए। जैन धर्मावलंबियों के द्वारा अपनाई गई संथारा प्रथा के अंतर्गत धर्मावलंबी स्वैच्छिक रूप में अपने प्राण का परित्याग कर देते हैं, जिसे जीवन के अधिकारों का हनन माना गया। क्योंकि भारतीय जनसंहिता में आत्महत्या को दंडनीय अपराध माना गया है, परंतु जैन धर्मावलंबी संथारा को आत्महत्या नहीं मानते, अपितु इसे एक धार्मिक एवं आध्यात्मिक अनुभूति के रूप में चित्रित करते हैं। इसके बावजूद धार्मिक एवं जीवन के विकारों के बीच टकराव की स्थिति में जीवन के विकारों को ज्यादा महत्त्व दिया जाना चाहिए। उच्चतम न्यायालय ने धार्मिक विकारों की व्याख्या करते हुए कहा है कि धर्म के **दो प्रकार के तत्त्व होते हैं**-

1. धर्म के मूल तत्त्व। (Essential Features)
2. धर्म के गौंण तत्त्व। (Non-Essential Features)

यद्यपि यह विवाद का विषय है कि संथारा धर्म का मूल तत्त्व है अथवा गौंण भाग। परंतु न्यायालयों ने अपने अनेक निर्णयों में यह स्पष्ट कहा है कि धार्मिक स्थलों में लाउडस्पीकर का प्रयोग तथा पशुओं की बलि धार्मिक अधिकारों का गौण भाग है। दीपावली के दौरान पटाखों पर प्रतिबंध के लिए उच्चतम न्यायालय में याचिका दायर की गई, क्योंकि शुद्ध पर्यावरण जीवन के अधिकार का भाग है। लेकिन उच्चतम न्यायालय ने पटाखे बजाने पर प्रतिबंध नहीं लगाया, परंतु पटाखों की बिक्री पर प्रतिबंध आरोपित कर दिया।

5. अल्पसंख्यकों के संस्कृति व शिक्षा संबंधी अधिकार (Cultural and Educational Rights)

किसी समाज में अल्पसंख्यकों की सुरक्षा एवं संरक्षण सर्वाधिक महत्त्वपूर्ण हैं। भारतीय संविधान में भी इनके संरक्षण के लिए विशेष व्यवस्था की गई है। भारतीय संविधान में भाषायी एवं धार्मिक आधार पर अल्पसंख्यकों का निर्धारण होता है। मुस्लिम, सिक्ख, ईसाई, पारसी, जैन एवं बौद्ध धर्म को मानने वाले व्यक्ति को अल्पसंख्यकों में शामिल किया गया है, जिससे इस समुदाय के लोग अपनी संस्कृति को संरक्षित करने के लिए शैक्षणिक संस्थाओं की स्थापना कर सकते हैं तथा अपने समुदाय के लोगों के लिए विद्यालयों में आरक्षण भी प्रदान कर सकते हैं।

A. भाषा, लिपि एवं संस्कृति के संरक्षण का अधिकार

अनुच्छेद-29(1) में भारतीय नागरिकों के किन्हीं वर्गों को भाषा, लिपि और संस्कृति को बनाए रखने एवं उनके संरक्षण का अधिकार प्रदान किया गया है। राज्य द्वारा वित्तीय सहायता प्राप्त शिक्षण संस्थाओं में जाति, भाषा, प्रजाति एवं धर्म के आधार पर किसी भी व्यक्ति को प्रवेश से वंचित नहीं किया जाएगा, (अनुच्छेद-29(2))। यह भारतीय संविधान की विशिष्टता है कि अधिकार व्यक्ति और समूह दोनों को प्राप्त हैं। संप्रति बहुसंस्कृतिवादी युग में पूरी दुनिया में अल्पसंख्यकों के अधिकारों को मान्यता दी जा रही है। भारतीय समाज की विविधता के बारे में यह पंक्ति **''कोस-कोस पर बदले पानी, चार कोस पर वाणी''** एक सटीक टिप्पणी है, जिसका ध्यान संविधान निर्माताओं ने रखा और समूह को भी अधिकार प्रदान किया।

B. शिक्षण संस्थानों की स्थापना व प्रबंध का अधिकार

अनुच्छेद-30(1) में अल्पसंख्यक वर्गों को निम्नलिखित अधिकार प्रदान किया गया है-**प्रथम,** भाषायी एवं धार्मिक अल्पसंख्यकों को अपनी शैक्षिक संस्थाओं की स्थापना एवं उनके प्रबंध का अधिकार प्राप्त है। **द्वितीय,** राज्य अल्पसंख्यक वर्ग की शिक्षण संस्थाओं के संपत्ति अर्जन पर निर्धारित राशि प्रदान करेगी। यह भी उल्लिखित है कि

राज्य द्वारा शिक्षण संस्थाओं को दिए गए अनुदान में इस आधार पर भेदभाव नहीं किया जाएगा कि वे अल्पसंख्यकों के प्रबंध के अंतर्गत् हैं, (अनुच्छेद-30(2))।

अल्पसंख्यक का अभिप्राय

संविधान में अल्पसंख्यक शब्द को परिभाषित नहीं किया गया है, परंतु अनुच्छेद-30 के अंतर्गत् अल्पसंख्यकों के दो आधारों का उल्लेख है-भाषा एवं धर्म। उच्चतम न्यायालय के निर्णय के अनुसार, अल्पसंख्यकों का निर्धारण अखिल भारतीय रूप में नहीं होगा, अपितु राज्यों के अनुसार किया जाएगा, क्योंकि भारत में राज्यों का निर्माण भाषायी आधार पर किया गया है। न्यायपालिका के अनुसार, जिस समुदाय की जनसंख्या 50 प्रतिशत से कम है, उसे अल्पसंख्यक की श्रेणी में रखा जाएगा।

अल्पसंख्यक शैक्षणिक संस्थान

ऐसी शैक्षणिक संस्थाएं, जो अल्पसंख्यक समुदाय के द्वारा स्थापित हैं, उन्हें अल्पसंख्यक शैक्षणिक संस्थान कहा जाएगा। इनमें भाषा एवं संस्कृति के संरक्षण के लिए निर्मित संस्था हो सकती है अथवा तकनीकी एवं प्रबंधकीय विषयों के अध्ययन के लिए भी संस्थाओं की स्थापना का अधिकार होगा। राज्य के द्वारा आर्थिक सहायता के कारण किसी संस्थान को अल्पसंख्यक शैक्षणिक संस्थान से बाहर नहीं रखा जाएगा।

स्थापना एवं प्रबंधन का अधिकार

उच्चतम न्यायालय ने अल्पसंख्यकों के शैक्षणिक संस्थाओं की स्थापना एवं प्रबंध की व्याख्या करते हुए कहा कि इन्हें फीस के निर्धारण का अधिकार है, लेकिन कैपिटेशन फीस या डोनेशन लेने का अधिकार नहीं है, क्योंकि शैक्षणिक संस्थाएं व्यावसायिक संस्थाएं नहीं हैं। ये गैर-अल्पसंख्यक छात्रों के प्रवेश की सीटें निश्चित कर सकती हैं। उच्चतम न्यायालय ने कहा कि गैर-अल्पसंख्यक छात्रों के प्रवेश की सीटों की संख्या निश्चित नहीं की जा सकती, क्योंकि अल्पसंख्यक शैक्षणिक संस्थान के स्थान और प्रकृति के द्वारा सीटों का निर्धारण किया जाएगा। अल्पसंख्यक संस्थान को कर्मचारियों की नियुक्ति का अधिकार प्राप्त है। उच्चतम न्यायालय ने टी.एम.ए.पाई फॉउण्डेशन (TMA Pai Foundation, 2003) में सरकार से अनुदान न प्राप्त करने वाले शैक्षणिक संस्थाओं के संबंध में निर्णय दिया, परंतु उच्चतम न्यायालय ने यह भी कहा कि यदि कोई अल्पसंख्यक शैक्षणिक संस्थान सरकार से अनुदान प्राप्त करती है, तो उसकी स्वायत्तता प्रभावित नहीं होगी। लेकिन अल्पसंख्यक शैक्षणिक संस्थाओं को अकादमिक सत्र का निर्धारण, अकादमिक अर्हता का निर्धारण एवं शिक्षकों की योग्यता के निर्धारण में सरकार के निर्देशन का पालन करना पड़ेगा।

93वें संविधान संशोधन, 2005 के द्वारा सभी प्रकार की केंद्रीय शैक्षणिक संस्थाओं तथा निजी शैक्षणिक संस्थाओं में (गैर-अनुदान प्राप्त भी) सामाजिक एवं शैक्षणिक रूप में पिछड़े वर्गों, अनुसूचित जाति तथा जनजाति के आरक्षण का प्रावधान किया गया है, जिसमें अल्पसंख्यक संस्थाएं सम्मिलित नहीं हैं। इसी स्वायत्तता के प्रावधानों के अनुसार, वर्ष-2014 में उच्चतम न्यायालय के द्वारा दिए गए महत्त्वपूर्ण निर्णय में कहा गया है कि शिक्षा के अधिकार के अंतर्गत् लागू होने वाला आरक्षण अल्पसंख्यक शैक्षणिक संस्थाओं पर लागू नहीं होगा।

6. संपत्ति का अधिकार (Right to Property)

भारत के मूल संविधान में संपत्ति का अधिकार भाग-3 में वर्णित मूल अधिकारों का महत्त्वपूर्ण भाग था। संविधान के अनुच्छेद-31(1) के अनुसार, किसी भी व्यक्ति को विधि द्वारा स्थापित प्रक्रिया के अनुसार ही संपत्ति के अधिकार से वंचित किया जा सकता है। अनुच्छेद-31(2) के अनुसार, राज्य द्वारा व्यक्ति से संपत्ति अर्जित की जा सकती है, **बशर्ते-**

- संपत्ति सार्वजनिक उद्देश्यों के लिए ग्रहण की जाए।
- सरकार के द्वारा उचित मुआवजा प्रदान किया जाए।

अनुच्छेद-19(1)(f) के अंतर्गत् प्रत्येक नागरिक को संपत्ति के अर्जन और उसके विक्रय की स्वतंत्रता प्रदान की गई है।

समाप्ति के कारण

निदेशक तत्त्वों को क्रियान्वित करने के लिए संपत्ति के अधिकार को सीमित किया गया तथा बाद में इसे मूल अधिकारों के भाग से हटा दिया गया। भारत में कल्याणकारी राज्य की स्थापना की गई, जिसमें निदेशक

तत्त्वों को लागू करने के लिए सरकार के द्वारा विभिन्न विधियों के साथ-साथ अनेक नीतियों का निर्माण किया गया। भूमि सुधार कार्यक्रम को लागू करने के लिए तथा जमींदारी के उन्मूलन के लिए संपत्ति के अधिकारों को मूल अधिकार के अध्याय से हटाया गया। संपत्ति के अधिकार की रक्षा के लिए उच्चतम न्यायालय में अनेक याचिकाएं दायर की गई, जिससे सामाजिक न्याय की स्थापना में अड़चनें आने लगीं, परिणामस्वरूप संपत्ति के अधिकार को मूल अधिकारों के भाग से स्थानांतरित कर दिया गया।

संपत्ति के अधिकार की समाप्ति

- अनुच्छेद-31(A) के द्वारा संपत्ति के अधिकार को सीमित करते हुए कहा गया कि कृषि योग्य भूमि का अर्जन, खानों के लीज का प्रावधान, दो वाणिज्यिक घरानों के विलय किसी वाणिज्यिक संस्था में उसके निदेशकों के शेयर को नियंत्रित करने के प्रावधानों को संपत्ति के मूल अधिकार से बाहर कर दिया गया और यह कहा गया कि इस संदर्भ में सरकार किसी विधि का निर्माण कर सकती है, जो मूल अधिकारों का उल्लंघन नहीं माना जाएगा।
- अनुच्छेद-31(B) के द्वारा 9वीं अनुसूची का निर्माण किया गया। इसमें शामिल किसी भी अधिनियम अथवा नियंत्रणकारी प्रावधानों का मूल अधिकारों के हनन के आधार पर न्यायिक पुनरावलोकन नहीं होगा। 9वीं अनुसूची में भूमि सुधार से संबंधित विधियों को सम्मिलित किया गया।
- प्रथम संविधान संशोधन अधिनियम, 1951 के बाद सरकार के द्वारा भूमि अर्जित करने का रास्ता साफ हो गया, परंतु मुआवजे को लेकर विवाद उत्पन्न हो गया, क्योंकि संविधान में मुआवजों को परिभाषित नहीं किया गया था।
- वर्ष-1955 में चौथे संविधान संशोधन के अनुसार, उच्चतम न्यायालय के द्वारा मुआवजे की अपर्याप्तता पर सवाल नहीं उठाया जा सकता।
- 25वें संविधान संशोधन, 1971 के द्वारा **मुआवजे** शब्द को ही संविधान से हटा दिया गया और इसके स्थान पर **राशि** का प्रयोग किया गया। इसी संविधान संशोधन से ही एक नया अनुच्छेद-31(c) जोड़ा गया, जिसके द्वारा यह कहा गया कि निदेशक तत्त्वों के अनुच्छेद-39(b)(c) को लागू करने के लिए मूल अधिकारों के अनुच्छेद-14, 19 एवं 31 का उल्लंघन किया जा सकता है।
- 26ठे संविधान संशोधन, 1971 के द्वारा राजा-महाराजाओं को दिए जा रहे प्रिवी पर्स या वार्षिक पेंशन (Privy Purse) को समाप्त कर दिया गया।
- 42वें संविधान संशोधन अधिनियम, 1976 के द्वारा संपत्ति के अधिकारों को सीमित करते हुए यह कहा गया कि सभी नीति निदेशक तत्त्वों को लागू करने के लिए मूल अधिकारों के अनुच्छेद-14, 19 एवं 31 का उल्लंघन किया जा सकता है।
- 44वें संविधान संशोधन अधिनियम, 1978 के द्वारा अनुच्छेद-31(1), 31(2) एवं 19(1)(f) संपत्ति के अधिकार को भाग-3 के मूल अधिकारों से हटा दिया गया, जिसका अभिप्राय है कि वर्तमान में कोई भी व्यक्ति संपत्ति के अधिकारों की रक्षा के लिए सीधे उच्चतम न्यायालय नहीं जा सकता।

संपत्ति के मूल अधिकार के अवशेष

44वें संविधान संशोधन, 1978 के द्वारा संपत्ति के अधिकार को अनुच्छेद-300(A) में शामिल कर दिया गया। अत: संपत्ति का अधिकार अब वैधानिक अधिकार है, मूल अधिकार नहीं। वैधानिक अधिकार का अर्थ है कि सरकार के द्वारा अब किसी विधि के निर्माण के बिना व्यक्ति से संपत्ति नहीं ली जाएगी। संपत्ति के अधिकार का अवशेष मौलिक अधिकार में अभी भी है, **जो निम्नलिखित हैं**-

- यदि किसी अल्पसंख्यक शैक्षणिक संस्थान की जमीन अधिग्रहित की जाती है, तो उसे बाजार दर पर राशि का भुगतान करना होगा।
- यदि किसी व्यक्ति की कृषि योग्य भूमि अधिग्रहित की जाती है, जो हदबंदी की सीमा के अंतर्गत है, तो उस जमीन की कीमत का भुगतान सरकार को बाजार दर पर करना होगा।

7. संवैधानिक उपचारों का अधिकार

(Right to Constitutional Remedies)

मौलिक अधिकारों का प्रावधान बिना उपचारों के खोखला है। यदि अधिकार प्रदान कर दिया जाए तथा उनके संरक्षण की व्यवस्था न हो, तो वह व्यर्थ है। इसीलिए डॉ. अंबेडकर

ने अनुच्छेद-32 को **संविधान की आत्मा** कहा। यह अधिकार अन्य अधिकारों को प्रकार्यात्मक बनाता है। मौलिक अधिकारों के हनन की स्थिति में **उच्चतम न्यायालय निम्नलिखित पांच प्रकार की रिटें जारी करता है। जैसे-**

1. बंदी प्रत्यक्षीकरण रिट *(Habeas Corpus Writ)*
2. परमादेश *(Mandamus)*
3. अधिकार पृच्छा *(Quo-Warranto)*
4. उत्प्रेषण *(Certiorari)*
5. प्रतिषेध *(Prohibition)*

अनुच्छेद-32 के अंतर्गत् केवल उच्चतम न्यायालय के द्वारा मूल अधिकारों की रक्षा का प्रावधान है। संपूर्ण भारतीय क्षेत्र से कोई भी व्यक्ति अपने मूल अधिकारों की रक्षा के लिए सीधे उच्चतम न्यायालय में प्रवेश कर सकता है। संसद के द्वारा भारत के अन्य न्यायालयों को भी मूल अधिकारों की रक्षा की शक्ति प्रदान की जा सकती है, परंतु इससे उच्चतम न्यायालय की शक्ति प्रभावित नहीं होनी चाहिए। मूल अधिकारों की रक्षा के लिए परंपरागत् प्रक्रिया के अनुसार जिस व्यक्ति के मूल अधिकारों का हनन हुआ है, वही उच्चतम न्यायालय के समक्ष जाएगा। वर्तमान में उच्चतम न्यायालय ने परंपरागत् प्रक्रिया को परिवर्तित कर दिया है। जिसके अनुसार कोई तीसरा व्यक्ति भी समूह के मूल अधिकारों की रक्षा के लिए उच्चतम न्यायालय जा सकता है। परंपरागत् रूप से मूल अधिकारों की रक्षा के लिए उच्चतम न्यायालय में वही व्यक्ति जा सकता था, जिसके मूल अधिकारों का उल्लंघन हुआ हो, परंतु अब समूह के अधिकारों की रक्षा के लिए कोई समाज सेवी भी उच्चतम न्यायालय जा सकता है। अत: उच्चतम न्यायालय ने प्रक्रिया को सरल बना दिया है।

1. बंदी प्रत्यक्षीकरण रिट (Habeas Corpus Writ)

यह लैटिन शब्द है, जिसका शाब्दिक अर्थ होता है-**सशरीर उपस्थित होना।** इस रिट के द्वारा न्यायालय व्यक्ति को सशरीर अपने सामने उपस्थित कराता है, जिससे न्यायालय उसके बंदी बनाए जाने के कारणों को जान सकें यदि बंदी रखना अवैधानिक है, तो न्यायालय उस व्यक्ति को मुक्त कर सकता है। यह रिट दोनों (सरकारी अधिकारी एवं निजी लोगों) को जारी हो सकती है। निम्नलिखित मामलों के विरुद्ध बंदी प्रत्यक्षीकरण की याचिका का प्रयोग नहीं किया जा सकता-

- यदि न्यायपालिका ने आपराधिक मामले में किसी व्यक्ति को सजा दी हो।
- न्यायालय की अवमानना या संसदीय विशेषाधिकार की अवमानना का व्यक्ति दोषी हो।
- निवारक नजरबंदी के अंतर्गत बंदी बनाए गए लोगों के लिए इसका प्रयोग नहीं होगा।

2. परमादेश (Mandamus)

यह एक लैटिन शब्द है, जिसका शाब्दिक अर्थ है-**आज्ञा देना**। परमादेश के तहत् ऐसे व्यक्ति को आदेश दिया जाता है, जो किसी सार्वजनिक (सरकारी) पद पर बैठा हो या उसका कोई अर्द्ध-सरकारी कानूनी कार्य हो तथा उसने अपने कर्त्तव्य पालन में लापरवाही बरती हो अथवा कार्य करने से मना कर दिया हो। यह आदेश उच्चतर न्यायालयों द्वारा निम्नतर न्यायालयों को भी दिया जा सकता है। राष्ट्रपति और राज्यपाल के विरुद्ध परमादेश रिट का प्रयोग नहीं किया जा सकता।

3. अधिकार पृच्छा (Quo-Warranto)

इसके द्वारा किसी व्यक्ति को सरकारी पद प्राप्त करने से प्रतिबंधित किया जा सकता है। उदाहरण के लिए, यदि किसी पद के अवकाश प्राप्ति हेतु उम्र 62 वर्ष है, तो 65 वर्ष के व्यक्ति की नियुक्ति नहीं हो सकती। इस रिट के अंतर्गत् न्यायालय सार्वजनिक (सरकारी) पद धारण करने वाले किसी व्यक्ति के दावे की वैधता की जांच करता है। यदि उसका दावा सही नहीं है, तो न्यायालय उसे उस पद से हटा सकता है। **अधिकार पृच्छा जारी करने के लिए शर्तें-**

- पद सार्वजनिक (सरकारी) होना चाहिए तथा वह पद किसी कानून या संविधान द्वारा सृजित हो।
- पद निजी नहीं होना चाहिए।
- ऐसे व्यक्ति को पद पर नियुक्ति करने में विधि का उल्लंघन हुआ हो।

4. उत्प्रेषण (Certiorari)

यह एक लैटिन शब्द है, जिसका अभिप्राय प्रमाणित करना अर्थात् **मंगा लेना** है। उच्चतम न्यायालय कोई भी मामला अपने पास मंगा सकता है। **उत्प्रेषण निम्नलिखित मामलों में जारी होती है-**

- जब किसी न्यायालय ने अपने क्षेत्राधिकार का उल्लंघन किया हो।
- उत्प्रेषण की रिट तब जारी की जाती है, जब संबंधित मामले में निचले न्यायालय ने अपना निर्णय दे दिया हो। अत: उत्प्रेषण की रिट निर्णय देने के बाद में जारी की जाती है।
- सामान्यत: उच्चतम न्यायालय का मानना है कि इसका प्रयोग विशुद्ध प्रशासनिक मामलों में नहीं किया जाना चाहिए, परंतु बाद में वैधानिक एवं प्रशासनिक दोनों मामलों में उत्प्रेषण रिट का प्रयोग किया जाने लगा।

5. प्रतिषेध (Prohibition)

यह एक लैटिन शब्द है, जिसके द्वारा किसी कार्य के संपादन को प्रतिबंधित किया जाता है। यह निवारात्मक याचिका है, जिसका प्रयोग न्यायपालिका द्वारा उस समय किया जाता है, जब न्यायपालिका में मामला विचाराधीन हो। अत: प्रतिषेध किसी वाद के पहले चरण में दिया जाता है। प्रतिषेध के अंतर्गत् उच्चतम न्यायालय, निचले न्यायालय को संबंधित मामले में कार्य करने से रोक देता है।

परमादेश एवं प्रतिषेध में कुछ मौलिक अंतर है। परमादेश के अंतर्गत् न्यायपालिका के द्वारा कुछ कार्य करने का निर्देश दिया जाता है। जबकि प्रतिषेध के अंतर्गत् न्यायपालिका के द्वारा कार्य करने के लिए मना किया जाता है। प्रतिषेध का प्रयोग सामान्यत: न्यायिक और अर्द्ध-न्यायिक निकायों के विरुद्ध किया जाता है। उत्प्रेषण एवं प्रतिषेध की याचिकाएं उच्चतर न्यायालय से निम्न/अवर न्यायालयों को जारी की जाती हैं। प्रतिषेध के अंतर्गत् अवर न्यायालय को किसी वाद में कार्य करने से मनाही की जाती है, जबकि यदि किसी अवर न्यायपालिका ने किसी विषय पर अपना निर्णय दे दिया हो, तो उच्चतर न्यायपालिका के द्वारा उत्प्रेषण के तहत् मुकदमा मंगाया जा सकता है।

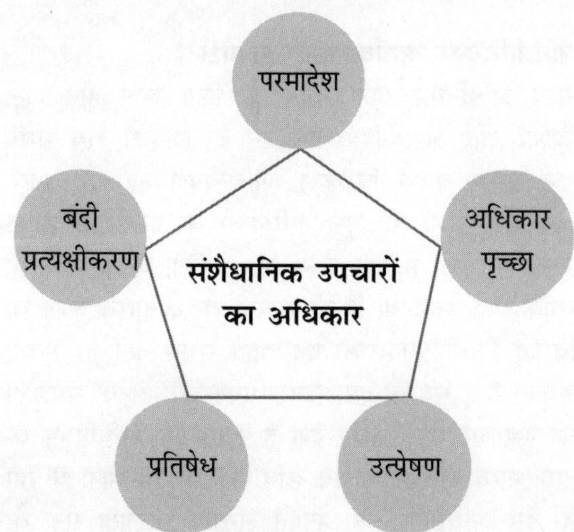

पूर्व न्याय या प्राक् न्याय अथवा रेस ज्यूडिकेटा (Res Judicata)

यह लैटिन शब्द है, जिसका अंग्रेजी अभिप्राय है-Thing decided Earlier. इसके अनुसार, उच्चतम न्यायालय के द्वारा अनुच्छेद-32 के अंतर्गत जिन वादों का निर्धारण किया जा चुका है, उसे दोबारा उच्चतम न्यायालय के समक्ष नहीं लाया जा सकता। परंतु इसके कुछ अपवाद भी हैं, जैसे बंदी प्रत्यक्षीकरण के मामले में यह सिद्धांत लागू नहीं होता। इसलिए न्यायालय के समक्ष कोई वाद बार-बार लाया जा सकता है। इसके अतिरिक्त कोई नए सबूत मिलने के आधार पर भी उच्चतम न्यायालय के समक्ष कोई वाद पुन: लाया जा सकता है।

मूल अधिकारों पर प्रतिबंध

1. सैन्य बल, अर्द्ध-सैन्य बल एवं मूल अधिकार

अनुच्छेद-33 के अंतर्गत् सैन्य बलों के सदस्यों और सैन्य बलों के उन सदस्यों का जिनके द्वारा लोक व्यवस्था निर्मित होती है अथवा राज्य के द्वारा आसूचना से संबंधित संगठनों में शामिल कर्मचारियों के लिए अथवा आसूचना से संबंधित संचार व्यवस्था में कार्य करने वाले कर्मचारियों के मूल अधिकारों को सीमित किया जा सकता है। अनुच्छेद-33 के अंतर्गत् संसद को यह भी अधिकार है कि वह सैन्य बलों और अर्द्ध-सैनिक बलों के सदस्यों के लिए मूल अधिकार को प्रतिबंधित कर सकती है। इसके अंतर्गत् विधि-निर्माण की यह शक्ति केवल संसद को प्रदान की गई है, विधान सभाओं को नहीं। इसका मूल उद्देश्य सैन्य बलों एवं अर्द्ध-सैन्य बलों में अनुशासन बनाए रखना है। इसके अंतर्गत् **संसद ने निम्नलिखित विधियों का निर्माण किया है-**

- सेना एक्ट, 1950
- एयर फोर्स एक्ट, 1950
- नेवी एक्ट, 1950

- पुलिस फोर्स अधिकार परिसीमन एक्ट, 1966
- सीमा सुरक्षा बल एक्ट, 1968

2. सैन्य अधिनियम एवं मूल अधिकार

अनुच्छेद-34 के अंतर्गत् भारत के किसी भी क्षेत्र में यदि सैन्य अधिनियम लागू है, तो संसद को यह शक्ति प्राप्त है कि मूल अधिकारों पर प्रतिबंध आरोपित कर सकती है। संसद, विधि के द्वारा सरकारी कर्मचारियों द्वारा किए गए कार्यों और उनके द्वारा पारित नियमों को वैध ठहरा सकती है। संसद के द्वारा इस अधिनियम व सैन्य अधिनियम के अंतर्गत् दिए गए दंड को भी वैधानिक बनाया जा सकता है। यह समूचे भारतीय क्षेत्र में अथवा भारत के किसी एक भाग में विधि व्यवस्था बनाए रखने के लिए लागू किया जा सकता है। उदाहरण के लिए, मणिपुर और जम्मू एवं कश्मीर में **सैन्य बल विशेष शक्ति अधिनियम** लागू है। अफस्पा (Armed Forces (Special Powers) Acts,1958 (AFSPA) के दौरान संसद सैन्य बलों के कार्यों को उचित ठहरा सकती है। इसके अंतर्गत् विधि व्यवस्था बनाए रखने की शक्ति नागरिक प्रशासन के बजाए, सेना को सौंप दी जाती है। देश के किसी भी भाग में विद्रोह अथवा उपद्रवी गतिविधियों को नियंत्रित करने के लिए सैन्य अधिनियम का प्रयोग किया जाता है। यह उल्लेखनीय है कि सैन्य अधिनियम का प्रावधान आपातकाल के प्रावधान से बिल्कुल अलग है। युद्ध, बाह्य आक्रमण तथा सशस्त्र संघर्ष के द्वारा यदि भारत की सुरक्षा अथवा किसी भाग की सुरक्षा खतरे में है, तब आपातकाल का प्रयोग किया जाता है।

सैन्य बल विशेष शक्ति अधिनियम, 1958

सैन्य बल विशेष शक्ति अधिनियम जम्मू एवं कश्मीर में लागू किया गया। यह उल्लेखनीय है कि उत्तरी-पूर्वी राज्यों में इसे वर्ष-1958 से ही लागू किया गया है। इसके अंतर्गत् राष्ट्रपति अथवा राज्यपाल किसी भी राज्य के समूचे भाग अथवा उसके किसी क्षेत्र को अशांति का क्षेत्र घोषित कर सकते हैं। इसके अंतर्गत् क्षेत्र में लोक व्यवस्था बनाए रखने का अधिकार सैन्य बलों को प्रदान कर दिया जाता है।

मूल अधिकारों का हनन

सेना के अधिकारी संदेह के आधार पर किसी व्यक्ति या व्यक्ति समूह को गोली मारने की शक्ति रखते हैं। इनके द्वारा किसी भी सार्वजनिक स्थान व निजी मकान का विध्वंस किया जा सकता है। यदि इनका प्रयोग सेना पर हमले के लिए अथवा उपद्रवियों को प्रशिक्षण देने के लिए किया जाए। सैन्य अधिकारियों के द्वारा बिना वारंट के किसी भी व्यक्ति को हिरासत में लिया जा सकता है और इसके अतिरिक्त सैन्य अधिकारी किसी भी घर की तलाशी तथा घर में प्रवेश कर सकते हैं। इनके द्वारा किसी भी वाहन को रोका जा सकता है और उसकी तलाशी भी ली जा सकती है एवं उस वाहन को जब्त भी किया जा सकता है। अधिकारियों के द्वारा किसी भी दरवाजे अथवा अलमारी की तलाशी लेने और इसे तोड़ने की भी शक्ति प्राप्त है।

सेना का दृष्टिकोण

राष्ट्रीय एकता एवं अखंडता बनाए रखना राज्य का प्राथमिक दायित्व है। जम्मू एवं कश्मीर में विद्यमान उपद्रवी गतिविधियों के कारण भारत की राष्ट्रीय सुरक्षा और स्थायित्व पर खतरा निर्मित हो चुका है। ऐसी प्रतिकूल परिस्थितियों में कार्य करने के लिए सैन्य अधिकारियों को वैधानिक संरक्षण देने की आवश्यकता है, जिससे सैन्य अधिकारियों का मनोबल बना रहे और उनको अनावश्यक कार्यवाही से बचाया जा सकें जम्मू एवं कश्मीर और उत्तरी-पूर्वी राज्यों में भारत छद्म-युद्ध का सामना कर रहा है। इसलिए सुरक्षा बलों के लिए अत्यधिक प्रतिकूल परिस्थितियों में कार्य करने की चुनौती विद्यमान है। भारतीय सैन्य बल विश्व के बेहतर प्रशिक्षित सैन्य बलों में सम्मिलित है। इसलिए जान-बूझकर इनके द्वारा मानवाधिकारों का उल्लंघन नहीं किया जाएगा।

मानवाधिकार कार्यकर्ताओं का पक्ष

सैन्य अधिनियम थोड़े समय के लिए लागू होने वाले विशेष और आपवादिक प्रावधान हैं, जिनका लंबे समय तक प्रयोग करना बिल्कुल औचित्यपूर्ण नहीं है। इनके द्वारा सैन्य बलों को मूल अधिकारों के हनन की शक्ति प्राप्त हो जाती है और सैन्य अधिकारियों के द्वारा किसी व्यक्ति की हत्या या किसी सामग्री के क्षतिग्रस्त करने के विरुद्ध किसी प्रकार की कार्यवाही संभव नहीं है। भारत, संयुक्त राष्ट्र संघ के द्वारा मानवाधिकारों के अनेक समझौतों पर हस्ताक्षर करने वाला देश है, परंतु इस अधिनियम के द्वारा भारत की अंतर्राष्ट्रीय छवि को भी नुकसान हो रहा है। इस अधिनियम के अंतर्गत् लगभग 5 लाख सेना के

अधिकारी जम्मू एवं कश्मीर में तैनात किए गए हैं। ऐसा आरोप है कि सैन्य अधिकारियों के द्वारा नागरिकों के साथ बलात्कार, अपहरण तथा उनके साथ अमानवीय व्यवहार किए जा रहे हैं।

उच्चतम न्यायालय का दृष्टिकोण

वर्ष-2017 में उच्चतम न्यायालय द्वारा दिए गए एक अत्यधिक महत्त्वपूर्ण निर्णय में यह कहा गया कि पूर्वोत्तर राज्यों में वर्ष-1958 से तथा जम्मू एवं कश्मीर में वर्ष-1988 से Armed Forces (Special Powers) Acts (AFSPA) लगाया गया है और इतने लंबे समय तक इसका प्रयोग आपत्तिजनक है। उच्चतम न्यायालय ने तो यहां तक कहा कि यदि अफस्पा (AFSPA) को बनाए रखने के लिए तैनात कर्मियों के द्वारा शक्ति का मनमानी दुरूपयोग किया गया, तो ऐसे अधिकारियों के विरुद्ध सामान्य न्यायालयों में भी मामले चलाए जा सकते हैं।

लोकतांत्रिक देश में समस्याओं का समाधान भी लोकतांत्रिक होना चाहिए और राजनीतिक समस्याओं का समाधान राजनीति से होना चाहिए, बंदूक से नहीं। इसलिए अफस्पा (AFSPA) में संशोधन किया जाए अथवा इसे क्रमिक रूप में हटाने पर भी विचार करना चाहिए।

मूल अधिकारों को प्रभावी बनाने के लिए विधि-निर्माण

भारतीय संविधान के भाग-3 में वर्णित मूल अधिकारों में दो प्रकार के अधिकार वर्णित हैं-**प्रथम**, वे अधिकार, जो संविधान लागू होने के बाद स्वाभाविक रूप में लागू हो जाते हैं तथा **द्वितीय,** कुछ मूल अधिकारों को लागू करने के लिए संसदीय विधि के निर्माण की आवश्यकता होती है। उदाहरण के लिए, छुआछूत एक दंडनीय अपराध है, जिसका उल्लेख अनुच्छेद-17 में किया गया है तथा इसे लागू करने के लिए संसदीय विधि के निर्माण की आवश्यकता होती है। इसके अतिरिक्त शोषण के विरुद्ध अधिकार को लागू करने के लिए संसद के द्वारा विधि का निर्माण किया गया है। संसद को यह शक्ति अनुच्छेद-35 से प्राप्त होती है।

न्यायपालिका के द्वारा प्रतिपादित सिद्धांत

A. पृथक्करणीयता का सिद्धांत (Doctrine of Severability)

यदि राज्य द्वारा निर्मित विधियों और मूल अधिकारों के मध्य विरोध उत्पन्न हो, तो विधि के केवल उस भाग को अवैध घोषित किया जाएगा, जो भाग मूल अधिकारों का विरोधी हो और शेष भाग को वैध घोषित किया जाएगा। अतः न्यायपालिका द्वारा विधि के वैध और अवैध के मध्य अलगाव को ही **पृथक्करणीयता का सिद्धांत** कहा जाता है।

B. आच्छादन का सिद्धांत (Doctrine of Eclipse)

यदि मूल अधिकारों और पूर्व संवैधानिक विधियों के मध्य गतिरोध हो, तो मूल अधिकार पूर्व संवैधानिक विधियों को आच्छादित कर लेते हैं। अतः पूर्व संवैधानिक विधियां समाप्त नहीं होतीं, बल्कि आच्छादित हो जाती हैं। इसलिए व्यवहार में इनका प्रभाव समाप्त हो जाता है।

C. भविष्यलक्षी विधि का सिद्धांत

(Doctrine of Prospective Overruling)

भविष्यलक्षी विधि का सिद्धांत गोलकनाथ वाद में दिया गया। इस वाद में दिए गए निर्णय भविष्य में लागू होंगे। अतः इस निर्णय के पहले जिन मौलिक अधिकारों में संशोधन हो चुका है, या जो संशोधन हो चुके हैं, वे अवैध नहीं माने जाएंगे।

मूल अधिकारों का संशोधन

संविधान में मौलिक अधिकारों के अध्याय को विशेष संरक्षण प्रदान किया गया है, जिसके अनुसार अनुच्छेद-13(2) न्यायालय को यह शक्ति प्रदान करता है कि वह मौलिक अधिकारों को विलोपित, परिवर्तित एवं संशोधित करने वाली विधियों का निरीक्षण करे तथा यदि कोई विधि मौलिक अधिकारों का उल्लंघन करती है, तो न्यायालय उन विधियों को शून्य घोषित कर सकता है। **दूसरे शब्दों में,** उच्चतम न्यायालय एवं उच्च न्यायालय को यह अधिकार है कि वह मूल अधिकारों की रक्षा के लिए किसी भी विधि को असंवैधानिक घोषित कर दे। न्यायपालिका को मूल अधिकारों का संरक्षक बनाया गया है और संसद को अनुच्छेद-368 के अंतर्गत संविधान के संशोधन की शक्ति दी गई है। संविधान में संसद की संशोधन शक्ति पर कोई प्रतिबंध नहीं है। अतः संसद अपने संशोधन शक्ति के द्वारा मूल अधिकारों के भाग को भी संशोधित कर सकती है। पहले संविधान संशोधन के द्वारा मूल अधिकारों को सीमित किया गया। इसीलिए पहले संविधान संशोधन को *शंकरी प्रसाद वाद* (1951) में उच्चतम न्यायालय में

चुनौती दी गई और यह कहा गया कि संसद के द्वारा मूल अधिकारों का उल्लंघन किया गया है। इसलिए संशोधन को असंवैधानिक घोषित किया जाए, परंतु न्यायपालिका ने निर्णय दिया कि संसद को मूल अधिकारों के संशोधन की शक्ति प्राप्त है। संसद अपनी विधायी शक्ति का प्रयोग करते हुए मूल अधिकारों का संशोधन नहीं कर सकती, परंतु संसद संविधायी शक्ति का प्रयोग करते हुए मूल अधिकारों का संशोधन कर सकती है। उच्चतम न्यायालय के अनुसार, अनुच्छेद-13(2) में वर्णित विधि में संविधान संशोधन विधि शामिल नहीं है। न्यायपालिका के अनुसार, मूल अधिकारों को अनुच्छेद-13(2) में वर्णित सामान्य विधि के अनुसार संशोधित नहीं किया जा सकता, बल्कि अनुच्छेद-368 में वर्णित संविधान संशोधन विधि द्वारा संशोधित किया जा सकता है। अनुच्छेद-13(2) का प्रतिबंध सामान्य विधि पर लागू होता है, संशोधन विधि पर नहीं। न्यायपालिका के इस निर्णय के बाद संसद के द्वारा संशोधन करके मूल अधिकारों को सीमित किया गया।

A. **गोलकनाथ बनाम पंजाब वाद (1967)**

उच्चतम न्यायालय ने *शंकरी प्रसाद वाद* में दिए गए निर्णय को परिवर्तित कर दिया और यह कहा कि संसद को संविधान संशोधन के द्वारा भी मूल अधिकारों को समाप्त करने की शक्ति प्राप्त नहीं है। न्यायालय ने कहा कि संसद न तो विधायी और न ही संविधायी शक्ति के द्वारा मूल अधिकारों को संशोधित कर सकती है। उच्चतम न्यायालय के अनुसार, अनुच्छेद-13(2) में वर्णित विधि शब्द में संशोधन विधि भी शामिल है। उच्चतम न्यायालय के अनुसार, मूल अधिकार अत्यधिक पवित्र एवं महत्त्वपूर्ण है। गोलकनाथ वाद में 11 न्यायाधीशों की पीठ ने ऐतिहासिक निर्णय देते हुए कहा कि इनका संशोधन नहीं किया जा सकता। इस वाद में न्यायपालिका ने अनुच्छेद-13(2) में वर्णित विधि एवं अनुच्छेद-368 में वर्णित संविधान संशोधन विधि के अंतर को समाप्त कर दिया। अत: संविधान संशोधन विधि द्वारा भी मौलिक अधिकारों का संशोधन नहीं किया जा सकता। जिसके परिणामस्वरूप सरकार के द्वारा 24वां संविधान संशोधन, 1971 प्रस्तुत किया गया और इसमें यह उल्लिखित किया गया कि संशोधन विधि अनुच्छेद-13(2) सम्मिलित विधि में शामिल नहीं है।

B. **केशवानंद भारती बनाम केरल राज्य वाद (1973)**

इस वाद को लोकप्रिय रूप में मूल अधिकार वाद के रूप में भी जाना जाता है। इस वाद में न्यायपालिका ने गोलकनाथ वाद के निर्णय को पलट दिया। उच्चतम न्यायालय ने 24वें संविधान संशोधन, 1971 को संवैधानिक माना और न्यायपालिका के अनुसार, अनुच्छेद-13(2) में वर्णित विधि में संविधान संशोधन विधि शामिल नहीं है। अत: न्यायपालिका ने यह स्वीकार कर लिया कि संसद की विधायी और संविधायी शक्ति में अंतर है। संसद संविधायी शक्ति के द्वारा मूल अधिकारों के किसी भी भाग का परिवर्तन कर सकती है। न्यायपालिका ने यह माना कि संसद अनुच्छेद-368 के अनुसार संविधान के किसी भी भाग को परिवर्तित कर सकती है, परंतु संसद संविधान के मूलभूत ढांचे का परिवर्तन नहीं कर सकती। न्यायपालिका ने इस वाद में आधारभूत ढांचे का सिद्धांत दिया। न्यायपालिका के अनुसार, संसद संविधान के आधारभूत ढांचे में शामिल भागों का संशोधन नहीं कर सकती। अत: मौलिक अधिकारों का जो भाग संविधान के आधारभूत ढांचे में शामिल हैं, उसका संशोधन नहीं किया जा सकता। अत: संसद के द्वारा संविधान के किसी भी भाग का परिवर्तन किया जा सकता है, जिसमें मूल अधिकारों का भाग भी सम्मिलित है, परंतु मूल अधिकारों के उन भागों का संशोधन नहीं हो सकता, जो आधारभूत ढांचे के भाग हैं, लेकिन आधारभूत ढांचे का निर्धारण न्यायपालिका के द्वारा किया जाएगा।

निष्कर्ष

लोकतांत्रिक शासन में सरकार का मूल उद्देश्य अधिकारों का संरक्षण एवं संवर्धन है। लोकतांत्रिक शासन की सर्वाधिक महत्त्वपूर्ण विशेषता नागरिकों को प्राप्त स्वतंत्रता एवं अधिकार है। लोकतंत्र के विकास के विगत् वर्षों में अधिकारों का अत्यधिक विस्तार हो चुका है, जो भारतीय लोकतंत्र की परिपक्वता एवं प्रगतिशीलता का सूचक है।

प्रारंभिक परीक्षोपयोगी महत्त्वपूर्ण तथ्य

- मूल अधिकारों को भारतीय संविधान के **भाग-3** में अनुच्छेद-12 से 35 तक स्थान दिया गया है।
- अपवाद स्वरूप अनुच्छेद-17 व अनुच्छेद-24 निरपेक्ष अधिकार हैं।
- कुछ मूल अधिकार स्वयं सक्रिय हैं, अर्थात् उन्हें चलायमान करने के लिए विधि की आवश्यकता नहीं होती है। उदाहरण के लिए, समानता का अधिकार (अनुच्छेद-14), स्वतंत्रता का अधिकार (अनुच्छेद-19) एवं जीवन का अधिकार (अनुच्छेद-21)।
- अनुच्छेद-14 में व्यक्तियों को विधि के समक्ष समानता एवं विधि का समान संरक्षण प्राप्त है।
- विधि के समक्ष समानता की संकल्पना मूलत: ब्रिटिश है।
- राष्ट्रपति एवं राज्यपाल को विधि के समक्ष समानता से छूट प्रदान की गई है, (अनुच्छेद-361)।
- विधि के समान संरक्षण की संकल्पना मूलत: अमेरिकी संविधान से ली गई है।
- राज्य किसी नागरिक के साथ केवल धर्म, प्रजाति, जाति, लिंग, जन्म स्थान या इनमें से किसी एक आधार पर भेदभाव नहीं करेगा, (अनुच्छेद-15)।
- यदि राज्य के द्वारा महिलाओं या बच्चों के लिए कोई विशेष प्रावधान किए जा रहे हैं, तब वह समानता का उल्लंघन नहीं होगा, (अनुच्छेद-15(3))।
- सामाजिक एवं शैक्षिक रूप में पिछड़े वर्गों और अनुसूचित जातियों एवं जनजातियों के उत्थान के लिए कोई उपाय किया जा सकता है, (अनुच्छेद-15(4))।
- 93वें संविधान संशोधन, 2005 से यह प्रावधान किया गया है कि सामाजिक व शैक्षिक रूप में पिछड़े वर्ग के नागरिकों और अनुसूचित जाति एवं जनजाति के लिए शैक्षिक संस्थाओं में प्रवेश के लिए आरक्षण किया जा सकता है, जिसमें निजी शैक्षणिक संस्थान भी शामिल होंगे। परंतु इसमें अल्पसंख्यक शैक्षणिक संस्थान शामिल नहीं हैं, (अनुच्छेद-15(5))।
- अनुच्छेद-340 के अंतर्गत् यह प्रावधान किया गया है कि राष्ट्रपति सामाजिक एवं शैक्षणिक रूप में पिछड़े वर्गों की स्थिति की जांच के लिए एक आयोग की स्थापना करेगा।
- संघ सरकार ने पहली बार पिछड़े वर्गों की पहचान के लिए 10 सदस्यीय **काका कालेलकर आयोग** की स्थापना वर्ष-1953 में की।
- वर्ष-1979 में जनता पार्टी सरकार के समय बी.पी. मंडल की अध्यक्षता में पांच सदस्यीय मंडल आयोग की स्थापना हुई।
- अनुच्छेद-340 के अंतर्गत वर्ष-1993 में संसद ने **राष्ट्रीय पिछड़ा वर्ग आयोग** नामक संस्था का निर्माण किया।
- प्रत्येक नागरिकों को रोजगार एवं राज्य के अंतर्गत् नियुक्ति में अवसर की समानता, (अनुच्छेद-16(1))।
- राज्य के अंतर्गत् सेवाओं में किसी भी नागरिक के साथ केवल धर्म, मूलवंश, जाति, लिंग, जन्म स्थान एवं निवास स्थान या इनमें से किसी भी एक के आधार पर भेदभाव नहीं किया जाएगा, (अनुच्छेद-16(2))।
- संसद के द्वारा ऐसी विधि का निर्माण किया जा सकता है, जिससे राज्य की सेवाओं में उस राज्य के निवासियों को प्राथमिकता दी जा सके, (अनुच्छेद-16(3))।
- राज्य के नागरिकों के लिए किन्हीं पिछड़े वर्गों को राज्य सेवाओं में आरक्षण का प्रावधान किया जा सकता है। यदि राज्य की दृष्टि से इन वर्गों का सेवाओं में पर्याप्त प्रतिनिधित्व न हो, (अनुच्छेद-16(4))।

- उच्चतम न्यायालय ने अनुच्छेद-16(4) को अनुच्छेद-335 के साथ पढ़ते हुए आरक्षण की सीमा को 50 प्रतिशत निर्धारित किया।
- अनुच्छेद-16(4) के अंतर्गत् आरक्षण की उच्चतम सीमा 50 प्रतिशत से अधिक नहीं होनी चाहिए। इसलिए उच्चतम न्यायालय द्वारा नरसिंह राव सरकार द्वारा आर्थिक रूप से पिछड़ों को दिया गया 10 प्रतिशत आरक्षण रद्द कर दिया गया तथा 85वें संविधान संशोधन द्वारा पारिणामिक ज्येष्ठता के सिद्धांत को स्वीकार किया गया।
- भाग-3 में वर्णित मौलिक अधिकारों को **दो वर्गों** में विभाजित किया जा सकता है-नकारात्मक अधिकार एवं सकारात्मक अधिकार। **नकारात्मक अधिकार,** राज्य की शक्ति को कम करते हैं तथा उन्हें लोगों के जीवन में हस्तक्षेप करने से रोकते हैं। जैसे-अनुच्छेद-14, 16(2), 18(1), 20, 22(1) इत्यादि। **सकारात्मक अधिकार,** राज्यों को नागरिकों के हित में कार्य करने की शक्ति प्रदान करते हैं। जैसे-अनुच्छेद-16(1), 19, 19(1), 25, 30(1) इत्यादि।
- मंडलवाद को नौ (9) न्यायाधीशों की बैंच ने सुना था। पांच या इससे अधिक न्यायाधीशों की बैंच को 'संवैधानिक बैंच' कहा जाता है।
- उच्चतम न्यायालय ने मंडल आयोग के निर्णय में 'आगे ले जाने का नियम' (ब्ंतल वितूंतक तनसम) का पालन किया। यह नियम बैकलाग सीटों को अगले वर्ष सभी सीटों में जोड़ दिया जाएगा।
- अस्पृश्यता का अंत और उसका किसी भी रूप में आचरण प्रतिबंधित किया गया है, (अनुच्छेद-17)।
- अनुच्छेद-17 के अंतर्गत् संसद ने 'अस्पृश्यता अपराध निवारण अधिनियम, 1955' पारित किया, जिसे वर्ष-1976 में संशोधित करके 'सिविल अधिकार संरक्षण अधिनियम' बना दिया गया। यह अनुच्छेद व्यक्ति एवं राज्य दोनों के विरुद्ध उपलब्ध हैं।
- अनुच्छेद-18 के अंतर्गत् किसी प्रकार की उपाधियां राज्य के द्वारा प्रदान नहीं की जाएंगी, परंतु राज्य, अकादमिक एवं सैन्य उपाधियां प्रदान कर सकता है, लेकिन कोई भी भारतीय नागरिक विदेशी राज्य से कोई उपाधि ग्रहण नहीं करेगा।
- वर्ष-1954 में भारत सरकार ने 4 प्रकार के सम्मान प्रारंभ किए-भारत रत्न, पद्म विभूषण, पद्म भूषण एवं पद्म श्री।
- अनुच्छेद-19 नागरिकों को निम्नलिखित स्वतंत्रताएं प्रदान करता है-

  (i) सभी नागरिकों को वाक् एवं अभिव्यक्ति की स्वतंत्रता प्राप्त होगी, (अनुच्छेद-19(1)(̇))।

  (ii) सम्मेलन करने की स्वतंत्रता, (बिना हथियारों के शांतिपूर्ण रूप में सम्मेलन, (अनुच्छेद-19(1)(इ))।

  (iii) समूह एवं संघ बनाने की स्वतंत्रता, (अनुच्छेद-19(1)(ब))।

  (iv) भारत के संपूर्ण क्षेत्र में मुक्त आवागमन (भ्रमण) की स्वतंत्रता, (अनुच्छेद-19(1)(क))।

  (v) भारत के संपूर्ण क्षेत्र में रहने एवं बस जाने की स्वतंत्रता, (अनुच्छेद-19(1)(म))।
- संसद सशस्त्र बल, पुलिस, आसूचना संगठनों के स्वतंत्रता के अधिकार को प्रतिबंधित कर सकती है, (अनुच्छेद-33)।
- अनुच्छेद-19(2) से (6) तक इन स्वतंत्रताओं पर प्रतिबंधों का भी उल्लेख है।
- अनुच्छेद-19(1)(̇) में ही प्रेस की स्वतंत्रता भी अंतर्निहित है।
- भारत में प्रेस को सेंसर करने पर भी कोई प्रतिबंध नहीं है।
- भारत में शांतिपूर्ण परिस्थितियों में भी 'प्रेस को पूर्व सेंसर' (च्तम.बमदेवत) किया जा सकता है।
- उच्चतम न्यायालय ने प्रिंटर्स मैसूर केस में कहा कि भारत में प्रेस को भी मानहानि के नियमों से छूट नहीं है।
- उच्चतम न्यायालय ने *कम्युनिस्ट पार्टी ऑफ इंडिया बनाम भारत संघवाद* में कहा कि वाक् स्वतंत्रता या अभिव्यक्ति की स्वतंत्रता में बंद आयोजित करने की स्वतंत्रता नहीं है।

- संपूर्ण भारतीय क्षेत्र में व्यापार, वाणिज्य और आवागमन बिना रोक-टोक होगा तथा इसके उल्लंघन होने पर अनुच्छेद-19 का सहारा लिया जा सकता है।
- व्यापार, वाणिज्य और समागम की स्वतंत्रता (अनुच्छेद-301), मूल अधिकारों के अध्याय से बाहर एकमात्र प्रावधान है, जिसके लिए संवैधानिक उपचारों का अधिकार (अनुच्छेद-32) का सहारा लिया जा सकता है।
- राष्ट्रीय आपातकाल के अनुसार, 'बाह्य आक्रमण, युद्ध, सशस्त्र विद्रोह के आधार पर आपातकाल लगाया जाता है, (अनुच्छेद-352), जो निम्नलिखित रूप में स्वतंत्रता के अधिकार पर प्रभाव डालता है-

  (i) अनुच्छेद-358 के अंतर्गत् स्वतंत्रता का अधिकार (अनुच्छेद-19) स्वत: समाप्त हो जाता है। अत: राष्ट्रपति के घोषणा की आवश्यकता नहीं होती।

  (ii) अनुच्छेद-359 के अंतर्गत् स्वतंत्रता का अधिकार (अनुच्छेद-19) अपने आप समाप्त नहीं होता, बल्कि राष्ट्रपति की घोषणा के अनुसार समाप्त होता है।
- अपराधों के दोष-सिद्धि में संरक्षण का अधिकार (अनुच्छेद-20), जीवन का अधिकार (अनुच्छेद-21) आपातकाल में भी समाप्त नहीं होते। यह प्रावधान 44वें संविधान संशोधन, 1978 द्वारा किए गए।
- अपराध के लिए दोष-सिद्धि के संबंध में संरक्षण का उल्लेख है, (अनुच्छेद-20)।
- किसी भी व्यक्ति को एक ही अपराध में दो बार दंड नहीं दिया जा सकता, (अनुच्छेद-20(2))।
- किसी भी व्यक्ति को अपने विरुद्ध गवाही देने के लिए बाध्य नहीं किया जाएगा, (अनुच्छेद-20(3))।
- किसी भी व्यक्ति को उसके जीवन एवं दैहिक स्वतंत्रता से विधि द्वारा स्थापित प्रक्रिया के अनुसार ही दंडित किया जा सकता है, (अनुच्छेद-21)।
- 86वे संविधान संशोधन, 2002 द्वारा अनुच्छेद-21(।) को जोड़ा गया, जिसमें कहा गया है कि 6-14 वर्ष के बच्चों के लिए प्राथमिक शिक्षा का अनिवार्य एवं नि:शुल्क प्रावधान किया गया।
- *ज्ञानकौर वाद* में उच्चतम न्यायालय ने निर्णय दिया कि 'जीवन के अधिकार में आत्महत्या (Suicide) शामिल नहीं है।'
- जीवन का अधिकार, (अनुच्छेद-21) मूलत: कार्यपालिका के विरुद्ध है, विधायिका के विरुद्ध नहीं।
- न्यायपालिका ने *मेनका गांधी वाद*, 1978 में विधि की उचित प्रक्रिया की संकल्पना का प्रयोग किया।
- किसी व्यक्ति को गिरफ्तारी एवं निरोध से संरक्षण प्रदान करता है, (अनुच्छेद-22)।
- मानव दुर्व्यापार, बेगार और बलात्श्रम प्रतिबंधित है और इनका उल्लंघन करना दंडनीय अपराध है, परंतु यदि राज्य के द्वारा सार्वजनिक उद्देश्यों के लिए कोई अनिवार्य सेवा आरोपित की जाए, तो यह उपरोक्त अधिकार का उल्लंघन नहीं होगा। बशर्ते धर्म, प्रजाति, जाति अथवा वर्ग या इनमें से किसी एक आधार पर भेदभाव न किया जाए, (अनुच्छेद-23)।
- 14 वर्ष की आयु से कम के बच्चों को फैक्ट्री, खान अथवा अन्य खतरनाक कार्यों में नहीं लगाया जाएगा।
- प्रत्येक व्यक्ति को अंत:करण के रूप में धर्म को मानने, आचरण करने व प्रचार का अधिकार होगा, (अनुच्छेद-25)।
- संविधान में धार्मिक गतिविधियों के प्रबंध का अधिकार है, (अनुच्छेद-26)।
- भारत में किसी विशेष धर्म या धार्मिक समुदाय के उत्थान या संरक्षण के लिए किसी व्यक्ति को कर देने के लिए बाध्य नहीं किया जा सकता, (अनुच्छेद-27)।
- शैक्षिक संस्थाओं में धार्मिक शिक्षा और उपासना में सम्मिलित होने की स्वतंत्रता है, (अनुच्छेद-28)।

- नागरिक जो कि भारतीय क्षेत्र या उसके किसी भाग में निवास कर रहा हो, उसे अपनी विशिष्ट भाषा, लिपि अथवा अपनी संस्कृति के संरक्षण का अधिकार होगा, (अनुच्छेद-29(1))।
- किसी भी नागरिक से राज्य द्वारा बनाई गई शैक्षणिक संस्थाओं अथवा राज्य से वित्तीय सहायता प्राप्त शैक्षणिक संस्थाओं में प्रवेश के लिए केवल धर्म, जाति, मूल वंश, भाषा अथवा इनमें से किसी एक आधार पर भेदभाव नहीं होगा, (अनुच्छेद-29(2)।
- शिक्षण संस्थानों की स्थापना और प्रशासन करने का अल्पसंख्यक वर्गों का अधिकार है, (अनुच्छेद-30)।
- उच्चतम न्यायालय के अनुसार, अल्पसंख्यक शैक्षणिक संस्थाओं पर शिक्षा का अधिकार अधिनियम लागू नहीं होता, (अनुच्छेद-30(1)(।))।
- राष्ट्रपति, राज्यों को यह निर्देश दे सकते हैं कि भाषायी अल्पसंख्यक समूह के बच्चों के लिए प्राथमिक स्तर पर मातृभाषा में शिक्षा की सुविधा उपलब्ध कराएं, (अनुच्छेद-350(।))।
- राष्ट्रपति के द्वारा भाषायी अल्पसंख्यकों के लिए एक विशेष अधिकारी की नियुक्ति होगी, (अनुच्छेद-350(ठ))।
- राष्ट्रपति, संविधान के कार्यकरण के 5 वर्षों के पश्चात् एक 'राजभाषा आयोग' का निर्माण करेंगे, (अनुच्छेद-344)।
- भारत के मूल संविधान में अनुच्छेद-31 और अनुच्छेद-19(1)(४) में संपत्ति के अधिकार का उल्लेख था।
- 44वें संविधान संशोधन, 1978 के द्वारा संपत्ति के अधिकार को पूर्णतया भाग-3 से हटाकर अब भाग-12 के अनुच्छेद-300(।) में सम्मिलित किया गया है।
- संवैधानिक उपचारों के अधिकार का वर्णन अनुच्छेद-32 के अंतर्गत किया गया है।
- डॉ. अंबेडकर ने अनुच्छेद-32 को 'संविधान की आत्मा' कहा है।
- अनुच्छेद-32 के अंतर्गत उच्चतम न्यायालय के द्वारा रिट जारी की जाती है, जबकि अनुच्छेद-226 के अंतर्गत् उच्च न्यायालय के द्वारा रिट जारी की जाती है।
- उच्चतम न्यायालय केवल मूल अधिकारों के हनन के संदर्भ में ही रिट जारी कर सकता है, (अनुच्छेद-32)। जबकि उच्च न्यायालय उन मुद्दों पर भी रिट जारी कर सकता है, जो मूल अधिकार के भाग नहीं हैं।
- अनुच्छेद-32 का प्रयोग उच्चतम न्यायालय द्वारा पूरे भारतीय क्षेत्र के लिए किया जा सकता है, जबकि अनुच्छेद-226 के अंतर्गत् उच्च न्यायालय के द्वारा रिट जारी करने की शक्ति केवल उसी भौगोलिक सीमा तक होती है, जहां तक उच्च न्यायालय का क्षेत्राधिकार है।
- संसद को यह अधिकार है कि वह सैन्य बलों और अर्द्ध-सैनिक बलों के सदस्यों के लिए मूल अधिकार को प्रतिबंधित कर सकती है, (अनुच्छेद-33)।
- विधि-निर्माण की यह शक्ति केवल संसद को प्रदान की गई है, विधान सभाओं को नहीं, (अनुच्छेद-33)। इसका मूल उद्देश्य सैन्य बलों एवं अर्द्ध-सैन्य बलों में अनुशासन बनाए रखना है।
- भारत के किसी भी क्षेत्र में यदि सैन्य एक्ट लागू है, तो संसद को यह शक्ति प्राप्त है कि मूल अधिकारों पर प्रतिबंध आरोपित किए जा सकते हैं। संसद, विधि के द्वारा सरकारी कर्मचारियों द्वारा किए गए कार्यों और उनके द्वारा पारित नियमों को वैध ठहरा सकती है, (अनुच्छेद-34)। उदाहरण के लिए, मणिपुर एवं जम्मू व कश्मीर में 'सैन्य बल विशेष शक्ति अधिनियम' लागू है।
- न्यायपालिका के अनुसार, निदेशक तत्त्वों के अनुच्छेद-39(इ)(ब) को लागू करने के लिए मूल अधिकारों के अनुच्छेद-14, 19 एवं 31 का उल्लंघन किया जा सकता है, परंतु न्यायपालिका ने *केशवानंद भारती वाद*, 1973 में आधारभूत ढांचे का सिद्धांत दिया।

अध्याय 6

राज्य के नीति निदेशक तत्त्व
(Directive Principles of State Policy)

● 1. गांधीवादी तत्त्व, ● 2. समाजवादी तत्त्व, ● 3. उदारवादी तत्त्व, ● उदारीकरण के युग में नीति निदेशक तत्त्व, ● न्यायपालिका का दृष्टिकोण, ● निष्कर्ष

भारतीय संविधान सभा द्वारा संविधान निर्माण के लिए अनेक समितियों का गठन किया गया था, उन्हीं में से एक महत्त्वपूर्ण समिति थी-मूल अधिकारों की उपसमिति। जिसे मूल अधिकारों के अध्याय के निर्माण का दायित्व सौंपा गया था, जिसके अध्यक्ष जे.बी. कृपलानी थे। इस समिति के द्वारा मूल अधिकारों के व्यापक दस्तावेज का निर्माण किया गया। स्वतंत्र भारत के समक्ष आर्थिक कठिनाइयां विद्यमान थीं तथा प्रशासन भी पूर्ण रूप में सक्षम नहीं था। इसलिए मूल अधिकारों के भारी-भरकम दस्तावेज को लागू करने में व्यावहारिक कठिनाइयां बनी हुई थीं।

संवैधानिक सलाहकार बी.एन. राव ने सुझाव दिया कि मूल अधिकारों के प्रस्तावित दस्तावेज को **दो भागों में** विभाजित करने की आवश्यकता है-**प्रथम,** वादयोग्य अधिकार एवं **द्वितीय,** अवादयोग्य अधिकार। वादयोग्य अधिकारों को संविधान के भाग-3 में शामिल किया गया, जिसके उल्लंघन के बाद व्यक्ति उच्चतम न्यायालय में जा सकता है। अवादयोग्य अधिकार की रक्षा के लिए व्यक्ति को उच्चतम न्यायालय में प्रवेश का अधिकार नहीं था। इन्हीं अवादयोग्य अधिकारों को ही निदेशक तत्त्वों का नाम दिया गया, जिसका संविधान के भाग-4 में अनुच्छेद-36 से 51 तक वर्णन किया गया है। भारतीय संविधान में नीति निदेशक तत्त्वों को मूलतः **आयरलैंड के संविधान** से लिया गया था, जिसे आयरलैंड ने स्पेन के संविधान से आत्मसात किया था। भारत शासन अधिनियम, 1935 में भी निदेशक तत्त्वों का आधार विद्यमान है, जिसे निर्देशों का प्रपत्र (Instruments of Instruction) कहा जाता था।

उद्देश्य (Objectives)

भारतीय संविधान निर्माताओं का मूल उद्देश्य समाज में विद्यमान विषमता, शोषण, गरीबी और अभाव को दूर करना था, क्योंकि स्वतंत्र भारत में लोगों को स्वतंत्रता और मतदान का अधिकार तो प्राप्त हो गया था, परंतु सामाजिक एवं आर्थिक अधिकार उपलब्ध कराना सरकार के समक्ष मूल चुनौती थी। भारत में सामाजिक एवं आर्थिक लोकतंत्र की स्थापना के लिए निदेशक तत्त्वों के अध्याय को सम्मिलित किया गया। भारतीय संविधान, सामाजिक क्रांति का दस्तावेज है। ग्रेनविल ऑस्टिन के अनुसार, 'निदेशक तत्त्व, सामाजिक क्रांति के उद्देश्यों की प्राप्ति के माध्यम हैं।' इनके अनुसार, निदेशक तत्त्वों के द्वारा संविधान सभा ने भारत की भावी सरकारों को यह उत्तरदायित्व सौंपा है। अनुच्छेद-37 के अनुसार, राज्य का यह दायित्व है कि वह निदेशक तत्त्वों का प्रयोग अपनी नीतियों में करें। निदेशक तत्त्वों के द्वारा भारत में

कल्याणकारी राज्य की नींव रखी गई और वंचित वर्गों के उत्थान के लिए विशेष प्रयत्न किया गया।

प्रकृति (Nature)

निदेशक तत्त्वों का अध्याय अवादयोग्य है। अत: इसे लागू कराने के लिए न्यायपालिका का सहारा नहीं लिया जा सकता। यदि इसे सरकार लागू नहीं कर रही है, तो इसे लागू कराने के लिए कोई भी व्यक्ति न्यायालय में नहीं जा सकता। राज्य के द्वारा निर्मित किसी विधि को इस आधार पर चुनौती नहीं दी जा सकती कि इसके द्वारा निदेशक तत्त्वों का उल्लंघन किया गया है। इसी आधार पर इसकी आलोचना भी होती है और इसे पुण्य आत्माओं की महत्त्वाकांक्षा मात्र कहा गया है। अत: निदेशक तत्त्व की मूल प्रकृति नैतिक है। इसलिए निदेशक तत्त्वों को **नीति निदेशक तत्त्व** कहा जाता है, जो शासन के संचालन के लिए मूलभूत और शासन संचालन के आदर्श हैं। इसी के साथ निदेशक तत्त्वों में अनेक अधिकारों का उल्लेख है, जिसे क्रियान्वित करना राज्य का दायित्व है।

शासन का मूलभूत आधार
(Fundamental of Governance)

निदेशक तत्त्वों के अनुच्छेद-37 में यह उल्लिखित है कि इस भाग में उल्लिखित कोई प्रावधान न्यायपालिका बाध्यकारी रूप में लागू नहीं करा सकती, बल्कि यह शासन का मूलभूत आधार है और राज्य का यह दायित्व है कि विधि-निर्माण करते समय इन सिद्धांतों का प्रयोग करे। निदेशक तत्त्व विधायिका एवं कार्यपालिका के लिए एक निर्देश हैं, जिनके आधार पर समूचा शासन संचालित होगा। यह वैधानिक नहीं, अपितु आदर्शों का समुच्चय है।

कल्याणकारी राज्य (Welfare State)

निदेशक तत्त्व के अनुच्छेद-38 में यह स्पष्ट उल्लिखित है कि राज्य कल्याणकारी होगा, जिसके द्वारा व्यक्तियों और समूहों के बीच आय एवं अवसर की समानता तथा सामाजिक, आर्थिक एवं राजनीतिक न्याय स्थापित किया जाएगा। इसके अतिरिक्त अनुच्छेद-39 में यह उल्लिखित है कि अर्थव्यवस्था का संचालन इस प्रकार होगा, जिससे समुदाय या समाज को लाभ प्राप्त हो तथा आर्थिक शक्तियों का केंद्रीकरण कुछ हाथों में नहीं होने दिया जाएगा।

उपरोक्त आदर्शों को पूर्ण करने के लिए स्वतंत्रता के बाद जमींदारी उन्मूलन व भूमि सुधार के कार्यक्रम लागू किए गए तथा सार्वजनिक उद्यमों की प्राथमिकता की आर्थिक प्रणाली अपनाई गई, जिससे यह स्पष्ट प्रतीत होता है कि संविधान निर्माताओं का झुकाव समाजवादी आर्थिक प्रणाली की ओर था।

यह उल्लेखनीय है कि वर्ष-1991 में भारत में आर्थिक नीति में आमूलकारी निर्णायक परिवर्तन करते हुए उदारीकरण (Liberalisation) की नीति अपनाई गई। परिणामस्वरूप शिक्षा एवं स्वास्थ्य जैसे सामाजिक क्षेत्रों का भी निजीकरण हो गया।

वर्ष-1991 में आर्थिक विकास की साधनों/रणनीति को परिवर्तित किया गया, जिससे देश के आर्थिक संसाधनों में वृद्धि हो सके और सामाजिक न्याय के कार्यक्रमों को प्रभावी रूप में लागू किया जा सकें इसलिए उदारीकरण की नीति और सामाजिक न्याय को विरोधी देखने के बजाए, एक-दूसरे के पूरक के रूप में देखने की आवश्यकता है। क्योंकि उदारीकरण से अर्थव्यवस्था को कुशल एवं प्रतिस्पर्धी बनाए जाने का प्रयत्न किया जा रहा है, जिससे प्राप्त संसाधनों का वितरण वंचित वर्गों के हितों के लिए किया जा सकें इसलिए वर्तमान सरकार के द्वारा सामाजिक उत्थान की अनेक योजनाएं संचालित की जा रही हैं, जिससे आय एवं अवसर की विषमता न्यूनतम हो सकें

समाजवादी राज्य का आधार (Base of Socialist State)

भारत के मूल संविधान में समाजवाद शब्द का उल्लेख नहीं किया गया था, परंतु 42वें संविधान संशोधन, 1976 के बाद समाजवाद शब्द प्रस्तावना में जोड़ दिया गया। निदेशक तत्त्वों के भाग में समाजवादी राज्य का आधार विद्यमान है। अनुच्छेद-38 में यह उल्लिखित है कि एक ऐसी सामाजिक व्यवस्था का निर्माण किया जाएगा, जिसमें सामाजिक, आर्थिक एवं राजनीतिक न्याय विद्यमान हो तथा आय में विद्यमान विषमता को न्यूनतम किया जाएगा। व्यक्तियों और समूहों के बीच सुविधाओं व अवसरों की विषमता को भी समाप्त किया जाएगा, जिसकी पूर्ति के लिए समाजवादी आर्थिक व्यवस्था का प्रावधान किया गया, जिसमें उत्पादन के साधनों पर राज्य का नियंत्रण स्थापित किया गया और सार्वजनिक उद्यमों अथवा सरकारी उद्योगों के माध्यम से सार्वजनिक संपत्ति का लाभ समूचे समाज में वितरित करने का प्रयास किया गया। प्रधानमंत्री

निदेशक तत्त्वों का अन्य वर्गीकरण		
राज्य के आदर्श के रूप में निदेश	**राज्य के नीति-निर्माण के लिए निदेश**	**नागरिकों के ऐसे अधिकार, जो वादयोग्य नहीं हैं**
1. राज्य ऐसी सामाजिक व्यवस्था की स्थापना का प्रयास करेगा, जिसमें सामाजिक, आर्थिक एवं राजनैतिक न्याय प्राप्त हो तथा राज्य इसे बढ़ावा देने का प्रयास करेगा (अनुच्छेद-38 (1)) और विभिन्न समूहों के बीच आय, सुविधाओं और अवसरों की असमानता समाप्त करने का प्रयास करेगा, (अनुच्छेद-38(2))। 2. राज्य के द्वारा काम की न्यायपूर्ण और उचित वातावरण के साथ निर्वाह मजदूरी, अच्छा जीवन स्तर तथा सामाजिक एवं सांस्कृतिक अवसर उपलब्ध कराने का प्रयास किया जाएगा, (अनुच्छेद-42 एवं 43)। 3. राज्य, पौष्टिक आहार और गुणवत्तापूर्ण जीवन स्तर के साथ ही लोक स्वास्थ्य में सुधार करने का प्रयास करेगा, (अनुच्छेद-47)। 4. राज्य अपनी नीति का क्रियान्वयन इस प्रकार करेगा कि जिससे भौतिक संसाधनों पर स्वामित्व और नियंत्रण का बंटवारा उचित तरीके से हो, जिससे सभी समूहों के हितों का सर्वोत्तम रूप से ध्यान रखा जा सके और आर्थिक व्यवस्था के अंतर्गत् धन और उत्पादन के साधनों का जनसाधारण के विरुद्ध संकेंद्रण न हो, (अनुच्छेद-39(ख)(ग))। 5. राज्य, अंतर्राष्ट्रीय शांति एवं सुरक्षा को बढ़ावा देने का प्रयास करेगा, (अनुच्छेद-51)।	1. राज्य कुछ आर्थिक अधिकार लागू करके आर्थिक लोकतंत्र और न्याय की स्थापना का प्रयास करेगा। 2. राज्य भारत के नागरिकों के लिए एकसमान सिविल संहिता को लागू करने का प्रयास करेगा, (अनु.-44)। 3. बच्चों के लिए नि:शुल्क एवं अनिवार्य शिक्षा का प्रबंध करना, (अनुच्छेद-45)। 4. मद्य और मादक पेय पदार्थों को दवाईयों को बनाने के अलावा उपयोग को प्रतिबंधित करना, (अनु.-47)। 5. कुटीर उद्योगों का विकास करना, (अनुच्छेद-43)। 6. कृषि और पशुपालन को आधुनिक प्रणाली के माध्यम से बढ़ावा देना, (अनुच्छेद-48)। 7. गायों, बछड़ों और अन्य दुधारू एवं उपयोगी पशुओं के वध पर प्रतिबंध लगाना, (अनुच्छेद-48)। 8. ग्राम पंचायतों का स्वायत्त शासन की इकाइयों के रूप में गठन करना। 9. कमजोर वर्गों की शिक्षा व्यवस्था, आर्थिक हितों को बढ़ावा देना और सामाजिक अन्याय से सुरक्षा देना, (अनुच्छेद-46)। 10. पर्यावरण के संरक्षण तथा वन्य जीवों की रक्षा के लिए राज्यों द्वारा नीति-निर्माण किया जाना चाहिए, (अनुच्छेद-48(क))। 11. राष्ट्रीय अथवा कलात्मक महत्त्व के स्थानों के संरक्षण और परिरक्षण के लिए कानून बनाना, (अनुच्छेद-49)। 12. कार्यपालिका से न्यायपालिका का पृथक्करण, (अनुच्छेद-50)।	1. जीविका के पर्याप्त साधन का अधिकार, (अनुच्छेद-39(क))। 2. पुरुषों और स्त्रियों दोनों को समान कार्य के लिए समान वेतन का अधिकार, (अनुच्छेद-39(घ))। 3. आर्थिक शोषण के विरुद्ध अधिकार, (अनुच्छेद-39(ङ)(च))। 4. बच्चों और किशोर व्यक्तियों की शोषण से रक्षा और स्वतंत्र गरिमामय वातावरण में स्वस्थ विकास के अवसर को राज्य द्वारा सुनिश्चित करना, (अनुच्छेद-39(च))। 5. समान न्याय और नि:शुल्क विधिक सहायता का स्तर के साथ ही लोक स्वास्थ्य में सुधार करने अधिकार, (अनुच्छेद-39(क))। 6. काम पाने का अधिकार, (अनुच्छेद-41)। 7. बेकारी, बुढ़ापा, बीमारी और अन्य अयोग्यताओं की स्थिति में लोक सहायता पाने का अधिकार, (अनुच्छेद-41)। 8. काम की न्यायपूर्ण और उचित दशा का तथा प्रसूति सहायता का अधिकार, (अनुच्छेद-42)। 9. निर्वाह मजदूरी और कामगारों के लिए अच्छा जीवन स्तर सुनिश्चित करने के लिए काम की दशाओं का अधिकार, (अनुच्छेद-43)। 10. उद्योगों के प्रबंध में कर्मकारों की भागीदारी को सुनिश्चित करना, (अनुच्छेद-43(क))। 11. बच्चों को नि:शुल्क एवं अनिवार्य शिक्षा पाने का अधिकार, (अनुच्छेद-45)।

इंदिरा गांधी के द्वारा 42वें संविधान संशोधन, 1976 के माध्यम से उद्योगों के प्रबंध में श्रमिकों की भागीदारी को सुनिश्चित किया गया, (अनुच्छेद-43(A)) तथा निःशुल्क एवं वैधानिक सहायता का अधिकार भी प्रदान किया गया, जिससे आर्थिक अथवा अन्य अभावों के कारण वे न्याय से वंचित न हों, (अनुच्छेद-39 (A))।

सामाजिक एवं आर्थिक अधिकार

(Social and Economic Rights)

मूल अधिकारों के भाग में नागरिक अधिकारों का उल्लेख किया गया है। परंतु ये नागरिक अधिकार सभी के लिए तभी उपलब्ध होंगे, जबकि समाज में समानता विद्यमान हो। निदेशक तत्त्वों के भाग में कार्य का अधिकार, शिक्षा का अधिकार उल्लिखित है। बेरोजगारी, वृद्धावस्था, बीमारी व अभाव की परिस्थिति में व्यक्तियों को राज्य के द्वारा सहायता प्रदान की जाएगी, (अनुच्छेद-41)। राज्य के द्वारा 6 वर्ष तक के बच्चों के लिए बाल्यावस्था सुविधा एवं शिक्षा उपलब्ध कराई जाएगी, (अनुच्छेद-45)।

अंतर्राष्ट्रीय शांति

निदेशक तत्त्व के अनुच्छेद-51 में यह उल्लिखित है कि राज्य के द्वारा अंतर्राष्ट्रीय शांति एवं सुरक्षा को प्रोत्साहित तथा राष्ट्रों के बीच सम्मानपूर्ण एवं न्यायपूर्ण संबंध का निर्माण किया जाएगा। अंतर्राष्ट्रीय विधि का सम्मान तथा अंतर्राष्ट्रीय विवादों के समाधान के लिए अंतर्राष्ट्रीय विधियों एवं संधियों को बढ़ावा देकर हल करने का प्रयत्न होना चाहिए।

नीति निदेशक तत्त्वों का वर्गीकरण

(Classification of Directive Principles)

नीति निदेशक तत्त्वों के व्यापक रूप को देखते हुए इसे कई भागों में विभाजित किया जा सकता है। कुछ तत्त्व समाजवाद की स्थापना के लिए हैं, जबकि कुछ गांधीवादी विचारों से प्रभावित हैं तथा कई तत्त्व समाज के पिछड़े तथा दलित वर्गों के उत्थान हेतु उल्लिखित किए गए हैं। **नीति निदेशक तत्त्वों को निम्नलिखित भागों में विभाजित किया जा सकता है-**

1. गांधीवादी तत्त्व

महात्मा गांधी, भारतीय राष्ट्रीय आंदोलन के सर्वाधिक प्रभावशाली नेता थे और उनके विचारों का प्रभाव भारत में सभी तत्त्वों पर पड़ा है। निदेशक तत्त्व में गांधीजी के विचार से **प्रभावित तत्त्व इस प्रकार हैं-**

(i) **ग्राम पंचायतों का गठन या स्थानीय स्वशासन (अनुच्छेद-40)-** गांधीजी भारत को गांवों का देश मानते थे और उनका विचार था कि भारत का विकास तभी होगा, जब गांवों का विकास होगा। गांवों के विकास के लिए ग्राम पंचायतों का गठन सबसे क्रांतिकारी पहल है।

(ii) **कुटीर उद्योगों की स्थापना (अनुच्छेद-43)-** गांधीजी बड़े-बड़े उद्योगों के समर्थक नहीं थे। उनका मानना था कि छोटे-छोटे उद्योगों का विकास किया जाना चाहिए, जिससे भारत की वृहद् जनसंख्या को रोजगार में लगाया जा सके, साथ ही कुटीर उद्योगों के द्वारा कृषि को भी सहारा मिलेगा।

(iii) अनुसूचित जाति, जनजाति तथा अन्य दुर्बल वर्गों के शिक्षा और अर्थ संबंधी हितों की अभिवृद्धि करना और सामाजिक अन्याय एवं शोषण से सुरक्षा (अनुच्छेद-46) प्रदान करना।

(iv) मद्य एवं मादक पेय पदार्थों को दवाईयों के बनाने के अलावा उपयोग को प्रतिबंधित करना, (अनुच्छेद-47)।

(v) गायों, बछड़ों एवं अन्य दुधारू पशुओं की हत्या पर प्रतिबंध और पशुओं के नस्ल सुधार का प्रयास करना।

2. समाजवादी तत्त्व

भारतीय संविधान लोकतांत्रिक समाजवाद की ओर झुकाव रखता है। समाजवाद का उद्देश्य सामाजिक एवं आर्थिक न्याय को बढ़ावा देना तथा सभी के हितों की प्राप्ति से संबंधित है। संविधान में वर्णित निदेशक तत्त्व लोक कल्याणकारी राज्य की तरफ इशारा करते हैं, **जो इस प्रकार हैं-**

(i) राज्य लोक कल्याण की वृद्धि के लिए सामाजिक व्यवस्था बनाएगा तथा सामाजिक, राजनीतिक एवं आर्थिक न्याय की प्राप्ति का प्रयास करेगा और समाज में व्याप्त आय व प्रतिष्ठा, सुविधा एवं अवसर की असमानता को समाप्त करेगा, (अनुच्छेद-38)।

(ii) राज्य सभी नागरिकों के जीविका के साधन को

उपलब्ध कराएगा और सामूहिक हित के लिए संपत्ति के केंद्रीकरण को रोकेगा तथा संसाधनों के समान वितरण को राज्य सुनिश्चित करने का प्रयास करेगा एवं स्त्री-पुरुषों में समान कार्य के लिए आय में असमानता को समाप्त करेगा। मजदूरों तथा कर्मकारों के स्वास्थ्य की देख-रेख के साथ-साथ बच्चों के सुकुमार अवस्था के दुरुपयोग को भी रोकने का प्रयास राज्य द्वारा किया जाना चाहिए, (अनुच्छेद-39)।

(iii) राज्य सभी लोगों को समान न्याय एवं निःशुल्क विधिक सहायता प्रदान करेगा, (अनुच्छेद-39(क))।

(iv) राज्य द्वारा बेकारी, बुढ़ापा, बीमारी एवं निःसहायवस्था एवं प्रसूति में लोगों को सहायता उपलब्ध करवाई जाएगी, (अनुच्छेद-41)।

(v) सभी कर्मकारों को निर्वाह मजदूरी, उचित जीवन स्तर व सामाजिक एवं सांस्कृतिक सुविधाएं भी राज्य उपलब्ध कराएगा, (अनुच्छेद-43)।

(vi) उद्योगों के प्रबंध में कर्मकारों की भागीदारी को बढ़ाने का प्रयास राज्य द्वारा किया जाएगा, (अनुच्छेद-43(क))।

(vii) राज्य, पोषाहार स्तर और जीवन स्तर को ऊंचा करने तथा लोक स्वास्थ्य में सुधार करने का प्रयास करेगा, (अनुच्छेद-47)।

3. उदारवादी तत्त्व

इस वर्ग में उदारवाद से संबद्ध सिद्धांतों का समावेश किया गया है, **जो निम्नलिखित हैं-**

(i) भारत में सभी नागरिकों के लिए समान सिविल संहिता का विकास, (अनुच्छेद-44)।

(ii) राज्य सभी बच्चों को 6 वर्ष की उम्र तक देख-रेख एवं निःशुल्क व अनिवार्य शिक्षा की व्यवस्था करेगा, (अनुच्छेद-45)।

(iii) कृषि व पशुपालन में वैज्ञानिक विधि के विकास को राज्य द्वारा बढ़ावा दिया जाना चाहिए, (अनुच्छेद-48)।

(iv) पर्यावरण का संरक्षण तथा संवर्द्धन और वन व वन्य जीवन की रक्षा का प्रबंध करना, (अनुच्छेद-48(क))।

(v) राज्य की लोक सेवाओं में न्यायपालिका व कार्यपालिका में पृथक्करण का प्रयास करना, (अनुच्छेद-50)।

(vi) अंतर्राष्ट्रीय शांति एवं सुरक्षा में वृद्धि के साथ-साथ राष्ट्रों के बीच न्यायपूर्ण व सम्मानजनक संबंधों को बनाए रखना तथा अंतर्राष्ट्रीय विधियों का पालन करना, (अनुच्छेद-51)।

भाग-4 के अलावा उल्लिखित नीति निदेशक तत्त्व

नीति निदेशक तत्त्व भारतीय संविधान में केवल भाग-4 में ही वर्णित नहीं हैं, बल्कि अन्य भागों में भी इसका वर्णन है। जैसा कि अनुच्छेद-350(क) में वर्णित है कि प्रत्येक राज्य और राज्य के अंदर स्थानीय प्राधिकारी का यह कर्त्तव्य है कि भाषायी अल्पसंख्यक वर्गों के बच्चों को शिक्षा के प्राथमिक स्तर पर मातृभाषा में शिक्षा की पर्याप्त व्यवस्था करे। इसी के साथ संघ का यह कर्त्तव्य है कि वह हिंदी भाषा का प्रचार-प्रसार बढ़ाए तथा उसका विकास करे, जिससे वह भारत की सामाजिक एवं सांस्कृतिक तत्त्वों की अभिव्यक्ति का माध्यम बन सके, (अनुच्छेद-351)। संघ और राज्यों के क्रियाकलाप से संबंधित सेवाओं और पदों से संबंधित नियुक्तियां करने में अनुसूचित जातियों एवं जनजातियों के सदस्यों के दावों का प्रशासन की दक्षता बनाए रखने की संगति के अनुसार ध्यान रखा जाएगा, (अनुच्छेद-335)।

नीति निदेशक तत्त्वों को लागू करना

(i) वर्तमान में बिहार की नीतीश कुमार सरकार द्वारा शराब की बिक्री को पूर्णतः प्रतिबंधित करने के लिए विधि का निर्माण किया गया। नीति निदेशक तत्त्वों में यह उल्लिखित है कि दवाईयों के अलावा मद्यपान को प्रतिबंधित किया जाएगा। इसके अतिरिक्त अनेक राज्यों के द्वारा गायों के वध को एक दंडनीय अपराध घोषित कर दिया गया है, जिससे यह प्रतीत होता है कि सरकार नीति निदेशक तत्त्व को लागू करने के लिए निरंतर प्रयत्नशील है। सरकार द्वारा गंगा को स्वच्छ बनाने के लिए अनेक उपाय किए जा रहे हैं तथा जल संरक्षण के माध्यम से पर्यावरणीय संरक्षण पर भी बल दिया जा रहा है।

(ii) पहले संविधान संशोधन के द्वारा ही निदेशक तत्त्वों को प्रभावी रूप में लागू करने का प्रयास किया गया। संविधान में अनुच्छेद-15(4) को जोड़ते हुए संसद के द्वारा यह प्रावधान किया गया कि सामाजिक एवं

शैक्षणिक रूप से पिछड़े लोगों, अनुसूचित जाति एवं जनजातियों या इनसे संबंधित किसी वर्ग के लिए राज्य द्वारा विशेष प्रबंध किया जाएगा। अत: इस संशोधन के द्वारा अनुच्छेद-46 को व्यावहारिक रूप में लागू करने का प्रयास किया गया, जिसमें यह उल्लिखित है कि दुर्बल वर्गों की शिक्षा और अर्थ संबंधी हितों की अभिवृद्धि के लिए और उनकी सामाजिक अन्याय से सुरक्षा के उपाय किए जाएंगे। पहले संविधान संशोधन से ही संपत्ति के अधिकार को सीमित करने के प्रयास किए गए तथा भूमि सुधार और जमींदारी उन्मूलन से संबंधित विधियों का निर्माण किया गया।

(iii) 25वें संविधान संशोधन, 1971 द्वारा अनुच्छेद-31(c) को जोड़कर यह प्रावधान किया गया कि अनुच्छेद-39 (b)(c) से संबंधित प्रावधान लागू करने के लिए मूल अधिकारों में वर्णित अनुच्छेद-14, 19 और 31 का उल्लंघन किया जा सकता है। अत: अनुच्छेद-39(b) व (c) के बारे में अत्यधिक प्रगति हुई है, साथ ही भारत जैसे कृषि प्रधान देश में जहां मुख्य संपदा कृषि योग्य भूमि है। इसलिए जमीन संबंधी सुधार को लगभग पूरे देश में लागू किया जा चुका है।

(iv) वर्ष-1970 के दशक में निदेशक तत्त्वों को लागू करने के लिए इंदिरा गांधी सरकार ने तीव्र पहल की एवं अनेक उद्योगों का राष्ट्रीयकरण किया गया, जिसमें बैंकों का राष्ट्रीयकरण (1969) भी सम्मिलित है। प्रीवी पर्स (Privy Purse) को भी समाप्त किया गया तथा 42वें संविधान संशोधन, 1976 के द्वारा स्पष्ट रूप में **समाजवादी** शब्द का प्रयोग किया गया। अत: जेनिंग्स की यह मान्यता अतार्किक प्रतीत होती है, जिसमें उन्होंने भारत को ऐसा फेबियन समाजवादी देश कहा, जिसमें समाजवाद अनुपस्थित है। नीति निदेशक तत्त्वों का महत्त्व इस बात से भी प्रमाणित होता है कि 42वें संविधान संशोधन में नए नीति निदेशक तत्त्वों को जोड़ा गया, जिसमें राज्य पर यह कर्त्तव्य डाला गया कि वह नि:शुल्क विधिक सहायता उपलब्ध कराएगा, (अनुच्छेद-39(a)। राज्य उद्योगों व अन्य उपक्रमों में कामगारों की प्रबंध में भागीदारी सुनिश्चित करेगा। यह आर्थिक न्याय की दिशा में एक महत्त्वपूर्ण कदम था, (अनुच्छेद-43(a))। इसी के साथ पर्यावरण का संरक्षण और वन्य जीवों की रक्षा करना (अनुच्छेद-48(a)) एक नया निदेशक तत्त्व जोड़ा गया।

(v) जनता पार्टी सरकार ने भी नीति निदेशक तत्त्वों को प्रभावी रूप में लागू करने के लिए प्रतिष्ठा, सुविधाओं और अवसरों की समानता देने का प्रयास किया। संपत्ति के मौलिक अधिकार को 44वें संविधान संशोधन, 1978 द्वारा भाग-3 से हटा दिया गया, जिससे नीति निदेशक तत्त्वों को लागू करने में भविष्य में कोई बाधा उत्पन्न न हो, क्योंकि संपत्ति के अधिकार को लेकर अनेक विवाद हुए थे।

(vi) 73वां एवं 74वां संविधान संशोधन अधिनियम, 1993 अनुच्छेद-40 में वर्णित नीति निदेशक तत्त्वों को स्पष्ट रूप में लागू करता है। संप्रति पंचायती राज के रूप में न केवल विकेंद्रित शासन के रूप में लोकतंत्र की स्थापना हुई, अपितु सामाजिक न्याय और महिला सशक्तिकरण के प्रबंध भी किए गए हैं। अत: भारत में संघवाद का यह तीसरा प्रभावी स्तर व्यवहार में प्रयुक्त हुआ है। नीति निदेशक तत्त्वों को लागू करने के लिए उनकी संस्थाओं का निर्माण किया गया है। कुटीर उद्योगों के विकास के लिए अखिल भारतीय खादी ग्रामोद्योग बोर्ड, अखिल भारतीय हस्तशिल्प बोर्ड एवं लघु उद्योग निगम की स्थापना की जा चुकी है। इसी के साथ जनजाति के पृथक् आयोग का निर्माण, महिला आयोग, पिछड़ा वर्ग आयोग और बच्चों के लिए भी राष्ट्रीय आयोग की स्थापना इत्यादि इस बिंदु के पर्याप्त प्रमाण हैं कि नीति निदेशक तत्त्व कोरे आदर्श नहीं हैं।

(vii) जीवन के स्तर को ऊंचा करने के लिए विशेष रूप से भारत में ग्रामीण जनता के उत्थान के लिए वर्ष-1952 में ही सामुदायिक विकास की योजना आरंभ हुई। संप्रति प्रधानमंत्री आवास योजना, ग्रामीण स्वर्ण जयंती रोजगार योजना के माध्यम से सरकार न केवल पिछड़े वर्गों को रोजगार प्रदान कर रही है, अपितु उन्हें आवास की सुविधा भी प्रदान की जा रही है। वर्ष-1973 में अनुच्छेद-50 को लागू करते हुए कार्यपालिका और न्यायपालिका के बीच पूर्ण पृथक्करण किया जा चुका है।

(viii) 86वें संविधान संशोधन, 2002 द्वारा अनुच्छेद-45 की विषयवस्तु को बदलते हुए अनुच्छेद-21(क) के अंतर्गत् प्राथमिक शिक्षा को मूल अधिकार बनाया गया।

नीति निदेशक तत्त्वों की आलोचना

आलोचकों के अनुसार, नीति निदेशक तत्त्व पुण्य आत्माओं की महत्त्वाकांक्षा मात्र और नैतिक प्रवचन मात्र हैं, क्योंकि इन्हें लागू कराने के लिए न्यायपालिका का सहारा नहीं लिया जा सकता। यह पवित्र भावनाओं का कूड़ेदान मात्र है। आलोचकों ने तो यहां तक कहा कि यह गांधीजी को दी गई अंतिम श्रद्धांजलि है, क्योंकि नीति निदेशक तत्त्वों में गाय और दुधारू पशुओं के संरक्षण का प्रावधान है। इसलिए नीति निदेशक तत्त्वों के कई भाग मूल अधिकारों से सीधे टकराते थे। नीति निदेशक तत्त्वों के अंतर्गत् सरकार को यह दायित्व दिया गया है कि संपत्ति का केंद्रीकरण नहीं होना चाहिए। इसका क्रियान्वयन सरकार के हाथों में है। इसलिए यह एक ऐसा चेक है, जिसका भुगतान बैंक की इच्छा पर निर्भर है।

नीति निदेशक तत्त्वों का महत्त्व

ज्यादातर आलोचकों ने नीति निदेशक तत्त्वों की आलोचना इस आधार पर की है कि नीति निदेशक तत्त्व अवादयोग्य हैं। डॉ. अंबेडकर ने इस आलोचना का जवाब देते हुए कहा कि 'लोकतंत्र में कोई भी निर्वाचित सरकार जनमत की अवहेलना नहीं करेगी। इसलिए निदेशक तत्त्वों का क्रियान्वयन प्रत्येक सरकार का उद्देश्य होगा और यदि सरकार इसका क्रियान्वयन नहीं करेगी, तो उसे चुनाव में हारने का खतरा बना रहेगा।' नीति निदेशक तत्त्व संविधान में समाजवाद के बीज हैं। उच्चतम न्यायालय ने *मिनर्वा मिल्स वाद* में यह स्पष्ट कह दिया कि मूल अधिकार और नीति निदेशक तत्त्व के बीच सामंजस्यपूर्ण संबंध हैं। वर्तमान में उच्चतम न्यायालय के द्वारा जनहित याचिकाओं के अंतर्गत् जीवन के अधिकार की विस्तृत व्याख्या की गई है और जीवन के अधिकार में आजीविका, शिक्षा, शुद्ध पर्यावरण के अधिकार को भी शामिल कर लिया गया है, जो पहले ही नीति निदेशक तत्त्वों में वर्णित हैं। न्यायपालिका के अनुसार, संविधान एक आंगिक दस्तावेज है। इसलिए मूल अधिकार और नीति निदेशक तत्त्व एक-दूसरे के पूरक हैं। विगत् 69 वर्षों के भारतीय लोकतंत्र में नीति निदेशक तत्त्वों को प्रभावी रूप में क्रियान्वित करने का प्रयत्न किया गया है, जिससे यह प्रतीत होता है कि नीति निदेशक तत्त्व मात्र कोरे आदर्श नहीं हैं।

मूल अधिकारों और नीति निदेशक तत्त्वों के मध्य संबंध

- मूल अधिकार वादयोग्य हैं, जबकि नीति निदेशक तत्त्व अवादयोग्य हैं।
- मूल अधिकारों का लक्ष्य राजनीतिक लोकतंत्र की स्थापना करना है, जबकि नीति निदेशक तत्त्वों का लक्ष्य सामाजिक एवं आर्थिक लोकतंत्र की स्थापना करना है।
- मूल अधिकार सामान्यत: नकारात्मक है, क्योंकि वे सरकार पर कुछ प्रतिबंध आरोपित करते हैं। मूल अधिकार राज्य और सरकार के विरुद्ध प्राप्त होते हैं। राज्य और सरकार द्वारा उनका उल्लंघन नहीं किया जा सकता, जबकि निदेशक तत्त्व सकारात्मक है, क्योंकि वे राज्य और सरकार को किन्हीं लक्ष्यों की प्राप्ति के लिए प्रेरित करते हैं।
- मूल अधिकारों को स्थगित किया जा सकता है, जबकि नीति निदेशक तत्त्वों को तब तक लागू न किया जाए, जब तक वे स्थगित रहते हैं।
- मूल अधिकार सापेक्ष है, क्योंकि मूल अधिकारों पर संविधान में प्रतिबंध भी आरोपित हैं, जबकि नीति निदेशक तत्त्वों पर कोई प्रतिबंध आरोपित नहीं है। यदि सरकार वित्तीय और प्रशासनिक रूप में सक्षम है, तो उन्हें प्रभावी रूप में लागू किया जा सकता है।

उदारीकरण के युग में नीति निदेशक तत्त्व

भारतीय संविधान के निर्माण के दौरान भारतीय अर्थव्यवस्था में समाजवाद को प्राथमिकता प्रदान की गई थी। सरकार के द्वारा महत्त्वपूर्ण उद्योगों का संचालन किया जाता था तथा निजी उद्योगों की भूमिका सीमित थी। कल्याणकारी राज्य में उद्योगों पर नियंत्रण स्थापित करके सरकार के द्वारा समानता स्थापित करने और नीति निदेशक तत्त्वों को साकार करने का प्रयत्न किया गया। परंतु वर्ष-1991 में भारतीय अर्थव्यवस्था में निर्णायक परिवर्तन हुआ तथा

उदारीकरण एवं निजीकरण (Privatisation) की आर्थिक नीति अपनाई गई। सरकार ने निजी क्षेत्रों को प्रोत्साहन दिया तथा सरकार के द्वारा संचालित उद्योगों को भी निजी क्षेत्रों को सौंप दिया गया। आलोचकों के अनुसार, निजीकरण की आर्थिक प्रणाली नीति निदेशक तत्त्वों के आदर्शों के विपरीत है, क्योंकि निजीकरण में अर्थव्यवस्था का केंद्रीकरण हो रहा है। जबकि नीति निदेशक तत्त्वों में यह स्पष्ट उल्लिखित है कि आर्थिक गतिविधियों का संचालन समाज के हित में होगा। निःशुल्क वैधानिक सहायता का अधिकार तथा श्रमिकों के प्रबंध में भागीदारी का अधिकार भी नीति निदेशक तत्त्वों में वर्णित समाजवादी प्रावधान हैं। जबकि वर्तमान में न्याय प्रणाली अत्यधिक महंगी हो चुकी है तथा निजीकरण के युग में श्रमिकों को मनमाने रूप में कारखाने से निकाला जा सकता है। सरकार श्रमिक सुधारों के अंतर्गत् श्रमिकों के अधिकारों की कटौती कर रही है, जिससे यह प्रतीत होता है कि समाजवाद का आधार समाप्त हो रहा है।

उदारीकरण को नीति निदेशक तत्त्वों के प्रतिकूल मानना पूर्णतः तार्किक नहीं है, क्योंकि उदारीकरण के द्वारा केवल आर्थिक विकास की रणनीति को परिवर्तित किया गया है, जिससे भारत की आर्थिक स्थिति सुदृढ़ हो सकें यह भी उल्लेखनीय है कि वर्ष-1990 के बाद समूचे विश्व में उदारीकरण और निजीकरण का प्रभाव बढ़ा है। इसलिए भारत विश्व से अलग-थलग नहीं रह सकता। वर्तमान में उदारीकरण के युग में सरकार के द्वारा मनरेगा (MGNREGA), खाद्य सुरक्षा और शिक्षा अधिकार अधिनियम जैसी महत्त्वपूर्ण योजनाओं की शुरूआत की गई है, जिससे सामाजिक न्याय को साकार किया जा सकें इसलिए उदारीकरण से सरकार का साधन परिवर्तित हुआ है, उद्देश्य नहीं बदला है।

न्यायपालिका का दृष्टिकोण

मूल अधिकारों और नीति निदेशक तत्त्वों में पहला संघर्ष **'चंपकम दोरईराजन वाद'** (उच्चतम न्यायालय ने मूल अधिकारों को प्राथमिकता दी) में देखा गया, जिसमें मद्रास सरकार के द्वारा जाति के आधार पर सीटों का आरक्षण किया गया। सरकार ने सीटों का यह आरक्षण नीति निदेशक तत्त्व में वर्णित अनुच्छेद-46 को लागू करने के लिए किया, लेकिन मद्रास सरकार के इस अधिनियम को न्यायपालिका में चुनौती दी गई और आवेदनकर्ता ने तर्क दिया कि मद्रास सरकार द्वारा दिया गया आरक्षण मूल अधिकारों का विरोधी है, क्योंकि मूल अधिकारों के अनुच्छेद-29(2) में स्पष्ट प्रावधान है कि राज्य द्वारा वित्त प्राप्त शैक्षणिक संस्थानों में जाति, धर्म, मूल वंश एवं भाषा के आधार पर विभेद नहीं किया जाएगा। न्यायपालिका ने इस निर्णय में मद्रास सरकार की विधि को अवैध घोषित करते हुए मूल अधिकारों को प्राथमिकता प्रदान की। वस्तुतः तकनीकी रूप में या वैधानिक रूप में संविधान में मूल अधिकार प्राथमिक हैं। नीति निदेशक तत्त्वों का महत्त्व भारत जैसे कल्याणकारी राज्य के लिए निर्विवाद था। संविधान निर्माताओं के दृष्टिकोण से इनमें किसी विरोध की कल्पना नहीं की जा सकती। इसके बावजूद प्रथम दृष्टया यह प्रतीत होता है कि संविधान में वर्णित कुछ मूल अधिकारों और नीति निदेशक तत्त्वों के मध्य संबंध विरोधाभासी हैं। उदाहरण के लिए, एक ओर अनुच्छेद-31 व 19(1) में प्रत्येक व्यक्ति को संपत्ति को धारण, अर्जन व व्यय करने का अधिकार दिया गया है, जबकि दूसरी ओर, नीति निदेशक तत्त्वों के अनुच्छेद-39(b)(c) में यह स्पष्ट रूप में वर्णित है कि राज्य का यह दायित्व है कि संपत्ति का केंद्रीकरण कुछ हाथों में न सिमटे। ये दोनों बिंदु परस्पर विरोधी प्रतीत होते हैं।

राज्य द्वारा अपनी नीतियों के निर्माण में नीति निदेशक तत्त्वों का प्रयोग किया जाएगा, (अनुच्छेद-37)। नीति निदेशक तत्त्वों के अंतर्गत् राज्य को जो दायित्व सौंपे गए हैं, उसमें राज्यों ने न केवल विधियों का निर्माण किया, अपितु संविधान संशोधन भी किए। यहां यह उल्लेखनीय है कि जब संविधान संशोधन के द्वारा मूल अधिकारों को छीना गया, तो न्यायपालिका ने उस पर आपत्ति नहीं की। इससे यह प्रतीत होता है कि न्यायपालिका का यह दृष्टिकोण नीति निदेशक तत्त्वों का विरोधी नहीं, अपितु संवैधानिक रूप में उसने उन विधियों को अवैध माना, जिसमें सामान्य विधि के द्वारा मूल अधिकारों की अवहेलना की गई।

1. गोलकनाथ बनाम पंजाब राज्य वाद (1967)

हेनरी और विलियम गोलकनाथ पंजाब प्रांत के जालंधर के निवासी थे। पंजाब प्रांत पंजाब राज्य के द्वारा भूमि सुधार के अंतर्गत गोलकनाथ की 500 हेक्टेयर जमीन पर

नियंत्रण कर लिया। पंजाब के इस भूमि सुधार अधिनियम को 17वें संविधान संशोधन के द्वारा नौंवी अनुसूची में शामिल कर दिया गया। गोलकनाथ ने उच्चतम न्यायालय में इसे चुनौती देते हुए कहा कि यह प्रावधान संविधान के भाग-3 के मूल अधिकारों के भाग विधि के समक्ष समानता एवं संपत्ति के अधिकार का विरोधी है।

नीति निदेशक तत्त्वों और मूल अधिकारों का यह विरोध गोलकनाथ वाद में स्पष्ट रूप में सामने आया। इसमें न्यायपालिका का दृष्टिकोण निश्चित रूप में अभूतपूर्व एवं अप्रत्याशित था, क्योंकि इसमें न्यायपालिका ने मूल अधिकारों को एक विशेष, सर्वोच्च एवं पवित्र स्थान प्रदान किया, अर्थात् मूल अधिकारों में संशोधन नहीं किया जा सकता, लेकिन सरकार ने इस वाद के विरुद्ध संविधान संशोधन किया। 25वें संविधान संशोधन, 1971 में यह स्पष्ट रूप में वर्णित है कि नीति निदेशक तत्त्वों में वर्णित अनुच्छेद-39(b) व (c) मौलिक अधिकारों में वर्णित अनुच्छेद-14, 19 व 31 से प्राथमिक हैं। सरकार के द्वारा पहली बार दो नीति निदेशक तत्त्वों को तीन मौलिक अधिकारों के ऊपर प्राथमिकता दी गई। अतः अनुच्छेद-39(b)(c) नामक नीति निदेशक तत्त्व को लागू करने के लिए मूल अधिकारों के अनुच्छेद-14, 19 और 31 का उल्लंघन किया जा सकता है।

2. केशवानंद भारती बनाम केरल राज्य वाद (1973)

केशवानंद भारती केरल प्रांत के कासरगोड़ जनपद के एक हिंदू मठ के मुखिया थे। केरल राज्य के द्वारा भूमि सुधार अधिनियम के अंतर्गत केशवानंद भारती के मठ की भूमि अधिग्रहित कर ली गई, जिसके विरुद्ध केशवानंद ने उच्चतम न्यायालय में याचिका दायर करते हुए कहा कि केरल राज्य द्वारा निर्मित विधि धार्मिक अधिकारों के विरुद्ध है, क्योंकि अनुच्छेद-26 में धार्मिक संस्थाओं को संपत्ति के अर्जन एवं खर्च का अधिकार दिया गया है। केरल राज्य के भूमि सुधार अधिनियम को नौंवी अनुसूची में 29वें संविधान संशोधन के द्वारा शामिल किया गया। *गोलकनाथ वाद* में उच्चतम न्यायालय के द्वारा दिए गए निर्णय को परिवर्तित करने के लिए इंदिरा गांधी सरकार के द्वारा 24वां एवं 25वां संविधान संशोधन किया तथा 26वे संविधान संशोधन के द्वारा प्रिवी पर्स समाप्त कर दिया गया। इंदिरा गांधी ने इन संशोधनों के द्वारा स्वयं को समाजवादी नेता के रूप में स्थापित करने का प्रयास किया। इस सभी विषयों को *केशवानंद भारती वाद* में चुनौती दी गई। इस वाद में उच्चतम न्यायालय में 24वें , 25वें, 26वें एवं 29वें संविधान संशोधन को चुनौती दी गई।

न्यायपालिका ने 25वें संविधान संशोधन, 1971 को वैध माना, जिसमें नीति निदेशक तत्त्व को मूल अधिकारों पर प्राथमिकता प्रदान की गई। यह नीति निदेशक तत्त्वों का स्पष्ट महत्त्व है कि अनुच्छेद-39(b) व (c) को लागू करने के लिए अनुच्छेद-14, 19 और 31 का उल्लंघन किया जा सकता है। न्यायपालिका ने पहली बार मूल अधिकारों पर नीति निदेशक तत्त्वों को प्राथमिकता प्रदान की। इस वाद में न्यायपालिका ने मूल अधिकारों और नीति निदेशक तत्त्वों के मध्य सामंजस्यपूर्ण संबंध या समन्वयकारी संबंध स्थापित किया। *केशवानंद भारती वाद* के निर्णय में न्यायपालिका का यह दृष्टिकोण देखा जा सकता है।

3. मिनर्वा मिल्स बनाम भारत संघवाद (1980)

कर्नाटक राज्य में स्थित एक निजी टैक्सटाइल कंपनी का नाम मिनर्वा मिल्स था, जिसे वर्ष-1974 में राष्ट्रीयकरण के नाम पर भारत सरकार ने अपना नियंत्रण स्थापित कर लिया। 39वें संविधान संशोधन के द्वारा वर्ष-1975 में संसद द्वारा निर्मित राष्ट्रीयकरण अधिनियम को संविधान संशोधन द्वारा नवीं अनुसूची में शामिल कर दिया गया और 42वें संविधान संशोधन द्वारा यह प्रावधान किया गया कि संसद संविधान के किसी भी भाग में संशोधन कर सकती है, जिसका न्यायिक पुनरावलोकन नहीं होगा, जिसे उच्चतम न्यायालय में चुनौती दी गई।

इसके अतिरिक्त इंदिरा गांधी सरकार के द्वारा 42वां संविधान संशोधन, 1976 द्वारा नीति निदेशक तत्त्वों को मूल अधिकारों से प्राथमिकता प्रदान की गई तथा संशोधन में यह कहा गया कि नीति निदेशक तत्त्वों के सभी अनुच्छेदों (अनुच्छेद-36 से 51) को लागू करने के लिए भाग-3 में वर्णित अनुच्छेद-14, 19, 31 द्वारा प्राप्त मूल अधिकारों का उल्लंघन किया जा सकता है। इससे नीति निदेशक तत्त्वों को मूल अधिकारों की तुलना में अत्यधिक वरीयता प्रदान की गई। इस संशोधन को *मिनर्वा मिल्स वाद* में उच्चतम न्यायालय में चुनौती दी गई। परिणामस्वरूप न्यायपालिका

ने 42वें संशोधन के इस भाग को रद्द कर दिया और यह कहा कि अनुच्छेद-39(b) व (c), अनुच्छेद-14 और 19 से प्राथमिक होंगे। अन्य नीति निदेशक तत्त्वों और मूल अधिकारों के मध्य संबंध समन्वयपूर्ण और सामंजस्यकारी होंगे। न्यायपालिका ने *केशवानंद भारती वाद* की स्थिति को पुनः बहाल कर दिया। यह उल्लेखनीय है कि वर्ष-1978 में संपत्ति के अधिकार (अनुच्छेद-31) एवं (अनुच्छेद-19 (1)(f)) को मूल अधिकारों के भाग से हटा दिया गया है। इसलिए दोनों के मध्य विरोध या प्राथमिकता का प्रश्न ही नहीं है, अपितु दोनों एक ही सिक्के के दो पहलू हैं। संप्रति जनहित याचिका (PIL) के युग में न्यायपालिका द्वारा जिस प्रकार मूल अधिकारों की व्याख्या विस्तृत रूप में की जा रही है, उससे यह स्पष्ट है कि न्यायपालिका की प्रतिबद्धता भी सामाजिक न्याय के प्रति है।

समान नागरिक संहिता (Uniform Civil Code)

वर्तमान में हिंदुओं के लिए हिंदू विवाह अधिनियम, 1955 लागू है, जबकि मुसलमानों के लिए वर्ष-1937 में मुस्लिम पर्सनल लॉ का निर्माण किया गया। जिसके अनुसार, मुसलमानों के विवाह उत्तराधिकार के विषयों का निर्धारण करते हैं। भारत में आपराधिक क्षेत्र में सभी नागरिकों के लिए एकसमान विधि का निर्माण किया गया है, परंतु विवाह, संपत्ति और उत्तराधिकार के संबंध में अलग-अलग धर्मावलंबियों के लिए पृथक्-पृथक् विधि का निर्माण किया गया है। हिंदू धर्म के अनुयायियों के लिए विवाह और उत्तराधिकार की अलग विधियां हैं, जो सिक्ख धर्म, जैन धर्म तथा बौद्ध धर्म के अनुयायियों के लिए समान रूप में लागू होती हैं। ईसाईयों के लिए विवाह और उत्तराधिकार के अलग नियम हैं, मुसलमानों के लिए भी विवाह और उत्तराधिकार के अपने नियम हैं, जिसके अनुसार कोई मुस्लिम व्यक्ति चार महिलाओं के साथ विवाह कर सकता है। मुस्लिम पर्सनल लॉ के अनुसार, तलाक दी गई महिलाओं को पति से गुजारा भत्ता प्राप्त करने का अधिकार नहीं है। इन अलग-अलग विधियों को समाप्त करके सभी भारतीय नागरिकों के लिए एकसमान विधि होनी चाहिए, जिसमें विवाह, उत्तराधिकार एवं तलाक के प्रावधान नियंत्रित हों। संविधान सभा में समान नागरिक संहिता के मुद्दे पर सहमति के अभाव के कारण इसे संविधान के भाग-4 के अनुच्छेद-44 में शामिल किया गया है। नीति निदेशक तत्त्वों में शामिल होने के कारण इसे लागू करने के लिए न्यायपालिका के समक्ष याचिका दायर नहीं की जाएगी।

न्यायपालिका का निर्णय

शाहबानो नामक मुस्लिम महिला को उसके पति के द्वारा तलाक दे दिया गया था, परिणामस्वरूप शाहबानो ने मध्य प्रदेश उच्च न्यायालय में अपने पति से गुजारा भत्ता देने के लिए याचिका दायर की। पति के अनुसार, मुस्लिम पर्सनल लॉ के अनुसार पत्नी को गुजारा भत्ता देने का प्रावधान नहीं है, परंतु आपराधिक प्रक्रिया संहिता में महिलाओं को गुजारा भत्ता प्राप्त करने का अधिकार है। मध्य प्रदेश उच्च न्यायालय ने शाहबानो के पति को शाहबानो को गुजारा भत्ता देने का निर्देश दिया। न्यायालय के अनुसार, आपराधिक प्रक्रिया संहिता पर्सनल लॉ से ज्यादा महत्त्वपूर्ण है, क्योंकि यह मामला महिला के अधिकार से संबंधित है, जिसे धर्म से जोड़कर देखना तार्किक नहीं है। अपील में उच्चतम न्यायालय ने मध्य प्रदेश उच्च न्यायालय के निर्णय को वैधानिक माना। उच्चतम न्यायालय ने शाहबानो वाद, 1986 में सरकार को यह स्पष्ट निर्देश दिया था कि भारत में एकसमान नागरिक संहिता का निर्माण होना आवश्यक है, परंतु उच्चतम न्यायालय का निर्णय लागू नहीं हो सका, क्योंकि राजीव गांधी सरकार के द्वारा आपराधिक प्रक्रिया संहिता में संशोधन कर दिया गया। जिसके अनुसार, मुस्लिम महिलाएं तलाक के बाद अपने पति से गुजारा भत्ता की मांग नहीं कर सकतीं। आलोचकों के अनुसार, यह तुष्टीकरण की नीति है। उच्चतम न्यायालय ने हाल के निर्णय में यह भी कहा कि विवाह का मामला अंतःकरण की स्वतंत्रता से बिल्कुल संबंधित नहीं है। इसलिए इसको नियंत्रित किया जा सकता है। उच्चतम न्यायालय ने यह भी स्पष्ट कर दिया कि दूसरे विवाह के लिए धर्मांतरण करना असंवैधानिक है। न्यायपालिका के अनुसार, यह धार्मिक विषय पर आधारित नहीं, बल्कि महिलाओं के उत्थान से जुड़ा हुआ विषय है। उच्चतम न्यायालय के हाल के निर्णय में यह कहा जा चुका है कि बहुपत्नी प्रथा और तीन बार तलाक कहने का प्रावधान इस्लाम धर्म का मूल भाग नहीं है, बल्कि यह महिलाओं से जुड़ा हुआ एक सामाजिक मुद्दा है। इसलिए समान नागरिक संहिता के निर्माण का मार्ग प्रशस्त होता जा रहा है। वर्तमान में भी समान नागरिक संहिता को लागू करने की लगातार मांग

की जा रही है। इससे संबंधित अनेक मुद्दे निम्नलिखित हैं-

(i) **पंथनिरपेक्ष राज्य**

पंथनिरपेक्षता, संविधान का आधारभूत ढांचा है और पंथनिरपेक्ष देश में धार्मिक आधार पर विधियों का निर्माण अतार्किक प्रतीत होता है। पंथनिरपेक्ष देश में मानव निर्मित विधियां प्राथमिक होनी चाहिए। उच्चतम न्यायालय ने शाहबानो वाद में यह स्पष्ट कर दिया कि दंड प्रक्रिया संहिता (Criminal Procedure Code) तथा शरीयत एक्ट में विरोध की स्थिति में दंड प्रक्रिया संहिता को प्राथमिक माना जाएगा। इसी वाद में उच्चतम न्यायालय ने कहा कि भारत में समान नागरिक संहिता का निर्माण होना चाहिए। यद्यपि यह बिंदु उल्लेखनीय है कि भारत में राजनीतिक दल, धर्म का राजनीतिक प्रयोग करते हैं और अपने दलीय हितों को बढ़ाने के लिए सांप्रदायिकता का भी सहारा लेते हैं।

(ii) **महिला सशक्तिकरण**

उच्चतम न्यायालय ने *शाहबानो वाद व सरला मुद्गल वाद* में यह स्पष्ट कहा कि महिलाओं के सशक्तिकरण के लिए समान नागरिक संहिता का निर्माण आवश्यक है। इसलिए तीन तलाक के प्रावधान को असंवैधानिक घोषित करते हुए उच्चतम न्यायालय ने कहा कि यह अधिकार केवल पुरूषों को प्राप्त हैं, महिलाओं को नहीं। लेकिन यह बिंदु ध्यान देने योग्य है कि महिलाओं के लिए लोक सभा में आरक्षण के प्रस्ताव का राजनीतिक दलों के द्वारा विरोध किया गया।

(iii) **विविधतापूर्ण समाज**

भारतीय समाज अत्यधिक विविधतापूर्ण है। पूर्वोत्तर राज्यों में नागालैंड, असम, मेघालय, त्रिपुरा व मिजोरम में भारतीय दंड प्रक्रिया संहिता के कानून लागू नहीं होते तथा वे अपनी वैवाहिक विधियों का निर्धारण स्वयं करते हैं, जो जनजातीय परंपरा पर आधारित है। इसलिए भारत जैसे विविधतापूर्ण समाज में एकता का आशय, विविधता में एकता है। अत: विविधताओं को समाप्त करके एकता का निर्माण नहीं किया जा सकता।

(iv) **धार्मिक अधिकार**

समान नागरिक संहिता के विरोधी यह तर्क देते हैं कि उनके व्यक्तिगत कानून या पर्सनल लॉ धार्मिक अधिकारों के अंतर्गत आते हैं और अनुच्छेद-25 के अंतर्गत प्रत्येक व्यक्ति को धार्मिक अधिकार प्राप्त है। यद्यपि यह भी उल्लेखनीय है कि भाग-3 में वर्णित धार्मिक अधिकार निरपेक्ष नहीं है, अपितु सामाजिक सुधार एवं सामाजिक कल्याण के आधार पर धार्मिक अधिकारों को सीमित किया जा सकता है।

निष्कर्ष

वर्तमान में यह भ्रम बना हुआ है कि समान नागरिक संहिता के द्वारा हिंदू विवाह अधिनियम, 1955 को सभी समुदायों के लिए लागू कर दिया जाएगा, जो वास्तविक नहीं है। सरकार के द्वारा अभी तक समान नागरिक संहिता के संदर्भ में कोई ड्रॉफ्ट तैयार नहीं किया गया है। इसलिए इस संबंध में अनेक मतभेद बने हुए हैं। इसलिए पहले सरकार को इस संबंध में कोई ड्रॉफ्ट तैयार करके लोगों की राय जाननी चाहिए। समान नागरिक संहिता का विचार निर्विवाद रूप में बेहतर विकल्प है, परंतु इसके निर्माण से पहले विभिन्न समुदायों के प्रतिनिधियों के साथ संवाद करने की आवश्यकता है तथा इसे क्रमिक रूप में लागू करने का प्रयत्न किया जाए और सबकी सहमति लेकर लागू किया जाए।

पाठ संबंधी शब्दकोश

प्राकृतिक न्याय (Natural Justice)

ब्रिटिश कानून के अनुसार, प्राकृतिक न्याय के तीन प्रमुख आधार हैं-

1. किसी भी विवाद में प्रत्येक पक्ष को उसकी बात सुने जाने का अधिकार प्राप्त है।
2. किसी भी मामले की सुनवाई कर रहे न्यायाधीश का उस मामले के परिणाम में कोई व्यक्तिगत हित न हो।
3. दंड, अपराध से ज्यादा नहीं होना चाहिए।

प्रिवी पर्स (Privy Purse)

स्वतंत्रता के बाद देशी रियासतों के एकीकरण के लिए प्रिवी पर्स का प्रावधान किया गया। इसके अनुसार, जिन देशी रियासतों के द्वारा भारतीय संघ में विलय किया जाएगा, उन्हें रियासत के आकार के अनुसार वार्षिक पेंशन अथवा भत्ता दिया जाएगा। छोटी देशी रियासतों को 5000 रुपए वार्षिक राशि प्रदान की गई। जबकि हैदराबाद जैसे बड़ी देशी रियासतों को 10 लाख रुपए से ज्यादा वार्षिक पेंशन दिया गया।

इसके अतिरिक्त देशी रियासतों के महाराजाओं को अनेक विशेषाधिकार भी दिए गए थे, जिनके अपने झंडे होते थे। इनके कार के नंबर प्लेट अलग रंग से रंगे जाते थे तथा सार्वजनिक स्थानों पर इन्हें लाईन में नहीं खड़ा होना पड़ता था। इन विशेषाधिकारों को प्रधानमंत्री इंदिरा गांधी के द्वारा समाप्त कर दिया गया। 26वें संविधान संशोधन (1971) में उसे समाप्त किया गया।

लोक कल्याणकारी राज्य (Welfare State)

एक लोक कल्याणकारी राज्य द्वारा लोगों की भलाई अथवा कल्याण के लिए विभिन्न तरह के कार्य किए जाते हैं, जैसे-शिक्षा, सामाजिक विकास, रोजगार सृजन, गरीबी तथा भुखमरी का उन्मूलन, स्वास्थ्य संबंधी सेवाओं को उपलब्ध कराना इत्यादि। लोक कल्याणकारी राज्य की संकल्पना का विकास 20वीं सदी में हुआ था।

सामंजस्यपूर्णता का सिद्धांत

(Principle of Harmonious Construction)

मूल अधिकार एवं निदेशक तत्व एक दूसरे के पूरक हैं। वर्ष 1980 में *मिनर्वा मिल्स वाद* में उच्चतम न्यायालय द्वारा यह निर्णय दिया गया।

प्रारंभिक परीक्षोपयोगी महत्त्वपूर्ण तथ्य

- नीति निदेशक तत्त्व आयरलैंड के संविधान से लिए गए हैं।
- नीति निदेशक तत्त्व अवादयोग्य हैं, जिसका अभिप्राय है कि इन्हें लागू करने के लिए कोई व्यक्ति न्यायपालिका का सहारा नहीं ले सकता।
- मूल अधिकार और नीति निदेशक तत्त्वों के बीच पहला विवाद वर्ष-1950 में 'चंपकम दोरईराजन वाद' में सामने आया, जिसके अंतर्गत् न्यायपालिका ने मूल अधिकारों को प्राथमिकता दी और मद्रास सरकार द्वारा जाति के आधार पर दिए गए आरक्षण को अवैध घोषित कर दिया।
- इंदिरा गांधी सरकार के द्वारा पहली बार 25वें संविधान संशोधन, 1971 के द्वारा नीति निदेशक तत्त्व को मूल अधिकारों पर प्राथमिकता प्रदान की गई। 25वें संविधान संशोधन के अनुसार, नीति निदेशक तत्त्वों के अनुच्छेद-39 (इ)(ब) को लागू करने के लिए मूल अधिकारों के अनुच्छेद-14, 19, 31 का उल्लंघन किया जा सकता है।
- *केशवानंद भारती वाद* (1973) में न्यायपालिका ने पहली बार नीति निदेशक तत्त्वों की प्राथमिकता को स्वीकार किया तथा न्यायपालिका ने 25वें संविधान संशोधन को वैध माना, जिसमें अनुच्छेद-39 (इ)(ब) को लागू करने के लिए मूल अधिकार के अनुच्छेद-14, 19 एवं 31 का उल्लंघन किया जा सकता है।
- *मिनर्वा मिल्स वाद* (1980) में न्यायपालिका ने कहा कि नीति निदेशक तत्त्वों के अनुच्छेद-39 (इ) (ब) अनुच्छेद-14, 19, 31 से प्राथमिक हैं तथा शेष नीति निदेशक तत्त्व एवं मूल अधिकार एक-दूसरे के पूरक हैं।
- 42वें संविधान संशोधन, 1976 द्वारा जोड़े गए नीति निदेशक तत्त्व इस प्रकार हैं-

  (i) निःशुल्क विधिक सहायता एवं समान न्याय का अधिकार, (अनुच्छेद-39 (I))।

  (ii) श्रमिकों की औद्योगिक प्रबंध में भागीदारी, (अनुच्छेद-43 (I))।

  (iii) राज्य का यह कर्त्तव्य होगा कि वह पर्यावरण की सुरक्षा और संवर्द्धन करे तथा वन और वन्य जीवों की सुरक्षा करे, (अनुच्छेद-48 (I))।
- राज्य के द्वारा आय में विषमता को न्यूनतम किया जाएगा और प्रस्थिति, सुविधाओं और अवसर की विषमता को कम किया जाएगा, (44वें संविधान संशोधन, 1978)।
- अनुच्छेद-36 में नीति निदेशक तत्त्वों की व्याख्या की गई है।
- अनुच्छेद-37 में बताया गया है कि नीति निदेशक तत्त्वों के उपबंध किसी न्यायालय द्वारा लागू नहीं होंगे, लेकिन फिर भी यह देश के शासन के आधार हैं तथा विधि बनाने में इन तत्त्वों को लागू करना राज्य का कर्त्तव्य होगा।
- अनुच्छेद-38 में राज्य, लोक कल्याण की सुरक्षा और अभिवृद्धि के लिए सामाजिक व्यवस्था का निर्माण करेगा।
- अनुच्छेद-39 में राज्य, विशिष्ट आय की असमानताओं को कम करने तथा विभिन्न व्यवसायों में लगे लोगों के मध्य प्रतिष्ठा, सुविधाओं तथा अवसर की असमानताओं को समाप्त करने का प्रयास करेगा-

  (i) अनुच्छेद-39(A) में राज्य, स्त्री तथा पुरुष सभी नागरिकों को समान रूप से आजीविका के पर्याप्त साधन जुटाएगा।

  (ii) अनुच्छेद-39(B) में समुदाय के भौतिक संसाधनों का नियंत्रण राज्य इस प्रकार करे कि वह सामूहिक हित का सर्वोच्च रूप से साधन हो।

  (iii) अनुच्छेद-39(C) में राज्य यह प्रयास करेगा कि उत्पादन का तथा धन का अहितकारी संकेंद्रण न हो।

(iv) अनुच्छेद-39(D) में राज्य ऐसी व्यवस्था करेगा, जिसके अंतर्गत् पुरुष तथा स्त्रियों को समान कार्य के लिए समान वेतन मिल सकें।

(v) अनुच्छेद-39(E) में राज्य इस प्रकार का प्रबंध करे कि कर्मकारों एवं बच्चों के स्वास्थ्य एवं शक्ति का दुरूपयोग न हो।

(vi) अनुच्छेद-39(F) में बच्चों को स्वतंत्र एवं गरिमामय वातावरण में स्वस्थ विकास के अवसर एवं सुविधाएं दी जाएं तथा उनकी नैतिक एवं आर्थिक शोषण से रक्षा की जाए, (42वें संविधान संशोधन, 1976 द्वारा जोड़ा गया)।

- अनुच्छेद-39(d) में सभी को समान न्याय और नि:शुल्क विधिक सहायता प्राप्त हो, (42वें संविधान संशोधन, 1976 द्वारा जोड़ा गया)।
- अनुच्छेद-40 में राज्य ग्राम पंचायतों को स्वायत्त शासन की इकाइयों के रूप में संगठित करेगा।
- अनुच्छेद-41 में राज्य काम तथा शिक्षा पाने के तथा बेरोजगारी, बुढ़ापा, बीमारी तथा नि:शक्तता की स्थिति में लोक सहायता के लिए प्रबंध करेगा।
- अनुच्छेद-42 में राज्य काम की न्याय संगत और मानवोचित दशाओं को सुनिश्चित करने के लिए प्रसूति सहायता उपलब्ध कराने की व्यवस्था करेगा।
- अनुच्छेद-43 में राज्य जनता के लिए काम, निर्वाह, मजदूरी, शिष्ट जीवन स्तर, अवकाश तथा सामाजिक एवं सांस्कृतिक अवसर प्रदान करने का और ग्रामों में कुटीर उद्योगों को बढ़ाने का प्रयास करेगा।
- अनुच्छेद-43 (क) में राज्य उपयुक्त विधान तथा अन्य किसी रीति से किसी उद्योग में लगे हुए उपक्रमों, संस्थापकों या अन्य संगठनों के प्रबंध में कर्मकारों के भाग लेने को सुनिश्चित करने के लिए कदम उठाएगा, (42वें संविधान संशोधन, 1976 से जोड़ा गया)।
- अनुच्छेद-44 में भारत राज्य के समस्त राज्य क्षेत्र में सभी नागरिकों के लिए एक जैसी सिविल संहिता लागू करने का प्रयास करेगा।
- अनुच्छेद-45 में राज्य बच्चों के लिए नि:शुल्क एवं अनिवार्य शिक्षा का प्रबंध करेगा।
- अनुच्छेद-46 में राज्य अनुसूचित जातियों, जनजातियों और अन्य दुर्बल वर्गों के शिक्षा और अर्थ संबंधी हितों की अभिवृद्धि के लिए प्रयास करेगा।
- अनुच्छेद-47 में राज्य सार्वजनिक स्वास्थ्य में सुधार तथा मादक द्रव्यों और हानिकारक औषधियों का निषेध करेगा।
- अनुच्छेद-48 में राज्य कृषि और पशुपालन को आधुनिक तथा वैज्ञानिक ढंग से संगठित करने का प्रयास करेगा और दुधारू पशुओं के वध पर रोक लगाएगा।
- अनुच्छेद-48 (क) में राज्य देश के पर्यावरण की संरक्षा तथा उसमें सुधार करने, वन तथा वन्य जीवों की रक्षा करने का प्रयास करेगा, (42वां संविधान संशोधन, 1976)।
- अनुच्छेद-49 में राज्य ऐतिहासिक तथा राष्ट्रीय महत्त्व के स्मारकों की रक्षा करेगा।
- अनुच्छेद-50 में राज्य न्यायपालिका को कार्यपालिका से पृथक् करेगा।
- अनुच्छेद-51 में राज्य अंतर्राष्ट्रीय शांति एवं सुरक्षा की अभिवृद्धि का, राज्यों के मध्य न्यायसंगत और सम्मानपूर्ण संबंधों को बनाए रखने का, अंतर्राष्ट्रीय विधि और संधि बाध्यताओं के प्रति आदर बढ़ाने और अंतर्राष्ट्रीय विवादों को मध्यस्थता के द्वारा निपटाने के लिए प्रयास करेगा।

अध्याय 7

मूल कर्त्तव्य
(Fundamental Duties)

● गूल कर्त्तव्यों की सूची, ● मूल कर्त्तव्यों का क्रियान्वयन, ● आलोचना, ● निष्कर्ष

गांधीजी का प्रसिद्ध कथन है कि 'यदि प्रत्येक व्यक्ति अपने कर्त्तव्यों का पालन करे, तो अन्य को स्वाभाविक रूप में अधिकार प्राप्त हो जाएंगे तथा प्रत्येक अधिकार में कर्त्तव्य अंतर्निहित होता है और अभिव्यक्ति के अधिकार में यह अंतर निहित है कि हम दूसरे की अभिव्यक्ति का सम्मान करें।' इसीलिए संविधान निर्माताओं का यह मत था कि मूल कर्त्तव्यों के संविधान में उल्लेख की कोई आवश्यकता नहीं है। क्योंकि अधिकार निरपेक्ष नहीं होते, बल्कि प्रत्येक अधिकार में कर्त्तव्य निहित होते हैं।

जापान के अलावा विश्व के किसी भी लोकतांत्रिक देश में मूल कर्त्तव्य का अध्याय शामिल नहीं किया गया, बल्कि इसे सोवियत संघ व चीन जैसे समाजवादी देशों के संविधान में शामिल किया गया है। मूल कर्त्तव्य, व्यक्ति का राज्य के प्रति कर्त्तव्य हैं, जबकि लोकतांत्रिक देश में राज्य का व्यक्ति के प्रति कर्त्तव्य होता है। इसीलिए मूल कर्त्तव्य के बजाए, मूल अधिकारों का उल्लेख किया जाता है।

कर्त्तव्य का विकास परिवार, विद्यालय व विश्वविद्यालय जैसी संस्थाओं में स्वैच्छिक रूप में होना चाहिए। इसलिए संविधान निर्माताओं ने इसे मूल संविधान में शामिल नहीं किया।

नागरिकों के कर्त्तव्य

संविधान के भाग-4(A) एवं अनुच्छेद-51 में वर्णित मूल कर्त्तव्य नागरिकों के लिए हैं, जिसका अभिप्राय है कि विदेशी व्यक्तियों के लिए मूल कर्त्तव्य लागू नहीं होगा। जबकि मूल अधिकार घरेलू नागरिकों एवं विदेशी नागरिकों दोनों के लिए उपलब्ध हैं।

मूल कर्त्तव्यों की आवश्यकता

स्वर्ण सिंह समिति की सिफारिश पर 42वें संविधान संशोधन, 1976 द्वारा मूल कर्त्तव्यों को संविधान के **भाग-4 (क) के अनुच्छेद-51(A)** में जोड़ा गया, जिसका अनेक दलों ने भारी विरोध किया। आदर्शों के अनुसार, भारत में जब लोग सामान्यतः विधि की आज्ञा का पालन करते हैं, तो उन्हें कर्त्तव्य बताने की क्या आवश्यकता है? लोगों को कर्त्तव्य बताने का सीधा अभिप्राय है कि लोग अपने कर्त्तव्य का पालन नहीं कर रहे हैं, सरकार ऐसा मानती है। आलोचना के प्रति उत्तर में तत्कालीन कांग्रेस के अध्यक्ष देवकांत बरुआ ने कहा कि यदि एक लोकतांत्रिक राज्य में राष्ट्र की संप्रभुता बनाए रखने और उसकी एकता की रक्षा करने के लिए नागरिकों को कर्त्तव्य का बोध कराया जाए, तो इसमें कोई गलती नहीं है। इन कर्त्तव्यों

में नागरिकों से संविधान, राष्ट्रीय ध्वज और राष्ट्रगान के प्रति सम्मान की अपेक्षा की गई है। नागरिकों का यह भी कर्त्तव्य है कि वे स्वतंत्रता संघर्ष के प्रमुख आदर्शों को बनाए रखें तथा नागरिकों का दायित्व यह भी है कि वे देश की संप्रभुता, एकता एवं अखंडता की रक्षा करें। भा. रतीय राजनीतिक व्यवस्था के समक्ष आरंभ से ही राष्ट्रीय एकता एवं अखंडता के मार्ग में अनेक बाधाएं थीं। स्वतंत्र भारत को वर्ष-1962, 1965 और 1971 में पड़ोसी देशों के साथ युद्ध में उलझना पड़ा तथा आंतरिक सुरक्षा की स्थिति पर भी चुनौती उत्पन्न हुई। इसलिए नागरिकों के लिए कर्त्तव्य महत्त्वपूर्ण हैं।

भारत एक विविधतामूलक बहुलवादी देश है, जहां अनेक जाति, धर्म एवं पंथों के लोग निवास करते हैं। इसलिए नागरिकों का यह मूल कर्त्तव्य है कि भारत में बंधुत्व की भावना का विकास करें और ऐसी प्रथाओं का परित्याग करें, जो महिलाओं के सम्मान के विरुद्ध हों, क्योंकि हमारे समाज में महिलाओं की स्थिति अत्यंत पिछड़ी है। नागरिकों का कर्त्तव्य है कि वे भारत की सामाजिक एवं सांस्कृतिक एकता को बनाए रखें। संप्रति समाज में सांप्रदायिकता, क्षेत्रीयता और जातीय वैमनस्यता को त्यागकर नागरिकों से मूल कर्त्तव्य के पालन की अपेक्षा है। नागरिकों का यह भी कर्त्तव्य है कि वे हिंसा से दूर रहें। सार्वजनिक संपत्ति को क्षति न पहुंचाएं एवं प्राकृतिक पर्यावरण की रक्षा करें तथा वैज्ञानिक प्रगति, मानववाद और अन्वेषण की भावना का विकास करें। निजी तथा सार्वजनिक क्षेत्र में उत्कृष्टता की ओर बढ़ने का प्रयास करें। 86ठे संविधान संशोधन, 2002 के द्वारा एक अन्य मूल कर्त्तव्य अनुच्छेद-51(क) (ट) को भी जोड़ा गया है, जिसके अंतर्गत् अभिभावकों का यह दायित्व है कि वे अपने बच्चों को अनिवार्य शिक्षा दिलाएं। मूल कर्त्तव्य को संविधान में जोड़ते समय कुछ सदस्यों ने निम्नलिखित कर्त्तव्यों को भी सम्मिलित करने का सुझाव दिया था, **जो निम्नलिखित हैं**-परिवार नियोजन, करों की अदायगी, मंत्रियों के भी कर्त्तव्य, जातिवाद को समाप्त करना और आवश्यक सैन्य प्रशिक्षण इत्यादि हैं।

मूल कर्त्तव्यों की सूची

संविधान में वर्णित मौलिक कर्त्तव्य निम्नलिखित हैं- भारत के प्रत्येक नागरिक का यह कर्त्तव्य होगा कि **वह**-

1. संविधान का पालन और उसके आदर्शों, संस्थाओं, राष्ट्र ध्वज और राष्ट्रगान का आदर करें।
2. स्वतंत्रता के लिए हमारे राष्ट्रीय आंदोलन को प्रेरित करने वाले उच्च आदर्शों को हृदय में संजोए रखें और उनका पालन करें।
3. भारत की प्रभुता, एकता एवं अखंडता की रक्षा करें और उसे अक्षुण्य रखें।
4. देश की रक्षा करें और आह्वान किए जाने पर राष्ट्र की सेवा को तत्पर रहें।
5. भारत के सभी लोगों में समरसता और समान भ्रातृत्व की भावना का निर्माण करें, जो धर्म, भाषा और प्रदेश या वर्ग पर आधारित सभी भेदभाव से परे हों, ऐसी प्रथाओं का त्याग करें, जो स्त्रियों के सम्मान के विपरीत हों।
6. हमारी सामाजिक संस्कृति की गौरवशाली परंपरा का महत्त्व समझें और उसका परिरक्षण करें।
7. प्राकृतिक पर्यावरण की, जिसके अंतर्गत् वन, झील, नदी, वन्य जीव हैं, की रक्षा करें, उसका संवर्धन करें और प्राणिमात्र पर दयाभाव रखें।
8. वैज्ञानिक दृष्टिकोण, मानववाद और ज्ञानार्जन तथा सुधार की भावना का विकास करें।
9. सार्वजनिक संपत्ति को सुरक्षित रखें और हिंसा से दूर रहें।
10. व्यक्तिगत और सामूहिक गतिविधियों के सभी क्षेत्रों में उत्कर्ष की ओर बढ़ने का सतत् प्रयास करें, जिससे राष्ट्र निरंतर बढ़ते हुए अपने लक्ष्य और उपलब्धि की नई ऊंचाईयों को छू लें।
11. माता-पिता या संरक्षक का कर्त्तव्य है कि छह से चौदह (6-14) वर्ष की आयु वाले अपने बच्चों या प्रतिपाल्य के लिए शिक्षा के अवसर प्रदान करें, (86वें संविधान संशोधन, 2002)।

राष्ट्र (Nation) **एवं देश** (Country)

मूल कर्त्तव्य के भाग में राष्ट्रीय ध्वज, राष्ट्रगान, राष्ट्रीय स्वतंत्रता संघर्ष और राष्ट्र की उपलब्धि एवं राष्ट्रीय सेवा शब्दों का प्रयोग प्राप्त होता है और एक स्थान पर देश शब्द का प्रयोग भी किया गया है, जहां यह उल्लिखित है कि नागरिकों को अपने देश की रक्षा करनी चाहिए।

राष्ट्र, एक भावनात्मक विचार, सामूहिक एकता की पहचान है। यह नागरिकों के बीच विद्यमान मनोवैज्ञानिक एकता का भी उदाहरण है। मूल कर्त्तव्यों के भाग में राज्य शब्द का प्रयोग नहीं किया गया है, जो एक वैधानिक विचार है। राज्य का अभिप्राय है, राज्य की प्रशासनिक शक्ति है, जिसमें विधायिका, कार्यपालिका एवं सैन्य व्यवस्था को शामिल किया जा सकता है। अत: राज्य का निर्माण आसानी से संभव है, जबकि राष्ट्र-निर्माण एक दीर्घकालिक प्रक्रिया है, जिसमें नागरिक की सर्वोच्च निष्ठा राष्ट्र के प्रति तथा धर्म, जाति व भाषा के प्रति निष्ठा द्वितीयक होनी चाहिए।

राष्ट्र के भावनात्मक विचार, जिसे मूर्त रूप अथवा वस्तुनिष्ठ आधार प्रदान करने के लिए राष्ट्रीय ध्वज एवं राष्ट्रीय गीत जैसे संकेतों का निर्माण किया जाता है। राज्य एवं देश (Country) के बीच वास्तविक अंतर नहीं, बल्कि दोनों एकसमान हैं।

मूल कर्त्तव्य की प्रकृति

निदेशक तत्त्वों की भांति, मूल कर्त्तव्य भी अवादयोग्य हैं, जिसका अभिप्राय है कि इसे लागू कराने के लिए कोई भी व्यक्ति न्यायपालिका का सहारा नहीं ले सकता और न ही राज्य द्वारा निर्मित किसी विधि को इस आधार पर चुनौती दी जाएगी, जिससे मूल कर्तव्य का उल्लंघन होता हो। इसलिए इसकी प्रकृति नैतिक प्रतीत होती है।

संविधान में इसे बाध्यकारी नहीं बनाया गया है, परंतु व्यावहारिक रूप में यह बाध्यकारी है, क्योंकि राष्ट्रीय ध्वज के प्रयोग के लिए विधि का निर्माण किया गया है। जन-प्रतिनिधित्व अधिनियम के अनुसार, धार्मिक आधार पर वोट मांगना भ्रष्ट आचरण की श्रेणी में आता है और भारतीय दंड संहिता के अनुसार जान-बूझकर सामाजिक सौहार्द को विघटित करना एवं महिलाओं के सम्मान के विरुद्ध कार्य करना एक दंडनीय अपराध है।

मूल कर्त्तव्य एवं मूल अधिकार के बीच का संबंध

मूल कर्त्तव्य के बिना किसी भी व्यक्ति के अधिकार सुरक्षित नहीं रहेंगे, क्योंकि केवल अधिकार से समाज में अराजकता उत्पन्न हो जाएगी और अधिकारों के अभाव में व्यक्ति, राज्य एवं सरकार का दास बन जाएगा तथा अधिकारों के अभाव में राज्य का व्यक्ति के जीवन के प्रत्येक पक्षों पर नियंत्रण स्थापित हो जाएगा। अत: अधिकार एवं कर्त्तव्य एक-दूसरे के पूरक हैं या एक ही सिक्के के दो पहलू हैं।

वर्तमान में उच्चतम न्यायालय के द्वारा अधिकारों की रक्षा करते समय व्यक्ति द्वारा संपादित कर्त्तव्य का भी संज्ञान लिया जाता है। उदाहरण के लिए, नागरिकों के अभिव्यक्ति की स्वतंत्रता को सीमित किया जा सकता है। यदि उसने तिरंगे को जलाया है या सामाजिक समरसता को भंग करने का प्रयास किया है। इसलिए मूल कर्त्तव्य भी मूल अधिकारों पर प्रतिबंध आरोपित करते हैं।

संविधान में निहित आंगिक संबंध

भारतीय संविधान मानवीय शरीर की भांति है, जिसके अनेक अंग हैं और प्रत्येक अंग दूसरे से अंतर्संबंधित हैं, जिस प्रकार शरीर के विभिन्न अंग आंगिक रूप में परस्पर जुड़े होते हैं। मूल अधिकार के भाग में अभिव्यक्ति की स्वतंत्रता को सीमित किया गया है और राष्ट्र की सुरक्षा एवं अखंडता के विरुद्ध अभिव्यक्ति की आजादी नहीं है। मूल कर्त्तव्य के भाग में भी राष्ट्र की अखंडता एवं संप्रभुता की रक्षा का उल्लेख किया गया है। मूल अधिकार के अनुच्छेद-21(A) में यह उल्लिखित है कि 6 से 14 वर्ष तक के बच्चों को राज्य के द्वारा नि:शुल्क एवं प्राथमिक शिक्षा उपलब्ध कराई जाएगी। जबकि मूल कर्त्तव्य में भी 86ठे संविधान संशोधन, 2002 के द्वारा इसे शामिल किया गया है। निदेशक तत्त्व के अनुच्छेद-45 में यह प्रावधान है कि 6 वर्ष तक के सभी बच्चों की देखभाल और शिक्षा प्रदान करने का प्रयत्न किया जाएगा।

निदेशक तत्त्व में प्राकृतिक पर्यावरण एवं वन्य जीवों के रक्षा का प्रावधान है। मूल कर्त्तव्य में भी नदी, झील, वन्य जीव व प्राकृतिक पर्यावरण की संरक्षण का उल्लेख है और सभी जीवित प्राणियों की रक्षा का भी प्रावधान किया गया है। अत: तीनों भागों के बीच अनेक अंतरों के बावजूद विशिष्ट समानताएं भी विद्यमान हैं।

मूल कर्त्तव्यों का क्रियान्वयन

न्यायपालिका की व्याख्या

मौलिक कर्त्तव्य अवादयोग्य हैं, जिन्हें लागू कराने के लिए न्यायपालिका का सहारा नहीं लिया जा सकता और न ही इनके उल्लंघन पर किसी दंड का प्रावधान है, परंतु यदि विधायिका कानून निर्माण द्वारा किसी मौलिक कर्त्तव्य का

पालन किया जाना अनिवार्य घोषित करती है, तब मौलिक कर्त्तव्यों का पालन न किया जाना यह दंडनीय अपराध होगा। परंतु वर्तमान समय में सरकार ने राष्ट्रध्वज के सम्मान से संबंधित विधि का निर्माण किया है।

न्यायपालिका के महत्त्वपूर्ण निर्णय के अनुसार, (*हाथी सिंह मैन्युफैक्चरिंग वाद*, 1960) यदि कोई व्यक्ति अपने कर्त्तव्यों का उल्लंघन करता है तथा न्यायपालिका में मूल अधिकारों को लागू करने की याचिका प्रस्तुत करता है, तो न्यायपालिका उसके मूल अधिकारों को सीमित कर सकती है, क्योंकि उसने अपने कर्त्तव्यों का उल्लंघन किया है। 42वां संशोधन अधिनियम, 1976 संसद को यह शक्ति प्रदान करता है कि वह विधि बनाकर मूल कर्त्तव्यों के उल्लंघन की स्थिति में दोषी व्यक्तियों के लिए दंड की व्यवस्था करे। *अखिल भारतीय आयुर्विज्ञान संस्थान छात्र बनाम संघवाद* में न्यायालय ने यह निर्णय दिया कि यद्यपि मूल कर्त्तव्य, मूल अधिकारों की भांति प्रवर्तनीय नहीं बनाए गए हैं, लेकिन यह महत्त्वपूर्ण बात है कि भाग-4(क) के अनुच्छेद-51(क) में भी कर्त्तव्यों के पहले **'मूलभूत'** (Fundamental) शब्द का प्रयोग करके उन्हें उसी प्रकार महत्त्व देने का प्रयास किया गया है, जिस प्रकार मूल अधिकारों के लिए किया गया है।

आलोचना

भाग-4(क) की आलोचना करते हुए प्रसिद्ध विधि विशेषज्ञ नाना पालकीवाला ने कहा कि 'मूल कर्त्तव्यों में वर्णित कर्त्तव्यों के तहत् प्रत्येक नागरिकों को वैज्ञानिक मनोवृत्ति और अन्वेषण की भावना का विकास करना चाहिए, लेकिन जिस देश में दो-तिहाई जनसंख्या अशिक्षित हो, तो ऐसे समाज में मूल कर्त्तव्यों का महत्त्व नहीं होगा।' इन्होंने तो यहां तक कहा कि आपातकाल के द्वारा नागरिकों की स्वतंत्रता का हनन हो रहा है। अन्य आलोचकों ने इस अध्याय के प्रकृति की आलोचना की। इनके अनुसार, संविधान में पहले से ही निदेशक तत्त्वों का भाग अवादयोग्य है और उसके बाद मूल कर्त्तव्यों के अध्याय को भी अवादयोग्य रूप में रखा गया, जो अतार्किक और अप्रासंगिक हैं।

1. विरोधाभासी

भारतीय राज्य कल्याणकारी है। इसलिए नागरिकों के अशिक्षित होने के लिए राज्य उत्तरदायी है। मूल कर्त्तव्य के अनुसार नागरिकों में वैज्ञानिक प्रवृत्ति का विकास होना चाहिए, परंतु जिस देश में बच्चों को शिक्षा पूर्ण रूप में प्राप्त न हो, उनसे वैज्ञानिक दृष्टिकोण के विकास की अपेक्षा नहीं की जा सकती है।

2. लोकतांत्रिक भावना के विरोधी

लोकतांत्रिक शासन में नागरिक के अधिकार सर्वाधिक महत्त्वपूर्ण होते हैं, जिनकी रक्षा करना राज्य का कर्त्तव्य है। जबकि मूल कर्त्तव्यों के द्वारा राज्य के प्रति व्यक्ति के कर्त्तव्य की अपेक्षा की गई है, जिससे राज्य व्यक्ति के अधिकार और स्वतंत्रता का दमन कर सकता है और नागरिक के बजाए, राज्य ही प्राथमिक बन जाएगा।

महत्त्व

(i) समाज, व्यक्ति से व्यापक है और समाज हित ज्यादा महत्त्वपूर्ण होते हैं। अत: मौलिक कर्त्तव्यों द्वारा लोगों को सामाजिक दायित्वों का बोध कराया जाता है।

(ii) मौलिक कर्त्तव्यों द्वारा समाज तथा राष्ट्र हित में मौलिक अधिकारों के प्रयोग को मोड़ने का प्रयास किया गया है। लोग राज्य से अधिकारों की ही मांग न करें, बल्कि अपने कर्त्तव्यों को भी समझें। जैसे-स्वतंत्रता के अधिकार एवं शिक्षा के अधिकार का प्रयोग कर ज्ञानार्जन एवं वैज्ञानिक मनोवृत्ति का विकास करें तथा समाज व देश को विकास के पथ पर ले जाएं।

(iii) जो मूल कर्त्तव्य विधि द्वारा अनिवार्य कर दिए गए हैं, उनके उल्लंघन पर दंड दिया जा सकता है।

(iv) मूल कर्त्तव्य कानूनों की वैधता की परीक्षण में सहायता करते हैं। यदि किसी कानून में मौलिक कर्त्तव्यों के प्रश्न होते हैं, तो उसे मौलिक अधिकारों पर वरीयता दी जा सकती है।

मूल कर्त्तव्य का विस्तार

भाग-4(A) 42वें संविधान संशोधन, 1976 के द्वारा जोड़ा गया था, जिस दौरान भारत में आपातकाल लागू था और विपक्षी दल के नेता जेल में बंद थे। इसलिए आलोचकों ने कहा कि सरकार अपने कर्त्तव्यों का उल्लंघन एवं नागरिकों से कर्त्तव्य पालन की अपेक्षा कर रही है। संविधान की समीक्षा करने के लिए न्यायमूर्ति वेंकट चेलैया की अध्यक्षता में संविधान समीक्षा आयोग का गठन किया गया। संविधान के 50 वर्षों के कार्यकरण

की समीक्षा करते हुए वेंकट चेलैया आयोग ने (2010) यह सुझाव दिया कि संविधान में कुछ नए मूल कर्त्तव्यों को जोड़ने की आवश्यकता है, जिसमें निम्नलिखित मूल कर्त्तव्य प्रमुख हैं-

(i) चुनाव में मत प्रदान करना।

(ii) लोकतांत्रिक प्रक्रिया में सहभागिता।

(iii) करों की अदायगी।

(iv) बच्चों की बौद्धिक एवं नैतिक भलाई।

(v) औद्योगिक संगठनों का यह कर्त्तव्य है कि वे अपने कर्मचारियों के बच्चों को शिक्षा प्रदान करें।

उच्चतम न्यायालय के द्वारा भी यह स्वीकार किया गया है कि वर्तमान में मूल कर्त्तव्यों में परिवार नियोजन व मतदान को अनिवार्य करना जैसे तत्त्वों को मूल कर्त्तव्यों में शामिल करने की आवश्यकता है, जिससे इसका महत्त्व देखा जा सकता है।

निष्कर्ष

उदारवादी लोकतांत्रिक शासन में अधिकार को अत्यधिक महत्त्व दिया जाता है। जबकि तानाशाही शासन व्यक्तियों से राज्य के प्रति कर्तव्य की अपेक्षा करता है। सैद्धांतिक रूप में कर्तव्य का प्रावधान राज्य की शक्ति वृद्धि में सहायक है। परंतु व्यावहारिक रूप में कर्तव्य के अभाव में सभी को अधिकार प्राप्त नहीं होंगे, क्योंकि प्रत्येक अधिकार दूसरे के लिए कर्तव्य उत्पन्न करता है।

प्रारंभिक परीक्षोपयोगी महत्त्वपूर्ण तथ्य

- भारत में 42वें संविधान संशोधन, 1976 द्वारा स्वर्ण सिंह समिति की सिफारिश पर 10 मूल कर्त्तव्यों को संविधान के भाग-4(क) के अनुच्छेद-51(A) में सम्मिलित किया गया।
- 86ठे संविधान संशोधन, 2002 द्वारा एक नया मूल कर्त्तव्य जोड़ा गया, जिसमें माता-पिता या संरक्षक अपने 6 से 14 वर्ष तक की आयु वाले बच्चों को शिक्षा के अवसर प्रदान करेंगे।
- मूल कर्त्तव्य अवादयोग्य हैं। अत: इन्हें लागू कराने के लिए कोई व्यक्ति न्यायपालिका में नहीं जा सकता।
- मूल कर्त्तव्यों के अवादयोग्य होते हुए भी यदि कोई व्यक्ति मूल कर्त्तव्यों का पालन नहीं करता है, तो न्यायपालिका उसके मूल अधिकारों को सीमित या प्रतिबंधित कर सकती है।

अध्याय 8

संविधान संशोधन

(Amendment to the Constitution)

● संविधान संशोधन की प्रक्रिया, ● संविधान समीक्षा आयोग, ● सिफारिशें, ● समीक्षा पर विवाद, ● निष्कर्ष

बदलते विश्व में संविधान में भी परिवर्तन की आवश्यकता होती है। इसीलिए सामाजिक, आर्थिक एवं राजनीतिक परिवर्तन को ध्यान में रखते हुए प्रत्येक संविधान में संशोधन की व्यवस्था आवश्यक है, जिसके द्वारा परिवर्तित परिस्थितियों के अनुसार स्वयं को अनुकूल बना सकें। संविधान सभा में इस बिंदु पर मतभेद उत्पन्न हो गया कि संविधान संशोधन की प्रक्रिया कैसी हो? संविधान सभा में **प्रथम श्रेणी** के विचारकों में गोपाल स्वामी आयंगर, सर अल्लादि कृष्ण स्वामी अय्यर, प्रो. के.टी. शाह, डॉ. के. एम. मुंशी जैसे सदस्यों के अनुसार, भारतीय संविधान में संशोधन की प्रक्रिया कठोर होनी चाहिए, क्योंकि संविधान में मूल अधिकारों का प्रावधान तथा संविधान में संघीय प्रणाली का प्रावधान भी स्वीकार किया गया है। इसमें कठोर संशोधन प्रक्रिया द्वारा संविधान में बार-बार होने वाले संशोधनों से बचा जा सकता है। **द्वितीय श्रेणी** के विचारकों में पंडित जवाहरलाल नेहरू, एच.जी. कामत, महावीर त्यागी के अनुसार, संविधान में संशोधन की प्रक्रिया सरल एवं लचीली होनी चाहिए, क्योंकि भारतीय समाज एक मिश्रित समाज है और समाज में परिवर्तनों को बनाए रखने के लिए संशोधन प्रणाली लचीली होनी चाहिए। संविधान निर्माताओं ने संविधान में कठोर और लचीली प्रक्रिया का समिश्रण किया है। संशोधन प्रणाली इतनी भी कठोर नहीं होनी चाहिए, जिससे संविधान में परिवर्तन न हो सकें अत: भारतीय संविधान में **'फुल्टन पद्धति'** को अपनाया गया है। प्रो. फुल्टन कनाडा के राजनीतिक वैज्ञानिक थे, जिन्होंने यह विचार दिया कि संविधान संशोधन के अनेक तरीके हो सकते हैं।

अत्यधिक संविधान संशोधन के कारण

भारतीय संविधान अत्यधिक वृहद् है, जिसमें राज्यों के संविधान तथा स्थानीय शासन से संबंधित प्रावधान भी सम्मिलित हैं। अत: बदलती परिस्थितियों के अनुसार सामंजस्य स्थापित करने हेतु संविधान में संशोधन आवश्यक थे। स्वतंत्रता के बाद बने संविधान से राजनीतिक न्याय की स्थापना हो गई, परंतु सामाजिक एवं आर्थिक न्याय की स्थापना अभी बाकी थी। अत: संविधान संशोधनों के माध्यम से सामाजिक न्याय की प्राप्ति का प्रयास किया गया। प्रश्न यह है कि विगत् 50 वर्षों में भारतीय संविधान में इतने अधिक संशोधन क्यों हुए? इसका उत्तर भारतीय संविधान के स्वरूप में ही निहित है। भारतीय संविधान अत्यधिक विस्तृत है तथा इसमें राज्यों के संविधान और स्थानीय स्वशासन वाले प्रावधान भी सम्मिलित हैं। अत: राज्यों से संबंधित किसी भी परिवर्तन हेतु संविधान संशोधन करना

पड़ता है। जैसे-नए राज्यों का निर्माण व राज्यों के नाम में परिवर्तन इत्यादि। इसके अतिरिक्त भारतीय संविधान में एक तीसरा स्तर भी है, जिसमें पंचायती राज तथा नगरीय स्वशासन का उल्लेख है। अत: इनमें भी परिवर्तन हेतु संशोधन करने होते हैं। अत: उपरोक्त कारणों से संविधान में अत्यधिक संशोधन की आवश्यकता पड़ी।

संविधान संशोधन की शक्ति एवं प्रावधान

भारतीय संविधान के भाग-20 में अनुच्छेद-368 के अंतर्गत् संविधान संशोधन का उल्लेख किया गया है, जिसमें संविधान संशोधन की प्रक्रिया एवं शक्ति का उल्लेख है। संसद के द्वारा अपनी संविधायी शक्ति का प्रयोग करते हुए संविधान के किसी भी भाग में परिवर्तन, हटाया अथवा उसमें कुछ जोड़ा जा सकता है, (अनुच्छेद-368(1))। संविधान के संशोधन के लिए संसद के किसी भी सदन में प्रस्ताव लाया जा सकता है। यह संसद के प्रत्येक सदन के सदस्य संख्या का बहुमत एवं उपस्थित और मत देने वालों के दो-तिहाई बहुमत से पारित होना चाहिए। संविधान के कुछ भागों में संशोधन के लिए सदन के दो-तिहाई बहुमत के अलावा आधे राज्य विधान सभाओं का भी समर्थन प्राप्त होना चाहिए, (अनुच्छेद-368 (2))। संसद जब संविधान संशोधन करती है तब संसद के द्वारा संविधायी शक्ति का प्रयोग किया जाता है। अत: **अनुच्छेद-368 (2) में संविधान संशोधन की दो प्रक्रियाओं का उल्लेख है-**

प्रथम श्रेणी

- कुछ संविधान संशोधन विधेयक को विशेष बहुमत द्वारा पारित किया जाना आवश्यक है, **जिसके अंतर्गत् दो शर्तें है-**
  (i) सदन की कुल सदस्य संख्या का बहुमत, और
  (ii) उपस्थित एवं मत देने वालों का दो-तिहाई बहुमत।
- संविधान के ज्यादातर भाग इसी तरीके से संशोधित होते हैं। इसलिए संविधान सभा में डॉ. अंबेडकर ने कहा था कि 'जो भारतीय संविधान से असहमत होंगे, उन्हें संसद में दो-तिहाई बहुमत की आवश्यकता होगी।' इस प्रावधान के अंतर्गत् मूल अधिकारों, नीति निदेशक तत्त्वों और संविधान के अनेक भागों का संशोधन होता है।

द्वितीय श्रेणी

अनुच्छेद-368(2) के परंतुक के तहत् संविधान के संघीय प्रावधानों का संशोधन होता है। संविधान संशोधन की यह प्रक्रिया सबसे कठोर है, जिसमें संसद के विशेष बहुमत के अलावा आधे राज्यों की विधान सभाओं के अनुसमर्थन की आवश्यकता है, परंतु यह बिंदु ध्यान देने योग्य है कि राज्य विधान सभाओं द्वारा साधारण बहुमत से यह प्रस्ताव पारित होता है। राज्य विधान सभाओं द्वारा सहमति प्रदान करने के लिए किसी निश्चित समय सीमा का संविधान में निर्धारण नहीं है। **इसके अंतर्गत् संशोधित होने वाले विषय निम्न हैं-**

- राष्ट्रपति का चुनाव एवं इसका तरीका।
- संघ और राज्यों की कार्यपालिकीय शक्ति का विस्तार।
- उच्चतम न्यायालय एवं उच्च न्यायालय की शक्तियां।
- संघ एवं राज्यों के मध्य विधायी शक्तियों का वितरण (जी.एस.टी. का प्रावधान)।
- सातवीं अनुसूची में उल्लिखित सूची का विषय।
- संसद में राज्यों का प्रतिनिधित्व।
- संसद की संविधान संशोधन की शक्ति एवं प्रक्रिया, (अनुच्छेद-368)।

संविधान संशोधन की प्रक्रिया

भारत में संविधान संशोधन विधेयक संसद के किसी भी सदन में प्रस्तुत किया जा सकता है। भारत में संविधान संशोधन का आरंभ राज्य विधान सभाओं द्वारा नहीं हो सकता। संविधान संशोधन विधेयक किसी मंत्री या निजी संसद सदस्य द्वारा लाया जा सकता है और इसके लिए राष्ट्रपति की पूर्व अनुमति लेने की आवश्यकता नहीं होती तथा संविधान संशोधन विधेयक पर सदन की संयुक्त बैठक नहीं होती। 24वां संविधान संशोधन, 1971 के बाद यह प्रावधान किया गया है कि राष्ट्रपति संविधान संशोधन विधेयक पर वीटो का प्रयोग नहीं करेंगे और न ही वे इसे पुनर्विचार के लिए वापस करेंगे तथा दोनों सदनों में पारित होने के पश्चात् राष्ट्रपति के हस्ताक्षर के बाद यह अधिनियम बन जाता है।

संविधान के संक्रमणकालीन भाग

संविधान के अनेक भागों में परिवर्तन के लिए संसद को सामान्य बहुमत की आवश्यकता होती है। इनका संशोधन अनुच्छेद-368 की प्रक्रिया के अनुसार नहीं होता तथा इनका

उल्लेख अनुच्छेद-368 में नहीं किया गया है। इसलिए ये संविधान के संक्रमणकालीन भाग माने जाते हैं, जिन्हें सामान्य (50%+1) बहुमत से परिवर्तित किया जाता है, जिस प्रकार सामान्य विधि का निर्माण होता है, ठीक उसी प्रकार संसद अपनी सामान्य विधायी शक्ति के द्वारा इनका संशोधन कर सकती है। इसीलिए संशोधन के इस तरीके को सरल संशोधन के अंतर्गत् रखा गया है। **संविधान में निम्नलिखित भागों के संशोधन के लिए इस विधि का प्रयोग किया जाता है**-

- किसी नए राज्यों की स्थापना या नए राज्य का प्रवेश।
- राज्यों के नाम, भू-भाग और सीमा में परिवर्तन करना।
- विधान परिषदों का निर्माण या उत्सादन (हटाना)।
- दूसरी अनुसूची में वर्णित राष्ट्रपति, राज्यपाल, लोक सभा अध्यक्ष, न्यायाधीशों की उपलब्धि, भत्ते और विशेषाधिकार।
- संसद में कोरम, सांसदों के वेतन और भत्ते।
- संसदीय प्रक्रिया के नियम।
- संसदीय विशेषाधिकार, इसकी समितियों और सदस्यों का विशेषाधिकार।
- संसद में अंग्रेजी भाषा का प्रयोग।
- उच्चतम न्यायालय में न्यायाधीशों की संख्या।
- उच्चतम न्यायालय के क्षेत्राधिकार का विस्तार।
- आधिकारिक भाषा का प्रयोग।
- नागरिकता का अर्जन एवं परित्याग।
- संसद और राज्य विधान सभाओं के चुनाव।
- विधायिकाओं का परिसीमन।
- केंद्रशासित क्षेत्र।
- पांचवीं एवं छठी अनुसूची में वर्णित विषय।

संविधान संशोधन एवं सामाजिक न्याय

भारतीय संविधान का मूल उद्देश्य सामाजिक न्याय की प्राप्ति है। इसलिए अधिकांश संविधान संशोधन द्वारा सामाजिक न्याय के उद्देश्यों को प्राप्त करने का प्रयास किया जाता है। उदाहरण के लिए, पहले संविधान संशोधन, 1951 द्वारा संपत्ति के अधिकारों को सीमित किया गया और नवीं अनुसूची का निर्माण करके भूमि सुधार से संबंधित विधि को संरक्षित किया गया तथा इन्हें न्यायिक पुनरावलोकन के दायरे से बाहर रखा गया। 25वें संविधान संशोधन, 1971 के द्वारा संपत्ति के अधिकार को और सीमित कर संविधान से मुआवजे का प्रावधान भी हटा दिया गया, जिससे सरकार सामाजिक न्याय के कार्य प्रभावी रूप में क्रियान्वित कर सकें 44वें संविधान संशोधन, 1978 द्वारा संपत्ति के अधिकार को मूल अधिकारों के भाग-3 से हटाकर अनुच्छेद-300(क) में कर दिया गया, क्योंकि संपत्ति का अधिकार नीति निदेशक तत्त्वों को लागू करने में बाधा बन रहा था।

संविधान में अनेक संशोधन आरक्षण की अवधि को बढ़ाने के लिए किए गए हैं, जिसमें 73वें व 74वें संविधान संशोधन, 1992 के द्वारा पंचायती राज एवं नगरपालिकाओं में अनुसूचित जातियों तथा जनजातियों के लिए उनकी जनसंख्या के अनुपात में आरक्षण प्रदान किया गया तथा महिलाओं को पंचायती राज तथा नगरपालिकाओं के प्रत्येक स्तर पर एक-तिहाई आरक्षण प्रदान किया गया। इसके अतिरिक्त 86ठे संविधान संशोधन, 2002 द्वारा 6 से 14 वर्ष के बच्चों के लिए अनिवार्य एवं निःशुल्क प्राथमिक शिक्षा का अधिकार प्रदान किया गया। 93वें संविधान संशोधन, 2005 के द्वारा सामाजिक एवं शैक्षिक रूप में पिछड़े वर्गों तथा अनुसूचित जातियों एवं जनजातियों के समुदाय को सभी केंद्रीय शैक्षणिक संस्थाओं और निजी विश्वविद्यालयों में भी आरक्षण प्रदान किया गया।

संविधान संशोधन की आलोचना

संविधान संशोधन प्रक्रिया सरल, कठोर एवं कुछ उपबंधों में अति कठोर है, लेकिन कुछ ऐसे कारण हैं, जिसके आधार पर भारत की संविधान संशोधन प्रक्रिया की आलोचना की जाती है, **जो निम्नलिखित हैं**-

(i) भारतीय संसद द्वारा विशेष या साधारण बहुमत से संविधान के एक विस्तृत भाग का संशोधन किया जा सकता है और कुछ उपबंधों में ही देश के आधे राज्य विधान मंडलों के समर्थन की आवश्यकता पड़ती है। वहीं अमेरिकी संविधान संशोधन में तीन-चौथाई राज्यों का समर्थन आवश्यक है।

(ii) संविधान में उस समय सीमा का स्पष्ट उल्लेख नहीं है, जिसके अंदर राज्य विधान मंडलों द्वारा (संविधान संशोधन के मामले में) अपना समर्थन या विरोध संसद को बताना है।

(iii) संसद में किसी साधारण विधेयक को पारित करने में यदि गतिरोध पैदा होता है, तो संयुक्त बैठक की

व्यवस्था होती है। जबकि संविधान संशोधन जैसे महत्त्वपूर्ण मुद्दे पर संयुक्त बैठक की कोई व्यवस्था नहीं है।

(iv) भारत में संविधान संशोधन के लिए किसी विशेष निकाय अथवा संस्था की व्यवस्था नहीं है।

संविधान समीक्षा आयोग

कुछ लोगों का मानना है कि संविधान संशोधन को टुकड़ों में करने की बजाए, संविधान के समग्र पुनरावलोकन की आवश्यकता है। वर्ष-1990 के दशक के अंत तक यह मांग की जाने लगी कि संविधान की पूर्ण समीक्षा की जाए तथा आवश्यकता पड़ने पर संविधान के स्वरूप में व्यापक परिवर्तन किया जाए। इसी परिप्रेक्ष्य में 22 फरवरी, 2000 को न्यायमूर्ति वेंकेट चेलैया की अध्यक्षता में एक संविधान समीक्षा आयोग का गठन किया गया। संविधान समीक्षा आयोग के अन्य सदस्य थे-न्यायमूर्ति बी.पी. जीवन रेड्डी, न्यायमूर्ति आर.एस. सरकारिया, न्यायमूर्ति कोंडापल्ली पुनैया, सोली सोराबजी, के. पारासरन, पी.ए. संगमा, सुभाष कश्यप, सी.आर. ईरानी, आबिद हुसैन तथा श्रीमती सुमित्रा कुलकर्णी। केंद्रीय विधि मंत्रालय के तहत् विधायी विभाग के सचिव रघुवीर सिंह को आयोग का सचिव नियुक्त किया गया। आयोग ने संसदीय शासन के ढांचे के अंतर्गत् संविधान के 60 वर्षों के कार्यकरण की समीक्षा का निर्णय लिया।

उद्देश्य

भारत सरकार ने संविधान समीक्षा आयोग का गठन इस उद्देश्य से किया था कि राष्ट्र की आर्थिक एवं सामाजिक प्रगति क्यों नहीं हो पा रही है? राष्ट्र में एकता का वातावरण क्यों नहीं बन पा रहा है? सामाजिक सौहार्द क्यों नहीं उत्पन्न हो पा रहा है और राजनीति अपराधी तत्त्वों के शिकंजे में क्यों फंसती चली जा रही है? संविधान समीक्षा आयोग को यह भी देखना था कि आखिर वर्तमान संविधान देश को राजनीतिक स्थायित्व क्यों नहीं दे पा रहा है? आयोग को इस ओर भी दृष्टिपात करना था कि देश में जातिवाद, दलितवाद और मजहबपरस्ती क्यों बढ़ती जा रही है? संविधान में ऐसे कौन से परिवर्तन किए जाएं, जिनसे ये बुराइयां समाप्त हो जाएं। इस आयोग को इन प्रश्नों पर भी विचार करना था कि देश की जनता को समय पर न्याय क्यों नहीं मिल पाता तथा भारतीय न्यायिक प्रणाली अपने कर्तव्य का पालन समय पर क्यों नहीं कर पा रही है? आयोग को यह भी देखना था कि इन सभी मामलों के समाधान में संविधान का वर्तमान स्वरूप बाधक तो नहीं है।

सिफारिशें

संविधान समीक्षा आयोग द्वारा **निम्नलिखित सिफारिशें की गईं-**

- संविधान समीक्षा आयोग राष्ट्रपति शासन (अनुच्छेद-356) लागू करने के प्रावधान को संविधान से हटाए जाने के पक्ष में नहीं है, लेकिन वह इस प्रावधान में संशोधन की जरूरत बताता है, जिसके तहत् किसी भी राज्य की विधान सभा को भंग किए जाने की घोषणा पर पहले संसद में विचार किया जाए।
- संविधान समीक्षा आयोग ने राजनीतिक स्थिरता सुनिश्चित करने के लिए चुनाव के बाद त्रिशंकु लोक सभा की स्थिति में प्रधानमंत्री के लोक सभा से प्रत्यक्ष चुनाव की सिफारिश की।
- आयोग ने लोक सभा या विधान सभाओं में लाए जाने वाले अविश्वास प्रस्तावों के बारे में सुझाव दिया है कि इसके लिए सदन में कम-से-कम 20 प्रतिशत सदस्यों द्वारा नोटिस दिया जाना अनिवार्य बनाया जाए, इसके अलावा इस प्रस्ताव में वैकल्पिक नेता का प्रस्ताव किया जाए, इसके लिए साथ-साथ मतदान भी हो।
- संविधान समीक्षा आयोग ने चुनाव को गंभीरता से न लेने वाले उम्मीदवारों पर रोक लगाने के लिए कड़े कदम उठाने की सिफारिशें की है। आयोग ने कहा है कि चुनाव आयोग में राष्ट्रीय दल के रूप में पंजीकृत राजनीतिक दलों व चुनाव पूर्व गठबंधनों को ही लोक सभा के चुनाव लड़ने के लिए चुनाव चिह्न आवंटित किया जाए।
- संविधान समीक्षा आयोग ने मौलिक अधिकारों और कर्तव्यों का विस्तार करने को कहा है। आयोग ने संविधान के भाग-3 में नए अधिकार व कर्तव्य जोड़ने का प्रस्ताव रखा।
- आयोग द्वारा निर्दलीय उम्मीदवारों की बढ़ती संख्या पर लगाम लगाने के लिए कुछ कठोर सुझाव देते हुए कहा गया है कि निर्दलीय उम्मीदवारों के कारण न केवल संसाधनों की बर्बादी, बल्कि चुनाव प्रक्रिया की पवित्रता भी धूमिल होती है।
- आयोग ने कहा कि कैग (CAG) के कार्यकाल

को छह वर्ष से घटाकर पांच वर्ष किया जा सकता है, जबकि अवकाश ग्रहण करने की उम्र 65 वर्ष ही रखना उचित होगा। आयोग ने कहा कि देश के राष्ट्रपति, उप-राष्ट्रपति व लोक सेवा आयोग सभी का कार्यकाल पांच वर्ष है, ऐसे में कैग का कार्यकाल पांच वर्ष से अधिक होने का औचित्य समझ में नहीं आता।

- आयोग ने दल-बदल को लोकतंत्र के लिए खतरनाक बताते हुए निर्वाचित प्रतिनिधियों के अकेले अथवा समूह में दल बदलने पर उनकी सदस्यता समाप्त करने की सिफारिश की।

समीक्षा पर विवाद

पूर्व राष्ट्रपति के.आर. नारायणन ने कहा कि यह मंथन करने की आवश्यकता है कि क्या संविधान की समीक्षा अथवा इस बिंदु पर विचार किया जाए कि हमने किस प्रकार संविधान को असफल कर दिया? उनके अनुसार, 'संविधान में परिवर्तन के बजाए, राजनेताओं को अपने आचरण में परिवर्तन करना चाहिए, क्योंकि संविधान निर्माताओं ने जिन आदर्शों का निर्माण किया था, उनका खुला उल्लंघन किया जा रहा है।' इस विवाद के बावजूद एक समय के बाद संविधान के पुनरावलोकन की आवश्यकता होती है, क्योंकि सामाजिक एवं आर्थिक परिस्थितियां परिवर्तित होती रहती हैं। इसलिए संविधान में भी परिवर्तन की आवश्यकता होती है।

निष्कर्ष

भारतीय संविधान के समग्र पुनरावलोकन के लिए वर्ष-1976 में स्वर्ण सिंह समिति का गठन तथा वर्ष-2000 में वैंकेट चलैया आयोग का गठन किया गया था। समय में परिवर्तन के साथ संविधान का पुनरावलोकन किया जा सकता है। परंतु राजनेताओं एवं नागरिकों को अपने कर्तव्य का पालन करना चाहिए और दलीय हितों के लिए संविधान के साथ छेड़छाड़ पर प्रतिबंध आवश्यक है।

पाठ संबंधी शब्दकोश

निरपेक्ष या पूर्ण बहुमत (Absolute Majority)

इसके अंतर्गत सदन में विद्यमान रिक्ति (Vacancy) अथवा अनुपस्थिति (Absence) को शामिल नहीं किया जाता, बल्कि सदन की कुल सदस्य संख्या के आधे से एक ज्यादा निरपेक्ष या पूर्ण बहुमत कहलाता है। लोक सभा की कुल सदस्य संख्या 545 है, इसलिए निरपेक्ष बहुमत 273 होगा।

प्रभावी बहुमत (Effective Majority)

सदन की कुल सदस्य संख्या में सदन की रिक्तियों को घटाया जाता है। उदाहरण के लिए, यदि राज्य सभा की कुल सदस्य संख्या-245 में पांच रिक्तियां हैं, तो सदन की प्रभावी संख्या-240 होगी और इस सदस्य संख्या का आधे से एक अधिक बहुमत प्रभावी बहुमत कहलाता है। उप-राष्ट्रपति को पद से हटाने के लिए प्रभावी बहुमत की आवश्यकता होती है।

विशेष बहुमत (Special Majority)

विशेष बहुमत, सामान्य बहुमत से अलग होता है। भारतीय संविधान में अलग-अलग प्रकार के **विशेष बहुमत का उल्लेख है-**

(i) राज्य सभा के द्वारा राज्य सूची के किसी विषय को राष्ट्रीय महत्त्व का घोषित किया जा सकता है, जिसके बाद संसद, राज्य सूची के विषय पर विधि-निर्माण कर सकती है। इसके लिए राज्य सभा में उपस्थित और दो-तिहाई सदस्यों के बहुमत की आवश्यकता होती है, (अनुच्छेद-249)।

(ii) संविधान संशोधन के लिए अलग विशेष बहुमत की आवश्यकता होती है, (अनुच्छेद-368)। जिसके अनुसार, सदन की कुल सदस्य संख्या का बहुमत तथा उपस्थित और मत देने वाले दो-तिहाई सदस्यों के समर्थन की आवश्यकता होती है। इसमें दोनों शर्तें पूर्ण होनी चाहिए।

(iii) राष्ट्रपति के विरुद्ध महाभियोग के लिए अलग विशेष बहुमत की तथा राष्ट्रपति को पद से हटाने के लिए सदन की कुल सदस्य संख्या के दो-तिहाई बहुमत की आवश्यकता होती है, (अनुच्छेद-61)।

सामान्य बहुमत (Simple Majority)

सदन में गणपूर्ति होनी चाहिए और उसके बाद सदन में उपस्थित सदस्यों के संख्या के आधे से एक अधिक सामान्य बहुमत कहलाता है। अत: लोक सभा में 100 सदस्य उपस्थित हैं, तो सामान्य बहुमत 51 सदस्य का होगा। यदि 400 सदस्य उपस्थित हैं, तो सामान्य बहुमत 201 होगा। संसद के द्वारा निर्मित विधि, बजट, विश्वास प्रस्ताव व अविश्वास प्रस्ताव सामान्य बहुमत द्वारा पारित होता है।

प्रारंभिक परीक्षोपयोगी महत्त्वपूर्ण तथ्य

- संविधान संशोधन विधेयक किसी मंत्री या निजी संसद सदस्य द्वारा लाया जा सकता है। इसके लिए राष्ट्रपति की पूर्व अनुमति लेने की आवश्यकता नहीं होती।
- भारतीय संविधान में 'फुल्टन पद्धति' को अपनाया गया, जिसके अनुसार संशोधन की तीन विधियों को स्वीकार किया गया।
- भारतीय संविधान में संविधान संशोधन का उल्लेख संविधान के भाग-20 और अनुच्छेद-368 के अंतर्गत् किया गया है।
- भारत में संविधान संशोधन विधेयक संसद के किसी भी सदन में प्रस्तुत किया जा सकता है।
- संविधान संशोधन विधेयक पर सदन की संयुक्त बैठक नहीं होती।
- 24वें संविधान संशोधन, 1971 के बाद यह प्रावधान किया गया है कि राष्ट्रपति, संविधान संशोधन विधेयक पर वीटो का प्रयोग नहीं करेंगे और न ही वे इसे पुनर्विचार के लिए वापस करेंगे।
- सामान्य बहुमत द्वारा संशोधन में अनुच्छेद-368 की प्रक्रिया का पालन नहीं किया जाता है।
- संशोधन की तीसरी श्रेणी सबसे जटिल है, जिसमें संसद के विशेष बहुमत के अलावा आधे राज्य विधान सभाओं के बहुमत की आवश्यकता है। (इसमें पांडिचेरी एवं दिल्ली केंद्रशासित प्रदेश सम्मिलित नहीं हैं) राज्य विधान सभाओं द्वारा सहमति प्रदान करने के लिए किसी निश्चित समय सीमा का निर्धारण नहीं है।
- 13 न्यायाधीशों की पीठ के द्वारा केशवानंद भारती वाद (1973) में मूलभूत ढांचे या आधारभूत ढांचे की संकल्पना का निर्माण किया गया।
- न्यायपालिका ने स्पष्ट कहा कि भारतीय संविधान में संविधान संशोधन तथा संविधान के पूर्ण परिवर्तन के बीच कोई अंतर नहीं किया गया है, जैसाकि स्विट्जरलैंड के संविधान में है। इसलिए संविधान के अंतर्गत् संसद की संशोधनकारी शक्तियां सीमित हैं।
- 22 फरवरी, 2000 को न्यायमूर्ति वेंकट चेलैया की अध्यक्षता में एक संविधान समीक्षा आयोग का गठन किया गया। इसके अन्य सदस्य थे-न्यायमूर्ति बी.पी. जीवन रेड्डी, न्यायमूर्ति आर.एस. सरकारिया, न्यायमूर्ति कोंडापल्ली पुनैया, सोली सोराबजी, के. पारासरन, पी.ए. संगमा, सुभाष कश्यप, सी.आर. ईरानी, आबिद हुसैन तथा श्रीमती सुमित्रा कुलकर्णी।
- केंद्रीय विधि मंत्रालय के तहत् विधायी विभाग के सचिव रघुवीर सिंह को आयोग का सचिव नियुक्त किया गया।

अध्याय 9

संविधान की आधारभूत संरचना

(Basic Structure of the Constitution)

● गोलकनाथ बनाम पंजाब राज्य वाद, ● केशवानंद भारती बनाम केरल राज्य वाद, ● आधारभूत ढांचा परिवर्तित करने का प्रयास, ● आधारभूत ढांचे के अवयव, ● आधारभूत ढांचे के सिद्धांत की विशेषताएं, आलोचना, ● नवीं अनुसूची और आधारभूत ढांचा, ● निष्कर्ष

वस्तुतः संविधान विशेषज्ञों के मध्य इस बिंदु पर बहुत पहले से ही विवाद है कि संविधान के कौन से भाग संशोधन की सीमा से परे हैं और किसका संशोधन किया जा सकता है। संविधान में केवल मूल अधिकारों के अध्याय के लिए विशेष प्रावधान किया गया है। अनुच्छेद-13(2) के अनुसार, किसी भी विधि के द्वारा यदि मूल अधिकारों की कटौती अथवा छीनने का प्रयत्न किया गया, तो यह विधि उच्चतम न्यायालय के द्वारा अवैध घोषित कर दी जाएगी, लेकिन संविधान के अन्य भागों हेतु ऐसा कोई प्रतिबंध नहीं है।

मौलिक अधिकारों का संशोधन

संविधान बनने के तुरंत बाद ही संसद ने प्रथम संविधान संशोधन को पारित किया, जिसमें मौलिक अधिकारों वाले भाग में उल्लिखित संपत्ति के अधिकार को सीमित किया गया। यह प्रावधान जमींदारी व्यवस्था को समाप्त करने के लिए था। प्रथम संविधान संशोधन को *शंकरी प्रसाद वाद* (1951) में न्यायालय में चुनौती दी गई कि क्या संसद द्वारा मूल अधिकारों में परिवर्तन करना संविधान सम्मत है? तब न्यायालय ने कहा कि संसद अनुच्छेद-368 में वर्णित प्रावधानों का प्रयोग करते हुए मौलिक अधिकारों में परिवर्तन कर सकती है। यह वह समय था, जब संसद प्रगतिशील थी। स्वतंत्रता आंदोलन के नायक संसद में मौजूद थे तथा जो भी परिवर्तन हो रहे थे, वे आवश्यक थे। उच्चतम न्यायालय ने वर्ष-1967 तक यह स्वीकार किया कि संसद संविधान संशोधन (अनुच्छेद-368) का प्रयोग कर मौलिक अधिकारों में संशोधन कर सकती है।

गोलकनाथ बनाम पंजाब राज्य वाद

वर्ष-1967 में *गोलकनाथ वाद* में न्यायालय अपनी राय से पलट गया। *गोलकनाथ वाद* में संसद द्वारा पारित किए गए 17वें संविधान संशोधन, 1964 को चुनौती दी गई। संसद ने 17वें संविधान संशोधन में नवीं अनुसूची को विस्तारित किया तथा यह कहा था कि यदि किसी भी प्रकार से निजी संपत्ति या संपदा (Estate) का हरण किया जाता है, तो उसे अनुच्छेद-14 या अनुच्छेद-19 के उल्लंघन के आधार पर चुनौती नहीं दी जाएगी। गोलकनाथ वाद में उच्चतम न्यायालय ने निर्णय दिया कि मूल अधिकार अत्यधिक पवित्र एवं महत्त्वपूर्ण और संविधान के अन्य भागों से उच्चतर है। इसलिए संविधान संशोधन के द्वारा भी इनको समाप्त नहीं किया जा सकता। संसद को मौलिक अधिकारों में संशोधन की शक्ति प्राप्त नहीं है।

अत: संसद अनुच्छेद-368 के तहत् संविधान संशोधन का प्रयोग करके भी मौलिक अधिकारों को नहीं छीन सकती। मौलिक अधिकारों को कम या समाप्त करने के लिए पुन: संविधान सभा का गठन करना होगा। नवगठित संविधान सभा ही मौलिक अधिकारों में परिवर्तन कर सकती है। न्यायालय ने यह भी कहा कि यह निर्णय भविष्य में मूल अधिकारों को संशोधित करने पर प्रतिबंध लगाता है, परंतु इस निर्णय से पहले जिन मूल अधिकारों के संशोधन किए जा चुके थे, उन पर इस निर्णय का कोई प्रभाव नहीं पड़ेगा तथा वे संविधान संशोधन यथावत् रहेंगे, जिसे **'भविष्यलक्षी विधि का सिद्धांत'** कहा जाता है।

केशवानंद भारती बनाम केरल राज्य वाद

इसे लोकप्रिय रूप में मूल अधिकारवाद के रूप में भी जाना जाता है। इस दौरान उच्चतम न्यायालय के मुख्य न्यायाधीश न्यायामूर्ति एस.एम. सीकरी थे। इंदिरा गांधी सरकार के द्वारा जिस त्वरित गति से संविधान संशोधन तथा न्यायपालिका व नौकरशाही पर नियंत्रण स्थापित करने का प्रयास किया गया। उसे देखते हुए मुख्य न्यायाधीश सीकरी के नेतृत्व में उच्चतम न्यायालय ने एक ऐतिहासिक निर्णय दिया। *केशवानंद भारती वाद* में 24वें, 25वें, 26ठे एवं 29वें संविधान संशोधन को चुनौती दी गई, जिसमें उच्चतम न्यायालय के द्वारा निम्नलिखित विषयों पर विचार किया गया–

(i) **संशोधन की प्रक्रिया एवं शक्ति**

उच्चतम न्यायालय के द्वारा कहा गया कि अनुच्छेद-368 में संविधान संशोधन की प्रक्रिया एवं शक्ति दोनों का उल्लेख किया गया है। इसलिए न्यायालय के द्वारा 24वें संविधान संशोधन को संवैधानिक कहा गया, जिसके द्वारा संविधान के अनुच्छेद-368 में खंड(1) एवं खंड(3) जोड़ा गया। अनुच्छेद-368 के खंड(1) में यह उल्लिखित है कि संसद अपनी संविधायी शक्ति के द्वारा संविधान के किसी भी भाग में परिवर्तन कर सकती है, जोड़ अथवा उसे हटा सकती है।

(ii) **संसद की संविधायी शक्ति** (Constituent Power) **एवं विधायी शक्ति** (Legislative Power)

उच्चतम न्यायालय के अनुसार, संसद की संविधायी शक्ति के द्वारा मूल अधिकारों का संशोधन हो सकता है, परंतु विधायी शक्ति के द्वारा मूल अधिकारों को नहीं छीना जा सकता। उच्चतम न्यायालय के अनुसार, 24वें संविधान संशोधन, 1971 द्वारा जोड़े गए अनुच्छेद-368 के खंड(3) को संवैधानिक कहा। जिसके अनुसार संविधान संशोधन विधि, सामान्य विधि से पृथक् है।

(iii) **मूल अधिकारों का संशोधन**

उच्चतम न्यायालय ने स्वीकार किया कि मूल अधिकारों का संशोधन किया जा सकता है। अनुच्छेद-368 की प्रक्रिया के अनुसार मूल अधिकार में बदलाव किए जा सकते हैं। इसीलिए उच्चतम न्यायालय ने 25वें संविधान संशोधन के एक भाग को संवैधानिक माना। 25वें संविधान संशोधन, 1971 द्वारा नीति निदेशक तत्त्वों को मौलिक अधिकारों से प्राथमिक माना गया है। पहली बार एक निदेशक तत्त्व 39(b) (c) को मूल अधिकारों के अनुच्छेद-14, 19 एवं 31 से प्राथमिक दर्जा दिया गया है।

(iv) **आधारभूत ढांचा** (Basic Structure)

संविधान में आधारभूत ढांचे का उल्लेख कहीं भी नहीं किया गया है, जिसका विकास *केशवानंद भारती वाद* में किया गया है। उच्चतम न्यायालय के 13 न्यायाधीशों के बैंच के द्वारा संविधान संशोधन की शक्ति की नई व्याख्या की गई। न्यायामूर्ति एस.एम. सिकरी, जे.एम. सेलात, के. एस. हेगड़े, ए.एन. ग्रोवर, जगमोहन रेड्डी, डी.जी. पालेकर, एच.आर. खन्ना, ए.के. मुखर्जी एवं न्यायामूर्ति वाई.बी. चंद्रचूड़ ने निर्णय पर अपने हस्ताक्षर किए। परंतु न्यायामूर्ति ए.एन.रे, के.के. मैथ्यू, हामिदउल्ला बेग एवं एस.एन. द्विवेदी ने निर्णय पर हस्ताक्षर नहीं किए। *केशवानंद भारती वाद* (1973) में ही आधारभूत संरचना का सिद्धांत आया। आधारभूत ढांचे का अभिप्राय, संविधान के उन मूल और अपृथक् भाग से है, जो संविधान की आत्मा एवं उसका सार तत्त्व है, जिसे संशोधित करने का आशय एक नए संविधान बनाने जैसा होगा।

(v) **संसद के संशोधन शक्ति पर नियंत्रण**

संविधान के अनुच्छेद-368 के खंड(4) एवं (5) में यह उल्लिखित है कि संविधान संशोधन का न्यायिक पुनरावलोकन नहीं होगा एवं संसद के द्वारा संविधान के किसी भी प्रावधान का संशोधन किया जा सकता है। अत: संसद की संशोधन शक्ति पर कोई सीमा नहीं है। *केशवानंद*

भारती वाद में संसद की संविधान संशोधन शक्ति को सीमित कर दिया गया। उच्चतम न्यायालय के अनुसार, किसी राजनीतिक दल को सदन में दो-तिहाई बहुमत प्राप्त होने का यह अभिप्राय नहीं है कि उसके द्वारा लोकतांत्रिक शासन को समाप्त कर दिया जाए।

(vi) संविधान संशोधनों का न्यायिक पुनरावलोकन

केशवानंद भारती वाद में पहली बार किसी संविधान संशोधन विधेयक को असंवैधानिक घोषित कर दिया गया। जबकि इसके पूर्व संविधान लागू होने के 23 वर्षों में कभी भी उच्चतम न्यायालय में किसी संविधान संशोधन को रद्द नहीं किया। इसलिए संशोधन के द्वारा इन आधारभूत ढांचे का परिवर्तन नहीं हो सकता, क्योंकि भारतीय संविधान में संविधान संशोधन और संविधान के पूर्ण पुनरीक्षण (Total Review) में कोई भेद नहीं किया गया है। *केशवानंद भारती वाद* में न्यायपालिका ने संसद के संविधान संशोधन की शक्ति को ही सीमित कर दिया। यह स्पष्ट कहा गया है कि संसद अपनी संशोधन शक्ति के अंतर्गत् भी आधारभूत ढांचे को बदल नहीं सकती। इसलिए संविधान के अंतर्गत् संसद की संशोधनकारी शक्तियां सीमित हैं। हमारे संविधान में संशोधन के लिए मूल संस्था संसद ही है, कोई अन्य निकाय नहीं। इसलिए संविधान के ये मूल लक्षण संशोधन की सीमा से परे है। अपने निर्णय में उच्चतम न्यायालय ने कहा कि संसद अनुच्छेद-368 के तहत् संविधान में किसी प्रकार के संशोधन की शक्ति रखती है, परंतु वह संविधान की आधारभूत संरचना में संशोधन नहीं कर सकती। यहां मूल प्रश्न यह उत्पन्न होता है कि आधारभूत ढांचा क्या है? न्यायपालिका ने इसे परिभाषित नहीं किया, बल्कि यह न्यायपालिका के निर्णय पर निर्भर करता है कि वह संविधान के किस भाग को आधारभूत ढांचे का भाग घोषित करे। अतः आधारभूत ढांचे के सिद्धांत के द्वारा न्यायपालिका को न्यायिक पुनरावलोकन का एक व्यापक एवं विस्तृत अधिकार मिल जाता है। न्यायपालिका ने स्पष्ट रूप में कहा कि अनुच्छेद-368 की प्रक्रिया अपनाते हुए संसद, संविधान के किसी भी भाग का संशोधन कर सकती है, परंतु मूल ढांचे का संशोधन नहीं कर सकती।

आधारभूत ढांचा परिवर्तित करने का प्रयास

केशवानंद भारती वाद के निर्णय को निरस्त करने के लिए पुनः श्रीमती इंदिरा गांधी की सरकार ने 42वें संविधान संशोधन, 1976 को पारित किया। 42वें संविधान संशोधन द्वारा यह व्यवस्था की गई कि संसद मौलिक अधिकारों सहित संविधान के किसी भाग में परिवर्तन की शक्ति रखती है तथा कोई भी परिवर्तन कर सकती है। साथ ही संविधान संशोधन न्यायिक पुनरावलोकन के दायरे में शामिल नहीं होंगे, परंतु वर्ष-1980 में उच्चतम न्यायालय ने मिनर्वा मिल्स वाद में इस संविधान संशोधन को निरस्त कर दिया। उच्चतम न्यायालय के अनुसार, संसद के संशोधन की शक्ति मनमानी नहीं हो सकती तथा न्यायिक पुनरावलोकन को संविधान संशोधन के द्वारा छीना नहीं जा सकता। अतः न्यायालय ने आधारभूत ढांचे के सिद्धांत को बनाए रखा। आधारभूत ढांचे के सिद्धांत का उल्लेख भारतीय संविधान में उल्लिखित नहीं है। यह पूर्णतः न्यायपालिका का सृजन है। आधारभूत ढांचे की व्याख्या की शक्ति को न्यायालय ने स्वतः धारण कर लिया है।

आधारभूत ढांचे के अवयव

आधारभूत ढांचे की संकल्पना द्वारा न्यायपालिका ने न्यायिक पुनरावलोकन का अत्यधिक ठोस आधार निर्मित किया, क्योंकि अनुच्छेद-368 की संशोधन शक्ति में एक अंतर्निहित प्रतिबंध भी आरोपित है। *केशवानंद भारती वाद* में न्यायमूर्ति सीकरी ने निम्नलिखित तत्त्वों को संविधान का मूलभूत ढांचा माना। जैसे-संविधान की सर्वोच्चता, सरकार का लोकतांत्रिक व गणतांत्रिक स्वरूप, संविधान की पंथनिरपेक्ष प्रकृति, शक्तियों का विभाजन या पृथक्करण एवं संघीय व्यवस्था। इसी वाद में न्यायमूर्ति हेगड़े व न्यायमूर्ति मुखर्जी ने निम्नलिखित तत्त्वों को संविधान का आधारभूत ढांचा माना। जैसे-संप्रभुता व एकता, शासन का लोकतांत्रिक स्वरूप तथा व्यक्ति की स्वतंत्रता। न्यायमूर्ति खन्ना के अनुसार, संसद की संशोधन शक्ति का अभिप्राय यह नहीं है कि संसद लोकतांत्रिक सरकार को परिवर्तित करके अधिनायकवाद की स्थापना करे तथा राज्य की पंथनिरपेक्ष प्रकृति को बदल दे। *इंदिरा गांधी बनाम राजनारायण वाद* (1975) में न्यायमूर्ति चंद्रचूड़ ने निम्नलिखित तत्त्वों को संविधान का मूलभूत ढांचा माना। जैसे-संप्रभु व लोकतांत्रिक गणराज्य, परिस्थिति व अवसर की समानता, पंथनिरपेक्षता और अंतःकरण की स्वतंत्रता व विधि का शासन। इसके अतिरिक्त *मिनर्वा मिल्स वाद* (1980) में निम्नलिखित तत्त्वों को संविधान

का आधारभूत ढांचा माना गया। जैसे-संसद के संविधान संशोधन की शक्ति, न्यायिक पुनरावलोकन और मूलाधिकार व नीति निदेशक तत्त्वों के मध्य सामंजस्य एवं समन्वय शामिल है। इस वाद के पश्चात् मूलभूत ढांचे की संकल्पना का समर्थन किया गया। उदाहरण के लिए, *नरसिंह राव वाद* में न्यायमूर्ति एस.सी. अग्रवाल के अनुसार, संसदीय शासन संविधान का आधारभूत ढांचा है। एस.आर. बोम्मई वाद (1994) में न्यायमूर्ति रामास्वामी के अनुसार, निम्नलिखित तत्त्व संविधान के मूलभूत ढांचे में शामिल हैं, जैसे-सरकार का लोकतांत्रिक स्वरूप, संघीय शासन, राष्ट्रीय एकता व अखंडता, पंथनिरपेक्षता, समाजवाद, सामाजिक न्याय तथा न्यायिक पुनरावलोकन। उच्चतम न्यायालय द्वारा न्यायिक नियुक्ति आयोग के प्रावधान को असंवैधानिक घोषित कर दिया गया, क्योंकि इसके द्वारा न्यायपालिका की स्वतंत्रता को प्रभावित करने का प्रयत्न किया गया है। अतः लगभग पिछले 50 वर्षों में उच्चतम न्यायालय ने आधारभूत ढांचे के सिद्धांत को बरकरार रखा है।

आधारभूत ढांचे के सिद्धांत की विशेषताएं

आधारभूत ढांचे के सिद्धांत की विशेषताएं निम्नलिखित हैं-

(i) आधारभूत ढांचे की संकल्पना वस्तुतः अपरिभाषित है।

(ii) उपरोक्त वर्णित तत्त्व आधारभूत ढांचे के भाग हैं, परंतु यह सूची अभी भी अपूर्ण है।

(iii) आधारभूत ढांचे के सिद्धांत का निर्माण अमूर्त रूप में नहीं किया गया, बल्कि प्रत्येक वाद में इसका निर्धारण किया गया। अतः न्यायपालिका किसी भी वाद में किसी तत्त्व को मूलभूत ढांचे की संज्ञा दे सकती है।

(iv) आधारभूत ढांचे के सिद्धांत के द्वारा संविधान के निरंतर और असीमित संशोधन पर एक स्वाभाविक प्रतिबंध आरोपित हो जाता है।

(v) इस सिद्धांत के माध्यम से न्यायपालिका ने अपनी न्यायिक पुनरावलोकन की शक्ति को प्रभावी रूप में बनाए रखा है।

आलोचना

(i) न्यायिक सक्रियता

उच्चतम न्यायालय के अनुसार, आधारभूत ढांचे के सिद्धांत के द्वारा न्यायपालिका संसद के किसी भी कार्य को असंवैधानिक घोषित कर सकती है। संसद के द्वारा राष्ट्रीय न्यायिक नियुक्ति आयोग का निर्माण किया गया, जिसे उच्चतम न्यायालय ने असंवैधानिक घोषित कर दिया। उच्चतम न्यायालय के अनुसार इसके द्वारा न्यायिक स्वतंत्रता की अवहेलना की गई। *केशवानंद भारती वाद* (1973) के निर्णय पर संसद द्वारा अत्यधिक तीखी प्रतिक्रिया व्यक्त की गई। संसद ने इसे संसदीय भावना के पूर्णतः विपरीत माना और इसे न्यायिक हस्तक्षेप व न्यायिक सक्रियता के रूप में देखा गया, क्योंकि संसद को यह अधिकार है कि वह संविधान के किसी भाग का संशोधन कर सकती है, ऐसा सांसदों ने तर्क दिया। जिनके अनुसार, भारतीय संविधान में संसदीय शासन प्रणाली में संसद को निर्णायक रूप में अधिक शक्ति प्राप्त है। लेकिन इन मतभेदों के बावजूद न्यायपालिका ने आधारभूत ढांचे के सिद्धांत का प्रयोग किया है। संसदीय शासन में विधि के निर्माण तथा संशोधन का अधिकार संसद का है। इसलिए संसद ने इसकी आलोचना न्यायिक सक्रियता के रूप में की, जिसके परिणामस्वरूप संविधान में वर्णित शक्ति विभाजन असंतुलित हो जाएगा। आलोचकों के अनुसार, यदि संसद की संविधान संशोधन की शक्ति सीमित है, तो न्यायपालिका के न्यायिक पुनरावलोकन की शक्ति असीमित नहीं हो सकती। यदि संसद को एक नया संविधान लिखने की अनुमति प्राप्त नहीं है, तो न्यायपालिका भी संविधान में आमूलचूल परिवर्तन नहीं कर सकती। यह बिंदु उल्लेखनीय है कि संविधान निर्माताओं ने शासन के किसी भी अंग को सर्वोच्च नहीं माना, बल्कि उन्होंने संविधान की सर्वोच्चता को स्वीकार किया था।

(ii) शक्ति पृथक्करण

उच्चतम न्यायालय ने स्वयं यह स्वीकार किया है कि शक्ति पृथक्करण संविधान का आधारभूत ढांचा है, जिसका अभिप्राय है कि संसद के द्वारा विधि का निर्माण किया जाएगा। इसके अनुसार संविधान संशोधन का कार्य संसद को प्रदान किया गया है। कार्यपालिका के द्वारा विधियों को क्रियान्वित एवं न्यायपालिका के द्वारा विवादों का समाधान किया जाता है, परंतु आधारभूत ढांचे के माध्यम से न्यायपालिका संसद के कार्यों में हस्तक्षेप कर रही है।

(iii) अपरिभाषित

वर्ष-1973 से लेकर आज तक उच्चतम न्यायालय के द्वारा आधारभूत ढांचे को परिभाषित करने के लिए किसी

संवैधानिक बैंच का गठन नहीं किया गया। इसलिए विभिन्न वादों में उच्चतम न्यायालय के अलग-अलग न्यायाधीशों के द्वारा आधारभूत ढांचे का उल्लेख किया जाता है। आधारभूत ढांचे की संकल्पना अस्पष्ट तथा अनेकार्थी है। न्यायपालिका ने *केशवानंद भारती वाद* (1973) में स्वयं कहा कि संविधान की व्याख्या करते समय हमें संविधान की शर्तों का सामान्य और स्पष्ट अर्थ ग्रहण करना चाहिए, जबकि व्यावहारिक रूप में न्यायपालिका द्वारा ऐसा नहीं किया गया। कुछ वादों में निम्न न्यायाधीशों ने परस्पर विरोधी आधारभूत ढांचे की संकल्पना का प्रतिपादन किया। उदाहरण के लिए, *इंदिरा गांधी बनाम राजनारायण वाद* (1975) में मुख्य न्यायाधीश ए.एन. राय ने मुक्त तथा निष्पक्ष चुनाव को संविधान के आधारभूत ढांचे का भाग नहीं माना, जबकि इसी वाद में न्यायमूर्ति खन्ना ने कहा कि मुक्त और निष्पक्ष निर्वाचन संविधान के आधारभूत ढांचे का भाग है। यह अत्यधिक महत्त्वपूर्ण है कि न्यायपालिका का कोई ऐसा बहुमत का निर्णय उपलब्ध नहीं है, जिसमें आधारभूत ढांचे को परिभाषित किया गया हो।

प्रसिद्ध संविधान विशेषज्ञ दुर्गा दास बसु ने *केशवानंद भारती वाद* के निर्णय के विरोधाभासों को व्यक्त करते हुए कहा कि इस वाद में न्यायिक पुनरावलोकन को संविधान का आधारभूत ढांचा माना गया है, जबकि मूलाधिकारों को आधारभूत ढांचे के अंतर्गत् नहीं रखा गया। यह अत्यधिक रोचक तथ्य है कि न्यायिक पुनरावलोकन मूलाधिकारों का ही एक भाग है। इसलिए उन्होंने तो इतना तक कहा कि भविष्य में *केशवानंद भारती वाद* के निर्णय को बदला जा सकता है।

आई.आर. कोयलाहो वाद (I. R. Coelho), **2007** में उच्चतम न्यायालय ने यह पुनः दोहराया कि आधारभूत ढांचे का संशोधन नहीं हो सकता और यदि किसी विषय को नवीं अनुसूची में शामिल किया जाता है, तो ही उसका न्यायिक पुनरावलोकन होगा। यदि इससे आधारभूत ढांचे का उल्लंघन हो रहा हो।

नवीं अनुसूची और आधारभूत ढांचा

पहले संविधान संशोधन के द्वारा नवीं अनुसूची का निर्माण वर्ष-1951 में किया गया तथा अनुच्छेद-31(b) जोड़ा गया, जिसमें प्रावधान किया गया कि नवीं अनुसूची में सम्मिलित विषय किसी न्यायपालिका या अधिकरण के समक्ष प्रश्नगत नहीं किया जाएगा, क्योंकि जमींदारी उन्मूलन के विरुद्ध लोगों ने उच्चतम न्यायालय में अपनी संपत्ति की रक्षा का प्रयत्न किया और उच्चतम न्यायालय के द्वारा संपत्ति के मूल अधिकार की रक्षा की गई। संपत्ति के मूल अधिकार के कारण निदेशक तत्त्वों को लागू करने में अत्यधिक कठिनाई महसूस हुई। इसलिए नवीं अनुसूची का निर्माण किया गया तथा भूमि सुधार और जमींदारी उन्मूलन से संबंधित विधियों को नवीं अनुसूची में स्थान दिया गया। साथ ही यह प्रावधान किया गया कि इसमें शामिल विषय को न्यायपालिका अवैध घोषित नहीं करेगी। यदि ये विषय मूल अधिकारों का उल्लंघन करते हैं, तो भी न्यायपालिका इन्हें अवैध घोषित नहीं करेगी। नवीं अनुसूची का निर्माण भूमि सुधार की विधियों को संरक्षित करने के लिए किया गया था, परंतु बाद में इसमें अन्य विषय भी शामिल कर दिए गए। उदाहरण के लिए, तमिलनाडु सरकार के द्वारा प्रदान किए गए 69 प्रतिशत आरक्षण को नवीं अनुसूची में शामिल कर लिया गया, जिससे इसे न्यायिक पुनरावलोकन से बचाया जा सकें यह उल्लेखनीय है कि वर्ष-1973 में *केशवानंद भारती वाद* में मूलभूत ढांचे का सिद्धांत प्रतिपादित किया गया और न्यायपालिका ने कहा कि नवीं अनुसूची में शामिल विषय यदि आधारभूत ढांचे का उल्लंघन करते हैं, तो इसे अवैध घोषित कर दिया जाएगा। इसी निर्णय को दोहराते हुए उच्चतम न्यायालय ने *आई.आर.कोयलाहो वाद* (I. R. Coelho), **2007** में कहा कि यदि नवीं अनुसूची में शामिल कोई विषय वर्ष-1973 के बाद सम्मिलित किया गया है और मूलभूत ढांचे का उल्लंघन करता है, तो ऐसे विषयों को न्यायपालिका अवैध घोषित कर देगी।

निष्कर्ष

भारतीय संविधान की व्याख्या के लिए संदर्भ (Context) का महत्त्व होना चाहिए, केवल विषय वस्तु (Text) की व्याख्या पर्याप्त नहीं है। न्यायालय ने संविधान की व्याख्या के लिए संविधान की भावना (Spirit of The Constitution) को अत्यधिक महत्त्व दिया है, जो संविधान के शब्दों में अंतर्निहित है। इसी विचार से मूलभूत ढांचे का निर्माण किया गया।

अध्याय 10

शक्ति का पृथक्करण

(Separation of Power)

• शक्ति पृथक्करण की हानि; • भारत में शक्ति पृथक्करण, • निष्कर्ष

लोकतांत्रिक शासन प्रणाली का मूल आधार विधि का शासन है। लोकतांत्रिक शासन शक्ति के केंद्रीकरण को हतोत्साहित करता है, क्योंकि शक्तियों का केंद्रीकरण व्यक्ति की स्वतंत्रता के लिए हानिकारक होता है और शक्ति का पृथक्करण सरकार की शक्तियों को सीमित करने में सहायक है। अतः शक्ति के पृथक्करण से स्वतंत्रता का संरक्षण संभव है। शक्ति पृथक्करण का पहला प्रयोग अमेरिकी संविधान निर्माताओं के द्वारा किया गया, जिन्होंने शक्ति के पृथक्करण को संविधान का मूल आधार माना है। **इसकी निम्नलिखित विशेषताएं हैं-**

(i) शासन अथवा सरकार के एक अंग का हस्तक्षेप, दूसरे अंग में नहीं होना चाहिए।

(ii) सरकार के सभी अंगों के पदाधिकारी अलग-अलग होने चाहिए।

(iii) सरकार के सभी अंगों के कार्य भी पृथक् होते हैं।

अमेरिका में शक्ति पृथक्करण

इसी सिद्धांत पर अमेरिका का अध्यक्षीय शासन आधारित है, जहां कार्यपालिका, विधायिका एवं न्यायपालिका तीनों की शक्तियां तथा सरकार के तीनों अंगों में कार्य करने वाले पदाधिकारी अलग-अलग हैं। विधायिका के द्वारा विधि का निर्माण किया जाता है और कार्यपालिका विधि को क्रियान्वित एवं नीतियों का निर्माण करती है तथा न्यायपालिका के द्वारा विवादों का समाधान किया जाता है। सरकार के तीनों अंगों में शक्तियों के पृथक्करण के अलावा अंतर्संबंध भी पाया जाता है। इसीलिए शक्ति पृथक्करण के साथ नियंत्रण एवं संतुलन का सिद्धांत भी अपनाया गया है, जहां कार्यपालिका, विधायिका को नियंत्रित और विधायिका, कार्यपालिका के कार्यों की निगरानी करती है तथा न्यायपालिका, कार्यपालिका एवं विधायिका दोनों पर नियंत्रण बनाए रखती है। अमेरिका में विधि-निर्माण का अधिकार कांग्रेस को है, जबकि विधियों के क्रियान्वयन का अधिकार राष्ट्रपति को है तथा न्यायपालिका संविधान की व्याख्या करती है। अमेरिका में कांग्रेस के द्वारा राष्ट्रपति को अपने कार्यकाल के पहले पद से नहीं हटाया जा सकता तथा राष्ट्रपति, प्रतिनिधि सदन को भंग नहीं कर सकता। अमेरिका में राष्ट्रपति और मंत्रिमंडल का सदस्य होने के लिए यह आवश्यक है कि वे विधायिका के सदस्य नहीं होने चाहिए। अमेरिका में राष्ट्रपति का कार्यकाल 4 वर्षों, जबकि सीनेट का कार्यकाल 6 वर्षों का तथा प्रतिनिधि सदन का कार्यकाल दो वर्ष का होता है। अतः अमेरिका में कार्यपालिका और विधायिका के निर्वाचन भी अलग-अलग

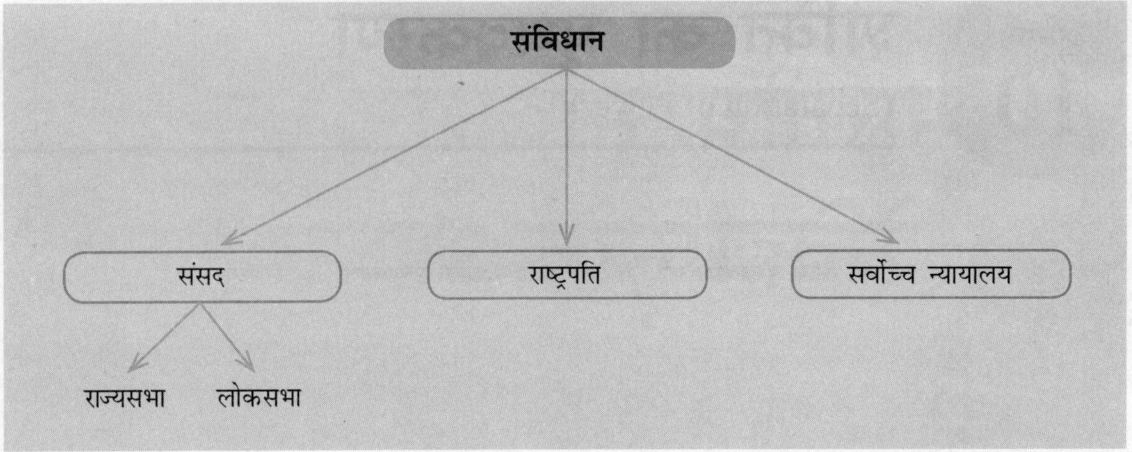

होते हैं तथा राष्ट्रपति सीधे आम जनता के प्रति उत्तरदायी होता है।

शक्ति पृथक्करण की हानि

अमेरिकी संविधान में वर्णित शक्ति पृथक्करण के द्वारा स्वतंत्रता का संरक्षण तथा सरकार की शक्तियां सीमित होती हैं, परंतु इसके अनेक नुकसान भी हैं। क्योंकि शक्ति पृथक्करण के परिणामस्वरूप शासन के तीनों अंगों के बीच संघर्ष की संभावना बनी रहती है। यदि विधायिका बजट पारित न करे, तो कार्यपालिका को खर्च के लिए वित्त (बजट) प्राप्त नहीं होगा। न्यायपालिका, विधायिका के कार्यों में अवरोध उत्पन्न कर सकती है तथा न्यायपालिका तीसरे सदन के रूप में कार्य करने लगती है। इसीलिए भारतीय संविधान निर्माताओं ने अमेरिकी शक्ति पृथक्करण को पूर्ण रूप से स्वीकार नहीं, बल्कि इसके मूल आधार को ग्रहण किया।

भारत में शक्ति पृथक्करण

शक्ति पृथक्करण के द्वारा कार्यपालिका एवं विधायिका के बीच संघर्ष की संभावना बनी रहती है, इसलिए भारतीय संविधान निर्माताओं ने अध्यक्षीय शासन प्रणाली को स्वीकार नहीं किया। यह भी उल्लेखनीय है कि अध्यक्षीय शासन प्रणाली में शक्तियां राष्ट्रपति में निहित होती हैं, जबकि संसदीय शासन प्रणाली में शक्तियां एक व्यक्ति में निहित न होकर, मंत्रिमंडल में निहित होती हैं, जिससे शक्तियों के दुरूपयोग की संभावना कम होती है।

भारतीय संविधान के अनुच्छेद-50 के अंतर्गत कार्यपालिका तथा न्यायपालिका को अलग-अलग होना चाहिए। इसलिए वर्ष-1973 में भारतीय दंड प्रक्रिया संहिता पारित की गई, जिसके अनुसार, जिला मजिस्ट्रेटों से न्यायिक शक्ति लेकर न्यायिक मजिस्ट्रेटों को दे दी गई। वर्तमान में न्यायपालिका और कार्यपालिका के कार्यों का भारत में पूर्ण पृथक्करण किया गया है। शक्ति पृथक्करण का सिद्धांत नीति निदेशक तत्त्वों के अध्याय में वर्णित है, परंतु सरकार ने इसे लागू करने के लिए विधि का निर्माण किया। भारत में सरकार के **तीन** अंग हैं-विधायिका, कार्यपालिका और न्यायपालिका तथा तीनों की शक्तियां अलग-अलग हैं। इसलिए भारत के संसदीय शासन में भी शक्ति के पृथक्करण का सिद्धांत अपनाया गया है, जिसके अनुसार, संसद को संविधान संशोधन की शक्ति प्राप्त है और न्यायपालिका को संसद के कार्यों के पुनरावलोकन का अधिकार है तथा कार्यपालिका को विधायिका द्वारा निर्मित विधियों को क्रियान्वित करने तथा नीति-निर्माण का भी अधिकार है। उच्चतम न्यायालय के अनुसार, संसद, न्यायपालिका को न्यायिक पुनरावलोकन से वंचित नहीं कर सकती। न्यायालय ने आधारभूत ढांचे का सिद्धांत पारित करते हुए कहा कि संसद को संविधान के संशोधन की शक्ति प्राप्त है, परंतु उच्चतम न्यायालय संविधान का संरक्षक है। इसलिए संसद, संविधान का संशोधन तो कर सकती है, परंतु पूर्ण परिवर्तन नहीं कर सकती।

भारत में विधायिका, कार्यपालिका एवं न्यायपालिका

को अलग-अलग शक्तियां प्राप्त हैं। इसलिए शक्ति के पृथक्करण का सिद्धांत पाया जाता है। यह अमेरिकी शक्ति के पृथक्करण के सिद्धांत से अलग है। भारत में सरकार के तीनों अंगों के बीच कार्यों का पृथक्करण पाया जाता है। इसलिए तकनीकी रूप में भारत में विद्यमान शक्ति के पृथक्करण का सिद्धांत अमेरिका से अलग है। सरकार के तीनों अंगों के बीच नियंत्रण एवं संतुलन का सिद्धांत भारत में प्रभावी रूप में विद्यमान हैं, क्योंकि विधायिका और कार्यपालिका के कार्यों का न्यायपालिका पुनरावलोकन करती है, जबकि न्यायाधीशों को अपने पद से हटाने का अधिकार संसद को दिया गया है। उच्चतम न्यायालय द्वारा शक्ति के पृथक्करण के सिद्धांत को संविधान का आधारभूत ढांचा माना गया है। भारतीय संविधान के प्रावधानों में शक्ति पृथक्करण का आधार वर्णित है। अनुच्छेद-122 में यह उल्लिखित है कि न्यायपालिका, संसद की प्रक्रियाओं की वैधता की जांच नहीं कर सकती तथा उच्चतम न्यायालय को संविधान में संघीय विवादों को हल करने की शक्ति प्रदान की गई है, परंतु उच्चतम न्यायालय को नदी जल विवाद तथा संघ एवं राज्यों के मध्य वित्तीय लेन-देन से संबंधित मामलों में सुनवाई से वंचित किया गया है, जिससे यह स्पष्ट है कि संविधान निर्माताओं ने शक्ति के पृथक्करण के विचार को अपनाया। संसद को सामाजिक न्याय लागू करने का अधिकार दिया गया, जबकि उच्चतम न्यायालय को मौलिक अधिकारों का संरक्षक बनाया गया है।

आलोचकों के अनुसार, वर्तमान में उच्चतम न्यायालय स्वयं शक्ति के पृथक्करण की भावना का अतिक्रमण कर रहा है, जिसे **न्यायिक सक्रियता** भी कहा जाता है। उच्चतम न्यायालय के द्वारा कोलेजियम प्रणाली बनाकर न्यायाधीशों की नियुक्ति में न्यायाधीशों की प्राथमिकता स्थापित कर दी गई। वर्तमान में न्यायाधीशों की नियुक्ति को लेकर न्यायपालिका और सरकार के बीच विवाद उत्पन्न हो गया है। सरकार राष्ट्रीय न्यायिक नियुक्ति आयोग के द्वारा न्यायाधीशों की नियुक्ति में कार्यपालिका को महत्त्व प्रदान करना चाहती है, जबकि न्यायाधीश इस विचार से पूर्णत: सहमत नहीं हैं। कार्यपालिका के द्वारा यह तर्क दिया गया है कि न्यायाधीशों के द्वारा न्यायाधीश की नियुक्ति शक्ति पृथक्करण के सिद्धांतों के विपरीत है।

भारत में संसदीय शासन को अपनाया गया है। संसदीय शासन की मूलभूत विशेषता विधायिका एवं कार्यपालिका के बीच शक्तियों का समिश्रण है। कार्यपालिका का सदस्य होने के लिए विधायिका का सदस्य होना अनिवार्य है, जबकि अमेरिकी संविधान में विद्यमान शक्ति पृथक्करण के अनुसार विधायिका का सदस्य कार्यपालिका का सदस्य नहीं हो सकता। इसीलिए कहा जाता है कि भारत में कार्यों का पृथक्करण है, शक्ति का नहीं। भारतीय संविधान निर्माताओं ने संसदीय शासन को अपना कर शक्ति के समन्वय एवं समिश्रण के विचार को अपनाया, क्योंकि सरकार के तीनों अंग एक-दूसरे के पूरक हैं तथा तीनों के बीच आंगिक संबंध हैं। इसलिए भारत में शक्ति पृथक्करण का सिद्धांत अमेरिका से अलग एवं विशिष्ट है। अमेरिका में शक्ति का पृथक्करण है, जबकि भारत में कार्यों का पृथक्करण है।

निष्कर्ष

शक्ति के केंद्रीकरण से राज्य की शक्तियों में वृद्धि होती है, जिससे नागरिकों की स्वतंत्रता पर भी खतरा उत्पन्न हो जाता है। लोकतांत्रिक शासन में राज्य की शक्तियों को सीमित करने के लिए शक्ति पृथक्करण आवश्यक है, जिससे नागरिकों के अधिकारों का संरक्षण सुनिश्चित होता है।

संघ एवं राज्यों के कार्य एवं उत्तरदायित्व

भाग 3

1) संघीय शासन की संरचना, 2) संघीय शासन की चुनौतियां, 3) संघीय शासन से संबंधित मुद्दे, 4) संघीय शासन में स्वायत्तता के विशिष्ट रूप, 5) स्थानीय स्तर पर शक्ति एवं वित्तीय हस्तांतरण, 6) नगरपालिका

संघीय शासन की संरचना

(Structure of Federal Government)

- संघवाद के प्रकार, • भारत में संघ का स्वरूप, • भारतीय संविधान में केंद्रीकरण की प्रवृत्तियां,
- निष्कर्ष

विश्व में विभिन्न प्रकार की लोकतांत्रिक राजनीतिक व्यवस्थाएं कार्य कर रही हैं। भौगोलिक रूप में शक्तियों के विभाजन के आधार पर सरकारों को **दो भागों में विभाजित किया जा सकता है-**

1. एकात्मक शासन 2. संघात्मक शासन।

1. एकात्मक शासन

(Unitary Government)

एकात्मक शासन प्रणाली सामाजिक एवं भौगोलिक वातावरण से प्रभावित होती है। इसलिए जिन देशों में सामाजिक विविधता का अभाव एवं भौगोलिक क्षेत्र छोटा है, उनमें एकात्मक शासन का प्रयोग किया जाता है। इसमें स्थानीय सरकार, केंद्र सरकार के अधीन होती हैं। एकात्मक शासन में संपूर्ण शक्तियां केवल एक केंद्रीय सरकार में निहित होती हैं तथा कानून निर्माण एवं नीति निर्धारण केवल केंद्रीय सरकार द्वारा किया जाता है। जैसे-ग्रेट ब्रिटेन। इन व्यवस्थाओं में राज्य सरकारें एक नगर निगम की तरह होती हैं और उनके पास संवैधानिक अधिकार नहीं होते। केवल ऐसे अधिकार व शक्तियां होती हैं, जिसे केंद्रीय सरकार, स्थानीय शासन को सुचारू रूप से चलाए जाने हेतु प्रदान करती हैं।

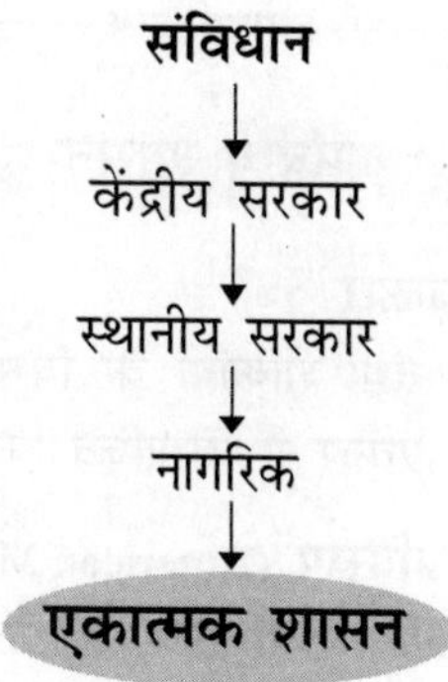

2. संघात्मक शासन

(Federal Government)

भौगोलिक रूप में विशाल देशों में शासन का संचालन एक केंद्र से संभव नहीं है। विविधतापूर्ण एवं बहुलवादी समाज में शासन के संचालन में सभी समूहों के अधिकारों की मान्यता एवं रक्षा के लिए संघात्मक शासन बेहतर है। इस शासन प्रणाली की प्रमुख विशेषता शक्तियों का विभाजन (Division of Powers) है। इसमें संघ और राज्य एक-दूसरे से स्वायत्त एवं समकक्ष होते हैं। इसमें दो (केंद्र एवं राज्य सरकार) प्रकार की सरकारें होती हैं, जो एक-दूसरे से पृथक् एवं स्वायत्त रूप में काम करती हैं। दोनों सरकारें

अपनी शक्तियां सर्वोच्च संविधान से प्राप्त करती हैं और दोनों सरकारों के बीच विवाद को हल करने के लिए एक स्वतंत्र न्यायपालिका का प्रावधान होता है। इस व्यवस्था में एक संविधान के माध्यम से विधायी व कार्यकारी शक्तियों को केंद्र व राज्यों के मध्य दो स्तर पर विभाजित किया जाता है। संघात्मक सरकारों में केंद्रीकरण तथा विकेंद्रीकरण के मध्य संतुलन बनाने का प्रयास किया जाता है। संघीय शासन के द्वारा केंद्रीकरण सुनिश्चित किया जाता है। जबकि विभिन्न राज्यों के निर्माण के द्वारा सामाजिक एवं सांस्कृतिक विविधता बनाए रखने में सहायता प्राप्त होती है। इन व्यवस्थाओं में राज्य अपनी सांस्कृतिक विविधता को बनाए रखना चाहते हैं, परंतु सुरक्षा एवं विकास की दृष्टि से वे एक सम्मिलित संघ में भागीदार होना चाहते हैं।

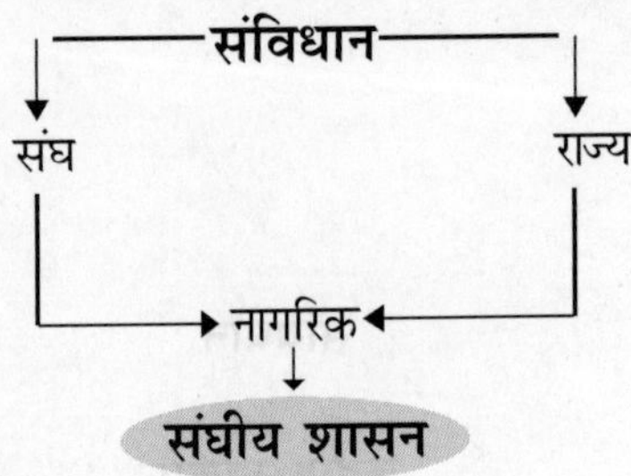

संघीय शासन

संघवाद के प्रकार

संघ के निर्माण तथा शक्तियों के विभाजन के स्तर पर संघवाद को **दो प्रकार** में विभाजित किया गया है-

1. अमेरिकी प्रतिरूप (American Model)

संघ शब्द का शाब्दिक अभिप्राय, समझौता है। अमेरिका ने स्वतंत्र राज्यों में आपसी समझौते के द्वारा एक संघीय शासन का निर्माण किया तथा संघीय शासन को राज्यों के द्वारा शक्तियां प्रदान की गईं। अमेरिकी संघ, राज्यों के आपसी समझौते का परिणाम है। अमेरिकी संघवाद में स्वतंत्र राज्यों द्वारा एक समझौते के तहत् संघ का निर्माण किया जाता है। इस प्रतिरूप में राज्य अपने पास अधिक शक्तियां व अधिकार रखते हैं। संघ को सुरक्षा तथा संचार जैसे विषयों पर कानून बनाने का अधिकार होता है। इसीलिए **अमेरिकी संघ को अविनाशी राज्यों का अविनाशी संघ कहा जाता है।** यह विश्व की सबसे प्राचीन संघीय शासन प्रणाली है। अमेरिकी संघीय प्रणाली की विशेषताएं निम्नलिखित हैं-

(i) प्रत्येक राज्य का अपना संविधान है।

(ii) प्रत्येक राज्य के गवर्नर का निर्वाचन राज्य की आम जनता के द्वारा होता है।

(iii) शक्ति के विभाजन में संघीय संविधान में केवल संघ सरकार की शक्तियों का उल्लेख किया गया है। 'अवशिष्ट शक्तियां' राज्यों को प्राप्त हैं।

(iv) अमेरिका में केवल दो प्रकार की सेवाएं हैं-संघ एवं राज्य की सेवा।

(v) अमेरिका में संघ एवं राज्यों के बीच नागरिकता का भी विभाजन किया गया है इसलिए संघ एवं राज्यों की नागरिकता पृथक् है।

(vi) अमेरिका में राज्यों के नाम तथा उनके भू-भाग क्षेत्र में राज्यों की सहमति के बिना कोई परिवर्तन संभव नहीं है।

(vii) राज्यों को संघ से पृथक् (अलग) होने का भी अधिकार नहीं है। इसलिए अमेरिकी संघ के लिए यह कहा जाता है कि यह 'अविनाशी राज्यों का अविनाशी संघ' है।

(viii) अमेरिकी संघीय व्यवस्था में राज्यों के बीच भी समानता के सिद्धांत को अपनाया गया है। इसलिए अमेरिका के उच्च सदन सीनेट में प्रत्येक राज्य को समान प्रतिनिधित्व प्रदान किया गया है।

2. कनाडाई प्रतिरूप (Canadian Model)

कनाडा में संघीय शासन का निर्माण राज्यों के समझौते का परिणाम नहीं है, बल्कि एक केंद्रीय शासन के द्वारा विभिन्न इकाइयों का निर्माण किया गया। इसलिए कनाडाई संविधान में **'यूनियन'** (Union) शब्द का प्रयोग किया गया है। कनाडा में यूनियन एवं राज्यों का संविधान एक है। यूनियन के राष्ट्रपति के द्वारा राज्यों के गवर्नर की नियुक्ति तथा अवशिष्ट शक्तियां यूनियन सरकार में निहित होती हैं। राष्ट्रीय हित के मुद्दों पर यूनियन सरकार राज्य सूची के विषयों पर भी विधि का निर्माण कर सकती है। कनाडा में संघीय (Federal) शब्द का प्रयोग नहीं किया गया है, जिसके निम्नलिखित कारण हैं-

(i) कनाडा का संघ (Union) राज्यों के समझौते का परिणाम नहीं है।

(ii) कनाडाई संविधान निर्माता संघ सरकार को ज्यादा शक्तिशाली बनाना चाहते थे।

भारत में संघ का स्वरूप

भारतीय समाज, विश्व का सर्वाधिक विविधतापूर्ण समाज है, जहां अनेक जाति, भाषा एवं धर्म के मानने वाले लोगों का निवास है। इस सांस्कृतिक विविधता को संरक्षित करने के लिए संघीय शासन अपनाया गया, जिसमें प्रत्येक क्षेत्र की सांस्कृतिक स्वायत्तता को बनाए रखना तथा प्रशासनिक एकता का निर्माण किया जा सकें

भारतीय संघ का स्वरूप कनाडा की संघीय व्यवस्था से मिलता-जुलता है। भारतीय संघ राज्यों के आपसी सम्मिलन तथा समझौते का परिणाम नहीं है। संविधान के अनुच्छेद-1 में यह उल्लिखित है कि इंडिया, जो भारत है, राज्यों का एक यूनियन होगा। संविधान में संघ सरकार अत्यधिक शक्तिशाली है। भारत में लिखित संविधान है, जिसके द्वारा केंद्र व राज्यों के मध्य शक्तियों का विभाजन किया गया है। भारतीय संविधान की सातवीं अनुसूची में संघ एवं राज्यों के मध्य शक्तियों के विभाजन का वर्णन किया गया है और इसकी व्याख्या के लिए एक स्वतंत्र न्यायपालिका का भी प्रावधान है। यद्यपि संविधान में संघ (Federal) शब्द का प्रयोग नहीं किया गया है, अपितु इसके लिए **'यूनियन'** (Union) शब्द का प्रयोग किया गया है, क्योंकि भारतीय संघीय व्यवस्था का निर्माण अमेरिकी संघीय व्यवस्था पर आधारित नहीं है, बल्कि कनाडाई प्रतिरूप के आधार पर किया गया है। संविधान में केंद्रीकरण के निम्नलिखित उदाहरण हैं-

भारतीय संविधान में केंद्रीकरण की प्रवृत्तियां

भारत में संघ द्वारा बिना राज्यों की सहमति के नए राज्यों का निर्माण किया जा सकता है। राष्ट्रीय हित एवं अंतर्राष्ट्रीय समझौतों के मुद्दों पर संघ सरकार के द्वारा राज्य सूची के विषय पर भी विधि का निर्माण किया जा सकता है।

(i) अवशिष्ट शक्तियां (Residuary Powers)

भारतीय संविधान में **तीन सूचियों** (संघ सूची, राज्य सूची एवं समवर्ती सूची) के माध्यम से केंद्र व राज्यों के बीच शक्तियों का विभाजन किया गया है, परंतु अवशिष्ट शक्तियां केंद्र को सौंप दी गई हैं, वहीं अमेरिका में अवशिष्ट शक्तियां राज्यों के पास होती हैं।

(ii) वित्तीय निर्भरता

संघ सरकार को राजस्व के ज्यादा स्रोत प्राप्त हैं तथा संघ सरकार के द्वारा राज्यों को वित्तीय रूप में अनुदान भी दिया जाता है। अत: वित्तीय रूप में राज्य, संघ सरकार के ऊपर निर्भर प्रतीत होते हैं।

(iii) एकल नागरिकता

अमेरिकी व्यवस्था में नागरिकों को दोहरी नागरिकता प्रदान की जाती है, पहली केंद्र की एवं दूसरी, राज्यों की। परंतु भारत में सभी नागरिकों को केवल एक नागरिकता (भारतीय नागरिकता) प्राप्त है।

(iv) एकीकृत न्यायपालिका

भारत में न्यायपालिका का संघ एवं राज्यों के बीच विभाजन नहीं किया गया है। अत: केंद्रीय विधि की सुनवाई उच्च न्यायालय में संभव है, जबकि उच्चतम न्यायालय में राज्यों की विधि का परीक्षण किया जा सकता है। अत: भारत में उच्च न्यायालय राज्यों में स्थित हैं।

(v) अखिल भारतीय सेवा

भारतीय संघीय व्यवस्था में अखिल भारतीय सेवा का प्रावधान किया गया है। ये सेवक संघ सरकार के नियंत्रण में होते हैं तथा इन्हें राज्य सरकारों के अंतर्गत् नियुक्त किया जाता है। इनके माध्यम से संघ सरकार का राज्यों पर प्रभावी नियंत्रण स्थापित हो जाता है।

(vi) एकीकृत लेखा व्यवस्था

(Integrated Audit System)

भारत में एकीकृत लेखा व्यवस्था को अपनाया गया है, जिसमें केंद्र व राज्यों के लिए एक ही लेखा व्यवस्था है। महालेखा परीक्षक की नियुक्ति राष्ट्रपति द्वारा की जाती है तथा वह दोनों (संघ एवं राज्यों) का लेखा परीक्षण करता है।

(vii) आपातकाल में संघ की शक्तियों में वृद्धि

भारतीय संविधान में आपातकालीन प्रावधानों का वर्णन है। ये परिस्थितियां तब आती हैं, जब देश पर गंभीर संकट (युद्ध, बाह्य आक्रमण एवं सशस्त्र विद्रोह) होता है, तो ऐसे समय में संघ, राज्य सूची के विषयों पर भी विधि-निर्माण कर सकता है तथा केंद्र एवं राज्यों के बीच शक्तियों

के विभाजन भी समाप्त हो जाते हैं। इन्हीं केंद्रीकरण की प्रवृत्तियों के कारण आलोचकों के द्वारा भारतीय संघ को अर्द्ध-संघात्मक कहा गया है।

निष्कर्ष

भारतीय संविधान में 'संघ' शब्द का प्रयोग नहीं, बल्कि 'यूनियन' शब्द का प्रयोग किया गया है। कनाडा के संविधान के अलावा भारतीय शासन अधिनियम, 1935 का भारतीय यूनियन पर अत्यधिक प्रभाव है। भारतीय समाज संघात्मक है। इसलिए शासन प्रणाली संघात्मक अपनाई गई। यद्यपि संविधान में 'संघ' शब्द का प्रयोग नहीं किया गया है।

केंद्र एवं राज्य संबंध

भारत में केंद्र एवं राज्यों के संबंधों का आधार 1935 का भारत शासन अधिनियम है। इस अधिनियम में तीन सूचियों के माध्यम से शक्तियों का विभाजन किया गया था। इस अधिनियम में संघ सूची में संघ सरकार को, राज्य सूची में प्रांतीय सरकारों को तथा समवर्ती सूची में दोनों (संघ एवं राज्य सरकारें) सरकारों को कानून बनाने का अधिकार था। अवशिष्ट विषयों पर गवर्नर जनरल का अधिकार था, जबकि भारतीय संविधान में इन्हीं प्रावधानों में थोड़ा-बहुत फेरबदल करके अपनाया गया है।

शक्तियों का भौगोलिक विभाजन

संविधान में संघ एवं राज्यों के बीच शक्तियों का भौगोलिक विभाजन किया गया है, जिसके अनुसार संसद द्वारा निर्मित विधि समूचे देश/भौगोलिक क्षेत्र पर लागू होगी। जबकि राज्य विधान सभाओं के द्वारा निर्मित विधि केवल उस राज्य विशेष के लिए लागू होगी।

भारतीय संसद विदेशों में रहने वाले भारतीयों के लिए भी विधि का निर्माण कर सकती है, जिसे सामान्यत: क्षेत्रातीत शक्ति (Extra Territorial) भी कहा जाता है, (अनुच्छेद-245)।

शक्तियों का प्रकार्यात्मक विभाजन

(Functional Division of Powers)

संविधान के अनुच्छेद-246 में यह उल्लिखित है कि संघ सरकार के द्वारा संघ सूची के विषयों पर संसद विधि का निर्माण करेगी एवं राज्य सूची के विषयों पर राज्य विधान सभाओं के द्वारा विधि का निर्माण किया जाएगा तथा समवर्ती सूची पर दोनों (संसद एवं राज्य विधान सभाओं) को विधि के निर्माण का अधिकार होगा। इस अनुच्छेद के अनुसार, संविधान में सातवीं अनुसूची का उल्लेख किया गया है, जिनमें तीनों सूचियों का उल्लेख किया गया है।

संघीय सूची (Union List)

संघीय सूची पर कानून बनाने का अधिकार संसद को है। इस सूची में राष्ट्रीय महत्त्व की **97 विषयों** का उल्लेख है तथा एक सूची में अनेक विषय हो सकते हैं, जिसमें रक्षा, सशस्त्र सेनाएं, परमाणु ऊर्जा, विदेश संबंध, शांति एवं युद्ध, नागरिकता, रेलवे, जहाज, वायु यातायात, डाक एवं तार, संचार, मुद्रा, विदेश व्यापार, अंतर्राज्यीय वाणिज्य एवं व्यापार, बैंकिंग व्यवस्था इत्यादि विषय सम्मिलित हैं।

राज्य सूची (State List)

इस सूची पर कानून बनाने का अधिकार राज्यों को होता है। इसमें स्थानीय महत्त्व के विषय सम्मिलित हैं। राज्य सूची में **66 विषयों** का उल्लेख है, जिसमें कानून व्यवस्था, पुलिस, कारागार, स्थानीय सरकार, जन स्वास्थ्य एवं स्वच्छता, कृषि एवं पशुपालन, सिंचाई एवं जल, भूमि अधिकार, जंगल, मत्स्यन, भूमि इत्यादि सम्मिलित हैं।

समवर्ती सूची (Concurrent List)

समवर्ती सूची का ध्येय राष्ट्रीय एकीकरण को बढ़ावा देना, स्थानीय प्रयासों को प्रोत्साहित करना तथा लोकनीति में लचीलापन बनाए रखना है। इस सूची में दोनों (केंद्र व राज्य) सरकारों को कानून बनाने का अधिकार है। इसमें **47 विषयों** का उल्लेख है, जिसमें अनेक विषय उल्लिखित हैं, जो दोनों (केंद्र व राज्य सरकार) के लिए बराबर महत्त्व के हैं। समवर्ती सूची में निम्नलिखित विषय सम्मिलित हैं, विवाह एवं तलाक, शिक्षा, अनुबंध, दीवानी प्रक्रिया, न्यायालय की अवमानना, दवा एवं रसायन, आर्थिक एवं सामाजिक नियोजन, श्रम कल्याण, विद्युत, प्रिंटिंग प्रेस, न्यूज पेपर तथा स्टाम्प ड्यूटी इत्यादि सम्मिलित हैं।

42वें संविधान संशोधन, 1976 के द्वारा समवर्ती सूची में शिक्षा, वन्य जीव, बाट एवं माप तौल इन तीन विषयों को जोड़ा गया। उल्लेखनीय है कि किसी राज्य सूची के विषय को समवर्ती सूची में हस्तांतरित करने पर संघ सरकार की शक्तियों में वृद्धि होती है, क्योंकि इस सूची पर संघ सरकार को भी विधि के निर्माण का अधिकार प्राप्त होता है। केंद्र एवं राज्य संबंधों पर गठित सरकारिया आयोग ने यह अनुशंसा की है कि समवर्ती सूची पर विधि-निर्माण के पहले संघ सरकार को राज्य सरकारों के साथ परामर्श करना चाहिए। समवर्ती सूची में सम्मिलित विषयों पर विधि-निर्माण का प्रभाव राज्यों पर होता है। उदाहरण के लिए, संघ सरकार के द्वारा पारित शिक्षा के अधिकार अधिनियम को लागू कराने के लिए राज्य सरकारों के द्वारा भी आर्थिक खर्च की लागत उठाई जा रही है।

अवशिष्ट शक्तियां

ऐसे विषय, जिनका किसी भी सूची में उल्लेख न किया गया हो, **अवशिष्ट विषय** कहा जाता है। 1935 के अधिनियम में अवशिष्ट विषय गवर्नर जनरल के पास थे, परंतु वर्तमान में संविधान के अनुसार इस विषय पर विधि के निर्माण का अधिकार संघ सरकार को है।

न्यायपालिका के द्वारा सूचियों की व्याख्या

तीनों सूचियों में वर्णित विषयों में परस्पर दोहराव पाया जाता है। उदाहरण के लिए, जल, राज्य सूची का विषय है, जबकि जल प्रबंधन समवर्ती सूची का विषय है। इसलिए विधि-निर्माण के संबंध में संघ और राज्य सरकारों के बीच विवाद संभव है, जिनका समाधान उच्चतम न्यायालय के द्वारा किया जाता है। उच्चतम न्यायालय के द्वारा प्रत्येक सूची में वर्णित प्रत्येक विषय की व्यापक व्याख्या की गई है। शक्तियों के विभाजन हेतु न्यायालय ने निम्नलिखित सिद्धांत दिया है-

- सूचियों की व्याख्या करते हुए उच्चतम न्यायालय ने कहा कि न्यायपालिका के द्वारा विधि में उल्लिखित सारतत्त्व अथवा विषयवस्तु पर ध्यान दिया जाता है, न कि विधि पर उल्लिखित शीर्षक को महत्त्व दिया जाता है, इसे **सारतत्त्व का सिद्धांत** (Principle of Pith & Substance) कहते हैं।
- संघ और राज्य सरकार की विधि-निर्माण की शक्तियां विभाजित हैं। इसलिए कोई भी सरकार दूसरे की सूची में वर्णित विषय पर परोक्ष रूप से विधि का निर्माण नहीं कर सकती। यदि सरकार ऐसा करने का प्रयत्न करे, तो इसे **आभासी विधायन** (Colourable Legislation) का सिद्धांत कहा जाता है।

भारतीय संविधान के भाग-11 में केंद्र एवं राज्य संबधों का उल्लेख है। इस अध्याय को सातवीं अनुसूची के साथ संयुक्त किया जाता है। भारतीय संविधान में केंद्र एवं राज्य संबधों को तीन भागों में विभाजित करके अध्ययन किया जा सकता है-

1. विधायी संबंध। (अनुच्छेद-245-255)
2. प्रशासनिक संबंध। (अनुच्छेद-256-263)
3. वित्तीय संबंध। (अनुच्छेद-264-291)

1. विधायी संबंध (Legislative Relations)

भारतीय संविधान के अनुच्छेद-245 के अनुसार, विधायी निर्माण की शक्तियों को **तीन** (संघीय सूची, राज्य सूची एवं समवर्ती सूची) भागों में विभाजित किया गया है। राज्य सूची पर राज्य सरकार को विधि के निर्माण का अधिकार है, परंतु कुछ परिस्थितियों में राज्य सूची के विषय पर विधि के निर्माण का अधिकार संघ सरकार को है, जो निम्नलिखित हैं-

(i) राष्ट्रीय हित के आधार

अनुच्छेद-249 के अनुसार, राज्य सभा को यह अधिकार है कि वह राष्ट्रीय हित में राज्य सूची में वर्णित किसी विषय पर संघ सरकार (संसद) को कानून बनाने का अधिकार दे सकती है। संसद समूचे भारतीय भू-भाग अथवा भारत के किसी एक क्षेत्र के लिए विधि का निर्माण कर सकती है। राज्य सभा उपस्थित एवं मतदान करने वाले दो-तिहाई सदस्यों की अनुमति से राज्य सूची में वर्णित विषय पर कानून बनाने हेतु संसद को अधिकार दे सकती है। इस कानून की अवधि एक वर्ष होगी, लेकिन इसे एक वर्ष के लिए पुनः संसदीय प्रस्ताव के द्वारा आगे बढ़ाया जा सकता है। यदि इसे आगे नहीं बढ़ाया गया, तो भी इसका प्रभाव 6 महीने तक बना रहेगा। 101वें संविधान संशोधन, 2016 के द्वारा यह प्रावधान किया गया कि जी.एस.टी. के लिए भी विधि का निर्माण किया जा सकता है। ऐसा कानून देश के किसी भाग में या संपूर्ण भाग हेतु निर्मित किया जा सकता है।

(ii) राज्य विधान सभाओं के अनुरोध पर

दो या दो से अधिक राज्य विधान सभाओं के द्वारा यह प्रस्ताव पारित किया जाए, तो संसद के द्वारा निर्मित विधि राज्यों पर लागू होगी। संघ के द्वारा निर्मित विधि उन्हीं राज्यों पर लागू होंगी, जिन्होंने इस संबंध में अनुरोध किया है तथा बाद में अन्य राज्य भी इस विधि को स्वीकार करने का अनुरोध कर सकते हैं। इस विधि में परिवर्तन का अधिकार संसद के पास होगा। इसमें राज्य विधान सभाएं संशोधन नहीं कर सकतीं, (अनुच्छेद-252)। इस प्रक्रिया के अनुसार निम्नलिखित कानून बनाए गए हैं-

- शहरी भूमि हदबंदी एवं नियंत्रक (Urban land Ceiling & Regulations) कानून, 1976
- वन्य जीव सुरक्षा (Wild life Security) कानून, 1972
- जल प्रदूषण नियंत्रण (Water Pollution Control) कानून, 1974
- क्लीनिकल अवस्थापना, रजिस्ट्रेशन और नियंत्रक

कानून, 2010 (Clinical Establishments (Registration and Regulation) Act, 2010)

(iii) अंतर्राष्ट्रीय करारों को प्रभावी करने के लिए विधि का निर्माण

संसद के द्वारा किसी भी संधि, समझौते अथवा सम्मेलन (Convention) जो अन्य राष्ट्रों के साथ संपन्न किया जाए अथवा किसी अंतर्राष्ट्रीय संगठन एवं कॉन्फ्रेंस (Conference) में लिए गए निर्णय को क्रियान्वित करने के लिए संसद के द्वारा भारत के समूचे भू-भाग अथवा किसी एक क्षेत्र के लिए विधि का निर्माण किया जा सकता है। उदाहरण के लिए, भूमि, राज्य सूची का विषय है, परंतु भारत और बांग्लादेश समझौते के परिणामस्वरूप भूमि विषय पर संसद के द्वारा विधि का निर्माण किया जा सकता है, (अनुच्छेद-253)।

(iv) समवर्ती सूची पर संसद एवं राज्य विधान सभाओं के बीच मतभेद

समवर्ती सूची पर दोनों (संसद एवं विधान सभा) को विधि के निर्माण का अधिकार प्राप्त है, परंतु संसद एवं राज्य विधान सभा के बीच टकराव की स्थिति में संसद द्वारा निर्मित विधि को प्राथमिकता दी जाएगी। एक स्थिति में राज्य की विधि को प्राथमिकता दी जा सकती है, समवर्ती सूची पर निर्मित विधि जब राष्ट्रपति के द्वारा राज्य विधान सभा द्वारा निर्मित विधि को आरक्षित किया गया हो एवं उसे अनुमति दे दी गई हो। परंतु बाद में संसद के द्वारा इस विधि में भी परिवर्तन किया जा सकता है, (अनुच्छेद-254)।

(v) आपातकाल में संबंध

राष्ट्रीय आपातकाल में राज्य सूची के सभी विषय समवर्ती सूची जैसे हो जाते हैं। राष्ट्रीय आपातकाल में संसद की विधि-निर्माण की शक्ति का स्वाभाविक रूप में विस्तार हो जाता है। संसद, राज्य सूची पर विधि-निर्माण करती है, (अनुच्छेद-250)। आपातकाल के दौरान संघीय शासन प्रणाली एकात्मक रूप में कार्य करने लगती है। संघ एवं राज्यों के बीच शक्तियों का विभाजन पूर्ण रूप से निर्लंबित हो जाता है, इसलिए संघ सरकार के द्वारा राज्य सूची के किसी भी विषय पर विधि का निर्माण किया जा सकता है। राष्ट्रीय आपातकाल के दौरान राज्यों की विधान सभाएं बनी रहती हैं, परंतु शक्ति का विभाजन निलंबित हो जाता है। राष्ट्रपति शासन (अनुच्छेद-356) के द्वारा राज्य विधान सभाएं भी भंग हो जाती हैं तथा शक्ति का विभाजन भी समाप्त हो जाता है।

2. प्रशासनिक संबंध

(Administrative Relations)

संघीय सूची पर प्रशासन संघ सरकार का तथा राज्य सूची पर प्रशासन राज्य सरकार का होता है। समवर्ती सूची के विषयों पर प्रशासन का संचालन मुख्यत: राज्यों द्वारा ही किया जाता है। राज्य सूची के विषयों के प्रशासन के लिए राज्य सरकार के पदाधिकारी होने आवश्यक हैं। इसलिए राज्य के प्रशासनिक अधिकारियों पर राज्य सरकार का नियंत्रण होता है। विधायी संबंधों की भांति प्रशासनिक संबंधों में भी संघ सरकार ज्यादा शक्तिशाली है।

प्रशासनिक क्षेत्र में शक्ति का केंद्रीकरण

(i) राज्यपाल की नियुक्ति

राज्य कार्यपालिका के संवैधानिक प्रधान राज्यपाल की नियुक्ति संघ सरकार द्वारा होती है। अत: राज्यपाल के माध्यम से भी संघ सरकार का राज्यों पर नियंत्रण स्थापित हो जाता है। राज्यपाल राज्य में संघ सरकार का प्रतिनिधि होता है तथा अनेक परिस्थितियों में वह संघ सरकार के निर्देश के अनुसार कार्य करता है तथा प्रत्येक 15 दिनों में वह संघ सरकार को रिपोर्ट भेजता है।

(ii) केंद्र द्वारा निर्देश

संघीय व्यवस्था में राज्य, संघ सरकार से स्वायत्त एवं समकक्ष होते हैं। इसलिए संघ के द्वारा राज्यों को निर्देश देने का प्रावधान राज्यों की स्वायत्तता के प्रतिकूल प्रतीत होता है। भारतीय शासन अधिनियम, 1935 में गवर्नर जनरल के द्वारा राज्यों को निर्देश देने का प्रावधान था, जिसे भारतीय संविधान में भी अपना लिया गया है, जो केंद्रीकरण की प्रवृत्तियों को बढ़ावा देता है।

समुचित रूप से विधि लागू करने हेतु केंद्र, राज्यों को निर्देश दे सकता है। संघ सरकार के द्वारा अनुसूचित जातियों एवं जनजातियों के कल्याण व हिंदी भाषा के प्रसार के लिए राज्यों को निर्देश दिया जाता है। इसके अलावा राष्ट्रीय एवं सैन्य महत्त्व के संचार साधनों की देख-रेख व रखरखाव तथा रेलपथ सुरक्षा हेतु भी केंद्र सरकार राज्यों

को निर्देश दे सकता है कि राज्य में भाषायी अल्पसंख्यक समुदाय के बच्चों को उनकी मातृभाषा में प्राथमिक शिक्षा प्रदान किया जाए, इन निर्देशों के पालन न होने पर राज्य में राष्ट्रपति शासन लगाया जा सकता है, (अनुच्छेद-365) । क्योंकि निर्देशों के पालन न होने का अभिप्राय राज्य का प्रशासन संवैधानिक तंत्र के अनुसार संचालित नहीं है।

(iii) केंद्रीय सैनिक बलों को राज्य में भेजना

7वीं अनुसूची में लोक व्यवस्था राज्य सूची का विषय है, इसलिए केंद्रीय सैनिक बलों की राज्यों में भेजना राज्य के अधिकारों का उल्लंघन है। केंद्र सरकार को यह शक्ति प्राप्त है कि वह किसी राज्य में गंभीर स्थिति में केंद्रीय सुरक्षा बल भेज सकती है, ये सुरक्षा बल केंद्र के दिशा-निर्देशों पर कार्य करेंगे। केंद्र एवं राज्य संबंधों की जांच के संबंध में गठित सरकारिया आयोग के द्वारा संघ सरकार के द्वारा राज्यों में केंद्रीय सैन्य बल भेजने का समर्थन किया गया।

(iv) अखिल भारतीय सेवाएं

संघ की व्यवस्था में शक्तियों के विभाजन के साथ पदाधिकारियों का भी विभाजन होना चाहिए। इसलिए अमेरिका में केवल दो सेवाओं का उल्लेख किया गया है–संघीय सेवा एवं राज्यों की सेवाएं। भारत में संघ एवं राज्यों की सेवाओं के अतिरिक्त अखिल भारतीय सेवाओं का भी प्रावधान किया गया है, जिन पर संघ सरकार का प्रभावी नियंत्रण विद्यमान होता है। अखिल भारतीय सेवाएं केंद्रीकरण की प्रवृत्तियों को बढ़ाने में सहायक हैं। भारतीय प्रशासनिक सेवा पर संघ सरकार के कॉर्मिक मंत्रालय का नियंत्रण होता है, जबकि भारतीय पुलिस सेवा गृह मंत्रालय के अधीन है।

भारतीय संविधान में अखिल भारतीय सेवाओं का प्रावधान है। इन सेवकों की नियुक्ति राज्यों में होती है, परंतु इन पर नियंत्रण संघ सरकार का होता है। इसलिए राज्य सरकारों पर इन सेवकों के माध्यम से संघ सरकार का नियंत्रण हो जाता है, (अनुच्छेद-312)। इन सेवाओं में अधिकारियों का चयन संघ लोक सेवा अयोग द्वारा किया जाता है, किंतु नियोजन राज्य सरकारों द्वारा किया जाता है। राज्य सरकार को संचालित करने वाले सबसे बड़े पदाधिकारियों में अखिल भारतीय सेवक ही होते हैं। इन सेवकों की प्रतिनियुक्ति भी संघ सरकार द्वारा होती है, जो राज्य सरकार की सहमति के बाद होती है। राज्य सरकार का मुख्य सचिव तथा राज्य का पुलिस महानिदेशक अखिल भारतीय सेवाओं से चयनित होते हैं।

3. वित्तीय संबंध (Financial Relations) (राजकोषीय संघवाद)

संघीय शासन में संघ एवं राज्य एक-दूसरे से स्वायत्त होते हैं। इसलिए दोनों (संघ एवं राज्य) के पृथक् वित्तीय संसाधन भी होने चाहिए। वित्तीय स्वायत्तता के अभाव में प्रशासनिक स्वायत्तता का विचार निरर्थक सिद्ध हो जाएगा।

संघ एवं राज्य के वित्तीय संबंध भारत शासन अधिनियम, 1935 द्वारा अत्यधिक प्रभावित है। संघ सरकार की सातवीं अनुसूची में वर्णित संघ सूची के विषयों पर कर लगाने की शक्ति है। निगम कर, सीमा शुल्क व आयकर मूलत: संघ सरकार के करारोपण के विषय हैं। जबकि राज्य सरकारों को राज्य सूची पर कर आरोपित करने की शक्ति प्राप्त है। करारोपण के संबंध में समवर्ती सूची में किसी भी कर का उल्लेख नहीं है और जिन विषयों का किसी भी सूची में उल्लेख नहीं है, उन अवशिष्ट शक्तियों पर कर लगाने की शक्ति संघ सरकार को प्राप्त हुई है। राज्यों के **वित्तीय संसाधन के निम्नलिखित स्रोत हैं**-

(i) उद्योगों से प्राप्त राजस्व

राज्य सरकार के द्वारा संचालित विभिन्न उद्यमों से प्राप्त राजस्व पर राज्य का नियंत्रण होता है। राज्य सरकार द्वारा लघु उद्योग व कुटीर उद्योग संचालित होते हैं, परंतु राज्यों के लघु उद्योग घाटे में चल रहे हैं, इसलिए राज्यों को वित्त की प्राप्ति नहीं हो पाती है।

(ii) करारोपण से प्राप्त राजस्व

7वीं अनुसूची में राज्य सूची के विषयों पर कर लगाने का अधिकार राज्य सरकार को है। राज्यों को कृषि आय पर कर लगाने का अधिकार दिया गया है, परंतु अधिकतर कृषि आय को कर से मुक्त रखा गया है। इस पर करारोपण का प्रावधान नहीं है। कृषि योग्य भूमि पर उत्तराधिकार शुल्क, शराब एवं पेट्रोलियम पदार्थों की बिक्री पर, बिजली की खपत पर तथा पथकर आरोपित करने का अधिकार राज्यों को है, परंतु इन संसाधनों से प्राप्त आय राज्य के खर्च के लिए पर्याप्त नहीं होती। क्योंकि संविधान में उल्लिखित

ज्यादातर कल्याणकारी कार्य राज्यों को सौंपे गए हैं और राज्य सरकार आम जनता के निकट होती है। इसलिए राज्यों पर स्वास्थ्य एवं शिक्षा की सुविधा प्रदान करने का अत्यधिक दबाव होता है।

(iii) संघ से प्राप्त अनुदान

वित्त आयोग द्वारा सिद्धांतों का निर्माण किया जाता है, जिनके आधार पर संघ सरकार, राज्यों को अनुदान प्रदान करेगी। इसका उल्लेख अनुच्छेद-275 में किया गया है। संघ के द्वारा राज्यों को दिया गया अनुदान राज्यों की स्वायत्तता के विचार के प्रतिकूल तथा राज्यों को अनुदान प्रदान करना राज्यों की समकक्षता के विचार का विरोधी प्रतीत होता है।

(iv) केंद्र द्वारा प्रायोजित योजनाएं

संघ सरकार द्वारा प्रायोजित योजनाओं के माध्यम से भी राज्यों को वित्तीय सहायता दी जाती है, जैसे-मिड डे मिल एवं मनरेगा इत्यादि केंद्र द्वारा प्रायोजित योजनाएं हैं। केंद्र द्वारा प्रायोजित योजनाओं में राज्यों को भी ख़र्च का आंशिक भाग का योगदान करना होता है, यदि राज्य आंशिक योगदान नहीं करेगा, तो उसे योजना की समूची राशि से वंचित होना पड़ेगा और यदि राज्य के द्वारा आंशिक योगदान किया गया, तो राज्यों को संघ सरकार की शर्तों एवं प्राथमिकताओं को मानना पड़ता है, जो राज्यों की स्वायत्तता के विरुद्ध है। क्योंकि भारत में राज्यों की प्राथमिकताएं अलग-अलग हो सकती हैं। राज्यों को स्वायत्तता देने के लिए केंद्र द्वारा प्रायोजित योजनाओं में कटौती होनी चाहिए।

(v) उधार की शक्ति का अभाव

भारतीय संविधान में उधार अथवा कर्ज लेने का प्रावधान भारत शासन अधिनियम, 1935 से लिया गया है। केवल संघ सरकार को ही विदेशी राज्यों से उधार प्राप्त करने की शक्ति प्राप्त है, (अनुच्छेद-292)। राज्यों को विदेशी राज्यों एवं संस्थाओं से उधार प्राप्त करने की शक्ति प्राप्त नहीं है। संघ सरकार के द्वारा विदेशी संस्थाओं से उधार लेकर राज्यों को ज्यादा ब्याज दर पर उधार दिया जाता है, जो राज्यों की वित्तीय स्थिति के अनुकूल नहीं है।

(vi) खानों पर नियंत्रण

संघीय शासन में लोहे व कोयले की सभी खानों पर संघ सरकार का नियंत्रण होता है। ये सभी विषय संघ सूची में उल्लिखित हैं और राज्यों को खानों से केवल रॉयल्टी प्राप्त होती है। झारखंड जैसे प्राकृतिक संसाधन संपन्न राज्य की आर्थिक स्थिति बेहतर नहीं है। जबकि झारखंड में प्राकृतिक संसाधनों का बड़ा भंडार है। सभी प्रकार के पेट्रोलियम तेल क्षेत्रों पर भी संघ सरकार का नियंत्रण है।

(vii) केंद्रीय करों के विभाजन से प्राप्त राजस्व

80वें संविधान संशोधन (वर्ष-2000) के द्वारा यह प्रावधान किया गया है कि सभी केंद्रीय करों का संघ एवं राज्यों के बीच विभाजन किया जाएगा, लेकिन संघ सरकार के द्वारा आरोपित अधिभार (Surcharge) एवं उपकर (Cess) का विभाजन नहीं किया जाता। केंद्रीय करों के विभाजन का दायित्व वित्त आयोग को सौंपा गया है। इन केंद्रीय करों का उल्लेख संविधान के अनुच्छेद-270 में किया गया है।

आपातकाल के दौरान वित्तीय संबंध

आपातकाल में केंद्र सरकार एवं राज्यों के **वित्तीय संबंधों पर निम्नलिखित प्रभाव देखे जा सकते हैं-**

(i) यदि किसी वित्तीय वर्ष में आपातकाल की घोषणा की गई है, तो संघ एवं राज्यों के मध्य करों का विभाजन निलंबित हो जाता है। अतः उन करों को संघ पूर्णतया अपने पास रख सकता है।

(ii) आपातकाल में संघ द्वारा दिए जा रहे अनुदान भी स्थगित किए जा सकते हैं। अतः राज्यों के पास केवल राज्य के कर ही बचे रहेंगे।

(iii) कुछ वित्तीय सिद्धांतों के पालन करने का निर्देश केंद्र सरकार द्वारा राज्यों को दिया जा सकता है, (अनुच्छेद-360)।

(iv) राज्य के विधान मंडल द्वारा पारित धन व वित्त विधेयकों को राष्ट्रपति के विचार के लिए आरक्षित किया जा सकता है।

राज्य, नगरपालिका की भांति

आलोचकों का मानना है कि संघीय व्यवस्था में राज्यों की स्थिति नगरपालिकाओं की भांति है। नगरपालिकाएं राज्यों के अधीन तथा अपनी शक्तियों के लिए राज्यों पर निर्भर होती हैं। राज्यों को नगरपालिका कहने का यह अभिप्राय है कि राज्य, संघ सरकार के समकक्ष एवं स्वायत्त नहीं, बल्कि संघ के अधीन हैं। अतः भारत में संघीय शासन अनुपस्थित और एकात्मक शासन विद्यमान है। विधायी

एवं प्रशासनिक शक्तियों का विभाजन वित्तीय शक्तियों के विभाजन के बिना व्यर्थ हो जाता है। राज्य सूची के विषयों में परिवहन, सिंचाई एवं स्वास्थ्य सभी अत्यधिक प्रतिकूल स्थिति में और राज्यों के पास अपने कर्मचारियों को वेतन देने के लिए पैसे का भी अभाव है। संघ सरकार के द्वारा गठित सातवें वेतन आयोग की रिपोर्ट लागू करने के बाद राज्यों पर दबाव बढ़ गया और राज्यों को भी सातवें वेतन आयोग लागू करने पड़े, जिससे उनकी वित्तीय स्थिति और खराब हो गई।

उदारीकरण के युग में वित्तीय संबंध

राज्यों के कल्याणकारी खर्च के लिए उन्हें ज्यादा वित्तीय संसाधन प्राप्त होने चाहिए। परंतु केवल संघ सरकार ही इसके लिए दोषी नहीं है, बल्कि राज्यों को भी सुशासन पर बल देना चाहिए। संघ-राज्यों के बीच अधिक सहकारिता एवं सहयोग बढ़ाने की आवश्यकता है। भूमि, राज्य सूची का विषय है और हाई स्पीड ट्रेन का निर्माण संघ सरकार के द्वारा किया जाएगा। अत: सहयोग के बिना विकास संभव नहीं है। भूमि, राज्य सूची का विषय है और राज्यों के असहयोग के कारण भूमि अधिग्रहण विधेयक पारित नहीं हो सका, जिससे 'मेक इन इंडिया' कार्यक्रम प्रभावित हुआ है।

राज्यों को लोक लुभावन नीतियों के बजाए, विकास पर बल देना होगा। परंतु संघ सरकार को भी केंद्र प्रायोजित योजनाओं की कटौती करनी चाहिए और केंद्रीय करों से ज्यादा से ज्यादा हिस्सा राज्यों को प्रदान करने की आवश्यकता है।

वर्ष-1990 के उपरांत अधिकांश राज्यों के राजकोषीय प्रबंध अत्यधिक खराब थे। राज्य सूची के विषय जैसे-बिजली, सिंचाई एवं परिवहन में सुधारों की सख्त आवश्यकता थी। इसके लिए संघ एवं राज्यों के बीच आपस में सहयोग भी हुए और वित्त आयोग के द्वारा बेहतर राजकोषीय प्रबंध के आधार पर भी राज्यों को सहायता प्रदान की गई तथा राज्यों की राजनीति में विकास का मुद्दा प्राथमिक होने लगा। उदारीकरण के इस युग में भारतीय संघीय व्यवस्था के समक्ष नई चुनौतियां उत्पन्न हो रही हैं, क्योंकि अब प्रत्यक्ष विदेशी निवेश आकर्षित करना राज्यों का दायित्व है और उन्हीं राज्यों में ज्यादा निवेश आकर्षित होंगे, जहां बेहतर आधारभूत संरचनाएं हैं। इसलिए उदारीकरण के बाद महाराष्ट्र, कर्नाटक, आंध्र प्रदेश एवं गुजरात जैसे राज्यों ने उदारीकरण का अधिकतम लाभ प्राप्त किया। जबकि दूसरी ओर भारत के सबसे पिछड़े और विशाल राज्य जैसे-उत्तर प्रदेश, बिहार, मध्य प्रदेश, उड़ीसा एवं राजस्थान में पर्याप्त निवेश नहीं हुए। इसलिए ये राज्य आर्थिक विकास की दौड़ में पिछड़ते चले गए।

परिणामस्वरूप उदारीकरण के बाद भारत के अमीर व गरीब राज्यों के मध्य खाई बढ़ रही है। यद्यपि वित्त आयोग के द्वारा अभी भी भू-भाग व जनसंख्या के आधार पर लगभग 50 प्रतिशत पैसों का आवंटन होता है, परंतु यह आवंटन पिछड़े राज्यों की स्थिति ठीक करने के लिए पर्याप्त नहीं हैं। यद्यपि उड़ीसा के मुख्यमंत्री ने विकास के मुद्दे पर प्रभावी बल प्रदान किया है और बिहार राज्य विशेष दर्जे की मांग कर रहा है। जैसी स्थिति उत्तर-पूर्वी राज्य सिक्किम और हिमाचल प्रदेश की है। क्योंकि इन राज्यों को संघ सरकार के द्वारा 90 प्रतिशत अनुदान व 10 प्रतिशत ऋण प्रदान किया जाता है। गठबंधन सरकारों के दौर में क्षेत्रीय दलों की भूमिकाएं अत्यधिक महत्त्वपूर्ण हो गई थीं, जिससे क्षेत्रीय दल संघ सरकार से अधिकतम आर्थिक सहायता प्राप्त करने का प्रयत्न करते हैं। कई क्षेत्रीय दलों ने विकास की राजनीति को प्राथमिकता भी प्रदान की है। इसलिए उदारीकरण के युग में भारतीय संघीय व्यवस्था के लिए नया अवसर है कि वे आर्थिक विकास के मार्ग पर आगे बढ़ें, परंतु बढ़ती क्षेत्रीय विषमता भी एक बड़ी चुनौती है।

निष्कर्ष

संघ-राज्य वित्तीय संबंधों को राजकोषीय संघवाद के नाम से भी जाना जाता है। भारतीय संघीय व्यवस्था में संघ सरकार वित्तीय रूप में भी शक्तिशाली है। वास्तविक संघीय व्यवस्था में राज्यों की वित्तीय स्वायत्तता आवश्यक है। यद्यपि राज्यों की स्वायत्तता के लिए संघ सरकार की शक्तियों को कमजोर करने की आवश्यकता नहीं है।

वित्त आयोग (Finance Commission)

संवैधानिक प्रावधान

संविधान के अनुच्छेद-270 में यह उल्लिखित है कि सभी केंद्रीय करों का संघ एवं राज्यों के बीच विभाजन किया जाएगा। केंद्रीय करों का अभिप्राय निगम कर, आयकर व सीमा शुल्क है, जिसका उल्लेख 7वीं अनुसूची के संघ सूची में किया गया है। संघ एवं राज्यों के बीच करों के विभाजन के लिए संविधान में वित्त आयोग का प्रावधान किया गया है। इसलिए संघ-राज्य वित्तीय संबंधों में वित्त आयोग का अत्यधिक महत्त्व है। संविधान के अनुच्छेद-280 में यह उल्लिखित है कि वित्त आयोग में एक अध्यक्ष के अतिरिक्त चार सदस्य होंगे। अनुच्छेद-280 में यह भी उल्लिखित है कि संसदीय विधि के द्वारा वित्त आयोग के सदस्यों की योग्यता का निर्धारण किया जाएगा। संविधान लागू होने के दो वर्षों की अवधि के भीतर तथा प्रत्येक पांच वर्ष में अथवा उससे पहले राष्ट्रपति को आवश्यक प्रतीत हो, तो वह वित्त आयोग का गठन करेगा। अनुच्छेद-281 में यह भी उल्लिखित है कि राष्ट्रपति के द्वारा वित्त आयोग की अनुशंसाओं एवं उसके क्रियान्वयन (Action Taken Report) को संसद के समक्ष प्रस्तुत किया जाएगा।

संरचना

वर्ष-1951 में पहले वित्त आयोग की स्थापना हुई, जिसके अध्यक्ष के.सी. नियोगी थे। संविधान के संसदीय अधिनियम, 1951 में वित्त आयोग के सदस्यों की योग्यता का उल्लेख किया गया है, जो इस प्रकार है-अध्यक्ष ऐसा व्यक्ति होगा, जिसे सार्वजनिक कार्यों के बारे में अनुभव तथा एक सदस्य उच्च न्यायालय के न्यायाधीश की योग्यता रखने वाला होगा। इसलिए वित्त आयोग को एक अर्द्ध-न्यायिक संस्था कहा जाता है। एक सदस्य, जिसे सरकार के वित्त और लेखाओं का विशेष ज्ञान हो। एक सदस्य, जिसे संघ सरकार के वित्तीय मामलों और प्रशासन के बारे में व्यापक अनुभव हो तथा एक सदस्य, अर्थशास्त्र का विशेष ज्ञान रखने वाला होना चाहिए। इनकी नियुक्ति राष्ट्रपति द्वारा की जाती है तथा इनका कार्यकाल 5 वर्ष या इससे पूर्व जब तक राष्ट्रपति आवश्यक समझे।

कार्य

संविधान के अनुच्छेद-280 में वित्त आयोग के कर्त्तव्यों का भी उल्लेख किया गया है। वित्त आयोग के द्वारा अपनी अनुशंसाएं राष्ट्रपति को दी जाएंगी, जो निम्नलिखित के संबंध में है-

(i) संघ और राज्यों के मध्य करों का विभाजन वित्त आयोग के द्वारा किया जाता है, जो संघ एवं विभिन्न राज्यों के बीच विभाजित होता है।

(ii) भारत की संचित निधि से राज्यों को दिए गए अनुदान के सिद्धांत की सिफारिश करता है।

(iii) 73वें एवं 74वें संविधान संशोधन, 1992 के बाद वित्त आयोग के कार्यों में अतिरिक्त वृद्धि की गई है। राज्य वित्त आयोग की सलाह पर राज्य के संचित निधि को समृद्ध करना, जिससे पंचायतों एवं नगरपालिकाओं के संसाधनों में वृद्धि हो सकें

(iv) राष्ट्रपति, वित्त आयोग से भारत के सुदृढ़ वित्त के हित के लिए परामर्श लेता है (Terms of Reference), जो कि वित्त आयोग का सबसे महत्त्वपूर्ण कार्य है। यह प्रत्येक वित्त आयोग में परिवर्तित हो जाता है। वित्त आयोग की प्रक्रियाओं और कार्यों का निर्धारण संसदीय विधि के द्वारा होगा।

टर्म्स ऑफ रिफरेंस (Terms of Reference)

प्रत्येक वित्त आयोग के टर्म्स ऑफ रिफरेंस पृथक्-पृथक् होते हैं। 15वें वित्त आयोग के टर्म्स ऑफ रिफरेंस के अंतर्गत वित्त आयोग से राष्ट्रपति के द्वारा यह परामर्श लिया गया है कि ईज ऑफ डुइंग बिजनेस (Ease of Doing Business) को इस प्रकार बेहतर बनाया गया। केंद्र द्वारा प्रायोजित योजनाओं के बेहतर क्रियान्वयन राज्यों के उधार लेने की शक्ति पर आरोपित प्रतिबंध एवं वर्ष-2011 के जनगणना आधार को स्वीकार करने जैसे मुद्दों पर वित्त आयोग से सलाह मांगी गई है।

प्रकृति

वित्त आयोग, एक अर्द्ध-न्यायिक संस्था है, जिसके द्वारा संघ एवं राज्यों के बीच तथा विभिन्न राज्यों के बीच केंद्रीय करों का विभाजन किया जाता है, जिसका एक सदस्य न्यायाधीश होता है। संघ एवं राज्यों के बीच विभिन्न विवादों के समाधान के लिए उच्चतम न्यायालय का गठन किया गया है, परंतु वित्तीय मामले उच्चतम न्यायालय के

क्षेत्राधिकार में शामिल नहीं होते हैं। वित्त आयोग, एक तटस्थ एवं निष्पक्ष संस्था है।

भूमिका

1. राज्यों के बीच समानता

भारतीय संघीय व्यवस्था में सभी राज्यों की वित्तीय स्थिति एकसमान नहीं है। इसलिए वित्त आयोग के द्वारा संघ एवं राज्यों के बीच केंद्रीय करों के विभाजन की मात्रा निर्धारित की जाती है तथा राज्यों को प्राप्त हिस्सों में 29 राज्यों के बीच वित्त का विभाजन होता है। वित्त आयोग के द्वारा राज्यों के बीच वित्तीय विभाजन में आर्थिक रूप में विपन्न एवं पिछड़े राज्यों को केंद्रीय करों का ज्यादा हिस्सा प्रदान किया जाता है, जिससे क्षेत्रीय विषमता कम हो सकें भारतीय संघीय व्यवस्था में शक्तिशाली संघ का राज्यों को लाभ प्राप्त होता है।

2. राज्यों के बीच करों के विभाजन के मानक

14वें वित्त आयोग ने केंद्रीय करों में राज्यों का हिस्सा बढ़ाकर 42 प्रतिशत करने की सिफारिश की है, जो इसके पहले मात्र 32 प्रतिशत था। राज्यों के 42 प्रतिशत हिस्से को 29 राज्यों के बीच विभाजन के लिए वित्त आयोग ने निम्नलिखित मानक तय किए हैं-

मानक	भार
1. जनसंख्या (1971)	17.5%
2. जनसंख्या (2011)	10.0%
3. आय अंतराल	50.0%
4. राज्य क्षेत्रफल	15.0%
5. वनाच्छादन	7.5%

वित्त आयोग द्वारा निर्धारित उपरोक्त मानकों से यह प्रतीत होता है कि वित्त आयोग के द्वारा उन राज्यों को ज्यादा करों का हिस्सा प्रदान किया जाता है, जिनकी जनसंख्या ज्यादा तथा जिनकी आय राष्ट्रीय आय से कम है। जिन राज्यों का क्षेत्रफल ज्यादा है, उन्हें केंद्रीय करों का ज्यादा हिस्सा प्राप्त होगा। अतः उत्तर प्रदेश, बिहार व उड़ीसा को केंद्रीय करों का अधिक हिस्सा प्राप्त होता है। पहली बार वित्त आयोग के द्वारा वनाच्छादन के आधार को अपनाया गया, जिससे उन राज्यों को लाभ होगा, जिन राज्यों में वन अधिक हैं। जनसंख्या के आधार पर करों के वितरण का अमीर राज्यों के द्वारा विरोध किया जाता है। इसलिए जनसंख्या में वर्ष-1971 के आधार को अपनाया गया है, क्योंकि वर्ष-1971 के बाद गरीब राज्यों में जनसंख्या की वृद्धि तेजी से हुई है।

3. जनसंख्या आधार वर्ष

14वें वित्त आयोग के द्वारा पहली बार वर्ष-2011 की जनगणना के आधार का भी प्रयोग किया गया। जबकि इसके पूर्व केवल वर्ष-1971 की जनगणना का प्रयोग किया गया। वर्तमान में 15वें वित्त आयोग का गठन किया जा चुका है, जिसके द्वारा वर्ष-2020 से 2025 के लिए अनुशंसा की जाएगी। आयोग के द्वारा यह प्रस्ताव किया गया है कि विभिन्न राज्यों के बीच केंद्रीय करों के विभाजन के लिए एकमात्र वर्ष-2011 की जनगणना का प्रयोग होना चाहिए, क्योंकि वर्ष-1971 के बाद केरल, आंध्र प्रदेश, पंजाब, तमिलनाडु में जनसंख्या वृद्धि कम हुई। जबकि उत्तर प्रदेश, मध्य प्रदेश, बिहार व राजस्थान में जनसंख्या वृद्धि तीव्र गति से दर्ज की गई। अतः वर्ष-2011 की जनगणना को आधार वर्ष मानने पर दक्षिण भारतीय राज्यों को केंद्रीकरण का कम हिस्सा प्राप्त होगा। इसीलिए उनके द्वारा वर्ष-1971 की जनगणना आधार को स्वीकार करने पर बल दिया जा रहा है।

4. सुशासन (Good Governance)

11वें वित्त आयोग की रिपोर्ट के बाद राज्यों के बीच केंद्रीय करों के विभाजन के लिए राजकोषीय अनुशासन तथा करारोपण के प्रयासों को भी मानक के रूप में स्वीकार किया गया, जिससे उन राज्यों को प्रोत्साहन दिया जा सके, जिनके द्वारा सुशासन पर बल दिया जा रहा है। अतः वित्त आयोग की नवीन अनुशंसाओं में राजकोषीय अनुशासन, आधारभूत संरचना के विकास जैसे आयामों को पुनः शामिल किया जा सकता है, जिससे दक्षिण भारतीय राज्यों को भी केंद्रीय करों के विभाजन में लाभ प्राप्त हो सकें परंतु केंद्रीय करों के विभाजन के लिए वर्ष-2011 की जनगणना आधार को स्वीकार करना ज्यादा बेहतर विकल्प है। भारतीय संविधान में सामाजिक न्याय पर अत्यधिक बल दिया गया है। अतः विभिन्न राज्यों के

बीच आर्थिक विषमता से संघीय शासन पर नकारात्मक प्रभाव होगा।

निष्कर्ष

भारतीय संघीय व्यवस्था में 7वीं अनुसूची के द्वारा सभी राज्यों को समान शक्तियां प्राप्त हैं, परंतु आर्थिक रूप में राज्यों की स्थिति एकसमान नहीं है। इसलिए वित्त आयोग के द्वारा केंद्रीय करों में उन राज्यों को ज्यादा हिस्सा प्रदान किया जाता है, जो आर्थिक रूप में कमजोर हैं। वर्तमान उदारीकरण व निजीकरण के युग में भी उत्तर प्रदेश व बिहार जैसे राज्यों में पर्याप्त निवेश नहीं हो रहा है। इसलिए इन राज्यों को केंद्रीय करों का अधिक हिस्सा देना व्यावहारिक है। अतः शक्तिशाली संघ सरकार से राज्य सरकारें कमजोर नहीं होंती, बल्कि शक्तिशाली संघ, राज्यों को भी शक्तिशाली बनाने का प्रयास करता है।

अध्याय 2

संघीय शासन की चुनौतियां

(Challenges of Federal Government)

● अंतर्राज्यीय परिषद, ● 1. क्षेत्रीय परिषदें, ● परिषद् की संरचना, कार्य, ● 2. पूर्वोत्तर परिषद्, ● भूमिका, 3. नीति आयोग, ● 4. राष्ट्रीय एकता परिषद्, ● (i) राज्यपाल की भूमिका, ● (ii) राज्य विधेयकों का आरक्षण, ● (iii) संवैधानिक तंत्र की विफलता, ● (iv) केंद्रीय सुरक्षा बल भेजने का मामला, ● (v) अखिल भारतीय सेवकों का मुद्दा, ● (vi) संचार साधनों का प्रयोग, ● गठबंधन सरकार के युग में संघीय व्यवस्था, ● योजना आयोग और वित्तीय संबंध, ● उदारीकरण के युग में परिवर्तित भूमिका, ● जी.एस.टी., ● संवैधानिक प्रावधान, ● निष्कर्ष

सहकारी संघवाद

(Cooperative Federalism)

भारतीय संघीय प्रणाली में परंपरागत् रूप में संघ एवं राज्यों के मध्य विषयों व शक्तियों का विभाजन सातवीं अनुसूची में किया गया है। शक्ति विभाजन ही संघवाद का मूल आधार रहा है। भारतीय संघीय प्रणाली को सहकारी संघवाद का नाम दिया जाता है। वर्तमान में संघ एवं राज्यों के बीच वित्तीय और प्रशासनिक मामलों पर सहयोग ही सहकारी संघवाद है। सहकारी संघवाद के अंतर्गत संघ एवं राज्यों के बीच संवैधानिक रूप में शक्तियों का विभाजन बना रहता है। परंतु योजनाओं को क्रियान्वित करने के लिए संघ व राज्यों के बीच सहयोग आवश्यक है। राज्य के कल्याणकारी लक्ष्यों की पूर्ति के लिए संघ सरकार राज्यों को आर्थिक अनुदान भी प्रदान करती है। सहकारी संघवाद के तहत् केंद्र तथा राज्यों के बीच सहयोग की भावना होती है, क्योंकि दोनों (संघ एवं राज्य) सरकार का मूल उद्देश्य विकास व सामाजिक भलाई है। सहकारी संघवाद का आधार संविधान में वर्णित है।

1. अंतर्राज्यीय परिषद् (Interstate Council)

यदि राष्ट्रपति को किसी भी समय यह प्रतीत होता है कि लोकहित को बनाए रखने के लिए इस परिषद् की स्थापना की जानी चाहिए, तो इनकी स्थापना की जा सकती है और इसे निम्न कर्तव्य सौंपे जाएंगे-

(i) विभिन्न राज्यों के बीच उत्पन्न होने वाले विवादों की जांच एवं उस पर सलाह देना।

(ii) संघ एवं एक राज्य अथवा संघ एवं एक या अधिक राज्यों के बीच अथवा कुछ राज्यों एवं सभी राज्यों के बीच साझे हित के विषयों की खोज एवं इस पर चर्चा करना।

(iii) उपरोक्त विषयों से संबंधित नीतियों और कार्यों के समन्वय के संदर्भ में अनुशंसा प्रदान करना।

राष्ट्रपति के द्वारा ऐसी परिषद् की स्थापना को वैधानिक माना जाएगा और परिषद् के संगठन और प्रक्रिया से संबंधित कार्यों की प्रकृति का निर्धारण किया जाएगा, (अनुच्छेद-263)।

परिषद् की स्थापना का कारण

संघीय शासन के आरंभिक काल में संघ एवं राज्यों में एक ही दल की सरकार थी, जिसमें कांग्रेस दल के प्रधानमंत्री और कांग्रेस दल के ही मुख्यमंत्री थे। इसलिए संघ एवं राज्यों

के बीच स्वाभाविक सहकारिता विद्यमान थी। परंतु वर्ष-1967 से संघ में कांग्रेस दल का प्रभुत्व था, जबकि राज्यों में गैर-कांग्रेसी शासन भी आने लगे। वर्ष-1989 में विश्वनाथ प्रताप सिंह की राष्ट्रीय मोर्चे की सरकार का निर्माण हुआ, जो गैर-कांग्रेसी सरकार थी एवं इसे लोक सभा में बहुमत भी प्राप्त नहीं था। सरकारिया आयोग के द्वारा संघ राज्य संबंधों में सहकारिता की वृद्धि के लिए अंतर्राज्यीय परिषद् के गठन की अनुशंसा की गई, जिसे विश्वनाथ प्रताप सिंह सरकार के द्वारा स्थापित किया गया, (वर्ष-1990)।

परिषद् की संरचना

यह एक **संवैधानिक निकाय** है, जिसकी संरचना का निर्धारण संघ सरकार के द्वारा किया गया है। इस परिषद् का गठन वी.पी. सिंह सरकार ने वर्ष-1990 में किया था। अंतर्राज्यीय परिषद् की स्थापना राष्ट्रपति करता है और प्रधानमंत्री इसका अध्यक्ष होता है तथा इसमें प्रधानमंत्री द्वारा नामित केंद्र सरकार के छह कैबिनेट स्तर के मंत्री (गृह मंत्री सहित) बतौर सदस्य के रूप में होते हैं। परिषद् में अन्य कैबिनेट मंत्रियों को आमंत्रित किया जा सकता है। सभी राज्यों के मुख्यमंत्री और केंद्रशासित क्षेत्रों के प्रशासक तथा दिल्ली और पांडिचेरी के मुख्यमंत्री भी शामिल होते हैं। अंतर्राज्यीय परिषद् की एक स्थायी समिति का भी गठन किया गया है, जिसका अध्यक्ष गृह मंत्री होता है और चार अन्य सदस्य संघ सरकार के कैबिनेट मंत्री होते हैं तथा सात राज्यों के मुख्यमंत्रियों को भी शामिल किया जाता है, जिसकी बैठकें निरंतर होती रहती हैं।

व्यवहार में अंतर्राज्यीय परिषद् की बैठकें आयोजित नहीं होतीं। वर्ष-2016 में बैठक का आयोजन किया गया, जबकि इसके पहले इसकी बैठक वर्ष-2006 में आयोजित की गई थी। वर्ष-1990 में इसका गठन किया गया, परंतु इसकी केवल अभी तक 11 बैठकें ही आयोजित हो सकीं तथा बैठकों में राज्यों के बीच सहयोग के बजाए, राजनीतिक मुद्दे प्रभावी होते हैं। वर्तमान बैठक में जी.एस.टी. पारित करने तथा आतंकवाद को रोकने के लिए साझे सहयोग की पहल की गई। इस बैठक में उत्तर प्रदेश, कर्नाटक और जम्मू एवं कश्मीर के मुख्यमंत्री शामिल नहीं हुए।

समस्याएं

अंतर्राज्यीय परिषद् का सचिवालय गृह मंत्रालय में स्थित होता है। परिषद् को शक्तिशाली बनाने के लिए इसका सचिवालय स्वतंत्र स्थान पर होना चाहिए। परिषद् की वर्ष में एक बैठक अनिवार्य रूप में होनी चाहिए। परिषद् के निर्णय में संघ एवं राज्यों के बीच समानता स्थापित करने के लिए जी.एस.टी. परिषद् की भांति निर्णय-निर्माण की प्रक्रिया को अपनाने की आवश्यकता है, जहां संघ व राज्यों के बीच आपसी सहयोग की की भावना से कोई भी निर्णय संभव नहीं है, क्योंकि जी.एस.टी. परिषद् में निर्णय के लिए तीन-चौथाई मत की आवश्यकता होती है, जिसमें राज्यों का मत दो-तिहाई एवं संघ सरकार का मत एक-तिहाई होता है।

संसदीय विधि के द्वारा सहकारी संघवाद के निम्नलिखित प्रावधान किए गए हैं, जो संघ एवं राज्यों के बीच सहयोग को बढ़ावा देते हैं-

1. क्षेत्रीय परिषदें (Zonal Council)

उत्पत्ति

भारतीय संघीय व्यवस्था में राज्यों का भाषायी आधार पर पुनर्गठन किया गया। फजल अली आयोग जिसे राज्य पुनर्गठन आयोग कहा जाता है। इसकी अनुशंसा के आधार पर भारत में भाषायी आधार पर राज्यों का पुनर्गठन किया गया तथा राज्यों के बीच समन्वय तथा सहयोग के लिए संसदीय विधि के द्वारा क्षेत्रीय परिषदों का गठन किया गया। परिषद् का मूल उद्देश्य देश के एकीकरण को बढ़ावा देना है। क्षेत्रवाद, भाषायी तथा पृथक्तावाद को रोकने में सहायता करना परिषद् का मूल दायित्व है। विभाजन के बाद के प्रभावों को दूर करना ताकि पुनर्गठन, एकीकरण तथा आर्थिक विकास की प्रक्रिया एक साथ चल सकें

परिषद् की संरचना

(i) सदस्य

सभी क्षेत्रीय परिषदों का पदेन अध्यक्ष संघ सरकार का गृह मंत्री होता है और इसमें क्षेत्र के प्रत्येक राज्य के मुख्यमंत्री शामिल होते हैं। क्षेत्रीय परिषदों में विभिन्न राज्यों के मुख्यमंत्री क्रमानुसार एक वर्ष के लिए परिषद् के उपाध्यक्ष के रूप में कार्य करते हैं और प्रत्येक राज्य से दो अन्य मंत्री सदस्य होते हैं, जो राज्यों के राज्यपाल के

द्वारा मनोनीत होते हैं तथा संघ शासित क्षेत्रों के दो सदस्य सम्मिलित होते हैं। संसदीय अधिनियम में यह उल्लिखित है कि परिषद् की बैठक अध्यक्ष के द्वारा निर्धारित की जाएगी। अत: बैठक की निश्चित अवधि अथवा संस्था का उल्लेख नहीं है। परिषद् का सचिवालय गृह मंत्रालय में स्थित है।

(ii) **सलाहकार सदस्य**

राज्यों के मुख्य सचिव एवं नीति आयोग द्वारा मनोनीत एक सदस्य एवं परिषद् में शामिल सभी राज्यों के विकास आयुक्त को मनोनीत किया जाता है। परिषद् के सदस्य सलाहकार के रूप में कार्य करते हैं, जिन्हें परिषद् में मतदान का अधिकार नहीं होता। अत: अध्यक्ष को भी मतदान का अधिकार नहीं होता, परंतु निर्णायक मत देने का अधिकार होता है।

(iii) **परिषद् की समिति**

प्रत्येक क्षेत्रीय परिषद् की एक स्थायी समिति होती है, जिसमें परिषद् के प्रत्येक राज्यों के मुख्य सचिव सम्मिलित होते हैं तथा आवश्यकता पड़ने पर नीति आयोग के सदस्यों और संघ सरकार के अन्य मंत्रियों को भी शामिल किया जा सकता है। स्थायी समिति के द्वारा परिषद् के मूल कार्यों का संपादन और बैठकों के आयोजन के लिए आधार भी निर्मित किया जाता है।

(iv) **विभिन्न क्षेत्रीय परिषदों के प्रकार**

भारत में निम्नलिखित **पांच क्षेत्रीय परिषदें** कार्य कर रही हैं, **जिनके अंतर्गत निम्नलिखित क्षेत्रीय परिषद् शामिल हैं–**

1. **पूर्वी क्षेत्रीय परिषद्**– बिहार, झारखंड, उड़ीसा व पश्चिम बंगाल।
2. **पश्चिमी क्षेत्रीय परिषद्**– गोवा, गुजरात, महाराष्ट्र, दमन और दीव तथा दादर और नगर हवेली।
3. **मध्य क्षेत्रीय परिषद्**– छत्तीसगढ़, उत्तराखंड, उत्तर प्रदेश व मध्य प्रदेश।
4. **उत्तरी क्षेत्रीय परिषद्**– हरियाणा, हिमाचल प्रदेश, जम्मू एवं कश्मीर, पंजाब, राजस्थान, दिल्ली तथा चंडीगढ़।
5. **दक्षिणी क्षेत्रीय परिषद्**– आंध्र प्रदेश, कर्नाटक, केरल, तमिलनाडु तथा पांडिचेरी।

कार्य

भारत जैसे लोकतांत्रिक देश में राज्यों की आम लोगों की राजनीतिक आकांक्षाओं के कारण राज्य का निर्माण तथा राज्य के द्वारा प्रशासनिक कुशलता को बेहतर बनाने का प्रयास किया जाता है। परंतु क्षेत्र विशेष की भौगोलिक, सामाजिक एवं आर्थिक समस्याएं राज्य के निर्माण के द्वारा हल नहीं हो सकतीं।

सामाजिक एवं आर्थिक नियोजन

भाषायी आधार पर अथवा राजनीतिक आकांक्षाओं के आधार पर राज्य के निर्माण से राज्यों की सामाजिक एवं आर्थिक समस्याओं का समाधान संभव नहीं है। इसीलिए सामाजिक एवं आर्थिक मुद्दों पर राज्यों के बीच सहयोग आवश्यक है। वर्ष-2018 की पश्चिमी क्षेत्रीय परिषद् की बैठक में वर्ष-2022 तक समूचे भारत में सभी के लिए आवास के लक्ष्य पूरा करने पर बल दिया गया। पुलिस बल में 33 प्रतिशत महिलाओं की नियुक्ति का लक्ष्य निर्धारित किया तथा शैक्षणिक क्षेत्र में आधुनिक तकनीकी प्रयोग पर बल दिया गया। पेसा (PESA) के क्रियान्वयन का भी लक्ष्य निर्धारित किया गया है।

अंतर्राज्यीय परिवहन

मध्य क्षेत्रीय परिषद् में उत्तर प्रदेश एवं मध्य प्रदेश शामिल हैं, जो भारत के सबसे बड़े राज्य हैं। उत्तर प्रदेश एवं मध्य प्रदेश के बीच परिवहन को बेहतर करने के लिए चंबल नदी पर पुल बनाने के लिए साझे सहयोग की अपील की गई है। औद्योगिक विकास गलियारे तथा तिरूवअनंतपुरम् से मंगलौर के बीच हाई स्पीड ट्रेन के संचालन के सहयोग के क्षेत्र में दक्षिणी क्षेत्रीय परिषद् पर बल दिया गया।

सीमा विवाद

भारत में राज्य के पुनर्गठन से राज्यों की राजधानी के मुद्दे पर विवाद हुआ। नदी जल विवाद उत्पन्न हुआ तथा भूमि विवाद भी देखे गए, जो राज्यों के आपसी सहयोग से हल हो सकते हैं, क्योंकि राजनीतिक विवादों का समाधान उच्चतम न्यायालय नहीं कर सकता है। परिषद् के द्वारा राज्यों के बीच तथा संघ एवं राज्यों के बीच साझे मुद्दे पर सहयोग संभव है। कृष्णा नदी जल विवाद परिषद् के द्वारा हल किया गया तथा भाखड़ा परियोजना भी परिषद् के सहयोग का परिणाम है।

अल्पसंख्यकों से संबंधित मुद्दे

भाषायी आधार पर राज्यों के पुनर्गठन में आरंभ से ही समस्या विद्यमान थी, क्योंकि एक भाषा बोलने वाले लोगों के लिए एक राज्य का निर्माण संभव नहीं हो सकता। कर्नाटक में कन्नड़ भाषी लोग बहुमत में हैं। जबकि कर्नाटक राज्य के बेलगांव जनपद में मराठी भाषियों का बहुमत है। इसलिए महाराष्ट्र के द्वारा बेलगांव जनपद को महाराष्ट्र में शामिल करने की मांग की जाती है।

2. पूर्वोत्तर परिषद् (North-Eastern Council)

उत्पत्ति

पूर्वोत्तर राज्यों में राज्य पुनर्गठन का आधार भारत के अन्य राज्यों की भांति नहीं रहा है। पूर्वोत्तर राज्यों में नृजातीय संघर्षों व अलगाववादी आंदोलन को प्रतिबंधित करने के लिए राज्यों का पुनर्गठन किया गया। पूर्वोत्तर राज्यों की अंतर्राष्ट्रीय सीमाओं पर अवस्थिति के कारण भी उन्हें राजनीतिक स्वायत्तता प्रदान की गई। वर्ष-1962 में असम से एक नए राज्य नागालैंड का निर्माण हुआ, जिसमें नागा जनजातियों के क्षेत्र नागा पहाड़ी तुनसेंग (Tuensang) को शामिल किया गया। वर्ष-1969 में पुनः असम से खासी एवं जैन्तिया जनजातियों के लिए मेघालय स्वायत्त क्षेत्र का निर्माण किया गया।

वर्ष-1971 में पूर्वोत्तर क्षेत्र पुनर्गठन अधिनियम के द्वारा मणिपुर, त्रिपुरा और मेघालय को राज्य का दर्जा प्रदान कर दिया गया तथा मिजोरम एवं अरूणाचल प्रदेश को केंद्रशासित क्षेत्रों का दर्जा दिया गया। मिजो जनजातियों के लिए मिजोरम का निर्माण किया गया, जबकि पूर्वोत्तर सीमांत एजेंसी (North-Eastern Frontier Agency) का नाम अरूणाचल प्रदेश रखा गया। वर्ष-1986 में मिजोरम और अरूणाचल प्रदेश को राज्य का दर्जा प्रदान किया गया और इन राज्यों के बीच समन्वय एवं सामंजस्य के लिए पूर्वोत्तर परिषद् का निर्माण किया गया।

संरचना

पूर्वोत्तर क्षेत्र में लोक व्यवस्था एवं सुरक्षा को सुनिश्चित करना एवं समेकित या एकीकृत आर्थिक विकास (Integrated Economic Development) को प्रोत्साहित करना परिषद् का मूल उद्देश्य है। पूर्वोत्तर परिषद् का गठन वर्ष-1971 में संसदीय विधि द्वारा किया गया, जिसमें वर्ष-2002 में संशोधन कर सिक्किम को शामिल किया गया। इस परिषद् में असम, मणिपुर, मेघालय, नागालैंड, त्रिपुरा, अरूणाचल प्रदेश, मिजोरम एवं सिक्किम सहित आठ (8) राज्य हैं, जिसका मुख्यालय शिलांग में है।

इस परिषद् में आठों राज्यों के राज्यपाल और मुख्यमंत्री सम्मिलित होते हैं। राष्ट्रपति के द्वारा इस परिषद् के अध्यक्ष को मनोनीत किया जाता है। वर्ष-2018 में पूर्वोत्तर परिषद् की संरचना में परिवर्तन करते हुए यह प्रावधान किया गया है कि पूर्वोत्तर परिषद् का पदेन अध्यक्ष संघ सरकार का गृह मंत्री होगा, जबकि उपाध्यक्ष पूर्वोत्तर क्षेत्र विकास मंत्रालय का संघीय मंत्री होगा। राष्ट्रपति के द्वारा तीन सदस्यों को भी मनोनीत किया जाता है।

भूमिका

(i) सामाजिक एवं आर्थिक नियोजन

परिषद् का निर्माण एक सलाहकारी संगठन के रूप में किया गया था, परंतु वर्तमान में परिषद् नियोजन की संस्था के रूप में कार्य कर रही है। पूर्वोत्तर क्षेत्र के विकास के लिए मंत्रालय के द्वारा परिषद् से सलाह ली जाती है। इस क्षेत्र में मैदानी क्षेत्र के लोगों को छोड़कर अधिकतर जनसंख्या जनजातीय हैं। पूर्वोत्तर क्षेत्र में असम के अलावा अन्य राज्यों में उद्योगों का अभाव है।

(ii) अंतर्राज्यीय परिवहन

पूर्वोत्तर राज्यों में कनेक्टीविटी (Connectivity) सबसे बड़ी चुनौती है। अतः रेल लाइन एवं सड़क संपर्क के विकास के लिए राज्यों के बीच सहयोग किया जाता है। भारत सरकार द्वारा संचालित इस उड़ान योजना के अंतर्गत समूचे क्षेत्र को विमान सेवा से जोड़ा जा रहा है और वर्ष-2020 तक समूचे पूर्वोत्तर राज्यों को रेल कनेक्टीविटी से जोड़ने की योजना है, जिसके अंतर्गत 517 किमी. की नई रेल लाईन बिछाई जाएगी। पूर्वोत्तर का क्षेत्र तीन विदेशी राज्यों की सीमाओं से लगे होने के कारण अत्यंत ही संवेदनशील तथा महत्त्वपूर्ण है, जिनमें चीन के साथ लगी सीमाएं अत्यंत संवेदनशील हैं। इसलिए इन 8 पूर्वोत्तर राज्यों के हित को ध्यान में रखते हुए संयुक्त कार्यवाही के सुचारू संचालन के लिए पूर्वोत्तर परिषद् का गठन किया गया है।

(iii) बाढ़ नियंत्रण

पूर्वोत्तर परिषद् के द्वारा जल विद्युत उत्पादन के क्षेत्र में

उल्लेखनीय प्रगति की गई है। पूर्वोत्तर राज्यों का समूचे भारत की कुल जल विद्युत उत्पादन में 46 प्रतिशत हिस्सा है। बिजली उत्पादन के द्वारा क्षेत्र में औद्योगिक विकास संभव है और पर्यटन को भी बढ़ावा मिलेगा।

योजना आयोग एक केंद्रीकृत योजना पूरे देश के लिए बनाता था, योजना निचले पायदान से बनकर नहीं जाती थी और न ही राज्यों/केंद्रशासित प्रदेशों द्वारा योजना को प्रभावित किया जाता था। नियोजन का स्वरूप सहकारी नहीं था। समय-समय पर यह मांग उठती रही कि योजना निर्माण केंद्र में बैठकर न किया जाए तथा लोकतांत्रिक एवं संघात्मक देश भारत में गांव, जिले एवं राज्यों की समस्याओं को ध्यान में रखकर योजनाओं का निर्माण एवं क्रियान्वयन करना चाहिए। केंद्रीकरण के स्थान पर विकेंद्रीकरण को स्थान दिया जाना चाहिए।

नीति आयोग की स्थापना योजना आयोग में सुधार की मांगों को ध्यान में रखकर की गई है। नीति आयोग के उद्देश्यों में कुछ इस प्रकार के दिशा-निर्देश दिए गए हैं, जिससे आर्थिक नियोजन में राज्यों को अधिक महत्त्व प्रदान किया जाएगा। साथ ही राज्यों से उनकी अपनी क्षमताओं एवं समस्याओं के लिए योजना का प्रारूप बनाने के लिए कहा जाएगा तथा कोई भी केंद्रीय योजना राज्यों पर थोपी नहीं जाएगी।

3. नीति आयोग (Niti Aayog)

केंद्रीय मंत्रिमंडल ने 1 जनवरी, 2015 को एक प्रस्ताव पारित कर योजना आयोग के स्थान पर नई संस्था नीति आयोग (NITI Aayog : National Institution for Transforming India) की स्थापना का मार्ग प्रशस्त किया तथा 5 जनवरी, 2015 को इसकी नियुक्ति कर दी गई। प्रथम नीति आयोग में प्रधानमंत्री अध्यक्ष, एक उपाध्यक्ष, दो पूर्णकालिक सदस्य एवं चार कैबिनेट मंत्री पदेन सदस्य तथा तीन विशिष्ट आमंत्रित मेहमान सदस्य सम्मिलित हैं। इसके अतिरिक्त नीति आयोग में एक प्रशासनिक/संरक्षक परिषद् (Governing Council) के गठन का प्रावधान है, जिसमें सभी राज्यों के मुख्यमंत्री और केंद्रशासित प्रदेशों के उप-राज्यपाल/प्रशासक सम्मिलित होंगे। इन प्रशासनिक परिषद् के साथ-साथ विशिष्ट क्षेत्रीय परिषदों (Regional Councils) का गठन क्षेत्रीय आवश्यकता के अनुसार किया जाएगा। प्रधानमंत्री समय-समय पर विशेष क्षेत्रों से संबंधित विद्वानों को नीति आयोग में विशिष्ट आमंत्रित सदस्यों के रूप में मनोनीत करते रहेंगे।

स्थापना का कारण

समूचे भारत के भौतिक एवं मानवीय विकास के लिए वर्ष-1950 में योजना आयोग की नींव रखी गई थी, जिसके द्वारा पांच वर्ष के लिए योजना का निर्माण तथा देश के आर्थिक विकास के लिए विशेषज्ञ एवं सलाहकारी संस्था के रूप में स्थापित किया गया था। परंतु योजना आयोग देश के विकास के लिए दीर्घकालिक रणनीति का निर्माण नहीं कर सका और विशेषज्ञों के बजाए इसमें सिविल सेवकों की नियुक्ति होने लगी। वर्ष-1990 के बाद भारत में समाजवादी अर्थव्यवस्था के बजाए, उदारीकरण एवं निजीकरण की नीति को स्वीकार किया गया तथा विश्व में भूमंडलीकरण का प्रभाव अत्यधिक बढ़ गया। परंतु इस बदलते आर्थिक वातावरण में आयोग कोई वैकल्पिक नीति का निर्माण नहीं कर सका। केंद्रीकृत नियोजन में योजना निर्माण में राज्यों की भूमिका संघ के अधीनस्थ थी और समूचे भारत के लिए योजना आयोग योजनाओं का निर्माण कर रहा था। इस परिवर्तित परिप्रेक्ष्य में आयोग को भी परिवर्तित करने का प्रयत्न किया गया।

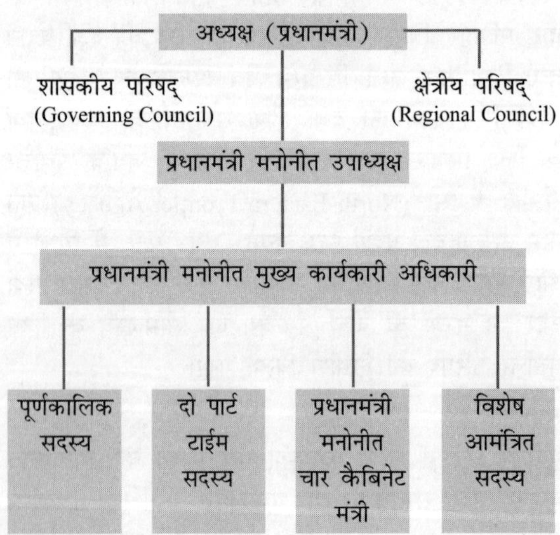

नीति आयोग की प्रकृति

नीति आयोग को एक विशेषज्ञ संस्था के रूप में निर्मित किया गया, जिसके द्वारा देश के विकास के लिए 20 वर्षों

की लंबे समय की रणनीति का निर्माण किया जा सके, न कि पांच वर्ष के लिए योजना बने। इसके द्वारा **थिंक टैंक** की भूमिका का निर्वाह किया जाएगा। आयोग में संघ एवं राज्यों के बीच सहकारिता अथवा सहयोग बढ़ाने के लिए योजना निर्माण में राज्यों को भी समान स्थान दिया गया है, जिससे राज्यों की भूमिका संघ के समान एवं समकक्ष होगी। नीति आयोग की शासकीय परिषद् में सभी राज्यों एवं केंद्रशासित क्षेत्रों को समान महत्त्व प्रदान किया गया है। इसके अतिरिक्त क्षेत्रीय परिषदों का भी गठन किया गया है, जिसमें एक क्षेत्र के भौगोलिक रूप में निकट राज्यों को शामिल किया जाएगा, जिनकी सामाजिक एवं आर्थिक समस्याएं एकसमान हैं।

विशेषता

भारत जैसे, विविधतापूर्ण एवं बहुलतावादी देश में पूरे के लिए एक केंद्र से नियोजन करना अत्यधिक कठिन है, क्योंकि अलग-अलग राज्यों की समस्याएं पृथक्-पृथक् हैं। राजस्थान राज्य में पेयजल एवं सिंचाई की समस्या है, तो उड़ीसा में आधारभूत संरचना का विकास सबसे बड़ी चुनौती है तथा बिहार, झारखंड अभी भी सामाजिक एवं आर्थिक रूप में पिछड़े हैं। जबकि गुजरात, महाराष्ट्र व पंजाब आर्थिक रूप में समृद्ध हैं। इसलिए राज्यों का नियोजन अलग-अलग समस्याओं के अनुसार हल होना चाहिए। नीति आयोग में संघ एवं राज्यों को योजना निर्माण में साझी भूमिका प्रदान की गई है।

4. राष्ट्रीय एकता परिषद्

(National Integration Council)

राष्ट्रीय एकता परिषद् का विचार वर्ष-1961 में प्रधानमंत्री नेहरू के द्वारा प्रस्तुत किया गया और वर्ष-1962 में इसकी पहली बैठक हुई। इसका मूल उद्देश्य देश को विभाजित करने वाली विशिष्ट सांप्रदायिक, जाति, क्षेत्रवाद और भाषायी समस्याओं के समाधान की खोज करना है। राष्ट्रीय एकता परिषद् कार्यपालिका के द्वारा स्थापित एक संस्था है, जिसका अनेक बार पुनर्गठन किया गया तथा इसका वर्ष-2013 में पुनः पुनर्गठन किया गया और नई दिल्ली में इसकी 15वीं बैठक आयोजित की गई। इसके अध्यक्ष प्रधानमंत्री तथा 14 कैबिनेट मंत्री इसके सदस्य होते हैं। इसके अतिरिक्त सभी राज्यों के मुख्यमंत्री और केंद्रशासित क्षेत्रों के प्रशासकों को शामिल किया गया है। इसमें राष्ट्रीय और क्षेत्रीय दलों के वरिष्ठ नेता सम्मिलित हैं तथा मानवाधिकार, अल्पसंख्यक, महिला और अनुसूचित जाति एवं जनजाति आयोग के अध्यक्षों को सम्मिलित किया गया है। मीडिया से जुड़े व्यक्ति, व्यावसायिक घरानों के प्रतिनिधि, श्रमिकों के प्रतिनिधि तथा महिलाओं के प्रतिनिधियों को शामिल किया गया है। इसके अतिरिक्त देश के गणमान्य व्यक्ति भी इसमें शामिल हैं। यह भी मूलतः संविधान में वर्णित संस्था नहीं है तथा यह एक सरकारी मशीनरी नहीं है, क्योंकि इसमें समाज के किसी भी बुद्धिजीवी को शामिल किया जा सकता है।

हरित संघवाद (Green Federalism)

भारत में देश के सभी क्षेत्रों के आर्थिक विकास पर बल दिया गया और वर्तमान समय में आर्थिक विकास के साथ-साथ पर्यावरण के संरक्षण का मुद्दा भी महत्त्वपूर्ण बन गया है। राज्यों में होने वाले निवेश के लिए पर्यावरण मंत्रालय से अनुमति लेनी पड़ती है और राज्यों में होने वाले कई निवेशों पर स्थानीय समुदायों के द्वारा पर्यावरण के नियमों के उल्लंघन का आरोप लगाया जाता रहा है। वर्तमान समय में संघ एवं राज्यों के बीच पर्यावरण के मुद्दे पर अनेक विवाद भी उत्पन्न हो रहे हैं और राज्यों का आरोप है कि पर्यावरणीय मानकों के बहाने संघ सरकार राज्यों में निवेश को हतोत्साहित कर रही है। विशेषकर वे राज्य जहां संघ सरकार से संबंधित दल शासन में नहीं हैं। वर्तमान समय में पर्यावरण के मुद्दे पर समन्वय एवं सहयोग की आवश्यकता है, क्योंकि पर्यावरण का संरक्षण संघ एवं राज्यों का साझा दायित्व है। यह उल्लेखनीय है कि भारतीय संविधान में सहकारी संघवाद का प्रावधान है।

भारतीय संघीय शासन की प्रकृति

भारतीय संघीय शासन में संघीय शासन की सभी विशेषताएं पाई जाती हैं, जिनमें शक्ति का विभाजन, लिखित एवं सर्वोच्च संविधान तथा स्वतंत्र न्यायपालिका शामिल है। परंतु विधायी, कार्यपालिकीय और वित्तीय शक्तियों के विभाजन में संघ सरकार का पलड़ा भारी है। अतः संघ शासन में केंद्रीकरण के प्रभावी तत्त्व विद्यमान हैं। विधायी क्षेत्रों में संघ सरकार के द्वारा राज्य सूची के विषय पर विधि का निर्माण किया जा सकता है। कार्यपालिकीय क्षेत्रों में संघ

सरकार, राज्यों को निर्देश देती है तथा वित्तीय क्षेत्रों में राज्य, संघ के अनुदान पर निर्भर होते हैं, जिससे यह प्रतीत होता है कि संघ और राज्य एक-दूसरे के समकक्ष नहीं हैं, बल्कि राज्य, संघ पर निर्भर हैं। इसलिए आलोचकों ने भारतीय संघीय व्यवस्था को अर्द्ध-संघात्मक कहा है। इसके अतिरिक्त संविधान में आपातकालीन प्रावधान संघ एवं राज्यों के बीच शक्तियों के विभाजन को स्थगित कर देते हैं और संघीय व्यवस्था एकात्मक रूप में कार्य करने लगती है। इसी आधार पर आलोचकों ने कहा कि भारतीय शासन मूलत: एकात्मक है, जिसमें कुछ संघात्मक लक्षण भी विद्यमान हैं।

यह सत्य है कि भारतीय संघीय व्यवस्था में संघ ज्यादा शक्तिशाली है तथा संघ में केंद्रीकरण की प्रवृत्तियां विद्यमान हैं, परंतु संघीय शासन में संघ एवं राज्यों के बीच सहयोग के महत्त्वपूर्ण बिंदु भी उल्लिखित हैं। इसीलिए भारतीय संघ को सहकारी संघीय व्यवस्था कहा जाता है। संघीय शासन का मूल्यांकन संविधान के अध्ययन के द्वारा पूर्णत: संभव नहीं है, बल्कि संघीय शासन के वास्तविक कार्यकरण को देखना आवश्यक है। भारत में राज्यों के मुख्यमंत्री स्वतंत्र एवं पृथक् शक्तियों का प्रयोग करते हैं और वे अपनी शक्तियों के प्रयोग के लिए संघ सरकार पर निर्भर नहीं हैं। इसलिए संघीय शासन प्रकार्यात्मक और राजनीतिक अवधारणा भी है इसे केवल विधि के अध्ययन के द्वारा नहीं समझा जा सकता। उच्चतम न्यायालय ने संविधान की व्याख्या करते हुए कहा है कि संघीय शासन संविधान का आधारभूत लक्षण है। इसलिए भारतीय संघ को अर्द्ध-संघात्मक कहना तार्किक नहीं है, बल्कि भारतीय संघ में संघ सरकार शक्तिशाली है तथा संघीय व्यवस्था के सभी महत्त्वपूर्ण लक्षण विद्यमान हैं और आपातकालीन शक्तियों के आधार पर संघीय शासन का मूल्यांकन करना पूर्णत: उचित नहीं है।

भारतीय संविधान में सहकारी संघीय व्यवस्था को अपनाया गया। संविधान में संघ और राज्यों की शक्तियों के मध्य विभाजन के साथ सहयोग और समन्वय पर भी महत्त्वपूर्ण बल दिया गया। भारतीय संघीय शासन की प्रकृति को केवल संविधान के अध्ययन के द्वारा समझना कठिन है, बल्कि इसके लिए संघीय व्यवस्था के व्यावहारिक कार्यकरण को भी समझना महत्त्वपूर्ण है! व्यावहारिक रूप में संघीय प्रणाली का अध्ययन दलीय प्रणाली में परिवर्तन के साथ परिवर्तित हुआ।

संघ एवं राज्यों के बीच विवाद

(i) राज्यपाल की भूमिका

संघीय शासन में राज्यों को स्वायत्तता प्राप्त होती है, क्योंकि 7वीं अनुसूची में वर्णित राज्य सूची के विषयों पर राज्य का अधिकार होता है। इसलिए इन विषयों के प्रशासन का अधिकार भी राज्य सरकार का होना चाहिए। राज्यपाल की नियुक्ति संघ सरकार के द्वारा होती है। राज्यपाल राष्ट्रपति के प्रसाद पर्यंत तक कार्य करता है। संविधान में राज्यपाल, राज्य सरकार का संवैधानिक कार्यपालिका प्रधान है, परंतु राज्यपाल व्यावहारिक रूप में संघ के एजेंट के रूप में कार्य करने लगा। **राज्यपाल ने निम्नलिखित रूपों में अपने पद का दुरुपयोग किया-**

- राज्यों में विपक्षी दलों के मुख्यमंत्रियों को बर्खास्त किया गया।
- संघ सरकार के समान राज्य के राजनीतिक दलों के मुख्यमंत्रियों को बचाने का प्रयास किया गया।
- विपक्षी दलों के मुख्यमंत्रियों को सरकार निर्माण के लिए आमंत्रित ही नहीं किया गया।

(ii) राज्य विधेयकों का आरक्षण

अनुच्छेद-200 के अनुसार, राज्य विधान सभा के द्वारा पारित विधेयक को राज्यपाल के हस्ताक्षर के लिए प्रस्तुत किया जाता है, जिस पर राज्यपाल निम्नलिखित विकल्प अपना सकता है-

- विधेयकों को अस्वीकृत करना।
- अनुमति देना।
- पुनर्विचार के लिए भेजना, परंतु धन विधेयक को पुनर्विचार के लिए नहीं भेजेगा, बल्कि अनुमति देगा अथवा अनुमति देने से मना कर देगा।
- राष्ट्रपति के विचार के लिए विधेयकों को आरक्षित करना। लेकिन राष्ट्रपति के द्वारा विधेयक पर अनुमति देने की किसी समय सीमा का उल्लेख नहीं है, (अनुच्छेद-201)।

राज्यपाल के द्वारा उन विधेयकों को आरक्षित किया जाएगा, जो राज्य में स्थित उच्च न्यायालय की शक्तियों को

प्रभावित करते हैं। राज्य विधान सभा के द्वारा विधेयक को संशोधन के बिना अथवा संशोधन के साथ दोबारा प्रस्तुत किया गया, तो भी राज्यपाल इसे राष्ट्रपति की अनुमति के लिए आरक्षित करेगा। वर्ष-1957 में केरल शिक्षण विधेयक को राज्यपाल के द्वारा राष्ट्रपति के विचार के लिए आरक्षित किया गया। केरल में साम्यवादी सरकार के द्वारा शिक्षा में निजी स्कूलों की गतिविधियों को प्रतिबंधित करने के लिए इस विधेयक का निर्माण किया गया था। इसके अंतर्गत् राज्यपाल ने राज्य सरकारों के विधेयक को राष्ट्रपति के विचार के लिए आरक्षित किया, परंतु राष्ट्रपति ने कई विधेयकों पर लंबे समय तक कोई निर्णय ही नहीं किया, क्योंकि संविधान में यह स्पष्ट उल्लिखित नहीं है कि राष्ट्रपति कितने दिनों में विधेयक पर अनुमति प्रदान करेंगे। सरकारिया आयोग के द्वारा यह अनुशंसा की गई है कि राष्ट्रपति राज्य के आरक्षित विधेयकों पर 4 महीने की अवधि के भीतर अपना निर्णय दें, कि वह विधेयक को अनुमति दे रहा है अथवा नहीं।

(iii) संवैधानिक तंत्र की विफलता

संविधान के अनुसार, संघ सरकार का यह कर्त्तव्य होगा कि प्रत्येक राज्य की आंतरिक गड़बड़ी एवं बाहरी आक्रमण से रक्षा करे और यह सुनिश्चित करे कि राज्य का शासन संवैधानिक तंत्र के अनुसार संचालित है, (अनुच्छेद-355)। राष्ट्रपति, राज्यपाल की रिपोर्ट पर अथवा रिपोर्ट के बिना यह उद्घोषणा कर सकता है कि राज्य का शासन संविधान के तंत्र के अनुसार संचालित नहीं है, (अनुच्छेद-356)। जिसे लोकप्रिय रूप में राष्ट्रपति शासन के नाम से जाना जाता है, क्योंकि राष्ट्रपति, राज्य की विधायिका के सभी कार्यों का स्वयं संचालन करेगा। उच्च न्यायालय की शक्तियों को छोड़कर राज्य के शासन पर राष्ट्रपति नियंत्रण स्थापित करेगा।

संविधान सभा में डॉ. अंबेडकर ने कहा था कि अनुच्छेद-356 का प्रयोग अंतिम और आपवादिक रूप में होना चाहिए। परंतु संघ सरकार के द्वारा इस प्रावधान का दुरूपयोग किया गया एवं निर्वाचित राज्य सरकारों को स्वेच्छाचारी रूप में बर्खास्त कर दिया गया। राज्यों में सरकारों की उपस्थिति विधान सभा के समर्थन पर निर्भर करता है, परंतु अनुच्छेद-356 के दुरूपयोग के कारण राज्य सरकार का अस्तित्त्व राष्ट्रपति की इच्छा का विषय बन गया, जो राज्यों की स्वायत्तता के विचार का विनाश है।

(iv) केंद्रीय सुरक्षा बल भेजने का मामला

संविधान की 7वीं अनुसूची के अनुसार, विधि की व्यवस्था बनाए रखना राज्य सूची का विषय है, लेकिन 70 के दशक में राज्यों में स्थित केंद्रीय प्रतिष्ठानों और संपत्ति की रक्षा के लिए संघ सरकार ने केंद्रीय बलों की तैनाती की, जिसका पश्चिम बंगाल और केरल जैसे राज्यों ने प्रबल विरोध किया। केंद्रीय सैन्य बलों की राज्य में तैनाती राज्य की सहमति के बाद ही होनी चाहिए। सरकारिया आयोग का विचार है कि संघ सरकार को राज्यों में केंद्रीय सैन्य बल भेजने का अधिकार होना चाहिए, क्योंकि राज्यों की सुरक्षा का दायित्व संघ सरकार का है।

(v) अखिल भारतीय सेवकों का मुद्दा

संघीय व्यवस्था में शक्तियों के विभाजन के साथ इन शक्तियों को क्रियान्वित करने वाले पदाधिकारियों का भी विभाजन होना चाहिए। संघीय व्यवस्था का मूल आधार शक्तियों का विभाजन है, इसलिए संघ एवं राज्य सरकारों के लिए अलग-अलग सेवकों का भी प्रबंध होना चाहिए। परंतु भारत में संघ एवं राज्य सेवकों के अलावा अखिल भारतीय सेवा का भी प्रावधान है, जिनकी नियुक्ति संघ सरकार के द्वारा होती है तथा अखिल भारतीय सेवकों पर संघ सरकार का भी नियंत्रण होता है। इनके विरुद्ध अनुशासनात्मक कार्यवाही तथा इनको सेवा से निष्कासित करने की शक्ति संघ सरकार में निहित है। इसलिए इन्हें राज्यों की शक्तियों के विरुद्ध माना जाता है। इन सेवकों को लेकर संघ एवं राज्यों के बीच सदैव विवाद होते रहते हैं।

पिछली यू.पी.ए. सरकार द्वारा तमिलनाडु कैडर की भारतीय पुलिस सेवा के अधिकारी को केंद्रीय अन्वेषण ब्यूरो (C.B.I.) में उपनिदेशक के पद पर नियुक्त किया गया। अर्चना सुंदरम् नामक पुलिस अधिकारी की प्रतिनियुक्ति संघ सरकार के द्वारा की गई, परंतु तमिलनाडु की तत्कालीन मुख्यमंत्री जयललिता ने इनकी नियुक्ति का विरोध किया और उन्हें राज्य सेवा से मुक्त नहीं किया। अखिल भारतीय सेवकों के संदर्भ में यह प्रावधान है कि इनकी प्रतिनियुक्ति संघ सरकार के द्वारा की जा सकती है, परंतु इसके लिए

राज्यों की सहमति लेना आवश्यक है। यद्यपि राज्यों की सहमति संघ सरकार के लिए बाध्यकारी नहीं है।

वर्ष-1971 में प्रस्तुत राजमन्नार आयोग की रिपोर्ट में यह स्पष्ट कहा गया है कि अखिल भारतीय सेवाओं को समाप्त कर दिया जाए। उल्लेखनीय है कि राजमन्नार आयोग का गठन तमिलनाडु सरकार ने किया था। डॉ. अंबेडकर ने संविधान सभा में अखिल भारतीय सेवा का महत्त्व बताते हुए कहा था कि इससे राष्ट्रीय एकता एवं अखंडता में वृद्धि और अखिल भारतीय स्तर पर कुशल अभ्यर्थियों का चयन होता है, जिनका दृष्टिकोण अखिल भारतीय होता है।

(vi) संचार साधनों का प्रयोग

आकाशवाणी और दूरदर्शन पर संघ सरकार का नियंत्रण है। इसलिए राज्य सरकारों ने यह आरोप लगाया कि संघ सरकार के द्वारा इनका उपयोग राजनीतिक रूप में किया जाता है तथा राज्यों को इनका उपयोग करने की अनुमति नहीं दी जाती। प्रधानमंत्री नरेन्द्र मोदी के द्वारा आकाशवाणी का प्रयोग "मन की बात" के लिए किया गया, जिस पर कई राज्यों के मुख्यमंत्रियों द्वारा आपत्ति व्यक्त की गई।

दलीय प्रणाली एवं संघीय व्यवस्था

संघीय व्यवस्था एक व्यावहारिक विचार है, जिसका अध्ययन केवल संविधान द्वारा संभव नहीं है, बल्कि परिवर्तित दलीय प्रणाली के साथ संघ एवं राज्यों के संबंध भी बदल जाते हैं। संघ सरकार से संबंधित राजनीतिक दल की सरकार राज्यों में हो, तो संघ एवं राज्यों के बीच सहयोग की प्रवृत्ति में वृद्धि होती है तथा संघ एवं राज्यों में अलग-अलग दलों की सरकार के निर्माण से प्रधानमंत्री एवं मुख्यमंत्री के संबंध प्रतिकूल हो जाते हैं। संघीय शासन के आरंभ में दलीय प्रणाली एकात्मक थी, क्योंकि संघ एवं राज्यों में केवल एक ही दल (कांग्रेस) का वर्चस्व था।

संविधान की सातवीं अनुसूची में संघ एवं राज्यों के बीच शक्तियों का विभाजन किया गया है, परंतु वर्ष-1950 एवं 1960 के दशक में संघ के प्रधानमंत्री और राज्यों के मुख्यमंत्री दोनों कांग्रेस दल से होते थे। इसलिए संघ एवं राज्यों के बीच सहयोग की प्रवृत्ति देखी गई। वर्ष-1990 के दशक में संघ में गठबंधन सरकारों का निर्माण हुआ और संघ सरकार के निर्माण में क्षेत्रीय दलों की भागीदारी सुनिश्चित हो गई, जिससे संघ एवं राज्यों के बीच विवाद कम हो गए और संघ सरकार के द्वारा राज्यों की स्वायत्तता का समर्थन किया गया और राज्यों की स्वायत्तता में हस्तक्षेप के लिए संघ सरकार की शक्तियों का दुरूपयोग प्रतिबंधित हो गया।

गठबंधन सरकार के युग में संघीय व्यवस्था

संघवाद, मूलतः प्रकार्यात्मक (Functional) अवधारणा है, जिसका निर्धारण परिवर्तित दलीय प्रणाली और परिवर्तित सामाजिक एवं आर्थिक परिप्रेक्ष्य के अनुसार निर्धारित होता है। वर्ष-1990 के दशक में भारतीय राजनीतिक व्यवस्था में अनेक महत्त्वपूर्ण परिवर्तन हुए, **जिसमें मुख्य हैं**-

- केंद्र में गठबंधन सरकारों का निर्माण।
- क्षेत्रीय दलों की उभरती प्रभावी भूमिका।
- आर्थिक उदारीकरण।
- विकेंद्रित नियोजन का प्रयोग।
- न्यायपालिका की सजग भूमिका।

वर्ष-1989 से लेकर वर्ष-2009 के लोक सभा चुनाव तक किसी भी एक दल को स्पष्ट और पूर्ण बहुमत प्राप्त नहीं हो सका। इसलिए संघ में अल्पमत और गठबंधन सरकारों का निर्माण हुआ, तो वहीं दूसरी ओर इस दशक में शक्तिशाली मुख्यमंत्रियों का उदय हुआ, जिसमें 90 के दशक में बिहार के मुख्यमंत्री लालू प्रसाद यादव, उत्तर प्रदेश के मुख्यमंत्री मुलायम सिह यादव, तमिलनाडु में जयललिता (1948-2016) और करूणानिधि, आंध्र प्रदेश के चन्द्रबाबू नायडू की भूमिका अत्यधिक शक्तिशाली मुख्यमंत्रियों में गिनी जाती हैं, जिन्होंने संघ सरकार के निर्माण और कार्यकरण को प्रभावित किया। वर्ष-2000 के बाद पश्चिम बंगाल की ममता बनर्जी, उत्तर प्रदेश में अखिलेश यादव और तमिलनाडु की जयललिता (1948-2016), उड़ीसा के नवीन पटनायक एवं गुजरात के पूर्व मुख्यमंत्री एवं वर्तमान में भारत के प्रधानमंत्री नरेन्द्र मोदी अत्यधिक शक्तिशाली मुख्यमंत्री के रूप में उभरे।

अखिल भारतीय दलों में कांग्रेस और भाजपा में भी राज्य के मुख्यमंत्रियों की स्वायत्त और शक्तिशाली भूमिका

उभर रही है और इनका अस्तित्त्व अब हाईकमान पर निर्भर नहीं है। इसलिए संघ एवं राज्यों के मध्य विवाद के बिंदुओं का पटाक्षेप हो रहा है। राज्यपाल की नियुक्ति के पहले संबंधित राज्य के मुख्यमंत्री से परामर्श किया जाता है। वर्ष-1967 तथा वर्ष-1977 के मध्य 39 बार अनुच्छेद-356 का प्रयोग हुआ, जबकि विगत् दशक में अनुच्छेद-356 के दुरुपयोग के मामले आपवादिक हैं। उदाहरण के लिए, पश्चिम बंगाल के सिंगूर में इतनी व्यापक हिंसा होने के बावजूद अनुच्छेद-356 का प्रयोग नहीं हुआ, क्योंकि अनुच्छेद-356 का प्रयोग अच्छी सरकार प्राप्त करने के लिए नहीं किया जाना चाहिए। अधिकांश राज्य सरकारों ने सरकारिया आयोग की अनुशंसा को स्वीकार किया है। सरकारिया आयोग के अनुसार, 'राज्यों को स्वायत्तता प्रदान करने के लिए संविधान में किसी मूलभूत परिवर्तन की आवश्यकता नहीं है, अपितु संविधान के राजनीतिक दुष्प्रयोगों को प्रतिबंधित करने की आवश्यकता है।' वर्तमान युग में केंद्रीय सैन्य बलों का मामला भी विवाद का बिंदु नहीं है, बल्कि राज्यों द्वारा केंद्रीय सैनिक बलों की मांग की जा रही है। गठबंधन सरकार के युग में राज्यों को ज्यादा वित्तीय स्वायत्तता प्रदान करने के लिए संघ सरकार के द्वारा अनेक उपाय किए गए हैं।

वर्तमान निजीकरण और उदारीकरण के युग में योजना आयोग के स्थान पर नीति आयोग का गठन किया गया है, जिससे अलग-अलग विषयों के विशेषज्ञों के अलावा राज्यों की सहभागिता को भी बढ़ावा दिया जा सकें इस युग में आकाशवाणी और दूरदर्शन के दुष्प्रयोग का मामला भी समाप्त हो गया है। अब प्रत्येक राज्य निजी निवेश आकर्षित करने के लिए प्रयत्न एवं आर्थिक सुधारों के संदर्भ में संघ सरकार से सहायता प्राप्त कर रहे हैं। गठबंधन सरकार के युग में न्यायपालिका की भूमिका भी सजग हुई।

वर्ष-1990 के पश्चात् भारत में पंचायती राज के रूप में संघवाद के एक तीसरे स्तर का निर्माण हुआ व विकेंद्रित नियोजन को अपनाया गया तथा अब पंचायतों को भी 11वीं अनुसूची में स्पष्ट शक्तियां प्रदान की गई हैं। अब पंचायतें राज्य सरकारों पर इन शक्तियों के हस्तांतरण के लिए दबाव बना रही हैं तथा ज्यादा से ज्यादा वित्तीय अनुदान की मांग भी कर रही हैं। वर्ष-2014 के लोक सभा चुनाव ने गठबंधन का दौर लगभग खत्म कर दिया है, यद्यपि एन.डी.ए. गठबंधन ने 336 सीटें प्राप्त कर व्यापक बहुमत प्राप्त किया, जिसमें भाजपा अकेले पूर्ण बहुमत में थी। परंतु पश्चिम बंगाल, उड़ीसा, तमिलनाडु, आंध्र प्रदेश, तेलंगाना में क्षेत्रीय दलों ने सफलता प्राप्त की। अत: वर्ष-1989 से चले आ रहे संघवाद के प्रतिरूप में अब बदलाव आएगा तथा देश सच्चे संघीय प्रावधानों की तरफ आगे बढ़ेगा।

नियोजन एवं संघवाद

योजना आयोग और वित्तीय संबंध

भारतीय संघीय व्यवस्था में संघ अत्यधिक शक्तिशाली है और संविधान में केंद्रीकरण की प्रवृत्तियां स्पष्ट रूप में परिलक्षित होती हैं। इन केंद्रीकरण की प्रवृत्तियों को बढ़ावा देने में योजना आयोग और कांग्रेस दल की भूमिका भी महत्त्वपूर्ण है। योजना आयोग पर केंद्र सरकार का नियंत्रण एवं योजना आयोग के द्वारा नियोजित राशियों का वितरण किया जाता था। भारत में योजना आयोग के द्वारा समूचे देश के लिए योजना का निर्माण किया जाता था। योजना की प्राथमिकता एवं आकार दोनों का निर्धारण संघ सरकार द्वारा किया जाता है। इसलिए 70 के दशक में राज्यों ने योजना आयोग को समाप्त करने की मांग भी उठाई तथा इन्होंने तो यहां तक कहा कि **'योजना आयोग, एक विशेषज्ञ संस्था न होकर, एक अर्द्ध-राजनीतिक संस्था है।'** वर्तमान उदारीकरण एवं भू-मंडलीकरण के युग में योजना आयोग की प्रासंगिकता पर प्रश्न उठाए जाने लगे, जिसके कारण केंद्र सरकार द्वारा नीति आयोग का गठन किया गया है।

संघीय शासन के अंतर्गत् संघ और राज्यों के मध्य शक्तियों का विभाजन होता है। संघ सरकार को संघ सूची के विषय पर, जबकि राज्य सरकार को राज्य सूची के विषय पर विधि के निर्माण का अधिकार है। केंद्रीय नियोजन के द्वारा संघ सरकार राज्य सूची के विषयों पर भी योजना का निर्माण करती है, जिससे राज्यों की स्वायत्तता का उल्लंघन होता है। योजना आयोग का अध्यक्ष प्रधानमंत्री होता था, जो एक राजनीतिक दल का सदस्य भी होता है, एक दल विशेष के द्वारा निर्मित योजना अन्य दलों को अस्वीकार्य भी हो सकती हैं। संघ और राज्यों के बीच

करों के विभाजन तथा अनुदान के निर्धारण के लिए वित्त आयोग का प्रावधान संविधान में किया गया है, जबकि योजना आयोग, वित्त आयोग की शक्तियों का उल्लंघन कर रहा था। संविधान के अनुसार राज्यों को अनुदान देने की शक्ति वित्त आयोग की है, जबकि व्यावहारिक रूप में योजना आयोग के द्वारा अनुदान दिया गया। इसलिए यह प्रतीत होता है कि केंद्रीय योजना संघीय शासन के प्रतिकूल हैं। **इसके अतिरिक्त केंद्रीय योजना से संबंधित अन्य विवाद निम्नलिखित हैं-**

(i) **नियोजन के उद्देश्य में अंतर**
योजना आयोग द्वारा योजना की प्राथमिकताएं संघ सरकार की विचारधारा से निर्मित होती थीं, जिससे राज्यों ने यह आरोप लगाया कि इसके अंतर्गत् राज्यों की प्राथमिकता को उपेक्षित किया गया। विशेषकर यह आलोचना पश्चिम बंगाल की ज्योति बसु सरकार द्वारा की गई थी तथा केरल के मुख्यमंत्री ने भी संघ सरकार की योजनाओं पर आपत्ति दर्ज की थी।

(ii) **नियोजन के आकार को लेकर मतभेद**
राज्य सरकारों के द्वारा मांगी गई राशि के अनुरूप संघ सरकार के द्वारा इन्हें सहायता प्राप्त नहीं होती। राज्य सरकारों ने यह आरोप लगाया कि उन राज्यों के मुख्यमंत्रियों की योजना का आकार बड़ा होता है, जो संघ सरकार से संबंधित दल के होते हैं।

(iii) **राष्ट्रीय संसाधनों की भागीदारी पर मतभेद**
राज्य सरकार और संघ के मध्य वित्तीय विभाजन में संघ द्वारा राज्यों को केंद्रीय कोष से कम हिस्सा प्रदान किया जाता है, क्योंकि केंद्र सरकार पर अनेक परियोजनाओं के विकास का दायित्व होता है। केंद्र द्वारा प्रायोजित परियोजनाओं पर मतभेद उभर जाते हैं, क्योंकि केंद्र सरकार द्वारा ये योजनाएं अखिल भारतीय रूप में चलाई जाती हैं, जबकि राज्य सरकारों की प्राथमिकताएं अलग होती हैं। केंद्र द्वारा संचालित वे योजनाएं, जिनमें राज्य सरकारों को भी अपना हिस्सा लगाना पड़ता है, राज्य सरकारें इससे भी सहमत नहीं हैं। राज्य सरकारों की यह भी मांग थी कि आपदा प्रबंधन की राशि सामान्य नियोजित राशि से अलग प्रदान किया जाए। यह बिंदु भी उल्लेखनीय है कि केंद्रीय संसाधनों का विभाजन राज्यों के मध्य विवाद का मुद्दा बन जाता है। इस संदर्भ में गॉडगिल फॉर्मूले का निर्माण भी किया गया।

(iv) **सार्वजनिक उद्यमों की स्थापना को लेकर मतभेद**
संघ और राज्यों के मध्य सार्वजनिक उद्यमों की स्थापना को लेकर अनेक मतभेद व्याप्त थे। राष्ट्रीय विकास परिषद् में कुछ राज्यों के मंत्रियों ने यह मुद्दा उठाते हुए कहा कि सार्वजनिक उद्यमों को राज्यों में निवेश के लिए एक वस्तुनिष्ठ फॉर्मूले का निर्माण करना चाहिए।

केंद्रीय नियोजन को संघवाद के प्रतिकूल मानना पूर्णतः तार्किक नहीं है। इससे राज्यों के अधिकारों की अवहेलना नहीं होती तथा योजना में राज्यों की सहमति लेने के लिए **राष्ट्रीय विकास परिषद्** है। इसलिए यह राज्यों के अधिकारों की विरोधी नहीं, बल्कि इसका मूल उद्देश्य समूचे भारत का समग्र सामाजिक एवं आर्थिक विकास सुनिश्चित करना है।

उदारीकरण के युग में परिवर्तित भूमिका

वर्ष-1991 के बाद भारत में आर्थिक उदारीकरण की नीति को अपनाया गया। परिणामस्वरूप भारत में संकेतात्मक नियोजन का प्रयोग किया गया, अब सार्वजनिक उद्यमों की प्राथमिकता की नीति की बजाए, निजी उद्योगों की प्राथमिकता की नीति अपनाई गई। संकेतात्मक नियोजन के अंतर्गत् आयात प्रतिस्थापन की आर्थिक नीति को भी परिवर्तित करना पड़ा। उदारीकरण के युग में लाइसेंस कोटा राज की बजाए, निजी क्षेत्रों को बढ़ावा देने की नीति अपनाई गई तथा अब राज्य की भूमिका नियंत्रक की बजाए सहायताकारी हो गई।

योजना आयोग में नौकरशाहों की नियुक्ति को लेकर भी सवाल उठाए गए। उदारीकरण के बाद भी भारत में नियोजन का अपरिहार्य महत्त्व है, लेकिन नियोजन की प्रकृति में स्पष्ट परिवर्तन हुआ है। अब आधारभूत संरचना बिजली, बैंकिंग जैसे क्षेत्रों में भी निजी क्षेत्र को प्रवेश दिया जा चुका है। सरकार का स्पष्ट मानना है कि वाणिज्यिक प्रबंध का कार्य निजी क्षेत्रों को सौंपा जाए, जबकि राज्यों का सरोकार सामाजिक न्याय को बढ़ावा देने वाला होना चाहिए।

आर्थिक सुधारों के इस युग में संघ और राज्य सूची के मध्य विद्यमान विवाद भी लुप्त होते जा रहे हैं, क्योंकि

आर्थिक सुधारों के द्वितीय चरण में राज्य सूची के अधिकांश विषयों जैसे परिवहन व सिंचाई पर आर्थिक सुधार के लिए संघ एवं राज्यों में सहयोग हो रहे हैं। इसलिए केंद्रीकृत नियोजन, संघवाद के प्रतिकूल नहीं है, क्योंकि भारत में वे समस्याएं अभी भी विद्यमान हैं, जो वर्ष-1990 के पहले विद्यमान थीं। कुछ लोगों के अनुसार, उदारीकरण के युग में केंद्रीकृत नियोजन ज्यादा महत्त्वपूर्ण है, क्योंकि अधिकांश निजी निवेश उन राज्यों में हो रहे हैं, जो संपन्न हैं। जैसे-कर्नाटक, महाराष्ट्र एवं तमिलनाडु। जबकि उत्तर प्रदेश, बिहार एवं राजस्थान अभी भी पिछड़े हैं। इसलिए केंद्रीकृत नियोजन अत्यधिक आवश्यक है।

वर्ष-1991 के बाद भारत में उदारीकरण और निजीकरण की नीति अपनाई गई, जिसमें नियोजन की भूमिका संदेहास्पद हो गई, क्योंकि उदारीकरण और निजीकरण वाली अर्थव्यवस्था में ज्यादातर निजी क्षेत्र की ही भूमिका है, जबकि राज्यों की भूमिका विकास को प्रोत्साहित करने में महत्त्वपूर्ण होती है। ऐसे में योजना आयोग को समाप्त करने की मांग की जाने लगी तथा एक नई संस्था की आवश्यकता महसूस की गई, जो कि वर्तमान में निजीकरण और उदारीकरण की भूमिकाओं में उचित हो। अतः केंद्र सरकार ने नीति आयोग नामक नई संस्था की स्थापना की घोषणा की, जो योजना आयोग के आवश्यक कार्यों को करने के साथ-साथ उदारीकरण, निजीकरण एवं वैश्वीकरण की आवश्यकताओं को ध्यान में रखते हुए कार्य कर सकें

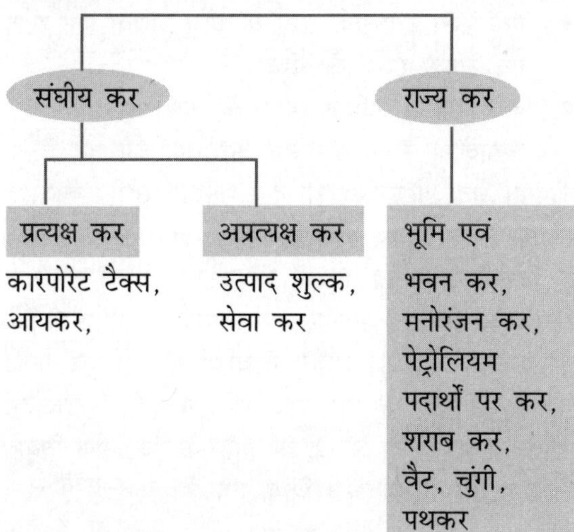

जी.एस.टी. (Goods and Services Tax)

संघ एवं राज्यों के वित्तीय संबंध में एक आमूलकारी परिवर्तन का प्रस्ताव किया गया है, जिसके द्वारा वस्तुओं और सेवाओं पर एक साथ कर लगाया जाएगा। संविधान में अनुच्छेद-301 में यह उल्लिखित है कि समूचे भारतीय क्षेत्र में व्यापार और वाणिज्य का अबाध आवागमन होगा। अतः जी.एस.टी. के सिद्धांत को व्यावहारिक बनाया गया। यह एक अप्रत्यक्ष कर है, जिसके तहत् वस्तुओं एवं सेवाओं पर एकसमान कर लगाया जाएगा।

जी.एस.टी. का अभिप्राय

जी.एस.टी. के अंतर्गत वस्तु एवं सेवाओं पर कर अलग-अलग नहीं लगाए जाएंगे, बल्कि इनके लिए समान रूप में एक कर लगाया जाएगा। संघ के सभी अप्रत्यक्ष करों को संघीय जी.एस.टी. में तथा राज्यों के सभी अप्रत्यक्ष करों को राज्य जी.एस.टी. में विलय कर दिया गया तथा विभिन्न राज्यों के बीच होने वाले व्यापार के लिए एकीकृत जी.एस.टी. का प्रावधान किया गया है। राज्य के अप्रत्यक्ष करों में पेट्रोलियम पदार्थों पर लागू होने वाले कर एवं शराब पर आरोपित कर को जी.एस.टी. से बाहर रखा गया है, क्योंकि राज्यों ने इन करों को जी.एस.टी. में शामिल करने का विरोध किया था। जी.एस.टी. की दर जी.एस.टी. परिषद् के द्वारा निर्धारित की जाएगी, जिसमें संघ सरकार के वित्त मंत्री एवं राज्यों के वित्त मंत्री सम्मिलित होंगे।

संवैधानिक प्रावधान

(i) विधि-निर्माण की शक्ति

जी.एस.टी. को क्रियान्वित करने के लिए संविधान में अनुच्छेद-246(a) जोड़ा गया है। इसके अनुसार संसद एवं प्रत्येक राज्य की विधान सभा जी.एस.टी. को क्रियान्वित करने के लिए विधि का निर्माण करेगी तथा अंतर्राज्यीय व्यापार एवं वाणिज्य के संबंध में जी.एस.टी. के लिए विधि-निर्माण का अधिकार केवल संसद को प्रदान किया गया है। जी.एस.टी. के संबंध में अवशिष्ट शक्ति का कोई प्रावधान नहीं है। यद्यपि राष्ट्रीय हित के मुद्दे पर संसद जी.एस.टी. विषय पर भी विधि का निर्माण कर सकती है, यदि राज्य सभा उपस्थित एवं मत देने वाले सदस्यों के दो-तिहाई बहुमत से यह प्रस्ताव पारित करे।

(ii) **अंतर्राज्यीय व्यापार पर जी.एस.टी. का संग्रह**

संविधान में अनुच्छेद-269(a) जोड़ा गया। जिसके अनुसार अंतर्राज्यीय व्यापार एवं वाणिज्य के संबंध में जी.एस.टी. के संग्रह का अधिकार संसद को प्रदान किया गया है और जी.एस.टी. द्वारा वसूली गई राशि को संघ एवं राज्यों के बीच विभाजन के लिए संसद विधि का निर्माण करेगी तथा संसद द्वारा निर्मित विधि जी.एस.टी. परिषद् की सलाह के बाद निर्धारित की जाएगी।

(iii) **जी.एस.टी. परिषद् की संरचना**

संविधान के अनुच्छेद-279(a) के अनुसार राष्ट्रपति के द्वारा 101वें संविधान संशोधन, 2016 के आदेश के 60 दिन के अवधि के भीतर परिषद् का गठन किया जाएगा, जिसकी संरचना निम्नलिखित है-

- संघ सरकार का वित्त मंत्री इसका अध्यक्ष होगा। संघ सरकार का राज्यमंत्री सदस्य होगा।
- प्रत्येक राज्य सरकार के द्वारा राज्य के वित्त अथवा करारोपण के मामले देखने वाला मंत्री भी इसका सदस्य होगा।

परिषद् के कार्यकरण की प्रक्रिया

- परिषद् के सदस्यों के द्वारा अपने में से किसी एक सदस्य का उपाध्यक्ष के रूप में चयन किया जाएगा।
- परिषद् के द्वारा परिषद् के प्रकार्य की प्रक्रिया स्वयं निर्धारित की जाएगी और परिषद् के सभी सदस्यों के आधे सदस्यों के द्वारा गणपूर्ति अथवा कोरम का निर्माण होगा।
- परिषद् के निर्णय अथवा प्रक्रिया परिषद् में अनुपस्थिति अथवा किसी विसंगति के कारण अमान्य नहीं होंगे। परिषद् में किसी प्रक्रियागत विषमता अथवा किसी सदस्य की नियुक्ति में गड़बड़ी के आधार पर उसके निर्णय अवैधानिक नहीं होंगे।

(iv) **परिषद् के कार्य**

जी.एस.टी. परिषद् के द्वारा संघ सरकार एवं राज्यों को निम्नलिखित विषयों के संबंध में अनुशंसा दी जाएगी-

- संघ एवं राज्य तथा स्थानीय शासनों के द्वारा आरोपित कर उपकर एवं अधिभार को जी.एस.टी. समाहित करना।
- जी.एस.टी. से छूट दी जाने वाली वस्तुओं एवं सेवाओं का निर्धारण।
- जी.एस.टी. के संबंध में एक मॉडल विधि का निर्माण तथा अंतर्राज्यीय व्यापार में संग्रहित जी.एस.टी. का संघ एवं राज्यों के बीच विभाजन।
- उत्पादित वस्तुओं की न्यूनतम मात्रा पर दर का निर्धारण (Threshold) और जी.एस.टी. से छूट दी जाने वाली वस्तुओं एवं सेवाओं का निर्धारण।
- विभिन्न वस्तुओं और सेवा कर पर जी.एस.टी. की दरों का निर्धारण (Floor Rates)।
- प्राकृतिक आपदा के दौरान अत्यधिक संसाधनों को जुटाने के लिए जी.एस.टी. की विशेष दरों का विशेष समय के लिए निर्धारण।
- अरूणाचल प्रदेश, असम, जम्मू एवं कश्मीर, मेघालय, मिजोरम, नागालैंड, सिक्किम, त्रिपुरा, हिमाचल प्रदेश और उत्तराखंड के लिए विशेष प्रावधान का निर्माण।
- वस्तु और सेवा कर से संबंधित अन्य मामलों का निर्धारण, जिसका परिषद् प्रावधान करे।

(v) **विवाद निवारण तंत्र**

उपरोक्त प्रावधानों के अलावा अनुच्छेद-279(a) में यह भी उल्लिखित है कि जी.एस.टी. परिषद् के द्वारा विवादों को हल करने के लिए व्यवस्था का निर्माण किया जाएगा, जो विवाद निम्नलिखित से संबंधित होंगे-

- भारतीय सरकार और एक अथवा अधिक राज्यों के बीच।
- भारतीय सरकार और किसी राज्य के बीच।
- एक राज्य तथा एक राज्य के बीच अथवा एक राज्य एवं अनेक राज्यों के बीच।
- दो या दो से अधिक राज्यों के बीच।

विवादों के संबंध में परिषद् की रिपोर्ट को लागू किया जाएगा। अत: जी.एस.टी. के द्वारा भारतीय संघीय व्यवस्था में एक नवीन विवाद निवारण तंत्र का प्रावधान किया गया है, जिससे यह प्रतीत होता है कि जी.एस.टी. के संबंध में विवाद को उच्चतम न्यायालय के समक्ष प्रस्तुत करने की आवश्यकता नहीं है। संघीय व्यवस्था में संघ एवं राज्यों के बीच विवाद के निस्तारण का मूल दायित्व उच्चतम न्यायालय का है। जी.एस.टी. के द्वारा एक वैकल्पिक विवाद निवारण तंत्र का प्रावधान किया गया है।

(vi) **पेट्रोलियम पदार्थों के संबंध में प्रावधान**

राज्यों के विरोध के कारण कच्चे पेट्रोलियम, हाई स्पीड गीजर, मोटर स्पीरिट, जिसे लोकप्रिय रूप में पेट्रोल कहा जाता है। प्राकृतिक गैस वायुयान, टरबाइन ईंधन को जी.एस.टी. में शामिल नहीं किया गया है। फिलहाल इन पर संघ सरकार के द्वारा उत्पाद शुल्क आरोपित किया जाता है और राज्य सरकारें बिक्री कर आरोपित करती हैं। इसीलिए 7वीं अनुसूची के (संघ सूची एवं राज्य सूची) दोनों में उपरोक्त वस्तुओं का उल्लेख किया गया है तथा भविष्य में इसे जी.एस.टी. में शामिल करने का निर्णय जी. एस.टी. परिषद् के द्वारा लिया जाएगा। अत: उसके लिए किसी नवीन संविधान संशोधन की आवश्यकता नहीं होगी।

(vii) **जी.एस.टी. परिषद् में मतदान**

जी.एस.टी. परिषद् में मतदान के तरीके का निर्धारण भी अनुच्छेद-279(a) में किया गया है। जिसके अनुसार, परिषद् में प्रत्येक निर्णय सभी सदस्यों के तीन-चौथाई बहुमत से लिया जाएगा। संविधान में उल्लिखित यह सर्वाधिक कठोर बहुमत है। क्योंकि 75 प्रतिशत बहुमत के द्वारा ही निर्णय लिया जाएगा।

निर्णय में संघ एवं राज्यों को समान महत्त्व देने के लिए भारित मतदान (Weighted Voting) का प्रयोग किया जाता है। जिसके अनुसार, संघ सरकार का मत सभी मतों का एक-तिहाई होगा एवं सभी राज्यों के कुल मतों का अनुपात दो-तिहाई मात्रा में होगा। भारित मतदान का प्रयोग इसलिए किया गया है कि परिषद् में संघ सरकार के दो प्रतिनिधि सम्मिलित हैं। जबकि राज्यों की संख्या-29 है। अत: निर्णय में भारित मत का प्रयोग किया गया है, जिससे दोनों (संघ एवं राज्यों) की आपसी सहयोग से ही निर्णय संभव हो सकें यह सहकारी संघवाद के प्रावधान का प्रतीक है।

निष्कर्ष

राज्यों की वित्तीय स्वायत्तता के अभाव में उन्हें प्राप्त संवैधानिक एवं प्रशासनिक शक्तियों का महत्त्व कम हो जाता है। उदारीकरण के युग में राज्यों को सुशासन अपनाकर अपनी वित्तीय क्षमता सुदृढ़ करनी चाहिए तथा संघ के द्वारा राज्यों को ज्यादा से ज्यादा वित्तीय संसाधन उपलब्ध कराने की आवश्यकता है। इसके लिए संघ एवं राज्यों के बीच सहयोग तथा सहकारिता आवश्यक है।

अध्याय 3

संघीय शासन से संबंधित मुद्दे

(Issues Related to Federal Government)

● संघ एवं राज्य क्षेत्र, ● 1. बेलगांव का विवाद, ● 2. कासरगोड विवाद, ● 3. चंडीगढ़ का विवाद, ● 4. असम और नागालैंड के मध्य का विवाद, ● 5. अंतर्राज्यीय जल विवाद, ● जल विवाद एवं न्यायपालिका, ● नदी जल विवाद एवं सहकारी संघवाद, ● विभिन्न उपनिवेशों का भारत में विलय, ● स्वतंत्रता के बाद पुनर्गठन की मांग, ● पुनर्गठन का पहला चरण, ● पुनर्गठन का द्वितीय चरण, ● पुनर्गठन का तीसरा चरण, ● छोटे राज्यों का निर्माण, ● नवीन राज्यों के निर्माण का आधार, ● छोटे राज्य निर्माण में कठिनाई, ● तेलंगाना राज्य का गठन, ● निष्कर्ष

संघ एवं राज्य क्षेत्र

संविधान के अनुच्छेद-1 में यह उल्लिखित है कि इंडिया, जो भारत है, राज्यों का एक 'यूनियन' होगा। इसी के अनुसार पहली अनुसूची का उल्लेख किया गया है, जिसमें सभी राज्यों के नामों का वर्णन है तथा केंद्रशासित क्षेत्र का भी उल्लेख किया गया है। इसके अनुसार भारतीय भू-भाग में राज्यों के भू-भाग, केंद्रशासित क्षेत्रों के भू-भाग एवं अन्य अर्जित भू-भाग भी शामिल होंगे। अनुच्छेद-1 से यह प्रतीत होता है कि भारतीय संघ में (Territory of Union) 29 राज्य शामिल होंगे, जबकि भारतीय राज्य क्षेत्र (Territory of India) में संघ सरकार एवं राज्य तथा केंद्रशासित क्षेत्र भी सम्मिलित होगा। भारतीय राज्य क्षेत्र का विचार व्यापक है।

यूनियन में राज्यों का प्रवेश

भारतीय यूनियन में किसी नवीन राज्य की स्थापना अथवा प्रवेश का अधिकार संसद को प्रदान किया गया है, जो इन राज्यों की शर्तों का भी निर्धारण करेगी। अनुच्छेद-2 में इसका उल्लेख है। राज्यों के यूनियन में प्रवेश का अभिप्राय उन्हें संविधान की पहली अनुसूची में शामिल किया जाएगा तथा चौथी अनुसूची में ही इसे स्थान दिया जाएगा। परंतु सिक्किम के प्रवेश के दौरान उसे पहले इस सूची में शामिल नहीं किया गया। इसीलिए सिक्किम के लिए एक नवीन प्रावधान का निर्माण किया गया और सिक्किम के भारत में विलय के लिए 35वां संविधान संशोधन, 1974 किया गया और अनुच्छेद-2(a) का निर्माण किया गया था। इसके अंतर्गत वर्ष-1975 में सिक्किम को संयुक्त राज्य (Associate State) का दर्जा दिया गया था, जिसे 36वें संविधान संशोधन के द्वारा समाप्त कर दिया गया। यह दर्जा प्राप्त करने वाला सिक्किम भारत का एकमात्र राज्य था।

नवीन राज्यों का निर्माण

संविधान के अनुच्छेद-3 में संसद को नवीन राज्यों के निर्माण का अधिकार दिया गया है, जिसके अंतर्गत-

- नवीन राज्य का निर्माण किसी राज्य के भू-भाग से अलग करके किया जा सकता है। जैसे झारखंड का निर्माण बिहार राज्य से अलग करके किया गया। दो या दो से अधिक राज्यों अथवा किसी राज्य के भाग अथवा किसी राज्य में किसी भू-भाग को जोड़कर राज्य का निर्माण करना। इसके अंतर्गत अनेक देशी रियासतों को मिलाकर राज्यों का निर्माण किया जाता है।
- राज्य के क्षेत्र में वृद्धि।
- राज्य के क्षेत्र में कमी।

- राज्य की सीमा का परिवर्तन।
- राज्य के नाम का परिवर्तन।

उपरोक्त संबंध में संसद में किसी विधेयक को लाने हेतु राष्ट्रपति की पूर्व अनुमति की आवश्यकता होगी तथा राष्ट्रपति के द्वारा संबंधी राज्य विधान सभाओं से परामर्श लिया जा सकता है। संविधान में समय सीमा का उल्लेख नहीं है। परंतु राष्ट्रपति परामर्श के लिए एक निश्चित समय सीमा निर्धारित कर सकता है। राज्य विधान सभा द्वारा यह परामर्श सामान्य बहुमत से पारित किया जाएगा, लेकिन राज्य विधान सभा के इस प्रस्ताव को स्वीकार करना राष्ट्रपति के लिए बाध्यकारी नहीं है।

संसद के द्वारा राज्यों के नाम, भू-भाग में इस परिवर्तन के लिए संविधान में संशोधन की आवश्यकता नहीं होगी। जैसाकि अनुच्छेद-4 में उल्लिखित किया गया है। संसद सामान्य बहुमत से प्रस्ताव पारित करके राज्यों के नाम, भू-भाग एवं क्षेत्रों में परिवर्तन कर सकती है। आलोचकों का मानना है कि इससे राज्यों का अस्तित्व संसद कभी भी समाप्त कर सकती है। अत: भारत में संघ का विनाश संभव नहीं है, परंतु राज्यों का विनाश संभव है। जबकि अमेरिका में राज्यों की सहमति के बिना राज्यों के नाम, भू-भाग में कोई परिवर्तन संभव नहीं है। इसीलिए अमेरिका की संघीय व्यवस्था को 'अविनाशी राज्यों का अविनाशी संघ' कहा जाता है।

राज्यों के मध्य भूमि विवाद

1. बेलगांव का विवाद

अनुच्छेद-3 के अनुसार, किसी भी राज्य के भू-भाग को अन्य राज्य में शामिल एवं पृथक् करने का अधिकार संसद को प्रदान किया गया है। राज्यों के बीच भूमि विवादों को हल करने के लिए संघ सरकार के द्वारा सीमा आयोग का गठन किया जाता है। परंतु आयोग की सिफारिश स्वीकार करने से राज्य इनकार कर देते हैं। अत: भौगोलिक विवाद मूलत: राजनीतिक विवाद है।

बेलगांव को लेकर महाराष्ट्र और कर्नाटक के मध्य अभी भी विवाद है। वर्ष-1956 के राज्य पुनर्गठन के पश्चात् बेलगांव कर्नाटक का भाग बना दिया गया, लेकिन महाराष्ट्र अभी भी इसे प्राप्त करने के लिए आंदोलन कर रहा है। बेलगांव के बहुसंख्यक लोग मराठी भाषी हैं, जबकि यह चारों ओर से कन्नड़ भाषी लोगों से घिरा है। इसलिए यह विवाद आज भी बना हुआ है।

2. कासरगोड विवाद

वर्ष-1956 के राज्य पुनर्गठन के पश्चात् **महाजन आयोग** ने कासरगोड को कर्नाटक को सौंपने का निर्देश दिया, जिसे केरल मानने को तैयार नहीं है। संसद में कर्नाटक और महाराष्ट्र के सांसदों ने इसका जोरदार विरोध किया। इसीलिए इस विवाद का समाधान अभी तक नहीं हो सका है।

3. चंडीगढ़ का विवाद

पंजाबी सूबे के निर्माण के पश्चात् राज्यों में सीमा निर्धारण के लिए **शाह आयोग** की स्थापना हुई। इस आयोग ने चंडीगढ़ को हरियाणा का भाग माना, लेकिन अकाली दल ने इसका कड़ा विरोध किया। संघ सरकार ने एक मध्यम मार्ग अपनाते हुए चंडीगढ़ को एक संघ शासित क्षेत्र घोषित कर दिया। वर्ष-1970 के दशक में इंदिरा गांधी ने समस्या के समाधान के लिए एक सूत्र प्रस्तुत किया, **जिसके अनुसार**-

- चंडीगढ़ पंजाब को सौंप दिया जाए।
- फजलिका और अगोहर तहसीलों को हरियाणा को सौंप दिया जाए, लेकिन पंजाब में अकाली दल ने इसका कड़ा विरोध किया। इसका क्रियान्वयन आज तक नहीं हो सका है।

4. असम और नागालैंड के मध्य का विवाद

नागालैंड, मेघालय एवं मिजोरम जैसे राज्यों का निर्माण असम से हुआ है। इसलिए इन सभी राज्यों का आपस में किसी न किसी रूप में सीमा विवाद बना हुआ है। असम और नागालैंड के मध्य रंगापानी क्षेत्र को लेकर विवाद है। नागालैंड सरकार ने असम के 4,973 वर्ग किमी. क्षेत्र पर अपना दावा प्रस्तुत किया है। विवाद को सुलझाने के लिए **वी.के. सुंदरम् आयोग** की स्थापना हुई, लेकिन नागालैंड ने इसे अस्वीकृत कर दिया। असम और मेघालय के मध्य लंगपीह के अतिरिक्त जिंगीराम क्षेत्र पर भी विवाद है। असम और अरूणाचल प्रदेश के मध्य पासीघाट क्षेत्रों के मध्य भी सीमा विवाद है।

5. अंतर्राज्यीय जल विवाद

भारतीय संघीय शासन व्यवस्था में संघीय विवादों को हल करने का दायित्व उच्चतम न्यायालय का है। परंतु नदी जल विवादों के समाधान के लिए अनुच्छेद-262 में वैकल्पिक प्रावधान किया गया है। संसद द्वारा अंतर्राज्यीय नदी जल अथवा नदी घाटी से संबंधित किसी विवाद एवं पानी के उपयोग, वितरण और नियंत्रण संबंधी शिकायतों के समाधान के लिए संसद विधि का निर्माण करेगी। इसके अतिरिक्त संसद की विधि यह भी निर्धारित करेगी कि नदी जल विवाद से संबंधित शिकायतों एवं विवाद उच्चतम न्यायालय अथवा अन्य न्यायालयों की अधिकारिता में शामिल नहीं होंगे। उपरोक्त संवैधानिक प्रावधानों के अनुसार संसद द्वारा विधि का निर्माण किया गया।

संसदीय विधि

संसद ने अनुच्छेद-262 के अनुसार, नदी जल विवादों को सुलझाने के लिए अंतर्राज्यीय जल विवाद अधिनियम, 1956 का निर्माण किया। इसी अधिनियम के द्वारा नदी जल बोर्ड के गठन का भी प्रावधान किया गया, जिसका निर्माण आज तक नहीं हो सका है। इस अधिनियम के अंतर्गत् राज्य सरकारें किसी विवाद को सुलझाने के लिए संघ सरकार से न्यायाधिकरण की स्थापना का अनुरोध कर सकती हैं। संघ सरकार के द्वारा एक वर्ष की अवधि में अधिकरण का गठन किया जाएगा। अधिकरण का गठन संघ सरकार की इच्छा पर निर्भर करता है। इसलिए अधिकरण के गठन में भी विलंब किया गया।

संरचना

अधिकरण में एक अध्यक्ष एवं दो अन्य सदस्य शामिल होंगे, जिनका मनोनयन उच्चतम न्यायालय के मुख्य न्यायाधीश के द्वारा होगा। अध्यक्ष, उच्चतम न्यायालय का न्यायाधीश एवं सदस्य उच्च न्यायालय के न्यायाधीश होंगे। अधिनियम के अंतर्गत अधिकरण के द्वारा तीन वर्षों के भीतर अपना निर्णय दिया जाएगा, जिसे दो वर्ष तक के लिए बढ़ाया जा सकता है। परंतु राज्यों के द्वारा इस निर्णय पर पुनर्विचार की मांग की जा सकती है। इसीलिए कावेरी जल विवाद को हल करने के लिए वर्ष-1990 में अधिकरण का गठन किया गया, जिसका निर्णय वर्ष-2016 में दिया गया और निर्णय के बाद इसे संघ सरकार के द्वारा अधिसूचित नहीं किया गया। अधिसूचना के बिना कोई भी निर्णय लागू नहीं होता। अधिकरण के अध्यक्ष एवं अन्य सदस्यों की आयु सीमा का भी उल्लेख नहीं है। अत: अधिकरण के सदस्य अपने पद पर तब तक बने रहते हैं, जब तक अधिकरण का निर्णय नहीं आ जाता है।

अधिकरण की प्रक्रियात्मक विसंगति

विवाद हल करने के पहले संघ सरकार को यह सुनिश्चित करना होगा कि राज्यों के बीच नदी जल विवाद उत्पन्न हुआ है, जिसका समाधान नहीं हो पा रहा है। संघ सरकार के द्वारा अधिकरण का गठन किया जाएगा और प्रत्येक विवादों के लिए पृथक् अधिकरण का गठन होगा। वर्तमान में भारत में विद्यमान विभिन्न नदी जल विवादों को हल करने के लिए आठ अधिकरणों का गठन किया गया है। अधिकरण के निर्णय को क्रियान्वित करने के लिए ही कोई पृथक् प्रावधान नहीं है।

प्रस्तावित परिवर्तन

संसद के द्वारा वर्ष-1956 के अंतर्राज्यीय जल विवाद अधिनियम के संशोधन संबंधी विधेयक लोक सभा के समक्ष प्रस्तुत किया गया है, जिसकी मूल विशेषताएं निम्नलिखित हैं-

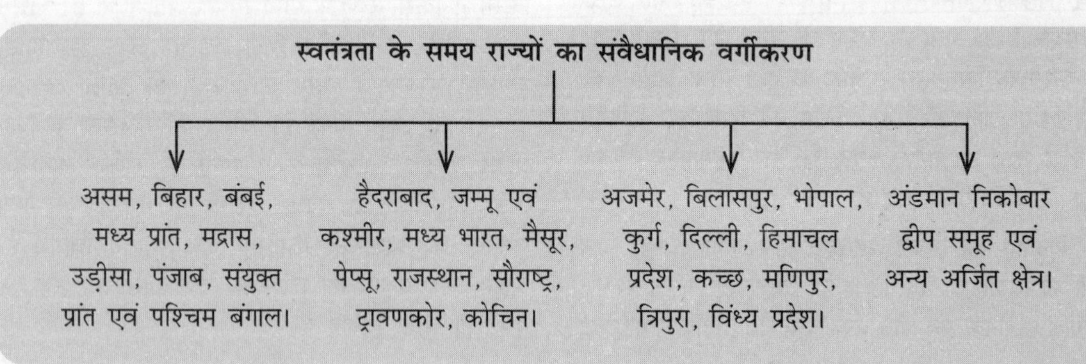

1. **विवाद निवारण समिति**
(Dispute Resolution Committee)
नदी जल विवादों के उत्पन्न होने के बाद इसे अधिकरण के समक्ष नहीं सौंपा जाएगा, बल्कि विवादों को लेन-देन के द्वारा अनौपचारिक रूप में हल करने का प्रयास किया जाएगा। इस समिति में इंजीनियर शामिल होंगे, जिसके द्वारा एक वर्ष के भीतर विवाद के समाधान का प्रयास किया जाएगा और समिति के कार्यकाल को 6 महीने के लिए बढ़ाया जा सकता है।

2. **स्थायी अधिकरण** (Permanent Tribunal)
प्रस्ताविक विधेयक के अनुसार समूचे भारत में नदी के विवादों को हल करने के लिए केवल एक स्थायी अधिकरण कार्य करेगा तथा आवश्यकता पड़ने पर इसकी अनेक बैंच का गठन किया जा सकता है। अधिकरण का एक अध्यक्ष, उपाध्यक्ष एवं 6 अन्य सदस्य होंगे। इसका अध्यक्ष उच्चतम न्यायालय का न्यायाधीश होगा तथा इसका मनोनयन उच्चतम न्यायालय का मुख्य न्यायाधीश करेगा। जबकि सदस्य उच्च न्यायालयों के न्यायाधीश होंगे। अध्यक्ष का कार्यकाल पांच वर्ष अथवा 70 वर्ष का होगा। जबकि उपाध्यक्ष का कार्यकाल विवाद के समाधान हेतु होगा। अब अधिकरणों के गठन के लिए राज्यों से राज्यों को बार-बार संघ सरकार से अनुरोध करने की आवश्यकता नहीं होगी।

3. **निश्चित समय सीमा**
विधेयक के अनुसार, अधिकरण के द्वारा दो वर्ष के भीतर अपना निर्णय दिया जाएगा, जिसे आवश्यकता पड़ने पर एक वर्ष के लिए बढ़ाया जा सकता है। अत: अधिकरण तीन वर्षों के भीतर विवाद हल करेगा तथा आवश्यकता पड़ने पर राज्यों के द्वारा अधिकरण के निर्णय पर पुनर्विचार का अनुरोध किया जा सकता है, जिसके अंतर्गत एक वर्ष के भीतर संघ सरकार को अधिकरण अपनी रिपोर्ट प्रस्तुत करेगा।

4. **गजट में प्रकाशन**
विधेयक के अनुसार, अधिकरण के निर्णय को पृथक् रूप में भारतीय सरकार के गजट में प्रकाशित करने की आवश्यकता नहीं होगी। अधिकरण का निर्णय स्वाभाविक एवं स्वत: विवाद में शामिल पक्षों पर बाध्यकारी रूप में लागू होगा एवं अधिकरण का निर्णय उच्चतम न्यायालय के निर्णय की भांति माना जाएगा।

5. **सूचना व्यवस्था एवं डाटा बैंक**
सभी नदी बेसिन का एक डाटा बैंक बनाया जाएगा और राष्ट्रीय स्तर पर सभी नदियों के जल के संबंध में सूचना इकट्ठा की जाएगी और इसके लिए संघ के द्वारा प्राधिकारी की भी नियुक्ति की जाएगी।

जल विवाद एवं न्यायपालिका

संसदीय विधि के द्वारा नदी जल विवाद को उच्चतम न्यायालय के संघीय अधिकारिता से बाहर रखा गया है, परंतु न्यायाधिकरण के निर्णय के बाद राज्य इसे लागू करने से इनकार कर देते हैं। इसलिए विवादरत पक्ष न्यायाधिकरण के निर्णयों को लागू कराने के लिए उच्चतम न्यायालय का सहारा लेते हैं। कावेरी जल विवाद को हल करने के लिए गठित अधिकरण के निर्णय को मानने से कर्नाटक ने इनकार कर दिया, जिससे अधिकरण के निर्णय को लागू कराने के लिए विवाद में शामिल पक्ष उच्चतम न्यायालय पहुंच गए। सतलज-यमुना लिंक कैनाल के निर्माण से पंजाब ने इनकार कर दिया। अत: हरियाणा के द्वारा उच्चतम न्यायालय का सहारा लिया गया।

संसदीय अधिनियम में यह उल्लिखित है कि अधिकरण के निर्णय उच्चतम न्यायालय के क्षेत्राधिकार से बाहर होंगे, परंतु अनुच्छेद-136 के अंतर्गत उच्चतम न्यायालय की विशेष इजाजत से अपील (Special Leave Petition) के अंतर्गत नदी जल विवादों की सुनवाई अधिकरण के निर्णय के विरुद्ध की जा सकती है।

वर्तमान में उच्चतम न्यायालय में न्याय को पूर्ण कराने के लिए अनुच्छेद-142 का भी प्रभावी प्रयोग किया गया है। इसके अंतर्गत उच्चतम न्यायालय किसी भी मामले की सुनवाई कर सकता है, जिसमें नदी जल विवाद भी शामिल है।

नदी जल विवाद एवं सहकारी संघवाद

भारतीय शासन प्रणाली में संघ एवं राज्यों के बीच समन्वय तथा सहयोग में वृद्धि के लिए अंतर्राज्यीय परिषद् का गठन किया गया है तथा क्षेत्रीय परिषदें भी कार्य कर रही हैं। इसके बावजूद नदी जल विवादों का समाधान नहीं हो पा रहा है और विवाद उच्चतम न्यायालय के समक्ष प्रस्तुत किए जा रहे हैं, जिससे यह स्पष्ट है कि भारत में सहकारी

संघवाद प्रभावी नहीं हो पा रहा है। नदी जल का मुद्दा राज्य सूची का विषय है। इसलिए राज्यों के बीच सहयोग आवश्यक है। नदियों के जल का प्रबंध संघ सूची का विषय है, लेकिन संघ एवं राज्यों के बीच आपसी सहयोग से नदी जल संरक्षण की आवश्यकता है।

राज्यों का पुनर्गठन (Reorganisation of States)

ब्रिटिश सरकार के भारत पर शासन के दौरान भारत में तीन प्रकार की प्रशासनिक इकाइयां विद्यमान थीं-

1. **ब्रिटिश भारत के प्रांत**- ब्रिटिश भारत के प्रांत में संयुक्त प्रांत (United Provinces), मुंबई, मद्रास जैसे 11 प्रांत शामिल थे, जिन पर ब्रिटिश सरकार का प्रशासनिक नियंत्रण था एवं ब्रिटिश सरकार की संप्रभुता भी विद्यमान थी।
2. **देशी रियासतों** (Princely States). देशी रियासतों पर प्रशासनिक नियंत्रण भारतीय राजाओं व महाराजाओं का था, जिसमें 562 देशी रियासतें शामिल थीं, जिसमें जूनागढ़, उदयपुर, मैसूर, कश्मीर व हैदराबाद उल्लेखनीय हैं। देशी रियासतों पर प्रशासनिक नियंत्रण ब्रिटिश सरकार का नहीं था, परंतु इन पर ब्रिटिश सरकार की संप्रभुता थी, क्योंकि विदेश, रक्षा और संचार पर ब्रिटिश सरकार का नियंत्रण था।
3. **चीफ कश्मीर के प्रांत**- इन पर पूर्णत: ब्रिटिश सरकार का नियंत्रण था और सरकार के द्वारा अजमेर-मारवाड़ा, अंडमान एवं निकोबार द्वीप समूह, देरार, कुर्ग जैसे क्षेत्रों को चीफ कश्मीर के प्रांत का दर्जा दिया गया था।

भारत में अंग्रेजों के शासन के दौरान भारत के लगभग एक-तिहाई भूभाग पर भारत की देशी रियासतों का नियंत्रण तथा आंतरिक प्रशासन के लिए देशी रियासतें पूर्णत: स्वतंत्र थीं, परंतु विदेशी, रक्षा और संचार मामलों पर ब्रिटिश सरकार का नियंत्रण था। इसके अतिरिक्त शेष भारत के भूभाग पर ब्रिटिश सरकार का सीधा नियंत्रण था और आंतरिक तथा बाहरी मामलों पर ब्रिटिश सरकार का ही नियंत्रण था।

15 अगस्त, 1947 को भारत ब्रिटिश शासन के नियंत्रण से स्वतंत्र हो गया तथा इसके साथ ही देशी रियासतों से भी ब्रिटिश शासन का नियंत्रण समाप्त हो गया। इसलिए देशी रियासतों के समक्ष भारतीय संघ में विलय करने का विकल्प था। उन्हें पाकिस्तान राज्य में भी विलय की स्वतंत्रता थी अथवा देशी रियासतें अपना स्वतंत्र अस्तित्व भी बनाए रख सकती थीं। स्वतंत्र भारत में देशी रियासतों की संख्या-562 थी, जिसमें हैदराबाद और कश्मीर जैसी बड़ी देशी रियासतें थीं, जबकि कुछ देशी रियासतें गांव के आकार की थीं। स्वतंत्र भारत के समक्ष देशी रियासतों का भारत में विलय सबसे बड़ी चुनौती थी। भारतीय संघ में देशी रियासतों के विलय के लिए सरदार पटेल के द्वारा तीन चरणों वाली प्रक्रिया अपनाई गई-

1. 216 देशी रियासतों को उनके भौगोलिक रूप में निकट के राज्यों में शामिल कर लिया गया, जिसे मूल संविधान के **भाग-क** वाले राज्य क्षेत्र में शामिल किया गया, जिसके अंतर्गत उड़ीसा, छत्तीसगढ़ तथा जनवरी, 1950 में कूच बिहार का भारतीय संघ में विलय किया गया।
2. अनेक देशी रियासतों को आपस में मिलाकर नए राज्यों का निर्माण किया गया। उदाहरण के लिए, सौराष्ट्र में काठियावाड़ और अन्य देशी रियासतों को शामिल किया गया। लगभग 275 देशी रियासतों को मिलाकर पांच नए राज्यों का निर्माण किया गया, जिन्हें मूल संविधान के **भाग-ख** में स्थान दिया गया है।
3. 61 देशी रियासतों को केंद्रशासित क्षेत्र के रूप में शामिल किया गया और उन्हें मूल संविधान के **भाग-ग** में स्थान दिया गया।

भारत में देशी रियासतों के विलय में सबसे बड़ी चुनौती जम्मू एवं कश्मीर, जूनागढ़ और हैदराबाद को लेकर उत्पन्न हुए, क्योंकि इन देशी रियासतों के राजा अपने राज्यों को स्वतंत्र बनाए रखना चाहते थे। इसलिए 15 अगस्त, 1947 के बाद इन्हीं देशी रियासतों के एकीकरण का प्रयत्न किया गया। जम्मू एवं कश्मीर के महाराजा हरि सिंह ने 26 अक्टूबर, 1947 को भारत के विलय-पत्र पर हस्ताक्षर कर दिया तथा जूनागढ़ के दीवान शाहनवाज भुट्टो ने 8 नवंबर, 1947 को भारत में विलय से संबंधित दस्तावेज पर हस्ताक्षर कर दिया, जबकि हैदराबाद का विलय 18 सितंबर, 1948 को हुआ।

मूल संविधान में राज्यों की श्रेणी

स्वतंत्रता के बाद भारत के मूल संविधान में राज्यों को 4 भागों में विभाजित किया गया है-

1. **भाग-A के राज्य**- इसमें आठ राज्यों (असम, बिहार, बॉम्बे, मध्य प्रदेश, उड़ीसा, पंजाब, संयुक्त प्रांत और पश्चिम बंगाल) को शामिल किया गया।
2. **भाग-B के राज्य**- इसमें बड़ी देशी रियासतों को शामिल किया गया, जिसमें हैदराबाद, जम्मू एवं कश्मीर, मध्य भारत, मैसूर, पटियाला और ईस्ट पंजाब (PEPSU) सम्मिलित थे।
3. **भाग-C के राज्य**- इसमें छोटी देशी रियासतों को शामिल किया गया था, जिसमें अजमेर, भोपाल, विलासपुर, कूच बिहार और कुर्ग को रखा गया था।
4. **भाग-D के क्षेत्र**- अंडमान एवं निकोबार द्वीप समूह और अन्य अर्जित क्षेत्रों को इसमें शामिल किया जाएगा।

विभिन्न उपनिवेशों का भारत में विलय

देशी रियासतों के विलय के बाद भारतीय सरकार के द्वारा फ्रांसीसी सरकार के नियंत्रण वाले भारतीय क्षेत्रों तथा पुर्तगाली सरकार द्वारा नियंत्रित भारतीय क्षेत्रों के भारत में विलय का प्रयत्न किया गया। स्वतंत्रता के बाद पांडिचेरी, माहे, यनम, कराईकल तथा चंद्र नगर जैसे क्षेत्रों का भारत में विलय 19 जून, 1949 के बाद जनमत संग्रह के द्वारा हुआ। पुर्तगाली शासन का गोवा, दमन एवं दीव तथा दादर एवं नगर हवेली पर नियंत्रण था। इन क्षेत्रों के विलय के लिए भारत को लंबा इंतजार करना पड़ा। दादर एवं नगर हवेली का विलय भारत में वर्ष-1954 में हुआ, जबकि गोवा, दमन और दीव का विलय वर्ष-1961 में हुआ, गोवा के विलय हेतु भारत द्वारा सैन्य अभियान चलाया गया, जिसे **'ऑपरेशन विजय'** के नाम से जाना जाता है। लक्षद्वीप पर वर्ष-1947 के बाद भारत का नियंत्रण स्थापित हुआ तथा अंडमान एवं निकोबार द्वीप समूह को भी भारतीय क्षेत्र में मिला लिया गया।

स्वतंत्रता के बाद पुनर्गठन की मांग

कैबिनेट मिशन के प्रस्ताव में भारत में ढीले-ढाले संघीय सरकार की स्थापना का प्रावधान था। परंतु देश के सांप्रदायिक विभाजन के पश्चात् कैबिनेट मिशन की मान्यताओं का परित्याग कर दिया गया। राष्ट्रीय एकता एवं अखंडता बनाए रखने तथा देश के चहुंमुखी आर्थिक विकास के लिए शक्तिशाली केंद्रीय सरकार का समर्थन किया गया।

स्वतंत्रता के पश्चात् देशी रियासतों का एकीकरण राष्ट्र के समक्ष प्रमुख चुनौती थी। इसी समय लोगों ने भाषायी आधार पर राज्यों की मांग आरंभ कर दी। यह बिंदु ध्यान देने योग्य है कि भारतीय राष्ट्रीय कांग्रेस के वर्ष-1920 के अधिवेशन में यह स्वीकार किया गया था कि स्वतंत्र भारत में राज्यों का पुनर्गठन भाषायी आधार पर होगा, परंतु स्वतंत्रता के पश्चात् इलाहाबाद उच्च न्यायालय के न्यायाधीश एस.के. **दर आयोग** का गठन किया गया। जिनके अनुसार राज्यों के निर्माण में वित्तीय क्षमता और प्रशासनिक कुशलता को महत्त्व दिया जाना चाहिए। कांग्रेस दल के द्वारा भाषायी आधार पर राज्यों के पुनर्गठन के लिए कांग्रेस के सदस्यों में जवाहरलाल नेहरू, बल्लभ भाई पटेल एवं पट्टाभि सीतारम्मैया की संयुक्त समिति का गठन किया गया, जिसे संक्षेप में **जे.वी.पी. (J.V.P.) समिति** भी कहा जाता है। इस समिति के द्वारा भाषायी आधार पर राज्यों के पुनर्गठन की मांग को अस्वीकृत कर दिया, क्योंकि इससे राष्ट्रीय एकता एवं अखंडता प्रभावित होती।

विशाल आंध्र आंदोलन

भाषायी आधार पर राज्यों के पुनर्गठन की पहली मांग मद्रास प्रांत से आरंभ हुई। मद्रास प्रांत में रह रहे तेलुगू भाषी लोगों ने अपने लिए भाषा के आधार पर नए राज्य के गठन की मांग की। इस हेतु प्रसिद्ध गांधीवादी **रामालु** नामक एक नेता ने अनिश्चितकालीन भूख हड़ताल शुरू कर दी, जिससे उनकी मृत्यु हो गई। परिणामस्वरूप बढ़ते जनांदोलनों को ध्यान में रखते हुए सरकार ने भाषा के आधार पर वर्ष-1953 में आंध्र प्रदेश नामक राज्य का गठन किया। इसके फलस्वरूप संघ सरकार ने वर्ष-1953 में **फजल अली** की अध्यक्षता में **राज्य पुनर्गठन आयोग** का निर्माण किया, जिसके सदस्य हृदय नाथ कुंजरू और के.एम. पनिक्कर थे। आयोग के द्वारा वर्ष-1955 में अपनी रिपोर्ट प्रस्तुत की गई। इस रिपोर्ट के आधार पर वर्ष-1956 में संसदीय अधिनियम के द्वारा राज्यों का पुनर्गठन और मूल संविधान में राज्यों के वर्गीकरण के प्रारूप में परिवर्तन

किया गया। वर्तमान में भारतीय संघ में तीन प्रकार की इकाइयों का प्रावधान है–राज्य, संघ राज्य व स्वशासित क्षेत्र (5वीं, 6ठी अनुसूची)।

पुनर्गठन का पहला चरण

फजल अली आयोग के द्वारा राज्यों के पुनर्गठन के लिए निम्नलिखित मानकों का प्रयोग किया गया–

(i) भाषायी एवं सांस्कृतिक समरूपता।

(ii) राज्य की एकता एवं अखंडता बनाए रखना।

(iii) राज्य का निर्माण प्रशासनिक, आर्थिक व वित्तीय दृष्टिकोण से उपयुक्त हो।

(iv) पंचवर्षीय योजनाओं को प्रभावी रूप में क्रियान्वित करना।

(v) राष्ट्रीय विकास में वृद्धि करना।

सैद्धांतिक रूप में **फजल अली आयोग** ने भाषा को राज्यों के पुनर्गठन का एकमात्र आधार नहीं माना, लेकिन व्यावहारिक रूप में भाषायी आधार पर राज्यों के निर्माण को स्वीकार कर लिया गया। आयोग ने बंबई और पंजाब प्रांत को विभाजित करने की मांग को स्वीकार नहीं किया। आयोग की अनुशंसा के अनुसार, भारत में राज्यों का पुनर्गठन करते हुए 14 (चौदह) नए राज्यों का निर्माण किया गया।

वर्ष-1960 में बंबई प्रांत को विभाजित करके महाराष्ट्र और गुजरात राज्य का निर्माण कर दिया गया। वर्ष-1966 में पंजाब सूबे की मांग को स्वीकार करके पंजाब और हरियाणा नामक दो राज्यों का निर्माण किया गया। पंजाब व हरियाणा का गठन **शाह आयोग** की सिफारिशों पर किया गया। राज्यों के इस पुनर्गठन से भारत के समक्ष विद्यमान भाषायी समस्या का प्रभावी हल हो गया, जो भारतीय लोकतंत्र के लिए एक बड़ी उपलब्धि मानी गई। भाषायी आधार पर राज्यों के पुनर्गठन से भारत की एकता एवं अखंडता को हानि नहीं पहुंची, बल्कि विभिन्न भाषायी समुदाय को प्रशासनिक एवं सांस्कृतिक स्वायत्तता प्राप्त होती है।

पुनर्गठन का दूसरा चरण

भारत में राज्यों के एकीकरण और राज्य निर्माण के संबंध में उत्तर-पूर्वी राज्यों की समस्या भिन्न है। स्वतंत्रता के पश्चात् **फिजो** ने **नागा आंदोलन** प्रारंभ किया तथा लालडेंगा ने मिजो क्षेत्र को अलग राज्य बनाने की मांग उठाई। उत्तरी-पूर्वी राज्यों की संवेदनशील स्थिति को देखते हुए असम राज्य से एक अलग नागालैंड राज्य की स्थापना की गई, (वर्ष-1963 में)। लेकिन नागालैंड के निर्माण में **फजल अली आयोग** के मानदंडों को स्वीकार या प्रयोग नहीं किया गया, बल्कि कुछ नवीन प्रवृत्तियां देखने को मिलीं, **जो निम्नलिखित हैं**-

- नागालैंड का निर्माण भाषायी आधार पर नहीं किया गया।
- राज्य पुनर्गठन आयोग ने विशाल राज्यों के पुनर्गठन का समर्थन किया था। असम छोटा राज्य था, जिससे नागालैंड का निर्माण किया गया।
- नागालैंड आर्थिक रूप में भी स्वायत्त नहीं था और अभी भी यह संघ सरकार की आर्थिक सहायता पर निर्भर है।
- नागालैंड के निर्माण का मूल कारण अलगाववादी आंदोलन और आंतरिक उपद्रव था। नागालैंड के पश्चात् मिजोरम, मणिपुर एवं त्रिपुरा जैसे अन्य छोटे राज्यों का भी निर्माण किया गया।
- पूर्वोत्तर राज्यों में नागालैंड के निर्माण के बाद अन्य नृजातीय समुदायों के द्वारा भी पृथक् राज्य के निर्माण की मांग की गई। इसीलिए वर्ष-1971 में पूर्वोत्तर राज्यों का पुनर्गठन किया गया। इन क्षेत्रों में राज्यों की मांग का आधार स्थानीय संस्कृति तथा विकास था। इस अधिनियम के तहत् मणिपुर, त्रिपुरा तथा मेघालय को राज्यों के प्रवर्ग में सम्मिलित किया गया तथा मिजोरम व अरुणाचल प्रदेश के नाम से दो संघ शासित क्षेत्रों का पुनर्गठन किया गया। 22वें संविधान संशोधन के तहत् मेघालय को पूर्ण राज्य का दर्जा प्रदान कर दिया गया तथा बाद में मिजोरम तथा अरुणाचल प्रदेश (वर्ष-1987) को भी पूर्ण राज्य का दर्जा दे दिया गया।

अत: भारत में छोटे राज्यों के निर्माण के पक्ष में निरपेक्ष रूप में तर्क देना कठिन है, बल्कि इसे विशेष संदर्भ में समझना होगा। इसलिए छोटे राज्यों के लिए छोटे राज्यों की मांग औचित्यपूर्ण नहीं है। दलीय स्वार्थों के आधार पर छोटे राज्यों की मांग को स्वीकार करना कठिन है, **क्योंकि**

छोटे राज्यों के निर्माण से निम्नलिखित समस्याएं उत्पन्न होती हैं-

- छोटे राज्यों के निर्माण से अगले छोटे राज्यों की मांग प्रारंभ हो जाती हैं।
- एक क्षेत्र में छोटे राज्यों का निर्माण अन्य क्षेत्रों में भी छोटे राज्यों की मांग को प्रेरित करता है।

पुनर्गठन का तीसरा चरण

भारत में राज्यों के पुनर्गठन के पहले चरण में सांस्कृतिक मुद्दों को प्राथमिकता दी गई, परंतु दूसरे चरण में राज्यों के विकास का मुद्दा प्राथमिक हो गया। वर्ष-1990 के पश्चात् उदारीकरण और निजीकरण के युग में सभी राज्यों ने आर्थिक विकास की नई रणनीति का निर्माण किया। वर्ष-2000 में भारत में तीन (छत्तीसगढ़, उत्तराखंड एवं झारखंड) नए राज्यों का निर्माण किया गया। इन राज्यों के निर्माण में निम्नलिखित आधारों का प्रयोग किया गया-

- इसका निर्माण उत्तर प्रदेश, मध्य प्रदेश एवं बिहार जैसे विशाल राज्यों से हुआ।
- तुलनात्मक रूप में तीनों क्षेत्र आर्थिक रूप में पिछड़े थे।
- इस क्षेत्र के अधिकांश लोग गरीबी रेखा के नीचे जीवन-यापन कर रहे थे।
- इस क्षेत्र के प्राकृतिक संसाधनों का लाभ स्थानीय लोगों को नहीं मिल रहा था।
- इन तीनों क्षेत्रों की अपनी पृथक् भौगोलिक पहचान भी है।
- इन तीनों राज्यों की सांस्कृतिक और सामाजिक पहचान भी साझी है।

छोटे राज्यों का निर्माण

भारतीय संविधान के अनुच्छेद-2 में यह उल्लिखित है कि संसद के द्वारा विधि का निर्माण करके किसी भी नए राज्य को संघ में सम्मिलित किया जा सकता है। अनुच्छेद-3 में यह उल्लिखित है कि संसद के द्वारा विधि का निर्माण करके किसी राज्य के भूभाग को अलग करके नए राज्यों का निर्माण भी किया जा सकता है अथवा दो या दो से अधिक राज्यों को मिलाकर एक राज्य का निर्माण अथवा किसी राज्य के क्षेत्र को मिलाकर नए राज्य का निर्माण हो सकता है। किसी राज्य के क्षेत्रफल में वृद्धि अथवा उसके क्षेत्रफल में कमी की जा सकती है तथा राज्य की सीमा में परिवर्तन और राज्य के नाम को भी बदला जा सकता है। संसद में ऐसा विधेयक प्रस्तुत करने से पहले राष्ट्रपति की पूर्व अनुशंसा आवश्यक है। राष्ट्रपति के द्वारा संबंधित राज्य से भी परामर्श किया जाएगा। यद्यपि संविधान में इस परामर्श की समय सीमा का उल्लेख नहीं है तथा यह परामर्श मानना राष्ट्रपति के लिए बाध्यकारी नहीं है।

नवीन राज्यों के निर्माण का आधार

- **लोकतंत्रीकरण**

लोकतांत्रिक शासन का अभिप्राय, बहुमत जनता का शासन है और वर्तमान प्रतिनिधिवादी लोकतांत्रिक व्यवस्था में राज्य छोटे होंगे, तो आम लोगों का जनप्रतिनिधियों पर बेहतर नियंत्रण होगा तथा प्रशासनिक कार्यालय लोगों के निकट होंगे व उच्च न्यायालय में प्रवेश के लिए लंबी दूरी तय नहीं करनी होगी। अत: छोटे राज्य लोकतंत्र के मानकों के अनुरूप हैं।

- **प्रशासनिक कुशलता**

छोटे राज्य प्रशासन के संचालन के दृष्टिकोण से बेहतर होते हैं, इसलिए भारत में हरियाणा, पंजाब, गुजरात, हिमाचल और गोवा प्रभावी विकास दर्ज कर रहे हैं, जबकि उत्तर प्रदेश एवं बिहार जैसे राज्य अभी भी पिछड़े हुए हैं तथा यहां आधारभूत संरचना का भी अभाव है। छोटे राज्यों के द्वारा आम जनता और शासन के मध्य बेहतर संबंध स्थापित होता है।

- **भौगोलिक समरूपता**

भारत में अत्यधिक भौगोलिक विविधता विद्यमान है, इसलिए मौसम और कृषि उत्पादों में भी अंतर पाया जाता है। पहाड़ी क्षेत्रों के लिए विकास का मानक मैदानी भागों के समान नहीं हो सकता, इसलिए छोटे राज्यों के द्वारा योजनाओं का बेहतर क्रियान्वयन संभव है। सरकार के प्रदर्शन और कुशलता में भी अभिवृद्धि होती है, क्योंकि इनका आकार छोटा होता है तथा इनमें भौगोलिक और सांस्कृतिक रूप में भी समरूपता पाई जाती है।

- **सांस्कृतिक पहचान**

छोटे राज्यों के द्वारा आर्थिक विकास के साथ-साथ संस्कृति एवं भाषा का भी संरक्षण संभव है। नए राज्य अपने लिए नई

आधिकारिक भाषा अपना सकते हैं तथा राज्य के रोजगार में स्थानीय लोगों को प्राथमिकता दे सकते हैं। भारत जैसे विशाल उप-महाद्वीपीय आकार वाले देश में छोटे राज्यों की मांग क्षेत्रवादी आकांक्षाओं का प्रतीक है।

छोटे राज्य निर्माण में कठिनाई

- **आर्थिक एवं प्रशासनिक**

भारत के उत्तरी-पूर्वी भाग में स्थित राज्य अत्यधिक छोटे हैं, परंतु वे भी पिछड़े हैं। केवल छोटे राज्यों के कारण ही आर्थिक विकास नहीं होता, बल्कि आर्थिक विकास के लिए अन्य कारक भी महत्त्वपूर्ण होते हैं। हरियाणा के विकास का मूल कारण इसकी दिल्ली से निकटता और बेहतर आधारभूत संरचनाएं हैं। इसलिए आकार एवं आर्थिक विकास के मध्य कोई सीधा संबंध निर्मित करना कठिन है।

- **राजनीतिक अस्थायित्व**

छोटे राज्यों के निर्माण से राजनीतिक अस्थायित्व में वृद्धि होती है। विधायकों की संख्या कम होने के कारण कुछ विधायकों के दल बदलने से सरकार को गिरने का खतरा होता है। गोवा, झारखंड एवं मेघालय जैसे छोटे राज्यों में अत्यधिक राजनीतिक अस्थिरता पाई जाती है।

- **वित्तीय बोझ**

छोटे राज्यों के निर्माण से भारी प्रशासनिक और वित्तीय बोझ पड़ता है। राज्य के निर्माण के बाद उनके लिए अलग सचिवालय की स्थापना करनी होगी तथा उच्च न्यायालय का निर्माण भी आवश्यक होगा। वर्तमान उदारीकरण के युग में सरकार के द्वारा राजकोषीय प्रबंधन बेहतर करने का प्रयत्न किया जा रहा है। इसलिए नए राज्यों के निर्माण पर होने वाले प्रशासनिक खर्च के बजाए, सामाजिक एवं आर्थिक विकास पर बल देने की आवश्यकता है।

- **दलीय हित**

नए राज्य के निर्माण के बाद दूसरे नए राज्य की मांग आरंभ हो जाती है। इसलिए यह अंतहीन चलने वाली प्रक्रिया है और भारत जैसे विविधतापूर्ण देश में अनेक राज्यों की मांग हो रही है और नए राज्य भी सामाजिक एवं आर्थिक समस्याओं का समाधान करने में सक्षम नहीं हैं। इसलिए पंचायती राज को सुदृढ़ करना बेहतर विकल्प है। वर्तमान सूचना क्रांति और पंचायती राज के युग में विकास स्थानीय स्तर पर पंचायतों के द्वारा प्रभावी रूप में संभव है।

- **जल विवाद**

प्रशासनिक विकेंद्रीकरण के द्वारा लोगों की समस्याओं का समाधान किया जा सकता है। नए राज्य के निर्माण के बाद जल विभाजन के संबंध में विवाद और राजधानी के निर्माण को लेकर भी खींचतान शुरू हो जाती है। भारत में उच्च न्यायालयों के अलग निकाय की स्थापना के द्वारा लोगों को न्याय प्रदान किया जा सकता है तथा पारदर्शी प्रशासन के द्वारा लोगों का विकास संभव है।

तेलंगाना राज्य का गठन

वर्ष-2014 में लोक सभा चुनावों के पहले 29वें राज्य के रूप में तेलंगाना राज्य के गठन की घोषणा कर दी गई। आंध्र प्रदेश का विभाजन करते हुए दो नए राज्यों सीमांध्र तथा तेलंगाना राज्य का गठन किया गया। उल्लेखनीय है कि आंध्र प्रदेश भाषा के आधार पर गठित होने वाला पहला राज्य था, परंतु बदलती परिस्थितियों के बाद विकास तथा पिछड़ेपन के आधार पर आंध्र प्रदेश को दो भागों में विभाजित होना पड़ा। आंध्र प्रदेश का विभाजन **श्री कृष्णा आयोग, 2010** की सिफारिशों पर किया गया। आयोग ने पंजाब व हरियाणा मॉडल पर आंध्र प्रदेश के विभाजन की सिफारिश की, जिसमें सीमांध्र तथा तेलंगाना दो राज्य होंगे और हैदराबाद 10 वर्षों तक दोनों की संयुक्त राजधानी होगी।

16ठी लोक सभा के चुनाव में भारतीय जनता पार्टी ने अपने घोषणा-पत्र में गोरखालैंड को एक पृथक् राज्य का दर्जा देने का समर्थन किया तथा तेलंगाना राज्य की मांग का भी समर्थन किया था। उत्तर प्रदेश की भूतपूर्व मुख्यमंत्री मायावती ने उत्तर प्रदेश को तीन भागों में विभाजित करने का समर्थन किया है। इसलिए व्यावहारिक रूप में छोटे राज्यों की मांग अभी भी कायम है, लेकिन इन मांगों को स्वीकार करते समय प्रशासनिक कुशलता और राष्ट्रीय एकता एवं अखंडता का भी ध्यान रखना होगा।

निष्कर्ष

संघीय व्यवस्था में निरंतर छोटे राज्यों की मांग संघ के गतिशील होने का उदाहरण है और छोटे राज्यों के माध्यम से सांस्कृतिक, राजनीतिक एवं प्रशासनिक स्वायत्तता उपलब्ध कराई जाती है। परंतु राज्य का निर्माण साधन है, साध्य नहीं। भारतीय लोकतंत्र में सामाजिक न्याय को सुदृढ़ बनाने के लिए राज्य का निर्माण होना चाहिए।

स्वायत्तता की मांग

भारत, एक विविधतापूर्ण विशाल देश है और ऐसे देश में क्षेत्रीय आकांक्षाओं का उत्पन्न होना स्वाभाविक है। स्वतंत्रता के पश्चात् लोगों ने भाषायी आधार पर राज्यों की मांग की। इन राज्यों की मांग के पश्चात् क्षेत्रीय दलों की सरकारों ने स्वायत्तता की मांग उठाई। स्वायत्तता एक अनेकार्थी संकल्पना है, जिसका प्रयोग अलग-अलग तरह से किया जाता है। स्वायत्तता का सामान्य अभिप्राय, संविधान द्वारा प्रदत्त राज्य की शक्तियों में संघ सरकार हस्तक्षेप न करे तथा राज्यों को पर्याप्त वित्तीय संसाधन उपलब्ध हों, साथ ही संविधान के प्रावधानों का दुरुपयोग न हो।

स्वायत्तता की संस्थागत रूप में पहली मांग तमिलनाडु की डी.एम.के. सरकार ने उठाई और सरकार ने केंद्र एवं राज्य संबंधों पर **राजमन्नार आयोग** की स्थापना की। आयोग ने राज्यों को स्वायत्तता प्रदान करने के लिए संविधान में परिवर्तन का समर्थन किया। आयोग के अनुसार, भारतीय संघीय प्रणाली में बढ़ती हुई **केंद्रीकरण की प्रवृत्तियों के मूल कारण निम्नलिखित हैं**-

(i) संविधान में संघ सरकार को अधिक शक्तियां प्राप्त हैं।
(ii) संघ एवं राज्यों में एक ही दल का शासन।
(iii) वित्तीय रूप में राज्य की संघ सरकार पर निर्भरता।
(iv) केंद्रीकृत नियोजन एवं योजना आयोग की भूमिका।

1. राजमन्नार आयोग

वर्ष-1967 के बाद कांग्रेस का प्रभुत्व राज्यों में कम होने लगा और विपक्षी दलों को सरकार बनाने का अवसर प्राप्त हुआ, जिससे स्वायत्तता की मांग आरंभ हुई। संघीय व्यवस्था एक दलीय प्रभुत्व के कारण राज्यों में शक्तियों के केंद्रीकरण का विरोध किया गया। राजमन्नार समिति का गठन तमिलनाडु सरकार द्वारा वर्ष-1969 में किया गया था। इस समिति ने वर्ष-1971 में अपनी रिपोर्ट तमिलनाडु सरकार को सौंपी, **जिनकी सिफारिशें इस प्रकार हैं–**

(i) अंतर्राज्यीय परिषद् की स्थापना, (अनुच्छेद-263)।
(ii) वित्त आयोग का स्थायी संस्था के रूप में गठन किया जाए।
(iii) योजना आयोग को समाप्त कर इसके स्थान पर एक सांविधिक संस्था का निर्माण किया जाए।
(iv) अनुच्छेद-356, 357 एवं 365 जो राष्ट्रपति शासन से संबंधित हैं, को पूर्णतः समाप्त किया जाए।
(v) संविधान के इस प्रावधान को समाप्त किया जाए, जिसमें यह उल्लिखित है कि राज्य के मुख्यमंत्री और मंत्रिपरिषद्, राज्यपाल के प्रसादपर्यंत पद पर बने रहेंगे।
(vi) संघ सूची एवं समवर्ती सूची के कुछ विषय राज्य सूची में हस्तांतरित किए जाएं।
(vii) अवशिष्ट शक्तियां राज्य सरकारों को दी जाएं।
(viii) अखिल भारतीय सेवाओं को पूर्णतः समाप्त किया जाए।

2. आनंदपुर साहिब प्रस्ताव

पंजाब में कांग्रेस सरकार की चुनाव में पराजय के बाद अकाली दल को सत्ता में आने का अवसर प्राप्त हुआ और अकाली दल के द्वारा भी स्वायत्तता की मांग उठाई गई थी। वर्ष-1973 में अकाली दल पंजाब सरकार ने **आनंदपुर साहिब प्रस्ताव** पारित किया, जिसमें केंद्र एवं राज्य संबंधों के विषय में महत्त्वपूर्ण परिवर्तन करने की मांग व सुझाव दिया गया, जिसमें संघ सरकार की शक्तियां केवल रक्षा, संचार एवं विदेश मामले तक सीमित होनी चाहिए। आयोग के अनुसार, शेष शक्तियां राज्य सरकार को सौंप दी जाएं, परंतु संघ सरकार द्वारा इन मांगों के प्रति सकारात्मक दृष्टिकोण नहीं अपनाया गया तथा संघ सरकार के अनुसार ये मांगें विघटनकारी हैं। यद्यपि यह बिंदु ध्यान देने योग्य है कि स्वायत्तता और विघटनवाद में अंतर होता है। स्वायत्तता के अनुसार, राज्य, राजनीतिक व्यवस्था के अंतर्गत विभिन्न आर्थिक, राजनीतिक एवं सांस्कृतिक सुविधा की मांग करते हैं। विघटनवाद के अंतर्गत राज्य, राजनीतिक व्यवस्था से अलगाव की मांग उठाते हैं, जिसे उप-राष्ट्रवाद का नाम भी दिया जाता है।

3. पश्चिम बंगाल सरकार का ज्ञापन

वर्ष-1977 में राजनीतिक व्यवस्था में बड़ा परिवर्तन देखा गया, जब संघ सरकार में भी जनता पार्टी को शासन में आने का मौका मिला। साम्यवादी दल के द्वारा संघ सरकार के केंद्रीकरण के प्रावधानों का विरोध किया गया और संघ-राज्य संबंधों में सुधार की मांग की गई। पश्चिम बंगाल की वामपंथी सरकार ने केंद्र एवं राज्य संबंधों के

विषय में संघ सरकार को एक ज्ञापन वर्ष-1977 में सौंपा, **जिसकी मांगें निम्नलिखित थीं-**

(i) संविधान में **यूनियन** की बजाए, **संघ** शब्द का प्रयोग किया जाए।

(ii) संघ सरकार की शक्तियों को केवल रक्षा, विदेश, मुद्रा, संचार और आर्थिक समन्वय तक सीमित कर शेष सभी विषय राज्य सूची में हस्तांतरित कर दी जाएं।

(iii) अवशिष्ट शक्तियों को राज्य सूची में रख दिया जाए।

(iv) अनुच्छेद-356, 357 एवं 360 को समाप्त कर दिया जाए।

(v) अखिल भारतीय सेवाएं समाप्त हों तथा भारत में केवल केंद्रीय और राज्य सेवाएं ही होनी चाहिए।

(vi) नए राज्यों के निर्माण या राज्यों के पुनर्गठन के संदर्भ में संबंधित राज्यों की सहमति अनिवार्य हो।

(vii) केंद्र सरकार द्वारा अर्जित सभी प्रकार के राजस्व का 75 प्रतिशत भाग राज्यों को सौंप दिया जाए।

80 के दशक से क्षेत्रीयता और स्वायत्तता की मांग और प्रभावी हुई तथा इस मांग पर सकारात्मक अनुक्रिया व्यक्त करते हुए संघ सरकार ने पहली बार केंद्र एवं राज्यों के मध्य संबंधों पर पुनर्विचार करने के लिए **सरकारिया आयोग** का गठन किया।

सरकारिया आयोग

1980 के दशक में कांग्रेस को संघ में सरकार बनाने का अवसर प्राप्त हो गया, लेकिन राज्यों में विपक्षी दलों का प्रभाव बढ़ने लगा। परिणामस्वरूप संघ एवं राज्यों के बीच टकराव भी बढ़ने लगे। इसलिए संघ एवं राज्य संबंधों की जांच के लिए संघ सरकार के द्वारा पहली बार न्यायमूर्ति रंजीत सिंह सरकारिया की अध्यक्षता में आयोग का गठन किया गया, जिसके सदस्य बी. शिवरामन और डॉ. एस.आर. सेन थे। सरकारिया आयोग का गठन 9 जून, 1983 को हुआ तथा जनवरी, 1988 में सरकारिया आयोग के द्वारा 247 अनुशंसा प्रस्तुत की गई।

1. शक्तिशाली संघ

सरकारिया आयोग के द्वारा राज्यों की स्वायत्तता की मांग को सकारात्मक रूप में स्वीकार किया गया। परंतु संविधान निर्माताओं की मूल भावनाओं को ध्यान में रखते हुए सरकारिया आयोग के द्वारा शक्तिशाली संघीय सरकार का समर्थन किया गया। क्योंकि राष्ट्रीय एकता एवं अखंडता के समक्ष जो समस्याएं स्वतंत्रता के बाद विद्यमान थी, वे अभी भी बनी हुई हैं।

- सरकारिया आयोग के अनुसार, केंद्रीकृत नियोजन आवश्यक है।
- आयोग ने भारत में अखिल भारतीय सेवाओं को आवश्यक माना। आयोग ने तो यहां तक कहा कि 'भारत में कुछ और अखिल भारतीय सेवाओं का निर्माण किया जाना चाहिए।'
- आयोग के अनुसार, राज्यपाल की संघ सरकार द्वारा नियुक्ति बिल्कुल उचित है। अतः अनुच्छेद-200 समाप्त करने की आवश्यकता नहीं है।
- अनुच्छेद-356, 357 एवं 360 भी संविधान में बने रहने चाहिए और इनको संविधान से हटाने की आवश्यकता नहीं है।
- संघ सरकार राज्यों में सीधे केंद्रीय सैनिक बल भेज सकता है, जिसके लिए राज्यों से सहमति लेना आवश्यक नहीं है।

2. राज्यों की स्वायत्तता

- आयोग के अनुसार, राज्यों की स्वायत्तता के लिए संघ सरकार की शक्तियों को कमजोर करने की आवश्यकता नहीं है। इसलिए आयोग ने राजमन्नार आयोग तथा आनंदपुर शहर के उन प्रस्तावों को स्वीकार नहीं किया, जिसके द्वारा संघ सरकार की शक्तियों में कटौती का समर्थन किया गया था।
- आयोग के अनुसार, अनुच्छेद-263 के प्रावधान के अंतर्गत अंतर्राज्यीय परिषद् की स्थापना होनी चाहिए। इसलिए अनुशंसा के अनुरूप वर्ष-1990 में वी.पी. सिंह सरकार ने अंतर्राज्यीय परिषद् की स्थापना की।
- राज्यपाल एक विशिष्ट व्यक्ति होना चाहिए, जिसका संबंध स्थानीय दलीय राजनीति से न हो।
- राज्यपाल का कार्यकाल 5 वर्षों का होना चाहिए। आपवादिक परिस्थिति में ही उसे समय से पूर्व हटाया जाए, लेकिन यदि उसे हटाया जाता है, तो इसके वास्तविक कारण लिखित रूप में संसद के समक्ष प्रस्तुत होने चाहिए।
- अनुच्छेद-356 का प्रयोग अंतिम विकल्प के रूप में होना चाहिए।

- राज्य को अधिक वित्तीय शक्तियां प्रदान की जानी चाहिए। आयोग के अनुसार, करारोपण के संबंध में अवशिष्ट शक्तियां संघ में निहित होनी चाहिए, जबकि शेष अवशिष्ट शक्तियों को समवर्ती सूची में सम्मिलित किया जाना चाहिए।
- राष्ट्रीय विकास परिषद् को पुनर्गठित कर राष्ट्रीय आर्थिक विकास परिषद् बनाई जाए।
- केंद्र सरकार द्वारा आयकर पर अधिभार (Surcharge) का प्रयोग नहीं करना चाहिए, यदि आवश्यक हो तो इसका प्रयोग अपवाद स्वरूप ही होना चाहिए।
- अनुच्छेद-200 के अंतर्गत् यदि राज्यपाल किसी विधेयक को राष्ट्रपति की राय के लिए आरक्षित करें, तो इस पर 4 महीने के अंदर निर्णय हो जाना चाहिए।

3. सहकारी संघवाद

शक्तिशाली संघ और राज्यों की स्वायत्तता परस्पर विरोधी नहीं है, बल्कि दोनों एक-दूसरे के पूरक हैं। सरकारिया आयोग ने स्पष्ट रूप में भारत में शक्तिशाली संघ सरकार का समर्थन किया एवं राज्यों की स्वायत्तता और शक्तिशाली संघ को एक-दूसरे का पूरक माना और इससे भी बढ़कर भारत में सहकारी संघवाद को प्रभावी करने पर बल दिया। उदाहरण के लिए, आयोग ने भारत में त्रिभाषा फॉर्मूला लागू करने पर बल दिया एवं नदी जल विवादों के निपटारे के लिए एक निश्चित समयावधि में न्यायाधिकरण की स्थापना का समर्थन किया। न्यायाधिकरण की अनुशंसाओं को बाध्यकारी बनाने पर भी बल दिया। आयोग के अनुसार, राज्यों की स्वायत्तता आवश्यक है, परंतु इसके लिए संविधान में किसी बड़े परिवर्तन की आवश्यकता नहीं है, बल्कि संविधान के राजनीतिक दुष्प्रयोगों को प्रतिबंधित कर आंशिक रूप में संविधान में परिवर्तन करके यह संभव है।

गठबंधन सरकार के दौर में आयोग की अधिकांश अनुशंसाओं को सभी दलों के द्वारा स्वीकार किया जा चुका है। इससे स्पष्ट है कि स्वायत्तता की मांग मूलत: राजनीतिक समस्या थी, जिसका समाधान राजनीतिक रूप में हो रहा है। वर्तमान समय में अनुच्छेद-356 का दुरुपयोग काफी कम हुआ है। सभी केंद्रीय कर राज्यों के साथ विभाजित करके राज्यों को केंद्रीय करों में अधिक से अधिक हिस्सा भी प्रदान किया जा रहा है।

पुंछी आयोग

भारतीय संविधान आरंभ से ही संघात्मक है, परंतु वर्ष-1989 के बाद संघ में गठबंधन सरकारों के निर्माण के पश्चात् राजनीतिक व्यवस्था भी संघात्मक हो गई। वर्ष-1989 से भारत में संघ सरकार में गठबंधन सरकारों का निर्माण हुआ अथवा अल्पमत सरकारें बनीं। संघ सरकार के निर्माण में क्षेत्रीय दलों की भूमिका अत्यधिक प्रभावी बन गई और क्षेत्रीय दलों के द्वारा राज्यों के लिए ज्यादा से ज्यादा स्वायत्तता की मांग उठाई गई, जिसे प्रभावी रूप में पूर्ण करने के लिए उच्चतम न्यायालय के पूर्व मुख्य न्यायाधीश मदन मोहन पंछी की अध्यक्षता में आयोग का गठन किया गया। इस आयोग में धीरेन्द्र सिंह, विनोद कुमार दुग्गल, एन.आर. माधव मेनन, विजय शंकर, अमरेश बागची अन्य सदस्य थे, जिन्होंने सात खंडों में अपनी रिपोर्ट को प्रस्तुत किया था।

परामर्श के विषय (Terms of Reference)

पुंछी आयोग को सांप्रदायिक हिंसा, जातिगत हिंसा और अन्य सामाजिक हिंसा के दौरान संघ सरकार की भूमिका उत्तरदायित्व एवं क्षेत्राधिकार पर विचार का कार्य सौंपा गया। साथ ही, संघ-राज्य करारोपण एवं नदियों के जोड़ने के प्रावधान की समीक्षा करने का दायित्व दिया गया और अंतर्राज्यीय अथवा अंतर्राष्ट्रीय अपराध जिससे राष्ट्रीय सुरक्षा प्रभावित होती है, उसकी जांच के लिए केंद्रीय सुरक्षा एजेंसी के निर्माण पर विचार करने का कार्य सौंपा गया। पंचायती राज व्यवस्था को शक्तिशाली बनाने के लिए संघ एवं राज्य सबंधों की समीक्षा की गई तथा जनपद स्तर पर बजट और स्वतंत्र नियोजन के निर्माण का कार्य की संभावना भी सौंपी गई है और आयोग के द्वारा निम्नलिखित रिपोर्ट दी गई-

(i) **स्थानीय आपातकाल**-सांप्रदायिक हिंसा अथवा सामाजिक संघर्षों के दौरान पूरे राज्य में राष्ट्रपति शासन आरोपित करने की आवश्यकता नहीं है। आयोग के अनुसार, अनुच्छेद-355, 356 में संशोधन होना चाहिए। उन्होंने आपातकालीन प्रावधानों के स्थानीय प्रयोग का समर्थन किया। उदाहरण के लिए, किसी जनपद के भाग में भी आपातकाल लागू किया जा सकता है। उनके अनुसार, आपातकाल तीन (3) महीने से ज्यादा नहीं होना चाहिए।

(ii) **मुख्यमंत्री की नियुक्ति**–राज्यों में एक दल को स्पष्ट बहुमत न मिलने की स्थिति में राज्यपाल को मुख्यमंत्री की नियुक्ति के लिए निश्चित मानकों का प्रयोग करना चाहिए। आयोग ने मुख्यमंत्री की नियुक्ति के संदर्भ में स्पष्ट रूप में अनुशंसा की है। आयोग के अनुसार, चुनाव पूर्व गठबंधन को एक दल माना जाए और चुनाव पूर्व सबसे बड़े गठबंधन को सरकार बनाने के लिए पहले आमंत्रित किया जाए तथा चुनाव के बाद निर्मित होने वाले गठबंधन को अंत में आमंत्रित किया जाए।

(iii) **राज्यपाल की नियुक्ति**–आयोग के अनुसार, राज्यपाल की नियुक्ति एक समिति की अनुशंसा पर होनी चाहिए, जिसमें प्रधानमंत्री, संघ सरकार के गृह मंत्री, लोक सभा स्पीकर तथा संबंधित राज्य के मुख्यमंत्री को भी शामिल किया गया है तथा आवश्यकता पड़ने पर उपराष्ट्रपति को भी शामिल किया जा सकता है। राज्यपालों की योग्यता के संदर्भ में पुंछी आयोग की राय सरकारिया आयोग की भांति है, जिसमें कहा गया है कि राज्यपाल के रूप में ऐसा व्यक्ति नियुक्त किया जाए, जिसका स्थानीय दलों से कोई संबंध न हो।

(iv) प्रसाद पर्यंत का सिद्धांत (Pleasure of President) –संविधान के अनुसार, राज्यपाल, राष्ट्रपति के प्रसाद पर्यंत तक कार्य करता है। जिसके अनुसार, राष्ट्रपति कभी भी राज्यपाल को अपने पद से हटा सकता है। आयोग के द्वारा संविधान से इस प्रावधान को समाप्त करने का समर्थन किया गया है और राज्यपाल को राज्य विधान सभा के महाभियोग द्वारा हटाया जाना चाहिए, जिससे राज्यपाल का प्रयोग केंद्र सरकार के एजेंट के रूप में न हो सकें

(v) **राष्ट्रपति के लिए आरक्षित विधेयक**–आयोग ने अनुच्छेद-200 के अंतर्गत् आरक्षित किसी भी विधेयक पर 6 महीने की अवधि में अनुमति प्रदान करने की अनुशंसा की है।

(vi) **राज्यों की स्वायत्तता**–आयोग के अनुसार, समवर्ती सूची पर विधि-निर्माण से पूर्व संघ सरकार के द्वारा अंतर्राज्यीय परिषद् से परामर्श करना चाहिए और संघ सरकार के समवर्ती सूची पर विधि का निर्माण राष्ट्रीय हितों के मुद्दे पर ही करना चाहिए। अंतर्राष्ट्रीय संधियां करने से पूर्व राज्यों को भी शामिल करने की आवश्यकता है, यदि यह विषय राज्य सूची का है। राज्यपाल विश्वविद्यालयों का चांसलर नहीं होना चाहिए।

(vii) **राष्ट्रीय एकता एवं सुरक्षा पर बल**–आयोग के अनुसार, सांप्रदायिक हिंसा विधेयक में परिवर्तन करके यह प्रावधान होना चाहिए कि केंद्रीय सैनिक बलों को राज्य की सहमति के बिना कुछ समय के लिए तैनाती की जाए तथा तैनाती के बाद राज्य सरकार की अनुमति ली जा सकती है। आयोग ने आंतरिक सुरक्षा को बनाए रखने के लिए अमेरिका की भांति राष्ट्रीय एकता परिषद् को ज्यादा शक्तिशाली बनाने की मांग की, जिस प्रकार अमेरिका में गृह सुरक्षा विभाग की भूमिका है। आयोग ने राष्ट्रीय एकता परिषद् को वर्ष में कम-से-कम एक बार सम्मेलन करने को अनिवार्य बताया। आयोग के अनुसार, भारत में राष्ट्रीय अन्वेषण एजेंसी जैसी संस्थाओं के निर्माण की आवश्यकता है, जो आतंकवाद के संबंध में राज्यों के बीच बेहतर सहयोग सुनिश्चित करें।

निष्कर्ष

भारत जैसे विशाल एवं विविधतापूर्ण राज्य में राज्यों को प्राप्त होने वाली स्वायत्तता आवश्यक है और राज्यों की स्वायत्तता को विघटन वाद के रूप में देखना उचित नहीं है, परंतु राज्यों की स्वायत्तता के लिए संघ सरकार की शक्तियों में कटौती करने का प्रयास व्यावहारिक नहीं है।

संघीय व्यवस्था में स्वायत्त राज्य

जम्मू एवं कश्मीर

स्वतंत्रता के बाद भारत में कश्मीर के विलय को लेकर समस्याएं पैदा हुईं। कश्मीर, भारत के उत्तर में स्थित एक राज्य है, जो भौगोलिक रूप से भारत व पाकिस्तान दोनों से संबद्ध रखता है। कश्मीर में 77 प्रतिशत जनसंख्या मुस्लिम, 20 प्रतिशत हिंदू, 3 प्रतिशत बौद्ध व सिक्ख समुदाय के लोग रहते हैं। जम्मू एवं कश्मीर एक हिंदू राजा द्वारा शासित रियासत थी। धार्मिक आधार पर पाकिस्तान ने जम्मू एवं कश्मीर को पाकिस्तान में शामिल करने की मांग की थी, परंतु माउंटबेटन योजना के आधार पर प्रत्येक रियासत को भारत या पाकिस्तान में सम्मिलित होने या स्वतंत्र रहने का विकल्प दिया गया था, विशेष भौगोलिक स्थिति के कारण तत्कालीन जम्मू एवं कश्मीर के राजा हरि सिंह स्वतंत्र राज्य स्थापित करना चाहते थे। फलतः उन्होंने लंबे समय तक न तो पाकिस्तान में और न ही भारत में सम्मिलित होने का प्रयास किया। इसी असमंजस की स्थिति का लाभ उठाते हुए पाकिस्तानी सैनिकों ने कबायलियों के वेश में कश्मीर पर आक्रमण कर दिया तथा स्थिति की गंभीरता को देखते हुए महाराजा हरि सिंह ने कश्मीर को भारत में विलय करने का निश्चय किया।

विलय का दस्तावेज (Instrument of Accession)

यह एक दस्तावेज था, जिसके तहत् जम्मू एवं कश्मीर का भारत में विलय किया गया। इस विलय-पत्र के तहत् जम्मू एवं कश्मीर ने भारत की संप्रभुता को स्वीकार कर लिया तथा भारतीय संघ का एक राज्य बन गया। परंतु इस विलय-पत्र में अन्य राज्यों से अलग जम्मू एवं कश्मीर के लिए विशेषाधिकार स्वीकार किया गया, जिसमें केवल रक्षा, विदेश संबंध तथा संचार विषय पर संघ का अधिकार स्वीकार किया गया।

जम्मू एवं कश्मीर को अत्यधिक स्वायत्तता दी गई और इसके विलय के समय संघ सरकार का जम्मू एवं कश्मीर पर केवल तीन विषयों पर नियंत्रण था, जिसमें रक्षा, विदेश तथा संचार शामिल थे।

विलय-पत्र (Instrument of Merger)

कश्मीर के भारतीय संघ में विलय की परिस्थितियां अत्यधिक महत्त्वपूर्ण थीं। स्वतंत्रता के बाद हैदराबाद एवं जूनागढ़ का विलय भारतीय संघ में किया गया। इन देशी रियासतों में हिंदू जनता बहुसंख्यक थी, जबकि शासक मुसलमान थे। इसके विपरीत जम्मू एवं कश्मीर में बहुमत जनता मुस्लिम थी, जबकि शासक हिंदू था। कश्मीर के विलय के दौरान पाकिस्तान के द्वारा कश्मीर पर कबायली आक्रमण किया गया तथा कश्मीर का मुद्दा भारत सरकार के द्वारा संयुक्त राष्ट्र संघ में ले जाया गया, जिसमें जम्मू एवं कश्मीर में जनमत संग्रह का प्रावधान किया गया था। इसीलिए कश्मीर एक मात्र देशी रियासत थी, जिसके संघ के साथ विलय-पत्र पर हस्ताक्षर नहीं किए गए। जबकि अन्य सभी देशी रियासतों के बीच प्रवेश-पत्र (Instrument of Accession) पर समझौते के साथ विलय-पत्र पर (Instrument of Merger) भी हस्ताक्षर किया गया। इस संदर्भ में संविधान में जम्मू एवं कश्मीर के लिए एक विशेष प्रावधान किया गया, जो अनुच्छेद-370 में उल्लिखित है।

संवैधानिक प्रावधान

संविधान के भाग-21 में अस्थायी संक्रमणकालीन एवं विशेष प्रावधानों का उल्लेख है, जिसके अंतर्गत अनुच्छेद-370 का प्रावधान किया गया है। अनुच्छेद-370 के निम्नलिखित प्रावधान हैं-

(i) संसद का राज्य पर नियंत्रण

संसद के द्वारा जम्मू एवं कश्मीर के लिए उन्हीं विषयों पर विधि का निर्माण किया जाएगा, जो विलय-पत्र में शामिल हैं। यह उल्लेखनीय है कि विलय-पत्र में रक्षा, संचार एवं विदेश विषयों को शामिल किया गया है। कश्मीर राज्य का अपना संविधान है। इसलिए 7वीं अनुसूची का शक्ति विभाजन कश्मीर के लिए लागू नहीं होता है। अतः संसद, संघ सूची के सभी विषय पर कश्मीर के लिए विधि का निर्माण नहीं कर सकती है। समवर्ती सूची कश्मीर के लिए लागू नहीं होती एवं अवशिष्ट शक्तियां कश्मीर विधान सभा को प्राप्त हैं।

(ii) संघ सरकार का नियंत्रण

इसके अतिरिक्त राष्ट्रपति के द्वारा आदेश जारी करके कश्मीर की राज्य सूची के किसी भी विषय पर विधि का निर्माण किया जा सकता है। बशर्ते कश्मीर राज्य सरकार की सहमति प्राप्त हो। संसद के द्वारा संविधान संशोधन के लिए अनुच्छेद-368 का प्रयोग किया जाता है। परंतु जम्मू एवं कश्मीर का पृथक संविधान है। इसलिए अनुच्छेद-368 कश्मीर के लिए लागू नहीं होता। कश्मीर हेतु राष्ट्रपति द्वारा जारी आदेश भारतीय संविधान के परिशिष्ट में उल्लिखित है। राष्ट्रपति के द्वारा पहला आदेश वर्ष-1954 में जारी किया गया था।

(iii) अनुच्छेद-370 की समाप्ति

राष्ट्रपति सार्वजनिक अधिसूचना के माध्यम से अनुच्छेद-370 की समाप्ति की घोषणा तथा इसमें बदलाव भी कर सकते हैं। बशर्ते कश्मीर की संविधान सभा की सहमति प्राप्त हो। कश्मीर की संविधान सभा का निर्माण वर्ष-1954 में हुआ तथा वर्ष-1957 में कश्मीर का संविधान लागू हो गया। अतः वर्तमान में कश्मीर की संविधान सभा का अस्तित्व नहीं है।

राष्ट्रपति की उद्‌घोषणा

जम्मू एवं कश्मीर के संविधान में संशोधन के लिए अनुच्छेद-368 का प्रयोग संभव नहीं है। इसीलिए जम्मू एवं कश्मीर के संविधान में परिवर्तन के लिए राष्ट्रपति के द्वारा घोषणा की जाती है, जिसे राज्य सरकार से समर्थन प्राप्त होना चाहिए। पहली बार वर्ष-1954 में राष्ट्रपति के द्वारा कश्मीर के लिए पृथक् उद्घोषणा की गई, जिसे संशोधित भी किया गया है। राष्ट्रपति की इस उद्घोषणा को भारतीय संविधान के परिशिष्ट में शामिल किया गया है।

वर्ष-1954 के बाद संघ सरकार का कश्मीर पर नियंत्रण अत्यधिक बढ़ गया है। संघ सरकार का कश्मीर के केवल तीन विषयों पर ही नियंत्रण नहीं है, बल्कि राष्ट्रपति के आदेश के द्वारा संघ सरकार की अनेक शक्तियों का कश्मीर पर विस्तार कर दिया गया है। कश्मीर के राज्यपाल का नाम 'सदर-ए-रियासत' था, जिसे परिवर्तित करके राज्यपाल कर दिया गया एवं 'वजीर-ए-आजम' (प्रधानमंत्री) का नाम मुख्यमंत्री के रूप में बदल दिया गया, जिससे कश्मीर अन्य राज्यों के समान प्रतीत होने लगा।

इसके अतिरिक्त संघ सरकार के द्वारा उच्चतम न्यायालय, संघ लोक सेवा आयोग, नियंत्रक एवं महालेखा परीक्षक, निर्वाचन आयोग व राष्ट्रपति शासन का विस्तार भी कश्मीर के लिए कर दिया गया। अतः संघ सरकार का क्षेत्राधिकार विदेश, रक्षा एवं संचार विषयों तक ही सीमित नहीं है। इसलिए कश्मीर के पृथक् संविधान का अध्ययन राष्ट्रपति की उद्घोषणा के साथ मिलाकर करना होता है।

अनुच्छेद-370 के विरोधी

वर्तमान में कुछ लोग अनुच्छेद-370 को भारतीय संविधान से हटाने की मांग कर रहे हैं। इनके अनुसार, इस प्रावधान से जम्मू एवं कश्मीर में पृथकतावाद को बढ़ावा मिलता है। संसद के द्वारा निर्मित प्रगतिशील विधि जम्मू एवं कश्मीर राज्य पर लागू नहीं हो पाती तथा जम्मू एवं कश्मीर भारत के अन्य राज्यों से अपना अलगाव प्रदर्शित करता है। यह महत्त्वपूर्ण है कि जम्मू एवं कश्मीर का उल्लेख संविधान के संक्रमणकालीन भाग में किया गया है, जिसका अभिप्राय है कि अनुच्छेद-370 संविधान का स्थायी भाग नहीं है, जिसे समाप्त कर देना चाहिए। परंतु अनुच्छेद-370 को समाप्त करने में संवैधानिक बाधा बनी हुई है। इसे समाप्त करने के लिए जम्मू एवं कश्मीर राज्य विधान सभा के समर्थन की आवश्यकता है, जिसके बाद इसे संविधान से हटाया जा सकता है। इसके अतिरिक्त जम्मू एवं कश्मीर से अनुच्छेद-370 हटाने के लिए राजनीतिक मुद्दा भी महत्त्वपूर्ण है।

अनुच्छेद-370 के समर्थक

विद्वानों के मतानुसार जम्मू एवं कश्मीर का उल्लेख संविधान के संक्रमणकालीन प्रावधान में किया गया था, क्योंकि यह मुद्दा संयुक्त राष्ट्र संघ के समक्ष जनमत संग्रह के लिए लंबित था। भारत के उत्तरी-पूर्वी राज्यों में नागालैंड के लिए विशेष स्वायत्तता के प्रावधान हैं तथा 6ठी अनुसूची में असम, मेघालय, त्रिपुरा एवं मिजोरम के लिए विशेष प्रावधान हैं। इन राज्यों की स्वायत्तता हटाने का समर्थन कोई नहीं करता। इसलिए जम्मू एवं कश्मीर से अनुच्छेद-370 हटाने का विवाद राजनीतिक हितों से ज्यादा प्रेरित है। अनेक विशेषज्ञों के द्वारा जम्मू एवं कश्मीर को ज्यादा से ज्यादा स्वायत्तता देने का समर्थन किया गया है। अनुच्छेद-370 को अस्थायी प्रावधान के बजाए, स्थायी प्रावधान के रूप में परिवर्तित करने की आवश्यकता है।

पृथक् संविधान

वर्ष-1951 में जम्मू एवं कश्मीर की संविधान सभा का, जिसके बाद वर्ष-1952 में भारत सरकार तथा जम्मू एवं कश्मीर की सरकार के बीच समझौता हुआ। तत्पश्चात् 26 जनवरी, 1957 को जम्मू एवं कश्मीर का संविधान अपनाया गया। भारतीय संघ में राज्यों के पृथक् संविधान नहीं हैं, लेकिन जम्मू एवं कश्मीर एकमात्र भारतीय राज्य है, जिसका अपना संविधान है। कश्मीर का अपना पृथक् ध्वज भी है तथा एक पृथक् आपराधिक संहिता भी है। स्वतंत्रता के बाद जम्मू एवं कश्मीर के राज्यपाल जिसे **सदर-ए-रियासत** कहा जाता था, जिसका निर्वाचन जम्मू एवं कश्मीर विधान सभा के द्वारा होता था। जम्मू एवं कश्मीर के मुख्यमंत्री को वहां का प्रधानमंत्री कहा जाता था, **जिसमें निम्नलिखित प्रावधान थे-**

जम्मू एवं कश्मीर के संविधान के अनुसार, जम्मू एवं कश्मीर भारत संघ का अभिन्न अंग है। यह भारतीय संघ का एक संवैधानिक राज्य है, जो भारतीय संविधान के भाग-1 तथा अनुसूची-1 में उल्लिखित है। राज्य विधायिका द्वारा निवारक निरोधक कानून बनाया जाता है।

(i) राज्यपाल शासन

जम्मू एवं कश्मीर के पृथक् संविधान की धारा-92 में राज्यपाल शासन का उल्लेख है। इसके अनुसार, राज्य का प्रशासन यदि संवैधानिक तंत्र के अनुसार संचालित नहीं है, तो जम्मू एवं कश्मीर के राज्यपाल के द्वारा राज्यपाल शासन की घोषणा की जाएगी, जो 6 महीने तक लागू रहेगी। इस दौरान विधान सभा निलंबित होगी अथवा भंग भी की जा सकती है। कश्मीर में राज्यपाल शासन राष्ट्रपति की सहमति से ही आरोपित किया जाता है।

(ii) राष्ट्रपति शासन

जम्मू एवं कश्मीर में राज्यपाल शासन के अतिरिक्त राष्ट्रपति शासन भी आरोपित होता है। संविधान के अनुच्छेद-356 के अनुसार, जम्मू एवं कश्मीर में राष्ट्रपति शासन लगाया जा सकता है। जम्मू एवं कश्मीर राज्य के संविधान के अनुसार राज्यपाल शासन की अवधि केवल 6 महीने होगी। इसीलिए 6 महीने से ज्यादा की अवधि होने पर कश्मीर में राष्ट्रपति शासन आरोपित होता है। भारतीय संविधान के अनुसार राज्य का प्रशासन संवैधानिक तंत्र के अनुसार संचालित न हो, तो राष्ट्रपति शासन की घोषणा की जा सकती है।

(iii) निर्वाचन

लोक सभा एवं राज्य विधान सभाओं के निर्वाचन के लिए संसद द्वारा निर्मित अधिनियम, 1950-51 का प्रयोग किया जाता है। परंतु कश्मीर में निर्वाचन के लिए कश्मीर विधान सभा द्वारा पारित विधियों का प्रयोग किया जाता है। यद्यपि निर्वाचन का दायित्व भारतीय निर्वाचन आयोग का है।

(iv) विधान सभा की अवधि

42वें संविधान संशोधन, 1976 के द्वारा भारतीय संविधान में राज्य विधान सभाओं एवं लोक सभा का कार्यकाल बढ़ाकर 6 वर्ष कर दिया गया था। जिसके अनुसार, जम्मू एवं कश्मीर विधान सभा में कश्मीर के संविधान में संशोधन करते हुए कश्मीर विधान सभा के कार्यकाल को भी 6 वर्ष कर दिया। परंतु 44वें संविधान संशोधन, 1978 के द्वारा भारतीय संविधान में पुनः संशोधन किया गया और लोक सभा और विधान सभा का कार्यकाल घटाकर पुनः 5 वर्ष कर दिया गया। परंतु जम्मू एवं कश्मीर विधान सभा के द्वारा ऐसा संशोधन नहीं किया गया। इसीलिए आज भी जम्मू एवं कश्मीर की विधान सभा का कार्यकाल 6 वर्ष का है। संविधान में द्विसदनीय विधान मंडल को अपनाया गया, जिसमें निम्न सदन 111 सदस्यों वाली विधान सभा तथा उच्च सदन 36 सीटों वाली विधान परिषद् है। निम्न सदन में 24 सीटें पाकिस्तान अधिकृत कश्मीर के लिए छोड़ दी गई हैं।

(v) जम्मू एवं कश्मीर के संविधान में संशोधन

जम्मू एवं कश्मीर विधान सभा को जम्मू एवं कश्मीर के संविधान में संशोधन का अधिकार है। भारतीय संसद को कश्मीर के संविधान में संशोधन का अधिकार नहीं है। परंतु कश्मीर विधान सभा के द्वारा उन प्रावधानों का संशोधन नहीं हो सकता है, जो कश्मीर को भारत के अभिन्न अंग का दर्जा देते हैं।

(vi) आरक्षण का प्रावधान

भारतीय संविधान के अनुसार, लोक सभा एवं विधान सभा में अनुसूचित जातियों व जनजातियों के लिए आरक्षण का प्रावधान किया गया है तथा सेवाओं में भी अनुसूचित

जातियों व जनजातियों और पिछड़े वर्गों के लिए आरक्षण का उल्लेख है। परंतु जम्मू एवं कश्मीर के संविधान के अनुसार, अनुसूचित जातियों का विधान सभा में उनकी जनसंख्या के अनुपात में आरक्षण होगा। परंतु राष्ट्रपति की उद्घोषणा के द्वारा इसे समाप्त कर दिया गया है। इसलिए जम्मू एवं कश्मीर के लिए आरक्षण का प्रावधान लागू नहीं होता है।

ऊर्दू, जम्मू एवं कश्मीर की आधिकारिक भाषा घोषित की गई तथा अन्य उद्देश्यों हेतु अंग्रेजी को अपनाया गया। संविधान के अनुसार, राज्य में एक उच्च न्यायालय होगा, जो मूल अधिकारों की रक्षा करेगा। राज्य के संविधान में नीति निदेशक तत्त्वों को सम्मिलित किया गया है। इसलिए भारतीय संविधान के निदेशक तत्त्वों का प्रावधान कश्मीर के लिए लागू नहीं होता।

जम्मू एवं कश्मीर की विशेष स्थिति

भारतीय संविधान के अनुच्छेद-370 के अंतर्गत जम्मू एवं कश्मीर को विशेष स्वायत्तता प्राप्त है, जो भारतीय संघ के किसी अन्य राज्य को प्राप्त नहीं है। जम्मू एवं कश्मीर का उल्लेख संविधान की पहली एवं चौथी अनुसूची में किया गया है, परंतु संघ सरकार का जम्मू एवं कश्मीर पर सीमित नियंत्रण है-

1. संसद के द्वारा निर्मित विधि जम्मू एवं कश्मीर के लिए तभी लागू होगी, जब जम्मू एवं कश्मीर राज्य इसे स्वीकार करे। जिसका अभिप्राय जम्मू एवं कश्मीर के मंत्रिपरिषद् की स्वीकृति आवश्यक है।
2. संसद द्वारा जम्मू एवं कश्मीर में वित्तीय आपात नहीं लगाया जा सकता, केवल अनुच्छेद-352 में वर्णित **'बाह्य आक्रमण अथवा युद्ध'** के आधार पर ही आपातकाल घोषित किया जा सकता है। जम्मू एवं कश्मीर में सशस्त्र विद्रोह के आधार पर आपातकाल की घोषणा संभव नहीं है।
3. जम्मू एवं कश्मीर में संविधान में वर्णित नीति निदेशक तत्त्वों वाले प्रावधान लागू नहीं होते हैं तथा राज्य के क्षेत्रफल एवं नाम इत्यादि में परिवर्तन राज्य सरकार की सहमति से ही किया जा सकता है।
4. जम्मू एवं कश्मीर में भारतीय संविधान में वर्णित अनुच्छेद-19(1)(F) तथा 31(2) लागू नहीं होते हैं।
5. भारतीय संविधान के भाग-17 में वर्णित भाषाओं का प्रावधान भी जम्मू एवं कश्मीर में लागू नहीं होता है। इसकी राजकीय भाषा ऊर्दू तथा पत्र-व्यवहार की भाषा अंग्रेजी है।

जम्मू एवं कश्मीर के स्थानीय निवासियों को विशेषाधिकार

भारत के राष्ट्रपति के द्वारा अनुच्छेद-370 की शक्ति का प्रयोग करते हुए कश्मीर के लिए एक विशेष आदेश जारी किया गया, जिसके द्वारा भारतीय संविधान के परिशिष्ट में अनुच्छेद-35(A) को जोड़ा गया, जिससे जम्मू एवं कश्मीर के निवासियों को स्थानीय भूमि, सरकारी रोजगार व छात्रवृत्ति प्रदान करने में प्राथमिकता दी जा सके और जम्मू एवं कश्मीर विधान सभा को यह अधिकार प्रदान किया गया कि जम्मू एवं कश्मीर के स्थायी निवासियों को परिभाषित करे। इसके अनुसार जम्मू एवं कश्मीर की कोई महिला यदि किसी बाहरी व्यक्ति से विवाह करती है, तो उसे जम्मू एवं कश्मीर में संपत्ति के अधिकार से वंचित कर दिया जाएगा और उनके बच्चों को भी जम्मू एवं कश्मीर का स्थानीय निवासी नहीं माना जाएगा।

इस प्रावधान के अनुसार, जम्मू एवं कश्मीर में स्थानीय निवासियों के अलावा भारतीय भू-भाग में रहने वाले किसी अन्य व्यक्ति को जम्मू एवं कश्मीर में भूमि खरीदने का अधिकार नहीं है। इस प्रावधान को संविधान के अनुच्छेद-14 का उल्लंघन कहा जा रहा है। अनुच्छेद-14 के अनुसार, सभी व्यक्ति विधि के समक्ष समान हैं, जबकि अनुच्छेद-35(A) में जम्मू एवं कश्मीर के स्थानीय निवासियों को विशेषाधिकार दिया गया है। आलोचकों के अनुसार, अनुच्छेद-35(A) राष्ट्रपति के आदेश के द्वारा जम्मू एवं कश्मीर के लिए लागू किया गया, जिसमें संसद की कोई सहमति नहीं ली गई, क्योंकि राष्ट्रपति के द्वारा आदेश जारी किया गया।

भारतीय संविधान में जम्मू एवं कश्मीर के अलावा पूर्वोत्तर राज्यों एवं हिमाचल प्रदेश को भी विशेष अधिकार दिया गया है, जहां केवल स्थानीय निवासी को ही संपत्ति खरीदने का अधिकार है। यह प्रावधान जम्मू एवं कश्मीर एवं अन्य राज्यों की स्वायत्तता को बनाए रखने के लिए आवश्यक है। राष्ट्रपति के द्वारा जारी आदेश अनुच्छेद-370

के अनुसार ही जिसे जारी करने में व व्यावहारिक रूप में मंत्रिपरिषद् से सलाह लेता है। जम्मू एवं कश्मीर को प्राप्त विशेष दर्जा उनके स्वायत्तता के अनुरूप है।

इंदिरा गांधी-अब्दुल्ला समझौता, 1975

इस समझौते के तहत् यह कहा गया कि जम्मू एवं कश्मीर राज्य भारतीय संघ का अभिन्न अंग है तथा भारतीय संघ का जम्मू एवं कश्मीर से संबंध अनुच्छेद-370 के तहत् रहेगा। अनुच्छेद-370 में उल्लिखित प्रावधानों के अनुसार, जम्मू एवं कश्मीर पर भारतीय संघ नियंत्रण रखेगा।

1980 के दशक से जम्मू एवं कश्मीर में आतंकवादी गतिविधियां तथा अलगाववादी शक्तियां अत्यधिक प्रभावशाली हो गईं। कश्मीरियत की पहचान को कट्टरपंथियों ने तोड़ने का प्रयत्न किया तथा कश्मीर को भारत से अलग करने की मांग उठाई गई। इस संदर्भ में भारतीय सरकार के द्वारा कश्मीर को अधिक से अधिक स्वायत्तता देने का समर्थन किया गया।

वृहद् स्वायत्तता की मांग

जम्मू एवं कश्मीर भारतीय संघ का विशेष सुविधा प्राप्त राज्य है। इस राज्य के भौगोलिक महत्त्व को देखते हुए बार-बार वहां के लोगों द्वारा स्वायत्तता की मांग की जाती रही है। स्वायत्तता की मांग करने वाला वर्ग आतंकवादियों तथा अतिवादियों से भिन्न है। यह वर्ग भारतीय संविधान के तहत् अधिकतम सुविधाओं को प्राप्त करना चाहता है। स्वायत्तता की मांग करने वालों में कुछ वर्ग ऐसे हैं, जो चाहते हैं कि जम्मू एवं कश्मीर राज्य पर संघ सरकार का केवल तीन विषयों पर नियंत्रण होना चाहिए, जैसाकि जम्मू एवं कश्मीर के भारतीय संघ में विलय के दौरान था। परंतु भारत सरकार के लिए कश्मीर को इस प्रकार की स्वायत्तता देना संभव नहीं है, बल्कि कश्मीर में मानवाधिकारों के हनन को समाप्त करना चाहिए तथा कश्मीर को अधिक से अधिक वित्तीय सहायता दी जाए। वर्ष-2000 में जम्मू एवं कश्मीर राज्य की विधान सभा ने स्वायत्तता प्राप्ति हेतु एक विधेयक पारित किया। **इस विधेयक में निम्नलिखित बातों का उल्लेख है-**

(i) जम्मू एवं कश्मीर से संबंधित अनुच्छेद-370 को स्थायी बनाया जाए, जिसे अस्थायी प्रावधानों के रूप में जोड़ा गया है।

(ii) केंद्र के पास केवल प्रतिरक्षा, विदेश मामले एवं संचार जैसे विषय ही रहें, शेष विषय राज्य को हस्तांतरित किए जाएं।

(iii) जम्मू एवं कश्मीर राज्य से उच्चतम न्यायालय की अधिकारिता हटाई जाए।

(iv) नियंत्रक एवं महालेखा परीक्षक (कैग), चुनाव आयोग तथा अखिल भारतीय सेवाओं वाले प्रावधान जम्मू एवं कश्मीर पर लागू न किए जाएं।

(v) जम्मू एवं कश्मीर पर भारतीय संसद तथा राष्ट्रपति की भूमिका को सीमित किया जाए।

(vi) पूर्व की तरह राज्य के राज्यपाल को **सदर-ए-रियासत** तथा मुख्यमंत्री को **वजीर-ए-आजम** कहा जाए।

(vii) आंतरिक अस्थिरता या बाह्य आक्रमण के समय आपातकाल लागू होने पर जम्मू एवं कश्मीर विधान सभा निर्णायक हो।

(viii) अनुच्छेद-356 के प्रावधान राज्य में लागू न किया जाए।

(ix) जम्मू एवं कश्मीर में मूल अधिकारों के लिए संविधान में एक अलग अध्याय की व्यवस्था होनी चाहिए।

(x) जम्मू एवं कश्मीर राज्य में नदियों के विवादों के समाधान का अंतिम निर्णय केंद्र के पास नहीं होना चाहिए।

दिलीप पड़गावकर समिति की रिपोर्ट

जम्मू एवं कश्मीर के द्वारा स्वायत्तता की मांग आरंभ से की जाती रही है और राज्य की स्वायत्तता की मांग पर विचार के लिए भारतीय सरकार के द्वारा कश्मीर में एक दल भेजा गया। जम्मू एवं कश्मीर की वर्तमान स्थिति की समीक्षा हेतु वरिष्ठ पत्रकार दिलीप पड़गावकर की अध्यक्षता में एक समिति का गठन किया गया, जिसने अपनी रिपोर्ट में निम्नलिखित उपायों की सिफारिशें कीं-

- राज्य के अलगाव वाले क्षेत्रों को अधिक स्वायत्तता दी जाए।
- राज्य में आर्थिक उत्थान एवं सहायता हेतु लक्षित आर्थिक सहायता प्रदान करना।
- राज्य में सशस्त्र बल विशेषाधिकार अधिनियम, 1958 की समीक्षा भी की जाए।
- संविधान में अनुच्छेद-370 में उल्लिखित **'अस्थायी'** शब्द हटाकर **'विशेष'** शब्द रखा जाए।

- राज्यपाल की नियुक्ति हेतु सूची बनाई जाए और उसमें से राज्यपाल का चयन हो।
- अखिल भारतीय सेवा के अधिकारियों के अनुपात को धीरे-धीरे कम किया जाए।
- **तीन परिषदों का गठन किया जाए**-1. जम्मू, 2. लद्दाख, 3. कश्मीर।

विशेष राज्य का दर्जा

भारतीय संघीय व्यवस्था में संघ सरकार अत्यधिक शक्तिशाली तथा वित्तीय रूप में भी संघ सरकार की शक्तियां राज्यों की तुलना में अधिक हैं। केंद्रीय करों के संघ एवं राज्यों के बीच विभाजन के लिए वित्त आयोग का गठन किया जाता है और वित्त आयोग के द्वारा उन राज्यों को करों का अधिक हिस्सा प्रदान किया जाता है, जो पिछड़े राज्य हैं। इसके अतिरिक्त वित्त आयोग के द्वारा विशेष राज्य के दर्जे का प्रावधान किया गया, जिससे पिछड़े राज्यों को आर्थिक विकास की मुख्यधारा में शामिल किया जा सकें

विशेष राज्य के दर्जे का विचार वर्ष-1969 में सामने आया। वित्त आयोग द्वारा गाडगिल फॉर्मूले के आधार पर तीन (3) राज्यों-असम, मेघालय और जम्मू एवं कश्मीर को विशेष राज्य का दर्जा दिया गया। इसके बाद इसमें अरूणाचल प्रदेश, हिमाचल प्रदेश, मणिपुर, मेघालय, मिजोरम, सिक्किम, त्रिपुरा और उत्तराखंड को भी शामिल कर लिया गया। राज्यों को विशेष दर्जा देने के लिए **निम्नलिखित आधारों का प्रयोग किया गया-**

- पहाड़ी और दुर्गम क्षेत्र।
- कम जनसंख्या घनत्व तथा जनजातियों की ज्यादा आबादी।
- पड़ोसी राज्यों के साथ सामरिक अवस्थिति।
- आर्थिक और आधारभूत संरचना के क्षेत्र का पिछड़ापन।
- राज्य वित्त की कमजोर स्थिति।

लाभ

गाडगिल फॉर्मूले के अनुसार, विशेष राज्य की श्रेणी में शामिल राज्यों को संघ सरकार के द्वारा करों में विशेष छूट प्राप्त होती है तथा इन राज्यों को प्रशुल्कों में भी छूट मिलती है, जिससे राज्यों में निवेश आकर्षित होता है। राज्यों के समक्ष बजट की कमी नहीं होती और उनके ऋण भी माफ कर दिए जाते हैं। केंद्र प्रायोजित योजनाओं में विशेष राज्यों को 90 प्रतिशत अनुदान व 10 प्रतिशत कर्ज दिया जाता है, जबकि अन्य राज्यों को केंद्र प्रायोजित योजनाओं में 70 प्रतिशत अनुदान और 30 प्रतिशत कर्ज दिया जाता है। संघ सरकार के द्वारा राज्यों को दी गई कुल सहायता का 30 प्रतिशत भाग विशेष राज्य के दर्जे वाले राज्यों को प्राप्त होता है।

प्रस्तावित परिवर्तन

वर्ष-2013 के बजट भाषण में तत्कालीन वित्त मंत्री पी. चिदंबरम् ने नए मानकों के लिए सुझाव दिया। उनके अनुसार, राज्यों का राष्ट्रीय औसत आय से पिछड़ापन, प्रति व्यक्ति आय, साक्षरता और अन्य मानवीय विकास के संकेतों को विशेष राज्य के दर्जे का आधार बनाना चाहिए। इसके अतिरिक्त रघुराम राजन पैनल के द्वारा भारत में पिछड़े राज्यों की पहचान के लिए बहु-आयामी संकेतकों का प्रयोग किया गया तथा उड़ीसा को सबसे पिछड़ा राज्य एवं गोवा को सबसे विकसित राज्य कहा गया। वर्तमान में बिहार और उड़ीसा के मुख्यमंत्री भी अपने-अपने राज्यों को विशेष राज्यों की श्रेणी में शामिल करने की माग कर रहे हैं।

संघवाद और आतंकवाद विरोधी राष्ट्रीय केंद्र

(National Counter Terrorism Centre, (NCTC))

एन.सी.टी.सी. एक शक्तिशाली संघीय जांच केंद्र है, जो आतंकवाद तथा नक्सलवाद के खिलाफ कार्य करेगा। भारत में नक्सलवाद तथा आतंकवाद पर राज्यों के बीच परस्पर तालमेल के अभाव के कारण समस्या का समाधान नहीं हो पा रहा है। इस जांच केंद्र के निर्माण की बात मुंबई आतंकवादी घटना के बाद उठी। आतंक से और अधिक प्रभावी ढंग से निपटने के लिए जांच केंद्र की स्थापना की बात की जा रही है। ये सभी आतंक विरोधी उपायों के नियंत्रण व समन्वय का केंद्र होंगे। फिलहाल अभी राज्य सरकारों के विरोध के कारण इस पर विचार स्थगित कर दिया गया है। राज्यों का कहना है कि यह केंद्र एवं राज्यों के अधिकारों को कम करेगा। पुंछी आयोग ने सबसे पहले इस निकाय की स्थापना की बात की थी।

संरचना

इस निकाय का गठन इंटेलिजेंस ब्यूरो (IB) के अधीन किया जाना है, इसका निदेशक आई.बी. के अतिरिक्त निदेशक के समकक्ष होगा। इसमें इंटेलिजेंस ब्यूरो (आ. ई.बी.), रिसर्च एवं एनालिसिस विंग (RAW), संयुक्त आसूचना समिति (जे.आई.सी.) सेना, खुफिया निदेशालय, नार्कोटिक्स विभाग के अधिकारी सदस्य होंगे, जिससे यह एक संतुलित निकाय बन सकें यह एक राष्ट्रीय आतंकवाद विरोधी केंद्र होगा, जिसके क्षेत्रीय कार्यालय नहीं होंगे एवं क्षेत्रीय स्तर पर इसके कार्यों को आई.बी. की मौजूदा शाखाओं द्वारा देखा जाएगा।

कार्य

इसके निम्नलिखित कार्य हैं-

1. आतंकवाद विरोधी कार्यों की जांच करना।
2. आसूचना प्रक्रिया को समन्वित करना।
3. राज्यों के आतंक विरोधी कार्यों में सहयोग प्रदान करना।
4. विभिन्न आसूचना एजेंसियों की सूचनाओं का आकलन करना, ताकि समय पर आतंकवादी कार्यवाही को रोका जा सकें

विवाद के कारण

लोक व्यवस्था, राज्यों का विषय है। राज्यों को डर है कि एन.सी.टी.सी. के नाम पर केंद्र, राज्यों के अधिकारों में दखलंदाजी करेगा तथा संघ के मूल स्वरूप को नष्ट कर सकता है। एन.सी.टी.सी. में राज्यों को मूल आपत्ति रेलवे पुलिस बल अधिनियम, 1957 (RPF Act-1957) के संशोधन तथा एन.सी.टी.सी. में बनने वाले नए आसूचना निकायों को लेकर है। रेलवे पुलिस बल अधिनियम, 1957 के संशोधन में यह कहा गया है कि संघ सरकार के द्वारा राज्य के किसी व्यक्ति को हिरासत में लिया जा सकता है, जिसके लिए राज्य सरकार को सूचित करना आवश्यक नहीं है।

आसूचना इकाइयों को भी राज्य में मुक्त रूप में कार्य करने की अनुमति दी गई है तथा क्षेत्रीय दल लगातार संघ सरकारों पर दबाव बनाने की नीति का प्रयोग कर रहे हैं। एन.सी.टी.सी., लोकपाल का विवाद भारत में नए संघवाद को प्रभावी होने का पर्याप्त उदाहरण है, जहां क्षेत्रीय दलों की भूमिका अत्यधिक महत्त्वपूर्ण और निर्णायक हो चुकी हैं। भारतीय संविधान निर्माताओं ने भारत में एक शक्तिशाली संघीय सरकार का समर्थन किया है और सरकारिया आयोग ने यह स्पष्ट रूप में कहा कि संघ का शक्तिशाली होना राज्यों की स्वायत्तता का विरोधी नहीं है। राज्यों की स्वायत्तता और शक्तिशाली संघ एक-दूसरे के विरोधी नहीं हैं। इसलिए एन.सी.टी.सी. का निर्माण भारत में संघीय भावना के प्रतिकूल नहीं है व संघ और राज्य दोनों के मतभेदों का समाधान राजनीतिक व राष्ट्रीय एकता के हित में करना चाहिए, जिसमें राज्यों की स्वायत्तता भी कायम रहे व पृथक्तावादी गतिविधियों पर अंकुश लगाया जा सकें

निष्कर्ष

संघीय व्यवस्था एक गतिशील विचार है, जो राजनीतिक व्यवस्था, आर्थिक पृष्ठभूमि एवं सामाजिक परिवर्तन के अनुसार परिवर्तित होता रहता है। संविधान निर्माताओं के द्वारा जिस संघीय व्यवस्था की नींव रखी गई है, उसे समग्रता से समझने के लिए उपरोक्त परिस्थितियों में होने वाले परिवर्तन को समझना आवश्यक है।

प्रारंभिक परीक्षोपयोगी महत्त्वपूर्ण तथ्य

- भारतीय संविधान की 7वीं अनुसूची में शक्तियों का विभाजन किया गया तथा इसके अंतर्गत् आने वाले विषयों को संघ सूची, राज्य सूची तथा समवर्ती सूची में रखा गया है।
- भारतीय संघ का निर्माण कनाडा के मॉडल के आधार पर किया गया है। इसलिए भारतीय संघ के लिए 'यूनियन' शब्द का प्रयोग किया जाता है।
- भारतीय संघवाद में शक्तियां संघ की ओर झुकी हुई हैं।
- भारत में राज्यों का अपना पृथक् संविधान नहीं है, लेकिन जम्मू एवं कश्मीर इसका अपवाद है।
- भारत में सभी राज्यों एवं संघीय प्रदेशों के नाम संविधान की पहली अनुसूची में दिए गए हैं। लेकिन राज्यों या इकाइयों के संदर्भ में सभी के लिए एक व्यवस्था का उल्लेख नहीं है। उदाहरण के लिए, 5वीं व 6ठी अनुसूची में सम्मिलित प्रावधान केवल कुछ विशेष क्षेत्रों एवं राज्यों के लिए हैं।
- अनुच्छेद-371 के अंतर्गत् कुछ राज्यों के लिए विशेष प्रावधान किए गए हैं।
- भारतीय संसद को पूरे देश में विधि बनाने की शक्ति प्राप्त है तथा संसद देश के बाहर के भारतीयों के लिए भी विधि का निर्माण कर सकती है, जबकि राज्य केवल अपने राज्य के लिए विधि बना सकते हैं, (अनुच्छेद-245)।
- संघ सूची-97 विषय, राज्य सूची-66 विषय एवं समवर्ती सूची में-47 विषय दिए गए हैं।
- भारतीय संविधान में संसदीय शासन की व्यवस्था है, संसदीय संप्रभुता की नहीं।
- अवशिष्ट शक्तियां, संघ में निहित होती हैं या अवशिष्ट शक्तियों पर विधि-निर्माण की शक्ति संसद को है, (अनुच्छेद-248)।
- समवर्ती सूची पर संघ सरकार एवं राज्य सरकार दोनों को विधि-निर्माण की शक्ति प्राप्त है, परंतु संघ सरकार एवं राज्य सरकार के मध्य विवाद की स्थिति में संघ सरकार की विधि को प्राथमिकता प्राप्त होगी, (अनुच्छेद-254)।
- संसद के द्वारा आपातकाल के समय राज्य सूची के विषयों पर भी विधि का निर्माण किया जा सकता है तथा यह विधि आपातकाल के समाप्त होने के 6 महीने बाद तक लागू रहेगी, (अनुच्छेद-250)।
- यदि दो या दो से अधिक राज्य संघ सरकार से राज्य सूची के विषय पर विधि-निर्माण का अनुरोध करें, तो संघ सरकार राज्य सूची के विषय पर विधि-निर्माण कर सकती है, (अनुच्छेद-252)।
- किसी अंतर्राष्ट्रीय समझौते के मुद्दे पर संघ सरकार द्वारा राज्य सूची के विषय पर विधि-निर्माण किया जा सकता है, (अनुच्छेद-253)।
- अनुच्छेद-352 के अंतर्गत् जब राष्ट्रीय आपात की घोषणा होती है, तो संविधान में शक्ति का विभाजन निलंबित हो जाता है, लेकिन राज्य विधान मंडल बने रहते हैं, उनका विघटन नहीं होता।
- राष्ट्रीय आपातकाल में राज्य सूची के सभी विषय समवर्ती सूची जैसे हो जाते हैं।
- अनुच्छेद-250 के अंतर्गत् राष्ट्रीय आपातकाल में संसद की विधि-निर्माण की शक्ति का स्वाभाविक रूप में विस्तार हो जाता है।
- अनुच्छेद-356 के प्रयोग में राज्य विधान मंडल का विघटन हो जाता है।
- यदि संसद सत्र में न रहे, तो राष्ट्रपति किसी राज्य के लिए अध्यादेश जारी कर सकता है, (अनुच्छेद-357)।

- संघ सरकार के द्वारा राज्यों को विभिन्न निर्देश दिए जाते हैं तथा निर्देश देने का यह प्रावधान भारतीय शासन अधिनियम, 1935 से लिया गया है।
- भारतीय संविधान में अखिल भारतीय सेवाओं का भी प्रावधान है। इन सेवकों की नियुक्ति राज्यों में होती है, परंतु इन पर नियंत्रण संघ सरकार का होता है। इसलिए राज्य सरकारों पर इन सेवकों के माध्यम से संघ सरकार का नियंत्रण हो जाता है, (अनुच्छेद-312)।
- राज्य कार्यपालिका के संवैधानिक प्रधान राज्यपाल की नियुक्ति संघ सरकार द्वारा होती है। अत: राज्यपाल के माध्यम से भी संघ सरकार का राज्यों पर नियंत्रण स्थापित हो जाता है।
- अनुच्छेद-273 में उन राज्यों को अनुदान देने का प्रावधान है, जिसमें असम, बिहार, उड़ीसा एवं पश्चिम बंगाल शामिल हैं तथा राज्यों के राजस्व में सहायता अनुदान प्रत्येक वर्ष भारत की संचित निधि से दिया जाएगा।
- अनुच्छेद-275 में उस अनुदान की व्यवस्था है, जो असम के जनजातीय क्षेत्रों के विकास के लिए या जनजातीय कल्याण के संबंध में दिया जाएगा। यह अनुदान संसद विधि द्वारा उपबंध करेगी, तत्पश्चात् प्रत्येक वर्ष भारत की संचित निधि से दिया जाएगा।
- अनुच्छेद-280 में वर्णित वित्त आयोग, जो कि एक अर्द्ध-न्यायिक संस्था है। अनुच्छेद-273, व 275 के लिए अनुदान की अनुशंसा एवं सिफारिश करती है।
- अनुच्छेद-282 के अंतर्गत् संघ सरकार राज्यों को अनुदान योजना आयोग की अनुशंसा पर देती है।
- भारतीय संदर्भ में संविधान में उधार को भारत शासन अधिनियम, 1935 से लिया गया है।
- राज्य सरकार भारत से बाहर उधार नहीं ले सकती। यह अधिकार केवल संघ सरकार को है। यदि राज्य सरकार का पिछला ऋण बकाया है, तो नए ऋण के लिए भारत सरकार राज्यों के ऋण पर प्रतिबंध लगा सकती है, (अनुच्छेद-292)।
- संसद द्वारा बनाई गई विधि के द्वारा राज्यों को ऋण दिया जा सकता है, लेकिन राज्य का किसी कारण यदि ऋण बकाया है, तो संसद राज्य को ऋण प्राप्त करने पर प्रतिबंध लगा सकती है, (अनुच्छेद-293)।
- 87वें संविधान संशोधन के द्वारा सेवा कर लागू किया गया है, जिसके अंतर्गत् सेवा कर को लगाने का अधिकार संघ सरकार को है, लेकिन इसकी वसूली एवं उपभोग करने का अधिकार दोनों (संघ व राज्य) सरकारों को है।
- यदि कोई ऐसा विधेयक या संशोधन प्रस्तुत किया जाता है, जिससे राज्यों के करों पर प्रभाव पड़ेगा तो सदन में प्रस्तुत करने से पूर्व उस पर राष्ट्रपति की पूर्व अनुमति आवश्यक है।
- अंतर्राज्यीय व्यापार के संदर्भ में राज्य बिक्री कर आरोपित नहीं कर सकते।
- कुछ वस्तुओं को संसद ने अंतर्राज्यीय व्यापार के संदर्भ में विशेष महत्त्व का घोषित किया है, जिन पर राज्य बिक्री कर नहीं लगा सकते। उदाहरण के लिए, चीनी, तंबाकू, कपास एवं सिल्क तथा ऊनी सामान को विशेष महत्त्व दिया गया है।
- यदि किसी वित्तीय वर्ष में आपातकाल की घोषणा हो रही है, तो संघ एवं राज्यों के मध्य करों का विभाजन समाप्त हो जाता है।
- आपातकाल में संघ द्वारा दिए जा रहे अनुदान भी स्थगित किए जा सकते हैं।
- अनुच्छेद-360 के अंतर्गत् कुछ वित्तीय सिद्धांतों के पालन करने का निर्देश संघ राज्यों को दे सकता है तथा राज्य सरकारों में सेवा करने वाले व्यक्तियों के वेतन एवं भत्तों में कटौती भी की जा सकती है, जिसमें राज्य के उच्च न्यायालय के न्यायाधीश भी शामिल हैं।

- जी.एस.टी. के तहत् वस्तुओं एवं सेवाओं पर एकसमान कर लगाए जाने का प्रावधान है तथा जहां जी.एस.टी. का प्रावधान नहीं है, वहां वस्तुओं और सेवाओं पर अलग-अलग कर विभिन्न दरों पर लगाए जाते हैं।
- भारत में जी.एस.टी. का पहली बार उल्लेख वर्ष-2006-07 के बजट में किया गया था।
- संघ एवं राज्यों के बीच करों का विभाजन एवं वितरण का कार्य वित्त आयोग का है।
- संघ भारत की संचित निधि से राज्यों को अनुदान का प्रावधान करता है।
- 14वें वित्त आयोग का गठन रिजर्व बैंक ऑफ इंडिया (RBI) के पूर्व गवर्नर डॉ.वाई.वी. रेड्डी की अध्यक्षता में किया गया था।
- इस आयोग का कार्यकाल 1 अप्रैल, 2015 से 31 मार्च, 2020 तक होगा।
- 15वें वित्त आयोग का गठन एन.के. सिंह की अध्यक्षता में किया गया है, इसका कार्यकाल 2020-2025 तक है।
- यह आयोग जी.एस.टी. मुआवजे, विनिवेश, गैर-वरीय सार्वजनिक उपक्रमों की बिक्री तथा सब्सिडी जैसे मसलों पर भी अपने सुझाव देगा।
- अजय नारायण झा को 14वें वित्त आयोग का सचिव नियुक्त किया गया है।
- भारत की संचित निधि (अनुच्छेद-266) में कर से तथा उधार से प्राप्त धन इस निधि में रखा जाता है तथा इस निधि से पैसा निकालने हेतु संसद से अनुमति लेनी पड़ती है।
- लोक लेखा निधि (अनुच्छेद-266) में लोगों का वह पैसा जो सरकार के पास है। जैसे-इंदिरा विकास-पत्र, लोक निधि इत्यादि राष्ट्रपति के अधीन होता है।
- आकस्मिक निधि (अनुच्छेद-267) में संसद विधि बनाकर तय करती है कि कितना पैसा इस निधि में रखा जाए और इसको खर्च करने का अधिकार राष्ट्रपति को है। संघ और राज्यों की आकस्मिक निधियां अलग-अलग होती हैं।
- भारत में नदी जल विवादों को सुलझाने के लिए अनुच्छेद-262 का प्रावधान है, जिसके अनुसार, नदी जल विवाद उच्चतम न्यायालय की आरंभिक अधिकारिता से बाहर होंगे।
- संसद ने अनुच्छेद-262 के अनुसार, नदी जल विवादों को सुलझाने के लिए 'अंतर्राज्यीय जल विवाद अधिनियम, 1956' का निर्माण किया।
- वर्ष-2002 में अंतर्राज्यीय जल विवाद अधिनियम, 1956 में संशोधन किया गया। इसके अनुसार, जल विवाद को हल करने के राज्य सरकार के अनुरोध के एक वर्ष की अवधि के अंदर अधिकरण का निर्माण संघ सरकार के द्वारा किया जाएगा तथा अधिकरण के द्वारा 3 वर्षों की अवधि के अंदर विवाद को हल करना होगा, जो राज्यों के ऊपर बाध्यकारी रूप में लागू होगा।
- पंजाब सूबे के निर्माण के पश्चात् राज्यों में सीमा निर्धारण के लिए 'शाह आयोग' की स्थापना हुई। इस आयोग ने चंडीगढ़ को हरियाणा का भाग माना, लेकिन अकाली दल ने इसका कड़ा विरोध किया, तब संघ सरकार ने एक मध्यम मार्ग अपनाते हुए चंडीगढ़ को एक संघ शासित क्षेत्र घोषित कर दिया।
- नागालैंड, मेघालय व मिजोरम जैसे राज्यों का निर्माण असम से हुआ है।
- असम और नागालैंड के मध्य रंगापानी क्षेत्र को लेकर विवाद है। नागालैंड सरकार ने असम के 4,973 वर्ग किमी. क्षेत्र पर अपना दावा प्रस्तुत किया है। इस विवाद को सुलझाने के लिए 'वी.के. सुंदरम् आयोग' की स्थापना की गई।
- असम और मेघालय के मध्य लंगपीह के अतिरिक्त जिंगीराम क्षेत्र पर भी विवाद है।

- असम और अरूणाचल प्रदेश के मध्य पासीघाट क्षेत्रों के मध्य सीमा विवाद है।
- पंजाब सूबे के निर्माण के बाद पंजाब और हरियाणा के मध्य रावी एवं व्यास नदी के जल बंटवारे की समस्या अभी भी विद्यमान है।
- कावेरी जल विवाद का मुद्दा तमिलनाडु, केरल, कर्नाटक एवं पांडिचेरी के मध्य का है।
- उच्चतम न्यायालय ने दिसंबर, 2012 में यह निर्णय दिया कि कर्नाटक प्रतिदिन 9,000 क्यूसिक जल तमिलनाडु को प्रदान करे।
- नर्मदा नदी के जल विवाद को लेकर गुजरात, मध्य प्रदेश, राजस्थान एवं महाराष्ट्र के मध्य विवाद उत्पन्न हुआ।
- ग्रेनविल ऑस्टिन ने भारतीय संघवाद को 'सहकारी संघवाद' कहा है।
- संघ की संपत्ति को राज्य सरकार के करों से छूट होगी। यदि संसद ऐसा विधि द्वारा निर्मित करे, (अनुच्छेद-285)।
- राज्य की संपत्ति को संघ के कराधान से छूट दी गई है, (अनुच्छेद-289)।
- अनुच्छेद-312 में अखिल भारतीय सेवाओं का प्रावधान है।
- भारत में सर्वत्र व्यापार और वाणिज्य का मुक्त प्रसार होगा, (अनुच्छेद-301)।
- अनुच्छेद-307 में एक 'अंतर्राज्यीय वाणिज्यिक आयोग' की स्थापना का प्रावधान है।
- नीति आयोग में केंद्र सरकार के साथ ही राज्यों और विशेषज्ञों की भी भूमिका होगी।
- नीति आयोग में राज्यों की भूमिका बढ़ाई जाएगी, ताकि उनके हितों के अनुसार योजना में फेरबदल किया जा सकें
- नीति आयोग के अध्यक्ष स्वयं प्रधानमंत्री होंगे।
- इस संस्था में कुछ कैबिनेट मंत्रियों एवं कुछ राज्यों के मुख्यमंत्रियों और अलग-अलग विषयों के विशेषज्ञ शामिल होंगे।
- राष्ट्रीय विकास परिषद् की स्थापना, 1952 में एक कार्यपालिकीय निर्णय के द्वारा हुई। यह न तो सांविधिक है और न ही संवैधानिक संस्था।
- राष्ट्रीय विकास परिषद् का मुखिया प्रधानमंत्री होता था।
- पूर्वोत्तर परिषद् में सभी 8 पूर्वी राज्य सम्मिलित हैं।
- पूर्वोत्तर परिषद् का पदेन अध्यक्ष संघ सरकार का गृह मंत्री होता है।
- राष्ट्रीय एकता परिषद् का विचार वर्ष-1961 में प्रधानमंत्री नेहरू के द्वारा प्रस्तुत किया गया, जिसकी वर्ष-1962 में पहली बैठक हुई।
- अनुच्छेद-345 के अनुसार, राज्य की कोई आधिकारिक भाषा नहीं है, बल्कि राज्य कोई भी भाषा या हिंदी स्वीकार कर सकता है।
- राष्ट्रीय एकीकरण को ध्यान में रखते हुए प्रस्तावना में 'अखंडता' शब्द को 42वें संविधान संशोधन, 1976 में जोड़ा गया।
- अनुच्छेद-370 में जम्मू एवं कश्मीर की स्थिति विशेष है। क्योंकि भाग-6 में वर्णित अन्य राज्यों के लिए लागू होने वाले प्रावधान जम्मू एवं कश्मीर राज्य पर लागू नहीं होते। इसलिए अनुच्छेद-370 का उल्लेख संविधान के भाग-21 में है, जिसमें संक्रमणकालीन उपबंधों का उल्लेख है।
- जम्मू एवं कश्मीर राज्य का स्वयं का अपना संविधान है, जो 1957 में लागू हुआ, जिसमें जम्मू एवं कश्मीर की विशेष स्थिति है।

- 6ठे संविधान संशोधन, 1956 द्वारा 'सदर-ए-रियासत' के स्थान पर राज्यपाल पद का निर्माण किया गया।
- नीति निदेशक तत्त्व भी यहां लागू नहीं होते। इसलिए अनुच्छेद-356 का प्रयोग राज्य सरकार की सहमति से ही किया जा सकता है।
- अनुच्छेद-356 में जम्मू एवं कश्मीर में राज्यपाल शासन होता है, क्योंकि संवैधानिक तंत्र की विफलता का आशय जम्मू एवं कश्मीर संविधान की विफलता से है।
- अनुच्छेद-360 के अंतर्गत् वित्तीय आपात जम्मू एवं कश्मीर पर लागू नहीं होता।
- यहां अवशिष्ट शक्तियां राज्य विधान मंडल के पास हैं, संघ सरकार के पास नहीं।
- राज्य के नाम, क्षेत्र में परिवर्तन बिना राज्य सरकार की सहमति के नहीं किया जा सकता।
- किसी अंतर्राष्ट्रीय संधि को बिना जम्मू एवं कश्मीर राज्य विधान मंडल की सहमति से राज्य में लागू नहीं किया जा सकता।
- संसद जम्मू एवं कश्मीर के लिए निवारक निरोधक विधि का निर्माण नहीं कर सकती।
- समवर्ती सूची के विषय में भी राज्य विधान मंडल को शक्तियां प्राप्त हैं।
- नियोजन संपत्ति के स्थायी अधिकार राज्य के नागरिकों को ही प्राप्त हैं।

अध्याय 4

संघीय शासन में स्वायत्तता के विशिष्ट रूप

(Specific Form of Autonomy in Federal Government)

- जनजातीय क्षेत्रों में प्रशासन, • अनुसूचित क्षेत्र, • पांचवीं अनुसूची और राज्यपाल, • छठवीं अनुसूची, • स्वायत्त जनपद परिषदों की प्रकृति, • परिषदों के कार्य, • नागालैंड के लिए स्वायत्तता, • निष्कर्ष

अनुसूचित जाति एवं जनजाति

संघीय शासन के द्वारा ही विविधता में एकता की स्थापना संभव है। भारत के संघीय शासन के द्वारा विभिन्न नृजातीय समूहों को प्रतिनिधित्व देने का प्रयत्न किया गया है, जिसके अंतर्गत अनुसूचित जातियों एवं जनजातियों के लिए संविधान में विशिष्ट प्रावधान किए गए हैं।

भारत में अनुसूचित जाति शब्द का प्रयोग पहली बार भारत शासन अधिनियम, 1935 में किया गया। भारतीय संविधान के अनुच्छेद-341 में राष्ट्रपति के द्वारा अनुसूचित जाति का निर्धारण राज्यों के राज्यपाल के परामर्श से किया जाता है। अनुसूचित जनजाति का अभिप्राय, आदिवासी अथवा वनवासी है, जो भौगोलिक रूप में सुदूर पहाड़ी क्षेत्रों में रहते हैं, वे अत्यधिक पिछड़े हैं, जो अपनी आजीविका के लिए वन्य उत्पादों एवं कृषि पर निर्भर होते हैं तथा उनकी भाषा और संस्कृति विशिष्ट हैं और वे समाज के मुख्यधारा में शामिल नहीं हैं, जो स्वयं को अलग-थलग महसूस करते हैं।

पूर्वोत्तर राज्यों में मिजोरम में लगभग 85 प्रतिशत ईसाई और नागालैंड में 87 प्रतिशत आबादी ईसाईयों की है। पूर्वोत्तर राज्यों में अरूणाचल प्रदेश में जनजातियों की आबादी 63 प्रतिशत, मेघालय में 85 प्रतिशत जनजातियों का तथा मिजोरम की 94 प्रतिशत आबादी जनजातियों की है। त्रिपुरा में जनजातियों की आबादी 30 प्रतिशत तथा मणिपुर में 34 प्रतिशत है।

भारत पर ब्रिटिश शासन के दौरान भी उत्तरी-पूर्वी राज्यों पर शासन का सीधा नियंत्रण नहीं था। अनुसूचित जनजातियों की सास्कृतिक विशिष्टता महत्त्वपूर्ण है तथा उत्तर-पूर्वी राज्यों में मेघालय, मिजोरम, त्रिपुरा एवं अरूणाचल प्रदेश में जनजातियों की कुल आबादी जनसंख्या के 80 प्रतिशत भाग से भी अधिक है।

जनजातीय क्षेत्रों में प्रशासन

भारतीय संघ में अनुसूचित जनजातियों में प्रशासन हेतु विशेष व्यवस्था का प्रावधान है। भारतीय संघ में इन लोगों के परंपरागत् अधिकारों एवं सांस्कृतिक स्वरूपों को संरक्षित रखने के लिए संविधान में पांचवीं और छठी अनुसूची का उल्लेख है। पांचवीं अनुसूची में असम, मेघालय, त्रिपुरा एवं मिजोरम को छोड़कर भारत के सभी राज्यों के जनजातीय क्षेत्रों के लिए प्रावधान है।

छठी अनुसूची में इन **चार राज्यों** (असम, मेघालय,

त्रिपुरा एवं मिजोरम) के प्रशासन से संबंधित प्रावधान हैं। इन राज्यों में जनजातियों की आबादी 80 प्रतिशत से ज्यादा है। छठी अनुसूची के तहत् जनजातीय स्वायत्तता को सुनिश्चित करने हेतु स्वायत्त जिला परिषद् तथा स्वायत्त क्षेत्र की संकल्पना की गई है। संविधान में अनुच्छेद-339 में अनुसूचित क्षेत्रों के प्रशासन एवं अनुसूचित जनजातियों के कल्याण के विषय में रिपोर्ट देने के लिए राष्ट्रपति एक आयोग का गठन करेगा, जो संविधान के प्रारंभ के 10 वर्षों के पश्चात् स्थापित करना आवश्यक होगा। इसके अनुसार, वर्ष-1960 में एक आयोग की स्थापना हुई, जिसके अध्यक्ष यू.एन. ढेबर थे।

अनुसूचित क्षेत्र (Scheduled Areas)

- अनुच्छेद-244(1) के अनुसार, राष्ट्रपति के द्वारा किसी राज्य के समूचे भाग अथवा किसी एक भाग को जनजातीय क्षेत्र के रूप में घोषित किया जा सकता है। यह प्रावधान भारतीय शासन अधिनियम, 1935 से लिया गया है, जिसमें अपवर्जी क्षेत्रों (Excluded Areas) तथा आंशिक अपवर्जी क्षेत्रों (Partially Excluded Areas) में विभाजित किया गया था। वर्तमान में आंध्र प्रदेश, छत्तीसगढ़, गुजरात, हिमाचल प्रदेश, झारखंड, मध्य प्रदेश, महाराष्ट्र, उड़ीसा, राजस्थान एवं तेलंगाना राज्यों में अनुसूचित क्षेत्रों का निर्माण किया गया है। पांचवीं अनुसूची में अनुसूचित क्षेत्रों के प्रशासन का प्रावधान है। इस क्षेत्र का आशय जनजातीय क्षेत्रों के प्रशासन से है।
- राष्ट्रपति, राज्य या संघ के किसी भी क्षेत्र को अनुसूचित क्षेत्र घोषित कर सकता है, जिसमें अनुसूचित जनजातियों की बड़ी आबादी होनी चाहिए।
- अनुसूचित क्षेत्रों में प्रशासन के लिए राज्यपाल प्रत्येक वर्ष राष्ट्रपति को एक रिपोर्ट देगा या राष्ट्रपति जब ऐसी मांग करें, तो राज्यपाल को रिपोर्ट देना होगा।

पांचवीं अनुसूची और राज्यपाल

इस अनुसूची के तहत् जनजातीय क्षेत्रों के प्रशासन हेतु राज्यपाल को विशेषाधिकार दिया गया है, जिसमें राज्यपाल, संसद द्वारा निर्मित किसी कानून को इस क्षेत्र में लागू होने से रोक सकता है या परिवर्तित कर सकता है।

जनजातीय सलाहकार परिषद्

राज्यपाल द्वारा इन क्षेत्रों के निकाय तथा कल्याण हेतु जनजातीय सलाहकारी परिषद् का गठन किया जाएगा, जिसमें कुल 20 सदस्य होते हैं, जिनमें तीन-चौथाई सदस्य संबंधित विधान सभा के अनुसूचित जनजाति के प्रतिनिधि होने चाहिए। ऐसी परिषद् ऐसे राज्यों में भी गठित की जा सकती हैं, जहां अनुसूचित जनजातियां तो हैं, परंतु अनुसूचित क्षेत्र नहीं है।

कार्य

सलाहकारी परिषदों का कार्य राज्यपाल को ऐसे मामलों पर सलाह देना है, **जो जनजातीय कल्याण तथा उत्थान से संबंधित हैं**-

- जनजातियों की भूमि को अन्य समुदाय को हस्तांतरित न किया जाए।
- भूमि के आवंटन का विनिमय।
- इस क्षेत्र में साहूकारी व्यवस्था का नियंत्रण।
- जनजातीय समुदाय की भलाई से संबंधित योजनाएं।

उपरोक्त विषयों में विधि-निर्माण के लिए राज्यपाल परिषद् से परामर्श लेगा और इसमें किसी भी प्रकार का परिवर्तन तभी स्वीकार किया जाएगा, जब राष्ट्रपति इसे स्वीकार कर लें।

संशोधन

इस भाग के संशोधन के लिए अनुच्छेद-368 के अंतर्गत विशेष बहुमत की आवश्यकता नहीं है और इनका संशोधन उसी प्रकार होता है, जिस प्रकार सामान्य विधि का निर्माण होता है, जिसके लिए सामान्य बहुमत की आवश्यकता होती है।

छठवीं अनुसूची (Tribal Areas)

पांचवीं अनुसूची के क्षेत्रों को अनुसूचित क्षेत्रों का नाम दिया गया है, जबकि छठवीं अनुसूची को जनजातीय क्षेत्र के रूप में परिभाषित किया गया है। क्योंकि पूर्वोत्तर क्षेत्रों की जनजातियों की पहचान भारत के अन्य राज्यों की जनजातियों से अगल है। पूर्वोत्तर राज्यों में असम, मेघालय, त्रिपुरा और मिजोरम के अनुसूचित क्षेत्रों के लिए छठवीं अनुसूची में स्वायत्तता का विशेष प्रावधान किया गया है, जिसे संविधान के अंदर संविधान कहा जाता है, जिसको

वर्ष-1952 में लागू किया गया। इसके अंतर्गत इन राज्यों में निम्नलिखित स्वायत्त (जिला) जनपद परिषदों का निर्माण किया गया-

1. असम - (i) उत्तरी कछार पहाड़ी जनपद।
   (ii) कार्बी आंगलांग (Karbi Anglong) जनपद।
2. मेघालय - (i) खासी पहाड़ी (Khasi Hills) जनपद।
   (ii) जैन्तीया पहाड़ी (Jaintia Hills) जनपद।
   (iii) गारो पहाड़ी जनपद।
3. त्रिपुरा - (i) त्रिपुरा पहाड़ी जनपद।
4. मिजोरम - (i) चकमा स्वायत्त जिला परिषद्।
   (ii) मारा स्वायत्त जिला परिषद्।
   (iii) लाई स्वायत्त जिला परिषद्।

स्वायत्त जनपद परिषदों की प्रकृति

1. जनपद परिषदों का गठन 30 सदस्यों से मिलकर होता है। केवल बोडो जनपद परिषद् में 46 सदस्य हैं तथा सदस्यों का निर्वाचन विभिन्न विधान सभा क्षेत्रों से वयस्क मतदान के आधार पर और इनका कार्यकाल पांच वर्ष का होता है। जनपद परिषदों के निर्वाचन के तरीके एकसमान नहीं हैं। उदाहरण के लिए, मारा जनपद परिषद् में 18 वर्ष के नागरिक सदस्यों का निर्वाचन करते हैं, जबकि कार्बी आंगलांग में वही सदस्यों का निर्वाचन कर सकते हैं, जो उस क्षेत्र के परंपरागत् निवासी हों तथा उनकी भूमि उस क्षेत्र में हो।
2. परिषद् का एक सभापति जो स्पीकर की भांति कार्य करता है तथा दूसरा उपसभापति निर्वाचित होता है, जो सदस्यों के द्वारा निर्वाचित किया जाता है।

परिषदों के कार्य

जनपद स्वायत्त परिषद को भूमि आबंटन, प्रयोग एवं नियंत्रण की शक्ति होगी। भूमि अधिग्रहण से पूर्व इससे परामर्श किया जाएगा। वन प्रबंधन, जो आरक्षित वन नहीं होगा, कृषि योग्य जल एवं नहरों का प्रयोग एवं इनमें खेती का नियंत्रण होगा। गांव एवं टाउन समिति का गठन तथा पुलिस, स्वास्थ्य एवं सफाई व्यवस्था होगी। मुखिया के उत्तराधिकार का निर्धारण, विवाद, तलाक, सामाजिक परंपराओं एवं संपत्ति अधिग्रहण के संबंध में विधायी, प्रशासनिक एवं न्यायिक शक्तियां भी परिषद को दी गई हैं।

1. प्रशासनिक कार्य

परिषद् के प्रशासनिक कार्य के अनुसार जनपद परिषद् की एक कार्यकारी समिति होती है, जिसका एक अध्यक्ष एवं अन्य सदस्य होते हैं, जो परिषद् के सदस्यों द्वारा निर्वाचित होते हैं। इस कार्यकारी समिति की भूमिका संघ के शासन में मंत्रिमंडल की भांति होती है, जो जनपद परिषद् के कार्यों की निगरानी, इसके बजट का निर्माण तथा नियुक्तियां भी करती हैं।

2. विधायी कार्य

जनपद परिषद् को भूमि, कृषि, प्राथमिक शिक्षा, स्वास्थ्य, ग्रामीण परिषदों तथा जनजातियों के मुखियाओं की नियुक्ति, विवाह, तलाक, साहूकारी और व्यापारिक गतिविधियों को नियंत्रित करने के लिए विधि के निर्माण की शक्ति होती है। राज्यपाल के द्वारा परिषदों के द्वारा निर्मित विधि को परिवर्तित किया जा सकता है।

3. न्यायिक कार्य

परिषदों को न्यायिक शक्तियां भी प्रदान की गई हैं, जिसके अंतर्गत ग्रामीण तथा जनपद परिषद् न्यायालय का गठन किया जाएगा, जिसमें जनजातियों की परंपराओं के अनुसार विवादों का निर्धारण किया जाता है। विवाद में दोनों पक्ष जनजातीय समुदाय से ही संबंधित होने चाहिए। परंतु इन न्यायालयों के द्वारा ऐसे मामलों की सुनवाई नहीं हो सकती, जिसमें किसी व्यक्ति को पांच वर्ष या उससे अधिक सजा प्राप्त हो सकती है। इन न्यायालयों से केवल उच्च न्यायालय में ही अपील संभव है।

4. वित्तीय शक्ति

परिषदों को कर लगाने एवं वसूलने की शक्ति भी प्रदान की गई है और इनके द्वारा भूमि, दुकानों, पथकर तथा प्रवेश कर लगाए जाते हैं। इसके अतिरिक्त वाहन, वस्तुओं तथा व्यवसाय और व्यापार पर भी इन्हें कर लगाने की शक्ति प्रदान की गई है। इन परिषदों से प्राप्त होने वाली खानों से रॉयल्टी भी परिषदों को प्रदान की जाएगी।

परिषदों की समस्या

परिषद् जनजातीय हितों के प्रतिनिधि की बजाए, विशिष्ट लोगों का क्लब बन गया है, जिसमें व्यापक भ्रष्टाचार व्याप्त है और वित्त के लिए भी राज्य सरकार पर निर्भर होते हैं। जनजातियों की परंपरागत् परंपराओं के संहिताकरण की आवश्यकता है, जिससे इन क्षेत्रों के प्रशासन में ज्यादा पारदर्शिता का निर्माण हो सकें मनोनीत सदस्यों की नियुक्ति प्रशासनिक तकनीक योग्यता के बजाए, राजनीतिक आधारों पर होती हैं।

नागालैंड के लिए स्वायत्तता

असम, मेघालय, त्रिपुरा और मिजोरम के लिए स्वायत्त परिषदों का प्रावधान संविधान की छठी अनुसूची में किया गया है, परंतु नागालैंड राज्य का निर्माण वर्ष-1963 में असम राज्य से निकालकर किया गया। नागालैंड में स्वतंत्रता के बाद से ही उपद्रवी गतिविधियां बनी हुई हैं तथा नागालैंड की जनसंख्या में भी अनुसूचित जनजातियों की जनसंख्या लगभग 90 प्रतिशत है। इसलिए संविधान संशोधन के द्वारा नागालैंड की स्वायत्तता के लिए अलग प्रावधान किए गए हैं। अनुच्छेद-371(A) के द्वारा नागालैंड राज्य को विशेष स्वायत्तता प्रदान की गई है, जिसके अंतर्गत यह उल्लिखित है कि संसद के द्वारा निर्मित विधि नागालैंड में निम्न विषयों पर तभी लागू होंगी, जब राज्य विधान सभा के द्वारा इस संबंध में **प्रस्ताव पारित किया जाए-**

(i) नागाओं की धार्मिक या सामाजिक मान्यताओं।
(ii) नागाओं की परंपरागत् विधि और प्रक्रियाएं।
(iii) भूमि के स्थानांतरण और संसाधनों पर नियंत्रण।
(iv) नागा रीति-रिवाज के अनुसार सिविल और आपराधिक न्याय व्यवस्था का प्रशासन।

मार्च, 2013 में नागालैंड की विधान सभा के द्वारा एक प्रस्ताव पारित करते हुए कहा गया कि नागालैंड को अनुच्छेद-371(A) के अंतर्गत विशेष स्वायत्तता प्राप्त है और नागालैंड के प्राकृतिक संसाधनों पर नागालैंड का ही अधिकार होगा। संघ सरकार के पेट्रोलियम और गैस मंत्रालय के द्वारा नागालैंड विधान सभा के इस प्रस्ताव पर आपत्ति व्यक्त की गई तथा नागालैंड सरकार को यह निर्देश दिया गया कि नागालैंड की जमीन के अंदर के प्राकृतिक संसाधनों पर संघ सरकार का नियंत्रण है। यह उल्लेखनीय है कि खान और प्राकृतिक गैस संघ सूची के विषय हैं। जबकि नागालैंड का आरोप है कि मंत्रालय नागालैंड के संवैधानिक अधिकारों पर अतिक्रमण कर रहा है।

उत्तर-पूर्वी क्षेत्रों में राज्यों की आर्थिक स्थिति अत्यधिक पिछड़ी है। इसीलिए संघ सरकार के द्वारा इन क्षेत्रों से प्राप्त रॉयल्टी का ज्यादा से ज्यादा भाग स्वायत्त जनपद परिषदों को प्रदान करना चाहिए। असम के लिए ऐसा पहले से ही विद्यमान है। इसीलिए संघ सरकार और राज्यों की स्वायत्तता के बीच समन्वय स्थापित करने की आवश्यकता है और राज्यों की स्वायत्तता को पूर्ण करने के लिए हर संभावित कदम उठाने चाहिए।

निष्कर्ष

भारतीय संघ-विषम संघवाद (Asymmetric Federalism) संघवाद का उदाहरण है। अत: संघ का संबध सभी राज्यों के साथ एकसमान नहीं है, बल्कि पूर्वोत्तर क्षेत्र में स्थित राज्यों को अत्यधिक स्वायत्तता प्रदान की गई है। इसीलिए भारतीय संघ पर कनाडाई संविधान से ज्यादा प्रभाव भारतीय शासन अधिनियम, 1935 का है, जिसमें इन क्षेत्रों के लिए विशेष प्रावधान का उल्लेख किया गया था।

प्रारंभिक परीक्षोपयोगी महत्त्वपूर्ण तथ्य

- संविधान में अनुच्छेद-339 में अनुसूचित क्षेत्रों के प्रशासन एवं अनुसूचित जनजातियों के कल्याण के विषय में रिपोर्ट देने के लिए राष्ट्रपति एक आयोग का गठन करेगा, जो संविधान के प्रारंभ के 10 वर्षों के पश्चात् स्थापित करना आवश्यक होगी। इसके अनुसार 1960 में एक आयोग की स्थापना हुई, जिसके अध्यक्ष यू.एन. ढेबर थे।
- अनुसूचित क्षेत्रों एवं अनुसूचित जनजाति के प्रशासन के लिए 'जनजातीय सलाहकारी परिषद्' की स्थापना का निर्देश राष्ट्रपति देगा।
- जनजातीय सलाहकारी परिषद् में 20 सदस्य होंगे, जिसमें तीन-चौथाई उस राज्य की विधान सभा में अनुसूचित जनजातियों के प्रतिनिधि होंगे।
- राज्यपाल किसी भी संसदीय विधि या राज्य विधि को इन अनुसूचित क्षेत्रों में लागू होने से प्रतिबंधित कर सकता है।
- अनुसूचित क्षेत्रों की घोषणा का अधिकार राष्ट्रपति को है।
- पांचवीं अनुसूची में अनुसूचित क्षेत्रों के प्रशासन का प्रावधान है। इस क्षेत्र का आशय जनजातीय क्षेत्रों से है।
- राज्यपाल का यह विशेष उत्तरदायित्व है कि संसद या राज्य की किसी विधि को इन क्षेत्रों में लागू होने से रोक सकता है।
- संसद द्वारा निर्मित विधि राष्ट्रपति के द्वारा अनुमति के बाद ही इस क्षेत्र में लागू होंगी।
- राज्य विधान सभाओं की विधियों को परिवर्तित करने की शक्ति राज्यपाल को है।
- छठी अनुसूची में 'मिजो जनपद परिषद्' की स्थापना की गई है।
- छठी अनुसूची का भी संशोधन सामान्य बहुमत के द्वारा हो सकता है। इसके लिए अनुच्छेद-368 में निर्धारित विशेष बहुमत की आवश्यकता नहीं होती।
- छठी अनुसूची में असम, मेघालय, त्रिपुरा एवं मिजोरम राज्यों के जनजातीय क्षेत्रों को रखा गया है।
- कोई भी संघ सरकार की विधि या राज्य का कानून राष्ट्रपति या राज्यपाल के निर्देश द्वारा ही क्षेत्रों में लागू होंगे।
- अनुच्छेद-371 में महाराष्ट्र और गुजरात राज्यों के संबंध में विशेष प्रावधान किया गया है।
- अनुच्छेद-371(A) में नागालैंड तथा अनुच्छेद-371(B) में असम एवं अनुच्छेद-371(F) में सिक्किम जैसे राज्यों के लिए विशेष प्रावधान किए गए हैं।

स्थानीय स्तर पर शक्ति एवं वित्तीय हस्तांतरण

(Devolution of Powers and Finances to Local Government)

● पंचायती राज का विकास, ● क्रियान्वयन के प्रयास, ● पंचायती राज की विशेषताएं, ● 1. पंचायतों का गठन, राज्य वित्त आयोग, ● 2. पंचायतों के निर्वाचन, ● पंचायतों के अपवाद, ● ऐच्छिक एवं अनिवार्य प्रावधान, ● अनुसूचित क्षेत्रों में पंचायती राज का विस्तार, ● पंचायतों के विभिन्न स्तरों के कार्य, ● राज्य सरकार का नियंत्रण, ● पंचायती राज का प्रभाव, ● विकेंद्रित नियोजन, ● पंचायतों की कमियां, ● पंचायतों को सुदृढ़ करने के उपाय, ● निष्कर्ष

पंचायती राज

(Panchayati Raj)

ग्रामीण पंचायतों का स्वप्न गांधीजी के सर्वोदय के आदर्श का व्यावहारिक रूप है, क्योंकि पंचायतों के अभाव में न तो लोगों का विकास हो सकता है और न ही ग्रामीणों का विकास संभव है। संघीय तथा राज्य सरकारों द्वारा उठाए गए संवैधानिक प्रयासों के परिणामस्वरूप भारत में बहुस्तरीय संघवाद का विकास हुआ। 73वें संविधान संशोधन के द्वारा वर्ष-1992 में 11वीं अनुसूची में पंचायतों को 29 विषय सौंपे गए। परिणामस्वरूप भारतीय राजनीति में आधारभूत लोकतंत्र का विकास हुआ। वर्तमान समय में प्रत्येक 5 साल बाद होने वाले चुनाव में लगभग 34 लाख स्थानीय प्रतिनिधियों का निर्वाचन होता है, जिसमें लगभग 10 लाख महिलाएं होती हैं।

ऐतिहासिक विकास

वर्ष-1870 में लॉर्ड मेयो ने भारत में स्थानीय शासन लागू करने की अनुशंसा की तथा लॉर्ड रिपन के कार्यकाल में पहली बार स्थानीय शासन बोर्ड की स्थापना हुई, जो स्थानीय शासन के विकास में एक महत्त्वपूर्ण संरचनात्मक उपलब्धि मानी गई। राष्ट्रीय आंदोलन में गांधीजी ने पंचायती राज को अत्यंत लोकप्रिय बना दिया। संविधान सभा में पंचायती राजव्यवस्था का समर्थन प्रसिद्ध गांधीवादी श्रीमन् नारायण अग्रवाल ने किया और पंचायती राज को संविधान के निदेशक तत्त्वों के भाग में सम्मिलित किया गया, (अनुच्छेद-40)। स्वतंत्र भारत में जे.सी. कुमारप्पा ने गांधीवादी आदर्शों के आधार पर गांधीवादी अर्थव्यवस्था का समर्थन किया।

पंचायती राज का विकास

स्वतंत्र भारत में ग्रामीण जनता के जीवन स्तर में वृद्धि के लिए वर्ष-1952 में **सामुदायिक विकास कार्यक्रम** एवं वर्ष-1953 में **राष्ट्रीय सेवा विस्तार कार्यक्रम** को फोर्ड फाउंडेशन (Ford Foundation) की मदद से लागू किया गया। सामुदायिक विकास कार्यक्रम के अंतर्गत् ग्रामीण लोगों को सस्ते बीज और बेहतर तकनीकी सुविधाएं देने का प्रयत्न किया गया, परंतु इस कार्यक्रम को अपेक्षित सफलता नहीं मिली। इसलिए सरकार द्वारा सामुदायिक विकास कार्यक्रम के बेहतर क्रियान्वयन के लिए **बलवंत राय मेहता समिति** (जनवरी, 1957) की स्थापना की गई।

1. बलवंत राय मेहता समिति

बलवंत राय मेहता गुजरात के दूसरे मुख्यमंत्री तथा कांग्रेस के प्रसिद्ध नेता थे। गुजरात क्षेत्र में विमान यात्रा

के दौरान पाकिस्तानी सेना के हमले के परिणामस्वरूप उनका निधन हो गया। समिति का गठन वर्ष-1957 में हुआ और नवंबर, 1957 को बलवंत राय मेहता समिति ने सरकार को अपनी रिपोर्ट दे दी। इन्होंने लोकतांत्रिक विकेंद्रीकरण योजना की सिफारिश की, जिसे पंचायती राज के रूप में जाना जाता है। समिति द्वारा निम्नलिखित सिफारिशें की गईं-

- त्रिस्तरीय पंचायती राज की स्थापना की जाएगी, जिसमें जिला स्तर पर जिला परिषद्, ब्लॉक या प्रखंड स्तर पर पंचायत समिति और गांव स्तर पर ग्राम पंचायत का गठन किया जाएगा।
- इसके अंतर्गत् ग्राम पंचायत का चुनाव प्रत्यक्ष एवं सीधा होगा, जबकि पंचायत समिति एवं जिला परिषद् का चुनाव परोक्ष रूप में होगा।
- नियोजन व विकास की सभी गतिविधियां इन संस्थाओं को सौंपी जाएं।
- पंचायत समिति (खंड स्तर) कार्यकारी निकाय के रूप में होगी, जबकि जिला परिषद् की भूमिका सलाहकारी, समन्वयकारी एवं पर्यवेक्षण की होगी।
- जिला परिषद् का चेयरमैन जिलाधिकारी होगा।
- इन संस्थाओं के प्रभावी कार्यकरण के लिए उन्हें पर्याप्त संसाधन स्थानांतरित और भविष्य में शक्तियों का विकेंद्रीकरण किया जाए।

बलवंत राय मेहता की सिफारिशों के बाद पहली बार 2 अक्टूबर, 1959 को राजस्थान के नागौर जिले में पंचायती राज लागू किया गया। दूसरा राज्य आंध्र प्रदेश था, जहां पंचायती राज लागू किया गया। 60 के दशक में भारतीय राजनीतिक व्यवस्था में अनेक संकट देखे गए। भारत एवं चीन के बीच युद्ध वर्ष-1962 में हुआ तथा भारत एवं पाकिस्तान के मध्य वर्ष-1965 में युद्ध हुआ। प्रथम प्रधानमंत्री नेहरू की मृत्यु वर्ष-1964 में हो गई। इसके अतिरिक्त खाद्यान्न एवं आर्थिक संकट भी उत्पन्न हो गया। इस संकट के कारण पंचायतों का प्रभावी क्रियान्वयन नहीं हो सका।

2. अशोक मेहता समिति

अशोक मेहता भी गुजरात के एक समाजवादी नेता थे, जो जयप्रकाश नारायण से अत्यधिक प्रभावित थे और राष्ट्रीय आंदोलन के दौरान स्वदेशी आंदोलन से भी जुड़े हुए थे। जनता पार्टी सरकार ने दिसंबर, 1977 में ही अशोक मेहता समिति का गठन किया, जिसने वर्ष-1978 में ही अपनी रिपोर्ट दे दी, जिसकी मूल अनुशंसाएं निम्नलिखित हैं-

- पंचायती राज द्विस्तरीय होगा, जिसमें जिला परिषद् एवं मंडल पंचायत नामक दो स्तर होंगे।
- 15 से 20 हजार आबादी के लिए एक मंडल पंचायत का गठन होगा।
- समिति ने जिला स्तर को सर्वाधिक महत्त्व दिया तथा इसे जनपद स्तर पर योजनाओं के निर्माण के लिए उत्तरदायी और कार्यकारी निकाय के रूप में माना।
- पंचायतों के चुनाव में सभी स्तरों पर राजनीतिक दलों की भागीदारी को औपचारिक मंजूरी दे दी गई।
- समिति ने पंचायती राज संस्थाओं को करारोपण की शक्तियां एवं अपने संसाधन उगाहने की शक्ति देने की भी अनुशंसा की।
- राज्य सरकारों के द्वारा पंचायती राज संस्थाओं के कार्यकरण में हस्तक्षेप नहीं होना चाहिए।
- पंचायतों के विघटन के बाद चुनाव छह (6) महीने की अवधि में ही हो जाने चाहिए।
- पंचायतों में अनुसूचित जाति और जनजातियों को उनकी जनसंख्या के अनुपात में सीटें आरक्षित करने की सिफारिश की।
- इस समिति ने पंचायती राज वित्त निगम की स्थापना का भी सुझाव दिया।
- समिति के अनुसार, राज्य सरकार के मंत्रिपरिषद् में एक पंचायती राज मंत्री की भी नियुक्ति होनी चाहिए।
- भारत के मुख्य निर्वाचन आयुक्त की सलाह से राज्य मुख्य निर्वाचन आयुक्त को पंचायतों के चुनाव आयोजित करवाने चाहिए।
- विकास पंचायत से अलग एक न्याय पंचायत की भी स्थापना होनी चाहिए, जिसका अध्यक्ष एक न्यायाधीश हो।

3. दांतेवाला समिति

इस समिति (1978) द्वारा खंड स्तर पर नियोजन की अनुशंसा की गई तथा गांव, जनपद एवं राष्ट्रीय स्तर पर नियोजन को अंतर्संबंधित करने पर बल दिया गया।

4. जी.वी.के. राव समिति

योजना आयोग ने ग्रामीण विकास एवं गरीबी निवारण कार्यक्रम की समीक्षा के लिए वर्ष-1985 में इस समिति की स्थापना की। इसके द्वारा निम्नलिखित अनुशंसाएं की गईं-

- ग्रामीण विकास के लिए पंचायतों का पुनर्जीवन आवश्यक है।
- इसके अनुसार, जिला परिषद् सभी विकास कार्यक्रमों के निर्धारण में केंद्रीय संस्था होनी चाहिए।
- समिति ने वित्त आयोग के गठन, पंचायतों का कार्यकाल 5 वर्ष और त्रिस्तरीय पंचायतों के गठन का सुझाव दिया।

5. लक्ष्मीमल सिंघवी समिति

राजस्थान के जोधपुर से सांसद, विधि विशेषज्ञ और विदेश सेवा में भी कार्य किया। वर्ष-1986 में राजीव गांधी सरकार ने लोकतंत्र एवं विकास के लिए पंचायतों के पुनर्जीवन नामक समिति की स्थापना की, जिसके अध्यक्ष एल.एम. सिंघवी थे। इस समिति के द्वारा निम्नलिखित सुझाव दिए गए-

- पंचायतों को संवैधानिक आधार प्रदान किया जाए।
- त्रिस्तरीय (ग्राम स्तर, खंड स्तर एवं जिला स्तर) पंचायतों का गठन किया जाए।
- पंचायतों के चुनाव एक निश्चित अवधि में संपन्न कराने के लिए एक निर्वाचन आयोग की व्यवस्था की जाए।
- वित्त आयोग के प्रभावी कार्यकरण के लिए पर्याप्त अनुदान देना।
- राजनीतिक दलों की सहभागिता को हतोत्साहित करना।
- पंचायतों में विवाद निपटाने के लिए न्याय पंचायत के गठन का सुझाव।

6. पी.के. थुंगन समिति

वर्ष-1988 में थुंगन समिति ने भी पंचायती राज को संवैधानिक आधार देने का समर्थन किया। परंतु थुंगन समिति के अनुसार, भारत में पंचायतों का संबंध सीधा संघ सरकार से होना चाहिए। अत: समिति ने पंचायती राज को राज्यों का विषय नहीं माना। थुंगन समिति की सिफारिशें निम्नलिखित हैं-

- त्रिस्तरीय पंचायती राज को संवैधानिक आधार दिया जाए।
- पंचायती राज में महिलाओं, अनुसूचित जाति, जनजाति एवं पिछड़े वर्गों को आरक्षण दिया जाए।
- प्रत्येक राज्य में राज्य वित्त आयोग स्थापित किया जाए।
- एक नियोजन तथा समन्वय समिति (Planning and Coordination Committee) बनाई जाए, जिसका अध्यक्ष राज्य नियोजन मंत्री होगा तथा जिला परिषदों के अध्यक्ष इस समिति के सदस्य होंगे।
- ग्राम पंचायतों को सीमित न्यायिक अधिकार दिया जाए।
- पंचायतों का कार्यकाल 5 वर्ष हो, तथापि राज्यों की इच्छानुसार कम भी हो सकता है। परंतु यह किसी भी दशा में 3 वर्ष से कम नहीं होगा।

क्रियान्वयन के प्रयास

राजीव गांधी सरकार ने वर्ष-1989 में लोक सभा में 64वां संविधान संशोधन विधेयक प्रस्तुत किया, जो भारी बहुमत से पारित हो गया, परंतु राज्य सभा में पारित नहीं हुआ। वी.पी. सिंह सरकार ने पंचायती राज को शक्तिशाली बनाने के लिए वर्ष-1990 में मंत्रियों का एक सम्मेलन आयोजित किया। वर्ष-1990 में ही सरकार ने लोक सभा में संविधान संशोधन विधेयक प्रस्तुत किया, परंतु तब तक वी.पी. सिंह सरकार सत्ता से बाहर हो गई। वर्ष-1991 में नरसिंह राव सरकार ने पुन: इसे संवैधानिक आधार देने का प्रयत्न किया। 73वां व 74वां संविधान संशोधन अधिनियम, 1992 में पारित हो गया तथा वर्ष-1993 में यह लागू हो गया। यह संविधान संशोधन लागू होने के बाद पहली बार मध्य प्रदेश राज्य में चुनाव हुए।

पंचायती राज की विशेषताएं

- देश में स्वस्थ लोकतांत्रिक परंपरा का विकास।
- ग्रामीण लोगों में नेतृत्व का विकास।
- लोगों के द्वारा नियोजन तथा विकास के लिए योजना को यथार्थ रूप प्रदान करना।
- स्थानीय लोगों में उत्तरदायी नागरिकता की भावना का विकास तथा व्यक्तियों के विश्वास में वृद्धि।
- स्थानीय जनता को राजनीतिक, आर्थिक एवं

मनोवैज्ञानिक रूप में राष्ट्र की मुख्यधारा में सम्मिलित करना।

- विकास कार्यक्रम एवं नियोजन को प्रभावी ढंग से लागू करना।
- संघ और राज्य सरकारों के प्रशासनिक बोझ को कम करना।
- शासन व्यवस्था को अधिक वैधानिकता प्रदान करना।

नवीन पंचायती राज

वर्ष-1991 में कांग्रेस पार्टी की सरकार ने पंचायती राज को संवैधानिक दर्जा देने का निश्चय किया। इसके पूर्व भी लक्ष्मीमल सिंघवी समिति ने पंचायती राज के सुचारू रूप से संचालन हेतु पंचायती राज संबंधी प्रावधान को संविधान में सम्मिलित करने की सिफारिश की थी। इसके परिणामस्वरूप 24 अप्रैल, 1992 में संसद में 73वां संविधान संशोधन पारित किया गया, जिसके तहत् भाग-9 जोड़ा गया। इस संविधान संशोधन के प्रावधानों के अधीन राज्यों को एक वर्ष की अवधि के भीतर पंचायती राज को लागू करने के लिए राज्यों के द्वारा विधि का निर्माण किया जाएगा।

1. पंचायतों का गठन

अनुच्छेद-243(A) के अनुसार, पंचायतों की सबसे आधारभूत संस्था ग्राम सभा है, जिसके कार्य राज्य विधान सभा की विधि से निर्धारित होंगे। संविधान में ग्राम सभा के कार्यों का उल्लेख नहीं किया गया है। ग्राम सभा की बैठकें एवं उनकी शक्तियां, कार्य प्रणाली प्रत्येक राज्य विधान सभा द्वारा निर्धारित होंगे।

प्रत्येक राज्य में तीन स्तर की पंचायतें होंगी, जिसमें ग्राम, खंड एवं जनपद पंचायतों का प्रावधान है। अनुच्छेद-243(B) के अनुसार, जिन राज्यों में जनसंख्या 20 लाख से अधिक नहीं है, वहां खंड स्तर पर पंचायतों का निर्माण आवश्यक नहीं है।

सीटों का आरक्षण

संविधान के अनुच्छेद-243(D) के अनुसार, अनुसूचित जाति एवं जनजाति समुदाय के व्यक्तियों का आरक्षण उनकी जनसंख्या के अनुपात में किया जाएगा। यह आरक्षण चक्रक (Rotation) होगा। जिसके अनुसार आरक्षित सीटें क्रमिक रूप में परिवर्तित होंगी। अनुसूचित जाति एवं जनजाति के लिए आरक्षित इन सीटों का एक-तिहाई अनुसूचित जाति एवं जनजाति की महिलाओं के लिए आरक्षित होगा। इसके अतिरिक्त पंचायत की सभी सीटों के लिए महिलाओं को एक-तिहाई आरक्षण प्रदान किया जाएगा। आरक्षित सीटें चक्रक रूप में होंगी। पंचायती राज, राज्य सूची का विषय है। इसलिए बिहार के द्वारा पंचायतों के लिए महिलाओं के आरक्षण को बढ़ाकर 50 प्रतिशत कर दिया गया है।

पंचायतों के अध्यक्ष पद के लिए अनुसूचित जाति एवं जनजाति व महिलाओं के आरक्षण का निर्धारण राज्य विधान सभा के द्वारा निर्मित विधि से किया जाएगा और अध्यक्ष पद का आरक्षण भी जनसंख्या के अनुपात में होना चाहिए। राज्य विधान सभा के द्वारा पंचायतों के सदस्यों एवं अध्यक्ष के लिए पिछड़े वर्गों के आरक्षण का निर्धारण किया जाएगा, जो प्रावधान राज्य विधान सभा के लिए छोड़े गए हैं, उन्हें स्वैच्छिक प्रावधान कहते हैं।

पंचायतों का कार्यकाल

पंचायतों की पहली बैठक की तिथि से पंचायतों का कार्यकाल पांच वर्ष का होगा। इस कार्यकाल के पूर्व पंचायतों के चुनाव आयोजित किए जाएंगे। पंचायतों के चुनाव कार्यकाल समाप्त होने के 6 महीने पूर्व होने चाहिए। पंचायतों के भंग होने के प्रावधान का निर्धारण संविधान में नहीं किया गया है, बल्कि यह राज्य विधान सभा के द्वारा निर्धारित होगा। अनुच्छेद-243(E) के अनुसार, पंचायतें अपने निर्धारित कार्यकाल के पहले भंग होती हैं, तो पंचायतों का निर्वाचन केवल शेष कार्यकाल के लिए होगा। परंतु पंचायतों का कार्यकाल 6 महीने शेष रहने के दौरान भंग हो जाए, तो समूचे पांच वर्ष के लिए पंचायतों का निर्वाचन होगा।

सदस्यों की अयोग्यता

संविधान के अनुच्छेद-243(F) में राज्य विधान सभाओं को यह अधिकार दिया गया है कि पंचायतों के सदस्यों की अयोग्यता का निर्धारण करे। इस अयोग्यता के निर्धारण के प्राधिकारी का निर्धारण भी राज्य विधान सभा विधि के द्वारा होगा, जिसके अनुसार अनेक राज्यों में पंचायतों की अयोग्यता संबंधी प्रावधानों के निर्धारण का अधिकार राज्य उच्च न्यायालय को प्रदान किया गया है। यदि कोई व्यक्ति राज्य विधान सभा के निर्वाचन में भाग लेने के लिए अयोग्य

नहीं है, तो वह पंचायत के चुनाव में भागीदारी के लिए भी अयोग्य नहीं होगा, परंतु पंचायतों के निर्वाचन में भाग लेने की उम्र-21 वर्ष है।

पंचायतों की शक्तियां एवं उत्तरदायित्व

अनुच्छेद-243(G) के अनुसार, पंचायतों को स्वशासन की इकाई के रूप में कार्य करने के लिए राज्य विधान सभाओं के द्वारा शक्ति का विकेंद्रीकरण किया जाएगा और पंचायतों को उत्तरदायित्व सौंपे जाएंगे, जिससे-

(i) आर्थिक विकास एवं सामाजिक न्याय के लिए योजना का निर्माण किया जा सकें

(ii) आर्थिक विकास एवं सामाजिक न्याय से संबंधित विभिन्न स्कीम को क्रियान्वित किया जा सकें

संविधान के 11वीं अनुसूची के विषयों को पंचायतों को हस्तांतरित किया जाएगा। इससे यह प्रतीत होता है कि 29 विषय स्वाभाविक रूप में पंचायतों को उपलब्ध नहीं हैं तथा इन विषयों को पंचायतों को प्रदान करने का दायित्व राज्य विधान सभा का है। 11वीं अनुसूची में पंचायतों को 29 विषय प्रदान किए गए हैं, जिन 29 विषयों में मुख्य हैं-

1. सामाजिक कल्याण

परिवार कल्याण, महिला और बाल विकास, पेयजल, प्राथमिक और माध्यमिक शिक्षा।

2. ग्रामीण विकास

सार्वजनिक वितरण प्रणाली, बाजार और मेले, पुस्तकालय, सड़क एवं पुलिया इत्यादि का निर्माण।

3. कृषि का विकास

कृषि एवं कृषि विकास, पशुपालन, डेयरी, मुर्गी पालन एवं मछली पालन।

4. उद्योग

लघु उद्योग एवं खाद्य प्रसंस्करण एवं कुटीर उद्योग।

इन विषयों पर पंचायतों को योजना के निर्माण का अधिकार है।

पंचायतों को करारोपण की शक्ति

संविधान के अनुच्छेद-243(H) के अनुसार, राज्य विधान सभा के द्वारा पंचायतों को कर, फीस, शुल्क एवं पथकर लगाने, संग्रहित करने एवं उपयोग करने की शक्ति प्रदान की जाएगी तथा राज्य विधान सभा द्वारा पंचायतों को कर, फीस और शुल्क भी प्रदान किया जाएगा एवं राज्य की संचित निधि से अनुदान भी प्रदान किया जाएगा।

पंचायतों की संरचना

ग्राम पंचायत अध्यक्ष एवं खंड पंचायत के अध्यक्ष का जनपद पंचायत में प्रतिनिधित्व का निर्धारण राज्य विधान सभा के द्वारा निर्मित विधि से होगा। लोक सभा व विधान सभा सदस्य का पंचायतों में प्रतिनिधित्व का निर्धारण करना राज्य विधान सभा का दायित्व है। परंतु सांसदों और विधायकों का प्रतिनिधित्व ग्राम पंचायत में नहीं होगा। इनका प्रतिनिधित्व केवल खंड पंचायत और जनपद पंचायत में ही होगा। राज्य सभा के सांसद एवं विधान परिषद के सांसदों का प्रतिनिधित्व पंचायतों में राज्य विधान सभा ही निर्धारित करेगी। खंड पंचायत एवं जनपद पंचायत में अधिकारियों तथा सांसदों, विधायकों को भी मनोनीत किया जा सकता है, जो जनता के द्वारा निर्वाचित नहीं होते हैं। यदि पंचायतों के अध्यक्ष और अन्य सदस्य सीधे निर्वाचित नहीं हैं, तो उन्हें पंचायतों की बैठकों में मतदान के अधिकार का प्रयोग राज्य विधान सभा द्वारा भी निर्धारित किया जाएगा।

ग्रामीण स्तर पर पंचायतों के निर्वाचन की विधि भी राज्य विधान सभा तय करेगी तथा खंड पंचायत और जनपद पंचायत के अध्यक्ष का निर्वाचन खंड पंचायत के सदस्य एवं जनपद पंचायत के सदस्य करेंगे, जो इन्हीं सदस्यों में से होंगे। अत: खंड पंचायत का अध्यक्ष एवं जनपद पंचायत का अध्यक्ष सीधे जनता के द्वारा निर्वाचित नहीं होता है, जबकि खंड पंचायत के सदस्य एवं जनपद पंचायत के सदस्य सीधे आम जनता द्वारा निर्वाचित होते हैं।

राज्य वित्त आयोग

अनुच्छेद-243(I) में राज्य वित्त आयोग का प्रावधान किया गया है। पंचायती राज एवं 73वें संविधान संशोधन के लागू होने के एक वर्ष के भीतर राज्य के राज्यपाल के द्वारा राज्य वित्त आयोग का गठन किया जाएगा, जो प्रत्येक पाचवें वर्ष गठित होगा, जिसके कार्य निम्नलिखित होंगे-

- राज्य और पंचायतों के द्वारा लगाए जाने वाले शुल्क

का निर्धारण और उनके बीच विभाजन करना। शुल्क, पथकर और फीस का बंटवारा तथा पंचायतों के विभिन्न स्तरों में उनका आवंटन करना।

- कौन से कर, शुल्क, पथकर और फीस पंचायतों को दिए जा सकते हैं इसका निर्धारण करना।
- पंचायतों की सहायता एवं अनुदान देना।
- पंचायतों की वित्तीय स्थिति में सुधार के लिए आवश्यक उपाय करना।

राज्य वित्त आयोग की रिपोर्ट तथा उसके क्रियान्वयन की कार्यवाही के संबंध में राज्यपाल के द्वारा राज्य विधान सभा के समक्ष अपनी रिपोर्ट प्रस्तुत की जाएगी। पंचायती राज राज्य सूची का विषय है। इसलिए वित्त आयोग के सदस्यों की योग्यता एवं सेवा शर्तों का उल्लेख संविधान में नहीं है और इसका निर्धारण प्रत्येक राज्य विधान सभा द्वारा निर्मित विधि द्वारा किया जाएगा। केरल में मुख्य सचिव को राज्य वित्त आयोग के अध्यक्ष के रूप में नियुक्त किया गया। यद्यपि राज्य वित्त आयोग द्वारा उनके लिए रिपोर्ट अनुशंसात्मक होती है।

2. पंचायतों के निर्वाचन

राज्य निर्वाचन आयुक्त की नियुक्ति राज्यपाल के द्वारा होती है। पंचायतों के चुनाव के लिए राज्य चुनाव आयोग की स्थापना की गई है, जिसका कार्य पंचायतों के चुनाव के लिए निर्वाचन नामावली का निर्माण करना, चुनाव पर नियंत्रण और निगरानी रखना है। राज्य निर्वाचन आयोग के अध्यक्ष की नियुक्ति राज्यपाल करता है, लेकिन इसे उच्च न्यायालय के न्यायाधीश की भांति हटाए जाने का प्रावधान है।

पंचायतों के निर्वाचन (अनुच्छेद-243(K)) के लिए राज्य निर्वाचन आयोग के सदस्यों की योग्यता एवं कार्यकाल का निर्धारण राज्य विधान सभा के द्वारा किया जाएगा। पंचायती राज, राज्य सूची का विषय है। इसलिए निर्वाचन आयुक्तों की सेवा शर्तों का उल्लेख संविधान में नहीं है। अतः प्रत्येक राज्य निर्वाचन आयोग के कार्यकाल का निर्धारण राज्य विधान सभा करता है। पंचायतों के निर्वाचन क्षेत्रों के परिसीमन को न्यायालय में चुनौती नहीं दी जाएगी एवं पचायतों से संबंधित चुनाव विवाद को उसी तरीके से हल किया जाएगा, जैसा राज्य विधान सभा विधि द्वारा निर्मित करे।

पंचायतों के अपवाद

73वें संविधान संशोधन, 1992 लागू होने के बाद एक वर्ष की अवधि के भीतर सभी राज्यों के द्वारा पंचायतों के प्रावधानों को इस संशोधन के अनुसार निर्मित करना होगा, परंतु भारत की संघीय व्यवस्था में राज्यों को अनेक प्रकार की स्वायत्तता प्राप्त है। इसलिए पंचायतों का प्रयोग निम्नलिखित क्षेत्रों में लागू नहीं होगा-

(i) पांचवीं अनुसूची में वर्णित अनुसूचित क्षेत्रों के लिए पंचायतों का प्रावधान लागू नहीं हुआ। संविधान में यह भी उल्लिखित है कि संसद के द्वारा विधि-निर्माण करके अनुसूचित क्षेत्रों एवं जनजातीय क्षेत्रों में भी पंचायती राज का विस्तार किया जा सकता है और उसमें संशोधन भी हो सकता है।

वर्ष-1996 से अनुसूचित क्षेत्रों में भी पंचायतों को लागू कर दिया गया है।

(ii) नागालैंड, मेघालय, मिजोरम के लिए पंचायती राज व्यवस्था लागू नहीं होगी, क्योंकि इन जनजातीय प्रधान राज्यों में पहले से ही जनपद स्वायत्त परिषदों का गठन किया जा चुका है, जिससे उन्हें अत्यधिक स्वायत्तता प्राप्त है।

(iii) दार्जिलिंग गोरखा पर्वतीय परिषद् का निर्माण पश्चिम बंगाल में किया गया है, जिसे स्वायत्तता प्रदान की गई है। इसलिए इस क्षेत्र में भी पंचायती राज लागू नहीं होगा।

(iv) पंचायतों में उल्लिखित आरक्षण के प्रावधान अरूणाचल प्रदेश के लिए लागू नहीं होंगे। उपरोक्त बिंदुओं का उल्लेख संविधान के अनुच्छेद-243(M) में किया गया है।

यह भी उल्लेखनीय है कि पंचायती राज को उपरोक्त क्षेत्रों में लागू करने के लिए राज्य विधान सभा को अधिकार प्रदान किया गया है और विधान सभा की कुल सदस्य संख्या की बहुमत और उपस्थित एवं मत देने वाले दो-तिहाई बहुमत से प्रस्ताव पारित करके पंचायती राज को लागू किया जा सकता है।

केंद्र शासित प्रदेशों में प्रयोग

पंचायती राज का प्रयोग केंद्रशासित क्षेत्रों के लिए भी किया जाएगा, परंतु केंद्रशासित क्षेत्रों में प्रयोग से पहले

केंद्रशासित क्षेत्रों के प्रशासक से अनुमति ली जाएगी। जिन केंद्रशासित क्षेत्रों में राज्य विधान सभाएं हैं, वहां विधान सभाओं की सहमति आवश्यक है और राष्ट्रपति के द्वारा केंद्रशासित क्षेत्रों में पंचायतों के प्रयोग में संशोधन की अधिसूचना जारी की जा सकती है।

ऐच्छिक एवं अनिवार्य प्रावधान

पंचायती राज प्रावधान का संविधान के 9वें भाग में उल्लेख किया गया है। सातवें संविधान संशोधन से पहले 9वें भाग में डी श्रेणी के राज्यों का उल्लेख किया जाता है, जिससे सातवें संशोधन के द्वारा समाप्त कर दिया गया। परिणामस्वरूप 9वें भाग में पंचायतों का उल्लेख किया गया है। अनुच्छेद-243 (A) से अनुच्छेद-243(O) तक पंचायतों के विभिन्न प्रावधानों का उल्लेख है, जिसमें केवल संक्षिप्त विशेषताएं ही उल्लिखित की गई हैं और शेष प्रावधान राज्य विधान सभाओं के लिए छोड़ दिया गया है।

पंचायती राज, राज्य सूची का विषय है। अत: 73वें संविधान संशोधन के द्वारा पंचायती राज के केवल अनिवार्य प्रावधान का उल्लेख किया गया है, जिसे सभी राज्य स्वीकार करेंगे। उदाहरण के लिए, 73वें संविधान संशोधन में राज्य निर्वाचन आयोग व राज्य वित्त आयोग का प्रावधान है। निर्वाचित होने की उम्र 21 वर्ष तथा अनुसूचित जाति एवं जनजातियों के लिए आरक्षण का प्रावधान व महिलाओं के लिए आरक्षण भी अनिवार्य प्रावधान में शामिल हैं।

इन विषयों के संबंध में व्यापक विधि के निर्माण का अधिकार राज्य विधान सभाओं को सौंपा गया है, जिसके अनुसार प्रत्येक राज्य अपने राज्य निर्वाचन आयोग के अध्यक्ष एवं सदस्यों की नियुक्ति करेगा। वित्त आयोग की संरचना के निर्धारण का अधिकार भी राज्य विधान सभाओं को सौंपा गया है। पंचायती राज के अंतर्गत पंचायतों को 29 विषय सौंपे गए हैं। परंतु इन विषयों के पंचायतों के हस्तांतरण का अधिकार राज्य सरकारों को दिया गया है, जिन्हें ऐच्छिक प्रावधानों के रूप में जाना जाता है। इसी कारण पंचायतें अभी भी शक्तिशाली नहीं हैं, क्योंकि ज्यादातर राज्य सरकारें इन्हें शक्तियां देने के लिए तैयार नहीं हैं।

अनुसूचित क्षेत्रों में पंचायती राज का विस्तार

(Panchayats (Extension to Scheduled Areas) Act, (PESA)

संविधान के अनुच्छेद-243(M) में यह उल्लिखित है कि पांचवीं अनुसूची के अनुसूचित क्षेत्रों में पंचायती राज की व्यवस्था लागू नहीं होगी। आंध्र प्रदेश के द्वारा अनुसूचित क्षेत्रों के लिए पंचायतों का प्रावधान किया गया, जिसे आंध्र प्रदेश उच्च न्यायालय ने संविधान विरोधी मानते हुए असंवैधानिक घोषित कर दिया। इस समस्या को देखते हुए सांसद दिलीप सिंह भूरिया की अध्यक्षता में एक समिति का गठन किया गया और अनुसूचित क्षेत्रों में भी पंचायती राज का प्रावधान लागू कर दिया गया। समिति की रिपोर्ट के अनुसार संसद में अनुसूचित क्षेत्रों में पंचायतों के क्रियान्वयन संबंधी अधिनियम पारित किया।

यह अधिनियम वर्ष-1996 में लागू हुआ। यह मुख्यत: पांचवीं अनुसूची वाले क्षेत्रों के लिए है। ये अधिसूचित क्षेत्र जनजातीय प्रधान क्षेत्र हैं। इन अधिसूचित क्षेत्रों में सामान्यत: पंचायती राज कानून लागू नहीं होता था।

विशेषताएं

जनजातीय जीवन पद्धति व संस्कृति को ध्यान में रखकर जनजातियों के लिए इस कानून में विशेष व्यवस्था की गई है। इस कानून के अंतर्गत् संबंधित ग्रामों को प्रधानता दी गई। ग्राम सभा को कई महत्त्वपूर्ण क्षेत्रों में निर्णय करने की शक्ति दी गई है। अत: इसमें विशेष तौर पर कहा गया है कि जनजातीय परंपराओं, उनकी संस्कृति, सामुदायिक संसाधनों व विवादों के निपटारे के परंपरागत् तरीकों के संरक्षण की जिम्मेदारी भी ग्राम सभा को प्रदान की गई है। इस कानून के तहत् ग्राम सभा सामाजिक एवं आर्थिक विकास की योजनाओं व कार्यक्रमों को अंतिम सहमति देती है तथा गरीबी उन्मूलन व अन्य कार्यक्रमों के संदर्भ में लाभान्वितों का चयन भी ग्राम सभा ही करती है। **इस कानून की निम्नलिखित विशेषताएं हैं–**

- यह अधिनियम भारत के नौ (9) राज्यों में लागू है।
- इन क्षेत्रों में ग्राम सभा में कम-से-कम आधी सीट जनजातियों के लिए आरक्षित रहेंगी।
- सभी स्थानीय संस्थाओं के अध्यक्ष का पद जनजातीय लोगों के लिए आरक्षित किया गया है तथा भूमि

अधिग्रहण व खनन के लिए सरकार द्वारा ग्राम सभा व पंचायतों से विचार-विमर्श किया जाएगा।

- खनिज के उत्पादन के लिए लाइसेंस देने से पहले इनकी अनुशंसा ली जाएगी।
- इन पंचायती संस्थाओं को ऋण व्यवस्था को नियंत्रित करने की शक्ति दी गई है।
- ग्रामीण बाजारों का विनिमयन व भूमि बिक्री को रोकने के संदर्भ में इन संस्थाओं को विशेष अधिकार दिए गए हैं।
- इस कानून में महिला आरक्षण की भी व्यवस्था है।

कमियां

इस अधिनियम की महत्त्वपूर्ण कमी यह है कि यह कानून जिन क्षेत्रों में लागू है, वहां पर जनजातियों से संबंधित अन्य कानून भी लागू हैं, परंतु दोनों में संतुलन का अभाव है। इस कानून में ग्राम सभा व ग्राम पंचायतों को अधिकतर राज्यों में पर्याप्त संसाधन उपलब्ध नहीं कराए गए हैं। अब तक 94 जिलों में पेसा (Panchayats (Extension to Scheduled Areas) Act, (PESA)) कानून लागू है, जिनमें से 32 जिले माओवाद से प्रभावित हैं। इन इलाकों में स्थिति बहुत खराब है, जैसे-छत्तीसगढ़ एवं उड़ीसा। इन इलाकों में पेसा के प्रभावी कार्यान्वयन से वामपंथी उग्रवाद को नियंत्रित करने में सहायता मिल सकती है, क्योंकि इन इलाकों में **मुख्य समस्याएं निम्नलिखित हैं**–जनजातीय लोगों की भूमि छिन जाना, आजीविका को खतरा, उनकी सामूहिक पहचान के लिए खतरा एवं उनके सांस्कृतिक प्रतीकों को क्षति पहुंचाया जा रहा है।

पंचायतों के विभिन्न स्तरों के कार्य

1. ग्राम सभा के कार्य

- वार्षिक लेखा विवरण एवं लेखा परीक्षण रिपोर्ट की जांच करना।
- नए कर लगाने तथा वर्तमान करों में वृद्धि के प्रस्ताव पर विचार करना।
- योजनाओं, लाभार्थियों और स्थलों का चयन।
- सामुदायिक कल्याण के कार्यक्रमों के लिए स्वैच्छिक, श्रमिक या वस्तुओं के रूप में अंशदान देना।
- विकास योजनाओं के क्रियान्वयन में सहायता प्रदान करना।
- गांव में वयस्क, शिक्षा एवं परिवार कल्याण कार्यक्रमों का संचालन।
- विगत् वर्षों के लेखा परीक्षण की जांच करना।
- पंचायतों की वर्तमान योजनाओं तथा समस्त प्रकार के क्रियाकलापों की समीक्षा करना।
- ग्राम पंचायतों के क्रियाकलापों एवं आय-व्यय का स्पष्टीकरण मांगना।

2. ग्राम पंचायत के कार्य

ग्राम पंचायतों के कार्यों को प्रायः **दो वर्गों** में विभक्त किया जाता है- (i) अनिवार्य कार्य। (ii) ऐच्छिक कार्य।

(i) **अनिवार्य कार्य :** वे कार्य, जो पंचायतों को करना अनिवार्य है। जैसे-सार्वजनिक कुंओं, तालाबों, जलाशयों का निर्माण एवं उनकी मरम्मत व रख-रखाव करना, सार्वजनिक मार्गों, शौचालयों, नालियों, ग्राम पंचायतों की सड़कों एवं पुलियों का निर्माण, गांव के मार्गों और अन्य सार्वजनिक स्थानों में प्रकाश की व्यवस्था, कृषि का विकास, जन्म-मृत्यु तथा विवाह का पंजीकरण, लघु सिंचाई साधनों का निर्माण, सार्वजनिक हाटों व मेलों इत्यादि की स्थापना, टीका और सुई लगाना, पशुओं और उनकी नस्लों का सुधार एवं सार्वजनिक भूमि का प्रबंध।

(ii) **ऐच्छिक कार्य :** वे कार्य, जिनको पंचायतें अपनी इच्छानुसार या राज्य सरकार के आदेशानुसार करती हैं। जैसे-सड़कों के किनारे एवं अन्य स्थान पर वृक्ष लगाना, धर्मशालाओं, विश्रामगृहों और सार्वजनिक घाटों का निर्माण, सामुदायिक केंद्रों की व्यवस्था, खेल स्थलों, पुस्तकालयों और पार्कों का निर्माण, सामाजिक और नैतिक कल्याण का संवर्द्धन, जिसमें मद्य निषेध, छुआछूत का उन्मूलन, भ्रष्टाचार उन्मूलन, मुकद्दमे बाजी को हतोत्साहित करना और झगड़ों को सहमति द्वारा सुलझाने को प्रोत्साहित करना।

3. खंड पंचायतों के कार्य

भारत के अधिकांश राज्यों में खंड पंचायतें स्थानीय स्वशासन की मूल धुरी है। खंड पंचायत के द्वारा ही समूची योजनाओं का क्रियान्वयन होता है। पंचायत समिति का कार्यकारी अधिकारी खंड विकास अधिकारी कहलाता है, जो पंचायतों के कार्यों का पर्यवेक्षण और नियंत्रण साथ ही पंचायतों को आवश्यक तकनीकी और वित्तीय सहायता भी प्रदान करता है। पंचायत समिति के कार्यों को निम्नलिखित **दो भागों** में बांटा जाता है-

(i) नागरिक सुविधाएं प्रदान करना। (ii) विकास कार्यों को पूर्ण करना।

(i) **नागरिक सुविधाएं प्रदान करना :** नागरिक सुविधाओं के अंतर्गत् क्षेत्र की सड़कों का निर्माण एवं रखरखाव, पेयजल की व्यवस्था, नालियों का निर्माण, प्राथमिक स्वास्थ्य केंद्रों व पुस्तकालयों की स्थापना एवं प्राथमिक तथा बुनियादी पाठशालाओं की व्यवस्था।

(ii) **विकास कार्यों को पूर्ण करना :** विकास कार्य सामुदायिक विकास के अंतर्गत् आने वाले सभी कार्यों का निष्पादन, उन्नत बीजों की वृद्धि एवं वितरण, ऋण की व्यवस्था, दुग्ध व्यवसाय, कुटीर, ग्रामीण और लघु उद्योगों का विकास, उत्पादन और प्रशिक्षण केंद्रों की स्थापना।

4. जिला परिषद् के कार्य

जिला परिषद् मूलतः निरीक्षणकारी कार्य संपादित करता है। जिला परिषद् का कार्य अपने अधीनस्थ निकायों के कार्यों का पर्यवेक्षण तथा उनके मध्य समन्वय स्थापित करना है। यद्यपि वर्तमान समय में जिला परिषद् समन्वयात्मक भूमिका के अतिरिक्त विकास कार्यों को संपादित भी कर रहा है। **जिला परिषद् के मूल कार्य निम्न हैं-**

(i) पंचायत समितियों के बजट का परीक्षण और अनुमोदन।

(ii) पंचायत समितियों को कुशलतापूर्वक कार्य संपन्न करने का निर्देश।

(iii) पंचायत समितियों द्वारा तैयार की गई योजनाओं को समन्वित करना।

(iv) राज्य सरकार को जनपद के विकास के कार्यों के संदर्भ में परामर्श देना।

(v) राज्य सरकार द्वारा निर्धारित धनराशि को जिले की पंचायत समितियों में वितरित करना।

(vi) जिलाधिकारी और मंडलायुक्त को जिले की पंचायतों और पंचायत समितियों द्वारा की गई अनियमितताओं के संबंध में सूचना देना।

(vii) राज्य सरकार को जिले की पंचायतों और पंचायत समितियों के बीच कार्य के विभाजन के संदर्भ में सलाह देना एवं उन शक्तियों का प्रयोग, जो राज्य सरकार द्वारा उन्हें सौंपे जाएं।

राज्य सरकार का नियंत्रण

1. संवैधानिक

73वें संविधान संशोधन के बाद भी पंचायतें अपने कार्यों और अधिकारों के लिए राज्य सरकार पर निर्भर हैं, क्योंकि अनुच्छेद-243(G) में यह उल्लिखित है कि पंचायतों को प्रदान किए गए 29 विषय राज्य सरकारों के द्वारा हस्तांतरित किए जाएंगे। इसे प्रशासनिक सुधार आयोग के द्वारा अधीनता का सिद्धांत (Principle of Subsidiarity) भी कहा गया है। 73वें संविधान संशोधन के 22 वर्षों बाद भी सभी राज्यों ने पंचायतों को 29 विषय प्रदान नहीं किए हैं।

2. प्रशासनिक

पंचायतों में कार्य करने वाले प्रशासनिक अधिकारियों पर भी राज्य सरकार का नियंत्रण और पंचायतों को राज्य सरकार के द्वारा अनुदान प्रदान किया जाता है। पंचायतों के द्वारा संचालित विभिन्न योजनाओं एवं कार्यक्रमों को क्रियान्वित करने के लिए राज्य सरकार के द्वारा पंचायतों के पदाधिकारियों को प्रशिक्षण दिया जाता है और उन्हें तकनीकी सहायता भी उपलब्ध कराई जाती है।

3. वित्तीय

वित्तीय रूप में भी पंचायतें राज्य सरकार पर निर्भर होती हैं और पंचायतों को कर आरोपित करने की शक्ति राज्य विधान सभा के द्वारा दी जाएगी। राज्य के द्वारा पंचायतों को अनुदान भी प्रदान किए जाते हैं।

पंचायती राज का प्रभाव

1. वित्तीय विकेंद्रीकरण

73वें संविधान संशोधन, 1993 के द्वारा राज्य विधान सभाओं को यह शक्ति दी गई है कि वे पंचायतों को कर लगाने और उसे वसूलने का अधिकार प्रदान कर सकते हैं, जिससे पंचायतें अपने संसाधनों का स्वतः प्रबंध करने में सफल हो सकें। इसके अतिरिक्त पंचायतों के लिए राज्य सरकार से वित्तीय सहायता प्राप्त होती है और राज्य वित्त आयोग के द्वारा राज्य सरकार और पंचायतों के बीच करों का विभाजन भी किया जाता है, जिससे पंचायतों को वित्त प्राप्त होता है। इसके अतिरिक्त केंद्र सरकार द्वारा प्रायोजित योजनाओं के द्वारा भी पंचायतों को आर्थिक सहायता प्राप्त

होती है। केंद्र द्वारा प्रायोजित कुछ योजनाओं में राज्यों को भी हिस्सा देना होता है। इसके बावजूद पंचायती राज की वित्तीय स्थिति अभी भी बेहतर नहीं है, क्योंकि राज्य के द्वारा दी गई आर्थिक सहायता अपर्याप्त, विलंबकारी और अनुत्पादक होती हैं। राज्य सरकार के द्वारा पंचायतों को व्यवसाय कर अथवा मनोरंजन कर जैसे उत्पादक कर नहीं प्रदान किए जाते हैं तथा पंचायतों के द्वारा स्थानीय करारोपण की पहल नहीं की जाती, क्योंकि आम ग्रामीण लोगों के असंतुष्ट होने का भय होता है।

वित्त आयोग और पंचायतों की वित्तीय स्थिति

जिन राज्यों के द्वारा पंचायतों को प्रभावी वित्तीय शक्ति प्रदान की गई है। उन्हें प्रोत्साहित करने के लिए वित्त आयोग के द्वारा एक विशेष पहल की गई है। 13वें वित्त आयोग ने ग्राम पंचायतों और नगरपालिकाओं को दिए जाने वाले अनुदान को **दो भागों** में विभाजित किया है-**पहला**, मूल अनुदान (Basic Grants) एवं **दूसरा**, कार्य निष्पादन अनुदान (Performance Grants)। ग्राम पंचायतों को दिए जाने वाले अनुदान का 90 प्रतिशत मूल अनुदान के रूप में होगा, जबकि 10 प्रतिशत कार्य निष्पादन के आधार पर अनुदान दिया जाएगा। नगरपालिकाओं से संबंधित मूल अनुदान एवं निष्पादन अनुदान में बंटवारा क्रमशः 80 प्रतिशत एवं 20 प्रतिशत के रूप में हुआ। 14वें वित्त आयोग में इसे बरकरार रखा गया है।

2. ग्रामीण विकास

पंचायती राज के द्वारा ग्राम पंचायतों को **29 विषय** प्रदान किए गए तथा ग्राम पंचायतों के कार्यों को प्रभावी बनाने के लिए **निम्नलिखित समितियों का निर्माण किया गया**-

(i) **विकास समिति**- इसका मूल कार्य कृषि, ग्रामीण उद्योग एवं ग्रामीण विकास योजनाओं का निर्माण करना है।

(ii) **शिक्षा समिति**- इसके द्वारा ग्राम पंचायतें शैक्षिक कार्यों का प्रबंध करती हैं तथा 73वें संविधान संशोधन, 1993 के बाद प्राथमिक और माध्यमिक विद्यालयों पर ग्राम पंचायतों का नियंत्रण स्थापित कर दिया गया है, जिसके द्वारा ग्राम पंचायतें प्राथमिक शिक्षा में भोजन प्रबंध से लेकर छात्रवृत्ति के आवंटन तक विद्यालयों के कार्यों की निगरानी करती हैं।

(iii) **लोकहित समिति**- इसके द्वारा जन-स्वास्थ्य एवं ग्रामीण कार्य से संबंधित कार्यों या मामलों की देखभाल की जाती है।

(iv) **समता समिति**- इसके द्वारा महिलाओं, बच्चों, अनुसूचित जातियों एवं जनजातियों तथा पिछड़े वर्गों के लोगों के कल्याण के लिए कार्य संपादित होते हैं।

विकेंद्रित नियोजन

ग्राम सभा के द्वारा विकास की विभिन्न योजनाओं पर चर्चा होती है और ग्राम सभा के द्वारा ही उन लाभार्थियों का चयन होता है, जिन्हें इन योजनाओं का लाभ प्राप्त हो। उदाहरण के लिए, इंदिरा आवास योजनाओं का लाभ किन व्यक्तियों को प्राप्त होना चाहिए, इसका निर्धारण ग्राम सभा द्वारा किया जाएगा। इसके अतिरिक्त ग्रामीण रोजगार और विकास की अनेक योजनाओं का निर्माण भी ग्राम पंचायतों के द्वारा किया जाता है। ग्राम पंचायतें उपलब्ध वित्तीय संसाधनों के आधार पर योजना का निर्माण करती हैं। इसके पश्चात् योजना को खंड स्तर की समिति को संप्रेषित किया जाता है। भारत में विकेंद्रित नियोजन के पक्ष में निम्नलिखित तर्क दिए जाते हैं-

(i) भारत जैसे विशाल देश में विकेंद्रित नियोजन देश के समग्र विकास का बेहतर विकल्प है।

(ii) भारत में संसाधनों का अभाव है। इसलिए विकेंद्रित नियोजन के अंतर्गत् ग्रामीण जनता अपनी आवश्यकताओं की पूर्ति के लिए स्थानीय संसाधनों का प्रयोग कर सकती है।

(iii) देश की विशाल ग्रामीण जनता विकास की मुख्यधारा से अभी भी उपेक्षित या बाहर है और गांवों में आधारभूत संरचनाओं का अभाव है एवं स्वास्थ्य और शिक्षा की बेहतर सुविधाएं भी उपलब्ध नहीं हैं।

(iv) भारत में अनेक क्षेत्रों का मौसम, भूमि और कृषि के तरीके भी अलग-अलग हैं। इसलिए विकेंद्रित नियोजन ज्यादा कारगर है। आलोचकों के अनुसार, ग्राम पंचायत को अपनी योजनाओं के अनुसार वित्तीय स्रोत प्राप्त नहीं होते, बल्कि उन्हें उपलब्ध वित्तीय संसाधनों के आधार पर योजनाओं का निर्माण करना होता है। खंड स्तर पर भी ग्रामीण विकास के लिए अनेक समितियों का निर्माण किया जाता है। जैसे-वित्त और करारोपण

समिति, कृषि उत्पादन, पशुपालन तथा लघु सिंचाई से संबंधित समिति, शिक्षण और समाज कल्याण से संबंधित समिति, लोक स्वास्थ्य और सफाई कार्य एवं संचार साधनों का निर्माण।

खंड स्तर पर योजनाओं के निर्माण में जिला परिषद् के मुख्य नियोजन अधिकारी उनकी सहायता करते हैं तथा खंड पंचायत के द्वारा अगले वित्तीय वर्ष के लिए संसाधनों की मांग होती है। ग्राम पंचायतों की योजनाओं को समन्वित किया जाता है। योजना निर्माण के पश्चात् इसे प्रवर समिति के समक्ष रखा जाता है। इसके बाद इसे खंड समिति की सामान्य समिति के समक्ष प्रस्तुत किया जाता है। इस बैठक में सदस्य योजना के प्रारूप पर विचार-विमर्श करते हैं तथा योजना को अनुशंसित करते हैं। खंड स्तर के पश्चात् योजना का प्रारूप जांच और स्वीकृति हेतु जिला परिषद् या जनपद पंचायत को भेजा जाता है, जिसकी स्वीकृति के पश्चात् इसे राज्य सरकार के समक्ष प्रस्तुत किया जाता है। अत: 73वें संविधान संशोधन, 1993 के बाद भारत में विकेंद्रित नियोजन का व्यावहारिक रूप में प्रयोग हो रहा है। यह ग्रामीण विकास की दिशा में अत्यंत उल्लेखनीय कदम है।

3. सामाजिक अंकेक्षण

पंचायती राज में भ्रष्टाचार को नियंत्रित करने और पारदर्शिता बनाए रखने के लिए सामाजिक अंकेक्षण (Social Audit) का प्रयोग किया जा रहा है, जिसके द्वारा पंचायतों के द्वारा किए गए कार्यों और उनके द्वारा खर्च पैसे की जांच और उस पर चर्चा ग्राम सभा में आयोजित की जाएगी। यह परिचर्चा और जांच आम ग्रामीण लोगों के द्वारा स्थानीय भाषा में होगी तथा इसमें किए गए खर्च को नोटिस बोर्ड पर भी लगाया जाएगा। सामाजिक अंकेक्षण के दौरान पंचायत के सभी सदस्य एवं सभी कर्मचारी उपस्थित होंगे तथा ग्राम सभा के द्वारा ग्रामीण लोगों और श्रमिकों को इसकी पूर्व सूचना दी जाएगी, जिससे वे इस बैठक में भाग ले सकें। इसमें पंचायतों के द्वारा किए गए खर्च की कैश बुक, बैंक के दस्तावेज और अन्य व्यक्ति के रिकॉर्ड की जांच होगी तथा पंचायतों के द्वारा खर्च किए गए पैसे की रसीद और अन्य दस्तावेज ग्राम सभा के समक्ष प्रस्तुत किए जाएंगे। ग्राम सभा के द्वारा ग्रामीणों के मस्टर रोल (Muster Roll) में अंकित नाम, उनको दिए गए पैसे तथा रोजगार के आंकड़ों की बाकायदा जांच की जाएगी। पंचायतों के द्वारा किए गए कार्य का मौके पर मुआयना किया जाएगा तथा उस कार्य की गुणवत्ता की भी जांच होगी। इसके द्वारा पंचायतों को जनकेंद्रित बनाने का प्रयत्न किया जा रहा है।

4. पंचायती राज और नौकरशाही

सामुदायिक विकास योजना की असफलता का मूल कारण जन सहभागिता का अभाव माना गया था। इसलिए पंचायती राज का प्रयोग किया गया तथा 73वें संविधान संशोधन, 1993 से पंचायतों के प्रत्येक स्तर पर जनप्रतिनिधियों को प्राथमिकता प्रदान की गई। ग्राम पंचायत स्तर पर ग्राम प्रधान को विकास का दायित्व सौंपा गया, जबकि ग्राम विकास अधिकारी और लेखपाल, ग्राम प्रधान की सहायता करेंगे। खंड स्तर पंचायती राज के कार्यक्रमों को लागू करने का मुख्य स्तर है। प्रत्येक जनपद कई खंडों में विभक्त होता है।

ग्रामीण विकास के संदर्भ में **जिला ग्रामीण विकास एजेंसी** (District Rural Development Agency) की भूमिका केंद्रीय है, जिसका चेयरमैन सामान्यत: जिलाधिकारी या मुख्य विकास अधिकारी होता था। परंतु पंचायती राज संबंधी 73वें संविधान संशोधन के पश्चात् **जिला ग्रामीण विकास एजेंसी** के स्थान पर **जिला नियोजन समिति** के गठन का प्रस्ताव किया गया, जिसका चेयरमैन जिला परिषद् का अध्यक्ष होगा। अत: अब जनपद के विकास का मूल दायित्व जनप्रतिनिधियों को सौंपा गया है।

5. सामाजिक न्याय और लैंगिक न्याय

पंचायतों में दिया गया आरक्षण सामाजिक न्याय (Social Justice) का सबसे प्रभावी तरीका माना जा सकता है, क्योंकि अब पिछड़ी जातियों के लोग, अनुसूचित जातियों, जनजातियों एवं महिलाओं का योगदान ग्रामीण विकास के साथ स्वयं उनके सशक्तिकरण के लिए महत्त्वपूर्ण हैं, क्योंकि गांवों में अभी भी जातिगत रूप में सोपानी समाज विद्यमान है एवं पितृ-सत्तात्मक सत्ता का प्रभुत्व है।

महिलाएं समाज में जातीय और वर्गीय विभाजन से प्रभावित हैं। पितृ-सत्तात्मक सत्ता एवं सामंतवादी दृष्टिकोण व गांवों का सामाजिक दृष्टिकोण महिलाओं के प्रतिकूल हैं। आरक्षण से महिलाओं में राजनीतिक चेतना की एवं महिलाओं के सम्मान में वृद्धि हुई है और महिलाओं को निर्णय-निर्माण में भागीदारी का अवसर भी प्राप्त हुआ

है। अब इनकी भूमिका ग्रामीण विकास और सामाजिक विकास में सकारात्मक और सक्रिय है। पंचायतों के द्वारा महिलाओं को चौपाल तक पहुंचाया गया है। अतः अब इनकी भूमिका केवल घरेलू कार्यों तक सीमित नहीं है। पंचायतों में आरक्षण के परिणामस्वरूप महिलाओं में अपने अधिकारों के प्रति चेतना जागृत हुई तथा वे अपने शोषण और महिलाओं के विरुद्ध भेदभाव को समाप्त करने में सक्रिय भूमिका का निर्वाह कर सकती हैं।

महिलाओं को पंचायती राज व्यवस्था में उत्तरदायित्व संभालने के साथ-साथ घरेलू और कृषि कार्यों को भी करना पड़ता है, जिसके कारण इनकी भूमिका पंचायतों में शक्तिशाली नहीं हो पा रही है। यह एक प्रचलित पूर्वाग्रह है कि महिलाओं की पंचायती राज में भागीदारी के कारण परिवार का सामंजस्य बिगड़ जाएगा तथा पारिवारिक जीवन अस्त-व्यस्त हो जाएगा। इसलिए महिलाओं से अपेक्षा की जाती है कि वे पारिवारिक जीवन को प्राथमिकता दें। महिलाओं को घरेलू कार्यों का प्रबंध करना होता है, जिसके कारण पंचायत की बैठकों में वे हिस्सा नहीं ले पातीं। महिलाएं पंचायतों की बैठक में जाने और लोगों की समस्याओं को सुनने में दिलचस्पी रखती हैं, लेकिन वे स्वयं गांव एवं समाज में अपने को असुरक्षित महसूस करती हैं। पंचायतों में अभी भी पुरुषों का प्रभुत्व है। इसलिए महिलाओं की भागीदारी से पंचायतों में कोई निर्णायक परिवर्तन नहीं हुआ। पंचायतों में आरक्षण से महिलाओं की स्थिति में सुधार नहीं होगा, क्योंकि राजनीतिक शक्ति का प्रयोग कुछ विशेष परिवार के लोग ही करते हैं। अधिकांश महिलाओं को परिवार में ही निर्णय की स्वाधीनता नहीं है। इसलिए पंचायतों में भी महिलाओं के पति या उसके परिवार के पुरुष सदस्य द्वारा निर्णय लिया जाता है। महिलाओं की परंपरागत् भूमिका इस प्रकार सुनिश्चित कर दी गई है कि उनका मूल कार्य केवल घरेलू कार्यों का संपादन है।

भारत में अभी भी अधिकांश महिलाएं अशिक्षित एवं आर्थिक रूप में आत्मनिर्भर नहीं हैं। इसलिए उनसे गांव के प्रशासन के प्रबंध की अपेक्षा करना व्यावहारिक नहीं है। पंचायतों में भी दलीय राजनीति का दुष्प्रभाव फैल चुका है। चुनाव में बाहुबल एवं धनबल का प्रयोग होता है। इसलिए सामान्य महिलाओं के लिए चुनावों में भागीदारी कठिन हो जाती है। आज भी पंचायती राज में महिलाएं स्वतंत्र रूप में चुनाव नहीं लड़तीं, बल्कि अपने परिवार की इच्छा पर चुनाव लड़ती हैं। महिलाएं केवल आरक्षित सीटों से ही चुनाव जीतती हैं, वे सामान्य सीटों से चुनाव नहीं जीत पातीं। चुनाव में सामान्यतः कमजोर और अशक्त महिलाओं को प्रोत्साहित किया जाता है, स्वतंत्र और शक्तिशाली महिलाओं को नहीं। महिलाओं के प्रति आम लोगों का प्रत्यक्षण भी पूर्वाग्रह पूर्ण है, जैसे-महिलाओं में प्रशासनिक और राजनैतिक कौशल का अभाव होता है।

6. सुशासन एवं पंचायती राज

वर्ष-1990 के बाद भारत में आर्थिक सुधार कार्यक्रम अपनाए गए तथा आर्थिक सुधार को प्रभावी बनाने के लिए शासन को बेहतर और उत्तरदायी बनाने पर भी बल दिया गया। सुशासन का अभिप्राय है, 'उत्तरदायित्व, पारदर्शिता एवं त्वरित तथा सहभागी शासन।' विश्व बैंक ने अपने एक दस्तावेज **'गवर्नेंस एंड डेवलपमेंट'** में सुशासन को परिभाषित करते हुए कहा कि 'यह एक ऐसी प्रविधि है, जिसमें देश की आर्थिक और सामाजिक प्रबंध के लिए शक्ति का प्रयोग करना है।' यह बिंदु उल्लेखनीय है कि सुशासन के अंतर्गत् उदारीकरण और निजीकरण को भी बढ़ावा दिया गया एवं तीसरी दुनिया के देशों में विकास कार्यों में लोगों की सहभागिता आवश्यक है, क्योंकि विकास तभी प्रभावी होगा, जब ऊपर से न थोपा जाए, बल्कि इसमें लोगों की वास्तविक सहभागिता हो। इस संदर्भ में पंचायती राज का सुशासन के युग में अत्यधिक महत्त्व है। सुशासन की संकल्पना में विकेंद्रीकरण अंतर्निहित है, जिसका पर्याय पंचायती राज है, क्योंकि पंचायती राज के द्वारा अब ग्राम सभाएं विकास की नीतियों, विकास के कार्यक्रमों और लाभार्थियों की पहचान करती हैं। बजट पर चर्चा और विकास कार्यक्रम के (प्रयोग पर) क्रियान्वयन पर भी ग्राम सभा में चर्चा होती है। इसलिए पंचायती राज द्वारा उत्तरदायी शासन को और प्रभावी बनाया गया। पंचायती राज द्वारा नागरिक केंद्रित शासन का निर्माण किया गया है।

समकालीन उदारीकरण और निजीकरण के युग में अर्थव्यवस्था या आर्थिक शक्तियों के केंद्रीकरण की प्रवृत्ति देखी जाती है। इस संदर्भ में पंचायती राज अत्यधिक प्रासंगिक है, जहां विकास का विकेंद्रीकरण होता है। पंचायतों को ज्यादा शक्तियां प्रदान करने से छोटे राज्यों की मांग को समाप्त किया जा सकता है। उदारीकरण का

प्रथम दौर मुख्यत: शहरों पर केंद्रित था। ग्रामीण विकास अब भी सरकारी प्रयासों पर निर्भर है। अत: उदारीकरण के इस दौर में स्थानीय क्षेत्रों के विकास के लिए पंचायतों की भूमिका महत्त्वपूर्ण है। सरकार जो भी विकास कार्यक्रम बनाएगी उसका क्रियान्वयन पंचायतों के ही द्वारा और स्थानीय स्तर पर पंचायतों द्वारा आधार संरचना का निर्माण कर उदारीकरण के लाभों को प्राप्त किया जा सकता है।

पंचायतों की कमियां

(i) शक्ति हस्तांतरण का अभाव

73वें एवं 74वें संविधान संशोधन को केवल शब्दों के तहत् पालन किया गया, उनकी भावना का नहीं। अधिकांश राज्यों के पंचायत अधिनियमों में नौकरशाहों को परोक्ष रूप में निर्वाचित निकायों पर नियंत्रण रखने का अधिकार दे दिया गया है। पंचायतों को प्राप्त 29 विषय का हस्तांतरण अभी भी प्रभावी रूप में नहीं हो रहा है। यद्यपि सभी राज्यों में संविधान संशोधनों के अनुरूप अधिनियम पारित कर दिए हैं, परंतु उनमें से अधिकांश पंचायतों के रोजमर्रा के क्रिया-कलापों के नियम या उपनियम नहीं बनाए गए।

(ii) प्रशासन पर काडर नियंत्रण का अभाव

विभिन्न प्रशासनिक विभाग पहले की भांति ही कार्य कर रहे हैं, जैसाकि नई पंचायतों के गठन के पहले कार्य करते थे। अधिकांश राज्यों में प्रशासनिक एवं तकनीकी कर्मचारी राज्यों के विभागीय प्रतिनिधि के रूप में कार्य कर रहे हैं, लेकिन इन कर्मचारियों पर पंचायतों का कोई नियंत्रण ही नहीं है, जिससे पंचायतों के कार्य भी प्रभावित होते हैं। पंचायती राज के अंतर्गत कार्य करने वाले प्रशासनिक अधिकारियों के स्थानांतरण एवं उनके विरुद्ध अनुशासनात्मक कार्यवाही करने का अधिकार पंचायतों को प्राप्त नहीं है। अधिकांश राज्यों ने ग्राम पंचायत स्तर पर एक ग्राम विकास अधिकारी दो या तीन ग्राम पंचायतों का कार्यभार संभाल रहे हैं। सरपंच कई बार पंचायतों की बैठक को इसलिए स्थगित कर देते हैं कि पंचायत सचिव उस बैठक में उपस्थित ही नहीं होते।

(iii) राजनीतिक प्रतिस्पर्धा

ग्राम पंचायतों का पांच वर्षों का कार्यकाल समाप्त होने पर उनके चुनाव कराने की संवैधानिक व्यवस्था को गंभीरता से नहीं लिया गया। कई राज्यों में यह व्यवस्था है कि राजनीतिक दल खंड एवं जिला पंचायतों के चुनाव में भागीदारी करते हैं, लेकिन ग्राम पंचायतों में उन्हें भागीदारी का अधिकार नहीं दिया गया। कोई भी सत्तारूढ़ राजनीतिक दल विधान सभा के चुनाव के पहले पंचायत चुनाव कराने के इच्छुक नहीं होते, क्योंकि उन्हें अपनी राजनीतिक साख खोने का भय होता है। इसलिए पंचायत अधिनियम में कमी निकालकर चुनाव टाल दिया जाता है और कभी-कभी प्रतिकूल मौसम या लोक व्यवस्था के आधार पर भी पंचायतों का चुनाव टाल दिया जाता है। व्यावहारिक रूप में राज्य चुनाव आयोग भी स्वतंत्र और संवैधानिक संस्थाओं की भांति कार्य नहीं करते व राज्य सरकार के दबाव के सामने झुक जाते हैं।

(iv) केंद्र द्वारा प्रायोजित योजनाएं

केंद्र सरकार के मंत्रालय और राज्य सरकारों के विभाग जिनका संबंध स्वास्थ्य, शिक्षा, महिला एवं बाल विकास जैसे विभिन्न ग्रामीण विकास कार्यक्रमों एवं योजनाओं से संबंधित हैं। ये लगातार ऐसे ढांचे खड़े कर रहे हैं, जो पंचायतों के समानांतर कार्य करते हैं और इनको विभिन्न मंत्रालयों एवं विभागों द्वारा भारी वित्तीय सहायता प्रदान की जाती है। केंद्र सरकार के अनेक मंत्रालय एवं राज्य सरकार के विभाग, केंद्र एवं राज्य द्वारा प्रायोजित अनेक कार्यक्रमों का संचालन एवं क्रियान्वयन करते हैं। इनमें से कुछ कार्यक्रमों के उदाहरण निम्नवत् हैं-यह कृषि मंत्रालय एवं ग्रामीण विकास मंत्रालय द्वारा संचालित किया जाता है तथा इन कार्यक्रमों को लागू करने के लिए इन एजेंसियों को पैसा दिया जाता है, जिसमें पंचायतों की भूमिका नहीं होती। 73वें संविधान संशोधन अधिनियम के द्वारा राज्यों को प्राथमिक शिक्षा, माध्यमिक शिक्षा, तकनीकी प्रशिक्षण, व्यावसायिक शिक्षा, प्रौढ़ और अनौपचारिक शिक्षा का दायित्व सौंपा गया है। पंचायतों को प्राप्त विषयों में प्राथमिक शिक्षा अत्यधिक महत्त्वपूर्ण है, जबकि जिला प्राथमिक शिक्षा कार्यक्रम के अंतर्गत् विश्व बैंक के द्वारा कोष प्रदान किया जा रहा है, जिस पर पंचायतों का नियंत्रण नहीं है।

(v) समानांतर प्रशासनिक ढांचा

पर्यावरण और वन मंत्रालय के अधीन संयुक्त वन प्रबंध समितियां कार्य कर रहीं हैं। वर्ष-1999 में मध्य प्रदेश सरकार ने पंचायती राज के समानांतर जिला सरकार योजना

को आरंभ किया, जिसके प्रशासक राज्य सरकार के एक मंत्री, जिलाधिकारी, विधायक, क्षेत्र के सांसद और जिला परिषद् के प्रतिनिधि शामिल थे। जिला पंचायत को विस्तृत अधिकार प्रदान किए गए तथा जिलाधिकारी को इसका मुख्य कार्यकारी बनाया गया, जिससे तार्किक रूप में पंचायतों का अवमूल्यन हुआ। ठीक इसी प्रकार आंध्र प्रदेश के पूर्व मुख्यमंत्री चंद्रबाबू नायडू ने **'जन्म भूमि कार्यक्रम'** आरंभ किया, जिसमें ग्रामीण पेय जल योजना, जवाहर रोजगार योजना इत्यादि केंद्र प्रायोजित योजनाओं के लिए आवंटित राशि को 'जन्म भूमि कार्यक्रम' में उपयोग किया गया। अंत में पंचायती राज संशोधन के बाद भी केरल, मध्य प्रदेश और कर्नाटक जैसे राज्यों ने डी.आर.डी.ए. को ज्यादा शक्तिशाली बनाया।

(vi) **सांसद स्थानीय विकास योजना निधि**

तत्कालीन प्रधानमंत्री नरसिम्हा राव द्वारा **'सांसद स्थानीय विकास योजना** (Members of Parliament Local Area Development Scheme, (MPLADS)) (वर्ष-1993)' का आरंभ किया गया, जिसके अंतर्गत् प्रत्येक सांसद को अपने क्षेत्र के विकास के लिए 2 करोड़ रुपये की राशि को वार्षिक रूप में प्रदान किया गया, जो अब 5 करोड़ हो गई है। सांसद स्थानीय विकास योजना के अंतर्गत् विकास के लिए 23 कार्यों की सूची बनाई गई, जिसमें स्कूल के भवन, ग्रामीण सड़कें, पुलिया, वृद्धों के लिए आश्रय, ग्राम पंचायतों के लिए खेलकूद और नलकूप निर्माण इत्यादि विषयों को सम्मिलित किया गया है। केंद्र सरकार समय-समय पर इस सूची में संशोधन कर सकती है। इस योजना के लिए समूची राशि ग्रामीण विकास मंत्रालय द्वारा सीधे जिलाधिकारियों के खातों में भेजी जाती है। जॉर्ज मैथ्यू के अनुसार, सांसद स्थानीय विकास कोष की संकल्पना पंचायती राज व्यवस्था की भावना पर कुठाराघात या प्रतिकूल है, क्योंकि इस योजना में जिन 23 विषयों को सम्मिलित किया गया है, वे विषय 11वीं अनुसूची में वर्णित 29 विषयों के लगभग समान हैं।

(vii) **जनपद नियोजन समिति के गठन का अभाव**

74वें संविधान संशोधन के अनुसार, प्रत्येक जनपद में एक जिला नियोजन समिति का गठन अनिवार्य है, परंतु जब सांसदों और विधायकों को अपना अलग कोष प्रदान किया गया, तो जिला नियोजन समिति की भूमिका भी प्रभावी नहीं हो सकती। सरकारी अधिकारी भी यह नहीं चाहते कि पंचायती राज के प्रतिनिधि उन पर निगरानी एवं नियंत्रण रखें, इसलिए वे पंचायतों के साथ असहयोगपूर्ण व्यवहार करते हैं। उदाहरण के लिए, प्राथमिक स्कूल शिक्षकों के अखिल भारतीय संघ ने एक प्रस्ताव पारित किया, जिसके अंतर्गत् इन्होंने पंचायतों के अधीन कार्य करने पर आपत्ति उठाई। दूसरी ओर, अखिल भारतीय सेवक और राज्य सरकार के अधिकारी भी पंचायती राज दर्शन के प्रति प्रतिबद्ध नहीं हैं।

पंचायतों के महत्त्व और इनकी शक्तियों को मान्यता देने में राज्य स्तर के नेता भी अत्यधिक हिचकिचाते हैं, क्योंकि विधायक और सांसद पंचायतों के शक्तिशाली होने से चिंतित होते हैं, क्योंकि वे जिन अधिकारों का उपभोग करते आ रहे हैं, पंचायती राज के शक्तिशाली होने से उनमें कटौती होगी। इनके लिए भविष्य में चुनौती खड़ी होगी, क्योंकि स्थानीय नेतृत्व द्वारा इनके नेतृत्व का विकल्प रखा जा सकता है। इसलिए सांसद और विधायक केंद्रीय सरकार द्वारा प्रायोजित अनेक योजनाएं जो डी.आर.डी.ए. द्वारा संचालित होती हैं, उन पर नियंत्रण के लिए उतावले होते हैं।

(viii) **नागरिक समाज की सहभागिता का अभाव**

देश के अनेक भागों में राजनीतिक चेतना का निम्न स्तर, सामाजिक पिछड़ापन, निरक्षरता एवं जातीय संघर्ष ऐसे कारक हैं, जो पंचायती राज के बेहतर क्रियान्वयन में बाधा उत्पन्न करते हैं। समाज में अभी भी सामंती मूल्य और विचार सुदृढ़ हैं एवं पंचायतें इन्हीं का सूक्ष्म भाग हैं। दुर्भाग्यवश सामाजिक परिवर्तन का निर्णायक मुद्दा न तो सरकार की सूची में है, न ही राजनीतिक दलों की और न ही नागरिक संगठन सक्रिय हैं। भूमि सुधार का अभाव, स्त्रियों की साक्षरता का निम्न स्तर, पितृ-सत्तात्मक सत्ता, गांव में कमजोर वर्गों के विरुद्ध हो जाते हैं। इसलिए बहुसंख्यक समाज के लोग अभी भी विषमतामूलक सामाजिक ढांचे में जीवन यापन कर रहे हैं। इसलिए वे पंचायतों द्वारा उपलब्ध कराए जा रहे लाभों को प्राप्त नहीं कर पा रहे हैं, क्योंकि पंचायत सदस्य अभी भी अशिक्षित एवं निरक्षर हैं। इसलिए ग्रामीण विकास तकनीकी पहलुओं को समझने में समस्या होती है।

पंचायतों को सुदृढ़ करने के उपाय

पंचायती राज व्यवस्था को सुदृढ़ करने के लिए प्रशासनिक सुधार आयोग के द्वारा अनेक अनुशंसाएं की गई हैं, जिनके अनुसार विकेंद्रीकरण को प्रभावशाली बनाने के लिए निम्नलिखित उपाय का प्रयोग आवश्यक है–

(i) अधीनता का सिद्धांत

73वें संविधान संशोधन के अनुसार पंचायतों को प्राप्त 29 विषय जुड़े, जो 11वीं अनुसूची में उल्लिखित किए गए हैं, जो राज्य विधान सभा की इच्छा पर निर्भर हैं, जिसमें संशोधन होना चाहिए और पंचायतों को अनिवार्य रूप में 29 विषय हस्तांतरित करने की आवश्यकता है, जिससे पंचायतों की राज्यों पर विद्यमान निर्भरता समाप्त हो जाए।

(ii) स्थानीय लोकपाल

पंचायतों में भ्रष्टाचार एक बड़ी समस्या बन गया है, जिसके समाधान के लिए एक स्वतंत्र संस्था का निर्माण होना चाहिए। पंचायतों में विद्यमान भ्रष्टाचार की सुनवाई एवं त्वरित समाधान के लिए प्रत्येक राज्य में एक स्थानीय लोकपाल की नियुक्ति आवश्यक है।

(iii) वित्तीय स्वायत्तता

पंचायतों को ग्रामीण विकास के कार्य सौंपे गए हैं, परंतु वित्तीय रूप में पंचायतें आज भी राज्य सरकार एवं संघ सरकार के अनुदान पर निर्भर हैं। सांसद स्थानीय विकास स्कीम को समाप्त कर देना चाहिए और सांसदों को प्राप्त धनराशि के बजाए, पंचायतों को वित्तीय संसाधन प्रदान करने की आवश्यकता है।

(iv) प्रशासनिक नियंत्रण

पंचायतों में ग्राम प्रधान की सहायता के लिए ग्राम विकास अधिकारी अथवा ग्राम सचिव की नियुक्ति होती है। इनकी नियुक्ति से पहले ग्राम प्रधान से सलाह आवश्यक होनी चाहिए तथा इन पदाधिकारियों की स्थानांतरण एवं अनुशासनात्मक कार्यवाही में पंचायतों की भूमिका भी आवश्यक है।

(v) राज्य निर्वाचन आयोग की स्वायत्तता

पंचायतों में स्वतंत्र एवं निष्पक्ष निर्वाचन एक बड़ी चुनौती है। वर्ष–2018 में पश्चिम बंगाल में होने वाले पंचायतों के चुनाव में बड़ी संख्या में ग्राम प्रधान निर्विरोध निर्वाचित हुए। 73वें संविधान संशोधन में यह उल्लिखित है कि राज्य निर्वाचन आयुक्त की नियुक्ति राज्यपाल करेगा। परंतु निर्वाचन आयुक्तों की नियुक्ति एक समिति के द्वारा होनी चाहिए, जिसमें अन्य पदाधिकारियों को शामिल करने की आवश्यकता है।

निष्कर्ष

पंचायती राज के द्वारा भारत में संघीय शासन के तीसरे स्तर का निर्माण किया गया है। शक्तियों के विकेंद्रीकरण को व्यावहारिक रूप दिया गया है, क्योंकि भारत में संसदीय शासन एवं संघात्मक शासन में शक्तियों का केंद्रीकरण विद्यमान है। प्रशासनिक ढांचा भी विकेंद्रीकरण के अनुरूप नहीं है। इसीलिए पंचायती राज का, ग्रामीण भारत के सशक्तिकरण के लिए प्रयोग किया गया है, जिससे लोकतंत्र में लोक को प्रभावशाली बनाया जा सके और तंत्र को अनुक्रियाशील एवं उत्तरदायी बनाने की आवश्यकता है।

अध्याय

6

नगरपालिका

(Municipality)

● नगरपालिका की संरचना, ● वार्ड का निर्माण, ● शक्ति का अधिकार एवं उत्तरदायित्व, ● राज्य वित्त आयोग, ● राज्य निर्वाचन आयोग, ● जिला योजना समिति, ● अध्यक्ष, ● नगरपालिका की समस्याएं, ● निष्कर्ष, ● शहरी स्थानीय निकायों के अन्य रूप, ● टाउनशिप

भारत में नगरीय प्रशासन का विचार ब्रिटिश प्रशासन के द्वारा प्रयोग किया गया और पहली बार मद्रास में वर्ष-1687 में नगरीय प्रशासन की शुरूआत हुई। उसके बाद वर्ष-1870 में लॉर्ड मेयो के प्रस्ताव के द्वारा निर्वाचित नगरपालिकाओं का आरंभ किया गया। भारतीय शासन अधिनियम, 1935 में भी नगरपालिकाओं का प्रावधान विद्यमान है। इसके अनुसार नगरपालिका राज्य के अंतर्गत आती थी। नरसिम्हा राव सरकार के द्वारा नगरपालिकाओं को संवैधानिक आधार प्रदान किया गया। 1 जून, 1992 को भारतीय संसद ने 74वां संविधान संशोधन पारित किया, जिसके तहत् संविधान में 12वीं अनुसूची तथा एक नया **अध्याय-9(A)** जोड़ा गया।

नगरपालिका को स्थानीय स्वशासन का नगरीय रूप कहा जाता है। जबकि स्थानीय स्वशासन का ग्रामीण स्वरूप पंचायती राज है। स्थानीय स्वशासन का अभिप्राय, आम जनता के द्वारा स्थानीय संसाधनों के माध्यम से नागरिकों का विकास है।

नगरपालिका की संरचना

नगरपालिकाओं का गठन प्रत्येक राज्य में किया जाएगा, जिसका उल्लेख अनुच्छेद-243(Q) में दिया गया है, जिसके अनुसार-

1. नगर पंचायत

नगर पंचायत का गठन उन नगरों में किया जाएगा, जो ग्रामीण क्षेत्र से नगर के रूप में परिवर्तित हो रहा है। अत: संक्रमणकालीन स्थिति में है।

2. नगर परिषद्

छोटे नगरों के लिए नगर परिषद् का गठन किया जाएगा।

3. नगर निगम

बड़े नगरों के लिए नगर निगम का निर्माण किया जाएगा। नगरपालिकाओं के इन तीनों रूपों को सामूहिक रूप में नगरपालिका (Municipality) का नाम दिया जाता है।

नगरपालिकाएं राज्य सूची का विषय है। इसीलिए राज्यों के राज्यपाल को यह अधिकार दिया गया है कि जनसंख्या के आधार पर अथवा आर्थिक महत्त्व को देखते हुए उसी नगर में नगरपालिकाओं की स्थापना के लिए अधिसूचना जारी करेगा। इसीलिए प्रत्येक राज्य के लिए नगर निगम, नगर पंचायत एवं नगर परिषद् की निर्धारित जनसंख्या अलग-अलग हो सकती है।

वार्ड का निर्माण

प्रत्येक नगर को विभिन्न वार्ड में विभाजित किया जाता है

और नगर के प्रत्येक वार्ड का आकार जनसंख्या के अनुपात में समान होना चाहिए और एक वार्ड से एक सदस्य का चुनाव होता है। पार्षदों का निर्वाचन सीधे आम जनता के द्वारा होता है, जिसे पार्षद कहा जाता है। नगरपालिका के अध्यक्ष के निर्वाचन के संबंध में एकसमान प्रावधान नहीं है। उत्तर प्रदेश में नगरपालिका अध्यक्ष का निर्वाचन भी सीधे आम जनता के द्वारा होता है। राजस्थान में नगरपालिका के पार्षदों के द्वारा नगरपालिका के अध्यक्ष का निर्वाचन होता है। पार्षद सामूहिक रूप में बैठकर नगरीय विकास का प्रारूप निर्मित करते हैं। अत: नगरीय प्रशासन के द्वारा राजनीतिक एवं प्रशासनिक शक्तियों का विकेंद्रीकरण किया जाता है।

1. नगरपालिकाओं का गठन

नगरपालिका के वार्ड सदस्य का निर्वाचन सीधे आम जनता के द्वारा होगा और निर्वाचित सदस्यों के अलावा राज्य विधान सभा विधि के द्वारा यह निर्धारित करेगी कि नगरीय प्रशासन में विशेष ज्ञान अथवा अनुभव रखने वाले व्यक्तियों का प्रतिनिधित्व किस प्रकार किया जाए? लोक सभा एवं राज्य विधान सभा सदस्यों के प्रतिनिधित्व का निर्धारण भी राज्य विधान सभा की विधि के द्वारा होगा, जो उस नगर पालिकीय क्षेत्र के सदस्य हैं। इस क्षेत्र के राज्य सभा एवं विधान परिषद् के सदस्यों के नगरपालिका में प्रतिनिधित्व के प्रारूप का निर्धारण भी राज्य विधान सभा करेगी।

2. वार्ड समितियां

नगर के वार्ड में आम जनता एवं पार्षदों के बीच निकटता बनाए रखने के लिए वार्ड समितियों का प्रावधान किया गया है। क्योंकि नगर की जनसंख्या बड़ी होने से वार्ड का आकार भी बड़ा होगा। 3 लाख या उससे अधिक जनसंख्या वाली नगरपालिका के क्षेत्र में आने वाली दो या दो से अधिक वार्डों के लिए वार्ड समितियां बनाना आवश्यक है। वार्ड समितियों के गठन का प्रावधान राज्य विधान मंडल के द्वारा किया जाएगा। वार्ड समितियों में सदस्यता प्रदान करने के तरीके, वार्ड समितियों के आकार, पार्षदों के प्रतिनिधित्व का निर्धारण राज्य विधान सभा करेगी, जिसका उल्लेख संविधान के अनुच्छेद-243(S) में किया गया है।

व्यावहारिक रूप में वार्ड समितियों में वार्ड के पार्षद वार्ड में रहने वाले सामाजिक कार्यकर्ता एवं नगरीय विकास से संबधित विशेषज्ञों को शामिल किया जा सकता है।

3. आरक्षण

प्रत्येक नगरपालिकाओं में अनुसूचित जाति व जनजातियों के लिए उनकी संख्या के अनुपात में आरक्षण दिया जाएगा, जो वार्ड पार्षद के चुनाव में लागू होगा। यह आरक्षण चक्रक रूप में (Rotation) रूप में लागू होगा। अध्यक्ष पद के लिए आरक्षण का निर्धारण राज्य विधान सभाओं के द्वारा होगा। अनुसूचित जाति एवं जनजाति के लिए आरक्षित सीट में एक-तिहाई आरक्षण महिलाओं के लिए भी होगा तथा राज्य विधान मंडल पिछड़ी जातियों के लिए भी नगरपालिका निर्वाचन में आरक्षण का प्रावधान करेगा। उपरोक्त प्रावधान संविधान के अनुच्छेद-243(T) में किया गया है।

4. नगरपालिकाओं का कार्यकाल

नगरपालिकाओं का कार्यकाल अपनी पहली बैठक की तिथि से पांच वर्ष का होगा। नगरपालिकाओं के निर्वाचन इसके कार्यकाल की समाप्ति के पहले संपन्न होने चाहिए। नगरपालिकाओं के विघटन के 6 महीने की अवधि के अंदर निर्वाचन कराना आवश्यक है, नगरपालिका, राज्य सूची का विषय है। अत: नगरपालिकाओं के विघटन के आधार का उल्लेख संविधान में नहीं है। इसका निर्धारण राज्य विधान सभा के द्वारा किया जाएगा। नगरपालिका के विघटन के बाद चुनाव केवल शेष अवधि के लिए होगा। उदाहरण के लिए, यदि नगरपालिका का विघटन तीन वर्ष में हो गया, तो चुनाव केवल शेष दो वर्षों के लिए होगा। परंतु नगरपालिका का कार्यकाल यदि 6 महीने से कम बचा है, तो निर्वाचन समूचे 5 वर्ष के लिए कराना होगा।

5. निर्वाचकों के लिए अयोग्यता

इसमें निर्वाचित होने वाले सदस्य के लिए 21 वर्ष की आयु आवश्यक है। व्यक्ति राज्य विधान मंडल के निर्वाचन के लिए योग्य होना चाहिए। राज्य विधान सभा के द्वारा विधि-निर्माण के माध्यम से नगरपालिका के किसी निर्वाचित पार्षद को अयोग्य घोषित किया जा सकता है। पार्षदों की अयोग्यता के निर्धारण के प्राधिकारी एवं विधि का निर्माण भी राज्य विधान सभा द्वारा सुनिश्चित किया जाएगा।

शक्ति का अधिकार एवं उत्तरदायित्व

राज्य विधान सभा द्वारा निर्मित विधि से नगरपालिकाओं

को शक्ति एवं प्राधिकार सौंपे जाएंगे, जिससे नगरपालिकाएं स्वशासन की संस्थाओं के रूप में कार्य कर सकें और उन्हें यह शक्तियां एवं उत्तरदायित्व सौंपे जाएंगे, जो-

(i) आर्थिक विकास एवं सामाजिक न्याय से संबंधित योजनाओं का निर्माण कर सकें

(ii) 12वीं अनुसूची में उल्लिखित विषयों से संबंधित स्कीम एवं कार्य का क्रियान्वयन।

नगरपालिकाओं के करारोपण की शक्ति

संविधान के अनुच्छेद-243(H) के अनुसार, राज्य विधान सभा के द्वारा नगरपालिकाओं को कर, फीस, शुल्क एवं पथकर लगाने, संग्रहित करने एवं उपयोग करने की शक्ति प्रदान की जाएगी। राज्य विधान सभा के द्वारा नगरपालिकाओं को कर, फीस और शुल्क प्रदान किया जाएगा और राज्य की संचित निधि से अनुदान भी प्रदान किया जाएगा।

राज्य वित्त आयोग

अनुच्छेद-243(I) में राज्य वित्त आयोग का प्रावधान किया गया है। नगरपालिका एवं 74वें संविधान संशोधन के लागू होने के एक वर्ष के भीतर राज्य के राज्यपाल के द्वारा राज्य वित्त आयोग का गठन किया जाएगा, जो प्रत्येक पांचवें वर्ष गठित होगा, जिसके कार्य निम्नलिखित होंगे-

- राज्य और नगरपालिकाओं के द्वारा लगाए जाने वाले शुल्क का निर्धारण और उनके बीच विभाजन करना। शुल्क, पथकर और फीस का बंटवारा तथा नगरपालिकाओं के विभिन्न स्तरों में उनका आवंटन करना।
- कौन से कर, शुल्क, पथकर और फीस नगरपालिकाओं को दिए जा सकते हैं, इसका निर्धारण करना।
- नगरपालिकाओं को सहायता एवं अनुदान देना।
- नगरपालिकाओं की वित्तीय स्थिति में सुधार के लिए आवश्यक उपाय करना।

राज्य वित्त आयोग की रिपोर्ट तथा उसके क्रियान्वयन की कार्यवाही के संबंध में राज्यपाल के द्वारा राज्य विधान सभा के समक्ष अपनी रिपोर्ट प्रस्तुत की जाएगी। नगरपालिका, राज्य सूची का विषय है। इसलिए वित्त आयोग के सदस्यों की योग्यता एवं सेवा शर्तों का उल्लेख संविधान में नहीं है और इसका निर्धारण प्रत्येक राज्य विधान सभा द्वारा निर्मित विधि द्वारा किया जाएगा। केरल में मुख्य सचिव को राज्य वित्त आयोग के अध्यक्ष के रूप में नियुक्त किया गया। यद्यपि राज्य वित्त आयोग द्वारा उनके लिए रिपोर्ट अनुशंसात्मक होती है। नगरपालिकाओं एवं पंचायती राज के लिए एक ही राज्य वित्त आयोग है। अतः 73वें एवं 74वें संविधान संशोधन के अनेक लक्षण समान हैं।

राज्य निर्वाचन आयोग

राज्य निर्वाचन आयोग के अध्यक्ष की नियुक्ति राज्यपाल करता है। नगरपालिकाओं के चुनाव के लिए राज्य विधि द्वारा चुनाव आयोग की स्थापना कर सकता है, जिसका कार्य नगरपालिका चुनाव के लिए निर्वाचन नामावली का निर्माण करना तथा चुनाव पर नियंत्रण और निगरानी रखना है। नगरपालिकाओं के लिए राज्य निर्वाचन आयोग पंचायती राज व्यवस्था के लिए गठित राज्य निर्वाचन आयोग है। अतः पंचायतों एवं नगरपालिकाओं के निर्वाचन के लिए एक ही आयोग है और आयोग की संरचना का उल्लेख संविधान में नहीं है तथा यह राज्य विधान सभा द्वारा निर्मित विधि से निर्धारित किया जाएगा।

जिला योजना समिति (District Planning Committee)

प्रत्येक राज्य में जनपद स्तर पर जनपद नियोजन समिति का गठन किया जाएगा, जिसके द्वारा पंचायतों तथा नगरपालिकाओं के द्वारा निर्मित योजनाओं का एकीकरण किया जाएगा तथा समूचे जनपद के लिए विकास योजना के प्रारूप का निर्माण होगा।

संरचना

74वें संविधान संशोधन में यह उल्लिखित है कि समिति के कुल सदस्य संख्या के 4/5 सदस्य से कम निर्वाचित नहीं होने चाहिए। जनपद स्तर की पंचायतों एवं जनपद नगरपालिकाओं के निर्वाचित सदस्यों द्वारा एवं सदस्यों में से ही निर्वाचन किया जाएगा। निर्वाचित सदस्यों में शहरी एवं ग्रामीण जनसंख्या के अनुपात में जनपद में सदस्यों का निर्वाचन होगा।

समिति में 10 सदस्यों को निर्वाचित करना है तथा शहरी जनसंख्या 40 प्रतिशत है, तो समिति में 4 सदस्य नगरपालिकाओं के सदस्यों के द्वारा एवं सदस्यों से ही

निर्वाचित किए जाएंगे। जनपद ग्रामीण जनसंख्या 60 प्रतिशत है, तो समिति में 6 सदस्य जनपद पंचायत के निर्वाचित सदस्यों द्वारा निर्वाचित होंगे एवं जनपद पंचायत निर्वाचित सदस्यों के ही सदस्य होंगे। जनपद नियोजन समिति में निर्वाचित सदस्यों के अलावा योजना से संबंधित प्रशासनिक अधिकारियों को मनोनीत किया जाता है तथा सांसद एवं विधायक इसके पदेन सदस्य होंगे। परंतु इसका उल्लेख संविधान में नहीं किया गया है, बल्कि यह राज्य विधान सभा विधि के द्वारा निर्धारित किया जाएगा।

कार्य

जनपद नियोजन समिति के अध्यक्ष के निर्वाचन का तरीका तथा इसका संगठन एवं कार्य राज्य विधान सभा द्वारा निर्मित विधि से निर्धारित किया जाएगा। जनपद नियोजन समिति के द्वारा विकास के लिए ड्राफ्ट योजना का निर्माण किया जाएगा, जो निम्नलिखित से संबंधित होगा–

(i) पंचायत और नगरपालिका के बीच जल, प्राकृतिक एवं भौतिक संसाधनों, आधारभूत संरचना के विकास का एकीकृत नियोजन और पर्यावरणीय संरक्षण एवं योजना से संबंधित विषय पर प्रारूप का निर्माण होगा।

(ii) विद्यमान वित्तीय एवं अन्य संसाधनों की मात्रा एवं प्रकार के संबंध में योजना का निर्माण किया जाएगा।

(iii) राज्यपाल के द्वारा आदेश जारी करके अन्य संस्थाओं और संगठनों से परामर्श की शक्ति भी दी जाएगी तथा जनपद नियोजन समिति का अध्यक्ष विकास योजनाओं के प्रारूप को राज्य सरकार को सौंपेगा।

अध्यक्ष

नगरपालिका, राज्य सूची का विषय है। इसीलिए प्रत्येक राज्य के द्वारा इसकी संरचना का निर्धारण होता है और अध्यक्षों के चयन के तरीके का भी उल्लेख किया जाता है। जिला नियोजन समितियों के अध्यक्ष का चुनाव अलग-अलग राज्यों में अलग-अलग तरीकों से होता है, **जो इस प्रकार से हैं-**

- केरल, बिहार, कर्नाटक, आंध्र प्रदेश, तमिलनाडु एवं राजस्थान में जिला परिषद् का अध्यक्ष ही जिला नियोजन समिति का अध्यक्ष होता है।
- उड़ीसा, गुजरात, छत्तीसगढ़ एवं महाराष्ट्र राज्यों में जिले से संबंधित राज्य का कैबिनट मंत्री जिला नियोजन समिति का अध्यक्ष होता है।
- हरियाणा में जिले का डिप्टी कमिश्नर जिला नियोजन समिति का अध्यक्ष होता है। पंचायती राज की मूल भावना के अनुसार जनपद नियोजन समिति का अध्यक्ष निर्वाचित प्रतिनिधि ही होना चाहिए। प्रशासनिक अधिकारी को जनपद नियोजन समिति का प्रधान बनाना विकेंद्रीकरण के विचार का विरोधी है।

कार्य व भूमिका

(i) यह ग्रामीण तथा शहरी क्षेत्रों हेतु विकास योजना तैयार करने में एक नोडल एजेंसी की तरह कार्य करती है तथा यह सामाजिक एवं आर्थिक न्याय हेतु नियोजन बनाने हेतु जिम्मेवार है।

(ii) यह समिति पंचायतों एवं नगर निगमों के मध्य सामान्य हितों के लिए तथा सोपानीकृत योजना भी तैयार करती है, जिसमें प्राकृतिक संसाधनों, आधार संरचना एवं पर्यावरण संरक्षण जैसे विषय सम्मिलित होते हैं। जनपद नियोजन समिति के द्वारा निर्मित योजना विकेंद्रित योजना का उदाहरण है और समिति के द्वारा ग्रामीण एवं शहरी दोनों क्षेत्रों की योजनाओं का निर्माण किया जाता है।

महानगर योजना समिति

महानगर योजना समिति की संरचना जनपद नियोजन समिति की भाति है। इसका संगठन एवं कार्य भी जनपद नियोजन समिति जैसा है। केवल निर्वाचित सदस्यों की मात्रा में अंतर होगा। जिसके अनुसार इस समिति के कम-से-कम दो-तिहाई सदस्य नगरपालिका के निर्वाचित सदस्यों और नगरपालिका क्षेत्र में पंचायत के अध्यक्षों द्वारा अपने सदस्यों में से निर्वाचित किए जाएंगे तथा स्थानों का बंटवारा उस क्षेत्र में नगरपालिकाओं और पंचायतों की जनसंख्या के अनुपात में होगा। समिति के पदेन एवं मनोनीत सदस्यों के संबंध में राज्य विधान सभा द्वारा निर्धारित किया जाता है। समिति के अध्यक्ष के निर्वाचन का तरीका भी राज्य विधान सभा द्वारा निर्मित विधि से निर्धारित होगा, क्योंकि यह राज्य सूची का विषय है।

कार्य

महानगर योजना समिति के द्वारा महानगर क्षेत्र में

नगरपालिकाओं और पंचायतों के लिए योजना का निर्माण किया जाएगा। महानगर एवं पंचायतों के बीच भौतिक और प्राकृतिक संसाधनों, जल का विभाजन, पर्यावरण संरक्षण, आधारभूत संरचना का एकीकृत विकास एवं योजना निर्माण के संबंध में समन्वय स्थापित किया जाएगा। भारतीय सरकार एवं राज्य सरकार द्वारा निर्धारित सभी उद्देश्यों और प्राथमिकताओं के संबंध में प्रारूप का निर्माण किया जाएगा। भारतीय सरकार एवं राज्य सरकार के द्वारा निवेश की मात्रा और स्वरूप, वित्तीय और अन्य संसाधनों के संबंध में प्रारूप का निर्माण होगा। राज्यपाल के द्वारा अन्य संस्थाओं एवं संगठनों से सलाह के संबंध में अधिसूचना जारी की जाएगी।

नगरपालिकाओं के विद्यमान अधिनियम

74वें संविधान संशोधन वर्ष-1992 के लागू होने के एक वर्ष के भीतर विभिन्न राज्यों को अपने नगर पालिकीय अधिनियमों के संबंध में संशोधन करना होगा।

लेखा परीक्षण

नगरपालिकाओं के लेखाओं के परीक्षण के लिए राज्य विधान सभा के द्वारा विधि का निर्माण किया जाएगा। इसी प्रावधान के अनुसार राज्यों में सामाजिक लेखा परीक्षण का प्रावधान अपनाया गया है।

केंद्र शासित क्षेत्रों में प्रयोग

नगरपालिका के लिए निर्मित प्रावधान केंद्रशासित क्षेत्रों में राज्यपाल की सलाह से लागू किया जाएगा, यदि केंद्रशासित क्षेत्र का कार्यभार राज्यपाल का दायित्व है, अन्यथा केंद्रशासित क्षेत्रों में तैनात प्रशासकों की सहमति के बाद नगर पालिकीय प्रावधान लागू होगा। दिल्ली एवं पुडुचेरी केंद्र शासित क्षेत्र हैं, जहां विधान सभाएं विद्यमान हैं और वहां राज्य विधान सभा की सहमति भी आवश्यक है। केंद्रशासित क्षेत्रों में नगर पालिकीय प्रावधानों को राष्ट्रपति की सार्वजनिक अधिसूचना के द्वारा संशोधित भी किया जा सकता है।

नगरपालिका के प्रयोग के अपवाद

74वें संविधान संशोधन में यह उल्लिखित है कि पांचवीं अनुसूची के जनजातीय क्षेत्रों के लिए यह लागू नहीं होगा। यद्यपि वर्तमान में जनजातीय क्षेत्रों में भी यह प्रावधान क्रियान्वित हो गया है। क्योंकि 74वें संविधान संशोधन में संसद को यह अधिकार दिया गया है कि अनुसूचित क्षेत्रों के लिए नगरपालिका के प्रावधान का विस्तार किया जाएगा, जिसे संविधान संशोधन नहीं माना जाएगा। दार्जिलिंग गोरखा क्षेत्रीय परिषद् के लिए नगर पालिकीय प्रावधान लागू नहीं होंगे। क्योंकि परिषद् के माध्यम से क्षेत्र को पहले से ही स्वायत्तता प्राप्त है।

चुनावी मामलों के न्यायिक हस्तक्षेप पर प्रतिबंध

किसी नगर पालिकीय क्षेत्र के परिसीमन से संबंधित विधि को न्यायालय में चुनौती नहीं दी जाएगी। नगरपालिका से संबंधित चुनाव विवादों के निर्धारण के तरीके एवं प्राधिकार का निर्माण राज्य विधान सभा द्वारा निर्मित विधि से होगा तथा अनेक राज्यों के द्वारा विधि-निर्माण के माध्यम से यह सुनिश्चित किया गया है कि नगरपालिका से संबंधित चुनाव विवाद उच्च न्यायालय के द्वारा हल किए जाएंगे।

73वें एवं 74वें संविधान संशोधन के साझे लक्षण

भारत में स्थानीय स्वशासन के ग्रामीण स्वरूप का नाम पंचायती राज है, जबकि शहरी क्षेत्र में स्थानीय स्वशासन को नगरपालिका कहा जाता है। एक ही जनपद में शहरी एवं ग्रामीण दोनों क्षेत्र होते हैं। इसीलिए दोनों के अनेक अवयव साझे हैं। पंचायतों एवं नगरपालिकाओं के निर्वाचन के लिए एक ही राज्य निर्वाचन आयोग है, जिससे भारत में राजनीतिक विकेंद्रीकरण सुनिश्चित किया गया है।

वित्तीय विकेंद्रीकरण के लिए राज्य वित्त आयोग का प्रावधान किया गया है, जिससे ग्रामीण एवं शहरी दोनों क्षेत्रों के लिए वित्तीय विभाजन एवं विकेंद्रीकरण सुनिश्चित किया जाता है। निर्वाचित होने की उम्र-21 वर्ष है। आरक्षण का प्रावधान नगरपालिकाओं और पंचायतों में एकसमान है। नगरपालिका एवं पंचायतें दोनों राज्य सूची के विषय हैं। पंचायतों एवं नगरपालिकाओं के द्वारा प्रशासनिक एवं वित्तीय विकेंद्रीकरण निर्धारित किया गया है।

नगरपालिका की समस्याएं

1. प्रशासनिक शक्तियों का हस्तांतरण

द्वितीय प्रशासनिक सुधार आयोग के द्वारा यह सुझाव दिया गया है कि लोक व्यवस्था के निर्माण में भी नगरपालिका

की भूमिका होनी चाहिए और फिलहाल नगरपालिका को हस्तांतरित 18 विषयों में लोक व्यवस्था एवं पुलिस नगरपालिकाओं को नहीं सौंपे गए हैं, जिससे नगरपालिका का प्रभाव स्वाभाविक रूप में कम हो जाता है।

2. नगर आयुक्तों की नियुक्ति

अमेरिका एवं यूरोपीय देशों में नगरों के मेयर को अत्यधिक शक्ति प्राप्त है। भारत में नगरीय विकास के लिए नगर आयुक्त के पद पर नियुक्ति प्रशासनिक अधिकारी की नियुक्ति से पूर्व नगर के मेयर से परामर्श करना आवश्यक है, जिससे जनप्रतिनिधियों का प्रशासनिक अधिकारियों के साथ प्रभावी समन्वय संभव हो सकें

3. वित्तीय स्वायत्तता

राज्य सरकारों के द्वारा नगरपालिकाओं को करारोपण के बेहतर साधन उपलब्ध नहीं कराए जाते, इसलिए नगरपालिकाएं वित्तीय रूप में राज्य सरकारों पर निर्भर होती हैं। राज्य वित्त आयोग का गठन सही समय पर नहीं किया जाता और राज्य वित्त आयोग की अनुसंशाओं को प्रभावी रूप में लागू नहीं किया जाता। वर्ष-2008 में शहरी विकास मंत्रालय के द्वारा नगरपालिकाओं के लिए एक मॉडल विधि का निर्माण किया गया, जिसमें नगरपालिकाओं को ज्यादा से ज्यादा करारोपण की शक्ति देने का समर्थन किया गया। नगरपालिकाओं को **'वाटर हार्वेस्टिंग'** व्यवस्था का निर्माण करना और उनका लेखांकन बेहतर होना तथा नगरपालिकाओं को क्षेत्र के आधार पर मकान और भूमिकर लगाना चाहिए तथा कर की वसूली के लिए आधुनिक तकनीकी का प्रयोग करना चाहिए।

4. स्थानीय लोकपाल (Local Ombudsman)

नगरपालिकाओं में विद्यमान भ्रष्टाचार की समस्या को सीमित करने के लिए स्थानीय लोकपाल की नियुक्ति की आवश्यकता है, जिसके द्वारा नगरपालिकाओं में विद्यमान भ्रष्टाचार को प्रतिबंधित किया जा सके तथा नगरीय विकास के लिए नगरपालिका का प्रभावी उपयोग संभव हो।

5. केंद्र द्वारा प्रायोजित योजनाओं की कटौती

संघ सरकार के द्वारा संचालित केंद्र प्रायोजित योजनाओं की कटौती होनी चाहिए और इन योजनाओं के लिए वित्त राज्य सरकार को प्रदान किया जाए, जिससे नगरपालिकाओं को भी ज्यादा वित्त प्राप्त हो सकें शिक्षा का अधिकार एवं स्वच्छ भारत अभियान केंद्र प्रायोजित योजनाएं हैं, जो विकेंद्रीकरण के विरुद्ध हैं।

निष्कर्ष

अमेरिका और यूरोप में शहरी प्रबंध पर अत्यधिक बल दिया गया है, जिसके लिए नगरों के मेयर को प्रभावी शक्ति प्रदान की गई है। जबकि भारत में नगरीय प्रशासन में मेयर की स्थिति अभी भी सांसदों से कमजोर प्रतीत होती है। शक्ति के विकेंद्रीकरण एवं स्थानीय स्वशासन को प्रभावी बनाने के लिए मेयर को शक्तिशाली होना चाहिए तथा नगरों के वित्तीय संसाधन में भी वृद्धि आवश्यक है।

शहरी स्थानीय निकायों के अन्य रूप

इसकी स्थापना सरकार के गजट में अधिसूचना (Notification) के द्वारा होती है, इसलिए इसे **अधिसूचित क्षेत्र समिति** (Notified Area Committee) के नाम से जाना जाता है। यह नगरपालिका की भांति पूर्णत: निर्वाचित न होकर, एक मनोनीत संस्था है। यह राज्य नगर निगम अधिनियम (Municipal Act) के अंतर्गत् कार्यरत होती है, जिसे कुछ स्वतंत्र शक्तियां दे दी जाती हैं। **इसका निर्माण दो प्रकार के क्षेत्रों के लिए किया जाता है-**

(i) औद्योगीकीकरण के कारण विकसित होते नए शहर में।
(ii) ऐसे शहर जिसमें अभी नगर निगम का निर्माण संभव न हो।

टाउन एरिया कमेटी (Town Area Committee)

टाउन एरिया कमेटी एक अर्द्ध-नगर पालिकीय संस्था है, जिसके द्वारा सीवेज और सड़क पर प्रकाश की व्यवस्थाएं की जाती हैं। इसका निर्माण सामान्यत: छोटे कस्बाई नगरों के प्रशासन हेतु किया जाता है। टाउन एरिया कमेटी पूर्णत: निर्वाचित या पूर्णत: मनोनीत हो सकती है। यह राज्य विधान सभाओं के एक अलग अधिनियम द्वारा निर्मित होती है।

छावनी परिषद् (Cantonment Board)

वर्ष-1924 में केंद्र सरकार एवं रक्षा मंत्रालय के द्वारा छावनी परिषद् अधिनियम का निर्माण किया गया था, जिसको छावनी अधिनियम, 2006 द्वारा पुनर्गठित किया गया है।

इन परिषदों का निर्माण कैंट क्षेत्र में नागरिक जनसंख्या के प्रशासन के लिए किया गया। छावनी परिषदें आंशिक रूप में निर्वाचित एवं मनोनीत होती हैं। वर्तमान में देश में 63 छावनी परिषदें हैं, जिन्हें जनसंख्या के आधार पर पहली, दूसरी व तीसरी श्रेणियों में विभाजित किया गया है। निर्वाचित सदस्य 3 वर्ष के लिए अपना पद ग्रहण करते हैं। छावनी क्षेत्र का कमांडिंग ऑफिसर इसका प्रशासनिक अधिकारी, जबकि उपाध्यक्ष निर्वाचित सदस्यों से होता है।

पत्तन परिषद् (Port Trust)

इनका निर्माण मुंबई, कोलकाता और चेन्नई जैसे शहरों के लिए किया गया है। इसका मूल उद्देश्य पत्तन का प्रबंध एवं उसकी रक्षा और नागरिक सुविधाएं प्रदान करना है। पत्तन परिषदों का निर्माण संसदीय अधिनियमों द्वारा हुआ है। इसमें निर्वाचित और मनोनीत दोनों सदस्य होते हैं। सामान्यत: इसके चेयरमैन पत्तन के अधिकारी ही होते हैं।

टाउनशिप (Township)

एक ऐसे औद्योगिक निकाय के निकट स्थित हाउसिंग कालोनी का नागरिक प्रबंध करने के लिए टाउनशिप की स्थापना की जाती है। टाउनशिप का नियंत्रण एक प्रशासनिक अधिकारी के द्वारा होता है, जिसे सामान्यत: कंपनी के इंजीनियर अथवा अन्य अधिकारी सहायता प्रदान करते हैं।

प्रारंभिक परीक्षोपयोगी महत्त्वपूर्ण तथ्य

- 1870 में लॉर्ड मेयो ने भारत में स्थानीय शासन लागू करने की अनुशंसा की।
- लॉर्ड रिपन के कार्यकाल में पहली बार स्थानीय शासन बोर्ड की स्थापना हुई, जो स्थानीय शासन के विकास में एक महत्त्वपूर्ण संरचनात्मक उपलब्धि मानी गई।
- राष्ट्रीय आंदोलन में महात्मा गांधीजी ने पंचायती राज को अत्यंत लोकप्रिय बना दिया।
- संविधान सभा में पंचायती राज व्यवस्था का समर्थन प्रसिद्ध गांधीवादी श्रीमन् नारायण अग्रवाल ने किया और पंचायती राज को संविधान के निदेशक तत्त्वों के भाग में सम्मिलित किया गया।
- स्वतंत्र भारत में जे.सी. कुमारप्पा ने गांधीवादी आदर्शों के आधार पर गांधीवादी अर्थव्यवस्था का समर्थन किया।
- स्वतंत्र भारत में ग्रामीण जनता के जीवन स्तर में वृद्धि के लिए 1952 में सामुदायिक विकास कार्यक्रम एवं राष्ट्रीय विस्तार सेवा कार्यक्रम फोर्ड फाउंडेशन (Ford Foundation) की मदद से लागू किया गया। सामुदायिक विकास कार्यक्रम के बेहतर क्रियान्वयन के लिए बलवंत राय मेहता समिति (वर्ष-1956 में) की स्थापना हुई। बलवंत राय मेहता की सिफारिशों के बाद पहली बार 2 अक्टूबर, 1959 को राजस्थान के नागौर जिले में पंचायती राज लागू किया गया। दूसरा राज्य आंध्र प्रदेश था, जहां पंचायती राज लागू हुआ।
- जनता पार्टी सरकार ने वर्ष-1978 में 'अशोक मेहता समिति' की स्थापना की।
- पंचायती राज, राज्य सूची का विषय है।
- 73वें संविधान संशोधन के द्वारा संविधान में भाग-9 तथा 11वीं अनुसूची जोड़ी गई।
- राज्य सूची के 29 विषय पंचायतों को सौंपे गए।
- त्रिस्तरीय पंचायती राज क्रमश: ग्राम स्तर, खंड स्तर एवं जिला स्तर हैं, परंतु 73वें संविधान संशोधन के द्वारा यह प्रावधान भी किया गया है कि जिन राज्यों की आबादी 20 लाख से कम है, वहां दो स्तर के पंचायती राज की स्थापना की जाएगी। उदाहरण के लिए, गोवा व मणिपुर में ग्राम स्तर तथा जिला स्तर के पंचायती राज की स्थापना की गई है।
- पंचायतों के चुनाव के लिए राज्य चुनाव आयोग की स्थापना की गई है, जिसका कार्य पंचायतों के चुनाव के लिए निर्वाचन नामावली का निर्माण करना तथा चुनाव पर नियंत्रण एवं निगरानी रखना है।
- तीनों स्तरों पर सदस्यों का निर्वाचन प्रत्यक्ष होता है।
- निर्वाचित होने की आयु 21 वर्ष निर्धारित की गई है।
- खंड पंचायत एवं जिला परिषद् के अध्यक्ष परोक्ष रूप से निर्वाचित होते हैं। खंड पंचायत के सदस्य खंड परिषद् के अध्यक्ष का निर्वाचन करते हैं।
- ग्राम पंचायत अध्यक्ष प्रत्यक्ष रूप से निर्वाचित होता है।
- पंचायतों के चुनाव में महिलाओं व अनुसूचित जाति एवं जनजाति तथा अन्य पिछड़ा वर्ग को आरक्षण प्रदान किया गया है, (अनुच्छेद-243(D))।
- यह बिंदु ध्यान देने योग्य है कि पिछड़े वर्ग को आरक्षण प्रदान करना राज्य विधान सभा की इच्छा पर है।
- अध्यक्ष पद हेतु महिलाओं व अनुसूचित जाति व जनजाति को आरक्षण भी राज्य विधान सभा की इच्छा पर है।

- हाल ही में कुछ राज्यों ने महिलाओं को 50 प्रतिशत आरक्षण प्रदान किया है। इन राज्यों में मध्य प्रदेश, हिमाचल प्रदेश, आंध्र प्रदेश, महाराष्ट्र एवं बिहार जैसे राज्य हैं।
- पंचायतों का कार्यकाल 5 वर्षों के लिए निर्धारित किया गया है।
- यदि पंचायतों का विघटन निर्धारित समय के पहले हो, तो पंचायतों के विघटन के 6 माह के अंदर चुनाव होने चाहिए तथा चुनाव बचे हुए समय के लिए होगा। यदि पंचायतों का कार्यकाल 6 महीने से कम बचा हो, तो चुनाव समूचे 5 वर्षों के लिए होंगे।
- 73वें संविधान संशोधन के अंतर्गत् राज्य वित्त आयोग की स्थापना की गई है।
- राज्य वित्त आयोग के अध्यक्ष की नियुक्ति राज्यपाल के द्वारा होगी।
- व्यक्ति राज्य विधान मंडल के निर्वाचन के लिए योग्य होना चाहिए।
- पंचायतों की सबसे छोटी इकाई ग्राम सभा होती है और ग्राम सभा में गांव के 18 वर्ष की आयु पूरी कर चुके सभी लोग शामिल होते हैं।
- भारत के अधिकांश राज्यों में खंड पंचायतें स्थानीय स्वशासन की मूल धुरी हैं और खंड पंचायत के द्वारा ही समूची योजनाओं का क्रियान्वयन होता है।
- पंचायत समिति का कार्यकारी अधिकारी खंड विकास अधिकारी कहलाता है, जो पंचायतों के कार्यों का पर्यवेक्षण और नियंत्रण करता है। साथ ही पंचायतों को आवश्यक तकनीकी और वित्तीय सहायता भी प्रदान करता है।
- जिला परिषद् मूलतः निरीक्षणकारी कार्य संपादित करती है। परिषद् का कार्य अपने अधीनस्थ निकायों का पर्यवेक्षण करना तथा उनके मध्य समन्वय स्थापित करना है।
- राज्य विधान सभा द्वारा विधि-निर्माण करके पंचायतों को कर लगाने एवं वसूलने की शक्ति प्रदान की जाती है।
- सामाजिक एवं आर्थिक विकास की योजना तैयार करना तथा योजनाओं को लागू करना।
- पंचायतों को विधि-निर्माण का अधिकार नहीं है।
- अनुच्छेद-243(G) में प्रावधान है कि पंचायतों और नगरपालिकाओं को प्राप्त होने वाले विषय राज्य सरकारों के द्वारा दिए जाएंगे।
- देश के 94 जिलों में पेसा (PESA) कानून लागू है, जिनमें से 32 जिले माओवाद से प्रभावित हैं और इन इलाकों में स्थिति बहुत खराब है, जैसे-छत्तीसगढ़ एवं उड़ीसा। इन इलाकों में पेसा के प्रभावी कार्यान्वयन से वामपंथी उग्रवाद को नियंत्रित करने में सहायता मिल सकती थी।
- नागालैंड, मिजोरम एवं मेघालय के अनुसूचित जनजातीय क्षेत्रों में, मणिपुर राज्य की जनजातीय परिषदों में, पश्चिम बंगाल के दार्जिलिंग जिले के स्वायत्तशासी पर्वतीय क्षेत्र में इसका प्रयोग नहीं हो रहा है।
- आंध्र प्रदेश, बिहार, उड़ीसा एवं राजस्थान में पंचायतों को पंचायत समिति कहते हैं, उत्तर प्रदेश में क्षेत्र समिति एवं पंचायत समिति, असम में आंचलिक पंचायत समिति, पश्चिम बंगाल में आंचलिक परिषद्, मध्य प्रदेश में जनपद पंचायत, कर्नाटक एवं गुजरात में तालुका परिषद् तथा तमिलनाडु में पंचायत संघ कहते हैं।
- पंचायती राज के माध्यम से भारत में सामाजिक न्याय प्रदान किया गया है।
- 73वें संविधान संशोधन के माध्यम से पंचायतों में महिलाओं को एक-तिहाई आरक्षण प्रदान किया गया है। पंचायती राज के प्रभाव ने महिलाओं को चौखट से चौपाल तक पहुंचा दिया है।

- पंचायती राज में विकेंद्रित नियोजन का प्रयोग किया जा रहा है, जिससे नियोजन अधिक प्रभावी हुआ है।
- पंचायती राज से सहभागी प्रशासन का विकास हो रहा है।
- पंचायती राज ने भारत में नौकरशाही की शक्तियों पर प्रभावी रूप से नियंत्रण लगा दिया है।
- पंचायती राज के द्वारा नौकरशाही की भूमिका में लचीलापन आया है।
- ग्राम स्तर पर ग्राम विकास अधिकारी तथा ग्राम प्रधान मिलकर कार्य कर रहे हैं और खंड स्तर पर खंड विकास अधिकारी तथा ब्लॉक प्रमुख मिलकर कार्य कर रहे हैं व जिला स्तर पर मुख्य विकास अधिकारी तथा जिला पंचायत अध्यक्ष मिलकर कार्य कर रहे हैं।
- मनरेगा (MGNREGA) को 2 फरवरी, 2006 से 200 जिलों में तथा बाद में 1 अप्रैल, 2008 से इसे समूचे भारत में लागू कर दिया गया। मनरेगा एक योजना नहीं, अपितु एक अधिनियम है।
- पंचायती राज में पहली बार प्रत्यक्ष लोकतंत्र का प्रयोग किया है।
- इसमें शासक और जनता दोनों का संवाद सीधे रूप से होता है।
- इसने प्रत्यक्ष लोकतंत्र का आधार खड़ा किया है।
- पंचायती राज के माध्यम से सामाजिक एवं लैंगिक न्याय की स्थापना हुई तथा इसके माध्यम से सामाजिक एवं आर्थिक विकास प्रभावी हुआ है।
- 74वें संविधान संशोधन, 1992 के अंतर्गत् संविधान का भाग-9 (।) और 12वीं अनुसूची का निर्माण किया गया।
- नगरपालिकाओं को 18 विषय सौंपे गए हैं।
- नगरपालिकाओं के सदस्यों का निर्वाचन प्रत्यक्ष होता है।
- 3 लाख या उससे अधिक जनसंख्या वाली नगरपालिका के क्षेत्र में आने वाली दो या दो से अधिक वार्डों के लिए वार्ड समितियां बनाना आवश्यक है। वार्ड समितियों के गठन का प्रावधान राज्य विधान मंडल के द्वारा किया जाएगा।
- नगरपालिकाओं का कार्यकाल पांच वर्ष का होगा।
- 74वें संविधान संशोधन के अंतर्गत् राज्य वित्त आयोग की स्थापना की गई है।
- राज्य वित्त आयोग के अध्यक्ष की नियुक्ति राज्यपाल के द्वारा होगी, (अनुच्छेद-243 (Y))।
- जिला स्तर पर जिला योजना समिति।
- प्रत्येक महानगर क्षेत्र में महानगर योजना समिति।
- जिला नियोजन समिति जिला स्तर पर विकास योजना बनाने वाली सबसे बड़ी समिति है।
- जिला नियोजन समितियां जम्मू एवं कश्मीर, मेघालय, मिजोरम, नागालैंड तथा दिल्ली को छोड़कर देश के सभी हिस्सों में लागू किया गया है तथा इन राज्यों को छोड़कर सभी राज्यों ने जिला नियोजन समिति संबंधी कानून बना लिया है।
- यह समिति सामान्यत: ग्रामीण तथा शहरी स्थानीय निकायों द्वारा निर्वाचित की जाती है।
- समिति के सदस्यों की संख्या का निर्धारण जिलों की जनसंख्या के आधार पर होता है।

संवैधानिक ढांचा

भाग 4

1) भारतीय संसद-संरचना, 2) संसद के कार्य एवं शक्तियां, 3) संसद का कार्य संचालन, 4) संसदीय विशेषाधिकार, 5) संसदीय कार्यप्रणाली, 6) संसदीय समितियां

अध्याय 1

भारतीय संसद

(Indian Parliament)

● संसदीय शासन की विशेषता, ● संसद की भूमिका, ● 1. संरचना, ● 2. निर्वाचन, ● 3. कार्यकाल, ● 4. योग्यता, ● 5. अयोग्यता, ● 6. सभापति, ● 7. कार्य एवं शक्तियां, ● 8. गैर-संघात्मक लक्षण, ● 9. राज्य सभा और प्रधानमंत्री, ● 10. प्रासंगिकता, ● 11. उपयोगिता, लोक सभा, ● 1. सीटों के आवंटन का सिद्धांत, ● 2. निर्वाचन, ● 3. बहुमत प्रणाली, ● 4. परिसीमन आयोग, ● 5. आरक्षण, ● 6. एंग्लो-इंडियन, ● लोक सभा में स्थान का रिक्त होना, ● लोक सभा के पदाधिकारी, ● लोकसभा अध्यक्ष के अधिकार व शक्तियां, ● स्पीकर एवं उच्चतम न्यायालय, ● निष्कर्ष

भारतीय सभ्यता लगभग 5,000 वर्ष पुरानी है, परंतु लोकतंत्र का प्रयोग यहां नवीन है। ऐसे नवीन लोकतंत्र के लिए भारत को एक ऐसी शासन प्रणाली की आवश्यकता थी, जिसमें सरकार के विभिन्न अंगों में संघर्ष कम एवं सहयोग और समन्वय अधिक बना रहे। परिणामस्वरूप भारत ने भी ब्रिटेन के समान संसदीय व्यवस्था को अपनाया है। ब्रिटिश शासन के माध्यम से संसदीय शासन प्रणाली का व्यावहारिक अनुभव भी भारत को प्राप्त था। भारतीय शासन अधिनियम, 1935 के द्वारा पहली बार भारत में लोकप्रिय राज्य सरकारों का गठन हुआ तथा उनका निर्माण संसदीय आधार पर किया गया। स्वतंत्रता के बाद भारत ने इसी संसदीय शासन प्रणाली को आगे बढ़ाया, परंतु अब संसद समग्र जनता की प्रतिनिधि बन गई। संसदीय शासन प्रणाली नित्य-प्रतिदिन के उत्तरदायित्व के सिद्धांत पर कार्य करती है। अत: संविधान निर्माताओं ने स्थायित्व की बजाए उत्तरदायित्व को प्राथमिकता दी और इसके अतिरिक्त भारतीय समाज विविधतापूर्ण और बहुलतावादी है। अत: संसदीय शासन के अंतर्गत् विविधता और बहुलता का प्रतिनिधित्व ज्यादा बेहतर ढंग से संभव है। संसदीय शासन में शासन की शक्तियां मंत्रिमंडल में निहित होती है और मंत्रिमंडल के सदस्य विभिन्न क्षेत्रों, जातियों एवं धर्मों से शामिल किए जाते हैं।

भारतीय संविधान के भाग-5 के अध्याय-2 में अनुच्छेद-79 के अंतर्गत् **संसद** (Parliament) शीर्षक में संघीय व्यवस्थापिका की व्यवस्था की गई है। भारतीय संसद राज्य सभा, लोक सभा एवं राष्ट्रपति से मिलकर बनती है। इसमें राज्य सभा (उच्च सदन), जो कि राज्यों का प्रतिनिधित्व करती है तथा लोक सभा (निम्न सदन), जो कि जनता का प्रतिनिधित्व करती है साथ ही साथ राष्ट्रपति को भी संसद का अभिन्न भाग माना गया है। राष्ट्रपति, संसद के किसी भी सदन का सदस्य नहीं होता है फिर भी वह उसका अभिन्न अंग है, क्योंकि राष्ट्रपति ही सत्र को आहूत (बुलाना) व विघटित करता है एवं संसद में उद्‌घाटन भाषण देता है और संसद में अपना संदेश भेजता है एवं संसद में पारित विधेयकों पर हस्ताक्षर कर उन्हें वैधानिकता प्रदान करता है। भारत का राष्ट्रपति, संसद का भाग होते हुए भी दोनों सदनों में से किसी भी सदन में न तो बैठता है और न ही उसकी चर्चाओं में भाग लेता है।

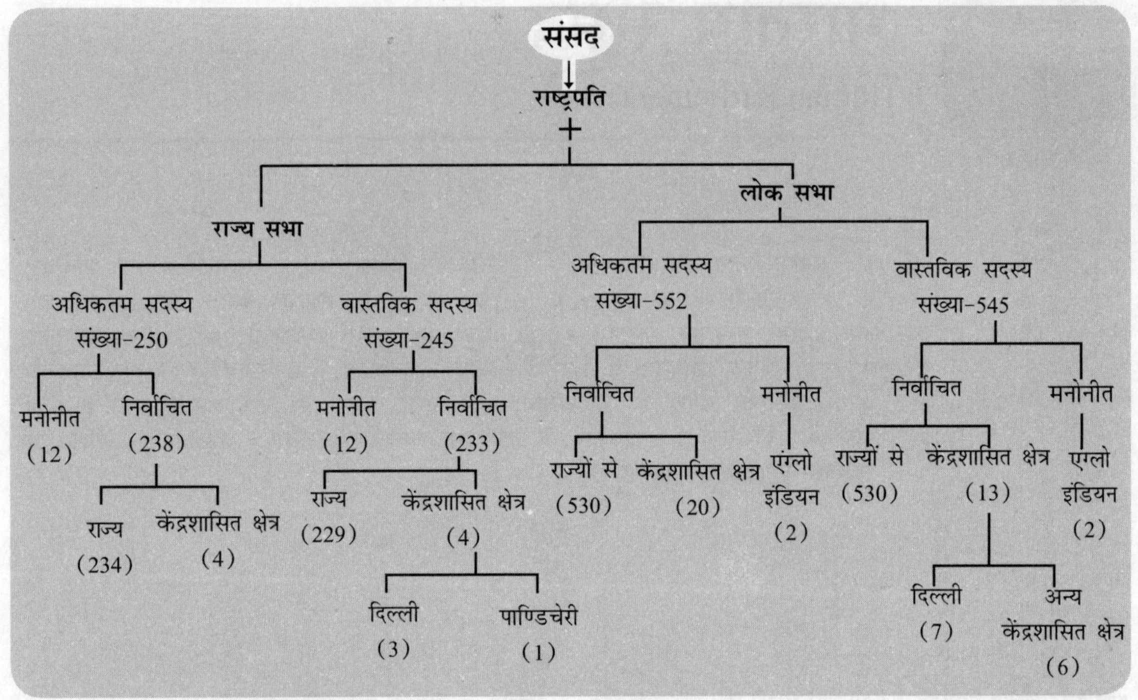

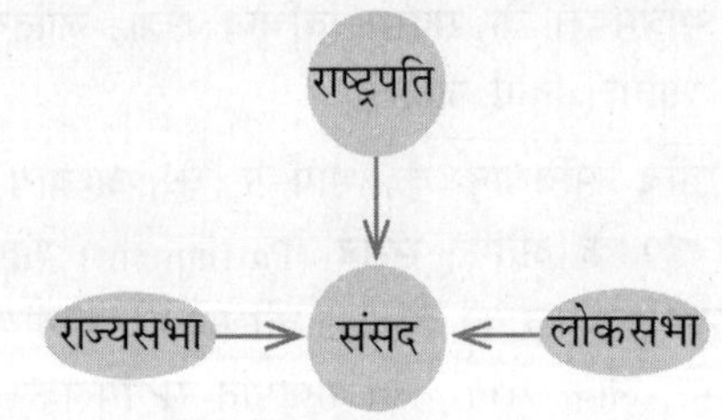

संसदीय शासन की विशेषता

1. संसद शक्ति का केंद्र

संसदीय शासन में कार्यपालिका का निर्माण विधायिका के द्वारा होता है। इसलिए मंत्रिपरिषद् के सभी सदस्य लोक सभा अथवा राज्य सभा के सदस्य होने चाहिए। संसदीय शासन में कार्यपालिका और विधायिका के मध्य समन्वय एवं सामंजस्य पाया जाता है।

2. सामूहिक उत्तरदायित्व (Collective Responsibility)

लोक सभा के द्वारा मंत्रिपरिषद् के विरुद्ध अविश्वास प्रस्ताव पारित किया जा सकता है, जिसके पश्चात् नई मंत्रिपरिषद् का निर्माण किया जाएगा। राष्ट्रपति के द्वारा लोक सभा को भंग किया जा सकता है एवं कार्यपालिका का निर्माण संसद द्वारा किया जाता है और वह संसद के प्रति ही उत्तरदायी होती है। अर्थात् सरकार पर नियंत्रण रखना संसद का महत्त्वपूर्ण कार्य है। भारत में कैबिनेट अथवा मंत्रिमंडल लोक सभा (निम्न सदन) के प्रति उत्तरदायी होता है। मंत्रिमंडलीय उत्तरदायित्व का यह तार्किक परिणाम है कि मंत्रिपरिषद् को सत्ता में बने रहने के लिए सदन के विश्वास (Confidence) की आवश्यकता होती है।

संसदीय शासन सामूहिक उत्तरदायित्व के सिद्धांत पर आधारित होता है, जिसका अभिप्राय है कि मंत्री कैबिनेट के कार्यों का बचाव करेगा व कैबिनेट के निर्णय से सार्वजनिक रूप में असहमति व्यक्त नहीं कर सकता और यदि किसी भी मंत्री के विरुद्ध संसद में कोई प्रस्ताव अथवा लोक सभा में कोई प्रस्ताव पारित हो जाता है, तो समूचे मंत्रिपरिषद् को त्यागपत्र देना होगा। इसलिए संसदीय शासन के संबंध में कहा जाता है कि **'मंत्री साथ-साथ तैरते एवं साथ-साथ डूबते हैं।'**

3. मंत्रिमंडलीय शासन (Cabinet Government)

संसदीय शासन को कैबिनेट का शासन भी कहा जाता है, क्योंकि संसदीय शासन में समूची शक्तियां एक समूह में निहित होती हैं, जिसका नाम कैबिनेट (मंत्रिमंडल) होता है। संसदीय शासन में प्रधानमंत्री की भूमिका महत्त्वपूर्ण होती है।

प्रधानमंत्री को समानों (समकक्षों) में प्रथम कहा जाता है।

4. प्रधानमंत्री समकक्षों में प्रधान

वह कैबिनेट के सदस्यों के समान तथा उनमें प्राथमिक भी होता है। प्रधानमंत्री अन्य मंत्रियों की भांति मंत्रालय का प्रधान होता है। परंतु मंत्रालयों के बीच समन्वय व विभागों का आवंटन प्रधानमंत्री का उत्तरदायित्व है। इसलिए वह मंत्रियों में प्रथम भी कहलाता है। संसदीय शासन में शासन के दो प्रधान होते हैं-**प्रथम**, एक संवैधानिक प्रधान, जो राष्ट्रपति कहलाता है तथा **द्वितीय**, वास्तविक प्रधान, जो प्रधानमंत्री कहलाता है।

5. प्रतिदिन का उत्तरदायित्व

संसदीय शासन में कार्यपालिका में प्रधानमंत्री एवं मंत्रियों का कोई निश्चित कार्यकाल नहीं होता, बल्कि इन्हें लोक सभा के द्वारा अविश्वास प्रस्ताव के माध्यम से कभी भी शासन से हटाया जा सकता है। इसलिए संसदीय शासन में वैकल्पिक सरकार निर्माण की सदैव संभावना होती है। संसदीय शासन में स्थायित्व की बजाए, उत्तरदायित्व को ज्यादा महत्त्व प्रदान किया गया।

प्रधानमंत्री शासन

1. प्रधानमंत्री शक्ति का केंद्र

प्रधानमंत्री शासन संसदीय शासन का व्यावहारिक रूप है। संसदीय शासन में प्रधानमंत्री समकक्षों में प्रधान होता है, जबकि प्रधानमंत्री शासन में कोई भी मंत्री प्रधानमंत्री के समकक्ष नहीं होता। संसदीय शासन में कैबिनेट का शासन होता है, जबकि प्रधानमंत्री शासन में कैबिनेट प्रधानमंत्री के अधीन हो जाती है। संसदीय शासन में संसद शक्ति का केंद्र होती है, जबकि प्रधानमंत्री शासन में प्रधानमंत्री ही शक्ति का केंद्र हो जाता है। संसदीय शासन में कार्यपालिका लोक सभा के प्रति उत्तरदायी होती है।

2. प्रधानमंत्री द्वारा संसद का नियंत्रण

संसद, कार्यपालिका एवं उसके प्रधानमंत्री को नियंत्रित करती है, परंतु जब लोक सभा में किसी एक दल का स्पष्ट बहुमत हो जाए, तब व्यावहारिक रूप में प्रधानमंत्री लोक सभा को नियंत्रित करने लगता है, क्योंकि प्रधानमंत्री लोक सभा के बहुमत दल का नेता भी होता है। प्रधानमंत्री का दल में प्रभाव उसके मंत्रिमंडल में प्रभाव को स्वयं बढ़ा देता है। इंदिरा गांधी के प्रधानमंत्रित्व कार्यकाल में संसदीय शासन के बजाए प्रधानमंत्री शासन पाया जाता था। नरेंद्र मोदी के प्रधानमंत्री बनने के बाद भारत में पुनः प्रधानमंत्री शासन की स्थापना हुई है। नरेंद्र मोदी का न केवल लोक सभा पर प्रभावी नियंत्रण है, बल्कि मंत्रिमंडल पर भी शक्तिशाली नियंत्रण बना हुआ है।

3. प्रधानमंत्री का निर्वाचन

संसदीय शासन की मूलभूत मान्यता के अनुसार, लोक सभा के बहुमत दल के द्वारा प्रधानमंत्री का चुनाव होता है। अतः सांसदों के निर्वाचन के बाद ही प्रधानमंत्री का चयन होता है। व्यावहारिक रूप में 16वीं लोक सभा चुनाव में प्रधानमंत्री नरेंद्र मोदी को पहले ही प्रधानमंत्री उम्मीदवार के रूप में घोषित कर दिया गया और नरेंद्र मोदी के प्रभाव के कारण भारतीय जनता पार्टी को लोक सभा में बहुमत प्राप्त हो गया। इंदिरा गांधी का भी निर्वाचन सांसदों द्वारा नहीं होता था, बल्कि इंदिरा गांधी के प्रभाव के कारण सांसद निर्वाचित होते थे।

4. प्रधानमंत्री द्वारा राष्ट्रपति का चयन

भारत में प्रधानमंत्री इंदिरा गांधी के द्वारा अपने पसंदीदा व्यक्तियों को राष्ट्रपति के रूप में निर्वाचित कराया गया। इसलिए वी. वी. गिरि, फखरूद्दीन अली अहमद एवं ज्ञानी जैल सिंह प्रधानमंत्री इंदिरा गांधी के चयन थे तथा प्रधानमंत्री नरेंद्र मोदी के द्वारा भी रामनाथ कोविंद को राष्ट्रपति के रूप में निर्वाचित कराया गया।

अध्यक्षीय शासन (Presidential Government)

1. शक्ति का पृथक्करण

अमेरिका में अध्यक्षीय शासन प्रणाली का प्रयोग किया गया है। अध्यक्षीय शासन में विधायिका एवं कार्यपालिका के बीच शक्तियों का पृथक्करण (Separation of Powers) पाया जाता है जिसके अनुसार कार्यपालिका के सदस्य विधायिका के सदस्य नहीं हो सकते। अमेरिकी राष्ट्रपति अपनी इच्छानुसार विशेषज्ञों का मंत्रिमंडल के लिए चयन करता है। अमेरिका में मंत्रिमंडल का सदस्य विधायिका का सदस्य नहीं हो सकता और अध्यक्षीय शासन में विधायिका के द्वारा कार्यपालिका के विरुद्ध किसी प्रकार का अविश्वास प्रस्ताव नहीं लाया जा सकता है।

2. राष्ट्रपति शासन का केंद्र

अध्यक्षीय शासन में शक्ति का केंद्र राष्ट्रपति होता है। अत: शासन समूह में विद्यमान नहीं, अपितु व्यक्ति में निहित होता है। अमेरिकी राष्ट्रपति का कार्यकाल 4 वर्ष के लिए निर्धारित होता है तथा वह जनता के प्रति उत्तरदायी होता है और विधायिका के प्रति जवाबदेह नहीं होता है। राष्ट्रपति शासन का संवैधानिक प्रधान होता है, क्योंकि संविधान के द्वारा राष्ट्रपति को शक्तियां प्राप्त होती हैं और राष्ट्रपति इन शक्तियों का व्यावहारिक प्रयोग भी करता है। इसलिए वह शासन का वास्तविक प्रधान भी होता है।

3. राष्ट्रपति संवैधानिक एवं वास्तविक प्रधान

मंत्रिमंडल के सदस्य राष्ट्रपति के अधीन होते हैं। राष्ट्रपति मंत्रिमंडल में किसी भी सदस्य को शामिल कर सकता है और उसे निष्कासित भी करने की शक्ति रखता है। क्योंकि शासन की शक्तियां मंत्रिमंडल में न होकर, राष्ट्रपति में निहित होती है। अध्यक्षीय शासन में मंत्रियों का कार्य केवल मंत्रालय का संचालन करना होता है। ये विधायिका एवं आम जनता के प्रति उत्तरदायी नहीं होते।

4. स्थायी शासन

अध्यक्षीय शासन में स्थायित्व पाया जाता है, क्योंकि विधायिका का कार्यकाल सुनिश्चित होता है और कार्यपालिका का भी निश्चित कार्यकाल होता है तथा निर्धारित कार्यकाल से पहले इन्हें भंग नहीं किया जा सकता है। अमेरिकी लोकतंत्र में निश्चित कालीन उत्तरदायित्व के सिद्धांत को अपनाया गया है और अमेरिकी संविधान निर्माताओं के द्वारा स्थायित्व को उत्तरदायित्व से ज्यादा महत्त्व दिया गया।

संसद की भूमिका

संसद, वाद-विवाद का सर्वोच्च मंच है और लोक सभा जनता की इच्छाओं को प्रकट करती है। संसद का एक अन्य महत्त्वपूर्ण कार्य कार्यपालिका या कैबिनेट या मंत्रिपरिषद् की आलोचना के द्वारा उसे उत्तरदायी बनाए रखना है। संसद के द्वारा कार्यपालिका या कैबिनेट की निरंकुश शक्तियों पर प्रतिबंध भी आरोपित किए जाते हैं। कार्यपालिका द्वारा निर्मित नीतियों और निर्णयों पर सदन में चर्चा होती है तथा नीतियों की विसंगतियों को भी उजागर किया जाता है। संसद सूचना का सबसे बड़ा अंग भी है और सदन के सदस्य विभिन्न प्रश्नों के द्वारा मंत्रियों से सूचना मांग या सूचना प्राप्त कर सकते हैं तथा सदन को यह अधिकार है कि कार्यपालिका उसे आवश्यक सूचना प्रदान करे। विधायिका का अन्य महत्त्वपूर्ण कार्य विधि का निर्माण करना है और भारत सदृश कल्याणकारी राज्य में विधायिका का कार्य सामाजिक न्याय को प्रभावी रूप में स्थापित करना है। अनेक विकास योजनाओं का निर्माण भी विधायिका के द्वारा किया जाता है। संसद के द्वारा कार्यपालिका पर सबसे प्रभावी नियंत्रण वित्तीय नियंत्रण के माध्यम से स्थापित किया जाता है। इसलिए सरकार को किसी नए करारोपण, अनुदान और व्यय के लिए संसद द्वारा अनुमति प्राप्त करनी होती है। संसद या विधायिका के द्वारा संविधान का संशोधन भी किया जाता है। भारतीय संविधान में संशोधन के लिए किसी अन्य संस्था का प्रावधान नहीं है, बल्कि यह संसद का उत्तरदायित्व है।

राज्य सभा

(Rajya Sabha)

राज्य सभा (Rajya Sabha or Council of States) भारतीय संसद का प्रथम या उच्च सदन है। जैसाकि इसके नाम से प्रतीत होता है कि यह भारत संघ की इकाइयों का प्रतिनिधित्व करती है। अमेरिका की सीनेट की तरह ही यह एक स्थायी सदन है। यह न तो कभी भंग होती है और न ही कभी इसकी नए सिरे से रचना होती है।

1. संरचना

संविधान के अनुच्छेद-80 के अनुसार, इसके सदस्यों की अधिकतम संख्या-250 हो सकती है, जिनमें 238 निर्वाचित होंगे और 12 राष्ट्रपति द्वारा मनोनीत किए जाएंगे। वर्तमान में राज्य सभा की वास्तविक सदस्य संख्या-245 है, जिनमें 229 सदस्य राज्यों का प्रतिनिधित्व करते हैं तथा 4 सदस्य केंद्रशासित क्षेत्रों से निर्वाचित होते हैं। मनोनीत सदस्य ऐसे सदस्य होंगे, जिन्हें साहित्य, विज्ञान, कला तथा समाज सेवा का विशेष या व्यावहारिक अनुभव प्राप्त हो। राज्य सभा में राज्यों तथा संघ-राज्य क्षेत्रों की विधान सभाओं के लिए आवंटित स्थान को संविधान की चौथी अनुसूची में वर्णित किया गया है।

सीटों के आवंटन का आधार

भारत में राज्य सभा में राज्यों का प्रतिनिधित्व जनसंख्या के

आधार पर निर्धारित किया गया है, जिसके अनुसार प्रत्येक राज्य को प्रथम पचास लाख की जनसंख्या के आधार पर 5 सीट प्राप्त होगी तथा बीस लाख की अतिरिक्त जनसंख्या पर एक अतिरिक्त सीट प्राप्त होगी। संविधान लागू होने के समय राज्य सभा की सदस्य संख्या-217 थी। वर्ष-1971 की जनगणना के आधार पर वर्तमान सदस्य संख्या-245 है।

खुला मतदान (Open Ballot)

जनप्रतिनिधित्व अधिनियम, 1951 में संशोधन के द्वारा यह प्रावधान किया गया कि राज्य सभा चुनाव में खुला मतदान आयोजित होगा। जिसके अनुसार प्रत्येक राजनीतिक दल द्वारा अपने राजनीतिक दल के एजेंट की नियुक्ति की जाएगी, जिन्हें विधान सभा सदस्यों के द्वारा राज्य सभा में दिए गए मतदान को देखने का अधिकार होगा। इन निर्धारित एजेंट के अलावा मतदाता अन्य किसी व्यक्ति को अपना मत दिखाता है, तो उसका मत अवैध हो जाएगा। वर्ष-2006 में *कुलदीप नायर वाद* में उच्चतम न्यायालय ने खुले मतदान को संवैधानिक माना। कुलदीप नायर का तर्क था कि मतदान व्यक्ति का संवैधानिक अधिकार है, जो गुप्त होना चाहिए। परंतु उच्चतम न्यायालय ने कहा कि राज्य सभा के निर्वाचन में आम जनता भागीदारी नहीं करती, बल्कि विधायक चुनाव में भाग लेते हैं। इसलिए खुला मतदान दल-बदल को रोकने के लिए किया गया है। इसलिए यह उचित है।

निवास

जनप्रतिनिधित्व अधिनियम, 1951 में यह उल्लिखित था कि राज्य सभा का सदस्य उस राज्य का स्थानीय निवासी होना चाहिए। परंतु वर्ष-2003 में अधिनियम में संशोधन के द्वारा यह प्रावधान किया गया कि भारतीय भू-भाग में निवास करने वाला कोई भी व्यक्ति राज्य सभा निर्वाचन में किसी भी राज्य से भाग ले सकता है। अत: राज्य सभा सदस्य का इस राज्य का निवासी होना आवश्यक नहीं है।

निर्वाचन के लिए नामांकन

नामांकन का प्रावधान संविधान में नहीं किया गया है, बल्कि जनप्रतिनिधित्व अधिनियम, 1951 में उल्लिखित है। जिसके अनुसार, राज्य सभा निर्वाचन के लिए 10 हजार रुपए की जमा राशि (Deposit) भरनी पड़ती है तथा मान्यता प्राप्त राष्ट्रीय दल एवं क्षेत्रीय दल के उम्मीदवारों का समर्थन (Proposers) विधान सभा के निर्वाचित सदस्यों के 10 प्रतिशत अथवा 10 विधान सभा सदस्यों के द्वारा प्रस्तावित होना चाहिए, इसमें जो भी कम हो। जो उम्मीदवार मान्यता प्राप्त राष्ट्रीय दल अथवा क्षेत्रीय दल का उम्मीदवार न हो, उसे विधान सभा के 10 सदस्यों द्वारा प्रस्तावित (Proposers) होना चाहिए। एक प्रस्तावक एक से अधिक उम्मीदवारों का समर्थन कर सकता है।

2. निर्वाचन

(i) एक सीट के लिए निर्वाचन

संघ-राज्य क्षेत्रों के प्रतिनिधियों का चुनाव निर्वाचक मंडल द्वारा होता है तथा राज्य सभा में सदस्यों का निर्वाचन अप्रत्यक्ष रीति से किया जाता है। राज्य सभा के सदस्य राज्य विधान सभाओं के निर्वाचित सदस्यों द्वारा आनुपातिक पद्धति के अनुसार एकल संक्रमणीय मत द्वारा चुने जाते हैं, जिसके अनुसार निर्वाचित उम्मीदवारों को मतों का एक निश्चित कोटा प्राप्त करना होता है, जिसका फॉर्मूला (सूत्र) निम्नलिखित है-

$$\frac{\text{कुल मतों की संख्या (राज्य विधान सभा के सदस्यों की संख्या)}}{\text{कुल भरे जाने वाले स्थानों की संख्या} + 1} + 1$$

(ii) एक सीट से ज्यादा के लिए निर्वाचन

राज्य सभा में एक से ज्यादा सीट के निर्वाचन के लिए फॉर्मूला (सूत्र) परिवर्तित हो जाता है। जिसके अनुसार

$$\frac{\text{[कुल मतों की संख्या (राज्य विधान सभा के सदस्यों की संख्या)]} \times 100}{\text{कुल भरे जाने वाले स्थानों की संख्या} + 1} + 1$$

राज्य सभा के निर्वाचन के लिए उपरोक्त दो सूत्रों का प्रयोग होता है। इसे आनुपातिक कहा जाता है। क्योंकि विधान सभा के प्रत्येक दल को विधान सभा में उसकी सदस्य संख्या के अनुसार राज्य सभा की सीटें प्राप्त हो जाती हैं। एकल संक्रमणीय का अभिप्राय है कि मतदाता जो विधान सभा का निर्वाचित सदस्य होता है, सभी प्रत्याशियों के नाम के समक्ष अपनी प्राथमिकता व्यक्त करता है। उदाहरण के लिए, राज्य सभा निर्वाचन में 4 प्रत्याशी निर्वाचन में भाग ले रहे हैं, तो विधान सभा का निर्वाचित सदस्य चारों प्रत्याशियों के समक्ष अपनी प्राथमिकता अंकित करेगा, किसी प्रत्याशी को वह पहली प्राथमिकता देगा, तो अन्य

प्रत्याशी को दूसरी, तीसरी और चौथी प्राथमिकता देगा और यदि उसकी पहली प्राथमिकता का प्रत्याशी चुनाव जीतने में असमर्थ हो जाए, तो उसकी दूसरी प्राथमिकता के मतों को अन्य प्रत्याशियों के लिए संक्रमित हो जाता है। जैसाकि राष्ट्रपति के निर्वाचन में होता है।

अवैध मत (Invalid Votes)

राज्य सभा निर्वाचन में विधान सभा के निर्वाचित सदस्य भाग लेते हैं। यदि किसी सदस्य के द्वारा 4 प्रत्याशियों में किसी एक प्रत्याशी के नाम के समक्ष अपनी प्राथमिकता अंकित की गई, तो उसका मत अवैध नहीं होगा, बल्कि वह अपनी प्राथमिकता सभी प्रत्याशियों को भी अंकित कर सकता है। यदि किसी मतदाता के द्वारा एक प्रत्याशी को पहली और दूसरी प्राथमिकता दी गई, तो उसका मत अवैध हो जाएगा अथवा निर्वाचन आयोग के द्वारा निर्धारित कलम का प्रयोग न करने पर भी मत अवैध हो जाएगा।

नोटा का प्रयोग (NOTA)

राज्य सभा के निर्वाचन में नोटा का प्रयोग नहीं किया जाता है। क्योंकि राज्य सभा के निर्वाचन में आम जनता भाग नहीं लेती, बल्कि विधान सभा के निर्वाचित सदस्य भागीदारी करते हैं। नोटा (None of the above, or NOTA) के अंतर्गत किसी मतदाता को सभी उम्मीदवारों को अस्वीकार करने की शक्ति होती है।

दल-बदल अधिनियम

राज्य सभा के चुनाव में दल-बदल विरोधी अधिनियम लागू नहीं होता है। यह अधिनियम सदन के अंदर संचालित प्रक्रियाओं के लिए प्रभावी होता है। विधान सभा सदस्य द्वारा राज्य सभा सदस्यों के निर्वाचन के लिए किया गया मतदान सदन के अंतर्गत चलने वाली प्रक्रिया का भाग नहीं माना जाएगा। इसलिए दल-बदल अधिनियम का प्रयोग नहीं होता है और यदि किसी विधान सभा सदस्य ने अपने दल के निर्देश के विरुद्ध अन्य सदस्य के पक्ष में मतदान किया, तो उसकी सदस्यता समाप्त नहीं होगी।

उप-चुनाव (By-Election)

राज्य सभा के एक-तिहाई सदस्य प्रत्येक दूसरे वर्ष अवकाश प्राप्त करते हैं और एक सदस्य का पूर्ण कार्यकाल 6 वर्ष का होता है। यदि किसी सदस्य की मृत्यु अथवा त्यागपत्र के कारण राज्य सभा की कोई सीट रिक्त हो जाए, तो चुनाव शेष अवधि के लिए आयोजित किया जाता है। उदाहरण के लिए, किसी सदस्य की दो वर्ष के कार्यकाल पूर्ण होने के बाद मृत्यु हो जाए, तो उसके स्थान पर निर्वाचित नए सदस्य का कार्यकाल केवल 4 वर्षों के लिए होगा।

राज्यों के समानता के सिद्धांत के विरुद्ध

संघीय व्यवस्था में 7वीं अनुसूची के द्वारा सभी राज्यों को समान शक्ति प्रदान की गई है। क्योंकि संघीय व्यवस्था में संघ एवं राज्यों के बीच समानता के अलावा विभिन्न राज्यों के बीच भी समानता होनी चाहिए। परंतु भारतीय संविधान में चौथी अनुसूची के द्वारा राज्यों को समान प्रतिनिधित्व नहीं दिया गया है, लेकिन अमेरिका के उच्च सदन सीनेट में सभी राज्यों को समान प्रतिनिधित्व दिया गया है।

संघ के विभिन्न राज्यों को राज्य सभा में समान प्रतिनिधित्व नहीं दिया गया है। भारत में प्रत्येक राज्य के प्रतिनिधियों की संख्या उसकी जनसंख्या पर निर्भर करती है। इस प्रकार उत्तर प्रदेश से राज्य सभा में सर्वाधिक 31 सदस्य हैं, जबकि मणिपुर, मिजोरम, सिक्किम, त्रिपुरा इत्यादि छोटे राज्यों से केवल एक-एक सदस्य हैं। अंडमान तथा निकोबार द्वीप समूह, चंडीगढ़, दादर एवं नगर हवेली, दमन एवं दीव और लक्षद्वीप जैसे कुछ संघ-राज्य क्षेत्रों की जनसंख्या इतनी कम है कि राज्य सभा में इनका प्रतिनिधित्व ही नहीं है। आलोचक यह मानते हैं कि छोटे राज्यों का महत्त्व संघीय व्यवस्था में कम हो जाता है। संविधान के अंतर्गत अखिल भारतीय सेवाओं का निर्माण राज्य सभा की अनुमति के बाद ही संभव है तथा राज्य सभा के विशेष प्रस्ताव के बाद भी राष्ट्रीय हितों के मुद्दे पर संसद को राज्य सूची के विषय पर विधि-निर्माण का अधिकार दिया गया है। राज्य सभा में उत्तर प्रदेश, बिहार, महाराष्ट्र, तमिलनाडु तथा पश्चिम बंगाल, आंध्र प्रदेश की भूमिका निर्णायक हो जाती है। इसीलिए राज्यों के असमान प्रतिनिधित्व को संघीय भावना के विरुद्ध माना जाता है।

3. कार्यकाल

राज्य सभा एक स्थायी निकाय है और उसे कभी भी भंग नहीं किया जा सकता। राज्य सभा के प्रत्येक सदस्य की कार्यावधि 6 वर्षों की होती है। उसके सदस्यों में से यथासंभव एक-तिहाई सदस्यों का कार्यकाल प्रत्येक दूसरे वर्ष पर समाप्त हो जाता है। पहली राज्य सभा के गठन के

साथ यह समस्या उत्पन्न हुई कि इन एक-तिहाई सदस्यों को दूसरे वर्ष अवकाश प्रदान किया जाए, इसके लिए लॉटरी का सहारा लेना पड़ा और एक-तिहाई सदस्यों का कार्यकाल केवल दो वर्ष का था, जबकि राज्य सभा के सदस्यों का कार्यकाल 6 वर्ष का होता है। अत: प्रत्येक दूसरे वर्ष पर एक-तिहाई सदस्यों का चुनाव करवाया जाता है। सदस्यों की पदावधि उस तिथि से आरंभ हो जाती है, जब भारत सरकार द्वारा सदस्यों के नाम राजपत्र में अधिसूचित किए जाते हैं।

4. योग्यता

राज्य सभा के सदस्यों की योग्यता इस प्रकार हैं-

(i) वह भारत का नागरिक हो।

(ii) राज्य सभा की सदस्यता के लिए 30 वर्ष या इससे अधिक की आयु का होना आवश्यक है। जबकि लोक सभा सदस्य होने के लिए 25 वर्ष की उम्र पूर्ण होनी चाहिए। यह उल्लेखनीय है कि राज्य सभा एवं लोक सभा सदस्यों की योग्यताएं समान हैं। केवल उम्र का ही अंतर है।

(iii) निर्वाचन आयोग के द्वारा अधिकृत एवं तीसरी अनुसूची के अनुसार शपथ ग्रहण करना आवश्यक है।

(iv) उपरोक्त योग्यताएं संविधान में उल्लिखित हैं। इसके अतिरिक्त संविधान में संसद को योग्यता निर्धारित करने की शक्ति दी गई है।

5. अयोग्यता

(i) उसने भारत सरकार या किसी राज्य के अधीन लाभ का पद ग्रहण किया हो। संसद विधि के द्वारा छूट दिए गए पदों को लाभ के पद में शामिल नहीं किया जाएगा।

(ii) दिवालिया, (Undischarged Insolvent) हो। जिसका अभिप्राय है यदि किसी व्यक्ति के द्वारा बैंक से ऋण लिया गया है और बैंक के द्वारा ऋण चुकता न करने की स्थिति में उसकी समूची संपत्ति पर बैंक का नियंत्रण होगा और यदि इस संपत्ति पर नियंत्रण के बाद भी बैंक का ऋण पूर्ण न हो पाए, तो उसे दिवालिया घोषित कर दिया जाएगा।

(iii) किसी सक्षम न्यायालय के द्वारा उसे विकृत चित्त (Unsound Mind) का घोषित किया गया हो। यह उल्लेखनीय है कि किसी व्यक्ति को न्यायालय विकृत चित्त का घोषित करने से पहले न्यायपालिका के द्वारा चिकित्सकों की सलाह ली जाती है।

(iv) भारत की नागरिकता का परित्याग कर दिया हो अथवा स्वेच्छा से विदेशी नागरिकता ग्रहण कर लेता है या किसी विदेशी राज्य की निष्ठा स्वीकार कर लेता है।

(v) उपरोक्त अयोग्यताएं संविधान में उल्लिखित हैं। इसके अतिरिक्त संसदीय विधि के द्वारा अयोग्यता का उल्लेख किया जा सकता है। इसके अनुसार जनप्रतिनिधित्व अधिनियम, 1951 का निर्माण किया गया है।

(i) अयोग्यता का निर्धारण

संविधान में राज्य सभा एवं लोक सभा सदस्यों की योग्यता का एकसमान प्रावधान है एवं अयोग्यता के भी तरीके एकसमान हैं। संविधान में उल्लिखित अयोग्यता का निर्धारण निर्वाचन आयोग की सलाह पर राष्ट्रपति के द्वारा किया जाता है। राष्ट्रपति के निर्णय का न्यायिक पुनरावलोकन किया जा सकता है।

(ii) जनप्रतिनिधित्व अधिनियम, 1951

संसदीय विधि के द्वारा सांसदों की अयोग्यता के अनेक प्रावधान किए गए हैं। संसद द्वारा निर्मित जनप्रतिनिधित्व अधिनियम, 1951 के तहत जनप्रतिनिधियों को निम्नलिखित तरीके से **अयोग्य घोषित किया जा सकता है-**

- कोई सदस्य किसी न्यायालय या चुनाव अधिकरण द्वारा निर्वाचन अनियमितताओं या चुनाव में भ्रष्टाचार का दोषी सिद्ध किया गया हो।
- उसे किसी न्यायालय द्वारा दो वर्ष से अधिक की कैद की सजा दी गई हो।
- उसने कानूनी प्रक्रिया के अनुसार निर्धारित समय के अंदर अपना चुनाव खर्च का विवरण जमा न किया हो।
- वह सरकारी सेवा में भ्रष्टाचार व अविश्वसनीयता के कारण पदमुक्त किया गया हो।
- वह किसी ऐसे निगम का निदेशक या व्यवस्थापक या अभिकर्त्ता न हो, जिसमें सरकार की वित्तीय भागीदारी हो या लाभ का पद धारण किया हो।

- वह किसी सरकारी ठेके, सरकारी कार्यों व सेवाओं के क्रियान्वयन में आर्थिक हित रखता हो।
- निर्वाचन के लिए नामांकन-पत्र भरते समय उम्मीदवार में उपर्युक्त लिखित अयोग्यताएं नहीं होनी चाहिए।

जनप्रतिनिधित्व अधिनियम के अनुसार अयोग्यता के विवाद का निर्धारण उच्च न्यायालय के द्वारा किया जाता है। यदि कोई व्यक्ति यह जानते हुए भी कि वह योग्य नहीं है और सदन में बैठता है या मतदान करता है, तो वह 500 रुपए प्रतिदिन के अनुसार दंड का भागीदार होगा।

3. दल-बदल कानून के अनुसार

राजीव गांधी के प्रधानमंत्रित्व कार्यकाल में 52वें संविधान संशोधन के द्वारा 10वीं अनुसूची संविधान में जोड़ी गई। संविधान की 10वीं अनुसूची में दल-बदल संबंधी विधि का उल्लेख है। यदि किसी भी सदस्य के विरुद्ध दल-बदल कानून के उल्लंघन का मामला प्रस्तुत होता है, तो अयोग्यता का निर्धारण लोक सभा के अध्यक्ष के द्वारा किया जाता है। वर्तमान में यह मांग की जा रही है कि अयोग्यता के निर्धारण का अधिकार निर्वाचन आयोग को सौंपा जाए, क्योंकि पीठासीन अधिकारी की भूमिका अत्यधिक विवादास्पद है।

(iv) दोहरी सदस्यता

जनप्रतिनिधित्व अधिनियम, 1951 में दोहरी सदस्यता के संबंध में प्रावधान किया गया है, **जो इस प्रकार हैं**-

(i) यदि कोई भी व्यक्ति संसद के दोनों सदनों के लिए निर्वाचित हो जाता है, तो उसे 10 दिन की अवधि के अंदर यह सूचित करना होगा कि वह किस सदन का सदस्य बना रहेगा। यदि वह ऐसी सूचना नहीं देता है, तो उसकी राज्य सभा की सदस्यता समाप्त हो जाएगी।

(ii) यदि किसी सदन का वर्तमान सदस्य दूसरे सदन के लिए निर्वाचित होता है, तो उसकी पहले से निर्वाचित सदन की सदस्यता समाप्त हो जाएगी।

(iii) यदि कोई सदस्य किसी सदन में दो सीटों से निर्वाचित हो जाता है, तो उसे इसमें से एक सीट रिक्त करनी होगी, अन्यथा उसकी दोनों सीटों की सदस्यता समाप्त हो जाएगी।

(iv) एक व्यक्ति एक ही साथ संसद और राज्य विधान सभाओं का सदस्य नहीं हो सकता।

(v) यदि कोई विधायक लोक सभा के चुनाव में जीतता है, तो उसे 14 दिन की अवधि के अंदर अपनी विधान सभा की सीट रिक्त करनी होगी, अन्यथा उसकी लोक सभा की सदस्यता समाप्त हो जाएगी।

6. सभापति

उपराष्ट्रपति, राज्य सभा का पदेन सभापति होता है, परंतु जब वह राष्ट्रपति के कृत्यों का निर्वहन करता रहता है, तो वह सभापति का कार्य नहीं करता, तब राज्य सभा का उपसभापति राज्य सभा का पदेन अधिकारी होता है। राज्य सभा का सभापति राज्य सभा का सदस्य नहीं होता, परंतु राज्य सभा में पक्ष एवं विपक्ष के बीच मतों की समानता की स्थिति में इसे निर्णायक मत (Casting Vote) देने का अधिकार होता है तथा सभापति के द्वारा सदन का संचालन किया जाता है। सभापति को तभी हटाया जा सकता है, जब वह उपराष्ट्रपति के पद से हटा दिया जाए। राज्य सभा के सभापति का वेतन लोक सभा अध्यक्ष के बराबर होता है, परंतु जब वह राष्ट्रपति के रूप में कार्य कर रहा होता है, तो उसे राष्ट्रपति के वेतन व भत्ते दिए जाते हैं। उपराष्ट्रपति के रूप में उसे कोई वेतन व भत्ते नहीं दिए जाते। राज्य सभा का सभापति राज्य सभा सचिवालय का भी प्रधान होता है।

उप-सभापति (Deputy Chairperson)

राज्य सभा का उप-सभापति राज्य सभा सदस्यों के द्वारा चयनित (Choose) होता है। सामान्यत: राज्य सभा में उप-सभापति पद बहुमत दल के सदस्य को प्राप्त होता है। राज्य सभा में किसी एक दल के बहुमत के अभाव में गठबंधन सहयोगियों द्वारा समर्थित उम्मीदवार उप-सभापति के रूप में कार्य करता है। सभापति की अनुपस्थिति में राज्य सभा का संचालन उप-सभापति के द्वारा किया जाता है।

7. कार्य एवं शक्तियां

राज्य सभा को लोक सभा की तुलना में कम शक्तियां एवं कार्य प्राप्त हैं, फिर भी उसकी महत्ता को कम नहीं आंका जा सकता, क्योंकि कोई भी गैर-धन विधेयक दोनों सदनों की स्वीकृति के बिना पारित नहीं किया जा सकता तथा दोनों सदनों में मतभेद की स्थिति में राष्ट्रपति को दोनों सदनों का संयुक्त अधिवेशन बुलाने का अधिकार है

एवं प्रस्ताव प्रस्तुत कर और आधे घंटे की बहस की मांग उठाकर सरकार पर अपना नियंत्रण रख सकती है, लेकिन मंत्रिमंडल को भंग नहीं कर सकती। धन विधेयक केवल लोक सभा में प्रस्तुत किया जा सकता है, परंतु राज्य सभा 14 दिनों के अंदर अनिवार्य रूप से पास करके लोक सभा को अपने सुझावों के साथ भेजती है, यह लोक सभा की इच्छा पर निर्भर करता है कि वह सुझाव माने या न माने। परंतु **राज्य सभा को कुछ विशिष्ट शक्तियां भी प्राप्त हैं, जो इस प्रकार हैं-**

(i) राज्य सभा उपस्थित सदस्यों के दो-तिहाई बहुमत से प्रस्ताव पास करके राज्य सूची के किसी विषय को राष्ट्रीय महत्त्व का घोषित कर दे, तो संसद राज्य सूची के विषय पर विधि का निर्माण कर सकती है। ऐसा प्रस्ताव एक वर्ष तक लागू रहेगा है और पुनः संसद के द्वारा इसे एक वर्ष के लिए बढ़ाया जा सकता है। परंतु संविधान में यह उल्लिखित नहीं है कि संसद इसे कितनी बार आगे बढ़ा सकती है। परंतु संसद यदि इसे आगे बढ़ाने का प्रस्ताव पारित न करे, तो भी 6 महीने तक इसका प्रभाव बना रहेगा। संसद के द्वारा निर्मित यह विधि समूचे भारतीय भू-भाग अथवा किसी क्षेत्र विशेष के लिए लागू हो सकती है, (अनुच्छेद-249)।

(ii) यदि राष्ट्रीय हित के लिए आवश्यक या उपयोगी हो, तो राज्य सभा उपस्थित एवं दो-तिहाई बहुमत से प्रस्ताव पारित करे, तो संसद एक या अधिक अखिल भारतीय सेवाओं का गठन कर सकती है, जिसमें अखिल भारतीय न्यायिक सेवा का गठन भी, (अनुच्छेद-312)।

(iii) लोक सभा के भंग होने पर राष्ट्रीय आपातकाल और राष्ट्रपति शासन की अवधि में प्रस्ताव को अनुमोदित करने का अधिकार राज्य सभा को है।

(iv) राज्य सभा भारत के उपराष्ट्रपति को पद से हटाने के प्रस्ताव का प्रारंभ कर सकती है।

8. गैर-संघात्मक लक्षण

(i) राज्यों का असमान प्रतिनिधित्व

संघीय शासन प्रणाली में उच्च सदन या राज्य सभा राज्यों का प्रतिनिधित्व करने वाली संस्था है, जबकि लोक सभा आम जनता का प्रतिनिधित्व करने वाली संस्था है। भारत में राज्य सभा के सदस्यों का निर्वाचन राज्यों की जनसंख्या के अनुसार होता है, जिसके अनुसार उत्तर प्रदेश से राज्य सभा के लिए सर्वाधिक सदस्यों (31 सदस्य) का निर्वाचन होता है। जबकि मणिपुर, त्रिपुरा, मेघालय जैसे राज्यों के द्वारा राज्य सभा में केवल एक-एक प्रतिनिधियों को भेजा जाता है, जिससे यह प्रतीत होता है कि राज्य सभा में सभी राज्यों का प्रतिनिधित्व समान नहीं है, जो संघीय भावना के प्रतिकूल है। क्योंकि राज्य सभा में होने वाले मतदान में बड़े राज्यों के मतों का ही निर्णायक महत्त्व होता है। अमेरिकी संघीय व्यवस्था में सभी राज्यों को समान स्थान दिया गया है।

(ii) निवास की आवश्यकता नहीं

राज्य सभा के चुनाव में भाग लेने के लिए उस राज्य विशेष का निवासी होना आवश्यक नहीं है। वर्तमान में जनप्रतिनिधित्व अधिनियम, 1951 में संशोधन कर दिया गया है कि भारतीय नागरिक किसी राज्य के राज्य सभा निर्वाचन में भाग ले सकता है, जिसे संघीय व्यवस्था के विरुद्ध माना जा सकता है, क्योंकि राज्य का निवासी ही राज्य का बेहतर प्रतिनिधित्व कर सकता है। वर्ष-2006 में *कुलदीप नैयर वाद* में कहा कि राज्य के हितों का निर्धारण राज्य विधान सभा के सदस्य करेंगे। इसलिए वे किसी भी सदस्य को राज्य सभा में निर्वाचित कर सकते हैं।

(iii) मनोनीत सदस्य

राज्य सभा में 12 सदस्यों का राष्ट्रपति के द्वारा मनोनयन किया जाता है। जबकि संघीय व्यवस्था में राज्य सभा राज्यों का प्रतिनिधित्व करती है। मनोनीत सदस्य किसी राज्य विशेष से नहीं होते, बल्कि साहित्य, कला, विज्ञान एवं समाज सेवा जैसे क्षेत्रों से लिए जाते हैं।

(iv) केंद्र शासित क्षेत्रों का प्रतिनिधित्व

भारतीय संघीय शासन में राज्य सभा में राज्यों का प्रतिनिधित्व किया जाता है, परंतु राज्य सभा में दिल्ली संघ शासित क्षेत्र से तीन सदस्य एवं पुदुचेरी से एक सदस्य का निर्वाचन होता है। राज्यों एवं केंद्रशासित क्षेत्रों में स्पष्ट अंतर पाया जाता है। राज्य सभा में केंद्रशासित क्षेत्रों का प्रतिनिधित्व संघीय मान्यता के अनुकूल प्रतीत नहीं होता।

9. राज्य सभा और प्रधानमंत्री

(i) लोक सभा का नेता

संविधान में यह उल्लिखित है कि 6 महीने तक संसद सदस्यता के बगैर किसी व्यक्ति को मंत्री बनाया जा सकता है, जिससे यह प्रतीत होता है कि प्रधानमंत्री भी किसी भी सदन का सदस्य हो सकता है और वर्ष-1996 में देवगौड़ा पहले प्रधानमंत्री थे, जो प्रधानमंत्री के रूप में नियुक्त होते समय किसी भी सदन के सदस्य नहीं थे। प्रधानमंत्री नियुक्त होने के बाद देवगौड़ा ने राज्य सभा की सदस्यता ग्रहण की। संसदीय शासन की परंपरा के अनुसार प्रधानमंत्री लोक सभा का सदस्य होना चाहिए, क्योंकि लोक सभा जनता का प्रतिनिधित्व करने वाला सदन है। संसदीय परंपरा के अनुसार, प्रधानमंत्री कार्यपालिकीय शक्तियों का वास्तविक प्रधान होता है और प्रधानमंत्री को लोक सभा का नेता माना जाता है, क्योंकि प्रधानमंत्री लोक सभा के बहुमत सदस्यों द्वारा समर्थित होता है। इसलिए प्रधानमंत्री का राज्य सभा की सदस्यता संसदीय मान्यता के विरुद्ध है।

(ii) सामूहिक उत्तरदायित्व

संसदीय शासन में प्रधानमंत्री एवं मंत्रिपरिषद् लोक सभा के प्रति भी उत्तरदायी होते हैं। जिसके अनुसार लोक सभा जनभावनाओं का प्रतिनिधित्व करती है और प्रधानमंत्री एवं मंत्रिपरिषद् जनता की इच्छाओं के अनुसार कार्य न करे, तो उन्हें लोक सभा पद से हटा सकती है और मंत्रिपरिषद् के विरुद्ध अविश्वास प्रस्ताव लाने का अधिकार राज्य सभा को नहीं है। इसलिए प्रधानमंत्री राज्य सभा का सदस्य नहीं होना चाहिए।

(iii) प्रधानमंत्री की शक्ति

यद्यपि भारतीय संविधान में यह स्पष्ट उल्लेखित है कि मंत्री अथवा प्रधानमंत्री किसी भी सदन का सदस्य हो सकता है। परंतु प्रधानमंत्री राज्य सभा से होगा, तो वह राजनीतिक रूप में कमजोर होगा, जबकि प्रधानमंत्री को समकक्षों में प्रधान माना जाता है। वर्ष-1966 में इंदिरा गांधी जब दूसरी बार प्रधानमंत्री बनीं, तब वे राज्य सभा की सदस्य थीं, वर्ष-1967 में वे लोक सभा के लिए निर्वाचित हुए। वर्ष-1990 के बाद इंद्र कुमार गुजराल और देवगौड़ा राज्य सभा के सदस्य होते हुए प्रधानमंत्री बने। डॉ. मनमोहन सिंह प्रधानमंत्री के लगातार दो कार्यकाल में राज्य सभा के ही सदस्य बने रहे, जो भारत के सबसे कमजोर प्रधानमंत्री माने जाते हैं, जिससे प्रधानमंत्री की गरिमा का ह्रास हुआ। भारत में वही प्रधानमंत्री शक्तिशाली हुए जो लोक सभा के सदस्य थे। क्योंकि लोक सभा प्रधानमंत्री की लोकप्रियता का भी परिचायक है।

10. प्रासंगिकता

राज्य सभा, संसद का उच्च सदन है। राज्य सभा का चुनाव राज्य की विधान सभाओं के निर्वाचित सदस्यों द्वारा **एकल संक्रमणीय मत पद्धति** के द्वारा होता है, जिसमें सदस्य खुले रूप से मतदान करते हैं। वर्तमान समय में राज्य सभा की कार्यप्रणाली व चुनाव को लेकर काफी विवाद हो रहा है। 80-90 के दशक में राज्य सभा की उपयोगिता पर यह कहकर प्रश्न-चिह्न लगाया जाता था कि यह संस्था चुनाव में हारे हुए राजनीतिज्ञों तथा वफादार नौकरशाहों की शरणस्थली है तथा इसमें सत्तारूढ़ दलों के पसंदीदा व्यक्ति सम्मिलित किए जाते हैं। वर्ष-2014 में 16वीं लोक सभा चुनाव के पूर्व कांग्रेस की लोक सभा सांसद शैलजा कुमारी ने मंत्री पद और सांसद पद दोनों से त्यागपत्र दे दिया और राज्य सभा के चुनाव में भाग लिया तथा वे राज्य सभा के सदस्य के रूप में निर्वाचित भी हो गईं। कांग्रेस के सांसद संजय सिंह ने भी लोक सभा से त्यागपत्र देकर राज्य सभा की सीट प्राप्त की।

वर्तमान समय में राज्य सभा की चुनाव प्रणाली तथा चुने जाने वाले सदस्यों को लेकर विवाद है। राज्य सभा चुनाव में **क्रॉस वोटिंग** आम बात हो चुकी थी, जिससे राजनीतिक नैतिकता का ह्रास हो रहा था, जिसके फलस्वरूप राज्य सभा के चुनाव में खुली मतदान प्रणाली को अपनाया गया तथा यह सोचा गया कि अब **क्रॉस वोटिंग** पर रोक लगेगी, परंतु ऐसा नहीं हो सका। वर्तमान समय में राज्य सभा चुनाव की प्रक्रिया ने नए प्रश्नों को जन्म दिया है। अब राज्य सभा चुनाव जीतने के लिए पैसे का बोलबाला होता जा रहा है, जिनके पास पैसे हैं, वे आसानी से राज्य सभा की सदस्यता प्राप्त कर रहे हैं, क्योंकि वे छोटे राजनीतिक दलों और निर्दलीय उम्मीदवारों को प्रलोभन में ले लेते हैं। इसके अतिरिक्त आज नव-कॉरपोरेट जगत अपनी प्रसिद्धि व दलों को प्रदान किए गए चंदे के बल पर राज्य सभा की सदस्यता प्राप्त कर रहा है।

राज्य सभा में राष्ट्रपति को 12 सदस्यों को मनोनीत करने का अधिकार है। इन सदस्यों के मनोनयन का आधार साहित्य, कला, विज्ञान व समाज सेवा में विशेषज्ञता प्राप्त होनी चाहिए। यह चयन कार्यपालिका की सलाह पर राष्ट्रपति द्वारा किया जाता है, परंतु अब अधिकांशत: कार्यपालिका इन सदस्यों का चयन दलीय विचारधारा के आधार पर करती है, अत: इस प्रावधान का महत्त्व ही समाप्त हो जाता है। साथ ही राष्ट्रपति द्वारा मनोनीत उपरोक्त 12 सदस्य विधायिका के कार्यों में रुचि नहीं लेते और महत्त्वपूर्ण विधेयकों के बहस के दौरान ये लोग अनुपस्थित रहते हैं। लता मंगेशकर तथा सचिन तेंदुलकर ने राज्य सभा की कार्यवाही में भाग लेने में दिलचस्पी नहीं दिखाई। ये घटनाएं राज्य सभा की उपयोगिता व प्रावधान पर प्रश्न-चिह्न लगाते हैं और ऐसे में राज्य सभा की आवश्यकता व उपयोगिता पर सवाल उठना स्वाभाविक है। राज्य सभा के गठन का ध्येय यह था कि योग्य तथा कुशल व्यक्ति बिना चुनावी झंझट के ही विधायिका में जा सके और अच्छे विधि-निर्माण में मदद कर सके, परंतु वर्तमान चयन प्रक्रिया ने राज्य सभा की आवश्यकता पर विवाद उत्पन्न हो रहा है।

11. उपयोगिता

(i) राज्यों का प्रतिनिधित्व

संघीय व्यवस्था में राज्य सभा राज्यों का प्रतिनिधित्व करती है तथा संघीय व्यवस्था को प्रभावित करने वाले प्रावधानों के निर्माण में राज्य सभा ही प्रस्ताव आरंभ करती है। भारतीय संघीय व्यवस्था में संघ एवं राज्यों का संविधान एक ही है। अत: संविधान संशोधन में राज्य सभा की समान भूमिका होती है। संविधान संशोधन विधेयक पर संयुक्त बैठक का प्रावधान नहीं है तथा राज्य सभा किसी भी संविधान संशोधन को प्रतिबंधित कर सकती है।

(ii) वरिष्ठों का सदन

लोक सभा की सदस्यता के लिए 25 वर्ष तथा राज्य सभा की सदस्यता के लिए 30 वर्ष की उम्र होना आवश्यक है। इसीलिए राज्य सभा को वरिष्ठों का सदन कहा जाता है। विधि-निर्माण व संविधान संशोधन जैसे विषयों पर राज्य सभा में विशिष्ट चर्चा होती है तथा राज्य सभा की सदस्य संख्या लोक सभा के लगभग आधी है। इसलिए चर्चा का पर्याप्त समय प्राप्त होता है। राज्य सभा को 12 मनोनीत सदस्यों का भी लाभ प्राप्त होता है, जो विभिन्न क्षेत्रों के विशेषज्ञ होते हैं।

(iii) पुनरीक्षणकारी सदन (Revising House)

लोक सभा के द्वारा निर्मित विधियों का पुनरावलोकन राज्य सभा के द्वारा किया जाता है तथा लोक सभा द्वारा निर्मित विधियों व संविधान संशोधनों में विद्यमान खामियों को उजागर किया जाता है और लोक सभा द्वारा जल्दबाजी में निर्मित विधियों एवं संविधान संशोधन को भी सुधारने का प्रयास किया जाता है। अत: राज्य सभा, लोक सभा को नियंत्रित एवं संतुलित करने का कार्य करती है।

आलोचकों का मानना है कि राज्य सभा संशोधनकारी भूमिका के बजाए, बाधा उत्पन्न करने वाले सदन के रूप में कार्य कर रहा है और लोक सभा द्वारा पारित अधिनियमों और संशोधनों को दलीय हितों के आधार पर बाधित किया जा रहा है। संसदीय शासन में दोनों सदनों का विशिष्ट महत्त्व है, परंतु जनता की इच्छा के प्रतिनिधित्व के कारण लोक सभा की प्राथमिकता को स्वीकार करना होगा।

लोक सभा

(Lok Sabha)

लोक सभा (House of the People) संसद का दूसरा या निम्न सदन होता है। संविधान में लोक सभा का उल्लेख अनुच्छेद-79 में किया गया है तथा लोक सभा समूचे देश का प्रतिनिधित्व करती है।

1. संरचना

संविधान के अनुच्छेद-81 के अनुसार, लोक सभा के 530 से अनधिक सदस्य राज्यों के प्रादेशिक निर्वाचन क्षेत्रों से प्रत्यक्ष रूप से चुने जाएंगे और 20 से अनधिक सदस्य संघ-राज्य क्षेत्रों का प्रतिनिधित्व करेंगे, जिनका निर्वाचन ऐसी रीति से होगा, जिसे संसद विधि द्वारा निर्धारित करे। अत: संसद ने वर्ष-1956 में **संघ-राज्य क्षेत्र अधिनियम** कानून पारित कर यह व्यवस्था दी कि संघ-राज्य क्षेत्रों से लोक सभा प्रतिनिधियों का चुनाव जनता के द्वारा प्रत्यक्ष रूप से होगा।

इसके अतिरिक्त राष्ट्रपति आंग्ल-भारतीय समुदाय का

प्रतिनिधित्व करने के लिए दो से अनधिक सदस्य मनोनीत कर सकता है। वह व्यक्ति जिसकी मां भारतीय और पिता इंग्लैंड अथवा यूरोपीय समुदाय का है, एंग्लो-इंडियन कहलाएगा। संसद कानून द्वारा आरंभिक रूप में 10 वर्षों के लिए आंग्ल-भारतीय प्रतिनिधियों के मनोनयन की व्यवस्था की गई थी, जिसे वर्ष-2020 तक बढ़ा दिया है। इस प्रकार सदन की अधिकतम सदस्य संख्या-552 हो सकती है। वर्तमान समय में लोक सभा में कुल 545 सदस्य हैं, जिनमें 530 सदस्य राज्यों से तथा 13 सदस्य संघ-राज्य क्षेत्रों से और 2 सदस्य आंग्ल-भारतीय समुदाय से सम्मिलित हैं।

सीटों के आवंटन का सिद्धांत

(i) **राज्यों के बीच समानता**

प्रत्येक राज्य को जनसंख्या के अनुपात में लोक सभा की समान सीटें आवंटित की जाएंगी। अतः जिन राज्यों की जनसंख्या ज्यादा है, उन्हें अधिक सीटें प्राप्त होंगी तथा जिन राज्यों की जनसंख्या कम है, उनका लोक सभा में जनसंख्या के अनुपात में प्रतिनिधित्व भी कम होगा। उदाहरण के लिए, 8 करोड़ की जनसंख्या के लिए उत्तर प्रदेश को 80 लोक सभा सीट प्राप्त हुआ एवं बिहार की जनसंख्या 4 करोड़ है, तो उसे 40 सीट प्राप्त हुई।

(ii) **लोक सभा क्षेत्रों के बीच समानता**

एक राज्य में निर्मित विभिन्न लोक सभा क्षेत्रों के बीच भी जनसंख्या के अनुसार समानता होनी चाहिए। उदाहरण के लिए, उत्तर प्रदेश में मेरठ एवं वाराणसी लोक सभा क्षेत्रों में जनसंख्या समान होनी चाहिए। क्योंकि भारतीय लोकतंत्र में एक व्यक्ति, एक मत के सिद्धांत को अपनाए हुए है। इसीलिए संविधान में उपरोक्त समानता सुनिश्चित की जाती है।

(iii) **समानता के सिद्धांत का अपवाद**

वर्ष-1963 में नागालैंड नामक पृथक् राज्य का निर्माण किया गया, जिसकी 1971 में जनसंख्या 5 लाख, 16 हजार थी। वर्ष-1975 में सिक्किम भी भारतीय संघ में शामिल हो गया, जिसकी जनसंख्या अभी भी लगभग 6 लाख है, (वर्ष-2011)। इन छोटे राज्यों के प्रतिनिधित्व के लिए राज्यों के बीच समानता के सिद्धांत का अपवाद बनाया गया। संविधान संशोधन के द्वारा यह प्रावधान किया गया कि जिन राज्यों की जनसंख्या 60 लाख से कम है, उनके लिए समानता का उपरोक्त सिद्धांत लागू नहीं होगा। अतः उत्तर प्रदेश का सांसद नागालैंड की सांसद के तुलना में अधिक जनसंख्या का प्रतिनिधित्व करता है।

2. निर्वाचन

लोक सभा का गठन क्षेत्रीय आधार पर होता है अर्थात् संपूर्ण देश को जनसंख्या के आधार पर निश्चित लोक सभा क्षेत्रों में विभाजित कर दिया जाता है और प्रत्येक क्षेत्र से एक सदस्य चुनकर आता है। लोक सभा के सदस्यों का चुनाव जनता द्वारा प्रत्यक्ष रीति से वयस्क मताधिकार द्वारा किया जाता है। मूल संविधान में मतदान की आयु 21 वर्ष थी, परंतु 61वें संविधान संशोधन अधिनियम, 1989 द्वारा मतदान की आयु 18 वर्ष कर दी गई।

निर्वाचित होने की व्यावहारिक शर्तें

संविधान में इनका उल्लेख नहीं किया गया है, बल्कि इसके लिए संसद द्वारा जनप्रतिनिधित्व अधिनियम, 1951 के अनुसार, लोक सभा निर्वाचन में भाग लेने के लिए भारत के किसी भी लोक सभा क्षेत्र की निर्वाचन नामावली में नाम पंजीकृत होना चाहिए। नरेंद्र मोदी का नाम बड़ोदरा लोक सभा क्षेत्र में पंजीकृत है, परंतु उन्होंने वाराणसी लोक सभा क्षेत्र से भी चुनाव में विजय प्राप्त की, जिस लोक सभा क्षेत्र में प्रत्याशी का नाम पंजीकृत है, वह केवल उसी लोक सभा क्षेत्र में मतदान कर सकता है, परंतु चुनाव किसी भी क्षेत्र से लड़ सकता है। एक व्यक्ति दो लोक सभा क्षेत्र से ज्यादा सीटों पर चुनाव में भाग नहीं ले सकता।

निर्वाचन आयोग द्वारा मान्यता प्राप्त अखिल भारतीय अथवा क्षेत्रीय दल के सदस्य के निर्वाचन में नामांकन-पत्र दाखिल करने के लिए निर्वाचन क्षेत्र के एक मतदाता का प्रस्ताव आवश्यक है। जबकि किसी गैर-मान्यता प्राप्त अथवा निर्दलीय प्रत्याशी के लिए निर्वाचन क्षेत्रों के 10 मतदाताओं के प्रस्ताव की आवश्यकता होती है। लोक सभा निर्वाचन में 25 हजार रुपए की जमा राशि का प्रावधान है। अनुसूचित जाति व जनजाति के उम्मीदवारों के लिए जमानत राशि 12 हजार रुपए है। एक निर्वाचन क्षेत्र से चुनाव में भाग लेने वाले अधिकतम उम्मीदवारों का कोई प्रावधान नहीं है।

जमानत जब्त

यदि किसी निर्वाचन क्षेत्र में उम्मीदवार कुल वैध मतों का 1/6 मत प्राप्त करता है, तो उसकी जमानत जब्त नहीं होगी और लोक सभा निर्वाचन के लिए 25 हजार रुपए की जमा राशि उसे वापस मिल जाएगी। इसके लिए प्रत्याशी का चुनाव जीतना आवश्यक नहीं है। विजयी उम्मीदवारों को स्वाभाविक रूप में जमानत राशि वापस हो जाती है, क्योंकि उन्हें कुल वैध मतों के 1/6 से ज्यादा मत प्राप्त होते हैं।

मनोनीत सदस्य

लोक सभा में एंग्लो-इंडियन सदस्यों का मनोनयन होता है। इनका मनोनयन प्रत्येक सरकार पांच वर्षों के लिए करती है और लोक सभा भंग होने के बाद उनकी भी सदस्यता समाप्त हो जाती है। इन सदस्यों को सदन में मतदान का अधिकार होता है और ये सदस्य अविश्वास प्रस्ताव के दौरान भी मतदान करते हैं। संविधान में इनके मंत्री पद के रूप में नियुक्ति पर किसी प्रकार का प्रतिबंध नहीं है, परंतु अभी तक किसी मनोनीत सदस्य को मंत्री पद पर नियुक्त नहीं किया गया है।

3. बहुमत प्रणाली (First past the post system)

संविधान में निर्वाचन की प्रणाली का उल्लेख नहीं किया गया है, बल्कि निर्वाचन प्रणाली के निर्धारण का अधिकार संसद को प्रदान किया गया है, परंतु संसद द्वारा जन-प्रतिनिधित्व अधिनियम, 1951 पारित किया गया, जिसमें बहुमत चुनाव प्रणाली का प्रावधान किया गया है।

इस प्रणाली में जिसे सर्वाधिक मत मिलते हैं, वह प्रत्याशी चुनाव जीत जाता है, जिसमें मतों के बहुमत की नहीं, बल्कि मतदाताओं के बहुमत की आवश्यकता होती है, जिसे सबसे अधिक मत प्राप्त होते हैं, वह विजयी घोषित हो जाता है। इसमें एक सदस्यीय निर्वाचन क्षेत्र होते हैं और एक निर्वाचन क्षेत्र से अनेक उम्मीदवार खड़े हो सकते हैं। इस प्रणाली में वोट का प्रतिशत नहीं, बल्कि वोट का अनुपात प्राप्त करना होता है। यह प्रणाली विकासशील देशों में अधिक प्रचलित है, क्योंकि इसके तहत देश को समान आकार के कई चुनाव क्षेत्रों में विभाजित कर दिया जाता है। एक सदस्यीय निर्वाचन क्षेत्र होते हैं और विजेता प्रत्याशी को सबसे अधिक मत प्राप्त करना होता है। इस चुनाव प्रणाली को **इकहरा सदस्यीय बहुलवादी व्यवस्था** भी कहते हैं। इस प्रणाली में अल्पसंख्यकों का प्रतिनिधित्व सुनिश्चित नहीं हो पाता तथा दल को प्राप्त होने वाले वोट के प्रतिशत की तुलना में उसे लोक सभा में सीटें प्राप्त नहीं होतीं। किसी राजनीतिक दल को निर्वाचन क्षेत्र में दूसरा स्थान प्राप्त हो, तो उसे मत प्राप्त होंगे, परंतु सीटें नहीं मिलेंगी।

4. परिसीमन आयोग

संविधान के अनुच्छेद-82 में एक परिसीमन आयोग के गठन का उल्लेख है। **परिसीमन आयोग की संरचना इस प्रकार है-**

(i) आयोग का अध्यक्ष उच्चतम न्यायालय का न्यायाधीश होगा।

(ii) मुख्य निर्वाचन आयुक्त अथवा अन्य निर्वाचन आयुक्त इसके पदेन सदस्य होंगे।

(iii) राज्य निर्वाचन अधिकारी भी इसका पदेन सदस्य तथा इसके अतिरिक्त इसमें लोक सभा के 5 सदस्यों एवं विधान सभा के 5 सदस्यों को सहायक सदस्यों के रूप में शामिल किया जाता है, जिन्हें मतदान करने का अधिकार प्राप्त नहीं होता।

कार्य

आयोग के निम्नलिखित कार्य हैं-

(i) प्रत्येक जनगणना के उपरांत लोक सभा की सीटों का जनसंख्या के आधार पर सीमांकन करना, जिससे पूरे देश में लोक सभा क्षेत्रों की जनसंख्या में समानता हो।

(ii) प्रत्येक जनगणना के उपरांत राज्य विधान सभा के क्षेत्रों का जनसंख्या के आधार पर सीमांकन करना, जिससे संपूर्ण राज्य में विधान सभा क्षेत्रों की जनसंख्या में समानता हो।

लोक सभा सीटों का समायोजन

(i) **जनगणना का आधार**

संविधान के अनुसार, प्रत्येक जनगणना के बाद लोक सभा की सीटों में परिवर्तन होगा। पहली लोक सभा में लोक सभा सीटों की कुल संख्या-489 थी, जो वर्ष-1961 की जनगणना के बाद 494 हो गई और वर्ष-1971 की जनगणना

के बाद लोक सभा की सीटें 543 हो गई। एक लोक सभा सीट में लगभग 10 लाख लोगों का प्रतिनिधित्व सुनिश्चित किया गया। अतः वर्ष-1971 की जनगणना के अनुसार भारत की जनसंख्या लगभग 54 करोड़ थी। लेकिन वर्तमान में भारत की कुल जनसंख्या लगभग 120 करोड़ हो गई है, (वर्ष-2011)। परंतु लोक सभा की सीटों में वर्ष-1971 के बाद कोई परिवर्तन नहीं किया गया है।

लोक सभा में प्रतिनिधित्व के सिद्धांत का उल्लंघन हो रहा है। संविधान में यह उल्लिखित है कि जनसंख्या के अनुसार प्रत्येक राज्य को लोक सभा में समान सीटें प्रदान की जाएंगी। परंतु उत्तर प्रदेश की वर्तमान जनसंख्या लगभग 20 करोड़ है। जबकि इसे लोक सभा की 80 सीटें प्राप्त हैं तथा तमिलनाडु की वर्तमान जनसंख्या लगभग 7 करोड़ है, जिसे लोक सभा में 39 सीटें प्राप्त हैं। बिहार की जनसंख्या 10 करोड़ है और बिहार के सांसदों की संख्या-40 है। अतः दक्षिण भारतीय राज्यों की तुलना में उत्तर भारत का प्रतिनिधित्व कम है। दक्षिण भारतीय राज्य वर्तमान जनसंख्या के आधार पर लोक सभा सीटों में परिवर्तन का विरोध कर रहे हैं, क्योंकि दक्षिण भारतीय राज्यों ने जनसंख्या वृद्धि पर नियंत्रण स्थापित कर लिया है। भारत की वर्तमान जनसंख्या के अनुसार लोक सभा सीटों की संख्या 1200 होनी चाहिए।

(ii) लोक सभा सीटों में वृद्धि

लोक सभा क्षेत्रों का जनसंख्या के आधार पर समायोजन परिसीमन आयोग के द्वारा किया जाता है। प्रत्येक जनगणना के बाद लोक सभा की सीटों का पुनर्निर्धारण किया जाता है, जिसमें प्रत्येक जनगणना के बाद लोक सभा की कुल सीटों की संख्या में वृद्धि होगी तथा जनसंख्या वृद्धि के अनुसार राज्यों की सीटें भी परिवर्तित होती हैं, (अनुच्छेद-82)। इस हेतु संसद ने परिसीमन आयोग अधिनियम का निर्माण किया। वर्ष-1952, 1962, 1972 एवं 2002 में परिसीमन आयोग बनाया जा चुका है।

(iii) लोक सभा सीटों का आंतरिक समायोजन

इंदिरा गांधी सरकार के द्वारा 42वें संविधान संशोधन से यह प्रावधान किया गया कि वर्ष-2000 के बाद होने वाली जनगणना के पश्चात् भी लोक सभा सीटों में वृद्धि की जाएगी। परंतु 84वें संविधान संशोधन के द्वारा वर्ष-2002 में यह प्रावधान किया गया कि लोक सभा सीटों की संख्या में वृद्धि वर्ष-2026 की जनगणना के बाद होगी। परंतु लोक सभा की 543 सीटों के आकार में अत्यधिक विषमता उत्पन्न होगी। कुछ लोक सभा क्षेत्रों में अधिक जनसंख्या होगी, जबकि अन्य लोक सभा क्षेत्रों में जनसंख्या कम हो गई। इसलिए विभिन्न लोक सभा क्षेत्रों के समायोजन के लिए वर्ष-2002 में **कुलदीप सिंह** की अध्यक्षता में चौथे परिसीमन आयोग की स्थापना हुई। यह पहला परिसीमन आयोग था, जिसके द्वारा लोक सभा की कुल संख्या में वृद्धि नहीं की गई, बल्कि विद्यमान लोक सभा क्षेत्रों को समान बनाने का प्रयास किया गया। इस समायोजन का लाभ अनुसूचित जातियों एवं जनजातियों को प्राप्त हुआ, क्योंकि उनके लिए आरक्षित सीटों की संख्या लोक सभा में बढ़ गई। वर्ष-2001 की जनगणना के आधार पर अनुसूचित जातियों के लिए 84 तथा अनुसूचित जनजातियों के लिए 47 सीटें आरक्षित की गई हैं।

(iv) आंतरिक समायोजन के लिए जनगणना आधार

यह दिलचस्प मुद्दा है कि लोक सभा की वर्तमान कुल सीटों की संख्या वर्ष-1971 की जनगणना के आधार पर निर्धारित है। जबकि लोक सभा क्षेत्रों का आकार वर्ष-2001 की जनगणना के आधार पर सुनिश्चित किया गया है। 87वें संविधान संशोधन के द्वारा यह प्रावधान किया गया है कि राज्यों के अंदर लोक सभा क्षेत्रों की पुनर्संरचना वर्ष-2001 की जनगणना के आधार पर होगी, जिसके लिए वर्ष-2002 में कुलदीप सिंह की अध्यक्षता में परिसीमन आयोग का निर्माण किया गया।

5. आरक्षण

अनुच्छेद-330 के अनुसार, लोक सभा में अनुसूचित जातियों एवं जनजातियों के लिए जनसंख्या के अनुपात में आरक्षण का प्रावधान है। यह आरक्षण राज्यवार तरीके से किया गया है। वर्तमान समय में अनुसूचित जाति के लिए 84 सीटों तथा अनुसूचित जनजाति के लिए 47 सीटों का आरक्षण दिया गया है। संविधान के प्रारंभ में यह आरक्षण केवल 10 वर्षों के लिए था, परंतु संविधान संशोधन के द्वारा यह 10-10 वर्षों के लिए बढ़ाया जाता रहा है। 95वें संविधान संशोधन, 2009 के द्वारा यह आरक्षण वर्ष-2020 तक के लिए बढ़ाया गया है, (अनुच्छेद-334)।

6. एंग्लो-इंडियन

लोक सभा में दो एंग्लो-इंडियन समुदाय के व्यक्तियों को मनोनीत किया जाता है। एंग्लो शब्द का अभिप्राय ब्रिटिश फ्रांसीसी अथवा पुर्तगाली नागरिक से है, जो भारत के विभिन्न भागों में आकर बस गए थे। इन्होंने भारतीय मूल की महिलाओं के साथ विवाह किया, जिनकी संतानों को एंग्लो-इंडियन कहा गया। इसके अतिरिक्त अनुच्छेद-366 में यह भी उल्लिखित है कि यह व्यक्ति भारत में पैदा हुआ हो और भारत में स्थायी रूप में निवास करने का भी इच्छुक हो, न कि अस्थायी रूप में रह रहा हो।

संविधान के अनुच्छेद-331 में राष्ट्रपति दो एंग्लो-इंडियन को मनोनीत करेगा, यदि इनका लोक सभा में पर्याप्त प्रतिनिधित्व न हो, जिससे यह प्रतीत होता है कि इनका मनोनयन अनिवार्य नहीं है। अनुच्छेद-337 में एंग्लो-इंडियन समुदाय के व्यक्तियों को 10 वर्षों के लिए विशेष शैक्षिक अनुदान का भी प्रावधान संविधान में उल्लिखित किया गया है। मनोनीत सदस्यों को लोक सभा में मतदान का अधिकार होता है। परंतु राष्ट्रपति के निर्वाचन में भाग नहीं लेते तथा इन्हें दोबारा मनोनीत भी किया जा सकता है। वर्तमान तक किसी मनोनीत सदस्य को मंत्री नहीं बनाया गया है। यद्यपि संविधान में इस पर कोई प्रतिबंध नहीं है।

लाभ के पद (Office of Profit)

लाभ के पद को संविधान में परिभाषित नहीं किया गया है, परंतु संसद द्वारा वर्ष-1959 में विधि बनाकर अनेक पदों को लाभ के पद से बाहर रखा गया है। संसद द्वारा निर्मित अधिनियम में जिन पदों का उल्लेख नहीं है, उसे लाभ का पद माना जाएगा। न्यायपालिका ने लाभ के पद को परिभाषित करते हुए कहा कि संघ अथवा राज्य सरकार के अंतर्गत धारण किया गया पद, जिससे व्यक्ति को लाभ प्राप्त होता हो अथवा लाभ प्राप्ति की संभावना हो।

लाभ के पद सिद्धांत का आधार

लाभ के पद पर बैठा व्यक्ति सांसद नहीं हो सकता, क्योंकि संसद का मूल कार्य कार्यपालिका पर नियंत्रण बनाए रखना है और लाभ का पद देकर कार्यपालिका सांसदों को नियंत्रित कर सकती है। अत: संसदीय शासन में शक्ति पृथक्करण बनाए रखने के लिए यह प्रावधान किया गया है कि सांसद लाभ का पद धारण न करे। यह उल्लेखनीय है कि कार्यपालिका के द्वारा लाभ का पद दिया जाता है।

न्यायपालिका का निर्णय

उच्चतम न्यायालय ने वर्ष-2006 में *जया बच्चन वाद* में एक महत्त्वपूर्ण निर्णय देते हुए कहा यदि कोई व्यक्ति किसी ऐसे पद पर नियुक्त है, जो अन्य व्यक्तियों को प्रभावित कर सकता है, तो उसे लाभ का पद माना जाएगा। यदि व्यक्ति को कोई वेतन व भत्ते नहीं प्राप्त हो रहे हैं, तो भी उसे लाभ के पद में शामिल किया जाएगा। उच्चतम न्यायालय के अनुसार, जया बच्चन उत्तर प्रदेश फिल्म कॉरपोरेशन बोर्ड की सदस्य थी। इसलिए वह लोगों को प्रभावित करने की क्षमता रखती थी। इसलिए उच्चतम न्यायालय ने उनके राज्य सभा की सदस्यता रद्द कर दी।

संसद के द्वारा भूतलक्षीय विधि

वर्ष-2006 में संसद के द्वारा भूतलक्षीय विधि के माध्यम से 56 पदों को लाभ के पद के दायरे से बाहर कर दिया गया। क्योंकि 56 सांसद इस पद पर बने हुए थे जिन पर अयोग्यता का खतरा विद्यमान था। तत्कालीन राष्ट्रपति अब्दुल कलाम के द्वारा इस विधेयक को संसद के समक्ष पुनर्विचार के लिए प्रस्तुत किया गया, परंतु संसद ने इस संशोधन को पुन: राष्ट्रपति के समक्ष हस्ताक्षर के लिए रखा, जिस पर राष्ट्रपति के द्वारा अनुमति दे दी गई।

सदस्यों द्वारा शपथ ग्रहण करना

संविधान की तीसरी अनुसूची में लोक सभा, राज्य सभा एवं विधान सभा के सदस्यों के शपथ लेने का एकसमान प्रावधान है।

शपथ का प्रारूप

(i) **मंत्री के लिए शपथ का प्रारूप**–मैं, अमुक, ईश्वर की शपथ लेता हूं/सत्यनिष्ठा से प्रतिज्ञान करता हूं कि मैं विधि द्वारा स्थापित भारत के संविधान के प्रति सच्ची श्रद्धा और निष्ठा रखूंगा, (मैं भारत की प्रभुता एवं अखंडता अक्षुण रखूंगा)। मैं संघ के मंत्री के रूप में अपने कर्त्तव्यों का श्रद्धापूर्वक और शुद्ध अंत:करण से निर्वहन करूंगा तथा मैं भय या पक्षपात, अनुराग या द्वेष के बिना सभी प्रकार के लोगों के प्रति संविधान और विधि के अनुसार न्याय करूंगा।

(ii) **गोपनीयता की शपथ**–मैं, अमुक, ईश्वर की शपथ लेता हूं/सत्यनिष्ठा से प्रतिज्ञान करता हूं कि जो विषय संघ के मंत्री के रूप में मेरे विचार के लिए लाया जाएगा अथवा मुझे ज्ञात होगा, उससे किसी व्यक्ति या व्यक्तियों को तब के सिवाय जबकि ऐसे मंत्री के रूप में अपने कर्त्तव्यों के सम्यक् निर्वहन के लिए ऐसा करना अपेक्षित हो, मैं प्रत्यक्ष अथवा अप्रत्यक्ष रूप से संसूचित या प्रकट नहीं करूंगा।

लोक सभा में स्थान का रिक्त होना

संसद सदस्यों का निम्नलिखित परिस्थितियों में स्थान रिक्त होगा–

(i) **दोहरी सदस्यता**- यदि कोई व्यक्ति दो सदनों का सदस्य निर्वाचित होता है, तो उसे एक सदन की सदस्यता का त्याग करना होगा तथा संसद व विधान सभा के सदस्य होने पर विधान सभा की सदस्यता समाप्त होगी।

(ii) **अयोग्यता**- यदि कोई सांसद संविधान में वर्णित अयोग्यता से ग्रस्त हो, तो निर्वाचन आयोग की सलाह पर राष्ट्रपति उसे अयोग्य घोषित करेगा।

(iii) **पदत्याग**- कोई भी सदस्य लोक सभा अध्यक्ष या राज्य सभा के सभापति को संबोधित त्यागपत्र द्वारा पदत्याग देता है।

(iv) **सदन में अनुपस्थिति**- यदि कोई संसद सदस्य लगातार 60 दिनों तक अनुपस्थित रहता है, तो सदन में उसका स्थान रिक्त समझा जाएगा। 60 दिनों की गणना में ऐसे समय को सम्मिलित नहीं किया जाएगा, जब सदन 4 से अधिक दिनों तक स्थगित अथवा बंद रहता है।

(v) **दल-बदल अधिनियम**- दल-बदल के आधार पर सांसदों की अयोग्यता का निर्धारण लोक सभा स्पीकर द्वारा किया जाता है।

लोक सभा के पदाधिकारी

लोक सभा की कार्यवाही को सुचारू रूप से संचालित करने तथा व्यवस्था बनाए रखने के लिए संसद में कई पदाधिकारी भी होते हैं, **इनका विवरण इस प्रकार है**–

(i) **प्रोटेम स्पीकर** (Protem Speaker)

यह एक *लैटिन* शब्द है, जिसका अभिप्राय थोड़े समय के लिए नियुक्त स्पीकर (speaker for the time being) है। संविधान में यह उल्लिखित है कि राष्ट्रपति के द्वारा सांसदों को शपथ दिलाई जाएगी। इसके लिए राष्ट्रपति स्वयं अथवा किसी पदाधिकारी की नियुक्ति करेगा। लोक सभा चुनाव के बाद लोक सभा के प्रथम सत्र में सबसे वरिष्ठ सदस्यों में से किसी एक को प्रोटेम स्पीकर के रूप में राष्ट्रपति के द्वारा नियुक्त किया जाता है। प्रोटेम स्पीकर का कार्य नए सदस्यों को शपथ दिलाना तथा नए अध्यक्ष का चुनाव करवाना होता है। इसके बाद प्रोटेम स्पीकर का पद समाप्त हो जाता है। परंपरा के अनुसार प्रोटेम स्पीकर सदन का सर्वाधिक वरिष्ठ सदस्य होता है। परंतु प्रोटेम स्पीकर का वरिष्ठ होना अनिवार्य नहीं है। भारत में प्रथम प्रोटेम स्पीकर डॉ. सच्चिदानंद सिन्हा थे।

अध्यक्ष (Speaker)

लोक सभा में अध्यक्ष का पद अत्यंत सम्माननीय, गरिमापूर्ण एवं विश्वासजनक होता है। संविधान के अनुच्छेद-93 के अनुसार, लोक सभा स्वयं ही अपने सदस्यों में से एक अध्यक्ष का चयन (Choose) करती है। परंपरा के अनुसार, लोक सभा अध्यक्ष पद सत्ताधारी दल को प्राप्त होता है। यद्यपि गठबंधन सरकारों के दौर में किसी एक दल का लोक सभा में बहुमत नहीं था। इसलिए सबसे बड़े दल को स्पीकर का पद प्राप्त नहीं हुआ। वर्ष-2004 में संयुक्त प्रगतिशील गठबंधन सरकार का निर्माण हुआ, जिसमें साम्यवादी दल के नेता सोमनाथ चटर्जी को स्पीकर बनाया गया। अध्यक्ष द्वारा पदत्याग, पदच्युति या अन्य किसी कारण से अनुपस्थिति की स्थिति में उपाध्यक्ष लोक सभा की अध्यक्षता करता है।

लोक सभा का उपाध्यक्ष

लोक सभा के द्वारा अध्यक्ष के अलावा एक उपाध्यक्ष का भी चयन किया जाता है। संसदीय परंपरा के अनुसार उपाध्यक्ष विपक्षी दल से संबंधित होता है। लोक सभा अध्यक्ष की अनुपस्थिति में उपाध्यक्ष के द्वारा सदन का संचालन किया जाता है। अध्यक्ष एवं उपाध्यक्ष की अनुपस्थिति में लोक सभा की अध्यक्षता लोक सभा द्वारा बनाए गए 10 सदस्यों के पैनल में से वरिष्ठता के क्रम पर आने वाला व्यक्ति करता है।

पदमुक्ति

लोक सभा अध्यक्ष को लोक सभा के तत्कालीन सदस्यों

के बहुमत से हटाया जाता है, तत्कालीन सदस्यों के बहुमत का अभिप्राय लोक सभा की कुल सदस्य संख्या में रिक्त सीटों की संख्या घटाने पर प्राप्त संख्या का बहुमत है, जिसे प्रभावी बहुमत (Effective Majority) भी कहा जाता है और हटाए जाने की प्रक्रिया शुरू होने के 14 दिन पहले सदन द्वारा लोक सभा अध्यक्ष को इस आशय की सूचना देनी आवश्यक है। जब लोक सभा अध्यक्ष को हटाए जाने पर सदन विचार कर रहा होता है, तब लोक सभा अध्यक्ष मत बराबर की स्थिति में मतदान नहीं करता, बल्कि प्राथमिक सदस्य के रूप में मतदान करता है।

लोकसभा अध्यक्ष के अधिकार व शक्तियां

(i) **प्रशासनिक शक्तियां**–लोक सभा स्पीकर लोक सभा का एकमात्र सदस्य है, जो लोक सभा के विघटन के बाद भी स्पीकर पद पर बना रहता है। नवीन लोक सभा के निर्माण के बाद स्पीकर के चयन के पश्चात् वह अपने पद का परित्याग करता है। वह लोक सभा सचिवालय का प्रशासनिक प्रधान भी होता है। इसलिए लोक सभा महासचिव की नियुक्ति करता है, जो एक वरिष्ठ प्रशासनिक सेवा का अधिकारी होता है, जो सदन के कार्य संचालन में लोक सभा स्पीकर की सहायता करता है।

(ii) **अर्द्ध-न्यायिक शक्तियां** (Quasi Judicial)–स्पीकर लोक सभा सदस्यों की दल-बदल अधिनियम के आधार पर अयोग्यता का भी निर्धारण करता है। इसके लिए किसी समय सीमा का प्रावधान नहीं है। वर्ष-2006 में लोक सभा एवं राज्य सभा के 11 सांसदों को पैसा लेकर प्रश्न पूछने के आरोप में सदन से सोमनाथ चटर्जी के द्वारा बर्खास्त (Expulsion) कर दिया गया था।

(iii) **सदस्यों का निलंबन** (Suspension)–लोक सभा स्पीकर के द्वारा सुचारू रूप से संचालन के लिए तथा लोक सभा में मर्यादा बनाए रखने के लिए लोक सभा सदस्यों को सदन के किसी सदस्य को सदन की किसी बैठक अथवा कुछ दिनों अथवा सत्र के लिए सदन से निष्कासित कर सकता है। सदस्य के निलंबन की कोई समय सीमा नहीं, बल्कि यह स्पीकर का विशेषाधिकार है। लोक सभा के नियम-373 के अनुसार सदन में व्यवस्था बनाए रखना स्पीकर का दायित्व है। अधिनियम-374(A) के अनुसार, सांसद सदन में नारेबाजी करे अथवा वैल (Well) में प्रवेश करे, तो उसे सदन की बैठक से निलंबित किया जा सकता है।

(iv) **निर्णायक मत** (Casting Vote)–स्पीकर की भूमिका लोक सभा में तटस्थ एवं निष्पक्ष होती है। इसलिए स्पीकर को लोक सभा में सामान्य परिस्थितियों में मत देने का अधिकार नहीं होता है। परंतु सदन में पक्ष एवं विपक्ष के बीच किसी मुद्दे पर बराबर मत हों, तो गतिरोध तोड़ने एवं निर्णय लेने के लिए स्पीकर के द्वारा निर्णायक मत का प्रयोग किया जाएगा। परंतु आज तक लोक सभा में कभी भी निर्णायक मत का प्रयोग नहीं हुआ है।

(v) **सदन का संचालन**–स्पीकर की अनुमति के बिना सदन की कोई भी कार्यवाही संभव नहीं है। सदन के सभी सदस्य स्पीकर को संबोधित करते हुए प्रश्न पूछते हैं अथवा कोई प्रस्ताव प्रस्तुत करते हैं। सदन की सभी महत्त्वपूर्ण समितियों का पदेन सभापति स्पीकर होता है तथा संसद की विभिन्न समितियों का गठन भी स्पीकर के द्वारा किया जाता है। सदन के संचालन के दौरान सदन में होने वाले स्थगन (Adjournment) का निर्धारण भी स्पीकर के द्वारा किया जाता है।

स्पीकर एवं उच्चतम न्यायालय

लोक सभा अध्यक्ष लोक सभा का प्रतिनिधित्व करता है तथा वास्तविक रूप में वह किसी दल का प्रतिनिधित्व नहीं करता, बल्कि समूचे सदन का प्रतिनिधित्व करता है और लोक सभा देश की समूची जनता की इच्छा को प्रकट करती है। इसलिए सदन के संचालन तथा लोक सभा सचिवालय के प्रशासनिक मामलों पर स्पीकर का नियंत्रण होता है। परंतु दल-बदल कानून को लेकर स्पीकर का निर्णय अत्यधिक विवादास्पद हो गया है तथा दल-बदल अधिनियम के अंतर्गत किसी भी सांसद की अयोग्यता का निर्धारण स्पीकर करता है, परंतु स्पीकर का निर्णय तटस्थ एवं निष्पक्ष न होकर, दलीय हितों से प्रेरित होता है।

वर्ष-1992 में मणिपुर विधान सभा अध्यक्ष बोरोबाबू सिंह के द्वारा एक विधायक को सदन की सदस्यता से निष्कासित कर दिया गया, जिसके विरुद्ध सदस्य ने उच्चतम न्यायालय में अपील की और न्यायालय ने मणिपुर विधान सभा के महासचिव को सदस्य की सदस्यता के निष्कासन को रोकने का आदेश दिया। परिणामस्वरूप विधान सभा

अध्यक्ष ने विधान सभा के महासचिव को अपने पद से बर्खास्त कर दिया, उच्चतम न्यायालय ने इसे अपनी अवमानना मानते हुए स्पीकर को उच्चतम न्यायालय के समक्ष उपस्थित होने का आदेश दिया, परंतु स्पीकर ने इसे अस्वीकार कर दिया।

वर्ष-1992 में *किहोतो होलोहानवाद* में ऐतिहासिक निर्णय देते हुए कहा कि जब विधान सभा अध्यक्ष अथवा लोक सभा अध्यक्ष दल-बदल अधिनियम से संबंधित मामलों में अयोग्यता का निर्धारण करते समय एक अधिकरण की भूमिका में होता है। इसलिए स्पीकर के निर्णय का न्यायिक पुनरावलोकन हो सकता है। अयोग्यता का निर्धारण संसद अथवा विधान सभा की प्रक्रिया नहीं है। इसका निर्धारण करते समय स्पीकर सदन का प्रतिनिधित्व नहीं करता, बल्कि वह अर्द्ध-न्यायिक भूमिका में होता है। इस वाद में यह भी कहा गया कि दल-बदल कानून से अभिव्यक्ति की स्वतंत्रता का मौलिक अधिकार समाप्त नहीं होता।

वर्ष-2016 में अरूणाचल प्रदेश में राष्ट्रपति शासन लगाने के मुद्दे पर उच्चतम न्यायालय ने एक ऐतिहासिक निर्णय देते हुए कहा कि जब सदन में स्पीकर को पद से हटाने का प्रस्ताव लंबित हो, तब स्पीकर सदन के सदस्यों को अयोग्य घोषित नहीं कर सकता।

महासचिव

लोक सभा का तीसरा महत्त्वपूर्ण अधिकारी लोक सभा महासचिव होता है, जिसको चुनने और नियुक्ति करने का अधिकार लोक सभा अध्यक्ष को है। एक बार नियुक्त होने पर वह अपनी सेवा की आयु तक पद पर बना रहता है। महासचिव एक प्रशासनिक पद होता है तथा सदन से संबंधित सभी प्रशासनिक कार्यवाहियों का संचालन महासचिव के द्वारा किया जाता है। यह संसद का स्थायी अधिकारी होता है।

विपक्ष का नेता

भारत की पहली लोक सभा में भी विपक्षी नेता का अभाव था, क्योंकि सबसे बड़ा विपक्षी दल भारतीय साम्यवादी दल था, जिसके केवल 30 सांसद थे। लोक सभा में विपक्ष के नेता को पहली बार वर्ष-1969 में मान्यता प्रदान की गई। इस वर्ष कांग्रेस पार्टी का विभाजन हो गया और कांग्रेस (R) पर इंदिरा गांधी का नेतृत्व था। जबकि कांग्रेस (O) में वरिष्ठ नेता थे, जिसे 60 सीटें प्राप्त थीं और उसके नेता राम सुभग सिंह थे।

वर्ष-1977 में भारत में विपक्ष के नेता के पद को वैधानिक और वेतन एवं भत्ते का प्रावधान किया गया। संसद के द्वारा वर्ष-1977 में विपक्षी दल के नेता के वेतन एवं भत्ते प्रावधान संबंधी अधिनियम का निर्माण किया गया। इस सांविधिक प्रावधान के अनुसार विपक्ष के नेता तथा कैबिनेट मंत्री के वेतन एवं भत्ते समान होते हैं।

16वीं लोक सभा चुनाव के बाद भारतीय संसदीय व्यवस्था के लिए एक नवीन चुनौती उत्पन्न हुई, क्योंकि भारतीय जनता पार्टी को लोक सभा में निर्णायक बहुमत प्राप्त हुआ, जबकि लोक सभा में दूसरा सबसे बड़ा दल कांग्रेस है, जिसे केवल 44 सीटें ही प्राप्त हुईं। संसदीय व्यवस्था में लोक सभा में विपक्ष के नेता पद को मान्यता लोक सभा स्पीकर के द्वारा दी जाती है, जिसके लिए दल के सदस्यों की संख्या लोक सभा के कुल सदस्य संख्या का कम से कम 1/10 सदस्य होना चाहिए। अतः विपक्ष के नेता पद के लिए दल के पास कम से कम 55 सांसद होने चाहिए।

इसलिए 16वीं लोक सभा में विपक्ष के नेता पद का निर्माण कठिन हो गया। क्योंकि 16वीं लोक सभा में किसी भी विपक्षी दल को सदन की कुल सदस्य संख्या के 1/10 से ज्यादा सीटें नहीं प्राप्त हो सकीं।

वर्तमान में विपक्ष के नेता का पद अत्यधिक महत्त्वपूर्ण हो गया है, क्योंकि अनेक सांविधिक संस्थाओं में जैसे-लोकपाल, मानवाधिकार आयोग, केंद्रीय सतर्कता आयोग और मुख्य सूचना आयुक्त की नियुक्ति के लिए विपक्ष के नेता की सहमति आवश्यक है। यह उल्लेखनीय है कि विपक्ष के नेता पद के लिए इसी प्रकार का प्रावधान राज्य सभा के लिए भी किया गया है। वर्ष-1980 से 1989 के बीच भारत में पुनः विपक्षी दल के नेता का अभाव था, जबकि वर्ष-1989 से 2014 के बीच में गठबंधन सरकारों के दौरान विपक्ष के नेता का पद अत्यधिक शक्तिशाली बन गया।

संसदीय समूह (Parliamentary Group)

किसी राजनीतिक दल को लोक सभा में विपक्ष के नेता अथवा दल का दर्जा प्राप्त न हो, तो उसे संसदीय समूह

के रूप में पहचान दी जा सकती है। इस संदर्भ में संसद के द्वारा वर्ष-1998 में विधि का निर्माण भी किया गया। अत: लोक सभा में किसी दल को 55 से कम सीट प्राप्त हो, तो उसे संसदीय समूह के रूप में मान्यता दी जाएगी।

वरिष्ठता का क्रम (Warrant of Precedence)

संघ सरकार के किसी भी कार्यक्रम में विभिन्न पदाधिकारियों को बैठाने के लिए एक विशेष प्रकार का प्रोटोकॉल अपनाया जाता है, वे निम्नलिखित हैं-

(i) राष्ट्रपति।
(ii) उप-राष्ट्रपति।
(iii) प्रधानमंत्री।
(iv) राज्यपाल अपने राज्य में।
(v) पूर्व राष्ट्रपति।
(vi) उप-प्रधानमंत्री।
(vii) मुख्य न्यायाधीश (उच्चतम न्यायालय)।
(viii) लोक सभा स्पीकर।
(ix) संघ सरकार के कैबिनेट मंत्री/मुख्यमंत्री/पूर्व प्रधानमंत्री व विपक्षी दल का नेता।

निष्कर्ष

संसदीय शासन, संविधान का आधारभूत ढांचा है, जो प्रतिदिन के उत्तरदायित्व के आधार पर कार्य करता है। वर्तमान संसदीय शासन में अनेक संस्थागत एवं प्रकार्यात्मक सुधारों की आवश्यकता है, जिससे लोकतंत्र ज्यादा प्रभावशाली बन सकें

अध्याय 2

संसद के कार्य एवं शक्तियां

(Work and Powers of Parliament)

• (i) विधि-निर्माण या विधायन की शक्तियां, • (ii) कार्यपालिकीय शक्तियां, • (iii) वित्तीय शक्तियां, • (iv) संवैधानिक शक्तियां, • (v) न्यायिक शक्तियां, • (vi) निर्वाचक शक्तियां, • (vii) राजनीतिक शक्तियां, • संसद का पतन, • निष्कर्ष

संसद, भारतीय लोकतंत्र का केंद्र बिंदु एवं भारतीय शासन, प्रशासन एवं नीति-निर्माण की धुरी है। संविधान ने संसद को शक्तिशाली बनाकर उसको विशेषाधिकार प्रदान किया है। संसद को प्राप्त शक्तियों को निम्नलिखित शीर्षकों के अंतर्गत् समझा जा सकता है-

(i) विधि-निर्माण या विधायन की शक्तियां।
(ii) कार्यपालिकीय शक्तियां।
(iii) वित्तीय शक्तियां।
(iv) संवैधानिक शक्तियां।
(v) न्यायिक शक्तियां।
(vi) निर्वाचक शक्तियां।
(vii) राजनीतिक शक्तियां।

(i) विधि-निर्माण या विधायन की शक्तियां

संसद पूरे देश के लिए अच्छे कानून के निर्माण का कार्य तथा विदेश में रहने वाले भारतीयों के लिए भी विधि का निर्माण कर सकती है, जिसे संसद की **क्षेत्रातीत शक्ति** कहा जाता है। अनुच्छेद-245 के अनुसार, संसद संघ सूची के **97 विषयों** पर कानून बनाती है और समवर्ती सूची पर भी संसद कानून बना सकती है, परंतु इस पर राज्य विधायिका को भी कानून निर्माण का अधिकार प्राप्त है। इसके अतिरिक्त अनुच्छेद-248 के अनुसार, संसद अवशिष्ट विषयों पर भी विधि-निर्माण का कार्य करती है। अवशिष्ट विषय किसी भी अनुसूची में सम्मिलित नहीं हैं। इसके अतिरिक्त राष्ट्रपति जो अध्यादेश जारी करता है, उसे 6 सप्ताह के अंतर्गत् संसद से पारित करवाना आवश्यक है, अन्यथा वह निष्प्रभावी हो जाएगा। विधि-निर्माण में लोक सभा तथा राज्य सभा को बराबर की शक्तियां प्राप्त हैं और विरोध की स्थिति में विधेयक को पारित करवाने हेतु संयुक्त बैठक बुलाई जाती है, जिसमें संख्या बल की अधिकता के कारण लोक सभा अधिक शक्तिशाली साबित होती है।

(ii) कार्यपालिकीय शक्तियां

भारत में कार्यपालिका का ब्रिटिश प्रतिमान (Westminster System) अपनाया गया है, जिसमें कार्यपालिका का निर्माण संसद से ही किया जाता है तथा वह संसद के ही प्रति उत्तरदायी होती है। कार्यपालिका तभी तक बनी रह सकती है, जब तक उसे सदन में विश्वास प्राप्त हो। इसके अतिरिक्त प्रश्नकाल, शून्यकाल, निंदा प्रस्ताव एवं स्थगन प्रस्ताव द्वारा भी सदन कार्यपालिका पर नियंत्रण रखता है तथा संसद विभिन्न समितियों के माध्यम से भी कार्यपालिका के कार्यों का परीक्षण करती है। सरकार पर

नियंत्रण का अधिकार केवल लोक सभा को प्राप्त है, राज्य सभा को नहीं। राज्य सभा कार्यपालिका से केवल प्रश्न पूछ सकती है, हटा नहीं सकती। जबकि लोक सभा बहुमत से कार्यपालिका को हटा सकती है।

(iii) वित्तीय शक्तियां

संसद की वित्तीय शक्तियां निम्नलिखित हैं-

- संसद की अनुमति के बिना कार्यपालिका न तो किसी प्रकार का कर लगा सकती है और न ही व्यय कर सकती है।
- बजट पर भी संसद का ही नियंत्रण होता है।
- संसद की अनुमति के बिना बजट में आय-व्यय की अनुमति नहीं मिलती।
- सरकार के समस्त खर्चों को कटौती प्रस्ताव के माध्यम से संसद अनुदान मांगों के रूप में स्वीकृत या अस्वीकृत करती है।
- संसद विभिन्न समितियों के माध्यम से भी आय-व्यय पर नियंत्रण रखती है। समितियां सरकार के खर्चों की जांच करती हैं तथा अनियमित या अवैध कृत्य के मामलों को भी सामने लाती हैं।
- संसद की स्वीकृति के बिना कार्यपालिका संचित निधि से कोई खर्च नहीं कर सकती।

(iv) संवैधानिक शक्तियां

संसद को व्यापक संवैधानिक शक्तियां प्राप्त हैं, **जो निम्नलिखित हैं**-

- संसद, संविधान में संशोधन कर सकती है।
- संसद, संविधान में दो प्रकार से संशोधन कर सकती है-
  - (i) विशेष बहुमत से, और
  - (ii) विशेष बहुमत तथा आधे से अधिक राज्यों के विधान सभा की स्वीकृति से।
- नए राज्यों का निर्माण कर सकती है।
- मौलिक अधिकारों का विस्तार या उन्हें कम कर सकती है।
- संसद ही नीति निदेशक सिद्धांतों को विधायी रूप प्रदान करती है।
- *केशवानंद भारती बाद* के उपरांत संसद संविधान के आधारभूत ढांचे में फेरबदल नहीं कर सकती।

(v) न्यायिक शक्तियां

ऐसी कार्यवाही, जो संसद के किसी सदन या उसकी समितियों अथवा उसके अधिकारियों के द्वारा संपादित कार्यों में बाधा उत्पन्न करे तथा साथ ही साथ किसी व्यक्ति के द्वारा प्रत्यक्ष अथवा परोक्ष रूप से ऐसे कार्य जो संसद की गरिमा को ठेस पहुंचाए, संसद की अवमानना या विशेषाधिकार का उल्लंघन कहा जाता है। सदन की अवमानना का अभिप्राय अत्यधिक व्यापक है, जिसमें विशेषाधिकार का उल्लंघन भी शामिल हो सकता है। अवमानना और विशेषाधिकार के बीच अंतर करना संसद का कार्य है। संसद की गरिमा के विरुद्ध किया गया भाषण तथा अध्यक्ष अथवा सभापति के कार्यों की निष्पक्षता पर सवाल उठाना संसद की अवमानना है। भारत में न्यायालयों ने यह बात मानी है कि किसी विशेष मामलों में विशेषाधिकार भंग हुआ है या नहीं। इस प्रश्न का फैसला करने का अधिकार केवल संसद या राज्य विधान मंडल को है। संसद को न्यायिक शक्तियां भी प्राप्त हैं, **जो निम्नलिखित हैं**-जब राष्ट्रपति पर महाभियोग की प्रक्रिया चल रही होती है, तो संसद न्यायिक स्वरूप ले लेती है और संसद दोनों पक्षों को सुनती है। महाभियोग को अर्द्ध-न्यायिक प्रक्रिया भी कहा जाता है। न्यायाधीशों को हटाने की सिफारिश संसद कर सकती है। न्यायालय की तरह संसद को भी अपनी अवमानना के लिए दंड देने का अधिकार प्राप्त है।

(vi) निर्वाचक शक्तियां

संसद को निम्नलिखित शक्तियां प्राप्त हैं-

- संसद, राष्ट्रपति तथा उप-राष्ट्रपति के निर्वाचन में भाग लेती है। राष्ट्रपति का निर्वाचन लोक सभा, राज्य सभा तथा विधान सभाओं के निर्वाचित सदस्य करते हैं। इसके अतिरिक्त लोक सभा तथा राज्य सभा के सभी सदस्यों द्वारा उप-राष्ट्रपति का निर्वाचन भी किया जाता है।
- लोक सभा अपने अध्यक्ष तथा उपाध्यक्ष, जबकि राज्य सभा उप-सभापति का चयन करती है।
- संसद ही संसदीय निर्वाचन तथा राज्य विधायिका के निर्वाचन से संबंधित कानून बनाती है।

(vii) राजनीतिक शक्तियां

संसद जनता की इच्छाओं को प्रकट करने वाला सबसे बड़ा मंच है। संसद में सांसदों के द्वारा व्यक्त किए गए विचार आम जनता के विचार माने जाते हैं और लोकतंत्र में जनता की इच्छाओं का सर्वाधिक महत्त्व होता है। संसद सूचना का भी सबसे बड़ा अंग है और सांसदों के द्वारा सरकार से किसी भी प्रकार की सूचना मांगी जा सकती है तथा सदन के सत्र में होने के दौरान सरकार कोई भी सूचना सबसे पहले सदन के समक्ष रखेगी।

सूचना का सबसे बड़ा अंग

संसद के समक्ष प्रधानमंत्री एवं मंत्रियों के द्वारा विभिन्न प्रकार की सूचनाएं प्रदान की जाती हैं। यदि संसद का सत्र चल रहा हो, तो मंत्रियों के द्वारा सूचनाएं पहले संसद को दी जाएंगी। प्रश्न के माध्यम से सांसद प्रश्न भी पूछ सकते हैं।

संसद का पतन (Decline of Parliament)

1. प्रदत्त विधायन (Delegated Legislation)

भारतीय संसद अपने निर्धारित दायित्वों के संपादन में असफल हो रही है, क्योंकि संसद की बैठकें वर्ष में औसतन 67 दिन ही हो रही हैं। जबकि ब्रिटेन में वर्ष में संसद की बैठक लगभग 150 दिन और अमेरिका में विधायिका की बैठक लगभग 200 दिन चलती है, जिससे प्रदत्त विधायन की प्रवृत्ति बढ़ रही है, इसे प्रत्यायोजित विधायन भी कहा जाता है। विधायिका द्वारा निर्मित विधि के पूरक प्रावधानों का निर्माण कार्यपालिका द्वारा किया जाता है। जिसके अनुसार कार्यपालिका विधि का निर्माण कर रही है। जबकि विधि-निर्माण का मूल दायित्व विधायिका का है।

2. अध्यादेशों का बढ़ता प्रयोग

अध्यादेश राष्ट्रपति के द्वारा जारी किया जाता है। अध्यादेश के माध्यम से कार्यपालिका विधि का निर्माण करती है तथा अध्यादेश पर संसद को चर्चा का अवसर नहीं मिलता है और अध्यादेशों पर विपक्ष को विधेयक की खामियां उजागर करने का भी समय नहीं मिल पाता है। इसलिए अध्यादेशों के बढ़ते प्रयोग से भी संसद के कार्यों पर नकारात्मक प्रभाव पड़ रहा है।

3. असंसदीय आचरण

16वीं लोक सभा के वर्ष-2015 में समूचा मानसून सत्र राजनीतिक दलों के विरोध के कारण संचालित नहीं हो सका, क्योंकि भारत में विभिन्न राजनीतिक दलों के द्वारा संसद का बहिष्कार आम प्रवृत्ति हो गई है, जिससे संसद में वाद-विवाद अथवा संवाद के बजाए, असंसदीय व्यवहार बढ़ रहे हैं, जो संसदीय शासन की गरिमा के अनुरूप नहीं है। संसदीय समितियों में शामिल सदस्य अपने विषयों के विशेषज्ञ नहीं हैं और संसदीय समितियों में सदैव सदस्य अनुपस्थित रहते हैं। वर्तमान में संसद में सदस्यों की उपस्थिति घट रही है तथा प्रधानमंत्री एवं मंत्री भी सदन में कम उपस्थिति होते हैं। 15वीं लोक सभा में 11 सांसदों को पैसा लेकर प्रश्न पूछने के कारण सदन से निष्कासित कर दिया गया और सांसदों के व्यवहार को नियंत्रित करने के लिए निर्मित दल-बदल अधिनियम भी प्रभावी नहीं हो रहा है, क्योंकि संसद के कार्यकाल के अंतिम वर्षों में सांसद दल-बदल करते हैं। राज्य सभा में पहले शिक्षाविद्, वैज्ञानिक तथा मशहूर कलाकारों को मनोनीत किया जाता था, जबकि वर्तमान में उद्योगपतियों एवं व्यवसायियों को राज्य सभा में मनोनीत किया जाता है।

4. राजनीतिक अपराधीकरण

भारत में पहले राजनेताओं के द्वारा चुनाव जीतने के लिए अपराधियों का समर्थन लिया गया, जिसे राजनीति का अपराधीकरण कहा गया तथा बाद में अपराधी स्वयं राजनेता बन गया, जिसे अपराधियों का राजनीतिकरण कहा गया। भारत में राजनीतिक अपराधीकरण एवं अपराधियों के राजनीतिकरण की प्रवृत्ति बढ़ रही है, जिसके परिणामस्वरूप विधि को तोड़ने वाले ही विधि-निर्माता बन गए हैं, जो संसदीय शासन की वैधता के लिए बड़ा खतरा है। एसोसिएशन फॉर डेमोक्रेटिक रीफॉर्म्स (Association for Democratic Reforms (ADR)) के आंकड़ों के अनुसार, लोक सभा एवं राज्य सभा के अनेक सांसदों पर हत्या, डकैती, अपहरण जैसे गंभीर मामले न्यायपालिका में लंबित हैं। परिणामस्वरूप आम जनता के बीच सांसदों की छवि नकारात्मक हो गई है।

5. संस्थागत समस्याएं

संसद में सांसदों की उपस्थिति कम होती है तथा मंत्रियों और प्रधानमंत्री की उपस्थिति भी घट रही है। संसद में संसदीय समितियों का निर्माण दलों में विद्यमान विभाजन को सीमित करने के लिए किया गया था, परंतु वर्तमान में

संसदीय समितियों में भी दलीय विभाजन देखने को मिल रहे हैं। उदाहरण के लिए, 15वीं लोक सभा के दौरान लोक लेखा समिति के सदस्यों द्वारा लोक लेखा समिति के अध्यक्ष को अपने पद से हटाने का प्रस्ताव पारित कर दिया गया। संसद का ह्रास भारत के लोकतंत्र के लिए घातक है। वर्ष-1997 में सांसदों के नैतिक व्यवहार को बेहतर बनाने के लिए आचरण समिति का गठन किया गया था, परंतु सांसदों के व्यवहार में कोई परिवर्तन नहीं हो रहा है।

निष्कर्ष

भारत में संसदीय शासन का प्रयोग प्रतिदिन के उत्तरदायित्व को सुनिश्चित करने के लिए किया गया था। परंतु वर्तमान में सांसद जनता के प्रति उत्तरदायी नहीं हैं और संसद में विचार-विमर्श का स्तर भी गिरता जा रहा है तथा विपक्ष की भूमिका सरकार के कार्य संचालन को बाधित करना नहीं है, अपितु सत्ता पक्ष की रचनात्मक आलोचना करना है। विपक्षी दलों के द्वारा वैकल्पिक नीतियों का भी सुझाव प्राप्त होना चाहिए।

अध्याय 3

संसद का कार्य संचालन

(Conduct of Business in Parliament)

• सदन में विधेयक का प्रस्तुतीकरण, • विधेयक का पारित होना, • संयुक्त बैठक का आयोजन, • 2. धन विधेयक, • धन विधेयक को प्रमाणित करने की शक्ति, • संसद में बजट प्रक्रिया, • राज्य सभा में धन विधेयक, • सरकारी कोष, • लोक सभा एवं राज्य सभा की शक्तियों में समानता, • लोक सभा के विघटन एवं विधेयक, • सांसदों के वेतन एवं भत्ते

विधि-निर्माण

संविधान के अनुच्छेद-118 के अनुसार, प्रत्येक सदन को अपने संचालन की प्रक्रिया के निर्माण का अधिकार है। लोक सभा में प्रक्रिया के संचालन के लिए 1952 में नियम का निर्माण किया गया, जबकि राज्य सभा के द्वारा 1964 में प्रक्रिया का निर्धारण किया गया। लोक सभा की नियम समिति की अनुशंसा के आधार पर इसमें अनेक संशोधन भी किए गए हैं। संसद का महत्त्वपूर्ण कार्य कानून बनाना है। इसके लिए सभी प्रस्ताव विधेयकों के रूप में संसद के सामने आना चाहिए।

विधि-निर्माण अनौपचारिक आरंभ

संसदीय शासन में विधि-निर्माण का आरंभ मंत्रिपरिषद् के द्वारा होती है और मंत्रिपरिषद् के नाम पर मंत्रिमंडल की बैठक में किसी विधेयक को प्रस्तुत करने का निर्णय लिया जाता है। मंत्रिमंडल के प्रस्ताव के बाद संबंधित मंत्रालय को विधेयक के प्रारूप निर्माण (Drafting) के लिए भेजा जाता है। उदाहरण के लिए, पर्यावरण संरक्षण से संबंधित विधेयक के प्रारूप निर्माण का कार्य पर्यावरण मंत्रालय द्वारा निर्मित होता है, जिसके बाद प्रत्येक विधेयक को विधि मंत्रालय भेजा जाता है, जो विधेयक के कानूनी पक्षों पर विचार करता है, जिससे विधेयक को न्यायालय में चुनौती न दी जा सकें

इसके पश्चात् संसदीय कार्य मंत्री से विधेयक को संसद में प्रस्तुत करने से पूर्व परामर्श लिया जाता है, जिससे सदन में विधेयक को प्रस्तुत करने की तिथि एवं समय का निर्धारण किया जा सकें संसदीय कार्य मंत्री के द्वारा लोक सभा स्पीकर अथवा राज्य सभा के सभापति से परामर्श करके विधेयक पर समय एवं तिथि का निर्धारण किया जा सकता है। लोक सभा स्पीकर अथवा राज्य सभा के सभापति सदन के महासचिव से परामर्श के द्वारा सदन में विधेयक को प्रस्तुत करने के दिन एवं समय का निर्धारण करते हैं।

सदन में विधेयक का प्रस्तुतीकरण

1. सदन एवं विधेयक

सामान्य विधेयक किसी भी सदन में प्रस्तुत किया जा सकता है, बशर्ते इसके लिए लोक सभा स्पीकर अथवा राज्य सभा स्पीकर की अनुमति आवश्यक होती है। धन विधेयक केवल लोक सभा में ही प्रस्तुत किया जा सकता है। संविधान संशोधन विधेयक किसी भी सदन में आरंभ किया जा सकता है।

2. मंत्रिपरिषद् एवं विधेयक

सदन में विधेयक मंत्रिपरिषद् के किसी भी सदस्य के द्वारा प्रस्तुत किया जा सकता है। मंत्रिपरिषद् के द्वारा प्रस्तुत विधेयकों को सरकारी विधेयक भी कहा जाता है। जबकि सांसदों के द्वारा प्रस्तुत विधेयक को निजी विधेयक (Private Member's Bill) तथा इसे गैर-सरकारी विधेयक भी कहा जाता है। सांसद सत्ताधारी दल का अथवा विपक्षी दल का भी हो सकता है। मनोनीत सांसद भी सदन में विधेयक ला सकता है।

3. निजी विधेयक (Private Member's Bill)

मंत्रियों के अतिरिक्त प्रस्तुत विधेयकों को निजी विधेयक कहा जाता है। संविधान लागू होने से (1950) लेकर वर्ष-2015 तक केवल 14 निजी विधेयक ही पारित हुए हैं, जिसमें पहला विधेयक वर्ष-1952 में मोहम्मद अहमद कासिम द्वारा प्रस्तुत किया गया, जो मुस्लिम वक्फ विधेयक (The Muslim Wakfs Bill) के रूप में था। जबकि सैकड़ों निजी विधेयक सदन में प्रस्तुत किए गए, परंतु वे पारित नहीं हो पाए। 14वीं लोक सभा में 300 निजी विधेयक प्रस्तुत किए गए, जिसमें से केवल 12 विधेयकों पर चर्चा हुई। संसद में निजी विधेयकों का पारित होना एक सकारात्मक प्रवृत्ति है, जिसमें सत्ताधारी दल के बजाए, संसद की सहमति होती है।

4. निजी विधेयक की प्रक्रिया

संसद के ऐसे प्रत्येक सदस्य जो मंत्रिपरिषद के भाग नहीं हैं, जिसमें सत्ता पक्ष एवं विपक्ष के सांसद हो सकते हैं, जिनको गैर-सरकारी सदस्य कहा जाता है। सामान्यत: लोक सभा में प्रत्येक शुक्रवार के अंतिम ढ़ाई घंटे गैर-सरकारी सदस्यों के कार्य को निपटाने के लिए निश्चित किया गया है। यदि कोई गैर-सरकारी सदस्य सदन में विधेयक लाना चाहता है, तो उसे उस विधेयक के बारे में लोक सभा अध्यक्ष को एक महीने पहले सूचना देनी होगी तथा सूचना के साथ विधेयक के उद्देश्यों और कारणों का भी उल्लेख करना आवश्यक होता है। वर्तमान में एक गैर-सरकारी सदस्य द्वारा किसी एक सत्र में चार से अधिक विधेयक नहीं लाए जा सकते। **किराए की कोख विनियमन विधेयक, 2014** को लोक सभा में बीजू जनता दल के वरिष्ठ सदस्य भृतुहरि मेहताब द्वारा पेश किया गया, जो पारित हो गया।

5. विधेयकों के प्रकार

संसद के द्वारा अनेक प्रकार के विधेयक पारित किए जाते हैं और इन विधेयकों में वर्गीकरण का मूल आधार विधेयक में विद्यमान प्रक्रिया एवं विषयवस्तु है। विधेयक मूलत: 4 प्रकार के होते हैं, जो निम्नलिखित हैं-

1. साधारण विधेयक। (Ordinary Bill)
2. धन विधेयक। (Money Bill)
3. वित्तीय विधेयक। (Financial Bill)
4. संविधान संशोधन विधेयक। (Constitution Amendment Bill)

1. साधारण विधेयक की प्रक्रिया

(i) प्रथम वाचन (First Reading)– संविधान में साधारण विधेयक की प्रक्रिया का विस्तृत उल्लेख नहीं है, अपितु संक्षिप्त आधार उल्लिखित है। प्रक्रिया का विस्तृत वर्णन लोक सभा एवं राज्य सभा नियमों में पाया जाता है। अनुच्छेद-107 के अनुसार, साधारण विधेयक संसद के किसी भी सदन में प्रस्तुत किया जा सकता है। सामान्यत: यह विधेयक किसी मंत्री या सांसदों द्वारा प्रस्तुत किया जा सकता है। कोई सदस्य सदन में कोई विधेयक प्रस्तुत करना चाहता है, तो उसे इस आशय की अग्रिम सूचना अध्यक्ष को देनी होगी तथा इजाजत लेनी होगी, जो सामान्यत: मिल जाती है। यदि विधेयक को प्रस्तुतीकरण से पहले भारतीय सरकार के राजपत्र में प्रकाशित कराया जाता है, तो विधेयक के प्रस्तुतीकरण की इजाजत नहीं लेनी पड़ती। विधेयक का सदन में प्रस्तुत करना तथा राजपत्र में प्रकाशन प्रथम वाचन कहलाता है। परंपरानुसार इस अवस्था में विधेयक पर चर्चा नहीं की जाती तथा एक दिन में कितने भी विधेयक पेश किए जा सकते हैं।

(ii) द्वितीय वाचन (Second Reading)– यह विधेयक के निर्माण का सबसे महत्त्वपूर्ण चरण है। इस चरण में विधेयक को अंतिम रूप दिया जाता है और इसकी विस्तृत एवं बारीकी से जांच की जाती है। द्वितीय वाचन के **दो** चरण हैं-प्रथम चरण, यह सामान्य बहस की अवस्था है, जिसमें विधेयक की प्रति सभी सदस्यों में एक-एक कर वितरित करके समूचे विधेयक पर सामान्य चर्चा होती है। इस चरण में सदन चाहे तो विधेयक को सदन की प्रवर समिति या दोनों सदनों की संयुक्त समिति को निर्दिष्ट कर

सकती है या चाहे तो सीधे इस पर विचार कर सकती है। विधेयक पर उपरोक्त समितियों द्वारा गहराई से विचार करने के पश्चात् संशोधित प्रतिवेदन को छाप दिया जाता है। इसके बाद विधेयक (Bill) का प्रस्तावक प्रस्ताव रख सकता है-

• **संसदीय समिति** (Parliamentary Committee)– सदन में संख्या अधिक होने के कारण विधेयक पर बारीकी से विचार संभव नहीं है। सांसद सभी विषयों के विशेषज्ञ नहीं होते। इसीलिए सदन में गंभीर चर्चा संभव नहीं है। संसद में समय का अभाव भी रहता है तथा सांसद दलीय आधारों पर विभाजित भी होते हैं। इन समस्याओं के समाधान के लिए विधेयक पर विचार करने के लिए संसदीय समिति का गठन किया जाता है।

• **प्रवर समिति** (Select Committee)– विधेयक जिस सदन में प्रस्तुत किया गया है, उसी सदन के सदस्यों से मिलकर संसदीय समिति का गठन हो, तो उसे प्रवर समिति कहते हैं। विधेयक राज्य सभा में प्रस्तुत है, तो प्रवर समिति में केवल राज्य सभा के ही सदस्य होंगे। संसदीय समिति में प्रत्येक राजनीतिक दल के सदस्यों को आनुपातिक प्रतिनिधित्व दिया जाता है।

• **संयुक्त समिति** (Joint Committee) जिस सदन में विधेयक प्रस्तुत किया जाता है, उस सदन के सदस्यों के अलावा दूसरे सदन के सदस्यों को भी संसदीय समिति में शामिल किया जाता है। अत: इसमें दोनों सदनों के सदस्य शामिल होते हैं। लोक सभा की संख्या राज्य सभा की संख्या से लगभग दोगुनी होती है। इसलिए संयुक्त समिति में लोक सभा के सदस्य राज्य सभा से दोगुने होते हैं। यदि विधेयक में पहले ही सदन में समिति का गठन होता है, तो संयुक्त समिति को प्राथमिकता दी जाती है, क्योंकि प्रथम सदन से पारित होकर विधेयक दूसरे सदन में प्रस्तुत किया जाएगा।

• **जनता की राय** (Public Opinion)– विधि-निर्माण में आम जनता की राय को भी अत्यधिक महत्त्व दिया जाता है। संसदीय समितियों के विचार के दौरान विधेयक को आम जनता की राय जानने के लिए संप्रेषित किया जाता है। इस हेतु विधेयक को विभिन्न समाचार-पत्रों में प्रकाशित किया जाता है। सदन में याचिका समिति (Petition Committee) का गठन होता है, जो जनता की राय को व्यवस्थित करके सदन के समक्ष प्रस्तुत करती है।

• **खंडश: विचार** (Clause by clause Discussion)

जनता की राय जो संसदीय समिति की रिपोर्ट आने के पश्चात् सदन में विधेयक के प्रत्येक खंड पर व्यापक चर्चा होती है एवं संशोधन के भी सुझाव दिए जाते हैं, जिसे मतदान के आधार पर स्वीकृत अथवा अस्वीकृत किया जाता है। विधेयक पर मतदान सामान्य बहुमत से होता है।

(iii) तृतीय वाचन (Third Reading)– तृतीय वाचन विधेयक की किसी एक सदन में अंतिम अवस्था होती है। इस वाचन में संशोधन स्वीकार नहीं किए जाते हैं। समूचे

सामान्य विधेयक एवं धन विधेयक की तुलना

सामान्य विधेयक	धन विधेयक
• किसी भी सदन में प्रस्तुत किया जा सकता है। • सदन में प्रस्तुत करने से पूर्व राष्ट्रपति की पूर्व अनुमति आवश्यक नहीं है। • दोनों सदनों के बीच गतिरोध की स्थिति में संयुक्त बैठक हो सकती है। • राष्ट्रपति इस पर अनुमति दे सकता है या अनुमति देने से मना कर सकता है अथवा सदन को पुनर्विचार के लिए भेज सकता है।	• केवल लोक सभा में ही प्रस्तुत किया जा सकता है। • सदन में प्रस्तुत करने से पूर्व राष्ट्रपति की अनुमति आवश्यक है। • संयुक्त बैठक नहीं हो सकती तथा राज्य सभा किसी धन विधेयक को अधिकतम 14 दिन तक रोक सकती है। • अनुमति देगा अथवा अनुमति नहीं देगा। राष्ट्रपति इसे सदन को पुनर्विचार के लिए नहीं भेज सकता।

विधेयक पर मतदान होता है, जो सामान्य बहुमत से स्वीकृत किया जाता है। तत्पश्चात् मंत्री अथवा सांसद यह प्रस्ताव कर सकता है कि विधेयक को पारित किया जाए।

विधेयक का पारित होना

तीनों वाचनों की प्रक्रिया से गुजरने के पश्चात् विधेयक को दूसरे सदन में भेजा जाता है और दूसरा सदन विधेयक को हूबहू पारित कर दे, तो विधेयक को दोनों सदनों से पारित मान लिया जाएगा, यदि दूसरे सदन के द्वारा संशोधन का प्रस्ताव किया गया, तो विधेयक को पुनः पहले सदन के समक्ष प्रस्तुत किया जाएगा और पहले सदन के द्वारा संशोधन स्वीकार हो गया, तो इस स्थिति में भी विधेयक को दोनों सदनों से पारित मान लिया जाएगा और इसे हस्ताक्षर के लिए राष्ट्रपति के समक्ष प्रस्तुत किया जाएगा।

सदन के बीच गतिरोध (Dead Lock)

संविधान में विधि-निर्माण की प्रक्रिया का उल्लेख नहीं है। परंतु दोनों सदनों के बीच गतिरोध की स्थिति का उल्लेख है और संविधान के अनुच्छेद-108 के अंतर्गत निम्नलिखित परिस्थितियों को गतिरोध माना जाएगा-

(i) दूसरे सदन के द्वारा विधेयक पूर्णतः अस्वीकृत कर दिया गया हो।

(ii) दूसरे सदन के द्वारा किए गए संशोधन के बाद विधेयक को पुनः पहले सदन को भेजा गया, जिससे पहला सदन सहमत न हो।

(iii) दूसरे सदन को विधेयक प्राप्त होने की तारीख से 6 महीने से अधिक बीत गए हों और सदन के द्वारा विधेयक पर कोई विचार नहीं किया गया हो।

उपरोक्त परिस्थितियों को दोनों सदनों के बीच गतिरोध माना जाएगा। जिसके परिणामस्वरूप विधेयक समाप्त हो सकता है अथवा दोनों सदनों की संयुक्त बैठक का आयोजन करना होगा।

संयुक्त बैठक (Joint Sitting)

संयुक्त बैठक का उल्लेख अनुच्छेद-108 में किया गया है और संयुक्त बैठक बुलाने की अधिसूचना राष्ट्रपति जारी करता है, बैठक की प्रक्रियाओं का उल्लेख लोक सभा नियमों में किया गया है, जिसके अनुसार संयुक्त बैठक की अध्यक्षता लोक सभा स्पीकर करेगा। लोक सभा अध्यक्ष की अनुपस्थिति में संयुक्त बैठकों की अध्यक्षता लोक सभा का उपाध्यक्ष करता है, यदि लोक सभा का उपाध्यक्ष भी अनुपस्थित है, तो संयुक्त बैठक की अध्यक्षता राज्य सभा का उप-सभापति करता है। संयुक्त बैठक में प्रस्ताव दोनों सदनों के उपस्थित और मत देने वाले सदस्यों के कुल सदस्य संख्या के बहुमत द्वारा पारित होता है। यह बहुमत दोनों सदनों की साझी संख्या का होगा और दोनों सदनों के अलग-अलग संख्या का बहुमत नहीं होगा। यह उल्लेखनीय है कि संयुक्त बैठक का आयोजन सामान्य विधि के निर्माण के लिए होता है, संविधान संशोधन के लिए नहीं।

संयुक्त बैठक का आयोजन

1. दहेज विरोधी अधिनियम

संसदीय इतिहास में पहली संयुक्त बैठक वर्ष-1961 में हुई, जब लोक सभा एवं राज्य सभा के बीच दहेज विरोधी अधिनियम (1961) के मुद्दे पर दोनों सदनों के बीच गतिरोध उत्पन्न हो गया। दहेज की परिभाषा को लेकर दोनों सदनों के बीच गंभीर विवाद उत्पन्न हो गया। यह अत्यधिक दिलचस्प मुद्दा है कि तत्कालीन समय में लोक सभा एवं राज्य सभा दोनों सदनों में कांग्रेस का बहुमत था। इसके बावजूद दोनों सदनों के मध्य गतिरोध उत्पन्न हुआ। इससे यह प्रतीत होता है कि पहले सदन में अभिव्यक्ति की अत्यधिक स्वतंत्रता थी। इस बैठक में विधेयक को पारित किया गया।

2. बैंकिंग सेवा आयोग अधिनियम

वर्ष-1978 में जनता पार्टी शासन के दौरान दूसरी बार बैंकिंग सेवा आयोग अधिनियम के संबंध में लोक सभा और राज्य सभा के बीच गतिरोध उत्पन्न हो गया। इस दौरान जनता पार्टी को लोक सभा में बहुमत प्राप्त था, लेकिन राज्य सभा में उसे बहुमत नहीं था, राज्य सभा में कांग्रेस दल के सदस्यों का बहुमत था। अतः दोनों सदनों के बीच गतिरोध का कारण राजनीतिक ज्यादा था। बैठक में विधेयक पारित हुआ।

3. आतंकवाद विरोधी अधिनियम

वर्ष-2002 में लोक सभा में किसी भी दल को बहुमत प्राप्त नहीं था और राष्ट्रीय लोकतांत्रिक गठबबंधन (National Democratic Alliance) की सरकार थी और राज्य सभा में

भी किसी दल को बहुमत प्राप्त नहीं था। दिसंबर, 2001 में संसद पर हमले के बाद सरकार के द्वारा आतंकवाद निवारक अधिनियम का निर्माण किया गया और दोनों सदनों की संयुक्त बैठक में यह विधेयक पारित हो गया। यह भी उल्लेखनीय है कि वर्ष-2008 में महिला आरक्षण संबंधित विधेयक को पारित कराने के लिए भी संयुक्त बैठक का आयोजन किया गया, परंतु यह विधेयक संयुक्त बैठक में भी पारित नहीं हो सका।

संयुक्त बैठक की आलोचना

संयुक्त बैठक के द्वारा पारित किसी विधेयक में राज्य सभा की उपेक्षा हो जाती है, क्योंकि लोक सभा की संख्या राज्य सभा से लगभग दोगुनी है। इसलिए संयुक्त बैठक के दौरान राज्य सभा के सदस्यों के सहमति के बिना भी विधेयक पारित हो जाता है। भारतीय संघीय व्यवस्था में राज्य सभा के द्वारा राज्यों का प्रतिनिधित्व किया जाता है। इसलिए राज्यों की उपेक्षा उचित नहीं है। राज्य सभा वरिष्ठों का सदन है। अतः राज्य सभा के द्वारा उठाई गई आपत्तियों को लोक सभा के संख्या बल के द्वारा दबा देना भी लोकतांत्रिक भावना के अनुकूल नहीं है। दोनों सदनों के बीच गतिरोध का राजनीतिक समाधान होना चाहिए तथा प्रत्येक सदन के तार्किक मांगों का विधेयक में समावेश होना चाहिए। संयुक्त बैठक का प्रावधान संविधान में उल्लिखित है, परंतु इसका आपवादिक प्रयोग ही होना चाहिए। यह बिंदु भी उल्लेखनीय है कि वर्तमान में राज्य सभा और लोक सभा के बीच अलग-अलग दलों का बहुमत होता है। अतः दलीय हितों के कारण भी दोनों सदनों के बीच टकराव बढ़ते हैं।

संयुक्त बैठक के अपवाद

सामान्य विधेयकों पर संयुक्त बैठक का आयोजन होता है, परंतु धन विधेयक में संयुक्त बैठक का कोई प्रावधान नहीं है क्योंकि धन विधेयक को राज्य सभा केवल 14 दिन तक रोक सकती है। उसके बाद विधेयक दोनों सदनों से पारित मान लिया जाएगा। संविधान संशोधन विधेयकों पर भी संयुक्त बैठक का प्रावधान लागू नहीं होता है, क्योंकि भारत में संघ एवं राज्यों का एक ही संविधान है। इसलिए राज्यों की भागीदारी के बिना संविधान में संशोधन उचित नहीं है और संघीय व्यवस्था में राज्य सभा राज्यों के हितों का प्रतिनिधित्व करती है।

राष्ट्रपति के हस्ताक्षर

दोनों सदनों अथवा संयुक्त बैठक के द्वारा पारित विधेयक राष्ट्रपति के हस्ताक्षर के लिए प्रस्तुत किया जाता है। राष्ट्रपति या तो विधेयक पर अनुमति देगा अथवा अनुमति देने से मना करेगा या पुनर्विचार के लिए भेज सकता है या राष्ट्रपति उस विधेयक को अपने मेज पर पड़ा रहने दे सकता है। संविधान में राष्ट्रपति के लिए किसी विधेयक पर हस्ताक्षर करने की किसी निश्चित समय सीमा का उल्लेख नहीं किया गया है। विधेयक पर राष्ट्रपति के हस्ताक्षर के बाद यह अधिनियम बन जाता है। राष्ट्रपति के हस्ताक्षर के बाद अधिनियम को अधिसूचित किया जाता है, तभी यह लागू होता है और राष्ट्रपति के हस्ताक्षर से ही यह सिद्ध होता है कि अधिनियम का निर्माण किस तिथि को किया गया है, इसके बाद अधिनियम को भारतीय राजपत्र में अधिसूचित किया जाता है, जिससे यह लागू हो जाता है। (अनुच्छेद-111)। यदि वह विधेयक को अनुमति देता है, तो अधिनियम बन जाता है। यदि मना करता है, तो विधेयक निरस्त हो जाएगा और यदि पुनर्विचार के लिए भेजता है, तो सदन पुनर्विचार करेगा। पुनर्विचार करने के बाद विधेयक पुनः राष्ट्रपति के पास जाता है, तो राष्ट्रपति हस्ताक्षर करने के लिए बाध्य है। विधेयक पर मंत्री अथवा प्रधानमंत्री के हस्ताक्षर नहीं होते।

2. धन विधेयक (Money Bill)

अनुच्छेद-110 में धन विधेयक की परिभाषा दी गई है तथा धन विधेयक के अंतर्गत् निम्नलिखित विषय सम्मिलित किए जाते हैं-

- किसी कर का लगाना, हटाना, परिवर्तन एवं नियंत्रण करना।
- सरकार द्वारा धन उधार लेने को नियंत्रित करना। भारतीय सरकार की वित्तीय उत्तरदायित्वों से संबंधित विधियों का संशोधन।
- भारत की संचित निधि या आकस्मिक निधि की अभिरक्षा। इस कोष में पैसे जमा करने अथवा निकालने संबंधित प्रावधान।
- भारत की संचित निधि से धन का विनियोग।
- किसी भी व्यय को भारत की संचित निधि पर भारित करना अथवा खर्च की मात्रा में वृद्धि।

- भारत की संचित निधि या लोक लेखा से धन प्राप्त करना या उसकी रक्षा करना अथवा संघ एवं राज्यों के लेखा परीक्षण से संबंधित विषय धन विधेयक में शामिल होंगे। उपरोक्त में सभी विषय अथवा किसी एक विषय से संबंधित विधेयक धन विधेयक कहलाएगा।

धन विधेयक को प्रमाणित करने की शक्ति

किसी विधेयक को धन विधेयक के रूप में उपरोक्त वित्तीय विषयों के आधार पर प्रमाणित नहीं किया जाएगा। इसीलिए किसी विधेयक में करारोपण के प्रावधान से विधेयक धन विधेयक नहीं होगा, बल्कि लोक सभा स्पीकर का प्रमाण-पत्र ही धन विधेयक का मूल आधार है। इस विधेयक को राज्य सभा में प्रस्तुत करने से पूर्व अथवा राष्ट्रपति के समक्ष प्रस्तुत करने से पहले स्पीकर द्वारा विधेयक पर हस्ताक्षर एवं प्रमाणित होना चाहिए। लोक सभा स्पीकर सुमित्रा महाजन के द्वारा आधार अधिनियम को धन विधेयक के रूप में प्रमाणित किया गया। आलोचकों का मानना है कि आधार अधिनियम में उल्लिखित विषय धन विधेयक का भाग नहीं है। वर्तमान सरकार का राज्य सभा में बहुमत नहीं है। इसलिए आधार अधिनियम को राज्य सभा से बचाने के लिए इसे स्पीकर द्वारा धन विधेयक के रूप में प्रमाणित किया गया है। स्पीकर के इस निर्णय को उच्चतम न्यायालय में चुनौती दी गई।

आधार अधिनियम को उच्चतम न्यायालय में चुनौती देने से यह प्रतीत होता है कि स्पीकर के द्वारा सदन की प्रक्रिया को निर्धारित करने का अधिकार है और इसी विधेयक को धन विधेयक के रूप में प्रमाणित करना सदन की प्रक्रिया का भाग है। परंतु स्पीकर सदन की प्रक्रिया का अतार्किक निर्धारण नहीं कर सकता। वर्तमान में स्पीकर का निर्णय न्यायिक पुनरावलोकन का विषय बन गया है, जो संसदीय शासन के लिए शुभ संकेत नहीं है।

बजट प्रस्तुतीकरण

संविधान में बजट शब्द का उल्लेख नहीं किया गया है, बल्कि बजट फ्रेंच भाषा का शब्द है और फ्रांस के मंत्री चमड़े के थैले में वित्तीय कागजात संसद के समक्ष लाते थे, जिसे बजट कहा जाने लगा। संविधान में इसे वार्षिक वित्तीय विवरण कहा गया है, (अनुच्छेद-112)। प्रत्येक वित्तीय वर्ष के प्रारंभ में राष्ट्रपति उस वर्ष किए जाने वाले आय-व्यय की अनुमानित प्राप्ति और व्यय को संसद के दोनों सदनों के समक्ष रखवाता है। बजट का अर्थ है, वित्तीय आय-व्यय का वार्षिक लेखा-जोखा। बजट फरवरी माह में लोक सभा में प्रस्तुत किया जाता है। सरकार बजट में आय-व्यय के अनुमानित विवरणों के अतिरिक्त अपनी आर्थिक नीतियों व कार्यक्रमों का भी उल्लेख करती है। बजट में दिए गए व्यय के अनुमानों में सम्मिलित है।

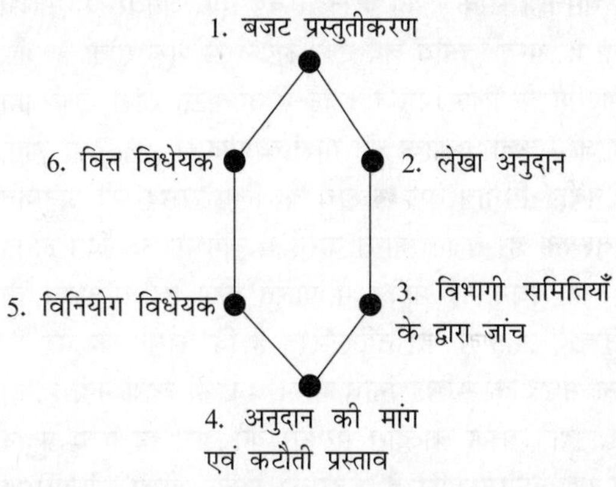

संसद में बजट प्रक्रिया

बजट दो प्रकार के होते थे-**रेलवे बजट और आम बजट।** परंतु वर्ष-2017 से रेल बजट का आम बजट में विलय कर दिया गया और अब केवल आम बजट ही पेश किया जा रहा है, जो फरवरी के प्रथम सप्ताह में प्रस्तुत किया जाता है। अतः बजट की प्रक्रिया निम्नलिखित चरणों से गुजरती है-

पहला चरण

लोक सभा में वित्त मंत्री बजट भाषण पढ़ने के बाद बजट प्रस्तुत करते हैं। उसके पश्चात् राज्य सभा में बजट को प्रस्तुत किया जाता है और सामान्य बहस के अंतर्गत् बजट की प्रमुख नीतियों तथा साधारण सिद्धांतों पर बहस की जाती है, जिसमें सदस्य सरकार की राजकोषीय और आर्थिक नीतियों के सामान्य पहलुओं पर ही चर्चा करते हैं तथा कराधान एवं व्यय के ब्यौरों पर चर्चा नहीं करते। इस प्रकार सामान्य बहस से दोनों सदनों को अपने-अपने विचार रखने का अवसर मिलता है।

दूसरा चरण

बजट पर बहस आरंभ होती है, जो बजट पेश होने के बाद सामान्यत: तीन या चार दिनों तक चलती है, जिसमें बजट के महत्त्वपूर्ण मुद्दों पर नोंक-झोंक के साथ परिचर्चा होती है और इसके अंत में आवश्यकता पड़ने पर वित्त मंत्री जवाब देते हैं तथा इसके उपरांत सदन तीन या चार हफ्तों के लिए स्थगित हो जाता है।

लेखानुदान (Vote on Account)

इसका उल्लेख संविधान के अनुच्छेद-116 में किया गया है। भारतीय सरकार का कैलेंडर वर्ष एक जनवरी से आरंभ होता है, परंतु वित्तीय वर्ष एक अप्रैल से शुरू होता है और मंत्रालयों के लिए पिछले बजट में आवंटित राशि खर्च नहीं की जा सकती, क्योंकि यह राशि व्यपगत (Lapse) हो जाती है। नवीन वित्तीय वर्ष में खर्च के लिए संसद की अनुमति आवश्यक है। बजट पारित करने में लगभग 56 दिन लगते हैं तथा बजट मई महीने में पारित होता है। संविधान के अनुच्छेद-266 में यह उल्लिखित है कि संसद के मद के बिना भारत के संचित निधि में से धन का व्यय नहीं होगा। लेखानुदान संसद के द्वारा सरकार को खर्च के लिए प्रदान की गई अग्रिम राशि है, जिसका लेखा-जोखा मंत्रिपरिषद् संसद के समक्ष बाद में प्रस्तुत करेगा। लेखानुदान एक वर्ष के समस्त व्यय का 1/6 भाग के बराबर हो सकता है, जिसके तहत अधिकतम दो माह के खर्चे के लिए धन दिया जाता है। वर्ष-2017 में लेखानुदान नहीं लिया गया, क्योंकि बजट 31 मार्च तक पारित हो गया।

तीसरा चरण

विभागीय समितियों द्वारा जांच होती है तथा बजट पर बहस समाप्त हो जाने के उपरांत तीन-चार सप्ताह के लिए सदन स्थगित हो जाता है, जिसके दौरान समितियां अनुदान मांगों पर गहराई से जांच-परख करके अनुदान मांग पर रिपोर्ट तैयार करती हैं, जिसे सदन में विचारार्थ रखा जाता है।

चौथा चरण

(i) **चर्चा और मतदान**–अनुदान की मांग (Demand for Grants) केवल लोक सभा में ही प्रस्तुत की जाती है तथा अनुदान की मांग प्रत्येक विभाग सदन के समक्ष अलग-अलग प्रस्तुत करता है और प्रत्येक विभाग की मांग पर चर्चा के लिए स्पीकर के द्वारा समय एवं तिथि का निर्धारण किया जाता है और अनुदान मांगों पर मतदान तथा विभागीय समितियों के रिपोर्ट के आधार पर प्रत्येक मंत्रालय की मांगों पर अलग-अलग मतदान होता है तथा प्रत्येक विभाग लोक सभा के समक्ष अपने अनुदान की मांग प्रस्तुत करते हैं, जिस पर लोक सभा में मतदान होता है तथा मतदान सामान्य बहुमत से पारित किया जाता है।

(ii) **गिलोटिन** (Guillotine)–यह फ्रांसीसी भाषा का शब्द है और गिलोटिन फ्रांस का एक यंत्र था, जिसके द्वारा व्यक्तियों को शीघ्रता से मृत्युदंड दिया जाता था। इसीलिए अनुदान की मांग को शीघ्रता से पारित करना गिलोटिन कहलाता है। समयाभाव के कारण जिन अनुदान की मांग पर चर्चा के बिना मतदान आयोजित हो जाए, उसे गिलोटिन (Guillotine) कहा जाता है। गिलोटिन का प्रयोग संसदीय शासन की मूल मान्यता के विरुद्ध माना जाता है, क्योंकि अनुदान की मांग एवं चर्चा के द्वारा सदन का कार्यपालिका पर नियंत्रण बना रहता है।

(iii) **संचित निधि पर भारित व्यय** (Charged Expenditure on the Consolidated Fund)–अनुदान की मांग को लोक सभा के समक्ष दो भागों में प्रस्तुत किया जाता है। पहला भाग, जिस पर चर्चा और मतदान होता है। अत: कटौती प्रस्ताव भी लाया जा सकता है तथा दूसरा भाग, जिस पर सदन में चर्चा हो सकती है, परंतु मतदान एवं कटौती प्रस्ताव नहीं लाया जा सकता, क्योंकि संविधान में अनेक संवैधानिक पदों को स्वायत्तता प्रदान की गई है।

संविधान में अनुच्छेद-112 में जहां वार्षिक वित्तीय विवरण का उल्लेख है, जिसे लोकप्रिय रूप में बजट कहा जाता है। इसी अनुच्छेद में संचित निधि पर भारित व्यय का भी उल्लेख किया गया है, जिसके अनुसार-

- राष्ट्रपति की उपलब्धियां एवं भत्ते तथा राष्ट्रपति कार्यालय से संबंधित अन्य खर्चे।
- राज्य सभा के सभापति एवं उप-सभापति तथा लोक सभा के स्पीकर एवं डिप्टी स्पीकर के वेतन व भत्ते।
- भारत सरकार द्वारा लिए गए ऋण तथा ब्याज देने के लिए एवं ऋण को प्राप्त करने के लिए किए गए अन्य खर्चे।
- उच्चतम न्यायालय के न्यायाधीशों के वेतन व भत्ते एवं पेंशन।

- संघीय न्यायालय अथवा उच्च न्यायालय के न्यायाधीशों को दिए गए पेंशन।
- भारत के नियंत्रक एवं महालेखा परीक्षक के वेतन व भत्ते एवं पेंशन।
- किसी न्यायालय अथवा अधिकरण के द्वारा दिए गए निर्णय के आदेश को पूर्ण कराने के लिए आवश्यक राशि।
- संविधान के द्वारा घोषित कोई अन्य खर्च अथवा संसदीय विधि के द्वारा निर्मित कोई अन्य भारित व्यय।

यह उल्लेखनीय है कि संघ लोक सेवा आयोग के अध्यक्ष एवं सदस्यों के वेतन व भत्ते तथा आयोग के समूचित प्रशासनिक खर्च भारत की संचित निधि पर भारित है, परंतु इसका उल्लेख संविधान में नहीं किया गया है। अपितु संसदीय विधि के द्वारा यह प्रावधान किया गया है, जिसके अनुसार, संसद में वर्ष-1969 में विधि-निर्माण किया है। मुख्य निर्वाचन आयुक्त एवं अन्य निर्वाचन आयुक्तों के वेतन व भत्ते संचित निधि पर भारित नहीं हैं। निर्वाचन आयोग को स्वायत्तता प्रदान करने के लिए निर्वाचन आयुक्तों के वेतन व भत्ते संचित निधि पर भारित करने की मांग की जा रही है। अनुदान मांगों पर सदन में विचार किया जाता है और प्रत्येक विभाग को उपलब्ध कराए गए व्यय मांगों पर अलग-अलग विचार किया जाता है तथा मतदान होता है। इसी दौरान अनुदान मांगों पर कटौती के लिए विभिन्न प्रस्ताव लाए जाते हैं, जिन्हें **कटौती प्रस्ताव** कहते हैं।

कटौती प्रस्ताव (Cut Motion)

कटौती प्रस्ताव का भी उल्लेख संविधान में नहीं है, अपितु संसद द्वारा निर्मित लोक सभा नियमों में इसका उल्लेख किया गया है। यह सरकार की नीति का विरोध करने का एक साधन है। इससे विपक्ष सरकार द्वारा किसी भी विभाग को उपलब्ध कराए गए धन या मांगों से असहमति व्यक्त करता है। यदि यह प्रस्ताव पास हो गया, तो सरकार को त्यागपत्र देना होता है। अत: मंत्रिपरिषद् को अविश्वास प्रस्ताव लाने की अनुमति नहीं होती है। सामान्यत: यह पारित नहीं हो पाता, क्योंकि सदन में सरकार का बहुमत होता है। परंतु कटौती प्रस्ताव के द्वारा सदन में अनुदान मांगों पर विस्तृत बहस हो जाती है। **कटौती प्रस्ताव निम्नलिखित प्रकार की होती हैं-**

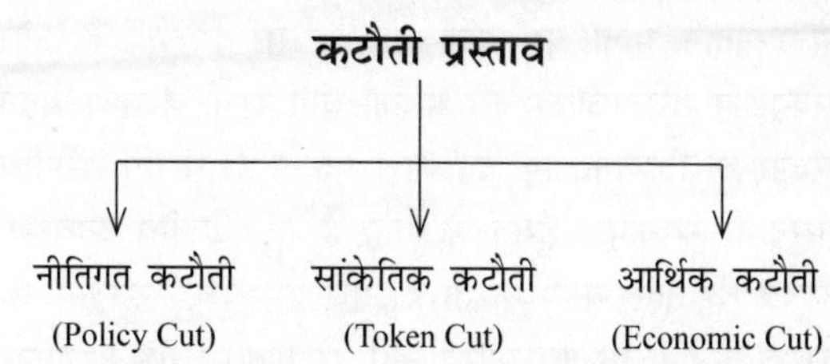

(i) **नीतिगत कटौती** (Policy Cut)-यह कटौती सबसे प्रभावी मानी जाती है, क्योंकि अनुदान की मांग के पीछे नीतिगत नीति को अस्वीकृत कर दिया जाता है और सदन में सदस्य के द्वारा किसी नीति के विशेष पक्ष को परिवर्तित करने की मांग की जाती है और विपक्ष के द्वारा किसी वैकल्पिक नीति-निर्माण का सुझाव भी दिया जा सकता है। यह प्रस्ताव सरकार की नीतियों के प्रति असहमति प्रकट करने हेतु लाया जा सकता है और इसके तहत अनुदान मांगों को घटाकर एक रुपया कर दिया जाता है। इसके अंतर्गत अनुदान की मांग से एक रुपए की कटौती नहीं की जाती है, बल्कि समूची मांग को घटाकर एक रुपए कर दिया जाता है।

(ii) **सांकेतिक कटौती** (Token Cut)-इस कटौती के द्वारा विपक्षी दल कार्यपालिका के विरुद्ध कोई विशेष शिकायत व्यक्त करता है, जहां अनावश्यक खर्च किया जा रहा है और सदन में चर्चा एवं मतदान के दौरान किसी विशेष शिकायत पर चर्चा होती है तथा इसमें समस्त अनुदान मांगों में 100 रुपए की कटौती करने की मांग की जाती है।

(iii) **मितव्ययिता या आर्थिक कटौती** (Economy Cut) -अनुदान की मांग में सम्मिलित किसी विशेष मद के खर्च में कटौती की मांग की जाती है, जिससे अर्थव्यवस्था पर नकारात्मक प्रभाव पड़ रहा हो। इसमें मांग की राशि पर एक निश्चित राशि कम करने को कहा जाता है तथा इस निश्चित राशि का उल्लेख लोक सभा के नियमों में नहीं किया गया है। इसका उद्देश्य नीति का विरोध करना नहीं, बल्कि मांगों में वास्तविक कटौती करना है।

अनुदान की मांग स्वीकृत करने अथवा अस्वीकृत करने का अधिकार स्पीकर को है तथा कटौती प्रस्ताव संसदीय व्यवस्था में महत्त्वपूर्ण है। इसके माध्यम से सदन

को अनुदान मांगों पर चर्चा का अवसर मिलता है और सरकार में उत्तरदायित्व की भावना बनी रहती है तथा सदन सरकार के क्रियाकलापों को जांच सकता है। यद्यपि संसदीय शासन में सरकार बहुमत में होती है तथा दलीय व्यवस्था के तंत्र के तहत कार्य करती है। परिणामस्वरूप सरकार के विरुद्ध कटौती प्रस्ताव पारित नहीं हो पाता। विभिन्न प्रकार के कटौती प्रस्ताव का उल्लेख संविधान में नहीं किया गया है, बल्कि लोक सभा नियमों में उल्लिखित है।

पांचवां चरण

यह उल्लेखनीय है कि बजट की प्रक्रिया के सभी चरणों का उल्लेख संविधान में नहीं किया गया है, अपितु लोक सभा नियमों में उल्लिखित है, परंतु विनियोग विधेयक का वर्णन संविधान में किया गया है। संविधान के अनुच्छेद-114 के अनुसार, भारत की संचित निधि में से कोई धन विनियोग विधेयक (Appropriation Bill) के माध्यम से ही निकाला जा सकता है। अनुच्छेद-110 में धन विधेयक का उल्लेख किया गया है। जिसके अनुसार, संचित निधि से धन का विनियोग (निकालना) धन विधेयक का भाग है। इसलिए विनियोग विधेयक धन विधेयक है। इस विधेयक में लोक सभा द्वारा स्वीकृत अनुदानों की सभी मांगों तथा संचित निधि पर भारित व्यय सम्मिलित होते हैं। इसका उद्देश्य संचित निधि में से व्यय के विनियोग के लिए सरकार को कानूनी अधिकार देना है। चूंकि विनियोग विधेयक में वे अनुदान शामिल होते हैं, जिन्हें लोक सभा पृथक्-पृथक् स्वीकार कर चुकी होती है। इसलिए इस विधेयक पर सार्वजनिक महत्त्व की बातें और प्रशासनिक नीतियों से संबंधित ऐसे विषयों पर ही बहस होती है, जो अलग-अलग मांगों पर विचार करते समय सदन में नहीं उठाए गए हों।

विनियोग विधेयक में सभी मंत्रालयों के खर्च के लिए सामूहिक विधेयक पारित किया जाता है तथा विनियोग विधेयक पर विचार करने और इसे पारित करने की प्रक्रिया वही है, जो किसी भी अन्य विधेयक के मामलों में अपनाई जाती है। लोक सभा में पारित हो जाने के बाद विधेयक पर अध्यक्ष हस्ताक्षर करता है कि वह एक धन विधेयक है और उसे राज्य सभा के पास भेजा जाता है। राज्य सभा को विधेयक में संशोधन करने या उसे अस्वीकृत करने की शक्ति प्राप्त नहीं है, उसे विधेयक पर अपनी सहमति प्रदान करनी ही पड़ती है। इसके पश्चात् विधेयक राष्ट्रपति की अनुमति के लिए उनके समक्ष प्रस्तुत किया जाता है।

अंतिम चरण

बजट में खर्च के अलावा आय का विवरण भी होता है और भारत सरकार अपनी आय के लिए कर आरोपित करती है। करारोपण के प्रस्ताव को भी वित्त विधेयक कहा जाता है। वास्तविक रूप में वित्त विधेयक, धन विधेयक है, क्योंकि अनुच्छेद-110 में यह उल्लिखित है कि कर आरोपित करना एवं उसे समाप्त करना धन विधेयक का भाग है। बजट पारित होने का अंतिम चरण वित्त विधेयक (Finance Bill) है, जिसके अंतर्गत् सरकार कर लगाने अथवा इसे समाप्त करने का प्रस्ताव प्रस्तुत करती है। इसके पारित होने के बाद समूचा बजट पारित मान लिया जाता है।

बजट से संबंधित अवशिष्ट भाग

बजट वित्तीय वर्ष में खर्च एवं आय का अनुमानित दस्तावेज होता है। अत: अनुमानित व्यय से ज्यादा खर्च की स्थिति में बजट पारित करने के बाद भी वित्त मंत्री के द्वारा संसद से खर्च की अनुमति ली जाती है, जिसका उल्लेख संविधान के अनुच्छेद-115 एवं अनुच्छेद-116 में किया गया है, तो इसके लिए **राष्ट्रपति के द्वारा लोक सभा के समक्ष निम्न मांगें प्रस्तुत की जाती हैं-**

1. अनुपूरक अनुदान (Supplementary Grants)-संसद द्वारा बजट के दौरान स्वीकृत अनुमानित राशि अपर्याप्त होती है तथा संसद के द्वारा किसी वित्तीय वर्ष में बजट में पहले से ही निर्धारित सेवा के लिए आवंटित राशि अपर्याप्त हो जाए, तब अनुपूरक मांग लाई जाती है। इसका उल्लेख अनुच्छेद-115 में किया गया है।

2. अतिरिक्त अनुदान (Additional Grants)-जब किसी वित्तीय वर्ष में किसी नई सेवा का निर्माण किया जाए, जिसकी कल्पना बजट के निर्माण के समय नहीं की गई थी, जिसके कारण बजट में निर्धारित राशि से अधिक खर्च हो गया, तो ऐसे खर्च को अतिरिक्त मांग के रूप में लोक सभा के समक्ष प्रस्तुत किया जाता है। संविधान में इसका उल्लेख अनुच्छेद-115 में प्राप्त होता है।

3. ज्यादा अनुदान (Excess Grants)-जब किसी वित्तीय वर्ष में किसी निर्धारित सेवा में आवंटित राशि से ज्यादा पैसा खर्च हो जाए, तो इसकी अनुमति लोक सभा से अगले वित्तीय वर्ष में ली जाती है। लोक सभा

के समक्ष ज्यादा खर्च के कारणों का भी उल्लेख करना होता है। संविधान में इसका प्रावधान अनुच्छेद-115 में किया गया है। उदाहरण के लिए, धन का व्यय वित्तीय वर्ष-2017-18 में किया गया है। लोक सभा से इसकी अनुमति वर्ष-2018-19 में ली जाएगी।

4. अपवादानुदान (Exceptional Grants)–इसका उल्लेख संविधान के अनुच्छेद-116 में किया गया है। यह खर्च वर्तमान वित्तीय वर्ष के वार्षिक वित्तीय विवरण (बजट) में उल्लिखित नहीं किया गया था। अत: इसमें सेवा भी नवीन होगी एवं खर्च भी अतिरिक्त होगा।

5. प्रत्ययानुदान (Vote of Credit)–इसका उल्लेख भी अनुच्छेद-116 में किया गया है, जिसके अनुसार किसी आवश्यक मांग को पूर्ण करने के लिए धन का व्यय जिसका उल्लेख वित्तीय वार्षिक विवरण में नहीं किया गया है। खर्च की प्रकृति अनिश्चित होने के कारण इसका उल्लेख नहीं किया जा सकता है। यह कार्यपालिका के लिए एक **ब्लैंक चेक** के समान है, जिसे लोक सभा प्रदान करती है। इससे सरकार खर्च पर निश्चित विवरण नहीं दे सकती अथवा खर्च का निश्चित विवरण देना संभव न हो। यह उल्लेखनीय है कि सभी प्रकार के अनुदान भारत की संचित निधि से खर्च किए जाते हैं।

राज्य सभा में धन विधेयक

धन विधेयक लोक सभा में ही पहले प्रस्तुत (पुन:स्थापित) किया जाएगा। राज्य सभा को अनुदान की मांग पर चर्चा करने का अधिकार है, परंतु अनुदान की मांग पर कटौती करने का अधिकार राज्य सभा को नहीं है। राज्य सभा के द्वारा कटौती प्रस्ताव भी प्रस्तुत नहीं किया जा सकता है और 14 दिन के अंदर राज्य सभा बजट पारित कर देती है। यदि 14 दिन के अंदर राज्य सभा में बजट पारित नहीं किया गया है, तो यह माना जाएगा कि बजट दोनों सदनों के द्वारा पारित हो गया। विनियोग विधेयक और वित्त विधेयक, धन विधेयक के भाग हैं। धन विधेयक के संबंध में राज्य सभा की भूमिका केवल विलंबकारी है और राज्य सभा को धन विधेयक में संशोधन का अधिकार है, परंतु इसे स्वीकृत अथवा अस्वीकृत करने की शक्ति लोक सभा में निहित है। धन विधेयक के संदर्भ में राज्य सभा की शक्तियां सीमित हैं।

राष्ट्रपति की अनुमति

राष्ट्रपति की पूर्व अनुमति के बाद बजट लोक सभा में प्रस्तुत किया जाता है और दोनों सदनों के द्वारा पारित होने के बाद राष्ट्रपति की अनुमति के लिए राष्ट्रपति के समक्ष प्रस्तुत किया जाता है। राष्ट्रपति बजट पर या तो अनुमति प्रदान करेगा अथवा अनुमति प्रदान नहीं करेगा। बजट को राष्ट्रपति मंत्रिपरिषद् के पुनर्विचार के लिए नहीं भेज सकता।

वित्तीय विधेयक (Financial Bill)

यह बिंदु ध्यान देने योग्य है कि धन विधेयक का उल्लेख संविधान के अनुच्छेद-110 में किया गया है। जबकि वित्तीय विधेयक का उल्लेख संविधान के अनुच्छेद-117 में किया गया है। वित्तीय विधेयक (Financial Bill) एवं वित्त विधेयक (Finance Bill) में मूलभूत अंतर होता है, क्योंकि वित्त विधेयक ही धन विधेयक (Money Bill) है। जबकि वित्तीय विधेयक, धन विधेयक से पृथक् होता है। वित्तीय विधेयक की दो श्रेणियां होती हैं-

(i) **प्रथम श्रेणी**–प्रथम श्रेणी के वित्तीय विधेयकों में अनुच्छेद-110 के प्रावधानों के साथ अन्य प्रशासनिक विषयों का भी उल्लेख किया जाता है। वित्तीय विधेयक को पेश करने के लिए राष्ट्रपति की अनुमति आवश्यक होती है तथा इसे केवल लोक सभा में ही प्रस्तुत किया जा सकता है। लेकिन प्रथम श्रेणी के वित्तीय विधेयकों की स्थिति धन विधेयक से भिन्न है, क्योंकि राज्य सभा इसे संशोधित व अस्वीकार कर सकती है। लोक सभा तथा राज्य सभा के मध्य गतिरोध होने पर संयुक्त बैठक का प्रावधान भी लागू होता है। प्रथम श्रेणी के वित्तीय विधेयकों पर राज्य सभा को संशोधन का अधिकार है, जबकि धन विधेयकों के संदर्भ में राज्य सभा केवल 14 दिन तक ही अपने पास रोक सकती है। वित्तीय विधेयकों के दो प्रावधान धन विधेयक के समान होते हैं–**पहला,** दोनों लोक सभा में ही प्रस्तुत हो सकते हैं और **दूसरा,** राष्ट्रपति की सिफारिश के बिना उन्हें सदन में प्रस्तुत नहीं किया जा सकता।

(i) **द्वितीय श्रेणी**–वित्तीय विधेयक की दूसरी श्रेणी में केवल संचित निधि से व्यय का प्रावधान होता है। अनुच्छेद-110 में वर्णित किसी भी विषय का समावेश द्वितीय श्रेणी के वित्त विधेयक में नहीं होता है। इसे राज्य सभा में भी प्रस्तुत किया जा सकता है। स्वाभाविक रूप

में राज्य सभा को इसे अस्वीकार या संशोधित करने की शक्ति होती है। इसकी प्रस्तुति के लिए राष्ट्रपति की पूर्व अनुमति भी आवश्यक नहीं है तथा इसकी एक विशेषता धन विधेयक के समान प्रतीत होती है कि इसे पारित करने के लिए राष्ट्रपति द्वारा अनुशंसा की जाती है।

संविधान संशोधन विधेयक

अनुच्छेद-368 के अंतर्गत् संविधान संशोधन विधेयक प्रस्तुत किया जाता है। संविधान संशोधन विधेयक संसद के किसी भी सदन में प्रस्तुत किया जा सकता है। संविधान संशोधन विधेयक को पारित करने के लिए दोनों सदनों में विशेष बहुमत (कुल सदस्य संख्या का बहुमत तथा उपस्थित और मतदान करने वाले सदस्यों के दो-तिहाई बहुमत) की आवश्यकता होती है। कुछ विधेयकों में संसद के विशेष बहुमत के साथ कम से कम आधे राज्यों की सहमति भी आवश्यक होती है। संविधान संशोधन विधेयक को मंजूरी देना राष्ट्रपति के लिए आवश्यक होता है। 24वें संविधान संशोधन (1971) के अनुसार, राष्ट्रपति संविधान संशोधन विधेयक को न तो पुनर्विचार के लिए और न ही अनुमति देने से मना कर सकते हैं अर्थात् वीटो का प्रयोग नहीं कर सकते। संविधान संशोधन विधेयक में किसी प्रकार का गतिरोध होने पर सदनों की संयुक्त बैठक नहीं होती है। अत: गतिरोध होने की स्थिति में विधेयक समाप्त हो जाता है।

सरकारी कोष

संविधान के भाग-12 में अनुच्छेद-266 में भारत की संचित निधि, लोक लेखा निधि तथा इसी अनुच्छेद में राज्यों की संचित निधि एवं लोक लेखा निधि का उल्लेख किया गया है। जबकि अनुच्छेद-267 में आकस्मिक निधि का उल्लेख तथा इसी अनुच्छेद में राज्यों की संचित निधि का भी उल्लेख किया गया है।

1. भारत की संचित निधि (Consolidated Fund of India)।
2. लोक लेखा निधि (Public Account)।
3. आकस्मिक निधि (Contingency Fund of India)।

1. भारत की संचित निधि

सरकार के द्वारा कर एवं उधार से प्राप्त धन इस निधि में रखा जाता है। इस निधि से पैसा निकालने हेतु संसद से अनुमति लेनी पड़ती है। इस प्रकार यह ऐसा कोष है, जिसमें सभी प्राप्तियां उधार ली जाती हैं एवं भुगतान जमा किए जाते हैं। संघ सरकार के द्वारा सभी भुगतान इसी निधि से किए जाते हैं और इस निधि से संसदीय विधि के अनुसार ही धन निकाला जा सकता है। दोनों (संघ एवं राज्य) की अलग-अलग संचित निधि होती हैं। परंतु संविधान के अनुच्छेद-266 में दोनों (संघ एवं राज्य) की संचित निधि का उल्लेख किया गया है। यह भारतीय सरकार का सबसे महत्त्वपूर्ण कोष है।

2. लोक लेखा निधि

लोगों का वह पैसा जो सरकार के पास है। जैसे-बैंक, इंदिरा विकास-पत्र, लोक निधि इत्यादि इसी कोष के अंतर्गत आते हैं और लोक लेखा से खर्च राष्ट्रपति की अनुमति के द्वारा होता है। संचित निधि के अतिरिक्त सभी प्रकार के कोष लोक लेखा में जमा होते हैं। इस निधि को कार्यकारी प्रक्रिया के माध्यम से नियंत्रित किया जाता है। इस निधि से भुगतान प्रमुख रूप से बैंकों के लेन-देन से संबंधित होते हैं। संघ एवं राज्यों की अलग-अलग लोक लेखा निधि होती है। परंतु संविधान के अनुच्छेद-266 में दोनों (संघ एवं राज्य) के लोक लेखा का उल्लेख किया गया है।

3. आकस्मिक निधि

संसद, विधि बनाकर आकस्मिक निधि की राशि का निर्धारण करती है। इस प्रकार भारतीय संविधान संसद को **भारत की आकस्मिक निधि** के गठन की अनुमति देता है। वर्तमान में आकस्मिक निधि में 500 करोड़ रुपए की राशि जमा की गई है। राष्ट्रपति के नाम से इस कोष का नियंत्रण वित्त मंत्रालय के आर्थिक मामलों के विभाग के सचिव के द्वारा किया जाता है। इस निधि से खर्च करने का अधिकार राष्ट्रपति को है और राष्ट्रपति द्वारा किसी आकस्मिक खर्च के लिए इस निधि से अग्रिम राशि दी जाती है, दोनों (संघ एवं राज्यों) की आकस्मिक निधियां अलग-अलग होती हैं। परंतु दोनों निधियों का उल्लेख संविधान के अनुच्छेद-267 में किया गया है।

लोक सभा एवं राज्य सभा की शक्तियों में समानता

सामान्य विधि का निर्माण दोनों सदनों से पारित होने के बाद होता है तथा संविधान संशोधन में भी दोनों की भूमिका समान है। उच्चतम न्यायालय एवं उच्च न्यायालय के न्यायाधीशों को अपने पद से हटाने के लिए किसी भी सदन में प्रस्ताव लाया जा सकता है। राष्ट्रपति द्वारा

आपातकाल की उद्घोषणा की स्वीकृति के मामले में लोक सभा एवं राज्य सभा की शक्तियां समान हैं। राष्ट्रपति द्वारा अध्यादेश जारी करने के बाद उसकी स्वीकृति में दोनों सदनों की समान भूमिका होती है। राष्ट्रपति एवं उप-राष्ट्रपति के निर्वाचन एवं उनको पद से हटाए जाने के मामलों में भी दोनों सदनों की भूमिका समान होती है। प्रधानमंत्री एवं मंत्रियों के चुनाव में दोनों सदनों की शक्तियां समान हैं, क्योंकि मंत्री अथवा प्रधानमंत्री राज्य सभा अथवा लोक सभा में से किसी भी सदन से चुने जा सकते हैं।

लोक सभा की विशेष शक्ति

लोक सभा एक लोकप्रिय सदन है, जिसे राज्य सभा से कुछ अधिक शक्तियां प्राप्त हैं। संसद में धन विधेयक लोक सभा में ही प्रस्तुत किया जाता है, राज्य सभा में नहीं। धन विधेयकों को राज्य सभा केवल 14 दिन तक रोक सकती है। अनुदान की मांग पर मतदान केवल लोक सभा में होता है। सरकार के विरुद्ध अविश्वास प्रस्ताव लाने की शक्ति केवल लोक सभा के पास है और लोक सभा का स्पीकर संसद की संयुक्त बैठक की अध्यक्षता करता है तथा संयुक्त बैठक में लोक सभा की सदस्य संख्या अधिक होने के कारण उसकी प्रभावी भूमिका होती है। मंत्रिपरिषद् लोक सभा के प्रति उत्तरदायी होती है। धन विधेयक को राष्ट्रीय आपातकाल (अनुच्छेद-352) को समाप्त करने की शक्ति केवल लोक सभा के पास है। लोक सभा के द्वारा जनता की इच्छाओं का प्रतिनिधित्व किया जाता है और लोकतंत्र में जनता की इच्छा का सर्वाधिक महत्त्व होता है, इसलिए लोक सभा का महत्त्व अपने आप बढ़ जाता है।

लोक सभा के विघटन एवं विधेयक

लोक सभा के विघटन का आशय लोक सभा के कार्यकाल के अंत से होता है तथा विघटन के पश्चात् नई लोक सभा चुनी जाती है। लोक सभा का विघटन राष्ट्रपति द्वारा किया जाता है। लोक सभा के विघटन के पश्चात् कुछ विधेयक स्वत: समाप्त हो जाते हैं, जो इस प्रकार हैं-

- यदि विधेयक राज्य सभा द्वारा पारित करके लोक सभा में लंबित है, तो लोक सभा के विघटन के पश्चात् उसे समाप्त मान लिया जाएगा।
- यदि कोई विधेयक लोक सभा में लंबित है और लोक सभा विघटित हो जाए, तो वह विधेयक समाप्त मान लिया जाएगा।
- यदि कोई विधेयक लोक सभा ने पारित कर दिया हो तथा लोक सभा के विघटन के समय राज्य सभा में लंबित हो, तो वह समाप्त मान लिया जाएगा।

विघटन से अप्रभावित विधेयक

लोक सभा के विघटन के बाद निम्नलिखित विधेयकों पर कोई प्रभाव नहीं होगा। अत: ये विधेयक बने रहेंगे-

- यदि कोई विधेयक राज्य सभा में ही प्रस्तुत हो तथा राज्य सभा में लंबित हो।
- यदि राष्ट्रपति ने सदन की संयुक्त बैठक को आहूत किया हो, तो लोक सभा के विघटन के पश्चात् भी संयुक्त बैठक होगी, जिसमें विधेयक पर विचार किया जाएगा।
- ऐसे विधेयक, जिसे दोनों सदनों ने पारित करके राष्ट्रपति के समक्ष भेज दिया हो, लेकिन राष्ट्रपति ने उसे अनुमति नहीं प्रदान की हो।

सत्रावसान (Prorogation) एवं विधेयक (Bill)

लोक सभा अथवा राज्य सभा के दो सत्रों के बीच सत्र के अंतराल को ही सत्रावसान कहा जाता है। राष्ट्रपति को सदन के सत्रावसान का अधिकार है। बजट सत्र एवं मानसून सत्र के बीच का अंतराल सत्रावसान कहलाता है। सत्रावसान के दौरान सदन में लंबित विधेयक बने रहते हैं, परंतु सदन के समक्ष प्रस्तावित सभी संकल्प समाप्त हो जाएंगे। अत: अगले सत्र में प्रस्ताव और संकल्प लाने के लिए सदन को पुन: नोटिस देना होगा। उदाहरण के लिए, ध्यानाकर्षण प्रस्ताव सत्रावसान के पश्चात् समाप्त हो जाएगा।

स्थगन (Adjournment) एवं विधेयक (Bill)

सदन के एक ही सत्र में बैठकों के निलंबन को स्थगन कहा जाता है। लोक सभा स्पीकर एवं राज्य सभा सभापति को सदन स्थगित करने का अधिकार होता है। स्थगन के दौरान सदन की बैठक की अगली तिथि का उल्लेख न हो, तो इसे अनिश्चित कालीन स्थगन (Adjournment till Sine Die) कहा जाता है। यह स्थगन 1 घंटे, 1 दिन अथवा अन्य समय के लिए भी किया जा सकता है। सदन के स्थगन के दौरान सदन के समक्ष विद्यमान सभी

प्रस्ताव एवं संकल्प बने रहते हैं तथा विधेयकों पर भी कोई प्रभाव नहीं पड़ता है।

सांसदों के वेतन एवं भत्ते

दोनों सदनों के सदस्य ऐसे वेतन एवं भत्ते जिन्हें संसद समय-समय पर विधि द्वारा निर्धारित करे, प्राप्त करने के अधिकारी हैं, (अनुच्छेद-106)। संसद सदस्य वेतन एवं भत्ता अधिनियम, 1954 में संसद सदस्यों के वेतन व भत्ते से संबंधित कानून है, जिसमें वर्ष-2010 में संशोधन किया गया, जिसमें सांसदों को 50 हजार रुपये प्रतिमाह वेतन एवं 2 हजार रुपये प्रतिदिन भत्ते निर्धारित किए गए हैं। इसके अतिरिक्त यात्रा, आवास, दूरभाष व चिकित्सा संबंधित अन्य सुविधाएं भी प्रदान की जाएंगी तथा पांच वर्ष का कार्यकाल पूर्ण होने पर सदस्यों को 8 हजार रुपये प्रतिमाह पेंशन प्राप्त होगी।

यात्रा संबंधित सुविधाएं

प्रत्येक सदस्य निम्नलिखित यात्रा व भत्ते पाने के अधिकारी हैं-

- रेल द्वारा यात्रा के लिए एक प्रथम श्रेणी के तथा एक द्वितीय श्रेणी के किराए के बराबर रकम।
- विमान द्वारा प्रत्येक ऐसी यात्रा के लिए विमान किराए के सवा गुना के बराबर रकम।
- सड़क द्वारा यात्रा के लिए तेरह रुपए प्रति किमी. तथा स्टीमर द्वारा यात्रा के लिए उच्चतम श्रेणी के किराए के अतिरिक्त उसका 3/5 भाग।

इसके अलावा प्रत्येक सदस्य को प्रति वर्ष देश के अंदर कहीं भी अपनी पत्नी/अपने पति या सहचर के साथ 34 विमान यात्राएं निःशुल्क करने की छूट होती है। प्रत्येक सदस्य को देश के अंदर कहीं भी कितनी भी बार वातानुकूलित श्रेणी में निःशुल्क यात्रा के लिए स्वयं तथा पत्नी/पति या सहचर के लिए एक रेलवे पास व पत्नी/पति के लिए एक पृथक् पास भी मिल सकता है। रेल यात्रा में इन सबके अलावा सदस्य के साथ एक और व्यक्ति भी वातानुकूलित द्वितीय श्रेणी में चल सकता है।

टेलीफोन

प्रत्येक सदस्य 3 निःशुल्क टेलीफोन नई दिल्ली/दिल्ली में अपने सामान्य निवास स्थान पर तथा अन्यत्र लगवाने का अधिकारी है। इसके अलावा उसे प्रतिवर्ष निःशुल्क 1,50,000 स्थानीय कॉल मुफ्त करने की छूट होती है। दो मोबाइल टेलीफोन भी प्रत्येक सदस्य को निःशुल्क अर्थात् बिना पंजीकरण शुल्क और किराए के तथा रोमिंग सुविधा सहित उपलब्ध होंगे।

आवास सुविधा तथा वाहन

प्रत्येक सदस्य को नई दिल्ली में आवास प्रदान किया जाता है, जिसका कोई शुल्क नहीं है, जबकि बंगलों के लिए नाममात्र का लाइसेंस शुल्क लगाया जाता है। कतिपय सीमाओं में बिजली (50 हजार यूनिट) तथा पानी (4,000 किलोलीटर) निःशुल्क होते हैं तथा प्रत्येक सदस्य को उसके कार्यकाल के दौरान वाहन खरीदने के लिए बिना ब्याज के अग्रिम राशि दी जाती है।

अन्य परिलब्धियां

सदस्यों को जो अन्य परिलब्धियां तथा सुविधाएं प्रदान की जाती हैं, उनमें आशुलिपिक तथा टंकण पूल, आयकर में राहत, कैंटीन, जलपान और खानपान, क्लब, कॉमन रूम, बैंक, डाकघर, रेलवे तथा हवाई बुकिंग तथा आरक्षण, बस परिवहन, एल. पी. जी. सेवा, विदेशी मुद्रा का कोटा, लॉकर, सुपर बाजार इत्यादि शामिल हैं। पार्लियामेंट स्टेट के परिसर में एकमात्र सदस्यों के लिए एक प्रथमोपचार केंद्र तथा एक सुसज्जित चिकित्सा केंद्र भी कार्यशील है। इन सबके अलावा प्रत्येक सांसद अपने क्षेत्र में प्रतिवर्ष पांच करोड़ रुपए विकास कार्य पर खर्च कर सकता है। 30 हजार रुपए का (आवास समिति की मंजूरी से 50,000) फर्नीचर भी वह अपने आवास पर मुफ्त पाने का अधिकारी है। विदेश यात्रा में सदस्यों को प्रथम श्रेणी का विमान का टिकट तथा प्रतिदिन भत्ते का प्रावधान है।

सांसदों के वेतन एवं पेंशन

सांसदों के द्वारा अपने वेतन एवं भत्तों की स्वयं वृद्धि की जाती है। संविधान में सांसदों के वेतन व भत्तों का उल्लेख नहीं है, क्योंकि स्वयं संसदीय विधि के द्वारा निर्धारित किया जाता है। जिसके अनुसार, वर्ष-1954 में संसद में विधि का निर्माण किया है, जिसे अनेक बार संशोधित किया जा चुका है। आलोचक यह मानते हैं कि सांसदों को अपने वेतन व भत्ते बढ़ाने का अधिकार स्वयं नहीं होना चाहिए।

भारत में सरकारी अधिकारियों के वेतन व भत्तों में वृद्धि के लिए वेतन आयोग का गठन किया जाता है। जबकि सांसद अपने वेतन व भत्तों का और सांसदों को प्राप्त अनेक सुविधाओं का निर्धारण स्वयं करते हैं। यह भी उल्लेखनीय है कि भारत में सरकारी कर्मचारियों के लिए पेंशन का प्रावधान समाप्त हो चुका है। सैन्य अधिकारी व कर्मचारी इसके अपवाद हैं। परंतु यदि कोई व्यक्ति एक दिन के लिए भी सांसद बन जाए, तो उसे पेंशन प्राप्त होगा, जिसे समाप्त करने की मांग की जा रही है।

इसके समर्थकों का तर्क है कि सांसद 60-70 वर्ष की उम्र में सांसद बनते हैं और ये सदैव चुनाव जीतें यह आवश्यक नहीं है और इनके अनेक सामाजिक दायित्व भी हैं। इसलिए इन्हें पेंशन प्रदान करना अतार्किक नहीं है, क्योंकि सांसद समाज सेवा का कार्य करता है, इसलिए समाज का भी दायित्व है कि सांसद के चुनाव पराजित होने के बाद भी उनकी मूलभूत सुविधाएं प्राप्त होनी चाहिए। इसीलिए उच्चतम न्यायालय में अवकाश प्राप्ति के बाद सांसदों को प्राप्त होने वाले पेंशन को संवैधानिक माना।

सांसद स्थानीय क्षेत्र विकास निधि

(Members of Parliament Local Area Development Scheme (MPLADS))

वर्ष-1993 से इस योजना की शुरूआत हुई, जब भारत के प्रधानमंत्री नरसिम्हा राव थे तथा लोक सभा में किसी भी एक दल को बहुमत प्राप्त नहीं था। इसके अनुसार प्रत्येक सांसद को अपने क्षेत्र के विकास के लिए दो करोड़ रुपए प्रति वर्ष प्राप्त होंगी, जिसे वर्तमान में बढ़ाकर पांच करोड़ रुपए कर दिया गया है। यह राशि जनपद के जिलाधिकारी एवं सांसद के द्वारा साझे रूप में खर्च की जाएगी। इसके लिए 23 विषयों का भी निर्धारण किया गया है और विकास के एक कार्य में 25 लाख रुपए से ज्यादा राशि खर्च नहीं होनी चाहिए।

इस योजना में लोक सभा एवं राज्य सभा सांसदों को समान रूप में प्रतिवर्ष 5 करोड़ रुपए दिए जाते हैं, निर्वाचित सांसदों के अलावा मनोनीत सांसदों को भी समान राशि प्राप्त होती है, जिसे एक वर्ष में खर्च न किया जा सके, तो अगले वर्ष में खर्च किया जा सकता है। अतः यह राशि वित्तीय वर्ष समाप्त होने के बाद व्यपगत नहीं होती है। राज्य सभा का सांसद अपने राज्य के किसी भी जनपद में विकास कार्य कर सकता है। जबकि राज्य सभा का मनोनीत सांसद एक राज्य में अथवा अन्य राज्यों में जनपद के विकास में योगदान दे सकता है।

आलोचकों के अनुसार, सांसद विकास निधि संविधान में अंतर्निहित शक्ति पृथक्करण के सिद्धांत के प्रतिकूल है, क्योंकि सांसदों को कार्यपालिका के नियंत्रण का अधिकार है और कार्यपालिका को वित्तीय खर्च का अधिकार दिया गया है। जबकि योजना के माध्यम से सांसदों को पैसे खर्च करने का अधिकार प्राप्त हो गया है। मनोनीत सदस्यों को विकास निधि से पैसा प्रदान करना अव्यावहारिक प्रतीत होता है, क्योंकि ये सदस्य निर्वाचित नहीं हैं।

सांसद विकास निधि में विकास के लिए जिन 23 विषयों का उल्लेख किया गया है, ये पंचायती राज को प्रदान किए गए 29 विषयों में शामिल हैं। पंचायतों को पर्याप्त वित्तीय संसाधन उपलब्ध नहीं हो पा रहे हैं। जबकि प्रत्येक सांसद को वार्षिक रूप में पांच करोड़ रुपए दिए जा रहे हैं। वर्ष-2000 में संविधान के कार्यकरण के पुनरीक्षण के लिए गठित वेंकट चलैया आयोग के द्वारा यह कहा गया कि सांसद विकास निधि समाप्त कर देनी चाहिए, परंतु इसे बनाए रखने का समर्थन राजनेताओं के द्वारा किया गया है।

अध्याय 4

संसदीय विशेषाधिकार

(Privilege of Parliament)

● संविधान में वर्णित विशेषाधिकार, ● संसदीय परंपराओं पर आधारित विशेषाधिकार, ● विशेषाधिकारों का निर्धारण, ● निष्कर्ष

संसदीय शासन में सांसदों को प्राप्त कुछ अधिकार सामान्य नागरिकों को उपलब्ध नहीं हैं। इसलिए इन्हें विशेषाधिकार कहा जाता है। सामान्य नागरिकों की वाक् एवं अभिव्यक्ति की स्वतंत्रता पर प्रतिबंध आरोपित है, जबकि सांसदों को सदन में अभिव्यक्ति की स्वतंत्रता का पूर्ण अधिकार है। सामान्यत: लोकतांत्रिक शासन में विशेषाधिकार शब्द विरोधाभाषी प्रतीत होता है, क्योंकि लोकतांत्रिक शासन विधि के समक्ष समानता पर आधारित होता है। सांसदों को प्राप्त विशिष्ट अधिकार इसलिए प्रदान किए गए हैं कि वे अपने महत्त्वपूर्ण दायित्वों का प्रभावी रूप में संपादन कर सकें। संविधान में सांसदों के विशेषाधिकारों का संक्षिप्त उल्लेख है और अन्य विशेषाधिकारों का निर्माण संसद के द्वारा किया गया है। **सांसदों को प्राप्त विशेषाधिकार निम्नलिखित हैं-**

संविधान में वर्णित विशेषाधिकार

- संसद में बोलने की स्वतंत्रता है, (अनुच्छेद-105(1))।
- संसद में या उसकी किसी समिति में किसी सदस्य द्वारा कही गई किसी बात या दिए गए किसी मत के संबंध में उसके विरुद्ध किसी न्यायालय में कार्यवाही किए जाने से छूट प्राप्त हैं, (अनुच्छेद-105(2))।
- किसी व्यक्ति द्वारा संसद के किसी सदन के प्राधिकार द्वारा या उसके अधीन किसी रिपोर्ट, पत्र, मतों या कार्यवाहियों के प्रकाशन के संबंध में उसके विरुद्ध किसी न्यायालय में कार्यवाही किए जाने से छूट प्राप्त हैं, (अनुच्छेद-105(2))।
- संसद के किसी भी पदाधिकारी अथवा सदस्य के द्वारा सदन के संचालन में की गई कार्यवाही के लिए उन्हें न्यायालय के समक्ष उत्तरदायी नहीं ठहराया जाएगा। यहां पदाधिकारी का अभिप्राय स्पीकर, डिप्टी स्पीकर, सभापति तथा उप-सभापति सदन के पदाधिकारी माने जाएंगे, (अनुच्छेद-122)।

संसदीय परंपराओं पर आधारित विशेषाधिकार

संसदीय विशेषाधिकार को **दो वर्गों** में रखा जा सकता है- 1. व्यक्तिगत विशेषाधिकार। 2. सामूहिक विशेषाधिकार।

1. व्यक्तिगत विशेषाधिकार

- संसद सत्र के दौरान और सत्र के आरंभ होने से 40 दिन पूर्व और उसके समाप्त होने के 40 दिन बाद तक सिविल मामले में संसद सदस्यों को हिरासत में नहीं लिया जा सकता, परंतु आपराधिक मामलों में उन्हें हिरासत में लिया जा सकता है, जिसकी सूचना

तत्काल लोक सभा अध्यक्ष (स्पीकर) को देनी होगी।

- सदन के सदस्य या अधिकारी सदन की अनुमति के बिना सदन की कार्यवाहियों के संबंध में किसी न्यायालय में साक्ष्य या दस्तावेज पेश नहीं करेंगे।
- सांसदों को किसी न्यायपालिका में गवाही देने से छूट प्रदान की गई है।

2. सामूहिक विशेषाधिकार

- यदि किसी सांसद को हिरासत में लिया जाता है अथवा उसे किसी मामले में दंड दिया जाता है, तो इसकी सूचना तत्काल लोक सभा अध्यक्ष या सभापति को देनी होगी।
- लोक सभा अध्यक्ष की अनुमति के बिना किसी भी सांसद को संसद के परिसर के अंदर हिरासत में नहीं लिया जा सकता।
- लोक सभा अध्यक्ष के द्वारा सदन की किसी भी कार्यवाही को प्रकाशित करने से प्रतिबंधित करने का अधिकार है और यह सामग्री यदि कोई प्रकाशित करता है, तो इसे संसद के विशेषाधिकार का उल्लंघन माना जाएगा।
- सदन के दर्शक दीर्घा में बैठे किसी भी व्यक्ति को तत्काल सदन से बाहर जाने का आदेश दिया जा सकता है।
- संसद को प्राप्त विशेषाधिकार संसदीय समितियों और उनके सदस्यों को भी प्राप्त होंगे।
- लोक सभा अध्यक्ष के द्वारा सदन की कोई गोपनीय कार्यवाही भी आयोजित की जा सकती है, जिसका प्रकाशन आवश्यक नहीं है।
- संसद को विशेषाधिकारों के हनन के मामलों से संबंधित लोगों को दंडित करने का अधिकार है।

संसदीय विशेषाधिकार संसद सदस्यों के अलावा संसद के पदाधिकारियों को भी प्राप्त होंगे। पदाधिकारियों में केवल पीठासीन अधिकारी ही शामिल नहीं हैं, बल्कि सदन की कार्यवाही को संचालित करने में शामिल सभी पदाधिकारियों को यह विशेषाधिकार प्राप्त होगा। संसदीय विशेषाधिकार संसदीय समितियों को भी प्राप्त हैं।

विशेषाधिकारों का निर्धारण

संविधान में विशेषाधिकारों का अत्यधिक संक्षिप्त उल्लेख है। अतः विशेषाधिकारों के निर्धारण का कार्य संसद के द्वारा किया जाता है, जिसके लिए लोक सभा एवं राज्य सभा दोनों सदनों में विशेषाधिकार हनन समिति का गठन किया गया है तथा विशेषाधिकार से संबंधित कोई भी मामला विशेषाधिकार समिति को सौंपा जाता है। समिति के निर्णय के बाद व्यक्ति विशेष के विरुद्ध कार्यवाही की जा सकती है। समिति के द्वारा विशेषाधिकारों के उल्लंघन के पश्चात् किसी व्यक्ति को दंडित भी किया जा सकता है। संसदीय समिति विशेषाधिकारों को परिभाषित करती है। इसीलिए आज तक विशेषाधिकारों का कोई लिखित रूप उपलब्ध नहीं है, बल्कि प्रत्येक मामले में इसका निर्धारण संसदीय समिति के द्वारा किया जाता है। उदाहरण के लिए, वर्ष-2007 में भारत की अमेरिका में नियुक्त राजदूत के विरुद्ध जांच करते हुए लोक सभा समिति ने उन्हें विशेषाधिकार हनन का दोषी नहीं पाया। वर्ष-2008 में एक उर्दू समाचार-पत्र के संपादक के द्वारा राज्य सभा के उप-सभापति को डरपोक कहा गया था। राज्य सभा की समिति के अनुसार यह विशेषाधिकार का उल्लंघन था, परंतु राज्य सभा ने उर्दू समाचार-पत्र के संपादक को दंडित नहीं किया।

विशेषाधिकार हनन एवं संसद की अवमानना

उच्चतम न्यायालय के द्वारा कहा गया कि किसी व्यक्ति के द्वारा सांसदों को भ्रष्ट और चोर कहना सदन की अवमानना है, विशेषाधिकार का उल्लंघन नहीं। विशेषाधिकार के उल्लंघन का अभिप्राय सदन के कार्य संचालन में जानबूझकर बाधा उत्पन्न करना है। अतः सांसदों की आलोचना करना विशेषाधिकार का उल्लंघन है, परंतु विशेषाधिकार को परिभाषित करने का अंतिम अधिकार स्वयं संसद का है। इसलिए संसद सदन के विशेषाधिकार एवं अवमानना के बीच अंतर मानने के लिए तैयार नहीं है।

विशेषाधिकारों के संबंध में विवाद

(i) **संहिताकरण का अभाव** (Lack of Codification)– संविधान में (अनुच्छेद-105) यह उल्लिखित था कि सांसदों को बोलने और अभिव्यक्ति की स्वतंत्रता प्राप्त होगी तथा सदन में उनके द्वारा कही गई किसी भी बात के लिए उन्हें न्यायपालिका के समक्ष नहीं बुलाया जाएगा। इसके अतिरिक्त संविधान में यह उल्लिखित था कि सांसदों को वे विशेष अधिकार प्राप्त होंगे, जो ब्रिटेन की कॉमन सभा

(हॉउस ऑफ कॉमन्स) के सदस्यों को प्राप्त थे। लोक सभा में इस बात पर आपत्ति व्यक्त की गई कि भारतीय संविधान में किसी विदेशी संसद का नाम उल्लिखित किया गया है, जिसे हटाने की आवश्यकता है। इसलिए 44वें संविधान संशोधन, 1978 द्वारा अनुच्छेद-105 से **कॉमन सभा** शब्द को हटा दिया गया और यह उल्लिखित किया गया कि भारत में सांसदों को वे सभी विशेषाधिकार प्राप्त होंगे, जो वर्ष-1950 के पहले सांसदों को प्राप्त हुए। इसलिए संविधान में अभी भी संसदीय विशेषाधिकारों को पूर्ण रूप में परिभाषित नहीं किया गया है और न ही इन्हें संसदीय विधि के द्वारा पूर्ण रूप में संहिताबद्ध किया गया है।

(ii) **सांसदों का निष्कासन** (Expulsion of Members of Parliament)–उच्चतम न्यायालय ने वर्ष-2007 में राजा रामपाल पर एक महत्त्वपूर्ण निर्णय देते हुए कहा कि जिन 11 सांसदों को पैसा देकर प्रश्न पूछने के आरोप में संसद की सदस्यता से बर्खास्त कर दिया गया था और उसे उच्चतम न्यायालय ने संसद की प्रक्रिया का भाग माना और सदस्यों की बर्खास्तगी को संवैधानिक कहा। परंतु आलोचकों के अनुसार संविधान में सदस्यों की बर्खास्तगी का कोई प्रावधान नहीं है, बल्कि सदस्यों की सदस्यता समाप्त करने का प्रावधान (Suspension) है। आलोचकों ने कहा कि उच्चतम न्यायालय के निर्णय के आधार पर बहुमत के द्वारा कभी भी अल्पमत के सांसदों को बर्खास्त किया जा सकता है।

(iii) **गैर-निर्वाचित सदस्य**–संविधान में यह उल्लिखित है कि सांसद हुए बिना कोई व्यक्ति 6 महीने तक मंत्री के रूप में नियुक्त हो सकता है, परंतु सांसद को ही विशेषाधिकार प्राप्त होंगे। उच्चतम न्यायालय ने एक महत्त्वपूर्ण निर्णय में यह भी कहा कि संसद के विशेषाधिकार केवल संसद के सदस्यों को प्राप्त हैं, किसी गैर-निर्वाचित मंत्री को प्राप्त नहीं हो सकते। आलोचकों ने कहा कि भारतीय संविधान में मनोनीत सदस्यों को भी मंत्री बनने का अधिकार है। जबकि वे भी गैर-निर्वाचित हैं, परंतु उन्हें सदन में मत देने का भी अधिकार है।

(iv) **भ्रष्टाचार एवं विशेषाधिकार**–वर्ष-1998 में उच्चतम न्यायालय के द्वारा यह निर्णय लिया गया कि संसद के किसी सदस्य के द्वारा सदन के भीतर घूस देना एवं उसके मत प्राप्त करने का प्रयास संसदीय विशेषाधिकार का भाग है, जिसकी जांच न्यायपालिका नहीं कर सकती, क्योंकि अनुच्छेद-105 में यह उल्लिखित है कि सदन में दिए गए वक्तव्य अथवा मतदान के लिए न्यायालय में मामला नहीं लाया जा सकता। न्यायालय के इस निर्णय की कड़ी आलोचना की गई है। आलोचकों के अनुसार, विशेषाधिकार के नाम पर भ्रष्टाचार की अनुमति नहीं दी जा सकती। नरसिम्हा राव पर यह आरोप था कि उन्होंने झारखंड मुक्ति मोर्चा के सांसदों को घूस देकर उनका मत प्राप्त किया।

(v) विशेषाधिकार एवं मूल अधिकार

1. **अभिव्यक्ति की स्वतंत्रता**–भारतीय संविधान और परंपराओं के द्वारा भी सांसदों और संसद को विशेषाधिकार प्राप्त हैं। विशेषाधिकार का अभिप्राय, उन विशिष्ट अधिकारों से है, जो सामान्यत: आम नागरिकों को प्राप्त नहीं हैं। उदाहरण के लिए, अनुच्छेद-105 के अंतर्गत् सांसदों को अभिव्यक्ति की स्वतंत्रता का असीमित विशेषाधिकार है। अत: सामान्य व्यक्तियों पर वाक् और अभिव्यक्ति पर लगने वाला प्रतिबंध सांसदों पर लागू नहीं होते। विशेषाधिकार में यह भी सम्मिलित है कि संसद किसी भी व्यक्ति को सदन से निष्कासित तथा किसी भी मुद्दे को सदन की प्रक्रिया से निकाल सकती है। संविधान में संसदीय विशेषाधिकार एवं प्रक्रियाओं के न्यायिक पुनरावलोकन पर प्रतिबंध है। व्यक्ति के मूल अधिकारों और संसदीय विशेषाधिकारों के बीच संघर्ष उत्पन्न होने पर न्यायपालिका के द्वारा विवाद का समाधान किया गया। सर्चलाइट वाद में न्यायपालिका ने स्पष्ट रूप में अभिव्यक्ति की स्वतंत्रता की तुलना में संसदीय विशेषाधिकारों को प्राथमिकता दी। तकनीकी रूप में अनुच्छेद-19(A) की तुलना में अनुच्छेद-105 और 194 ज्यादा महत्त्वपूर्ण हैं।

2. **जीवन का अधिकार**–*केशव सिंह वाद* (1965) के ऐतिहासिक मामले में उच्चतम न्यायालय ने अपनी सलाहकारी अधिकारिता के अंतर्गत् निर्णय दिया। जिसके अनुसार संसदीय विशेषाधिकारों के नाम पर जीवन का अधिकार (अनुच्छेद 21), अपराधों के संबंध में संरक्षण का अधिकार और मनमानी गिरफ्तारी के विरुद्ध अधिकार का उल्लंघन नहीं किया जा सकता। उच्चतम न्यायालय या न्यायपालिका ऐसे व्यक्तियों की जीवन रक्षा के लिए

रिट जारी करती है कि यह विशेषाधिकार का उल्लंघन नहीं है, लेकिन केशव सिंह वाद में भी सर्चलाइट के उस निर्णय को स्वीकार किया गया, जिसके अंतर्गत् व्यक्ति की अभिव्यक्ति की स्वतंत्रता की तुलना में संसदीय विशेषाधिकार ज्यादा महत्त्वपूर्ण हैं।

(vi) **स्पीकर एवं विशेषाधिकार**–52वें संविधान संशोधन के द्वारा संविधान में 10वीं अनुसूची जोड़ी गई। जिसके अनुसार, दल-बदल विरोधी अधिनियम का निर्माण किया गया, जिसे उच्चतम न्यायालय में चुनौती दी गई। **किहोतो होलोहॉन वाद**, 1993 में न्यायपालिका ने तो यहां तक कह दिया था कि लोक सभा अध्यक्ष द्वारा दिए गए दल-बदल निर्णय का भी न्यायिक-पुनरावलोकन हो सकता है, क्योंकि लोक सभा अध्यक्ष की भूमिका अर्द्ध-न्यायिक होती है। झारखंड विधान सभा के मामले में तो न्यायपालिका ने विश्वास मत प्राप्त करने की तिथि और प्रक्रिया का भी निर्धारण कर दिया। इसे संसदीय विशेषाधिकारों का घोर उल्लंघन कहा गया, क्योंकि विश्वास मत प्राप्त करने की तिथि और प्रक्रिया के निर्धारण का अधिकार सदन को है। इस संबंध में संविधान ने संसद को पूर्ण शक्ति प्रदान की है। ठीक इसी प्रकार ग्यारह सांसदों की बर्खास्तगी के मामले में जब न्यायपालिका ने लोक सभा अध्यक्ष सोमनाथ चटर्जी को नोटिस जारी किया, तो सोमनाथ चटर्जी ने पूरे विश्व के लोक सभा अध्यक्षों का सम्मेलन बुलाया और उन्होंने यह तर्क दिया कि सांसदों के निष्कासन का अधिकार लोक सभा अध्यक्ष और सदन को है, इस संबंध में न्यायपालिका सदन को कोई आदेश नहीं दे सकती। न्यायपालिका के अनुसार, 'न्यायिक-पुनरावलोकन से न्यायपालिका को वंचित नहीं किया जा सकता। यद्यपि न्यायपालिका ने भी यह माना कि सांसदों के निष्कासन का अधिकार संसद को है, लेकिन न्यायपालिका को भी न्यायिक-पुनरावलोकन का अधिकार है।'

(vii) **विशेषाधिकार एवं व्यावहारिक उदाहरण**–संसदीय विशेषाधिकार का उल्लंघन प्रधानमंत्री एवं कार्यपालिका के सदस्य भी कर सकते हैं। सदन के संचालन के दौरान प्रधानमंत्री अथवा मंत्रिपरिषद् के सदस्य को यह सूचना पहले सदन को न देकर, अन्य किसी व्यक्ति अथवा प्रेस को प्रदान करे, तो इसे विशेषाधिकार का उल्लंघन माना जाएगा। किसी मंत्री अथवा सांसद के द्वारा जानबूझकर सदन को झूठी सूचना देना भी विशेषाधिकारों की अवहेलना है। वर्तमान में सदन के संचालन में सबसे बड़ी बाधा सांसद ही उत्पन्न करते हैं। अतः विशेषाधिकारों का उल्लंघन सांसद ही कर रहे हैं।

संसदीय विशेषाधिकार सदन के बेहतर संचालन के लिए आवश्यक है। सांसद लाखों जनता की इच्छाओं का प्रतिनिधित्व करता है। अतः सांसदों के कार्यों के बेहतर संपादन के लिए विशेषाधिकार आवश्यक है, परंतु विशेषाधिकारों के नाम पर संवैधानिक मान्यताओं का उल्लंघन और संसदीय परंपराओं की अवहेलना भी नहीं होनी चाहिए।

निष्कर्ष

भारतीय संसदीय शासन, ब्रिटिश संसदीय शासन के सिद्धांतों पर निर्मित है। ब्रिटेन की परंपराओं का संविधान एवं विधि में समावेश किया गया है, परंतु सांसदों का व्यवहार ही अलोकतांत्रिक एवं अमर्यादित हो रहा है। संसदीय विशेषाधिकार सांसदों को जनता की इच्छाओं के प्रतिनिधित्व के कारण प्रदान किए गए थे, जिसका लोकतंत्र में सर्वाधिक महत्त्व होता है। अतः विशेषाधिकारों के नाम पर स्वेच्छाचारी व्यवहार का अधिकार नहीं दिया जा सकता है।

अध्याय 5

संसदीय कार्यप्रणाली

(Conduct of Business in Parliament)

● लोक सभा में सदस्यों के बैठने की व्यवस्था, ● राज्य सभा में सदस्यों की बैठने की व्यवस्था, ● संसदीय कार्य मंत्री, ● प्रश्नकाल, संसद में विभिन्न प्रस्ताव, ● सांसदों की परिवर्तित सामाजिक एवं आर्थिक पृष्ठभूमि, ● संसदीय फोरम, ● दल-बदल विरोधी कानून, ● निष्कर्ष,

भारत में नव-निर्वाचित लोक सभा की पहली बैठक में लोक सभा के सदस्यों को शपथ दिलाने के लिए राष्ट्रपति लोक सभा के वरिष्ठ सदस्यों में से किसी एक को **प्रोटेम स्पीकर** (Protem Speaker) के रूप में नियुक्त करते हैं। यह लोक सभा का **अस्थायी स्पीकर** भी कहलाता है। सदस्यों के शपथ लेने के बाद लोक सभा के द्वारा अपने अध्यक्ष एवं उपाध्यक्ष का चयन किया जाता है। लोक सभा स्पीकर के द्वारा सदन के संचालन के लिए 10 वरिष्ठ सांसदों का मनोनयन किया जाता है, जो लोक सभा स्पीकर एवं उपाध्यक्ष की अनुपस्थिति में सदन का संचालन करते हैं।

लोक सभा में सदस्यों के बैठने की व्यवस्था

लोक सभा का आकार अर्द्ध-चंद्राकार है, जिसमें 6 ब्लॉक तथा प्रत्येक ब्लॉक में 11 खाने हैं। 6 ब्लॉक के मध्य में स्पीकर के बैठने का स्थान होता है, जो सदस्यों के स्थान से ऊंचा होता है तथा स्पीकर के दाहिनी ओर सत्ता पक्ष के सदस्य बैठते हैं, जिन्हें ट्रेजरी बैंचेज (Treasury Benches) भी कहा जाता है। जबकि बायीं ओर विपक्षीय सदस्य बैठते हैं। 6 ब्लॉक में 20 सीट आगे की होती है, जिसे प्रधानमंत्री तथा सभी दलों के वरिष्ठ नेताओं को सदन में उनकी संख्या के अनुसार सीट आवंटित होती है। निर्दलीय उम्मीदवारों को स्पीकर सीट आवंटित करता है।

राज्य सभा में सदस्यों की बैठने की व्यवस्था

राज्य सभा भी अर्द्ध-चंद्राकार बना हुआ है, जिसके बीच राज्य सभा के सभापति के बैठने का स्थान है। सदन में 6 ब्लॉक और सभी ब्लॉक में 7 खाने हैं। सत्ता पक्ष के सदस्य सभापति के दाहिनी ओर तथा विपक्ष के सदस्य बायीं ओर बैठते हैं। 20 सीट आगे होती है, जो सदन के नेता प्रधानमंत्री तथा सदन के उपाध्यक्ष एवं अन्य वरिष्ठ नेताओं के लिए निर्धारित होती हैं।

संसदीय कार्य मंत्री

संसद के कार्य संचालन का समूचा दायित्व संसदीय कार्य मंत्री का होता है तथा संसदीय कार्य मंत्री के द्वारा सदन के समूचे काम-काज पर निगरानी की जाती है। सदन के बैठकों की बुलाना, राष्ट्रपति का संबोधन तथा संसद के द्वारा विधि पारित करने के लिए समय एवं समर्थन मंत्री का दायित्व होता है। संसद में सत्ता पक्ष के सदस्यों की उपस्थिति के लिए ह्विप भी जारी किया जाता है। संक्षेप में, संसद के समूचे कार्यकलाप का दायित्व संसदीय कार्य

मंत्री के हाथों में होता है, जो स्पीकर से परामर्श करके सदन का कार्य संचालन करता है।

बैठक

संविधान के अनुसार, लोक सभा की बैठक वर्ष में कम से कम दो बार अवश्य होनी चाहिए और उन बैठकों के मध्य छह (6) महीने से अधिक का अंतराल नहीं होना चाहिए। सामान्यत: संसद के 3 सत्र आयोजित होते हैं। **पहला**, बजट सत्र, जो सबसे लंबा एवं महत्त्वपूर्ण होता है। **दूसरा**, मानसून सत्र एवं **तीसरा**, शीत कालीन सत्र होता है। इसके अतिरिक्त किसी विशेष अवसर पर अन्य सत्र भी आयोजित किए जा सकते हैं। जैसे-संविधान लागू होने के 50 वर्ष बाद भी संसद का विशेष सत्र आयोजित किया गया था।

गणपूर्ति (कोरम)

गणपूर्ति के बिना किसी भी सदन की बैठक संभव नहीं है तथा गणपूर्ति के अभाव में लोक सभा स्पीकर के द्वारा घंटी बजाई जाती है और तीसरी घंटी के बाद भी यदि सदन में गणपूर्ति न हो, तो लोक सभा की कार्यवाही स्थगित कर दी जाती है। गणपूर्ति या कोरम सदन की कुल संख्या का 1/10 भाग है। लोक सभा अध्यक्ष इसकी अध्यक्षता तथा उसकी अनुपस्थिति में लोक सभा उपाध्यक्ष कार्य करता है और 10 सदस्यों का एक पैनल भी बनाया जाता है, जो अध्यक्ष व उपाध्यक्ष की अनुपस्थिति में सदन की कार्यवाही का संचालन करता है।

संसद के सत्र

1. **बजट सत्र**, सामान्यत: फरवरी से मई तक होता है, जो सबसे महत्त्वपूर्ण एवं सर्वाधिक लंबा होता है।
2. **मानसून सत्र**, सामान्यत: जुलाई से सितंबर तक होता है।
3. **शीतकालीन सत्र**, सामान्यत: नवंबर से दिसंबर तक होता है।

प्रत्येक सत्र की बैठकों के बीच का समयांतराल 6 माह से अधिक नहीं होना चाहिए एवं राष्ट्रपति द्वारा कभी-कभी विशेष बैठकें भी बुलाई जा सकती हैं।

सदन की गुप्त बैठक

लोक सभा नियमों (248) में यह उल्लिखित है कि सदन के नेता के अनुरोध पर लोक सभा का स्पीकर लोक सभा की गुप्त बैठक आयोजित कर सकता है, जिसमें किसी भी दर्शक अथवा अपरिचित व्यक्ति को सदन में आने की अनुमति नहीं होगी। अत: सदन की कार्यवाही के लेखन के लिए भी पदाधिकारी विद्यमान नहीं रहेंगे, क्योंकि सदन की सामान्य कार्यवाही के दौरान सदन में लोक सभा सचिवालय के पदाधिकारी बैठे होते हैं, जो सदन की कार्यवाही को लिखते हैं।

सत्र का आयोजन

भारतीय संविधान में संसद के सत्र की शुरूआत की किसी निश्चित तिथि का उल्लेख नहीं है। लोक सभा और राज्य सभा की प्रक्रियाओं में भी संसद की बैठक बुलाने के पीछे निश्चित तिथि का उल्लेख नहीं है। वर्ष-2017 के संसद के शीतकालीन सत्र को अत्यधिक छोटा कर दिया गया और केवल एक सप्ताह के लिए ही सत्र का आयोजन किया गया। क्योंकि गुजरात विधान सभा चुनावों के कारण संसद के सत्र की अवधि को अल्प करना पड़ा। इसीलिए संसद की बैठकों की अवधि कम हो रही है और वर्ष-2018 के संसद के मानसून सत्र के दौरान यह मांग की गई कि संसद के संचालन की निश्चित तिथि का उल्लेख होना चाहिए तथा कार्यकरण की वर्ष में एक निश्चित अवधि भी होना चाहिए। उदाहरण के लिए, वर्ष में संसद का सत्र कम से कम 120 दिनों का होना चाहिए।

संसद के सत्र के निर्धारण में अनेक समस्याएं भी हैं। संसदीय शासन में लोक सभा का निर्वाचन सुनिश्चित नहीं होता और संसद के अलावा भारत में विद्यमान 29 राज्य विधान सभाओं के निर्वाचन भी निर्धारित तिथि से आरंभ नहीं होते हैं। इसलिए सत्र की शुरूआत निश्चित दिन से करना कठिन है। संसद की बैठकों में वृद्धि होनी चाहिए, परंतु प्रत्येक प्रावधान के लिखित होने से बैठकें बेहतर होंगी इसकी गारंटी नहीं है, क्योंकि सदन के बैठकों से भी ज्यादा महत्त्वपूर्ण सदन के कार्य संचालन में होने वाली बाधाओं को दूर करना है।

सत्रावसान (Prorogue)

संसद के विभिन्न सत्रों के बीच का अंतराल ही सत्रावसान कहलाता है, जिसका अधिकार राष्ट्रपति को है और यह राष्ट्रपति द्वारा किया जाता है। सत्रावसान के बाद सदन के

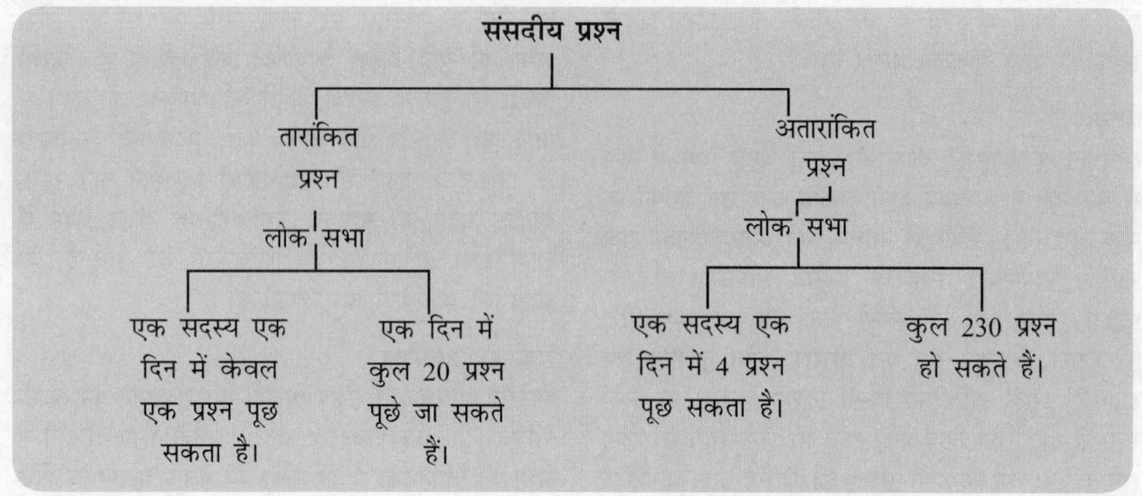

पटल पर लंबित सभी संकल्प प्रस्ताव समाप्त हो जाते हैं, लेकिन विधेयक समाप्त नहीं होते।

व्यवस्था का प्रश्न (Points of Order)

सदन के संचालन के लिए लोक सभा नियमों का निर्माण किया गया है। यदि सदन का संचालन लोक सभा नियमों के अनुसार नहीं हो रहा है, तो सदस्य के द्वारा स्पीकर के समक्ष व्यवस्था का प्रश्न उठाया जाएगा। इस मुद्दे पर किसी बहस की अनुमति नहीं दी जाएगी और सदन के संचालन में नियमों की अवहेलना का मुद्दा स्पीकर द्वारा निर्धारित होगा, (नियम-376)।

मतदान की प्रक्रिया

संसद में सामान्यत: अधिकांश विषयों पर निर्णय ध्वनि मत से तथा इसके अतिरिक्त किसी विषय पर निर्णय के लिए मत विभाजन का प्रयोग भी किया जाता है। सांसदों के मत को अंकित करने के लिए स्वचालित मशीनों का प्रयोग किया जाता है, जिसमें सदस्यों को **हां** के लिए हरे रंग का बटन तथा **ना** के लिए लाल रंग के बटन को दबाना होता है, जो सदस्य मतदान का प्रयोग नहीं करना चाहते, वे काले रंग के बटन का प्रयोग करते हैं। मतदान के दौरान सदन के दरवाजों को बंद कर दिया जाता है, जिससे सदन में उपस्थित सदस्य ही मतदान कर सकें। मतदान के पूर्व सदन में दर्शक दीर्घा को भी खाली कराया जाता है। सदन की सामान्य कार्यवाही के दौरान दर्शक उपस्थित होते हैं, परंतु मतदान के दौरान वे सदन में नहीं बैठ सकते हैं।

स्थगन (Adjournment)

सदन के क्रियाकलाप को स्थगित करना ही **स्थगन** कहलाता है। कुछ स्थगन संसदीय नियम के भाग हैं। जैसे-दोपहर 1 बजे भोजन अवकाश के लिए प्रतिदिन सदन की बैठक स्थगित होती है तथा कई बार सांसदों के दुर्व्यवहार के कारण भी सदन की कार्यवाही स्थगित की जाती है, ऐसा सदन के सभापति द्वारा किया जाता है। सदन का स्थगन निश्चित समय के लिए हो सकता है, क्योंकि स्पीकर के द्वारा सदन की बैठक का समय अथवा तिथि की घोषणा की जाती है। स्थगन अनिश्चितकालीन भी हो सकता है और अनिश्चितकालीन स्थगन का अधिकार भी लोक सभा अध्यक्ष को है, जब सदन के अगली बैठक की तिथि को निर्धारित किए बिना लोक सभा की बैठक को स्थगित कर दिया जाए, तो उसे **अनिश्चितकालीन स्थगन** (Adjournment Till Sine Die) कहा जाता है। यह लैटिन भाषा का शब्द है, जिसका अभिप्राय है कि बिना निर्धारित अगली तिथि एवं समय के सदन का स्थगन किया जाता है।

विघटन (Dissolution)

विघटन से लोक सभा का कार्यकाल समाप्त हो जाता है तथा लोक सभा का विघटन कार्यकाल के पूर्ण होने के

बाद अथवा 5 वर्ष के पूर्ण कार्यकाल के पहले भी विघटन किया जा सकता है। केवल लोक सभा का विघटन होता है, राज्य सभा का नहीं। लोक सभा का विघटन राष्ट्रपति के द्वारा तथा विघटन से लोक सभा के कार्यकाल का अंत हो जाता है। अत: नई लोक सभा का चुनाव कराना पड़ता है।

अधिवेशन (Session)

संसद की कार्यवाही दिन में 11 बजे से शुरू होती है और दोपहर 1 बजे से 2 बजे के बीच भोजन अवकाश होता है तथा 2 बजे से सायं 6 बजे के बीच सरकारी काम-काज अथवा किसी विशेष चर्चा का आयोजन होता है। संसद की प्रतिदिन होने वाली बैठक अधिवेशन कहलाती है। सदन की बैठकों में लोक सभा और राज्य सभा के सदस्य अपने-अपने सदन की बैठकों में भाग लेंगे। परंतु मंत्रिपरिषद् के सदस्य दोनों सदनों की कार्यवाही में भाग ले सकते हैं। यद्यपि वे उसी सदन में मतदान करेंगे, जिसके वे सदस्य हैं। मंत्रियों के अतिरिक्त भारत के महान्यायवादी को भी सदन की कार्यवाही में भाग लेने का अधिकार है, परंतु उन्हें मतदान देने का अधिकार नहीं है।

सदन की भाषा

संविधान (अनुच्छेद-120) में यह स्पष्ट उल्लिखित है कि संसद का काम-काज हिंदी और अंग्रेजी भाषा में होगा। अत: सदन में प्रस्तुत कोई विधेयक अथवा प्रश्न हिंदी और अंग्रेजी भाषा में ही प्रस्तुत होंगे। यद्यपि सदन के पीठासीन अधिकारी की अनुमति से कोई भी सांसद अपनी मातृभाषा में सदन को संबोधित कर सकता है। जब तक संसदीय विधि के द्वारा निर्धारित न किया जाए, तो 15 वर्ष के बाद भी अंग्रेजी का प्रयोग किया जाएगा।

प्रश्नकाल (Question hour)

प्रश्नकाल 11 बजे से 12 बजे तक होता है तथा इसमें सांसद मंत्रियों से प्रश्न पूछ सकते हैं। सांसद के द्वारा लोक सभा सचिवालय को प्रश्नों की सूची दी जाती है और सचिवालय इसे संबंधित मंत्रालय को संप्रेषित करता है। संघ सरकार के 50 से ज्यादा मंत्रालयों को 5 श्रेणी में विभाजित किया जाता है और सदन में अलग-अलग दिन अलग-अलग मंत्रालयों के उत्तर के लिए निर्धारित किए जाते हैं।

प्रश्नकाल के लिए मंत्रालयों को 5 समूहों में विभाजित किया जाता है। शनिवार को कोई प्रश्नकाल नहीं होगा। शनिवार को सदन की बैठक नहीं होती है और किसी परिस्थिति में बैठक होने पर भी प्रश्नकाल आयोजित नहीं होगा। मंत्रियों से सरकारी प्रशासन एवं नीतियों के संबंध में लोक सभा एवं राज्य सभा दोनों सदनों में प्रश्न पूछे जाते हैं। लोक सभा में एक दिन 20 मौखिक प्रश्न तथा 230 लिखित प्रश्न पूछे जा सकते हैं। राज्य सभा में 15 मौखिक प्रश्न तथा 155 लिखित प्रश्न पूछे जा सकते हैं। **सदन में दो प्रकार के प्रश्न पूछे जा सकते हैं-प्रथम,** तारांकित प्रश्न एवं **द्वितीय,** अतारांकित प्रश्न। जिसे हिंदी या अंग्रेजी में पूछा जा सकता है तथा ऐसे प्रश्नों के उत्तर पाने के लिए 15 दिन पूर्व आवेदन देना पड़ता है।

(i) **तारांकित प्रश्न** (Starred Question)–मौखिक रूप में सांसद प्रश्न पूछता है और तारांकित प्रश्नों का मौखिक जवाब मंत्री देते हैं। प्रश्नों की संख्या सीमित होती है, जो एक दिन में 20 तारांकित प्रश्न पूछे जा सकते हैं, जिनमें दो पूरक प्रश्न (Supplementary Question) भी पूछे जा सकते हैं। स्पीकर की अनुमति से अन्य सदस्य भी पूरक प्रश्न पूछ सकते हैं।

(ii) **अतारांकित प्रश्न** (Unstarred Question)–इसे सांसद के द्वारा लिखित रूप में जिन्हें कम से कम 15 दिन का नोटिस देकर पूछा जाता है, जिसका लिखित जवाब दिया जाता है, जिसमें प्रश्नों की संख्या 230 प्रश्न प्रतिदिन होती है, इनमें पूरक प्रश्न नहीं पूछा जा सकता।

(iii) **अल्पकालिक प्रश्न** (Short Notice Question) –इसके अतिरिक्त संसद में अल्पसूचना प्रश्न भी पूछे जा सकते हैं, जो किसी महत्त्वपूर्ण सार्वजनिक विषय से संबंधित होते हैं। इसे 15 दिन से कम अवधि में पूछा जा सकता है। इसके अंतर्गत मौखिक रूप में प्रश्न पूछे जाते हैं तथा संबंधित मंत्रालय द्वारा इसका उत्तर भी मौखिक रूप में दिया जाता है।

आधे घंटे की चर्चा (Half an hour Discussion)

इसके लिए महासचिव को तीन दिन पहले नोटिस देना पड़ता है। यदि किसी सांसद को तारांकित प्रश्न अथवा अतारांकित प्रश्नों के माध्यम से पूर्ण सूचना प्राप्त नहीं हुई अथवा प्रश्न के उत्तर अस्पष्ट है, तो इस पर पूर्ण स्पष्टीकरण

के लिए यह चर्चा आयोजित की जाती है, जिसका समय सायं 5:30 बजे से सायं 6 बजे तक होता है, जिसे एक सप्ताह में तीन बार आयोजित किया जा सकता है।

अल्पकालिक चर्चा (Short Duration Discussion)

सार्वजनिक महत्त्व के किसी मुद्दे को सदन के समक्ष उठाया जा सकता है, जिसके लिए सदस्य को दो अन्य सांसदों का हस्ताक्षर चाहिए एवं मामले को उठाने के कारण भी बताने होंगे। स्पीकर के द्वारा एक सप्ताह में दो दिन इस चर्चा के लिए आवंटित किया जा सकता है और चर्चा की अवधि सामान्यत: दो घंटे की होती है तथा चर्चा के अंत में मतदान नहीं होता, परंतु मंत्री के द्वारा संक्षिप्त उत्तर दिया जा सकता है। यह लोक सभा के नियम-193 के अंतर्गत उठाया जा सकता है।

नियम-377 के अंतर्गत चर्चा

लोक सभा में जिन मुद्दों को प्रश्नकाल, अल्पकालीन प्रश्न अथवा आधे घंटे की चर्चा के दौरान नहीं पूछा जा सकता, वह मुद्दा इसके माध्यम से सदन के समक्ष उठाया जा सकता है। इसके लिए स्पीकर को 10 बजे नोटिस देना होता है और सप्ताह में 1 से ज्यादा बार यह मुद्दा नहीं उठाया जाएगा तथा 20 सांसदों के समर्थन से यह मुद्दा सदन के समक्ष उठाया जा सकता है और चर्चा के अंत में संबंधित मंत्री इसका उत्तर देंगे।

नियम-184 के अंतर्गत चर्चा

लोक सभा के स्पीकर की अनुमति के बाद किसी सार्वजनिक महत्त्व के मुद्दे को इसके द्वारा उठाया जा सकता है। चर्चा के लिए निर्धारित समय स्पीकर के द्वारा निश्चित किया जाएगा और चर्चा के अंत में मतदान का भी प्रावधान है।

अनिश्चित प्रस्ताव (No-Day-Yet-Named Motions)

लोक सभा स्पीकर के द्वारा किसी प्रस्ताव को स्वीकार कर लिया जाए, परंतु उस प्रस्ताव पर चर्चा के लिए कोई निश्चित तिथि एवं समय की घोषणा न करना अनिश्चित प्रस्ताव कहलाता है।

शून्यकाल (Zero Hour)

शून्यकाल के लिए सांसद को उसी दिन 10 बजे स्पीकर को नोटिस देना होता है, जिस दिन यह मुद्दा उठाया जाएगा। महत्त्वपूर्ण लोक महत्त्व के कारण इसे तत्काल सदन के समक्ष उठाने की अनुमति ली जाती है और लोक सभा में एक दिन में 20 मुद्दे, जबकि राज्य सभा में 7 मुद्दों को उठाया जा सकता है। शून्यकाल दोपहर 12 बजे से 1 बजे तक होता है तथा शून्यकाल का प्रचलन भारतीय संसदीय परंपरा की देन है। शून्यकाल के दौरान सांसद द्वारा उठाए गए किसी विशेष मुद्दे पर मंत्री विशेष को उत्तर देना आवश्यक नहीं है। यदि मंत्री विशेष सदन में उपस्थित है, तो स्वेच्छा से उत्तर दे सकता है। शून्यकाल, प्रश्नकाल के बाद आरंभ होता है और अत्यधिक महत्त्वपूर्ण विषयों पर सदन का ध्यान आकर्षित किया जाता है। यह वर्ष-1962 से प्रारंभ है।

विशेष उल्लेख (Special Mention)

यह केवल राज्य सभा में उठाया जाता है। सार्वजनिक महत्त्व के किसी विषय पर प्रश्नकाल के बाद राज्य सभा में विशेष उल्लेख के माध्यम से सदन के समक्ष कोई मुद्दा प्रस्तुत किया जा सकता है। इस प्रस्ताव का उल्लेख सदन की प्रक्रियाओं में वर्णित नहीं होता है तथा इस प्रस्ताव के जरिए मंत्री को तत्काल कोई उत्तर देने की आवश्कता नहीं होती है। कुछ समय बाद मंत्रालयों के द्वारा सदन के समक्ष इस संबंध में लिखित स्पष्टीकरण प्रदान किया जाता है। एक दिन में सात प्रस्ताव से ज्यादा नहीं लाए जा सकते।

निजी सदस्य के विधेयक (Private Members Bill)

मंत्रिपरिषद् के सदस्यों के अलावा अन्य सांसदों को भी निजी सदस्य कहा जाता है। जबकि किसी विधेयक अथवा प्रस्ताव पर प्रत्येक शुक्रवार को ढाई घंटे का समय दिया जाता है, जो 2 बजकर, 30 मिनट के बाद निर्धारित होता है।

संसद में विभिन्न प्रस्ताव

विधायिका में कार्य करने का एक तरीका है, जिसके द्वारा विधायिका के सदस्य अपने विचार और इच्छाओं को प्रकट करते हैं। इसी के द्वारा विधायिका के अनेक कार्य संपादित होते हैं। प्रस्ताव अनेक प्रकार के होते हैं, जैसे-बजट से संबंधित प्रस्ताव अथवा विधायी प्रस्ताव। इसके अतिरिक्त विशेषाधिकार प्रस्ताव एवं ध्यानाकर्षण प्रस्ताव के माध्यम से सदन के द्वारा अपने निर्णय एवं मत व्यक्त किए जाते हैं।

मूल प्रस्ताव

यह एक पूर्ण प्रस्ताव है, जो स्वयं में स्वतंत्र भी है तथा इसके द्वारा सदन अपना मत व्यक्त करता है। उदाहरण के लिए, राष्ट्रपति के सदन के संयुक्त संबोधन के बाद सदन में धन्यवाद प्रस्ताव लाया जाता है।

स्थानापन्न प्रस्ताव

जो प्रस्ताव सदन में मूल प्रस्ताव के स्थान पर लाए जाते हैं, उन्हें स्थानापन्न प्रस्ताव कहा जाता है। इसके द्वारा सदन में कोई भी सदस्य अपनी इच्छा और मत स्वतंत्र रूप में व्यक्त कर सकता है, लेकिन यह मूल प्रस्ताव पर निर्भर होता है।

सहायक प्रस्ताव

ये मूल प्रस्ताव के बाद प्रस्तुत और मूल प्रस्ताव पर पूर्णतः निर्भर होते हैं तथा सहायक प्रस्ताव में अनेक प्रस्ताव शामिल होते हैं। सदन में किसी विधेयक पर विचार करना अनुषंगी प्रस्ताव कहा जाता है। विभिन्न समितियों को दिए गए विधेयक अथवा जनता की इच्छा के लिए प्रचलित विधेयक सुपरसीडिंग प्रस्ताव कहे जाते हैं, जबकि विधेयक में संशोधन के प्रस्ताव को संशोधनात्मक प्रस्ताव कहा जाता है।

धन्यवाद प्रस्ताव (Motion of Thanks)

अनुच्छेद-87 के अंतर्गत् यह प्रावधान है कि राष्ट्रपति नव-निर्वाचित लोक सभा के पहले सत्र और वर्ष के पहले सत्र में संसद को संयुक्त रूप में संबोधित करते हैं। इस प्रस्ताव पर सामान्यतः 3 से 4 दिन तक की चर्चा होती है और चर्चा के दौरान सभी दल के सदस्यों को सदन में उनकी संख्या के अनुसार सदन में चर्चा के लिए समय आवंटित किया जाता है और प्रस्ताव पर चर्चा के बाद मतदान भी होता है। विपक्ष द्वारा सरकार की नीतियों और प्रशासनिक विफलता की भी आलोचना की जाती है। चर्चा के अंत में प्रधानमंत्री के द्वारा जवाब दिया जाता है। यदि मतदान में सरकार पराजित हो जाए, तो सरकार के विरुद्ध अविश्वास प्रस्ताव लाया जा सकता है।

स्थगन प्रस्ताव (Adjournment Motion)

इस प्रस्ताव के द्वारा सदन का सामान्य काम-काज स्थगित कर सार्वजनिक महत्त्व के किसी विशेष मुद्दों पर विचार किया जाता है। 15वीं लोक सभा में पहली बार ऐसा हुआ जब धन्यवाद प्रस्ताव पर चर्चा के बाद विपक्षी दल स्थगन प्रस्ताव लाने की मांग करने लगे। स्थगन प्रस्ताव विशेष प्रक्रिया है, जिसे लाने हेतु लोक सभा के कम से कम 50 सदस्यों की सहमति आवश्यक है। क्योंकि जब स्थगन प्रस्ताव लाया जाता है, तो संसद की सामान्य कार्यवाही को स्थगित कर दिया जाता है। **इसको लाने के निम्न आधार होते हैं-**

- कोई सार्वजनिक महत्त्व का अति आवश्यक विषय जिससे पूरा देश प्रभावित हो।
- स्थगन प्रस्ताव में लाया जाने वाला विषय सुनिश्चित होना चाहिए।
- किसी सांसद के निजी मुद्दे या निजी शिकायत को इसमें नहीं उठाया जा सकता।

प्रभाव–इस पर मतदान होता है और यदि सरकार के विरुद्ध यह प्रस्ताव पारित हो जाता है, तब इसे सरकार की निंदा माना जाता है तथा इसके पारित होने के बाद सरकार के विरुद्ध अविश्वास प्रस्ताव लाया जा सकता है। स्थगन प्रस्ताव राज्य सभा में नहीं लाया जाता है।

ध्यानाकर्षण प्रस्ताव (Calling Attention Motion)

यह संसदीय प्रक्रिया भारतीय संसद की देन है, जिसमें किसी भी सार्वजनिक महत्त्व के मुद्दे एवं तात्कालिक मुद्दे पर किसी मंत्री का ध्यान आकर्षित किया जाता है। इस प्रस्ताव पर सामान्यतः मंत्री के बयान पर चर्चा नहीं होती, परंतु अंत में संबंधित मंत्री अपना संक्षिप्त बयान देते हैं। भारतीय संसदीय इतिहास में वर्ष-1954 से ही यह प्रचलन में है। शून्यकाल के विपरीत प्रक्रिया-नियमों में इसका उल्लेख है। ध्यानाकर्षण प्रस्ताव राज्य सभा में पत्र के प्रस्ताव (Motion of Papers) के रूप में जाना जाता है।

अविश्वास प्रस्ताव (No Confidence Motion)

संविधान में अविश्वास प्रस्ताव का उल्लेख नहीं है, बल्कि लोक सभा नियमों में इसका प्रावधान किया गया है। अविश्वास प्रस्ताव विपक्ष के द्वारा लाया जाता है और इसका उल्लेख लोक सभा के नियम-198 में किया गया है। इस प्रस्ताव को लाने के लिए कोई निश्चित कारण बताने की जरूरत नहीं है। इंदिरा गांधी के विरुद्ध सबसे ज्यादा बार (15 बार) अविश्वास प्रस्ताव लाए गए थे। वर्ष-1993 में नरसिम्हा राव सरकार के विरुद्ध अविश्वास

प्रस्ताव लाया गया, जिसमें वे विजयी हुए। अप्रैल, 1999 में अटल बिहारी वाजपेयी सरकार के विरुद्ध अविश्वास प्रस्ताव लाया गया, जिसमें वे एक मत से पराजित हो गए। जबकि वर्ष-2003 में अटल बिहारी वाजपेयी विश्वास मत में विजयी हुए। तकनीकी रूप में अविश्वास प्रस्ताव सदन में कोई मुद्दा उठाने का संसदीय माध्यम नहीं है, क्योंकि ये प्रस्ताव तब लाए जाते हैं, जब सरकार बहुमत खो चुकी हो और सरकार को सत्ता में रहने का अधिकार न हो। यदि लोक सभा के 50 सदस्य खड़े होकर मांग करें, तो अविश्वास प्रस्ताव को स्वीकार किया जा सकता है और विपक्ष के द्वारा सरकार के विरुद्ध अविश्वास प्रस्ताव लाया जाता है। यह बिंदु ध्यान देने योग्य है कि एक सत्र में एक बार से अधिक अविश्वास प्रस्ताव नहीं लाया जा सकता। वर्ष-2008 में मनमोहन सिंह सरकार के विरुद्ध अविश्वास प्रस्ताव लाया गया था, जिसमें वे विजयी रहे।

अविश्वास प्रस्ताव के राजनीतिक उद्देश्य–पहला अविश्वास प्रस्ताव नेहरू सरकार के विरुद्ध वर्ष-1963 में लाया गया था। इस दौरान नेहरू सरकार का लोक सभा में दो-तिहाई बहुमत था। परंतु वर्ष-1962 में चीन के द्वारा भारत पर हमले के बाद नेहरू सरकार के विरुद्ध जनमत निर्माण के लिए अविश्वास प्रस्ताव लाया गया। वर्ष-2018 में नरेंद्र मोदी सरकार के विरुद्ध अविश्वास प्रस्ताव लाया गया, जो पारित नहीं हो सका। क्योंकि लोक सभा में सरकार का बहुमत था, जिससे यह प्रतीत होता है कि अविश्वास प्रस्ताव सरकार को हटाने के बजाए, सरकार के विरुद्ध जनमत निर्माण के लिए भी लाया जा सकता है। यह प्रस्ताव सदन में सामान्य बहुमत से पारित किया जाता है।

अविश्वास प्रस्ताव एवं लोक सभा का विघटन–मंत्रिपरिषद् के विरुद्ध अविश्वास प्रस्ताव पारित होने के बाद मंत्रिपरिषद् को त्यागपत्र देना होता है। परंतु लोक सभा का विघटन आवश्यक नहीं है। वर्ष-1990 में विश्वनाथ प्रताप सिंह सरकार अविश्वास प्रस्ताव के दौरान पराजित हो गई और सरकार के द्वारा राष्ट्रपति को लोक सभा के विघटन की सलाह दी गई, परंतु राष्ट्रपति ने लोक सभा का विघटन नहीं किया, अपितु चन्द्रशेखर को प्रधानमंत्री के रूप में नियुक्त कर दिया।

विश्वास प्रस्ताव (Confidence Motion)

विश्वास प्रस्ताव सरकार के द्वारा लाया जाता है, लेकिन इसका संसदीय प्रावधानों में उल्लेख नहीं है तथा इसका प्रयोग गठबंधन सरकारों के युग में होने लगा। पहली बार वर्ष-1979 में चरण सिंह सरकार को राष्ट्रपति ने विश्वास मत प्राप्त करने का निर्देश दिया, परंतु चरण सिंह ने विश्वास मत प्राप्त करने से पहले ही त्यागपत्र दे दिया। इसके पश्चात् नरसिंह राव की सरकार को राष्ट्रपति ने विश्वास मत प्राप्त करने का निर्देश दिया, लेकिन नरसिंह राव सरकार ने विश्वास मत प्राप्त कर लिया। वी. पी. सिंह तथा देवगौड़ा सरकार ने विश्वास मत पेश किया, लेकिन वे पराजित हो गए।

निंदा प्रस्ताव (Censure Motion)

यह प्रस्ताव लोक सभा में विपक्ष द्वारा किसी मंत्री की आलोचना के लिए लाया जाता है, जिसका उद्देश्य सरकार के कार्यों की आलोचना करना होता है, लेकिन इस प्रस्ताव के पास होने से सरकार नहीं गिरती, बल्कि यह प्रस्ताव सरकार के विरुद्ध अत्यधिक गंभीर माना जाता है, जो मंत्री अथवा मंत्रिपरिषद् के विरुद्ध लाया जा सकता है। निंदा प्रस्ताव लाने के लिए किसी स्पष्ट नियम का उल्लेख नहीं है, फिर भी 50 सदस्यों के समर्थन से यह प्रस्ताव लाया जाता है और यह प्रस्ताव केवल लोक सभा में लाया जाता, राज्य सभा में नहीं।

विशेषाधिकार हनन प्रस्ताव (Privilege Motion)

संसद और सांसदों के विशेष अधिकार होते हैं, जिनका उल्लंघन मंत्री और किसी सामान्य व्यक्ति के द्वारा भी किया जा सकता है। सदन के सत्र के दौरान यदि मंत्री कोई सूचना सदन को न देकर प्रेस को देता है, तो इसे सदन के विशेषाधिकार का उल्लंघन माना जाएगा और यदि कोई व्यक्ति सदन की गरिमा को ठेस पहुंचा रहा हो, तो भी सदन में यह प्रस्ताव लाया जा सकता है।

संकल्प (Resolution)

सदन में प्रस्तुत मूल प्रस्ताव अथवा स्वतंत्र आत्मनिर्भर प्रस्ताव संकल्प कहलाते हैं। **संकल्प तीन प्रकार के होते हैं**-

1. निजी सदस्यों के संकल्प के द्वारा कोई भी गैर-सरकारी सदस्य जो मंत्रिमंडल का भाग नहीं है, सदन के समक्ष

कोई विधेयक अथवा संकल्प प्रस्तुत कर सकता है।

2. संसदीय शासन में ज्यादातर संकल्प मंत्रियों के द्वारा प्रस्तुत किए जाते हैं। इसीलिए इन्हें **सरकारी संकल्प** कहा जाता है। अंतर्राष्ट्रीय संधियों अथवा समझौतों को सरकार संकल्प के रूप में प्रस्तुत करती है। अत: संकल्प के द्वारा सदन के मत प्रस्तुत किए जाते हैं तथा विधि का निर्माण भी किया जाता है।
3. संसदीय शासन में विधि-निर्माण का प्रमुख स्थान है। विधि-निर्माण से संबंधित संकल्प को **सांविधिक संकल्प** कहा जाता है, जिसके द्वारा विभिन्न विधेयकों के निर्माण अथवा संविधान संशोधन का संकल्प प्रस्तुत किया जाता है।

प्रस्ताव एवं संकल्प में अंतर

इनके बीच विषयवस्तु का अंतर नहीं है, बल्कि प्रक्रियाओं का अंतर है, जिस प्रस्ताव को सदन स्वीकार कर लेता है, उन्हें संकल्प कहा जाता है। जब किसी प्रस्ताव को सदन के द्वारा बहुमत से पारित कर दिया जाता है और उस प्रस्ताव पर मतदान किया जाता है, तो इसे संकल्प कहते हैं। सभी संकल्प मूल प्रस्ताव कहलाते हैं, जबकि सभी प्रस्ताव मूल प्रस्ताव हों, यह आवश्यक नहीं है। संकल्प पर सदैव मतदान होता है, जबकि प्रस्ताव पर मतदान होना आवश्यक नहीं है।

संकल्प	प्रस्ताव
• जिस प्रस्ताव को सदन स्वीकार कर लेता है, उसे संकल्प (Resolution) कहा जाता है।	• प्रस्ताव (Motion) संसद के द्वारा स्वीकार एवं अस्वीकार किया जा सकता है।
• संकल्प पर मतदान अनिवार्य रूप में होता है।	• प्रस्ताव पर मतदान आवश्यक नहीं है।
• राष्ट्रपति को अपने पद से हटाने के लिए सदन में संकल्प लाया जाता है।	• सरकार का किसी विशेष मुद्दे पर ध्यान आकर्षित करने के लिए सदन में प्रस्ताव लाया जाता है।

सचेतक (Whip)

सचेतक या ह्विप एक प्रकार का निर्देश है, जो विभिन्न राजनीतिक दलों के द्वारा अपने दलों के सांसदों के लिए प्रयोग किया जाता है। अत: सांसदों की संसद में उपस्थिति और मतदान के लिए ह्विप का प्रयोग किया जाता है। प्रत्येक सदन में प्रत्येक दल के द्वारा एक मुख्य ह्विप की नियुक्ति की जाती है, जो यह सुनिश्चित करता है कि उसके दल के सदस्य उसके निर्देशों के अनुसार कार्य करें एवं सदन में उपस्थित रहें। ह्विप के उल्लंघन के परिणामस्वरूप सांसद की सदस्यता दल-बदल विरोधी अधिनियम के अंतर्गत् समाप्त की जा सकती है। यदि किसी भी दल का सदस्य दल के निर्णय के विरोध में मतदान करे, तो उसकी सदस्यता रद्द हो जाएगी। **ह्विप तीन प्रकार के होते हैं**-

1. एक पंक्ति का ह्विप, जो सदस्यों के लिए बाध्यकारी नहीं होता और सदस्यों को सदन में मतदान के लिए सूचना दी जाती है।
2. दो पंक्ति का ह्विप, जिसके द्वारा सदन में मतदान के दौरान सदस्यों को उपस्थित रहने का निर्देश दिया जाता है।
3. तीन पंक्ति का ह्विप, जिसमें सदस्यों की उपस्थिति और मतदान के लिए स्पष्ट निर्देश जारी किए जाते हैं। यह सबसे कठोर माना जाता है, जिसका प्रयोग अविश्वास प्रस्ताव जैसे महत्त्वपूर्ण मुद्दों के लिए किया जाता है और इसके उल्लंघन के बाद सदस्य की सदस्यता समाप्त हो जाती है।

सत्ता पक्ष के लिए संसदीय कार्य मंत्रालय के द्वारा ह्विप जारी किया जाता है। ह्विप का प्रयोग सदन में कोरम बनाए रखने के लिए भी किया जाता है तथा उन्हें पार्टी के निर्देशों के अनुसार कार्य करने के लिए कहा जाता है। ह्विप की व्यवस्था को लोकतंत्र की मान्यताओं के प्रतिकूल माना जाता है, क्योंकि इसमें सदस्यों को अपनी इच्छा से नहीं, बल्कि दल की इच्छा के अनुसार कार्य करना होता है। अत: ह्विप के द्वारा निर्मित अनुशासन लोकतंत्र की भावना के प्रतिकूल प्रतीत होता है।

व्यवस्था का प्रश्न

यदि सदन की कार्यवाही सदन के नियमों के अनुसार संचालित न हो अथवा सदन में कोरम का अभाव हो, तो सदन के किसी सदस्य के द्वारा स्पीकर अथवा सभापति का ध्यान व्यवस्था के प्रश्न की ओर आकर्षित किया जा सकता है। व्यवस्था का प्रश्न सदन की किसी निश्चित कार्यवाही की समाप्ति तथा दूसरी कार्यवाही के आरंभ के बीच में उठाया जा सकता है।

सांसदों की परिवर्तित सामाजिक एवं आर्थिक पृष्ठभूमि

पहली लोक सभा में वकीलों की संख्या 35.6 प्रतिशत थी, जो तीसरी लोक सभा में घटकर 24.5 प्रतिशत हो गई और 11वीं लोक सभा में यह संख्या और घटकर 12. 24 प्रतिशत हो गई। पहली लोक सभा में कृषि कार्य से संबंधित प्रतिनिधियों की संख्या 22 थी और ये बड़े भूमि के मालिक थे। जबकि 11वीं लोक सभा में कृषि कार्य से जुड़े हुए प्रतिनिधियों की संख्या बढ़कर 38.4 प्रतिशत हो गई। यह उल्लेखनीय है कि पहली लोक सभा में व्यापारियों और उद्योगपतियों का प्रतिनिधित्व 12 प्रतिशत था, जो 10वीं लोक सभा में घटकर 2.63 प्रतिशत हो गई। यह भी उल्लेखनीय है कि पहली लोक सभा में ऊंची जातियों का प्रभुत्व था, जबकि वर्तमान लोक सभा में पिछड़ी जातियों, अनुसूचित जातियों एवं जनजातियों का प्रभाव निर्णायक रूप में बढ़ गया है। उपरोक्त परिवर्तन लोक सभा के ज्यादा लोकतांत्रिक होने का उदाहरण है तथा भारतीय लोकतंत्र के गहरे होने का प्रमाण भी है।

दूसरी लोक सभा में महिलाओं की संख्या मात्र 22 थी, जो 15वीं लोक सभा में यह संख्या बढ़कर 58 हो गई, जबकि 16वीं लोक सभा में 61 महिलाएं निर्वाचित हुई हैं। यह अभी तक महिलाओं की लोक सभा में सबसे बड़ी संख्या है। 16वीं लोक सभा में कृषि कार्य से जुड़े हुए लोगों का 27.70 प्रतिशत प्रतिनिधित्व है। वकीलों की संख्या 9.9 प्रतिशत है, जबकि उद्योगपतियों का प्रतिनिधित्व 0.9 प्रतिशत है। सामाजिक सेवा से जुड़े हुए 13.2 प्रतिशत लोगों की भागीदारी लोक सभा में, जबकि 6.4 प्रतिशत हिस्सेदारी राजनीतिक कार्यकर्ताओं की है। एक ओर लोकतंत्र का सकारात्मक विकास हो रहा है, तो कुछ नकारात्मक प्रवृत्तियां भी उभर रही हैं, क्योंकि अपराधियों और बाहुबलियों की संख्या में भी वृद्धि हो रही है। भारत में पहले राजनीति का अपराधीकरण हुआ और अब अपराधियों का राजनीतिकरण हो रहा है, जो राजनीतिक व्यवस्था के लिए अत्यधिक हानिकारक है।

संसदीय फोरम

भारत में संसदीय फोरम की शुरूआत वर्ष-2005 से हुई। जब जल संरक्षण एवं प्रबंधन पर प्रथम संसदीय फोरम का गठन किया गया। संसदीय फोरम ऐसे मंच के समान है, जहां पर पार्टी लाइन से ऊपर उठकर सदस्यगण संबंधित समस्याओं पर विचार करते हुए किसी निष्कर्ष पर पहुंचते हैं। यह फोरम विशिष्ट समस्याओं पर नीति-निर्माण व कानून निर्माण इत्यादि पर अपने सुझाव देता है। 13वीं लोक सभा में चार संसदीय फोरम का गठन किया गया, **जो इस प्रकार हैं-**

1. जल संरक्षण एवं प्रबंधन पर संसदीय फोरम।
2. बच्चों पर संसदीय फोरम।
3. जनसंख्या व जन-स्वास्थ्य पर संसदीय फोरम।
4. युवाओं पर संसदीय फोरम।

15वीं लोक सभा में **अन्य चार संसदीय फोरम का गठन किया गया-**

1. जलवायु परिवर्तन एवं ग्लोबल वार्मिंग पर संसदीय फोरम।
2. आपदा प्रबंधन पर संसदीय फोरम।
3. हस्तशिल्प और कलाकारों पर संसदीय फोरम।
4. सहस्त्राब्दि विकास लक्ष्यों पर संसदीय फोरम।

संसदीय फोरम, संसदीय समितियों के अंदर कार्य करती हैं, परंतु समितियों के क्षेत्राधिकार का हरण नहीं करतीं।

उद्देश्य

संसदीय फोरम के निम्नलिखित उद्देश्य हैं-

- संसद सदस्यों को एक ऐसा प्लेटफार्म प्रदान करना, जहां संबंधित मंत्रालयों एवं नोडल एजेंसियों के साथ एक उद्देश्यपूर्ण परिणामोन्मुखी धारणा के साथ दलीय विवादों से ऊपर उठकर कार्य कर सकें।
- ऐसे मूलभूत क्षेत्रों या जमीनी आधारभूत आवश्यकताओं व अद्यतन सूचनाओं के आधार पर संसद को संवेदनशील बनाना, जहां पर संसद स्वतः कार्य न कर सके तथा संबंधित मुद्दों को सदन व समितियों के समक्ष उठाना।
- विभिन्न संवेदनशील मुद्दों पर सूचनाओं, आंकड़ों का संग्रहण करना, जिसे संसद सदस्यों में वितरित किया जा सके, जिससे संसद सदस्य संबंधित विषय पर अर्थपूर्ण भागीदारी एवं बहस कर सकें।

संगठन

प्रत्येक फोरम में अध्यक्ष व उपाध्यक्ष को छोड़कर 31 से अधिक सदस्य नहीं होते हैं, जिसमें 21 सदस्य लोक सभा से तथा 10 सदस्य राज्य सभा से होते हैं। फोरम के सदस्य लोक सभा में लोक सभा अध्यक्ष द्वारा एवं राज्य सभा में राज्य सभा के सभापति द्वारा नामित किए जाते हैं। फोरम के सदस्यों में संबंधित मुद्दों पर विशेष ज्ञान अथवा योग्यता होनी चाहिए। लोक सभा अध्यक्ष सामान्यत: सभी फोरमों का पदेन अध्यक्ष होता है, परंतु जन-स्वास्थ्य एवं जनसंख्या से संबंधित फोरम का अध्यक्ष राज्य सभा का सभापति होता है।

उपलब्धियां

संसदीय फोरम सत्र के दौरान लगातार सक्रिय रहता है और जहां फोरम के विशेषज्ञ सदस्य लोक सभा को संबंधित मुद्दों पर अवगत करवाते रहते हैं। 15वीं लोक सभा के दौरान कुल 76 बैठकें संसदीय फोरम द्वारा आयोजित की गईं तथा इन बैठकों के दौरान पर्यावरण से संबंधित, बच्चों एवं युवाओं से संबंधित तथा जल संरक्षण से संबंधित संस्तुतियां की गईं, जिनका संसद के द्वारा विधायन में प्रयोग किया गया। सहस्त्राब्दि विकास लक्ष्यों के विषय में फोरम ने संसद को बताया कि विश्व के एक-चौथाई गरीब, एक-तिहाई कम वजन वाले बच्चे तथा करोड़ों लोगों को शिक्षा व स्वास्थ्य के लिए आवश्यक सहायता नहीं मिल पा रही हैं। संसदीय फोरम ने सुझाव दिया कि इन लोगों की सहायता तथा सहस्त्राब्दि विकास लक्ष्यों के लिए सीधे हस्तक्षेप किया जाए।

दल-बदल विरोधी कानून (Anti Defection Act)

संविधान संशोधन के द्वारा 10वीं अनुसूची का निर्माण किया गया, जिसमें दल-बदल को प्रतिबंधित करने के लिए संवैधानिक प्रावधान किए गए। राजीव गांधी सरकार के 52वें संविधान संशोधन अधिनियम, 1985 द्वारा सांसदों एवं विधायकों को एक राजनीतिक दल से दूसरे राजनीतिक दल में दल परिवर्तन के आधार पर अयोग्यता के बारे में प्रावधान किया गया है। इस संशोधन के द्वारा यदि किसी दल का निर्वाचित सांसद अथवा विधायक दल-बदल करता है, तो उसकी सदस्यता रद्द हो जाएगी, परंतु इस अधिनियम में यह भी उल्लिखित था कि यदि किसी राजनीतिक दल के एक-तिहाई निर्वाचित सदस्य दल की सदस्यता का परित्याग करते हैं, तो दल-बदल (Defection) नहीं, बल्कि दल का विखंडन (Split) माना जाएगा।

इसलिए 52वें संविधान संशोधन, 1985 के बाद समूहों के द्वारा दल-बदल होने लगा। इसी विसंगति को दूर करने के लिए 91वां संविधान संशोधन, 2003 लाया गया, जिसके द्वारा 10वीं अनुसूची के प्रावधानों में परिवर्तन किया गया। इसके अनुसार किसी भी निर्वाचित दल के कुछ सदस्य अथवा एक-तिहाई सदस्य यदि दल की सदस्यता का त्याग करते हैं, तो इसे दल-बदल माना जाएगा। अत: दल-बदल और दल के विघटन में विद्यमान अंतर को समाप्त कर दिया गया। वर्तमान में 10वीं अनुसूची में दल परिवर्तन के आधार पर सांसदों एवं विधायकों की अयोग्यता से **संबंधित उपबंधों का वर्णन इस प्रकार हैं-**

(i) **राजनीतिक दलों के सदस्य**

किसी भी सदन का सदस्य, जो किसी राजनीतिक दल का सदस्य है, उस सदन की सदस्यता के अयोग्य माना जाएगा। यदि वह स्वेच्छा से ऐसे राजनीतिक दल की सदस्यता छोड़ देता है अथवा यदि वह उस सदन में अपने राजनीतिक दल के निर्देशों के विपरीत मत देता है या मतदान में अनुपस्थित रहता है और राजनीतिक दल से उसने 15 दिनों के अंदर क्षमादान न पाया हो।

(ii) **निर्दलीय सदस्य**

कोई निर्दलीय सदस्य (जो बिना किसी राजनीतिक दल का उम्मीदवार होते हुए चुनाव जीता हो) किसी सदन की सदस्यता से अयोग्य हो जाएगा, यदि वह उस चुनाव के बाद किसी राजनीतिक दल की सदस्यता धारण कर लेता है।

(iii) **नाम-निर्देशित सदस्य**

किसी सदन का नाम-निर्देशित सदस्य उस सदन की सदस्यता के अयोग्य हो जाएगा, यदि वह उस सदन में अपना स्थान ग्रहण करने के छह माह बाद किसी राजनीतिक दल की सदस्यता ग्रहण कर लेता है।

(iv) **निर्धारण प्राधिकारी**

दल परिवर्तन से उत्पन्न अयोग्यता संबंधी प्रश्नों का निर्णय सदन का अध्यक्ष करता है। प्रारंभ में इस कानून के अनुसार अध्यक्ष का निर्णय अंतिम तथा इस पर किसी न्यायालय में

प्रश्न नहीं उठाया जा सकता था। किंतु किहोतो-होलोहन मामले वर्ष-1993 में उच्चतम न्यायालय ने यह घोषित किया कि अन्य अधिकरण की तरह अध्यक्ष के निर्णय की दुर्भावना व प्रतिकूलता इत्यादि के आधार पर न्यायिक समीक्षा की जा सकती है। न्यायपालिका के अनुसार, स्पीकर के दल-बदल कानून के अंतर्गत अयोग्यता का निर्धारण संसदीय प्रक्रिया का विषय नहीं है, बल्कि एक अर्द्ध-न्यायिक मुद्दा है। किंतु न्यायालय ने अध्यक्ष के निर्णय के अधिकार के विवाद को इस आधार पर खारिज कर दिया कि वह स्वयं में राजनीतिक रूप से किसी पक्ष की ओर झुका हुआ है।

(v) **नियम बनाने की शक्ति**

किसी सदन के अध्यक्ष को 10वीं अनुसूची के उपबधों को प्रभावी करने के लिए नियम-विनियम बनाने की शक्ति प्राप्त है। ऐसे नियम-विनियम सदन के समक्ष 30 दिन के लिए रखना आवश्यक है। इन नियमों के अनुसार अध्यक्ष दल परिवर्तन को संज्ञान में तभी लेता है, जब सदन के किसी सदस्य द्वारा उसे शिकायत प्राप्त हो तथा अंतिम निर्णय लेने से पूर्व उसे उस सदस्य को (जिसके विरुद्ध शिकायत की गई हो) अपना पक्ष रखने का मौका देना अनिवार्य है। वह इस मामले को विशेषाधिकार समिति के पास जांच के लिए भेज सकता है। अतः दल परिवर्तन का कोई तत्काल और स्वयंमेव प्रभाव नहीं होता।

(vi) **अपवाद**

दल परिवर्तन के आधार पर उपरोक्त **अयोग्यता निम्न मामलों में लागू नहीं होंगी**-

- यदि कोई सदस्य दल में टूट के कारण अपने दल से बाहर हो गया हो तथा दल में टूट तब मानी जाती है, जब दो-तिहाई सदस्यों ने अपना विलय किसी नए दल में कर लिया हो।
- सदन के स्पीकर के द्वारा सदन में दोनों पक्षों के मतों में बराबरी की स्थिति में मतदान किया जाता है और स्पीकर किसी भी दल के पक्ष में मतदान कर सकता है, क्योंकि उसका मतदान दल-बदल अधिनियम के दायरे में नहीं आता।
- किसी निर्वाचित दल के द्वारा दल के किसी सदस्य को स्वयं दल से निष्कासित किया जाए।

समस्या

वर्ष-2016 में उत्तराखंड में कांग्रेस के 7 विधायकों के द्वारा दल के विरुद्ध कार्य किया गया तथा अरूणाचल प्रदेश में कांग्रेस के 47 विधायकों में से 21 विधायकों ने कांग्रेस छोड़कर बीजेपी के साथ सरकार बना ली, जिससे यह प्रतीत होता है कि दल-बदल अधिनियम व्यावहारिक रूप में असफल हो गया है। दल-बदल के संबंध में सदस्यों की अयोग्यता का निर्धारण लोक सभा अध्यक्ष के द्वारा किया जाता है, परंतु इसके निर्धारण के लिए कोई समय सीमा निश्चित नहीं है। इसलिए लोक सभा अध्यक्ष का निर्णय सदन के कार्यकाल के समाप्त होने के बाद भी नहीं आता है, क्योंकि लोक सभा अध्यक्ष राजनीतिक दल से संबंधित होता है। इसलिए लोक सभा अध्यक्ष का निर्णय निष्पक्ष न होकर, दलीय हितों से प्रभावित होता है।

दल-बदल अधिनियम के अंतर्गत् ऐसे सदस्यों के संबंध में किसी प्रकार का प्रावधान नहीं है, जिन्हें राजनीतिक दल के द्वारा स्वयं दल से निकाला जाए, तो ऐसे सदस्यों को असंलग्न सदस्य की संज्ञा दी जाती है। इसलिए राजनीतिक दल का सदस्य ऐसी परिस्थितियां उत्पन्न कर देता है कि उसे दल से निष्कासित कर दिया जाए। इस संबंध में सदस्यता का निर्धारण सदन के पीठासीन अधिकारी के द्वारा किया जाता है।

दल-बदल अधिनियम के अपवाद

राष्ट्रपति, उप-राष्ट्रपति तथा राज्य सभा के निर्वाचन में दल-बदल अधिनियम का प्रयोग नहीं किया जाता है। *कुलदीप नैयर वाद* (2006) में उच्चतम न्यायालय के द्वारा यह स्पष्ट कर दिया गया कि राज्य सभा के निर्वाचन में दल-बदल अधिनियम का प्रयोग नहीं हो सकता है, क्योंकि अधिनियम विधान सभा के अंतर्गत होने वाले मतदान के लिए लागू होता है और राज्य सभा सदस्यों का निर्वाचन विधान सभा की प्रक्रिया का भाग नहीं होता।

लोकतंत्र एवं दल-बदल अधिनियम

(i) **अभिव्यक्ति की स्वतंत्रता**-दल-बदल अधिनियम को उच्चतम न्यायालय में *किहोतो-होलोहॉन वाद* के रूप में चुनौती दी गई थी और अधिनियम को अभिव्यक्ति की स्वतंत्रता के विरुद्ध माना गया। क्योंकि अधिनियम के अनुसार, सांसद सदन में दल के निर्देश के विरुद्ध कार्य

करेगा अथवा मतदान करेगा, तो उसकी सदस्यता समाप्त हो सकती है। अत: अधिनियम से सांसद राजनीतिक दलों के गुलाम हो गए हैं।

आलोचकों के अनुसार, दल-बदल कानून लोकतंत्र की भावना के विरुद्ध है, क्योंकि सांसद अपने राजनीतिक दल के निर्णय के विरुद्ध कभी भी आवाज नहीं उठा सकते। सांसद जनता की इच्छा का भी प्रतिनिधित्व करते हैं, वे केवल दलों के निर्देश मानने के लिए बाध्य नहीं हैं। इसलिए दल-बदल अधिनियम में संशोधन की आवश्यकता है। सांसदों को तभी अयोग्य घोषित करना चाहिए, जब सरकार के विरुद्ध अविश्वास प्रस्ताव लंबित हो अथवा सरकार के गिरने का खतरा हो। अन्य मुद्दों पर उन्हें स्वतंत्र अभिव्यक्ति का अधिकार मिलना चाहिए, जो संविधान में एक मौलिक अधिकार है।

(ii) **संसदीय शासन**–संसदीय शासन का मूल मर्म सदन में संचालित मुक्त विचार-विमर्श है। संविधान के अनुच्छेद-105 के अंतर्गत सांसदों को सदन के पटल पर अभिव्यक्ति की मुक्त स्वतंत्रता प्रदान की गई है। परंतु दल-बदल अधिनियम के कारण सांसद किसी भी मुद्दे पर अपनी बेवाक राय रखने से परहेज करते हैं। इसीलिए सदन में चर्चा का स्तर गिरता जा रहा है। दल-बदल अधिनियम सरकार के स्थायित्व के निर्माण के लिए निर्मित किया गया था, परंतु इससे सदन के कार्य प्रभावित हो रहे हैं, जो संसदीय शासन के लिए उचित नहीं है।

उच्चतम न्यायालय ने *किहोतो-होलोहॉन वाद* में यह स्पष्ट कर दिया कि दल-बदल अधिनियम संसदीय शासन के विरुद्ध नहीं है और न ही इससे अभिव्यक्ति की स्वतंत्रता समाप्त होती है। निर्वाचन में राजनीतिक दल के घोषणा-पत्र के आधार पर सांसद निर्वाचित होते हैं। इसलिए उन्हें अपने लाभ के लिए दल-बदल करने की अनुमति नहीं दी जाएगी और उच्चतम न्यायालय ने इस अधिनियम को संवैधानिक माना।

निष्कर्ष

दल-बदल संसदीय शासन के लिए अत्यधिक नकारात्मक है तथा दल-बदल के कारण आम जनता की संसद में विश्वसनीयता घटती जा रही है और उत्तरदायित्वपूर्ण शासन की संकल्पना पर भी प्रश्न-चिन्ह लगता है। दल-बदल से संसदीय शासन में अस्थायित्व उत्पन्न होता है, जिसे प्रतिबंधित करने के लिए विधि के अलावा राजनीतिक दलों के बीच भी आम सहमति का निर्माण होना चाहिए।

पाठ संबंधी शब्दकोश

अंतरिम सरकार (Ad hoc Government)

यह एक अस्थायी सरकार है, जिसके द्वारा संविधान निर्माण और शासन संचालन भी किया जाता है। किसी देश में सरकार की शुरूआती स्थापना के संक्रमण काल के समय ऐसी सरकार बनाई जाती है। उदाहरण के लिए, भारतीय स्वतंत्रता अधिनियम के अंतर्गत पंडित जवाहरलाल नेहरू के नेतृत्व में 15 अगस्त, 1947 से मार्च, 1952 तक गठित सरकार अंतरिम सरकार थी।

अंतर्प्रदन (Interpellation)

संसदीय प्रक्रिया के अंतर्गत किसी सरकारी अधिकारी से किसी कार्य से संबंधित विवरण की मांग की जाती है, तो उसे **अंतर्प्रदन** कहते हैं।

अल्पमत सरकार (Minority Government)

ऐसी सरकार, जिसे लोक सभा या विधान सभा में पूर्ण बहुमत प्राप्त नहीं होता **अल्पमत सरकार** कहलाती है। उदाहरण के लिए, नरसिम्हा राव की सरकार वर्ष-1993 तक अल्पमत सरकार थी। नरसिम्हा राव के प्रधानमंत्री काल के दौरान कांग्रेस के केवल 244 सांसद थे, इसके बावजूद सरकार ने 5 वर्ष का कार्यकाल पूरा किया। जबकि सदन में बहुमत के लिए 272 सांसदों का समर्थन आवश्यक होता है। अल्पमत सरकार इसलिए संभव होती है, क्योंकि सदन में मतदान के दौरान दल या सदस्य अनुपस्थित हो सकते हैं।

कार्यवाहक सरकार (Caretaker Government)

परंपरा के अनुसार सदन में विश्वास मत प्राप्त न कर पाने की स्थिति में चुनाव होने व वैकल्पिक सरकार बनने तक पूर्व की सरकार को **कार्यवाहक सरकार** कहा जाता है। यह सरकार कोई नीतिगत फैसले नहीं कर सकती, बल्कि सरकार केवल प्रतिदिन के प्रशासन का कार्य संचालित करती है।

गतिरोध (Deadlock)

ऐसे विधेयकों के मामलों में, जिसमें संसद के दोनों (लोक सभा एवं राज्य सभा) सदनों को समान अधिकार प्राप्त हैं, को पारित करने में दोनों (लोक सभा एवं राज्य सभा) सदन सहमत न हों, तो ऐसी स्थिति को दोनों में **गतिरोध** पैदा होना कहा जाता है।

गिलोटिन (Guillotine)

जब सदन में प्रस्ताव पर चर्चा के बिना मतदान हो जाए, तो वह **गिलोटिन** कहलाता है।

गैरीमांडरिंग (Gerrymandering)

अमेरिका में प्रचलित यह व्यवस्था जिसके अंतर्गत सत्ताधारी दल चुनाव क्षेत्रों का परिसीमन इस प्रकार कराता है कि उसे चुनाव में लाभ प्राप्त हो।

छाया मंत्रिमंडल (Shadow Cabinet)

संसदीय शासन में जब दो मुख्य दल विद्यमान होते हैं, तब बहुमत दल के द्वारा सरकार का निर्माण किया जाता है, जबकि विपक्षी दल को प्रतीक्षारत मंत्रिमंडल कहा जाता है। इसी विपक्षी दल को **छाया मंत्रिमंडल या भविष्य का वैकल्पिक मंत्रिमंडल** भी कहा जाता है।

पंगु सत्र (Lame duck Session)

नए चुनाव की उद्घोषणा के पश्चात् किसी विद्यमान संसद का अंतिम सत्र होता है। विद्यमान संसद के ये सदस्य **पंगु** (Lame duck) कहलाते हैं, जिन्हें नई संसद में जगह नहीं मिलती।

फ्लोर क्रॉसिंग (Floor Crossing)

सदन में एक दल के निर्वाचित सदस्यों के द्वारा दूसरे दल के समर्थन में मतदान करना।

बाहर से समर्थन

संसद के किसी दल के द्वारा लोक सभा में सरकार के पक्ष में मतदान तथा सदन में सरकार का समर्थन, लेकिन सरकार अथवा मंत्रिपरिषद् में भागीदारी न किया जाए।

बैठ जाना

अध्यक्ष महोदय द्वारा किसी संसद सदस्य को बोलने से रोक दिया जाता है और किसी दूसरे संसद सदस्य को बोलने की अनुमति दे दी जाती है, तो इसे संसदीय परंपरा में **बैठ जाना** कहा जाता है।

लाभ का पद (Post of Profit)

संविधान में लाभ के पद शब्द का उल्लेख है, परंतु इसे परिभाषित नहीं किया गया है। उच्चतम न्यायालय ने इसके स्पष्ट करते हुए कहा कि जिस पद पर सरकार के द्वारा नियुक्ति की जाए एवं पद से हटाया जाए तथा सरकार उन्हें वेतन भी प्रदान करे, परंतु वेतन न पाने वाला व्यक्ति भी लाभ के पद पर माना जाएगा, यदि वह सरकार को प्रभावित करने की क्षमता रखता हो।

राष्ट्रीय एकता सरकार (National Unity Government)

जब अनेक दल साझा सहयोग के द्वारा सरकार का निर्माण करते हैं, जिसमें सत्ता पक्ष और विपक्ष का विभाजन समाप्त हो जाए और मंत्रिमंडल में सभी राजनीतिक दलों की भागीदारी होती है। इसलिए आम सहमति से निर्णय लिया जाता है और निर्णय में प्रत्येक दल को शामिल किया जाता है।

वेल (Well)

सदन में स्पीकर के सामने अर्द्ध-चंद्राकार खाली स्थान जहां सदस्यों के प्रवेश की अनुमति नहीं होती और किसी सदस्य के यहां खड़े होने पर सदन की कार्यवाही संचालित नहीं होगी।

वोट देना (Casting Vote)

लोक सभा अध्यक्ष या उस पद पर कार्य करने वाला कोई पीठासीन अधिकारी वोटिंग मतदान के समय पहली बार वोट नहीं दे सकता, लेकिन सदन में किसी मुद्दे पर पक्ष-विपक्ष के वोटों की संख्या बराबर होने की स्थिति में वह (लोक सभा अध्यक्ष) वोट दे सकता है।

व्यपगत का नियम (Rule of Lapse)

किसी वित्तीय वर्ष में संसद के द्वारा सरकार के खर्च के लिए दी गई राशि यदि उस वित्तीय वर्ष में खर्च नहीं हुई, तो यह अपने आप समाप्त हो जाएगी और राशि अगले वर्ष के लिए उपयोग में नहीं लाई जा सकती तथा सरकार को खर्च के लिए सदन के समक्ष पैसे की नई मांग करनी होगी।

शिष्टाचार (Decorum)

सदन के संचालन के समय सभी सांसदों को सदन के नियमों के प्रति प्रतिबद्धता होनी चाहिए तथा सदन के संचालन के दौरान कोई सदस्य अभद्र भाषा का प्रयोग नहीं करेगा और किसी सांसद पर व्यक्तिगत टिप्पणी नहीं करेगा व स्पीकर के समक्ष पीठ करके खड़ा नहीं होगा तथा सदन में प्रवेश करते समय स्पीकर के समक्ष सिर झुकाएगा।

सचेतक (Whip)

राजनीतिक पार्टियों द्वारा विधायिका में अपने सदस्यों के काम-काज तथा व्यवहार पर नजर रखने के लिए एक सचेतक सदस्य की नियुक्ति की जाती है और दल में अनुशासन बनाए रखने के लिए सचेतक का प्रयोग किया जा सकता है। सचेतक अपने दल के सदस्यों की उपस्थिति सदन में सुनिश्चित करता है तथा किसी सदस्य द्वारा सचेतक सदस्य की अवमानना करने पर अनुशासनात्मक कार्यवाही भी की जा सकती है।

समाप्ति (Closure)

जब किसी विधेयक को अतिशीघ्र पारित करवाना होता है, तो उस विधेयक के लिए किसी अन्य मुद्दे पर चल रही संसदीय बहस को बीच में ही रोककर वोटिंग कराने की प्रक्रिया **समाप्ति** कहलाती है तथा किसी विधेयक पर बारीक जांच न करके केवल मुख्य प्रावधानों पर चर्चा करके पारित करना **कंगारू समाप्ति** कहलाता है।

सदन का मत (Sense of House)

सदन के द्वारा सभी सदस्यों के समर्थन से किसी मुद्दे का समर्थन करना। उदाहरण के लिए, पाकिस्तान के द्वारा प्रायोजित आतंकवाद का समूचे सदन के द्वारा विरोध किया गया।

त्रिशंकु संसद (Hung Parliament)

आम चुनाव के बाद ऐसी स्थिति जब किसी दल को स्पष्ट बहुमत प्राप्त न हो और अनेक राजनीतिक दल मिलकर सरकार का गठन करें, तो इसे **त्रिशंकु संसद** कहा जाता है।

प्रारंभिक परीक्षोपयोगी महत्त्वपूर्ण तथ्य

- संसद का गठन लोक सभा, राज्य सभा एवं राष्ट्रपति से मिलकर होता है, (अनुच्छेद-79)।
- संसद में किसी विधि का निर्माण दोनों सदनों के द्वारा होता है। इसलिए यदि सामान्य विधेयक को लोक सभा ने पारित कर दिया हो और राज्य सभा ऐसे विधेयक से असहमत हो या लोक सभा द्वारा पारित किसी सामान्य विधेयक पर 6 माह की अवधि तक राज्य सभा कोई कार्यवाही न करे।
- राज्य सभा द्वारा किए गए संशोधनों से लोक सभा असहमत हो, तो इसे दोनों सदनों के मध्य गतिरोध माना जाता है।
- गतिरोध को दूर करने के लिए राष्ट्रपति दोनों सदनों (लोक सभा एवं राज्य सभा) की संयुक्त बैठक बुलाते हैं, (अनुच्छेद-108)।
- संयुक्त बैठक की अध्यक्षता लोक सभा अध्यक्ष करता है।
- संयुक्त बैठक का आह्वान राष्ट्रपति करता है।
- संयुक्त बैठक में प्रस्ताव सामान्य बहुमत से पारित किया जाता है।
- लोक सभा अध्यक्ष की अनुपस्थिति में संयुक्त बैठक की अध्यक्षता लोक सभा का उपाध्यक्ष करेगा, लेकिन इसकी अनुपस्थिति में राज्य सभा का उप-सभापति संयुक्त बैठक की अध्यक्षता करेगा।
- धन विधेयक एवं संविधान संशोधन विधेयक पर संयुक्त बैठक का प्रावधान नहीं है।
- राष्ट्रपति की अनुमति मिलने के बाद विधेयक कानून बन जाता है।
- अनुच्छेद-110 के अनुसार, धन विधेयक के अंतर्गत् निम्नलिखित विषय सम्मिलित किए जाते हैं-

  (i) किसी कर का लगाना, हटाना, परिवर्तन एवं नियंत्रण करना।

  (ii) सरकार द्वारा धन उधार लेना।

  (iii) भारत की संचित निधि या आकस्मिक निधि की अभिरक्षा।

  (iv) ऐसे कोष में धन का डालना या निकालना।

  (v) किसी भी व्यय को भारत की संचित निधि पर भारित करना।

  (vi) भारत की संचित निधि या लोक लेखा से धन प्राप्त करना या उसकी रक्षा करना अथवा संघ या राज्य के लोक लेखे की संपरीक्षा करना।
- कोई विधेयक, धन विधेयक है अथवा नहीं। इसका निर्धारण लोक सभा अध्यक्ष करता है तथा उसका निर्णय अंतिम होता है।
- धन विधेयक केवल लोक सभा में प्रस्तुत किया जाता है।
- लोक सभा में प्रस्तुत करने से पूर्व धन विधेयक पर राष्ट्रपति की अनुमति ली जाती है।
- धन विधेयक को राज्य सभा को 14 दिन के भीतर स्वीकृति देनी होती है। यदि राज्य सभा ने 14 दिन के भीतर स्वीकृति नहीं दी है, तो भी विधेयक को राज्य सभा द्वारा स्वीकृत माना जाएगा।
- धन विधेयक के संबंध में राष्ट्रपति को मंजूरी देना आवश्यक होता है।

- संविधान संशोधन विधेयक का प्रावधान अनुच्छेद-368 के अंतर्गत् किया गया है।
- संविधान संशोधन विधेयक संसद के किसी भी सदन में प्रस्तुत किया जा सकता है।
- कुछ विधेयकों में संसद के विशेष बहुमत के साथ कम से कम आधे राज्यों की सहमति भी आवश्यक होती है।
- संविधान संशोधन विधेयक को मंजूरी देना राष्ट्रपति के लिए आवश्यक होता है। अत: राष्ट्रपति संविधान संशोधन विधेयक को न तो पुनर्विचार के लिए भेज सकते हैं और न ही अनुमति देने से मना कर सकते हैं, अर्थात् वीटो का प्रयोग नहीं कर सकते।
- अनुच्छेद-87 के अंतर्गत् यह प्रावधान है कि राष्ट्रपति लोक सभा के चुनाव के पहले सत्र और वर्ष के पहले सत्र में संसद को संयुक्त रूप में संबोधित करेंगे। इस प्रस्ताव पर सामान्यत: 3 से 4 दिन तक की चर्चा होती है।
- 15वीं लोक सभा में पहली बार ऐसा हुआ जब धन्यवाद प्रस्ताव पर चर्चा के बाद विपक्ष स्थगन प्रस्ताव लाने की मांग करने लगा।
- पहली बार वर्ष-1979 में चरण सिंह सरकार को राष्ट्रपति ने विश्वास मत प्राप्त करने का निर्देश दिया, परंतु चरण सिंह ने विश्वास मत प्राप्त करने के पहले ही त्यागपत्र दे दिया।
- अविश्वास प्रस्ताव विपक्ष के द्वारा लाया जाता है और इसका उल्लेख लोक सभा के नियम-198 में पाया जाता है।
- यदि लोक सभा के 50 सदस्य खड़े होकर मांग करें, तो अविश्वास प्रस्ताव को स्वीकार किया जा सकता है। इसका कारण बताने की जरूरत नहीं होती है।
- पहला अविश्वास प्रस्ताव नेहरू सरकार के विरुद्ध वर्ष-1963 में लाया गया था।
- संसद के सत्र राष्ट्रपति द्वारा बुलाए जाते हैं।
- दो सत्र की बैठकों के बीच समयांतराल 6 माह से अधिक नहीं होनी चाहिए।
- लोक सभा की अधिकतम सदस्य संख्या-552 होती है, जिसमें 530 राज्यों से एवं 20 संघ शासित क्षेत्रों से तथा 2 एंग्लो-इंडियन होते हैं।
- लोक सभा की वास्तविक सदस्य संख्या-545 होती है, जिसमें 530 राज्यों से एवं 13 संघ शासित क्षेत्रों से तथा 2 एंग्लो- इंडियन होते हैं।
- लोक सभा क्षेत्रों के आकार का निर्धारण परिसीमन आयोग के द्वारा किया जाता है और प्रत्येक जनगणना के बाद लोक सभा की सीटों का पुनर्निर्धारण किया जाता है, (अनुच्छेद-82)।
- वर्ष-2002 में लोक सभा सीटों को समायोजित करने के लिए **कुलदीप सिंह आयोग** की स्थापना हुई, जिन्होंने लोक सभा में सीटों की संख्या नहीं बढ़ाई, लेकिन विभिन्न लोक सभा के सीटों की आकार में समायोजन किया गया। इस समायोजन का लाभ अनुसूचित जातियों एवं जनजातियों को प्राप्त हुआ, क्योंकि उनके लिए आरक्षित सीटों की संख्या लोक सभा में बढ़ गई।
- 84वें संविधान संशोधन अधिनियम, 2001 के द्वारा वर्ष-2026 तक लोक सभा सीटों की संख्या यथावत् रखने का प्रावधान किया गया।
- 87वें संविधान संशोधन अधिनियम, 2003 के द्वारा यह भी प्रावधान किया गया कि लोक सभा क्षेत्रों की पुनर्संरचना, 2001 की जनगणना के आधार पर होगी।
- धन विधेयक पहले लोक सभा में प्रस्तुत किया जाता है।

- अनुदान की मांग पर मतदान केवल लोक सभा में होता है।
- सरकार के विरुद्ध अविश्वास प्रस्ताव लाने की शक्ति केवल लोक सभा के पास है।
- मंत्रिपरिषद् लोक सभा के प्रति उत्तरदायी होती है।
- राष्ट्रीय आपात (अनुच्छेद-352) को समाप्त करने की शक्ति केवल लोक सभा के पास है।
- लोक सभा का अध्यक्ष चुने जाने के लिए लोक सभा का सदस्य होना आवश्यक है।
- राष्ट्रपति, लोक सभा अध्यक्ष के चयन की तारीख तय करता है।
- लोक सभा का विघटन होने पर लोक सभा अध्यक्ष अपना पद नहीं छोड़ता, बल्कि वह नई लोक सभा की बैठक से पहले तक पद पर रहता है, क्योंकि वह लोक सभा सचिवालय का भी प्रधान होता है।
- जब दोनों सदनों में गतिरोध के मुद्दे पर अनुच्छेद-108 के अनुसार लोक सभा व राज्य सभा का संयुक्त अधिवेशन बुलाया जाए, तो उसकी अध्यक्षता लोक सभा अध्यक्ष करता है।
- लोक सभा अध्यक्ष संसदीय समितियों के अध्यक्षों की नियुक्ति करता है तथा यदि वह किसी संसदीय समिति में सदस्य है, तो उस समिति का पदेन सभापति भी होता है।
- गणपूर्ति (कोरम) का आशय, सदन की कुल सदस्य संख्या का 1/10 भाग होता है।
- जब नई लोक सभा के सदस्यों का चुनाव होता है, तब राष्ट्रपति निर्वाचित सदस्यों में से वरिष्ठतम सदस्य को प्रोटेम स्पीकर के रूप में नियुक्त करता है।
- राज्य सभा की अधिकतम संख्या-250, जिसमें 238 राज्यों के प्रतिनिधि तथा 12 मनोनीत सदस्य, जो साहित्य, कला, विज्ञान व समाज सेवा से जुड़े व्यक्ति होते हैं।
- राज्य सभा की वास्तविक संख्या-245 है, जिसमें 229 राज्यों के प्रतिनिधि, 4 संघ शासित क्षेत्र तथा 12 मनोनीत सदस्य होते हैं। राज्य सभा में कोई आरक्षण नहीं होता।
- दिल्ली एवं पुडुचेरी ही दो ऐसे संघ शासित क्षेत्र हैं, जिनका प्रतिनिधित्व राज्य सभा में होता है।

अध्याय 6

संसदीय समितियां

(Parliamentary Committees)

● समितियों की आवश्यकता, ● समितियों के प्रकार, ● A. वित्तीय समिति, ● B. जांच समितियां, ● C. नियंत्रण संबंधी समितियां, ● D. प्रतिदिन के कार्यों से संबंधित समितियां, ● E. रख-रखाव संबंधी समितियां, ● F. कल्याण संबंधी समिति, ● G. विभागीय समितियां, ● विभागीय स्थायी समितियां, ● संयुक्त संसदीय समिति, ● निष्कर्ष

संसदीय समितियों का निर्माण लोक सभा के नियमों द्वारा किया गया है। संविधान में इनका सीधा उल्लेख नहीं मिलता, बल्कि केवल इनका आधार प्राप्त होता है। संविधान के अनुच्छेद-105 में यह उल्लिखित है कि सांसदों एवं सदन को प्राप्त होने वाले विशेषाधिकार संसदीय समितियों को भी प्राप्त होंगे। संविधान में अनुच्छेद-105 में संसदीय समिति का उललेख मिलता है, परंतु संविधान में इसकी संरचना अथवा कार्य का वर्णन नहीं है। संसदीय समितियों का आशय, ऐसी समिति से है जो सदन या सभापति द्वारा मनोनीत या नियुक्त की जाए। ये समितियां स्पीकर के निर्देशानुसार कार्य करती हैं तथा अपनी रिपोर्ट या प्रतिवेदन अध्यक्ष या स्पीकर को प्रस्तुत करती हैं। यह संसदीय समितियां लोक सभा सचिवालय या राज्य सभा सचिवालय द्वारा उपलब्ध कराई गई सेवाओं का प्रयोग करती हैं।

समितियों की आवश्यकता

(i) प्रशासन की जटिलता

आधुनिक प्रशासन की जटिलता एवं प्रशासन के बढ़ते कार्यों के फलस्वरूप समितियों के द्वारा कार्यपालिका पर प्रभाव स्थापित किया गया है। वर्तमान अंतरिक्ष परमाणु ऊर्जा एवं सूचना प्रौद्योगिकी युग में विधि का निर्माण अत्यधिक जटिल हो गया है। अत: संसदीय समितियों में राजनीतिक दलों के विशेषज्ञ सदस्यों को शामिल किया जाता है, जिससे विधेयक की बारीकी से जांच की जा सकें संसदीय समितियों के द्वारा किसी विषय पर विचार करते समय विषय विशेषज्ञों को भी समिति के समक्ष उपस्थित होने का आदेश दिया जा सकता है।

(ii) सभी दलों का प्रतिनिधित्व

संसद में सत्ता पक्ष एवं विपक्ष के बीच राजनीतिक मतभेद के कारण विधि-निर्माण में समस्या उत्पन्न होती है और संसदीय समितियों में पक्ष एवं विपक्ष के बीच का विभाजन भी समाप्त हो जाता है। संसदीय समितियां एक छोटे सदन के रूप में कार्य करती हैं, क्योंकि इसमें लगभग सभी दलों के सदस्यों को सदन में उनकी संख्या के अनुपात में रखा जाता है। अत: ये समितियां दलीय आधार पर विभाजित नहीं होती।

(iii) सदन को स्थायित्व

संसद के केवल तीन सत्र संचालित होते हैं और वर्ष में लगभग 100 दिन संसद की बैठक हो पाती है। संसद के समक्ष कार्य बढ़ते जा रहे हैं। संसदीय समितियों के माध्यम से संसद का कार्यकाल समूचे वर्षभर संचालित

होता है और संसदीय समितियों की बैठक सदैव होती है तथा समितियों के द्वारा देश और विदेश के विभिन्न दौरे भी किए जाते हैं, जिससे विधि-निर्माण में व्यावहारिक अनुभवों को शामिल किया जा सकें

(iv) **कार्यपालिका पर नियंत्रण**

संसदीय शासन का मूल कार्य संसद का कार्यपालिका पर प्रभावी नियंत्रण है, जो संसदीय समितियों के माध्यम से ही सुनिश्चित हो पाता है। क्योंकि संसदीय समितियों में सदस्यों की संख्या-31 तक होती है, जिससे समिति में विचार-विमर्श का अधिक समय मिलता है तथा कार्यपालिका के कार्यों की सूक्ष्म रूप में विवेचना होती है।

(v) **दोनों सदनों का समान महत्त्व**

संसदीय समितियों में दोनों सदनों (लोक सभा एवं राज्य सभा) के सदस्यों को शामिल किया जाता है। इसलिए दोनों सदनों का विधि-निर्माण एवं कार्यपालिका पर नियंत्रण में समान भूमिका स्थापित हो जाती है। संसदीय समिति में लोक सभा के सदस्य राज्य सभा के सदस्यों की तुलना में दोगुनी संख्या में उपस्थित होते हैं, क्योंकि लोक सभा की कुल सदस्यों की संख्या राज्य सभा के कुल सदस्यों की संख्या की दोगुनी है। आकलन समिति में केवल लोक सभा के सदस्य ही शामिल हैं।

समितियों के प्रकार

भारत में मुख्य रूप से **दो प्रकार** की संसदीय समितियां गठित की जाती हैं-

1. स्थायी समितियां। 2. तदर्थ समितियां।

1. स्थायी समितियां (Standing Committees)

इस समिति को प्रत्येक वर्ष अथवा समय-समय पर लोक सभा अध्यक्ष या राज्य सभा के सभापति द्वारा गठित किया जाता है। लोक सभा एवं राज्य सभा को मिलाकर 45 स्थायी समितियां हैं, जिसमें 24 दोनों सदनों की संयुक्त समितियां हैं और इसके अतिरिक्त 21 एक सदनीय समितियां हैं, जिसमें 9 राज्य सभा की और 12 लोक सभा की समितियां हैं। कुछ स्थायी समितियां निम्नलिखित हैं-

(i) वित्तीय समितियां, प्राक्कलन समिति, सरकारी उपक्रम एवं लोक लेखा समिति।
(ii) दोनों सदनों की संयुक्त स्थायी समितियां।
(iii) सदन के दिन-प्रतिदिन के कार्यों से संबंधित समितियां, जैसे-कार्य मंत्रणा समिति, नियम समिति इत्यादि।
(iv) जांच समितियां, जैसे-याचिका समिति, विशेषाधिकार समिति।
(v) छानबीन संबंधी समितियां।
(vi) सेवा समितियां, आवास समिति, संसद सदस्यों के वेतन व भत्तों से संबंधित समिति इत्यादि।

2. तदर्थ समितियां (Ad Hoc Committees)

इन समितियों को अस्थायी समितियां भी कहा जाता है। ये **दो प्रकार की होती हैं-**

(i) जांच समिति। (ii) संयुक्त (Joint) अथवा प्रवर समिति (Select Committee) होती है।

जांच समितियों का गठन समय-समय पर प्रमुख मुद्दों, घोटालों इत्यादि की जांच करने के लिए किया जाता है, जैसे-स्टॉक मार्केट घोटाला, बोफोर्स मुद्दे की जांच के लिए अस्थायी समितियों का गठन किया गया। प्रवर समिति अथवा संयुक्त प्रवर समिति का गठन किसी विधेयक पर विचार-विमर्श करके अपनी सिफारिशें देने के लिए किया जाता है।

A. **वित्तीय समिति**

1. **लोक लेखा समिति** (Public Accounts Committee: PAC)-यह सबसे पुरानी वित्तीय समिति है। यह समिति वर्ष-1921 से कार्य कर रही है, जब पहली बार भारत में विधान सभा का गठन हुआ था। लोक लेखा समिति में कुल 22 सदस्य होते हैं, जिसमें 15 सदस्य लोक सभा से तथा 7 सदस्य राज्य सभा से लिए जाते हैं, परंतु यह समिति लोक सभा की समिति कहलाती है। क्योंकि यह समिति कार्यपालिका के वित्तीय खर्च पर निगरानी रखती है, जो मूलतः लोक सभा का कार्य है। लोक लेखा समिति के सदस्यों का चुनाव दोनों सदनों द्वारा **एकल संक्रमणीय मत पद्धति** के द्वारा आनुपातिक रूप से किया जाता है। इसमें सामान्यतः सभी दलों के प्रतिनिधि होते हैं। वर्ष-1967 के बाद से इस समिति का अध्यक्ष विपक्षी दल का कोई सदस्य चुना जाता है। समिति के अध्यक्ष का मनोनयन लोक सभा अध्यक्ष द्वारा होता है। लोक लेखा समिति के सदस्यों का कार्यकाल एक वर्ष होता है तथा कोई मंत्री लोक लेखा समिति का सदस्य नहीं हो सकता।

भारत में संघ तथा राज्यों के लेखा परीक्षण का अधिकार भारत के नियंत्रक एवं महालेखा परीक्षक (CAG) को दिया गया है। यह नियंत्रक एवं महालेखा परीक्षक के लेखाओं की परीक्षा करता है। राष्ट्रपति द्वारा इन लेखाओं की रिपोर्ट को सदन के पटल पर रखा जाता है। अत: लोक लेखा समिति का कार्य द्वितीयक होता है, क्योंकि यह नियंत्रक एवं महालेखा परीक्षक की रिपोर्ट पर कार्य करती है।

कार्य–समिति का मूल कार्य यह देखना है **कि**-

(i) क्या पैसा उसी मद में खर्च हुआ है, जिसके लिए दिया गया था?

(ii) क्या इस खर्च के लिए संसद ने अनुमति प्रदान कर दी है?

(iii) क्या खर्च संसद की अनुमति से ज्यादा था या अतिरिक्त खर्च तो नहीं हुआ है। यदि हुआ है, तो इसके लिए कौन सी परिस्थितियां उत्तरदायी हैं?

(iv) लोक लेखा समिति, नियंत्रक महालेखा परीक्षक की रिपोर्ट की जांच करती है तथा उस पर अंतिम रिपोर्ट तैयार कर संसद के पटल पर रखती है।

अत: लोक लेखा समिति अपने कार्य संपादन के लिए नियंत्रक एवं महालेखा परीक्षक की सहायता लेती है तथा लोक लेखा समिति वित्तीय क्षेत्र में सबसे पुरानी समिति मानी जाती है। लोक लेखा समिति सहित अन्य समितियां भी सरकार के नीति विषयक मुद्दों की आलोचना नहीं करतीं। लोक लेखा समिति को प्राक्कलन समिति की **जुड़वा बहनें** भी कहा जाता है, क्योंकि इन दोनों समितियों के कार्य एक-दूसरे के पूरक हैं।

2. **प्राक्कलन या आकलन समिति** (Estimate Committee)–यह संसद की स्थायी समितियों में सबसे बड़ी समिति है। आकलन समिति केवल लोक सभा के 30 सदस्यों से निर्मित होती है अर्थात् इस समिति का गठन केवल लोक सभा में किया जाता है। आकलन समिति के सदस्यों का चुनाव **एकल संक्रमणीय मत पद्धति** के द्वारा जिसमें राज्य सभा का कोई सदस्य नहीं होता है। इस समिति का गठन सर्वप्रथम वर्ष-1950 में किया गया था। इस समिति के सदस्यों का कार्यकाल भी एक वर्ष का होता है तथा इसमें कोई मंत्री सदस्य नहीं हो सकता और सत्तारूढ़ दल का कोई सदस्य इसका अध्यक्ष होता है। जब सरकार अपना बजट लोक सभा में प्रस्तुत करती है, तो इसके बाद इस समिति का गठन किया जाता है। यह समिति भी सरकार की नीतियों की आलोचना नहीं करती। लोक लेखा समिति एवं आकलन समिति दोनों को परस्पर एक-दूसरे की पूरक भूमिका में देखा जाता है, क्योंकि लोक लेखा समिति खर्च पर नियंत्रण तथा आकलन समिति खर्च के आकलन को नियंत्रित करने का कार्य करती है। इसलिए दोनों को **जुड़वा बहनें** भी कहा जाता है। यह सरकारी अपव्यय को रोकने की सिफारिश करती है। इसलिए इसे **स्थायी मितव्ययिता समिति** भी कहा जाता है।

कार्य–इस समिति के प्रमुख कार्य निम्नलिखित हैं-

(i) बजट अनुमान पर अध्ययन करने के बाद यह सुझाव देना कि क्या बजट में शामिल नीतियों से मितव्ययिता, संगठन में सुधार, कार्य कुशलता एवं प्रशासनिक सुधार किया जा सकता है?

(ii) बजट में वैकल्पिक नीति की सिफारिश करना, जिससे प्रशासन में कुशलता एवं मितव्ययिता लाई जा सकें

(iii) इस तथ्य की जांच करना कि क्या बजट अनुमान के अनुसार आवंटित धन उचित ढंग से सही जगह लगाया गया है अथवा नहीं?

(iv) इस समिति द्वारा यह भी सिफारिश की जाती है कि बजट अनुमान किस प्रारूप में संसद में पेश किया जाए।

3. **सार्वजनिक उपक्रमों से संबंधित समिति**–संसद की तीसरी महत्त्वपूर्ण वित्तीय समिति है, जिसमें 22 सदस्य होते हैं। लोक सभा से 15 एवं राज्य सभा से 7 सदस्य शामिल होते हैं। इनका निर्वाचन आनुपातिक प्रतिनिधित्व की एकल संक्रमणीय प्रणाली के द्वारा होता है तथा सदस्यों का कार्यकाल 1 वर्ष का होता है। अत: एक वर्ष के बाद सदस्य परिवर्तित हो सकते हैं, परंतु समिति सदैव बनी रहेगी।

समिति तथा नियंत्रक एवं महालेखा परीक्षक द्वारा सार्वजनिक उद्यमों के संचालन से संबंधित रिपोर्ट की जांच की जाती है और सार्वजनिक उद्यमों के संचालन के सिद्धांत एवं व्यवहार की भी जांच की जाती है तथा कार्यपालिका के द्वारा विभिन्न सार्वजनिक उद्यमों की वार्षिक रिपोर्ट की भी जांच होती है। अन्य समितियों की भांति कोई भी मंत्री समिति का सदस्य अथवा अध्यक्ष नहीं हो सकता है।

B. जांच समितियां

जांच समितियों का आशय उन समितियों से है, जो लोगों के द्वारा प्रस्तुत आवेदन की जांच एवं सांसदों के विशेषाधिकार से जुड़े प्रश्नों तथा सांसदों के आचार विषयक मुद्दों की भी जांच करती हैं। **ये समितियां निम्नलिखित तीन प्रकार की होती हैं-**

(i) याचिका समिति। (Petition Committee)
(ii) विशेषाधिकार समिति। (Committee of Privileges)
(iii) आचरण समिति। (Ethics Committee)

(i) याचिका समिति (Petition Committee)

प्रत्येक सदन की एक याचिका समिति होती है। इस समिति में लोक सभा में 15 और राज्य सभा में 10 सदस्य होते हैं। सदन के द्वारा विधि-निर्माण के समय विधेयक को जनता की राय जानने के लिए परिचालित किया जा सकता है तथा जनता की राय से सदन को अवगत कराने के लिए याचिका समिति का गठन किया जाता है। लोक सभा और राज्य सभा दोनों में याचिका समिति का गठन किया गया है। समिति के द्वारा जनता की राय को व्यवस्थित और संक्षेप में सदन के समक्ष प्रस्तुत किया जाता है।

(ii) विशेषाधिकार समिति (Committee of Privileges)

यह समिति आम तौर पर दोनों सदनों में उनके पीठासीन अधिकारियों द्वारा प्रत्येक वर्ष गठित की जाती है, इसमें लोक सभा में 15 और राज्य सभा में 10 सदस्य होते हैं। यह समिति संसद और उसके सदस्यों की शक्तियों और उनकी प्रतिष्ठा की रक्षा करने में महत्त्वपूर्ण भूमिका निभाती है।

(iii) आचरण समिति (Ethics Committee)

सांसदों के असंसदीय आचरण एवं दुर्व्यवहार के संबंध में समिति के द्वारा जांच की जाती है और समिति के द्वारा सांसदों को दुराचरण के आरोप में फटकार लगा सकती है और उन्हें सदन से निलंबित भी कर सकती है। समिति के द्वारा यह अनुरोध किया गया है कि सांसद अपने संबंधियों और उनके कारोबार का भी उल्लेख करें, जिससे सांसदों के वाणिज्यिक हित को प्रतिबंधित किया जा सकें इस समिति की गणपूर्ति भी 5 है। इस समिति का कार्य संसद के सदस्यों में अनुशासन व मर्यादा बनाए रखना है। इसका कार्य संसद सदस्यों पर आचरण संहिता (Code of Ethics) लागू करवाना तथा संसद में दुर्व्यवहार संबंधी मामलों की जांच करना और दोषी पाए जाने पर उचित कार्यवाही की सिफारिश करती है। इस समिति का गठन वर्ष-1997 से किया गया है। लोक सभा की समिति में 20 व राज्य सभा की समिति में 10 सदस्य होते हैं।

C. नियंत्रण संबंधी समितियां

(i) सरकारी आश्वासन समिति

सदन के समक्ष मंत्रिपरिषद् के विभिन्न सदस्यों के द्वारा समय-समय पर आश्वासन दिए जाते हैं। इन आश्वासनों को किस सीमा तक पूरा किया गया है, इसकी जांच के लिए समिति का गठन किया जाता है। दोनों सदनों में पृथक्-पृथक् समितियां होती हैं। इस समिति का कार्य सदन में विभागों द्वारा दिए गए आश्वासन की जांच करना कि क्या दिए गए आश्वासन पूरे किए गए हैं या नहीं?

(ii) प्रदत्त विधायन समिति

(Delegated Legislation Committee)

प्रदत्त विधायन को द्वितीयक विधायन अथवा अधीनस्थ विधायन भी कहा जाता है, क्योंकि विधि-निर्माण का मूल कार्य विधायिका का है, परंतु विधायिका अथवा संसद के द्वारा विधि के मूलभूत सिद्धांतों एवं प्रावधानों का निर्माण किया जाता है और इससे संबंधित व्यावहारिक प्रावधानों का निर्माण कार्यपालिका अथवा नौकरशाही के द्वारा किया जाता है। संसदीय समिति कार्यपालिका पर निगरानी बनाए रखती है, जिससे प्रशासन के द्वारा किए गए विधि-निर्माण से संसदीय सिद्धांतों की अवहेलना न हो सकें

D. प्रतिदिन के कार्यों से संबंधित समितियां

(i) कार्य-मंत्रणा समिति

(Business Advisory Committee)

प्रत्येक सदन में एक कार्य-मंत्रणा समिति होती है। लोक सभा में अध्यक्ष सहित इस समिति के 15 सदस्य होते हैं और लोक सभा का अध्यक्ष ही इस समिति का पदेन सभापति होता है तथा राज्य सभा में उप-सभापति सहित इसके 11 सदस्य हैं। राज्य सभा का सभापति इस समिति का पदेन सभापति होता है। सदन में किसी विधेयक पर चर्चा के लिए समय एवं तिथि का निर्धारण संसदीय समिति के द्वारा होता है। ध्यानाकर्षण प्रस्ताव अथवा स्थगन प्रस्ताव पर चर्चा के लिए सदन में समय का आवंटन समिति का

दायित्व है। अनुदान की मांग पर मतदान के लिए विभिन्न मंत्रालयों को समय आवंटित किया जाता है।

(ii) **नियम समिति** (Rules Committee)
लोक सभा में अध्यक्ष सहित नियम समिति के 15 सदस्य होते हैं तथा लोक सभा का अध्यक्ष समिति का पदेन सभापति होता है। राज्य सभा में सभापति और उप-सभापति सहित इस समिति के 16 सदस्य हैं। राज्य सभा का सभापति इस समिति का पदेन सभापति होता है। सदन के संचालन के वर्तमान नियमों में परिवर्तन का सुझाव नियम समिति के द्वारा दिया जाता है। वर्तमान में प्रश्नकाल और शून्यकाल में सदन के दो घंटे समाप्त होते हैं। यदि इसमें परिवर्तन करना है, तो यह नियम समिति के सुझाव पर ही संभव है। इसलिए नियम समिति की अनुशंसा के आधार पर ही विभागीय समितियों (Departmental Committees) की स्थापना हुई थी।

E. रख-रखाव संबंधी समितियां

(i) सामान्य उद्देश्य समिति
संबंधित सदन का पीठासीन अधिकारी समिति का पदेन सभापति होता है। लोक सभा की सामान्य उद्देश्य समिति का कोई भी निश्चित कार्यकाल नहीं है। यह लोक सभा के विघटन तक कार्य करती रहती है। इसके सदस्यों में स्पीकर, डिप्टी स्पीकर, चेयरमैन, पैनल के सदस्य, सभी संसदीय समितियों के चेयरमैन, मान्यता प्राप्त विपक्षी दलों के नेता और वे सदस्य जो स्पीकर द्वारा मनोनीत होते हैं। ऐसे मामले जो किसी समिति के अंतर्गत् न आता हो, उसे सामान्य उद्देश्य समिति को सौंपा जाता है। लोक सभा का स्पीकर इसका पदेन सभापति होता है। राज्य सभा में भी इसकी संरचना लोक सभा की भांति होती है और इसकी अवधि पुनर्गठन तक होती है।

(ii) आवास समिति
संसद के प्रत्येक सदन की एक आवास समिति होती है, जो संसद के सदस्यों को आवास, खान-पान एवं चिकित्सा इत्यादि सुविधाओं को उपलब्ध कराने का कार्य करती है।

(iii) पुस्तकालय समिति
यह समिति संसद के दोनों सदनों की संयुक्त समिति है, जिसमें लोक सभा के 6 सदस्य (उपाध्यक्ष सहित), जो अध्यक्ष द्वारा तथा राज्य सभा के 3 सदस्य, जो उसके सभापति द्वारा मनोनीत किए जाते हैं। यह समिति प्रत्येक वर्ष गठित की जाती है, जिसका मुख्य कार्य पुस्तकों के चयन और नियम बनाने तथा इसकी भावी योजनाओं से संबंधित मामलों में अध्यक्ष को परामर्श देती है।

(iv) संसद के सदस्यों के वेतन व भत्तों से संबंधित संयुक्त समिति
संसद के सदस्यों के वेतन व भत्ते अधिनियम, 1954 के अधीन नियम बनाने के लिए इस संयुक्त समिति को गठित किया गया, जिसमें लोक सभा के 10 और राज्य सभा के 5 सदस्य होते हैं। इस समिति का मुख्य कार्य संसद के दोनों सदनों के सदस्यों के लिए चिकित्सा, आवास, टेलीफोन एवं डाक सुविधाओं तथा उनके दैनिक और यात्रा भत्तों की अदायगी को विनियमित करने के लिए नियम बनाना है।

F. कल्याण संबंधी समिति

(i) अनुसूचित जाति एवं जनजाति समिति
यह समिति अनुसूचित जाति एवं जनजाति आयोग के रिपोर्टों की जांच कर आवश्यक सुझाव देती है। इसमें कुल 30 सदस्य होते हैं, जिनमें 20 लोक सभा से तथा 10 राज्य सभा से लिए जाते हैं। इस समिति में किसी मंत्री को सदस्य नहीं बनाया जाता है। इस समिति का कार्य यह देखना है कि क्या सरकारी सेवाओं में अनुसूचित जातियों एवं जनजातियों को उचित प्रतिनिधित्व मिल रहा है या नहीं? इसके अतिरिक्त यह समिति अनुसूचित जातियों एवं जनजातियों से संबंधित कार्यक्रमों व योजनाओं पर भी निगरानी रखती है।

(ii) महिलाओं के सशक्तिकरण की समिति
वर्ष-1996 में महिला वर्ष के अवसर पर महिलाओं के उत्थान के लिए राज्य सभा एवं लोक सभा के द्वारा विशेष उपाय करने का समर्थन किया गया, जिसके परिणामस्वरूप वर्ष-1997 में नियम समिति की सिफारिश पर महिलाओं के कल्याण के लिए संसदीय समिति का गठन किया गया, जिसमें 30 सदस्य होंगे। 20 सदस्य लोक सभा स्पीकर के द्वारा तथा 10 सदस्य राज्य सभा के सभापति के द्वारा मनोनीत किए जाएंगे। इस समिति के द्वारा राष्ट्रीय महिला आयोग की रिपोर्ट की जांच की जाती है तथा महिलाओं

की समानता एवं उत्थान के लिए सुझाव भी दिए जाते हैं और इसके द्वारा महिलाओं के प्रतिनिधित्व के उपाय बढ़ाने का भी सुझाव दिया जाता है।

G. विभागीय समितियां (Departmental Committees)

विभागीय समितियां मूलत: संसदीय समितियां हैं, परंतु इन समितियों के द्वारा मंत्रिमंडल के विभिन्न विभागों की जांच की जाती है। इसलिए इन्हें विभागीय समितियों का नाम दिया गया है।

भूमिका

विभागीय समितियों का मूल कार्य संसद के द्वारा कार्यपालिका पर प्रभावी वित्तीय नियंत्रण स्थापित किया जाना है, क्योंकि विभिन्न विभागीय समितियां मंत्रालयों के अनुदान की मांग पर बारीकी से चर्चा करती हैं। इसलिए बजट पर गंभीर चर्चा से पहले संसद के द्वारा बजट को विभागीय समितियों को सौंपा जाता है और विभागीय समितियों के माध्यम से राज्य सभा की भी वित्तीय नियंत्रण में भूमिका बढ़ जाती है। यह उल्लेखनीय है कि पहले संसद के द्वारा वित्तीय नियंत्रण के लिए 3 समितियों का गठन किया गया था, परंतु अमेरिकी विधायिका से प्रेरित होकर भारत में भी विभागीय समितियों का गठन किया गया।

लोक सभा में समयाभाव के कारण प्रत्येक विभाग की अनुदान की मांग पर चर्चा हो पाना संभव नहीं होता। अत: गिलोटिन का सहारा लिया जाता है। इसलिए लोक सभा में एक नई परंपरा का जन्म हुआ, जिसका आधार अमेरिकी व्यवस्था से लिया गया है।

संरचना

लोक सभा की नियम समिति ने वर्ष-1989 में तीन विभागीय समितियों की स्थापना का प्रावधान किया, जो बाद में बढ़कर 17 विभागीय समितियों के रूप में परिवर्तित हो गई। वर्ष-1993 में विभागीय समितियों का पुनर्गठन किया गया, जिसकी वर्तमान में संख्या-24 है, जिसमें 16 समितियां लोक सभा अध्यक्ष के नियंत्रण में और 8 राज्य सभा के सभापति के निर्देशन में कार्य करती हैं। प्रत्येक विभागीय समितियों में 31 सदस्य होते हैं, जिनमें लोक सभा से 21 एवं राज्य सभा से 10 सदस्य लिए जाते हैं। इन विभागीय समितियों का निर्वाचन नहीं होता है, अपितु लोक सभा अध्यक्ष तथा राज्य सभा के सभापति द्वारा मनोनयन और इन समिति के सदस्यों का कार्यकाल 1 वर्ष का होता है।

कार्य

इस समिति के निम्नलिखित कार्य हैं-

(i) संबंधित मंत्रालय या विभागों के अनुदान की मांग पर विचार करना।
(ii) मंत्रालय के वार्षिक रिपोर्ट पर विचार करना।
(iii) ऐसे विधेयकों पर विचार करना, जो सभापति द्वारा निर्देशित हों।
(iv) विभागीय समितियों में कोई भी मंत्री सदस्य नहीं हो सकता।
(v) समितियों के द्वारा सरकार की नीतिगत आधार पर आलोचना नहीं की जाती।

संयुक्त संसदीय समिति

(Joint Parliamentary Committee)

संसदीय नियमों के अनुसार, लोक लेखा समिति संयुक्त समिति है, जिसमें दोनों सदनों (लोक सभा एवं राज्य सभा) के सदस्य शामिल होते हैं। इसके अतिरिक्त महिला कल्याण से संबंधित संसदीय समिति भी संयुक्त संसदीय समिति है। विभागीय समितियां ही संसदीय समितियां हैं, जो स्थायी समितियां (Standing Committee) हैं, क्योंकि ये सदैव कार्य करती हैं।

वर्ष-1993 में संसदीय परंपरा में अस्थायी (Ad hoc) संयुक्त संसदीय समितियों की शुरूआत हुई, जिसका लोक सभा की प्रक्रियाओं में अथवा संसदीय नियमों में कोई उल्लेख नहीं है। इन संयुक्त संसदीय समितियों की स्थापना किसी विशेष उद्देश्य और अवधि के लिए की गयी तथा इसकी सदस्य संख्या भी निर्धारित नहीं है, अपितु दोनों सदनों के द्वारा आपसी विचार से इसका निर्धारण किया जाएगा।

पहली संयुक्त संसदीय समिति वर्ष-1987 में गठित हुई, जिसका उद्देश्य बोफोर्स तोपों की खरीद में हुए भ्रष्टाचार की जांच करना था। वर्ष-2001 में शेयर मार्केट में घोटाले की जांच के लिए संयुक्त संसदीय समिति का गठन किया गया, जिसमें 20 सदस्य लोक सभा और 10 सदस्य राज्य सभा से थे। वर्ष-2011 में 2G मामले

विभागीय स्थायी समितियां

क्र.सं.	समिति का नाम	मंत्रालय/विभाग
1.	वाणिज्य समिति	(i) वाणिज्य (ii) कपड़ा
2.	गृह कार्य समिति	(i) गृह कार्य (ii) विधि, न्याय और कंपनी कार्य (iii) कार्मिक, लोक शिकायत और पेंशन
3.	मानव संसाधन विकास समिति	(i) मानव संसाधन विकास (ii) स्वास्थ्य तथा परिवार कल्याण
4.	उद्योग समिति	(i) उद्योग (ii) इस्पात (iii) खान
5.	विज्ञान एवं प्रौद्योगिकी, पर्यावरण एवं वन समिति	(i) विज्ञान एवं प्रौद्योगिकी (ii) इलेक्ट्रॉनिकी (iii) अंतरिक्ष (iv) सागर विकास (v) जैव-प्रौद्योगिकी (vi) पर्यावरण तथा वन
6.	परिवहन तथा पर्यटन समिति	(i) नागर विमानन (ii) भूतल परिवहन (iii) पर्यटन
7.	स्वास्थ्य एवं परिवार कल्याण	
8.	कॉर्मिक, शासन, विधि एवं न्याय	
9.	कृषि समिति	(i) कृषि (ii) जल संसाधन (iii) खाद्य प्रसंस्करण
10.	संचार समिति	(i) सूचना एवं प्रसारण (ii) संचार

क्र.सं.	समिति का नाम	मंत्रालय/विभाग
11.	रक्षा समिति	– रक्षा
12.	ऊर्जा समिति	(i) कोयला (ii) अपरंपरागत् ऊर्जा स्रोत (iii) विद्युत शक्ति (iv) परमाणु शक्ति
13.	विदेश कार्य समिति	– विदेश कार्य
14.	वित्त समिति	(i) वित्त (ii) योजना (iii) कार्यक्रम क्रियान्वयन
15.	खाद्य, नागरिक आपूर्ति और सार्वजनिक वितरण समिति	(i) खाद्य (ii) नागरिक, आपूर्ति, उपभोक्ता कार्य तथा सार्वजनिक वितरण
16.	श्रम एवं कल्याण समिति	(i) श्रम (ii) कल्याण
17.	पेट्रोलियम एवं रसायन समिति	(i) पेट्रोलियम एवं प्राकृतिक गैस (ii) रसायन एवं पेट्रो-रसायन (iii) उर्वरक
18.	रेल समिति	– रेल
19.	शहरी विकास समिति	(i) शहरी विकास (ii) ग्रामीण विकास
20.	जल संसाधन समिति	
21.	रसायन और फर्टिलाइजर समिति	
22.	ग्रामीण विकास समिति	
23.	कोयला एवं स्टील	
24.	सामाजिक न्याय एवं अधिकारिता समिति	

की जांच के लिए भी संयुक्त संसदीय समिति का गठन किया गया। इसी प्रकार वर्ष-2018 में बीजेपी सरकार के द्वारा राफेल लड़ाकू विमानों की खरीद की जांच के लिए संयुक्त संसदीय समिति के गठन की मांग की गई, जिसे स्पीकर के द्वारा अस्वीकार कर दिया गया। संयुक्त संसदीय समितियों की रिपोर्ट अनुशंसात्मक होती है, जिसे स्वीकार करना अथवा अस्वीकार करना सरकार की इच्छा पर निर्भर है।

संसदीय समितियों की कमियां

समयाभाव—सांसदों का मूल दायित्व अपने लोक सभा क्षेत्र में अपनी उपस्थिति बनाए रखना है। इसके अतिरिक्त उन्हें संसद की विभिन्न बैठकों में भी बने रहना होता है। जबकि सांसदों की अनुपस्थिति के कारण संसदीय समितियां प्रभावी नहीं हो पा रही हैं। समय की कमी के कारण सांसद विषय विशेष का अध्ययन नहीं कर पाते। अत: संसदीय समितियां अपनी प्रभावी राय रखने में असमर्थ होती हैं। समितियों में सदस्यों की उपस्थिति नहीं रहती और समितियों में आधे सदस्यों की उपस्थिति कोरम के लिए अनिवार्य है।

निगरानी में अक्षमता—संसदीय समितियों की भूमिका निरीक्षणकारी होती है और सभी प्रकार की संसदीय समितियां सदन के पीठासीन अधिकारी की निगरानी में कार्य करती हैं। लोक सभा स्पीकर अथवा राज्य सभा सभापति के द्वारा दो महीने में कम से कम एक बार संसदीय समितियों के कार्यों की समीक्षा होनी चाहिए, जिससे समितियों के प्रदर्शन का मूल्यांकन किया जा सकें

प्रशासनिक बाधा—संसदीय समितियों के पास संसाधन सीमित होते हैं, जिससे समितियों के द्वारा किसी विधि का विस्तारित अध्ययन संभव नहीं हो पाता है। संसद में कर्मचारियों की संख्या भी सीमित है। इसलिए संसदीय समितियों को पर्याप्त सचिवालयी सहायता उपलब्ध नहीं हो पातीं तथा समितियों को समय सीमा के भीतर अपनी रिपोर्ट प्रस्तुत करनी होती है।

समितियों की प्रकृति—संसदीय समितियों की रिपोर्ट अनुशंसात्मक होती है। इसलिए समितियों की रिपोर्ट को स्वीकार करना सदन के लिए आवश्यक नहीं है। इससे किसी संसदीय समितियों का महत्त्व कम हो जाता है। उदाहरण के लिए, विदेश मंत्रालय की गठित विभागीय समितियों के द्वारा यह अनुशंसा की गई कि विदेश सेवाओं को सिविल सेवा परीक्षा से पृथक् कर देना चाहिए, जिसे स्वीकार नहीं किया गया। सामान्यत: संसद के द्वारा किसी मुद्दे को संसदीय समिति के समक्ष भेजने से परहेज किया जाता है, जिससे विधेयक तत्काल पारित किया जा सकें

राजनीतिक विभाजन

संसदीय समितियों का निर्माण दलीय राजनीतिक विभाजन को सीमित करने के लिए किया गया है। परंतु वर्तमान में संसदीय समितियों में दलीय आधार पर मतभेद उभर रहे हैं। 15वीं लोक सभा के दौरान लोक लेखा समिति के अध्यक्ष डॉ. मुरली मनोहर जोशी को लोक लेखा समिति के सदस्यों के द्वारा प्रस्ताव पारित करके पद से हटा दिया गया।

निष्कर्ष

संसद को संसदीय शासन में केंद्रीय महत्त्व प्रदान किया गया है, क्योंकि संसद जनता की इच्छाओं का प्रतिनिधित्व करती है। कार्यपालिका पर वित्तीय निगरानी बनाए रखती है तथा विधि-निर्माण एवं संविधान संशोधन का कार्य भी संपन्न होता है और संसद के ये सभी कार्य संसदीय समितियों के अभाव में संभव नहीं है।

संघ सरकार की संरचना, संगठन एवं प्रकार्य

भाग

5

1) राष्ट्रपति, 2) उप-राष्ट्रपति, 3) प्रधानमंत्री

अध्याय 1

राष्ट्रपति
(President)

● संघीय कार्यपालिका, ● निर्वाचक मंडल, ● निर्वाचन प्रक्रिया, ● 1. सामान्य शक्तियां, ● 2. आपातकालीन शक्तियां, ● राष्ट्रपति की सक्रियता, ● राष्ट्रपति की विवेकाधीन शक्तियां, ● महाभियोग, ● भारत का महान्यायवादी, ● सॉलीसिटर जनरल, ● निष्कर्ष

संघीय कार्यपालिका

भारत में संसदीय शासन प्रणाली की स्थापना की गई है। संविधान के भाग-5 के अनुच्छेद-52 से 78 तक संघीय कार्यपालिका का वर्णन किया गया है। संघीय कार्यपालिका में राष्ट्रपति, उप-राष्ट्रपति, प्रधानमंत्री, मंत्रिमंडल एवं महान्यायवादी सम्मिलित होते हैं। संविधान के द्वारा कार्यपालिका, विधायिका एवं न्यायिक शक्तियां राष्ट्रपति को दी गईं हैं। इसके अतिरिक्त राष्ट्रपति आपातकालीन शक्तियों का भी प्रयोग करता है और लोकतांत्रिक देश में राष्ट्र का प्रथम नागरिक ही होता है और राष्ट्रपति जनमत को प्रभावित करने की क्षमता भी रखता है। इसीलिए समय-समय पर विभिन्न राजनीतिक दलों के प्रतिनिधि मंडल राष्ट्रपति से भेंट करते हैं तथा आम नागरिकों के बीच राष्ट्रपति का पद अत्यधिक सम्मान का पद माना जाता है।

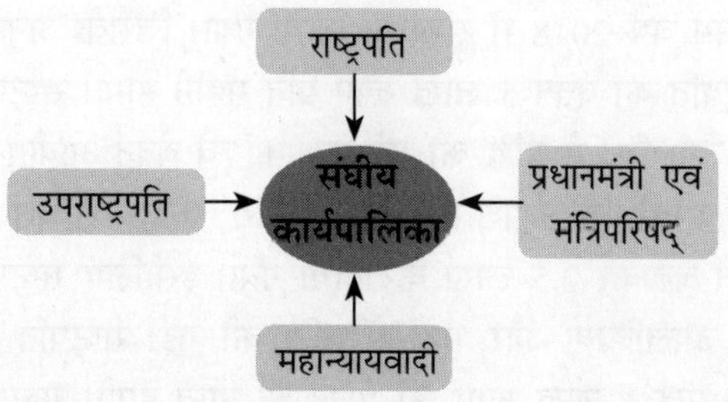

राष्ट्रपति (President)

राष्ट्रपति, भारत का प्रथम नागरिक होता है तथा राष्ट्रपति का पद भारतीय गणराज्य का सर्वोच्च पद है। संघ की कार्यपालिकीय शक्ति राष्ट्रपति में निहित है। अनुच्छेद-53 के अनुसार, राष्ट्रपति अपनी कार्यपालिकीय शक्ति का प्रयोग सीधे स्वयं करेगा अथवा अपने अधीनस्थ अधिकारियों के माध्यम से करेगा, जैसाकि संविधान में उल्लिखित है। वह संघ सरकार के सैन्य बलों का सर्वोच्च कमांडर है। संविधान की प्रस्तावना में **गणराज्य** (Republic) शब्द का प्रयोग इस अर्थ में किया गया है कि भारतीय संघ का प्रधान निर्वाचित राष्ट्रपति है, न कि कोई राजा। राष्ट्रपति पांच वर्ष के लिए चुना जाता है। संविधान में यह भी उल्लिखित है कि राष्ट्रपति तब तक अपने पद पर बना रहेगा, जब तक उसका उत्तराधिकारी निर्वाचित नहीं हो जाता।

योग्यताएं

संविधान के अनुच्छेद-58 के अनुसार, निम्नलिखित योग्यताएं रखने वाला व्यक्ति राष्ट्रपति पद के लिए योग्य माना जाता है, **यदि**-

(i) वह भारत का नागरिक हो।

(ii) वह 35 वर्ष की आयु पूर्ण कर चुका हो।

(iii) वह लोक सभा का सदस्य निर्वाचित होने की योग्यता रखता हो।

(iv) वह किसी लाभ के पद पर न हो।

राष्ट्रपति पद के लिए शर्तें

अनुच्छेद-59 के अनुसार, राष्ट्रपति संसद के किसी सदन अथवा किसी राज्य के विधान मंडल का सदस्य नहीं होगा। यदि वह किसी सदन का सदस्य है, तो उसे अपने पद का परित्याग करना होगा। साथ ही वह अपने कार्यकाल के दौरान कोई अन्य लाभ का पद धारण नहीं करेगा। राष्ट्रपति को बिना किराए का आधिकारिक आवास प्राप्त होगा तथा उसे संविधान की दूसरी अनुसूची के अनुसार उपलब्धियां, भत्ते एवं विशेषाधिकार प्राप्त होंगे, जिसमें संसद को विधि-निर्माण का अधिकार होगा। दूसरी अनुसूची में कभी भी राष्ट्रपति की उपलब्धि 10 हजार रुपए वर्णित है। परंतु वर्ष-1951 में संसद के द्वारा राष्ट्रपति को उपलब्धि एवं पेंशन अधिनियम का निर्माण किया गया, जिसमें समय-समय पर संसद के द्वारा संशोधन भी किया गया है, जिसमें वर्ष-2018 में संशोधन किया गया। जिसके अनुसार राष्ट्रपति का वेतन 5 लाख रुपए प्रति महीने होगा। राष्ट्रपति की उपलब्धि में वृद्धि की गई, क्योंकि 7वें वेतन आयोग के बाद सबसे वरिष्ठ प्रशासनिक अधिकारी, केंद्रीय सचिव का वेतन बढ़ाकर 2.5 लाख कर दिया गया। इसीलिए राष्ट्रपति की उपलब्धियों और भत्तों में वृद्धि की गई। राष्ट्रपति को प्रति माह 1 लाख रुपए की पेंशन भी प्राप्त होगी। राष्ट्रपति की उपलब्धियां एवं भत्ते राष्ट्रपति के कार्यकाल के दौरान घटाए नहीं जाएंगे।

निर्वाचक मंडल

अनुच्छेद-54 के अनुसार, इस निर्वाचक मंडल में संसद के दोनों सदनों के निर्वाचित सदस्य तथा राज्य विधान सभाओं के निर्वाचित सदस्य सम्मिलित होते हैं। मनोनीत सदस्य निर्वाचन में शामिल नहीं होते। क्योंकि संसद में राष्ट्रपति के द्वारा सदस्यों का मनोनयन होता है तथा विधान सभा में राज्यपाल सदस्यों का मनोनयन करता है तथा राज्यपाल की नियुक्ति राष्ट्रपति करता है। इसीलिए विधान सभा के मनोनीत सदस्यों को भी राष्ट्रपति के निर्वाचन में भाग लेने का अधिकार नहीं है। निर्वाचन में राज्यों की विधान परिषदों के निर्वाचित सदस्य सम्मिलित नहीं होते। क्योंकि सभी राज्यों में विधान परिषदों का गठन नहीं किया गया है। परंतु 70वें संविधान संशोधन, 1992 के अनुसार, केंद्रशासित राज्य दिल्ली तथा पांडिचेरी की विधान सभाओं के निर्वाचित सदस्य भी राष्ट्रपति चुनाव में हिस्सा लेते हैं।

राज्य विधान सभाओं के बीच आनुपातिक समानता

राष्ट्रपति के निर्वाचन में निर्वाचक मंडल में भाग लेने वाले कुल निर्वाचित सांसदों की संख्या-776 है एवं सभी निर्वाचित विधान सभा सदस्यों की संख्या-4120 है। अतः निर्वाचक मंडल में शामिल कुल सदस्यों की संख्या-4896 है। 29 राज्यों में विधान सभा सदस्यों की संख्या अलग-अलग है एवं जनसंख्या भी पृथक् है। उदाहरण के लिए, उत्तर प्रदेश का विधायक ज्यादा जनसंख्या का प्रतिनिधित्व करता है, जबकि गोवा का विधायक कम जनसंख्या का प्रतिनिधित्व करता है। इसलिए सभी विधायकों के मत समान नहीं हो सकते, बल्कि इसमें आनुपातिक समानता स्थापित होनी चाहिए। इसलिए राष्ट्रपति के निर्वाचन में प्रत्येक विधायकों के मत मूल्य अलग-अलग होते हैं। उत्तर प्रदेश के विधायक का मत मूल्य, गोवा के विधायक के मत मूल्य से अधिक होगा, क्योंकि उत्तर प्रदेश की जनसंख्या ज्यादा है। अतः प्रत्येक विधायक एक मत देगा, लेकिन उसके मूल्य अलग-अलग होंगे। राज्यों के विधायकों के मत मूल्य की गणना के लिए संविधान में निम्नलिखित सूत्र का प्रयोग किया जाता है-

(i) किसी राज्य की विधान सभा के प्रत्येक सदस्य के मत का मूल्य वही होगा, जितना कि 1,000 के गुणित उस भागफल में हों, जो राज्य की जनसंख्या (1971 की जनगणना के आधार पर) के उस विधान सभा के निर्वाचित सदस्यों की संपूर्ण संख्या से भाग देने पर आए, जैसे-

$$\frac{\text{राज्य की कुल जनसंख्या}}{\text{राज्य विधान सभा के निर्वाचित सदस्यों की कुल संख्या}} \times \frac{1}{100}$$

= राज्य के प्रत्येक निर्वाचक के मतों का मूल्य

राज्य विधान सभा के निर्वाचित सदस्यों की कुल संख्या एक हजार के उक्त गुणितों को गिनने के बाद यदि शेष 500 से अधिक हो, तो इसे एक मान लिया जाएगा। इस प्रकार सभी राज्य विधान सभा सदस्यों का कुल मत मूल्य लगभग 1098903 होगा।

मतगणना का आधार वर्ष

राष्ट्रपति के निर्वाचन के लिए वर्ष-1971 की जनगणना का प्रयोग किया जाता है, क्योंकि वर्ष-1971 के बाद दक्षिण भारत के राज्यों में जनसंख्या नियंत्रण कर लिया गया। जबकि उत्तर भारत में जनसंख्या नियंत्रित नहीं हो सकी। अत: वर्ष-2011 की जनगणना का प्रयोग करने पर उत्तर भारतीय राज्यों के विधान सभा के मत मूल्य में वृद्धि हो जाएगी और राष्ट्रपति के निर्वाचन में इनका महत्त्व ज्यादा हो जाएगा तथा दक्षिण भारतीय राज्यों का अवमूल्यन होगा।

विधायकों एवं सांसदों के मत मूल्य में आनुपातिक समानता

राष्ट्रपति के निर्वाचन में निर्वाचक मंडल के कुल सदस्यों की संख्या-4896 है, जिसमें विधायकों की संख्या-4120 है। अत: निर्वाचक मंडल के प्रत्येक सदस्य को एक मत देने पर राष्ट्रपति के निर्वाचन में सांसदों के मत का महत्त्व गौण हो जाएगा। क्योंकि निर्वाचित सांसदों की कुल संख्या केवल 776 है। इसलिए विधायकों एवं सांसदों के बीच भी मत मूल्यों के समानुपात की स्थापना की जाती है, जिसके लिए संविधान में निम्नलिखित सूत्र दिया गया है-

$$\frac{\text{समस्त राज्यों को विधान सभाओं के कुल सदस्यों का योग}}{\text{संसद के दोनों सदनों के निर्वाचन सदस्यों की कुल संख्या}}$$

= संसद के प्रत्येक सदन के प्रत्येक निर्वाचित सदस्य के मतों का मूल्य।

इस प्रकार जब सभी राज्यों के मतों की संख्या प्राप्त हो जाए, तो उन सबके योग को संसद के दोनों सदनों के निर्वाचित सदस्यों की कुल संख्या से भाग देने पर जो संख्या प्राप्त होगी, वह संसद के प्रत्येक सदस्य के मत का मूल्य होगा। अपूर्ण संख्या जो आधे से अधिक है, एक मानी जाएगी तथा उससे कम छोड़ दी जाएगी, जैसे-

राष्ट्रपति के निर्वाचन में सांसदों के मत का मूल्य समान होता है। जबकि विधायकों के मत के मूल्य अलग-अलग होते हैं। एक सांसद के मत का मूल्य 708 होता है तथा एक सांसद के मत का मूल्य विधायकों से ज्यादा होता है, क्योंकि सांसद ज्यादा जनसंख्या का प्रतिनिधित्व करता है। विधायकों एवं सांसदों के बीच समानुपात स्थापित करने के परिणामस्वरूप सांसदों के कुल मत का मूल्य भी लगभग 10 लाख हो जाता है, जिससे राष्ट्रपति के निर्वाचन में विधायकों एवं सांसदों का लगभग समान महत्त्व हो जाता है।

निर्वाचन प्रक्रिया

निर्वाचन प्रक्रिया का विस्तृत उल्लेख राष्ट्रपति एवं उप-राष्ट्रपति निर्वाचन अधिनियम, 1951 एवं 1952 द्वारा निर्धारित किया गया है। राष्ट्रपति के निर्वाचन में इलेक्ट्रॉनिक वोटिंग मशीनों का प्रयोग नहीं होता, क्योंकि राष्ट्रपति का निर्वाचन आनुपातिक प्रतिनिधित्व प्रणाली के द्वारा होता है। राष्ट्रपति के निर्वाचन में चुनाव चिह्न का भी प्रयोग नहीं होता। इसलिए राष्ट्रपति सैद्धांतिक रूप में किसी दल विशेष का सदस्य नहीं होता, क्योंकि उससे निष्पक्ष रूप में कार्य करने की अपेक्षा होती है। वह भारत का राष्ट्रपति है, न कि किसी दल का प्रधान। राष्ट्रपति चुनाव में लोक सभा महासचिव तथा राज्य सभा महासचिव क्रमिक रूप में निर्वाचन अधिकारी के रूप में कार्य करते हैं। भारत के राष्ट्रपति का निर्वाचन अप्रत्यक्ष रूप से आनुपातिक प्रतिनिधित्व प्रणाली की **एकल संक्रमणीय मत पद्धति** तथा गुप्त मतदान के द्वारा तथा राष्ट्रपति का चुनाव एक निर्वाचक मंडल द्वारा संपन्न होता है। राष्ट्रपति के चुनावों में प्रत्येक सदस्य वरीयता के आधार पर मतदान करता है और इस आधार पर प्रत्येक सदस्य मतपत्र में सभी उम्मीदवारों के सामने प्रथम व द्वितीय वरीयता अंकित करता है। मतपत्र सांसदों के लिए हरे रंग तथा विधान सभा सदस्यों के लिए पीले रंग के होते हैं। विधान सभा सदस्यों को अपने राज्यों में भी मत देने का अधिकार होता है।

मतदान प्रक्रिया एवं मतों की गिनती

राष्ट्रपति के निर्वाचन में निर्वाचक मंडल में शामिल प्रत्येक प्रत्याशी को एक मत देने का अधिकार होता है, परंतु वह अपना मत सभी प्रत्याशियों के समक्ष प्राथमिकता के रूप में व्यक्त करता है। वह केवल अपनी पहली प्राथमिकता का मत ही दे सकता है और निर्वाचन के पश्चात् पहली प्राथमिकता के मतों की गणना होती है और यदि किसी प्रत्याशी को पहले प्राथमिकता के मतगणना में मतों का पूर्ण कोटा प्राप्त हो गया, तो उसे निर्वाचित घोषित कर दिया जाएगा। निर्वाचन में उसी उम्मीदवार को विजयी घोषित किया जाता है, जिसे कुल वैध मतों का निर्धारित कोटा प्राप्त हो। कोटे को निम्नलिखित सूत्र के द्वारा निकाला जाता है। उदाहरण के लिए, माना कि राष्ट्रपति के निर्वाचन में कुल 1,000 वैध मत प्रदान किए गए हैं-

$$\text{मतों का कोटा} = \frac{\text{कुल वैध मत}}{1 + 1} + 1 = \frac{1000}{2} + 1 = 500$$

प्रथम वरीयता की गणना: (1,000)

A - 450

B - 300

C - 250

यदि किसी भी प्रत्याशी को पहली प्राथमिकता की मतगणना में पूर्ण कोटा प्राप्त नहीं हुआ, तब द्वितीय प्राथमिकता के मतों की गणना की जाएगी। यह उल्लेखनीय है कि सभी सदस्यों ने अपने मत प्राथमिकता के रूप में दिए हैं। इसलिए द्वितीय वरीयता की गणना के लिए उस उम्मीदवार के मतों को जिसे पहली प्राथमिकता के सबसे कम मत प्राप्त हुए हैं, जैसाकि ऊपर (C-250) उम्मीवार को पहली वरीयता का सबसे कम मत प्राप्त हुए हैं। उसकी दूसरी वरीयता के मतों को अन्य उम्मीदवारों के बीच संक्रमित कर दिया जाएगा, जिन लोगों ने उम्मीदवार C को अपनी पहली वरीयता का मत दिया था, उन मतों को A और B के लिए संक्रमित किया जाएगा और इन संक्रमित मतों को A और B के मतों में जोड़ दिया जाएगा, जिससे किसी एक उम्मीदवार को मतों का पूर्ण कोटा प्राप्त हो जाएगा।

द्वितीय वरीयता: मतों का संक्रमण

A, 450 +100 = 550

B, 300 +150 = 450

अत: A उम्मीदवार को मतों का पूर्ण कोटा प्राप्त हो गया और वह निर्वाचित घोषित हो जाएगा। क्योंकि 501 मतों का कोटा प्राप्त करना आवश्यक था, जबकि A प्रत्याशी को 550 मत प्राप्त हो गए। वर्ष–1969 में भारत के राष्ट्रपति के निर्वाचन में द्वितीय वरीयता के मतों की गणना की गई थी, जिसमें तत्कालीन निर्दलीय उम्मीदवार बी. बी. गिरि चुनाव जीत गए थे।

राष्ट्रपति चुनाव से संबंधित विवाद

राष्ट्रपति निर्वाचन अधिनियम, 1951 के अंतर्गत् यह उल्लिखित किया गया है कि राष्ट्रपति निर्वाचन में भाग लेने वाले प्रत्याशी ही राष्ट्रपति निर्वाचन की वैधता को उच्चतम न्यायालय में चुनौती दे सकते हैं। राष्ट्रपति का निर्वाचन चुनाव आयोग द्वारा संपन्न कराया जाता है तथा इससे संबंधित सभी विवाद केवल उच्चतम न्यायालय के अधीन हैं। राष्ट्रपति का निर्वाचन संसद के निर्वाचित सदस्यों और राज्य विधान सभा के निर्वाचित सदस्यों के द्वारा होता है। यदि चुनाव के दौरान कोई विधान सभा भंग हो, तो चुनाव स्थगित नहीं होगा। उच्चतम न्यायालय द्वारा यदि किसी राष्ट्रपति के निर्वाचन को अवैध घोषित कर दिया गया है, तो राष्ट्रपति के द्वारा किए गए कार्य अवैध नहीं होंगे।

राष्ट्रपति का अप्रत्यक्ष निर्वाचन

भारत के राष्ट्रपति का निर्वाचन अखिल भारतीय रूप में होता है तथा उसका निर्वाचन देश की आम जनता के द्वारा नहीं, बल्कि सांसदों और विधायकों के द्वारा होता है। इसलिए राष्ट्रपति के निर्वाचन को अप्रत्यक्ष निर्वाचन कहा जाता है। भारतीय राष्ट्रपति संसदीय व्यवस्था में संवैधानिक प्रधान है, जबकि संसदीय शासन का वास्तविक प्रधान प्रधानमंत्री होता है और प्रधानमंत्री सीधे जनता के द्वारा सांसद के रूप में निर्वाचित होता है। इसीलिए राष्ट्रपति का निर्वाचन प्रत्यक्ष नहीं रखा गया। प्रत्यक्ष निर्वाचन से राष्ट्रपति और प्रधानमंत्री के बीच संघर्ष की संभावना बढ़ जाएगी और वह प्रधानमंत्री के अतिरिक्त शक्ति का दूसरा केंद्र बन जाता। राष्ट्रपति का निर्वाचन दलों के चुनाव चिह्न के आधार पर नहीं होता, बल्कि चुनाव के बैलेट में उम्मीदवारों के केवल नाम अंकित होते हैं। अत: राष्ट्रपति का पद दलीय विभाजन से मुक्त रखा गया है, क्योंकि राष्ट्रपति किसी दल का सदस्य नहीं, बल्कि भारतीय सरकार का संवैधानिक प्रधान होता है तथा उससे शासन प्रणाली में तटस्थता की उम्मीद की जाती है, जिसका अभिप्राय है कि वह किसी भी दल के लिए पक्षपात नहीं करेगा। वास्तविक रूप में राष्ट्रपति के निर्वाचन में भाग लेने वाले उम्मीदवार भले ही किसी दल के सदस्य रहे हों, परंतु राष्ट्रपति बनने के बाद उनसे दलीय आधार पर कार्य करने की अपेक्षा नहीं है। इसलिए राष्ट्रपति का निर्वाचन प्रत्यक्ष रूप में नहीं होता है।

प्रस्तावक एवं अनुमोदक

राष्ट्रपति निर्वाचन अधिनियम, 1951 में यह उल्लिखित है कि राष्ट्रपति पद के उम्मीदवार के निर्वाचन हेतु नामांकन करने के लिए कम से कम 50 सदस्य प्रस्तावक और 50 सदस्य अनुमोदक के रूप में होने आवश्यक हैं। राष्ट्रपति चुनाव में भाग लेने वाला उम्मीदवार 15,000 रुपए जमानत

राशि के रूप में रिजर्व बैंक ऑफ इंडिया में जमा करता है। ऐसे उम्मीदवार जिनको कुल डाले गए मतों का 1/6 भाग नहीं मिलता, तो उनकी यह जमानत राशि जब्त हो जाती है।

कार्यकाल

राष्ट्रपति पद ग्रहण करने की तिथि से 5 वर्ष तक अपने पद पर बना रहता है तथा संविधान में यह उल्लिखित है कि वह पुन: निर्वाचित होने के लिए योग्य है। राष्ट्रपति डॉ. राजेन्द्र प्रसाद दो बार राष्ट्रपति निर्वाचित हुए। अत: राष्ट्रपति का कार्यकाल सीमित नहीं है। संविधान में यह भी उल्लिखित है कि उसके उत्तराधिकारी के निर्वाचन तक वह अपने पद पर बना रहेगा।

पद की शपथ

राष्ट्रपति को उच्चतम न्यायालय का मुख्य न्यायाधीश अथवा उसकी अनुपस्थिति में उच्चतम न्यायालय का वरिष्ठतम् न्यायाधीश शपथ दिलाता है, (अनुच्छेद-60) और राष्ट्रपति के द्वारा अपनी पूरी क्षमता से संविधान के संरक्षण, रक्षा तथा बचाव की शपथ ली जाती है। राष्ट्रपति भारत की जनता के कल्याण और उनकी सेवा के लिए शपथ लेता है। यह उल्लेखनीय है कि राष्ट्रपति केवल पद की शपथ लेता है, गोपनीयता की नहीं। राष्ट्रपति संविधान की रक्षा और संरक्षण की शपथ लेता है, जिससे यह प्रतीत होता है कि राष्ट्रपति की शक्तियां केवल नाम मात्र की नहीं हैं, बल्कि वह संविधान की रक्षा के लिए संवैधानिक कदम उठा सकता है। यह उल्लेखनीय है कि भारतीय संविधान के अन्य पदाधिकारियों के शपथ का प्रावधान तीसरी अनुसूची में है। जबकि राष्ट्रपति के शपथ का प्रावधान अनुच्छेद-60 में वर्णित है।

कार्यवाहक राष्ट्रपति

उप-राष्ट्रपति, राष्ट्रपति का पद निम्नलिखित परिस्थितियों में ग्रहण कर सकता है-

(i) पांच वर्ष का कार्यकाल समाप्त होने पर।
(ii) राष्ट्रपति की मृत्यु होने पर।
(iii) महाभियोग द्वारा हटाए जाने पर।
(iv) राष्ट्रपति द्वारा स्वयं पद त्यागने पर।
(v) राष्ट्रपति के रूप में निर्वाचन को अवैध घोषित किए जाने पर।
(vi) राष्ट्रपति अपना कार्य संपादित करने में असमर्थ है।

उप-राष्ट्रपति द्वारा राष्ट्रपति पद के कार्यों के निर्वहन के समय यदि मृत्यु हो जाए या अन्य किसी कारण से उन्हें अपने पद से हटना पड़े।

राष्ट्रपति उत्तराधिकार अधिनियम, 1969

(Presidential Succession Act, 1969)

मूल संविधान में यह उल्लिखित नहीं है कि यदि राष्ट्रपति एवं उप-राष्ट्रपति दोनों का पद खाली हो जाए, तो कार्यभार कौन संभालेगा? वर्ष-1969 में तत्कालीन राष्ट्रपति डॉ. जाकिर हुसैन की मृत्यु हो गई तथा वी. वी. गिरी जो उप-राष्ट्रपति थे, कार्यवाहक राष्ट्रपति का कार्य कर रहे थे, परंतु वी. वी. गिरी त्यागपत्र देकर राष्ट्रपति के निर्वाचन में उम्मीदवार बन गए। अत: राष्ट्रपति एवं उप-राष्ट्रपति दोनों पद खाली हो गया, तब संसद के द्वारा इस अधिनियम का निर्माण किया गए, जिसके अंतर्गत यह प्रावधान है कि दोनों की अनुपस्थिति में उच्चतम न्यायालय का मुख्य न्यायाधीश राष्ट्रपति पद का कार्यभार ग्रहण करता है। मुख्य न्यायाधीश की अनुपस्थिति में उच्चतम न्यायालय का वरिष्ठतम् न्यायाधीश राष्ट्रपति पद के दायित्व का निर्वहन करता है। राष्ट्रपति का पद रिक्त होने पर अधिक से अधिक छह (6) महीने के अंदर राष्ट्रपति का चुनाव होना आवश्यक है। 3 मई, 1969 को राष्ट्रपति डॉ. जाकिर हुसैन की मृत्यु के बाद उप-राष्ट्रपति बी. बी. गिरि ने तथा 11 फरवरी, 1977 को फखरुद्दीन अली अहमद की मृत्यु के बाद उप-राष्ट्रपति बी. डी. जत्ती ने राष्ट्रपति का पदभार संभाला था।

राष्ट्रपति को प्राप्त विशेषाधिकार

भारतीय संविधान का मूल आधार विधि के समक्ष समानता है, जिसका अभिप्राय है कि किसी व्यक्ति की पद और प्रतिष्ठा कुछ भी क्यों न हो, उस पर समान विधि लागू होगी? परंतु राष्ट्रपति और राज्यपाल को विधि के समक्ष समानता से छूट दी गई है, (अनुच्छेद-361)। राष्ट्रपति अपनी शक्तियों और कार्यालय के कर्त्तव्यों का निष्पादन करते रहने के लिए किसी भी न्यायालय के प्रति उत्तरदायी नहीं होंगे तथा उनके पद पर रहने के दौरान उनके विरुद्ध किसी भी प्रकार की आपराधिक कार्यवाही आरंभ नहीं की जाएगी और न ही इसे बनाया रखा जाएगा। राष्ट्रपति को अपने कार्यकाल के दौरान किसी भी न्यायपालिका के द्वारा हिरासत में रखने अथवा जेल में रखने का आदेश नहीं

दिया जाएगा। राष्ट्रपति के द्वारा व्यक्तिगत रूप में किए गए कार्यों के विरुद्ध सिविल कार्यवाही आरंभ की जा सकती है, परंतु इसके पहले आवेदन कर्ता को अपना नाम, निवास स्थान तथा राष्ट्रपति के विरुद्ध कार्यवाही के कारण का विवरण 2 महीने पूर्व प्रस्तुत करना होगा।

राष्ट्रपति की शक्तियां एवं कार्य

संवैधानिक प्रावधान के अनुसार, राष्ट्रपति में समूची कार्यपालिकीय शक्तियां निहित होती हैं तथा संघ सरकार के सभी कार्य राष्ट्रपति के नाम से किए जाते हैं। राष्ट्रपति राष्ट्र का संवैधानिक प्रधान होता है, जो कि शक्ति का नहीं, बल्कि प्रभाव का प्रयोग करता है। भारत के राष्ट्रपति को संविधान के प्रावधानों के अनुसार **दो प्रकार की शक्तियां** प्राप्त हैं-

1. सामान्य शक्तियां। 2. आपातकालीन शक्तियां।

1. सामान्य शक्तियां

इसके अंतर्गत राष्ट्रपति निम्नलिखित शक्तियां धारण करता है-

(i) कार्यपालिकीय शक्तियां

संघ सरकार की कार्यपालिकीय शक्ति का विस्तार संसद द्वारा निर्मित विधि को क्रियान्वित करने के लिए लागू होता है। संविधान में कार्यपालिकीय शक्ति का अभिप्राय स्पष्ट नहीं किया गया है। परंतु विधायी एवं न्यायिक शक्तियों के अलावा अन्य शक्तियों को कार्यपालिकीय शक्ति के रूप में व्यक्त किया जा सकता है। संघ की समूची कार्यपालिकीय शक्तियां राष्ट्रपति में निहित होती हैं, (अनुच्छेद-53)। वह तीनों सेनाओं का कमांडर भी होता है तथा भारत सरकार के सभी कार्य राष्ट्रपति के द्वारा संपन्न किए जाते हैं। राष्ट्रपति की सबसे महत्त्वपूर्ण कार्यपालिकीय शक्ति प्रधानमंत्री की नियुक्ति है, (अनुच्छेद-75(1)) तथा प्रधानमंत्री की सलाह पर राष्ट्रपति के द्वारा अन्य मंत्रियों की नियुक्ति भी की जाती है। मंत्री व्यक्तिगत रूप में राष्ट्रपति के प्रति उत्तरदायी होता है, (अनुच्छेद-75(2))। लेकिन मंत्रिपरिषद् के सदस्य सामूहिक रूप से लोक सभा के प्रति उत्तरदायी होते हैं, (अनुच्छेद-75(3))। राष्ट्रपति के द्वारा मंत्रियों को अपने विभागों के कार्य भी आवंटित किए जाते हैं, (अनुच्छेद-77)।

वारंट एवं सील के द्वारा नियुक्ति (Warrant and Seal)-राष्ट्रपति के द्वारा जो नियुक्तियां राष्ट्रपति के हस्ताक्षर एवं राष्ट्रपति के आधिकारिक पैड के द्वारा की जाती है, जिसे वारंट और सील की नियुक्ति कहते हैं। नियंत्रक एवं महालेखा परीक्षक, उच्चतम न्यायालय एवं उच्च न्यायालय के न्यायाधीश तथा राज्यों के राज्यपाल की नियुक्ति वारंट एवं सील के द्वारा होती है। राष्ट्रपति के द्वारा की गई अन्य नियुक्तियां भारतीय सरकार के प्रशासनिक अधिकारियों अथवा सचिवों के हस्ताक्षर के द्वारा होती है। अत: इन पर राष्ट्रपति के हस्ताक्षर नहीं होते।

निर्वाचन आयुक्तों तथा दो या दो से अधिक राज्यों के लिए स्थापित लोक सेवा आयोग के अध्यक्षों तथा विभिन्न आयोगों के अध्यक्षों की नियुक्ति भी राष्ट्रपति करता है। राष्ट्रपति उच्चतम न्यायालय और उच्च न्यायालय के न्यायाधीशों, नियंत्रक एवं महालेखा परीक्षक तथा मुख्य निर्वाचन आयुक्त को अपने पद से तभी हटाएगा, जब संसद विशेष बहुमत के द्वारा प्रस्ताव पारित करे। संघ लोक सेवा आयोग के अध्यक्ष एवं सदस्यों तथा राज्य लोक सेवा आयोग के अध्यक्ष एवं सदस्यों को उच्चतम न्यायालय की अनुशंसा के आधार पर ही पद से हटाया जा सकता है। अत: जिन पदाधिकारियों को राष्ट्रपति सीधे अपने पद से नहीं हटा सकता, वे पदाधिकारी राष्ट्रपति के प्रसादपर्यंत तक कार्य नहीं करते हैं।

भारतीय सरकार का कार्य संचालन (Conduct of Business)-भारतीय सरकार के सभी कार्यपालिकीय कार्य राष्ट्रपति के नाम से व्यक्त किए जाते हैं। राष्ट्रपति के द्वारा भारतीय सरकार के कार्य को सुलभ बनाने के लिए नियमों का निर्माण तथा मंत्रियों के बीच कार्यों का आवंटन किया जाएगा, (अनुच्छेद-77)।

(ii) विधायी शक्तियां

संसदीय शासन में राष्ट्रपति कार्यपालिका का प्रधान तथा कार्यपालिका के सदस्य संसद के भाग होते हैं। इसलिए संसदीय शासन में कार्यपालिका और विधायिका के बीच समन्वय और सामंजस्य होता है। अत: राष्ट्रपति को संविधान में विधायी शक्तियां प्राप्त हैं। वर्ष के प्रथम सत्र में राष्ट्रपति दोनों सदनों की संयुक्त बैठक को संबोधित करता है तथा

नव-निर्वाचित लोक सभा के बाद होने वाले संसद के प्रथम संयुक्त अधिवेशन को संबोधित करता है। राष्ट्रपति के द्वारा संसद को संदेश भेजना, संसद की बैठक बुलाना तथा संसद के सत्र समाप्त करना एवं लोक सभा का विघटन भी किया जाता है। राष्ट्रपति लोक सभा में दो एंग्लो-इंडियन समुदाय के व्यक्ति को मनोनीत करता है, तो वहीं राज्य सभा में साहित्य, विज्ञान, कला एवं समाज सेवा से जुड़े हुए 12 सदस्यों को भी मनोनीत करता है। भारत सरकार के द्वारा निर्मित विधि पर राष्ट्रपति के हस्ताक्षर होते हैं, मंत्रियों के हस्ताक्षर नहीं। राष्ट्रपति को संसद के द्वारा पारित किसी विधि पर वीटो करने की शक्ति प्राप्त है तथा संसद के सत्र में न होने के दौरान राष्ट्रपति संघ सूची और समवर्ती सूची के विषयों पर अध्यादेश भी जारी कर सकता है।

वैधानिक उत्तरदायित्व का सिद्धांत
(Principle of Legal Responsibility)

संसद द्वारा निर्मित सभी विधियों पर राष्ट्रपति के हस्ताक्षर होते हैं, मंत्रियों के नहीं। इसीलिए किसी भी विधि अथवा कार्य हेतु मंत्री न्यायपालिका के समक्ष उत्तरदायी नहीं होते, क्योंकि उन्होंने विधेयक पर हस्ताक्षर नहीं किए हैं। जबकि राष्ट्रपति को संविधान से यह विशेषाधिकार प्राप्त है कि उसके आधिकारिक कार्यों के लिए वह न्यायपालिका के समक्ष उत्तरदायी नहीं होगा। जिन दिन राष्ट्रपति विधेयक पर हस्ताक्षर करता है, उसी दिन से विधेयक का निर्माण माना जाता है और अधिसूचना के बाद यह लागू होता है।

(iii) **राष्ट्रपति की वीटो शक्ति**

संविधान में **वीटो** शब्द का प्रयोग नहीं किया गया है, बल्कि इसका प्रयोग व्यावहारिक रूप में होता है। अनुच्छेद-111 के अनुसार, लोक सभा एवं राज्य सभा के द्वारा पारित विधेयक राष्ट्रपति के समक्ष हस्ताक्षर के लिए प्रस्तुत किया जाता है। राष्ट्रपति विधेयक पर अनुमति दे सकता है अथवा अनुमति नहीं देगा या पुनर्विचार के लिए भेज सकता है, जिसे लोकप्रिय रूप में **वीटो** कहा जाता है। **राष्ट्रपति की वीटो शक्ति निम्नलिखित हैं**-

निरपेक्ष वीटो (Absolute veto)-निरपेक्ष वीटो के द्वारा राष्ट्रपति किसी भी विधेयक को समाप्त कर सकता है। संसदीय शासन प्रणाली में इसका प्रयोग कम होता है, क्योंकि संसदीय शासन में विधि के निर्माण का दायित्व मंत्रिपरिषद् का है तथा मंत्रिपरिषद् के द्वारा राष्ट्रपति को भी सलाह एवं सहायता दी जाती है। इसलिए निरपेक्ष वीटो का प्रयोग विरोधाभासी प्रतीत होता है, जब राष्ट्रपति किसी विधेयक पर अनुमति न दें। भारत में निरपेक्ष वीटो का प्रयोग केवल एक बार ही किया गया है। निरपेक्ष वीटो का प्रयोग राष्ट्रपति डॉ. राजेन्द्र प्रसाद ने **पेप्सू** (Patiala and East Punjab States Union (PEPSU)) विधेयक पर किया था। वर्ष-1954 में पेप्सू देशी रिसायत में राष्ट्रपति शासन का प्रयोग किया गया था। राष्ट्रपति शासन के दौरान विधि का निर्माण संसद के द्वारा किया जाता है और विनियोग विधेयक भी संसद पारित करती है। पेप्सू राज्य का विनियोग विधेयक पारित करके राष्ट्रपति को अनुमति देने के लिए प्रस्तुत किया गया और इसी समय पेप्सू प्रांत से राष्ट्रपति शासन हटाने की घोषणा की गई। इसलिए राष्ट्रपति ने पेप्सू विनियोग विधेयक का निरपेक्ष वीटो का प्रयोग किया गया, जो मंत्रिपरिषद् की सलाह से लिया गया। वर्ष-1991 में आर. वेंकट रमन के द्वारा सांसदों के वेतन व भत्ते संशोधन अधिनियम पर निरपेक्ष वीटो का प्रयोग करके अस्वीकृत कर दिया गया, क्योंकि लोक सभा के वेतन के अंतिम दिन यह विधेयक पारित किया गया था, जिस पर राष्ट्रपति ने आपत्ति दर्ज की। इससे यह प्रतीत होता है कि राष्ट्रपति सदैव मंत्रिपरिषद् की सलाह एवं सहायता से कार्य करने के लिए बाध्य नहीं है।

निलंबनकारी वीटो (Suspensive veto)-राष्ट्रपति किसी विधेयक को पारित करने में विलंब करवा सकता है, क्योंकि राष्ट्रपति किसी विधेयक को संसद के पुनर्विचार के लिए भेज सकता है। वर्ष-2006 में अनेक दलों के लगभग 40 सांसदों पर यह आरोप लगाया गया कि वे लाभ के पद पर हैं। इसलिए संसद के द्वारा लाभ के पद छूट अधिनियम, 1959 में भूतलक्षीय प्रभाव से संशोधन कर दिया गया, जिससे सांसदों की सदस्यता बचाई जा सकें संसद के द्वारा पारित इस विधि को राष्ट्रपति ने पुनर्विचार के लिए भेजा। परंतु संसद ने इसे दोबारा राष्ट्रपति के हस्ताक्षर के लिए भेज दिया, जिसके बाद तत्कालीन राष्ट्रपति ए. पी. जे. अब्दुल कलाम ने इस संशोधन विधेयक पर हस्ताक्षर कर दिया। राष्ट्रपति के. आर. नारायणन द्वारा संघ सरकार के उत्तर प्रदेश और बिहार में राष्ट्रपति शासन लगाए जाने की अनुशंसा को संघ सरकार के पास

पुनर्विचार के लिए भेजा गया था, जिसके बाद सरकार के द्वारा दोबारा यह प्रस्ताव राष्ट्रपति के पास नहीं भेजा गया। अत: अनुच्छेद-356 लागू नहीं हो सका।

पॉकेट वीटो (Pocket veto)–जब राष्ट्रपति किसी विधेयक पर कोई कार्यवाही न करें। संविधान में यह उल्लिखित नहीं है कि राष्ट्रपति किसी विधेयक पर कितने समय में अनुमति प्रदान करेगा। इसलिए किसी भी विधेयक पर अनुमति प्रदान करने में राष्ट्रपति विलंब कर सकता है। संविधान द्वारा राष्ट्रपति को किसी विधेयक पर अनुमति देने या इनकार करने या उसे वापस लौटाने के संबंध में कोई समय सीमा निर्धारित नहीं है। समय सीमा के अभाव में भारत का राष्ट्रपति जेबी वीटो का इस्तेमाल कर सकता है। उदाहरण के लिए, वर्ष-1986 में संसद ने **भारतीय डाकघर विधेयक** पारित किया था, जिसके कुछ प्रावधान प्रेस की स्वतंत्रता के विरुद्ध होने के कारण उसकी कटु आलोचना हुई। विधेयक के अनुसार, किसी व्यक्ति के टेलीफोन टेप किए जा सकते थे एवं किसी के पत्र को भी खोलकर पढ़ा जा सकता था, जिसके कारण इस विधेयक पर राष्ट्रपति ज्ञानी जैल सिंह ने न तो अनुमति दी और न ही अनुमति देने से इनकार ही किया, बल्कि अपनी मेज पर पड़ा रहने दिया, जिसे लोकप्रिय रूप में जेबी वीटो भी कहा जाता है। राष्ट्रपति ज्ञानी जैल सिंह एवं प्रधानमंत्री राजीव गांधी के बीच गंभीर विवाद उत्पन्न हो गए थे। क्योंकि राष्ट्रपति सिख विरोधी दंगे (1984) की जांच के लिए गठित रंगनाथ मिश्रा आयोग के रिपोर्ट की जानकारी चाहते थे। जबकि प्रधानमंत्री ने यह रिपोर्ट देने से इनकार कर दिया। ज्ञानी जैल सिंह के बाद आर. वेंकट रमन राष्ट्रपति बने और वर्ष-1989 में वेंकट रमन के द्वारा इस विधेयक को पुनर्विचार के लिए वी. पी. सिंह सरकार को भेजा, परंतु वी. पी. सिंह सरकार के द्वारा इस विधेयक को स्वयं अस्वीकार कर दिया गया।

अध्यादेश जारी करने की शक्ति

अध्यादेश, विधि का पर्याय है। अध्यादेश, राष्ट्रपति अथवा राज्यपाल (अनुच्छेद-123 एवं 213) के द्वारा ही जारी किया जाता है। राष्ट्रपति संघ सूची और समवर्ती सूची से संबंधित विषयों पर अध्यादेश जारी करते हैं। यदि किसी राज्य में राष्ट्रपति शासन हो अथवा राष्ट्रीय आपातकाल लगा हो, तो राष्ट्रपति राज्य सूची पर भी अध्यादेश जारी कर सकते हैं। भारतीय संविधान में अध्यादेश का प्रावधान **भारत शासन अधिनियम, 1935** से लिया गया है। ऐसी शक्ति संसार में किसी भी राष्ट्राध्यक्ष को प्राप्त नहीं है। अनुच्छेद-123 के अनुसार, **अध्यादेश जारी करने की निम्नलिखित परिस्थितियां होती हैं**-

(i) यदि राष्ट्रपति को ऐसा प्रतीत हो कि विधि के निर्माण की तत्काल आवश्यकता है।

(ii) संसद के दोनों सदन अथवा एक सदन सत्र में न हों। क्योंकि विधि-निर्माण के लिए दोनों सदनों का सत्र में होना आवश्यक है।

संविधान में यह उल्लिखित है कि अध्यादेश जारी करने के बाद संसद की अगली बैठक से 6 सप्ताह की अवधि के अंदर यदि संसद इसे अनुमोदित न करे, तो अध्यादेश स्वत: समाप्त हो जाएगा यदि संसद के दोनों सदन अलग-अलग तिथियों पर आहूत किए जाते हैं, तो 6 सप्ताह की अवधि दूसरे सदन के बैठक की तिथि से गणना की जाएगी अथवा राष्ट्रपति इसे कभी भी वापस ले सकता है। संविधान में अध्यादेश की अवधि 6 सप्ताह से अधिक नहीं होगा। परंतु व्यावहारिक रूप में इसकी अधिकतम अवधि 6 महीने एवं 6 सप्ताह हो सकती है, क्योंकि सदन के दो सत्रों के बीच 6 महीने का अंतराल संभव है।

(i) **दुरुपयोग**–जिन विधेयकों पर लोक सभा में गतिरोध उत्पन्न हो गया हो, उन पर लोक सभा सत्र की समाप्ति के बाद अध्यादेश जारी कर दिया गया। जैसाकि यूपीए-2 की सरकार द्वारा खाद्य सुरक्षा विधेयक के संदर्भ में हुआ। वर्तमान सरकार (बीजेपी की सरकार) के द्वारा नृपेन्द्र मिश्रा को मुख्य सचिव के रूप में नियुक्ति के लिए अध्यादेश जारी कर दिया गया तथा अनेक बार ऐसे उदाहरण देखे गए हैं कि सदन की शुरुआत के दो दिन पहले अध्यादेश जारी कर दिया गया। सर्वाधिक आपत्तिजनक विषय यह है कि अध्यादेशों को लगातार पुनर्जीवित रखा गया और बार-बार जारी किया गया। जैसे-भूमि अधिग्रहण अध्यादेश, 2014, कुछ राज्य सरकारों के द्वारा अध्यादेशों को 10 साल से ज्यादा समय तक बार-बार जारी किया गया, जिसे आलोचक अध्यादेश राज की संज्ञा देते हैं, जो संसद की लोकतांत्रिक भावना के प्रतिकूल है।

(ii) **अध्यादेश एवं विधि के बीच संबंध**–जब तकनीकी

रूप में अध्यादेश एवं विधि एक-दूसरे के पर्याय हैं, तो अध्यादेश जारी करने पर इतनी आपत्ति क्यों? जब अध्यादेश जारी करने का प्रावधान संवैधानिक है, तो इस पर प्रश्न क्यों उठाया जाता है? आलोचकों के अनुसार, अध्यादेश विधि-निर्माण का विकल्प नहीं हो सकता, क्योंकि विधि-निर्माण के दौरान सदन में व्यापक चर्चा कर विधेयक के गुणों एवं दोषों को उजागर किया जाता है तथा सभी को अपना मत व्यक्त करने का अधिकार होता है, जो अवसर अध्यादेश में नहीं मिल पाता। अध्यादेश के समर्थकों का मानना है कि वर्तमान में विधि-निर्माण पर संसद में कोई चर्चा भी नहीं हो रही है और संसद के कार्यों को लगातार बाधित किया जा रहा है। जब सदन की बैठक और चर्चा भी नहीं हो रही है, वर्तमान सरकार के समक्ष एक नई चुनौती उत्पन्न हो गई, क्योंकि लोक सभा में उसे बहुमत प्राप्त है, जबकि राज्य सभा में अल्पमत में है। ऐसी परिस्थिति में राज्य सभा द्वारा जानबूझकर विधेयकों को रोकना संसदीय भावना के अनुकूल नहीं है।

(iii) **न्यायपालिका का दृष्टिकोण**–वर्ष-1969 में इंदिरा गांधी सरकार के द्वारा अध्यादेश जारी करके 14 बैंकों का राष्ट्रीयकरण किया गया, जिसे उच्चतम न्यायालय में आर. सी. कूपरवाद द्वारा (1970) चुनौती दी गई, जिसे लोकप्रिय रूप में *बैंकों के राष्ट्रीयकरण का वाद* भी कहा जाता है। उच्चतम न्यायालय ने इस अध्यादेश को असंवैधानिक घोषित कर दिया, क्योंकि न्यायपालिका के अनुसार, सरकार के समक्ष कोई आवश्यक परिस्थिति विद्यमान नहीं थी। न्यायपालिका के इस निर्णय को परिवर्तित करने के लिए वर्ष-1975 में इंदिरा गांधी द्वारा 38वां संविधान संशोधन पारित किया गया, जिसके द्वारा अनुच्छेद-123 का खंड (4) जोड़ा गया और अध्यादेशों को न्यायपालिका में चुनौती देने से प्रतिबंधित कर दिया गया। परंतु जनता पार्टी सरकार ने 44वें संविधान संशोधन (1978) के द्वारा इस प्रावधान को समाप्त कर दिया। अतः अध्यादेशों के न्यायिक पुनरावलोकन के विचार को मान्यता दी। वर्ष-1987 *डी. सी. वाधवा वाद* में उच्चतम न्यायालय ने कहा कि अध्यादेशों का बार-बार जारी होना असंवैधानिक है।

अध्यादेशों का न्यायिक पुनरावलोकन भी होता है, परंतु न्यायपालिका यह नहीं देखती कि अध्यादेश जारी करने की आकस्मिक परिस्थिति विद्यमान थी अथवा नहीं। न्यायपालिका केवल इस बात का परीक्षण करती है कि अध्यादेश जारी करने में सरकार ने अपनी शक्ति का उल्लंघन तो नहीं किया है। संघ सरकार के द्वारा संघ सूची और समवर्ती सूची के विषयों पर ही अध्यादेश जारी हो सकता है। जबकि राज्य सरकार के द्वारा राज्य सूची के विषय पर अध्यादेश जारी होता है और अध्यादेश के द्वारा संविधान संशोधन नहीं हो सकता। क्योंकि अध्यादेश से वही कार्य संभव है, जो सामान्य विधि के द्वारा किए जा सकते हैं। उच्चतम न्यायालय द्वारा वर्ष-1987 में *बाधवा वाद* में स्पष्ट तौर पर कहा गया है कि अध्यादेशों को पुनः जारी करना असंवैधानिक है। अध्यादेश एक संवैधानिक व्यवस्था है, जिसे आकस्मिक परिस्थितियों में जारी किया जाता है। वर्तमान में अध्यादेशों का दुरुपयोग किया जा रहा है, जिसके लिए सत्ता पक्ष और विपक्ष समान रूप से उत्तरदायी हैं। अध्यादेशों का बार-बार जारी होना संसदीय शासन की भावना के प्रतिकूल है।

(iv) **अध्यादेश एवं शक्ति पृथक्करण**–शक्ति पृथक्करण, भारतीय संविधान का आधारभूत ढांचा है। जिसके अनुसार विधायिका के द्वारा विधि का निर्माण किया जाता है तथा कार्यपालिका विधि का क्रियान्वयन करती है। अध्यादेश, मूलतः विधि है। इसलिए सरकार के द्वारा बार-बार अध्यादेश जारी करना अथवा अध्यादेश को लगातार बनाए रखना विधायिका की शक्ति को सीमित करना है। संविधान में अध्यादेश का प्रावधान आवश्यक परिस्थितियों के लिए किया गया है। परंतु कार्यपालिका के द्वारा इसका सामान्य प्रयोग संविधान में निहित शक्ति पृथक्करण की भावना के प्रतिकूल है।

(v) **अध्यादेश एवं संसदीय शासन**–अध्यादेशों का बार-बार जारी होना संसदीय शासन का अवमूल्यन है, क्योंकि विधि-निर्माण में संसद के द्वारा विधि के गुण एवं दोष पर विस्तृत चर्चा होती है। जबकि अध्यादेश राष्ट्रपति के द्वारा जारी होता है। इसलिए संसद को उसकी खामियां बताने का अवसर नहीं मिल पाता। सत्ताधारी दल के द्वारा राज्य सभा से बचने के लिए भी अध्यादेश का प्रयोग किया जाता है, क्योंकि यह संभव है कि सत्ताधारी दल का बहुमत राज्य सभा में न हो। अध्यादेश आवश्यक परिस्थितियों में विधि-निर्माण की आवश्यकता पूर्ण करने

के लिए है न कि संसद की शक्ति की अवहेलना के लिए इसका प्रयोग होना चाहिए।

(iii) वित्तीय शक्तियां

भारतीय संविधान में वित्तीय शक्तियों के संदर्भ में नीति-निर्माण के अधिकार कार्यपालिका को सौंपे गए हैं और कार्यपालिकीय शक्ति का संवैधानिक प्रधान राष्ट्रपति है। लोक सभा में धन विधेयक प्रस्तुत करने से पहले राष्ट्रपति की पूर्व अनुमति आवश्यक है। धन विधेयक पारित होने के बाद उस पर राष्ट्रपति के हस्ताक्षर होते हैं। प्रत्येक वित्तीय वर्ष के आरंभ में राष्ट्रपति के द्वारा वार्षिक वित्तीय विवरण लोक सभा में वित्त मंत्री के माध्यम से प्रस्तुत किया जाता है, जिसे लोकप्रिय भाषा में **बजट** कहा जाता है। सरकार के वित्तीय खर्च पर निगरानी रखने का कार्य भारत के नियंत्रक एवं महालेखा परीक्षक (CAG) का है। इसके द्वारा अपनी रिपोर्ट राष्ट्रपति को प्रस्तुत की जाती है। राष्ट्रपति इसे संसद के समक्ष रखवाता है, जिस पर संसद के द्वारा विचार-विमर्श होता है। भारतीय सरकार के प्रमुख वित्तीय कोष भारत की संचित निधि, लोक लेखा निधि तथा आकस्मिक निधि हैं तथा भारत के लोक लेखा निधि एवं आकस्मिक निधि से पैसे निकालने की शक्ति राष्ट्रपति में निहित है।

(iv) न्यायिक शक्तियां

अनुच्छेद-72 के अनुसार, राष्ट्रपति निम्नलिखित (संघ सूची या संघ शासन से संबंधित सभी विषयों, कोर्ट मार्शल अपराधी को तथा मृत्युदंड से पूर्ण क्षमादान की शक्ति केवल राष्ट्रपति को है।) को क्षमादान देने की शक्ति रखता है।

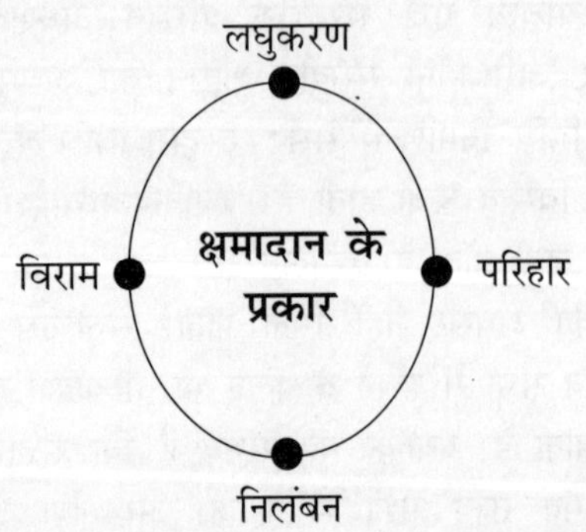

(i) **क्षमादान** (Pardon) –इसके द्वारा अभियुक्त पर सभी प्रकार के अपराध के आरोप एवं दंड समाप्त कर दिए जाते हैं। इसके द्वारा राष्ट्रपति किसी मृत्युदंड प्राप्त व्यक्ति को भी मुक्त कर सकता है।

(ii) **लघुकरण** (Commutation)–एक प्रकार के दंड के स्थान पर दूसरा दंड दे दिया जाता है, जिसमें दंड की प्रकृति परिवर्तित हो जाती है। जैसे कि मृत्युदंड प्राप्त व्यक्ति की सजा को आजीवन कारावास में परिवर्तित कर देना।

(iii) **परिहार** (Remission)–केवल दंड की अवधि को कम कर दिया जाता है, लेकिन दंड की प्रकृति में कोई परिवर्तन नहीं होता। जैसे-1 वर्ष की सजा को 6 महीने की सजा में परिवर्तित कर देना।

(iv) **विराम** (Respite)–जब किसी विशेष परिस्थिति को देखते हुए अथवा किसी तथ्य को ध्यान में रखते हुए दोषी व्यक्ति को निर्धारित सजा के बजाए, कम सजा प्रदान करना। जेल में बंद किसी व्यक्ति को चिकित्सकीय सहायता के लिए चिकित्सालय में भर्ती कराया जा सकता है और उसकी चिकित्सा में लगे हुए समय को सजा से घटाया जा सकता है और किसी गर्भवती महिला को विराम का लाभ दिया जा सकता है, जिससे महिला के साथ उसके बच्चे को दंड प्राप्त न हो।

(v) **निलंबन** (Reprieve)–क्षमादान के लिए जब राष्ट्रपति के समक्ष अनुरोध किया जाता है, तो उस अवधि में सजा का क्रियान्वयन स्थगित कर दिया जाता है, जिसे निलंबन कहा जाता है। राष्ट्रपति के निर्णय के बाद ही दंड को क्रियान्वित किया जाता है। यह मृत्युदंड के मामलों में लागू होता है।

क्षमादान तथा न्यायपालिका

मारूराम वाद में न्यायपालिका ने पहले ही निर्धारित कर दिया है कि यदि निर्णय अतर्कसंगत तथा मनमाने रूप में किया गया हो, तो अनुच्छेद-72 के अंतर्गत् प्रयुक्त शक्तियों का न्यायिक पुनरावलोकन किया जा सकता है। **केहर सिंह वाद में** उच्चतम न्यायालय ने क्षमादान शक्ति के प्रयोग के विभिन्न आधारों का निर्माण किया। क्षमादान की शक्ति राष्ट्रपति की संवैधानिक शक्ति है, व्यक्तिगत शक्ति नहीं। क्षमादान की शक्ति राष्ट्रपति के विवेकाधीन है। इस शक्ति का प्रयोग मंत्रिपरिषद् की सलाह पर किया

जाएगा। राष्ट्रपति न्यायालय से अलग मत रख सकता है, राष्ट्रपति के समक्ष क्षमादान के लिए मौखिक सुनवाई नहीं होती। न्यायपालिका ने यह भी स्पष्ट किया है कि किसी भी व्यक्ति को मनमानी तरीके से क्षमा नहीं किया जाएगा और किसी भी व्यक्ति को राजनीतिक या संकीर्ण, धार्मिक या जातीय आधारों पर क्षमा नहीं किया जा सकता। क्षमादान राष्ट्रपति की विवेकाधीन शक्ति है, जो उसकी संवैधानिक शक्ति है, व्यक्तिगत शक्ति नहीं। यदि किसी व्यक्ति की दया याचिका 6 वर्षों से ज्यादा अवधि से लंबित है, तो उसके मृत्युदंड को आजीवन कारावास में बदल दिया जाएगा। अतः किसी व्यक्ति को क्षमा करने के आधार में उसके परिवार पर पड़ने वाले प्रभाव या समाज पर पड़ने वाले व्यापक प्रभाव को ध्यान में रखा जा सकता है।

उच्चतम न्यायालय एवं मृत्युदंड

18 फरवरी, 2014 को उच्चतम न्यायालय के द्वारा दिए गए एक ऐतिहासिक निर्णय में मृत्युदंड की सजा प्राप्त राजीव गांधी की हत्या के आरोप में **मुरूगन (Murugan)**, **संथान (Santhan) एवं पेरारिवलन (Perarivalan)** की सजा को आजीवन कारावास में परिवर्तित कर दिया गया। उच्चतम न्यायालय का तर्क है कि इन्हें मृत्युदंड देने में अनावश्यक और अनापेक्षित विलंब किया गया तथा उच्चतम न्यायालय ने इनकी दया याचिका में हुए विलंब के कारण इनकी सजा को आजीवन कारावास में परिवर्तित कर दिया। न्यायपालिका के अनुसार, किसी व्यक्ति को दोहरी सजा नहीं दी जा सकती और जीवन के अधिकार के उल्लंघन के लिए प्रक्रिया भी तार्किक और निष्पक्ष होनी चाहिए, जिसका अमानवीय प्रभाव नहीं होना चाहिए। न्यायपालिका के अनुसार, मृत्युदंड क्रियान्वयन में विलंब प्रताड़ना की भांति है, जो अनुच्छेद-21 में वर्णित जीवन के अधिकार के विरुद्ध है। जनवरी, 2014 में उच्चतम न्यायालय ने मृत्युदंड प्राप्त 15 अभियुक्तों की सजा को आजीवन कारावास में परिवर्तित कर दिया था तथा न्यायपालिका ने कहा कि अभियुक्तों की सजा का परिवर्तन अलग-अलग मामलों में अलग-अलग निर्धारित किया जाएगा। इसलिए सभी मृत्युदंड प्राप्त व्यक्तियों की सजा को स्वाभाविक रूप में आजीवन कारावास में परिवर्तित नहीं किया जाएगा। राजीव गांधी के हत्यारों की दया याचिका को वर्ष-2000 में तमिलनाडु के राज्यपाल के द्वारा अस्वीकार कर दिया गया। इसके बाद वर्ष-2000 में इनकी क्षमा याचिका राष्ट्रपति के समक्ष प्रस्तुत की गई, जिसे राष्ट्रपति ने वर्ष-2011 में अस्वीकृत कर दिया।

मृत्युदंड के वैकल्पिक तरीके

उच्चतम न्यायालय के द्वारा सरकार को विभिन्न निर्देश दिए गए हैं। जिसके अनुसार मृत्युदंड के लिए फांसी के फंदे पर लटकाने के बजाए, नवीन तरीकों का प्रयोग करना चाहिए। विभिन्न देशों में मृत्युदंड के लिए इंजेक्शन दिए जाते हैं अथवा गोली मारने का भी प्रावधान है। फांसी पर लटकाने का तरीका अत्यधिक निर्मम है। इसलिए मृत्युदंड भी गरिमामय होना चाहिए। परंतु सरकार के द्वारा अभी भी फांसी के फंदे का ही प्रयोग किया जा रहा है।

क्षमादान एवं न्यायिक सक्रियता

गठबंधन सरकारों के दौर में मृत्युदंड की याचिकाओं के विस्तारण में राष्ट्रपति एवं गृह मंत्रालय के द्वारा अत्यधिक विलंब किया गया। क्योंकि अनुच्छेद-72 में राष्ट्रपति के द्वारा क्षमादान शक्ति के प्रयोग में किसी समय सीमा का उल्लेख नहीं है। संविधान के अनुसार, न्यायपालिका को दंड देने का अधिकार है, लेकिन क्षमादान शक्ति के दुरूपयोग के कारण उच्चतम न्यायालय के द्वारा मृत्युदंड प्राप्त व्यक्तियों की क्षमा को आजीवन कारावास में भी परिवर्तित किया गया है। अतः न्यायपालिका ने दंड देने के साथ क्षमादान का भी प्रयोग किया, जो अत्यधिक अटपटा प्रतीत होता है।

(v) सैनिक शक्तियां

भारतीय राष्ट्रपति केवल कार्यपालिकीय शक्तियों का ही प्रधान नहीं है, बल्कि उसे युद्ध एवं संधि की घोषणा करने का अधिकार भी है। भारत के द्वारा संपन्न सभी अंतर्राष्ट्रीय संधियां राष्ट्रपति के नाम से संपादित होती हैं। राष्ट्रपति भारत की थल सेना, जल सेना तथा वायु सेना का कमांडर भी होता है। भारत में स्थापित केंद्रीय सैनिक बल भी राष्ट्रपति के अधीन कार्य करते हैं।

(vi) कूटनीतिक शक्तियां

राष्ट्रपति, भारत का प्रथम नागरिक है। वह भारत में नियुक्त सभी विदेशी राजदूतों से परिचय प्राप्त करता है तथा भारत के सभी राजदूतों की नियुक्ति करता है और कॉमनवेल्थ देशों में उच्चायुक्तों की भी नियुक्ति करता है तथा मित्र

देशों के साथ भारत के संबंधों को सुदृढ़ करने के लिए वह अनेक देशों की यात्राएं भी करता है।

2. आपातकालीन शक्तियां

संविधान के **भाग-18** (अनुच्छेद-352 से 360 तक) में आपातकाल की स्थिति उत्पन्न होने पर राष्ट्रपति को संकटकाल से निपटने के लिए विस्तृत अधिकार प्रदान किए गए हैं। राष्ट्रीय आपातकाल की स्थिति से निपटने हेतु **राष्ट्रपति को निम्नलिखित आपातकालीन शक्तियां प्रदान की गई हैं-**

(i) राष्ट्रीय आपातकाल

राष्ट्रपति को यह प्रतीत हो जाए कि युद्ध, बाह्य आक्रमण या सशस्त्र विद्रोह के कारण भारत या उसके किसी भाग की शांति या व्यवस्था के ऊपर खतरा है अथवा वास्तविक रूप में युद्ध छिड़ गया हो, तब राष्ट्रीय आपातकाल की घोषणा हो सकती है, (अनुच्छेद-352) तथा 44वें संविधान संशोधन अधिनियम, 1978 के द्वारा आंतरिक अशांति के बजाए, **सशस्त्र विद्रोह** शब्द को जोड़ दिया गया और यह भी लिखा गया कि राष्ट्रीय आपातकाल की घोषणा मंत्रिमंडल की लिखित सलाह पर ही संभव है। वर्ष-1962 और वर्ष-1971 में राष्ट्रीय आपातकाल की घोषणा बाह्य आक्रमण के आधार पर हुई थी, जबकि वर्ष-1975 के आपातकाल की घोषणा आंतरिक अशांति के आधार पर की गई थी।

(ii) संवैधानिक तंत्र की विफलता

यदि राष्ट्रपति को राज्यपाल की रिपोर्ट या किसी अन्य प्रकार से यह संतुष्टि हो जाए कि ऐसी परिस्थितियां उत्पन्न हो गई हैं कि राज्य का शासन संवैधानिक तंत्र के अनुसार संचालित नहीं हो रहा हो, तब राष्ट्रपति राज्य की समूची शक्तियों को अपने हाथ में ले सकता है। यह उल्लेखनीय है कि राज्य की विधान सभा पहले निलंबित की जाती है तथा संसद में दोनों सदनों के प्रस्ताव पारित होने के बाद राज्य विधान सभा को भंग किया जा सकता है। उच्चतम न्यायालय ने *बोम्मई वाद* (1994) में यह स्पष्ट रूप में कहा कि संवैधानिक तंत्र की विफलता का वस्तुनिष्ठ आधार होना चाहिए। यह केवल राष्ट्रपति अथवा राज्यपाल के निर्णय का विषय नहीं है, क्योंकि यदि इसका असंवैधानिक प्रयोग किया गया, तो न्यायपालिका भंग विधान सभा को भी पुनर्जीवित कर सकती है। भारत में 100 से ज्यादा बार अनुच्छेद-356 का प्रयोग हुआ है, जिसमें कई अवसरों पर इसका दुरुपयोग भी किया गया है।

(iii) वित्तीय आपातकाल (अनुच्छेद-360)

यदि राष्ट्रपति को यह विश्वास हो जाए कि भारत या उसके किसी भाग में आर्थिक साख अथवा वित्तीय स्थायित्व को खतरा है, तो वह वित्तीय आपातकाल की घोषणा कर सकता है। वित्तीय आपातकाल के प्रभाव निम्नलिखित हैं-जैसे-संघ तथा राज्य के किसी वर्ग के अधिकारियों के वेतन में कटौती की जा सकती है, जिसमें उच्चतम न्यायालय तथा उच्च न्यायालय के न्यायाधीशों के वेतन व भत्तों में कटौती भी शामिल हैं। वित्तीय आपातकाल के दौरान संघ एवं राज्यों के बीच करों का विभाजन भी स्थगित हो जाता है, लेकिन अभी तक वित्तीय आपातकाल की घोषणा भारत में नहीं हुई है।

आपातकालीन शक्तियों की आलोचना

आलोचकों के अनुसार, आपातकाल का प्रावधान भारतीय संघीय व्यवस्था के विरुद्ध है, क्योंकि इससे संघीय शासन, एकात्मक शासन के रूप में कार्य करने लगता है। आपातकाल के आधार पर ही आलोचकों ने कहा कि भारतीय संविधान मूलत: एकात्मक है, जिसमें संघात्मक शासन के कुछ गौण लक्षण विद्यमान हैं। यह राज्यों की स्वायत्तता के विरुद्ध है, क्योंकि नागरिकों को संविधान में प्राप्त शक्तियां निरर्थक बन जाती हैं। राष्ट्रीय आपातकाल के दौरान व्यक्ति के मूल अधिकारों को भी स्थगित कर दिया जाता है, जो एक लोकतांत्रिक देश के लिए अनुचित है। कुछ आधारों पर आपातकाल का बचाव भी किया जा सकता है। आपातकाल का प्रावधान सामान्य प्रावधान नहीं है, बल्कि यह एक आपवादिक स्थिति है, जिसका यदा-कदा ही प्रयोग किया जाता है। यह उल्लेखनीय है कि द्वितीय विश्व युद्ध के दौरान यूरोप के कई लोकतांत्रिक देशों में भी आपातकाल का प्रयोग किया गया था। भारत में वित्तीय आपातकाल का प्रयोग आज तक नहीं किया गया। इसलिए संविधान सभा में डॉ. अंबेडकर ने कहा था कि आपातकाल का प्रावधान एक कड़वी दवाई की भांति है, जिसका प्रयोग केवल अंतिम स्थिति में किया जाएगा, जब अन्य विकल्प मौजूद न हों। आपातकाल की घोषणा के बाद इसके समय को बढ़ाने के लिए संसद के समर्थन की आवश्यकता होती है। इसलिए कार्यपालिका के द्वारा आपातकालीन शक्तियों

का दुरुपयोग नहीं हो सकता और वर्ष-1975 में राष्ट्रीय आपातकाल की शक्तियों के दुरुपयोग के बाद इसके समर्थन के लिए विशेष बहुमत की आवश्यकता होती है तथा उच्चतम न्यायालय के बोम्मई वाद के निर्णय के बाद राष्ट्रपति शासन के दुरुपयोग पर भी प्रभावी प्रतिबंध लग गया है। वर्तमान में क्षेत्रीय दल अत्यधिक शक्तिशाली होते जा रहे हैं, जिससे इसके दुरुपयोग की संभावनाएं न्यूनतम होती जा रही हैं।

राष्ट्रपति की सक्रियता

भारतीय संविधान में राष्ट्रपति को संवैधानिक प्रधान के रूप में स्वीकार किया गया है, परंतु व्यावहारिक रूप में राष्ट्रपति शासन के नैतिक प्रधान के रूप में भी कार्य करता है। स्वतंत्रता प्राप्ति के बाद राष्ट्रपति का पद धारण करने वाले डॉ. राजेन्द्र प्रसाद, डॉ. राधाकृष्णन, डॉ. जाकिर हुसैन का व्यक्तित्त्व अत्यधिक प्रभावशाली था। इसलिए उपरोक्त राष्ट्रपतियों ने शासन पर अपने राजनैतिक और नैतिक प्रभाव का प्रयोग किया।

प्रधानमंत्री के राष्ट्रपति

इंदिरा गांधी के प्रधानमंत्री बनने के पश्चात् उन्होंने ऐसे व्यक्तियों को राष्ट्रपति के रूप में नियुक्त किया, जो उनके प्रति निष्ठावान थे और इंदिरा गांधी के व्यक्तिगत समर्थन के कारण राष्ट्रपति बने, जिनमें फखरूद्दीन अली अहमद, वी. वी. गिरि तथा ज्ञानी जैल सिंह प्रमुख थे। इस दौर में राष्ट्रपतियों के प्रभाव में कमी आई। राष्ट्रपति रामनाथ कोविंद का भी प्रधानमंत्री नरेन्द्र मोदी के द्वारा चयन किया गया है।

गठबंधन सरकार के दौर में राष्ट्रपति

वर्ष-1990 के बाद संघ में गठबंधन सरकारों का दौर शुरू हुआ। इसलिए राष्ट्रपति के निर्वाचन में किसी एक दल का निर्णायक प्रभाव नहीं रहा। इसलिए राष्ट्रपति का चुनाव अब प्रधानमंत्री की इच्छा पर निर्भर नहीं था, बल्कि राष्ट्रपति चुनाव विभिन्न आम दलों की सहमति के आधार पर किया गया। जैसे-डॉ. ए. पी. जे. अब्दुल कलाम, प्रतिभा देवी सिंह पाटिल और प्रणव मुखर्जी के नाम उल्लेखनीय हैं। गठबंधन सरकारों के इस दौर में राष्ट्रपति के पद के प्रभावों में वृद्धि हुई है और राष्ट्रपति ने अपनी विवेकाधीन शक्तियों का प्रभावी प्रयोग किया, जो उन्हें व्यावहारिक रूप में उपलब्ध हैं। राष्ट्रपति के. आर. नारायणन के कार्यकाल को राष्ट्रपति की सक्रियता का काल कहा गया, तो वहीं डॉ. कलाम ने राष्ट्रपति भवन को आम लोगों के लिए सुलभ बना दिया।

राष्ट्रपति संवैधानिक प्रधान

संविधान में संसदीय शासन प्रणाली का प्रावधान किया गया है, जिसके अनुसार राष्ट्रपति, शासन का संवैधानिक प्रधान है, जबकि प्रधानमंत्री शासन का वास्तविक प्रधान है। संविधान में राष्ट्रपति के लिए वर्णित सभी शक्तियों का वास्तविक प्रयोग प्रधानमंत्री के द्वारा किया जाता है। इसलिए संविधान में यह उल्लिखित है कि संघ शासन की समूची कार्यपालिकीय शक्तियां राष्ट्रपति में निहित होंगी, (अनुच्छेद-53)। राष्ट्रपति को सलाह एवं सहायता देने के लिए मंत्रिपरिषद् का निर्माण किया जाएगा, जिसका प्रधान प्रधानमंत्री होगा। राष्ट्रपति मंत्रिपरिषद् की सलाह एवं सहायता के अनुसार कार्य करेगा, (अनुच्छेद-74(1))। संविधान में किसी भी ऐसी स्थिति की कल्पना नहीं है, जब राष्ट्रपति मंत्रिपरिषद् की अनुपस्थिति में कार्य करें। शासन की वास्तविक शक्तियां मंत्रालयों में निहित होती हैं, जिसका प्रधान, प्रधानमंत्री होता है। राष्ट्रपति किसी भी मंत्रालय का प्रधान नहीं होता। इसलिए राष्ट्रपति वास्तविक रूप में संवैधानिक प्रधान है, परंतु उसे रबर स्टैम्प कहना उचित नहीं है। राष्ट्रपति एकमात्र संवैधानिक पदाधिकारी हैं, जिसका निर्वाचन अखिल भारतीय रूप में होता है। राष्ट्रपति संविधान की रक्षा एवं उसके संरक्षण की शपथ लेता है और 44वें संविधान संशोधन, 1978 के द्वारा राष्ट्रपति को किसी भी विधेयक को संसद के पुनर्विचार के लिए भेजने की शक्ति प्राप्त है। वर्ष-1986 में पहली बार राष्ट्रपति ज्ञानी जैल सिंह के द्वारा डाकघर संशोधन विधेयक पर पॉकेट वीटो का प्रयोग किया गया था तथा राष्ट्रपति के. आर. नारायणन के द्वारा न्यायाधीशों की नियुक्ति की अनुशंसा को रोक दिया गया था तथा राष्ट्रपति के द्वारा अनुसूचित जाति एवं जनजाति के एक सदस्य को भी उच्चतम न्यायालय के न्यायाधीश के रूप में नियुक्ति का आग्रह किया गया था, जिसे सरकार के द्वारा मान लिया गया।

राष्ट्रपति की शक्ति को सीमित करना

इंदिरा गांधी ने 24वें संविधान संशोधन के द्वारा यह प्रावधान किया कि राष्ट्रपति संविधान संशोधन विधेयक पर वीटो का प्रयोग नहीं करेगा तथा 42वें संविधान संशोधन के द्वारा यह

स्पष्ट उल्लिखित किया गया कि राष्ट्रपति मंत्रिपरिषद् की सलाह एवं सहायता के आधार पर कार्य करेगा। संविधान राष्ट्रपति को कोई स्वविवेक की शक्ति प्रदान नहीं करता है, परंतु व्यवहार में राष्ट्रपति निम्नलिखित परिस्थितियों में अपने स्वविवेक का प्रयोग करता है, जिसका अभिप्राय है कि वह मंत्रिपरिषद् की सलाह और सहायता के बिना कार्य करेगा।

राष्ट्रपति की विवेकाधीन शक्तियां

(i) प्रधानमंत्री की नियुक्ति एवं बर्खास्तगी

संविधान के अनुच्छेद-75(1) में यह उल्लिखित है कि राष्ट्रपति, प्रधानमंत्री की नियुक्ति करेगा, परंतु संसदीय परंपरा के अनुसार, राष्ट्रपति उसी व्यक्ति को प्रधानमंत्री के रूप में नियुक्त करता है, जिसे लोक सभा का समर्थन प्राप्त हो। वर्ष-1964 में प्रधानमंत्री नेहरू की मृत्यु के बाद तथा वर्ष-1965 में प्रधानमंत्री लाल बहादुर शास्त्री की मृत्यु के बाद तत्कालीन राष्ट्रपति राधाकृष्णनन के द्वारा कैबिनेट के सबसे वरिष्ठ सदस्य गुलजारी लाल नंदा को अंतरिम प्रधानमंत्री के रूप में राष्ट्रपति के द्वारा नियुक्त किया गया। उसके बाद लोक सभा के द्वारा लाल बहादुर शास्त्री एवं इंदिरा गांधी को प्रधानमंत्री के रूप में चयनित किया गया। 31 अक्टूबर, 1984 में तत्कालीन प्रधानमंत्री इंदिरा गांधी की हत्या के बाद कैबिनेट के सबसे वरिष्ठ नेता प्रणव मुखर्जी को प्रधानमंत्री न बनाकर राष्ट्रपति ने राजीव गांधी को प्रधानमंत्री के रूप में नियुक्त किया और बाद में लोक सभा के द्वारा राजीव गांधी के नाम का समर्थन किया गया।

(ii) गठबंधन सरकारों के दौर में राष्ट्रपति को प्रधानमंत्री की नियुक्ति की शक्ति

वर्ष-1989 में पहली बार लोक सभा में किसी राजनीतिक दल को बहुमत प्राप्त नहीं हुआ और कांग्रेस लोक सभा का सबसे बड़ा दल था, जिसे 194 सीटें प्राप्त थीं और तत्कालीन राष्ट्रपति आर. वेंकटरमन के द्वारा राजीव गांधी को प्रधानमंत्री पद के लिए आमंत्रित किया गया, परंतु राजीव गांधी ने सरकार बनाने से इनकार कर दिया। उसके बाद राष्ट्रपति के द्वारा राष्ट्रीय मोर्चे के नेता वी. पी. सिंह को प्रधानमंत्री के रूप में नियुक्त किया गया। राष्ट्रपति शंकर दयाल शर्मा के द्वारा वर्ष-1996 में लोक सभा के सबसे बड़े दल भारतीय जनता पार्टी के नेता अटल बिहारी वाजपेयी को प्रधानमंत्री के रूप में नियुक्त किया गया, परंतु 13 दिन की अवधि के भीतर वे अपना बहुमत सिद्ध नहीं कर सके, तो राष्ट्रपति के द्वारा एच. डी. देवगौड़ा को प्रधानमंत्री के रूप में नियुक्त किया गया और इसके बाद राष्ट्रपति के द्वारा गठबंधन सरकार के नेता को प्रधानमंत्री के रूप में नियुक्त किया गया।

(iii) प्रधानमंत्री के विरुद्ध अभियोग की अनुमति प्रदान करना

राज्यों में किसी मुख्यमंत्री अथवा सिविल सेवक के विरुद्ध भ्रष्टाचार के मामलों का अभियोग आरंभ करने के लिए राज्यपाल की पूर्व अनुमति की आवश्यकता होती है। राष्ट्रपति ज्ञानी जैल सिंह एवं राष्ट्रपति आर. वेंकट रमन पर यह दबाव डाला गया कि बोफोर्स घोटाले के मामले में तत्कालीन प्रधानमंत्री के विरुद्ध भ्रष्टाचार की जांच के लिए राष्ट्रपति को अनुमति देना चाहिए। परंतु राष्ट्रपति ने यह अनुमति देने से इनकार कर दिया।

(iv) अविश्वास एवं लोक सभा का विघटन

लोक सभा का विघटन राष्ट्रपति का विशेषाधिकार है। वर्ष-1979 में तत्कालीन प्रधानमंत्री चौधरी चरण सिंह ने अविश्वास प्रस्ताव पारित होने से पहले ही अपना त्यागपत्र दे दिया एवं राष्ट्रपति नीलम संजीव रेड्डी को लोक सभा के विघटन की सलाह दी। यद्यपि जनता पार्टी के नए नेता जगजीवन राम यह दावा कर रहे थे कि लोक सभा में वे अपना विश्वास सिद्ध कर देंगे, परंतु राष्ट्रपति के द्वारा लोक सभा का विघटन कर दिया गया। वर्ष-1990 में प्रधानमंत्री विश्वनाथ प्रताप सिंह विश्वास मत सिद्ध नहीं कर सके और उन्होंने राष्ट्रपति को लोक सभा विघटित करने की सलाह दी, परंतु राष्ट्रपति ने लोक सभा के विघटन के बजाए, चन्द्रशेखर को नए प्रधानमंत्री के रूप में नियुक्त कर दिया। यह भी उल्लेखनीय है कि चौधरी चरण सिंह के त्यागपत्र देने के बाद राष्ट्रपति ने उन्हें कामचलाऊ या कार्यवाहक (Care Taker) सरकार के प्रधानमंत्री बनने का निर्देश दिया। यद्यपि संविधान में कामचलाऊ सरकार का कोई प्रावधान नहीं है। इसलिए राष्ट्रपति को मंत्रिपरिषद् की सलाह एवं सहायता के आधार पर कार्य करना चाहिए। इसके बावजूद यदि प्रधानमंत्री सदन में विश्वास खो चुका

हो, तो राष्ट्रपति मंत्रिपरिषद् की सलाह के अनुसार कार्य नहीं करेगा।

(v) **वीटो का प्रयोग**

राष्ट्रपति ज्ञानी जैल सिंह के द्वारा पहली बार वर्ष-1986 में डाकघर संशोधन विधेयक पर पॉकेट वीटो का प्रयोग किया था और उन्होंने इसे न तो अस्वीकार किया और न ही इस पर अनुमति प्रदान की। वर्ष-2006 में राष्ट्रपति ए. पी. जे. अब्दुल कलाम के द्वारा लाभ का पद संबंधी विधेयक को संसद के पुनर्विचार के लिए भेजा गया, जिसे निलंबनकारी वीटो कहा जाता है।

(vi) **सांसदों की अयोग्यता**

संविधान में यह उल्लिखित है कि यदि सांसद संविधान में उल्लिखित अयोग्यता से ग्रस्त हो गया है, तो राष्ट्रपति निर्वाचन आयोग की सलाह से अयोग्यता के संबंध में निर्णय लेगा, जिससे यह प्रतीत होता है कि राष्ट्रपति सदैव मंत्रिपरिषद् की सलाह एवं सहायता के अनुसार कार्य नहीं करेगा।

(iii) **मंत्रिपरिषद् की अनुपस्थिति**

संविधान में मंत्रिपरिषद् के अभाव में राष्ट्रपति से कार्य करने की अपेक्षा नहीं है। परंतु प्रधानमंत्री की मृत्यु के बाद समूची मंत्रिपरिषद् स्वाभाविक रूप में विघटित हो जाती है। इसलिए राष्ट्रपति को सलाह लेने हेतु कोई मंत्रिपरिषद् विद्यमान नहीं होती। प्रधानमंत्री इंदिरा गांधी की हत्या के बाद समूचे मंत्रिमंडल का स्वाभाविक रूप में विघटन हो गया। अत: तत्कालीन राष्ट्रपति ज्ञानी जैल सिंह के द्वारा राजीव गांधी को प्रधानमंत्री पद के लिए नियुक्त किया गया।

त्यागपत्र

राष्ट्रपति अपना त्यागपत्र उप-राष्ट्रपति को सौंपता है, जिसे वह स्वयं अपने हाथों से लिखता है। वर्ष-1969 में कार्यवाहक राष्ट्रपति वी. वी. गिरी पद पर थे, क्योंकि राष्ट्रपति जाकिर हुसैन की मृत्यु हो गई थी और वी. वी. गिरी उप-राष्ट्रपति के पद पर थे, तो उन्होंने उप-राष्ट्रपति का पद छोड़कर राष्ट्रपति का कार्यभार संभाल लिया। इसलिए कार्यवाहक राष्ट्रपति वी. वी. गिरी ने अपना त्यागपत्र मेज पर छोड़ दिया, क्योंकि उस समय उप-राष्ट्रपति का पद खाली था।

महाभियोग (Impeachment)

ग्लैडहिल नामक विदेशी विद्वान के द्वारा यह कल्पना की गई है कि भारत का राष्ट्रपति यदि तानाशाह हो जाए, तो किसी संवैधानिक प्रावधान का उल्लंघन नहीं होगा। क्योंकि वह अपने चयन के अनुसार मंत्रिपरिषद् की नियुक्ति कर सकता है। यह उल्लेखनीय है कि 6 महीने तक सांसद हुए बिना कोई मंत्री पद धारण कर सकता है। राष्ट्रपति अध्यादेश के द्वारा विधि का निर्माण कर सकता है, लोक सभा को भंग कर सकता है तथा तीनों सेनाओं के प्रधान होने के कारण सेना को भी नियंत्रित करेगा। परंतु यह विचार अत्यधिक अतिरंजित प्रतीत होता है। राष्ट्रपति संवैधानिक प्रधान है, परंतु वह संविधान के अनुसार कार्य न करे, तो उसे पद से हटाने का भी प्रावधान संविधान में उल्लिखित है। संविधान के उल्लंघन (Violation of the Constitution) के आधार पर महाभियोग (Impeachment) की प्रक्रिया राष्ट्रपति के ऊपर चलाई जाती है, (अनुच्छेद-61)।

अर्द्ध-न्यायिक प्रक्रिया (Quasi Judicial Procedure)

महाभियोग एक अर्द्ध-न्यायिक प्रक्रिया है। इस प्रक्रिया की आधी विशेषताएं प्रशासनिक हैं, क्योंकि राष्ट्रपति को सांसदों के द्वारा हटाया जाता है, जिसकी आधी प्रक्रिया न्यायिक ही है। क्योंकि राष्ट्रपति पर संविधान के उल्लंघन का आरोप लगाया जाता है। संसद राष्ट्रपति को दंड नहीं दे सकती, लेकिन संसद के द्वारा राष्ट्रपति को अपने पद से हटाया जा सकता है। दंड देने का अधिकार केवल न्यायपालिका को है। इसलिए प्रक्रिया अर्द्ध-न्यायिक है। महाभियोग प्रक्रिया के अंतर्गत सबसे पहले संसद का कोई सदन राष्ट्रपति पर **संविधान के उल्लंघन** का आरोप लगाता है। संविधान के उल्लंघन को परिभाषित नहीं किया गया है। राष्ट्रपति पर आरोप लगाने के लिए कुछ महत्त्वपूर्ण तथ्यों को ध्यान में रखना आवश्यक है, **जो निम्नलिखित हैं**-

- सदन द्वारा लगाया गया आरोप एक संकल्प (Resolution) के रूप में होना चाहिए।
- राष्ट्रपति को कम से कम 14 दिनों की पूर्व लिखित सूचना देने के बाद संकल्प को सदन द्वारा प्रस्तावित करना चाहिए।
- जिस सदन द्वारा प्रस्ताव लाया जा रहा है, उस सदन के कम से कम एक-चौथाई सदस्यों द्वारा संकल्प पर हस्ताक्षर होना चाहिए।

- जिस सदन में संकल्प प्रस्तावित किया गया है, उस सदन के कम से कम दो-तिहाई सदस्यों के बहुमत द्वारा ऐसा संकल्प पारित किया जाना चाहिए।

एक सदन में उपरोक्त प्रक्रिया से पारित प्रस्ताव को दूसरे सदन में भेजा जाता है, तो दूसरा सदन राष्ट्रपति पर लगाए गए आरोपों की जांच करता है या करवाता है। दूसरे सदन की जांच प्रक्रिया के दौरान राष्ट्रपति को यह अधिकार है कि वह स्वयं उपस्थित होकर अथवा अपने प्रतिनिधि के माध्यम से अपना पक्ष रख सकता है। यदि दूसरे सदन में भी राष्ट्रपति पर लगाए गए आरोप सिद्ध हो जाते हैं और दूसरा सदन भी अपने दो-तिहाई सदस्यों के बहुमत से महाभियोग प्रस्ताव पास कर देता है, तो संकल्प पारित होने की तिथि से राष्ट्रपति अपने पद से हट जाता है। गठबंधन सरकार के दौर में राष्ट्रपति को महाभियोग के द्वारा हटाना अत्यधिक कठिन है, क्योंकि इसके लिए विशेष बहुमत की आवश्यकता होती है।

भारत का महान्यायवादी (Attorney General)

यह संघ सरकार का वकील है एवं प्रथम विधि अधिकारी है। भारत का महान्यायवादी पेशे से अधिवक्ता होता है। संविधान में यह उल्लिखित है कि महान्यायवादी की नियुक्ति राष्ट्रपति के द्वारा होगी। यह राष्ट्रपति के इच्छानुसार (प्रसादपर्यंत) अपना पद धारण करेगा।

सेवा शर्तें

महान्यायवादी उच्चतम न्यायालय के न्यायाधीश की नियुक्ति के लिए योग्यता रखने वाला होना चाहिए। सामान्यत: महान्यायवादी का कार्यकाल सरकार के कार्यकाल से निर्धारित होता है। इसलिए संविधान में महान्यायवादी का कोई निश्चित कार्यकाल वर्णित नहीं है।

महान्यायवादी के वेतन व भत्तों का निर्धारण राष्ट्रपति द्वारा किया जाएगा। संसदीय विधि के द्वारा न्यायालयों में केस के अनुसार तथा इनकी उपस्थिति को ध्यान में रखते हुए इनके पारिश्रमिक (वेतन इत्यादि) का निर्धारण किया जाता है।

सॉलीसिटर जनरल (Solicitor General)

सरकार के परिवर्तन के साथ महान्यायवादी का भी परिवर्तन हो जाता है। महान्यायवादी को सहायता प्रदान करने के लिए दो सॉलीसिटर जनरल तथा अनेक सहायक सॉलीसिटर जनरल को नियुक्त किया जाता है। दो सॉलीसिटर जनरल की नियुक्ति सामान्यत: तीन वर्षों के लिए और अन्य सहायक सॉलीसिटर जनरल की नियुक्ति होती है। दोनों महान्यायवादी को सहायता प्रदान करते हैं।

सॉलीसिटर जनरल के पद का उल्लेख संविधान में नहीं है, बल्कि संसदीय विधि में उल्लिखित है और विधि मंत्रालय के द्वारा इन्हें नियुक्त किया जाता है।

कार्य

भारत का महान्यायवादी भारत सरकार को विधि के संबंध में परामर्श देने वाला सबसे बड़ा अधिकारी होता है, (अनुच्छेद-76)। उच्चतम न्यायालय तथा उच्च न्यायालयों में लंबित मामलों में वह भारत सरकार का प्रतिनिधित्व करता है तथा राष्ट्रपति के द्वारा जब कोई विषय उच्चतम न्यायालय के परामर्श के लिए सौंपा जाता है, (अनुच्छेद-143) तो इसके पहले महान्यायवादी की सलाह ली जाती है। भारत के विभिन्न उच्च न्यायालयों में लंबित मामले, जो भारत सरकार से संबंधित हैं, उनका बचाव महान्यायवादी के द्वारा किया जाता है।

निजी वकालत

महान्यायवादी अपनी निजी वकालत भी जारी रख सकता है, परंतु उसके निजी वकालत पर अनेक प्रतिबंध लग जाते हैं और वह किसी ऐसे मामले में किसी पक्ष का बचाव नहीं करेगा, जिसमें भारत सरकार एक पक्ष हो। अत: सरकार प्रत्येक वैधानिक और संवैधानिक मामलों पर महान्यायवादी से परामर्श लेती है।

संसद में बोलने का अधिकार

मंत्री एवं महान्यायवादी ऐसे पदाधिकारी हैं, जिन्हें संसद के किसी भी सदन में बोलने का अधिकार दिया गया है। महान्यायवादी को संसद के दोनों सदनों में भी बोलने का अधिकार दिया गया है, वह संसद की प्रक्रियाओं एवं संसदीय समितियों की प्रक्रियाओं में भी भाग ले सकता है, जिसका उल्लेख अनुच्छेद-88 में किया गया है, परंतु इसे सदन में मतदान का अधिकार नहीं है।

निष्कर्ष

संविधान में राष्ट्रपति से मंत्रिपरिषद् जैसे संवैधानिक पदाधिकारियों के अलावा महान्यायवादी जैसे प्रशासनिक अधिकारियों का भी उल्लेख किया गया है। इसीलिए भारतीय संविधान अत्यधिक विस्तृत हो गया है। संविधान में प्रशासनिक अधिकारियों का उल्लेख किया गया है, जिससे संविधान के प्रावधानों का दुरुपयोग न हो सकें

अध्याय 2

उप-राष्ट्रपति

(Vice-President)

● उप-राष्ट्रपति की योग्यताएं, ● उप-राष्ट्रपति के पद का कार्यकाल, ● निर्वाचन प्रक्रिया, ● पदमुक्ति, वेतन व भत्ते, ● उप-राष्ट्रपति की शक्तियां एवं कार्य, ● कार्यवाहक राष्ट्रपति के रूप में, ● राज्य सभा के सभापति के रूप में, ● निष्कर्ष

भारतीय संविधान में उप-राष्ट्रपति पद के किसी भी कार्य का उल्लेख नहीं किया गया है। भारत के संसदीय शासन में संवैधानिक प्रधान राष्ट्रपति तथा शक्तियों का वास्तविक प्रधान प्रधानमंत्री हैं। इसलिए उप-राष्ट्रपति का पद स्वयं में महत्त्वहीन प्रतीत होता है, जिसके लिए कोई कार्य आवंटित करना कठिन है। भारतीय संविधान निर्माता इंग्लैंड की संसदीय व्यवस्था से अत्यधिक प्रभावित थे, परंतु भारतीय संविधान पर अमेरिका की अध्यक्षीय शासन प्रणाली का भी प्रभाव है। भारत के राष्ट्रपति के निर्वाचन का तरीका अमेरिकी राष्ट्रपति से अलग है, परंतु निर्वाचन का प्रावधान अमेरिका से प्रभावित है। अमेरिकी संविधान में उप-राष्ट्रपति पद का प्रावधान है। अतः भारतीय संविधान निर्माताओं ने भी उप-राष्ट्रपति पद का निर्माण किया है, जो सामान्यतः संसदीय शासन के प्रावधानों के अनुरूप नहीं है।

उप-राष्ट्रपति की योग्यताएं

(i) वह भारत का नागरिक हो,

(ii) 35 वर्ष की आयु पूरी कर चुका हो,

(iii) राज्य सभा सदस्य बनने की योग्यताएं रखता हो।

उप-राष्ट्रपति संसद की किसी सदन अथवा राज्य विधान सभा का सदस्य नहीं होना चाहिए, जिस तिथि को उसने उप-राष्ट्रपति पद ग्रहण किया है, उसी तिथि को उसकी संसद अथवा विधान सभा की सदस्यता समाप्त मानी जाएगी।

उप-राष्ट्रपति के पद का कार्यकाल

उप-राष्ट्रपति जिस तिथि को अपना पद ग्रहण करता है, उससे पांच वर्ष तक अपने पद पर बना रहेगा। उप-राष्ट्रपति अपने हाथ से लिखे हुए पत्र के द्वारा राष्ट्रपति को संबोधित करते हुए अपना त्यागपत्र देगा। वह अपने पद पर तब तक बना रहेगा, जब तक उसका उत्तराधिकारी उप-राष्ट्रपति अपना पद ग्रहण नहीं करता है। उप-राष्ट्रपति का चुनाव उसके पांच वर्ष के निर्धारित कार्यकाल के पहले ही संपन्न करा दिया जाएगा। यदि उप-राष्ट्रपति का पद मृत्यु, त्यागपत्र अथवा अन्य किसी कारण से रिक्त होता है, तो शीघ्र चुनाव के द्वारा समूचे पांच वर्ष के लिए अपना कार्यभार ग्रहण करेगा।

पुनर्निर्वाचन

संविधान में राष्ट्रपति के लिए पुनर्निर्वाचन का प्रावधान है। जबकि उप-राष्ट्रपति के लिए इसका कोई प्रावधान नहीं है। इसके बावजूद व्यावहारिक रूप में डॉ. राधा कृष्णनन एवं हामिद अंसारी दो कार्यकाल के लिए उप-राष्ट्रपति के रूप में निर्वाचित हुए।

निर्वाचन प्रक्रिया

उप-राष्ट्रपति के निर्वाचन में संसद के सभी सदस्य भागीदारी करते हैं, जबकि राष्ट्रपति के निर्वाचन में केवल निर्वाचित सदस्य ही भाग लेते हैं। संविधान के अनुसार, उप-राष्ट्रपति का निर्वाचन संसद के दोनों सदनों के सदस्यों से मिलकर बनने वाले निर्वाचक मंडल द्वारा होगा, (अनुच्छेद-66(1)) । निर्वाचन आनुपातिक प्रतिनिधित्व की पद्धति के अनुसार एकल संक्रमणीय मत के अंतर्गत गुप्त मतदान द्वारा होगा। उप-राष्ट्रपति के निर्वाचन के लिए संसद के द्वारा राष्ट्रपति एवं उप-राष्ट्रपति निर्वाचन अधिनियम, 1952 का निर्माण किया गया। निर्वाचन आयोग के द्वारा उप-राष्ट्रपति के कार्यकाल की समाप्ति के 60 दिन पूर्व निर्वाचन आयोग द्वारा निर्वाचन की प्रक्रिया आरंभ की जाएगी, जो उप-राष्ट्रपति के लिए निर्वाचन आयोग के द्वारा लोक सभा के महासचिव अथवा राज्य सभा के महासचिव क्रमिक रूप में पीठासीन अधिकारी के रूप में नियुक्त होते हैं। चुनाव में एक प्रस्तावक केवल एक ही उम्मीदवार का नाम प्रस्तावित कर सकता है। उप-राष्ट्रपति के चुनाव में मत-पत्र हिंदी और अंग्रेजी तथा गुलाबी रंग में प्रकाशित किए जाते हैं और संसद में मतदान का आयोजन होता है। उप-राष्ट्रपति के चुनाव में दल-बदल अधिनियम लागू नहीं होता तथा उप-राष्ट्रपति के चुनाव के संबंध में विवाद केवल उच्चतम न्यायालय में ही लाया जा सकता है, जो किसी उम्मीदवार के द्वारा अथवा निर्वाचक मंडल के 10 सदस्यों के द्वारा उच्चतम न्यायालय में प्रस्तुत किया जा सकता है।

प्रस्तावक एवं अनुमोदक

उप-राष्ट्रपति पद के उम्मीदवार को नामांकन करने के लिए कम-से-कम 20 सदस्य प्रस्तावक के रूप में एवं 20 सदस्य अनुमोदक के रूप में होने आवश्यक हैं तथा रिजर्व बैंक ऑफ इंडिया में 15,000 रुपए की जमानत राशि जमा करना उप-राष्ट्रपति पद के उम्मीदवार के लिए भी आवश्यक है।

पदमुक्ति

1. त्यागपत्र

उप-राष्ट्रपति अपने निर्धारित कार्यकाल (5 वर्ष) के पहले दो आधारों पर पद मुक्त हो सकता है। वह राष्ट्रपति को संबोधित करके अपने त्यागपत्र द्वारा पद छोड़ सकता है। लेकिन आज तक किसी भी उप-राष्ट्रपति के द्वारा राष्ट्रपति को अपना त्यागपत्र नहीं दिया गया है। यद्यपि राष्ट्रपति जाकिर हुसैन की मृत्यु के बाद उप-राष्ट्रपति वी. वी. गिरी ने कार्यवाहक राष्ट्रपति के दायित्व का निर्वाह किया।

2. संसद के प्रस्ताव द्वारा

राज्य सभा के सदस्यों द्वारा उप-राष्ट्रपति को पद से हटाने वाला प्रस्ताव राज्य सभा में लाया जाए, जिसके निम्नलिखित आधार हैं-उप-राष्ट्रपति को हटाने से संबंधित संकल्प राज्य सभा में प्रस्तुत करने के पहले कम से कम 14 दिन पूर्व इसकी सूचना उप-राष्ट्रपति को देना आवश्यक है तथा उप-राष्ट्रपति को हटाए जाने वाला संकल्प राज्य सभा में रखा जा सकता है और इस संकल्प को राज्य सभा के तत्कालीन सदस्य संख्या के बहुमत द्वारा पारित किया जाना आवश्यक है। तत्कालीन सदस्यों का अभिप्राय राज्य सभा के कुल सदस्य संख्या से राज्य सभा की रिक्तियों को घटाने पर प्राप्त होगा। संविधान के अनुसार, इस प्रस्ताव से लोक सभा सहमत होनी चाहिए, जिसका अभिप्राय है कि लोक सभा इस प्रस्ताव को साधारण बहुमत से पारित करे। लोक सभा द्वारा उप-राष्ट्रपति को हटाए जाने वाले संकल्प का समर्थन मिलते ही उप-राष्ट्रपति अपने पद से हट जाता है। उप-राष्ट्रपति के पदमुक्ति के पश्चात् राज्य सभा का उप-सभापति कार्यवाहक उप-राष्ट्रपति के रूप में कार्य करेगा।

वेतन व भत्ते

संविधान में उप-राष्ट्रपति की उपलब्धियों के बारे में कोई व्यवस्था नहीं है, लेकिन उप-राष्ट्रपति को वेतन व भत्ते तथा अन्य सुविधाएं राज्य सभा के सभापति के रूप में ही मिलती हैं। संविधान के दूसरी अनुसूची में यह उल्लिखित है कि राज्य सभा के सभापति के वेतन व भत्ते स्वतंत्रता के पूर्व वेतन व भत्तों के समान प्राप्त होंगे। वर्ष-2018 में उप-राष्ट्रपति के वेतन को बढ़ाकर 4 लाख रुपए प्रतिमाह कर दिया गया है।

उप-राष्ट्रपति की शक्तियां एवं कार्य

अनुच्छेद-64 और 65 के अंतर्गत् उप-राष्ट्रपति के कार्यों का वर्णन किया गया है। संविधान में उप-राष्ट्रपति के किसी भी कार्य का उल्लेख नहीं है। वह राज्य सभा का पदेन

राष्ट्रपति तथा उप-राष्ट्रपति पद की तुलना

राष्ट्रपति	उप-राष्ट्रपति
• राष्ट्रपति पद पर निर्वाचित होने के लिए आवश्यक है कि वह लोक सभा सदस्य बनने की योग्यता रखता हो।	• उप-राष्ट्रपति पद पर निर्वाचित होने वाले व्यक्ति के लिए जरूरी है कि वह राज्य सभा सदस्य बनने की योग्यता रखता हो।
• राष्ट्रपति निर्वाचित होने वाले व्यक्ति की उम्र 35 वर्ष से कम नहीं होनी चाहिए।	• उप-राष्ट्रपति निर्वाचित होने वाले व्यक्ति की उम्र 35 वर्ष से कम नहीं होनी चाहिए।
• राष्ट्रपति के निर्वाचक मंडल में दोनों सदनों के निर्वाचित सदस्य तथा राज्य विधान सभाओं के निर्वाचित सदस्यों के साथ-साथ दिल्ली एवं पांडिचेरी के विधान सभा के निर्वाचित सदस्य भी शामिल होते हैं। (70वें संविधान संशोधन, 1992 के द्वारा संघ शासित क्षेत्र दिल्ली एवं पांडिचेरी को भी शामिल किया गया है।)	• उप-राष्ट्रपति के निर्वाचक मंडल में संसद के दोनों सदनों के सभी सदस्य (मनोनीत एवं निर्वाचित) शामिल होते हैं।
• राष्ट्रपति को पद से हटाए जाने की प्रक्रिया अर्थात् महाभियोग का प्रस्ताव किसी भी सदन (लोक सभा एवं राज्य सभा) में लाया जा सकता है।	• उप-राष्ट्रपति को पद से हटाने वाला संकल्प केवल राज्य सभा में ही प्रस्तुत किया जा सकता है, लोक सभा में नहीं। उप-राष्ट्रपति को पद से हटाने के लिए महाभियोग प्रस्ताव की आवश्यकता नहीं होती।

सभापति होता है तथा उसे राज्य सभा के पदेन सभापति के रूप में वेतन एवं भत्ते भी प्राप्त होते हैं, उप-राष्ट्रपति के रूप में नहीं। **उप-राष्ट्रपति निम्नलिखित परिस्थितियों में राष्ट्रपति के पद पर कार्य कर सकता है-**

- राष्ट्रपति की मृत्यु हो जाने पर, (अनुच्छेद-65(1))।
- राष्ट्रपति के त्यागपत्र दे देने पर।
- महाभियोग या अन्य किसी प्रकार से राष्ट्रपति के हटाए जाने पर।
- अन्य किसी कारण से उत्पन्न असमर्थता की स्थिति में, जैसे-बीमारी या अनुपस्थिति की स्थिति में।

कार्यवाहक राष्ट्रपति के रूप में

1. राष्ट्रपति की मृत्यु के बाद

राष्ट्रपति जाकिर हुसैन की मृत्यु के बाद उप-राष्ट्रपति वी.वी. गिरी को कार्यवाहक राष्ट्रपति के रूप में नियुक्त किया गया। परंतु वी. वी. गिरी ने कार्यवाहक राष्ट्रपति के पद से त्यागपत्र देकर राष्ट्रपति चुनाव के लिए नामांकन-पत्र दाखिल कर दिया, जिससे राष्ट्रपति एवं उप-राष्ट्रपति दोनों के पद खाली हो गए। इसलिए तत्कालीन उच्चतम न्यायालय के मुख्य न्यायाधीश मोहम्मद हिदायतुल्ला को कार्यवाहक राष्ट्रपति के रूप में नियुक्त किया गया, जिसके बाद वी. वी. गिरी राष्ट्रपति के रूप में निर्वाचित हो गए। भारत के पांचवें राष्ट्रपति फखरूद्दीन अली अहमद जो वर्ष-1974 में राष्ट्रपति के रूप में नियुक्त हुए थे, फरवरी, 1977 में उनकी मृत्यु हो गई। परिणामस्वरूप तत्कालीन उप-राष्ट्रपति बी. डी. जत्ती ने कार्यवाहक राष्ट्रपति के रूप में कार्य किया, जिसके बाद नीलम संजीव रेड्डी राष्ट्रपति के रूप में निर्वाचित हुए।

2. राष्ट्रपति की असमर्थता के कारण

संविधान में यह उल्लिखित नहीं है कि राष्ट्रपति किस प्रकार अपने कार्य करने में समर्थ नहीं होगा, परंतु डॉ. राजेन्द्र प्रसाद की वर्ष-1960 में सोवियत संघ की 15 दिनों की यात्रा के दौरान उनका कार्य उप-राष्ट्रपति राधाकृष्णन के द्वारा संपादित किया गया था। राष्ट्रपति यह निर्धारित कर सकता है कि कब वह अपने कार्यों को करने में असमर्थ है और किस समय वह पुनः अपने कार्य संपादित करना चाहता है।

3. पद रिक्त होने के पश्चात्

राष्ट्रपति त्यागपत्र दे अथवा उसे महाभियोग के द्वारा अपने पद से हटा दिया जाए, तो भी उप-राष्ट्रपति, राष्ट्रपति के रूप में कार्य करेगा। परंतु आज तक किसी भी राष्ट्रपति

के विरुद्ध संसद में महाभियोग प्रस्ताव नहीं लाया गया तथा किसी भी राष्ट्रपति के द्वारा त्यागपत्र नहीं दिया गया।

राज्य सभा के सभापति के रूप में

उप-राष्ट्रपति के संविधान में वर्णित कार्य राज्य सभा के सभापति के रूप में है। उप-राष्ट्रपति राज्य सभा का सदस्य नहीं होता। इसलिए उसे राज्य सभा में मतदान करने का अधिकार प्राप्त नहीं है, बल्कि वह उप-राष्ट्रपति के पद पर निर्वाचित होने के कारण राज्य सभा का सभापति होता है, इसलिए उसे राज्य सभा का पदेन सभापति कहा जाता है। राज्य सभा की कार्यवाही का संचालन सभापति का दायित्व है तथा वह राज्य सभा की कार्यवाही के दौरान अपने मत का प्रयोग नहीं करता, बल्कि निर्णायक मत का प्रयोग करता है, जिसका अभिप्राय है कि यदि राज्य सभा में किसी मुद्दे पर सत्ता पक्ष और विपक्ष के बीच होने वाले मतदान बराबर हो जाएं, तो वह अंतिम मत का प्रयोग करेगा, जिससे निर्णय लिया जा सकें

अलंकारिक प्रधान

उप-राष्ट्रपति को किसी प्रकार की संवैधानिक शक्ति प्राप्त नहीं है। इसलिए उप-राष्ट्रपति उन समारोहों में भाग लेता है, जहां किसी कारण से राष्ट्रपति की भागीदारी संभव न हो। उप-राष्ट्रपति उन विदेशी राज्यों की यात्रा भी करता है, जिनके साथ भारत के संबंध अत्यधिक मित्रतापूर्ण हैं। विश्वविद्यालय में होने वाले समारोह तथा अन्य सामाजिक एवं सांस्कृतिक कार्यक्रमों में वह सरकार का प्रतिनिधित्व करता है।

निष्कर्ष

भारतीय संविधान में उप-राष्ट्रपति का पद संवैधानिक रूप में उपयोगी है, परंतु राजनीतिक रूप में अप्रभावशाली है। संविधान में उप-राष्ट्रपति की शक्तियों का उल्लेख नहीं किया गया है और उप-राष्ट्रपति के द्वारा राष्ट्रपति के पद प्राप्ति के कारण ही उप-राष्ट्रपति पद की चर्चा की जाती है।

अध्याय 3

प्रधानमंत्री

(Prime Minister)

- प्रधानमंत्री की राजनीतिक शक्ति, • मंत्रियों की नियुक्ति, • मंत्रियों के विभिन्न प्रकार, • मंत्रिपरिषद् का आकार, • राष्ट्रपति व प्रधानमंत्री के बीच संबंध, • प्रधानमंत्री का कर्त्तव्य, • निष्कर्ष

भारत में संसदीय शासन प्रणाली अपनाई गई है, जिसके अनुसार राष्ट्रपति संसदीय शासन का संवैधानिक प्रधान है, क्योंकि संविधान में सभी शक्तियां राष्ट्रपति के नाम से संचालित होती हैं तथा उसके नाम से संघ का शासन संचालित होता है। जबकि प्रधानमंत्री शासन का प्रशासनिक मुखिया होता है, जो शक्तियों का वास्तविक प्रयोग करता है। भारतीय संविधान में प्रधानमंत्री की शक्तियों का किसी प्रकार का उल्लेख नहीं है, बल्कि राष्ट्रपति की शक्तियों का उल्लेख है। इसलिए व्यावहारिक रूप में प्रधानमंत्री के द्वारा राष्ट्रपति की शक्तियों का ही प्रयोग किया जाता है।

परंपराओं पर आधारित

भारत में संसदीय शासन ब्रिटेन के संसदीय शासन से अपनाया गया है, जो संसदीय परंपराओं के आधार पर संचालित होता है। ब्रिटेन में प्रधानमंत्री की शक्तियां लिखित नहीं हैं, बल्कि संसदीय परंपराओं पर आधारित हैं। इसी प्रकार भारतीय प्रधानमंत्री की शक्तियां भी संसदीय परंपराओं पर आधारित हैं। इसके अनुसार प्रधानमंत्री, मंत्रियों के विभागों का आवंटन तथा उसमें फेरबदल भी कर सकता है तथा वह मंत्रिमंडल की बैठक की अध्यक्षता करता है। प्रधानमंत्री ही निर्धारित करता है उसकी अनुपस्थिति में मंत्रिमंडल का कौन सा सदस्य मंत्रिमंडल की बैठक की अध्यक्षता करेगा। प्रधानमंत्री ही मंत्रिमंडल के समक्ष विचार के लिए एजेंडे का निर्माण करता है। प्रधानमंत्री राष्ट्रपति एवं मंत्रिमंडल के मध्य संपर्क की कड़ी के रूप में कार्य करता है। प्रधानमंत्री लोक सभा का नेता होता है तथा वह समकक्षों में प्रधान होता है, जिसका अभिप्राय है कि वह मंत्रियों के समान होते हुए भी मंत्रिपरिषद् का नेता होता है। मंत्रिपरिषद् में किसी मंत्री की मृत्यु के पश्चात् मंत्रिपरिषद् बना रहता है। जबकि प्रधानमंत्री की मृत्यु के बाद समूचा मंत्रिपरिषद् विघटित हो जाता है और नए मंत्रिपरिषद् के निर्माण की आवश्यकता होती है।

नीति-निर्माता के रूप में भूमिका

शासन की वास्तविक शक्तियां मंत्रालयों में निहित होती हैं और प्रधानमंत्री कार्मिक मंत्रालय का प्रधान होता है तथा परमाणु ऊर्जा विभाग एवं महासागरीय विभाग भी प्रधानमंत्री के अंतर्गत् होते हैं। प्रधानमंत्री अन्य किसी भी मंत्रालय को अपने नियंत्रण में रख सकता है। उदाहरण के लिए, भारत के पहले प्रधानमंत्री नेहरू ने विदेश मंत्रालय को सदैव अपने पास रखा। यदि कोई मंत्रालय किसी अन्य मंत्री को नहीं सौंपा गया है, तो यह प्रधानमंत्री की निगरानी में होगा।

इसके अतिरिक्त प्रधानमंत्री सभी मंत्रालयों को निर्देश दे सकता है तथा मंत्रालयों के बीच समन्वय भी कर सकता है। इसीलिए प्रधानमंत्री को समकक्षों में प्रथम माना जाता है। प्रधानमंत्री नीति आयोग व अंतर्राज्यीय परिषद् का भी अध्यक्ष होता है। इसलिए प्रधानमंत्री देश के विकास के लिए आर्थिक, सामाजिक एवं रक्षा संबंधी नीतियों का निर्माता भी है और प्रधानमंत्री के द्वारा महत्त्वपूर्ण अंतर्राष्ट्रीय समझौते भी किए जाते हैं।

प्रधानमंत्री की राजनीतिक शक्ति

लोकतंत्र में जनता की इच्छाओं का सर्वाधिक महत्त्व होता है तथा लोक सभा के द्वारा जनता की इच्छाओं का प्रतिनिधित्व किया जाता है और प्रधानमंत्री लोक सभा का नेता होता है। भारत में लोक सभा के चुनाव में विभिन्न राजनीतिक दल भागीदारी करते हैं और जिस दल को लोक सभा का बहुमत प्राप्त होता है उसी दल का मुखिया प्रधानमंत्री बनता है। इसलिए प्रधानमंत्री समूचे देश की इच्छाओं का प्रतिनिधित्व करता है। सैद्धांतिक रूप में लोक सभा के द्वारा प्रधानमंत्री का चयन किया जाता है, परंतु व्यावहारिक रूप में राजनीतिक दलों के द्वारा प्रधानमंत्री को लोक सभा चुनाव से पहले ही प्रधानमंत्री के उम्मीदवार के रूप में घोषित कर दिया जाता है। इंदिरा गांधी, राजीव गांधी को पहले ही प्रधानमंत्री पद के दावेदार के रूप में घोषित कर दिया गया था। जबकि 16वीं लोक सभा चुनाव में नरेन्द्र मोदी को निर्वाचन से पहले ही भारतीय जनता पार्टी के प्रधानमंत्री पद के उम्मीदवार के रूप में घोषित कर दिया गया। इसलिए प्रधानमंत्री राजनीतिक रूप में अत्यधिक शक्तिशाली बन जाता है।

प्रधानमंत्री की नियुक्ति

संविधान के अनुसार, प्रधानमंत्री की नियुक्ति राष्ट्रपति के द्वारा होती है (अनुच्छेद-75(1)) और भारतीय लोकतंत्र के आरंभिक वर्षों में लोक सभा के सबसे बड़े दल के नेता के रूप में प्रधानमंत्री को नियुक्त किया गया। पहले प्रधानमंत्री नेहरू के निधन के बाद मंत्रिमंडल के सबसे वरिष्ठ नेता गुलजारी लाल नंदा को कार्यवाहक प्रधानमंत्री के रूप में नियुक्त किया गया तथा लाल बहादुर शास्त्री के निधन के बाद पुनः गुलजारी लाल नंदा को प्रधानमंत्री बनाया गया, लेकिन बाद में इस परंपरा का निर्वहन नहीं किया गया। वर्ष-1984 में इंदिरा गांधी की हत्या के बाद राजीव गांधी को कार्यवाहक प्रधानमंत्री बनाया गया, जबकि राजीव गांधी तत्कालीन समय में मंत्रिपरिषद् के सदस्य भी नहीं थे।

वर्ष-1989 में संपन्न लोक सभा का चुनाव अप्रत्याशित था, जिसमें किसी भी एक दल को लोक सभा में स्पष्ट बहुमत प्राप्त नहीं हुआ। इसलिए प्रधानमंत्री की नियुक्ति का कार्य जटिल हो गया। वर्ष-1996 में तत्कालीन राष्ट्रपति डॉ. शंकर दयाल शर्मा ने लोक सभा में सबसे बड़े दल के नेता अटल बिहारी वाजपेयी को प्रधानमंत्री पद के लिए आमंत्रित किया। अटल बिहारी वाजपेयी भारतीय जनता पार्टी के नेता थे, जिसे लोक सभा में पूर्ण बहुमत प्राप्त नहीं था और लोक सभा में अटल बिहारी वाजपेयी बहुमत सिद्ध नहीं कर सकें परिणामस्वरूप गठबंधन सरकारों के दौर में राष्ट्रपति के द्वारा गठबंधन के सहयोगियों के नेता को प्रधानमंत्री के रूप में नियुक्त किया गया। संविधान में केवल यह उल्लिखित है कि राष्ट्रपति के द्वारा प्रधानमंत्री की नियुक्ति की जाएगी, जबकि व्यावहारिक रूप में लोक सभा में बहुमत दल के नेता अथवा गठबंधन दल के नेता को प्रधानमंत्री के रूप में नियुक्त किया जाता है।

प्रधानमंत्री राज्य सभा से

संविधान में यह स्पष्ट उल्लिखित नहीं है कि प्रधानमंत्री को किस सदन का सदस्य होना चाहिए। इंदिरा गांधी वर्ष-1966 में जब पहली बार प्रधानमंत्री बनी थीं, तो वे राज्य सभा की सदस्या थीं, लेकिन बाद में वे लोक सभा चुनाव में भागीदारी करके प्रधानमंत्री बनीं। वर्ष-1990 के बाद संघ में निर्मित होने वाले गठबंधन सरकारों के दौर में वर्ष-1996 में देवगौड़ा प्रधानमंत्री बनने के बाद राज्य सभा के सदस्य बने। इसके बाद इन्द्र कुमार गुजराल भी राज्य सभा के सदस्य तथा डॉ. मनमोहन सिंह भी प्रधानमंत्री बनने के दौरान राज्य सभा के सदस्य थे।

सांसद एवं प्रधानमंत्री

संविधान में प्रधानमंत्री किसी भी सदन का सदस्य हो सकता है। देवगौड़ा पहले प्रधानमंत्री थे, जो किसी भी सदन के सदस्य नहीं थे। संविधान में यह उल्लिखित है कि सांसद हुए बिना कोई मंत्री के रूप में नियुक्त हो सकता है, बशर्ते 6 महीने बाद वह किसी सदन का सदस्य हो जाए।

प्रधानमंत्री के संबंध में संविधान में इसका उल्लेख नहीं है, परंतु न्यायालय ने यह माना कि संसद की सदस्यता के बिना मंत्री की नियुक्ति हो सकती है, तो प्रधानमंत्री की नियुक्ति भी संभव है।

लोक सभा एवं प्रधानमंत्री

संसदीय परंपराओं के अनुसार उसे लोक सभा का सदस्य होना चाहिए। प्रधानमंत्री लोक सभा का नेता होता है, जो संसदीय परंपरा की मान्यता है। लोक सभा जनता के द्वारा निर्वाचित सदन है और प्रधानमंत्री लोक सभा के विश्वास से कार्य करता है। इसलिए इसे लोक सभा का ही सदस्य होना चाहिए। मंत्रिपरिषद् लोक सभा के प्रति उत्तरदायी होती है और प्रधानमंत्री लोक सभा का नेता होता है। इसलिए उसे लोक सभा की सदस्यता लेनी चाहिए, जो प्रधानमंत्री लोक सभा का सदस्य नहीं होगा, वह समकक्षों में प्रथम नहीं हो सकता। इसलिए प्रधानमंत्री की शक्तियों में ह्रास होना स्वाभाविक है। इंदिरा गांधी एवं नरेन्द्र मोदी भारत के सबसे शक्तिशाली प्रधानमंत्रियों में गिने जाते हैं, क्योंकि ये लोक सभा द्वारा निर्वाचित हुए एवं इन्होंने अन्य लोक सभा सदस्यों का निर्वाचन भी सुनिश्चित किया।

प्रधानमंत्री का शपथ ग्रहण

संविधान की तीसरी अनुसूची में संघीय मंत्रियों के शपथ और गोपनीयता का प्रावधान है। अत: तीसरी अनुसूची में प्रधानमंत्री के लिए अलग से शपथ का प्रावधान नहीं है, बल्कि मंत्रियों के पद की शपथ और गोपनीयता का प्रावधान प्रधानमंत्री के लिए भी लागू होता है। प्रधानमंत्री के द्वारा संविधान के प्रति पूर्ण आस्था और निष्ठा की शपथ ली जाती है तथा प्रधानमंत्री भारत की संप्रभुता और अखंडता को बनाए रखने की शपथ लेता है और मंत्री के रूप में अपने कर्त्तव्यों को आस्था और पूर्ण निष्ठा से संपादित करने की शपथ लेता है। प्रधानमंत्री के द्वारा यह भी शपथ ली जाती है कि वह सभी लोगों के साथ संविधान और विधि के अनुसार उचित व्यवहार करेगा और बिना किसी भय, असद्भावना, लगाव अथवा पक्षपात रहित कार्य करेगा।

इसके अतिरिक्त प्रधानमंत्री के लिए गोपनीयता की शपथ का भी प्रावधान है। प्रधानमंत्री के द्वारा यह कहा जाता है कि उसके समक्ष लाई गई किसी जानकारी को प्रत्यक्ष अथवा परोक्ष रूप में किसी को संप्रेषित नहीं किया जाएगा और किसी व्यक्ति अथवा व्यक्ति समूह को इसकी जानकारी नहीं देगा। प्रधानमंत्री के कर्त्तव्यों और कार्यों के संपादन के दौरान यदि आवश्यक हो, तो वह कोई सूचना किसी को संप्रेषित कर सकता है। पूर्व प्रधानमंत्री डॉ. मनमोहन सिंह के ऊपर गोपनीयता को भंग करने का आरोप लगाया गया। आलोचकों ने कहा कि डॉ. मनमोहन सिंह के द्वारा प्रधानमंत्री कार्यालय की महत्त्वपूर्ण और गोपनीय सूचनाओं को कांग्रेस की अध्यक्षा सोनिया गांधी को संप्रेषित किया गया, यद्यपि प्रधानमंत्री के द्वारा इसका खंडन किया गया।

सामूहिक उत्तरदायित्व

संसदीय शासन प्रतिदिन के उत्तरदायित्व पर आधारित शासन है, क्योंकि मंत्रिपरिषद् के मुखिया प्रधानमंत्री लोक सभा के प्रति उत्तरदायी होता है। मंत्रिपरिषद् सामूहिक उत्तरदायित्व के सिद्धांत के आधार पर कार्य करता है, जिसके अनुसार सभी निर्णय मंत्रिमंडल के द्वारा सामूहिक रूप में लिए जाते हैं। अत: मंत्रिमंडल का कोई भी सदस्य इस निर्णय से असहमत नहीं हो सकता है और न ही मंत्रिपरिषद् के निर्णय की सार्वजनिक आलोचना करेगा। प्रत्येक मंत्रिपरिषद् के निर्णय का बचाव करेगा और लोक सभा में यदि किसी मंत्री विशेष के विरुद्ध प्रस्ताव पारित हो गया, तो समूचे मंत्रिपरिषद् को त्यागपत्र देना होगा। इसीलिए मंत्रिपरिषद् के संबंध में यह कहा जाता है कि 'ये साथ-साथ डूबते एवं साथ-साथ तैरते हैं।'

व्यक्तिगत उत्तरदायित्व

सामूहिक उत्तरदायित्व के अलावा, मंत्रिपरिषद् का प्रत्येक सदस्य व्यक्तिगत रूप से राष्ट्रपति के प्रति उत्तरदायी होता है, जो संविधान में उल्लिखित है। परंतु व्यावहारिक रूप में मंत्री का यह उत्तरदायित्व प्रधानमंत्री के प्रति होता है। मंत्री राष्ट्रपति के प्रसादपर्यंत अपने पद पर बना रहता है, जिसका अभिप्राय है कि मंत्री को पद से हटाने के लिए राष्ट्रपति को कोई कारण बताने की आवश्यकता नहीं होती। व्यावहारिक रूप में जिसका प्रयोग करके प्रधानमंत्री, मंत्रिपरिषद् में कभी भी फेरबदल कर सकता है और यदि किसी मंत्री के विरुद्ध भ्रष्टाचार के आरोप है, तो उसे मंत्रिपरिषद् से हटाया जा सकता है।

मंत्रियों की नियुक्ति

भारतीय संविधान में मंत्रिपरिषद् का उल्लेख किया गया है। संविधान के अनुच्छेद-74(1) में यह स्पष्ट कहा गया है कि राष्ट्रपति को सलाह एवं सहायता देने के लिए एक मंत्रिपरिषद् होगी, जिसका मुखिया प्रधानमंत्री होगा। राष्ट्रपति, मंत्रिपरिषद् की सलाह एवं सहायता के आधार पर कार्य करेगा। अनुच्छेद-78(3) में यह उल्लिखित है कि यदि किसी मंत्री के द्वारा किसी मुद्दे पर विचार किया गया है, तो प्रधानमंत्री का यह कर्त्तव्य होगा कि उस मुद्दे को विचार के लिए समूचे मंत्रिपरिषद् के समक्ष रखा जाए। संविधान में 44वें संविधान संशोधन के बाद **मंत्रिमंडल शब्द** का उल्लेख किया गया, जबकि इसके पहले संविधान में मंत्रिपरिषद् का उल्लेख किया गया था। मंत्रियों की नियुक्ति संविधान के अनुसार राष्ट्रपति के द्वारा की जाती है। मंत्री के रूप में नियुक्ति के लिए किसी भी सदन का सदस्य होना आवश्यक है, यद्यपि 6 महीने तक बिना सांसद हुए कोई भी व्यक्ति मंत्री का पद धारण कर सकता है। इसका अभिप्राय है कि वह व्यक्ति मंत्री के रूप में शपथ ले सकता है, जो 6 महीने की अवधि में सांसद बन सकें उच्चतम न्यायालय ने *तेज प्रकाश सिंह वाद* (वर्ष-2001) में यह स्पष्ट कहा कि यदि कोई व्यक्ति 6 महीने के अंदर सांसद न बन सके, तो उसे पुन: मंत्री के रूप में नियुक्त नहीं किया जाएगा। मूल संविधान में मंत्रिपरिषद् का आकार निर्धारित नहीं था। 91वें संविधान संशोधन अधिनियम, 2003 द्वारा यह सुनिश्चित कर दिया गया कि मंत्रिपरिषद् का आकार संसद की कुल सदस्य संख्या का 15 प्रतिशत से अधिक नहीं होना चाहिए, जिसमें प्रधानमंत्री भी शामिल होगा।

मंत्रियों की नियुक्ति का आधार

भारत के संसदीय शासन में सांसद को मंत्री के रूप में नियुक्त किया जा सकता है। परंतु व्यावहारिक रूप में मंत्रियों की नियुक्ति करते समय अनेक मानदंडों को ध्यान में रखा जाता है। मंत्रियों का चयन देश के लगभग सभी क्षेत्रों से तथा जातिगत संतुलन बनाए रखने का भी प्रयत्न किया जाता है और अल्पसंख्यकों एवं महिलाओं को भी मंत्रिपरिषद् में स्थान दिया जाता है। संघीय सरकार में मंत्रियों की संख्या 82 से अधिक नहीं हो सकती। इसलिए सभी को वास्तविक प्रतिनिधित्व देना एक कठिन चुनौती होती है। वर्तमान में मंत्रियों के चयन में जाति, धर्म के अतिरिक्त उनकी योग्यता को भी महत्त्वपूर्ण माना जा रहा है तथा मंत्रियों के फेरबदल में उनके निष्पादन को भी ध्यान में रखा गया है।

मंत्रियों के विभिन्न प्रकार

संविधान में मंत्रिपरिषद् शब्द का प्रयोग किया गया है, जिसका प्रधान प्रधानमंत्री होता है। 44वें संविधान संशोधन के द्वारा कैबिनेट शब्द का भी प्रयोग किया गया है, परंतु संविधान में विभिन्न प्रकार के मंत्रियों का कोई उल्लेख नहीं है, अपितु संसद के द्वारा निर्मित मंत्रियों के वेतन एवं भत्ते अधिनियम, 1952 में इसका उल्लेख किया गया है, जिसके अनुसार कैबिनेट मंत्री, राज्य मंत्री एवं उपमंत्री का उल्लेख प्राप्त होता है।

1. कैबिनेट मंत्री (Cabinet Ministers)

मंत्रिपरिषद् के कार्य व्यावहारिक रूप में मंत्रिमंडल के द्वारा संपादित होते हैं तथा कैबिनेट मंत्रियों का समूह ही मंत्रिमंडल कहलाता है। ये अपने-अपने विभाग के प्रमुख होते हैं। कैबिनेट मंत्री मंत्रिपरिषद् का सर्वाधिक महत्त्वपूर्ण अथवा केंद्रीय भाग है, जो महत्त्वपूर्ण विभागों के प्रधान होते है तथा मंत्रिमंडल की बैठकों में स्वाभाविक रूप में भाग लेते हैं। मंत्रिमंडल के सदस्य राजनीतिक रूप में सर्वाधिक प्रभावशाली सांसद होते हैं। कैबिनेट की बैठकों को आसान बनाने के लिए विभिन्न प्रकार की मंत्रिमंडलीय समितियों का निर्माण होता है। इनकी संख्या सुनिश्चित नहीं होती, अपितु यह प्रधानमंत्री द्वारा निर्धारित होता है। प्रधानमंत्री मोदी के कार्यकाल में 6 कैबिनेट समितियों का गठन किया गया, जिसमें-

(i) नियुक्ति संबंधी कैबिनेट समिति।
(ii) समायोजन संबंधी कैबिनेट समिति।
(iii) आर्थिक मामलों की समिति।
(iv) संसदीय कार्यों से संबंधित समिति।
(v) राजनीतिक मामलों की समिति।
(vi) सुरक्षा संबंधी समिति।

इन सभी समितियों की अध्यक्षता प्रधानमंत्री करता है,

परंतु संसदीय मामलों की समिति की अध्यक्षता गृह मंत्री करता है।

2. राज्य मंत्री (स्वतंत्र प्रभार)
(Minister of State, (Independent Charge))

राज्य मंत्री को जब स्वतंत्र प्रभार दिया जाता है, तो राज्य मंत्री, कैबिनेट मंत्री से स्वतंत्र रूप में कार्य करता है। सामान्यत: छोटे मंत्रालयों का दायित्व राज्य मंत्री (स्वतंत्र प्रभार) को सौंपा जाता है। स्वतंत्र प्रभार वाला राज्य मंत्री कैबिनेट की बैठकों में आमंत्रण के बाद भागीदारी करता है। यदि इसके मंत्रालय से संबंधित कोई विषय कैबिनेट के समक्ष है, तो इसे कैबिनेट की बैठकों में आमंत्रित किया जाता है। खेल मंत्रालय तथा कॉरपोरेट मंत्रालय जैसे छोटे मंत्रालयों में राज्य मंत्री (स्वतंत्र प्रभार) का निर्माण किया जाता है। ये व्यावहारिक रूप में कैबिनेट मंत्री के समान होते हैं, परंतु कैबिनेट की बैठकों को छोटा बनाए रखने के लिए राज्य मंत्री (स्वतंत्र प्रभार) के पद का निर्माण किया जाता है।

3. राज्य मंत्री (Minister of State)

ये संघ सरकार के मंत्री हैं, न कि राज्य सरकारों कें ये मंत्रालयों के विभागों का कार्य देखते हैं। इसलिए इन्हें राज्य मंत्री का नाम दिया गया है। राज्य मंत्री, कैबिनेट मंत्री के अधीन कार्य करता है। सामान्यत: गृह मंत्रालय जैसे बड़े मंत्रालयों में राज्य मंत्री की नियुक्ति होती है। गृह मंत्रालय में 6 विभाग (जिसमें सीमा प्रबंध, आंतरिक सुरक्षा, जम्मू एवं कश्मीर का मामला, गृह विभाग, आधिकारिक भाषा का विभाग एवं राज्यों का विभाग) हैं, जिसे मंत्रालय के किसी भी भाग का कार्यभार सौंप दिया जाता है। सामान्यत: राज्य मंत्री कैबिनेट की बैठकों में भाग नहीं लेता तथा राज्य मंत्री अपने मंत्रालयों के नीति-निर्माता नहीं होते।

4. उप-मंत्री (Sub-Minister)

ये तीसरे स्तर के मंत्री होते हैं तथा ये विभागों में प्रशासनिक कार्यों का निर्वहन करते हैं और ये मंत्रिमंडल की बैठकों में भाग नहीं लेते। मंत्रिमंडलीय विचार-विमर्श में उनकी कोई भागीदारी नहीं होती। वर्तमान में उप मंत्री की नियुक्ति नहीं हो रही है।

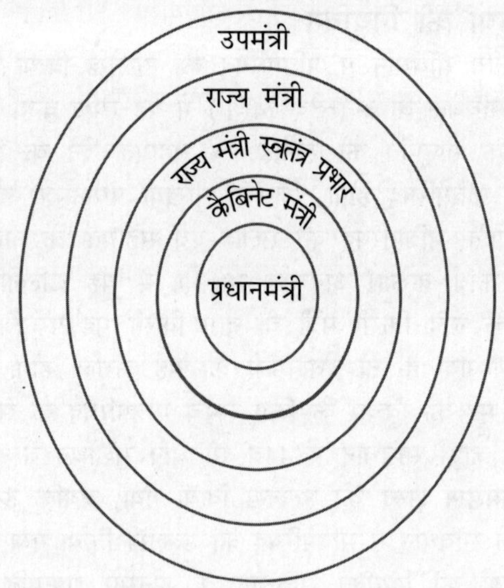

5. संसदीय सचिव (Parliamentary Secretary)

संसदीय सचिव की नियुक्ति संसद में न होकर, राज्य विधान सभाओं में होती है, फिर भी इन्हें संसदीय सचिव कहा जाता है और राज्य स्तर पर सत्ताधारी पक्ष के चुने हुए प्रतिनिधियों को मुख्यमंत्रियों द्वारा शपथ दिलाई जाती है। संसदीय सचिव मंत्रियों की सहायता करते हैं। इसलिए इनका दर्जा लगभग मंत्रियों के समान होता है। भारत में विभिन्न राज्य सरकारों के द्वारा अनेक संसदीय सचिवों की नियुक्ति की गई है, जिसके द्वारा संविधान में निर्धारित मंत्रिपरिषद् के आकार का उल्लंघन नहीं होता, क्योंकि संसदीय सचिवों को सैद्धांतिक रूप में मंत्रिपरिषद् के समूह में नहीं रखा जाता है।

मंत्रिपरिषद् का आकार

संविधान में मंत्रिपरिषद् शब्द का प्रयोग किया गया है साथ ही मंत्रिमंडल शब्द का भी उल्लेख है। संसदीय विधि के द्वारा मंत्रियों के विभिन्न वर्गीकरण किए गए हैं। जिसके अनुसार कैबिनेट मंत्री, राज्य मंत्री, राज्य मंत्री (स्वतंत्र प्रभार) की नियुक्ति की जाती है। 91वां संविधान संशोधन (2003) के अनुसार मंत्रिपरिषद् की अधिकतम संख्या का निर्धारण कर दिया गया। जिसके अनुसार मंत्रिपरिषद् की संख्या लोक सभा अथवा राज्य विधान सभा की कुल सदस्य संख्या का 15 प्रतिशत से अधिक नहीं होगी, जिसमें प्रधानमंत्री और मुख्यमंत्री का पद भी शामिल होगा।

राष्ट्रीय राजधानी क्षेत्र दिल्ली में मंत्रिपरिषद् की संख्या 10 प्रतिशत से अधिक नहीं होनी चाहिए। परंतु मंत्रिपरिषद् की संख्या-12 से कम नहीं होनी चाहिए। उदाहरण के लिए गोवा में विधान सभा में केवल 40 सदस्य हैं। फिर भी मंत्रिपरिषद् में 12 सदस्यों को शामिल किया गया है। मंत्रिपरिषद् के आकार को सीमित करने के कारण अनेक सरकारों के द्वारा संसदीय सचिवों की स्थापना का प्रचलन शुरू किया गया, जिससे राजनीतिक दलों के सदस्यों को अधिक से अधिक लाभ दिया जा सके।

लाभ का पद और संसदीय सचिव

भारतीय संविधान के अनुच्छेद-102 एवं 191 में यह स्पष्ट उल्लिखित है कि सांसद अथवा राज्य विधान सभा का सदस्य किसी भी लाभ के पद पर नहीं होगा। संविधान में लाभ के पद को परिभाषित नहीं किया गया है। उच्चतम न्यायालय ने लाभ के पद को परिभाषित करते हुए कहा है कि यह पद संघ अथवा राज्य सरकार के अधीन हो तथा इस पर नियुक्त व्यक्ति को लाभ प्राप्त हो रहा हो अथवा लाभ प्राप्त करने की संभावना हो, तो इसे लाभ का पद कहा जाएगा।

संसद ने वर्ष-1959 में एक अधिनियम का निर्माण करते हुए अनेक पदों को लाभ के पद से बाहर रखा, जिसमें मंत्रियों का पद शामिल होगा और अधिनियम में संशोधन करते हुए योजना आयोग के उपाध्यक्ष को भी लाभ के पद से बाहर रखा गया है। इसी प्रकार विभिन्न राज्य विधान सभाओं में अधिनियम का निर्माण करके यह प्रावधान किया है कि संसदीय सचिव का पद लाभ के पद में शामिल नहीं होगा।

दिल्ली का मुद्दा

दिल्ली में अरविंद केजरीवाल सरकार के द्वारा 21 संसदीय सचिवों की नियुक्ति की गई। यह संख्या अपने आप में ऐतिहासिक है। दिल्ली सरकार के द्वारा ऐसी विधि का निर्माण नहीं किया गया है, जिसके द्वारा संसदीय सचिव को लाभ के पद के दायरे से बाहर रखा जा सके। इसलिए वैधानिक रूप में दिल्ली के 21 विधायक लाभ के पद पर बने हुए हैं। इस समस्या को देखते हुए दिल्ली विधान सभा में विधायकों की सदस्यता को बचाने के लिए एक अधिनियम का निर्माण किया, जिसे राष्ट्रपति से मंजूरी प्राप्त नहीं हुई। यदि कोई विधायक लाभ के पद पर बना हुआ है, तो इसकी सदस्यता का अंतिम निर्धारण राष्ट्रपति अथवा राज्यपाल, निर्वाचन आयोग की सलाह से करेगा। इसलिए दिल्ली के 21 विधायकों के भविष्य के निर्धारण का अधिकार चुनाव आयोग के हाथों में है।

मंत्रिपरिषद् तथा मंत्रिमंडल में अंतर

मंत्रिपरिषद् (Council of minister)	मंत्रिमंडल (Cabinet)
• मंत्रिपरिषद् में तीन स्तर के सदस्य होते हैं- 1. कैबिनेट स्तर के मंत्री। 2. राज्य स्तर के मंत्री। 3. राज्य मंत्री (स्वतंत्र प्रभार)।	• यह मंत्रिपरिषद् का सर्वाधिक विशिष्ट एवं केंद्रीय भाग होता है तथा इसमें केवल कैबिनेट स्तर के मंत्री ही शामिल होते हैं।
• यह एक सांविधानिक निकाय है, जिसका वर्णन संविधान के अनुच्छेद-74 व 75 में किया गया है।	• 44वें संविधान संशोधन, 1978 द्वारा अनुच्छेद-352 में मंत्रिमंडल (कैबिनेट) शब्द को जोड़ा गया, जबकि संविधान के मूल पाठ में इस शब्द को स्थान नहीं दिया गया था।
• 91वें संविधान संशोधन के द्वारा मंत्रिपरिषद् की संख्या निश्चित कर दी गई है। जिसके अनुसार लोक सभा की कुल सदस्य संख्या के 15 प्रतिशत से ज्यादा सदस्य मंत्रिपरिषद् में शामिल नहीं होंगे।	• मंत्रिमंडल के आकार पर कोई प्रतिबंध नहीं है।
• मंत्रिपरिषद् की बैठक कभी नहीं होती है।	• मंत्रिमंडल की बैठक सदैव होती है।
• मंत्रिपरिषद् में 50 से 70 मंत्री तक शामिल होते हैं।	• जबकि मंत्रिमंडल में 15-20 मंत्री सम्मिलित होते हैं।

न्यायपालिका का निर्णय

वर्ष-2016 में पंजाब और हरियाणा उच्च न्यायालय ने निर्णय देते हुए कहा कि संसदीय सचिवों की नियुक्ति संविधान की मूल भावना के प्रतिकूल है, क्योंकि संविधान में मंत्रिपरिषद् का आकार निर्धारित कर दिया गया है और संसदीय सचिवों की नियुक्ति करके संविधान की मूल भावना का उल्लंघन किया जा रहा है। संसद अथवा विधायिका के द्वारा निर्मित कोई भी विधि संविधान की मूल प्रावधानों के विरुद्ध नहीं होनी चाहिए।

प्रधानमंत्री एवं गठबंधन सरकार

स्वतंत्रता के बाद भारत के पहले प्रधानमंत्री नेहरू अत्यधिक शक्तिशाली प्रधानमंत्री थे तथा उन्हें लोक सभा में दो-तिहाई सदस्यों का समर्थन प्राप्त था और सरदार पटेल की मृत्यु के बाद कांग्रेस पार्टी में नेहरू के नेतृत्व को चुनौती देने वाला कोई नहीं था। नेहरू के बाद इंदिरा गांधी अपने पहले कार्यकाल में कमजोर प्रधानमंत्री थीं। लाल बहादुर शास्त्री की मृत्यु के बाद वर्ष-1966 में जब इंदिरा गांधी प्रधानमंत्री बनीं, तब वे राज्य सभा की सदस्या थीं तथा वर्ष-1969 में कांग्रेस के विभाजन के बाद इंदिरा गांधी सरकार लोक सभा में अन्य दलों के समर्थन पर निर्भर थी। वर्ष-1971 में इंदिरा गांधी को लोक सभा चुनाव में दो-तिहाई बहुमत प्राप्त हुआ और वे शक्तिशाली प्रधानमंत्री के रूप में उभरीं। इंदिरा गांधी के शासनकाल के दौरान संसदीय शासन के बजाए, प्रधानमंत्री शासन कायम था, क्योंकि प्रधानमंत्री की शक्तियां मंत्रिमंडल के सदस्यों की तुलना में अत्यधिक शक्तिशाली हो गईं तथा प्रधानमंत्री लोक सभा से नियंत्रित होने के बजाए, लोक सभा को नियंत्रित करने लगीं, परंतु गठबंधन सरकारों के दौर में किसी भी एक दल को लोक सभा में बहुमत प्राप्त नहीं हुआ।

वास्तविक रूप से मिली-जुली सरकार का दौर वर्ष-1977 से माना जाना चाहिए, जब मोरारजी देसाई के नेतृत्व में सरकार बनी, परंतु वर्ष-1989 से भारत में वास्तविक गठबंधन सरकारों का युग प्रारंभ हुआ। गठबंधन सरकारों के दौर में प्रधानमंत्री की शक्ति और प्रभाव का ह्रास हुआ। वर्ष-1989 से लेकर वर्ष-2013 तक संघ में गठबंधन सरकारों का निर्माण हुआ तथा किसी भी एक दल को लोक सभा में स्पष्ट बहुमत प्राप्त नहीं हो सका, जिसके कारण प्रधानमंत्री अनेक दलों के सहयोग के आधार पर निर्मित हुआ। वर्ष-1991 में जब चन्द्र शेखर प्रधानमंत्री बने थे, तब उनके दल में केवल 54 सांसद थे और कांग्रेस दल के द्वारा उन्हें बाहर से समर्थन दिया गया था। वर्ष-1996 में प्रधानमंत्री देवगौड़ा कांग्रेस के बाहरी समर्थन पर निर्भर थे। वर्ष-1998 के बाद अटल बिहारी वाजपेयी प्रधानमंत्री बने, जो अनेक दलों के समर्थन से सत्ता में बने हुए थे। वर्ष-2004 से लेकर वर्ष-2013 तक डॉ. मनमोहन सिंह प्रधानमंत्री पद पर बने रहने के लिए अनेक दलों के समर्थन पर निर्भर थे। यदि प्रधानमंत्री राजनीतिक रूप में कमजोर है, तो वह संवैधानिक रूप में शक्तिशाली नहीं हो सकता। संसदीय शासन की मूलभूत परंपरा के अनुसार प्रधानमंत्री लोक सभा का नेता होता है, परंतु डॉ. मनमोहन सिंह लोक सभा के सदस्य ही नहीं थे।

प्रधानमंत्री के पद का ह्रास

गठबंधन सरकारों के दौर में प्रधानमंत्री पद के समानांतर यू. पी. ए. के अध्यक्ष पद का भी विकास हुआ और यू. पी. ए. की अध्यक्षा सोनिया गांधी थीं, जो कांग्रेस पार्टी की अध्यक्षा भी थीं। अत: राजनीतिक रूप में सोनिया गांधी शक्तिशाली थीं, जबकि संवैधानिक शक्तियां डॉ. मनमोहन सिंह में निहित थीं। संसदीय शासन सामूहिक उत्तरदायित्व के आधार पर कार्य करता है, परंतु गठबंधन सरकारों के दौर में मंत्रिमंडल के सदस्यों के द्वारा मंत्रिमंडल के निर्णय से सार्वजनिक रूप में असहमति व्यक्त की गई। गठबंधन सरकारों के दौर में बाहर से समर्थन देने की परंपरा का भी विकास हुआ। परिणामस्वरूप अनेक राजनीतिक दल सरकार और सत्ता का लाभ प्राप्त कर रहे थे, परंतु वे किसी के प्रति उत्तरदायी नहीं थे, क्योंकि बाहर से समर्थन देने वाले दलों की भागीदारी सरकार में नहीं होती है। संसदीय शासन में मंत्रालयों के फेरबदल का अधिकार प्रधानमंत्री को होता है, परंतु गठबंधन के सहयोगियों के द्वारा मंत्री पद प्राप्त करने के लिए प्रधानमंत्री के साथ पहले ही समझौता कर लिया जाता था। यह भी उल्लेखनीय है कि प्रधानमंत्री देश की नीति का निर्माता भी होता है, परंतु गठबंधन सरकारों के दौर में न्यूनतम साझा कार्यक्रम का पहले ही निर्माण कर लिया जाता था, जिससे प्रधानमंत्री की नीति-निर्माता के रूप में भूमिका कमजोर हो गई।

शक्तिशाली प्रधानमंत्री का उदय

16वीं लोक सभा में वर्ष-1984 के बाद पहली बार किसी

भी दल को संसद में स्पष्ट बहुमंत प्राप्त हुआ एवं प्रधानमंत्री नरेन्द्र मोदी का शक्तिशाली प्रधानमंत्री के रूप में उभार हुआ। इंदिरा गांधी के बाद नरेन्द्र मोदी का उभार सबसे शक्तिशाली प्रधानमंत्री के रूप में हुआ है और भारत में पुनः प्रधानमंत्री शासन का उदय हुआ एवं प्रधानमंत्री के नाम पर लोक सभा चुनाव लड़ा गया। प्रधानमंत्री ने अपने सबसे करीबी सहयोगियों राजनाथ सिंह, अरूण जेटली, सुषमा स्वराज को महत्त्वपूर्ण विभाग सौंपे तथा आरंभ में मंत्रिमंडल का आकार भी अत्यधिक छोटा रखा गया, जिससे प्रधानमंत्री कार्यालय की शक्तियों में निर्णायक वृद्धि हुई। प्रधानमंत्री ने विदेश यात्राओं में महत्त्वपूर्ण नीतियों की घोषणाएं कीं। प्रधानमंत्री के द्वारा अपने दल के सांसदों पर भी प्रभावी नियंत्रण कायम है। एक सशक्त प्रधानमंत्री के द्वारा अपनी पसंद का राष्ट्रपति उम्मीदवार चुना जा सकता है। जैसे-रामनाथ कोविंद।

उप-प्रधानमंत्री

भारतीय संविधान में उप-प्रधानमंत्री के पद का उल्लेख नहीं है। इसलिए तकनीकी रूप में उप-प्रधानमंत्री कैबिनेट मंत्री है, परंतु राजनीतिक कारणों से उप-प्रधानमंत्री के पद का निर्माण किया गया। सरदार पटेल भारत के पहले उप-प्रधानमंत्री थे, उसके बाद वर्ष-1967 में उप-प्रधानमंत्री पद का पुनः निर्माण हुआ, जब मोरारजी देसाई, इंदिरा गांधी के शासनकाल के दौरान उप-प्रधानमंत्री थे। लेकिन जब जनता पार्टी की सरकार आई, तो उस समय दो उप-प्रधानमंत्री (चौधरी चरण सिंह और जगजीवन राम) बनाए गए। उप-प्रधानमंत्री की सभी शक्तियां एक कैबिनेट मंत्री की शक्तियां होती हैं। उदाहरण के लिए, अटल बिहारी वाजपेयी के प्रधानमंत्रित्व कार्यकाल में लाल कृष्ण आडवाणी गृह मंत्री थे, जिन्हें उप-प्रधानमंत्री के रूप में नियुक्त किया गया। उप-प्रधानमंत्री का पद शक्तिशाली प्रधानमंत्रियों के दौर में अनुपस्थित रहा। उप-प्रधानमंत्री की नियुक्ति ज्यादातर कमजोर प्रधानमंत्रियों के कार्यकाल में हुई, जिन्हें या तो अपने दल में पूर्ण समर्थन प्राप्त नहीं था अथवा प्रधानमंत्री के दल का लोक सभा में पूर्ण बहुमत नहीं था।

राष्ट्रपति व प्रधानमंत्री के बीच संबंध

भारतीय संविधान में संसदीय शासन प्रणाली अपनाई गई है, जिसके अनुसार राष्ट्रपति, कार्यपालिका का संवैधानिक प्रधान तथा प्रधानमंत्री, कार्यपालिका का वास्तविक प्रधान है। संविधान में समूची कार्यपालिकीय शक्तियां राष्ट्रपति में निहित हैं, परंतु इसका व्यावहारिक प्रयोग प्रधानमंत्री के द्वारा ही किया जाता है। राष्ट्रपति अपने कार्य मंत्रिपरिषद् एवं उसके अध्यक्ष प्रधानमंत्री की सहायता एवं सलाह के अनुसार करता है। संविधान निर्माताओं ने यह कल्पना की है कि राष्ट्रपति, मंत्रिपरिषद् के अभाव में कोई कार्य नहीं करेगा। भारत में इस मुद्दे पर वर्ष-1960 में एक बहस आरंभ हो गई, जब तत्कालीन राष्ट्रपति डॉ. राजेन्द्र प्रसाद ने कहा कि संविधान में कोई भी ऐसा स्पष्ट प्रावधान नहीं है, जो राष्ट्रपति को सदैव मंत्रिपरिषद् की सलाह एवं सहायता के आधार पर कार्य करने के लिए बाध्य करे।

उच्चतम न्यायालय के द्वारा राष्ट्रपति और प्रधानमंत्री के बीच संबंधों को *शमशेर सिंह वाद* (वर्ष-1955) में स्पष्ट किया गया कि अनुच्छेद-53 के अनुसार, राष्ट्रपति एक संवैधानिक प्रधान हैं तथा वह मंत्रिपरिषद् की सलाह और सहायता के आधार पर कार्य करता है, (अनुच्छेद-74(1)) । न्यायपालिका के अनुसार, इन दोनों प्रावधानों को एक साथ देखने की आवश्यकता है, अलग-अलग नहीं। अतः संविधान में राष्ट्रपति, मंत्रिपरिषद् के अलावा कार्य नहीं कर सकता तथा शासन की वास्तविक शक्तियां प्रधानमंत्री के हाथ में है। इसलिए राष्ट्रपति को संविधान से विवेकाधीन शक्तियां प्राप्त नहीं हैं। इंदिरा गांधी के प्रधानमंत्री बनने के बाद राष्ट्रपति की संवैधानिक शक्तियों को सीमित करने का प्रयत्न किया गया। इंदिरा गांधी ने 24वां संविधान संशोधन, 1971 प्रस्तुत करते हुए प्रावधान किया कि राष्ट्रपति किसी संविधान संशोधन विधेयक पर वीटो नहीं करेगा। बाद में इंदिरा गांधी ने 42वें संविधान संशोधन, 1976 के द्वारा यह प्रावधान किया कि राष्ट्रपति, मंत्रिपरिषद् की सहायता एवं सलाह के अनुसार कार्य करेगा, जिससे यह विवाद समाप्त हो गया कि राष्ट्रपति, मंत्रिपरिषद् की सलाह के अलावा कार्य कर सकता है, अथवा नहीं। वर्ष-1977 में जनता पार्टी सरकार ने 42वें संविधान संशोधन, 1976 के प्रावधान में परिवर्तन नहीं किया, परंतु राष्ट्रपति को एक अतिरिक्त शक्ति प्रदान की गई, जिसके अनुसार राष्ट्रपति, मंत्रिपरिषद् की सलाह को एक बार पुनर्विचार के लिए भेज सकता है, परंतु यदि मंत्रिपरिषद् दोबारा इसे राष्ट्रपति के समक्ष

प्रस्तुत करे, तो राष्ट्रपति के लिए विधेयक पर हस्ताक्षर के अलावा कोई विकल्प नहीं है। यद्यपि इन संशोधनों के बावजूद व्यावहारिक रूप में **राष्ट्रपति को निम्नलिखित स्वविवेक की शक्तियां प्राप्त हो जाती हैं**-

- जब प्रधानमंत्री की अचानक मृत्यु हो जाए, तो वह स्वविवेक से नए प्रधानमंत्री की नियुक्ति करता है।
- जब सरकार अल्पमत में हो जाए तथा लोक सभा अपना विश्वास खो दे, तो ऐसी स्थिति में राष्ट्रपति, प्रधानमंत्री व मंत्रिपरिषद् की सलाह के अनुसार कार्य नहीं करेगा, बल्कि स्वविवेक के अनुसार कार्य करेगा।
- यदि सरकार बनाने के लिए किसी दल के पास स्पष्ट बहुमत न हो, तो ऐसी स्थिति में राष्ट्रपति स्वविवेक से किसी दल को सरकार बनाने के लिए आमंत्रित करते हैं। व्यावहारिक रूप में राष्ट्रपति द्वारा वर्ष-1996 के बाद से सबसे बड़े दल के स्थान पर सबसे बड़े गठबंधन के नेता को सरकार बनाने के लिए आमंत्रित किया जा रहा है।
- किसी विधेयक को पुनर्विचार के लिए भेजने के मामले में राष्ट्रपति स्वविवेक का प्रयोग करता है।
- यदि मंत्रिमंडल सदन में विश्वास मत सिद्ध न कर सके, तो राष्ट्रपति लोक सभा को विघटित करने में स्वविवेक का प्रयोग करता है।

प्रधानमंत्री का कर्त्तव्य

संविधान में प्रधानमंत्री का राष्ट्रपति के प्रति कर्त्तव्यों का भी उल्लेख किया गया है, **जो निम्नलिखित हैं**-

- प्रधानमंत्री का यह कर्त्तव्य होगा कि वह संघ के प्रशासन और विधान से संबंधित मंत्रिपरिषद् के सभी निर्णयों को राष्ट्रपति को संप्रेषित करे, (अनुच्छेद-78(1))।
- संघ के प्रशासन और विधान से संबंधित ऐसी सूचनाओं को प्रदान करे, जिसकी राष्ट्रपति मांग करे, (अनुच्छेद-78(2))।
- यदि किसी मुद्दे पर एक मंत्री ने विचार न किया हो, तो राष्ट्रपति ऐसे मुद्दों को मंत्रिपरिषद् के समक्ष रखवा सकता है, (अनुच्छेद-78(3))।

राष्ट्रपति एवं प्रधानमंत्री के मध्य दूसरा बड़ा विवाद प्रधानमंत्री के कर्त्तव्य से जुड़ा हुआ था। राष्ट्रपति ज्ञानी जैल सिंह तथा प्रधानमंत्री राजीव गांधी के बीच इस संबंध में सबसे बड़ा विवाद उत्पन्न हुआ, जिसमें संवैधानिक संकट के उत्पन्न होने की आशंका व्यक्त की गई थी। राष्ट्रपति ज्ञानी जैल सिंह का आरोप था कि प्रधानमंत्री उन्हें संघ शासन से संबंधित प्रशासन एवं विधायन की सूचना नहीं दे रहे हैं। अतः प्रधानमंत्री अपने संवैधानिक कर्त्तव्यों का उल्लंघन कर रहे हैं। प्रधानमंत्री राजीव गांधी ने तर्क दिया कि प्रधानमंत्री, राष्ट्रपति को कोई सूचना देने के लिए बाध्य नहीं है, बल्कि प्रधानमंत्री जिन सूचनाओं को उचित समझेंगे, वही सूचनाएं राष्ट्रपति को संप्रेषित करेंगे। प्रधानमंत्री के अनुसार, कार्यपालिका की वास्तविक शक्तियां प्रधानमंत्री में निहित हैं। इसलिए सूचना को देने का निर्धारण भी प्रधानमंत्री करेगा। प्रधानमंत्री के अनुसार, वह गोपनीयता की शपथ भी लेता है, जबकि राष्ट्रपति गोपनीयता की शपथ नहीं लेता। इसलिए सूचना देने की शक्ति प्रधानमंत्री में निहित है। वर्ष-1990 के बाद भारतीय शासन में गठबंधन सरकारों का दौर आरंभ हुआ, जिसमें प्रधानमंत्री की शक्तियां कमजोर हुईं। परिणामस्वरूप राष्ट्रपति ने प्रभावी शक्तियों का प्रयोग किया। भारतीय राष्ट्रपति का निर्वाचन अखिल भारतीय रूप में होता है तथा वह संविधान की रक्षा का शपथ लेता है। इसलिए व्यावहारिक रूप में वह प्रभाव का प्रयोग करने में सक्षम होता है।

निष्कर्ष

प्रधानमंत्री संसदीय शासन का केंद्र है तथा प्रधानमंत्री की शक्तियां इसकी राजनीतिक शक्ति के अनुसार निर्धारित होती हैं। संसदीय शासन व्यावहारिक रूप में प्रधानमंत्री शासन के रूप में परिवर्तित हो जाता है। भारतीय लोकतंत्र में कमजोर एवं शक्तिशाली दोनों प्रकार के प्रधानमंत्री देखे जाते हैं, जो लोकतंत्र के संस्थाकरण का उदाहरण हैं।

पाठ संबंधी शब्दकोश

किचेन कैबिनेट (Kitchen Cabinet)

किचेन कैबिनेट शब्द का लोकप्रिय प्रयोग अमेरिकी राष्ट्रपति ऐन्ड्रू जैक्सन (Andrew Jackson) के विरोधियों के द्वारा किया गया। जिसके अनुसार, राष्ट्रपति ऐसे अधिकारियों के साथ परामर्श करते हैं, जो कैबिनेट के भाग नहीं हैं। अत: राष्ट्रपति ने एकसमानांतर कैबिनेट का निर्माण कर लिया था। भारत में वर्तमान में किचेन कैबिनेट का प्रयोग प्रधानमंत्री के सर्वाधिक निकटस्थ एवं महत्त्वपूर्ण मंत्रियों के लिए किया जाता है, जिन पर प्रधानमंत्री निर्णय के लिए निर्भर रहता है। अत: ये प्रधानमंत्री के सर्वाधिक विश्वास प्राप्त मंत्री होते हैं।

छाया मंत्रिमंडल (Shadow Cabinet)

इंग्लैंड में दो दलों की व्यवस्था है। इसीलिए एक दल शासन में होता है, तो दूसरा दल विपक्ष में। अत: विपक्षी दल के नेताओं और सदस्यों को भी छाया मंत्रिमंडल का नाम दिया गया, जिसे प्रतीक्षारत मंत्रिमंडल भी कहा जाता है। क्योंकि अगर सत्ताधारी दल का सदन में विश्वास समाप्त हो गया है, तो इन्हें सरकार बनाने का मौका मिलता है।

मंत्रियों का समूह (Group of Ministers)

भारतीय संसदीय शासन में वर्तमान में मंत्रियों के समूह की संकल्पना का विकास हुआ है, जिसके अंतर्गत् वे विषय, जो अनेक मंत्रालयों से संबंधित होते हैं तथा ऐसे मामलों की देखभाल के लिए 3 या 4 मंत्रियों के समूह का निर्माण किया गया है। यू. पी. ए. शासन के दौरान मीडिया को संबोधित करने के लिए मंत्रियों के एक समूह का निर्माण किया गया था। वर्तमान प्रधानमंत्री नरेन्द्र मोदी ने मंत्रियों के समूह के विचार को अस्वीकार कर दिया है।

प्रारंभिक परीक्षोपयोगी महत्त्वपूर्ण तथ्य

- प्रारंभिक परीक्षोपयोगी महत्त्वपूर्ण तथ्य
- अनुच्छेद-52 के अनुसार, भारत का एक राष्ट्रपति होगा।
- अनुच्छेद-53 के अनुसार, भारत की समूची कार्यपालिकीय शक्तियां राष्ट्रपति में निहित हैं तथा तीनों सेनाओं का प्रधान भी राष्ट्रपति होगा।
- अनुच्छेद-54 के अंतर्गत राष्ट्रपति का चुनाव भारत में निर्वाचन आयोग द्वारा कराया जाता है।
- राष्ट्रपति के चुनाव के नामांकन के लिए उम्मीदवार को कम से कम 50 प्रस्तावक और 50 अनुमोदक होने चाहिए।
- राष्ट्रपति का निर्वाचन संसद के दोनों सदनों के निर्वाचित सदस्यों और राज्य विधान सभाओं के निर्वाचित सदस्यों तथा दिल्ली और पांडिचेरी विधान सभाओं के निर्वाचित सदस्यों के द्वारा किया जाता है।
- 70वें संविधान संशोधन, 1992 के द्वारा दिल्ली एवं पांडिचेरी के विधान सभा सदस्यों को राष्ट्रपति के निर्वाचक मंडल में शामिल किया गया।
- राष्ट्रपति के निर्वाचक मंडल में रिक्ति के आधार पर राष्ट्रपति का चुनाव स्थगित नहीं होगा और न ही यह अवैध होगा।
- राष्ट्रपति चुनाव में पीठासीन अधिकारी के रूप में क्रमशः राज्य सभा व लोक सभा के महासचिव नियुक्त होते हैं।
- राष्ट्रपति चुनाव के विवाद के निर्णय की कार्यवाही उच्चतम न्यायालय में होती है।
- राष्ट्रपति का चुनाव कभी भी दलीय आधार पर नहीं होता है और इसमें चुनाव चिह्न भी नहीं वितरित किया जाता।
- राष्ट्रपति के चुनाव में पार्टी द्वारा ह्विप का प्रयोग नहीं किया जा सकता।
- राष्ट्रपति के चुनाव में दल-बदल प्रणाली लागू नहीं होती।
- डॉ. जाकिर हुसैन तथा फखरूद्दीन अली अहमद की मृत्यु कार्यकाल के दौरान हुई।
- निर्विरोध निर्वाचित होने वाले प्रथम राष्ट्रपति नीलम संजीव रेड्डी थे।
- वी. वी. गिरि (वर्ष-1969) निर्दलीय उम्मीदवार थे, जो द्वितीय चरण की मतगणना में विजयी हुए तथा उन्होंने कांग्रेस के आधिकारिक उम्मीदवार नीलम संजीव रेड्डी को पराजित किया।
- राष्ट्रपति, अनुच्छेद-60 के प्रावधान के अनुसार शपथ लेते हैं तथा भारत के उच्चतम न्यायालय के मुख्य न्यायाधीश राष्ट्रपति को शपथ दिलाते हैं।
- राष्ट्रपति, जिस तिथि से अपना पद ग्रहण करते हैं उस तिथि से 5 वर्षों तक उनका कार्यकाल होगा, (अनुच्छेद-56)।
- राष्ट्रपति, अपना त्यागपत्र उप-राष्ट्रपति को सौंपते हैं।
- राष्ट्रपति, पुनर्निर्वाचित भी हो सकते हैं, (अनुच्छेद-57)।
- राष्ट्रपति को संविधान के उल्लंघन (Violation of Constitution) के आरोप में उनके विरोध में महाभियोग प्रस्ताव (Impeachment Motion) लाया जा सकता है, (अनुच्छेद-61)।
- महाभियोग, संसद के किसी भी सदन में लाया जा सकता है।
- महाभियोग, एक अर्द्ध-न्यायिक प्रक्रिया है।
- महाभियोग प्रस्ताव सिर्फ राष्ट्रपति के लिए प्रयोग किया जाता है एवं अन्य पदाधिकारियों उच्चतम न्यायालय के मुख्य न्यायाधीश, नियंत्रक एवं महालेखा परीक्षक इत्यादि के लिए हटाना (Removal) शब्द का प्रयोग किया जाता है।

- महाभियोग प्रस्ताव में मनोनीत सदस्य भी मतदान कर सकते हैं।
- भारत में अभी तक किसी भी राष्ट्रपति के विरुद्ध में महाभियोग प्रस्ताव नहीं लाया गया है।
- अनुच्छेद-71 के अनुसार, राष्ट्रपति और उप-राष्ट्रपति के चुनाव से संबंधित सभी विवादों का समाधान उच्चतम न्यायालय के द्वारा किया जाएगा।
- उप-राष्ट्रपति, राज्य सभा का पदेन सभापति होगा, (अनुच्छेद-64)।
- प्रधानमंत्री के साथ ही अन्य मंत्रियों की नियुक्ति राष्ट्रपति द्वारा प्रधानमंत्री की सलाह से होगी, (अनुच्छेद-75(1))।
- मंत्री, राष्ट्रपति के प्रसाद पर्यंत कार्य करते हैं, (अनुच्छेद-75(2))।
- राष्ट्रपति, मंत्रियों को तीसरी अनुसूची के अनुसार पद और गोपनीयता की शपथ दिलाते हैं, (अनुच्छेद-75(4))।
- भारत सरकार के सभी कार्य राष्ट्रपति के नाम से किए जाते हैं।
- यदि संसद के दोनों सदनों अथवा कोई एक सदन सत्र में न हो, तो राष्ट्रपति विधि-निर्माण के लिए अध्यादेश जारी करते हैं, (अनुच्छेद-123)।
- राष्ट्रपति कुछ विधेयकों को सदन में प्रस्तुत करने से पूर्व अनुमति प्रदान करते हैं, ऐसे विधेयक निम्नलिखित हैं-
  - (i) किसी राज्य के निर्माण या किसी राज्य की सीमा में या नाम में परिवर्तन के लिए विधेयक, (अनुच्छेद-3)।
  - (ii) ऐसे विधेयक, जो धन विधेयक हैं, (अनुच्छेद-117(1))।
  - (iii) ऐसे विधेयक, जिनसे भारत की संचित निधि में से खर्च करने का प्रावधान हों, (अनुच्छेद-117(3))।
  - (iv) वे विधेयक, जो उन करों के बारे में हैं, जिनमें राज्यों का हित हो या उन सिद्धांतों के बारे में हैं, जिनसे राज्यों को धन वितरित किया जाता है या जो कृषि आय की परिभाषा में परिवर्तन करते हैं, (अनुच्छेद-274(1)।
  - (v) राज्यों के ऐसे विधेयक, जो व्यापार एवं वाणिज्य की स्वतंत्रता पर प्रभाव डालते हैं, (अनुच्छेद-304)।
- राष्ट्रपति, लोक सभा में दो एंग्लो-इंडियन सदस्य (अनुच्छेद-331) तथा राज्य सभा में बारह (12) सदस्यों को मनोनीत करते हैं।
- अनुच्छेद-111 के अंतर्गत राष्ट्रपति विधेयकों को अनुमति प्रदान करते हैं।
- किसी भी अध्यादेश की अधिकतम अवधि 6 महीने 6 सप्ताह होती है।
- अनुच्छेद-200 के अंतर्गत राज्यपाल किसी विधेयक को राष्ट्रपति के विचार के लिए आरक्षित कर सकता है।
- संविधान में 'वीटो' शब्द का प्रयोग नहीं किया गया है, बल्कि इसका प्रयोग व्यावहारिक रूप में होता है।
- भारत में निरपेक्ष वीटो का प्रयोग केवल एक बार ही किया गया है, जिसका प्रयोग राष्ट्रपति डॉ. राजेन्द्र प्रसाद ने 'पेप्सू' (Patiala and East Punjab States Union : PEPSU) विधेयक पर किया था।
- पॉकेट वीटो वर्ष-1987 में ज्ञानी जैल सिंह द्वारा डाक विधेयक पर प्रयोग किया गया, जो किसी भारतीय राष्ट्रपति द्वारा पहली बार पॉकेट वीटो का प्रयोग किया गया था।
- निलंबनकारी वीटो के प्रयोग के उदाहरण निम्नलिखित हैं-
  - (i) वर्ष-2006 में सांसदों के लाभ के पद संबंधी विधेयक पर राष्ट्रपति कलाम के द्वारा पुनर्विचार के लिए सरकार के पास भेज दिया गया था। इसी विधेयक को दोबारा भेजे जाने पर राष्ट्रपति ने हस्ताक्षर किया था।
  - (ii) राष्ट्रपति के. आर. नारायणन द्वारा संघ सरकार द्वारा उत्तर प्रदेश और बिहार में राष्ट्रपति शासन लगाए जाने की अनुशंसा को संघ सरकार के पास पुनर्विचार के लिए भेजा था।

- राष्ट्रपति वार्षिक वित्तीय विवरण (बजट) को संसद के समक्ष रखवाता है।
- धन विधेयक राष्ट्रपति की पूर्व अनुमति से ही संसद में प्रस्तुत किया जा सकता है।
- अनुदान की कोई भी मांग राष्ट्रपति की सिफारिश के बिना नहीं की जा सकती।
- राष्ट्रपति प्रत्येक 5 वर्ष में वित्त आयोग का गठन करता है।
- राष्ट्रपति, संविधान में वर्णित तीनों प्रकार के आपातकाल, राष्ट्रीय आपातकाल (अनुच्छेद-352), राज्यों में संवैधानिक तंत्र की विफलता (अनुच्छेद-356) तथा वित्तीय आपातकाल (अनुच्छेद-360) के लगाने की घोषणा करते हैं।
- राष्ट्रपति, उच्चतम न्यायालय के मुख्य न्यायाधीश तथा अन्य न्यायाधीशों एवं उच्च न्यायालय के मुख्य न्यायाधीश व अन्य न्यायाधीशों की नियुक्ति तथा उन्हें हटाने की शक्ति भी रखता है। वह विधि के किसी मुद्दे पर उच्चतम न्यायालय से सलाह ले सकता है।
- अनुच्छेद-72 के अनुसार, संघ सूची या संघ शासन से संबंधित सभी विषयों पर क्षमा दे सकते हैं, कोर्ट मॉर्शल अपराधी को भी क्षमादान दे सकते हैं तथा मृत्युदंड से पूर्ण क्षमादान की शक्ति केवल राष्ट्रपति को है।
- राष्ट्रपति का विदेशों में भारत के मुख्य संवैधानिक प्रधान के रूप में महत्त्व होता है।
- राष्ट्रपति सभी विदेशी राजदूतों से प्रमाण-पत्र प्राप्त करता है।
- राष्ट्रपति विदेशों में भारतीय राजदूतों की नियुक्ति करता है।
- सभी अंतर्राष्ट्रीय संधियां व समझौते राष्ट्रपति के नाम पर किए जाते हैं।
- राष्ट्रपति तीनों सेनाओं का सर्वोच्च कमांडर होता है।
- राष्ट्रपति युद्ध व शांति की घोषणा करता है।
- राष्ट्रपति को सलाह और सहायता देने के लिए एक मंत्रिपरिषद् होगी, जिसका मुखिया प्रधानमंत्री होगा, (अनुच्छेद-74(1))।
- राष्ट्रपति, मंत्रिपरिषद् से अपने निर्णय पर पुनर्विचार की मांग कर सकता है, परंतु मंत्रिपरिषद् के पुनर्विचार के बाद दोबारा प्रस्ताव राष्ट्रपति के समक्ष प्रस्तुत किया जाए, तो उसे अनुमति देना होगी, (अनुच्छेद-74(2))।
- 24वें संविधान संशोधन, 1971 के द्वारा यह प्रावधान किया गया है कि राष्ट्रपति संविधान संशोधन विधेयक पर वीटो का प्रयोग नहीं करेगा।
- 42वें संविधान संशोधन, 1976 से यह प्रावधान किया गया है कि राष्ट्रपति, मंत्रिपरिषद् की सलाह और सहायता से कार्य करेगा।
- मंत्रिपरिषद् सामूहिक रूप में लोक सभा के प्रति उत्तरदायी होगी।
- प्रधानमंत्री का यह कर्त्तव्य होगा कि वह राष्ट्रपति को संघ के प्रशासन और विधान से संबंधित मंत्रिपरिषद् के सभी निर्णयों को राष्ट्रपति को संप्रेषित करे, (अनुच्छेद-78(1))।
- संघ के प्रशासन और विधान से संबंधित ऐसी सूचनाओं को प्रदान करे, जिसकी राष्ट्रपति मांग करें, (अनुच्छेद-78(2))।
- यदि किसी मुद्दे पर एक मंत्री ने विचार न किया हो, तो राष्ट्रपति ऐसे मुद्दों को मंत्रिपरिषद् के समक्ष रखवा सकते हैं, (अनुच्छेद-78(3))।
- उच्चतम न्यायालय के अनुसार, हमारे संविधान निर्माताओं ने संसदीय शासन प्रणाली का निर्माण किया है, जिसमें राष्ट्रपति संवैधानिक प्रधान तथा प्रधानमंत्री वास्तविक प्रधान होते हैं।

- अनुच्छेद-66 के अंतर्गत उप-राष्ट्रपति का निर्वाचन भारत के निर्वाचन आयोग द्वारा कराया जाता है।
- उप-राष्ट्रपति का चुनाव आनुपातिक प्रतिनिधित्व की एकल संक्रमणीय मत पद्धति द्वारा कराया जाता है।
- उप-राष्ट्रपति के चुनाव में राज्य सभा और लोक सभा के सभी सदस्य मतदान करते हैं।
- यह बिंदु ध्यान देने योग्य है कि उप-राष्ट्रपति के चुनाव में मनोनीत सदस्य भी मतदान करते हैं, जबकि राष्ट्रपति के चुनाव में मनोनीत सदस्य मतदान नहीं करते।
- राज्य विधान मंडलों के सदस्य उप-राष्ट्रपति के चुनाव में मतदान नहीं करते, जबकि राष्ट्रपति के चुनाव में राज्य विधान मंडलों के सदस्य मतदान करते हैं।
- उप-राष्ट्रपति पद के उम्मीदवार के लिए 20 प्रस्तावक तथा 20 अनुमोदक होते हैं।
- अनुच्छेद-67 के अनुसार, उप-राष्ट्रपति का कार्यकाल पद ग्रहण से 5 वर्ष तक होता है।
- उप-राष्ट्रपति पद के लिए कोई व्यक्ति दोबारा भी चुना जा सकता है।
- राष्ट्रपति, उप-राष्ट्रपति को शपथ ग्रहण कराते हैं, (अनुच्छेद-69)।
- प्रधानमंत्री को राष्ट्रपति पद एवं गोपनीयता की शपथ दिलाते हैं।
- भारतीय संसदीय व्यवस्था में मंत्री किसी भी सदन से लिए जा सकते हैं तथा मंत्री के रूप में वह दोनों सदनों की चर्चा में भाग ले सकते हैं, लेकिन मतदान केवल उसी सदन में करेंगे, जिसके वे सदस्य होंगे।
- श्रीमती इंदिरा गांधी जब पहली बार प्रधानमंत्री बनीं, तब वे राज्य सभा की सदस्या थीं।
- इन्द्र कुमार गुजराल भी प्रधानमंत्री पद धारण के समय राज्य सभा के सदस्य थे, जबकि देवगौड़ा और नरसिंह राव बिना किसी सदन के सदस्य होते हुए भी प्रधानमंत्री बने तथा बाद में देवगौड़ा ने राज्य सभा की सदस्यता ली तथा नरसिंह राव ने लोक सभा का चुनाव जीता।
- निम्नलिखित छह (6) लोग (जिसगें मोरारजी देसाई, चौ. चरण सिंह, वी. पी. सिंह, पी. वी. नरसिंह राव, एच. डी. देवगौड़ा एवं नरेन्द्र दामोदर दास मोदी) अपने राज्यों में मुख्यमंत्री बनने के बाद देश के प्रधानमंत्री बने।
- भारतीय संविधान में उप-प्रधानमंत्री के पद का कोई प्रावधान नहीं है, परंतु व्यावहारिक राजनीति में उप-प्रधानमंत्री नियुक्त किए गए हैं।
- उप-प्रधानमंत्री चुने जाने वाला व्यक्ति कैबिनेट मंत्री के समान होता है।
- उप-प्रधानमंत्री की नियुक्ति भी प्रधानमंत्री की सलाह पर राष्ट्रपति करते हैं।
- संविधान में मंत्रिपरिषद् शब्द एवं मंत्री शब्द का प्रयोग किया गया है, जबकि कैबिनेट शब्द का प्रयोग 44वें संविधान संशोधन, 1978 में किया गया है।
- 91वें संविधान संशोधन विधेयक, 2003 से यह प्रावधान किया गया है कि प्रधानमंत्री सहित मंत्रिपरिषद् के सदस्यों की कुल संख्या, लोक सभा की कुल संख्या के 15 प्रतिशत से अधिक नहीं होगी। दिल्ली में मंत्रिपरिषद् की कुल संख्या दिल्ली विधान सभा के कुल सदस्यों के 10 प्रतिशत से अधिक नहीं होगी, जिसमें मुख्यमंत्री भी शामिल होंगे। जबकि अन्य राज्यों एवं केंद्रशासित प्रदेशों में मंत्रिपरिषद् की अधिकतम संख्या विधान सभा की 15 प्रतिशत से ज्यादा नहीं होगी।
- तीसरी अनुसूची के अनुसार, राष्ट्रपति मंत्रियों को पद एवं गोपनीयता की शपथ दिलाते हैं।
- मंत्रिपरिषद् लोक सभा के प्रति सामूहिक रूप से उत्तरदायी होती है।
- मंत्री व्यक्तिगत रूप में राष्ट्रपति के प्रति उत्तरदायी होते हैं।

न्यायपालिका की संरचना एवं कार्य

भाग

6

1) उच्चतम न्यायालय, 2) उच्च न्यायालय, 3) न्यायिक पुनरावलोकन एवं न्यायिक सक्रियता, 4) अधीनस्थ न्यायालय, 5) वैकल्पिक न्याय प्रणाली

अध्याय

1

उच्चतम न्यायालय

(Supreme Court)

● मुख्य न्यायाधीश, ● फर्स्ट जजेज केस, ● जजेज-III वाद, ● कोलेजियम प्रणाली की आलोचना, ● राष्ट्रीय न्यायिक नियुक्ति आयोग, ● न्यायाधीशों को हटाने की प्रक्रिया, ● न्यायपालिका की स्वतंत्रता, ● उच्चतम न्यायालय की शक्तियां एवं क्षेत्राधिकार, ● 1. प्रारंभिक व संघीय अधिकार क्षेत्र, ● 2. रिट अधिकारिता, ● 3. अपीलीय अधिकारिता, ● 4. सलाहकारी अधिकारिता, ● 5. संविधान के संरक्षक के रूप में न्यायपालिका, ● 6. अभिलेखीय न्यायालय, ● अपील के राष्ट्रीय न्यायालय का प्रस्ताव, ● 7. अन्य शक्तियां, ● निष्पक्ष आलोचना, ● निष्कर्ष

उच्चतम न्यायालय, भारत का सर्वोच्च न्यायालय है। संविधान के भाग-5 में अनुच्छेद-124 से 147 तक उच्चतम न्यायालय की शक्तियों तथा कार्यों का वर्णन है। यह संघीय न्यायालय होने के साथ-साथ अंतिम अपीलीय न्यायालय भी है। उच्चतम न्यायालय आवश्यकता पड़ने पर विभिन्न विषयों पर राष्ट्रपति को सलाह भी देता है। भारतीय उच्चतम न्यायालय नई दिल्ली में स्थित है। साथ ही मुख्य न्यायाधीश को यह अधिकार है कि वह राष्ट्रपति की पूर्व अनुमति से उच्चतम न्यायालय की अन्य पीठ की स्थापना तथा स्थान परिवर्तित भी कर सकता है (अनुच्छेद-130)। उल्लेखनीय है कि भारत में लोकतांत्रिक गणराज्य की स्थापना के दो दिन बाद ही 28 जनवरी, 1950 को उच्चतम न्यायालय अस्तित्व में आया। इससे पूर्व वर्ष-1937 से 1950 के दौरान संसद भवन के **चैम्बर ऑफ प्रिंसेज** (Chamber of Princess) में फेडरल कोर्ट ऑफ इंडिया कार्यरत था। उच्चतम न्यायालय का उद्घाटन संसद भवन परिसर के **चैम्बर ऑफ प्रिंसेज** में ही हुआ था और वर्ष-1958 तक वहीं पर यह कार्यरत था। तत्पश्चात् भगवान दास मार्ग नई दिल्ली में स्थानांतरित हो गया।

न्यायाधीशों की संख्या

संविधान में अनुच्छेद-124(1) के अनुसार, 'भारत में एक उच्चतम न्यायालय होगा, जो एक मुख्य न्यायाधीश तथा सात अन्य न्यायाधीशों से मिलकर बनेगा।' मूल संविधान में सात न्यायाधीश थे, इसके अतिरिक्त संविधान में यह उल्लिखित है कि न्यायाधीशों की संख्या संसद के द्वारा निर्धारित की जाएगी। अत: न्यायाधीशों की संख्या में वृद्धि के लिए संविधान संशोधन की आवश्यकता नहीं है। न्यायाधीशों की संख्या में वृद्धि के लिए संसद द्वारा उच्चतम न्यायालय (न्यायाधीशों की संख्या) अधिनियम, 1956 का निर्माण किया गया है। इसमें संशोधन हेतु संशोधन विधेयक, 2008 संसद में दिसंबर, 2008 में लाया गया था। जिसके अनुसार, उच्चतम न्यायालय में न्यायाधीशों की संख्या बढ़ाकर 30 कर दी गई। इसके अतिरिक्त उच्चतम न्यायालय का मुख्य न्यायाधीश भी होगा। अत: उच्चतम न्यायालय में कुल 31 न्यायाधीश हैं।

उच्चतम न्यायालय की सीट

संविधान के अनुच्छेद-130 में यह उल्लिखित है कि उच्चतम न्यायालय की सीट नई दिल्ली में स्थित होगी, परंतु उच्चतम न्यायालय के मुख्य न्यायाधीश राष्ट्रपति की पूर्व सलाह से अन्य स्थान पर भी उच्चतम न्यायालय की पीठ को स्थापित कर सकता है। अत: अनेक बार दक्षिण भारतीय समुदाय के द्वारा उच्चतम न्यायालय की पीठ को चेन्नई में

भी स्थापित करने की मांग की गई। परंतु न्यायपालिका के द्वारा इसे स्वीकार नहीं किया गया, क्योंकि मुख्य न्यायाधीश के द्वारा चेन्नई बेंच के प्रशासनिक नियंत्रण में समस्या उत्पन्न होगी तथा एक राष्ट्र में दो उच्चतम न्यायालयों की उपस्थिति भी विरोधाभासी प्रतीत होती है। इसीलिए आज तक अन्य पीठ के गठन को स्वीकार नहीं किया गया।

न्यायाधीशों की योग्यताएं

भारत में उच्चतम न्यायालय का न्यायाधीश नियुक्त होने के लिए **निम्नलिखित योग्यताएं होनी चाहिए-**

- वह भारत का नागरिक हो।
- वह लगातार कम से कम 5 वर्षों तक किसी उच्च न्यायालय का या ऐसे दो या अधिक न्यायालयों का न्यायाधीश रहा हो, या
- वह लगातार कम से कम 10 वर्षों तक किसी उच्च न्यायालय या ऐसे दो या अधिक न्यायालयों का अधिवक्ता रहा हो, या
- वह राष्ट्रपति की राय में विख्यात या कुशल विधिवेत्ता हो।

भारत में उच्चतम न्यायालय के न्यायाधीशों की नियुक्ति में उच्च न्यायालय के न्यायाधीशों को प्राथमिकता दी जाती है। वर्ष-2014 में कोलेजियम व्यवस्था (Collegium System) के द्वारा उच्चतम न्यायालय के न्यायाधीश पद हेतु उच्चतम न्यायालय के दो वरिष्ठ वकीलों की नियुक्ति किए जाने की अनुशंसा की गई, जिसमें गोपाल सुब्रमण्यम और आर. एफ. नरीमन के नामों की सिफारिश की गई। यह कदम अत्यधिक महत्त्वपूर्ण और निर्णायक है, जब वकीलों को सीधे न्यायाधीश बनाया जा रहा है। भारतीय संविधान में यह उल्लिखित है कि उच्च न्यायालय का न्यायाधीश वकील अथवा अन्य विधि विशेषज्ञ ही उच्चतम न्यायालय का न्यायाधीश हो सकता है। इसके पहले वर्ष-1999 में संतोष हेगड़े को उच्चतम न्यायालय के न्यायाधीश के रूप में नियुक्त किया गया था, जब वे उच्च न्यायालय के एक वकील थे। इन न्यायाधीशों की नियुक्ति पर एक विवाद भी उत्पन्न हो गया, क्योंकि वर्तमान भारतीय जनता पार्टी सरकार के द्वारा गोपाल सुब्रमण्यम के नाम पर कोलेजियम से पुनर्विचार की अनुशंसा की गई है। गोपाल सुब्रमण्यम के द्वारा न्यायाधीश के रूप में नियुक्ति से अपना नाम स्वैच्छिक रूप में वापस ले लिया गया और उन्होंने कहा कि उच्चतम न्यायालय ने तार्किक और वास्तविक रूप में कार्य नहीं किया। वर्ष-2018 में इंदु मलहोत्रा को उच्चतम न्यायालय के न्यायाधीश के रूप में नियुक्त किया गया और वे उच्च न्यायालय में वकालत कर रही थीं। उच्चतम न्यायालय के न्यायाधीशों की ज्यादातर संख्या उच्च न्यायालय के मुख्य न्यायाधीशों की रही है। संविधान में किसी प्रोफेसर को भी न्यायाधीश बनाया जाने का आधार विद्यमान है, क्योंकि राष्ट्रपति की राय में विधि विशेषज्ञ को न्यायाधीश बनाया जा सकता है, परंतु आज तक किसी प्रोफेसर को न्यायाधीश नहीं बनाया गया है।

मुख्य न्यायाधीश

प्रथम प्रधानमंत्री जवाहर लाल नेहरू के द्वारा तत्कालीन वरिष्ठतम न्यायाधीश पतंजलि शास्त्री की वरिष्ठता का उल्लंघन करना चाहते थे, जब भारत के पहले मुख्य न्यायाधीश एच. एल. कानिया की मृत्यु हो गई थी, परंतु नेहरू के इस प्रयास को अन्य न्यायाधीशों के विरोध के कारण सफलता प्राप्त नहीं हुई। इसलिए पतंजलि शास्त्री को मुख्य न्यायाधीश बनाया गया। इसके बाद नेहरू ने कभी भी न्यायाधीशों की वरिष्ठता के उल्लंघन का प्रयास नहीं किया।

संविधान में न्यायाधीशों की योग्यता का उल्लेख है, परंतु मुख्य न्यायाधीश की किसी भी अतिरिक्त योग्यता का उल्लेख नहीं है। परंतु परंपरा के अनुसार, उच्चतम न्यायालय के वरिष्ठतम न्यायाधीश को ही उच्चतम न्यायालय का मुख्य न्यायाधीश बनाया जाता है। वर्ष-1973 में पहली बार इंदिरा गांधी सरकार के द्वारा तीन वरिष्ठतम न्यायाधीश न्यायमूर्ति ए. एन. ग्रोवर, न्यायमूर्ति के. एस. हेगड़े एवं न्यायमूर्ति जे. एन. शेलात की वरिष्ठता का उल्लंघन करते हुए न्यायमूर्ति ए. एन. रे को उच्चतम न्यायालय का मुख्य न्यायाधीश बना दिया। आलोचकों के अनुसार, तीन वरिष्ठ न्यायाधीश केशवानंद भारती वाद में आधारभूत ढांचे के सिद्धांत के प्रतिपादक थे, जिसे इंदिरा गांधी के द्वारा संसद की शक्तियों में अतिक्रमण माना गया था। जनवरी, 1977 में इंदिरा गांधी के द्वारा पुनः उच्चतम न्यायालय के वरिष्ठतम न्यायाधीश एच. आर. खन्ना की वरिष्ठता का उल्लंघन करते हुए न्यायमूर्ति मोहम्मद हिदायतुल्ला बेग को उच्चतम

न्यायालय का मुख्य न्यायाधीश बना दिया गया। न्यायामूर्ति एच. आर. खन्ना ने *ए. डी. एम. जबलपुर बनाम शिवकांत शुक्ला वाद* में आपातकाल के दौरान जीवन के अधिकार को निलंबित किए जाने के विरुद्ध निर्णय दिया था।

वरिष्ठता का निर्धारण

उच्च न्यायालय के न्यायाधीश की नियुक्ति की तिथि से उनकी वरिष्ठता निर्धारित होती है। उच्च न्यायालय के मुख्य न्यायाधीश की नियुक्ति के आधार पर वरिष्ठता का निर्धारण नहीं होता तथा जिस न्यायाधीश को पहले उच्च न्यायालय में न्यायाधीश नियुक्त किया गया हो, तो यह आवश्यक नहीं है कि वह न्यायाधीश उच्चतम न्यायालय में भी पहले न्यायाधीश के रूप में नियुक्त होगा। उच्चतम न्यायालय के न्यायाधीशों की नियुक्ति के लिए उच्च न्यायालय के न्यायाधीशों की अखिल भारतीय वरिष्ठता सूची का निर्धारण नहीं किया जा सकता। क्योंकि उच्चतम न्यायालय में नियुक्ति के लिए सभी 24 उच्च न्यायालयों के उचित प्रतिनिधित्व का प्रयास किया जाता है। इसलिए उच्चतम न्यायालय में क्षेत्रीय प्रतिनिधित्व, लैंगिक समानता और जाति के उचित प्रतिनिधित्व का प्रयास भी किया जाता है। वरिष्ठता की अखिल भारतीय सूची से केवल कुछ उच्च न्यायालयों के न्यायाधीशों को लाभ हो सकता है और अन्य उच्च न्यायालयों के न्यायाधीशों की उपेक्षा हो जाएगी। उच्चतम न्यायालय में वरिष्ठता का निर्धारण उच्चतम न्यायालय में शपथ की तिथि से निर्धारित होता है। इसलिए जो न्यायाधीश पहले शपथ लेगा वह उसी दिन शपथ लेने वाले दूसरे न्यायाधीश से वरिष्ठ माना जाएगा।

मुख्य न्यायाधीश की प्रशासनिक शक्ति

मुख्य न्यायाधीश का न्यायिक रूप में कोई अतिरिक्त महत्त्व नहीं है। इसलिए मुख्य न्यायाधीश के निर्णय का वही महत्त्व होगा, जो अन्य न्यायाधीशों के निर्णय का महत्त्व होगा। परंतु मुख्य न्यायाधीश को अतिरिक्त प्रशासनिक शक्तियां प्राप्त होती हैं। जिसके अनुसार, वह उच्चतम न्यायालय के कर्मचारियों की नियुक्ति कर सकता है तथा बेंच का गठन करता है। उच्चतम न्यायालय के पूर्व न्यायाधीश न्यायामूर्ति जस्ती चेलमेश्वर ने कहा कि बेंच का गठन जिसे लोकप्रिय भाषा में रोस्टर भी कहा जाता है, उच्चतम न्यायालय के मुख्य न्यायाधीश के अतिरिक्त 4 वरिष्ठ न्यायाधीशों के द्वारा निर्धारित होना चाहिए। क्योंकि न्यायाधीशों की नियुक्ति के लिए मुख्य न्यायाधीश के अलावा 4 वरिष्ठतम न्यायाधीशों को शामिल किया जाता है। न्यायामूर्ति जस्ती चेलमेश्वर के अनुसार महत्त्वपूर्ण वाद केवल वरिष्ठ न्यायाधीशों को ही सौंपे जाने चाहिए।

उच्चतम न्यायालय एवं अन्य विधि विशेषज्ञों ने यह स्वीकार किया कि बेंच का गठन एक प्रशासनिक विषय है, जिसका दायित्व केवल मुख्य न्यायाधीश का ही होना चाहिए। बेंच का गठन पारदर्शी होना आवश्यक है, परंतु वरिष्ठता के सिद्धांत को लागू करने में एक व्यावहारिक कठिनाई बनी हुई है, क्योंकि उच्चतम न्यायालय के न्यायाधीश अलग-अलग देशों के विशेषज्ञ होते हैं। उदाहरण के लिए, कोई न्यायाधीश सिविल मामलों का विशेषज्ञ हो सकता है, तो अन्य न्यायाधीश आपराधिक मामलों के जानकार हो सकते हैं। उच्चतम न्यायालय के सभी न्यायाधीशों के निर्णय का महत्त्व समान होता है। इसलिए वरिष्ठता के आधार पर बेंच का गठन व्यावहारिक प्रतीत होता है।

अवकाश प्राप्ति

संविधान में यह उल्लिखित है कि उच्चतम न्यायालय का न्यायाधीश 65 वर्ष तक अपने पद पर बना रहेगा। अत: अवकाश प्राप्ति की उम्र का उल्लेख किया गया, परंतु न्यायाधीश के रूप में नियुक्ति के लिए किसी उम्र का उल्लेख नहीं है। व्यावहारिक रूप में 55 वर्ष के बाद ही कोई उच्चतम न्यायालय का न्यायाधीश बनता है। वर्तमान में न्यायाधीशों की अवकाश प्राप्ति की उम्र को 70 वर्ष करने की मांग की जा रही है, जिससे उनकी वरिष्ठता का लाभ न्यायालय को प्राप्त हो सकें

मुख्य न्यायाधीश का कार्यकाल

संविधान में मुख्य न्यायाधीश के किसी कार्यकाल का उल्लेख नहीं है। विधि आयोग के द्वारा यह सलाह दी गई है कि उच्चतम न्यायालय के मुख्य न्यायाधीश का कार्यकाल कम से कम 2 वर्ष का होना चाहिए, जिससे वह कोई दूरगामी प्रशासनिक निर्णय ले सकें जनता पार्टी शासन के दौरान न्यायामूर्ति चंद्रचूड़ 7 वर्षों तक उच्चतम न्यायालय के मुख्य न्यायाधीश थे, जो एक रिकॉर्ड है। लेकिन मुख्य न्यायामूर्ति जी. बी. पटनायक केवल 41 दिन के लिए मुख्य न्यायाधीश थे और एस. राजेन्द्र बाबू तो केवल 30

दिनों के लिए मुख्य न्यायाधीश थे, जिसे परिवर्तित करने की आवश्यकता है।

शपथ

संविधान की तीसरी अनुसूची में उच्चतम न्यायालय के मुख्य न्यायाधीश अथवा अन्य न्यायाधीशों के शपथ लेने का प्रावधान है। उच्चतम न्यायालय के न्यायाधीश नियुक्ति से पहले राष्ट्रपति या उसके द्वारा नियुक्त किसी व्यक्ति के समक्ष शपथ लेते हैं, **जो इस प्रकार हैं**-

(i) न्यायाधीश के द्वारा भारतीय संविधान के प्रति पूर्ण आस्था और निष्ठा की शपथ ली जाती है।

(ii) वह भारत की संप्रभुता एवं अखंडता बनाए रखने की शपथ लेता है।

(iii) वह संविधान और विधि की रक्षा की शपथ लेता है तथा अपने कार्यालय के कर्त्तव्यों को बिना किसी भय अथवा पक्षपात, अनुराग अथवा असद्भावना के अनुसार संपादित करेगा।

वेतन व भत्ते

संविधान की दूसरी अनुसूची में उच्चतम न्यायालय एवं उच्च न्यायालय के वेतन व भत्ते का उल्लेख है, जिसके अनुसार, उच्चतम न्यायालय के मुख्य न्यायाधीश का वेतन 10 हजार रूपए प्रतिमाह एवं अन्य न्यायाधीशों का वेतन 9 हजार रूपए प्रतिमाह होगा। इसके साथ ही संविधान में यह भी उल्लिखित है कि न्यायाधीशों के वेतन व भत्तों का निर्धारण संसदीय विधि के अनुसार किया जाएगा।

इसी के अनुसार वर्ष-1954 में संसद के द्वारा उच्चतम न्यायालय के न्यायाधीश के वेतन एवं सेवा शर्तें अधिनियम का निर्माण किया गया, जिसे समय-समय पर संशोधित किया जाता है। वर्ष-2018 में इसमें संशोधन के द्वारा मुख्य न्यायाधीश का वेतन बढ़ाकर 2 लाख, 80 हजार रूपए कर दिया गया है। जबकि अन्य न्यायाधीशों का वेतन 2 लाख, 50 हजार रूपए है। अत: न्यायाधीशों के वेतन व भत्ते में वृद्धि के लिए संविधान संशोधन की आवश्यकता नहीं होती है, बल्कि इसे सामान्य विधि के द्वारा बढ़ाया जा सकता है।

पदाधिकारी एवं सेवक

उच्चतम न्यायालय के पदाधिकारियों एवं सेवकों की नियुक्ति का अधिकार स्वयं उच्चतम न्यायालय का है। इन सेवकों के वेतन व भत्ते एवं उच्चतम न्यायालय के समूचे प्रशासनिक खर्च भी भारतीय संचित निधि पर भारित होंगे। अत: उच्चतम न्यायालय में प्रशासनिक अधिकारियों की नियुक्ति का अधिकार संघ लोक सेवा आयोग को प्रदान नहीं किया गया है।

न्यायाधीशों की नियुक्ति

संविधान में उल्लिखित है कि राष्ट्रपति द्वारा उच्चतम न्यायालय के न्यायाधीशों की नियुक्ति की जाएगी। भारत के मुख्य न्यायाधीश की नियुक्ति में वह उच्चतम न्यायालय एवं उच्च न्यायालय के ऐसे न्यायाधीशों से परामर्श लेगा, जिसे वह आवश्यक समझे, (अनुच्छेद-124(2)) तथा अन्य न्यायाधीशों की नियुक्ति के लिए राष्ट्रपति द्वारा मुख्य न्यायाधीश से परामर्श करना अनिवार्य है, लेकिन राष्ट्रपति परामर्श मानने के लिए बाध्य है या नहीं यह विवाद का विषय रहा है। संविधान लागू होने के बाद से 80 के दशक तक यही माना गया कि राष्ट्रपति के पास न्यायाधीशों के **परामर्श** मानने या न मानने का विवेकाधिकार है।

फर्स्ट जजेज केस (First Judges Case, (1981))

वर्ष-1982 में एस. पी. गुप्ता के प्रसिद्ध मामले में उच्चतम न्यायालय ने भी यह कहा कि **परामर्श** मानना राष्ट्रपति के लिए बाध्यकारी नहीं है। अत: न्यायाधीशों की नियुक्ति में राष्ट्रपति की प्राथमिकता होगी, क्योंकि राष्ट्रपति कार्यपालिकीय शक्तियों का प्रधान है।

कोलेजियम

वर्ष-1989 में पहली बार लोक सभा में किसी भी दल को बहुमत प्राप्त नहीं हुआ। अत: प्रधानमंत्री की स्थिति कमजोर हो गई। सरकार के विरुद्ध भ्रष्टाचार के आरोप लगे तथा राजनीतिक अपराधीकरण होने लगा एवं गठबंधन सरकारों के दौर में आम जनता की इच्छाएं पूर्ण नहीं हो पाईं। इससे सरकार के प्रभाव में कमी के कारण न्यायपालिका की शक्तियों में निर्णायक वृद्धि हुई। वर्ष-1993 में *एडवोकेट्स ऑन रिकॉर्ड के वाद* में उच्चतम न्यायालय ने कोलेजियम व्यवस्था का प्रतिपादन किया, जिसे लोकप्रिय रूप में जजेज-II वाद भी कहा जाता है। जिसके अनुसार, उच्चतम न्यायालय के मुख्य न्यायाधीश और उच्चतम न्यायालय के दो अन्य न्यायाधीश कोलेजियम में शामिल होंगे और जिनकी सलाह पर राष्ट्रपति न्यायाधीशों की नियुक्ति करेंगे। परंतु

कोलेजियम में यह स्पष्ट नहीं था कि मुख्य न्यायाधीश और अन्य न्यायाधीशों की भूमिका क्या होगी? इसी के स्पष्टीकरण के लिए राष्ट्रपति के द्वारा उच्चतम न्यायालय से परामर्श लिया गया।

जजेज-III वाद

वर्ष-1998 में उच्चतम न्यायालय ने कोलेजियम व्यवस्था को स्पष्ट करते हुए कहा कि कोलेजियम भारत के मुख्य न्यायाधीश और चार अन्य वरिष्ठ न्यायाधीशों से मिलकर बनेगा, जो राष्ट्रपति को न्यायाधीशों की नियुक्ति के लिए लिखित सलाह देंगे। यदि कोलेजियम के दो न्यायाधीश किसी न्यायाधीश के नियुक्ति के विरुद्ध हैं, तो राष्ट्रपति के समक्ष नियुक्ति की सलाह नहीं दी जाएगी। कोलेजियम के निर्णय में उच्चतम न्यायालय के मुख्य न्यायाधीश का निर्णय सदैव शामिल होना चाहिए। दोनों मामलों में उच्चतम न्यायालय ने निर्धारित किया कि अनुच्छेद-124 के तहत न्यायपालिका द्वारा दिया जाने वाला परामर्श राष्ट्रपति मानने के लिए बाध्य है। वर्ष-1998 में उच्चतम न्यायालय ने सलाहकारी अधिकारिता के अंतर्गत दिए गए निर्णय में यह कहा कि परामर्श केवल मुख्य न्यायाधीश के द्वारा नहीं दिया जाएगा।

कोलेजियम प्रणाली की आलोचना

भारत, विश्व का एकमात्र लोकतांत्रिक देश है, जहां न्यायाधीशों की नियुक्ति में न्यायाधीशों की ही प्राथमिकता स्थापित हो गई है, जबकि संविधान में न्यायाधीशों की नियुक्ति का अधिकार राष्ट्रपति को प्रदान किया गया है तथा नियुक्ति कार्यपालिका का क्षेत्राधिकार है। न्यायपालिका के द्वारा न्यायाधीशों की नियुक्ति संविधान में वर्णित शक्ति पृथक्करण के प्रावधानों के प्रतिकूल है। कोलेजियम के द्वारा की गई नियुक्ति अपारदर्शी और इसमें पक्षपात की संभावना भी बनी रहती है। कर्नाटक उच्च न्यायालय के न्यायाधीश दिनाकरण की कोलेजियम के द्वारा उच्चतम न्यायालय के न्यायाधीश के रूप में नियुक्ति की अनुशंसा की गई थी, जिन्हें बाद में पद से हटा दिया गया। न्यायाधीशों की नियुक्ति के लिए किसी वस्तुनिष्ठ आधार का भी निर्माण नहीं किया गया है। उदाहरण के लिए, न्यायाधीश के निर्णय की गुणवत्ता एवं संख्या जैसा कोई मानक नहीं है। न्यायाधीशों की नियुक्ति के लिए किसी प्रकार के विज्ञापन जारी नहीं होते, जिससे पारदर्शिता का अभाव दिखाई देता है। न्यायाधीशों की नियुक्ति में न्यायपालिका की प्राथमिकता तार्किक नहीं है, क्योंकि विश्व के किसी भी लोकतांत्रिक देश में न्यायाधीश, न्यायाधीशों की नियुक्ति नहीं करते, बल्कि यह कार्यपालिका के द्वारा किया जाता है।

राष्ट्रीय न्यायिक नियुक्ति आयोग

(National Judicial Appointments Commission, (NJAC))

न्यायपालिका में न्यायाधीशों की नियुक्ति प्रक्रिया को व्यापक और समग्र बनाने के लिए तथा न्याय प्रणाली की गुणवत्ता में सुधार हेतु संसद ने एक **राष्ट्रीय न्यायिक नियुक्ति आयोग** गठित करने की पहल की है। इस हेतु संसद ने 99वां संविधान संशोधन अधिनियम, 2014 पारित कर दिया है और 13 अप्रैल, 2015 से **राष्ट्रीय न्यायिक नियुक्ति आयोग** अस्तित्व में आ गया है। यह अधिनियम प्रस्तावित राष्ट्रीय न्यायिक नियुक्ति आयोग की संरचना एवं कामकाज हेतु संविधान की विभिन्न धाराओं में संशोधन से संबंधित है तथा इस अधिनियम के द्वारा तीन नए अनुच्छेद-124(A), 124(B) और 124(C) जोड़े गए हैं।

उद्देश्य

इस आयोग का उद्देश्य न्यायाधीशों की नियुक्ति में कार्यपालिका तथा विधायिका को बराबर का अधिकार देना है। वर्ष-1993 से अब तक प्रचलित कोलेजियम प्रणाली के तहत न्यायपालिका स्वयं ही उच्चतम न्यायपालिका के न्यायाधीशों की नियुक्ति करती है, जिसमें कार्यपालिका की कोई भूमिका नहीं है। संभवत: भारत, विश्व का पहला ऐसा देश है, जहां न्यायाधीशों की नियुक्ति में कार्यपालिका की कोई भूमिका नहीं होती। अत: इसी कमी को दूर करने हेतु यह आयोग बनाया गया है। साथ ही इस आयोग के गठन का उद्देश्य न्यायाधीशों की गुणवत्ता में सुधार करना भी है।

संरचना

राष्ट्रीय न्यायिक नियुक्ति आयोग के नाम से एक आयोग होगा, जिसका अध्यक्ष भारत का मुख्य न्यायाधीश होगा। इसके अलावा उच्चतम न्यायालय के दो वरिष्ठतम् न्यायाधीश, केंद्रीय विधि मंत्री तथा दो प्रबुद्ध अथवा विशिष्ट व्यक्ति इसके सदस्य होंगे। इस प्रकार यह आयोग 6 सदस्यीय होगा। उल्लेखनीय है कि दो प्रबुद्ध अथवा

विशिष्ट व्यक्तियों का चयन प्रधानमंत्री, भारत के मुख्य न्यायाधीश और लोक सभा में विपक्ष के नेता या सबसे बड़े विपक्षी दल के नेता से मिलकर बनने वाली समिति द्वारा किया जाएगा। इन दो प्रबुद्ध अथवा विशिष्ट व्यक्तियों में एक व्यक्ति अनुसूचित जाति व जनजाति, अन्य पिछड़े वर्गों, अल्पसंख्यक या महिलाओं में से नाम नामित किए जाएंगे। विशिष्ट व्यक्तियों का मनोनयन केवल 3 वर्ष के लिए किया जाएगा और इनको दोबारा सदस्य के रूप में नियुक्त नहीं किया जा सकता। आयोग के द्वारा किए गए कोई कार्य अथवा प्रक्रिया इस आधार पर अवैध नहीं होंगे कि आयोग में कोई रिक्ति अथवा कोई कमी विद्यमान थी, (अनुच्छेद-124 (A))।

आयोग के कार्य

राष्ट्रीय न्यायिक नियुक्ति आयोग के **प्रमुख कार्यों** का उल्लेख इस प्रकार हैं-

1. भारत के मुख्य न्यायाधीश व उच्चतम न्यायालय के अन्य न्यायाधीशों की नियुक्ति के लिए नामों की सिफारिशें करना।
2. उच्च न्यायालयों के मुख्य न्यायाधीश तथा अन्य न्यायाधीशों की नियुक्ति और एक उच्च न्यायालय से दूसरे उच्च न्यायालय में स्थानांतरण करना।
3. यह सुनिश्चित करना कि सिफारिश किए गए सदस्य सक्षम एवं योग्य हैं, (अनुच्छेद-124(B))।
4. संसद विधि के द्वारा उच्चतम न्यायालय के मुख्य न्यायाधीश व अन्य न्यायाधीशों और उच्च न्यायालय के मुख्य न्यायाधीश एवं अन्य न्यायाधीशों की नियुक्ति की प्रक्रिया निर्धारित करेगी। आयोग के प्रकार के संबंध में भी प्रक्रिया एवं नियमों का निर्धारण संसदीय विधि के द्वारा किया जाएगा तथा नियुक्तियों एवं चयन के तरीकों का भी निर्माण होगा।

आयोग असंवैधानिक

उच्चतम न्यायालय के द्वारा आयोग के प्रावधानों को न्यायिक स्वतंत्रता के विरुद्ध माना, जो संविधान का आधारभूत ढांचा है। न्यायपालिका के 5 न्यायाधीशों की बैंच में से 4 न्यायाधीशों ने आयोग को असंवैधानिक बताया। न्यायालय के अनुसार, आयोग की संरचना में संघ सरकार के विधि मंत्री के शामिल होने से न्यायाधीशों की नियुक्ति में राजनीतिक हस्तक्षेप बढ़ेगा। क्योंकि विधि मंत्री व्यवसाय से वकील होता है। इसलिए न्यायाधीशों की नियुक्ति करके बाद में वह उन्हीं न्यायाधीशों के अंतर्गत कार्य करेगा, क्योंकि वह सदैव विधि मंत्री नहीं रहेगा।

आयोग में दो विशिष्ट व्यक्तियों की नियुक्ति का प्रावधान है, परंतु विशिष्ट व्यक्तियों की किसी भी योग्यता का उल्लेख नहीं किया गया है। जबकि न्यायाधीशों की नियुक्ति के लिए न्याय और विधि से संबंधित व्यक्ति होना चाहिए।

आयोग में यह भी उल्लिखित है कि उच्चतम न्यायालय के मुख्य न्यायाधीश एवं अन्य न्यायाधीशों की नियुक्ति की प्रक्रिया का निर्धारण संसदीय विधि द्वारा निर्धारित होगा, जो न्यायिक नियुक्तियों में संसदीय हस्तक्षेप को बढ़ाने में सहायक होगा। न्यायपालिका ने यह माना कि अतीत में न्यायाधीशों की नियुक्ति के माध्यम से न्यायपालिका को हतोत्साहित करने का प्रयास किया जाता रहा है। अत: नियुक्ति केवल प्रशासनिक विषय नहीं है, अपितु न्यायालय की स्वतंत्रता को भी प्रभावित करता है। इसीलिए आयोग के इस प्रावधान को असंवैधानिक घोषित कर दिया गया। अत: न्यायाधीशों की नियुक्ति के लिए कोलेजियम का भी प्रयोग किया जा रहा है। यद्यपि उच्चतम न्यायालय ने यह भी स्वीकार किया कि कोलेजियम व्यवस्था में जो कमियां हैं, उसका सुधार होना चाहिए, परंतु न्यायपालिका ने यह भी माना कि कोलेजियम से नियुक्ति आयोग द्वारा नियुक्ति से ज्यादा बेहतर तरीका है।

कोलेजियम में सुधार

उच्चतम न्यायालय के द्वारा वर्ष-2015 में राष्ट्रीय न्यायिक नियुक्ति आयोग को असंवैधानिक घोषित करने के बाद कोलेजियम में सुधार किया गया। न्यायपालिका एवं कार्यपालिका के बीच विचार-विमर्श आरंभ हुआ, परंतु आज तक इस सुधार के मुद्दे पर निम्नलिखित मतभेद विद्यमान हैं-

(i) **राष्ट्रीय सुरक्षा**-कार्यपालिका का तर्क है कि कोलेजियम के द्वारा अनुशंसित नियुक्ति को विधि मंत्रालय राष्ट्रीय सुरक्षा के आधार पर अस्वीकार कर सकता है, क्योंकि विधि मंत्रालय के द्वारा प्रत्येक न्यायाधीश के संबंध में इंटेलिजेन्स ब्यूरो की रिपोर्ट प्राप्त की जाती है। परंतु न्यायपालिका का मानना है कि राष्ट्रीय सुरक्षा के आधार पर कार्यपालिका किसी भी नियुक्ति को अस्वीकृत कर

सकती है। क्योंकि इंटेलिजेन्स ब्यूरो की रिपोर्ट न्यायाधीशों को उपलब्ध नहीं होंती।

(ii) **वरिष्ठता एवं कुशलता**–कार्यपालिका का तर्क है कि न्यायाधीशों की नियुक्ति में कुशलता को महत्त्व दिया जाना चाहिए, केवल वरिष्ठता न्यायपालिका में नियुक्ति का आधार नहीं होना चाहिए। न्यायपालिका को यह भय है कि कुशलता प्रदान कर कार्यपालिका के द्वारा उन न्यायाधीशों को हतोत्साहित किया जा सकता है, जो कार्यपालिका के विरुद्ध निर्णय लेते हैं, क्योंकि सत्ताधारी दल का पक्ष लेने वाला न्यायाधीश अथवा वकील कार्यपालिका के लिए ज्यादा कुशल हो सकता है।

(iii) **बैंच एवं बार**–न्यायाधीशों को बैंच के रूप में व्यक्त किया जाता है। जबकि वकीलों के लिए बार की सदस्यता आवश्यक होती है। कार्यपालिका के अनुसार, न्यायाधीशों की नियुक्ति में एक निश्चित मात्रा वकीलों की होनी चाहिए, क्योंकि वर्तमान न्यायाधीशों की नियुक्ति में न्यायाधीशों को ज्यादा प्राथमिकता दी जाती है। इसलिए उच्च न्यायालय का मुख्य न्यायाधीश ही उच्चतम न्यायालय का न्यायाधीश नियुक्त हो जाता है। न्यायपालिका के अनुसार, वकीलों का निश्चित प्रतिशत निर्धारित करना व्यावहारिक नहीं है।

(iv) **जांच समिति**–कार्यपालिका के अनुसार, न्यायाधीशों की नियुक्ति के लिए कोलेजियम के पांच न्यायाधीश पर्याप्त नहीं हैं। 24 उच्च न्यायालयों एवं उच्चतम न्यायालय में न्यायाधीशों की नियुक्ति के लिए एक स्क्रीनिंग कमेटी (Screening Committee) का गठन आवश्यक है, जिसके द्वारा न्यायाधीशों के विभिन्न चयनित नाम कोलेजियम के समक्ष प्रस्तुत किए जाएंगे। यह समिति विधि मंत्रालय के अधीन कार्य करेगी। इसीलिए न्यायपालिका को यह लगता है कि कार्यपालिका नियुक्ति प्रक्रिया को उच्चतम न्यायालय से छीनना चाहती है, जिससे न्यायपालिका की स्वतंत्रता प्रभावित होगी।

(v) **प्रक्रियात्मक पारदर्शिता**–कार्यपालिका के अनुसार, कोलेजियम की समूची कार्यवाही लिखित रूप में उपलब्ध होनी चाहिए। न्यायाधीशों के चयनित होने का स्पष्ट आधार उल्लिखित किया जाए और जिन न्यायाधीशों की दावेदारी को अस्वीकृत किया गया, उनके कारणों का भी लिखित उल्लेख होना चाहिए। परंतु न्यायपालिका के अनुसार, जिन न्यायाधीशों को अस्वीकृत किया गया उनके लिखित कारणों से न्यायाधीशों एवं न्यायपालिका का नकारात्मक प्रभाव होगा।

वर्ष-2015 से लेकर आज तक न्यायाधीशों की नियुक्ति के संबंध में कार्यपालिका एवं न्यायपालिका के बीच बिवाद बना हुआ है, जिसका शासन पर नकारात्मक प्रभाव पड़ रहा है।

न्यायाधीशों को हटाने की प्रक्रिया

अनुच्छेद-124(4) के अनुसार, उच्चतम न्यायालय के न्यायाधीशों को राष्ट्रपति द्वारा दो आधारों पर हटाया जा सकता है-साबित कदाचार (Proved Misbehaviour) अथवा असमर्थता (Incapacity) के आधार पर पदमुक्त किया जा सकता है। साबित कदाचार में भ्रष्टाचार, यौन शोषण को शामिल किया जा सकता है। जबकि असमर्थता शारीरिक होती है। अत: न्यायाधीश राष्ट्रपति के प्रसादपर्यंत तक कार्य नहीं करते हैं। संविधान में न्यायाधीशों को हटाने के लिए संक्षिप्त प्रावधान किया गया है, जिसके अनुसार न्यायाधीश को संसद के प्रत्येक सदन की कुल सदस्य संख्या के बहुमत एवं उपस्थित तथा मत देने वाले दो-तिहाई सदस्यों के बहुमत से प्रस्ताव पारित करने के बाद राष्ट्रपति उसे अपने पद से हटा देगा। संविधान के प्रावधानों के अनुसार वर्ष-1968 में संसद ने एक अधिनियम का निर्माण किया। इसके अतिरिक्त न्यायाधीश जांच अधिनियम, 1968 का भी निर्माण किया गया है, एवं न्यायधीश जांच नियम, 1969 का भी निर्माण किया।

न्यायाधीश जांच अधिनियम, 1968

न्यायाधीश को हटाने का प्रस्ताव लोक सभा या राज्य सभा के किसी भी सदन में सिद्ध कदाचार या असमर्थता के आधार पर लाया जा सकता है। लोक सभा के 100 या राज्य सभा के 50 सदस्य राष्ट्रपति को संबोधित एक पत्र सदन के स्पीकर या सभापति को देते हैं, लेकिन स्पीकर या सभापति द्वारा प्रस्ताव स्वीकार अथवा अस्वीकार किया जा सकता है तथा स्पीकर या सभापति द्वारा प्रस्ताव स्वीकार किए जाने पर सदन द्वारा तीन सदस्यीय समिति का गठन किया जाएगा, **जिसमें**-

1. उच्चतम न्यायालय के मुख्य न्यायाधीश या अन्य न्यायाधीश।
2. उच्च न्यायालय के मुख्य न्यायाधीश।
3. कोई परंपरागत् विधिवेत्ता।

न्यायाधीश जांच अधिनियम, 1968 के अनुसार समिति अपनी रिपोर्ट तीन महीने के भीतर देगी और तीन सदस्यों में दो सदस्य उपस्थित हैं, तो इसे पूर्ण कोरम माना जाएगा। यदि समिति ने आरोप सही पाया, तो प्रक्रिया को आगे बढ़ाया जाएगा। समिति ने आरोप को सही नहीं पाया, तो प्रस्ताव तत्काल समाप्त हो जाएगा, परंतु आरोप सिद्ध होने की स्थिति में प्रत्येक सदन के द्वारा प्रस्ताव पर चर्चा एवं मतदान होगा। सिद्ध कदाचार या असमर्थता के आधार पर जिस सदन में प्रस्ताव लाया गया है।

न्यायाधीश का बचाव

सदन में न्यायाधीश को पद से हटाने के प्रस्ताव प्रस्तुत करने के बाद संबंधित न्यायाधीश को संसद के द्वारा आरोप-पत्र प्रदान किया जाएगा और उसे अपने बचाव का अधिकार होगा, जिसके लिए वह स्वयं उपस्थित हो सकता है अथवा अपने किसी वकील को भेज सकता है, परंतु उसके पक्ष को स्वीकार करने अथवा अस्वीकार करने की शक्ति संसद में निहित है।

वह सदन विशेष बहुमत से न्यायाधीश के विरुद्ध प्रस्ताव पारित करेगा तथा विशेष बहुमत का आशय सदन की कुल सदस्य संख्या का बहुमत एवं उपस्थित और मतदान करने वाले सदस्यों के दो-तिहाई बहुमत से है। यह प्रस्ताव संसद के एक ही सत्र में पारित होना चाहिए। इसके पश्चात् दूसरे सदन में भी विशेष बहुमत से यह प्रस्ताव पारित किया जाएगा तथा प्रस्ताव पारित होने के पश्चात् राष्ट्रपति संबंधित न्यायाधीश को उसके पद से हटा देंगे।

न्यायाधीशों की पदमुक्ति एवं व्यावहारिक राजनीति

वी. रामास्वामी उच्चतम न्यायालय के पहले न्यायाधीश हैं, जिनके विरुद्ध वर्ष-1993 में लोक सभा में पदमुक्ति का प्रस्ताव दायर हुआ, परंतु कांग्रेस के बहिष्कार के कारण लोक सभा में यह प्रस्ताव पारित नहीं हो सका। वी. रामास्वामी उच्चतम न्यायालय में आने से पूर्व पंजाब एवं हरियाणा उच्च न्यायालय के मुख्य न्यायाधीश थे, जिन्होंने सरकारी धन का दुरूपयोग करते हुए इसका प्रयोग अपने भवन के निर्माण के लिए किया। वर्ष-2011 में कोलकाता उच्च न्यायालय के न्यायाधीश न्यायमूर्ति सौमित्र सेन के विरुद्ध भी भ्रष्टाचार के आरोप लगाए गए और उनके विरुद्ध राज्य सभा से प्रस्ताव पारित होकर लोक सभा के समक्ष लाया गया, लेकिन तब तक सहमति से उन्होंने त्यागपत्र दे दिया। कर्नाटक उच्च न्यायालय के न्यायाधीश पी. डी. दिनाकरन पर आय से अधिक संपत्ति रखने का आरोप था, जिसके बाद उन्हें सिक्किम उच्च न्यायालय में मुख्य न्यायाधीश बनाकर भेज दिया गया, परंतु उनके विरुद्ध भ्रष्टाचार का आरोप सिद्ध हुआ और उन्होंने भी त्यागपत्र दे दिया। मध्य प्रदेश उच्च न्यायालय के न्यायाधीश एस. के. गंगले पर यौन शोषण का आरोप लगाया गया और उन्होंने भी त्यागपत्र दे दिया। इसलिए किसी भी न्यायाधीश को संसद द्वारा पारित प्रस्ताव से नहीं हटाया गया।

वर्ष-2018 में उच्चतम न्यायालय के मुख्य न्यायाधीश दीपक मिश्रा के विरुद्ध राज्य सभा में पदमुक्ति का प्रस्ताव लाया गया, जो पहली बार उच्चतम न्यायालय के किसी मुख्य न्यायाधीश के विरुद्ध प्रस्ताव लाया गया था। यह प्रथम अवसर था जब राज्य सभा के सभापति वैंकेया नायडू ने प्रस्ताव अस्वीकृत कर दिया, परिणामस्वरूप कांग्रेस नेताओं के द्वारा राज्य सभा के सभापति के निर्णय को उच्चतम न्यायालय में चुनौती दी गई, जिससे उच्चतम न्यायालय ने अस्वीकार कर दिया। इससे यह प्रतीत होता है कि लोक सभा तथा राज्य सभा के पीठासीन अधिकारी को कभी भी प्रस्ताव अस्वीकार करने का अधिकार है।

पहली बार पदमुक्ति का प्रस्ताव इस आधार पर लाया गया कि मुख्य न्यायाधीश के द्वारा निर्णय सही नहीं लिया गया। उचित अथवा अनुचित निर्णय के आधार पर न्यायाधीश के विरुद्ध पदमुक्ति का प्रस्ताव अत्यधिक विवादास्पद है, क्योंकि अनुचित निर्णय को कदाचार सिद्ध करने का प्रयास किया गया।

न्यायाधीशों का कार्यकाल

उच्चतम न्यायालय के न्यायाधीशों की सेवानिवृत्ति की आयु 65 वर्ष है, परंतु न्यायाधीशों की नियुक्ति की किसी न्यूनतम आयु का वर्णन नहीं है। न्यायाधीश अपने कार्यकाल के दौरान राष्ट्रपति को संबोधित लिखित त्यागपत्र दे सकते हैं। न्यायाधीशों के आयु से संबंधित किसी भी प्रश्न का निर्णय संसद या संसद द्वारा स्थापित संस्था द्वारा किया जाएगा।

कार्यवाहक मुख्य न्यायाधीश

राष्ट्रपति के द्वारा कार्यवाहक मुख्य न्यायाधीश की नियुक्ति की जा सकती है, जब भारत के मुख्य न्यायाधीश का पद रिक्त हो अथवा जब मुख्य न्यायाधीश कुछ समय के लिए अनुपस्थित हों अथवा मुख्य न्यायाधीश अपने कार्यों को करने में सक्षम न हों, (अनुच्छेद-126)।

तदर्थ न्यायाधीश

उच्चतम न्यायालय में न्यायाधीशों के कोरम/गणपूर्ति का अभाव होता है, तो भारत के मुख्य न्यायाधीश द्वारा राष्ट्रीय न्यायिक नियुक्ति आयोग से परामर्श करके तदर्थ न्यायाधीशों की नियुक्ति की जाएगी। तदर्थ न्यायाधीश के रूप में उच्च न्यायालय के उन न्यायाधीशों को नियुक्त किया जाता है, जो उच्चतम न्यायालय के न्यायाधीश नियुक्त होने की अर्हता रखते हैं और उन्हें उच्चतम न्यायालय के न्यायाधीश की सभी उपलब्धियां प्राप्त होंगी। 99वें संविधान संशोधन के बाद राष्ट्रपति न्यायिक नियुक्ति आयोग की सलाह से तदर्थ न्यायाधीशों की नियुक्ति करेंगे, लेकिन व्यावहारिक रूप में कोलेजियम के द्वारा ही न्यायाधीशों की नियुक्ति होती है।

अवकाश प्राप्त न्यायाधीश

भारत का मुख्य न्यायाधीश राष्ट्रपति (राष्ट्रीय न्यायिक नियुक्ति आयोग) की सहमति से उच्चतम न्यायालय या उच्च न्यायालय के किसी अवकाश प्राप्त न्यायाधीश की नियुक्ति कर सकता है, लेकिन अवकाश प्राप्त न्यायाधीशों की नियुक्ति कार्यभार अधिक होने तथा आवश्यकता पड़ने पर ही की जाती है तथा अवकाश प्राप्त न्यायाधीशों के वेतन एवं भत्ते राष्ट्रपति के द्वारा निर्धारित होते हैं, लेकिन व्यावहारिक रूप में अभी तक उच्चतम न्यायालय में इनकी नियुक्ति नहीं हुई है।

तदर्थ न्यायाधीश तथा अवकाश प्राप्त न्यायाधीशों में अंतर

अवकाश प्राप्त न्यायाधीशों को तभी नियुक्त किया जा सकता है, जब वह सहमत हों, जबकि तदर्थ न्यायाधीशों के संदर्भ में ऐसी सहमति आवश्यक नहीं है। अवकाश प्राप्त न्यायाधीश को तकनीकी अर्थों में न्यायाधीश नहीं माना जाता है तथापि वह न्यायाधीशों के समस्त विशेषाधिकारों का प्रयोग करते हैं। तदर्थ न्यायाधीशों के वेतन व भत्ते वही होते हैं, जो उच्चतम न्यायालय के अन्य न्यायाधीशों के होते हैं।

न्यायपालिका की स्वतंत्रता

भारतीय संविधान में स्वतंत्र न्यायपालिका का प्रावधान किया गया है, जिससे न्यायपालिका, कार्यपालिका के अधीन कार्य न करे तथा मूल अधिकारों की रक्षा एवं संविधान की रक्षा निर्भीक रूप में कर सके-

1. न्यायाधीश के वेतन एवं भत्ते भारत की संचित निधि पर भारित होते हैं, जिसका अभिप्राय है कि न्यायाधीशों के वेतन व भत्तों से संबंधित लोक सभा में कटौती प्रस्ताव नहीं लाया जा सकता और न ही उनके वेतन व भत्तों में कटौती संभव है।
2. कार्यकाल के दौरान वेतन व भत्तों में कोई अलाभकारी परिवर्तन नहीं हो सकता, जिसका अभिप्राय है कि कार्यकाल के दौरान इनके वेतन व भत्ते कम नहीं किए जाएंगे, अपितु बढ़ाए जा सकते हैं।
3. न्यायाधीशों के आचरण पर संसद या विधान सभा में कोई प्रतिकूल टिप्पणी नहीं की जा सकती, लेकिन किसी न्यायाधीश को उसके पदमुक्ति का प्रस्ताव लाने के दौरान उसके आचरण पर टिप्पणी की जा सकती है।
4. अवकाश प्राप्ति के बाद न्यायाधीश भारतीय क्षेत्र में किसी भी न्यायपालिका के समक्ष वकालत नहीं कर सकते।

उपरोक्त प्रावधानों से यह प्रतीत होता है कि न्यायालय को पूर्णतः स्वायत्तता प्राप्त है।

उच्चतम न्यायालय की शक्तियां एवं क्षेत्राधिकार

भारत में उच्चतम न्यायालय शासन का महत्त्वपूर्ण स्तंभ है। उच्चतम न्यायालय को संविधान और मौलिक अधिकारों के रक्षक के रूप में व्यापक शक्तियां प्राप्त हैं। भारत के उच्चतम न्यायालय जितनी विस्तृत अधिकारिता विश्व के किसी भी न्यायालय की नहीं है। **उच्चतम न्यायालय को निम्नलिखित शक्तियां व क्षेत्राधिकार प्राप्त हैं-**

1. प्रारंभिक क्षेत्राधिकार।
   (Original Jurisdiction)
2. रिट क्षेत्राधिकार।
   (Writ Jurisdiction)
3. अपीलीय क्षेत्राधिकार।
   (Appellate Jurisdiction)

4. सलाहकारी अधिकारिता। (Consultation Jurisdiction)
5. संविधान के संरक्षक के रूप में।
6. अभिलेखीय न्यायालय।
7. अन्य शक्तियां।

1. प्रारंभिक व संघीय अधिकार क्षेत्र
(Original Jurisdiction)

भारत में एक लिखित संविधान है। इस लिखित संविधान की 7वीं अनुसूची में संघ एवं राज्यों के बीच शक्तियों का विभाजन किया गया है तथा संघ एवं राज्यों के मध्य होने वाले विवाद अथवा विभिन्न राज्यों के बीच होने वाले विवादों का समाधान करने की शक्ति केवल उच्चतम न्यायालय को है, (अनुच्छेद-131), जिसे हम उच्चतम न्यायालय की आरंभिक अधिकारिता के रूप में भी जानते हैं। संघ-राज्य संबंधों की व्याख्या करते हुए उच्चतम न्यायालय ने बोम्मई वाद, 1994 के ऐतिहासिक निर्णय में कहा कि संघीय शासन भारतीय संविधान का आधारभूत लक्षण है। एकाधिकारी अधिकार क्षेत्र से तात्पर्य ऐसे अधिकारों से है, जो केवल उच्चतम न्यायालय के पास है तथा अन्य कोई न्यायालय इन अधिकारों का प्रयोग नहीं करता है।

प्रारंभिक अधिकारिता के अपवाद

संविधान में न्यायपालिका की स्वतंत्रता पर केंद्रीय बल प्रदान किया गया है। परंतु संविधान निर्माताओं के द्वारा सर्वोच्च न्यायपालिका की मान्यता को अस्वीकार कर दिया गया। इसीलिए संविधान में न्यायिक पुनरावलोकन पर अनेक प्रतिबंध लगाए गए हैं-

(i) ऐसे संधि अथवा करार जो संविधान के लागू से पहले किया गया था और वर्तमान में लागू है, से उत्पन्न विवाद प्रारंभिक क्षेत्राधिकार के अंतर्गत नहीं आता।

(ii) अनुच्छेद-262 के अंतर्गत संसद को यह अधिकार है कि वह नदी जल विभाजन के लिए अलग विधि का निर्माण कर सकती है, जैसाकि वर्ष-1956 में संसद द्वारा विधि का निर्माण किया गया। संसद विधि बनाकर अंतर्राज्यिक नदी अथवा नदी घाटी के पानी के प्रयोग, प्रतिबंध या बंटवारा से संबंधी विवाद को उच्चतम न्यायालय के क्षेत्राधिकार से बाहर कर सकती है।

(iii) संघ एवं राज्यों से संबंधित करों के विभाजन के मुद्दे तथा वित्तीय लेन-देन से संबंधित विषय आरंभिक अधिकारिता से बाहर रखे गए हैं, (अनुच्छेद-280 व 290)।

2. रिट अधिकारिता (Writ Jurisdiction)

बिना संरक्षण के मौलिक अधिकारों की व्यवस्था खोखली है। भारतीय संविधान में मौलिक अधिकारों के संरक्षण का दायित्व उच्चतम न्यायालय को सौंपा गया है। अनुच्छेद-13(2) के अनुसार, विधायिका मौलिक अधिकारों को छीनने वाला कोई कानून नहीं बना सकती है तथा न्यायालय इस बात की जांच करता है कि क्या विधायिका द्वारा निर्मित कोई कानून मौलिक अधिकारों का हनन तो नहीं कर रहा है? अनुच्छेद-32 के अनुसार, उच्चतम न्यायालय को यह शक्ति प्राप्त है कि वह मौलिक अधिकारों को लागू करवाने हेतु कार्यवाही करे। न्यायालय को बंदी प्रत्यक्षीकरण, परमादेश, प्रतिषेध, उत्प्रेषण तथा अधिकार पृच्छा जैसी रिटें जारी करने का अधिकार है। मूल अधिकारों की रक्षा के लिए कोई भी व्यक्ति सीधे उच्चतम न्यायालय में जा सकता है, परंतु इसे आरंभिक अधिकारिता नहीं कहा जाता, क्योंकि मूल अधिकारों के संबंध में व्यक्ति और राज्य के बीच विवाद होता है। जबकि आरंभिक अधिकारिता के अंतर्गत विवाद राज्य और संघ के बीच अथवा दो राज्यों के बीच में होता है। रिट अधिकारिता के अंतर्गत् मूल अधिकारों के संरक्षण के लिए याचिका सीधे उच्चतम न्यायालय में दायर की जाती है। वर्ष-1980 के दशक से जनहित याचिकाओं का प्रयोग करते हुए उच्चतम न्यायालय ने मौलिक अधिकारों की विस्तृत व्याख्या की एवं समूह के अधिकारों की रक्षा के लिए किसी तीसरे व्यक्ति को भी उच्चतम न्यायालय में याचिका दायर करने की स्वतंत्रता दे दी।

रिट जारी करने का अधिकार उच्च न्यायालयों को भी प्राप्त हैं, इसीलिए यह क्षेत्राधिकार सहवर्ती कहा जाता है। उच्च न्यायालय अनुच्छेद-226 के तहत् मौलिक अधिकारों की रक्षा के लिए रिट जारी कर सकता है। उच्च न्यायालय की रिट जारी करने की अधिकारिता उच्चतम न्यायालय की अधिकारिता से विस्तृत है, जहां उच्चतम न्यायालय केवल मौलिक अधिकारों के ही उल्लंघन पर रिट जारी कर सकता है, वहीं उच्च न्यायालय मौलिक अधिकारों

के अतिरिक्त अन्य मामलों में जैसे-संपत्ति की रक्षा के लिए भी रिट जारी कर सकता है। उच्च न्यायालयों के द्वारा केवल अपने राज्य क्षेत्र के निवासियों के लिए याचिका स्वीकार की जाती है, जबकि उच्चतम न्यायालय में भारत के किसी भी क्षेत्र से याचिका दायर की जा सकती है।

3. अपीलीय अधिकारिता (Appellate Jurisdiction) यह भारत का उच्चतम अपीलीय न्यायालय है। अपीलीय अधिकारिता से आशय, उन मामलों से है, जिनमें उच्च न्यायालय से उच्चतम न्यायालय में अपील की जाती है। इन मामलों में सीधे उच्चतम न्यायालय में प्रवेश नहीं किया जा सकता है। **उच्चतम न्यायालय के अपीलीय अधिकारिता में अंतर्निहित हैं-**

(i) संविधान की व्याख्या के मामले जैसे-सिविल, दांडिक या अन्य, (अनुच्छेद-132)।

(ii) सिविल मामलों में अपील, (अनुच्छेद-133)।

(iii) दांडिक मामलों में अपील, (अनुच्छेद-134)।

(iv) विशेष इजाजत से अपील, (अनुच्छेद-136)।

(i) **संविधान की व्याख्या के मामले में अपील**–संविधान की व्याख्या उच्च न्यायालय के द्वारा भी की जाती है, परंतु संविधान की अंतिम और निर्णायक व्याख्या का अधिकार केवल उच्चतम न्यायालय को है। अनुच्छेद-132(1) के अनुसार, भारत में स्थित किसी भी उच्च न्यायालय में चल रहे दीवानी, फौजदारी अथवा अन्य कार्यवाहियों में न्यायालय के निर्णय या अंतिम आदेश के खिलाफ उच्चतम न्यायालय में अपील की जा सकती है, यदि उच्च न्यायालय यह प्रमाणित करे कि किसी विधि में संविधान की व्याख्या का महत्त्वपूर्ण प्रश्न अंतर्निहित है। उदाहरण के लिए, सूचना प्रौद्योगिकी अधिनियम, 2000 (IT Act) के भाग-66(A) को उच्चतम न्यायालय ने मूल अधिकारों के उल्लंघन के आधार पर रद्द कर दिया।

(ii) **सिविल मामलों में अपील**–सिविल मामलों में उच्चतम न्यायालय में तभी अपील की जा सकती है, जब उच्च न्यायालय यह प्रमाण-पत्र दे कि किसी वाद में विधि की व्याख्या का कोई महत्त्वपूर्ण प्रश्न निहित है अथवा किसी वाद में संविधान की व्याख्या का कोई महत्त्वपूर्ण प्रश्न अंतर्निहित है, जिसके अनुसार, अनेक उच्च न्यायालयों के बीच किसी वाद की व्याख्या पर गंभीर मतभेद बने हैं। मूल विधान में सिविल मामलों में उच्चतम न्यायालय में तभी अपील का जा सकती थी, जब वाद 20,000 रुपए से अधिक का हो, परंतु 30वें संविधान संशोधन, 1972 से यह प्रावधान हटा दिया गया और वर्तमान में सिविल या दीवानी मामलों में बिना उच्च न्यायालय के प्रमाण के उच्चतम न्यायालय में अपील संभव नहीं है।

(iii) **दांडिक मामलों में अपील**–दांडिक मामलों में उच्चतम न्यायालय की कोई आरंभिक अधिकारिता नहीं होती है। दांडिक मामलों में अपील हेतु कुछ मामलों में प्रमाण-पत्र की आवश्यकता होती है। प्रमाण-पत्र के साथ तभी अपील की जा सकती है, जब अपील के लिए उच्च न्यायालय यह प्रमाण-पत्र प्रदान करे कि वाद उच्चतम न्यायालय में अपील के योग्य है, (अनुच्छेद-134(क))।

कुछ मामले बिना प्रमाण-पत्र के ही अपीलीय होते हैं। दांडिक मामलों की अपील हेतु कुछ दशाओं में प्रमाण-पत्र की आवश्यकता नहीं होती है। उच्चतम न्यायालय में साधिकार अपील हो सकती है। दूसरे शब्दों में, इसमें उच्च न्यायालय के प्रमाण-पत्र की आवश्यकता नहीं होगी। **ऐसी अपील मृत्युदंड या आजीवन कारावास के मामले में तब होती है, जब-**

- जनपद न्यायाधीश ने किसी व्यक्ति को निर्दोष कहा हो और अपील में उच्च न्यायालय द्वारा उसे मृत्युदंड या आजीवन कारावास की सजा दी गई हो।
- यदि उच्च न्यायालय ने किसी निचले न्यायालय से मामले को मंगाकर व्यक्ति को मृत्युदंड दे दिया हो।
- ऐसे मामले, जिनमें आजीवन कारावास या 10 वर्ष से अधिक की कैद की सजा दी गई हो, तो इन मामलों में भी उच्चतम न्यायालय में अपील की जाती है।

(iv) **विशेष इजाजत से अपील** (Special Leave Petitions)–इसका शाब्दिक अभिप्राय, उच्चतम न्यायालय के द्वारा प्रदान की गई विशेष अनुमति है। यह उच्चतम न्यायालय की विवेकाधीन शक्ति है। यदि व्यक्ति को अन्य किसी साधन के द्वारा न्याय न मिल सके, तो उच्चतम

न्यायालय द्वारा विशेष इजाजत (Special Leave Petitions (SLP)) की शक्ति का प्रयोग किया जाता है। इसके द्वारा उच्चतम न्यायालय भारत के किसी भी न्यायिक क्षेत्र से अपने समक्ष अपील की इजाजत दे सकता है। उच्चतम न्यायालय की विशेष इजाजत की यह शक्ति अपीलीय शक्ति से भिन्न है। विशेष इजाजत उच्चतम न्यायालय द्वारा तब दी जा सकती है, ऐसी विशेष परिस्थितियां विद्यमान हों, जिसमें प्राकृतिक न्याय का घोर उल्लंघन किया गया हो। अत: विशेष इजाजत के अंतर्गत् उच्चतम न्यायालय, सिविल एवं दांडिक दोनों मामलों में सुनवाई कर सकता है। विशेष इजाजत की अपील उच्चतम न्यायालय की आपवादिक शक्ति है, सामान्य शक्ति नहीं। अत: विशेष इजाजत से अपील अन्य अपीलीय शक्ति का विकल्प नहीं है। विशेष इजाजत के अंतर्गत् सैन्य अधिकरणों के निर्णय की अपील उच्चतम न्यायालय में नहीं हो सकती, (अनुच्छेद-136)। आलोचकों के अनुसार, उच्चतम न्यायालय इस शक्ति का प्रयोग अत्यधिक सामान्य रूप में कर रहा है। इसलिए यह आपवादिक शक्ति है, विवाद का विषय है।

4. सलाहकारी अधिकारिता

(Consultation Jurisdiction)

सामान्यत: उच्चतम न्यायालय दो पक्षों के बीच विवाद का समाधान करता है और उच्चतम न्यायालय के निर्णय विवाद में शामिल पक्षों पर बाध्यकारी होते हैं, परंतु सलाहकारी शक्ति के अंतर्गत न्यायालय निर्णय नहीं, अपितु सलाह देता है। उच्चतम न्यायालय के निर्णय सरकार के लिए बाध्यकारी माने जाते हैं, परंतु सलाहकारी अधिकारिता के निर्णय इसके अपवाद हैं। सलाहकारी अधिकारिता का अर्थ है कि राष्ट्रपति किसी मामले में उच्चतम न्यायालय की सलाह (Consultation) ले सकता है, जिसका अभिप्राय है कि उच्चतम न्यायालय के द्वारा दी गई सलाह सरकार के लिए बाध्यकारी नहीं मानी जाती। **सलाह लेने के निम्नलिखित आधार हैं**- ऐसी संधियां और समझौते, जो संविधान लागू होने के पहले संपादित किए गए हैं। इन मामलों में उच्चतम न्यायालय का राष्ट्रपति को सलाह देना अनिवार्य है, परंतु सरकार को सलाह मानना अनिवार्य नहीं है। राष्ट्रपति के द्वारा किसी सार्वजनिक महत्त्व के मुद्दे पर उच्चतम न्यायालय से सलाह मांगी जा सकती है। इसमें उच्चतम न्यायालय सलाह दे सकता है अथवा मना भी कर सकता है, परंतु यह सलाह सरकार पर बाध्यकारी नहीं होती। जैसे-2जी स्पेक्ट्रम, केशव सिंह तथा अयोध्या मामले में भी राष्ट्रपति ने उच्चतम न्यायालय से सलाह ली थी।

सलाहकारी शक्ति का महत्त्व

सलाहकारी शक्ति के अंतर्गत् दी गई सलाह से सरकार को उस महत्त्वपूर्ण तथ्य पर विधि की व्याख्या तथा जटिलताओं का उत्तर मिल जाता है। इसलिए सरकार विधि के निर्माण से पहले सलाह का ध्यान रखती है। सलाहकारी निर्णय भले सरकार पर बाध्यकारी न हो, लेकिन अधीनस्थ न्यायालयों के लिए बाध्यकारी एवं निर्देश के रूप में माने जा सकते हैं। इसके द्वारा सरकार किसी भी मुद्दे पर न्यायपालिका का दृष्टिकोण पहले से जान सकती है और विधि-निर्माण के समय न्यायपालिका की सलाह को ध्यान में रखा जाता है। उच्चतम न्यायालय एक अभिलेख न्यायालय है, जिसका अभिप्राय है कि उच्चतम न्यायालय के निर्णय अन्य न्यायालयों के लिए साक्ष्य माने जाएंगे। इसीलिए सलाहकारी अधिकारिता के अंतर्गत उच्चतम न्यायालय के द्वारा दी गई सलाह अन्य न्यायालयों के लिए बाध्यकारी होगा। भले ही यह सरकार के लिए बाध्यकारी न हो। अनेक मामलों में यह भी देखा गया है कि उच्चतम न्यायालय की सलाहकारी अधिकारिता को व्यावहारिक रूप में सरकार द्वारा मान लिया गया। जैसे-गुजरात राज्य में चुनाव का मामला, जिसमें उच्चतम न्यायालय ने चुनाव आयोग के पक्ष का समर्थन करते हुए कहा था कि वर्ष-2002 के गोधरा दंगों के तत्काल बाद गुजरात में विधान सभा चुनाव कराने की परिस्थितियां अनुकूल नहीं थीं। सलाहकारी अधिकारिता भारतीय उच्चतम न्यायालय की एक विशिष्ट शक्ति है, जिसके द्वारा उच्चतम न्यायालय केवल विवादों का समाधान ही नहीं करता, बल्कि सलाह भी प्रदान करता है।

मामले जिन पर सलाहकारी शक्ति का प्रयोग किया गया-

(i) दिल्ली विधि अधिनियम।
(ii) केरल शिक्षा विधेयक।
(iii) बेरूबारी संघ का मामला।
(iv) समुद्रीय प्रशुल्क अधिनियम।
(v) केशव सिंह वाद।

(vi) राष्ट्रपति चुनाव, 1974
(vii) विशेष न्यायपालिका अधिनियम, 1978
(viii) कावेरी जल विवाद अधिनियम।
(ix) राम जन्मभूमि बाबरी मस्जिद विवादास्पद ढांचे का मामला।
(x) जजेजवाद, 1998
(xi) जम्मू एवं कश्मीर राज्य का पुनर्वास अधिनियम।
(xii) स्पेशल रिफरेंस अधिनियम, 2001
(xiii) गुजरात विधान सभा चुनाव, 2002
(xiv) पंजाब जल समझौता समाप्ति अधिनियम, 2004
(xv) 2-G स्पेक्ट्रम मामला, 2012

5. संविधान के संरक्षक के रूप में न्यायपालिका

भारतीय न्यायपालिका संविधान के संरक्षक के रूप में कार्य करती है। संवैधानिक मामलों पर विचार के लिए उच्चतम न्यायालय में पांच अथवा अधिक न्यायाधीशों की बैंच का गठन किया जाता है, जिसे संवैधानिक बैंच कहा जाता है तथा न्यायपालिका यह देखती है कि क्या संविधान में उल्लिखित प्रावधानों का पालन किया जा रहा है या नहीं? अनुच्छेद-13(2) के अनुसार, यदि विधायिका द्वारा निर्मित कोई विधि संविधान के भाग-3 में उल्लिखित प्रावधानों का उल्लंघन करती है, तो न्यायालय उस विधि को विरोध की सीमा तक शून्य घोषित कर सकता है। अनुच्छेद-32 के अनुसार, मौलिक अधिकारों की रक्षा के लिए न्यायालय विभिन्न रिट निकाल सकता है। अनुच्छेद-245 के अनुसार, न्यायालय यह देखता है कि क्या केंद्र व राज्यों के बीच शक्तियों के विभाजन के प्रावधानों का पालन किया जा रहा है? संविधान के अनुसार, संघ सरकार एवं राज्य सरकारें अपनी-अपनी सूची में ही विधि-निर्माण पर कार्य कर सकती हैं। संघ सूची पर केंद्र सरकार तथा राज्य सूची पर राज्य सरकार कानून का निर्माण कर सकती है। न्यायपालिका यह भी देखती है कि क्या कानून का निर्माण उचित प्रक्रियाओं के अनुसार हुआ है या नहीं? संविधान में किसी भी प्रकार का संशोधन अनुच्छेद-368 में वर्णित प्रक्रियाओं के अनुसार ही हो सकता है। यदि ऐसा नहीं हुआ है, तो न्यायालय किसी भी संशोधन को रद्द घोषित कर सकता है। *केशवानंद भारती वाद* के अनुसार, संविधान को संसद के द्वारा संशोधित किया जा सकता है, परंतु इसके आधारभूत ढांचे में पूर्ण परिवर्तन नहीं हो सकता। उच्चतम न्यायालय ने संविधान के संरक्षण की भूमिका का निर्वहन करते हुए आधारभूत ढांचे का विचार प्रतिपादित किया। अत: संसद के संविधान संशोधन की शक्ति सीमित है।

6. अभिलेखीय न्यायालय (Court of record)

उच्चतम न्यायालय भारत का अभिलेखीय न्यायालय है, (अनुच्छेद-129)। **अभिलेखीय न्यायालय के रूप में उच्चतम न्यायालय को निम्नलिखित शक्तियां प्राप्त हैं-**

(i) उच्चतम न्यायालय की सभी कार्यवाहियां व निर्णय लिखित होते हैं तथा उन्हें साक्ष्य के रूप में सुरक्षित रखा जाता है। अधीनस्थ न्यायालयों में उच्चतम न्यायालय के पूर्व निर्णयों (Precedent) को साक्ष्य के रूप में माना जाता है।

(ii) न्यायालय को अपनी अवमानना के लिए दंड देने का अधिकार प्राप्त है। यह अधिकार उच्चतम न्यायालय के साथ-साथ उच्च न्यायालयों को भी प्राप्त हैं। उच्चतम न्यायालय के सभी निर्णय अन्य न्यायालयों के लिए एक निर्देश माने जाते हैं। अत: उच्च न्यायालय अथवा जनपद न्यायालय अपना निर्णय देते हुए उच्चतम न्यायालय द्वारा दिए गए निर्णय को अपना आधार मानते हैं।

अनुच्छेद-142 के अंतर्गत प्रयोग की गई शक्ति

अनुच्छेद-142 में यह उल्लिखित है कि उच्चतम न्यायालय अपने निर्णयों को क्रियान्वित कराने के लिए एवं न्याय को पूर्ण कराने हेतु कार्यवाही करेगा। वर्तमान में उच्चतम न्यायालय ने इस शक्ति का अत्यधिक विस्तार कर दिया है। न्यायालय के द्वारा भोपाल गैस पीड़ितों को 470 मिलियन डॉलर का मुआवजा देने का आदेश प्रदान किया गया है और वर्ष-1993 के बाद आवंटित कोयले की ब्लॉक को वर्ष-2014 में रद्द कर दिया गया। राष्ट्रीय राजमार्गों पर शराब की बिक्री को प्रतिबंधित करने का निर्णय भी लिया गया तथा उच्चतम न्यायालय ने बाबरी मस्जिद के विध्वंस के मामले में पिछले 25 वर्षों से रायबरेली में चलने वाले मुकदमे को लखनऊ स्थानांतरित कर दिया। आलोचकों के अनुसार, उच्चतम न्यायालय द्वारा दिए गए निर्णय संसद अथवा राज्य विधान सभाओं द्वारा निर्मित विधियों से प्राथमिक प्रतीत होते हैं। इसलिए आलोचक इसे न्यायिक सक्रियता का नाम दे रहे हैं।

क्षेत्राधिकार का विस्तार

संविधान के अनुसार, संसद के द्वारा विधि-निर्माण के माध्यम से उच्चतम न्यायालय की शक्ति और क्षेत्राधिकार का विस्तार किया जा सकता है, जो संघ सूची के विषयों से संबंधित होंगे, परंतु संविधान के अनुसार, संसद को क्षेत्राधिकार कम करने की शक्ति नहीं दी गई है।

विविध शक्तियां (Miscellaneous Powers)

राष्ट्रपति, उप-राष्ट्रपति के निर्वाचन के विवाद का समाधान केवल उच्चतम न्यायालय द्वारा होता है। उच्चतम न्यायालय के मुख्य न्यायाधीश एवं वरिष्ठतम न्यायाधीश की नियुक्ति कार्यवाहक न्यायाधीश के रूप में भी होती है। उच्चतम न्यायालय के मुख्य न्यायाधीश राष्ट्रपति को शपथ भी दिलाता है। संघ लोक सेवा आयोग के अध्यक्ष एवं अन्य सदस्यों को पद से हटाने से पूर्व उच्चतम न्यायालय से परामर्श किया जाता है।

अपील के राष्ट्रीय न्यायालय का प्रस्ताव (National Court of Appeal)

वर्ष-2016 में उच्चतम न्यायालय द्वारा एक जनहित याचिका की सुनवाई करते हुए सरकार को यह निर्देश दिया गया कि देश के विभिन्न भागों में अपील के चार राष्ट्रीय न्यायालयों का गठन होना चाहिए, जिससे उच्चतम न्यायालय के ऊपर कार्य का बोझ कम होगा तथा न्यायपालिका में मामलों को त्वरित रूप में निपटाया जाएगा। ये न्यायालय सिविल और आपराधिक मामलों में अपील के सर्वोच्च न्यायालय होंगे। वर्तमान में उच्चतम न्यायालय के समक्ष विवाह, किराया, श्रम, सेवा तथा भूमि संबंधित विवाद में अपील के द्वारा मामला उच्चतम न्यायालय के समक्ष लाया जाता है, जिससे उच्चतम न्यायालय का ज्यादातर समय इन मामलों के निर्धारण में खर्च हो जाता है।

उच्चतम न्यायालय की भूमिका को पुनः परिभाषित करने की आवश्यकता है और उच्चतम न्यायालय संघीय विवादों, केंद्रीय तथा राज्य द्वारा निर्मित विधियों एवं उन सार्वजनिक महत्त्व की विधियों की व्याख्या करे, जिनमें संविधान की व्याख्या अंतर्निहित है। विभिन्न न्यायालयों के बीच मतभिन्नता से संबंधित मामलों की व्याख्या तथा संविधान संशोधन के न्यायिक पुनरावलोकन की शक्ति उच्चतम न्यायालय के पास होनी चाहिए। उच्चतम न्यायालय विभिन्न मुद्दों पर राष्ट्रपति को सलाह भी देगा। अतः उच्चतम न्यायालय की भूमिका संवैधानिक मामलों से संबंधित विवाद तक सीमित होनी चाहिए।

7. अन्य शक्तियां (Other Jurisdiction)

(i) **पुनरावलोकन याचिका** (Review Petition)– सामान्यतः उच्चतम न्यायालय का निर्णय अंतिम माना जाता है और इसके विरुद्ध कहीं पर भी अपील नहीं की जा सकती, परंतु उच्चतम न्यायालय के निर्णय के विरुद्ध पुनः उच्चतम न्यायालय में अपील किया जा सकता है। इसके लिए एक वरिष्ठ वकील तथा एक न्यायाधीश यह प्रमाणित करे कि पहला निर्णय पूर्णतः सही नहीं था, तब पुनरावलोकन याचिका दायर की जा सकती है। पुनरावलोकन याचिका उच्चतम न्यायालय के निर्णय के 30 दिन के भीतर दायर होनी चाहिए। उच्चतम न्यायालय में न्यायालय के निर्णय के विरुद्ध पुनः याचिका दायर की जा सकती है। उदाहरण के लिए, वर्ष-2012 में 2-G स्पेक्ट्रम मामले में सरकार ने उच्चतम न्यायालय में पुनरीक्षण याचिका दायर किया। यह मामला उसी बेंच के समक्ष प्रस्तुत किया जाएगा, जिसके द्वारा मूल निर्णय दिया गया था।

(ii) **उपचारात्मक याचिका** (Curative Petition)– क्यूरेटिव पिटीशन शब्द की उत्पत्ति Cure शब्द से हुई है, जिसका तात्पर्य है, उपचार करना। उच्चतम न्यायालय के द्वारा वर्ष-2002 में उपचारात्मक याचिका का विचार प्रतिपादित किया गया। यदि व्यक्ति के साथ घोर अन्याय हुआ है और उसकी पुनरावलोकन याचिका अस्वीकार कर दी जाए, तो वह उपचारात्मक याचिका दायर कर सकता है, लेकिन याचिका को दायर करने की निश्चित समय सीमा निर्धारित नहीं है तथा इसे तीन वरिष्ठतम न्यायाधीशों एवं उन न्यायाधीशों द्वारा प्रमाणित होना चाहिए, जिन्होंने निर्णय दिया है। इसके अतिरिक्त एक वरिष्ठ वकील द्वारा प्रमाणित होना चाहिए। यदि बहुमत न्यायाधीश सहमत हैं, तो ये याचिका उसी बेंच को सौंपी जाएगी, जिसने पहले निर्णय दिया है। याचिका में पुनरावलोकन याचिका रद्द करने का आधार उल्लिखित है। जैसे-न्यायाधीशों के द्वारा किसी प्रकार का पक्षपात किया गया हो अथवा प्राकृतिक न्याय

का उल्लंघन किया गया हो। इसमें यह प्रमाणित किया जाए कि न्याय का उल्लंघन हुआ है, जिस पर पुनर्विचार आवश्यक है।

(iii) **न्यायालय की अवमानना** (Contempt of Court)– अनुच्छेद-19(1)(A) में नागरिकों को अभिव्यक्ति की स्वतंत्रता प्रदान की गई है, परंतु न्यायालय की अवमानना के आधार पर इस पर प्रतिबंध भी आरोपित किए गए हैं। सांसदों को सदन के पटल पर अभिव्यक्ति की स्वतंत्रता प्रदान की गई है, परंतु किसी न्यायाधीश के आचरण के संबंध में टिप्पणी नहीं की जा सकती है। यदि न्यायाधीश को पद से हटाने का प्रस्ताव सदन में लंबित है, तो न्यायाधीश के आचरण पर टिप्पणी की जा सकती है।

अवमानना संविधान में परिभाषित नहीं है, परंतु वर्ष-1971 में संसद के द्वारा विधि बनाकर अवमानना के विभिन्न प्रावधानों का निर्माण किया गया है।

संसदीय अधिनियम, 1971–न्यायालयों ने कई मामलों में अपनी इस शक्ति का प्रयोग किया है। न्यायालय की अवमानना से तात्पर्य न्यायालय के क्रियाकलापों पर अनुचित टिप्पणी करने से है। **न्यायालय की अवमानना** एक विधिक शब्द है। न्यायालय की अवमानना करने वालों के विरुद्ध कार्यवाही करने की शक्ति न्यायालय को प्राप्त है। जब न्यायालय किसी मुकदमे की सुनवाई या जांच के दौरान यह महसूस करता है कि कोई व्यक्ति उसकी अवमानना कर रहा है, तब वह अपने आदेश में इस शब्दावली का प्रयोग करता है। यह न्यायालय की सबसे बड़ी शक्ति है, जिसका प्रयोग कर वह मुकद्दमों के दौरान चल रही कार्यवाही में जानबूझकर व्यवधान डालने वाले व्यक्ति को उसके इस आचरण के लिए दंडित कर सकता है। अवमानना में निम्नलिखित अर्थ समाहित हैं–

- न्यायालय के वैध आदेश का अनुपालन नहीं करने पर।
- न्यायाधीश के प्रति निरादर प्रदर्शित करने पर।
- असंगत व्यवहार से न्यायालय की कार्यवाही में बाधा डालने या ऐसे तथ्यों को प्रकाशित करने से जिनसे मुकद्दमे के न्यायोचित संपादन में खतरा उत्पन्न होने की संभावना बनती हो।
- उपर्युक्त कारणों से न्यायालय की अवमानना की कार्यवाही प्रारंभ होती है। न्यायालय की अवमानना का दोषी पाए जाने पर संबंधित व्यक्ति को न्यायाधीश जेल या जुर्माने की सजा दे सकता है।

निष्पक्ष आलोचना

उच्चतम न्यायालय अथवा उच्च न्यायालय के द्वारा दिए गए निर्णय से कोई भी व्यक्ति असहमत हो सकता है अथवा इसकी आलोचना भी कर सकता है। न्यायालय द्वारा दिए गए निर्णय सभी के लिए समान रूप में लाभकारी नहीं होंगे, क्योंकि पराजित पक्ष द्वारा न्यायाधीशों पर भेदभाव के आरोप लगाए जा सकते हैं। इसीलिए अवमानना की शक्ति आवश्यक है। भारत में वकील एवं अन्य विशिष्ट व्यक्ति दलीय आधारों पर विभाजित होते हैं। इसलिए राजनीतिक हितों से प्रेरित होकर न्यायाधीश के विरुद्ध अवमानात्मक टिप्पणी कर सकते हैं। उच्चतम न्यायालय के मुख्य न्यायाधीश दीपक मिश्रा के विरुद्ध अनेक वकीलों द्वारा अभद्र टिप्पणी की गई। न्यायपालिका सरकार का एक संवेदनशील अंग है, क्योंकि न्यायपालिका पर लगाए गए आरोप का सार्वजनिक जबाब न्यायपालिका नहीं दे सकती। इसलिए अवमानना के द्वारा न्यायपालिका की स्वतंत्रता को संरक्षित करने का प्रयास किया गया है।

न्यायाधीशों के द्वारा न्यायपालिका की अवमानना

उच्चतम न्यायालय के द्वारा *वी. सी. मिश्रा वाद* (1995) में अवमानना की शक्ति का प्रयोग करते हुए बार काउंसिल के अध्यक्ष वी. सी. मिश्रा को 3 वर्ष के लिए किसी भी न्यायालय में वकालत करने का प्रतिबंध लगा दिया तथा उन्हें 6 सप्ताह के लिए हिरासत में भेजने का आदेश दिया गया। क्योंकि वी. सी. मिश्रा के द्वारा इलाहाबाद उच्च न्यायालय के तत्कालीन कार्यवाहक मुख्य न्यायाधीश के विरुद्ध अभद्र टिप्पणी की गई थी और उन्होंने न्यायाधीश के स्थानांतरण कराने की भी धमकी दी थी।

वर्ष-2018 में पहली बार उच्चतम न्यायालय द्वारा एक निवर्तमान उच्च न्यायालय के न्यायाधीश को अवमानना के आरोप में दंडित किया। कोलकाता उच्च न्यायालय के न्यायाधीश सी. एस. कर्नन के द्वारा अपने साथी न्यायाधीशों पर छुआछूत का आरोप लगाया एवं उच्चतम न्यायालय के वरिष्ठ न्यायाधीशों पर भी अभद्र टिप्पणी की।

परिणामस्वरूप न्यायामूर्ति कर्नन को उच्चतम न्यायालय ने 6 महीने की सजा प्रदान की गई थी।

निष्कर्ष

आलोचना एवं असहमति लोकतंत्र का एक महत्त्वपूर्ण भाग है, परंतु उच्चतम न्यायालय सरकार के अन्य अंगों से पृथक् है, क्योंकि उच्चतम न्यायालय के निर्णय कार्यपालिका के विरुद्ध होते हैं। अत: अभिव्यक्ति की स्वतंत्रता के आधार पर न्यायपालिका को हतोत्साहित किया जा सकता है। वर्तमान में राजनीतिक दलों के द्वारा चुनाव आयोग तथा नियंत्रक एवं महालेखा परीक्षक पर आरोप लगाए गए हैं। इस संदर्भ में अवमानना की शक्ति उपयोगी प्रतीत होती है।

अध्याय
2

उच्च न्यायालय
(High Court)

- उच्च न्यायालय के बैंच एवं सर्किट बैंच, • उच्च न्यायालय का संगठन, • उच्च न्यायालय का क्षेत्राधिकार एवं शक्तियां, • आरंभिक अधिकार क्षेत्र, • रिट शक्ति, • अपीलीय क्षेत्राधिकार, • निष्कर्ष

भारत की एकीकृत एकल न्यायिक व्यवस्था में उच्च न्यायालय, उच्चतम न्यायालय से नीचे है, लेकिन अधीनस्थ न्यायालयों से ऊपर कार्य करता है। राज्य के न्यायिक प्रशासन में उच्च न्यायालय की स्थिति शीर्ष पर होती है। भारत में उच्च न्यायालय का सर्वप्रथम गठन वर्ष-1862 में कलकत्ता, बंबई और मद्रास में हुआ। वर्ष-1866 में चौथे उच्च न्यायालय की स्थापना इलाहाबाद में हुई। इसके बाद ब्रिटिश भारत में प्रत्येक प्रांत में अपना उच्च न्यायालय बन गया। वर्ष-1950 के बाद प्रांत का उच्च न्यायालय ही राज्य का उच्च न्यायालय बना।

भारत के संविधान में प्रत्येक राज्य के लिए एक उच्च न्यायालय की व्यवस्था की गई है, लेकिन 7वें संविधान संशोधन अधिनियम, 1956 में सरकार को यह अधिकार दिया गया कि वह दो या दो से अधिक राज्यों एवं एक संघ-राज्य क्षेत्र के लिए साझा उच्च न्यायालय की स्थापना कर सकती है। इस समय भारत में कुल 25 उच्च न्यायालय हैं, जिनमें से तीन साझा उच्च न्यायालय हैं। दिल्ली एकमात्र ऐसा संघ-राज्य क्षेत्र है, जिसका अपना उच्च न्यायालय है। न्यायालय की अधिकारिता में संशोधन का अधिकार संसद को है।

उच्च न्यायालय के बैंच एवं सर्किट बैंच

भारत के बड़े राज्यों में उच्च न्यायालय के अलावा बैंच की स्थापना भी की जाती है। बंबई उच्च न्यायालय की स्थायी बैंच नागपुर में एवं मध्य प्रदेश उच्च न्यायालय की बैंच इंदौर में है, जहां न्यायाधीश वर्षभर स्थायी रूप में कार्य करते हैं। उच्च न्यायालयों में सर्किट बैंच की भी स्थापना की गई है, जहां वर्ष में एक या दो बार न्यायाधीश बैठकर सभी विवादों का समाधान करते हैं। कलकत्ता उच्च न्यायालय का सर्किट बैंच पोर्टब्लेयर में है। सर्किट बैंच की स्थापना इसलिए की जाती है, क्योंकि इन क्षेत्रों में विवाद की मात्रा कम होती है। इसलिए अस्थायी बैंच का गठन किया जाता है, जिसे सर्किट बैंच कहते हैं।

उच्च न्यायालय का संगठन

उच्चतम न्यायालय के न्यायाधीशों की संख्या संसद के द्वारा निर्धारित होती है, परंतु उच्च न्यायालय के न्यायाधीशों की संख्या राष्ट्रपति के द्वारा निर्धारित होती है। संविधान में उच्च न्यायालय के न्यायाधीशों की संख्या का उल्लेख नहीं है, क्योंकि राज्यों के आकार एकसमान नहीं हैं। इसलिए इलाहाबाद उच्च न्यायालय में 160 न्यायाधीश हैं,

जबकि सिक्किम उच्च न्यायालय में केवल 3 न्यायाधीश हैं। प्रत्येक उच्च न्यायालय में एक मुख्य न्यायाधीश और राष्ट्रपति के निर्देशानुसार नियुक्त अन्य न्यायाधीश होते हैं, जिनकी संख्या का निर्धारण राष्ट्रपति करता है।

अधिकारियों और सेवकों के खर्च

उच्च न्यायालय के न्यायाधीशों के अलावा न्यायालय के सभी अधिकारियों और सेवकों की नियुक्ति उच्च न्यायालय के मुख्य न्यायाधीश के द्वारा होती है तथा इन अधिकारियों और सेवकों के वेतन व भत्ते भी भारत की संचित निधि पर भारित होते हैं।

केंद्रशासित क्षेत्रों पर क्षेत्राधिकार

संविधान में यह उल्लिखित है कि संसदीय विधि के द्वारा उच्च न्यायालय का क्षेत्राधिकार किसी केंद्रशासित क्षेत्र पर किया जा सकता है तथा किसी केंद्रशासित क्षेत्र से उच्च न्यायालय का क्षेत्राधिकार समाप्त भी किया जा सकता है। दिल्ली एकमात्र केंद्रशासित क्षेत्र है, जिसका अपना उच्च न्यायालय है और अन्य केंद्रशासित क्षेत्र राज्य उच्च न्यायालयों के अधीन रहते हैं। चंडीगढ़ पर पंजाब और हरियाणा उच्च न्यायालय का नियंत्रण है। जबकि अंडमान व निकोबार द्वीप समूह पर कोलकाता उच्च न्यायालय का नियंत्रण है। अत: इसके लिए संविधान संशोधन की आवश्यकता नहीं है, बल्कि संसद की सामान्य विधि से क्षेत्राधिकार का विस्तार किया जा सकता है।

दो या दो से अधिक राज्यों के लिए उच्च न्यायालय

संविधान के अनुसार, संसद को विधि-निर्माण के द्वारा दो या दो से अधिक राज्यों के लिए भी उच्च न्यायालय का गठन किया जा सकता है अथवा दो या दो से अधिक केंद्रशासित क्षेत्रों के लिए भी एक उच्च न्यायालय का निर्माण हो सकता है। इसके लिए संविधान संशोधन की आवश्यता नहीं होगी। उदाहरण के लिए, भारत के 29 राज्यों के लिए 25 उच्च न्यायालय हैं। गुवाहाटी उच्च न्यायालय का क्षेत्राधिकार नागालैंड, मिजोरम और अरूणाचल प्रदेश पर भी बना हुआ है। जबकि आंध्र प्रदेश और तेलंगाना के लिए आंध्र प्रदेश उच्च न्यायालय है।

न्यायाधीशों की नियुक्ति

संविधान में 99वें संशोधन के द्वारा कोलेजियम व्यवस्था के स्थान पर राष्ट्रीय न्यायिक नियुक्ति आयोग का गठन किया गया। राष्ट्रीय न्यायिक नियुक्ति आयोग के द्वारा उच्च न्यायालय के मुख्य न्यायाधीश एवं अन्य न्यायाधीशों की नियुक्ति के बारे में राष्ट्रपति को सिफारिश भेजी जाएगी, परंतु उच्चतम न्यायालय के द्वारा 99वें संविधान संशोधन को असंवैधानिक घोषित कर दिया गया। इसलिए वर्तमान में उच्च न्यायालय के न्यायाधीशों की नियुक्ति कोलेजियम के द्वारा हो रही है तथा उच्च न्यायालय के न्यायाधीशों की नियुक्ति के लिए एक कोलेजियम उच्च न्यायालय में गठित होता है, जिसमें उच्च न्यायालय का मुख्य न्यायाधीश एवं उच्च न्यायालय के अन्य न्यायाधीश शामिल होते हैं। कोलेजियम की अनुशंसा उच्चतम न्यायालय के कोलेजियम को भेजी जाती है, जिसमें उच्चतम न्यायालय के मुख्य न्यायाधीश एवं उच्चतम न्यायालय के दो वरिष्ठतम न्यायाधीश शामिल होते हैं।

राष्ट्रीय न्यायिक नियुक्ति आयोग असंवैधानिक

उच्चतम न्यायालय ने एक ऐतिहासिक निर्णय में न्यायिक नियुक्ति आयोग के प्रावधान को असंवैधानिक घोषित कर दिया। इसलिए वर्तमान में पुन: कोलेजियम प्रणाली के द्वारा न्यायाधीशों की नियुक्ति की जा रही है। परंतु इसे पारदर्शी बनाने के लिए निष्पक्ष एवं वस्तुनिष्ठ प्रक्रिया के निर्माण पर विचार हो रहा है, जिसके अंतर्गत न्यायाधीशों की नियुक्ति के लिए उनके द्वारा दिए गए निर्णय व उम्र निर्धारित की जाएगी तथा यह भी प्रस्ताव किया गया है कि न्यायाधीश के पद पर नियुक्ति के लिए कोलेजियम की अनुशंसा से पहले दो न्यायाधीश उम्मीदवारों की योग्यता पर विचार करेंगे।

न्यायाधीशों की योग्यता

- वह भारत का नागरिक हो।
- उसे भारत के न्यायिक कार्य में 10 वर्ष का अनुभव हो, अथवा
- वह उच्च न्यायालय या न्यायालयों में 10 वर्ष तक अधिवक्ता रह चुका हो।
- योग्यता में न्यूनतम उम्र का वर्णन नहीं है।

शपथ/प्रतिज्ञान

राज्यपाल या उसके द्वारा नियुक्त किसी अधिकृत व्यक्ति के समक्ष न्यायाधीशों द्वारा शपथ ली जाती है। **न्यायाधीशों द्वारा निम्न शपथ ली जाती हैं-**

- भारतीय संविधान के प्रति सच्ची निष्ठा और श्रद्धा का पालन करेगा।
- भारत की संप्रभुता और अखंडता को अक्षुण्य रखेगा।
- अपने ज्ञान, योग्यता एवं विवेक से पद का पालन करेगा।
- अपने कर्त्तव्य निर्वाह में भय, पक्षपात, अनुराग अथवा दुर्भाव नहीं रखेगा।

कार्यकाल

उच्च न्यायालय के न्यायाधीशों के कार्यकाल की अधिकतम उम्र 62 वर्ष है और इससे पहले भी वह अपना त्यागपत्र राष्ट्रपति को भेज सकता है। न्यायाधीशों की न्यूनतम आयु का संविधान में कोई उल्लेख नहीं है, परंतु न्यायपालिका की आंतरिक और औपचारिक प्रक्रिया के अनुसार न्यायाधीशों की नियुक्ति तभी की जा सकती है, जब वह 45 वर्ष की आयु पूरी कर चुका हो। न्यायाधीशों की आयु से संबंधित किसी प्रश्न का निराकरण भारत के मुख्य न्यायाधीश की सलाह से राष्ट्रपति द्वारा किया जाएगा। यह प्रावधान 15वें संविधान संशोधन द्वारा किया गया है। जबकि उच्चतम न्यायालय के न्यायाधीशों की उम्र संसदीय विधि के द्वारा निर्धारित होती हैं।

वेतन व भत्ते

संविधान की दूसरी अनुसूची में उच्च न्यायालय के न्यायाधीशों एवं मुख्य न्यायाधीश के वेतन व भत्ते का प्रावधान है, जिसके अनुसार, उच्च न्यायालय के मुख्य न्यायाधीश 9000 रूपए एवं अन्य न्यायाधीशों को 8000 रूपए प्रतिमाह वेतन दिया जाएगा। इसके बाद उच्च न्यायालय के न्यायाधीश का वेतन व भत्ता संसद द्वारा निर्धारित किया जाता है। वर्ष-2018 में उच्चतम न्यायालय एवं उच्च न्यायालय के न्यायाधीशों के वेतन व भत्ते अधिनियम में परिवर्तन किया गया। जिसके अनुसार, उच्च न्यायालय के मुख्य न्यायाधीश को 2.50 लाख रूपए प्रति महीने तथा उच्च न्यायालय के अन्य न्यायाधीशों को 2.25 लाख प्रतिमाह वेतन प्रदान किया जाएगा। इनमें उनके कार्यकाल के दौरान इनके वेतन व भत्तों में कोई अलाभकारी परिवर्तन नहीं किया जा सकता है।

न्यायाधीशों का स्थानांतरण

उच्च न्यायालय के न्यायाधीशों के स्थानांतरण के लिए राष्ट्रीय न्यायिक नियुक्ति आयोग द्वारा राष्ट्रपति को सिफारिश भेजी जाएगी। अनुच्छेद-124 (b) के अंतर्गत् यह प्रावधान किया गया है, परंतु व्यावहारिक रूप में न्यायाधीशों का स्थानांतरण कोलेजियम के द्वारा ही किया जा रहा है, जिसमें उच्चतम न्यायालय के मुख्य न्यायाधीश और उच्चतम न्यायालय के ही 4 वरिष्ठतम न्यायाधीश सम्मिलित होते हैं। इसके अतिरिक्त उच्च न्यायालय के दो मुख्य न्यायाधीशों को भी शामिल किया जाता है, जिस उच्च न्यायालय से न्यायाधीश का स्थानांतरण हो रहा है, उसके मुख्य न्यायाधीश तथा जिस उच्च न्यायालय के लिए न्यायाधीश का स्थानांतरण हो रहा है, उसके भी मुख्य न्यायाधीश को भी शामिल किया जाता है।

उच्च न्यायालय की स्वतंत्रता

न्यायाधीशों की नियुक्ति राष्ट्रपति द्वारा राष्ट्रीय न्यायिक नियुक्ति आयोग के परामर्श से की जाती है, जो व्यवहार के रूप में कोलेजियम के द्वारा होता है। इनका कार्यकाल निश्चित होता है तथा इनके वेतन व भत्तों में इनके कार्यकाल के दौरान कोई अलाभकारी परिवर्तन नहीं किया जा सकता तथा वित्तीय आपातकाल के दौरान वेतन व भत्तों में कटौती नहीं हो सकती। न्यायाधीश और स्टाफ के वेतन व भत्ते संबंधित राज्य की संचित निधि पर भारित होते हैं, (अनुच्छेद-202(3)(घ))। उच्च न्यायालय के न्यायाधीशों की पेंशन भारत की संचित निधि से दी जाती है। न्यायाधीशों के आचरण पर लोक सभा एवं विधान सभा में चर्चा नहीं की जा सकती, लेकिन न्यायाधीशों पर महाभियोग के दौरान इनके आचरण पर चर्चा संभव है। सेवा निवृत्ति के बाद उच्च न्यायालय का न्यायाधीश उन उच्च न्यायालयों में वकालत नहीं कर सकता, जहां वह न्यायाधीश के रूप में पद धारण कर चुका हो। उच्च न्यायालय के न्यायाधीशों के पास अपनी अवमानना के लिए दंड देने की शक्ति होती है।

उच्च न्यायालय का क्षेत्राधिकार एवं शक्तियां

आरंभिक अधिकार क्षेत्र

उच्च न्यायालय सामान्यत: अपील का न्यायालय है। अत: उच्च न्यायालय के समक्ष आने वाले ज्यादातर मामले जिला न्यायपालिका के निर्णय के विरुद्ध अपील के रूप में आते हैं, परंतु भारत के कुछ उच्च न्यायालयों में सिविल

मामले सीधे लाए जा सकते हैं। मद्रास उच्च न्यायालय व मुंबई उच्च न्यायालय के समक्ष सिविल मामले सीधे लाए जा सकते हैं। उच्च न्यायालयों को आपराधिक या दीवानी मामले में किसी प्रकार की आरंभिक अधिकारिता नहीं है, जिसका अभिप्राय है कि आपराधिक मामले जनपद न्यायालय से अपील के बाद ही उच्च न्यायालय में लाए जा सकते हैं। लोक सभा और विधान सभा चुनाव से संबंधित विवाद सीधे उच्च न्यायालय में सुने जाते हैं।

रिट शक्ति

उच्च न्यायालयों के द्वारा मूल अधिकारों की रक्षा के लिए बंदी प्रत्यक्षीकरण, परमादेश, अधिकार पृच्छा, प्रतिषेध और उत्प्रेषण नामक रिट जारी की जाती है। उच्च न्यायालय के द्वारा राज्य के भू-भाग में निवास करने वाले व्यक्तियों के लिए रिट जारी किया जा सकता है, (अनुच्छेद-226)। उच्च न्यायालयों के द्वारा मूल अधिकारों की रक्षा के अलावा अन्य अधिकारों की रक्षा के लिए भी रिट जारी की जा सकती है। उदाहरण के लिए, संपत्ति का अधिकार वर्तमान में वैधानिक अधिकार है, जिसकी रक्षा के लिए उच्च न्यायालय रिट जारी कर सकता है। उच्च न्यायालय को संविधान की व्याख्या का भी अधिकार है, परंतु उच्च न्यायालय के संविधान की व्याख्या उच्चतम न्यायालय के निर्णय पर भी आधारित होती है। इसलिए संवैधानिक बैंच का गठन केवल उच्चतम न्यायालय में होता है, उच्च न्यायालय में नहीं। इसलिए संविधान की व्याख्या का अंतिम अधिकार उच्चतम न्यायालय को है। यह मूल अधिकारों की भी रक्षा करता है और मूल अधिकारों की रक्षा के लिए उच्च न्यायालयों में जनहित याचिकाएं भी दायर की जा सकती हैं।

अपीलीय क्षेत्राधिकार

उच्च न्यायालय मूलत: एक अपीलीय न्यायालय है, इसमें संबंधित राज्य क्षेत्र के अंतर्गत् आने वाले अधीनस्थ न्यायालयों के आदेशों के विरुद्ध सुनवाई की जाती है। इसके अंतर्गत् दीवानी/सिविल और आपराधिक दोनों प्रकार के मामलों की सुनवाई की जाती है। जिन मामलों में जनपद न्यायालय ने 7 वर्ष की सजा सुनाई हो, उसके विरुद्ध उच्च न्यायालय में अपील की जा सकती है। अन्य महत्त्वपूर्ण मामलों में भी उच्च न्यायालयों में अपील का प्रावधान है। राज्य में स्थित सभी अधिकरणों (Tribunals) पर उच्च न्यायालय का नियंत्रण होता है तथा इन अधिकरणों से उच्च न्यायालय में अपील की जा सकती है। केंद्रीय प्रशासनिक अधिकरण के निर्णय के विरुद्ध भी उच्च न्यायालय में अपील की जा सकती है। भारत के कुछ उच्च न्यायालयों जैसे-इलाहाबाद, मुंबई, कोलकाता, मद्रास और पटना उच्च न्यायालयों में एक न्यायाधीश के बैंच के निर्णयों को उसी उच्च न्यायालय में उससे बड़ी बैंच में अपील की जा सकती है, जिसे **लेटर्स पेटेन्ट** की अपील कहा जाता है।

अधीक्षण की शक्ति

आंध्र प्रदेश के विभाजन के बाद उच्च न्यायालय के द्वारा दोनों राज्यों के लिए न्यायिक अधिकारियों का विभाजन किया गया और इसका विरोध करने वाले न्यायिक अधिकारियों को उच्च न्यायालय ने बर्खास्त भी कर दिया, जो उच्च न्यायालय की अधीक्षण की शक्ति का उदाहरण है। उच्च न्यायालय राज्य क्षेत्र में स्थित सभी प्रकार के न्यायालयों पर निगरानी रखता है और राज्य में स्थित अधीनस्थ न्यायालय तथा विभिन्न अधिकरणों पर उच्च न्यायालय को अधीक्षण की शक्ति प्राप्त है। अधीनस्थ न्यायालयों के किसी भी न्यायाधीश के विरुद्ध उच्च न्यायालय अनुशासनात्मक कार्यवाही कर सकता है। जनपद न्यायाधीशों को अवकाश देने का अधिकार भी उच्च न्यायालयों को है तथा जनपद न्यायाधीशों को राज्यपाल के द्वारा अपने पद से तभी हटाया जाएगा, जब उच्च न्यायालय के द्वारा अनुशंसा की जाए, परंतु उच्च न्यायालय की अधीक्षण शक्ति में सैन्य न्यायालय शामिल नहीं हैं।

अभिलेख का न्यायालय

अभिलेख न्यायालय के रूप में उच्च न्यायालय को **दो प्रकार की शक्तियां प्राप्त हैं-**

(i) उच्च न्यायालय के फैसले, कार्यवाही एवं कार्य लिखित रूप में होती है तथा उच्च न्यायालय के पूर्व निर्णयों को साक्ष्य के रूप में सुरक्षित रखा जाता है, जो अधीनस्थ न्यायालयों में साक्ष्य रूप में मान्य होता है।

(ii) इन्हें न्यायालय की अवमानना पर साधारण कारावास, आर्थिक दंड अथवा दोनों प्रकार के दंड देने का अधिकार है।

एकीकृत न्यायपालिका

संविधान में यह उल्लिखित है कि प्रत्येक राज्य के लिए

तुलना	
उच्चतम न्यायालय (Supreme Court)	**उच्च न्यायालय** (High Court)
• भारत में सोपानात्मक न्यायिक व्यवस्था है तथा सबसे उच्च शिखर पर उच्चतम न्यायालय है।	• राज्यों की न्यायिक व्यवस्था में उच्च न्यायालय न्यायपालिका के शीर्ष पर है।
• उच्चतम न्यायालय के न्यायाधीशों की सेवानिवृत्ति की आयु 65 वर्ष है।	• उच्च न्यायालयों के न्यायाधीशों की सेवानिवृत्ति की आयु 62 वर्ष है।
• उच्चतम न्यायालय के न्यायाधीशों का वेतन, भत्ता एवं पेंशन इत्यादि भारत की संचित निधि से दिया जाता है।	• उच्च न्यायालयों के न्यायाधीशों के वेतन व भत्ते इत्यादि राज्य की संचित निधि से दिए जाते हैं, जबकि पेंशन संघ की संचित निधि से दिया जाता है।
• उच्चतम न्यायालय के न्यायाधीश को संसद द्वारा पारित महाभियोग प्रस्ताव (प्उचमंबीउमदज डवजपवद) के आधार पर राष्ट्रपति द्वारा पदच्युत अथवा हटाया जा सकता है।	• उच्च न्यायालयों के न्यायाधीशों को भी राष्ट्रपति के द्वारा ही हटाया जाता है तथा हटाए जाने की प्रक्रिया उच्चतम न्यायालय के न्यायाधीशों के समान ही होती है।
• उच्चतम न्यायालय के पास सलाहकारी शक्ति, विशेष इजाजत से अपील और संघीय विवाद के निर्धारण की शक्ति होती है।	• उच्च न्यायालयों के पास ऐसी कोई शक्ति अथवा अधिकारिता नहीं होती।
• उच्चतम न्यायालय को अधीक्षण की शक्ति नहीं है।	• उच्च न्यायालयों को अनुच्छेद-227 के तहत अधीनस्थ न्यायालयों के ऊपर अधीक्षण की शक्ति प्राप्त है।
• अनुच्छेद-32 के तहत जारी की जाने वाली रिट संपूर्ण भारत में मान्य होती है।	• अनुच्छेद-226 के तहत जारी की गई रिट संबंधित उच्च न्यायालय के न्यायिक क्षेत्र के अंतर्गत ही मान्य होती है।
• उच्चतम न्यायालय की रिट अधिकारिता (अनुच्छेद-32) स्वयं एक मूल अधिकार है।	• उच्च न्यायालय की रिट अधिकारिता (अनुच्छेद-226) किसी भी व्यक्ति का मूल अधिकार नहीं है।

एक उच्च न्यायालय होगा, (अनुच्छेद-214) तथा प्रत्येक उच्च न्यायालय मुख्य न्यायाधीश और अन्य न्यायाधीशों से मिलकर बनेगा, जिसका निर्धारण समय-समय पर राष्ट्रपति करेगा। परंतु व्यावहारिक रूप में भारत के 29 राज्यों के लिए केवल 25 उच्च न्यायालय ही हैं, क्योंकि दिल्ली उच्च न्यायालय केंद्रशासित क्षेत्र में स्थित है।

राज्यों में स्थित उच्च न्यायालय में राज्य विधि के अलावा संसदीय विधि की भी सुनवाई होती है तथा उच्च न्यायालय के द्वारा दिए गए निर्णय अपील के लिए उच्चतम न्यायालय के समक्ष प्रस्तुत किए जाते हैं। उच्चतम न्यायालय और उच्च न्यायालय दोनों के न्यायाधीशों की नियुक्ति राष्ट्रपति के द्वारा होती है। अत: भारत में अमेरिका की भांति दोहरी न्यायापालिका नहीं है, जहां प्रत्येक राज्य के अपने उच्चतम न्यायालय हैं और संघ का अपना पृथक् संघीय उच्चतम न्यायालय है। अत: अमेरिका में राज्यों के न्यायालयों के निर्णय संघीय न्यायपालिका के समक्ष नहीं लाए जाते और संघीय न्यायपालिका के न्यायाधीशों की नियुक्ति राष्ट्रपति करता है, जबकि राज्य न्यायपालिका के न्यायाधीशों की नियुक्ति प्रत्येक राज्यों के गवर्नर के द्वारा होती है।

न्यायिक पुनर्विलोकन की शक्ति

उच्च न्यायालय की न्यायिक पुनर्विलोकन की शक्ति राज्य विधान मंडल व केंद्र सरकार दोनों के अधिनियमों और कार्यकारी आदेशों की संवैधानिकता के परीक्षण के लिए हैं। यदि वे संविधान का उल्लंघन करते हैं, तो उन्हें असंवैधानिक अथवा सामान्य/शून्य घोषित किया जा सकता है, परिणामस्वरूप सरकार उन्हें लागू नहीं कर सकती।

निष्कर्ष

विधायिका के द्वारा किया गया विधि-निर्माण एवं कार्यपालिका के द्वारा किए गए नीति-निर्माण पर न्यायपालिका का प्रभावी नियंत्रण आवश्यक है, जिससे विधि के शासन का संरक्षण हो सके और मूल अधिकारों को संरक्षित भी किया जा सकें उच्च न्यायालय की भूमिका उच्चतम न्यायालय के कार्य की पूरक है।

अध्याय 3

न्यायिक पुनरावलोकन एवं न्यायिक सक्रियता

(Judicial Review and Judicial Activism)

● न्यायिक पुनरावलोकन के दायरे, ● न्यायिक विधायन, ● न्यायिक संयम, ● कार्यपालिका का दृष्टिकोण, ● न्यायपालिका का दृष्टिकोण, ● विभिन्न चरण, ● निष्कर्ष

सरकार के तीन अंग (विधायिका, कार्यपालिका एवं न्यायपालिका) हैं। विधायिका और कार्यपालिका के सदस्य राजनीतिक दलों में विभाजित होते हैं तथा संसद एवं मंत्री की निष्ठा दलों के प्रति होती है। जबकि न्यायपालिका तटस्थ और निष्पक्ष संस्था है, जिसके द्वारा निर्वाचित विधायिका और कार्यपालिका पर नियंत्रण बनाया जाता है और जिससे जनभावनाओं के नाम पर विधि के शासन एवं संविधान का उल्लंघन न किया जा सकें

न्यायिक पुनरावलोकन का तात्पर्य, एक ऐसी संस्थात्मक व्यवस्था से है, जिसमें न्यायालय के द्वारा विधायिका और कार्यपालिका के किए गए कार्यों की संवैधानिकता का परीक्षण किया जाता है। भारतीय संविधान में न्यायिक पुनरावलोकन के आधार निम्नलिखित हैं-

(i) भारतीय संविधान लिखित है। इसलिए संसद के द्वारा अथवा राज्य विधान सभा के द्वारा निर्मित कोई भी विधि संविधान नामक सर्वोच्च विधि से महत्त्वपूर्ण नहीं होनी चाहिए। उच्चतम न्यायालय न्यायिक पुनरावलोकन के द्वारा संविधान की रक्षा करता है।

(ii) संविधान में मूल अधिकारों का प्रावधान किया गया है। इसलिए संसदीय विधि अथवा विधान सभा द्वारा निर्मित कोई भी विधि मूल अधिकारों का अतिक्रमण न करे, यह उच्चतम न्यायालय के द्वारा सुनिश्चित किया जाता है।

(iii) भारतीय संविधान संघात्मक है, जिसमें 7वीं अनुसूची के द्वारा संघ एवं राज्यों के बीच शक्तियों का विभाजन किया गया है। संघ सरकार और राज्य सरकारें इस शक्ति विभाजन के विचार का उल्लंघन न करें। अत: उच्चतम न्यायालय एक निष्पक्ष एम्पायर (Empire) की भांति काम करता है।

(iv) संविधान में विधायिका, कार्यपालिका व न्यायपालिका तथा सरकार के किसी भी अंग को सर्वोच्च नहीं बनाया गया है। इसलिए सरकार के प्रत्येक अंगों पर निर्धारित प्रतिबंध आरोपित किए गए हैं। इन प्रतिबंधों की व्याख्या के लिए उच्चतम न्यायालय का प्रावधान किया गया है।

न्यायिक पुनरावलोकन पर प्रतिबंध

संविधान में न्यायपालिका की स्वतंत्रता को अत्यधिक महत्त्व दिया गया है, परंतु न्यायपालिका की सर्वोच्चता के विचार को स्वीकार नहीं किया गया। इसीलिए संविधान में न्यायिक पुनरावलोकन पर भी प्रतिबंध आरोपित किया गया है। संविधान निर्माताओं ने अमेरिकी न्यायपालिका की सर्वोच्चता की संकल्पना को स्वीकार नहीं किया, क्योंकि

अमेरिका में इसके द्वारा सामाजिक विधानों पर प्रतिकूल प्रभाव देखा गया। वर्ष-1930 के दशक में अमेरिका राज्य के द्वारा आरंभ किए गए अनेक कल्याणकारी प्रावधानों को उच्चतम न्यायालय द्वारा असंवैधानिक घोषित कर दिया गया, जिसके परिणामस्वरूप राज्य के सामाजिक कार्यों में बाधा उत्पन्न हुई। भारतीय संविधान में न्यायपालिका पर स्पष्ट प्रतिबंध आरोपित किए गए हैं, जो **निम्नलिखित हैं**-

(i) मंत्रिपरिषद् द्वारा राष्ट्रपति या राज्यपाल को दी गई सलाह की न्यायपालिका द्वारा जांच नहीं की जा सकती।

(ii) राष्ट्रपति या राज्यपाल के नाम पर निर्मित या क्रियान्वित किसी विधि का परीक्षण न्यायालय इस आधार पर नहीं कर सकता कि किसी अन्य ने तो इसका निर्माण नहीं किया है।

(iii) संसद की शक्तियों तथा विशेषाधिकारों का न्यायपालिका के द्वारा न्यायिक पुनरावलोकन नहीं किया जा सकता।

(iv) संसद तथा विधायिका के द्वारा किए गए कार्य की या सदस्यों द्वारा प्रेरित शक्तियों का न्यायिक पुनरावलोकन नहीं किया जा सकता।

(v) न्यायालय, संसद तथा विधायिका की प्रक्रिया की वैधानिकता का पुनरीक्षण नहीं कर सकते।

(vi) अंतर्राज्यीय जल विवादों को भी न्यायिक पुनरावलोकन के क्षेत्र से बाहर रखा गया है।

(vii) निर्वाचन क्षेत्रों के परिसीमन का भी न्यायिक पुनरावलोकन नहीं हो सकता।

(viii) राष्ट्रपति तथा राज्यपाल द्वारा अपनी शक्तियों तथा कार्यों के करने के संदर्भ में कुछ विशेषाधिकार प्राप्त हैं, जिन्हें न्यायिक पुनरावलोकन से बाहर रखा गया है।

उपरोक्त बिंदुओं से स्पष्ट है कि भारत में न्यायिक पुनरावलोकन स्वीकार किया गया है, न्यायिक सर्वोच्चता का सिद्धांत नहीं, क्योंकि न्यायपालिका की शक्तियों पर संविधान द्वारा प्रतिबंध आरोपित हैं।

न्यायिक पुनरावलोकन के दायरे

1. संसदीय विशेषाधिकार का पुनरावलोकन

भारतीय संविधान में और परंपराओं के द्वारा भी सांसदों और संसद को विशेषाधिकार प्राप्त हैं। विशेषाधिकार का अभिप्राय, उन विशिष्ट अधिकारों से है, जो सामान्यतः आम नागरिकों को प्राप्त नहीं हैं। उदाहरण के लिए, अनुच्छेद-105 के अंतर्गत सांसदों को अभिव्यक्ति की स्वतंत्रता का असीमित विशेषाधिकार है। अतः सामान्य व्यक्तियों पर वाक् और अभिव्यक्ति पर लगने वाले प्रतिबंध सांसदों पर लागू नहीं होते। विशेषाधिकार में यह भी सम्मिलित है कि संसद किसी भी व्यक्ति को सदन से निष्कासित तथा किसी भी मुद्दे को सदन की प्रक्रिया से निकाल सकती है। व्यक्ति के मूल अधिकारों और संसदीय विशेषाधिकारों के बीच संघर्ष उत्पन्न होने पर न्यायपालिका के द्वारा विवाद का समाधान किया गया। यह बिंदु उल्लेखनीय है कि आज भी सांसदों के विशेषाधिकार का पूर्ण निर्धारण (संहिताकरण) नहीं हुआ है। अतः विशेषाधिकार को निर्धारित करने की शक्ति स्वयं संसद के पास ही है। सर्चलाइट वाद में न्यायपालिका ने स्पष्ट रूप में अभिव्यक्ति की स्वतंत्रता की तुलना में संसदीय विशेषाधिकारों को प्राथमिकता दी। तकनीकी रूप में अनुच्छेद-19(A) की तुलना में अनुच्छेद-105 और 194 ज्यादा महत्त्वपूर्ण हैं।

केशव सिंह वाद के ऐतिहासिक मामले में उच्चतम न्यायालय ने अपनी सलाहकारी अधिकारिता के अंतर्गत निर्णय दिया। जिसके अनुसार संसदीय विशेषाधिकारों के नाम पर जीवन का अधिकार, अपराधों के संबंध में संरक्षण का अधिकार और मनमानी गिरफ्तारी के विरुद्ध अधिकार का उल्लंघन नहीं किया जा सकता है। उच्चतम न्यायालय या न्यायपालिका ऐसे व्यक्तियों की जीवन रक्षा के लिए रिट जारी करती है कि यह विशेषाधिकार का उल्लंघन नहीं है, लेकिन केशव सिंह वाद में भी सर्चलाइट के उस निर्णय को स्वीकार किया गया, जिसके अंतर्गत व्यक्ति की अभिव्यक्ति की स्वतंत्रता की तुलना में संसदीय विशेषाधिकार ज्यादा महत्त्वपूर्ण हैं।

2. संसदीय प्रक्रियाओं का पुनरावलोकन

किहोतो होलोहॉन वाद, 1992 में न्यायपालिका ने तो यहां तक कह दिया कि स्पीकर द्वारा दिए गए दल-बदल निर्णय का भी न्यायिक पुनरावलोकन हो सकता है, क्योंकि स्पीकर की भूमिका अर्द्ध-न्यायिक होती है। झारखंड विधान सभा के मामले में तो न्यायपालिका ने विश्वास मत प्राप्त करने की तिथि और प्रक्रिया का भी निर्धारण कर दिया। इसे संसदीय विशेषाधिकारों का घोर उल्लंघन कहा गया, क्योंकि विश्वास मत प्राप्त करने की तिथि और प्रक्रिया के निर्धारण का अधिकार सदन को है। इस संबंध में

संविधान ने संसद को पूर्ण शक्ति प्रदान की है। ठीक इसी प्रकार ग्यारह सांसदों की बर्खास्तगी (दिसंबर, 2005) के मामले में जब न्यायपालिका ने लोक सभा अध्यक्ष सोमनाथ चटर्जी को नोटिस जारी किया, तो सोमनाथ चटर्जी ने पूरे देश के स्पीकरों का सम्मेलन बुलाया तथा उन्होंने यह तर्क दिया कि सांसदों के निष्कासन का अधिकार स्पीकर और सदन को है, जिस संबंध में न्यायपालिका सदन को कोई आदेश नहीं दे सकती। न्यायपालिका के अनुसार, 'न्यायिक पुनरावलोकन से न्यायपालिका को वंचित नहीं किया जा सकता। यद्यपि न्यायपालिका ने भी यह माना कि सांसदों के निष्कासन का अधिकार संसद को है, लेकिन न्यायपालिका को भी न्यायिक पुनरावलोकन का अधिकार है।'

3. सामान्य विधानों और अध्यादेशों का पुनरावलोकन

सामान्य विधानों और अध्यादेशों के न्यायिक पुनरावलोकन पर कोई विवाद नहीं है। यहां यह बिंदु महत्त्वपूर्ण है कि विधि और अध्यादेश का अभिप्राय समान रूप में लिया जाता है। सामान्य विधियों और अध्यादेशों का न्यायिक पुनरावलोकन किया जाता है। यदि इससे मूल अधिकार का उल्लंघन हो या विधि का निर्माण 7वीं अनुसूची में उल्लिखित विधायी शक्तियों के अनुरूप न किया जाए। उदाहरण के लिए, यदि संघ सरकार द्वारा राज्य सूची के विषय पर विधि का निर्माण किया जा रहा है, तो न्यायपालिका इसे अवैध घोषित कर सकती है। ठीक इसी प्रकार अध्यादेशों का भी पुनरावलोकन किया जा सकता है। यदि ये मूल अधिकारों का उल्लंघन करते हों या अध्यादेश में 7वीं अनुसूची के विधायी शक्तियों के विभाजन का पालन न किया गया हो।

4. संवैधानिक संशोधनों का पुनरावलोकन

भारतीय लोकतंत्र के आरंभिक वर्षों से ही न्यायिक पुनरावलोकन को सीमित करने के प्रयास किए गए। उदाहरण के लिए, पहले संविधान संशोधन से 9वीं अनुसूची का निर्माण करके उस अनुसूची में सम्मिलित विषयों को न्यायिक पुनरावलोकन से प्रतिबंधित कर दिया गया। यह बिंदु ध्यान देने योग्य है कि 50 और 60 के दशक में संसद में कभी भी न्यायिक पुनरावलोकन को समाप्त करने का प्रयास नहीं किया गया, अपितु न्यायपालिका की स्वतंत्रता का सम्मान किया गया, लेकिन सामाजिक हित में कुछ विषयों को न्यायिक पुनरावलोकन से बाहर रखने का प्रयास किया गया। इन वर्षों में संसद ने अनेक सामाजिक विधियों का निर्माण किया। एक ओर संसद ने संविधान का संशोधन किया, तो दूसरी ओर न्यायपालिका ने न्यायिक पुनरावलोकन की शक्ति का प्रयोग किया। इसलिए यह विवाद का बिंदु नहीं था कि क्या संवैधानिक संशोधनों का न्यायिक पुनरावलोकन हो सकता है? लेकिन 25वें संविधान संशोधन, 1971 द्वारा न्यायिक पुनरावलोकन को प्रतिबंधित करने का प्रयास किया गया। इसके पहले 24वें संविधान संशोधन, 1971 से संविधान संशोधनों को न्यायिक पुनरावलोकन से बाहर रखने का प्रयास किया, लेकिन न्यायपालिका ने इस प्रयास को अवैध करार दिया। उदाहरण के लिए, *केशवानंद भारती वाद* में न्यायपालिका ने यह स्पष्ट कहा कि न्यायिक पुनरावलोकन संविधान के आधारभूत ढांचे का भाग है। सरकार ने पुनः 39वें संविधान संशोधन, 1975 द्वारा राष्ट्रपति, उप-राष्ट्रपति, लोक सभा अध्यक्ष और प्रधानमंत्री के चुनाव को पुनरावलोकन से बाहर रखा, लेकिन न्यायपालिका ने इसे *इंदिरा बनाम राज नारायण वाद* में अवैध घोषित किया। सरकार ने पुनः 42वां सविधान संशोधन, 1976 करते हुए अनुच्छेद-368 (4)(5) का निर्माण किया तथा संविधान संशोधन को न्यायिक पुनरावलोकन से बाहर रखने की व्यवस्था की। *मिनर्वा मिल्स वाद* में न्यायपालिका ने पुनः इसे अवैध घोषित किया। इसलिए निष्कर्षतः संविधान संशोधनों का भी न्यायिक पुनरावलोकन हो सकता है। वर्ष-2015 में उच्चतम न्यायालय के द्वारा 99वें संविधान संशोधन को असंवैधानिक घोषित कर दिया गया। अतः संविधान संशोधन का न्यायिक पुनरावलोकन प्रभावी रूप में विद्यमान है।

5. नवीं अनुसूची का पुनरावलोकन

पहले संविधान संशोधन के द्वारा 9वीं अनुसूची का निर्माण किया गया, जिसके द्वारा भूमि-सुधार अधिनियमों को संरक्षित किया गया तथा इसे न्यायिक पुनरावलोकन से भी बाहर रखा गया। परंतु वर्ष-1969 के *केशवानंद भारती वाद* के बाद 9वीं अनुसूची का प्रयोग आधारभूत ढांचे के उल्लंघन के लिए होने लगा और 9वीं अनुसूची में आरक्षण निवारक नजरबंदी से संबंधित विधियां शामिल की गईं, जिनका भूमि-सुधार से कोई संबंध नहीं था। परिणामस्वरूप वर्ष-2006 में 9 न्यायाधीशों की बैंच के द्वारा यह निर्णय लिया गया कि 9वीं अनुसूची का भी न्यायिक पुनरावलोकन होगा। *आई. आर. कोइलाहो वाद* में उच्चतम न्यायालय ने

कहा कि वर्ष-1973 के बाद 9वीं अनुसूची में शामिल किए गए विषय जिनसे आधारभूत ढांचे का उल्लंघन होता हो, न्यायिक पुनरावलोकन के दायरे में होंगे।

6. राज्यपाल की शक्ति का पुनरावलोकन

वर्तमान में अनुच्छेद-356 भी न्यायिक पुनरावलोकन के अधीन है। बोम्मई वाद (1994) में उच्चतम न्यायालय ने यह स्पष्ट कर दिया कि अनुच्छेद-356 का दुरूपयोग नहीं किया जा सकता। वर्ष-2018 में कर्नाटक के राज्यपाल के द्वारा कर्नाटक विधान सभा के सबसे बड़े दल भारतीय जनता पार्टी को सरकार बनाने के लिए आमंत्रित किया गया तथा राज्यपाल के द्वारा मुख्यमंत्री को 15 दिन की अवधि के भीतर विश्वासमत सिद्ध करने का निर्देश दिया गया। परंतु न्यायालय ने मुख्यमंत्री को 24 घंटे के भीतर अपना विश्वास सिद्ध करने का निर्देश दिया, जिससे यह प्रतीत होता है कि वर्तमान में संविधान का कोई प्रावधान न्यायिक पुनरावलोकन के बाहर नहीं है।

न्यायिक सक्रियता (Judicial Activism)

न्यायपालिका द्वारा कार्यपालिका व विधायिका के कार्यों में हस्तक्षेप किया जाए, तो इसे न्यायिक सक्रियता कहा जाता है। न्यायपालिका का मूल कार्य सरकार के विभिन्न अंगों के मध्य विद्यमान विवादों का समाधान करना तथा इसके द्वारा मूल अधिकारों की रक्षा की जाती है और संविधान की व्याख्या एवं संरक्षण न्यायपालिका के मूल कार्य हैं।

मूल अधिकारों की व्यापक व्याख्या

परंपरागत् रूप में न्यायपालिका के द्वारा मूल अधिकारों की रक्षा के लिए विधि द्वारा स्थापित प्रक्रिया का प्रयोग किया गया। जबकि मेनका गांधी वाद (1976) में न्यायपालिका ने विधि की उचित प्रक्रिया को स्वीकार कर लिया, जो न्यायपालिका के कार्य प्रणाली में बड़े परिवर्तन का उदाहरण है। आरंभिक रूप में न्यायपालिका के द्वारा मूल अधिकारों की संकीर्ण व्याख्या की गई, परंतु वर्तमान में मूल अधिकारों की उदारवादी व्याख्या की जा रही है और व्यक्ति की स्वतंत्रता एवं जीवन के अधिकार को एक-दूसरे का पूरक माना गया है तथा जीवन के अधिकार में आजीविका, शिक्षा तथा गोपनीयता जैसे अधिकार भी शामिल कर लिए गए हैं।

आधारभूत ढांचे का सिद्धांत

आरंभ में संसद के द्वारा सामाजिक न्याय के आदर्शों को प्राप्त करने का प्रयत्न किया गया, जिसके लिए संसद ने संविधान में अनेक संशोधन किए तथा न्यायपालिका के द्वारा इन संशोधनों का सम्मान किया गया एवं इनका न्यायिक परीक्षण नहीं किया गया। परंतु *वर्ष-1973 में केशवानंद भारती वाद* में उच्चतम न्यायलय के द्वारा आधारभूत ढांचे का विचार प्रतिपादित किया गया, जिससे न्यायपालिका ने संसद के संविधान संशोधन की शक्ति को सीमित कर दिया और कहा कि संसद मूलभूत ढांचे का संशोधन नहीं कर सकती तथा मूलभूत ढांचे का निर्धारण न्यायपालिका के द्वारा किया जाएगा।

कोलेजियम का निर्माण

संविधान लागू होने के आरंभिक वर्षों में राष्ट्रपति के द्वारा न्यायाधीशों की नियुक्ति की गई, परंतु गठबंधन सरकारों के युग में न्यायपालिका ने अपनी शक्तियों में निर्णायक वृद्धि की। *वर्ष-1993 के जजेज वाद* में न्यायपालिका ने न्यायाधीशों की नियुक्ति में न्यायपालिका की प्राथमिकता को स्वीकार किया, जिससे भारत में न्यायाधीश ही न्यायाधीश की नियुक्ति करने लगे। अतः भारत की न्यायपालिका विश्व की सबसे शक्तिशाली न्यायपालिका बन गई।

जनहित याचिका (PIL)

वर्ष-1980 के दशक से न्यायपालिका के द्वारा जनहित याचिका का प्रतिपादन किया गया तथा न्यायपालिका ने नागरिकों के मूल अधिकारों को अत्यधिक महत्त्व दिया एवं वंचित और गरीब लोगों के मानवाधिकार की रक्षा के लिए सक्रिय प्रयास किया। अतः पुलिस को बर्बरता, अमानवीय यातना, बंदीगृह में मृत्यु और बलात्कार जैसी घटनाओं को रोकने के लिए न्यायालयों ने कड़े निर्देश जारी किए। न्यायपालिका ने पर्यावरण को शुद्ध रखने पर भी बल दिया। 90 के दशक में न्यायिक सक्रियता का विवाद उस समय और प्रभावी हुआ, जब गठबंधन सरकार के युग में मंत्रिमंडलीय स्तर पर भ्रष्टाचार के मामले प्रकाश में आए। इसी दौरान अनेक सामाजिक संगठनों के द्वारा जनहित याचिकाएं (PIL) दायर की गईं, जिसमें बड़े बांधों का मुद्दा, बच्चों और बंधुआ मजदूरों का मामला और एम. सी. मेहता ने पर्यावरण के संरक्षण से संबंधित मामले उठाए। एच. बी. शौरी ने नागरिक समाज के हित में

अनेक जनहित याचिकाओं का प्रयोग किया। ताजमहल के मामले में उच्चतम न्यायालय ने 212 उद्योगों को बंद करने का आदेश दिया। वर्ष-1996-97 में उच्चतम न्यायालय ने दिल्ली से औद्योगिक इकाइयों को बाहर करने का आदेश दिया, क्योंकि ये इकाइयां घनी आबादी में कार्यरत थीं। वर्ष-2000 में उच्चतम न्यायालय ने यमुना को प्रदूषण से बचाने के लिए दिल्ली सरकार को निर्देश दिए।

न्यायिक विधायन (Judicial Legislation)

वर्ष-2013 में उच्चतम न्यायालय के द्वारा अनेक महत्त्वपूर्ण निर्णय दिए गए। *लिलि थॉमस वाद* में उच्चतम न्यायालय के द्वारा **जन-प्रतिनिधित्व अधिनियम, 1951** की धारा-8 के खंड-4 को अवैधानिक करार दिया, जिससे वे सांसद जिन्हें न्यायपालिका के द्वारा 2 वर्ष या इससे ज्यादा की सजा प्राप्त हुई थी, उनकी सदस्यता निरस्त कर दी गई। उच्चतम न्यायालय ने *जन चौकीदार वाद* में एक महत्त्वपूर्ण निर्णय देते हुए कहा कि वे उम्मीदवार जो हिरासत में रखे गए हैं, उन्हें मतदान का अधिकार नहीं होगा। यद्यपि संसद के द्वारा विधि का निर्माण करके इस निर्णय को परिवर्तित कर दिया गया। *पी. यू. सी. एल. वाद* में उच्चतम न्यायालय ने एक ऐतिहासिक निर्णय देते हुए कहा कि मतदाताओं को चुनाव में भाग ले रहे सभी उम्मीदवारों को अस्वीकृत करने का अधिकार है, जिसे लोकप्रिय रूप में **नोटा** कहा जाता है।

प्रशासनिक सुधार

वर्ष-2013 में ही *टी. एस. आर. सुब्रमणियम वाद* में उच्चतम न्यायालय के द्वारा सिविल सेवा में सुधार के लिए सरकार को निर्देश दिया गया और न्यायपालिका ने कहा कि सिविल सेवकों के कार्यकाल को स्थायी बनाना होगा तथा उनके स्थानांतरण और प्रोन्नति के लिए एक सिविल सेवा बोर्ड के गठन का सुझाव दिया तथा सिविल सेवकों की नियुक्ति को राजनीतिक हस्तक्षेप से मुक्त करने का निर्देश दिया। अतः न्यायपालिका के इस परिवर्तित दृष्टिकोण को आलोचकों ने **सक्रियता** का नाम दिया।

नीति-निर्माण (Policy Making)

संविधान में न्यायपालिका को संविधान की व्याख्या का अधिकार है और न्यायपालिका संविधान की व्याख्या के लिए नवीन दृष्टिकोण अपना सकती है, परंतु नीति-निर्माण का कार्य पूर्णतः कार्यपालिका के क्षेत्राधिकार का विषय है, जिस पर न्यायपालिका हस्तक्षेप नहीं कर सकती। वर्तमान में न्यायपालिका द्वारा कार्यपालिका को नीति-निर्माण संबंधी आदेश देना ही **न्यायिक अतिसक्रियता** है।

उच्चतम न्यायालय ने *विनीत नारायणवाद* में देते हुए सी. बी. आई. (C.B.I.) की स्वतंत्रता और स्वायत्तता का समर्थन किया। इसी समय हवाला कांड भी प्रकाश में आया, जिसमें न्यायपालिका ने सरकार को यह निर्देश दिया कि सी. बी. आई. की रिपोर्ट सीधे न्यायपालिका को भेजी जाए। न्यायमूर्ति जे. एस. वर्मा ने यह कहा कि तटस्थता के लिए यह आवश्यक था कि सी. बी. आई. न्यायपालिका को रिपोर्ट करे, प्रधानमंत्री को नहीं। इसका सीधा अभिप्राय हुआ कि सी. बी. आई. को नियंत्रित करने का अधिकार कार्यपालिका के हाथ में नहीं रहा। इन परिस्थितियों के परिणामस्वरूप कार्यपालिका बनाम न्यायपालिका की बहस और प्रभावी हुई। लोक सभा स्पीकर पी. ए. संगमा ने कहा कि न्यायपालिका के कार्य खतरनाक हैं, क्योंकि विधायिका और कार्यपालिका के कार्यों में अनावश्यक हस्तक्षेप करके न्यायाधीश लोकप्रियता प्राप्त करने की कोशिश कर रहे हैं।

न्यायपालिका ने निम्नलिखित मामलों में कार्यपालिका के क्षेत्र में अनावश्यक हस्तक्षेप किया-बी. सी. सी. आई. के प्रमुख के रूप में सुनील गावस्कर की नियुक्ति, गेहूं को गरीबों में मुफ्त बांटने का आदेश, केंद्रीय सतर्कता आयुक्त (CVC) की नियुक्ति को रद्द करना। काले धन हेतु सरकार द्वारा गठित विशेष जांच टीम के सदस्यों पर न्यायपालिका ने आपत्ति उठाई तथा 2G-स्पेक्ट्रम मामले की जांच उच्चतम न्यायालय की निगरानी में की जा रही है। कोलेजियम व्यवस्था के माध्यम से न्यायाधीशों की नियुक्ति स्वयं न्यायाधीश कर रहे हैं। अतः न्यायाधीशों की नियुक्ति में राष्ट्रपति की प्राथमिकता समाप्त हो गई है। वर्ष-2016 में उच्चतम न्यायालय के द्वारा सरकार को **सूखा राहत कोष** स्थापित करने के लिए निर्देश दिया गया तथा इसी वर्ष दिल्ली में प्रदूषण को कम करने के लिए भारी वाहनों पर पर्यावरणीय कर लागू करने का निर्देश दिया गया। आलोचकों के अनुसार, न्यायपालिका, कार्यपालिका के कार्यों में हस्तक्षेप कर रही है।

न्यायिक संयम (Judicial Restraint)

आलोचकों का मानना है कि उच्चतम न्यायालय के द्वारा विधायिका एवं कार्यपालिका को आवंटित कार्यों में हस्तक्षेप किया जा रहा है, जो संविधान में अंतर्निहित शक्ति पृथक्करण के प्रावधानों का विरोधी है। इसलिए न्यायपालिका को संयम बरतने की आवश्यकता है। न्यायपालिका की भूमिका कार्यपालिका के रूप में होना संसदीय शासन के लिए हानिकारक है, जो न्यायिक अतिसक्रियता (Judicial Overreach) कहलाती है।

कार्यपालिका का दृष्टिकोण

लोकतंत्र में सरकार के किसी भी अंग को अनियंत्रित शक्ति प्रदान नहीं की जा सकती, क्योंकि संविधान में ही शासन के प्रत्येक अंग पर प्रतिबंध है। कार्यपालिका या विधायिका के अनुसार, वस्तुत: न्यायाधीश जनता द्वारा निर्वाचित नहीं होते, इसलिए सामाजिक न्याय का मूल दायित्व संसद का है, न्यायपालिका का नहीं। न्यायपालिका तो विवादों के समाधान की एक संस्था है, जिसका कार्य द्वितीयक है, प्राथमिक नहीं। न्यायपालिका का मूल अभिप्राय, विधायिका के द्वारा निर्मित विधि एवं कार्यपालिका के द्वारा बनाई गई नीतियों का परीक्षण करना है, न कि उसके लिए निर्देश देना। संविधान में शासन के प्रत्येक अंग के कार्य निर्धारित हैं। इसलिए न्यायपालिका, विधायिका या कार्यपालिका के कार्यों को आदेश नहीं दे सकती। वस्तुत: इनका यह भी तर्क है कि वित्तीय एवं प्रशासनिक विषयों का ज्ञान न्यायपालिका के पास नहीं होता। ऐसे मामलों में न्यायपालिका सरकार को निर्देश नहीं दे सकती।

न्यायपालिका का दृष्टिकोण

भारतीय लोकतंत्र में 1990 के दशक में अनेक समस्याएं उत्पन्न हुईं तथा भ्रष्टाचार असीमित हो गया और राजनीतिक अपराधीकरण एवं अपराधियों का राजनीतिकरण हुआ। गठबंधन सरकारों के दौर में सत्ता और शक्ति की प्राप्ति के लिए विधि और संविधान की खुली अवहेलना की गई। परिणामस्वरूप न्यायालय ने विधि, प्रशासन और संविधान की रक्षा का प्रयास किया।

न्यायालय केवल विवादों के समाधान की संस्था नहीं है, बल्कि इसका कार्य सामाजिक न्याय का संपादन भी है। न्यायपालिका के अनुसार, संविधान की व्याख्या इसका मूल कार्य है। परंतु संविधान की व्याख्या परिवर्तित परिस्थितियों के अनुसार होनी चाहिए। यह सत्य है कि भारत में संसदीय शासन प्रणाली स्वीकार की गई है। संविधान निर्माताओं ने संसद को प्राथमिक बनाने का प्रयत्न भी किया है, लेकिन जनप्रतिनिधि के नाम पर भ्रष्टाचार और गैर-संवैधानिक कार्य करने की अनुमति किसी को भी नहीं हो सकती। भारतीय राजनीति में जिस प्रकार अपराधीकरण बढ़ा है। उस परिस्थिति में संसदीय शासन के नाम पर न्यायिक पुनरावलोकन पर प्रतिबंध नहीं लगाया जा सकता। इसलिए यदि न्यायिक सर्वोच्चता की संकल्पना स्वीकार नहीं की जा सकती, तो संसदीय सर्वोच्चता की मान्यता भी स्वीकार करना कठिन है। इसलिए व्यवहार में न्यायपालिका की स्वतंत्रता और स्वायत्तता आवश्यक है, जबकि जनप्रतिनिधियों को संविधान निर्माताओं के आदर्शों को ध्यान में रखना होगा।

निष्कर्ष

न्यायिक सक्रियता एक विवादास्पद विचार है, क्योंकि न्यायपालिका स्वयं को सक्रिय नहीं मानती, जबकि कार्यपालिका इसे सक्रिय बताती है। संविधान में न्यायपालिका और विधायिका के मध्य सामंजस्य स्थापित किया गया है, लेकिन व्यावहारिक रूप में यदि सरकार के तीनों अंगों के मध्य सामंजस्य नहीं होगा, तो प्रशासन का कार्य प्रभावी नहीं हो सकता, क्योंकि न्यायपालिका द्वारा दिए गए निर्णय को लागू करने का दायित्व कार्यपालिका का है। यदि कार्यपालिका उन निर्णय को लागू न करे, तो व्यवहार में वे निरर्थक हो जाएंगे। इसलिए आवश्यकता सामंजस्य की है, संघर्ष की नहीं। यद्यपि न्यायपालिका ने बाल्को (BALCO) विनिवेश केस में स्पष्ट रूप से कहा कि आर्थिक नीतियों के निर्धारण का अधिकार सरकार को है, न्यायपालिका को नहीं। एन. सी. ई. आर. टी. केस में न्यायपालिका ने पुन: यह दोहराया कि शैक्षिक पाठ्यक्रमों को निर्धारित करने का अधिकार सरकार को है, न्यायपालिका को नहीं।

जनहित याचिका (Public Interest Litigation)

वर्ष-1980 के दशक से भारत की न्यायिक प्रणाली में एक महत्त्वपूर्ण सकारात्मक परिवर्तन देखा गया। न्यायपालिका द्वारा वादी, प्रतिवादी न्याय की प्रक्रिया में परिवर्तन करते हुए सुने जाने के अधिकार (न्यायपालिका में पहुंचने का अधिकार) का विस्तार किया। इसी प्रक्रिया परिवर्तन के परिणामस्वरूप जनहित याचिका या सामाजिक हित याचिका का जन्म हुआ। जनहित याचिका की शुरुआत वर्ष-1980 के दशक से हुई। इसके अंतर्गत कोई तीसरा व्यक्ति भी समूह के अधिकारों की रक्षा के लिए न्यायालय में जा सकता है। न्यायमूर्ति पी. एन. भगवती तथा वी. आर. कृष्ण II अय्यर द्वारा जनहित याचिका को प्रमुखता प्रदान की गई। जनहित याचिका की सबसे महत्त्वपूर्ण बात यह है कि इसके माध्यम से आम लोगों को पहली बार उच्चतम न्यायालय पहुंचने का मौका मिला।

अर्थ

ऐसी याचिका, जो समूह के अधिकारों की रक्षा के लिए प्रस्तुत की जाए अथवा यह किसी व्यक्ति के लिए भी प्रस्तुत की जा सकती है, यदि समूह के अधिकार उससे जुड़े हों, जैसे-महिला समूह, बच्चे, कैदी इत्यादि। जनहित याचिका परंपरागत् अदालती याचिकाओं से भिन्न होती है, क्योंकि यह विवाद सुलझाने का माध्यम न होकर, सामाजिक न्याय की प्राप्ति के लिए है। इसीलिए जनहित याचिका को **सामाजिक हित याचिका** के नाम से भी जानते हैं। इसमें सामाजिक कल्याण की भावना का समावेश होता है।

जनहित का आशय, समूह के अधिकारों की रक्षा के लिए याचिका प्रदान करना है। इसके लिए यह आवश्यक नहीं है कि जिस व्यक्ति के अधिकारों का उल्लंघन हुआ है, वही व्यक्ति न्यायपालिका पहुंचे, अपितु कोई तीसरा व्यक्ति या सामाजिक कार्यकर्त्ता भी समूह के अधिकारों की रक्षा के लिए न्यायपालिका में जा सकता है। न्यायमूर्ति वी. आर. कृष्ण अय्यर तथा पी. एन. भगवती के अनुसार, 'न्याय मूलत: सामाजिक होता है तथा न्यायपालिका भी सामाजिक न्याय प्रदान करने का महत्त्वपूर्ण अंग है।' न्यायपालिका ने पोस्ट कॉर्ड को रिट के रूप में स्वीकार किया। वर्ष-1982 के *एस. पी. गुप्ता बनाम भारत संघवाद (जजेज केस)* में न्यायपालिका ने जनहित याचिका को औपचारिक मान्यता प्रदान की तथा इसके प्रयोग का विकसित मानदंड भी निर्धारित किया। न्यायपालिका ने अपनी कार्य प्रणाली में परिवर्तन करते हुए स्वत: संज्ञान (Suo Moto) लेते हुए समूह के अधिकारों की रक्षा के लिए पहल की। एक पूर्व न्यायाधीश के अनुसार, जनहित याचिका का आशय, लोगों को चौपाल पर न्याय प्रदान करना है। पूर्व मुख्य न्यायाधीश जे. एस. वर्मा के अनुसार, 'जनहित याचिका त्वरित, सस्ता और सुलभ न्याय प्रदान करने का साधन है।'

विशेषताएं

जनहित याचिका की विशेषताएं निम्नलिखित रूप में व्यक्त की जा सकती हैं-

- इसमें न्याय व्यक्ति विशेष के हित में न होकर, समूह के हित में दिया जाता है।
- इसमें जटिल औपचारिक क्रियाओं का अभाव होता है।
- जनहित याचिका के द्वारा सामाजिक एवं आर्थिक अधिकारों को मान्यता प्रदान की गई।
- जनहित याचिका में प्रक्रिया के बजाए, न्याय को प्राथमिकता दिया गया।
- जनहित याचिका के द्वारा वादी के पक्ष में कोई तीसरा या अन्य व्यक्ति रिट दायर कर सकता है।
- न्यायपालिका, वादी की सहायता करती है तथा इसके अंतर्गत् तथ्य इकट्ठा करने में न्यायपालिका ने जांच आयोग की स्थापना भी की।

विभिन्न चरण

प्रथम चरण

जनहित याचिका के प्रयोग के पहले चरण में समूह के अधिकारों की रक्षा का प्रयास किया गया। उदाहरण के लिए, *एशियाड वर्कर्स केस* में न्यायपालिका ने कम मजदूरी दिए जाने को जीवन के अधिकार का उल्लंघन माना, जबकि बंधुआ मुक्ति मोर्चा वाद में न्यायपालिका ने बालश्रम को रोकने का निर्देश दिया।

द्वितीय चरण

जनहित याचिका के द्वितीय चरण में पर्यावरण की रक्षा के लिए जनहित याचिका दायर हुई, जिसमें एम. सी. मेहता और भारत संघ वाद ने ताजमहल पर तथा दिल्ली में प्रदूषण के प्रभाव को कम करने हेतु सार्वजनिक परिवहन

में सी. एन. जी. प्रयोग करने का अदालत ने निर्देश दिया। न्यायपालिका ने यह भी कहा कि दिल्ली से औद्योगिक प्रदूषणकारी कारखानों को बाहर किया जाए।

तृतीय चरण

जनहित याचिका के तीसरे चरण में भ्रष्टाचार को रोकने के लिए अनेक जनहित याचिकाएं दायर हुईं, जिसमें हवाला घोटाला, यूरिया घोटाला एवं चारा घोटाला जैसे मुद्दों पर न्यायपालिका ने सरकार को निर्देश दिया। *विनीत नारायण वाद* में न्यायपालिका ने तो यहां तक कहा कि सी. बी. आई. सीधे सुप्रीम कोर्ट को रिपोर्ट करे, न कि प्रधानमंत्री को। वर्ष-2002 में *पी. यू. सी. एल.* (PUCL) *वाद* में जन-प्रतिनिधित्व संशोधन अधिनियम, 2002 के संबंध में न्यायपालिका ने एक ऐतिहासिक निर्णय देते हुए कहा कि चुनाव में भाग ले रहे प्रत्याशियों को अपनी आपराधिक पृष्ठभूमि, वित्तीय देनदारी और शैक्षिक पृष्ठभूमि की जानकारी चुनाव आयोग को देनी होगी।

जनहित याचिका के द्वारा न्यायालय ने अपने कार्यों में विस्तार किया। आलोचकों के अनुसार न्यायालय, न्यायिक मुकद्दमों के कार्य से बढ़कर अतिरिक्त रूप में सक्रिय हो रहे है। अत: जनहित याचिका के द्वारा न्यायिक सक्रियता का विवाद और गहरा हुआ। न्यायपालिका ने जनहित याचिका के द्वारा अपने **कार्यों का निम्नलिखित रूपों में विस्तार किया**-

(i) मूल अधिकारों का विस्तार। उदाहरण के लिए, अनुच्छेद-21 की व्याख्या अत्यधिक व्यापक रूप में की गई तथा जीवन के अधिकार में आवास का अधिकार एवं अनिवार्य नि:शुल्क शिक्षा का अधिकार भी सम्मिलित किया गया।

(ii) न्यायालय द्वारा संविधान की व्याख्या अंतर्संबंधित रूप में की गई तथा मूल अधिकार और निदेशक तत्त्वों को पूरक माना गया।

(iii) उच्चतम न्यायालय ने विभिन्न मामलों की जांच के लिए आयोगों का गठन किया। उदाहरण के लिए, *बंधुआ मुक्ति मोर्चा वाद* में न्यायालय ने एक आयोग का गठन किया।

(iv) सरकार को समय-समय पर विभिन्न निर्देश दिए गए।

(v) सरकार को विभिन्न नीतियों को बनाने का सुझाव देना।

दुरुपयोग प्रतिबंधित करने के उपाय

जनहित याचिकाओं के दुरूपयोग को प्रतिबंधित करने के लिए याचिका कर्ता की विश्वसनीयता सिद्ध तथा इसके माध्यम से दी गई सूचनाएं सही होनी चाहिए। किसी व्यक्ति को दूसरे के चरित्र पर अनावश्यक आरोप लगाने की अनुमति नहीं होनी चाहिए और इसके दुरूपयोग करने वाले व्यक्तियों पर प्रभावी जुर्माने का भी प्रावधान आवश्यक है। जनहित याचिका के प्रयोग के साथ-साथ इसके दुरुपयोग को भी रोकने की आवश्यकता है। जनहित याचिका का प्रयोग उपयुक्त और विशिष्ट मामलों में ही होना चाहिए, सभी मामलों में नहीं।

आलोचना

जनहित याचिका को लेकर विधायिका और न्यायालय के मध्य संघर्ष प्रारंभ हुआ। आलोचकों के अनुसार, यह जनहित याचिका नहीं, अपितु प्रचारहित याचिका है तथा न्यायालय ज्यादा से ज्यादा विषयों में हस्तक्षेप प्रचार पाने के लिए कर रहा है। कुछ लोग जनहित याचिका का प्रयोग राजनीतिक प्रतिस्पर्धा और विद्वेष के कारण भी करते हैं। अत: आलोचकों ने इसे पैसा हित याचिका भी कहा। मूल प्रश्न उत्पन्न होता है कि भारत जैसे देश में कितने लोगों को पत्रों के माध्यम से न्याय दिलाया जा सकता है, जबकि न्यायपालिका में पहले से ही लंबित मामले पड़े हैं।

निष्कर्ष

भारतीय लोकतंत्र के संरक्षण में मूल अधिकारों की रक्षा हेतु उच्चतम न्यायालय के द्वारा उल्लेखनीय भूमिका का निर्वाह किया गया है, परंतु न्यायपालिका में भी पारदर्शिता एवं सुधारों की आवश्कता है।

अध्याय 4

अधीनस्थ न्यायालय

(Subordinate Court)

- जिला न्यायालय, ● शक्तियां, ● न्यायपालिका के समक्ष समस्याएं, ● लंबित मामलों के कारण, ● अखिल भारतीय न्यायिक सेवा, ● प्ली बार्गेनिंग, ● ग्राम न्यायालय, ● निष्कर्ष

जिला न्यायालय

भारत में उच्चतम न्यायालय तथा उच्च न्यायालयों से नीचे के न्यायालयों को अधीनस्थ न्यायालय कहा जाता है, (अनुच्छेद-233)। इन न्यायालयों पर राज्य के उच्च न्यायालय का नियंत्रण होता है। अधीनस्थ न्यायालयों के द्वारा मूल अधिकारों की रक्षा नहीं की जाती, न ही इनके द्वारा संविधान की व्याख्या की जाती है, बल्कि जिला न्यायालय भारतीय दंड संहिता (Indian Penal Code) एवं आपराधिक प्रक्रिया संहिता (Criminal Procedure Code) से संबंधित मामलों पर विचार करते हैं तथा जिला न्यायालय ट्रायल कोर्ट होते हैं। जिला न्यायालय दांडिक मामलों में किसी भी व्यक्ति को मृत्युदंड दे सकता है तथा जिला न्यायाधीश जब आपराधिक मामलों पर विचार करता है, तो उसे सत्र न्यायाधीश कहा जाता है और सिविल मामलों पर विचार करते समय वह जनपद न्यायाधीश कहलाता है। सामान्यत: प्रत्येक जनपद में जिला न्यायालय होता है।

न्यायपालिका की संरचना

न्यायाधीशों की नियुक्ति

जिला न्यायाधीश की नियुक्ति राज्यपाल द्वारा उच्च न्यायालय की सलाह से की जाती है, इसमें जिला न्यायाधीश के अलावा अन्य न्यायाधीशों की नियुक्ति राज्यपाल द्वारा उच्च न्यायालय एवं राज्य लोक सेवा आयोग की सलाह से की जाती है। जिला न्यायाधीश की नियुक्ति के लिए उम्मीदवार को 7 वर्षों का वकालत करने का अनुभव होना चाहिए अथवा 7 वर्षों तक भारत के राज्य क्षेत्र में न्यायाधीश के रूप में कार्य कर चुका हो। राज्य सरकारों के द्वारा जनपद न्यायाधीशों की नियुक्ति एवं इनकी सेवा शर्तों का निर्धारण किया जाता है तथा इन्हें अपने पद से राज्यपाल के द्वारा हटाया जा सकता है, जिसके लिए उच्च न्यायालय के परामर्श की आवश्यकता होती है और इन्हें हटाने के लिए महाभियोग जैसी प्रक्रिया की आवश्यकता नहीं होती।

शक्तियां

जनपद न्यायालय के द्वारा सिविल मामलों अथवा दीवानी मामलों तथा आपराधिक या दांडिक मामलों पर भी विचार किया जाता है। अधीनस्थ न्यायालय से जनपद न्यायालय के लिए अपील का प्रावधान है। पैसे के लेन-देन से जुड़े

हुए विवाद तथा आपराधिक विवाद जनपद न्यायालय के समक्ष प्रस्तुत किए जाते हैं। आपराधिक मामले की सुनवाई आरंभिक रूप में जनपद न्यायालय में होती है और जनपद न्यायालय के निर्णय के विरुद्ध उच्च न्यायालय में अपील का प्रावधान है।

ट्रायल कोर्ट (Trial Court)

अधीनस्थ न्यायालयों अथवा जनपद न्यायालयों को ट्रायल कोर्ट के नाम से भी जाना जाता है, जिसके द्वारा विभिन्न विवादों में अभियुक्तों की गवाही एवं संबंधित पक्षों के सबूत दर्ज किए जाते हैं तथा इनके द्वारा किसी भी व्यक्ति को अधिकतम सजा अथवा मृत्युदंड भी दिया जा सकता है। वर्तमान में ट्रायल कोर्ट में लगभग 2 करोड़ मामले लंबित हैं। ट्रायल कोर्ट में कोई बेहतर वकील वकालत भी नहीं करना चाहता। इसलिए न्यायपालिका में सुधार के लिए पहले ट्रायल कोर्ट में सुधार की आवश्यकता है, जो राज्य सरकारों के अधीन होते हैं।

फास्ट ट्रैक कोर्ट (Fast Track Court)

भारत में अधीनस्थ न्यायालयों में लगभग दो करोड़ मामले लंबित हैं, जिसमें आपराधिक मामले भी शामिल हैं, जिनके त्वरित समाधान के लिए 11वें वित्त आयोग के द्वारा भारत में फास्ट ट्रैक कोर्ट की स्थापना की अनुशंसा की गई और वर्ष-2002 में 1734 फास्ट ट्रैक कोर्ट का गठन किया गया। सामान्य न्यायालयों में किसी वाद की सुनवाई करते समय न्यायालय में स्थगन का प्रावधान होता है। जबकि फास्ट ट्रैक कोर्ट में स्थगन की व्यवस्था नहीं है तथा मामले की सुनवाई प्रतिदिन होती है। जबकि सामान्य न्यायालयों में एक सुनवाई के बाद दूसरी सुनवाई के बीच महीनों का अंतराल हो जाता है। फास्ट ट्रैक कोर्ट का गठन केवल आपराधिक मामलों में ही होता है। उच्चतम न्यायालय ने यह माना है कि त्वरित सुनवाई (Speedy Trial) जीवन के अधिकार का भाग है और सुनवाई त्वरित न होने पर जेलों में भी भीड़ जाएगी, जिसका प्रबंध अत्यधिक कठिन होता जा रहा है।

न्यायपालिका के समक्ष समस्याएं

(i) **लंबित वाद**–भारत में न्यायपालिका के समक्ष भारी संख्या में मामले लंबित हैं और न्याय देने में विलंब हो रहा है। उदाहरण के लिए, वर्ष-1993 के मुंबई बम विस्फोट में शामिल व्यक्तियों को 23 वर्ष बाद सजा सुनाई गई। न्याय में विलंब अन्याय के समान होता है।

(ii) **महंगी न्याय प्रणाली**–भारत में न्यायिक प्रक्रिया अत्यधिक जटिल और औपचारिक है, जिससे आम लोग न्यायिक व्यवस्था से अपना अलगाव महसूस करते हैं और न्याय प्राप्त करने का खर्च भी अत्यधिक है। इसलिए न्याय आम लोगों के पहुंच से बाहर हो गया है और न्यायपालिका में भ्रष्टाचार के मामले भी दर्ज किए जा रहे हैं। न्यायपालिका में वरिष्ठ वकीलों एवं न्यायाधीशों के बीच सांठ-गांठ से आम व्यक्तियों को वास्तविक न्याय नहीं मिल पा रहा है।

(iii) **औपचारिक प्रक्रिया**–न्यायपालिका में काम-काज की भाषा आम लोगों की भाषा से अलग है। इसलिए न्याय प्राप्त करने में प्रक्रिया बाधा बन गई है। वर्तमान वादी-प्रतिवादी न्याय की प्रणाली में अत्यधिक तकनीकी जटिलताएं विद्यमान है। अत: प्रक्रिया न्याय से ज्यादा महत्त्वपूर्ण बन गई है।

(iv) **न्यायाधीशों की कमी**–वर्ष-2011 की जनगणना के अनुसार, भारत में 10 लाख जनसंख्या पर 19.66 न्यायाधीश हैं। 24 उच्च न्यायालयों की कुल निर्धारित संख्या-1079 है, जिसमें लगभग 395 सीटें रिक्त हैं तथा जनपद न्यायाधीशों की भी भारी कमी है। भारत में आम जनता एवं न्यायाधीशों के बीच अनुपात अत्यधिक कम है, जिसे बढ़ाने की आवश्यकता है, क्योंकि बढ़ती जनसंख्या के अनुपात में न्यायालयों की स्थापना नहीं हो सकी है।

लंबित मामलों के कारण

वर्तमान सुशासन के युग में त्वरित न्याय आवश्यक है और भारत में निवेश के वातावरण को बेहतर करने के लिए भी न्याय प्रणाली बेहतर होनी चाहिए। न्यायपालिका में लंबित वादों के मूल कारण निम्नलिखित हैं–

- वकीलों के व्यवहार को नियंत्रित करने वाली प्रभावी विधि का अभाव, क्योंकि प्रसिद्ध एवं विशेषज्ञ वकील एक ही साथ अनेक न्यायालय में किसी न किसी मामले में उपस्थित होते हैं, जिससे वे न्यायपालिका से बार-बार स्थगन लेते हैं।
- विभिन्न उद्देश्यों के लिए विशेष न्यायालयों का

निर्माण किया जाता है। जबकि भारत में पहले से ही न्यायाधीशों की संख्या कम है।

- विभिन्न उच्च न्यायालयों एवं अधीनस्थ न्यायालयों में न्यायाधीशों के पद रिक्त हैं।
- भारत में प्रति 10 लाख की जनसंख्या के अनुपात में केवल 18 न्यायाधीश हैं। जबकि कम से कम 50 न्यायाधीश होने चाहिए।
- वादी-प्रतिवादी न्याय की प्रणाली के अंतर्गत मामलों के निर्धारण में अधिक समय लगता है।
- कई बार देश के अलग-अलग भागों से विभिन्न मामलों को नई दिल्ली स्थानांतरित किया जाता है, जिससे न्यायपालिका में मामले लंबित होते हैं।
- उच्च न्यायालय तथा उच्चतम न्यायालय में अनेक जनहित याचिकाएं दायर की जाती हैं, जो अवास्तविक होती हैं।
- भारत में उच्चतम न्यायालय वर्ष में केवल 193 दिन ही कार्य करता है। इसलिए न्यायपालिका की छुट्टियों को भी कम करने की आवश्यकता है।

वर्तमान तकनीकी प्रधान युग में आधुनिक तकनीकों का प्रयोग करते हुए न्याय प्रणाली को जनकेंद्रित बनाने की आवश्यकता है, जिससे लोकतंत्र में तंत्र के बजाए, लोक की भूमिका ज्यादा महत्त्वपूर्ण हो।

अखिल भारतीय न्यायिक सेवा

(All India Judicial Service)

वर्तमान में भारत में तीन अखिल भारतीय सेवाएं (भारतीय प्रशासनिक सेवा, भारतीय पुलिस सेवा एवं भारतीय वन सेवा) हैं। संविधान के अनुच्छेद-312 में यह उल्लिखित है कि राज्य सभा अपने उपस्थित एवं दो-तिहाई बहुमत से प्रस्ताव पारित करे, तो संसद के द्वारा नए अखिल भारतीय सेवाओं का गठन किया जा सकता है, जिसमें अखिल भारतीय न्यायिक सेवा का भी प्रावधान है।

अखिल भारतीय न्यायिक सेवा की स्थापना से भारतीय न्याय प्रणाली में एकरूपता का विकास होगा। अखिल भारतीय न्यायिक सेवकों की आरंभिक नियुक्ति जनपद न्यायालय में की जाएगी, जिन्हें प्रोन्नत करके बाद में उच्च न्यायालय एवं उच्चतम न्यायालय में नियुक्ति दी जाएगी। इससे जनपद न्यायालयों की कार्य प्रणाली में गुणात्मक सुधार होगा तथा लंबित मामलों की संख्या भी कम होगी और राष्ट्र में एकता व अखंडता भी प्रभावी बनेगी। क्योंकि वर्तमान न्यायिक प्रणाली में जनपद न्यायाधीश केवल उच्च न्यायालय तक ही पहुंच पाते हैं। जनपद न्यायालयों में अच्छे वकील एवं न्यायाधीश कार्य करने में अनिच्छुक होते हैं।

अखिल भारतीय न्यायिक सेवा के निर्माण से उच्च न्यायालयों की शक्तियां प्रभावित होंगी। क्योंकि वर्तमान प्रणाली में जनपद न्यायाधीशों की नियुक्ति के लिए राज्यपाल उच्च न्यायालय से परामर्श करता है। जबकि अखिल भारतीय सेवाओं के निर्माण के बाद न्यायाधीशों की नियुक्ति संघ लोक सेवा आयोग के द्वारा होगी तथा ये राष्ट्रपति के द्वारा नियुक्त किए जाएंगे।

वर्तमान में जनपद न्यायपालिका राज्य सरकार के अधीन कार्य करती है और राज्य लोक सेवा आयोग के द्वारा परीक्षाओं के माध्यम से न्यायाधीशों की नियुक्ति होती है, जिन्हें स्थानीय भाषाओं का भी ज्ञान होता है। जबकि अखिल भारतीय सेवाओं के माध्यम से जनपद न्यायपालिका पर भी संघ सरकार का नियंत्रण होता है। इसीलिए राज्यों के द्वारा अखिल भारतीय न्यायिक सेवाओं की स्थापना को संघीय शासन के प्रतिकूल मानते हैं।

प्ली बार्गेनिंग (Plea Bargaining)

प्ली बार्गेनिंग, वादी व प्रतिवादी के मध्य एक प्रकार का समझौता है, जिसमें अपराधी अपने गुनाह को इस शर्त पर स्वीकार कर लेता है कि उसे कम सजा दी जाएगी। इसमें बचाव पक्ष व अभियोजन पक्ष अदालत से बाहर समझौता कर सकते हैं तथा अपराधी अपना अपराध कबूल करता है। अतः अपराधी को निर्धारित दंड से कम दंड दिया जाता है।

उद्देश्य

इसका उद्देश्य अदालत और संबंधित पक्षों के समय और धन की बचत करना है। यह व्यवस्था अमेरिका तथा यूरोप के कुछ देशों में सफलतापूर्वक कार्य कर रही है। भारत के न्यायालयों में मुकद्दमों का अत्यधिक बोझ है। अतः यह व्यवस्था न्यायपालिका के कार्य को कम कर सकती है तथा लोगों को शीघ्र न्याय दिला सकती है। इस उद्देश्य से भारत में **आपराधिक विधि संशोधन अधिनियम, 2005** पारित किया गया। यह व्यवस्था केवल उन मामलों में लागू होती है, जिनमें अधिकतम 7 वर्षों का कारावास हो सकता

है। यह महिलाओं व बच्चों के खिलाफ अपराधों में लागू नहीं होती है। इस व्यवस्था से फायदा यह है कि अदालतों के ऊपर से मुकद्दमों का भार कम किया जा सकता है, परंतु **प्ली बार्गेनिंग** आदर्श न्याय व्यवस्था के सिद्धांतों के खिलाफ है, क्योंकि कभी-कभी निर्दोष लोग भी सजा कम कराने के प्रयास में आरोप अपने ऊपर ले लेते हैं।

ग्राम न्यायालय

73वें संविधान संशोधन के द्वारा भारत में शासन के विकेंद्रीकरण की शुरूआत हुई। न्याय प्रणाली के विकेंद्रीकरण के लिए ग्राम न्यायालयों की स्थापना की गई। ग्राम न्यायालय अधिनियम, 2008 के द्वारा 2 अक्टूबर, 2009 से ग्राम न्यायालयों की स्थापना की गई है। इसे लोकप्रिय भाषा में मोबाईल कोर्ट का नाम भी दिया जाता है, जिसके द्वारा ग्रामीण जनता को चौपाल पर न्याय प्रदान किया जाएगा और उन्हें न्याय प्राप्त करने के लिए न्यायालय में जाने की आवश्यकता नहीं होगी।

ग्राम न्याय पंचायत अधिनियम, 2008

यह अधिनियम भारत में ग्रामीण स्तर पर सस्ते न्याय उपलब्ध कराने हेतु लाया गया है। यह प्रथम श्रेणी के न्यायाधीशों की व्यवस्था करता है, जिन्हें **न्याय अधिकारी** का नाम दिया गया है। ये अधिकारी उच्च न्यायालय की सलाह से राज्य द्वारा नियुक्त किए जाएंगे। यह न्यायालय आपराधिक, दीवानी मामलों तथा अन्य विवादों का निपटारा करेगा। सिविल मामलों में इसके द्वारा 20 हजार रूपए से कम के विवादों का समाधान तथा आपराधिक मामलों में ऐसे विवादों को हल किया जाएगा, जिसमें दो वर्ष से कम की सजा का प्रावधान है। यह अधिनियम घोषित आदिवासी क्षेत्रों में लागू नहीं होता है और अब तक छह राज्यों ने इस अधिनियम के तहत कानूनों का निर्माण किया है।

विशेषताएं

- ग्राम न्यायालय प्रत्येक पंचायत के खंड स्तर पर (मध्यवर्ती स्तर) स्थापित किए जाएंगे।
- ग्राम न्यायालय चलते-फिरते न्यायालय (मोबाइल कोर्ट) होंगे, जो अपने पास के गांवों में जाकर मामलों की सुनवाई करेंगे।
- ग्राम न्यायालय को सिविल व दांडिक दोनों तरह के मामलों की सुनवाई का अधिकार होगा।
- ग्राम न्यायालयों का मुख्य उद्देश्य ग्रामीण क्षेत्र के लोगों को उनके द्वार पर ही नि:शुल्क न्याय प्रदान करना है।

न्याय प्रणाली को जनकेंद्रित बनाना सराहनीय प्रयास है। इसके बावजूद स्थानीय स्तर पर न्यायालय के कार्यकरण की सुविधाओं का अभाव है, क्योंकि न्यायालय की तारीख के लिए वकील को स्टांप पेपर भी उपलब्ध होने चाहिए। राज्यों के पास वित्तीय संसाधनों का अभाव है। इसलिए ग्राम न्यायालयों को प्रभावी बनाने में समस्याएं आ रही हैं।

निष्कर्ष

विकेंद्रीकरण को सुशासन का आवश्यक लक्षण माना जाता है और राजनीतिक तथा प्रशासनिक विकेंद्रीकरण के साथ न्यायिक विकेंद्रीकरण को प्रभावी बनाने का प्रयत्न किया जा रहा है, जिससे न्याय को जनोन्मुखी बनाया जा सकें।

अध्याय 5

वैकल्पिक न्याय प्रणाली

(Alternative Mechanism of Judiciary)

• केंद्रीय प्रशासनिक अधिकरण, • अन्य अधिकरण, • न्यायाधीश महाधिवक्ता, • निष्कर्ष

भारत में समाज की जटिलता और आधुनिकता के साथ विवाद भी बढ़ रहे हैं, जिनका समाधान परंपरागत् न्यायपालिका के द्वारा संभव नहीं है। ऐसे अनेक प्रकार के विवाद होते हैं, जिनमें न्यायिक मामलों के अलावा प्रशासनिक मुद्दे भी शामिल होते हैं, जिन्हें हल करने के लिए अधिकरणों का गठन किया गया है। मूल संविधान में अधिकरणों का कोई प्रावधान नहीं था। 42वें संविधान संशोधन के द्वारा संविधान में भाग-14(A) जोड़ा गया। संविधान के अनुच्छेद-323(A) और 323(B) में अधिकरणों की व्यवस्था है। अनुच्छेद-323(A) में प्रशासनिक अधिकरणों का प्रावधान है। जबकि 323(B) में अन्य अधिकरणों का प्रावधान किया गया है, जिनमें औद्योगिक श्रमिक विभाग, करारोपण से संबंधित मामले, शहरी संपत्ति की हदबंदी, किराएदारों से संबंधित विवाद तथा संसद एवं विधान सभा से संबंधित चुनाव विवाद, आयात-निर्यात एवं विदेशी विनिमय से संबंधित विषयों के लिए अधिकरणों का गठन किया जाएगा। वर्तमान में सभी क्षेत्रों में अधिकरणों का गठन किया जा चुका है, परंतु चुनाव विवाद को हल करने के लिए अधिकरण का निर्माण आज तक नहीं हो सका है।

अधिकरणों की उपयोगिता

अधिकरणों में न्यायाधीशों के अलावा प्रशासनिक अधिकारियों को भी शामिल किया जाता है, क्योंकि प्रशासनिक एवं पर्यावरणीय विवादों में परंपरागत न्यायाधीश के द्वारा विवाद का संपूर्ण समाधान संभव नहीं है। इनका मूल उद्देश्य परंपरागत् न्यायपालिका पर न्याय का बोझ कम करना है। वर्तमान में न्यायपालिका में लंबित मामले बढ़ रहे हैं, क्योंकि न्यायपालिका में न्याय की प्रणाली अत्यधिक औपचारिक एवं प्रक्रियात्मक होती है। परंपरागत् न्यायपालिका का अभिप्राय, जनपद न्यायालय, उच्च न्यायालय तथा उच्चतम न्यायालय है।

अधिकरणों की प्रकृति

अधिकरण में न्यायिक एवं प्रशासनिक दोनों प्रकार के सदस्य होते हैं। इसीलिए इसे अर्द्ध-न्यायिक संस्थाओं का भी नाम दिया जाता है, जबकि न्यायपालिका में केवल न्यायाधीश होते हैं। अधिकरण प्रशासनिक मामलों के समाधान के लिए विशेष रूप में गठित किए जाते हैं और न्यायालय वैधानिक एवं संवैधानिक मुद्दों का समाधान करते हैं। केंद्रीय प्रशासनिक अधिकरण सिविल सेवकों के विवादों को हल करने के लिए है। जबकि राष्ट्रीय हरित अधिकरण

पर्यावरणीय विवादों को हल करने के लिए गठित किए गए हैं। न्यायालय की कार्यप्रणाली औपचारिक प्रक्रियाओं पर आधारित होती है। जबकि अधिकरण प्राकृतिक न्याय के सिद्धांत के आधार पर कार्य करते हैं। न्याय प्रणाली अत्यधिक महंगी हैं। जबकि अधिकरण में त्वरित एवं सस्ता न्याय संभव है। अधिकरणों के द्वारा निश्चित समय सीमा के भीतर विवादों का समाधन किया जाता है तथा अधिकरणों की प्रकृति अर्द्ध-न्यायिक होती है। इन्हें किसी व्यक्ति को शारीरिक दंड देने का अधिकार नहीं होता, परंतु आर्थिक दंड दिया जा सकता है।

केंद्रीय प्रशासनिक अधिकरण

(Central Administrative Tribunal)

संविधान के प्रावधान के अनुसार, 1985 में संसदीय विधि के द्वारा प्रशासनिक अधिकरणों का गठन किया गया है, जिसका मुख्यालय दिल्ली में स्थित है और इसके 17 नियमित बैंच और 21 सर्किट बैंच स्थापित हैं। प्रशासनिक अधिकरण (अनुच्छेद-323(A)) एक बहुसदस्यीय निकाय है। इसमें एक अध्यक्ष तथा एक उपाध्यक्ष होते हैं, साथ ही अन्य सदस्य हो सकते हैं, जितने सरकार आवश्यक समझे। वर्तमान समय में केंद्रीय प्रशासनिक अधिकरण में 1 अध्यक्ष, 16 उपाध्यक्ष तथा 49 सदस्य हैं।

अधिकरण में एक न्यायिक तथा एक प्रशासनिक अधिकारी होना अनिवार्य है। प्रशासनिक अधिकारियों के लिए यह शर्त है कि वह दो वर्षों तक सचिव के पद पर रह चुके हों तथा न्यायिक अधिकारी के लिए यह आवश्यक है कि वह उच्च न्यायालय के न्यायाधीश की योग्यता रखता हो।

सभी सदस्यों का कार्यकाल 5 वर्ष का होता है। अध्यक्ष तथा उपाध्यक्ष की अधिकतम उम्र 68 वर्ष एवं सदस्यों की 65 वर्ष होती है। अधिकरण के सदस्यों को कदाचार व असमर्थता के आधार पर उच्चतम न्यायालय की अनुशंसा पर राष्ट्रपति द्वारा हटाया जाता है और हटाने की प्रक्रिया संसद विधि द्वारा निर्धारित करती है।

अनुच्छेद-323(A) के अंतर्गत् संसद को यह शक्ति प्राप्त है कि ऐसे प्रशासनिक अधिकरणों का निर्माण करे, जिसके द्वारा संघ और नियुक्त लोक सेवक की भर्ती और सेवा संबंधी मुद्दों को सुलझाया जा सकें। अखिल भारतीय सेवक संघ सरकार के अंतर्गत कार्य करने वाले सिविल सेवक अथवा रक्षा विभाग में कार्य करने वाले सिविल सेवक की सेवा शर्तों संबंधित विवादों का समाधान किया जाता है। प्रशासनिक अधिकरण प्राकृतिक न्याय के सिद्धांत के आधार पर कार्य करते हैं। अतः इसमें भारतीय दंड संहिता अथवा आपराधिक प्रक्रिया संहिता जैसी जटिल प्रक्रियाओं का प्रयोग नहीं होता है। राज्य सरकार के अंतर्गत कार्य करने वाले सिविल सेवकों के लिए राज्यों के द्वारा पृथक् अधिकरण का गठन किया जा सकता है।

संसदीय अधिनियम के अनुसार, केंद्रीय प्रशासनिक अधिकरणों के निर्णय से अपील केवल उच्चतम न्यायालय में होगी, परंतु चंद्र कुमार वाद के पश्चात् इन अधिकरणों के निर्णय के विरुद्ध उच्च न्यायालय में भी अपील की जा सकती है। निम्नलिखित कर्मचारी केंद्रीय प्रशासनिक अधिकरण की अधिकारिता के अंतर्गत् नहीं आते हैं-

(i) सेना के कर्मचारी अधिकरण के अंतर्गत नहीं आते, जबकि ये संघ सरकार के सेवक हैं, क्योंकि सेना में विशिष्ट अनुशासन को देखते हुए इन्हें अधिकरण में शामिल नहीं किया गया है। वर्तमान में सेना के लिए पृथक् अधिकरण का निर्माण किया जा चुका है।
(ii) लोक सभा एवं राज्य सभा सचिवालय के सेवक भी अधिकरण के क्षेत्राधिकार में शामिल नहीं हो, क्योंकि संसद को संविधान के द्वारा विशेषाधिकार प्राप्त हैं और स्पीकर को पदाधिकारियों पर नियंत्रण प्रदान किया गया है।
(iii) उच्चतम न्यायालय और उच्च न्यायालय के पदाधिकारी अधिकरण के दायरे में नहीं आते, क्योंकि संविधान में न्यायिक स्वतंत्रता को देखते हुए उच्चतम न्यायालय और उच्च न्यायालय के मुख्य न्यायाधीशों को पदाधिकारियों पर नियंत्रण प्रदान किया गया है।

अन्य अधिकरण

संविधान के अनुच्छेद-323(B) के अनुसार, संसद को यह अधिकार है कि वे निम्नलिखित मामलों को सुलझाने हेतु अधिकरणों का निर्माण कर सकती हैं-

- करारोपण से संबंधित विवाद।
- विदेशी विनिमय और आयात-निर्यात से संबंधित विवाद।

- औद्योगिक और श्रमिक विवादों का समाधान।
- भूमि-सुधार एवं अधिग्रहण से संबंधित विवाद।
- शहरी संपत्ति की सीलिंग।
- संसद या विधान सभा चुनावों से संबंधित विवादों का समाधान।

संसद के द्वारा करारोपण से संबंधित अधिकरण तथा औद्योगिक विवादों से संबंधित अधिकरण का भी गठन किया गया है, परंतु संसद एवं विधान सभा चुनाव से संबंधित विवादों के समाधान के लिए अधिकरण का निर्माण नहीं किया गया है। इन विवादों का समाधान अभी भी उच्च न्यायालयों के द्वारा किया जाता है। भूमि-सुधार और अधिग्रहण से संबंधित अधिकरण का निर्माण भी नहीं किया गया है।

वाणिज्यिक न्यायालय (Commercial Court)

वर्ष-2015 में उच्च न्यायालय के अपीलीय डिविजन अधिनियम का निर्माण किया गया। इन वाणिज्यिक न्यायालयों के द्वारा वाणिज्यिक विवाद जिसमें व्यापार पार्टनरशिप, बौद्धिक संपदा अधिकार तथा संयुक्त उद्यम से संबंधित वे मामले शामिल होंगे, जिनकी कीमत एक करोड़ रूपए से कम न हो। इन न्यायालय की स्थापना के द्वारा वाणिज्यिक विवादों को त्वरित रूप में हल किया जाएगा, जिससे देश में व्यापार और निवेश के वातावरण को अनुकूल किया जा सके।

संरचना

वाणिज्यिक न्यायालयों की स्थापना राज्य सरकारों के द्वारा की जाएगी तथा राज्य सरकार ही न्यायालयों एवं न्यायाधीशों की संख्या का निर्धारण करेंगी और ये न्यायालय जिला न्यायालयों की भांति होंगे। जिन राज्यों में उच्च न्यायालयों को सिविल मामलों में आरंभिक सुनवाई का अधिकार है, उनमें उच्च न्यायालय में ही वाणिज्यिक मामलों की सुनवाई के लिए डिविजन बैंच स्थापित किया जाएगा। इन मामलों में अपील का अधिकार भी उच्च न्यायालय में होगा।

त्वरित न्याय

वाणिज्यिक न्यायालयों और उच्च न्यायालय के डिविजन बैंच के द्वारा दिए गए निर्णय 60 दिनों के अंदर उच्च न्यायालय के समक्ष अपील किए जा सकेंगे तथा अपीलीय बैंच के द्वारा इन मामलों का निस्तारण 6 महीने की अवधि के अंदर किया जाएगा। ऐसे वाणिज्यिक विवाद जिनके मूल्य 1 करोड़ रूपये से कम नहीं हैं वे इन न्यायालयों को हस्तांतरित कर दिए जाएंगे। दिल्ली में 6 वाणिज्यिक डिविजन बैंच तथा 4 अपीलीय डिविजन बैंच पहले से स्थापित कर दिए गए हैं। इन न्यायालयों में वकीलों के स्थगन का प्रावधान नहीं है और इसमें सभी प्रकार के जवाब समय पर दाखिल किए जाएंगे।

राष्ट्रीय हरित न्यायाधिकरण

(National Green Tribunal, (NGT))

हरित न्यायाधिकरण का उद्देश्य पर्यावरण से जुड़ी सरकारी तथा गैर-सरकारी विकास परियोजनाओं के मामलों का शीघ्र निपटारा करना है। इस हेतु वर्ष-2010 में राष्ट्रीय हरित न्यायाधिकरण अधिनियम, 2010 पारित किया गया, जिसके तहत राष्ट्रीय हरित न्यायाधिकरण का गठन किया गया। इस न्यायाधिकरण में पर्यावरण से संबंधित वाद किसी भी व्यक्ति, संस्थान व एन. जी. ओ. द्वारा दायर किया जा सकता है।

उद्देश्य

पर्यावरणीय संरक्षण तथा वन के संरक्षण से संबंधित वादों को त्वरित और प्रभावी रूप में हल करने के लिए एक विशेषज्ञ संस्था की स्थापना की गई। पर्यावरणीय नियमों के उल्लंघन के कारण होने वाले जन और धन के नुकसान के मुआवजे का प्रावधान किया गया है।

संरचना

इसकी मुख्य बैंच **नई दिल्ली** में स्थित है, जबकि इसकी क्षेत्रीय शाखाएं पुणे, भोपाल, चेन्नई और कोलकाता में स्थापित हैं। न्यायाधिकरण का अध्यक्ष उच्चतम न्यायालय का अवकाश प्राप्त न्यायाधीश तथा इसके अन्य न्यायिक सदस्य उच्च न्यायालय के अवकाश प्राप्त न्यायाधीश होंगे। अधिनियम में यह उल्लिखित है कि न्यायाधिकरण में न्यायिक सदस्य संख्या 20 तथा विशेषज्ञ सदस्य भी 20 हो सकते हैं। परंतु वर्तमान में इसके 10 सदस्य पर्यावरणीय विशेषज्ञ तथा 10 न्यायिक सदस्य भी हैं। अध्यक्ष का कार्यकाल 70 वर्ष तथा अन्य न्यायिक सदस्यों का कार्यकाल 67 वर्ष होगा। विशेषज्ञ सदस्य विज्ञान से संबंधित विषय में परास्नातक तथा पर्यावरणीय विषयों में

5 वर्षों का अनुभव हो। विशेषज्ञ सदस्यों का कार्यकाल 5 वर्ष का होगा। अध्यक्ष और सदस्यों को उच्चतम न्यायालय की अनुशंसा के आधार पर ही राष्ट्रपति के द्वारा अपने पद से हटाया जा सकता है तथा इनके कार्यकाल के दौरान इनके वेतन व भत्तों में अलाभकारी कटौती नहीं होगी।

न्याय का तरीका

न्यायाधिकरण के 20 सदस्य इसके मुख्य बैंच और अन्य बैंच में कार्य करते हैं। प्रत्येक बैंच में एक न्यायिक सदस्य तथा एक विशेषज्ञ सदस्य होता है। न्यायाधिकरण की प्रक्रिया **सिविल प्रोसीजर कोड, 1908** (Civil Procedure Code, 1908 (CPC)) के द्वारा निर्धारित नहीं है और न ही यह भारतीय साक्ष्य अधिनियम, 1872 पर आधारित है। यह प्राकृतिक न्याय के सिद्धांत पर कार्य करती है तथा यह अपने निर्णय में प्रक्रियात्मक न्याय की बजाए, युक्तियुक्तता तथा प्राकृतिक न्याय का सहारा लेती है। अवैध खानों के उत्खनन के मुद्दे को राष्ट्रीय हरित न्यायाधिकरण के समक्ष प्रस्तुत किया गया है। अधिकरण के द्वारा हिमाचल प्रदेश सरकार को कुल्लू-मनाली मार्ग पर सी. एन. जी. संचालित बसों के संचालन का निर्देश दिया गया है तथा उड़ीसा में ताप विद्युत परियोजना (Thermal Power Project) को लगाने पर आपत्ति व्यक्त की गई।

अपील

न्यायाधिकरण के समक्ष आने वाले मामलों को 6 महीने की अवधि में हल कर लिया जाएगा और उच्चतम न्यायालय के द्वारा निर्णय देने के 90 दिन की अवधि में अपील की जा सकती है। कोई भी व्यक्ति 1,000 रुपए के शुल्क के आधार पर मामला न्यायाधिकरण के समक्ष ला सकता है। न्यायाधिकरण के द्वारा यह निर्णय दिया गया कि दिल्ली में 10 वर्ष से पुराने वाहनों को सड़क पर चलने से प्रतिबंधित कर दिया जाए। इस निर्णय के विरुद्ध उच्चतम न्यायालय में अपील की गई और उच्चतम न्यायालय ने इस निर्णय को वैधानिक माना।

शक्तियां

न्यायाधिकरण को सिविल न्यायपालिका की शक्तियां प्राप्त हैं। इसके द्वारा पर्यावरणीय मुद्दे और उससे संबंधित नियमों के क्रियान्वयन से जुड़े हुए मुद्दे लाए जाते हैं, **जो निम्नलिखित अधिनियमों से संबंधित हैं-**

- जल संरक्षण प्रदूषण अधिनियम, 1974
- वन्य संरक्षण अधिनियम, 1980
- वायु नियंत्रण और प्रदूषण अधिनियम, 1981
- पर्यावरणीय संरक्षण अधिनियम, 1986
- सार्वजनिक उत्तरदायित्व बीमा अधिनियम, 1991
- जैव विविधता अधिनियम, 2002
- वन्य जीव संरक्षण अधिनियम, 1972 तथा भारतीय वन्य अधिनियम, 1972 से जुड़े हुए मुद्दे अधिकरण के समक्ष नहीं लाए जा सकते।

अधिकरण के द्वारा यह निर्णय दिया गया कि दिल्ली में चलने वाले वाहन जो 15 वर्ष पुराने हैं, उन्हें दिल्ली की सड़कों से हटा दिया जाए। इस निर्णय के विरुद्ध उच्चतम न्यायालय में अपील की गई। उच्चतम न्यायालय ने भी न्यायाधिकरण के निर्णय को बनाए रखा। इसलिए अधिकरण के द्वारा दिए गए निर्णयों से पर्यावरण संरक्षण और आम लोगों की आजीविका और रोजगार के बीच संघर्ष उत्पन्न हो रहा है।

अधिकरण की आलोचना

आलोचकों का मानना है कि अधिकरणों के अधिकाधिक निर्माण से न्यायालय की स्वतंत्रता प्रभावित हो रही है, क्योंकि अधिकरण मंत्रालयों के अधीन कार्य करते हैं, जबकि न्यायालय विधि मंत्रालय से स्वायत्त होता है। अधिकरणों के न्यायाधीश की नियुक्ति कार्यपालिका द्वारा होती है, जबकि न्यायालयों के न्यायाधीशों की नियुक्ति कोलेजियम के द्वारा होती है। न्यायाधीशों को संसद के विशेष बहुमत के द्वारा ही हटाया जा सकता है, जबकि अधिकरणों के सदस्यों को उच्चतम न्यायालय की अनुशंसा के आधार पर हटाया जा सकता है।

अधिकरणों का निर्माण संविधान में अंतर्निहित शक्ति पृथक्करण के प्रावधानों का विरोधी है, क्योंकि कार्यपालिका एवं न्यायपालिका के बीच अलगाव होना चाहिए। जबकि अधिकरणों में न्यायाधीश और प्रशासनिक अधिकारी साथ-साथ मिलकर कार्य करते हैं और अधिकरणों के निर्माण से परंपरागत रूप में न्यायपालिका के समक्ष आने वाले मामले अधिकरणों के द्वारा हल किए जा रहे हैं।

निष्कर्ष

वर्तमान प्रशासनिक जटिलता को देखते हुए अधिकरण

व्यावहारिक आवश्यकता है और न्यायिक स्वतंत्रता को बनाए रखने के लिए अधिकरणों का प्रधान न्यायाधीश ही होता है। अधिकरणों के निर्णय से उच्चतम न्यायालय के लिए अपील होती है। इसलिए अधिकरण न्यायिक स्वतंत्रता के विरोधी नहीं हैं।

लोक अदालत

भारत में न्यायपालिका के समक्ष बड़ी संख्या में मामले लंबित हैं तथा न्याय की प्रणाली अत्यधिक औपचारिक एवं न्याय प्राप्त करने में अत्यधिक पैसे का भी व्यय होता है। अत: आम लोगों को त्वरित रूप में न्याय उपलब्ध कराने के लिए पहली बार गुजरात में वर्ष-1982 में लोक अदालतों की स्थापना की गई। इसके बाद लोक अदालतों की स्थापना **विधिक सेवा प्राधिकरण अधिनियम, 1987** के संसदीय अधिनियम के द्वारा की गई। इन अदालतों का ध्येय आपसी बातचीत के माध्यम से विवादों का निपटारा करना है। यदि दोनों पक्ष सहमत हों, तो दूसरी अदालतों में चल रहे मुकद्दमे लोक अदालतों में हस्तांतरित कर समझौते का प्रयास किया जाता है और इन अदालतों में कोई शुल्क नहीं लगता तथा समझौते की स्थिति में दोनों पक्षों के शुल्क वापस कर दिए जाते हैं। लोक अदालतों का गठन उच्चतम न्यायालय, उच्च न्यायालय और जनपद न्यायालय द्वारा भी किया जाता है।

संरचना

वर्ष-2002 तक ये अदालतें अस्थायी रूप से कार्य करती थीं, जिसके अनुसार, सामान्य न्यायालयों में सप्ताह में एक बार अथवा महीने में एक बार लोक अदालतों का आयोजन किया जाता है। वर्ष-2002 में इस अधिनियम में संशोधन करके लोक अदालतों को स्थायी बना दिया गया। अत: लोक अदालतें सप्ताह में सभी दिन स्थायी अदालतों की भांति कार्य करती हैं। लोक अदालतों का आयोजन उच्चतम न्यायालय, उच्च न्यायालय एवं जनपद न्यायालयों में होता है। लोक अदालतों के आयोजन राष्ट्रीय विधि सेवा अधिकारिता अधिनियम (National Legal Services Authorities Act) के अनुसार होता है। वर्तमान में राष्ट्रीय लोक अदालत दिवस भी मनाया जाता है, जिसके अनुसार, समूचे देश में सभी न्यायालयों में दो अथवा तीन महीनों में एक दिन लोक अदालतों का आयोजन किया जाता है। इन अदालतों की अध्यक्षता एक न्यायाधीश द्वारा की जाती है तथा इसमें दो अन्य सदस्य होते हैं। जरूरी नहीं है कि ये सदस्य न्यायाधीश ही हों, सामान्यत: एक वकील तथा एक सामाजिक कार्यकर्ता भी इन अदालतों का सदस्य होता है। इसमें व्यक्ति अपने मामलों की पैरवी स्वयं कर सकता है और उसे वकील की आवश्यकता नहीं होती।

प्रक्रिया

लोक अदालतें प्राकृतिक न्याय के सिद्धांत के आधार पर कार्य करती हैं। इसलिए इसमें प्रक्रिया के बजाए, परिणाम पर बल दिया जाता है तथा व्यक्ति को अपने मामले की स्वयं पैरवी का अधिकार है। इसमें फीस का कोई प्रावधान नहीं है। अत: व्यक्ति को नि:शुल्क न्याय दिया जाता है।

कार्य

लोक अदालतों के समक्ष कोई नवीन विवाद लाया जाता सकता है अथवा जो विवाद पहले से ही न्यायपालिका के समक्ष विद्यमान हैं उसे दोनों पक्षों की सहमति से लोक अदालतों के समक्ष प्रस्तुत किया जा सकता है। लोक अदालतों को दीवानी अदालतों की मान्यता प्राप्त है तथा ये उन आपराधिक मामलों को भी देख सकते हैं, जिनकी प्रकृति समझौते योग्य (Compoundable) हैं। ये अदालतें पारंपरिक अदालतों से अलग तरह से काम करती हैं और इसमें सुलह व समझौता को वरीयता दी जाती है तथा ये अदालतें अधिकतर सिविल मामलों को देखती हैं। भूमि एवं संपत्ति संबंधी विवाद, पारिवारिक विवाद इत्यादि मुकद्दमों को इन अदालतों के तहत लाया जाता है। आपसी सहमति से समझौते होने के कारण इन अदालतों के निर्णयों के खिलाफ अपील नहीं हो सकती।

समझौता एवं सुलह (Arbitration and Conciliation)

भारत में त्वरित न्याय के लिए तथा प्रक्रियाओं की जटिलता को आसान बनाने के लिए वैकल्पिक न्याय प्रणाली पर बल प्रदान किया गया है। इसके द्वारा राष्ट्रीय एवं अंतर्राष्ट्रीय व्यावसायिक विवादों का त्वरित समाधान संभव हो सके, इसे न्यायालय के बाहर का समझौता (Out of Court Settlement) भी कहा जाता है। संसद के द्वारा वर्ष-1996 में पहली बार समझौता एवं सुलह अधिनियम का निर्माण किया गया तथा वर्ष-2015 में इसका संशोधन किया गया, जिसे वर्ष-2018 में पुन: संशोधित किया गया है, जिनकी मूल विशेषताएं निम्नलिखित हैं-

(i) **सुलह परिषद्** (Arbitration Council of India)
विधेयक में सुलह एवं मध्यस्थता के लिए एक स्वतंत्र संगठन के निर्माण का प्रस्ताव किया गया है, जिसके द्वारा सुलह एवं मध्यस्थता के संबंध में प्रक्रिया एवं नीति का निर्माण किया जाएगा।

(ii) **सुलह परिषद् का गठन**
इसमें उच्चतम न्यायालय अथवा उच्च न्यायालय के द्वारा मध्यस्थता संस्थाओं का निर्माण किया जाएगा, जिसके द्वारा विवाद में शामिल पक्ष मध्यस्थों की नियुक्ति के लिए अनुरोध कर सकते हैं। अंतर्राष्ट्रीय विवादों के लिए मध्यस्थों की नियुक्ति का अधिकार उच्चतम न्यायालय के पास रहेगा। जबकि घरेलू विवादों को हल करने के लिए मध्यस्थों की नियुक्ति उच्च न्यायालय के द्वारा की जाएगी, लेकिन मध्यस्थों की नियुक्ति प्रार्थना-पत्र प्राप्त करने की अवधि तीस दिन के भीतर होगी।

(iii) **समय सीमा में ढील**
वर्तमान अधिनियम में यह प्रावधान है कि 12 महीने की अवधि के भीतर अंतर्राष्ट्रीय वाणिज्यिक विवादों का समाधान किया जाएगा, जबकि प्रस्तावित विधेयक में किसी निश्चित समय सीमा का उल्लेख नहीं किया गया है।

(iv) **गोपनीयता**
मध्यस्थता की प्रक्रिया संबंधी सभी तथ्य एवं सूचनाएं गोपनीय रखी जाएंगी। वर्ष-2015 के संशोधन के अनुसार, यह प्रावधान किया गया कि दो पक्षों के बीच डिजिटल समझौते भी मान्य होंगे।

(v) **मध्यस्थों के साथ संबंध**
वर्ष-1996 के अधिनियम में वर्ष-2015 में संशोधन किया गया था, जिसके अनुसार, आवेदन करने वाले व्यक्ति को मध्यस्थों के साथ अपने संबंध भी बताने होंगे।

(vi) **अंतरिम आदेश**
वर्ष-2015 में अधिनियम में संशोधन करते हुए यह प्रावधान किया गया है कि मध्यस्थता करने वाली संस्थाओं को न्यायालय की भांति अंतरिम आदेश देने का भी अधिकार होगा। इस निर्णय से अपील का भी प्रावधान है।

वर्तमान न्यायिक व्यवस्था में वैकल्पिक न्यायिक प्रणालियों का प्रभावी प्रयोग किया जा रहा है, परंतु इसे ज्यादा प्रचारित-प्रसारित करने की आवश्यकता है, जिससे व्यवहार में इसका प्रयोग बढ़ सकें

सेना न्यायालय

सेना में अनुशासन बनाए रखने के लिए सैनिकों को सिविल अथवा आपराधिक न्यायालयों के सामने प्रस्तुत नहीं किया जाता, बल्कि इनके लिए अलग सैन्य न्यायालयों का गठन किया गया है। इनके द्वारा किए गए अपराध और अनुशासनहीनता से संबंधित मामले सैन्य न्यायालयों द्वारा सुलझाए जाते हैं। थल सेना अधिनियम, 1950, वायु सेना अधिनियम, 1950 एवं नौसेना अधिनियम, 1957 के अंतर्गत आने वाले अपराधों पर सुनवाई से उच्चतम न्यायालय और उच्च न्यायालयों को प्रतिबंधित किया गया है, (संविधान के अंतर्गत अनुच्छेद-136(2) एवं अनुच्छेद-227 के तहत्)। इसी तरह भारतीय दंड संहिता अथवा दंड प्रक्रिया संहिता के प्रावधान भी रक्षा कर्मियों द्वारा किए गए अपराधों पर लागू नहीं होते हैं। उपरोक्त अधिनियमों के अंतर्गत किए गए अपराधों के लिए सैन्य कर्मियों पर सुनवाई का अधिकार केवल सैन्य न्यायालयों को ही है। यदि सेना में कार्यरत कोई सैन्य कर्मी स्थानीय पुलिस द्वारा हिरासत में ले लिया जाता है, तो उसे पुलिस द्वारा सैन्य प्राधिकारियों को सौंप देना चाहिए, जिससे दोषी सैन्य कर्मी की सुनवाई सैन्य न्यायालय में की जा सकें

सेना न्यायालय द्वारा केवल सैनिकों के विरुद्ध मुकद्दमा चलाया जाता है। देश में सैन्य न्यायालय एकमात्र न्यायालय है, जहां सैनिकों द्वारा किए गए अपराधों की सुनवाई होती है और उन्हें सजा भी दी जाती है। सैन्य न्यायालय द्वारा दी गई सजा के विरुद्ध उच्चतम न्यायालय एवं उच्च न्यायालयों में अपील नहीं की जा सकती। सैन्य न्यायालयों के निर्णय के विरुद्ध उच्चतम न्यायालय संवैधानिक उपचार के अधिकार के अंतर्गत याचिका प्रदान करता है। उच्च न्यायालय यह याचिका अनुच्छेद-226 के अंतर्गत जारी करता है। **सैन्य विधि के अंतर्गत चार प्रकार के सैनिक न्यायालय होते हैं-**

1. सामान्य सेना न्यायालय।
2. जिला सेना न्यायालय।
3. संक्षिप्त सामान्य सेना न्यायालय।

4. संक्षिप्त सेना न्यायालय।

1. सामान्य सेना न्यायालय

यह सेना न्यायालयों में सबसे उच्चतम अथवा शिखर न्यायालय है। इसे थल सेनाध्यक्ष के लिखित अनुरोध पर केंद्र सरकार द्वारा गठित किया जाता है, जिसमें कम से कम 5 सैन्य अधिकारी होते हैं। यह न्यायालय थल सेना अधिनियम, 1950, वायु सेना अधिनियम, 1950 एवं नौसेना अधिनियम, 1957 के अंतर्गत दोषी किन्हीं सैन्य कर्मियों के दंडनीय अपराध की सुनवाई कर सकता है। यह सैन्य न्यायालय अपनी ही कमान अर्थात् थल सेना, वायु सेना तथा जल सेना के अधिकारियों और कर्मचारियों द्वारा किए गए अपराधों की सुनवाई के लिए गठित किए जाते हैं।

2. जिला सेना न्यायालय

यह न्यायालय ऐसे सैन्य अधिकारी के नेतृत्व में गठित किया जाता है, जो सामान्य सेना न्यायालय में सम्मिलित होने की योग्यता रखता है। सैन्य अधिनियमों के अंतर्गत दंडनीय अपराध के लिए किसी सेना के अधिकारी अथवा जे. सी. ओ. के विरुद्ध इस न्यायालय में सुनवाई की जा सकती है। यह न्यायालय मृत्युदंड, आजीवन कारावास अथवा दो वर्ष से अधिक के कारावास को छोड़कर सैन्य अधिनियम (थल सेना अधिनियम, 1950, वायु सेना अधिनियम, 1950 एवं नौसेना अधिनियम, 1957) के अंतर्गत अधिकृत कोई भी दंड दोषी सैन्य अधिकारी को दे सकता है।

3. संक्षिप्त सामान्य सेना न्यायालय

यह सेना न्यायालय केंद्र सरकार के निर्देशानुसार अथवा आदेश से गठित किया जाता है, जो केंद्र सरकार द्वारा अधिकृत सेनाध्यक्ष अथवा अधिकारी के नेतृत्व में कम से कम तीन सैन्य अधिकारियों से मिलकर बनता है। इस न्यायालय की शक्तियां भी सामान्य सेना न्यायालय के समान ही होती हैं और सैन्य अधिनियमों में उल्लिखित कोई भी दंड दोषी अधिकारियों को देने में सक्षम है।

4. संक्षिप्त सेना न्यायालय

यह न्यायालय सेना के किसी महत्त्वपूर्ण विभाग अथवा नियमित सेना की उस टुकड़ी के अधिकारी की अध्यक्षता में गठित किया जाता है, जिस टुकड़ी अथवा विभाग से दोषी सैन्य अधिकारी संबंधित होता है। यह न्यायालय भी तीन सदस्यीय होता है, जिसमें अध्यक्षता करने वाले सैन्य अधिकारी के अतिरिक्त दो अन्य सदस्य अधिकारी स्तर या जे. सी. ओ. अथवा दोनों स्तरों के एक-एक सदस्यों से मिलकर बनता है। यह न्यायालय मृत्युदंड, आजीवन कारावास अथवा एक वर्ष से अधिक के कारावास की सजा को छोड़कर सैन्य अधिनियम में उल्लिखित दंड दे सकता है।

अर्हताएं

जिन सदस्यों से मिलकर सैन्य न्यायालयों का गठन किया जाता है, उनकी योग्यताओं का वर्णन सैन्य अधिनियमों (थल सेना अधिनियम, 1950, वायु सेना अधिनियम, 1950 एवं नौसेना अधिनियम, 1957) में किया गया है।

न्यायाधीश महाधिवक्ता

सैन्य अधिनियमों के अंतर्गत प्रावधान है कि प्रत्येक सैन्य न्यायालय में न्यायाधीश महाधिवक्ता के विभाग का एक सदस्य न्यायाधीश अधिवक्ता उपस्थित रहेगा। यदि ऐसा कोई अधिकारी न्यायालय में सुनवाई के दौरान उपस्थित नहीं है, तो न्यायाधीश महाधिवक्ता अथवा उसके अधीनस्थ अधिकारियों द्वारा अनुमोदित कोई अन्य अधिकारी न्यायालय में सुनवाई के दौरान उपस्थित रहेगा।

भूमिका

न्यायाधीश महाधिवक्ता की भूमिका सलाहकार की होती है।

कार्य

- पीड़ित और आरोपी (अभियुक्त) पक्ष को हर समय न्यायालय की सुनवाई से जुड़ी हुई कानूनी जानकारी पर सलाह देना अथवा किसी विधि के प्रश्न पर दोनों की राय जानना।
- न्यायालय की कार्यवाही में अगर कोई त्रुटि अथवा अनियमितता है, तो न्यायालय को उससे अवगत कराना।
- न्यायालय में सुनवाई (विचारण) के दौरान उठने वाले विधि, व्यवहार अथवा प्रक्रियागत प्रश्न पर न्यायालय द्वारा पूछे जाने पर अपनी राय देना।
- सुनवाई की तारीख तथा स्थान के विषय में दोनों पक्षों के गवाहों को न्यायालय में हाजिर होने के लिए सम्मन (नोटिस) भेजना है।
- सेना न्यायालय के न्यायाधीश के समान ही न्यायाधीश

महाधिवक्ता का भी उत्तरदायित्व है कि पीड़ित और दोषी दोनों पक्षों को न्याय मिले।

- न्यायाधीश महाधिवक्ता का कर्त्तव्य है कि वह पूरी तरह से दोनों पक्षों के प्रति निष्पक्षता का व्यवहार करे।

पारिवारिक अदालत

परंपरागत् वैधानिक व्यवस्था में पारिवारिक विवादों की कल्पना नहीं की गई, परंतु वर्तमान में पारिवारिक विवाद में वृद्धि हो रही है, जिसके लिए पृथक् न्यायालय का गठन किया गया और जिसके द्वारा पारिवारिक विवादों को शीघ्र एवं अनौपचारिक रूप में हल किया जा सकता है तथा महिलाओं के हितों की भी रक्षा हो।

वर्ष–1984 में संसदीय विधि के द्वारा पारिवारिक अदालतों की स्थापना का प्रावधान किया गया। इस अधिनियम के अनुसार, जिन शहरों की आबादी 10 लाख से ज्यादा होगी, वहां पारिवारिक अदालतों का गठन किया जाएगा। इसके अतिरिक्त अन्य शहरों में भी संसद के द्वारा पारिवारिक अदालतों का गठन किया जा सकता है। राज्यों में राज्य सरकार के द्वारा उच्च न्यायालय की सलाह से पारिवारिक अदालतों की स्थापना की जाएगी। पारिवारिक अदालतों की प्रकृति जनपद अदालतों की भांति होती है। सामान्यत: पारिवारिक अदालतों में महिला न्यायाधीश की नियुक्ति होती है। इन अदालतों में एक न्यायाधीश और एक अतिरिक्त न्यायाधीश की नियुक्ति हो सकती है। न्यायाधीश के रूप में नियुक्त होने वाले व्यक्ति को भारतीय राज्य के अंतर्गत 7 वर्षों का न्यायिक अनुभव होना चाहिए।

पारिवारिक अदालतों में पति-पत्नी के बीच विवाह से संबंधित विवादों को हल किया जाता है। पत्नी को गुजारा भत्ता देने से संबंधित विवाद तथा अल्पवयस्क बच्चों पर हक का निर्धारण न्यायालय के द्वारा किया जाता है तथा समस्या के समाधान के लिए प्राकृतिक न्याय का सहारा लिया जाता है और विवादों को सुलह एवं सहयोग के द्वारा हल किया जाता है। इसके अतिरिक्त व्यक्ति अपने मामले की पैरवी स्वयं कर सकता है। पारिवारिक अदालतों के निर्णय के विरुद्ध उच्च न्यायालय में अपील की जा सकती है तथा जिन मामलों में दोनों पक्षों के बीच सहमति हो, उसमें अपील का प्रावधान नहीं है।

निष्कर्ष

भारतीय संविधान में उच्चतम न्यायालय, उच्च न्यायालय एवं जनपद न्यायालय का ही प्रावधान है, परंतु समाज के विकास एवं विवादों के जटिल होने के साथ विवाद निवारण तंत्र का भी प्रभावी विकास हुआ और वर्तमान में वैकल्पिक न्याय प्रणाली का प्रयोग करते हुए न्याय को त्वरित एवं सर्वसुलभ बनाने का प्रयास किया जा रहा है।

प्रारंभिक परीक्षोपयोगी महत्त्वपूर्ण तथ्य

- भारतीय संविधान में स्वतंत्र एवं स्वायत्त न्यायपालिका का प्रावधान किया गया है।
- वर्तमान में उच्चतम न्यायालय में 1 मुख्य न्यायाधीश एवं 30 अन्य न्यायाधीश हैं। संविधान में 1 मुख्य न्यायाधीश के अतिरिक्त 7 अन्य न्यायाधीशों का प्रावधान किया गया था, (अनुच्छेद-124)।
- उच्चतम न्यायालय की पीठ नई दिल्ली में है। मुख्य न्यायाधीश को यह अधिकार है कि उच्चतम न्यायालय की पीठ किसी और स्थान पर भी राष्ट्रपति की पूर्व अनुमति से स्थापित कर सकता है, (अनुच्छेद-130)।
- उच्चतम न्यायालय के न्यायाधीश तीसरी अनुसूची के अनुसार शपथ ग्रहण करते हैं।
- उच्चतम न्यायालय के न्यायाधीश को राष्ट्रपति शपथ ग्रहण कराते हैं।
- उच्चतम न्यायालय के न्यायाधीशों की सेवानिवृत्ति की आयु 65 वर्ष है।
- अवकाश प्राप्त न्यायाधीशों की नियुक्ति पर उनके वेतन एवं भत्ते राष्ट्रपति के द्वारा निर्धारित होते हैं।
- राष्ट्रपति के द्वारा कार्यवाहक मुख्य न्यायाधीश की नियुक्ति हो सकती है, जब-

  (i) भारत के मुख्य न्यायाधीश का पद रिक्त हो।

  (ii) मुख्य न्यायाधीश कुछ समय के लिए अनुपस्थित हों अथवा मुख्य न्यायाधीश अपने कार्यों को करने में सक्षम न हों, (अनुच्छेद-126)।
- वर्ष-1993 के 9 न्यायाधीशों के जजों के वाद के बाद यह निश्चित हुआ था कि उच्चतम न्यायालय या उच्च न्यायालय में न्यायाधीशों की नियुक्ति में भारत के मुख्य न्यायाधीश के निर्णय को प्राथमिकता दी जाएगी, जिसे कोलेजियम व्यवस्था कहा जाता था।
- उच्चतम न्यायालय के न्यायाधीशों को राष्ट्रपति द्वारा हटाया जा सकता है, (अनुच्छेद-124(4))।
- राष्ट्रीय न्यायिक निगरानी समिति न्यायाधीशों के व्यवहारों व क्रियाकलापों से संबंधित शिकायतों की जांच करेगी तथा संसद में अपनी रिपोर्ट देगी एवं इसके अतिरिक्त न्यायाधीशों के अच्छे आचरण व कार्य व्यवहार हेतु उपाय सुझाएगी।
- न्यायालय की अवमानना एक विधिक शब्द है। न्यायालय की अवमानना करने वालों के विरुद्ध कार्यवाही करने की शक्ति न्यायालय को प्राप्त हैं।
- भारतीय संविधान के अनुच्छेद-129 एवं 215 में अवमानना का प्रावधान है।
- उच्चतम न्यायालय के न्यायाधीशों को संघ की संचित निधि से वेतन, भत्ते एवं पेंशन दिए जाते हैं, (अनुच्छेद-146(3))।
- वर्तमान में उच्चतम न्यायालय के मुख्य न्यायाधीश को 2,80,000 रुपए प्रतिमाह तथा अन्य न्यायाधीशों को 2,50,000 रुपए प्रतिमाह दिए जाते हैं।
- अनुच्छेद-32 के अंतर्गत् मूल अधिकारों की रक्षा के लिए सीधे उच्चतम न्यायालय द्वारा सुनवाई की जाती है।
- अनुच्छेद-134 के अनुसार, दांडिक मामलों में उच्चतम न्यायालय में साधिकार अपील हो सकती है। दूसरे शब्दों में, इसमें उच्च न्यायालय के प्रमाण-पत्र की आवश्यकता नहीं होगी।

- ऐसे मामले, जिनमें आजीवन कारावास की सजा दी गई हो या 10 वर्ष से अधिक की कैद की सजा दी गई हो। इन मामलों में भी उच्चतम न्यायालय में अपील की जाती है।
- अनुच्छेद-136 के अनुसार, उच्चतम न्यायालय की विशेष इजाजत की शक्ति, अपीलीय शक्ति से भिन्न है। यह विशेष इजाजत उच्चतम न्यायालय किसी मामले में तब दे सकता है, जब विधि के किसी व्यापक महत्त्व का प्रश्न हो या ऐसी विशेष परिस्थितियां विद्यमान हों, जिसमें न्याय का घोर उल्लंघन किया गया हो। अत: विशेष इजाजत के अंतर्गत् उच्चतम न्यायालय सिविल एवं दांडिक दोनों मामलों में सुनवाई कर सकता है।
- विशेष इजाजत की अपील उच्चतम न्यायालय की आपवादिक शक्ति है, सामान्य शक्ति नहीं।
- सलाहकारी अधिकारिता का अर्थ है कि राष्ट्रपति किसी मामले में उच्चतम न्यायालय की सलाह ले सकता है, (अनुच्छेद-143)।
- राष्ट्रपति, उच्चतम न्यायालय की सलाह मानने को बाध्य नहीं है।
- उच्चतम न्यायालय प्रत्येक मुद्दे पर सलाह देने को बाध्य नहीं है।
- राष्ट्रपति एवं उप-राष्ट्रपति के चुनाव के विवाद पर निर्णय देने की शक्ति केवल उच्चतम न्यायालय को प्रदान की गई है।
- संघ लोक सेवा आयोग व राज्य लोक सेवा आयोग के सदस्यों को हटाने के संदर्भ में राष्ट्रपति को सलाह देना।
- मुख्य निर्वाचन आयुक्त के द्वारा अन्य निर्वाचन आयुक्तों को हटाने के संदर्भ में भी उच्चतम न्यायालय से सलाह ली जाती है।
- उच्चतम न्यायालय के द्वारा वर्णित विधि भारत के सभी न्यायालयों पर लागू होती हैं, (अनुच्छेद-141)।
- अनुच्छेद-129 के अनुसार, उच्चतम न्यायालय अभिलेखीय न्यायालय है।
- संसद, उच्चतम न्यायालय की अपीलीय शक्ति एवं अन्य शक्तियों को बढ़ा सकती है।
- भारत के उच्चतम न्यायालय के पहले मुख्य न्यायाधीश हीरा लाल कानिया थे।
- वर्ष-2013 से पहली बार उच्चतम न्यायालय में दो महिला न्यायाधीश कार्य कर रही हैं, (ज्ञान सुधा मिश्रा और रंजना देसाई)।
- वर्तमान में देश में 24 उच्च न्यायालय हैं।
- दिल्ली, एकमात्र संघ शासित प्रदेश है, जिसका अपना उच्च न्यायालय है।
- संसद, विधि के द्वारा किसी उच्च न्यायालय के क्षेत्राधिकार को किसी संघ शासित क्षेत्र के लिए बढ़ा सकती है, (अनुच्छेद-230)।
- उच्च न्यायालय के न्यायाधीशों की सेवानिवृत्ति की आयु 62 वर्ष है।
- उच्च न्यायालय का न्यायाधीश तीसरी अनुसूची के अनुसार शपथ ग्रहण करता है।
- उच्च न्यायालय के मुख्य न्यायाधीश को राज्य का राज्यपाल तथा अन्य न्यायाधीशों को उच्च न्यायालय का मुख्य न्यायाधीश शपथ दिलाता है।
- अनुच्छेद-224 के अनुसार, अतिरिक्त न्यायाधीशों की नियुक्ति दो वर्ष के लिए होती है, परंतु यह परंपरा है कि उन्हें स्थायी कर दिया जाता है।
- यदि किसी उच्च न्यायालय के मुख्य न्यायाधीश का पद खाली हो या वह अस्थायी रूप से अनुपस्थित हो या वह

अपना कार्य न कर पा रहा हो, तो राष्ट्रपति किसी उच्च न्यायालय के न्यायाधीश को उस उच्च न्यायालय का कार्यकारी मुख्य न्यायाधीश नियुक्त कर सकता है, (अनुच्छेद-223)।

- वर्तमान में उच्च न्यायालय के मुख्य न्यायाधीश को 2,50,000 रुपए प्रतिमाह वेतन एवं अन्य न्यायाधीशों को 2,25,000 रूपए प्रतिमाह वेतन दिया जाता है।
- उच्च न्यायालय का न्यायाधीश उन उच्च न्यायालयों में वकालत नहीं करेगा, जहां वह न्यायाधीश रहा हो।
- सिविल मामलों में मद्रास, मुंबई व कोलकाता उच्च न्यायालयों को आरंभिक शक्ति अभी भी है। अन्य किसी उच्च न्यायालय को सिविल मामलों में आरंभिक अधिकारिता नहीं है।
- संसद सदस्यों और राज्य विधान मंडल के सदस्यों के चुनाव संबंधी विवाद में उच्च न्यायालयों को आरंभिक अधिकारिता है।
- नागरिकों के मूल अधिकारों को लागू कराना (अनुच्छेद-226), परंतु इसमें मूल अधिकारों के अलावा अन्य मामलों में भी सीधे उच्च न्यायालय जाया जा सकता है।
- सामान्यत: उच्च न्यायालयों को अपीलीय न्यायालय भी कहा जाता है।
- लेटर्स पेटेंट के अंतर्गत् एक ही उच्च न्यायालय में जब एक न्यायाधीश के बैंच के निर्णय को उसी न्यायालय में खंडपीठ के समक्ष अपील किया जाता है।
- लेटर्स पेटेन्ट के अंतर्गत् अपील का प्रावधान इलाहाबाद, मुंबई, कोलकाता, चेन्नई एवं पटना उच्च न्यायालयों में है।
- अनुच्छेद-226 के अंतर्गत् उच्च न्यायालय द्वारा रिट जसी की जाती है और यह रिट मूल अधिकारों व अन्य मामलों में ही प्रदान की जाती है, परंतु यह रिट शक्ति उच्च न्यायालय की भौगोलिक अधिकारिता क्षेत्र में ही लागू होती है।
- उच्चतम न्यायालय केवल मूल अधिकारों के हनन के संदर्भ में ही रिट जारी कर सकता है, (अनुच्छेद-32)। जबकि उच्च न्यायालय उन मुद्दों पर भी रिट जारी कर सकता है, जो मूल अधिकार के भाग नहीं हैं।
- अधीक्षण की शक्ति केवल उच्च न्यायालय की होती है, (अनुच्छेद-227)।
- उच्च न्यायालय के पास अधीनस्थ न्यायालय से कोई भी मामला अपने पास मंगवाने की शक्ति होती है, (अनुच्छेद-228)।
- उच्च न्यायालय, अभिलेखीय न्यायालय होता है, (अनुच्छेद-215)।
- जिला न्यायालय, ट्रायल कोर्ट होते हैं।
- जिला न्यायालय, अधिकतम दंड मृत्युदंड दे सकता है।
- जिला न्यायालय एवं निचले न्यायालयों को अधीनस्थ न्यायालय कहा जाता है।
- जिला न्यायाधीश की नियुक्ति राज्यपाल द्वारा उच्च न्यायालय की सलाह से की जाती है।
- जिला न्यायाधीश के अलावा अन्य न्यायाधीशों की नियुक्ति राज्यपाल द्वारा उच्च न्यायालय एवं राज्य लोक सेवा आयोग की सलाह से की जाती है।
- जिले में सिविल मामलों का प्राथमिक न्यायालय, मुंसिफ न्यायालय तथा न्याय पंचायत होते हैं।
- दांडिक या सेशन मामलों में जिले की सबसे निचली अदालत को पंचायत अदालत कहा जाता है।
- ग्राम न्यायालय अधिनियम, 2008 के द्वारा 2 अक्टूबर, 2009 से ग्राम न्यायालयों की स्थापना की गई है।

- ग्राम न्यायालय के न्यायाधीशों की नियुक्ति राज्यपाल द्वारा उच्च न्यायालय की सलाह से की जाएगी।
- 42वें संविधान संशोधन, 1976 द्वारा संविधान के भाग-14(।) में 323(।) और 323(ठ) प्रशासनिक अधिकरणों का प्रावधान जोड़ा गया।
- चंद्र कुमार वाद के पश्चात् इन अधिकरणों के निर्णय के विरुद्ध उच्च न्यायालय में भी अपील की जा सकती है, जो कि पहले सीधे उच्चतम न्यायालय में अपील का प्रावधान था।
- केंद्रीय प्रशासनिक अधिकरण की मुख्य बैंच नई दिल्ली, कोलकाता, चेन्नई और मुंबई में स्थित हैं।
- केंद्रीय प्रशासनिक अधिकरण में एक अध्यक्ष, एक उपाध्यक्ष एवं अन्य सदस्य होते हैं।
- अध्यक्ष, उच्च न्यायालय के न्यायाधीश की योग्यता वाला व्यक्ति होना चाहिए।
- केंद्रीय प्रशासनिक अधिकरणों के अध्यक्ष का कार्यकाल 5 वर्ष अथवा 68 वर्ष होता है।
- सदस्यों का कार्यकाल 5 वर्ष अथवा 65 वर्ष का होता है।
- राष्ट्रीय हरित न्यायाधिकरण (NGT) की स्थापना वर्ष-2010 में हुई।
- हरित न्यायाधिकरण की मुख्य बैंच नई दिल्ली में स्थित है, जबकि इसकी क्षेत्रीय शाखाएं पुणे, भोपाल, चेन्नई और कोलकाता में स्थापित हैं।
- न्यायाधिकरण का अध्यक्ष उच्चतम न्यायालय का अवकाश प्राप्त न्यायधीश होगा तथा इसके अन्य न्यायिक सदस्य उच्च न्यायालय के अवकाश प्राप्त न्यायाधीश होंगे।
- इसके 10 सदस्य पर्यावरणीय विशेषज्ञ तथा 10 न्यायिक सदस्य भी होंगे।
- न्यायाधिकरण को सिविल न्यायपालिका की शक्तियां प्राप्त हैं।
- लोक अदालतों की स्थापना विधिक सेवा प्राधिकरण अधिनियम, 1987 के तहत की गई।
- फास्ट ट्रैक कोर्ट के द्वारा मूलत: आपराधिक मामलों को सुलझाया जाता है। फास्ट ट्रैक कोर्ट की स्थापना भारत में अप्रैल, 2001 में हुई, जिसका निर्माण आपराधिक मामलों को त्वरित और निश्चित अवधि में हल करने के लिए हुआ।
- राजस्व न्यायालय में नायब तहसीलदार का न्यायालय सबसे निचली सीढ़ी पर होता है, उसके बाद तहसीलदार का न्यायालय, तहसीलदार के न्यायालय के बाद उप-जिलाधिकारी का न्यायालय तथा जिलाधिकारी के न्यायालय आते हैं। सबसे ऊपर के स्तर पर कमिश्नर का न्यायालय होता है।
- भारत में न्यायिक प्रशिक्षण केंद्र भोपाल में है।
- वर्ष-1985 में पारिवारिक विवादों को सुलझाने के लिए पारिवारिक अदालत की भी स्थापना की गई, जिसमें पारिवारिक मामलों को अनौपचारिक रूप में सुलझाया जाता है।
- जनहित याचिका को सामाजिक हित याचिका तथा पत्र-अधिकारिता भी कहा जाता है।
- जनहित याचिका में मामला सामूहिक अधिकारों का होना चाहिए, न कि व्यक्ति विशेष के व्यक्तिगत हितों से संबंधित।
- इसका आरंभ वर्ष-1980 के दशक में जस्टिस बी. आर. कृष्णा अय्यर और जस्टिस पी. एन. भगवती द्वारा किया गया।
- 3 दिसंबर, 2014 को उच्चतम न्यायालय ने एक अभूतपूर्व कदम उठाते हुए सामाजिक न्यायपीठ गठित करने का निर्णय लिया।

- यह पीठ 12 दिसंबर, 2014 से प्रत्येक शुक्रवार को दोपहर 2 बजे से सामाजिक समस्याओं से जुड़े मामलों की सुनवाई कर रही है।
- सुप्रीम कोर्ट द्वारा इस सामाजिक न्यायपीठ की जिम्मेदारी न्यायाधीश मदन बी. लोकुर तथा न्यायाधीश यू. यू. ललित को सौंपी गई है।
- विधिक सेवा प्राधिकरण अधिनियम, 1987 के तहत नाल्सा (National Legal Service Authority) (NALSA) का गठन किया गया है, जिसके द्वारा समाज के कमजोर वर्गों को मुफ्त कानूनी सेवाएं प्रदान करने और विवादों के शांतिपूर्ण समाधान के लिए लोक अदालतों का आयोजन नाल्सा द्वारा किया जाता है।
- नॉल्सा की नीतियों और निर्देशों को प्रभावी बनाने के लिए राज्य विधिक सेवा प्राधिकरण का गठन किया गया है, जिसका नेतृत्व संबंधित राज्य के उच्च न्यायालय के मुख्य न्यायाधीश करते हैं।
- उच्चतम न्यायालय के निर्देशानुसार केंद्र सरकार ने काले धन की जांच के लिए एस. आई. टी. (Special Investigation Team) का गठन मई, 2014 में किया।

राज्य सरकार

भाग 7

1) राज्यपाल, 2) मुख्यमंत्री, 3) राज्य विधान मंडल

अध्याय 1

राज्यपाल

(Governor)

● नियुक्ति, ● राष्ट्रपति की इच्छा का सिद्धांत, ● 1. कार्यपालिकीय शक्तियां, ● 2. विधायी शक्तियां, ● 3. वित्तीय शक्तियां, ● 4. न्यायिक शक्तियां, ● 5. विवेकाधीन शक्तियां, ● 6. विशेष उत्तरदायित्व, ● 7. विवेक का प्रयोग, ● 8. संघ का एजेंट, ● राष्ट्रपति शासन संबंधी उच्चतम न्यायालय का निर्णय, ● निष्कर्ष

राज्य कार्यपालिका

राज्य सरकारों एवं उनकी कार्यप्रणाली का वर्णन संविधान के भाग-6 के अनुच्छेद-152 से 213 के अंतर्गत किया गया है। भाग-6 का एकमात्र अपवाद जम्मू एवं कश्मीर राज्य है। इस भाग का कोई भी प्रावधान जम्मू एवं कश्मीर राज्य पर लागू नहीं होता तथा संघ शासित राज्यों से संबंधित प्रावधान संविधान के भाग-8 के अनुच्छेद-239 से 242 के अंतर्गत किया गया है। अनुच्छेद-370 के अंतर्गत जम्मू एवं कश्मीर राज्य के लिए विशेष प्रावधान किया गया है। उल्लेखनीय है कि जम्मू एवं कश्मीर राज्य का अपना अलग संविधान है और यहां भी संसदीय प्रणाली अपनाई गई है।

राज्यपाल

(Governor)

भारत में संघात्मक शासन व्यवस्था की स्थापना की गई है, जहां शासन के दो (**पहला**, संघीय सरकार व **दूसरा**, राज्य सरकार) केंद्र हैं और केंद्र में राष्ट्र का प्रमुख राष्ट्रपति होता है तथा शासन प्रमुख प्रधानमंत्री होता है। जबकि राज्यों में राज्य का प्रमुख राज्यपाल तथा शासन प्रमुख मुख्यमंत्री होता है। भारत के प्रांतों में भी संसदीय व्यवस्था अपनाई गई है, जहां राज्यपाल, राज्य की कार्यपालिका का संवैधानिक प्रधान तथा मुख्यमंत्री राज्य की कार्यपालिकीय सत्ता का वास्तविक प्रधान होता है तथा राज्यपाल अपनी शक्तियों का उपयोग मुख्यमंत्री तथा मंत्रिपरिषद् की सलाह से करता है।

नियुक्ति

राज्य की कार्यपालिकीय शक्ति राज्यपाल में निहित होगी तथा वह इसका प्रयोग संविधान के अनुसार स्वयं या अपने अधीनस्थ अधिकारियों के द्वारा करेगा, (अनुच्छेद-154(1))। राज्यपाल की नियुक्ति राष्ट्रपति करता है, (अनुच्छेद-155)। भारत में संघात्मक शासन है, किंतु देश की एकता को बनाए रखने के लिए केंद्र का राज्यों पर नियंत्रण होना आवश्यक समझा गया। इसलिए राष्ट्रपति द्वारा राज्यपाल की नियुक्ति की जाती है। राज्यपाल, राज्य का प्रमुख होने के साथ-साथ केंद्र सरकार के प्रतिनिधि के रूप में भी कार्य करता है। इस प्रकार राज्यपाल की दोहरी भूमिका होती है। अतः राज्यपाल, राज्य का संवैधानिक प्रधान होने के साथ-साथ संघ का एजेंट भी होता है। संविधान के अनुसार, एक ही व्यक्ति को दो या दो से अधिक राज्यों का राज्यपाल भी नियुक्त किया जा सकता है। ऐसी स्थिति में राष्ट्रपति द्वारा तय मानकों के हिसाब से वेतन एवं भत्तों का विभाजन दोनों राज्यों के बीच होंगे। अनुसूची 3 में राज्यपाल का

वेतन 5500 रुपये निर्धारित किया गया है लेकिन 1982 में संसदीय अधिनियम का निर्माण किया गया है जिससे राज्यपाल का वेतन भत्ता निर्धारित होता है। वर्ष 2018 में इसे बढ़ाकर साढ़े तीन लाख रुपये महीने कर दिया गया है।

योग्यताएं

अनुच्छेद-157 व 158 के अंतर्गत् किसी व्यक्ति में राज्यपाल पद के लिए निम्नलिखित योग्यताओं व शर्तों का होना आवश्यक है-

- वह भारत का नागरिक हो।
- 35 वर्ष की आयु पूरी कर चुका हो।
- भारतीय संघ के किसी राज्य या संघ क्षेत्र के सरकार के अंतर्गत लाभ का पद न धारण करता हो।
- राज्यपाल, संसद अथवा विधान सभा का सदस्य नहीं होगा, यदि राज्यपाल, संसद अथवा विधान सभा का सदस्य निर्वाचित है, तो जिस तिथि को वह राज्यपाल का पद धारण करेगा उसी दिन से उसका संसद एवं राज्य विधान सभा के पद रिक्त मान लिए जाएंगे।

शपथ

संविधान में राज्यपाल के शपथ का प्रावधान उल्लिखित है, (अनुच्छेद-159)। राज्यपाल के द्वारा संविधान के संरक्षण, रक्षण एवं सुरक्षा की शपथ ली जाती है और वह लोगों की सेवा और भलाई की शपथ लेता है तथा राष्ट्रपति की भांति राज्यपाल के शपथ का प्रावधान संविधान में वर्णित है। अपना पद ग्रहण करने से पूर्व राज्यपाल को उस राज्य के उच्च न्यायालय के मुख्य न्यायाधीश के समक्ष शपथ लेनी होती है।

कार्यकाल

राष्ट्रपति के प्रसादपर्यंत तक राज्यपाल अपने पद पर बना रह सकता है, (अनुच्छेद-156)। राज्यपाल की नियुक्ति पांच वर्ष के लिए होती है, लेकिन इससे पूर्व भी वह राष्ट्रपति को त्यागपत्र दे सकता है। राष्ट्रपति, राज्यपाल को दूसरे कार्यकाल के लिए पुन: नियुक्त कर सकता है। कार्यकाल समाप्त होने के पश्चात् नए राज्यपाल की नियुक्ति तक वह पद पर बना रहता है।

विशेषाधिकार

संविधान में राष्ट्रपति एवं राज्यपाल को विशेषाधिकार प्रदान किया गया है, (अनुच्छेद-361)। राज्यपाल अपने पद पर रहते हुए किए गए कार्यों के लिए कभी भी न्यायपालिका के समक्ष उत्तरदायी नहीं ठहराया जाएगा तथा राज्यपाल के व्यक्तिगत कार्यों के लिए उनके पद के दौरान उनके विरुद्ध किसी भी न्यायपालिका में कोई आपराधिक मामला नहीं चलाया जाएगा। राज्यपाल के व्यक्तिगत कार्यों के लिए उनके विरुद्ध कोई सिविल मामला चलाया जा सकता है, परंतु इसके लिए व्यक्ति को अपना नाम व पता तथा राज्यपाल के विरुद्ध मामला लाने का आधार बताना होगा और इस संबंध में 2 महीने पूर्व नोटिस देना होगा। उच्चतम न्यायालय ने यह स्पष्ट कहा है कि राज्यपाल को प्राप्त संवैधानिक विशेषाधिकार संविधान के प्रावधानों के उल्लंघन के लिए नहीं हैं।

राष्ट्रपति की इच्छा का सिद्धांत

(Doctrine of Pleasure)

यह सिद्धांत राज्यपाल को उसके पद से हटाने से संबंधित है। अनुच्छेद-156(1) के अनुसार, राष्ट्रपति द्वारा राज्यपाल की नियुक्ति 5 वर्षों के लिए की जाती है तथा राज्यपाल, राष्ट्रपति के प्रसादपर्यंत पद धारण करता है। विवाद यह है कि राज्यपाल को सिर्फ इस आधार पर उसके पद से नहीं हटाया जा सकता कि वह सत्ताधारी पार्टी के विचारों से भिन्न राय रखता है। न्यायालय के अनुसार, कानून शासित प्रजातंत्र में राष्ट्रपति की इच्छा का सिद्धांत नहीं चल सकता, क्योंकि किसी राज्य का राज्यपाल, केंद्र सरकार का कर्मचारी या उसका एजेंट या पार्टी का सदस्य नहीं होता, बल्कि वह राज्य का संवैधानिक प्रमुख होता है।

1. नियुक्त राज्यपाल के पक्ष में तर्क

यदि राज्यपाल का निर्वाचन प्रत्यक्ष रूप में होगा, तो शक्ति और सत्ता के दो केंद्रों का विकास हो जाएगा, क्योंकि राज्य का मुख्यमंत्री जनता द्वारा निर्वाचित होता है। अत: मुख्यमंत्री और राज्यपाल के मध्य संघर्ष की संभावना बनी रहेगी। संसदीय शासन में राज्यपाल केवल संवैधानिक प्रधान है, इसलिए उसके निर्वाचन पर पैसे का खर्च तार्किक नहीं है। राष्ट्रपति द्वारा नियुक्त राज्यपाल पर संघ सरकार का प्रभावी नियंत्रण बना रहेगा, जो राष्ट्र की एकता एवं अखंडता में सहायक है।

2. राज्यपाल की नियुक्ति के संबंध में परंपराएं

भारतीय लोकतंत्र के कार्यकरण के आरंभिक वर्षों में

राष्ट्रपति के द्वारा राज्यों में राज्यपाल की नियुक्ति करते समय संबंधित राज्यों के मुख्यमंत्रियों से परामर्श किया जाता था। प्रधानमंत्री जवाहर लाल नेहरू के कार्यकाल में इस मान्यता का लगातार पालन किया गया, परंतु प्रधानमंत्री इंदिरा गांधी के कार्यकाल में राज्यपालों की नियुक्ति करते समय संबंधित राज्य के मुख्यमंत्री से परामर्श नहीं किया गया। वर्तमान में राज्यपाल की नियुक्ति करते समय मुख्यमंत्री से परामर्श किया जाता है, परंतु यह कोई अनिवार्य नियम नहीं है। इसलिए इसका उल्लंघन भी होता है। परंपरा के अनुसार, राज्यपाल को अपने गृह राज्य में नियुक्त नहीं किया जाता है। उदाहरण स्वरूप, नागालैंड के राज्यपाल नागालैंड का निवासी नहीं होता। जब विधान सभा में किसी एक दल को बहुमत प्राप्त नहीं होता, तब राज्यपाल विभिन्न दलों से सूची प्राप्त करता है, जिसके आधार पर मुख्यमंत्री की नियुक्ति होती है। कई राज्यपालों के द्वारा विभिन्न दलों के विधायकों की अपने समक्ष परेड कराई जाती है, जिसके आधार पर राज्यपाल यह निर्णय करता है कि विधान सभा में किस दल का बहुमत है और किसे मुख्यमंत्री के रूप में आमंत्रित किया जा सकता है।

3. नियुक्ति से संबंधित वर्तमान विवाद

सरकारिया आयोग (1983-87) के द्वारा अनुशंसा की गई थी कि बयोवृद्ध राजनेता अथवा चुनाव में पराजित राजनेताओं को राजभवन में स्थान न दिया जाए, क्योंकि इनका स्थानीय दलीय राजनीति से संबंध होता है। उदाहरण के लिए, दिल्ली की पूर्व मुख्यमंत्री शीला दीक्षित को दिल्ली विधान सभा के चुनाव में पराजित होने के बाद उन्हें केरल के राज्यपाल के रूप में नियुक्त किया गया। नियुक्ति से संबंधित विवाद उस समय और गहरा हो गया, जब भारतीय जनता पार्टी सरकार के द्वारा यह कहा गया कि पूर्व सरकार के द्वारा राज्यपाल पद पर अनेक राजनीतिक नियुक्तियां की गईं हैं। संघ सरकार के द्वारा इन राज्यपालों से त्यागपत्र की मांग की जाने लगी। यह उल्लेखनीय है कि सरकारिया आयोग के द्वारा यह कहा गया था कि पांच वर्षों के पहले राज्यपाल को अपने पद से न हटाया जाए और यदि किसी आवश्यक कारण से उसे पद से हटाया जाता है, तो सरकार को संसद के समक्ष इसका कारण बताना होगा। इसलिए राज्यपाल की नियुक्ति के संबंध में वर्तमान विवाद के लिए सभी राजनीतिक दल उत्तरदायी हैं। भारत में राजनीतिक दल जब सत्ता में रहते हैं, तो उनकी कार्यशैली अलग तथा जब विपक्ष में आते हैं, तब उनकी कार्यशैली परिवर्तित हो जाती है।

4. पूर्व प्रधान न्यायाधीश को राज्यपाल बनाना

संविधान के अनुच्छेद-157 के अनुसार, वह भारतीय नागरिक हो, जो 35 वर्ष की आयु पूरी कर चुका हो, राज्य या केंद्र सरकार के अधीन किसी सार्वजनिक उपक्रम में लाभ के पद पर न हो और राज्य विधान सभा सदस्य चुने जाने के योग्य हो, वह राज्यपाल पद के लिए योग्य होता है। अनुच्छेद-155 के अनुसार, राज्यपाल की नियुक्ति राष्ट्रपति के द्वारा प्रत्यक्ष रूप से की जाएगी, लेकिन वास्तव में प्रधानमंत्री की सिफारिश पर राज्यपालों की नियुक्ति की जाती है। उच्चतम न्यायालय के पूर्व मुख्य न्यायाधीश न्यायमूर्ति पी. सतशिवम् को 3 सितंबर, 2014 को केरल का राज्यपाल नियुक्त किया गया। 65 वर्षीय पी. सतशिवम् पहले उच्चतम न्यायालय के अवकाश प्राप्त मुख्य न्यायाधीश हैं, जिन्हें किसी राज्य का राज्यपाल नियुक्त किया गया है। उन्हें अवकाश प्राप्त करने की एक वर्ष के अंदर ही राज्यपाल के रूप में नियुक्त कर दिया गया। कांग्रेस ने पूर्व प्रधान न्यायाधीश न्यायमूर्ति रंगनाथ मिश्रा को राज्य सभा का सांसद बनाया था। वर्ष-1997 में उच्चतम न्यायालय की पहली महिला न्यायाधीश फातिमा बीबी को भी तमिलनाडु का राज्यपाल बनाया गया था। उच्चतम न्यायालय के न्यायाधीश वी. आर. कृष्ण अय्यर ने राष्ट्रपति के उम्मीदवार के रूप में चुनाव में भाग लिया था। उच्चतम न्यायालय के अवकाश प्राप्त मुख्य न्यायाधीश मानवाधिकार आयोग के अध्यक्ष बनते हैं और अवकाश प्राप्त उच्चतम न्यायालय के न्यायाधीश अनेक कंपनियों को वैधानिक सलाह भी प्रदान करते हैं।

राज्यपाल का पद मानवाधिकार आयोग के अध्यक्ष पद से अलग है। मानवाधिकार आयोग एक अर्द्ध-न्यायिक संस्था है। आयोग के प्रावधान के अनुसार इसका अध्यक्ष मुख्य न्यायाधीश ही होगा। राज्यपाल का पद राष्ट्रपति की इच्छा पर निर्भर होता है। राष्ट्रपति के निर्वाचन में भागीदारी न्यायाधीशों की स्वतंत्रता के विरुद्ध नहीं है। संविधान के अनुसार, उच्चतम न्यायालय के न्यायाधीश और मुख्य न्यायाधीश अवकाश प्राप्त करने के बाद किसी

भी न्यायपालिका के समक्ष वकालत नहीं करेंगे। इसके अलावा उन पर और कोई पद लेने पर प्रतिबंध नहीं है। परंतु नैतिक तकाजे के अनुसार न्यायाधीश की राज्यपाल के रूप में नियुक्ति न्यायपालिका की स्वतंत्रता के विरुद्ध है, जिसे भविष्य में न्यायाधीश इन पदों पर नियुक्ति के लिए सरकार के पक्ष में निर्णय दे सकते हैं। उच्चतम न्यायालय के पूर्व मुख्य न्यायाधीश लोढ़ा ने न्यायाधीशों को राज्यपाल के रूप में नियुक्ति का समर्थन नहीं किया। भारत सरकार के अधीन पदानुक्रम में भारत का प्रधान न्यायाधीश राज्यपाल से ऊपर होता है। राज्यपाल का शपथ ग्रहण संबंधित राज्य के उच्च न्यायालय का मुख्य न्यायाधीश या कार्यवाहक न्यायाधीश कराता है। सर्वोच्च न्यायालय के प्रधान न्यायाधीश एच. एल. दत्तू की अध्यक्षता वाली खंडपीठ ने न्यायाधीशों की सेवानिवृत्ति के बाद सरकार में कोई पद स्वीकार नहीं करने की अवधि निश्चित करने से इनकार कर दिया। याचिकाकर्ता ने कैग (CAG) की ही तरह सेवानिवृत्त न्यायाधीशों पर भी रोक लगाने की मांग की थी। याचिकाकर्ता का तर्क है कि इससे न्यायपालिका की स्वतंत्रता के सिद्धांत का हनन होता है। भारत के पूर्व मुख्य न्यायाधीश आर. एस. लोढ़ा के अनुसार, सेवानिवृत्त न्यायाधीश यदि पद ग्रहण करते भी हैं, तो कम से कम 2 वर्ष का **कूलिंग ऑफ पीरियड (Cooling off Period)** होना चाहिए।

राज्यपाल का स्थानांतरण

संविधान में राज्यपाल की अर्हता एवं कार्यकाल का प्रावधान है। राज्यपाल की नियुक्ति राष्ट्रपति के द्वारा होती है तथा उसे कभी भी राष्ट्रपति के द्वारा हटाया जा सकता है। संविधान में राज्यपाल का एक राज्य से दूसरे राज्य में स्थानांतरण का किसी प्रकार का प्रावधान नहीं है, परंतु व्यवहार में राज्यपालों का स्थानांतरण एक राज्य से दूसरे राज्यों के लिए होता रहता है। उदाहरण के लिए, नरेन्द्र मोदी सरकार के द्वारा मिजोरम के राज्यपाल वक्कोम पुरूषोत्थामन (Vakkom Purushothaman) का स्थानांतरण मिजोरम से नागालैंड के लिए कर दिया गया। इसे दंडात्मक स्थानांतरण भी कहा जाता है, क्योंकि राज्यपाल नागालैंड जाने के इच्छुक नहीं थे। परिणामस्वरूप मिजोरम के राज्यपाल ने अपने पद से त्यागपत्र दे दिया।

राज्यपाल की शक्तियां

1. कार्यपालिकीय शक्तियां

राज्यपाल, राज्य कार्यपालिका का संवैधानिक प्रधान होता है तथा राज्यपाल के द्वारा सबसे महत्त्वपूर्ण कार्यपालिकीय शक्ति मुख्यमंत्री एवं मंत्रिपरिषद् के सदस्यों की नियुक्ति है। राज्य सरकार के सभी कार्यपालिकीय कार्य राज्यपाल के नाम से संपादित होते हैं। राज्य लोक सेवा आयोग के अध्यक्ष एवं सदस्य तथा राज्य निर्वाचन आयोग के अध्यक्ष की नियुक्ति राज्यपाल के द्वारा की जाती है। इसके अतिरिक्त राज्य वित आयोग, राज्य के महाधिवक्ता, राज्य के विश्वविद्यालयों के कुलपति की नियुक्ति राज्यपाल ही करता है। परंतु राज्य लोक सेवा आयोग के अध्यक्ष एवं सदस्यों को हटाने की शक्ति राज्यपाल के पास नहीं है, बल्कि यह राष्ट्रपति का अधिकार है। राज्य निर्वाचन आयुक्त को राज्यपाल पद से नहीं हटा सकता, उसे उच्च न्यायालय के न्यायाधीश की भांति पद से हटाया जाएगा।

2. विधायी शक्तियां

राज्यपाल, राज्य विधायिका का एक महत्त्वपूर्ण भाग है। वह राज्य विधायिका का अधिवेशन बुलाता है और विधान सभा को भंग करता है तथा प्रत्येक सत्र के प्रारंभ में दोनों सदनों के संयुक्त सत्र को संबोधित करता है। राज्यपाल को यह अधिकार है कि वह विधायिका से संबंधित समस्त कार्यों की जानकारी प्राप्त करे तथा आवश्यकता पड़ने पर विधान मंडल में संदेश भेज सकता है। यदि राज्यपाल की राय में विधान मंडल में एंग्लो-इंडियन समुदाय के सदस्यों का प्रतिनिधित्व नहीं है, तो वह उस समुदाय से एक सदस्य को मनोनीत कर सकता है। इसके अतिरिक्त राज्यपाल, विधान परिषद् में 1/6 सदस्यों को मनोनीत कर सकता है, जिसे साहित्य, विज्ञान, कला, समाज सेवा और सहकारी आंदोलन से संबंधित होना चाहिए। राज्यपाल, राज्य लोक सेवा आयोग तथा महालेखा परीक्षक के प्रतिवेदन को विधान मंडल के समक्ष रखवाता है तथा कोई भी विधेयक तभी कानून बनता है, जब राज्यपाल उस पर हस्ताक्षर करें। राज्यपाल किसी विधेयक पर अनुमति दे भी सकता है और नहीं भी। इसके अतिरिक्त वह विधेयक को राष्ट्रपति के विचारार्थ आरक्षित भी कर सकता है।

अध्यादेश जारी करने की शक्ति

राज्यपाल, अध्यादेश का प्रयोग (अनुच्छेद-213) तभी करेगा, जब विधान मंडल या उसका कोई भी सदन सत्र में नहीं है। अध्यादेश राज्यपाल के द्वारा निर्मित विधि है। जब राज्य सरकार के समक्ष ऐसी परिस्थितियां विद्यमान हों, जहां विधि के तत्काल निर्माण की आवश्यकता हो, तब वह ऐसी शक्ति का प्रयोग करता है। राज्यपाल द्वारा अध्यादेश जारी करने के लिए मंत्रिपरिषद् की सलाह और सहायता ली जाती है। अध्यादेश को किसी भी समय राज्यपाल के द्वारा वापस लिया जा सकता है। विधान मंडल की पहली बैठक की तारीख से 6 सप्ताह के भीतर यदि विधान सभा के द्वारा अध्यादेश का अनुमोदन नहीं किया गया, तो अध्यादेश समाप्त हो जाएगा। राज्यपाल के द्वारा राज्य और समवर्ती दोनों सूचियों पर अध्यादेश जारी किया जा सकता है। यह अध्यादेश संसद द्वारा समवर्ती सूची पर निर्मित किसी विधि का विरोधी नहीं होना चाहिए। राज्यपाल को अध्यादेश जारी करने की शक्ति राष्ट्रपति की भांति है, परंतु राज्यपाल की शक्तियों पर कुछ प्रतिबंध भी आरोपित हैं। राज्यपाल निम्नलिखित विषयों पर अध्यादेश जारी करने से पहले राष्ट्रपति का निर्देश प्राप्त करेगा-

- ऐसे विधेयक, जिन्हें विधान सभा में प्रस्तुत करने से पूर्व राष्ट्रपति के निर्देश की आवश्यकता होती है।
- ऐसे विषय जिनको राष्ट्रपति के विचार के लिए आरक्षित किया गया हो।

3. वित्तीय शक्तियां

राज्यपाल को राज्य सूची से संबंधित महत्त्वपूर्ण वित्तीय शक्तियां प्राप्त हैं। कोई भी धन विधेयक तथा वित्त विधेयक राज्यपाल की अनुमति के बगैर विधान मंडल में नहीं रखा जा सकता। राज्यपाल ही विधायिका के सम्मुख प्रतिवर्ष बजट पेश करता है तथा राज्यपाल की सिफारिश के बिना विधान मंडल के समक्ष अनुदान की मांग पेश नहीं की जा सकती। राज्य की लोक लेखा निधि और आकस्मिक निधि के द्वारा किए गए व्यय राज्यपाल के अधीन हैं।

4. न्यायिक शक्तियां

राज्यपाल को राष्ट्रपति के समान राज्य सूची के विषयों पर क्षमादान की शक्तियां प्राप्त हैं। राज्यपाल किसी दोषी के दंड को कम कर सकता है या दंड की प्रकृति में परिवर्तन कर सकता है। राज्यपाल व राष्ट्रपति की क्षमादान शक्तियों में मुख्यत: दो अंतर हैं-**प्रथम,** राष्ट्रपति मृत्युदंड को भी पूर्ण माफ कर सकता है, जबकि राज्यपाल मृत्युदंड को आजीवन कारावास में बदल सकता है, क्षमा नहीं कर सकता। **द्वितीय,** राष्ट्रपति सैनिक न्यायालय द्वारा प्राप्त सजा को भी कम कर सकता है या मॉफ कर सकता है, जबकि राज्यपाल ऐसा नहीं कर सकता।

5. विवेकाधीन शक्तियां

भारतीय संविधान में राज्यपाल को स्पष्ट रूप में विवेकाधीन शक्तियां प्राप्त हैं, जिन्हें संपादित करने में राज्यपाल राज्य की मंत्रिपरिषद् की सलाह एवं सहायता के अनुसार कार्य नहीं करेगा, बल्कि अपने विवेक से कार्य करेगा। असम के राज्यपाल को यह विवेकाधीन शक्ति है कि असम राज्य के खानों से प्राप्त होने वाली रॉयलटी को छठवीं अनुसूची में वर्णित जिला परिषदों को दिलवाएं। यदि किसी राज्य के राज्यपाल को उसके निकट के संघ शासित क्षेत्र के प्रशासक के रूप में नियुक्त किया जाता है, तो संघ शासित क्षेत्र के प्रशासन में वह अपने विवेक से कार्य करेगा। इस प्रावधान को संविधान संशोधन अधिनियम, 1956 में 7वें संशोधन के द्वारा जोड़ा गया।

6. विशेष उत्तरदायित्व

राज्यपाल को विशेष उत्तरदायित्व भी सौंपा गया है (अनुच्छेद-371)। जिनके संपादन के लिए वह मंत्रिपरिषद् की सलाह ले सकता है, परंतु अंतिम निर्णय का अधिकार राज्यपाल को है। महाराष्ट्र के राज्यपाल को विदर्भ के विकास का विशेष उत्तरदायित्व दिया गया है, जबकि गुजरात के राज्यपाल को सौराष्ट्र के विकास का दायित्व, नागालैंड के राज्यपाल को नागाओं की उपद्रवी गतिविधियों को नियंत्रित करने और विधि व्यवस्था बनाए रखने का दायित्व, मणिपुर के राज्यपाल का उस राज्य के पहाड़ी क्षेत्रों से निर्वाचित सदस्यों से मिलकर बनने वाली राज्य की विधान सभा की समिति का उचित कार्यकरण का दायित्व और सिक्किम के राज्यपाल को सिक्किम की जनता का सामाजिक एवं आर्थिक उन्नति का दायित्व सौंपा गया है।

7. विवेक का प्रयोग

संविधान में अनेक ऐसी परिस्थितियों का उल्लेख है, जहां राज्यपाल अपने स्वविवेक का प्रयोग करता है। यद्यपि इनका संविधान में विवेकाधीन शक्तियों के रूप में उल्लेख नहीं है। राज्य में संवैधानिक तंत्र की विफलता के संदर्भ में राष्ट्रपति को रिपोर्ट भेजी जाती है और राष्ट्रपति शासन के दौरान राज्यपाल संघ के एजेंट के रूप में कार्य करता है। यदि विधान सभा के पटल पर मंत्रिपरिषद् विश्वास अर्जित न कर सके, तो राज्यपाल वैकल्पिक सरकार के निर्माण का प्रयत्न करेगी तथा विधान सभा के पटल पर पराजित मंत्रिपरिषद् और मुख्यमंत्री की सलाह पर कार्य नहीं करेगी। अनुच्छेद-201 के अनुसार, राज्यपाल राज्य सरकार के किसी भी विधेयक को राष्ट्रपति के विचार के लिए आरक्षित कर सकता है।

मुख्यमंत्री की नियुक्ति

अनुच्छेद-164 में यह उल्लिखित है कि राज्यपाल के द्वारा मुख्यमंत्री की नियुक्ति की जाएगी तथा मुख्यमंत्री की सलाह पर मंत्रिपरिषद् के अन्य मंत्रियों की नियुक्ति की जाएगी। गठबंधन सरकारों के दौर में जब विधान सभा में किसी एक दल को स्पष्ट बहुमत प्राप्त नहीं हुआ, तो राज्यपाल के द्वारा इस शक्ति का दुरूपयोग किया गया। वर्ष-2018 में कर्नाटक के राज्यपाल वाजूभाई रूद्राभाई वाला द्वारा विधान सभा में सबसे बड़े दल के रूप में भारतीय जनता पार्टी को सरकार बनाने के लिए आमंत्रित किया गया, लेकिन यदुरप्पा ने विधान सभा में विश्वास मत सिद्ध करने से पहले ही त्यागपत्र दे दिया, क्योंकि उन्हें अन्य दलों का समर्थन नहीं मिल सका। जबकि वर्ष-2017 में गोवा के राज्यपाल मृदुला सिन्हा के द्वारा गठबंधन सरकार के प्रधान मनोहर पर्रिकर को मुख्यमंत्री पद के लिए आमंत्रित किया गया, जिन्होंने विधान सभा में गठबंधन सहयोगियों की सहायता से अपना विश्वास सिद्ध कर दिया। अत: राज्यपाल के द्वारा गोवा एवं कर्नाटक में दो अलग-अलग मानदंडों का प्रयोग किया गया। सरकारिया आयोग के द्वारा यह स्पष्ट कहा गया है कि गठबंधन सरकारों के दौरान राज्यपाल को इस क्रमिकता का पालन करना चाहिए। आयोग के अनुसार-

(i) चुनाव पूर्व गठबंधन के नेता को।
(ii) विधान सभा के सबसे बड़े दल को, जिसका अन्य दलों के द्वारा समर्थन किया गया हो।
(iii) चुनाव बाद होने वाले गठबंधन।

परंतु राजनीतिक दलों के द्वारा इस अनुशंसा का पालन नहीं किया जा रहा है और कर्नाटक विधान सभा के मुद्दे पर कांग्रेस के द्वारा उच्चतम न्यायालय में याचिका दायर करते हुए कहा गया कि राज्यपाल को मुख्यमंत्री की नियुक्ति के लिए उच्चतम न्यायालय को दिशा-निर्देश जारी करना चाहिए।

विधान सभा की बैठक आहूत करना

वर्ष-2016 में असम के राज्यपाल ज्योति प्रसाद राजखोवा, जो अरूणाचल प्रदेश का प्रभार भी देख रहे थे, उनके द्वारा विधान सभा की बैठक 16 दिसंबर, 2015 को बुला ली गई। जबकि विधान सभा की बैठक पहले से ही 14 जनवरी, 2016 को बुलाई गई थी। इस मुद्दे पर उच्चतम न्यायालय ने *नाबम रेबिया (Nabam Rebia) वाद* में कहा कि यदि मुख्यमंत्री एवं मंत्रिपरिषद् को विधान सभा का विश्वास मत प्राप्त है, तो मंत्रिपरिषद् की सलाह के बाद राज्यपाल विधान सभा की बैठक नहीं बुला सकता। यदि विधान सभा में विश्वास मत सिद्ध करने के लिए मंत्रिपरिषद् विधान सभा की बैठक बुलाने से इनकार करे, तो राज्यपाल विधान सभा की बैठक बुला सकता है।

विधेयकों का आरक्षण

विधेयकों के आरक्षण के संबंध में राज्यपाल की शक्ति राष्ट्रपति की भांति है, परंतु राष्ट्रपति को किसी विधेयक को आरक्षित करने का अधिकार नहीं है। जबकि राज्यपाल विधान सभा द्वारा पारित किसी विधेयक को आरक्षित भी कर सकता है। विधान सभा के द्वारा विधि पारित करके इसे राज्यपाल के समक्ष प्रस्तुत किया जाता है, जिसके समक्ष निम्नलिखित विकल्प होते हैं-

(i) विधेयक को अनुमति प्रदान करेगा।
(ii) अनुमति नहीं देगा।
(iii) विधेयक को पुनर्विचार के लिए वापस भेज देगा, लेकिन धन विधेयक को पुनर्विचार के लिए नहीं दे सकता।
(iv) राष्ट्रपति के विचार के लिए आरक्षित कर सकता है। यदि विधेयक के द्वारा उच्च न्यायालय की शक्तियां प्रभावित होती हैं।

किसी विधेयक को राज्यपाल ने राष्ट्रपति के विचार के लिए आरक्षित किया है, (अनुच्छेद-200)। राष्ट्रपति के द्वारा विधेयक को दोबारा विधान सभा के पुनर्विचार

के लिए भेजा गया और विधान सभा ने इसे पुनः पारित करके राष्ट्रपति को भेजा, तो भी राष्ट्रपति विधेयक पर अनुमति देने के लिए बाध्य नहीं है।

8. संघ का एजेंट

सामान्यतः राज्य का राज्यपाल, राज्य कार्यपालिका के संवैधानिक प्रधान के रूप में कार्य करता है, परंतु कुछ विशेष परिस्थितियों में वह संघ के एजेंट के रूप में कार्य करने लगता है। यदि राज्य का शासन संवैधानिक तंत्र के अनुसार संचालित नहीं हो पा रहा है, तो उस राज्य में राष्ट्रपति शासन लागू किया जा सकता है। इस दौरान राज्यपाल को सलाह देने के लिए मंत्रिपरिषद् का अभाव होता है और राज्यपाल प्रशासनिक अधिकारियों की सलाह से कार्य करता है। इस परिस्थिति में राज्यपाल संवैधानिक प्रधान के साथ-साथ प्रशासनिक प्रधान के रूप में भी कार्य करने लगता है। राज्यपाल के द्वारा कई बार राज्य की निर्वाचित सरकार के विरुद्ध कार्य किया जाता है, जैसे-कर्नाटक के पूर्व राज्यपाल हंसराज भारद्वाज के ऊपर यह आरोप लगाया गया कि वे राज्यपाल के रूप में कार्य नहीं कर रहे हैं, बल्कि विपक्षी दल के नेता के रूप में कार्य कर रहे हैं।

यदि संघ की सरकार एवं राज्यों की सरकार में अलग-अलग राजनीतिक दलों का शासन है, तब राज्यपाल संघ के एजेंट के रूप में कार्य करने लगता है, जो संवैधानिक मान्यताओं के अनुकूल नहीं है। उच्चतम न्यायालय के द्वारा यह स्पष्ट कहा गया है कि राज्यपाल संघ का एजेंट नहीं, बल्कि वह संघ सरकार का राज्य में प्रतिनिधि होता है तथा वह संघ एवं राज्य को जोड़ने वाली एक महत्त्वपूर्ण कड़ी है।

राज्यपाल का प्रमुख कार्य राज्य के मुख्यमंत्री की नियुक्ति करना होता है। चुनाव के बाद अगर किसी दल को बहुमत प्राप्त हो जाता है, तो राज्यपाल उस दल के प्रमुख को सरकार बनाने का निमंत्रण देता है। परंतु यदि चुनाव के बाद विधान सभा में किसी भी राजनीतिक दल को बहुमत प्राप्त नहीं होता है, तो राज्यपाल अपने विवेक का उपयोग करके सबसे बड़े राजनीतिक दल को अथवा राजनैतिक दलों के गठबंधन को मुख्यमंत्री पद के लिए आमंत्रित करता है। कई बार राज्यपालों ने जिस ढंग से अपने विवेकाधिकार का प्रयोग किया, उसमें पक्षपात व अविवेक दिखाई पड़ता है। जैसे-झारखंड के राज्यपाल सैयद सिब्ते रेजिअस (Syed Sibtey Razius) ने बी.जे. पी. दल के नेता को मुख्यमंत्री पद के लिए आमंत्रित नहीं किया, जबकि विधान सभा में बी.जे.पी. को बहुमत प्राप्त था।

राष्ट्रपति शासन संबंधी उच्चतम न्यायालय का निर्णय

एस. आर. बोम्मई बनाम भारत संघवाद, 1994

वर्ष-1989 में कर्नाटक में राष्ट्रपति शासन लगा दिया गया, जबकि कर्नाटक के तत्कालीन मुख्यमंत्री एस. आर. बोम्मई ने राज्यपाल से सदन के समक्ष अपना बहुमत सिद्ध करने का अनुरोध किया था, परंतु राज्यपाल ने इसे अस्वीकार कर दिया। वर्ष-1991 में मेघालय में राष्ट्रपति शासन लागू किया गया तथा वर्ष-1992 में बाबरी मस्जिद के विध्वंस के बाद उत्तर प्रदेश, मध्य प्रदेश व राजस्थान में भी राष्ट्रपति शासन लगा दिया गया। इन सभी मामलों पर उच्चतम न्यायालय ने एक सामूहिक निर्णय दिया, जिससे निम्नलिखित मुद्दे जुड़े हुए हैं-

1. राष्ट्रपति शासन का प्रयोग

उच्चतम न्यायालय के द्वारा राष्ट्रपति शासन के संदर्भ में एक ऐतिहासिक निर्णय दिया गया, जिसमें यह कहा गया कि संघीय शासन भारतीय संविधान का आधारभूत लक्षण है। राष्ट्रपति के द्वारा अनुच्छेद-356 का प्रयोग एक निरपेक्ष शक्ति नहीं, बल्कि एक सापेक्षिक शक्ति है, जिसका दुरूपयोग संभव नहीं है।

2. मंत्रिपरिषद् द्वारा राष्ट्रपति को सलाह

न्यायालय ने यह माना कि राष्ट्रपति को मंत्रिपरिषद् के द्वारा दी गई सलाह की जांच न्यायपालिका नहीं कर सकती, परंतु न्यायपालिका यह जांच कर सकती है कि मंत्रिपरिषद् के द्वारा राष्ट्रपति के समक्ष किन तथ्यों (Material Fact) को प्रस्तुत किया गया है।

3. पंथनिरपेक्षता

वर्ष-1992 में बाबरी मस्जिद के विध्वंस के बाद उत्तर प्रदेश, राजस्थान, मध्य प्रदेश, हिमाचल प्रदेश में राष्ट्रपति शासन लागू कर दिया था। न्यायालय ने अनुच्छेद-356

को प्रस्तावना के साथ जोड़ते हुए कहा कि पंथनिरपेक्षता, संविधान का आधारभूत लक्षण है, जिसके उल्लंघन के आधार पर अनुच्छेद-356 का प्रयोग किया जा सकता है।

4. विधान सभा का विघटन (Dissolve)

विधान सभा में सरकार के बहुमत का निर्धारण विधान सभा पटल (Floor of The House) पर होगा। यह राज्यपाल अथवा विधान सभा अध्यक्ष के विवेक का विषय नहीं है। इसीलिए अनुच्छेद-356 के प्रयोग के बाद अब विधान सभा को निलंबित (Suspended) किया जाता है। संसद के दोनों सदनों के अनुमोदन के बाद ही विधान सभा को भंग (Dissolve) किया जाएगा तथा विधान सभा के निलंबन के बाद विधान सभा को पुनर्जीवित किया जा सकता है, परंतु विधान सभा के भंग होने के बाद नवीन चुनाव कराना होता है, परंतु उच्चतम न्यायालय ने कठोर निर्णय देते हुए कहा कि अनुच्छेद-356 का दुरुपयोग किया गया, तो न्यायालय के द्वारा भंग विधान सभा को भी पुनर्जीवित किया जा सकता है।

5. संवैधानिक विफलता

उच्चतम न्यायालय के अनुसार, संवैधानिक विफलता का अभिप्राय, 6 महीने के भीतर विधान सभा का सत्र आयोजित न होना है। विधान सभा में अल्पमत सरकार बनी हो, तो इसे संवैधानिक तंत्र की विफलता माना जाएगा। अतः अनुच्छेद-356 का प्रयोग संवैधानिक विफलता के आधार पर होना चाहिए। प्रशासनिक लापरवाही के आधार पर अनुच्छेद-356 का प्रयोग असंवैधानिक है। भ्रष्टाचार अथवा प्रशासन की लापरवाही संवैधानिक विफलता नहीं है तथा सुशासन की प्राप्ति के लिए अनुच्छेद-356 का प्रयोग नहीं होना चाहिए।

वर्ष-2006 में *रामेश्वर प्रसाद बनाम बिहार राज्य* के मुद्दे पर उच्चतम न्यायालय ने कहा कि बिहार के राज्यपाल बूटा सिंह के द्वारा अनुच्छेद-356 का दुरूपयोग किया गया। इसलिए राज्यपाल की विवेकाधीन शक्तियां संविधान के दुरूपयोग के लिए नहीं है, क्योंकि बूटा सिंह के द्वारा तत्कालीन समता पार्टी के नेता नीतीश कुमार जो अब जनता दल यूनाइटेड के नेता हैं, इन्हें विश्वास मत सिद्ध करने के लिए विधान सभा में अवसर नहीं दिया गया। उच्चतम न्यायालय ने पुनः यह दोहराया कि विधान सभा में विश्वास मत राज्यपाल के विवेक का विषय नहीं है, बल्कि विधान सभा के पटल पर सिद्ध होना चाहिए।

उत्तराखंड का मुद्दा, 2016

उत्तराखंड की हरीश रावत सरकार के विरुद्ध संघ सरकार के द्वारा अनुच्छेद-356 का प्रयोग किया गया। संघ सरकार का तर्क था कि विधान सभा में विनियोग विधेयक वास्तविक रूप में पारित नहीं हुआ। क्योंकि सदन में अनेक सदस्यों के द्वारा मत विभाजन की मांग की गई थी। उच्चतम न्यायालय के द्वारा हरीश रावत सरकार को सदन के पटल पर बहुमत साबित करने का निर्देश दिया गया और कांग्रेस के बागी विधायकों को मतदान में शामिल होने से रोका गया। परिणामस्वरूप हरीश रावत सरकार को बहुमत प्राप्त हो गया। कांग्रेस के 9 बागी विधायकों को मतदान का अधिकार नहीं दिया गया, क्योंकि विधान सभा अध्यक्ष ने उन्हें दल-बदल के अंतर्गत अयोग्य घोषित कर दिया। बोम्मई केस के बाद उच्चतम न्यायालय ने उत्तराखंड में अनुच्छेद-356 के दुरुपयोग को रोक दिया। संघ सरकार के द्वारा उत्तराखंड सरकार पर भ्रष्टाचार का आरोप लगाया गया, परंतु उच्चतम न्यायालय के अनुसार, भ्रष्टाचार के आधार पर राष्ट्रपति शासन नहीं लागू हो सकता।

अरूणाचल प्रदेश का मुद्दा, 2016

अरूणाचल प्रदेश में एक ऐतिहासिक एवं नाटकीय घटना हुई। विधान सभा के 60 सदस्यों में कांग्रेस के 47 सदस्य हैं। जबकि भारतीय जनता पार्टी के 11 सदस्य हैं। कांग्रेस के 21 विधायकों ने मुख्यमंत्री टुकी (Nabam Tuki) के विरुद्ध बगावत कर दिया, जिससे अरूणाचल में टुकी सरकार अल्पमत में आ गई। अरूणाचल में जुलाई, 2015 में विधान सभा की बैठक हुई थी। इसलिए 21 जनवरी, 2016 के पहले विधान सभा की बैठक होनी आवश्यक थी। क्योंकि विधान सभा के दो सत्रों के बीच 6 महीने से ज्यादा का समय नहीं होना चाहिए। परंतु मुख्यमंत्री ने विधान सभा की बैठक नहीं बुलाई, जिससे संवैधानिक तंत्र विफल हो गया और राष्ट्रपति शासन लागू कर दिया गया।

विधान सभा अध्यक्ष रेबिया के द्वारा विधान सभा का सत्र नहीं बुलाया गया और विधान सभा अध्यक्ष ने कांग्रेस के 14 विधायकों को सदन की सदस्यता से अयोग्य कर

दिया गया, जिसमें उप-सभापति भी शामिल थे। इस बीच यह मुद्दा उच्चतम न्यायालय के समक्ष पहुंच गया और राज्यपाल ने अरुणाचल प्रदेश से राष्ट्रपति शासन हटाने की घोषणा कर दी तथा अगले ही दिन राज्यपाल के द्वारा विधान सभा की बैठक बुलाई गई, जो एक सामुदायिक भवन में संपन्न हुई। इस बैठक में उप-सभापति की अध्यक्षता में विधान सभा के अध्यक्ष के विरुद्ध उनको पद से हटाने का प्रस्ताव पारित किया गया, जिसका सदन के 33 सदस्यों ने समर्थन किया, जिसमें 11 सदस्य भारतीय जनता पार्टी के थे। इस बैठक के बाद बागी नेता कालिखो पूल (Kalikho Pul) को मुख्यमंत्री के रूप में नियुक्त कर दिया गया और राष्ट्रपति शासन समाप्त कर दिया गया।

उच्चतम न्यायालय का निर्णय

वर्ष-2016 में उच्चतम न्यायालय के द्वारा एक ऐतिहासिक निर्णय के अंतर्गत अरूणाचल प्रदेश की बर्खास्त सरकार को बहाल कर दिया। बोम्मई निर्णय के बाद यह पहली बार हुआ, जब किसी बर्खास्त सरकार को बहाल किया गया है। न्यायपालिका ने पुनः यह दोहराया कि सरकार का बहुमत राज्यपाल के विवेक का विषय नहीं है, बल्कि यह सदन के पटल पर सिद्ध होना चाहिए। न्यायपालिका के अनुसार, राज्यपाल का राज्य की राजनीतिक गतिविधियों से कोई सरोकार नहीं होना चाहिए। इसलिए किसी राजनीतिक दल में संकट के दौरान राज्यपाल किसी के पक्ष में कार्य नहीं कर सकता और राज्यपाल को मुख्यमंत्री के परामर्श के बिना विधान सभा बैठक बुलाने का अधिकार भी नहीं है और राज्यपाल विधान सभा की कार्यवाही को निर्देशित नहीं कर सकता, क्योंकि विधान सभा की कार्यवाही के संचालन का अधिकार स्पीकर को दिया गया है। न्यायपालिका के अनुसार, अच्छे प्रशासन की प्राप्ति के लिए राष्ट्रपति शासन का प्रयोग नहीं हो सकता।

सरकारिया आयोग की रिपोर्ट

- आयोग के अनुसार, राष्ट्रपति राज्यों में राज्यपाल की नियुक्ति से पूर्व राज्य के मुख्यमंत्रियों से परामर्श अवश्य करें।
- राज्यपाल को उसके कार्यकाल (5 वर्ष) से पहले नहीं हटाया जाना चाहिए अर्थात् किन्हीं राजनैतिक कारणों से उसे पांच वर्ष से पूर्व नहीं हटाया जाना चाहिए।
- राज्यपाल एक विशिष्ट व्यक्ति होना चाहिए, जो कि स्थानीय दलीय राजनीति से संबंधित न हो।
- राज्यपाल को अनुच्छेद-356 को लागू करने की सिफारिश करने से पूर्व विभिन्न विकल्पों की तलाश करनी चाहिए और अनुच्छेद-356 का प्रयोग अंतिम विकल्प के रूप में होना चाहिए।
- राज्यपाल द्वारा राष्ट्रपति की अनुमति हेतु आरक्षित विधेयकों पर राष्ट्रपति के द्वारा चार माह की अवधि में निर्णय दे दिया जाना चाहिए।

राष्ट्रपति एवं राज्यपाल का तुलनात्मक अध्ययन

राष्ट्रपति	राज्यपाल
• राष्ट्रपति, संवैधानिक प्रधान एवं मंत्रिपरिषद् की सलाह एवं सहायता के द्वारा कार्य करेगा।	• राज्यपाल, संवैधानिक प्रधान के साथ कुछ परिस्थितियों में प्रशासनिक प्रमुख के रूप में भी कार्य करता है।
• राष्ट्रपति के स्वविवेकी शक्तियों का संविधान में कोई स्पष्ट प्रावधान नहीं दिखाई देता।	• राज्यपाल को संविधान द्वारा विवेकाधीन शक्तियां प्राप्त हैं।
• राष्ट्रपति, केंद्रीय मंत्रिपरिषद् की सलाह व सहायता के बिना कार्य नहीं कर सकता।	• राष्ट्रपति शासन (अनुच्छेद-356) के समय राज्यपाल, राज्य मंत्रिपरिषद् की सलाह व सहायता के बिना कार्य कर सकता है।
• राष्ट्रपति, मृत्युदंड को भी पूर्ण क्षमा कर सकता है।	• राज्यपाल, मृत्युदंड को आजीवन कारावास में बदल सकता है, पूर्ण क्षमा नहीं कर सकता।
• राष्ट्रपति, सैन्य न्यायालय द्वारा प्राप्त सजा को भी कम या क्षमा कर सकता है।	• राज्यपाल को यह शक्ति प्राप्त नहीं है।
• राष्ट्रपति निर्वाचित होता है।	• राज्यपाल, राष्ट्रपति द्वारा नियुक्त होता है।
• राष्ट्रपति को हटाने के लिए महाभियोग का प्रावधान है।	• राज्यपाल को राष्ट्रपति कभी भी उसके पद से हटा सकता है।

- राज्यपाल द्वारा मंत्रिमंडल को बहुमत सिद्ध करने का आदेश सदन के पटल पर दिया जाना चाहिए, न कि राजभवन में।

पुंछी आयोग (Punchhi Commission) **की रिपोर्ट**

राज्यपाल की योग्यता के संदर्भ में इनकी राय सरकारिया आयोग की भांति ही है, जिसमें कहा गया है कि राज्यपाल के रूप में ऐसा व्यक्ति नियुक्त किया जाए, जिसका स्थानीय दलों से कोई संबंध न हो। साथ ही आयोग ने राज्यपालों द्वारा मनमाने ढंग से सरकारों की बर्खास्तगी की आलोचना की। आयोग के अनुसार, राज्यपालों को राजनीतिक फुटबॉल की तरह प्रयोग नहीं करना चाहिए। आयोग ने राज्यपाल के कार्यकाल को 5 वर्ष निर्धारित करने की मांग की है। राज्यपाल को हटाने के लिए विधान सभा द्वारा महाभियोग की प्रक्रिया को स्वीकार करने की अनुशंसा सरकारिया आयोग ने की है। पुंछी आयोग ने वर्ष-2007 में स्थापित वेंकट चेलैया आयोग की अनुशंसा का समर्थन करते हुए कहा कि राज्यपाल की नियुक्ति एक समिति द्वारा होनी चाहिए। समिति में प्रधानमंत्री, गृह मंत्री, लोक सभा का अध्यक्ष तथा संबंधित राज्य के मुख्यमंत्री और उप-राष्ट्रपति को भी शामिल किया जा सकता है। आयोग ने अनुच्छेद-163(2) में उल्लिखित विवेकाधीन शक्तियों को सीमित करने की अनुशंसा की है। आयोग ने अनुच्छेद-200 के अंतर्गत् आरक्षित किसी भी विधेयक पर चार (4) महीने की अवधि में अनुमति प्रदान करने की अनुशंसा की है।

राज्य मंत्रिपरिषद्

(State Council of Ministers)

राज्यों में भी संसदीय शासन के मॉडल को अपनाया गया है। जिसके अनुसार, कार्यपालिका की वास्तविक शक्ति का प्रयोग मंत्रिमंडल के द्वारा किया जाता है। संविधान के अनुच्छेद-163 में यह उल्लिखित है कि राज्यपाल को सलाह एवं सहायता देने के लिए एक मंत्रिपरिषद् होगी, जिसका प्रधान मुख्यमंत्री होगा। राज्यपाल, मंत्रिपरिषद् की सलाह एवं सहायता के आधार पर कार्य करेगा, परंतु उन विषयों को छोड़कर जहां राज्यपाल को स्वविवेक का प्रयोग करना है। संविधान में राज्यों के मंत्रिपरिषद् का उल्लेख है, परंतु मंत्रिपरिषद् को विधि के द्वारा कैबिनेट मंत्री, राज्य मंत्री (स्वतंत्र प्रभार) तथा राज्य मंत्री के रूप में विभाजित किया गया है।

मंत्रिपरिषद् द्वारा राज्यपाल को सलाह

राज्यपाल को सलाह एवं सहायता देने के लिए एक मंत्रिपरिषद् होगी, जिसका प्रधान मुख्यमंत्री होगा तथा राज्यपाल इसकी सलाह से कार्य करेगा। परंतु वह अपने विवेकाधीन शक्तियों का भी प्रयोग कर सकता है, जिसका उल्लेख अनुच्छेद-163 में किया गया है। राज्यपाल की विवेकाधीन शक्ति को कोई चुनौती नहीं दी जाएगी और उसका निर्णय अंतिम होगा। यह भी उल्लेखनीय है कि मंत्रिपरिषद् के द्वारा राज्यपाल को दी गई सलाह का न्यायिक पुनरावलोकन नहीं होगा।

विशेष प्रावधान

राज्यपाल के द्वारा मुख्यमंत्री की नियुक्ति होगी और मुख्यमंत्री के परामर्श पर राज्यपाल अन्य मंत्रियों की नियुक्ति करेगा, जिसका उल्लेख संविधान के अनुच्छेद-164 में किया गया है। परंतु छत्तीसगढ़, झारखंड, मध्य प्रदेश व उड़ीसा में जनजातीय कल्याण के लिए एक विशेष मंत्री की नियुक्ति की जाएगी, जो अनुसूचित जातियों और पिछड़े वर्गों के कल्याण का कार्य भी करेगा।

संरचना

भारत के मूल संविधान में राज्यों की मंत्रिपरिषद् का आकार उल्लिखित नहीं है, परंतु 91वां संविधान संशोधन, 2003 के द्वारा राज्यों में भी मंत्रिपरिषद् का आकार निश्चित कर दिया गया है। इसके अनुसार राज्य में मंत्रिपरिषद् का आकार राज्य विधान सभा की कुल सदस्य संख्या के 15 प्रतिशत भाग से ज्यादा नहीं होना चाहिए, जिसमें मुख्यमंत्री का पद भी सम्मिलित है। भारत में अनेक राज्यों के आकार छोटे हैं, इसलिए संविधान में यह उल्लिखित किया गया है कि मंत्रिपरिषद् में कम से कम 12 सदस्य होने चाहिए। संविधान में यह उल्लिखित है कि झारखंड, मध्य प्रदेश, छत्तीसगढ़ और उड़ीसा में जनजातियों की भलाई के लिए एक विशेष मंत्री की नियुक्ति की जाएगी, क्योंकि इन राज्यों में जनजातीय आबादी अत्यधिक है। राज्य सरकारों के द्वारा संविधान में मंत्रिपरिषद् का आकार निश्चित होने के कारण संसदीय सचिवों की नियुक्ति हो रही है। इनकी नियुक्ति मुख्यमंत्री के द्वारा होती है और इन्हें मंत्रियों की सुविधाएं प्राप्त होती हैं, परंतु संसदीय सचिवों को तकनीकी रूप में मंत्रिपरिषद् में सम्मिलित नहीं किया जाता है। इसलिए

पश्चिम बंगाल और दिल्ली में मुख्यमंत्रियों के द्वारा संसदीय सचिवों की नियुक्ति की गई है।

कार्य

मंत्रिपरिषद् का मूल कार्य नीति-निर्माण है और मंत्रिपरिषद् के विभिन्न मंत्री अपने-अपने मंत्रालयों के प्रधान होते हैं। मंत्रिपरिषद् की बैठक नहीं होती, बल्कि व्यावहारिक रूप में मंत्रिमंडल की बैठक होती है, जिसकी अध्यक्षता मुख्यमंत्री करता है। मंत्रिमंडल के द्वारा किसी भी विषय पर सामूहिक निर्णय दिया जाता है। यदि मंत्रिमंडल का कोई सदस्य मंत्रिमंडल के निर्णय से असहमत है, तो उसे मंत्रिमंडल में बने रहने का अधिकार नहीं है। मंत्रिमंडल के सदस्य सामूहिक रूप से विधान सभा के प्रति उत्तरदायी तथा वे व्यक्तिगत रूप से राज्यपाल के प्रति उत्तरदायी होते हैं।

निष्कर्ष

राज्यपाल का पद संविधान के अंतर्गत राष्ट्रपति से भी शक्तिशाली प्रतीत होता है और राज्यपाल की भूमिका बहुआयामी है। राज्यपाल संघ एवं राज्य के बीच कड़ी के रूप में कार्य करता है। इसलिए इसके विशेष उत्तरदायित्व भी हैं। परंतु राज्यपाल का प्रयोग संघ के एजेंट के रूप में भी किया गया है, जिसके कारण उसका पद अत्यधिक विवादास्पद हो गया है।

अध्याय 2

मुख्यमंत्री
(Chief Minister)

- 1. संसदीय परंपराएं, • 2. नीति-निर्माता, • उप-मुख्यमंत्री, • निष्कर्ष

भारतीय संविधान में मुख्यमंत्री की शक्तियों का उल्लेख नहीं है, बल्कि राज्यपाल की शक्तियों का उल्लेख किया गया है और व्यावहारिक रूप में राज्यपाल की समस्त शक्तियों का प्रयोग मुख्यमंत्री के द्वारा किया जाता है। अतः राज्य में मुख्यमंत्री की वही स्थिति है, जो संघ में प्रधानमंत्री की है। संसदीय परंपराओं के अनुसार, मुख्यमंत्री निम्नलिखित शक्तियों का प्रयोग करता है-

1. संसदीय परंपराएं

मुख्यमंत्री, मंत्रिमंडल का आकार निश्चित तथा विभिन्न मंत्रियों के बीच विभागों का आवंटन करता है साथ ही मंत्रियों के बीच विभागों का फेरबदल भी करता है। वह मंत्रिमंडल के बैठक की अध्यक्षता करता है तथा मंत्रिमंडल के समक्ष निर्णय के एजेण्डे का निर्माण करता है एवं वह राज्यपाल और मंत्रिपरिषद् के बीच कड़ी के रूप में कार्य करता है। मुख्यमंत्री की मृत्यु के बाद समूचे मंत्रिपरिषद् का स्वतः विघटन हो जाता है। वह विधान सभा का नेता होता है। सामान्यतः मुख्यमंत्री सीधे विधायक के रूप में जनता के द्वारा निर्वाचित होता है। यद्यपि बिहार के मुख्यमंत्री नीतीश कुमार विधान परिषद् से तथा उत्तर प्रदेश के पूर्व मुख्यमंत्री अखिलेश सिंह यादव विधान परिषद् के सदस्य थे।

2. नीति-निर्माता

मुख्यमंत्री, मंत्रालयों का प्रधान होता है और वह सभी मंत्रालयों पर निगरानी रखता है तथा उसके बीच समन्वय एवं सामंजस्य का भी कार्य करता है, जो मंत्रालय किसी अन्य मंत्री के पास नहीं है, वह मंत्रालय मुख्यमंत्री के पास होता है। मुख्यमंत्री के द्वारा मंत्रियों की नियुक्ति की जाती है और मुख्यमंत्री कभी भी किसी मंत्री को अपने पद से हटा सकता है। दिल्ली के मुख्यमंत्री अरविंद केजरीवाल ने अपने पास कोई मंत्रालय नहीं रखा है, इसलिए वास्तविक रूप में उनका सभी मंत्रालयों पर नियंत्रण है।

मुख्यमंत्री की शक्ति

संविधान के अनुसार, मुख्यमंत्री को कार्यपालिका का वास्तविक प्रधान माना जाता है और राज्यपाल के द्वारा किए जाने वाले समस्त संवैधानिक कार्य मूलतः मुख्यमंत्री के ही कार्य हैं। राज्यपाल के द्वारा जो कार्यपालिकीय, विधायी एवं न्यायिक कार्य संपादित होते हैं, वे वास्तविक रूप में मुख्यमंत्री के द्वारा ही किए जाते हैं। मुख्यमंत्री की शक्ति इस बात से निर्धारित होती है कि विधान सभा में उसके दल की कितनी संख्या है। यदि उसके दल का विधान सभा में बहुमत है, तो मुख्यमंत्री के

शक्तिशाली होने की संभावना होती है। यदि मुख्यमंत्री विभिन्न दलों के गठबंधन पर निर्भर है, तो वह वास्तविक शक्तियों का प्रयोग नहीं कर सकता। फरवरी, 2010 में कांग्रेस ने एक अनोखी व्यवस्था की, कि मेघालय की गठबंधन सरकार में चार-चार मुख्यमंत्री कार्य करेंगे। मेघालय कांग्रेस अध्यक्ष लिंगदोह का दर्जा उप-मुख्यमंत्री से बढ़ाकर मुख्यमंत्री का कर दिया गया। वह मुख्यमंत्री के राजनीतिक सलाहकार के रूप में कार्य करेंगे। माना जा रहा है कि राज्य कांग्रेस ने अपने अंतर्विरोध को शांत करने के लिए यह कदम उठाया। लिंगदोह का दर्जा बढ़ा दिए जाने के बाद राज्य में सत्तारूढ़ गठबंधन में लापांग के अलावा दो नेता, राज्य योजना बोर्ड के चेयरमैन दोंकुपर राय और मेघालय आर्थिक विकास परिषद् के प्रमुख जे. डी. रिंबई भी शामिल हैं।

मुख्यमंत्री के कर्त्तव्य

अनुच्छेद-167 के अंतर्गत मुख्यमंत्री के निम्नलिखित **कर्त्तव्य हैं-**

1. मुख्यमंत्री का यह कर्त्तव्य होगा कि वह राज्यपाल को राज्य के प्रशासन और विधान से संबंधित मंत्रिपरिषद् के सभी निर्णयों को राज्यपाल को संप्रेषित करे, (अनुच्छेद-167(i))।
2. राज्य के प्रशासन और विधान से संबंधित ऐसी सूचनाओं को प्रदान करे, जिसकी राज्यपाल मांग करें, (अनुच्छेद-167(ii))।
3. यदि किसी विषय पर एक मंत्री ने विचार किया हो, किंतु मंत्रिपरिषद् ने नहीं, तो ऐसी परिस्थिति में विषय को राज्यपाल, मंत्रिपरिषद् के समक्ष रखवा सकता है, (अनुच्छेद-167(iii))।

उप-मुख्यमंत्री

संविधान में उप-मुख्यमंत्री के पद का कोई प्रावधान नहीं है। इसलिए व्यावहारिक रूप में उप-मुख्यमंत्री, कैबिनेट मंत्री होता है। उप-मुख्यमंत्री के पद का निर्माण राजनीतिक कारणों से किया जाता है। उदाहरण के लिए, बिहार में जब नीतीश कुमार मुख्यमंत्री थे, तब सुशील मोदी को उप-मुख्यमंत्री के रूप में नियुक्त किया गया। नीतीश कुमार जनता दल यूनाइटेड के सदस्य थे, जबकि सुशील मोदी भारतीय जनता पार्टी के सदस्य थे तथा दोनों दलों के गठबंधन से सरकार बनी थी। इसलिए मुख्यमंत्री के साथ-साथ उप-मुख्यमंत्री पद का भी निर्माण किया गया।

निष्कर्ष

भारत के संघीय शासन में मुख्यमंत्री की शक्तियां प्रधानमंत्री की भांति ही हैं, क्योंकि मुख्यमंत्री, मंत्रिपरिषद् का प्रधान तथा नीति-निर्माता भी होता है। मुख्यमंत्री की संवैधानिक शक्ति राजनीतिक शक्ति से निर्धारित होती है और यदि विधान सभा में उसे स्पष्ट बहुमत प्राप्त है, तो वह शक्तिशाली बना रहेगा।

अध्याय 3

राज्य विधानमंडल

(State Legislature)

● विधान सभा अध्यक्ष, ● राज्य विधान सभा की शक्तियां, ● विधान सभा व विधान परिषद् की तुलना, ● राष्ट्रपति तथा राज्यपाल का एक तुलनात्मक अध्ययन

राज्य विधानमंडल, राज्य सरकार की विधायिका है। विधानमंडल में विधान सभा, विधान परिषद् एवं राज्यपाल सम्मिलित हैं। संविधान के अनुच्छेद-170 के अनुसार, राज्यों में विधान सभा सदस्यों की अधिकतम संख्या-500 और न्यूनतम संख्या-60 निर्धारित की गई है। वर्ष-1956 में राज्यों के पुनर्गठन के बाद भारत में अनेक नवीन राज्यों का निर्माण हुआ तथा वर्ष-1963 के बाद उत्तरी-पूर्वी भाग में अनेक छोटे राज्यों का निर्माण करना पड़ा। इसलिए संविधान संशोधन के द्वारा अनुच्छेद-371 के विभिन्न खंडों में राज्य विधान सभा की न्यूनतम संख्या का पुनः उल्लेख किया गया। मिजोरम राज्य विधान सभा में 40 सदस्य, जबकि सिक्किम और अरूणाचल प्रदेश राज्य विधान सभा के लिए न्यूनतम संख्या-30 है। राज्य विधानमंडल की आवंटित सीटें वर्ष-1971 की जनगणना के आधार पर निर्धारित हैं, जबकि राज्य के अंदर विधान सभा क्षेत्रों का पुनर्गठन वर्ष-2001 की जनगणना के आधार पर किया गया है। 84वें संविधान संशोधन, 2001 के अनुसार, राज्य विधान सभा की आवंटित सीटें वर्ष-2026 के बाद होने वाले पहली जनगणना के बाद पुनः निर्धारित की जाएंगी।

विधान परिषद् (Legislative Council)

संसद को यह शक्ति प्राप्त है कि वह किसी भी राज्य में विधान परिषद् का सृजन एवं समाप्त भी कर सकती है। अनुच्छेद-169 के अंतर्गत संसद इस विधेयक को सामान्य बहुमत से पारित करती है, परंतु संसद यह तभी कर सकती है, जब संबंधित राज्य विधान सभा ने अपने समस्त सदस्य संख्या के बहुमत और उपस्थित तथा मतदान करने वाले सदस्यों के दो-तिहाई बहुमत से ऐसा प्रस्ताव पारित किया हो। वर्तमान में राजस्थान में विधान परिषद् के निर्माण के लिए राज्य विधान सभा द्वारा प्रस्ताव पारित कर दिया गया है। यद्यपि संसद द्वारा इस संबंध में किसी भी विधि का निर्माण नहीं किया गया है। इससे यह प्रतीत होता है कि राज्यों में विधान परिषदों का अस्तित्त्व संक्रमणकालीन है। आंध्र प्रदेश ने वर्ष-1957 में विधान परिषद् की स्थापना की तथा वर्ष-1985 में भंग कर दिया, लेकिन वर्ष-2007 में पुनः विधान परिषद् का निर्माण किया गया। पश्चिम बंगाल ने वर्ष-1971, पंजाब ने वर्ष-1971 एवं तमिलनाडु ने वर्ष-1986 में विधान परिषद् को हटा दिया। वर्तमान में सात (7) राज्यों (उत्तर प्रदेश, बिहार, कर्नाटक, महाराष्ट्र, आंध्र प्रदेश, तेलंगाना व जम्मू एवं कश्मीर) में विधान परिषदें हैं।

अस्थायी (Transitional)

संविधान के अनुच्छेद-171 के अंतर्गत विधान परिषद् की संरचना का उल्लेख है। यह राज्य विधानमंडल का उच्च सदन है। इसके सदस्य अप्रत्यक्ष मतदान द्वारा चुने जाते हैं। इसके अनुसार, विधान परिषद् की सदस्य संख्या कम से कम 40 और अधिक से अधिक संबंधित विधान सभाओं की कुल सदस्य संख्या की एक-तिहाई होगी। विधान परिषद् के सदस्यों का आंशिक रूप में मनोनयन तथा आंशिक रूप में निर्वाचन होता है। सदस्यों का निर्वाचन आनुपातिक प्रतिनिधित्व की एकल संक्रमणीय प्रणाली के द्वारा होता है। विधान परिषद् कभी भी भंग नहीं होती, बल्कि इसके एक-तिहाई सदस्य प्रत्येक दूसरे वर्ष अवकाश प्राप्त करते हैं। विधान परिषद् के सदस्यों का कार्यकाल 6 वर्ष का होता है। **इसके सदस्यों का निर्वाचन निम्न प्रकार से किया जाता है-**

(i) कुल सदस्य संख्या का 1/3 भाग राज्य की नगर पालिकाओं, जिला बोर्डों तथा अन्य स्थानीय संस्थाओं पर आधारित निर्वाचक मंडल द्वारा निर्वाचित।

(ii) 1/3 सदस्य राज्य विधान सभा के सदस्यों पर आधारित निर्वाचक मंडल द्वारा निर्वाचित।

(iii) 1/12 सदस्य विश्वविद्यालयों के स्नातकों द्वारा निर्वाचित।

(iv) 1/12 सदस्य माध्यमिक शिक्षण संस्थाओं द्वारा निर्वाचित।

(v) 1/6 सदस्य राज्यपाल द्वारा मनोनीत किए जाते हैं।

योग्यताएं

विधान परिषद् का सदस्य होने के लिए निम्नलिखित योग्यताएं होना आवश्यक है-

- वह कम से कम 30 वर्ष की आयु पूरी कर चुका हो।
- उस राज्य के विधान सभा के किसी निर्वाचन क्षेत्र का मतदाता हो।
- कोई ऐसा व्यक्ति सदस्य नहीं बन सकेगा, जिसे संसद के कानून द्वारा अयोग्य घोषित किया गया हो तथा कोई भी व्यक्ति विधानमंडल के दोनों सदनों का एक साथ सदस्य नहीं हो सकता।

पदाधिकारी एवं कार्यकाल

विधान परिषद् का कार्य संचालन करने के लिए एक सभापति और एक उप-सभापति परिषद् के सदस्यों द्वारा निर्वाचित किए जाते हैं, जिसे चेयरमैन तथा डिप्टी चेयरमैन कहते हैं। सदन में अनुशासन तथा व्यवस्था बनाए रखना सभापति एवं उप-सभापति का कार्य है। विधान परिषद् की गणपूर्ति के लिए कुल सदस्य संख्या के 1/10 सदस्यों का उपस्थित होना अनिवार्य है। विधान परिषद् के सदस्य 6 वर्ष के लिए चुने जाते हैं तथा प्रति 2 वर्ष के बाद एक-तिहाई सदस्य सेवानिवृत्त हो जाते हैं एवं नए सदस्य चुन लिए जाते हैं। अतः यह एक स्थायी सदन है, जो कभी भी भंग नहीं होता। विधान परिषदें, विधान सभाओं के समान नहीं हैं।

शक्तियां एवं कार्य

विधान परिषद् की शक्तियां, विधान सभाओं से अत्यधिक कम हैं। इसलिए विधान परिषदें विधान सभाओं द्वारा किए गए कार्यों को विलंबकारी बना सकती हैं। विधान परिषद् किसी सामान्य विधेयक को ज्यादा से ज्यादा चार महीने तक रोक सकती हैं। इसके बाद विधेयक दोनों सदनों के द्वारा पारित मान लिया जाएगा। धन विधेयक को विधान परिषद् केवल 14 दिन के लिए ही रोक सकती है। विधान परिषदें विधान सभा द्वारा किए गए कार्यों के पुनरावलोकन की शक्ति नहीं रखतीं। विधान परिषद् एक द्वितीय सदन है। वर्तमान में विधान परिषदों को राजनीतिक हितों को पूर्ण करने के लिए निर्मित किया जा रहा है। उत्तर प्रदेश के मुख्यमंत्री अखिलेश यादव विधान परिषद् के सदस्य थे तथा बिहार के मुख्यमंत्री नीतीश कुमार विधान परिषद् के सदस्य हैं। मुख्यमंत्री का विधान परिषद् का सदस्य होना संविधान की मूलभूत भावनाओं के प्रतिकूल है और वास्तविक रूप में मुख्यमंत्री जनता द्वारा सीधे निर्वाचित विधान सभा का सदस्य होना चाहिए।

विधान सभा (Legislative Assembly)

योग्यताएं

भारतीय संविधान में विधान सभा के सदस्यों की निम्नलिखित योग्यताएं निर्धारित की गई हैं-

- वह भारत का नागरिक हो।
- वह 25 वर्ष की आयु पूरी कर चुका हो।
- वह पागल या दिवालिया न हो।
- वह शासकीय सेवा में न हो, अर्थात् किसी लाभ के

पद पर कार्यरत न हो तथा अन्य शर्तें जो संसद द्वारा बनाई गईं हों को पूरी करता हो।

कार्यकाल

राज्य विधान सभा की अवधि 5 वर्ष निर्धारित की गई है, (अनुच्छेद-172) तथा इस अवधि को राष्ट्रीय आपातकाल के दौरान एक बार में एक वर्ष के लिए बढ़ाया जा सकता है। राज्यपाल के द्वारा 5 वर्ष की अवधि के पूर्व भी विधान सभा का विघटन किया जा सकता है। राज्य विधान सभा का विघटन सामान्यत: मुख्यमंत्री की सलाह पर किया जाता है, परंतु मुख्यमंत्री की सलाह के बिना भी राज्यपाल विधान सभा का विघटन कर सकता है। विधान सभा के दो सत्रों के बीच में 6 महीने से अधिक का अंतराल नहीं होना चाहिए। सामान्यत: विधान सभा के तीन (3) सत्र (बजट कालीन सत्र, ग्रीष्म कालीन सत्र और शीतकालीन सत्र) होते हैं। राज्यपाल के द्वारा विधान सभा का विशेष सत्र भी बुलाया जा सकता है। विधान सभा के कार्य संचालन के लिए गणपूर्ति विधान सभा की कुल सदस्य संख्या का 1/10 भाग तथा न्यूनतम संख्या-10 होनी चाहिए।

विधान सभा अध्यक्ष

विधान सभा अध्यक्ष का चुनाव विधान सभा द्वारा सामान्य बहुमत से तथा विधान सभा अध्यक्ष का कार्यकाल विधान सभा की अवधि तक होता है। यद्यपि उसे विधान सभा की तत्कालीन सदस्यों के बहुमत से पहले भी हटाया जा सकता है। सामान्यत: यह परंपरा है कि विधान सभा अध्यक्ष सर्वसम्मति से ही चुन लिया जाए। लोक सभा अध्यक्ष के समान ही विधान सभा अध्यक्ष को भी शक्तियां प्राप्त हैं। यह अत्यंत महत्त्वपूर्ण तथा गरिमायुक्त पद है। विधान सभा अध्यक्ष विधानमंडल के विशेषाधिकारों का संरक्षक और वह सदन की कार्यवाही संचालित करता है तथा कार्यवाही के दौरान शांति व सामंजस्य बनाए रखता है। नियमों की व्याख्या का अधिकार भी विधान सभा अध्यक्ष को ही प्राप्त है। विधान सभा अध्यक्ष विधान सभा के तत्कालीन सदस्यों के बहुमत से अपने पद से हटाया जा सकता है, परंतु इसके लिए 14 दिन पूर्व का नोटिस विधान सभा अध्यक्ष को देना आवश्यक है। विधान सभा अध्यक्ष निर्णायक मत का प्रयोग करता है जब सत्ता पक्ष एवं विपक्ष के बीच मत बराबर हो जाए। यदि अध्यक्ष को हटाने का प्रस्ताव लंबित है, तो वह निर्णायक मत का प्रयोग नहीं करेगा, बल्कि विधान सभा सदस्य के रूप में मत देगा। केरल विधान सभा के कांग्रेस दल के स्पीकर ए. सी. जोस (Ambat Chacko Jose) के द्वारा 8 बार निर्णायक मत देने का रिकॉर्ड है।

प्रोटेम स्पीकर (Protem Speaker)

लोक सभा की भांति विधान सभा में भी प्रोटेम स्पीकर की नियुक्ति होती है। सामान्यत: विधान सभा के सबसे वरिष्ठ सदस्य को प्रोटेम स्पीकर के रूप में नियुक्त किया जाता है। वर्ष-2018 में कर्नाटक विधान सभा के लिए राज्यपाल वाजू भाई रूद्र भाई वाला के द्वारा के. जी. बोपैया को प्रोटेम स्पीकर के रूप में नियुक्त किया गया। उच्चतम न्यायालय में इनकी नियुक्ति को चुनौती दी गई और यह तर्क दिया गया कि के. जी. बोपैया विधान सभा के वरिष्ठतम सदस्य नहीं हैं, परंतु उच्चतम न्यायालय ने कहा कि प्रोटेम स्पीकर का विधान सभा का वरिष्ठतम सदस्य होना आवश्यक नहीं है।

प्रोटेम स्पीकर का मूल कार्य विधान सभा के नव-निर्वाचित सदस्यों को शपथ दिलाना है, जिसके बाद स्थायी विधान सभा अध्यक्ष का चयन होता है। इसके पश्चात् प्रोटेम स्पीकर का कार्य अपने आप समाप्त हो जाता है। वर्ष-2018 में कर्नाटक में प्रोटेम स्पीकर के द्वारा विश्वास मत का परीक्षण भी कराया गया। अत: गठबंधन सरकार के दौर में यह प्रोटेम स्पीकर की नई भूमिका है।

राज्य विधान सभा की शक्तियां

1. विधायी शक्ति

विधान सभा राज्य सरकार के लिए विधि-निर्माण की सर्वोच्च संस्था है। विधान सभा को 7वीं अनुसूची में वर्णित राज्य सूची पर विधि के निर्माण का अधिकार है। विधान सभा 7वीं अनुसूची में उल्लिखित समवर्ती सूची पर भी विधि का निर्माण कर सकती है। यदि संघ और राज्य दोनों समवर्ती सूची पर विधि का निर्माण करें, तो संघ की विधि को प्राथमिकता दी जाएगी।

2. विधि-निर्माण की शक्ति

विधान सभा में विधि-निर्माण की प्रक्रिया संसद में

विधि-निर्माण प्रक्रिया की भांति है। विधान सभा में विधि-निर्माण के लिए **तीन वाचन** का प्रयोग किया जाता है। **प्रथम वाचन में,** किसी विधेयक को विधान सभा अथवा विधान परिषद् में प्रस्तुत किया जा सकता है और सदन के सदस्यों के समर्थन के बाद इसे सरकारी गजट में प्रकाशित किया जाता है। विधि-निर्माण में **द्वितीय वाचन** का सर्वाधिक महत्त्व होता है, जिसमें विधेयक पर विस्तार से चर्चा होती है। सदन में सहमति के बाद इसे प्रवर समिति के समक्ष भेजा जा सकता है और समिति की रिपोर्ट के बाद उस पर पुन: विचार किया जाता है। विचार के बाद इसके प्रत्येक खंडों पर मतदान भी होता है। विधि-निर्माण की अंतिम प्रक्रिया **तृतीय वाचन में,** विधेयक को सदन के द्वारा उपस्थित और मतदान करने वाले सदस्यों के बहुमत से पारित कर दिया जाता है। तृतीय वाचन में विधेयक में किसी प्रकार के संशोधन का प्रावधान नहीं है।

3. वित्तीय शक्ति

विधायिका, राज्य की कार्यपालिका पर वित्तीय नियंत्रण बनाए रखती है। राज्य का धन विधेयक पहले विधान सभा में ही प्रस्तुत होना चाहिए तथा राज्य का बजट विधान सभा के द्वारा पारित किया जाता है।

4. संविधान संशोधन के संबंध में शक्ति

अनुच्छेद-368 के अंतर्गत संविधान संशोधन के किसी भी प्रस्ताव को आरंभ करने की शक्ति संसद को है, राज्य विधान सभा को नहीं। परंतु ऐसे संविधान संशोधन जो संविधान के संघीय ढांचे को प्रभावित करते हैं, इस पर राष्ट्रपति को अपनी अनुमति देने से पहले आधे राज्य विधान सभाओं की सहमति आवश्यक होती है। उदाहरण के लिए, संसद में प्रस्तावित जी. एस. टी. से संबंधित संशोधन के लिए आधे राज्य विधान सभाओं की सहमति आवश्यक है और विधान सभाएं यह सहमति सामान्य बहुमत द्वारा प्रदान करती हैं।

5. राष्ट्रपति के निर्वाचन की शक्ति

राष्ट्रपति के निर्वाचन में सभी राज्यों के विधान सभा के निर्वाचित सदस्य भाग लेते हैं तथा 70वें संविधान संशोधन के द्वारा दिल्ली एवं पांडिचेरी केंद्रशासित क्षेत्रों की विधान सभा के निर्वाचित सदस्यों को राष्ट्रपति के निर्वाचन में भाग लेने की अनुमति प्रदान कर दी गई।

विधान सभा व विधान परिषद् की तुलना

यदि विधान सभा व विधान परिषद् की तुलना की जाए, तो स्वाभाविक रूप में विधान परिषद् केवल विलंबकारी सदन है। अत: किसी सामान्य विधेयक को विधान परिषद् अधिकतम चार माह तक रोक सकती है, अर्थात् यदि विधान सभा किसी विधेयक को पारित कर परिषद् के पास भेजती है, तो विधान परिषद् केवल 3 माह तक रोक सकती है। यदि 3 माह तक विधान परिषद् विधेयक पर कोई कार्य नहीं करती है, तो विधान सभा पुन: उस विधेयक को विधान परिषद् को भेजेगी और इस बार यदि 1 माह तक विधान परिषद् उक्त विधेयक पर कोई कार्यवाही नहीं करती, तो विधेयक उसी रूप में पारित मान लिया जाएगा, जिस रूप में विधान सभा द्वारा विधान परिषद् को भेजा गया था। यदि विधान परिषद् द्वारा उक्त विधेयक पर कुछ संशोधन कर विधान सभा को भेजा जाता है, तो विधान सभा के लिए यह बाध्यकारी नहीं है कि वह उन संशोधनों को स्वीकार करे। दोनों के बीच विवाद उत्पन्न होने पर किसी संयुक्त अधिवेशन की व्यवस्था नहीं है।

यदि कोई सामान्य विधेयक विधान परिषद् द्वारा पारित कर विधान सभा को भेजा जाता है और विधान सभा इसे अस्वीकृत कर दे, तो यह विधेयक तुरंत समाप्त हो जाएगा। वित्तीय विधेयकों (धन विधेयक) के संदर्भ में विधान परिषद् की स्थिति राज्य सभा के समान है, क्योंकि किसी भी वित्त विधेयक को विधान परिषद् केवल 14 दिन तक रोक सकती है तथा उसके पश्चात् विधेयक जिस रूप में विधान सभा द्वारा भेजा जाता है, उसी रूप में पारित मान लिया जाता है।

राष्ट्रपति तथा राज्यपाल का एक तुलनात्मक अध्ययन

राष्ट्रपति और राज्यपाल दोनों पद सर्वोच्च संवैधानिक पद हैं तथा दोनों पदों की संघ व राज्यों में अपनी विशिष्ट गरिमा है। लोकतांत्रिक प्रक्रिया में दोनों के कार्य एवं शक्तियों को लेकर विभिन्न अवसरों पर तुलना होती रही है, **जिसका विवरण इस प्रकार है-**

संसद तथा राज्य विधानमंडल की विधायन प्रक्रिया में तुलना– धन विधेयक के संबंध में

संसद	विधानमंडल
• इस विधेयक को केवल लोक सभा में पेश किया जा सकता है। • इस विधेयक को राष्ट्रपति के सिफारिश के बाद ही लाया जा सकता है। • इस विधेयक को केवल मंत्री द्वारा ही लाया जा सकता है। • इसे किसी गैर-सरकारी सदस्य द्वारा स्थापित नहीं किया जा सकता। • इस विधेयक को राज्य सभा द्वारा अस्वीकृत नहीं किया जा सकता। इसे संशोधन या बगैर संशोधन के 14 दिनों के अंदर लोक सभा को पुन: वापस करना होगा। • यदि इस विधेयक को राज्य सभा 14 दिनों के अंदर लोक सभा को वापस नहीं करती है, तो विधेयक पारित समझा जाएगा। • इस विधेयक के अंतर्गत यदि दोनों सदनों के मध्य कोई गतिरोध उत्पन्न होता है, तो संयुक्त बैठक का कोई प्रावधान नहीं है।	• इस विधेयक को केवल विधान सभा में पेश किया जा सकता है। • इस विधेयक को राज्यपाल की सिफारिश के बाद ही लाया जा सकता है। • इस विधेयक को केवल मंत्री द्वारा ही लाया जा सकता है। • इसे किसी गैर-सरकारी सदस्य द्वारा स्थापित नहीं किया जा सकता। • इस विधेयक को विधान परिषद् द्वारा अस्वीकृत नहीं किया जा सकता। इसे संशोधन या बगैर संशोधन के 14 दिनों के अंदर विधान सभा को पुन: वापस करना होगा। • यदि इस विधेयक को विधान परिषद् 14 दिनों के भीतर विधान सभा को वापस न करे, तो विधेयक को पारित समझा जाएगा। • इस विधेयक के अंतर्गत यदि दोनों सदनों के मध्य कोई गतिरोध उत्पन्न होता है, तो संयुक्त बैठक का कोई प्रावधान नहीं है।

संसद तथा राज्य विधानमंडल की विधायन प्रक्रिया में तुलना– साधारण विधेयक के संबंध में

संसद	विधानमंडल
• इस विधेयक को किसी भी सदन में स्थापित किया जा सकता है।	• इस विधेयक को किसी भी सदन में स्थापित किया जा सकता है।
• इस विधेयक को मंत्रिपरिषद् के सदस्य या किसी गैर-सरकारी सदस्य द्वारा सदन में लाया जा सकता है।	• इस विधेयक को मंत्रिपरिषद् के सदस्य या किसी गैर-सरकारी सदस्य द्वारा सदन में लाया जा सकता है।
• यह विधेयक पारित तभी माना जाता है, जब संसद के दोनों सदनों की सहमति हो।	• यह विधेयक पारित तभी माना जाता है, जब राज्य विधानमंडल के दोनों सदनों की सहमति हो।
• इस विधेयक पर गतिरोध की स्थिति में संसद के दोनों सदनों की संयुक्त बैठक का प्रावधान है। यह गतिरोध तब होता है, जब दूसरा सदन पहले सदन द्वारा पारित विधेयक को अस्वीकार करे, अथवा संशोधित करे, जिसे पहला सदन स्वीकार न करे अथवा विधेयक को दूसरे सदन द्वारा 6 माह तक पारित न किया जाए।	• इस विधेयक के संबंध में गतिरोध तब उत्पन्न होता है, जब विधान सभा द्वारा पारित विधेयक को विधान परिषद् द्वारा अस्वीकार किया जाए या संशोधित किया जाए, विधान जो विधान सभा को मान्य न हो अथवा 3 माह तक विधेयक को पारित न करे। इस विधेयक को विधान सभा द्वारा दूसरी बार पुन: पारित करके विधान परिषद् को भेजा जाता है तब इसे फिर विधान परिषद् अस्वीकृत कर दे या संशोधन के लिए कहे अथवा 1 माह तक इसे पारित न करे, तो यह विधेयक उसी रूप में पारित माना जाएगा, जिस रूप में यह विधान सभा द्वारा पारित किया गया था। राज्य विधानमंडल में संयुक्त बैठक का कोई प्रावधान नहीं है। अत: साधारण विधेयक को विधान परिषद् को कुल चार महीने (3+1) तक रोकने का अधिकार है।

प्रारंभिक परीक्षोपयोगी महत्त्वपूर्ण तथ्य

- संविधान के भाग-6 में राज्य शासन के लिए समान संरचना का उल्लेख है, (जम्मू एवं कश्मीर इसका अपवाद है)।
- राज्यपाल, राज्य का प्रथम नागरिक तथा यह राज्य का संवैधानिक प्रधान होता है।
- राज्यपाल, राज्य की कार्यपालिकीय शक्ति का सर्वोच्च प्रधान अर्थात् राज्य के सभी कार्य राज्यपाल के नाम पर किए जाते हैं।
- राज्यपाल की नियुक्ति राष्ट्रपति द्वारा की जाती है तथा वह राष्ट्रपति के प्रसादपर्यंत तक पद पर बना रहता है।
- राज्यपाल को दोबारा भी नियुक्त किया जा सकता है।
- एक ही व्यक्ति को दो या दो से अधिक राज्यों का राज्यपाल भी नियुक्त किया जा सकता है।
- राज्यपाल की कार्यावधि पांच वर्ष की होती है, परंतु इसके पूर्व भी वह राष्ट्रपति को इस्तीफा देकर पदत्याग कर सकता है।
- राज्यपाल को हटाने का प्रावधान संविधान में नहीं है।
- राज्यपाल के स्थानांतरण की संविधान में कोई व्यवस्था नहीं है, परंतु व्यावहारिक रूप में राज्यपालों के स्थानांतरण किए जाते हैं।
- मुख्यमंत्री की नियुक्ति और मुख्यमंत्री की सलाह से अन्य मंत्रियों की नियुक्ति तथा राज्य विश्वविद्यालयों के कुलपतियों की भी नियुक्ति राज्यपाल करता है।
- उच्च न्यायालय के न्यायाधीशों की नियुक्ति के संबंध में राज्यपाल से केवल परामर्श लिया जाता है।
- राज्य के महाधिवक्ता की नियुक्ति राज्यपाल करता है।
- राज्य लोक सेवा आयोग के अध्यक्ष व सदस्यों को राज्यपाल नियुक्त करता है, परंतु इन्हें केवल उच्चतम न्यायालय के प्रतिवेदन पर राष्ट्रपति के द्वारा हटाया जा सकता है।
- राज्यपाल के विधायी कार्य राष्ट्रपति के ही समान हैं, क्योंकि राज्यपाल भी विधानमंडल का अंग होता है। जैसे-राष्ट्रपति, संसद का अंग होता है। राज्यपाल को अनुच्छेद-200 किसी विधेयक को अनुमति देने या रोकने की शक्ति देता है।
- यदि विधान सभा में ऐंग्लो इंडियन समुदाय को उचित प्रतिनिधित्व प्राप्त न हो, तो राज्यपाल इस समुदाय के एक सदस्य को विधान सभा में मनोनीत कर सकता है।
- जिन राज्यों में विधान परिषद् हैं, वहां राज्यपाल विधान परिषद् में 1/6 सदस्यों को साहित्य, कला, विज्ञान, सामाजिक सेवा व सहकारी आंदोलन से संबंधित व्यक्तियों को मनोनीत कर सकता है।
- सामान्यत: संघ विधेयक को जब पुनर्विचार के बाद राष्ट्रपति के पास पुनः भेजा जाता है, तो राष्ट्रपति के लिए उसे अनुमति देना बाध्यकारी होता है।
- लेकिन यदि राज्यपाल द्वारा राज्य के आरक्षित विधेयक राष्ट्रपति के समक्ष पुनर्विचार के पश्चात् प्रस्तुत किया जाए, तो राष्ट्रपति के लिए उस पर अनुमति देना बाध्यकारी नहीं है।
- यदि राष्ट्रपति व राज्यपाल ने किसी पर अध्यादेश जारी किया है और उस पर विवाद हो, तो राष्ट्रपति के अध्यादेश को मान्यता दी जाएगी।

- न्यायिक शक्तियों में भी राज्यपाल, राष्ट्रपति के समान ही है, परंतु राज्यपाल मृत्युदंड को क्षमा नहीं कर सकता, केवल सजा कम कर सकता है।
- भारतीय संविधान में राज्यपाल को कुछ विवेकाधीन शक्तियां प्राप्त हैं, जिसके तहत अनुच्छेद-163 में यह वर्णित है कि राज्यपाल उन मामलों में अपनी विवेकाधीन शक्ति का प्रयोग करेगा, जिसमें वह मंत्रिमंडल की सलाह एवं सहायता द्वारा कार्य नहीं करेगा।
- महाराष्ट्र और गुजरात राज्यों के राज्यपाल का विशेष उत्तरदायित्व (यदि राष्ट्रपति ने ऐसा निर्देश दिया हो) विदर्भ, मराठवाड़ा, सौराष्ट्र और कच्छ इत्यादि के लिए विकास बोर्डों की स्थापना, (अनुच्छेद-371)।
- नागालैंड के राज्यपाल का विशेष उत्तरदायित्व है कि वह नागालैंड में शांति एवं व्यवस्था बनाए रखें, (अनुच्छेद-371)।
- मणिपुर के राज्यपाल का विशेष उत्तरदायित्व मणिपुर के पहाड़ी क्षेत्रों से निर्वाचित होने वाली समिति का उचित कार्यकरण सुनिश्चित करने के लिए होता है, (अनुच्छेद-371(ग))।
- सिक्किम के राज्यपाल का विशेष उत्तरदायित्व शांति के लिए तथा जनता की उन्नति व साम्यपूर्ण व्यवस्था करने के लिए है, (अनुच्छेद-371(च))।
- अरूणाचल प्रदेश के राज्यपाल का विधि और व्यवस्था के संबंध में विशेष उत्तरदायित्व है, (अनुच्छेद-371(ज))।
- उपरोक्त विशेष उत्तरदायित्वों के संबंध में राज्यपाल, मंत्रिपरिषद् की सलाह मांगने या उसे स्वीकार करने के लिए बाध्य नहीं है।
- मुख्यमंत्री का राज्यपाल के प्रति कर्तव्य तथा प्रधानमंत्री के राष्ट्रपति के प्रति कर्तव्य समान हैं।
- यदि यह स्थिति उत्पन्न हो जाए कि राज्य का शासन संविधान के अनुरूप न चलाया जा सके, तो राज्यपाल, राष्ट्रपति को रिपोर्ट दे सकता है कि राष्ट्रपति शासन लागू किया जाए। परिणामस्वरूप अनुच्छेद-356 के अंतर्गत् राज्य में राष्ट्रपति शासन लागू कर दिया जाता है।
- संविधान के अनुच्छेद-157 के अनुसार, वह भारतीय नागरिक जो 35 वर्ष की आयु पूरी कर चुका हो, राज्य या केंद्र सरकार के अधीन किसी सार्वजनिक उपक्रम में लाभ के पद पर न हो और राज्य विधान सभा सदस्य चुने जाने के योग्य हो, तो राज्यपाल पद के लिए योग्य होता है।
- अनुच्छेद-155 के अनुसार, राज्यपाल की नियुक्ति राष्ट्रपति के द्वारा प्रत्यक्ष रूप से की जाएगी। लेकिन वास्तव में प्रधानमंत्री की सिफारिश पर राज्यपालों की नियुक्ति की जाती है।
- भारत के पूर्व प्रधान न्यायाधीश न्यायमूर्ति पी. सतशिवम् (पल्लानिस्वामी सतशिवम्) को 3 सितंबर, 2014 को केरल का राज्यपाल नियुक्त किया गया।
- 65 वर्षीय पी. सतशिवम् भारत के पहले पूर्व प्रधान न्यायाधीश हैं, जिन्हें किसी राज्य का राज्यपाल नियुक्त किया गया है।
- राज्य विधानमंडल, राज्यपाल एवं विधान सभा तथा जिन राज्यों में विधान परिषद् है, उनमें राज्यपाल, विधान सभा एवं विधान परिषद् से मिलकर बनता है।
- सात (7) राज्यों के विधानमंडल में दो सदन हैं-विधान सभा तथा विधान परिषद्।
- जिन सात (7) राज्यों में विधान परिषद् का प्रावधान है, ये राज्य निम्नलिखित हैं-

(1) उत्तर प्रदेश (2) बिहार (3) महाराष्ट्र (4) कर्नाटक (5) जम्मू एवं कश्मीर (6) आंध्र प्रदेश। (7) तेलंगाना

- विधान परिषद् की अधिकतम संख्या विधान सभा की एक-तिहाई होती है, (अनुच्छेद-171)।
- विधान परिषद् की न्यूनतम संख्या-40 निर्धारित की गई है।
- संसद को यह शक्ति प्राप्त है कि वह किसी राज्य में विधान परिषद् का सृजन कर सकती है और संसद इस विधेयक को सामान्य बहुमत से पारित करती है, (अनुच्छेद-169)।
- संसद को यह शक्ति प्राप्त है कि वह किसी राज्य में विधान परिषद् को हटा सकती है, परंतु संसद यह तभी कर सकती है, जब संबंधित राज्य विधान सभा ने अपने समस्त सदस्य संख्या के बहुमत और उपस्थित तथा मतदान करने वाले सदस्यों के दो-तिहाई बहुमत द्वारा ऐसा प्रस्ताव पारित किया गया हो।
- आंध्र प्रदेश ने वर्ष-1957 में विधान परिषद् की स्थापना की तथा वर्ष-1985 में भंग कर दिया। विधान परिषद् अधिनियम, 2005 के द्वारा आंध्र प्रदेश में पुनः विधान परिषद् की स्थापना की गई, जिसके अंतर्गत वर्ष-2007 से पुनः स्थापित हो गया।
- पश्चिम बंगाल ने वर्ष-1971, पंजाब ने वर्ष-1971 तथा तमिलनाडु ने वर्ष-1986 में विधान परिषद् को हटा दिया।
- विधान परिषद् का गठन अप्रत्यक्ष निर्वाचन की आनुपातिक प्रतिनिधित्व पद्धति के एकल संक्रमणीय मत प्रणाली द्वारा होता है।
- विधान परिषद् एक स्थायी सदन है, जिसका कभी विघटन नहीं होता तथा इसके एक-तिहाई सदस्य प्रत्येक दूसरे वर्ष अवकाश प्राप्त करते हैं।
- विधान परिषद् के सदस्य 6 वर्ष के लिए चुने जाते हैं।
- संविधान में विधान सभा के सदस्यों की अधिकतम संख्या-500 तथा न्यूनतम संख्या-60 रखी गई है, (अनुच्छेद-170)।
- कुछ छोटे राज्यों के लिए न्यूनतम संख्या को 60 से कम कर दिया गया है।
- अरूणाचल प्रदेश व गोवा के लिए न्यूनतम संख्या-40 तथा मिजोरम के लिए यह संख्या-40 है।
- वर्तमान में सबसे बड़ी विधान सभा उत्तर प्रदेश की है, जिसमें 403 सदस्य हैं, जबकि सबसे छोटी विधान सभा सिक्किम की है, जिसमें केवल 32 सदस्य हैं।
- विधान सभा की अवधि पहली बैठक से 5 वर्ष तक होती है, लेकिन राज्यपाल 5 वर्ष से पहले भी विधान सभा को भंग कर सकता है।
- यदि राष्ट्रीय आपात (अनुच्छेद-352) लगा हो, तो संसद द्वारा विधान सभा का कार्यकाल 1 वर्ष तक बढ़ाया जा सकता है।
- यदि कोई सदस्य 60 दिनों तक सदन की अनुमति के बिना अनुपस्थित रहता है, तो सदन में उसका स्थान रिक्त घोषित किया जा सकता है।

संवैधानिक निकाय

भाग 8

1) निर्वाचन आयोग, 2) जन-प्रतिनिधित्व अधिनियम, 3) चुनाव प्रणाली, 4) नियंत्रक एवं महालेखा परीक्षक, 5) संघ लोक सेवा आयोग, 6) राष्ट्रीय अनुसूचित जाति आयोग, 7) राष्ट्रीय अनुसूचित जनजाति आयोग, 8) वित्त आयोग

अध्याय 1

निर्वाचन आयोग

(Election Commission)

• संरचना, • निर्वाचन आयोग के कार्य, • निर्वाचन आयोग की शक्तियां, • निर्वाचन आयोग की नई भूमिका, • आदर्श चुनाव आचार संहिता, • दलों से संबंधित आचार संहिता

भारतीय संविधान के भाग-15 के अनुच्छेद-324 से 329 तक निर्वाचन आयोग तथा निर्वाचन से संबंधित प्रावधान हैं। इसका स्वरूप भारतीय राजव्यवस्था में प्रशासनिक है। भारतीय संविधान में निर्वाचन आयोग के कार्य एवं शक्तियों का वर्णन किया गया है, परंतु जन-प्रतिनिधित्व अधिनियम, 1950 एवं जन-प्रतिनिधित्व अधिनियम, 1951 के द्वारा निर्वाचन आयोग की शक्तियों को विस्तारित किया गया है तथा निर्वाचन आयोग स्वतंत्र एवं निष्पक्ष चुनाव का संचालन करता है।

संरचना

निर्वाचन आयोग तीन सदस्यीय संस्था है, जिसमें एक मुख्य निर्वाचन आयुक्त तथा दो अन्य सदस्य होते हैं तथा सभी सदस्यों की नियुक्ति राष्ट्रपति द्वारा की जाती है। वर्ष-1989 तक यह संख्या एकल सदस्यीय थी, लेकिन वर्ष-1989 में ही इस संस्था को तीन सदस्यीय बनाया गया। पुनः अगले वर्ष इसे एक सदस्यीय बना दिया गया और इसके बाद वर्ष-1993 में इसे पुनः तीन सदस्यीय कर दिया गया। वर्तमान में निर्वाचन आयोग की संरचना को लेकर विवाद उठे हैं और इनमें सदस्यों की नियुक्ति हेतु समिति के गठन की मांग की जा रही है, जिसमें राष्ट्रपति, प्रधानमंत्री, राज्य सभा के सभापति एवं विपक्ष के नेता सम्मिलित होंगे।

अन्य आयुक्त

निर्वाचन आयोग, एक सामूहिक संस्था है, जिसमें मुख्य निर्वाचन आयुक्त की प्रस्थिति अन्य निर्वाचन आयुक्तों की तुलना में उच्चतर नहीं है, बल्कि मुख्य निर्वाचन आयुक्त की प्राथमिकता केवल इतनी ही है कि वह निर्वाचन आयोग की बैठक की अध्यक्षता करता है। निर्वाचन आयुक्तों की नियुक्ति राष्ट्रपति के द्वारा की जाती है, इसलिए वैधानिक रूप में निर्वाचन आयुक्तों को हटाने की शक्ति राष्ट्रपति में निहित होती है। मुख्य निर्वाचन आयुक्त स्वतः संज्ञान की कार्यवाही करते हुए निर्वाचन आयुक्तों को नहीं हटा सकता।

कार्यकाल

निर्वाचन आयुक्त का कार्यकाल अधिकतम 6 वर्ष तथा वह 65 वर्ष की उम्र तक (जो भी पहले हो) इस पद पर रह सकता है। अतः निर्वाचन आयुक्तों को कार्यकाल की स्वतंत्रता प्रदान की गई है।

वेतन व भत्ते

संविधान में निर्वाचन आयुक्तों के वेतन एवं भत्तों का उल्लेख नहीं किया गया है। अनुच्छेद-324 के खंड-5 में

यह उल्लिखित किया गया है कि राष्ट्रपति के द्वारा निर्वाचन आयुक्तों की सेवा शर्तों का निर्धारण किया जाएगा। इसका प्रावधान संसदीय अधिनियम में है। वर्ष-1991 के निर्वाचन आयुक्त की सेवा, शर्तें एवं कार्य संचालन अधिनियम के अनुसार, निर्वाचन आयुक्तों को उच्चतम न्यायालय के अन्य न्यायाधीशों की भांति वेतन एवं भत्ते प्राप्त होंगे।

वर्तमान में उच्चतम न्यायालय के न्यायाधीशों का वेतन 2.5 लाख है। इसलिए निर्वाचन आयुक्तों का वेतन भी 2.5 लाख है। परंतु उच्चतम न्यायालय के न्यायाधीशों के वेतन एवं भत्ते भारत की संचित निधि पर भारित होते हैं, जबकि निर्वाचन आयुक्तों के वेतन एवं भत्ते संचित निधि पर भारित नहीं होते। इसलिए निर्वाचन आयोग को शक्तिशाली बनाने के लिए इसके वेतन व भत्ते भी संचित निधि पर भारित होने चाहिए।

पदमुक्ति

मुख्य निर्वाचन आयुक्त को हटाने का प्रावधान उसी तरह है, जिस प्रकार उच्चतम न्यायालय के न्यायाधीशों को अपने पद से हटाया जाता है। इसका उल्लेख संविधान के अनुच्छेद-324 में किया गया है।

उच्चतम न्यायालय के न्यायाधीश को अक्षमता एवं कदाचार के आधार पर हटाया जाता है तथा न्यायाधीश को पद से हटाने के लिए संसद के दोनों सदनों के द्वारा विशेष बहुमत से प्रस्ताव पारित किया जाता है। अतः मुख्य निर्वाचन आयुक्त को भी इसी प्रकार अपने पद से हटाया जाएगा। परंतु अन्य आयुक्तों को पद से हटाने की प्रक्रिया पृथक् है तथा अन्य आयुक्तों को राष्ट्रपति अपने पद से हटा सकता है। राष्ट्रपति, मुख्य निर्वाचन आयुक्त की सहमति के बिना अन्य निर्वाचन आयुक्तों को कभी भी नहीं हटा सकता। भारत में निर्वाचन आयुक्त राष्ट्रपति के प्रसादपर्यंत पद धारण नहीं करता है।

संरचना में सुधार

निर्वाचन आयुक्त एवं अन्य आयुक्तों की नियुक्ति राष्ट्रपति के द्वारा की जाती है। वर्तमान में यह मांग की जा रही है कि निर्वाचन आयुक्तों की नियुक्ति एक समिति के द्वारा होनी चाहिए, जिससे आयुक्तों की नियुक्ति में राजनीतिक हस्तक्षेप न हो सकें निर्वाचन आयोग ने मुख्य निर्वाचन आयुक्त को संसद की विशेष प्रक्रिया के द्वारा भी हटाया जा सकता है। जबकि अन्य आयुक्तों को राष्ट्रपति, मुख्य निर्वाचन आयुक्त की सलाह से हटा सकता है। इसके लिए संसद के प्रस्ताव की आवश्यकता नहीं है। संविधान संशोधन के द्वारा तीनों आयुक्तों को पद से हटाने की प्रक्रिया एकसमान होनी चाहिए।

आयोग के अंतर्गत कार्य करने वाले पदाधिकारियों पर निर्वाचन आयोग का पूर्ण नियंत्रण संभव नहीं है, क्योंकि निर्वाचन के दौरान निर्वाचन आयोग संघ सरकार से इन पदाधिकारियों की मांग करता है और निर्वाचन समाप्त होने के बाद ये अधिकारी पुनः संघ सरकार की निगरानी में कार्य करने लगते हैं। अतः निर्वाचन आयोग के लिए एक पृथक् और स्वायत्त सचिवालय की आवश्यकता है।

निर्वाचन आयोग के कार्य

चुनावों से संबंधित समस्त व्यवस्था करना निर्वाचन आयोग का मुख्य कार्य है। इस संबंध में उसके **निम्नलिखित कार्यों का उल्लेख किया जा सकता है-**

1. चुनाव तिथियों का निर्धारण

संविधान के अनुच्छेद-324 के अनुसार, निर्वाचन आयोग का चुनाव कराने संबंधी फैसला करने का अधिकार संविधान के किसी अन्य अनुच्छेद से बंधा हुआ नहीं है। संविधान पीठ के अनुसार चुनाव कराना निर्वाचन आयोग का विशेषाधिकार है। निर्वाचन आयोग ही चुनाव की तिथियों का निर्धारण करने वाली सर्वोच्च संस्था है। न्यायालय के अनुसार, सार्वजनिक अशांति चुनावों को टालने की वजह हो सकती है, जैसाकि निर्वाचन आयोग ने गुजरात में किया था।

2. निर्वाचन क्षेत्रों का परिसीमन या सीमांकन

(Delimitation of Constituencies)

निर्वाचन आयोग का महत्त्वपूर्ण कार्य निर्वाचन क्षेत्रों का सीमांकन होता है। परिसीमन आयोग अधिनियम, 1952 में यह प्रावधान है कि दस वर्ष बाद होने वाली प्रत्येक जनगणना के उपरांत निर्वाचन क्षेत्रों का सीमांकन किया जाना चाहिए। मुख्य चुनाव आयुक्त इस परिसीमन आयोग का पदेन सदस्य होता है और उसके अतिरिक्त इनमें दो उच्चतम न्यायालय अथवा उच्च न्यायालयों के अवकाश प्राप्त न्यायाधीश होते हैं।

3. मतदाता सूचियां तैयार करना (Preparation of Electoral Rolls)

निर्वाचन आयोग के द्वारा लोक सभा, राज्य सभा एवं विधान सभा के प्रत्येक चुनाव या मध्यावधि चुनाव से पूर्व मतदाता सूचियां तैयार करवाई जाती हैं। इस कार्य के संपन्न होने पर ही चुनाव होता है। मतदाता सूची तैयार करने का कार्य इस उद्देश्य से किया जाता है कि कोई भी ऐसा व्यक्ति मताधिकार से वंचित न रहे, जो मताधिकार की योग्यता रखता हो।

4. राजनीतिक दलों का पंजीकरण

जन-प्रतिनिधित्व अधिनियम, 1951 के अनुसार, निर्वाचन आयोग द्वारा राजनीतिक दलों के पंजीकरण की व्यवस्था है। निर्वाचन आयोग द्वारा पंजीकृत दल को चुनाव में उसके प्रदर्शन को देखते हुए कुछ शर्तों के आधार पर राष्ट्रीय अथवा राज्य स्तर के दल के रूप में मान्यता प्रदान की जाती है। राष्ट्रीय दल को एक विशेष चुनाव चिह्न आवंटित होता है, जिसे वह पूरे भारत में इस्तेमाल कर सकता है। राज्य स्तर के दलों के लिए उनके राज्य में अथवा राज्यों के चुनाव चिह्न आरक्षित होते हैं, जिनमें उन्हें मान्यता प्राप्त होती है। इस प्रकार के आरक्षित चुनाव चिह्न केवल उन्हीं दलों के उम्मीदवारों को आवंटित किए जाते हैं, जिसके लिए वे आरक्षित होते हैं।

5. राष्ट्रीय दल (National Party)

किसी दल को राष्ट्रीय दल का दर्जा प्राप्त करने के लिए **निम्नलिखित शर्तों को पूरा करना आवश्यक है-**

(i) यदि कोई दल लोक सभा अथवा विधान सभा के आम चुनावों में चार अथवा अधिक राज्यों में वैध मतों का 6 प्रतिशत मत प्राप्त करता है तथा इसके साथ वह किसी राज्य या राज्यों के लोक सभा सीटों में 4 सीटें प्राप्त करता है, अथवा

(ii) कोई दल राष्ट्रीय दल की मान्यता प्राप्त करता है, यदि वह लोक सभा में 2 प्रतिशत स्थान जीतता है तथा ये सदस्य तीन विभिन्न राज्यों से चुने जाते हैं, अथवा

(iii) यदि कोई दल कम से कम चार राज्यों में राज्य स्तरीय दल के रूप में मान्यता प्राप्त हो।

6. राज्य स्तरीय दल (State Party)

किसी दल को राज्य स्तरीय दल का दर्जा प्राप्त करने के लिए **निम्नलिखित शर्तों को पूरा करना आवश्यक है-**

(i) यदि उस दल ने राज्य की विधान सभा के आम चुनाव में उस राज्य से हुए कुल वैध मतों का 6 प्रतिशत प्राप्त किया हो तथा इसके अतिरिक्त उसने संबंधित राज्य में 2 स्थान प्राप्त किए हों, अथवा

(ii) यदि वह लोक सभा के लिए हुए आम चुनाव में उस राज्य के कुल वैध मतों का 6 प्रतिशत प्राप्त करता है तथा इसके अतिरिक्त उसने संबंधित राज्य में लोक सभा की कम से कम 1 सीट जीती हों, अथवा

(iii) यदि उस दल ने राज्य की विधान सभा के कुल स्थान का 3 प्रतिशत या 3 सीटें जो भी ज्यादा हों, प्राप्त किए हों।

7. अर्द्ध-न्यायिक कार्य (Quasi-Judicial Function)

संविधान के द्वारा आयोग को कुछ अर्द्ध-न्यायिक कार्य भी सौंपे गए हैं, जिसमें **दो उल्लेखनीय हैं**-अनुच्छेद-103 के अंतर्गत् राष्ट्रपति, संसद के सदस्यों की अयोग्यताओं के संबंध में परामर्श कर सकता है और अनुच्छेद-192 के अंतर्गत् राज्य विधानमंडल के सदस्यों के संबंध में यह अधिकार राज्य के राज्यपाल को दिया गया है। संविधान अथवा जन-प्रतिनिधित्व अधिनियम में कार्य को करने की कोई प्रक्रिया निश्चित नहीं की गई है। इसलिए इस कार्य को करने में आयोग ने कठिनाइयां महसूस की है।

8. अन्य कार्य (Other Functions)

आयोग को उपर्युक्त कार्य के अतिरिक्त कुछ अन्य कार्य भी सौंपे गए हैं, **जो इस प्रकार हैं-**

- राजनीतिक दलों के लिए आचार संहिता तैयार करना।
- राजनीतिक दलों को आकाशवाणी पर चुनाव प्रचार की सुविधाएं दिलवाना।
- उम्मीदवारों द्वारा किए जाने वाले कुछ व्यय की राशि निश्चित करना।
- मतदाताओं को राजनीतिक प्रशिक्षण देना।
- चुनाव याचिकाओं इत्यादि के संबंध में सरकार को आवश्यक परामर्श देना।

इन सबके अतिरिक्त आयोग से यह अपेक्षा की जाती है कि वह समय-समय पर सरकार को अपने कार्यों के संबंध में प्रतिदिन सूचना और चुनाव प्रक्रिया में सुधार के लिए भी सुझाव देता रहेगा। निर्वाचन प्रक्रिया का आरंभ राष्ट्रपति द्वारा जारी की गई अधिसूचना से होता है। यह अधिसूचना **जन-प्रतिनिधित्व अधिनियम, 1951** की धारा-14 के अंतर्गत् जारी की जाती है। इसे वर्तमान लोक सभा की अवधि की समाप्ति या मध्यावधि चुनाव होने की स्थिति में जारी किया जाता है। इसके उपरांत चुनाव आयोग मतदान की तिथियों की घोषणा करता है, जिसे निर्वाचन प्रक्रिया का दूसरा चरण कहा जा सकता है। इस घोषणा में नामजदगी, पत्रों की जांच की तिथि, चुनाव मैदान से नाम वापस लेने की तिथि इत्यादि का उल्लेख होता है।

निर्वाचन आयोग की शक्तियां

निर्वाचन आयोग एक संवैधानिक निकाय है, जो सिविल न्यायालय की शक्तियां धारण करता है। यह संस्था भारतीय भू-भाग में किसी भी व्यक्ति को सम्मन जारी कर सकता है, साथ ही सरकार के किसी भी विभाग से संबंधित जरूरी फाइलों को देख सकता है। इसके अतिरिक्त आयोग के पास न्यायिक शक्तियां भी हैं, वह निर्वाचन से संबंधी विवादों का निपटारा तथा उम्मीदवारों तथा दलों पर कार्यवाही करने हेतु राज्यपाल या राष्ट्रपति से सिफारिश करता है।

निर्वाचन आयोग की नई भूमिका

वर्तमान में बदलती परिस्थितियों के परिदृश्य में भारतीय चुनाव आयोग की भूमिका प्रभावी हुई है। वर्ष-1990 के बाद एक ओर विधायिका एवं कार्यपालिका का ह्रास हुआ, तो दूसरी ओर चुनाव आयोग एवं न्यायपालिका की भूमिका में उत्तरोत्तर वृद्धि हुई। वर्ष-1990 के उपरांत निर्वाचन आयोग का उभार भारतीय राजनीतिक परिदृश्य में एक प्रभावी संस्था के रूप में हुआ। वर्ष-1990 के बाद संघ में भी अल्पमत और गठबंधन सरकारों का दौर आरंभ हुआ। भारतीय राजनीति में वर्ष-1996 से 1999 के महज 3 वर्षों में तीन लोक सभा चुनाव आयोजित हुए। इसलिए निर्वाचन आयोग की भूमिका प्रभावी बनकर उभरी और यह अब 5 वर्षों में केवल एक बार दिखने वाली संस्था नहीं थी। राज्य विधान सभा चुनाव हर वर्ष होने लगे, इसलिए निर्वाचन आयोग की भूमिका प्रभावी हुई है। चुनाव में धर्म एवं जाति का खुला प्रयोग होने लगा, जिससे ऐसी परिस्थिति में निष्पक्ष निर्वाचन आयोजित करना एक बड़ी चुनौती बन गया है।

आदर्श चुनाव आचार संहिता

(Model Code of Conduct)

यद्यपि यह उल्लेखनीय है कि चुनाव आचार संहिता का प्रयोग निर्वाचन आयोग ने वर्ष-1960 के दशक से ही आरंभ कर दिया था, परंतु इसका प्रभावी और महत्त्वपूर्ण उपयोग वर्ष-1990 के बाद टी. एन. शेषन के कार्यकाल से देखा गया। **चुनाव आचार संहिता का मूल उद्देश्य निम्नलिखित है–**

- सरकार में रहने वाले सत्ताधारी दल को सरकार में रहने का कोई लाभ प्राप्त न हो।
- सभी लोगों को चुनाव में समान अवसर प्रदान करना।

दलों से संबंधित आचार संहिता

- निर्वाचन आयोग ने सबसे पहले वर्ष-1971 में हुए पांचवें आम चुनाव में राजनीतिक दलों के लिए आचार संहिता लागू किया। इसके उपरांत समय-समय पर आचार संहिता को संशोधित किया गया तथा राजनीतिक दलों के लिए निर्देश जारी किया। वहीं छोटे स्तर पर वर्ष-1960 में केरल विधान सभा चुनावों से ही आदर्श आचार संहिता का प्रयोग शुरू हो गया था।
- इस आचार संहिता का उद्देश्य राजनीतिक दलों के लिए चुनाव में एकसमान अवसर उपलब्ध कराना तथा प्रचार की व्यवस्थाओं को निष्पक्ष बनाए रखना है।
- राजनीतिक दलों की आलोचना, कार्यक्रम व नीतियों तक सीमित हों, व्यक्तिगत आलोचना प्रतिबंधित है।
- धार्मिक स्थानों का उपयोग चुनाव प्रचार के मंच के रूप में नहीं किया जाना चाहिए।
- मत पाने के लिए भ्रष्ट आचरण का उपयोग न करें, जैसे–रिश्वत देना, मतदाताओं को परेशान करना इत्यादि।
- राजनीतिक दल ऐसी कोई भी अपील नहीं करेंगे, जिससे किसी की धार्मिक या जातीय भावनाएं आहत होती हों।

दल या अभ्यर्थी पहले ही सुनिश्चित कर लें कि जो स्थान उन्होंने चुना है, वहां निषेधाज्ञा तो लागू नहीं है।

सत्तारूढ़ दल से संबंधित आचार संहिता

- आचार संहिता लागू होने के पश्चात् सत्तारूढ़ सरकार या प्राधिकरण किसी वित्तीय सहायता, सड़क निर्माण की घोषणा, नई नियुक्तियों की घोषणा नहीं कर सकतीं, क्योंकि ये कार्य मतदान व्यवहार को प्रभावित कर सकते हैं।
- सत्तारूढ़ दलों पर चुनावी आचार संहिता तोड़ने के आरोप लगते रहे हैं। विपक्षी दलों का मानना है कि सत्तारूढ़ दल सरकारी मशीनरी का दुरुपयोग करते हैं एवं अपने दल के प्रचार के लिए सरकारी धन तथा सरकारी मीडिया का भी गलत प्रयोग करते हैं। अतः निर्वाचन आयोग उपरोक्त आरोपों की जांच करता है।
- सत्ताधारी दल सरकारी धन पर विज्ञापनों के जरिए उपलब्धियां न गिनवाएं।
- सत्ताधारी दल विश्राम गृह, डाक बंगले या सरकारी आवासों पर एकाधिकार न करें। वे इन स्थानों का इस्तेमाल प्रचार कार्यालय के लिए नहीं कर सकते।
- मुख्यमंत्री या मंत्री शासकीय दौरा नहीं कर सकेंगे।
- विवेकाधीन निधि से अनुदान या स्वीकृति चुनाव उद्घोषणा के दौरान नहीं हो सकेगी।
- शासकीय सेवक किसी भी अभ्यर्थी के लिए निर्वाचक, मतदाता या गणना एजेंट नहीं बनेंगे।

चुनाव के समय आचार संहिता

- अधिकृत कार्यकर्ताओं को बिल्ला या पहचान-पत्र देना।
- मतदान के दिन और इसके 24 घंटे पहले किसी को शराब वितरित नहीं की जा सकती।
- मतदाताओं को दी जाने वाली पर्ची सादे कागज पर हों और उसमें प्रतीक चिह्न, अभ्यर्थी या दल का नाम न हों।

निर्वाचन आयोग द्वारा राजनीति के अपराधीकरण पर अंकुश लगाने का प्रयत्न किया गया और उससे भी बढ़कर वर्ष-2007 में निर्वाचन आयोग ने पहली बार यह प्रावधान किया कि निर्वाचन में भाग ले रहे उम्मीदवारों को अपने नामांकन-पत्र के साथ एक ऐसा हलफनामा प्रस्तुत करना होगा, जिसमें उम्मीदवार अपने शैक्षिक रिकॉर्ड, संपत्ति का विवरण तथा अपनी आपराधिक पृष्ठभूमि की भी घोषणा करेगा।

चुनाव सुधार

स्वतंत्र और निष्पक्ष निर्वाचन लोकतंत्र की आधारभूत शर्तें हैं। भारत में चुनाव में धन व बल का बड़े पैमाने पर प्रयोग होता है। स्वतंत्र और निष्पक्ष निर्वाचन के द्वारा ही सभी व्यक्तियों को लोकतांत्रिक व्यवस्था में भागीदारी का पूर्ण और वास्तविक अधिकार प्राप्त होगा। चुनाव में धन व बल का प्रयोग लोकतंत्र की मूल मान्यताओं के प्रतिकूल हैं। चुनाव में अपराधियों का प्रवेश लोकतंत्र की भावना को हतोत्साहित करने वाला है। भारत में चुनाव सुधारों के लिए दिनेश गोस्वामी समिति, इन्द्रजीत गुप्ता समिति और अनेक अन्य समितियों की भी स्थापना हुई, जिन्होंने निम्नलिखित चुनाव सुधारों पर बल दिया-

राज्य की सहायता (State Funding)

इन्द्रजीत गुप्ता समिति और अन्य समितियों के द्वारा भारत में राजनीतिक दलों को सरकार की द्वारा वित्तीय सहायता उपलब्ध कराने का समर्थन किया गया, **जिसके पक्ष में निम्नलिखित तर्क दिए गए-**

(i) वर्तमान चुनाव प्रणाली में राजनीतिक दल वाणिज्यिक घरानों से चंदा प्राप्त करते हैं। इसीलिए चुनाव जीतने के बाद उसके हितों को पूरा करते हैं, लेकिन जब राज्यों के द्वारा दलों को वित्तीय सहायता दी जाएगी, तो दल स्वतंत्र एवं निष्पक्ष रूप में कार्य करेंगे।

(ii) राजनीतिक दल सार्वजनिक कार्य को संपादित करते हैं। इसीलिए राज्य के द्वारा इन्हें वित्तीय सहायता प्राप्त होनी चाहिए।

(iii) राज्य के द्वारा वित्तीय सहायता प्राप्त होने से सभी राजनीतिक दलों को चुनाव में समान अवसर प्राप्त होंगे और धन के आधार पर कुछ दलों की प्राथमिकता नहीं रहेगी।

(iv) सभी आयोगों ने यह भी कहा है कि दलों को प्राप्त वित्तीय सहायता नकद राशि के रूप में नहीं, बल्कि सुविधाओं के रूप में प्राप्त होनी चाहिए। जैसे-दलों को सरकारी आवास की सुविधा देना, टेलीफोन एवं संचार माध्यमों पर प्रचार की सुविधा देना इत्यादि।

विपक्ष में तर्क

राज्य के द्वारा वित्तीय सहायता देने से चुनाव में धन का प्रयोग नहीं रुकेगा। राजनीतिक दल सरकार के द्वारा प्राप्त पैसे का उपयोग चुनाव के अलावा अन्य गतिविधियों में भी कर सकते हैं। कई लोग पैसा प्राप्त करने के लिए दलों का निर्माण कर लेंगे, जिससे वे राज्य से ज्यादा से ज्यादा आर्थिक सहायता प्राप्त कर सकें। आलोचक यह भी कहते हैं कि भारत सरकार के लिए कल्याणकारी कार्यों के लिए पैसे की अत्यधिक आवश्यकता है। इसलिए राज्य के द्वारा राजनीतिक दलों को पैसा देना तार्किक प्रतीत नहीं होता।

निर्वाचन आयोग की भूमिका अत्यधिक महत्त्वपूर्ण और प्रसंशनीय है। निर्वाचन आयोग ने लोक सभा के 16 चुनावों का सफलतापूर्वक संचालन किया है, लेकिन इसको प्रभावी बनाने के लिए भारत में तत्काल कुछ और चुनाव सुधारों की आवश्यकता है, **जिसमें कुछ निम्नलिखित हैं–**

- दलों को प्राप्त चंदों को सार्वजनिक कर उसके स्रोत को निर्वाचन आयोग को बताना चाहिए। वर्तमान में 2000 रुपए से ज्यादा प्राप्त राशि को सार्वजनिक रूप में निर्वाचन आयोग को बताना होगा।
- चुनाव आचार संहिता को वैधानिक आधार प्रदान किया जाए व इसके उल्लंघन करने वालों को दंडित करने का अधिकार भी चुनाव आयोग को सौंपा जाए।
- एक प्रत्याशी को दो निर्वाचन क्षेत्रों से चुनाव लड़ने पर स्पष्ट प्रतिबंध लगाया जाए तथा प्रत्याशी के चुनाव खर्च में दल के द्वारा खर्च की गई राशि को भी सम्मिलित किया जाए।
- प्रत्येक राजनीतिक दलों का वार्षिक अंकेक्षण किया जाए।
- जिन सांसदों और विधायकों के विरुद्ध अपराध के मामले लंबित हैं, उनको निपटाने के लिए **फास्ट ट्रैक कोर्ट** की स्थापना होनी चाहिए और एक निश्चित समय सीमा में इनके विरुद्ध चल रहे मामलों को निस्तारित किया जाना चाहिए।
- सांसदों और विधायकों के लिए निर्धारित खर्च का पालन सख्ती से किया जाए।
- चुनावों की वित्तीय सहायता सरकारों के द्वारा भी प्रदान की जा सकती है। इसका समर्थन इन्द्रजीत गुप्ता समिति ने किया था।
- भारत में लोकतंत्र की मूल समस्या प्रत्येक राजनीतिक दल का अलोकतांत्रिक होना है। अत: इनमें भी आंतरिक लोकतंत्र होना चाहिए। विगत् 60 वर्षों में भारतीय लोकतंत्र को शक्तिशाली बनाने में चुनाव आयोग की भूमिका अत्यंत उल्लेखनीय है।

चुनाव सुधार एवं न्यायपालिका

चुनाव प्रक्रिया में पारदर्शिता सुनिश्चित करने के लिए न्यायपालिका द्वारा कुछ महत्त्वपूर्ण निर्देश दिए गए हैं, **जो निम्नलिखित हैं-**

- वर्ष-2002 में उच्चतम न्यायालय द्वारा कहा गया कि चुनाव लड़ने वाले उम्मीदवारों को अपने शपथ-पत्र में कुछ महत्त्वपूर्ण जानकारियों को देना आवश्यक है। जैसे-प्रत्याशी के विरुद्ध किसी न्यायालय में कितने मुकदमें चल रहे हैं और कितने मुकदमों में प्रत्याशी दंडित किया जा चुका है, अथवा मुकदमें में दोषमुक्त होने का विवरण। ऐसे मामलों का विवरण देना आवश्यक है, जिसमें 2 वर्ष या अधिक सजा का प्रावधान है और ऐसे मामलों में प्रत्याशी के खिलाफ आरोप-पत्र दाखिल हो।
- चुनावी उम्मीदवार पति/पत्नी एवं उनके आश्रितों के नाम बैंक में जमा राशि एवं चल-अचल संपत्ति का विवरण देना आवश्यक है।
- उम्मीदवार की शैक्षिक योग्यता एवं बकाया देनदारियों का विवरण देना भी आवश्यक है।
- बिजली, पानी, परिवहन, आवास, टेलीफोन इत्यादि बकायों की सूचना देना भी आवश्यक है।
- वर्ष-2005 में उच्चतम न्यायालय ने निर्णय दिया कि दो वर्ष अथवा उससे अधिक की सजा पाए हुए प्रत्याशी चुनाव लड़ने के अयोग्य हैं, भले ही उन्होंने निर्णय के खिलाफ अपील कर रखी हो।
- 10 जुलाई, 2013 को उच्चतम न्यायालय ने जन-प्रतिनिधित्व अधिनियम, 1951 की धारा-8(4) को असंवैधानिक करार दिया। उच्चतम न्यायालय के निर्णय के बाद सर्वप्रथम कांग्रेस सांसद रसीद मसूद की सदस्यता समाप्त हुई और उसके बाद लालू प्रसाद यादव और जगदीश शर्मा की संसद सदस्यता समाप्त हो गई।
- 10 जुलाई, 2013 को उच्चतम न्यायालय ने एक याचिका पर सुनवाई करते हुए निर्णय दिया कि

जेल में बंद व्यक्ति चुनाव नहीं लड़ सकता, लेकिन संसद के दोनों सदनों द्वारा जन-प्रतिनिधित्व (संशोधन एवं वैधीकरण) विधेयक, 2013 पारित किया गया, जिसके अनुसार जेल में बंद व्यक्ति का नाम निर्वाचक नामावली में बना रहता है। अतः वह निर्वाचक भी बना रहता है। इसीलिए वह चुनाव प्रत्याशी के रूप में नामांकन दाखिल कर सकता है।

- **पब्लिक इंटरेस्ट फाउंडेशन एवं अन्य** की जनहित याचिका पर उच्चतम न्यायालय ने 10 मार्च, 2014 को निचली अदालतों को यह निर्देश दिया कि सांसदों तथा विधायकों के मामलों को एक वर्ष की तय समय सीमा में निपटाएं।
- वोटर वेरिफाइड पेपर ऑडिट ट्रेल (वी.वी.पी.ए.टी.) प्रणाली के उपयोग के लिए निर्वाचन आयोग को उच्चतम न्यायालय ने 8 अक्टूबर, 2013 को निर्देशित किया।

चुनाव सुधार के संबंध में विधि आयोग की रिपोर्ट

विधि आयोग की 170वीं रिपोर्ट में चुनाव सुधारों के संबंध में अनेक सुझाव दिए गए। आयोग के अनुसार, भारत में आनुपातिक चुनाव प्रणाली के प्रयोग पर सरकार के द्वारा विचार किया जा सकता है। आयोग ने यह भी कहा है कि दल-बदल अधिनियम के अंतर्गत सांसदों की अयोग्यता का निर्धारण चुनाव आयोग की सलाह पर राष्ट्रपति या राज्यपाल के द्वारा होना चाहिए। वर्तमान में अयोग्यता का निर्धारण लोक सभा अध्यक्ष करता है।

चुनाव आयोग का अपना पृथक् सचिवालय होना चाहिए तथा निर्वाचन आयुक्तों की नियुक्ति के लिए एक समिति का गठन किया जाए, जिसमें प्रधानमंत्री लोक सभा में विपक्ष का नेता अथवा सबसे बड़े दल का नेता और उच्चतम न्यायालय का मुख्य न्यायाधीश शामिल होना चाहिए। निर्वाचन आयोग में मुख्य निर्वाचन आयुक्त और अन्य आयुक्तों को हटाने का प्रावधान एकसमान होना चाहिए। विभिन्न संस्थाओं के द्वारा संपादित जनमत को नियंत्रित करने की आवश्यकता है और जिन संस्थाओं के द्वारा जनमत आयोजित होता है, उनकी विश्वसनीयता की जांच होनी चाहिए।

आयोग के अनुसार, उम्मीदवारों को वापस बुलाने का अधिकार प्रदान करना (Right to Recall) अभी भारतीय परिस्थितियों में व्यावहारिक नहीं है। सरकार के द्वारा प्रायोजित विज्ञापनों पर नियंत्रण तथा किसी उम्मीदवार को दो स्थानों से चुनाव लड़ने पर प्रतिबंध होना चाहिए एवं निर्दलीय उम्मीदवारों को चुनाव में भाग लेने से प्रतिबंधित किया जाना चाहिए। आयोग ने यह भी कहा कि उम्मीदवारों के चुनाव खर्च में दल के द्वारा किए गए चुनाव खर्च भी शामिल होने चाहिए। आयोग ने पेड न्यूज (Paid News) के प्रावधान को मुक्त चुनाव या स्वतंत्र चुनाव का विरोधी कहा है। आयोग ने अनिवार्य मतदान के प्रावधान का समर्थन नहीं किया।

अध्याय 2

जन-प्रतिनिधित्व अधिनियम

(Representation of People Act)

● जन-प्रतिनिधित्व अधिनियम, 1950, ● जन-प्रतिनिधित्व अधिनियम, 1951, ● जन-प्रतिनिधित्व अधिनियम, 1950 एवं 1951 की बीच तुलना, ● जन-प्रतिनिधित्व अधिनियम, 1951 में सुधार, बाधा, ● मतदाता नियम पंजीकरण अधिनियम, 1960, ● निर्वाचन आचार नियम, 1961, ● चुनाव चिह्न आरक्षण एवं वितरण आदेश, 1968, ● जन-प्रतिनिधित्व अधिनियम और उच्चतम न्यायालय, ● मुख्य सूचना आयुक्त और जन-प्रतिनिधित्व अधिनियम, 1951, ● दलों के संबंध में मुख्य सूचना आयुक्त का निर्णय, ● जन-प्रतिनिधित्व अधिनियम में संशोधन की मांग, ● जन-प्रतिनिधित्व अधिनियम और नोटा, ● लोक सभा व विधान सभा के साथ-साथ चुनाव

संविधान में निर्वाचन प्रक्रियाओं के किसी प्रकार का उल्लेख नहीं है, बल्कि यह कहा गया है कि निर्वाचन आयोग द्वारा लोक सभा और विधान सभा के चुनाव आयोजित कराए जाएंगे। इसका विस्तृत उल्लेख जन-प्रतिनिधित्व अधिनियम, 1950 में किया गया है। भारतीय संविधान में सांसदों की योग्यता और अयोग्यता का संक्षिप्त उल्लेख किया गया है तथा इसके साथ यह उल्लिखित है कि इसका निर्धारण संसद के द्वारा किया जाएगा। इसीलिए जन-प्रतिनिधित्व अधिनियम का निर्माण किया गया। संविधान में उल्लिखित है कि लोक सभा में प्रत्येक राज्य को प्रदान की गई सीटें जनसंख्या के अनुपात में समूचे देश के लिए एकसमान तथा एक राज्य के अंतर्गत् लोक सभा सीटों का आकार भी समान होना चाहिए। इसका उल्लेख जन-प्रतिनिधित्व अधिनियम में किया गया है। लोकतंत्र के कार्यकरण का मूल आधार राजनीतिक दल हैं तथा राजनीतिक दलों का रजिस्ट्रेशन उनकी मान्यता के लिए जन-प्रतिनिधित्व अधिनियम का प्रावधान किया गया है। इसीलिए लोकतंत्र के प्रकार्यात्मक या क्रियात्मक पहलू को देखने के लिए जन-प्रतिनिधित्व अधिनियम का अध्ययन आवश्यक है।

प्रकृति

जन-प्रतिनिधित्व अधिनियम की प्रकृति सांविधिक है, जिसका अभिप्राय है कि जन-प्रतिनिधित्व अधिनियम का निर्माण संसदीय विधि के द्वारा किया गया है। अत: जन-प्रतिनिधित्व अधिनियम में संशोधन की शक्ति भी संसद के पास है।

जन-प्रतिनिधित्व अधिनियम, 1950

जन-प्रतिनिधित्व अधिनियम, 1950 को पांच भागों में विभाजित किया गया है। पहले भाग में, विभिन्न शब्दों को परिभाषित किया गया है। जैसे-चुनाव आयोग, संसदीय चुनाव क्षेत्र इत्यादि। इस अधिनियम के दूसरे भाग में, लोक सभा में सीटों के आवंटन तथा चुनाव क्षेत्रों के परिसीमन का प्रावधान किया गया है और इसी भाग में विधान सभाओं की कुल संख्या का उल्लेख तथा विभिन्न राज्य विधान सभाओं में आरक्षित सीटों का भी उल्लेख किया गया है। उदाहरण के लिए, अरूणाचल प्रदेश की विधान सभा में अनुसूचित जनजातियों के लिए सीटें आरक्षित रहेंगी। इसके अतिरिक्त नागालैंड, मिजोरम और मेघालय में भी अनुसूचित जनजातियों के लिए आरक्षण का प्रावधान किया गया है। अधिनियम की धारा-8(A) में अरूणाचल प्रदेश, असम, मणिपुर और नागालैंड की लोक सभा और विधान सभा क्षेत्रों के परिसीमन का प्रावधान है। खंड-9 में चुनाव आयोग की परिसीमन की शक्तियों का उल्लेख

है। खंड-10 में विधान परिषदों के सीटों के आवंटन का उल्लेख है तथा इसके साथ विधान परिषदों की सीटों का भी वर्णन किया गया है।

जन-प्रतिनिधित्व अधिनियम के भाग-2(A) में मुख्य निर्वाचन अधिकारी के कार्यों और जनपद निर्वाचन अधिकारियों का भी उल्लेख किया गया है। इसी में मतदाताओं के पंजीकरण अधिकारियों का भी उल्लेख है। जबकि भाग-2(B) में संसदीय चुनाव क्षेत्र के लिए निर्वाचक नामावली का भी उल्लेख किया गया है, जिसमें जम्मू एवं कश्मीर की निर्वाचक नामावली सम्मिलित नहीं है। भाग-3 में विधान सभा क्षेत्रों के लिए निर्वाचक नामावली का प्रावधान किया गया है तथा भाग-3 के खंड-16 में निर्वाचक नामावली में पंजीकरण की अयोग्यता का भी उल्लेख किया गया है। खंड-17 में यह उल्लिखित है कि कोई भी व्यक्ति एक से अधिक निर्वाचन क्षेत्रों में अपना नाम निर्वाचक नामावली में दर्ज नहीं कराएगा तथा इसी में निवासियों को भी परिभाषित किया गया है। खंड-20(A) के द्वारा भारत से बाहर निवास कर रहे नागरिकों के लिए विशेष प्रावधान तथा इसी में निर्वाचक नामावली के निर्माण और संशोधन का भी उल्लेख किया गया है।

भाग-4 में विधान परिषदों के निर्वाचक नामावली का भी निर्माण, जबकि भाग-4(A) में राज्य सभा में केंद्रशासित क्षेत्रों के प्रतिनिधित्व का उल्लेख किया गया है। भाग-5 में सामान्य प्रावधानों का उल्लेख है, जिसके अनुसार, संसद, निर्वाचन आयोग की सहायता से विधि नियमों का निर्माण कर सकती है। खंड-30 में यह उल्लिखित है कि निर्वाचक नामावली से जुड़े हुए किसी विवाद में सिविल न्यायालय का कोई अधिकार नहीं होगा तथा कोई भी निर्वाचन अधिकारी निर्वाचक नामावली का निर्माण करते समय इन नियमों का उल्लंघन नहीं करेगा।

जन-प्रतिनिधित्व अधिनियम, 1951

जन-प्रतिनिधित्व अधिनियम, 1951 को 10 भागों में विभाजित किया गया है। पहले भाग में विभिन्न शब्दावली तथा दूसरे भाग में सांसदों की योग्यताओं का और विधान सभा सदस्यों की योग्यताओं तथा विधान परिषद् के सदस्यों की योग्यताओं का भी इसी भाग में उल्लेख किया गया है। अधिनियम के खंड-8 में विभिन्न अपराधों के संबंधों व अयोग्यताओं का उल्लेख किया गया है। अधिनियम के खंड-8(A) में भ्रष्ट आचरण के आधार पर अयोग्यताओं का भी उल्लेख है। यदि किसी व्यक्ति को राज्य की निष्ठा के विरुद्ध दोषी ठहराया गया है, तो उसे पांच वर्षों तक के लिए चुनाव लड़ने के लिए अयोग्य माना जाएगा तथा कोई भी व्यक्ति जो सरकारी कंपनी या सरकार के द्वारा लिए गए ठेके से संबंधित है, वह चुनाव लड़ने के लिए अयोग्य होगा। खंड-10(A) में यह भी उल्लेख है कि प्रत्येक निर्वाचित सदस्य यदि चुनाव खर्च का विवरण चुनाव आयोग को न दे, तो उसे अयोग्य करार दिया जाएगा। इस अधिनियम में मतदाताओं के मतदान की अयोग्यता का भी उल्लेख किया गया है।

भाग-3 में सामान्य चुनाव, राज्य सभा के चुनाव अथवा उप-चुनाव तथा लोक सभा के चुनाव की अधिसूचना जारी करने का प्रावधान है। राज्य विधान सभा व राज्य विधान परिषदों के लिए भी अधिसूचना जारी करने का प्रावधान वर्णित है। भाग-4 में चुनाव संपन्न कराने के प्रशासन तंत्र का उल्लेख किया गया है, जिसमें मुख्य निर्वाचन अधिकारी, जनपद निर्वाचन अधिकारी के कर्त्तव्यों का उल्लेख है। इसी अधिनियम में चुनाव संपन्न कराने के लिए पर्यवेक्षकों का भी उल्लेख किया गया है। इस अधिनियम के अंतर्गत् मतदान अधिकारी और उसके सहायक अधिकारियों का उल्लेख है, चुनाव बूथ और इन पर तैनात होने वाले पीठासीन अधिकारियों का भी उल्लेख किया। भाग-4(A) के खंड-29(A) में राजनीतिक दलों के पंजीकरण का प्रावधान है। खंड-29(B) में राजनीतिक दलों को चंदे प्राप्त करने का भी अधिकार है। खंड-29(C) में यह उल्लेखनीय है कि दलों को प्राप्त चंदों का प्रभावी विवरण दिया जाएगा, परंतु 20,000 रुपए से कम चंदे की राशि का विवरण चुनाव आयोग को देना अनिवार्य नहीं है।

भाग-5 में चुनाव संपादन की प्रक्रिया का उल्लेख है, जिसमें खंड-30 में उम्मीदवारों के नामांकन का प्रावधान भी दिया गया है। उम्मीदवारों को अपना नामांकन-पत्र दाखिल करना होता है तथा वे इसे वापस भी ले सकते हैं। वर्ष-2002 में इस अधिनियम में खंड-33(A) जोड़ा गया, जिसमें यह उल्लेखनीय है कि चुनाव में भाग लेने वाले उम्मीदवारों को अपनी शैक्षिक पृष्ठभूमि, वित्तीय देनदारी तथा आपराधिक रिकॉर्ड का भी उल्लेख करना होगा। खंड-34

में जमानत राशि का उल्लेख है, जिसके अनुसार संसदीय चुनाव में उम्मीदवार को 25,000 रुपए की जमानत राशि जमा करनी होगी। अनुसूचित जाति एवं जनजातियों के लिए यह राशि 12,500 रुपए हैं। विधान सभा चुनाव के लिए जमानत की राशि 10,000 रुपए है। जबकि अनुसूचित जातियों एवं जनजातियों के लिए 5,000 रुपए की राशि निर्धारित हैं। खंड-39(A) के अनुसार, चुनाव आयोग के द्वारा मान्यता प्राप्त राजनीतिक दलों को टेलीविजन पर प्रचार का समय दिया जाएगा। इस अधिनियम में चुनाव निगरानी करने वाले एजेंट के कार्यों तथा उनकी नियुक्ति एवं अयोग्यता का भी उल्लेख है। चुनाव के समय का निर्धारण, पुनर्मतदान और किसी आपातकाल की स्थिति में चुनाव को स्थगित करने का भी प्रावधान है। मतदान का अधिकार, निर्वाचन क्षेत्रों में इलेक्ट्रॉनिक मशीन लगाना, मतों की गणना तथा परिणामों की घोषणा का प्रावधान अधिनियम में वर्णित हैं। यदि कोई सदस्य दो संसदीय क्षेत्रों से निर्वाचित हो जाए, तो 10 दिनों की अवधि के अंदर उसे यह सूचित करना होगा कि वह किस सीट को रिक्त कर रहा है। अधिनियम खंड-75(A) में सदस्यों को अपनी संपत्ति और देनदारी का उल्लेख करना होगा। खंड-80 में यह कहा गया है कि निर्वाचन के संबंध में कोई विवाद उच्च न्यायालय के समक्ष प्रस्तुत किया जाएगा। उच्च न्यायालय जन-प्रतिनिधित्व अधिनियम के उल्लंघन के आधार पर किसी उम्मीदवार के निर्वाचन को रद्द कर सकता है, जबकि उच्च न्यायालय के निर्णय की उच्चतम न्यायालय में अपील की जा सकती है।

भाग-7 में निर्वाचन से संबंधित अपराध एवं भ्रष्ट आचरण का उल्लेख किया गया है, जिसके अंतर्गत् दो समुदायों अथवा वर्गों के बीच विद्वेष उत्पन्न करना, झूठा एफीडेविड दायर करना अपराध है। चुनाव के समाप्त होने के 48 घंटे पहले सार्वजनिक सभाएं आयोजित नहीं होंगी। खंड-126(A) में यह उल्लेखनीय है कि चुनाव के विभिन्न चरणों के दौरान एक्जिट पोल (Exit Poll) का प्रसारण नहीं होगा और चुनावी सभाओं के दौरान किसी प्रकार की कोई गड़बड़ी नहीं होगी। चुनाव के दौरान गुप्त मतदान के प्रावधान को बनाए रखा जाएगा तथा कोई भी अधिकारी मतदाताओं को प्रभावित करने का प्रयत्न नहीं करेगा। चुनाव बूथ के निकट प्रचार करना प्रतिबंधित है तथा चुनाव बूथ के निकट अव्यवस्था पैदा करने के लिए दंड का प्रावधान भी है। सरकार के अधिकारी चुनावी एजेंडे या मतगणना एजेंट के रूप में कार्य नहीं कर सकते और चुनाव बूथ के निकट कोई भी अधिकारी हथियार लेकर प्रवेश नहीं करेगा एवं चुनावी केंद्र से मत-पत्र को हटाना तथा बूथ कैपचरिंग भी एक अपराध है। चुनाव के दिन न शराब की बिक्री होगी और न ही इसका वितरण किया जाएगा, (धारा-135(C))।

अधिनियम के भाग-8 में सदस्यों की अयोग्यता का उल्लेख किया गया है। चुनाव आयोग के द्वारा इस संबंध में राष्ट्रपति एवं राज्यपाल को सलाह दी जाएगी तथा भाग-9 में उप-चुनाव का प्रावधान किया गया है। यदि लोक सभा या राज्य विधान सभा में आवश्यक रूप से कोई स्थान रिक्त हो जाता है, तो इसके लिए आयोग के द्वारा चुनाव कराए जाएंगे। खंड-151(A) में यह उल्लिखित है कि सीट रिक्त होने के छह महीने की अवधि के अंदर चुनाव कराया जाएगा। भाग-10 में अवशिष्ट तत्त्वों का उल्लेख है, जिसमें चुनाव पूर्ण करने की समय सीमा को बढ़ाने का उल्लेख है तथा विधान सभाओं के सदस्यों को विधान परिषदों के सदस्यों के संबंध में अधिसूचना का प्रावधान है। जन-प्रतिनिधित्व अधिनियम के संदर्भ में विधि के निर्माण का अधिकार भारतीय संसद को दिया गया है।

जन-प्रतिनिधित्व अधिनियम, 1950 एवं 1951 की बीच तुलना

जन-प्रतिनिधित्व अधिनियम, 1950 में लोक सभा और विधान सभा में सीटों के आवंटन का उल्लेख किया गया है, जबकि वर्ष-1951 का अधिनियम अत्यधिक विस्तृत और व्यापक है, जिसमें उम्मीदवारों की योग्यता व अयोग्यता का विस्तृत उल्लेख किया गया है तथा चुनाव विवाद से संबंधित उच्च न्यायालय के अधिकार क्षेत्र का भी उल्लेख किया गया है। वर्ष-1950 के अधिनियम में निर्वाचन नामावली के निर्माण और उनके संशोधन का प्रावधान है। जबकि वर्ष-1951 के अधिनियम में चुनाव की विस्तृत प्रक्रिया तथा पर्यवेक्षकों का तथा उप-चुनाव एवं मध्यावधि चुनाव का भी उल्लेख है। अधिनियम, 1950 संक्षिप्त है, जिसमें सीटों की संख्या और परिसीमन के प्रावधान का उल्लेख है। जबकि वर्ष-1951 के अधिनियम में दलों के रजिस्ट्रेशन

का प्रावधान तथा चुनाव के अवैध आचरण का विस्तारित अर्थ लिखा गया है एवं चुनाव कराने के लिए तैनात चुनाव अधिकारियों का भी व्यापक उल्लेख है।

जन-प्रतिनिधित्व अधिनियम, 1951 में सुधार

इसमें यह प्रावधान है कि कोई भी प्रत्याशी एक साथ लोक सभा की या विधान सभा की दो सीटों पर चुनाव लड़ सकता है। जन-प्रतिनिधित्व अधिनियम, 1951 के खंड-33 में संशोधन की आवश्यकता है तथा केवल यह प्रावधान होना चाहिए कि एक प्रत्याशी केवल एक स्थान से ही चुनाव लड़ सकें भारत में जन-प्रतिनिधित्व अधिनियम, 1951 के खंड-29(A) में भी संशोधन की आवश्यकता है, जिसमें दलों के पंजीकरण का प्रावधान है। भारत में अनेक फर्जी दल, गैर-गंभीर दल अपना रजिस्ट्रेशन करवा लेते हैं। भारत में दलीय उम्मीदवारों के लिए भी कुछ निश्चित प्रतिबंध लगाने की आवश्यकता है, क्योंकि भारत दुनिया का एकमात्र लोकतांत्रिक देश है, जहां निर्दलीय प्रत्याशियों की संख्या हजारों में है।

जन-प्रतिनिधित्व अधिनियम, 1951 के खंड-29(c) में भी सुधार की आवश्यकता है। प्रत्येक राजनीतिक दलों को अपने चंदे का स्रोत सार्वजनिक करना चाहिए, चाहे वह चंदा 20,000 रुपए से कम राशि का ही क्यों न हो? जन-प्रतिनिधित्व अधिनियम, 1951 के खंड-10(A) में यह उल्लिखित है कि यदि कोई प्रत्याशी अपने चुनाव खर्च का सही विवरण नहीं देता है, तो उसे तीन वर्षों के लिए चुनाव लड़ने से प्रतिबंधित कर दिया जाए और जिन प्रत्याशियों के ऊपर हत्या और गंभीर अपराध के मुकदमे चल रहे हैं, उन्हें भी चुनाव में भागीदारी से प्रतिबंधित करने की आवश्यकता है। इसीलिए जन-प्रतिनिधित्व अधिनियम, 1951 के खंड-8 में परिवर्तन की आवश्यकता है। भारत में लोक सभा और विधान सभा चुनाव में चुनाव खर्च की सीमा निर्धारित की गई है, जो लोक सभा चुनाव के लिए यह 70 लाख तथा विधान सभा चुनाव के लिए 28 लाख रुपए हैं। इस सीमा को सख्ती से पालन कराने की आवश्यकता है।

बाधा

भारत में राजनीतिक दलों का स्वरूप ही अलोकतांत्रिक है, इसीलिए ये किसी लोकतांत्रिक सुधार का समर्थन नहीं करते। भारत में जन-प्रतिनिधित्व अधिनियम में निर्माण और संशोधन की शक्ति संसद के पास है। इसीलिए अधिनियम में परिवर्तन तुलनात्मक रूप में कठिन होता है, क्योंकि विभिन्न दलों के बीच इसके लिए सहमति नहीं बन पाती। जन-प्रतिनिधित्व अधिनियम के संबंध में लोगों में जागरूकता का अभाव है। इसीलिए सुधारों की स्पष्ट मांग नहीं आती। जन-प्रतिनिधित्व में सुधार की अनुशंसा विभिन्न समितियों के द्वारा की गई हैं, परंतु इसको क्रियान्वित करने की इच्छाशक्ति का अभाव है।

मतदाता नियम पंजीकरण अधिनियम, 1960

इसके अंतर्गत् सभी चुनाव क्षेत्रों के मतपत्रों का निर्माण होगा एवं विदेश में रहने वाले भारतीय मतदाताओं के पंजीकरण का प्रावधान भी दिया गया है। पंजीकरण के संबंध में शिकायतों को दर्ज करने का प्रावधान है तथा इसके लिए अधिकारियों की नियुक्ति की गई है। मतपत्रों में त्रुटिपूर्ण नामों को हटाया जाएगा और प्रत्येक चुनाव क्षेत्र में मतपत्रों का सुधार और संशोधन होगा।

निर्वाचन आचार नियम, 1961

इन नियमों का निर्माण प्रतिनिधित्व अधिनियम के पूरक के रूप में किया गया है, जिसके अंतर्गत् नामांकन-पत्र दाखिल करने के तरीके संसद और विधान सभा चुनाव के लिए प्रयोग होने वाले चुनाव चिह्न का उल्लेख किया गया है तथा चुनाव में भाग ले रहे उम्मीदवारों की सूची का निर्माण किया जाएगा। इसी नियम में डाक मतपत्र का प्रावधान भी किया गया है तथा चुनाव में तैनात अधिकारियों को भी मत देने का प्रावधान है और इसमें मतपत्रों के प्रकार का उल्लेख है एवं इसी में छद्म मतदान का भी प्रावधान है। इसके अंतर्गत् चुनाव के लिए मतपेटियों का निर्माण होता है तथा मतदान के दौरान मतपत्रों को सील किया जाता है एवं मतपेटियों को मतगणना केंद्र तक पहुंचाने का प्रावधान है। इसी के अंतर्गत् इलेक्ट्रॉनिक वोटिंग मशीन का डिजाइन निर्मित होता है तथा इसी के अंतर्गत् फार्म-49(0) का वितरण किया जाता है। इसके द्वारा वे मतदाता जो किसी भी उम्मीदवार के लिए वोट नहीं देना चाहते थे, उन्हें यह फार्म भरना पड़ता था, परंतु नोटा के लागू होने के बाद यह प्रावधान समाप्त कर दिया गया है।

डाक से प्राप्त मतों की गिनती का भी प्रावधान किया गया है एवं अन्य मतों की गिनती का भी उल्लेख है। इसी के अंतर्गत् पुनर्मतगणना का प्रावधान भी है और चुनाव परिणाम की घोषणा भी की जाती है। विधान सभा और विधान परिषद् के लिए होने वाले चुनाव का भी प्रावधान वर्णित है। पंजीकृत राजनीतिक दलों को इसके द्वारा सुविधा प्रदान की जाती है तथा चुनावी खर्च के विवरण का प्रावधान भी उल्लिखित है।

चुनाव चिह्न आरक्षण एवं वितरण आदेश, 1968

इसी आदेश के अनुसार निर्वाचन आयोग के द्वारा राजनीतिक दलों को राष्ट्रीय एवं क्षेत्रीय राजनीतिक दलों के रूप में मान्यता दी जाती है और राष्ट्रीय दलों के द्वारा अपने चुनाव चिह्न का प्रयोग समूचे भारत के लिए किया जा सकता है। जबकि क्षेत्रीय राजनीतिक दलों के द्वारा अपने चुनाव चिह्न का प्रयोग केवल उसी राज्य में किया जाएगा, जहां उन्हें क्षेत्रीय राजनीतिक दल के रूप में मान्यता प्रदान की गई है। उदाहरण के लिए, उत्तर प्रदेश में समाजवादी पार्टी का चुनाव चिह्न साइकिल है तथा आंध्र प्रदेश में तेलुगू देशम पार्टी का चुनाव चिह्न भी साइकिल है, क्योंकि दोनों क्षेत्रीय राजनीतिक दल हैं।

प्रत्येक राजनीतिक दल निर्वाचन आयोग से चुनाव चिह्न की मांग कर सकता है, परंतु इन चुनाव चिह्न को आवंटित करने का अधिकार निर्वाचन आयोग का है। किसी राजनीतिक दल में विभाजन की स्थिति में चुनाव चिह्न के आवंटन और प्रयोग का अधिकार निर्वाचन आयोग ही निर्धारित करेगा।

जन-प्रतिनिधित्व अधिनियम और उच्चतम न्यायालय

10 जुलाई, 2013 को उच्चतम न्यायालय के द्वारा जन-प्रतिनिधित्व अधिनियम, 1951 की धारा-8 के खंड-4 को अवैधानिक घोषित कर दिया गया, जिसमें यह उल्लेख था कि यदि किसी वर्तमान सांसद को 2 वर्ष या उससे ज्यादा की सजा प्राप्त होती है, तो उसे 3 महीने के अंतर्गत् उच्चतम न्यायालय में अपील का अधिकार होगा और उसकी सदस्यता तब तक बनी रहेगी, जब तक अपील में न्यायपालिका का निर्णय नहीं आता। जन-प्रतिनिधित्व की धारा-8 के खंड-1, 2 एवं 3 में यह स्पष्ट उल्लिखित है कि यदि किसी व्यक्ति को 2 वर्ष या उससे ज्यादा की सजा प्राप्त हो, तो ऐसा व्यक्ति इस सजा को काटने के बाद 6 वर्ष तक चुनाव नहीं लड़ सकता।

उच्चतम न्यायालय का तर्क

उच्चतम न्यायालय के अनुसार, यदि कोई अपराधी चुनाव लड़ने के लिए अयोग्य घोषित हो जाता है, तो उसे सांसद बने रहने का कोई अधिकार नहीं है, क्योंकि संविधान के अनुच्छेद-102 एवं अनुच्छेद-191 में जहां सांसदों और विधायकों की अयोग्यता का भी उल्लेख किया गया है। इसके लिए अलग-अलग विधि का निर्माण नहीं हो सकता। यद्यपि उच्चतम न्यायालय ने यह भी कहा कि जो दोषी सांसद पहले ही अपील दायर कर चुके हैं, उनकी सदस्यता पर इस निर्णय का प्रभाव नहीं पड़ेगा।

निर्णय का प्रभाव

भारत में उच्चतम न्यायालय के इस निर्णय को राजनीति के अपराधीकरण को नियंत्रित करने के लिए अत्यधिक महत्त्वपूर्ण माना जा रहा है। इसी के परिणामस्वरूप लालू प्रसाद यादव व जगन्नाथ मिश्रा को सजा भी दी गई और लालू प्रसाद यादव, राशीद मसूद जैसे सांसदों को अयोग्य घोषित कर दिया गया। सरकार के द्वारा उच्चतम न्यायालय के इस निर्णय को परिवर्तित करने के लिए अध्यादेश लाने का प्रयत्न किया गया, परंतु जनता के दबाव के कारण सरकार ने उच्चतम न्यायालय के निर्णय को मान लिया। वर्तमान में उच्चतम न्यायालय के समक्ष एक और जनहित याचिका लंबित है, जिसमें जन-प्रतिनिधित्व अधिनियम की धारा-8 में परिवर्तन की मांग की जा रही है। इसके अनुसार, जिन राजनेताओं पर ऐसे गंभीर आरोप में चार्जशीट दायर की गई है तथा जिन्हें पांच वर्ष से ज्यादा की सजा हो सकती है, ऐसे उम्मीदवारों की सदस्यता को तत्काल रद्द कर दिया जाए।

जेल में बंद व्यक्तियों के चुनाव लड़ने पर रोक

उच्चतम न्यायालय ने एक महत्त्वपूर्ण निर्णय के अंतर्गत् कहा कि ऐसे व्यक्ति जिन्हें वैधानिक रूप में हिरासत में रखा गया है अथवा किसी आपराधिक मामले में जेल में

बंदी बनाया गया, वे मतदान नहीं कर सकते और इससे भी बढ़कर वे चुनाव नहीं लड़ सकते। जन-प्रतिनिधित्व अधिनियम, 1951 की धारा-62 के खंड-5 में स्पष्ट कहा गया है कि चुनाव लड़ने के लिए व्यक्ति को मतदान करने की हैसियत प्राप्त होनी चाहिए। इसीलिए जिस व्यक्ति को मतदान का अधिकार नहीं है, उसे चुनाव लड़ने का भी अधिकार नहीं है, परंतु संसद के द्वारा उच्चतम न्यायालय के इस निर्णय को परिवर्तित कर दिया गया।

मुख्य सूचना आयुक्त और जन-प्रतिनिधित्व अधिनियम, 1951

जन-प्रतिनिधित्व अधिनियम, 1951 की धारा-29(A) में दलों के रजिस्ट्रेशन का प्रावधान किया गया है। जन-प्रतिनिधित्व अधिनियम, 1951 के खंड-10(A) में यह उल्लिखित किया गया है कि यदि कोई उम्मीदवार अपने चुनाव खर्च का विवरण नहीं देगा, तो उसे चुनाव में भागीदारी के लिए 3 साल तक प्रतिबंधित किया जा सकता है। जन-प्रतिनिधित्व अधिनियम, 1951 की धारा-78(A) में यह उल्लिखित है कि प्रत्येक राजनीतिक दल को अपना अंकेक्षण कराना होगा और उसे प्रकाशित करना होगा। जन-प्रतिनिधित्व अधिनियम, 1951 में वर्ष-2003 में एक महत्त्वपूर्ण परिवर्तन करते हुए एक प्रावधान धारा-29(C) को जोड़ा गया, जिसमें सभी राजनीतिक दल 20,000 रुपए से अधिक राशि से प्राप्त होने वाले चंदों के स्रोतों को प्रकाशित करें। सार्वजनिक रूप में इसमें कई समस्याएं हैं। राजनीतिक दल चंदे की राशि को 20,000 रुपए से कम ही दिखाते हैं। राजनीतिक दलों का यह तर्क है कि वे अपने चुनाव खर्चों का आंकड़ा निर्वाचन आयुक्त को देते हैं। इसीलिए सूचना के अधिकार के दायरे में शामिल नहीं होंगे। राजनीतिक दलों का यह भी तर्क है कि सूचना के अधिकार का कानून सार्वजनिक या लोक संस्था के लिए लागू होता है, राजनीतिक दल, सार्वजनिक या लोक संस्थाओं के लिए नहीं।

दलों के संबंध में मुख्य सूचना आयुक्त का निर्णय

जून, 2013 में मुख्य सूचना आयुक्त के द्वारा अत्यधिक महत्त्वपूर्ण निर्णय में यह कहा गया कि राजनीतिक दल लोक संस्थाएं हैं। इसीलिए सूचना के अधिकार अधिनियम के अंतर्गत् आते हैं। आयोग ने यह स्पष्ट कहा कि कांग्रेस, भारतीय जनता पार्टी, नेशनलिस्ट कांग्रेस पार्टी, सी.पी.आई.(एम), सी.पी.आई(एम.एल.), बहुजन समाजवादी पार्टी जैसे राष्ट्रीय दलों को सरकार के द्वारा बड़ी वित्तीय सहायता उपलब्ध कराई जाती है, इसीलिए वे लोक संस्थाओं में शामिल हैं। राजनीतिक दलों का कार्य भी सार्वजनिक प्रकृति का है। सूचना के अधिकार अधिनियम में यह स्पष्ट उल्लिखित है कि ऐसे गैर-सरकारी स्वैच्छिक संगठन, जिन्हें सरकार से प्रत्यक्ष या परोक्ष रूप में वित्तीय सहायता प्राप्त होती हैं, वे सूचना के अधिकार अधिनियम के अंतर्गत् आते हैं। इसीलिए राजनीतिक दल भी इसके अंतर्गत् आएंगे।

निर्णय का परिणाम

इस निर्णय के परिणामस्वरूप कोई भी नागरिक राजनीतिक दलों से संबंधित सूचना मांग सकता है। इस सूचना के अधिकार के द्वारा राजनीतिक दलों को प्राप्त होने वाले वित्तीय स्रोत और उनकी प्रक्रिया की जानकारी मांगी जा सकती है। राजनीतिक दलों की निर्णय प्रणाली की भी सूचना मांगी जा सकती है।

व्यावहारिक समस्याएं

सूचना आयुक्त के निर्णय देने के बाद भी अभी तक राजनीतिक दलों पर सूचना प्रदान करने के लिए यह निर्णय अभी भी लागू नहीं हैं। सूचना के अधिकार कार्यकर्ता सुभाष अग्रवाल के द्वारा सूचना आयुक्त से इस निर्णय को लागू करने की मांग की गई है। अभी भी दलों का यह विचार है कि वे सूचना के अधिकार अधिनियम में संशोधन करेंगे। यह उल्लेखनीय है कि भारतीय साम्यवादी दल ने इस निर्णय को लागू कर दिया है।

जन-प्रतिनिधित्व अधिनियम में संशोधन की मांग

(i) आजीवन प्रतिबंध

वर्तमान अधिनियम, 1951 के अनुसार, यदि किसी व्यक्ति को उच्चतम न्यायालय के द्वारा 2 वर्ष या उससे अधिक समय के लिए दंडित किया गया हो, तो उस व्यक्ति को 6 वर्ष के लिए निर्वाचन में भाग लेने से प्रतिबंधित कर दिया जाएगा। वर्तमान में यह मांग की जा रही है कि न्यायालय द्वारा दंडित व्यक्ति को आजीवन चुनाव में भाग लेने से प्रतिबंधित कर देना चाहिए।

(ii) **विचाराधीन कैदियों पर प्रतिबंध**

जन-प्रतिनिधित्व अधिनियम के अनुसार, यदि किसी व्यक्ति के विरुद्ध न्यायालय में कोई मामला लंबित हो, तो उसे निर्वाचन में भाग लेने से प्रतिबंधित नहीं किया जाएगा। जबकि अधिनियम में संशोधन करने की आवश्यकता है और जिन व्यक्तियों के विरुद्ध न्यायालय में हत्या व डकैती जैसे गंभीर आरोप लंबित हैं, तो उन्हें चुनाव में भाग लेने से प्रतिबंधित कर दिया जाए। वर्ष-2018 में उच्चतम न्यायालय ने जनहित याचिका (PIL) का निर्धारण करते हुए कहा कि इस संबंध में न्यायालय चुनाव में भाग लेने पर प्रतिबंध आरोपित नहीं कर सकता, अपितु संसद को विधि का निर्माण करना चाहिए।

(iii) **दो क्षेत्रों से चुनाव में भाग लेने पर प्रतिबंध**

वर्तमान जन-प्रतिनिधित्व अधिनियम के अनुसार, लोक सभा एवं विधान सभा निर्वाचन में उम्मीदवार दो स्थानों से एक साथ चुनाव में भाग ले सकता है, जबकि अधिनियम में संशोधन की मांग की जा रही है। इसके अनुसार एक प्रत्याशी को लोक सभा की अथवा विधान सभा की एक सीट पर ही चुनाव में भाग लेने का अधिकार होना चाहिए।

(iv) **राजनीतिक दलों का अंकेक्षण**

राजनीतिक दल को प्राप्त होने वाले चंदे सार्वजनिक होने चाहिए। प्रत्येक राजनीतिक दलों को यह घोषित करना होगा कि वे किन स्रोतों से वित्त प्राप्त कर रहे हैं और किन मदों पर उनके पैसे खर्च हो रहे हैं। भारत में आज भी राजनीतिक दलों को प्राप्त होने वाले चंदों का स्रोत पारदर्शी नहीं है, जो भारत में भ्रष्टाचार का बड़ा कारण है।

जन-प्रतिनिधित्व अधिनियम और नोटा

निर्वाचन आचार अधिनियम, 1961 में पहले ही यह प्रावधान किया गया था कि जो व्यक्ति किसी भी दल को मतदान नहीं करना चाहते, तो उन्हें 49(0) का फॉर्म भरना पड़ता था और इसके लिए मतदाता को अलग से प्रार्थना-पत्र भरना पड़ता था। उच्चतम न्यायालय ने एक अत्यधिक महत्त्वपूर्ण निर्णय के अंतर्गत् यह कहा है कि मतदाता को किसी भी प्रत्याशी को मत न देने का अधिकार होगा। **दूसरे शब्दों में,** मतदाता सभी दलों के प्रत्याशियों को अस्वीकृत भी कर सकता है। उच्चतम न्यायालय के निर्णय के संबंध में निर्वाचन आयोग ने स्पष्टीकरण देते हुए कहा है कि यदि किसी प्रत्याशी को नोटा से कम मत प्राप्त होंगे, तो दोबारा चुनाव नहीं होगा, बल्कि जिस प्रत्याशी को सर्वाधिक मत मिलेगा, उसे विजेता घोषित कर दिया जाएगा। इसका अभिप्राय है कि नोटा से दोबारा निर्वाचन नहीं होगा। जनवरी, 2014 में उच्चतम न्यायालय ने एक जनहित याचिका को खारिज करते हुए कहा कि यदि किसी निर्वाचन में 50 प्रतिशत से ज्यादा लोगों ने नोटा पर मत दिया हो, तो दोबारा चुनाव नहीं होगा। इसके द्वारा राजनीतिक दलों को बेहतर उम्मीदवार खड़े करने के लिए बाध्य होना पड़ेगा। वे चुनाव में भी अपने चुनाव मतदान का प्रयोग करेंगे, जो अभी तक चुनाव से बाहर रहते थे। इसके द्वारा मतदाताओं को ज्यादा से ज्यादा मतदान करने के लिए भी प्रोत्साहित किया जाएगा।

वापस बुलाने का अधिकार (Right to Recall)

वापस बुलाने के अधिकार से अभिप्राय है कि नागरिकों को अपने निर्वाचित प्रतिनिधियों और प्रशासनिक अधिकारियों को उनके कार्यकाल पूर्ण होने से पहले वापस बुलाने का अधिकार है। यह उल्लेखनीय है कि भारत के कई राज्यों ने अपने स्थानीय निकाय के चुनाव में वापस बुलाने का अधिकार दे दिया है। इन राज्यों में छत्तीसगढ़, बिहार, मध्य प्रदेश और राजस्थान शामिल हैं।

पक्ष में तर्क

मतदाताओं को किसी व्यक्ति/उम्मीदवार को यदि निर्वाचित करने की शक्ति है, तो उसे वापस बुलाने की शक्ति भी होनी चाहिए। लोकतंत्र में यदि कोई प्रत्याशी जनता की अपेक्षाओं पर खरा नहीं उतर रहा है, तो इसके लिए जनता 5 वर्ष तक प्रतीक्षा नहीं कर सकती, बल्कि उस प्रत्याशी को तत्काल बुलाने का अधिकार होना चाहिए। इस अधिकार के द्वारा निर्वाचित प्रतिनिधियों पर अच्छे कार्य करने का दबाव बना रहेगा तथा इसके द्वारा आम जनता अपने प्रतिनिधियों पर बेहतर नियंत्रण स्थापित कर सकेगी। साथ ही दलों के द्वारा प्रत्याशियों के चयन में भी सतर्कता बरती जाएगी। अत: यह आम लोगों के हाथों में शक्तिशाली हथियार सिद्ध होगा।

विपक्ष में तर्क

इस प्रावधान का जन-प्रतिनिधित्व अधिनियम में कोई उल्लेख नहीं है। इसीलिए यह लोकतंत्र की अतिवादिता

हो जाएगी और इसके द्वारा राजनीति में सदैव अनिश्चितता बनी रहेगी, क्योंकि किसी भी राजनेता को कभी भी वापस बुलाया जा सकता है। इसका विपक्षी दल लगातार दुरुपयोग करेंगे और छोटे से मुद्दे को बढ़ा-चढ़ाकर प्रस्तुत करके ज्यादा समस्या उत्पन्न करेंगे। इससे भ्रष्टाचार को भी बढ़ावा मिल सकता है, क्योंकि विपक्ष के द्वारा मतदाताओं को पैसा देकर जन-प्रतिनिधियों को बुलाने की कवायद की जा सकती है। भारत जैसे विशाल देश में निर्वाचन कराना अत्यधिक चुनौतीपूर्ण कार्य है। इसीलिए इस अधिकार से पैसे का व्यय होगा और शासन का मूल उद्देश्य ही चुनाव आयोजित कराना हो जाएगा।

जन-प्रतिनिधियों को वापस बुलाने का विचार सैद्धांतिक रूप में अत्यधिक बेहतर विचार है, परंतु लोक सभा एवं विधान सभा के लिए इसे लागू करने में अनेक कठिनाइयां हैं। इसीलिए इसका स्थानीय स्तर पर फिलहाल बेहतर प्रयोग किया जा सकता है।

अनिवार्य मतदान का प्रावधान

दुनिया के अनेक देशों में जैसाकि ऑस्ट्रेलिया में अनिवार्य मतदान का प्रावधान है। वर्ष-2013 में भारत में पहली बार गुजरात विधान सभा के द्वारा नगर पालिकाओं में होने वाले निर्वाचन के लिए अनिवार्य मतदान का प्रावधान किया गया।

पक्ष में तर्क

अनिवार्य मतदान के द्वारा भारत में निष्क्रिय मतदाताओं को भी मत के प्रयोग के लिए बाध्य किया जाएगा, जो राजनेताओं की आलोचना करते हैं, परंतु अपने वैधानिक कर्त्तव्य का निर्वहन नहीं करते। अनिवार्य मतदान के द्वारा चुनाव में मतदाताओं की ज्यादा से ज्यादा भागीदारी सुनिश्चित होगी और वे प्रत्याशी चुनाव नहीं जीत पाएंगे, जिन्हें थोड़े मत मिलते हैं। वर्तमान समय में अनिवार्य मतदान का प्रावधान ज्यादा व्यावहारिक प्रतीत होता है, क्योंकि नोटा का भी प्रावधान कर दिया गया है। इसीलिए किसी भी मतदाता को किसी भी प्रत्याशी को अस्वीकृत करने का भी अधिकार है। अनिवार्य मतदान का यह अर्थ कदापि नहीं है कि मतदाता को प्रत्येक परिस्थिति में मतदान करने के लिए बाध्य किया जाएगा, बल्कि इसमें अनेक अपवाद भी बनाए जाएंगे तथा जो मतदान करने में असमर्थ होगा, उस पर आर्थिक दंड नहीं लगाया जाएगा।

विपक्ष में तर्क

मतदाता को मत देने का अधिकार एक वैधानिक अधिकार है तथा यह एक प्रकार के चयन का अधिकार है। इसीलिए मतदान के अधिकार में मत न देने का अधिकार भी अंतर्निहित है। किसी को मत देने के लिए बाध्य करना लोकतंत्र की मूल मान्यताओं के प्रतिकूल है। भारत में अभी भी अत्यधिक सामाजिक एवं आर्थिक विषमता है तथा लोगों में जागरूकता का अभाव है। इसीलिए अनिवार्य मतदान का प्रावधान तार्किक प्रतीत नहीं होता।

अनिवार्य मतदान का प्रावधान एक बेहतर विकल्प है। इसे कुछ अपवादों के साथ भारत में प्रयोग किया जा सकता है। यद्यपि इसके लिए न्यायपालिका और निर्वाचन आयोग के भी समर्थन की आवश्यकता होगी।

लोक सभा व विधान सभा के साथ-साथ चुनाव

स्वतंत्रता के बाद भारत में संघ एवं राज्यों के चुनाव एक साथ आयोजित किए जाते थे। परंतु वर्ष-1971 में लोक सभा चुनाव के साथ भारत में लोक सभा एवं विधान सभा चुनाव अलग-अलग होने लगे और वर्तमान में राज्यों की संख्या बढ़कर 29 हो गई है। भारत में प्रत्येक वर्ष विधान सभा चुनाव आयोजित हो रहे हैं, जिससे अत्यधिक पैसा खर्च हो रहा है तथा प्रशासन संचालन में भी समस्याएं आती हैं। चुनाव की तिथि की घोषणा के बाद चुनाव आचार संहिता लागू हो जाती हैं, जिससे विकास कार्य प्रभावित होते हैं तथा बार-बार होने वाले चुनाव से ऐसा प्रतीत होता है कि लोकतंत्र में चुनाव ही प्राथमिक हो गया है, जिससे आम जनता का चुनाव के प्रति रूझान भी कम हो जाता है।

लोक सभा एवं विधान सभा के चुनाव साथ-साथ कराने के लिए सभी विधान सभाओं का कार्यकाल पांच वर्ष का निश्चित होना चाहिए। भारत में संसदीय शासन है, जिसके अनुसार सरकार तभी तक सत्ता में रहेगी, जब तक विधायिका के बहुमत दल का समर्थन अर्जित करती रहे। संसदीय शासन में विधायिका का कार्यकाल निश्चित कर देना अत्यधिक कठिन है। विधायिका के द्वारा सरकार के विरुद्ध कभी भी अविश्वास प्रस्ताव लाया जा सकता है। संघ सरकार की पांच वर्ष कार्य करने की भी कोई निश्चित गारंटी नहीं है, जिसके लिए संविधान का संशोधन भी करना होगा अथवा संसदीय व्यवस्था के संचालन में परिवर्तन की आवश्यकता होगी।

अध्याय 3

चुनाव प्रणाली

(Electoral System)

- 1. बहुमत प्रणाली, • 2. आनुपातिक प्रतिनिधित्व प्रणाली, • 3. निरपेक्ष बहुमत प्रणालियां,
- निष्कर्ष

लोकतांत्रिक शासन सहमति पर आधारित शासन है, जिसके लिए निर्वाचन का आयोजन होता है, जिससे मतदाता अपनी इच्छा के अनुसार सरकार का निर्माण कर सकें परंतु विश्व के अनेक लोकतांत्रिक देशों में चुनाव प्रणालियां एकसमान नहीं हैं। विश्व के सर्वाधिक प्राचीन लोकतंत्र ब्रिटेन में बहुमत प्रणाली का प्रयोग किया जाता है।

1. बहुमत प्रणाली (First Past The Post System)

इस प्रणाली में जिसे सर्वाधिक मत मिलता है, वह प्रत्याशी चुनाव जीत जाता है। इसमें मतों का बहुमत नहीं, बल्कि मतदाताओं के बहुमत की जरूरत होती है, जिसे सबसे ज्यादा मत प्राप्त होता है, वह विजयी घोषित हो जाता है। इसमें एक सदस्यीय निर्वाचन क्षेत्र होता है, जिसमें कई उम्मीदवार खड़े हो सकते हैं। इस प्रणाली में वोट का प्रतिशत नहीं, बल्कि वोट का अनुपात प्राप्त करना होता है। यह प्रणाली विकासशील देशों में ज्यादा प्रचलित है, क्योंकि इसके तहत देश को समान आकार के कई चुनाव क्षेत्रों में विभाजित कर दिया जाता है, जिसमें एक सदस्यीय निर्वाचन क्षेत्र होते हैं, जिसमें विजेता प्रत्याशी को सबसे ज्यादा मत प्राप्त करना होता है। अतः इस चुनाव प्रणाली को **इकहरा सदस्यीय बहुलवादी व्यवस्था** भी कहते हैं।

लाभ

- इसमें चुनाव क्षेत्र और प्रतिनिधियों के मध्य सीधे संबंध का निर्माण होता है।
- इसके द्वारा मतदाताओं के समक्ष स्पष्ट चयन का विकल्प होता है।
- अतिवादी तत्त्वों के चुनाव जीतने की संभावना कम होती है।
- इसके द्वारा शक्तिशाली एकदलीय सरकार का निर्माण होता है, जिसमें आंतरिक संघर्ष और विखंडन का अभाव होता है।

हानि

- ज्यादातर मत व्यर्थ हो जाते हैं और कभी-कभी हारे हुए प्रत्याशी विजयी प्रत्याशी से ज्यादा मत प्राप्त कर लेते हैं।
- दो दलों के अलावा छोटे या तीसरे दल की विजय की संभावना नहीं होती। अतः मतदाताओं के विकल्प सीमित हो जाते हैं।
- अनुत्तरदायी सरकार का निर्माण होता है, क्योंकि विधायिका में एक दल के बहुमत के कारण सरकार के विरोध की संभावना बहुत कम होती है।

2. आनुपातिक प्रतिनिधित्व प्रणाली

(System of proportional representation)

विधान सभाओं एवं लोक सभाओं में सामाजिक विविधता का पूर्ण प्रतिनिधित्व होना चाहिए। लोकतंत्र केवल बहुमत का शासन नहीं है, अपितु समाज के सभी समूहों और वर्गों का समाज में उनके अनुपात में राजनीतिक संस्थाओं का प्रतिनिधित्व होना चाहिए, जिसके लिए आनुपातिक प्रणाली का प्रयोग किया जाता है। संसद भौगोलिक मानचित्र की तरह होनी चाहिए, जिस प्रकार भौगोलिक मानचित्र में सभी राज्यों को उनके आकार के अनुपात में प्रतिनिधित्व दिया जाता है, ठीक उसी प्रकार संसद में भी सभी समुदायों का प्रतिनिधित्व होना चाहिए।

इस प्रणाली के जन्मदाता **थॉमस हेयर** हैं, जिन्होंने "The Machinery of Representation, (1857)" नामक लेख लिखा था। इस प्रणाली में प्रावधान है कि जिस दल को चुनाव में जितने प्रतिशत मत प्राप्त हों, उतनी ही प्रतिशत सीटें भी मिलनी चाहिए अर्थात् सीटों और मतों दोनों का प्रतिशत समान हों। **इसके अंतर्गत् अन्य प्रणाली निम्नलिखित हैं-**

(i) आनुपातिक प्रतिनिधित्व प्रणाली की सबसे बेहतर प्रणाली **सूची प्रणाली** (List System) है।

(ii) एकल संक्रमणीय आनुपातिक प्रतिनिधित्व की व्यवस्था।

(iii) अतिरिक्त सदस्यीय चुनाव प्रणाली।

(iv) संचयी प्रणाली।

(i) **सूची प्रणाली** (List System)

इसके अंतर्गत पूरे देश को एक निर्वाचन क्षेत्र मान लिया जाता है। इजरायल एवं यूरोप के अधिकांश देशों जैसे-बेल्जियम, लक्जमबर्ग, जर्मनी, स्विट्जरलैंड में यह प्रणाली लागू है। दलों के द्वारा उम्मीदवारों की एक सूची तैयार की जाती है, जो मतदाताओं के समक्ष प्रस्तुत की जाती हैं। इसके तहत मतदाता दल को वोट देते हैं, प्रत्याशी को नहीं। दलों को उतनी ही सीटें प्राप्त होती हैं, जितने प्रतिशत मत उन्हें चुनाव में मिलते हैं। पूरे देश को एक विधायी क्षेत्र के रूप में समझा जाता है। कुछ देशों में अत्यधिक छोटे दलों को निष्कासित करने के लिए एक न्यूनतम सीमांकन का निर्माण भी किया गया है। जैसे-जर्मनी में कम से कम 5 प्रतिशत वोट पाने वाले दल को एक भी सीट नहीं मिलेगी।

लाभ

- यह आनुपातिक प्रतिनिधित्व का सबसे बेहतर तरीका है, क्योंकि इसमें दलों को मतों के अनुपात में सीटें प्राप्त होती हैं।
- इस प्रणाली के द्वारा अल्पसंख्यकों का प्रतिनिधित्व बेहतर रूप में संभव है।
- इस चुनाव प्रणाली में राष्ट्रीय एकता की भावना का निर्माण होता है, क्योंकि मतदाता का लगाव किसी विशेष चुनाव क्षेत्र से नहीं, अपितु समूचे देश से होता है।
- इस प्रतिनिधित्व प्रणाली के द्वारा छोटे दलों को भी प्रतिनिधित्व संभव हो जाता है। इसलिए समझौते और आम सहमति के द्वारा शासन का संचालन होता है।

हानि

- अनेक छोटे-छोटे दलों के उभरने से अस्थायी एवं कमजोर सरकार का निर्माण होता है।
- निर्वाचन क्षेत्र और उनके प्रतिनिधियों के मध्य स्पष्ट संबंधों का निर्माण नहीं होता।
- इस चुनाव प्रणाली में दल का महत्त्व बढ़ जाता है और कोई अलोकप्रिय उम्मीदवार भी दल की सूची के माध्यम से निर्वाचित हो सकता है।
- दलों में शक्तियों का अत्यधिक केंद्रीकरण हो जाता है और दल के द्वारा किसी अयोग्य उम्मीदवार को भी सूची में उच्च स्थान दिया जा सकता है।

(ii) **एकल संक्रमणीय मत प्रणाली**

इसका प्रयोग आयरलैंड गणराज्य व इंग्लैंड में उत्तरी आयरलैंड विधान सभा में होता है। भारत में राज्य सभा और विधान परिषद् के चुनाव में इस पद्धति का प्रयोग किया जाता है। यह चुनाव की आनुपातिक प्रतिनिधित्व पद्धति है। इसमें निर्वाचन क्षेत्र बहुसदस्यीय होता है। एक निर्वाचन क्षेत्र से लगभग पांच (5) प्रत्याशियों का निर्वाचन हो सकता है। प्रत्येक दल उतने ही प्रत्याशियों को चुनाव में खड़ा करते हैं, जितनी सीटों की कुल संख्या होती है। मतदाता के द्वारा केवल एक मत प्रदान किया जाता है, परंतु इसका प्रयोग वह वरीयता के रूप में करता है। इस प्रणाली में प्रत्याशियों को विजयी होने के लिए मतों का एक निश्चित कोटा प्राप्त करना होता है, जिसका मूल आधार **हेयर** ने रखा था। इसलिए आनुपातिक प्रतिनिधित्व

प्रणाली को **हेयर प्रणाली** के नाम से भी जानते हैं, जिसे बाद में **डूप** ने संशोधित किया। इस चुनाव प्रणाली में मतों का संक्रमण भी होता है। ऐसे प्रत्याशी जिन्हें पहली वरीयता के सबसे कम मत प्राप्त होते हैं, उनका नाम हटाकर उसे अन्य प्रत्याशियों को दूसरी वरीयता के अनुसार वितरित कर दिया जाता है।

लाभ

- इसमें आनुपातिक प्रतिनिधित्व बना रहता है।
- बहुसदस्यीय निर्वाचन क्षेत्र होने के कारण मतदाताओं के समक्ष अनेक विकल्प उपलब्ध होते हैं।
- इसमें एक ही दल के अनेक उम्मीदवारों के मध्य प्रतिस्पर्धा भी देखी जाती है।

हानि

- एक दल की स्थायी सरकार का निर्माण कठिन होता है।
- दलों में आंतरिक संघर्ष उत्पन्न हो जाता है।

(iii) **अतिरिक्त सदस्यीय चुनाव प्रणाली**

(Additional Member Electoral System)

जर्मनी में आधी सीट का चुनाव बहुमत प्रणाली (First Past the Post System) तथा आधी सीटों पर चुनाव सूची प्रणाली (List System) के द्वारा होता है। इसमें एक ही साथ दो प्रकार की चुनाव प्रणाली का प्रयोग किया जाता है। इसलिए इसे अतिरिक्त सदस्यीय चुनाव प्रणाली कहा जाता है। इसे **टॉप अप मेम्बर्स (Top up members)** चुनाव प्रणाली भी कहते हैं। अतिरिक्त सदस्यीय मत प्रणाली का जर्मनी, इटली, रूस, न्यूजीलैंड और इंग्लैंड में स्कॉटलैंड की संसद और वेल्स विधान सभा के चुनाव में प्रयोग किया जाता है। इस आनुपातिक प्रणाली के द्वारा जर्मनी में 50 प्रतिशत सीटों के लिए सूची प्रणाली का प्रयोग होता है, जबकि इटली, स्कॉटलैंड और वेल्स में यह प्रतिशत और ज्यादा है। इसके अतिरिक्त शेष सीटों को बहुमत प्रणाली (First Past the Post System) के आधार पर भरा जाता है। इस प्रकार की चुनाव प्रणाली में मतदाता दो मतों का प्रयोग करते हैं।

लाभ

- चुनाव की इस मिश्रित प्रणाली में स्थायित्व और प्रतिनिधित्व दोनों का सामंजस्य हो जाता है।
- चुनाव का यह तरीका आनुपातिक है, लेकिन इसमें एक दल के सरकार के निर्माण की संभावना भी कायम रहती हैं।
- इसके अंतर्गत् मतदाताओं को दो दलों को मत देने का विकल्प मिल जाता है तथा इसमें सरकार के निर्माण में अल्पसंख्यकों का प्रतिनिधित्व भी संभव हो जाता है।

हानि

- इसे विशुद्ध आनुपातिक पद्धति नहीं माना जाता, क्योंकि इसमें बहुमत प्रणाली (First Past the Post System) का भी प्रयोग किया जाता है।
- इस प्रणाली में दल अत्यधिक शक्तिशाली और केंद्रीकृत हो जाते हैं।
- इसमें चुनाव क्षेत्रों का आकार अत्यधिक बड़ा होता है।

(iv) **संचयी प्रणाली** (Cumulative System)

यह भी प्रतिनिधित्व का आनुपातिक तरीका है। इसमें निर्वाचन क्षेत्र बहुसदस्यीय होता है और मतदाताओं को उतने मत प्राप्त होते हैं, जितनी सीटों का निर्वाचन होना होता है। इस प्रणाली में मतदाता के समक्ष यह विकल्प उपस्थित होता है कि वह किसी एक प्रत्याशी को अपना समूचा वोट दे सकता है या अपने मतों को विभिन्न प्रत्याशियों के मध्य बांट सकता है।

3. निरपेक्ष बहुमत प्रणालियां

लोकतांत्रिक देशों में निर्वाचन प्रणालियों की विसंगति के कारण किसी क्षेत्र विशेष से निर्वाचित होने वाले उम्मीदवार को समूचे मतों का बहुमत प्राप्त नहीं हो पाता है। इसलिए निर्वाचित व्यक्ति बहुसंख्यक का प्रतिनिधित्व करने के बजाए, अल्पसंख्यकों का प्रतिनिधित्व करता है। वास्तविक निर्वाचन प्रणाली में विजयी प्रत्याशी को कुल मतों का बहुमत प्राप्त होना चाहिए, जिसके लिए निम्नलिखित चुनाव प्रणालियों का प्रयोग किया जाता है–

(i) **द्वितीय मत प्रणाली**

इसमें निर्वाचन क्षेत्र एक सदस्यीय होता है तथा बहुमत प्रणाली (First Past the Post System) की भांति इस प्रणाली में भी व्यक्ति को एक मत देना होता है और विजेता

प्रत्याशी को कुल मतों का बहुमत प्राप्त करना आवश्यक होता है। यदि पहले चुनाव में किसी एक प्रत्याशी को पूर्ण बहुमत प्राप्त न हो, तो दो प्रत्याशियों के मध्य **रन ऑफ बैलट (Run off Ballot)** होता है, जैसाकि फ्रांस के राष्ट्रपति के चुनाव में होता है। अत: पहली बार में यदि किसी उम्मीदवार को पूर्ण बहुमत न मिले, तो दोबारा चुनाव होता है।

लाभ

- इस चुनाव प्रणाली में मतदाताओं के समक्ष विकल्प की वृद्धि हो जाती है।
- इस चुनाव प्रणाली के लिए ऐसा कहा जाता है कि मतदाता पहली बार दिल से वोट करते हैं, दूसरी बार दिमाग से।
- चूंकि बहुमत प्राप्त प्रत्याशी ही विजयी होता है, इसलिए प्रत्याशी को सभी का समर्थन प्राप्त करना होता है।
- इस चुनाव प्रणाली से एक शक्तिशाली और स्थायी सरकार का निर्माण संभव है।

हानि

- इसमें किसी तीसरे दल के उभरने की संभावना नहीं होती।
- रन ऑफ अथवा द्वितीय चुनाव में हारे हुए प्रत्याशियों के साथ अन्य प्रत्याशी समझौता कर लेते हैं और सिद्धांतों का पूर्णत: परित्याग कर देते हैं।
- दो बार चुनाव होने से मतदाताओं की चुनाव में रुचि भी कम हो जाती है।

(ii) **वैकल्पिक मत प्रणाली** (Alternative Vote System) इस प्रणाली का प्रयोग ऑस्ट्रेलिया के प्रतिनिधि सदन और लंदन में मेयर तथा भारत के राष्ट्रपति के चुनावों में किया जाता है। इसमें एक सदस्यीय निर्वाचन क्षेत्र होता है और वरीयता क्रम में मतदान (मतदाता का एक मत) किया जाता है, इसमें विजेता प्रत्याशी को कुल मतों के 50 प्रतिशत से अधिक मत प्राप्त करने होते हैं। अत: एक कोटा प्राप्त करना होता है। वोटों की गिनती पहली बार वरीयता के आधार पर होती है और यदि पहली वरीयता कोई उम्मीदवार को प्राप्त नहीं हो पाती, तो जिसे पहली वरीयता का सबसे कम मत प्राप्त होता है, उसे सूची से हटाकर उसके शेष मत अन्य प्रत्याशियों को वितरित कर दिए जाते हैं।

लाभ

- इसमें कम मत व्यर्थ होते हैं।
- द्वितीय मतदान (Second Ballot) की भांति दोबारा चुनाव नहीं कराने पड़ते तथा एक दल को सरकार बनाने की संभावना खुली रहती है।

हानि

- यह प्रणाली आनुपातिक नहीं है। इसलिए बड़े दलों के लिए लाभकारी और छोटे दलों के लिए प्रतिकूल है।
- इसमें चुनाव का परिणाम छोटे-छोटे दलों की प्राथमिकता से भी प्रभावित होते हैं।

निष्कर्ष

लोकतांत्रिक शासन में चुनाव प्रणालियों का प्रयोग राज्य के सामाजिक परिवेश एवं ऐतिहासिक पृष्ठभूमि के अनुसार निर्धारित किया जाता है। अत: सभी राज्यों के लिए एकसमान चुनाव प्रणाली का समर्थन करना संभव नहीं है। सभी चुनाव प्रणालियों की अपनी विशिष्टताएं होती हैं एवं उनमें कमियां भी विद्यमान हैं।

प्रारंभिक परीक्षोपयोगी महत्त्वपूर्ण तथ्य

- मुख्य निर्वाचन आयुक्त तथा अन्य आयुक्तों की नियुक्ति राष्ट्रपति द्वारा की जाती है, (अनुच्छेद-324)।
- मुख्य निर्वाचन आयुक्त को हटाने का प्रावधान उसी तरह है, जिस तरह उच्चतम न्यायालय के न्यायाधीशों को हटाया जाता है।
- भारत में मुख्य निर्वाचन आयुक्त राष्ट्रपति के प्रसादपर्यंत पद धारण नहीं करता है।
- निर्वाचन आयुक्त का कार्यकाल 6 वर्ष या 65 वर्ष (जो भी पहले हो) की आयु तक होता है।
- निर्वाचन आयुक्त राष्ट्रपति को अपना त्यागपत्र देकर पद छोड़ सकते हैं।
- भारत में लोक सभा चुनाव के लिए निर्वाचन आयोग द्वारा क्षेत्रीय निर्वाचन आयुक्तों को नियुक्त किया जाता है, जो निर्वाचन आयोग की सहायता करते हैं।
- राज्यों में चुनाव के लिए राज्य सरकार द्वारा अधिकारियों की सूची चुनाव आयोग को सौंप दी जाती है और चुनाव आयोग इन अधिकारियों में से राज्य के मुख्य निर्वाचन अधिकारी की नियुक्ति करता है।
- जिलाधिकारी जनपद निर्वाचन अधिकारी के रूप में कार्य करता है।
- चुनाव आचार संहिता का प्रयोग निर्वाचन आयोग ने वर्ष-1960 के दशक से ही प्रारंभ कर दिया था, लेकिन इसका प्रभावी और महत्त्वपूर्ण प्रयोग वर्ष-1990 के बाद टी. एन. शेषन के कार्यकाल से देखा गया।
- निर्वाचन की तिथि घोषित होने के साथ ही चुनाव आचार संहिता लागू हो जाती है।
- मुख्य चुनाव आयुक्त परिसीमन आयोग का पदेन सदस्य होता है और इसके अतिरिक्त इनमें दो उच्चतम न्यायालय अथवा उच्च न्यायालयों के अवकाश प्राप्त न्यायाधीश होते हैं।
- लोक सभा व विधान सभाओं के क्षेत्रों को निर्धारित करना परिसीमन आयोग के कार्य हैं।
- पहला परिसीमन आयोग वर्ष-1952 में, दूसरा परिसीमन आयोग वर्ष-1962 में और तीसरा परिसीमन आयोग वर्ष-1972 में बना। 42वें संविधान संशोधन, 1976 द्वारा यह प्रावधान कर दिया गया कि वर्ष-1972 के बाद वर्ष-2000 तक कोई परिसीमन आयोग नहीं बनेगा।
- चौथा परिसीमन आयोग न्यायाधीश कुलदीप सिंह की अध्यक्षता में वर्ष-2002 में बनाया गया।
- 84वें संविधान संशोधन, 2001 में कहा गया कि वर्ष-2026 तक परिसीमन नहीं किया जाएगा।
- 87वें संविधान संशोधन, 2003 में यह प्रावधान किया गया है कि परिसीमन के लिए वर्ष-2001 की जनसंख्या के आंकड़ों को आधार बनाया जाएगा।
- चुनाव सुधार के लिए बनाई गई समिति-

  (i) तारकुण्डे समिति।

  (ii) इन्द्रजीत गुप्ता समिति।

  (iii) दिनेश गोस्वामी समिति।

अध्याय 4

नियंत्रक एवं महालेखा परीक्षक

(Comptroller and Auditor General)

● लेखा परीक्षक की रिपोर्ट, ● रिपोर्ट का महत्त्व, ● लेखा परीक्षण की विधियां, ● कैग (CAG) एवं लोक लेखा समिति, ● उच्चतम न्यायालय और नियंत्रक एवं महालेखा परीक्षक, ● सार्वजनिक-निजी सहभागिता का लेखा परीक्षण, ● निष्कर्ष

भारतीय संविधान के अनुच्छेद-148 में **नियंत्रक एवं महालेखा परीक्षक (CAG)** का वर्णन है। यहां नियंत्रक का अर्थ है-सरकार के समस्त खर्चे पर निगरानी करना तथा ऐसा प्राधिकार रखना, जो सरकार के वित्त पर नियंत्रण रखे। महालेखा परीक्षक का अर्थ है-संसद द्वारा आवंटित धन की देख-रेख करना, साथ ही यह देखना की सरकारी धन का प्रयोग उचित तरीके से हो रहा है या नहीं, साथ ही साथ सरकार को वित्तीय मितव्ययिता के तरीके बताना। भारत में नियंत्रक एवं महालेखा परीक्षक केवल लेखा परीक्षा का कार्य करता है, न कि नियंत्रक का।

संरचना

नियंत्रक एवं महालेखा परीक्षक (CAG) एकल सदस्यीय संस्था है। यह भारत के महालेखा परीक्षा विभाग का संवैधानिक प्रमुख है और इस विभाग के अन्य अधिकारी पूर्णत: कैग के अधीन होते हैं। भारत के अन्य राज्यों में कैग के एजेंट के रूप में कई अन्य अकाउटेंट जनरल नियुक्त किए जाते हैं, जो राज्यों के लेखाओं की जानकारी कैग को देते हैं। संविधान के अनुच्छेद-148 के अनुसार, राष्ट्रपति वारंट एवं सील के द्वारा नियंत्रक एवं महालेखा परीक्षक की नियुक्ति करता है तथा राष्ट्रपति के द्वारा उसे स्वयं अथवा अपने प्रतिनिधि के माध्यम से शपथ दिलाई जाती है। वह राष्ट्रीय वित्त का संरक्षक होता है। कैग का कार्यकाल 6 वर्ष या अधिकतम उम्र 65 वर्ष (इन दोनों में जो भी पहले पूरा हो) तक होती है।

संविधान में नियंत्रक एवं महालेखा परीक्षक की संरचना का उल्लेख नहीं है। इसलिए संसदीय अधिनियम, 1971 में नियंत्रक एवं महालेखा परीक्षक की सेवा शर्तों का प्रावधान किया गया है, जिसमें एक अध्यक्ष के अतिरिक्त चार सदस्य होंगे, **जो निम्नलिखित खर्चों का ऑडिट करता है–**

- भारत की संचित निधि पर भारित केंद्र सरकार तथा राज्य सरकारों के सभी खर्चों की।
- भारत की आकस्मिक निधि और लोक निधि से सभी खर्चों का परीक्षण करना।
- किसी विभाग द्वारा किए गए सभी व्यापार, निर्माण, लाभ व हानि की जांच करना।
- सरकार के सभी विभागों की जमा पूंजी की जांच करना।
- सभी सरकारी कंपनियों के खर्चों की जांच करना।
- उन सभी निगमों के खर्चों की जांच करना, जिन्हें कानून द्वारा कैग को अनुमति दी जाए।

पदमुक्ति

अनुच्छेद-148 के अनुसार, कैग को अपने पद से उसी तरीके एवं उन्हीं आधारों से हटाया जा सकता है, जिस प्रकार से उच्चतम न्यायालय के न्यायाधीश को। कैग का वेतन उच्चतम न्यायालय के न्यायाधीश के समकक्ष होगा। कैग के पेंशन व भत्ते भारत की संचित निधि पर भारित होते हैं तथा कैग से अवकाश प्राप्ति के पश्चात् कोई भी सरकारी पद धारण नहीं कर सकता।

सेवा शर्तें

संविधान की तीसरी अनुसूची में नियंत्रक एवं महालेखा परीक्षक के वेतन का उल्लेख किया गया है। 7वें वेतन आयोग के अनुसार वर्ष-2018 में उसका वेतन बढ़ाकर 2 लाख, 50 हजार प्रतिमाह कर दिया गया है, जो समय-समय पर संसद के द्वारा निर्धारित किया जा सकता है। नियंत्रक एवं महालेखा परीक्षक का वेतन भी उच्चतम न्यायालय के न्यायाधीशों के वेतन के समान होता है।

नियंत्रक एवं महालेखा परीक्षक तथा उसके सभी प्रशासनिक खर्चों, जिसमें सभी प्रकार के वेतन व भत्ते और पेंशन शामिल होंगे। भारत की संचित निधि पर भारित होगा, जिसका उल्लेख अनुच्छेद-148 में किया गया है। संसद द्वारा नियंत्रक एवं महालेखा परीक्षक की सेवा शर्तों से संबंधित विधि का निर्माण वर्ष-1971 में किया गया। जिसके अनुसार नियंत्रक एवं महालेखा परीक्षक के वेतन व भत्तों का निर्धारण किया गया है। संसदीय विधि के अनुसार भी वर्ष-1976 से नियंत्रक एवं महालेखा परीक्षक को लेखांकन के कार्य से मुक्त कर दिया गया है।

नियुक्ति पर विवाद

कैग के रूप में शशिकांत शर्मा की नियुक्ति पर एक याचिका दाखिल की गई थी और कहा गया कि इनकी नियुक्ति अवैध है, क्योंकि वे रक्षा मंत्रालय के एक पद पर हैं, जो कि एक निर्णय लेने वाली संस्था है। कैग का कार्य सरकारी विंभागों का ऑडिट (परीक्षा) करना है। एक व्यक्ति स्वयं कैसे अपने विभाग का ऑडिट कर सकता है। यह ऑडिट अगस्ता वेस्ट लैंड मामले में अभी किया जाना है, जो रक्षा मंत्रालय से संबंध रखता है।

कार्य

संविधान के अनुच्छेद-149 में नियंत्रक एवं महालेखा परीक्षक के संक्षिप्त कार्यों का उल्लेख है, जिसका विस्तृत उल्लेख संसदीय अधिनियम, 1971 में किया गया है। नियंत्रक एवं महालेखा परीक्षक के नाम एवं कार्य में अंतर पाया जाता है। भारत में यह नियंत्रक के रूप में कार्य नहीं करता, क्योंकि सरकार के द्वारा भारत की संचित निधि से व्यय के लिए इसकी पूर्व अनुमति की आवश्यकता नहीं होती, बल्कि पैसें खर्च होने के बाद उसका कार्य शुरू होता है। संघ सरकार के खर्च का केवल लेखा परीक्षण किया जाता है, जबकि लेखांकन संघ सरकार के विभागों के द्वारा किया जाता है। राज्य सरकारों के लेखांकन एवं लेखा परीक्षण दोनों कार्य नियंत्रक एवं महालेखा परीक्षक के द्वारा किए जाते हैं। अत: भारत में लेखा परीक्षक संघ एवं राज्यों का अलग-अलग नहीं है।

लेखा परीक्षक की रिपोर्ट

नियंत्रक एवं महालेखा परीक्षक के द्वारा अपनी रिपोर्ट राष्ट्रपति को सौंपी जाती है। राष्ट्रपति के द्वारा इसे संसद के समक्ष प्रस्तुत किया जाता है। भारत में दोनों (संघ एवं राज्यों) के लिए एक ही लेखा परीक्षक है। अत: संघ एवं राज्यों के लिए लेखा परीक्षण के लिए अलग प्रावधान नहीं है, अपितु एकहरी व्यवस्था की गई है। इसलिए राज्यों से संबंधित रिपोर्ट लेखा परीक्षक प्रत्येक राज्यों के राज्यपाल को सौंपता है और राज्यपाल के द्वारा इस रिपोर्ट को विधान सभा के समक्ष रखा जाता है। इसका उल्लेख संविधान के अनुच्छेद-151 में किया गया है, लेकिन राष्ट्रपति एवं राज्यपाल के लिए रिपोर्ट रखवाने की किसी निश्चित समय सीमा का उल्लेख नहीं किया गया है।

रिपोर्ट का महत्त्व

लेखा परीक्षक द्वारा प्रस्तुत रिपोर्ट अनुशंसात्मक होती है। राज्यों में रिपोर्ट विधान सभा के सत्र के अंतिम दिन प्रस्तुत की जाती है, जिससे विधान सभा को इस पर चर्चा का पर्याप्त समय उपलब्ध नहीं हो पाता। परीक्षक की रिपोर्ट के आधार पर किसी भी पदाधिकारी के विरुद्ध न्यायालय में भ्रष्टाचार का कोई मुकदमा भी दर्ज नहीं हो सकता। इसके बावजूद परीक्षक की रिपोर्ट को मीडिया के द्वारा अत्यधिक महत्त्व दिया जाता है और इसे प्रचार-प्रसार प्राप्त होता है, जिससे जनमत का निर्माण होता है और सत्ताधारी दल को सत्ता से बाहर किया जा सकता है।

लेखा परीक्षण की विधियां

लेखा परीक्षण के अंतर्गत निष्पादन परीक्षण किया जाता है, जिसके द्वारा यह जांच की जाती है कि सरकार के द्वारा खर्च राशि का कितना व्यावहारिक लाभ प्राप्त हुआ। इसके अतिरिक्त वैधानिक परीक्षण भी किया जाता है, जिसमें यह देखा जाता है कि पैसा जिस मद के लिए दिया गया था क्या उसी मद में खर्च किया गया है? साथ ही सरकार के द्वारा पैसे के खर्च में मितव्ययिता का भी परीक्षण किया जाता है, जिससे फिजूल खर्चों पर प्रतिबंध लगाया जा सकें

लेखांकन (Accounting) कार्यपालिका से संबंधित विभाग का कार्य है। विभाग अपने खर्चों की गणना स्वयं करता है, जबकि लेखा परीक्षण (Auditing) एक अर्द्ध-संसदीय कार्य है। समस्त धन का आवंटन देश की संसद करती है। अत: कैग को देखने का यह अधिकार है कि जो धन व्यय हुआ है, वह कहां और कैसे हुआ है? इसी सिद्धांत पर भारत में वर्ष-1976 से लेखांकन तथा लेखा परीक्षण का कार्य अलग कर दिया गया। लेखांकन का कार्य मंत्रालय/विभाग द्वारा स्वयं किया जाता है, जबकि लेखा परीक्षण का कार्य नियंत्रक एवं महालेखा परीक्षक द्वारा किया जाता है। परंतु अब भी कैग के पास यह अधिकार है कि वह लेखांकन के तरीके निर्धारित करे, जिससे देश में लेखांकन नियमों में एकरूपता स्थापित हो सकें

शक्तियां

यह केंद्र सरकार की सर्वोच्च लेखांकन संस्था है। यह संस्था सिविल न्यायालय की शक्तियां धारण करती है एवं किसी विभाग के लेखा प्रपत्र की जांच कर सकता है तथा किसी भी विभाग से दस्तावेज मंगवा सकता है।

कैग (CAG) एवं लोक लेखा समिति

कैग अपना लेखा परीक्षण रिपोर्ट राष्ट्रपति को सौंपता है तथा राष्ट्रपति उसे संसद के पटल पर रखवाता है और संसद के द्वारा कैग की रिपोर्ट को लोक लेखा समिति (Public Account Committee:PAC) को सौंपा जाता है व लोक लेखा समिति द्वारा कैग की रिपोर्ट को सरलीकृत किया जाता है। लोक लेखा समिति अपनी रिपोर्ट संसद में प्रस्तुत करती है तथा कैग लोक लेखा समिति की सहायता करता है। लोक लेखा समिति के द्वारा रिपोर्ट को समझने के लिए कभी भी कैग को बुलाया जा सकता है। कैग की रिपोर्ट तकनीकी किस्म की होती है। इसलिए लोक लेखा समिति के द्वारा इसे सरल बनाया जाता है और इसके बाद इसे संसद के समक्ष प्रस्तुत किया जाता है। कैग को सरकार के धन की रखवाली की सबसे बड़ी संवैधानिक संस्था का दर्जा प्राप्त है अर्थात् कैग की भूमिका जनता के पैसे की रक्षक के रूप में है। कार्यपालिका के वित्तीय खर्च को विधायिका के समक्ष नियंत्रित करना है। कैग के बिना विधायिका, कार्यपालिका के वित्तीय खर्च पर नियंत्रण नहीं बना सकती है। इसीलिए कैग को संसद का मित्र एवं मार्गदर्शक कहा जाता है। कैग कार्यपालिका के वित्तीय खर्च को नियंत्रित करके करदाताओं के पैसे की रक्षा करती है।

उच्चतम न्यायालय और नियंत्रक एवं महालेखा परीक्षक

भारतीय संविधान में उच्चतम न्यायालय, नियंत्रक एवं महालेखा परीक्षक तथा निर्वाचन आयोग के कार्य एक-दूसरे के पूरक हैं और उच्चतम न्यायालय के द्वारा नियंत्रक एवं महालेखा परीक्षक को प्रभावशाली बनाया गया है। नियंत्रक एवं महालेखा परीक्षक की रिपोर्ट अनुशंसात्मक होती है। इसीलिए इस रिपोर्ट के आधार पर किसी भी व्यक्ति के विरुद्ध न्यायालय में कोई कार्यवाही संभव नहीं है, परंतु परीक्षक की रिपोर्ट के आधार पर उच्चतम न्यायालय में जनहित याचिका प्रस्तुत की गई है और न्यायालय के द्वारा कोयले आवंटन और स्पेक्ट्रम के आवंटन को रद्द कर दिया गया है। अत: नियंत्रक एवं महालेखा परीक्षक की बढ़ती शक्तियों में न्यायालय का अत्यधिक योगदान है।

सार्वजनिक-निजी सहभागिता का लेखा परीक्षण
(Public Private Partnership)

नियंत्रक एवं महालेखा परीक्षक के द्वारा अभी भी पी.पी.पी. के अंतर्गत चलने वाली परियोजनाओं का लेखा परीक्षण नहीं किया जा रहा है। जबकि इन परियोजनाओं में सार्वजनिक व्यक्ति का प्रयोग हो रहा है और वर्तमान में इनका बड़ी मात्रा में प्रयोग किया जा रहा है। न्यायालयों के निर्णयों के आधार पर कुछ परियोजनाओं का लेखा परीक्षण किया गया है। परंतु पी.पी.पी. के अंतर्गत संचालित परियोजनाओं के लेखा परीक्षण के लिए संसदीय अधिनियम, 1971 में परिवर्तन की आवश्यकता है, जिसमें लेखा परीक्षक को

पी.पी.पी. की परियोजनाओं के लेखा परीक्षण का अधिकार दिया जाना चाहिए।

विवाद

वर्तमान में नियंत्रक एवं महालेखा परीक्षक (कैग) के द्वारा कुछ मामलों पर अनुमानित घाटे की बात की जा रही है, जो आजकल विवाद का मूल कारण बना हुआ है, जिनमें 2-G स्पेक्ट्रम विवाद प्रमुख है। 2-G स्पेक्ट्रम आवंटन वर्ष-2008 में **पहले आओ, पहले पाओ** के आधार पर किया गया। परंतु कैग का मानना था कि यदि यह आवंटन नीलामी प्रक्रिया के आधार पर किया गया होता, तो सरकार को लगभग 1 लाख, 70 हजार करोड़ का लाभ होता, जो कि अनुमानों पर आधारित जांच थी। इसी तरह कोयला ब्लॉक आवंटन में भी घाटा दिखाया गया। 2-G स्पेक्ट्रम और कोयला ब्लॉक के आवंटन में कैग के द्वारा भारी अनियमितता का आरोप लगाया गया, इसमें कैग ने अनुमानित घाटे की संकल्पना का प्रयोग किया, जो वर्तमान समय में दुनिया के अनेक देशों में प्रयोग किया जा रहा है।

आलोचकों के अनुसार, कैग ने अपनी परंपरागत् भूमिका से आगे बढ़कर कार्य किया और नीति-निर्माण के मामलों में भी हस्तक्षेप किया, जबकि नीति-निर्माण सरकार का विशेषाधिकार है, परंतु ज्यादातर लोग इन आलोचनाओं से सहमत नहीं हैं, बल्कि वे कैग की भूमिका से सहमत हैं, क्योंकि कैग ने सरकार के 2-G स्पेक्ट्रम मामले में **पहले आओ, पहले पाओ** की प्रक्रिया में कमी बताई और बताया कि इससे सरकार को करोड़ों का राजस्व घाटा हुआ। कैग ने जनता के धन के संरक्षक होने के कारण राजस्व की इस क्षति पर प्रश्न-चिह्न लगाया तथा बाद में कैग की राय से सहमत होते हुए उच्चतम न्यायालय ने 2-G स्पेक्ट्रम आवंटन को पूर्णतः रद्द कर दिया। इससे यह प्रमाणित होता है कि कैग की भूमिका सही थी।

बहुसदस्यीय कैग

एक वर्ग का मानना है कि कैग को अधिक जिम्मेवार तथा उपयोगी बनाने हेतु इसे चुनाव आयोग की तरह बहुसदस्यीय निकाय बनाया जाए, जिससे पक्षपात रहित जांच प्रक्रिया अपनाई जा सके तथा व्यक्तिवादी प्रभावों का अभाव रहे। कैग को बहुसदस्यीय बनाने के लिए निम्नलिखित तर्क दिए जा रहे हैं–

- एकल व्यक्ति के बजाए, समूह अधिक उत्तरदायी तथा प्रभावी हो सकता है।
- बहुसदस्यीय कैग राजनीतिक विवादों से दूर रहेगा।
- अधिक सदस्य होने पर जांच तथा अन्य कार्यभार विभाजित किए जा सकते हैं।
- दल विशेष की विरोध भावना का अभाव रहेगा तथा राष्ट्रपति को महत्त्व दिया जाएगा।

दूसरे वर्ग का मानना है कि कैग की कार्य प्रकृति बहुसदस्यीयता की मांग नहीं करती है। कैग का कार्य केवल जांच करना और रिपोर्ट देना है। चुनाव आयोग की तरह किसी व्यवस्थित कार्य को करना नहीं है। फलतः बहुसदस्यीय कैग की आवश्यकता नहीं है। वर्तमान परिप्रेक्ष्य में कैग अपनी इसी संरचना में अच्छे ढंग से कार्य कर रहा है।

कैग की आलोचना

आलोचक यह मानते हैं कि प्रशासन की कुशलता एवं वित्तीय खर्च में सीधा संबंध विद्यमान होता है और कैग केवल वित्तीय खर्च की निगरानी करता है। इससे प्रशासनिक कुशलता के संबंध में सही जानकारी नहीं होती है। प्रशासनिक निर्णय परिस्थितियों के अनुसार लिए जाते हैं। कैग की सक्रिय भूमिका के कारण भारत में निवेश का वातावरण भी हतोत्साहित हुआ। 2-G रिपोर्ट व कोयला आवंटन रद्द करने के कारण भारत में निवेश कुप्रभावित हुआ। प्रशासन के द्वारा परिस्थितियों के अनुसार अनेक निर्णय तात्कालिक रूप में लिए जाते हैं, जिसे बाद में कैग भ्रष्टाचार के रूप में परिभाषित करता है। अतः नौकरशाही पहल करने से परहेज करती है।

निष्कर्ष

भारतीय संविधान में कैग एक स्वायत्त संस्था है और इसके अतिरिक्त यह एक संवैधानिक और प्रशासनिक संस्था भी है, जिसकी भूमिका उच्चतम न्यायालय एवं निर्वाचन आयोग की भांति महत्त्वपूर्ण है।

अध्याय 5

संघ लोक सेवा आयोग

(Union Public Service Commission)

● संरचना, ● आयोग के कार्य, ● संघ लोक सेवा आयोग की भूमिका, ● निष्कर्ष

संविधान निर्माण से पूर्व वर्ष-1926 में **ली कमीशन** की सिफारिश पर सर्वप्रथम लोक सेवा आयोग की स्थापना की गई। 1935 के भारत शासन अधिनियम में संघ लोक सेवा आयोग का प्रावधान विद्यमान था। संविधान में अनुच्छेद-315 से 323 तक संघ लोक सेवा आयोग का उल्लेख किया गया है। भारतीय संविधान में संघ की सेवाओं तथा अखिल भारतीय सेवाओं में भर्ती हेतु संघ लोक सेवा आयोग की स्थापना की गई है।

संरचना

संविधान के अनुसार, संघ लोक सेवा आयोग का एक अध्यक्ष व अन्य सदस्य होंगे, जिसका निर्धारण राष्ट्रपति अध्यक्ष के अतिरिक्त 10 अन्य सदस्य हैं। संघ लोक सेवा आयोग के अध्यक्ष और सदस्यों की योग्यताओं का उल्लेख संविधान में नहीं है, परंतु इतना अवश्य कहा गया है कि संघ लोक सेवा आयोग के आधे सदस्य वे होंगे, जिन्हें किसी संघ सरकार या राज्य सरकार के अधीन 10 वर्ष के कार्य का अनुभव प्राप्त हो।

अध्यक्ष एवं सदस्यों का कार्यकाल 6 वर्ष तथा अध्यक्ष और सदस्यों की नियुक्ति राष्ट्रपति के द्वारा होती है तथा राष्ट्रपति इन्हें उच्चतम न्यायालय की सलाह के बाद ही हटा सकते हैं। अक्षमता व कदाचार के आधार पर सदस्य को हटाने से पूर्व राष्ट्रपति उच्चतम न्यायालय से जांच करवाता है तथा जांच रिपोर्ट की अनुशंसा पर राष्ट्रपति द्वारा हटाया जाता है। इसके अतिरिक्त यदि उसने कार्यकाल के दौरान किसी अन्य विभाग की सेवा को स्वीकार किया हो, तो भी उसे हटाया जा सकता है।

आयोग की स्वतंत्रता एवं स्वायत्तता

(i) अनुच्छेद-322 के अनुसार, संघ लोक सेवा आयोग के अध्यक्ष और सदस्यों के वेतन व भत्ते भारत के संचित निधि पर भारित होते हैं।

(ii) संघ लोक सेवा आयोग के अध्यक्ष को अवकाश के बाद भारत सरकार के अंतर्गत कोई अन्य पद ग्रहण करने की अनुमति नहीं है। परंतु संघ लोक सेवा आयोग का सदस्य आयोग के अध्यक्ष के रूप में नियुक्त हो सकता है तथा उसकी नियुक्ति अन्य राज्य लोक सेवा आयोग के अध्यक्ष के रूप में भी संभव है। राज्य लोक सेवा आयोग का अध्यक्ष संघ लोक सेवा आयोग के अध्यक्ष एवं सदस्य के रूप में नियुक्त हो सकता है।

(iii) संघ लोक सेवा आयोग के अध्यक्ष और सदस्यों को राष्ट्रपति के द्वारा स्वतः नहीं हटाया जा सकता है,

वरन् इसके लिए उच्चतम न्यायालय की अनुशंसा की आवश्यकता होती है। लोक सेवा आयोग के अध्यक्ष अथवा सदस्य को दुर्व्यवहार के आधार पर ही अपने पद से हटाया जा सकता है। राष्ट्रपति उसे अपने पद से हटा सकता है, यदि वह दिवालिया हो गया हो अथवा राज्य के अंतर्गत कोई अन्य पद धारण कर लिया हो अथवा राष्ट्रपति की दृष्टि में वह दिमाग अथवा शरीर से अक्षम हो गया हो।

आयोग के कार्य

- यह केंद्रीय सेवाओं की भर्ती की एक एजेंसी है, जिसके द्वारा केंद्रीय सेवाओं हेतु प्रतियोगी परीक्षा का आयोजन किया जाता है।
- भारत में सिविल सेवकों की भर्ती का कार्य भी संघ लोक सेवा आयोग द्वारा संपादित किया जाता है।
- अखिल भारतीय सेवाओं की प्रतियोगिता का आयोजन भी संघ लोक सेवा आयोग करता है।
- आयोग परीक्षा के पाठ्यक्रम एवं परीक्षा प्रक्रिया का निर्धारण करता है।
- जब दो या दो से अधिक राज्य अपने लिए एक संयुक्त राज्य लोक सेवा आयोग के गठन का अनुरोध करें, तो ऐसी स्थिति में संघ लोक सेवा आयोग द्वारा परीक्षा का आयोजन किया जाता है।

सलाहकारी कार्य

संघ लोक सेवा आयोग संघ सरकार की एक सलाहकारी संस्था है। लोक सेवक के जीवन में संघ लोक सेवा आयोग का अत्यधिक महत्त्व है। क्योंकि लोक सेवकों की भर्ती एवं नियुक्ति के बाद भी इनकी सेवा से संबंधित निम्नलिखित विषयों पर संघ सरकार के द्वारा संघ लोक सेवा आयोग से परामर्श लिया जाता है-

- केंद्रीय सेवकों व अखिल भारतीय सेवकों की प्रोन्नति के संदर्भ में तथा अखिल भारतीय सेवकों की प्रतिनियुक्ति व इनके विरुद्ध अनुशासनात्मक कार्यवाही के संबंध में भी संघ लोक सेवा आयोग द्वारा परामर्श किया जाता है।
- सेवाओं में स्थानांतरण तथा राज्य सेवाओं से अखिल भारतीय सेवाओं में स्थानांतरण करने में संघ लोक सेवा आयोग द्वारा परामर्श लिया जाता है तथा साक्षात्कार भी संघ लोक सेवा आयोग द्वारा ही आयोजित किया जाता है।
- सेवाओं के पाठ्यक्रम व परीक्षाओं के प्रारूप में परिवर्तन की अनुशंसा संघ लोक सेवा आयोग द्वारा कॉर्मिक मंत्रालय को दी जाती है।
- कॉर्मिक मंत्रालय द्वारा संघ लोक सेवा आयोग के परामर्श से ही सेवाओं का कैडर का विभाजन किया जाता है।

आयोग की रिपोर्ट

आयोग के द्वारा प्रति वर्ष अपने कार्य की रिपोर्ट राष्ट्रपति को सौंपी जाएंगी, जिसे राष्ट्रपति, संसद के समक्ष प्रस्तुत करेगा और यदि आयोग की रिपोर्ट अस्वीकार की गई, तो संसद को उसका कारण भी बताना आवश्यक है। इसका उल्लेख संविधान के अनुच्छेद-323 में उल्लिखित है।

शक्तियां

संघ लोक सेवा आयोग सिविल न्यायालय की शक्तियां धारण करता है तथा देश के किसी भी नागरिक को सम्मन जारी कर सकता है और वह किसी भी विभागों की रिपोर्ट भी मंगवा सकता है।

संघ लोक सेवा आयोग की भूमिका

संघ लोक सेवा आयोग एक सलाहकारी संस्था है। संघ लोक सेवा आयोग एवं राज्य लोक सेवा आयोग भारत में सिविल सेवाओं की भर्ती की संस्थाएं हैं। संघ लोक सेवा आयोग की भूमिका निष्पक्ष और तटस्थ रूप से सेवाओं हेतु भर्ती करना है। एक लोकतांत्रिक देश में सरकारी सेवाओं का तटस्थ और निष्पक्ष आवेदन बेहद महत्त्वपूर्ण है, जिससे सरकार में बैठे लोग सरकारी सेवाओं पर नियंत्रण न कर सकें।

समस्या

नियंत्रक एवं महालेखा परीक्षक व चुनाव आयोग के समान ही संघ लोक सेवा आयोग की भूमिका अत्यधिक महत्त्वपूर्ण और सराहनीय है। यद्यपि **संघ लोक सेवा आयोग की निम्नलिखित कमियों की तरफ ध्यान दिलाया गया, जैसे-**

- सरकार ने नौकरियों में आरक्षण प्रदान करते समय संघ लोक सेवा आयोग से परामर्श नहीं लिया।

- ग्रुप सी. एवं डी. की सेवाओं की भर्ती संघ लोक सेवा आयोग द्वारा नहीं की जाती है।
- अनेक सार्वजनिक संस्थानों इसरो, डी.आर.डी.ओ. व केंद्रीय विश्वविद्यालयों इत्यादि में संघ लोक सेवा आयोग चयन नहीं करता है।
- संघ लोक सेवा आयोग के अंतर्गत आने वाले किसी पद या सेवा को राष्ट्रपति हटा सकता है। भारतीय संविधान के अनुसार, अखिल भारतीय सेवा व केंद्रीय सेवा से संबंधित विषयों पर राष्ट्रपति नियमन बना सकता है, जिसके लिए उसे आयोग से परामर्श करने की आवश्यकता नहीं है। ऐसे नियमन को राष्ट्रपति द्वारा कम से कम 14 दिनों तक सदन में रखना होगा। सदन इसे चाहे संशोधित करे या खारिज कर दे।

निष्कर्ष

संघ लोक सेवा आयोग भारतीय संविधान में वर्णित अखिल भारतीय सेवकों का पूरक प्रावधान है और आयोग के द्वारा संघ सरकार के उच्च पदों पर सेवाओं में भर्ती के तटस्थ एवं निष्पक्ष रूप में काम किया जाता है।

अध्याय 6

राष्ट्रीय अनुसूचित जाति आयोग

(National Commission for SCs)

• संरचना, • कार्य, • सलाहकारी शक्ति, • प्रतिवेदन, • महत्त्व

संविधानिक प्रावधान

भारतीय संविधान सामाजिक क्रांति का एक दस्तावेज तथा सामाजिक न्याय का एक उपकरण है। इसलिए संविधान में अनुसूचित जाति एवं जनजाति के लिए विशेष प्रावधान किए गए हैं। भारतीय संविधान के अनुच्छेद-338 में यह स्पष्ट उल्लेख किया गया है कि राष्ट्रपति संविधान में वर्णित अनुसूचित जाति एवं जनजाति की संवैधानिक अधिकारों की रक्षा के उपायों की जांच के लिए एक विशेष अधिकारी की नियुक्ति करेगा। वर्ष-1978 में कैबिनेट प्रस्तावों द्वारा अनुसूचित जाति एवं जनजाति आयोग की स्थापना की गई। 65वें संविधान संशोधन, 1990 के द्वारा अनुसूचित जाति एवं जनजाति हेतु एक बहुसदस्यीय अनुसूचित जाति एवं जनजाति आयोग की स्थापना की गई। परंतु 89वें संविधान संशोधन, 2003 के द्वारा अनुसूचित जाति एवं अनुसूचित जनजाति आयोग को अलग-अलग कर दिया गया। अब इनके नाम क्रमशः राष्ट्रीय अनुसूचित जाति आयोग, (अनुच्छेद-338) और राष्ट्रीय अनुसूचित जनजाति आयोग, (अनुच्छेद-338(A)) है। यह एक संवैधानिक संस्था है।

संरचना

(i) सदस्य

अनुसूचित जाति आयोग में एक अध्यक्ष, एक उपाध्यक्ष एवं तीन सदस्य होते हैं। अध्यक्ष एवं सदस्यों का कार्यकाल 3 वर्ष का होता है तथा इन्हें दोबारा अपने पद पर नियुक्त किया जा सकता। परंतु दो बार से ज्यादा इन्हें अपने पद पर नियुक्त नहीं किया जा सकता।

(ii) वारंट और सील के द्वारा नियुक्ति

आयोग के अध्यक्ष और सभी सदस्यों की नियुक्ति राष्ट्रपति के द्वारा स्वयं के हस्ताक्षर एवं मुहर लगाकर होती है तथा नियुक्ति के संदर्भ में राष्ट्रपति नियमों का निर्माण भी कर सकता है। अनुसूचित जाति आयोग के अध्यक्ष को कैबिनेट मंत्री का एवं उपाध्यक्ष को राज्य मंत्री का दर्जा प्राप्त होता है। अध्यक्ष अनुसूचित जाति का सदस्य होना चाहिए, जो एक प्रसिद्ध राजनीतिक एवं सामाजिक कार्यकर्ता हो।

कार्य

संविधान में अनुसूचित जाति के हितों की रक्षा के लिए वर्णित

मामलों की जांच व उनकी निगरानी करना तथा अनुसूचित जाति के अधिकारों के हनन की शिकायत की जांच करना आयोग के प्रमुख कार्य हैं। इसके अतिरिक्त राष्ट्रीय अनुसूचित जाति **आयोग के निम्नलिखित कर्त्तव्य होंगे-**

(i) अनुसूचित जातियों के लिए संविधान अथवा भारत सरकार के किसी आदेश के अधीन किए गए रक्षा उपायों से संबंधित सभी विषयों की जांच करना और उन पर निगरानी रखना तथा उन पर किए गए रक्षा उपायों के कार्यान्वियन का मूल्यांकन करना।

(ii) अनुसूचित जातियों को उनके अधिकारों और रक्षा उपायों से वंचित किए जाने की शिकायत की जांच करना।

(iii) ऐसे उपबंधों के कार्यान्वयन के विषय में प्रतिवर्ष आयोग द्वारा राष्ट्रपति को प्रतिवेदन देना।

(iv) अनुसूचित जातियों के संरक्षण, सामाजिक एवं आर्थिक कल्याण तथा विकास के लिए सिफारिश करना।

संघ सरकार एवं राज्य संरकारों के द्वारा अनुसूचित जाति व संबंधित नीतियों का निर्माण करते समय आयोग से परामर्श लिया जाएगा। आयोग अनुसूचित जाति के सामाजिक एवं आर्थिक विकास से संबंधित नियोजन की प्रक्रिया में भी सलाह देगा एवं सहभागिता करेगा तथा अनुसूचित जाति के कल्याण के लिए चलाई जा रही योजनाओं के बेहतर क्रियान्वयन की निगरानी करेगा।

सलाहकारी शक्ति

संघ सरकार एवं राज्य सरकारों के द्वारा अनुसूचित जातियों के कल्याण के लिए निर्मित नीतियों के लिए आयोग से परामर्श किया जाता है। राज्यों में अनुसूचित जाति आयोग अलग से स्थापित नहीं होता। इसलिए राज्यों के द्वारा अनुसूचित जातियों के कल्याण तथा उनके हितों के संरक्षण के लिए आयोग से सलाह ली जाती है और भविष्य में नीतियों के निर्माण के लिए भी आयोग सलाह प्रस्तुत करता है।

शिकायत की जांच

अनुसूचित जातियों के विरुद्ध किए गए उत्पीड़न की शिकायत सीधे आयोग से की जा सकती है और यह शिकायत लिखित रूप में होनी चाहिए। आयोग के द्वारा अनुसूचित जातियों के उत्पीड़न को रोकने के लिए प्रशासन एवं पुलिस को निर्देश दिए जाते हैं। आयोग के समक्ष ऐसे मामलों की शिकायत नहीं हो सकती, जो न्यायपालिका के समक्ष लंबित हैं।

शक्तियां

यह बिंदु उल्लेखनीय है कि अनुसूचित जाति आयोग जब किसी शिकायत की जांच करता है, तो वह सिविल न्यायालय की भांति कार्य करता है। इसके अंतर्गत् वह भारतीय क्षेत्र से किसी व्यक्ति को बुला सकता है और उसकी जांच कर सकता है तथा किसी न्यायालय अथवा कार्यालय से वह दस्तावेज भी मंगवा सकता है।

प्रतिवेदन

आयोग के द्वारा प्रति वर्ष राष्ट्रपति को रिपोर्ट प्रस्तुत की जाती है, जिसे राष्ट्रपति संसद के समक्ष रखवाता है तथा यह रिपोर्ट राज्यपाल के द्वारा विधान मंडल की समक्ष रखवाई जाती है। यदि रिपोर्ट की किसी सिफारिश को अस्वीकार किया गया, तो सदन के समक्ष इसका कारण बताना होगा।

महत्त्व

आयोग का महत्त्व अत्यधिक है, क्योंकि इसकी वार्षिक रिपोर्ट राष्ट्रपति को सौंपी जाती है और संसद उस रिपोर्ट पर कार्यवा. ही की अनुशंसा भी करती है, साथ ही जिस अनुशंसा को स्वीकार नहीं किया जाता है, तो उसके कारणों का उल्लेख भी करना पड़ता है। राष्ट्रपति राज्यों से संबंधित रिपोर्ट को संबंधित राज्यपाल के पास भेज देता है।

अध्याय 7

राष्ट्रीय अनुसूचित जनजाति आयोग

(National Commission for STs)

- संरचना, कार्य, • अनुसूचित जनजातियों के कल्याण और विकास में भूमिका

भारत में अनुसूचित जाति शब्द का प्रयोग पहली बार भारत शासन अधिनियम, 1935 में किया गया और भारतीय संविधान के अनुच्छेद-341 में राष्ट्रपति के द्वारा अनुसूचित जाति का निर्धारण किया जाता है, जिसमें राज्यों के राज्यपाल से भी परामर्श किया जाता है। जबकि अनुसूचित जनजाति का अभिप्राय, आदिवासी अथवा वनवासी से है, जो भौगोलिक रूप में सुदूर पहाड़ी क्षेत्रों में रहते हैं और वे अत्यधिक पिछड़े हुए हैं, जो अपनी आजीविका के लिए वन्य उत्पादों व कृषि पर निर्भर होते हैं। उनकी भाषा एवं संस्कृति विशिष्ट है और वे समाज के मुख्य धारा में शामिल नहीं हैं तथा वे स्वयं को अलग-थलग बनाए रखते हैं। उत्तरी-पूर्वी राज्यों में जनजातियों की आबादी अत्यधिक है।

संरचना

89वें संविधान संशोधन अधिनियम, 2003 द्वारा राष्ट्रीय अनुसूचित जनजाति आयोग के गठन का प्रावधान किया गया, (अनुच्छेद-338(A))। आयोग में एक अध्यक्ष, एक उपाध्यक्ष तथा तीन अन्य सदस्य होंगे। राष्ट्रपति समय-समय पर अध्यक्ष, उपाध्यक्ष और सदस्यों की सेवा शर्तों एवं कार्यकाल का निर्धारण करता है। आयोग के अध्यक्ष, उपाध्यक्ष एवं अन्य सदस्यों का कार्यकाल 3 वर्षों तक होता है। अध्यक्ष और सदस्य दो कार्यकाल से ज्यादा के लिए नियुक्त नहीं हो सकते। अध्यक्ष अनुसूचित जनजाति का सदस्य होना चाहिए, जो प्रसिद्ध सामाजिक और राजनीतिक कार्यकर्ता हो। अध्यक्ष को कैबिनेट मंत्री तथा उपाध्यक्ष को राज्य मंत्री का दर्जा प्राप्त होता है और सदस्यों को भारत सरकार के सचिव का दर्जा प्राप्त होता है। इनके वेतन व भत्ते भारत सरकार के सचिव के समान होंगे। उपाध्यक्ष और अन्य सदस्यों में कम से कम दो व्यक्ति अनुसूचित जनजाति से संबंधित होने चाहिए। राष्ट्रपति उन्हें आदेश द्वारा और अपने हस्ताक्षर तथा सील के तहत नियुक्त करेगा। राष्ट्रीय अनुसूचित जनजाति आयोग के 6 क्षेत्रीय कार्यालय भी हैं, जो **इस प्रकार** हैं-भोपाल (म.प्र.), भुवनेश्वर (उड़ीसा), जयपुर (राजस्थान), रायपुर (छत्तीसगढ़), रांची (झारखंड) और शिलांग (मेघालय)।

कार्य

आयोग के निम्नलिखित महत्त्वपूर्ण कार्य हैं-

- इसे संविधान के अधीन या अस्थायी रूप से किसी अन्य कानून के अधीन या सरकार के किसी आदेश के अधीन अनुसूचित जनजातियों को दिए गए संरक्षण

से संबंधित सभी मामलों की जांच व निगरानी करना है।

- अनुसूचित जनजातियों के अधिकारों के हनन से संबंधित विशिष्ट शिकायतों की जांच करना।
- अनुसूचित जनजातियों के सामाजिक एवं आर्थिक विकास की योजना निर्माण में भाग लेना और सलाह देना एवं संघ और किसी भी राज्य में उनके विकास की प्रगति का मूल्यांकन करना।
- राष्ट्रपति को अनुसूचित जनजातियों से संबंधित विकास पर रिपोर्ट देना।
- अनुसूचित जनजातियों के संरक्षण, कल्याण और विकास तथा प्रगति के संबंध में ऐसे अन्य कार्यों को जिन्हें राष्ट्रपति संसद द्वारा बनाए गए किसी भी कानून के अधीन प्रदान किए जा सकते हैं, उनका निर्वहन करना।

अनुसूचित जनजातियों के कल्याण और विकास में भूमिका

जनजातीय मंत्रालय के द्वारा आयोग अनुसूचित जनजातियों के कल्याण एवं विकास का कार्य संपादित करता है, जिसके द्वारा जनजातीय क्षेत्र में लघु वन उत्पादों पर इनका मालिकाना हक होगा। प्राकृतिक संसाधनों व जल संसाधनों पर जनजातियों का अधिकार होगा तथा जनजातीय क्षेत्रों का विकास किया जाएगा और विकास परियोजनाओं से विस्थापित जनजातियों का पुनर्वास आयोग का दायित्व है। सामाजिक, वानिकी तथा वन के संरक्षण के लिए जनजातियों का सहयोग प्राप्त करना तथा झूम खेती की परंपरा को धीरे-धीरे समाप्त करना। संघ सरकार एवं राज्य सरकारों के द्वारा अनुसूचित जनजातियों के कल्याण के लिए निर्मित नीतियों में आयोग की सलाह ली जाती है।

शिकायतों की जांच

आयोग के द्वारा अनुसूचित जनजातियों के उत्पीड़न की शिकायत की जांच भी की जाती है। इस संदर्भ में शिकायत सीधे आयोग के अध्यक्ष एवं उपाध्यक्ष को भेजी जाती है। यदि किसी मामले में न्यायपालिका का निर्णय है, तो उसकी शिकायत आयोग से नहीं की जा सकती।

शक्तियां

आयोग के पास सिविल न्यायालय की वे सभी शक्तियां होंगी, जो किसी दावे की सुनवाई के संबंध में होती हैं, अर्थात् भारत के किसी भी भाग में किसी भी व्यक्ति को उपस्थित होने के लिए सम्मन जारी, शपथ-पत्र एवं उससे पूछताछ कर सकता है **तथा-**

- किसी भी प्रलेख की खोज और प्राप्ति का आदेश दे सकता है।
- शपथ-पत्र पर साक्ष्य प्राप्त करना।
- किसी भी न्यायालय या कार्यालय से उसकी प्रतिलिपि की मांग करना।
- गवाहों और प्रलेखों की जांच के लिए अधिकार-पत्र जारी करना।
- कोई भी अन्य मामला नियम द्वारा राष्ट्रपति से तय होना।

आयोग के अन्य कार्य

वर्ष-2005 में राष्ट्रपति के द्वारा अनुसूचित जनजाति आयोग को वन क्षेत्रों में लघु उत्पादों पर स्वामित्व दिया गया तथा वनों के खनिज संसाधनों पर भी जनजातियों के नियंत्रण को स्वीकार किया गया तथा जनजातियों के स्थानीय स्वशासन हेतु **पेसा** (Panchayats (Extension to Scheduled Areas) Act, 1996 (PESA)) का प्रावधान किया गया।

आयोग का प्रतिवेदन

आयोग द्वारा प्रत्येक वर्ष राष्ट्रपति को अपना प्रतिवेदन प्रस्तुत किया जाता है तथा राष्ट्रपति के द्वारा इस प्रतिवेदन को संसद के समक्ष रखवाया जाता है और इस प्रतिवेदन के साथ संघ सरकार की सिफारिशें भी की जाती हैं। आयोग की रिपोर्ट को राज्यपाल राज्य विधान मंडल के समक्ष रखवाता है। अत: रिपोर्ट की किसी सिफारिश को अस्वीकार करने का कारण बताना पड़ता है।

सांविधिक निकाय

भाग

9

1) राष्ट्रीय अल्पसंख्यक आयोग, 2) राष्ट्रीय मानवाधिकार आयोग, 3) राष्ट्रीय महिला आयोग, 4) राष्ट्रीय पिछड़ा वर्ग आयोग

अध्याय
1

राष्ट्रीय अल्पसंख्यक आयोग

(National Minorities Commission)

- कार्य, • शक्तियां, • निष्कर्ष

अल्पसंख्यकों के लिए सबसे पहले वर्ष-1960 में उत्तर प्रदेश ने अल्पसंख्यक आयोग का गठन किया। इसके बाद संघ की जनता पार्टी सरकार के द्वारा वर्ष-1978 में राष्ट्रीय अल्पसंख्यक आयोग की स्थापना की गई। इस आयोग की स्थापना का उद्देश्य अल्पसंख्यकों में सुरक्षा का भाव पैदा करना तथा पंथनिरपेक्ष परंपराओं को सुदृढ़ रखते हुए राष्ट्रीय एकीकरण को बढ़ावा देना है। वर्ष-1992 में पारित एक अधिनियम के द्वारा इस आयोग को वैधानिक स्वरूप प्रदान किया गया तथा केंद्र सरकार के द्वारा **6 समूहों** (मुस्लिम, ईसाई, सिक्ख, बौद्ध, जैन एवं पारसी) को अल्पसंख्यक समुदाय के रूप में अधिसूचित किया गया था। वर्ष-1995 में इसमें संशोधन करके इसका नाम अल्पसंख्यकों के लिए राष्ट्रीय आयोग कर दिया गया।

संवैधानिक प्रावधान

संविधान में अल्पसंख्यकों की सुरक्षा तथा विकास हेतु व्यापक उपबंध किए गए हैं। संविधान के मौलिक अधिकारों वाले भाग के अनुच्छेद-29 में अल्पसंख्यकों की भाषा, लिपि तथा संस्कृति के संरक्षण का प्रावधान किया गया है। अनुच्छेद-350 के अंतर्गत प्रावधान है कि प्रत्येक व्यक्ति अपनी शिकायत निवारण के लिए संघ या राज्यों में बोली जाने वाली किसी भी भाषा में आवेदन दे सकता है। अनुच्छेद-350(A) के अनुसार, प्रत्येक राज्य भाषायी अल्पसंख्यक वर्गों के बच्चों को प्राथमिक स्तर पर मातृभाषा में शिक्षा की व्यवस्था करने का प्रयास करेगा। अतः इन वर्गों की भाषाओं को संरक्षण दिया गया है। राष्ट्रीय अल्पसंख्यक आयोग की स्थापना संवैधानिक अधिकारों की रक्षा हेतु की गई है। आयोग का मुख्य कार्य अल्पसंख्यकों की सुरक्षा के लिए आवश्यक उपायों का निर्माण व इनके लिए प्रदत्त संवैधानिक प्रावधानों को लागू करवाना है।

संरचना

यह एक बहुसदस्यीय संस्था है। राष्ट्रीय अल्पसंख्यक आयोग में एक अध्यक्ष, एक उपाध्यक्ष तथा 3 अन्य सदस्य होते हैं। अध्यक्ष सहित सभी सदस्यों का अल्पसंख्यक समुदाय से होना आवश्यक है। इनकी नियुक्ति राष्ट्रपति द्वारा की जाती है। आयोग के अध्यक्ष तथा सभी सदस्यों का कार्यकाल 3 वर्षों का होता है। राष्ट्रीय अल्पसंख्यक आयोग का अध्यक्ष राष्ट्रीय मानवाधिकार आयोग का पदेन सदस्य भी होता है।

कार्य

राष्ट्रीय अल्पसंख्यक आयोग के निम्नलिखित कार्य हैं-

(i) राष्ट्रीय अल्पसंख्यकों के अधिकारों के हनन की शिकायतों को सुनना।
(ii) राष्ट्रीय अल्पसंख्यकों के विकास के स्तर का मूल्यांकन करना तथा इस संबंध में सुझाव देना।
(iii) राष्ट्रीय अल्पसंख्यकों की सुरक्षा तथा कल्याण से संबंधित प्रयासों में सहयोग देना।
(iv) संघ और राज्य सरकारों द्वारा पारित विभिन्न (अल्पसंख्यकों से संबद्ध) विधियों की जांच करना।
(v) अल्पसंख्यकों की शिकायतों की जांच करना।
(vi) राष्ट्रीय अल्पसंख्यकों के कल्याण के लिए वैधानिक व कल्याणकारी उपायों को सुझाना।
(vii) संघ सरकार एवं राज्य सरकारों को अल्पसंख्यकों के लिए नीतियों के बेहतर क्रियान्वयन हेतु सुझाव देना।

शक्तियां

राष्ट्रीय अल्पसंख्यक आयोग भारत के किसी भी व्यक्ति को सम्मन जारी कर सकता है अथवा उपस्थित होने के लिए बाध्य तथा राष्ट्रीय अल्पसंख्यक आयोग किसी भी दस्तावेज की मांग कर सकता है, शपथ-पत्र दाखिल कर सकता है और यह सिविल न्यायालय की सभी शक्तियां धारण करता है।

संवैधानिक दर्जा देने के प्रयत्न

सरकार ने इसे संवैधानिक दर्जा देने का अनेक बार प्रयत्न किया है, लेकिन विपक्ष के असंतोष व गठबंधन सरकार में बहुमत के अभाव के कारण इस संस्था को संवैधानिक दर्जा प्राप्त नहीं हो सका है तथा वर्तमान समय में यह एक **विधिक संस्था** है।

कमियां

अन्य आयोगों के संबंध में यह प्रावधान किया गया है कि सरकार नीतियों का निर्माण करते समय आयोगों से परामर्श करेगी, लेकिन अल्पसंख्यक आयोग के संबंध में यह प्रावधान नहीं है। अल्पसंख्यक आयोग को सहयोग देने के लिए राज्य और जनपद स्तर पर सहायक संस्थाओं का अभाव है। पिछड़े वर्ग आयोग और अनुसूचित जाति एवं जनजाति आयोग के संबंध में कहा गया है कि उनके सदस्य ऐसे व्यक्ति होंगे, जिन्हें उन समुदायों के संबंध में विशेष ज्ञान हो, लेकिन राष्ट्रीय अल्पसंख्यक आयोग के सदस्यों के संबंध में केवल यह वर्णित किया गया है कि वे अल्पसंख्यक समुदाय से संबंधित हों तथा सदस्यों की नियुक्ति हेतु इनसे संबंधित विशेष ज्ञान का प्रावधान होना जरूरी नहीं समझा गया है। यह अनिवार्य नहीं है कि अल्पसंख्यक समुदाय के व्यक्ति को अल्पसंख्यकों के बारे में पर्याप्त जानकारी हो।

निष्कर्ष

भारत में पिछड़े वर्गों, अनुसूचित जातियों, जनजातियों एवं अल्पसंख्यकों के कल्याण के लिए आयोगों का गठन किया गया है। विधि-निर्माण के साथ आयोग को प्रशासनिक एवं वित्तीय रूप में भी शक्तिशाली बनाने की आवश्यकता है तथा इससे भी बढ़कर इन आयोगों में होने वाली नियुक्तियां दलीय हितों से प्रेरित नहीं होनी चाहिए, जिससे आयोग प्रभावी रूप में कार्य कर सके।

अध्याय 2

राष्ट्रीय मानवाधिकार आयोग

(National Human Rights Commission)

● उच्चतम न्यायालय एवं मानवाधिकार, ● मानवाधिकार आयोग की भूमिका, ● मानवाधिकार के विभिन्न आयाम, ● सीमाएं, ● निष्कर्ष

मानवाधिकार से तात्पर्य ऐसे अधिकारों से है, जो व्यक्ति को मनुष्य होने के कारण प्राप्त होते हैं। यद्यपि भारतीय संविधान में मानवाधिकारों के रूप में मौलिक अधिकारों की व्यवस्था है, जिसे उच्चतम न्यायालय संरक्षण प्रदान करता है, परंतु वर्ष-1948 में घोषित मानवाधिकार अत्यंत व्यापक है, जो राष्ट्र-राज्य की सीमाओं से परे है। यह अधिकार मानव जाति को तथा मौलिक अधिकार नागरिक होने के कारण प्राप्त होते हैं। इसलिए मानवाधिकारों की रक्षा हेतु मानवाधिकार आयोग की स्थापना 20 अक्टूबर, 1993 में की गई। भारत में इसकी स्थापना के निम्नलिखित कारण हैं–

- भारत ने संयुक्त राष्ट्र संघ मानवाधिकार घोषणा-पत्र पर हस्ताक्षर किया है।
- एमनेस्टी इंटरनेशनल जैसी मानवाधिकार (अंतर्राष्ट्रीय) एजेंसियों ने भारत के ऊपर मानवाधिकारों के उल्लंघन का आरोप लगाया।
- वर्ष-1990 के बाद पूरी दुनिया में मानवाधिकार के संरक्षण की दिशा में अनेक प्रयत्न किए गए और भारत के पुलिस आयोग की रिपोर्ट में भी राष्ट्रीय मानवाधिकार आयोग की स्थापना पर बल प्रदान किया गया।

उच्चतम न्यायालय एवं मानवाधिकार

संविधान के भाग-3 में मूल अधिकारों का प्रावधान किया गया है, जो मानवाधिकार ही है और इनकी रक्षा के लिए उच्चतम न्यायालय का भी प्रावधान किया गया है, जो मूल अधिकारों की रक्षा के रूप में मानवाधिकारों की रक्षा करता है। परंतु उच्चतम न्यायालय के समक्ष कार्य का अत्यधिक बोझ है और न्यायपालिका के समक्ष न्याय की प्राप्ति महंगी है और न्याय उपलब्ध कराने की प्रक्रिया भी जटिल है। इसीलिए मानवाधिकारों की रक्षा हेतु एक स्वायत्त संस्था का निर्माण किया गया है, जिसका कार्य केवल मानवाधिकारों की रक्षा करना है। इसके लिए वित्तीय खर्च और प्रक्रियाएं कठिन नहीं है। राष्ट्रीय मानवाधिकार आयोग उच्चतम न्यायालय की शक्तियों का विरोधी नहीं, वरन पूरक है, क्योंकि मानवाधिकार की रक्षा के लिए उच्चतम न्यायालय के कार्यों के बोझ को कम करने के उद्देश्य से ही राष्ट्रीय मानवाधिकार आयोग की स्थापना की गई है।

संरचना

अंतर्राष्ट्रीय संधियों (पेरिस संधि) के अनुसार, भारत में मानवाधिकार आयोग की स्वायत्तता पर अत्यधिक बल प्रदान किया गया है। राष्ट्रीय मानवाधिकार आयोग की

स्थापना संसदीय विधि के द्वारा वर्ष-1993 में की गई। यह एक बहुसदस्यीय संस्था है, जिसके एक अध्यक्ष और चार सदस्य होंगे। राष्ट्रीय मानवाधिकार आयोग का अध्यक्ष उच्चतम न्यायालय का कार्यरत अथवा अवकाश प्राप्त मुख्य न्यायाधीश होता है और दो सदस्य उच्चतम न्यायालय के कार्यरत या अवकाश प्राप्त न्यायाधीश अथवा उच्च न्यायालय के कार्यरत या अवकाश प्राप्त न्यायाधीश होते हैं तथा दो अन्य सदस्य जिनको मानवाधिकार के संदर्भ में विशेष जानकारी हो सदस्य बनाए जाते हैं। इन स्थायी सदस्यों के अतिरिक्त राष्ट्रीय मानवाधिकार आयोग के चार पदेन सदस्य भी होते हैं, जो इस प्रकार से हैं-

1. राष्ट्रीय अल्पसंख्यक आयोग का अध्यक्ष।
2. राष्ट्रीय महिला आयोग की अध्यक्ष।
3. राष्ट्रीय अनुसूचित जाति आयोग का अध्यक्ष।
4. राष्ट्रीय अनुसूचित जनजाति आयोग का अध्यक्ष।

इन सदस्यों को आयोग की प्रक्रिया और निर्णय में मतदान का अधिकार नहीं होता है।

नियुक्ति की प्रक्रिया

राष्ट्रीय मानवाधिकार आयोग की स्वायत्तता और स्वतंत्रता बनाए रखने के लिए अध्यक्ष और सदस्यों की नियुक्ति प्रधानमंत्री की अध्यक्षता वाली 6 सदस्यीय समिति की सिफारिश पर राष्ट्रपति द्वारा किया जाता है। इस समिति में प्रधानमंत्री, गृहमंत्री, लोक सभा में विपक्ष का नेता, राज्य सभा में विपक्ष का नेता, लोक सभा अध्यक्ष एवं राज्य सभा के उप-सभापति सम्मिलित होते हैं। राष्ट्रपति इसी समिति की अनुशंसा पर राष्ट्रीय मानवाधिकार आयोग के अध्यक्ष और सदस्यों की नियुक्ति करते हैं। इसके अतिरिक्त भारत के मुख्य न्यायाधीश की सलाह पर उच्चतम न्यायालय के किसी न्यायाधीश अथवा उच्च न्यायालय के किसी मुख्य न्यायाधीश की नियुक्ति हो सकती है।

कार्यकाल

अध्यक्ष और सदस्यों का कार्यकाल अधिकतम 5 वर्ष या 70 वर्ष की उम्र तक (इनमें से जो भी पहले पूरा हो) होता है। अवकाश प्राप्ति के पश्चात् संघ सरकार या राज्य सरकार की किसी सेवा के अंतर्गत् इन्हें नियोजित नहीं किया जा सकता है तथा इन्हें हटाने के लिए उच्चतम न्यायालय की सहमति आवश्यक है और उच्चतम न्यायालय की अनुशंसा के बाद ही अध्यक्ष एवं सदस्यों को हटाया जा सकता है तथा कार्यकाल के दौरान राष्ट्रीय मानवाधिकार आयोग के अध्यक्ष और सदस्यों के वेतन में कोई अलाभकारी परिवर्तन नहीं होगा।

प्रशासनिक संरचना

राष्ट्रीय मानवाधिकार आयोग ने अध्यक्ष एवं सदस्यों के अलावा भारतीय प्रशासनिक सेवा के पदाधिकारी को सचिव के रूप में नियुक्त किया जाता है। आयोग का एक विधि प्रभाग भी है, जिसमें विधि विशेषज्ञ को रजिस्ट्रार के रूप में नियुक्त किया जाता है। इसके अलावा आयोग का एक प्रशिक्षण प्रभाग भी है, जिसके द्वारा मानवाधिकार के संबंध में जन-जागरूकता पैदा की जाती है। आयोग की जांच शाखा भी हो, जिसके द्वारा मानवाधिकार हनन की जांच की जाती है, जिसका प्रमुख डी.जी.पी. रैंक का पुलिस अधिकारी होता है और उसकी सहायता के लिए एक वरिष्ठ पुलिस अधीक्षक एवं उप-पुलिस अधीक्षक को तैनात किया जाता है। इसके अतिरिक्त आयोग का अनुसंधान प्रभाग भी है। वास्तविक रूप में इन प्रशासनिक संस्थाओं के सशक्तिकरण के बिना आयोग को शक्तिशाली नहीं बनाया जा सकता है और इन प्रभागों में होने वाली नियुक्तियों में विलंब किया जाता है और पद लंबे समय तक खाली पड़े रहते हैं, जिससे आयोग अक्षम बन जाता है।

प्रकृति

राष्ट्रीय मानवाधिकार आयोग एक अर्द्ध-न्यायिक संस्था है, जिसके द्वारा मानवाधिकार की जांच के लिए किसी भी व्यक्ति को गवाह के रूप में बुलाया जा सकता है और शपथ के आधार पर उसका परीक्षण भी किया जा सकता है। सबूत प्राप्त करना, किसी दस्तावेज को मंगाना, न्यायालय अथवा कार्यालय से किसी सार्वजनिक रिकॉर्ड की प्रतिलिपि मंगाना, ये आयोग के अर्द्ध-न्यायिक कार्य हैं।

कार्य

राष्ट्रीय मानवाधिकार आयोग के प्रमुख कार्य निम्नलिखित हैं-

(i) संविधान के उन प्रावधानों का क्रियान्वयन करना, जिनमें मानवाधिकारों का उल्लेख है।
(ii) मानवाधिकारों के हनन के मामले की जांच करना।
(iii) कोई भी व्यक्ति मानवाधिकारों के हनन की शिकायत

राष्ट्रीय मानवाधिकार आयोग के सामने कर सकता है, जिसे राष्ट्रीय मानवाधिकार आयोग द्वारा हल करने का प्रयत्न किया जाएगा।

(iv) राष्ट्रीय मानवाधिकार आयोग का कार्य मानवाधिकारों के संदर्भ में जागरूकता पैदा करना व संबंधित अनुसंधान को बढ़ावा देना तथा मानवाधिकार से संबंधित विभिन्न अंतर्राष्ट्रीय संधियों को लागू करना है।

(v) विभिन्न जनपद स्तर की मानवाधिकारों की समितियों के गठन की अनुशंसा करना। मानवाधिकार का कार्य सरकार की एजेंसियों की सहायता लेकर किया जाता है।

राष्ट्रीय मानवाधिकार आयोग मौलिक अधिकारों तथा मानवाधिकारों की रक्षा तथा इनके हनन होने पर जांच एवं आवश्यक कार्यवाही की सिफारिश भी करता है, साथ ही मानवाधिकार आयोग एक ऐसी संस्था है, जो नागरिकों को मुफ्त में न्याय दिलाती है तथा मानवाधिकारों के हनन पर स्वत: उपस्थित हो जाती है।

शक्तियां

राष्ट्रीय मानवाधिकार आयोग लोक प्रक्रिया संहिता, 1908 के तहत सिविल न्यायालय की समस्त शक्तियां धारण करता है तथा वह पुलिस से समस्त कार्यवाहियों के रिकॉर्ड की भी मांग और किसी भी व्यक्ति को सम्मन जारी कर सकता है। राष्ट्रीय मानवाधिकार आयोग स्वयं एक सिविल न्यायालय की भूमिका में कार्य करता है।

मानवाधिकार आयोग की भूमिका

1. हिरासत में मृत्यु

जेल में किसी व्यक्ति की मृत्यु मानवाधिकारों का घोर उल्लंघन है। जेल के अंतर्गत पुलिस के द्वारा बंदियों को दी गई शारीरिक एवं मानसिक प्रताड़ना भी मानवाधिकारों के विरुद्ध है, जिसकी रक्षा के लिए आयोग के द्वारा विभिन्न जेल का निरीक्षण होता है।

2. निवारक नजरबंदी

मानवाधिकार आयोग की अनुशंसा के आधार पर आतंकवाद एवं विध्वंसकारी प्रतिबंधात्मक अधिनियम को समाप्त कर दिया गया, जिसे लोकप्रिय रूप में टाडा (TADA) कहा जाता था। आयोग के द्वारा विशेष सैन्य बल अधिनियम को भी क्रमिक रूप में समाप्त करने की अनुशंसा की गई।

3. श्रमिकों के मानवाधिकार

आयोग के द्वारा विभिन्न औद्योगिक क्षेत्रों में समय-समय पर यात्राएं की जाती हैं, जिसके माध्यम से पटाखों की फैक्ट्री, चूड़ी बनाने के कारखानों का निरीक्षण किया गया एवं इन कारखानों में बालश्रम को पूर्णत: प्रतिबंधित किया गया है।

4. शिकायत निवारण

आयोग के द्वारा जिन व्यक्तियों का मानवाधिकार का उल्लंघन होता है तथा उन्हें सरकार से मुआवजा देने का भी आदेश दिया जाता है एवं दोषी व्यक्तियों के विरुद्ध अनुशासनात्मक कार्यवाही की जाती है। न्यायालय के समक्ष भी आयोग मानवाधिकार की रक्षा के लिए पैरवी करता है। आयोग के द्वारा उन उपायों का उल्लेख किया जाता है, जिससे भविष्य में मानवाधिकार के हनन को रोका जा सके।

5. वंचितों के अधिकारों की रक्षा

मानवाधिकार मानव मात्र को प्राप्त होते हैं, परंतु भारत में मानवाधिकार का उल्लंघन महिलाओं, अनुसूचित जातियों, जनजातियों व अल्पसंख्यकों के विरुद्ध ज्यादा देखा जाता है। इसलिए आयोग वंचित वर्गों के अधिकारों की रक्षा के लिए पहल करता है। उड़ीसा में भूख से मरने वाले व्यक्तियों के मुद्दों की जांच आयोग द्वारा की गई।

6. जातीय हिंसा

भारत में हॉनर किलिंग (Honour Killing) के नाम पर अंतर्जातीय विवाह करने वाली महिलाओं की हत्याएं की गई हैं और हरियाणा में खाप पंचायत के द्वारा इनका समर्थन भी किया गया है। भीड़ के द्वारा गोरक्षा के नाम पर आम व्यक्तियों की हत्या भी मानवाधिकार का उल्लंघन है, जिसे रोकने के लिए आयोग ने सक्रिय पहल की है।

दंतविहीन बाघ (Toothless Tiger)

आलोचकों के अनुसार, मानवाधिकार आयोग एक अप्रभावी संस्था है, क्योंकि मानवाधिकार आयोग के समक्ष शिकायतों की संख्या बढ़ रही है। जबकि इन शिकायतों के समाधान की शक्ति मानवाधिकार आयोग के पास नहीं है। चूंकि आयोग की प्रशासनिक क्षमता सीमित है और वित्तीय शक्ति का भी अभाव है। आयोग के द्वारा विभिन्न व्यक्तियों को

मुआवजा देने की अनुशंसा तो की जाती है, लेकिन सरकार के द्वारा पीड़ितों को मुआवजा नहीं दिया जाता।

मानवाधिकार आयोग की कमजोरी का कारण संसदीय अधिनियम की अक्षमता नहीं है और न ही प्रशासनिक और वित्तीय क्षमता की कमी, बल्कि आयोग की विफलता का मूल कारण है कि आयोग में नियुक्त अध्यक्ष और सदस्य सक्रिय नहीं हैं। पूर्व निर्वाचन आयुक्त टी. एन. शेषन के द्वारा निर्वाचन आयोग को सक्रिय संस्था के रूप में परिवर्तित कर दिया गया। अत: मानवाधिकार आयोग के अध्यक्ष एवं सदस्यों की सक्रियता के परिणामस्वरूप आयोग को प्रभावशाली बनाया जा सकता है।

जांच के बाद की कार्यवाही

राष्ट्रीय मानवाधिकार आयोग के द्वारा किसी मामले की जांच पूरी होने के बाद **निम्नलिखित कदम उठाए जा सकते हैं–**

- आयोग के द्वारा सरकार के संबंधित विभाग को हर्जाना देने का आदेश दिया जा सकता है।
- आयोग किसी भी राज्य के सेवक के विरुद्ध कार्यवाही करने का भी निर्देश दे सकता है।
- सरकार से यह अनुशंसा कर सकता है कि व्यक्ति को किसी न किसी प्रकार से राहत प्रदान की जाए।
- आयोग उच्चतम न्यायालय या संबंधित उच्च न्यायालय में भी अपील करने की शक्ति रखता है।
- लोगों के मानवाधिकारों की रक्षा त्वरित और अनौपचारिक रूप से संभव होगी।
- राष्ट्रीय मानवाधिकार आयोग में पहुंचने एवं शिकायत दर्ज कराने के लिए पैसा भी नहीं खर्च होगा तथा लोगों की समस्याओं का निपटारा भी यथाशीघ्र हो सकेगा।

मानवाधिकार के विभिन्न आयाम

मानवाधिकार में सैद्धांतिक रूप में मानव मात्र के अधिकार शामिल होते हैं। अत: जाति, धर्म, लिंग व संपत्ति के आधार पर भेदभाव नहीं किया जा सकता। परंतु भारत में मानवाधिकार हनन के मामले में अनुसूचित जाति, जनजाति, महिलाओं एवं अल्पसंख्यकों के अधिकारों का हनन ज्यादा होता है।

भारत की जेलों में बंद कैदियों में ज्यादा संख्या अनुसूचित जाति, जनजाति और अल्पसंख्यकों की है तथा भारत में होने वाली जातीय हिंसा से भी अनुसूचित जाति, जनजाति एवं अल्पसंख्यक सर्वाधिक प्रभावित होते हैं। इसीलिए यह तर्क दिया जाता है कि भारत में राष्ट्रीय मानवाधिकार आयोग के बजाए, अनेक मानवाधिकार आयोग होने चाहिए, जो समूह विशेष की समस्याओं का समाधान कर सके।

राष्ट्रीय मानवाधिकार आयोग के मंच पर वंचित वर्गों की समस्या का विशेष समाधान किया जाता है। इसीलिए मानवाधिकार आयोग के पदेन सदस्य अनुसूचित जाति, जनजाति आयोग के अध्यक्ष, महिला आयोग के अध्यक्ष, राष्ट्रीय अल्पसंख्यक आयोग के अध्यक्ष भी शामिल होते हैं, जिससे मानवाधिकारों की रक्षा समग्र रूप में हो सके।

सीमाएं

- राष्ट्रीय मानवाधिकार आयोग के द्वारा प्रदान की गई अनुशंसा सलाहकारी होती है। इसलिए राष्ट्रीय मानवाधिकार आयोग को न तो किसी व्यक्ति को दंडित करने का अधिकार है और न ही किसी व्यक्ति को आर्थिक सहायता देने का अधिकार। आयोग की सलाह सरकार पर बाध्यकारी नहीं है। यद्यपि यह प्रावधान है कि सरकार एक माह की अवधि में आयोग को यह सूचित करेगी कि किस मुद्दे पर किस प्रकार की कार्यवाही की गई।
- राष्ट्रीय मानवाधिकार आयोग सैन्य बलों के द्वारा मानवाधिकार के हनन की जांच नहीं कर सकता। उदाहरण के लिए, कश्मीर एवं पूर्वी राज्यों में व नक्सलियों के विरुद्ध की गई कार्यवाही में मानवाधिकारों के हनन के आरोप लगाए जाते हैं, लेकिन इनकी जांच करने का अधिकार आयोग को नहीं है, बल्कि आयोग इन मामलों की जांच के लिए सरकार को निर्देश देता है।
- राष्ट्रीय मानवाधिकार आयोग के पास किसी मामले की जांच हेतु अपने स्वयं के पर्याप्त अधिकारी भी नहीं हैं। इसलिए राष्ट्रीय मानवाधिकार आयोग को सरकार के उन्हीं विभागों पर जांच के लिए निर्भर

रहना होता है, जिनके विरुद्ध मानवाधिकारों के हनन के आरोप हैं।

- मानवाधिकार अधिनियम, 1993 में यह प्रावधान किया गया था कि मानवाधिकारों से संबंधित राज्य आयोग और जनपद समितियों की भी स्थापना होगी, परंतु राज्य सरकारों ने आयोग की स्थापना में किसी भी प्रकार की दिलचस्पी नहीं दिखाई है।

निष्कर्ष

मानवाधिकार आयोग के द्वारा मानवाधिकार के संबंध में प्रशिक्षण को बढ़ावा दिया गया है तथा मानवाधिकार के संबंध में अनुसंधान को भी प्राथमिकता दी गई है। मानवाधिकार के संबंध में जन-जागरूकता का भी निर्माण किया गया है। परिणामस्वरूप भारतीय राजनीति में मानवाधिकार विचार-विमर्श का मुद्दा बन गया है।

अध्याय 3

राष्ट्रीय महिला आयोग

(National Commission for Women)

• प्रशासनिक ढांचा, • शिकायत शाखा एवं परामर्शकारी भूमिका, • निष्कर्ष

भारतीय समाज अभी भी पितृसत्तात्मक है तथा महिलाओं की स्थिति पुरुषों की तुलना में निम्न है। हमेशा से ही महिलाएं उपेक्षित रही हैं, फलतः संविधान में उनके उत्थान एवं संरक्षण हेतु व्यवस्था की गई है। भारतीय संविधान में प्रमुख अनुच्छेदों के अंतर्गत महिलाओं के विकास से संबंधित प्रावधान किए गए हैं, **जो इस प्रकार हैं**-अनुच्छेद-14 के अनुसार, सभी भारतीय नागरिकों को राज्य के द्वारा समान सुरक्षा देने का प्रावधान है। अनुच्छेद-15(1) नागरिकों में जाति, धर्म, लिंग एवं मूल के आधार पर विभेद नहीं करने का प्रावधान है। अनुच्छेद-16(1) और अनुच्छेद-16(2) लिंग के आधार पर राज्य के किसी संगठन में कार्यरत कर्मियों में विभेद नहीं करने का प्रावधान है। अनुच्छेद-15(3) में स्पष्ट वर्णित है कि महिलाओं के लिए राज्य किसी प्रकार का विशेष प्रावधान कर सकता है। अनुच्छेद-39(e) के अनुसार, राज्य अपने सभी कर्मियों के (पुरुष एवं महिला) के स्वास्थ्य के लिए प्रावधान करेगा तथा साथ ही साथ इस बात का भी ध्यान रखेगा कि आर्थिक कारणों से महिलाओं का किसी भी प्रकार का शोषण न हो। अनुच्छेद-51(a)(e) के अनुसार, प्रत्येक नागरिक का कर्त्तव्य है कि वे ऐसी किसी भी परंपरा का अनुपालन नहीं करे, जिससे महिलाओं की गरिमा खंडित होती है। अतः भारत सरकार द्वारा महिलाओं के उत्थान, विकास तथा सहयोग हेतु 31 जनवरी, 1992 में राष्ट्रीय महिला आयोग की स्थापना की गई।

संरचना

महिला सशक्तिकरण को प्रभावी बनाने हेतु जनवरी, 1992 में राष्ट्रीय महिला आयोग की स्थापना की गई, जिसमें एक अध्यक्ष तथा 5 अन्य सदस्य होंगे तथा इन सदस्यों में कम से कम एक सदस्य अनुसूचित जाति एवं अनुसूचित जनजाति का होना चाहिए, जिनकी नियुक्ति क्रमिक रूप में होगी। प्रत्येक सदस्य का कार्यकाल 3 वर्ष का होता है। राष्ट्रीय महिला आयोग में अनुसूचित जाति एवं जनजाति का भी एक सदस्य होना चाहिए। यह एक सांविधिक संस्था है। अध्यक्ष और सदस्यों के अलावा संघ सरकार के द्वारा आयोग में सदस्य सचिव की नियुक्ति भी की जाती है, जो सिविल सेवक होता है और महिलाओं के विषयों से भी संबंधित होना चाहिए।

कार्य

संविधान अथवा अन्य विधियों में महिलाओं के संरक्षण से संबंधित मुद्दे की जांच एवं परीक्षण आयोग यदि उचित

समझे, तो इन मुद्दों के संबंध में केंद्र सरकार को वार्षिक रिपोर्ट भी प्रस्तुत कर सकता है। संघ और राज्य सरकारों के द्वारा महिलाओं के उत्थान संबंधी उपायों के क्रियान्वयन की अनुशंसा की जाती है। संविधान में उल्लिखित अथवा अन्य विधियों में वर्णित महिलाओं के उत्थान संबंधी प्रावधानों में विसंगतियों को दूर करने के लिए केंद्र सरकार से अनुशंसा की जाती है। महिलाओं की शिकायतों के संदर्भ में स्वत: संज्ञान की कार्यवाही की जाएगी और महिलाओं से संबंधित सामाजिक एवं आर्थिक विकास के लिए योजना निर्माण की प्रक्रिया में भागीदारी और सलाह दी जाएगी। संघ और राज्यों के अंतर्गत महिलाओं के उत्थान से संबंधित प्रगति की रिपोर्ट प्रस्तुत की जाएगी और जेल एवं महिला संरक्षक गृहों का दौरा किया जाएगा तथा उनके सुधार के लिए उपाय भी बताए जाएंगे।

प्रशासनिक ढांचा

महिलाओं से सबंधित विभिन्न समस्याओं को सुनने हेतु कई शाखाएं स्थापित की गई हैं तथा आयोग इन्हीं शाखाओं के माध्यम से सक्रिय रहता है और अपनी भूमिका का निर्वहन करता है। आयोग के अंतर्गत वैधानिक शाखा, अनुसंधान शाखा व कल्याणकारी शाखा का गठन किया गया है।

1. वैधानिक शाखा

यह शाखा महिलाओं को वैधानिक सहायता प्रदान करती है और दंड के संबंध में सुझाव देती है। आयोग के द्वारा वर्तमान विधियों की समीक्षा की जाती है कि वे महिलाओं की विरोधी तो नहीं हैं। महिलाओं के उत्थान के लिए नए प्रकार के विधि-निर्माण का सुझाव भी दिया जाता है। महिला आयोग के सुझाव पर ही भारत में घरेलू हिंसा निवारक अधिनियम, 2005 का निर्माण किया गया। आयोग के द्वारा न्यायालय में भी महिलाओं के मामलों में सहायता प्रदान की जाती है और आयोग के द्वारा पीड़ितों की सहायता की जाती है और उन्हें उच्चतम न्यायालय के समक्ष अपने मामले दायर करने की सलाह व सहायता भी दी जाती है।

2. अनुसंधान शाखा

इस शाखा में महिला आयोग द्वारा महिलाओं से संबंधित अनुसंधान को बढ़ावा दिया जाता है। अनुसूचित जाति एवं जनजाति की महिलाओं एवं अन्य महिलाओं के बीच लैंगिक भेदभाव को समाप्त करने तथा महिलाओं के कल्याण के लिए अनेक प्रकार की गोष्ठी (Seminar) एवं कार्यशालाएं (Workshops) आयोजित की जाती हैं।

3. कल्याणकारी शाखा

यह शाखा महिला कल्याण हेतु नीतियों को लागू करवाने के संदर्भ में सुझाव देने का कार्य करती है तथा संसद द्वारा पारित महिलाओं की सुरक्षा से संबंधित विधियों को भी बेहतर रूप से क्रियान्वित करवाने में सहयोग करती है। यह उल्लेखनीय है कि महिला कल्याण हेतु अनुसूचित जाति एवं जनजाति तथा महिला एवं बाल कल्याण मंत्रालय दोनों की भूमिका एक-दूसरे के पूरक हैं। इसलिए अनुसूचित जाति एवं जनजाति मंत्रालय का कार्य महिलाओं के कल्याण के लिए एक प्रहरी की तरह है। अनुसूचित जाति, जनजाति द्वारा महिलाओं के कल्याण के लिए अनेक प्रकार के उपाय किए जाते हैं और महिलाओं के हितों की रक्षा के लिए संविधान एवं विधियों में उल्लिखित विभिन्न नियमों का मूल्यांकन एवं क्रियान्वयन महिला आयोग द्वारा किया जाता है।

शिकायत शाखा एवं परामर्शकारी भूमिका

अनुसूचित जाति एवं जनजाति की महिलाओं के विरुद्ध घरेलू हिंसा, उत्पीड़न, दहेज प्रताड़ना, उनको अकेला छोड़ देना, बलात्कार, उनकी प्रथम सूचना रिपोर्ट (FIR) दर्ज न करना, अमानवीय व्यवहार, कार्यस्थल पर यौन उत्पीड़न जैसे मामलों की शिकायत आयोग में की जा सकती हैं। महिलाओं द्वारा दर्ज कराई गई शिकायतों को शिकायत शाखा द्वारा सुना जाता है। यह उल्लेखनीय है कि आयोग अनुसूचित जाति एवं जनजाति के पीड़ित व्यक्तियों को सहायता प्रदान करता है और पीड़ित लोगों की रक्षा के लिए स्वत: संज्ञान द्वारा कार्यवाही भी कर सकता है। अनुसूचित जाति एवं जनजाति के उत्थान हेतु वैधानिक भूमिका के अंतर्गत महिला आयोग के निम्नलिखित कार्यों पर बल दिया जाता है–

- महिला से संबंधित किसी विधि में संशोधन प्रस्तावित करना या सुझाव देना। उदाहरण हेतु-हिंदू विवाह अधिनियम, 1955 एवं दहेज निवारण अधिनियम, 1961 में संशोधन की मांग।
- नए विधेयकों को प्रस्तावित करना, जैसे-वर्ष-2005 में महिला आयोग के प्रस्ताव पर घरेलू हिंसा निवारक विधेयक पारित किया गया।

- महिला आयोग के द्वारा पीड़ित महिलाओं को न्यायपालिका के मामलों में भी सहायता प्रदान की जाती है।

शक्तियां

यह आयोग सिविल न्यायालय की शक्तियां धारण करता है तथा यह मामलों की जांच एवं विभागों से रिपोर्ट मांग सकता है तथा किसी भी व्यक्ति को या अधिकारी को सम्मन भी जारी कर सकता है।

समस्याएं

- महिला आयोग की भूमिका केवल सलाहकारी है। इसलिए इनकी अनुशंसा संघ और राज्य सरकारों के ऊपर बाध्यकारी नहीं है।
- आयोग के द्वारा अपने सदस्यों का चयन स्वयं नहीं किया जाता, बल्कि संघ सरकार के द्वारा चयन होता है और भारत की वर्तमान राजनैतिक परिस्थितियों में सदस्यों का भी राजनीतिक तौर पर विभाजन पाया जाता है।
- आयोग की अधिकारिता जम्मू एवं कश्मीर राज्य पर लागू नहीं होती।
- आयोग की संपूर्ण वित्तीय सहायता संघ सरकार के द्वारा प्रदान की जाती है। इसलिए वित्तीय रूप में भी आयोग सरकार पर निर्भर होता है।

आयोग को शक्तिशाली बनाने के सुझाव

- आयोग ने अनुशंसा की है कि महिला आयोग के अध्यक्ष को संघ सरकार के कैबिनेट मंत्री का दर्जा दिया जाना चाहिए।
- आयोग द्वारा अपने सदस्यों की नियुक्ति स्वयं की जानी चाहिए।
- आयोग को संघ सरकार और राज्य सरकारों के द्वारा अपना अलग बजट दिया जाना चाहिए।

आयोग को प्रभावी बनाने के उपाय

केंद्रीय महिला एवं बाल विकास मंत्री श्रीमती मेनका गांधी ने राष्ट्रीय महिला आयोग के अध्यक्ष पद पर चुनाव हेतु नियमों में संशोधन का प्रस्ताव किया है। संशोधन के मुख्य बिंदु इस प्रकार हैं–

(i) अध्यक्ष पद को गैर-राजनीतिक बनाने के लिए उच्चतम न्यायालय का कोई सेवानिवृत्त न्यायाधीश अथवा उच्च न्यायालय का सेवानिवृत्त मुख्य न्यायाधीश को ही आयोग का अध्यक्ष बनाया जाए।

(ii) राष्ट्रीय महिला आयोग के अध्यक्ष का चुनाव प्रधानमंत्री की अध्यक्षता वाली समिति करे।

(iii) आयोग को सिविल कोर्ट के समान शक्ति मिले।

(iv) आयोग को यह शक्ति दी जाए कि वह आरोपी को पेश होने का आदेश दे सके और यदि आरोपी पेश नहीं होता है, तो उस पर रु. 5,000 का जुर्माना हो। उल्लेखनीय है कि आयोग के पास जुर्माना लगाने का अधिकार नहीं है, जिससे आरोपी पेश होने से बचते हैं।

उपर्युक्त संशोधन के लिए राष्ट्रीय महिला आयोग अधिनियम में संशोधन करना पड़ेगा। वर्तमान में राष्ट्रीय महिला आयोग के अध्यक्ष पद पर चुनाव का प्रस्ताव केंद्र सरकार द्वारा किया जाता है और केंद्रीय महिला और बाल विकास मंत्री उन्हें नियुक्त करती है।

निष्कर्ष

लैंगिक सशक्तिकरण के लिए महिला आयोग की भूमिका अत्यधिक महत्त्वपूर्ण है। परंतु भारत की सामाजिक व्यवस्था में अभी भी पितृसत्तात्मक सत्ता का प्रभाव है। इसलिए सामाजिक व्यवस्था में अभी भी महिलाओं की स्थिति द्वितीयक है, लेकिन महिला आयोग के द्वारा महिलाओं से संबंधित मुद्दों को प्रभावी रूप में उठाया जा रहा है।

अध्याय 4

राष्ट्रीय पिछड़ा वर्ग आयोग

(National OBCs Commission)

• आयोग की रिपोर्ट, • राष्ट्रीय पिछड़ा वर्ग आयोग को संवैधानिक दर्जा, • निष्कर्ष

संविधान में पिछड़ा वर्ग की कोई परिभाषा नहीं है, परंतु समाज के उन वर्गों को पिछड़ा कहा जाता है, जो सामाजिक व शैक्षणिक स्तर पर कमजोर हैं। ये ऐसे वर्ग हैं, जो अनुसूचित जाति व जनजाति में सम्मिलित नहीं किए गए हैं तथा संविधान में इन वर्गों के लिए विशेष प्रावधान किया गया है। राज्य सामाजिक एवं शैक्षणिक दृष्टि से पिछड़े हुए नागरिकों की उन्नति के लिए या अनुसूचित जाति अथवा जनजाति के लिए विशेष उपबंध कर सकता है, (अनुच्छेद-15(4))। राज्य पिछड़े हुए नागरिकों के किसी वर्ग को जिनका प्रतिनिधित्व राज्य के अधीन सेवाओं में पर्याप्त नहीं है, नियुक्तियों या पदों के आरक्षण के लिए प्रयास कर सकता है, (अनुच्छेद-16(4))। वहीं राज्य अन्य कमजोर वर्गों की शिक्षा और आर्थिक हितों की अभिवृद्धि के लिए भी प्रयास कर सकता है, (अनुच्छेद-46)। अनुच्छेद-340 के अंतर्गत राष्ट्रपति सामाजिक एवं शैक्षिक दृष्टि से पिछड़े वर्गों की स्थिति की जांच और उनकी कठिनाइयों को दूर करने की सिफारिश के लिए एक आयोग नियुक्त करेगा।

स्थापना

इंदिरा साहनी वाद (मंडलवाद) निर्णय के अनुसार, उच्चतम न्यायालय के निर्देश पर सरकार द्वारा वर्ष-1993 में पिछड़ा वर्ग आयोग का गठन किया गया। न्यायालय ने कहा था कि पिछड़े वर्गों की पहचान, निष्कासन तथा मलाईदार परत (Creamy layer) के निर्धारण हेतु एक आयोग बनाया जाए। पिछड़ा वर्ग आयोग **एक अर्द्ध-न्यायिक तथा सांविधिक निकाय** है।

संरचना

यह आयोग एक बहुसदस्यीय संस्था है, जिसमें एक अध्यक्ष के अतिरिक्त 3 अन्य सदस्य होते हैं। आयोग की स्वतंत्रता और दक्षता बनाए रखने के लिए यह प्रावधान किया गया है कि आयोग का अध्यक्ष उच्चतम न्यायालय का अवकाश प्राप्त मुख्य न्यायाधीश अथवा उच्च न्यायालय का न्यायाधीश होगा। इसके अतिरिक्त दो सदस्य ऐसे होंगे, जिन्हें पिछड़े वर्गों के संबंध में विशेष जानकारी हो तथा एक अन्य सदस्य समाज विज्ञानी होगा। इसमें केंद्र सरकार के एक ऐसे अधिकारी को नियुक्त किया जाता है, जो कि सचिव के समकक्ष हो। इन सदस्यों का कार्यकाल अधिकतम 3 वर्ष का होता है। यह एक संविधानेत्तर संस्था है।

पद से हटाना

संघ सरकार के द्वारा किसी भी सदस्य को अपने पद

से हटाया जा सकता है। यदि वह दिवालिया हो गया हो या किसी न्यायपालिका के द्वारा उसे दंडित किया गया हो अथवा किसी सक्षम न्यायालय के द्वारा उसे मानसिक अस्वस्थ घोषित कर दिया गया हो, तो उसे पद से हटाया जा सकता है। यदि अनुमति के बिना आयोग की बैठकों में भाग न ले रहा हो अथवा उसका पद पर बने रहना पिछड़े वर्गों के हितों के प्रतिकूल हो।

कार्य

आयोग के निम्नलिखित कार्य हैं-

(i) इस आयोग का सबसे महत्त्वपूर्ण कार्य है, पिछड़े वर्गों की जातियों को केंद्रीय सूची में शामिल करना।

(ii) किसी भी पिछड़ी जाति को इस सूची में शामिल करने के अनुरोध पर विचार करना।

(iii) आयोग इस शिकायत की भी जांच करेगा कि कुछ जातियों का प्रतिनिधित्व न तो ज्यादा हो और न ही कम, जिससे आरक्षण का लाभ सभी जातियों को समान रूप से मिले।

(iv) क्रीमीलेयर की संकल्पना का प्रतिपादन उच्चतम न्यायालय ने किया था, लेकिन पिछड़े वर्ग आयोग के द्वारा क्रीमीलेयर की सीमा के निर्धारण की सलाह सरकार को दी जाती है।

राष्ट्रीय पिछड़ा वर्ग आयोग के द्वारा संघ सरकार की सेवाओं एवं सिविल सेवाओं में संघ सरकार द्वारा जाटों को दिए गए आरक्षण का समर्थन नहीं किया। आयोग के अनुसार, जाट पिछड़े वर्ग में शामिल नहीं हैं। आयोग की इसी अनुशंसा के आधार पर उच्चतम न्यायालय ने जाटों को सिविल सेवाओं में दिए गए आरक्षण को रद्द कर दिया तथा यह भी सुझाव दिया कि सांसदों के बच्चों को पिछड़े वर्ग में शामिल नहीं करना चाहिए।

आयोग की प्रक्रिया

आयोग स्वयं अपनी प्रक्रिया का निर्धारण करता है और उसकी बैठकें तथा बैठक की तिथि आयोग के द्वारा निर्धारित की जाती है।

आयोग की रिपोर्ट

आयोग की रिपोर्ट संघ सरकार के लिए बाध्यकारी नहीं होती, परंतु संघ सरकार को आयोग की रिपोर्ट अस्वीकार करने के कारणों का उल्लेख करना होता है, जिसे संसद के प्रत्येक सदन के समक्ष प्रस्तुत करना चाहिए। वर्तमान में राष्ट्रीय पिछड़ा वर्ग आयोग के द्वारा केंद्रीय सेवाओं एवं अखिल भारतीय सेवाओं के लिए निर्मित पिछड़ी जातियों की सूची को पिछड़े वर्ग और अति पिछड़े वर्ग में विभाजित करने की सलाह दी गई है। आयोग ने यह भी सुझाव दिया है कि सांसदों के बच्चों को आरक्षण का लाभ प्राप्त नहीं होना चाहिए तथा उन्हें क्रीमीलेयर में शामिल करना चाहिए। इस सलाह की सरकार के द्वारा फिलहाल स्वीकार नहीं किया गया है।

आयोग की शक्तियां

आयोग अपनी कार्य प्रक्रिया खुद निर्धारित करता है तथा एक सिविल न्यायालय की शक्तियां धारण करता है। यह भारतीय भू-भाग में निवास करने वाले किसी भी व्यक्ति को सम्मन जारी एवं किसी भी दस्तावेज को प्राप्त कर सकता है। किसी अदालत या कार्यालय के किसी भी सार्वजनिक अभिलेख की मांग भी कर सकता है।

आयोग के समक्ष समस्याएं

राष्ट्रीय पिछड़ा वर्ग आयोग का निर्माण संसदीय अधिनियम के द्वारा किया गया, जिसका मूल कार्य पिछड़े वर्ग की सूची में पिछड़ी जातियों को शामिल करना और निष्कासन करना है। परंतु भारत में अखिल भारतीय सेवाओं एवं संघ लोक सेवा आयोग में आरक्षण के लिए राष्ट्रीय पिछड़ा वर्ग आयोग सूची को संशोधित करने की अनुशंसा करेगा। जबकि राज्य की सेवाओं के लिए सूची में संशोधन की शक्ति राज्य पिछड़े वर्ग आयोग को प्रदान की गई है, जिसकी सलाह पर राज्य सरकारें पिछड़े वर्ग की सूची का निर्माण करती हैं।

परिणामस्वरूप राज्यों के द्वारा राजनीतिक आधार पर अनेक जातियों को पिछड़े वर्ग की सूची में शामिल किया गया तथा संघ सरकार के द्वारा भी दलीय हितों के आधार पर जातियों को शामिल करने का प्रयास किया गया और पिछड़े वर्गों की संघ सूची तथा राज्य सूची के बीच अनेक विरोधाभास उत्पन्न हो गए, जिससे आरक्षण पर राजनीतिक विवाद में वृद्धि हुई। परिणामस्वरूप इसमें संशोधन का प्रस्ताव किया गया।

राष्ट्रीय पिछड़ा वर्ग आयोग को संवैधानिक दर्जा

वर्ष-2017 में संसद में 123वां संविधान संशोधन विधेयक प्रस्तुत किया गया, जिसके द्वारा राष्ट्रीय पिछड़े वर्ग आयोग को राष्ट्रीय अनुसूचित जाति एवं जनजाति आयोग की भांति परिवर्तित करने का प्रस्ताव किया गया है। इस संशोधन के द्वारा संविधान में एक नए अनुच्छेद-338(b) शामिल करने का प्रस्ताव किया गया है-

(i) **संरचना**

प्रस्तावित पिछड़े वर्ग आयोग में अध्यक्ष सहित 5 सदस्य होंगे, जिनमें एक अध्यक्ष, एक उपाध्यक्ष एवं 3 अन्य सदस्य शामिल होंगे, जिनकी नियुक्ति राष्ट्रपति के द्वारा होगी और इनके कार्यकाल और सेवा शर्तें राष्ट्रपति द्वारा ही निर्धारित होंगी।

(ii) **पिछड़े वर्गों का निर्धारण**

विभिन्न राज्यों और संघ शासित क्षेत्रों में सामाजिक एवं शैक्षिक रूप में पिछड़े वर्गों के निर्धारण की शक्ति राष्ट्रपति को प्रदान की गई है, जिस संबंध में राष्ट्रपति संबंधित राज्यों के राज्यपाल से परामर्श कर सकता है और यदि पिछड़े वर्गों की सूची में संशोधन की आवश्यकता होती है, तो संसद इसमें संशोधन करेगी। अत: राज्यों को अपनी इच्छानुसार किसी जाति को पिछड़े वर्ग में शामिल करने का अधिकार नहीं होगा। जिसके अनुसार, दोनों (संघ एवं राज्यों) के लिए पिछड़े वर्गों की सूची के निर्माण का अधिकार संघ सरकार को दिया गया है।

(iii) **कार्य**

अनुसूचित जाति व जनजाति आयोग की भांति पिछड़े वर्ग आयोग का कार्य संविधान में और अन्य विधियों में उल्लिखित पिछड़े वर्गों की रक्षा के लिए प्रावधानों की जांच, उनकी निगरानी एवं उनके क्रियान्वयन को सुनिश्चित करना है। पिछड़े वर्गों के अधिकारों के हनन की विशेष जांच की जाएगी। इन वर्गों के सामाजिक एवं आर्थिक विकास के लिए सलाह और अनुशंसा दी जाएगी। संघ एवं राज्य सरकारों के द्वारा सामाजिक एवं शैक्षिक रूप में पिछड़े वर्गों के उत्थान के लिए निर्मित महत्त्वपूर्ण नीतियों के संदर्भ में आयोग से सलाह ली जाएगी।

(iv) **रिपोर्ट**

राष्ट्रीय पिछड़ा वर्ग आयोग द्वारा प्रतिवर्ष राष्ट्रपति को एक रिपोर्ट प्रस्तुत की जाएगी, जिसमें पिछड़े वर्गों के उत्थान के विभिन्न निर्णय उल्लिखित होंगे तथा राष्ट्रपति के द्वारा इस रिपोर्ट को संसद के समक्ष रखवाया जाएगा।

(v) **वर्तमान भूमिका में परिवर्तन**

अब पिछड़ा वर्ग आयोग को जातियों को शामिल करना अथवा निष्कासित करने की भूमिका से मुक्ति दी गई है। यह कार्य राष्ट्रपति को सौंपा गया है और अब आयोग कल्याणकारी संस्था के रूप में कार्य करेगा।

(vi) **शक्ति**

राष्ट्रीय पिछड़ा वर्ग आयोग को सिविल न्यायालय की शक्ति प्रदान की गई है। जिसके अनुसार, वह किसी भी व्यक्ति को आयोग के समक्ष उपस्थित होने का आदेश दे सकता है और शपथ के आधार पर उसका परीक्षण भी करेगा। कोई सार्वजनिक दस्तावेज भी मंगा सकता है तथा सबूत भी प्रस्तुत करने का आदेश दे सकता है।

निष्कर्ष

भारतीय राजनीति में पिछड़े वर्गों के राजनीतिक महत्त्व में अत्यधिक वृद्धि हो गई है और प्रत्येक राजनीतिक दल स्वयं को पिछड़े वर्गों के हितैषी के रूप में प्रस्तुत कर रहा है, क्योंकि सत्ता में आने के लिए पिछड़े वर्गों के मत आवश्यक है तथा पिछड़ा वर्ग आयोग का निर्माण संवैधानिक मुद्दे के साथ-साथ राजनीतिक मुद्दा भी बन गया है।

अन्य संवैधानिक उपबंध

भाग

10

1) केंद्र-शासित क्षेत्र, 2) राजभाषा, 3) आपात उपबंध

अध्याय 1

केंद्र-शासित क्षेत्र
(Union Territories)

● प्रशासन, ● राष्ट्रीय राजधानी क्षेत्र दिल्ली की विशेष स्थिति, ● पूर्ण राज्य का दर्जा देने में समस्या, ● उप-राज्यपाल की स्थिति

संविधान की पहली अनुसूची में दिल्ली, अंडमान एवं निकोबार द्वीप, लक्षद्वीप, दादर और नगर हवेली, दमन और दीव, पुडुचेरी (पांडिचेरी) और चंडीगढ़ का उल्लेख केंद्र या संघ शासित क्षेत्रों के रूप में किया गया है। केंद्र या संघ शासित क्षेत्रों पर संघ सरकार का सीधा नियंत्रण होता है। संघ एवं संघ शासित क्षेत्रों के बीच संविधान में शक्ति का विभाजन नहीं किया गया है। इसलिए संघ शासित क्षेत्रों का समस्त प्रशासनिक नियंत्रण संघ सरकार के हाथों में होता है। अत: संघ शासित क्षेत्र भारत के संघीय व्यवस्था में शामिल नहीं होते, बल्कि संघ शासित क्षेत्र भारत के राज्य क्षेत्र में सम्मिलित होते हैं।

निर्माण का कारण

केंद्रशासित क्षेत्रों का निर्माण **निम्नलिखित कारणों से किया गया है**–

(i) राजनीतिक और प्रशासकीय कारणों से दिल्ली एवं चंडीगढ़ केंद्रशासित क्षेत्रों का निर्माण किया गया, क्योंकि दिल्ली का राष्ट्रीय राजधानी क्षेत्र होने के कारण महत्त्व है, जबकि चंडीगढ़ को केंद्रशासित क्षेत्र इसलिए बनाना पड़ा, क्योंकि इस पर पंजाब और हरियाणा दोनों अपना दावा व्यक्त कर रहे थे।

(ii) सांस्कृतिक विशिष्टता के कारण पांडिचेरी, दादर और नगर हवेली, दमन और दीव केंद्रशासित क्षेत्रों का निर्माण किया गया। यह भी उल्लेखनीय है कि इन क्षेत्रों की जनसंख्या भी कम है। इसलिए राज्य का निर्माण व्यावहारिक नहीं है।

(iii) सामरिक महत्त्व के कारण अंडमान एवं निकोबार द्वीप समूह व लक्षद्वीप केंद्रशासित क्षेत्रों का निर्माण किया गया। ये क्षेत्र भारत के भू-भाग से दूर हैं तथा हिंद महासागर में इनकी अत्यधिक महत्त्वपूर्ण स्थिति है।

(iv) जनजातीय क्षेत्रों के संरक्षण के लिए मिजोरम एवं त्रिपुरा केंद्रशासित क्षेत्रों का निर्माण किया गया, जिन्हें बाद में राज्य का दर्जा दे दिया गया।

प्रशासन

पहली अनुसूची में शामिल संघ शासित क्षेत्रों का प्रशासनिक प्रावधान एकसमान नहीं है। संविधान के भाग-8 के अनुच्छेद-239 से 241 तक संघ-राज्य क्षेत्रों के बारे में उल्लेख किया गया है। राष्ट्रपति द्वारा एक प्रशासक के माध्यम से संघ-राज्य क्षेत्र का प्रशासन चलाया जाता है। प्रशासक की नियुक्ति राष्ट्रपति द्वारा की जाती है। संघ-राज्य क्षेत्र के प्रशासक को अलग-अलग पदनाम से संबोधित

किया जाता है। जैसे-दिल्ली, पांडिचेरी और अंडमान एवं निकोबार द्वीप समूह के प्रशासक को उप-राज्यपाल के नाम से जाना जाता है, जबकि चंडीगढ़, दमन एवं दीव और लक्षद्वीप के प्रशासक को आयुक्त अथवा प्रशासक कहा जाता है। दिल्ली एकमात्र संघ शासित क्षेत्र है, जिसका अपना उच्च न्यायालय है। दिल्ली और पांडिचेरी केंद्रशासित क्षेत्रों में विधान सभा का भी निर्माण किया गया है। संघ शासित क्षेत्रों के किसी भी संवैधानिक प्रावधान को परिवर्तित करने के लिए अनुच्छेद-368 के अंतर्गत संविधान संशोधन की आवश्यकता नहीं होती, बल्कि संसद सामान्य विधि के द्वारा केंद्रशासित क्षेत्रों के प्रावधान को परिवर्तित कर सकती है। राष्ट्रपति द्वारा किसी राज्य के राज्यपाल को उसके नजदीकी संघ-राज्य क्षेत्र में प्रशासक के तौर पर नियुक्त कर सकता है। किसी राज्य का राज्यपाल उस राज्य की कार्यपालिका का संवैधानिक प्रमुख होता है, परंतु संघ-राज्य क्षेत्र का प्रशासक संवैधानिक प्रमुख न होकर, राष्ट्रपति के प्रतिनिधि के रूप में कार्य करता है।

अनुच्छेद-239(A) के अंतर्गत संसद को यह शक्ति प्राप्त है कि वह संघ-राज्य क्षेत्रों के लिए मंत्रिपरिषद् अथवा विधानमंडल का निर्माण कर सकती है। संसद द्वारा संघ-राज्य क्षेत्र शासन अधिनियम, 1963 पारित किया गया, जिसके माध्यम से कुछ संघ-राज्य क्षेत्रों के लिए विधानमंडल और मंत्रिपरिषद् का निर्माण किया गया। संसद विधि के द्वारा किसी केंद्रशासित क्षेत्र के लिए अलग उच्च न्यायालय का गठन भी कर सकती है।

राष्ट्रीय राजधानी क्षेत्र दिल्ली की विशेष स्थिति

वर्ष-1991 में 69वें संविधान संशोधन द्वारा अनुच्छेद-239 (AA) का निर्माण किया गया, जिसके अंतर्गत् दिल्ली में विधान सभा एवं मंत्रिपरिषद् दोनों के निर्माण की व्यवस्था की गई। दिल्ली को संघ शासित क्षेत्र एवं राज्य सूची के सभी विषयों पर विधि-निर्माण की शक्ति प्राप्त है। लोक व्यवस्था, पुलिस व भूमि को छोड़कर राज्य सूची के अन्य विषयों पर सरकार को विधि-निर्माण की शक्ति प्राप्त है। दिल्ली के मुख्यमंत्री की नियुक्ति राष्ट्रपति के द्वारा और अन्य मंत्रियों की नियुक्ति मुख्यमंत्री की सलाह पर राष्ट्रपति के द्वारा होती है। दिल्ली विधान सभा के द्वारा निर्मित कोई विधि यदि संसदीय विधि की विरोधी है, तो दिल्ली विधान सभा के द्वारा निर्मित उस विधि को अवैध माना जाएगा, जो संसदीय विधि के विरोधी हैं। यदि दिल्ली के उप-राज्यपाल (लेफ्टीनेंट गवर्नर) और मुख्यमंत्री अथवा मंत्रियों के बीच मतभेद उत्पन्न होता है, तो उप-राज्यपाल के द्वारा इस विषय को राष्ट्रपति के समक्ष सौंपा जाएगा। दिल्ली में मंत्रिपरिषद् की संख्या विधान सभा के कुल सदस्यों की संख्या का 10 प्रतिशत से अधिक नहीं होगा, जिसमें मुख्यमंत्री भी सम्मिलित हैं। दिल्ली के उप-राज्यपाल को विवेकाधीन शक्तियां प्राप्त हैं। इसलिए वे सदैव मंत्रिपरिषद् की सलाह और सहायता के अनुसार कार्य करने के लिए बाध्य नहीं हैं।

संविधान में दिल्ली के लिए वर्णित उपरोक्त प्रावधानों में संसद के द्वारा सामान्य बहुमत से संशोधन किया जा सकता है। इसके लिए संविधान में वर्णित अनुच्छेद-368

राज्य एवं केंद्र शासित क्षेत्र में अंतर

राज्य	केंद्र शासित क्षेत्र
• राज्य का संवैधानिक प्रधान, राज्यपाल होता है।	• केंद्रशासित क्षेत्रों का प्रधान,उप-राज्यपाल अथवा प्रशासक होता है।
• राज्यपाल, संवैधानिक प्रधान एवं मुख्यमंत्री प्रशासनिक प्रधान होता है।	• उप-राज्यपाल अथवा प्रशासक प्रशासनिक प्रधान होता है।
• राज्य सरकार, संघ सरकार के समकक्ष होती है, जिसे सीधे संविधान से शक्तियां प्राप्त होती हैं।	• केंद्रशासित क्षेत्र, संघ सरकार के अधीन होते हैं, जिन्हें संसदीय विधि से शक्तियां प्राप्त होती हैं।
• राज्य की शक्तियों में परिवर्तन के लिए संविधान संशोधन आवश्यक होता है।	• केंद्रशासित क्षेत्रों की शक्तियों में परिवर्तन विधि का प्रयोग संसदीय होता है।

की प्रक्रिया अपनाने की आवश्यकता नहीं है, जबकि संघ एवं राज्यों के बीच विभाजित किसी भी शक्ति में परिवर्तन के लिए अनुच्छेद-368 की विशेष प्रक्रिया के अनुसार ही संशोधन संभव है। दिल्ली विधान सभा को राष्ट्रपति के द्वारा उप-राज्यपाल के रिपोर्ट पर अथवा सीधे राष्ट्रपति के द्वारा भंग किया जा सकता है। दिल्ली विधान सभा भंग होने के दौरान दिल्ली के लिए अध्यादेश जारी करने की शक्ति राष्ट्रपति के पास होती है। दिल्ली में विधान सभा है, परंतु दिल्ली पूर्ण राज्य नहीं है। इसलिए राज्य सूची में वर्णित सभी विषयों पर राज्य सरकार का नियंत्रण नहीं है। दिल्ली संघ सरकार की राजधानी है तथा दिल्ली राज्य की भी। इसलिए इसकी स्थिति अत्यधिक विशिष्ट है। राज्य सूची के सबसे महत्त्वपूर्ण विषयों में भूमि-शहरी विकास मंत्रालय, लोक व्यवस्था एवं दिल्ली पुलिस संघ सरकार के नियंत्रण में है तथा इसके अतिरिक्त एम.सी.डी. (MCD), डी.डी.ए. (DDA) एवं एन.डी.एम.सी. (NDMC : New Delhi Municipal Council) पर संघ सरकार का नियंत्रण है। दिल्ली सरकार को दिल्ली जल बोर्ड, दिल्ली परिवहन निगम (DTC) और स्वास्थ्य एवं शिक्षा के विषय पर नियंत्रण प्राप्त है। दिल्ली में संघ एवं राज्य के अलग-अलग नियंत्रण प्रशासन की संचालन में बाधा उत्पन्न करते हैं तथा सरकार की विभिन्न इकाइयों के मध्य समन्वय एवं सामंजस्य बनाने में भी कठिनाई उत्पन्न होती है।

पूर्ण राज्य का दर्जा देने में समस्या

दिल्ली के लगभग सभी राजनीतिक दलों के द्वारा दिल्ली को पूर्ण राज्य का दर्जा देने की घोषणा की जा चुकी है, परंतु व्यावहारिक रूप में इसमें अनेक समस्याएं हैं। जैसे-दिल्ली राष्ट्रीय राजधानी क्षेत्र है, जहां विभिन्न देशों के दूतावास और संघीय सरकार के महत्त्वपूर्ण कार्यालय, राष्ट्रपति भवन और संसद, राजधानी क्षेत्र में स्थित हैं, जिसकी सुरक्षा का दायित्व संघ सरकार के जिम्मे है। इसकी सुरक्षा के लिए विशेषज्ञ एवं प्रभावी पुलिसकर्मियों की आवश्यकता है, जो संघ सरकार के द्वारा संभव है। संघ सरकार की राजधानी होने के कारण दिल्ली आतंकवादियों के निशाने पर होती है और दिल्ली में किसी प्रकार की अस्थिरता का वैश्विक प्रभाव होगा, क्योंकि विश्व के सभी देशों के दूतावास यहां स्थित हैं। संघ सरकार इसे राज्य सरकारों को सौंपना नहीं चाहती, क्योंकि दिल्ली वह विशेष मेट्रोपोलिटन (Metropolitan) शहर है, जहां भारतीय संघ की राजधानी और दिल्ली सरकार की भी राजधानी है। यदि दिल्ली को पूर्ण राज्य का दर्जा दे दिया गया, तो संघ एवं राज्यों के बीच अनेक प्रकार के मतभेद संभव हैं, क्योंकि संघ एवं दिल्ली में अलग-अलग दलों की सरकार का निर्माण संभव है, जो राष्ट्रीय राजधानी क्षेत्र (National Capital Territory of Delhi, (NCT)) की सुरक्षा और विकास दोनों को प्रभावित करेंगे तथा पूर्ण राज्य का दर्जा देने से राष्ट्रीय राजधानी क्षेत्र पर दिल्ली सरकार का प्रशासनिक नियंत्रण हो जाएगा, जिससे संघ सरकार के कार्यकरण में कई समस्याएं उत्पन्न हो सकती हैं। प्रशासनिक नियंत्रण का अभिप्राय, पुलिस प्रशासन पर दिल्ली सरकार का नियंत्रण होगा, जबकि वर्तमान में राष्ट्रीय राजधानी क्षेत्र पर संघ सरकार का प्रशासनिक नियंत्रण है। दिल्ली के राज्य बनने के बाद दिल्ली को वही आर्थिक संसाधन प्राप्त होंगे, जो देश के अन्य राज्य को प्राप्त होते हैं। इसलिए दिल्ली का प्रभावी विकास भी संभव नहीं होगा।

राज्य के पक्ष में तर्क

दिल्ली की आबादी लगभग 1 करोड़, 70 लाख है, जो भारत के अनेक राज्यों से बड़ा है तथा दिल्ली के पास बेहतर आर्थिक संसाधन भी है। अत: दिल्ली को पूर्ण राज्य का दर्जा दिया जा सकता है। लोकतंत्र में सरकार को आम जनता के प्रति उत्तरदायी होने चाहिए, जबकि वर्तमान में दिल्ली के प्रशासन के संचालन में निर्वाचित सरकार के अधिकार कम हैं। दिल्ली में संघ सरकार एवं दिल्ली सरकार के बीच कार्यों के विभाजन की अस्पष्टता से प्रशासन प्रभावित होता है। दिल्ली के मुख्यमंत्री की सुरक्षा के लिए तैनात पुलिसकर्मी पर भी मुख्यमंत्री का नियंत्रण नहीं होता। इसलिए दिल्ली में सरकार संचालन की वास्तविक शक्ति उप-राज्यपाल के हाथों में है, जो जनता के द्वारा निर्वाचित नहीं होते।

दिल्ली सरकार को शक्तिशाली बनाने के उपाय

एम.सी.डी. (MCD) पर दिल्ली सरकार का नियंत्रण होना चाहिए, जिससे सरकार की विकास कार्यों में प्रभावी भूमिका हो। दिल्ली विधान सभा का अपना पृथक् सचिवालय होना चाहिए, जिससे विधान सभा स्पीकर को सचिवालय

पर नियंत्रण प्राप्त हो सके। जबकि वर्तमान में विधान सभा सचिवालय पर उप-राज्यपाल का नियंत्रण है। दिल्ली के प्रशासनिक अधिकारियों के गोपनीय रिपोर्ट पर मुख्यमंत्री को रिपोर्ट लिखने की शक्ति प्राप्त होनी चाहिए तथा दिल्ली के प्रशासनिक अधिकारियों के स्थानांतरण की शक्ति भी दिल्ली सरकार को सौंपने की आवश्यकता है, जिससे पूर्ण राज्य के दर्जे के बिना भी दिल्ली प्रशासन को प्रभावशाली बनाया जा सकता है, क्योंकि पूर्ण राज्य का दर्जा देने में प्रशासनिक समस्याएं हैं। जबकि वर्तमान में दिल्ली सरकार के क्षेत्राधिकार उत्तरदायी शासन के अनुरूप नहीं है।

व्यावहारिक समस्या

दिल्ली में वर्तमान अरविन्द केजरीवाल की सरकार को भारतीय राजनीति के इतिहास में अप्रत्याशित बहुतम प्राप्त हुआ तथा उन्हें मतों का 54 प्रतिशत तथा कुल सीटों का 96 प्रतिशत सीट प्राप्त हुआ। संविधान में यह उल्लिखित है कि शासन के संचालन के लिए एक मंत्रिपरिषद् होगी, जिसका प्रधान मुख्यमंत्री होगा और उप-राज्यपाल, मुख्यमंत्री की सलाह एवं सहायता के अनुसार कार्य करेगा। दिल्ली के मुख्य सचिव की नियुक्ति को लेकर उप-राज्यपाल एवं मुख्यमंत्री के बीच विवाद उत्पन्न हो गया। दिल्ली सरकार के द्वारा भ्रष्टाचार निरोधक इकाई के द्वारा संघ सरकार के कर्मचारियों के विरुद्ध कार्यवाही नहीं हो सकती। ऐसी अधिसूचना गृह मंत्रालय के द्वारा जारी की गई। इस विवाद के संबंध में विधि विशेषज्ञों के दृष्टिकोण अलग-अलग हैं। कुछ लोगों के मतानुसार दिल्ली को आधे राज्य का दर्जा प्राप्त है। इसलिए उप-राज्यपाल की शक्तियां, मुख्यमंत्री की शक्तियों से ज्यादा है और उप-राज्यपाल प्रशासक हैं, केवल संवैधानिक प्रधान नहीं। अन्य विचारकों के द्वारा यह तर्क दिया गया कि नियुक्ति एक प्रशासनिक विषय है, जिस पर राज्य सरकार का नियंत्रण होना चाहिए। क्योंकि संविधान में राष्ट्रपति और प्रधानमंत्री के मध्य कार्य के लिए सलाह एवं सहायता शब्द का प्रयोग किया गया है, जिसका अभिप्राय है कि राष्ट्रपति निर्वाचित सरकार की सलाह एवं सहायता के अनुसार कार्य करेगा। दिल्ली उच्च न्यायालय ने संघ सरकार की अधिसूचना को अवैध करार दिया, जिसमें यह उल्लिखित था कि भ्रष्टाचार निरोधक इकाई संघ सरकार के कर्मचारियों के विरुद्ध जांच नहीं करेंगी।

उप-राज्यपाल की स्थिति

दिल्ली एक केंद्रशासित क्षेत्र है, जिसे पूर्ण राज्य का दर्जा प्राप्त नहीं है। इसलिए दिल्ली में उप-राज्यपाल की नियुक्ति की जाती है, जो शासन के संवैधानिक प्रधान के साथ-साथ शासन का प्रशासनिक प्रधान भी होता है। दिल्ली सरकार के नियंत्रण में लोक व्यवस्था, पुलिस और भूमि शामिल नहीं हैं और इन विषयों पर प्रशासन का अधिकार उप-राज्यपाल का है। उप-राज्यपाल के नियंत्रण में एम.सी.डी., डी.डी.ए. एवं एन.डी.एम.सी. भी आते हैं, जिनका प्रशासन उप-राज्यपाल के द्वारा किया जाता है और उप-राज्यपाल इनके प्रशासन के लिए संघ सरकार के निर्देश के अनुसार कार्य करता है। उप-राज्यपाल के द्वारा दिल्ली सरकार की प्रमुख प्रशासनिक नियुक्तियां भी की जाती हैं। इसलिए दिल्ली में निर्वाचित सरकार को शिक्षा, स्वास्थ्य, जल एवं परिवहन जैसी विषयों पर नियंत्रण दिया गया है, परंतु मुख्यमंत्री की तुलना में उप-राज्यपाल ज्यादा शक्तिशाली है।

संघ (केंद्र) शासित क्षेत्र और उनके प्रशासक

दिल्ली	- उप-राज्यपाल
चंडीगढ़	- प्रशासक
दादरा और नगर हवेली	- प्रशासक
दमन और दीव	- प्रशासक
अंडमान और निकोबार द्वीप समूह	- उप-राज्यपाल
पुडुचेरी	- उप-राज्यपाल
लक्षद्वीप	- प्रशासक

अध्याय 2

राजभाषा
(Official Language)

● 1. संघ की राजभाषा, ● 2 राज्य अथवा प्रादेशिक भाषाएं, ● 3. उच्चतम न्यायालय व उच्च न्यायालयों की भाषा, ● 4. भाषा संबंधी विशेष निर्देश, ● संयुक्त संसदीय समिति, ● राजभाषा विभाग

संविधान सभा में भाषा के संबंध में आधिकारिक भाषा का मुद्दा विद्यमान था। इसके अतिरिक्त हिंदी भाषा अथवा हिंदुस्तानी भाषा को स्वीकार करने के मुद्दे पर भी मतभेद विद्यमान था। यह उल्लेखनीय है कि महात्मा गांधी हिंदुस्तानी भाषा के समर्थक थे। हिंदुस्तानी भाषा हिंदी एवं अन्य भाषाओं का मिला-जुला रूप है, जिसमें हिंदी, उर्दू एवं अन्य भाषाओं का मिला-जुला प्रयोग किया जाएगा। इस संबंध में संविधान में मतदान हुआ और हिंदी भाषा के समर्थक एक मत से विजयी हुए। अत: हिंदी को आधिकारिक भाषा के रूप में मान्यता दी गई। भारतीय संविधान में निम्नलिखित भाषाओं का प्रयोग किया गया है-

1. आधिकारिक भाषा या राजभाषा

भारतीय संविधान में किसी राष्ट्रभाषा का उल्लेख नहीं किया गया है, बल्कि सरकारी काम-काज की भाषा का उल्लेख किया गया है, जिसे लोकप्रिय रूप में आधिकारिक भाषा अथवा प्रशासनिक भाषा भी कहा जाता है। संविधान सभा में हिंदी समर्थक इसे राष्ट्रभाषा का दर्जा दिलाना चाहते थे, परंतु गैर-हिंदी भाषियों के द्वारा सभी भाषाओं के महत्त्व को समान माना गया। इसीलिए राष्ट्रभाषा के विचार को स्वीकार नहीं किया गया और गैर-हिंदी भाषियों के विरोध के कारण संविधान में हिंदी को आधिकारिक भाषा का दर्जा देने के साथ अंग्रेजी भाषा को सहायक आधिकारिक भाषा का दर्जा प्रदान किया गया तथा अंग्रेजी भाषा को संविधान गें 15 वर्षों के लिए आधिकारिक भाषा के रूप में स्वीकार किया गया था और 15 वर्षों के बाद अंग्रेजी भाषा के प्रयोग अथवा समाप्ति का निर्धारण संसद के द्वारा किया जाएगा और संसद में राजभाषा अधिनियम में संशोधन करते हुए यह प्रावधान किया कि अंग्रेजी भाषा का प्रयोग तब तक होगा, जब तक गैर-हिंदी भाषी इसे स्वीकार न करें। इसलिए संविधान लागू होने के 68 वर्षों बाद भी अंग्रेजी का प्रयोग सहायक आधिकारिक भाषा के रूप में किया जा रहा है।

2. क्षेत्रीय भाषाएं

संविधान में राज्यों की भाषाओं को क्षेत्रीय भाषाओं के रूप में उल्लिखित किया गया है और राज्य विधान सभाओं के द्वारा राज्य सरकार के काम-काज के लिए हिंदी व अन्य क्षेत्रीय भाषाओं अथवा अंग्रेजी का प्रयोग किया जा सकता है।

3. आठवीं अनुसूची की भाषा

संविधान के अनुच्छेद-344 एवं 351 के अनुसार, आठवीं

अनुसूची का उल्लेख किया गया है। मूल संविधान में आठवीं अनुसूची में 14 भाषाओं का उल्लेख किया गया, जबकि वर्तमान में आठवीं अनुसूची में 22 भाषाएं शामिल हैं। 21वें संविधान संशोधन, 1967 के द्वारा सिंधी भाषा को आठवीं अनुसूची में शामिल किया गया। 71वें संविधान संशोधन, 1992 के द्वारा कोंकणी, मणिपुरी एवं नेपाली भाषा को भी आठवीं अनुसूची में शामिल किया गया। 92वें संविधान संशोधन, 2003 के द्वारा बोडो, डोगरी, मैथिली एवं संथाली भाषा को भी आठवीं अनुसूची में शामिल कर दिया गया।

आठवीं अनुसूची में शामिल भाषा के सदस्यों को भाषा आयोग में शामिल किया जाता है। संघ लोक सेवा आयोग द्वारा आयोजित परीक्षाओं में भी आठवीं अनुसूची की भाषाओं का प्रयोग किया जाता है। इससे भी बढ़कर आठवीं अनुसूची का प्रयोग नए राज्यों के निर्माण की मांग के लिए भी होता है। क्योंकि आठवीं अनुसूची में शामिल ज्यादातर भाषाओं के लिए राज्यों का निर्माण हो चुका है। असम के बोडो भाषी अपने लिए एक अलग राज्य के निर्माण की मांग कर रहे हैं, क्योंकि बोडो भाषा को आठवीं अनुसूची में शामिल किया गया है।

4. मातृभाषा

संविधान के अनुच्छेद-350(A) में मातृभाषा का उल्लेख किया गया है, जिसके अनुसार, भाषायी रूप में अल्पसंख्यक समुदाय के बच्चों की प्राथमिक शिक्षा उनकी मातृभाषा में दी जाएगी, जिसके लिए प्रत्येक राज्य और स्थानीय शासन के द्वारा प्रयत्न किया जाएगा और राष्ट्रपति इस संबंध में राज्यों को निर्देश भी जारी कर सकता है। परंतु मातृभाषा को संविधान में परिभाषित नहीं किया गया है। मातृभाषा का सामान्य अभिप्राय है कि मां के द्वारा प्रयोग की गई भाषा और यदि मां न हो, तो बचपन में परिवार में प्रयोग की गई भाषा को ही मातृभाषा का दर्जा दिया जाएगा। भारत में मातृभाषा की संख्या अभी भी पूर्णत: निर्धारित नहीं है, परंतु वर्ष-2011 की जनगणना के अनुसार भारत में 19,500 मातृभाषाएं हैं।

संविधान के भाग-17 में अनुच्छेद-343 से 351 तक राजभाषा के विषय में वर्णन किया गया है। भारत का विस्तृत भौगोलिक क्षेत्र एवं स्थिति इसकी भाषागत विविधता को मजबूत आधार प्रदान करती हैं। इसीलिए कहा जाता है कि भारत विविधताओं का देश है। किसी देश को मजबूती प्रदान करने तथा एकता के सूत्र में बांधे रखने के लिए अतिआवश्यक है कि उस देश में सर्वसामान्य एवं सर्वसुलभ संपर्क भाषा होनी चाहिए। भारतीय भाषाओं में हिंदी सर्वाधिक विस्तृत भौगोलिक क्षेत्र में (भारत के अंतर्गत्) बोली जाने वाली भाषा है अर्थात् भारत के लगभग 46 फीसदी अथवा इससे अधिक लोगों द्वारा हिंदी भाषा का प्रयोग किया जाता है। उल्लेखनीय है कि हिंदी भाषा का प्रयोग भारत के 9 से अधिक राज्यों में आम बोल-चाल से लेकर सरकारी काम-काज में सफलतापूर्वक एवं सरलता से किया जा रहा है, जिनमें प्रमुख राज्य (उत्तर प्रदेश, उत्तराखंड, मध्य प्रदेश, छत्तीसगढ़, बिहार, झारखंड, राजस्थान, हरियाणा, हिमाचल प्रदेश एवं केंद्रशासित प्रदेश दिल्ली) हैं। सभी प्रादेशिक भाषाओं में हिंदी को समझने एवं बोलने वालों की संख्या सर्वाधिक है, जिसके कारण हिंदी **राजभाषा** का स्थान ग्रहण करने के लिए सर्वाधिक उपयुक्त है।

ऐतिहासिक पृष्ठभूमि

वर्ष-1947 में स्वतंत्रता के बाद भारत में सर्वाधिक लोकप्रिय एवं विस्तृत भौगोलिक क्षेत्र में बोली एवं समझी जाने वाली भाषा **हिंदी** को राजभाषा का स्थान प्राप्त हुआ, लेकिन गैर-हिंदी भाषी क्षेत्र के लोगों द्वारा हिंदी को **राजभाषा** का दर्जा दिए जाने का विरोध किया गया। संविधान सभा में राजभाषा के प्रश्न पर बहस (11 से 14 सितंबर, 1949 तक) के दौरान हिंदी के पक्ष में अपार जनसमर्थन को देखते हुए संविधान सभा की नियम समिति ने हिंदी के पक्ष में अपना निर्णय दिया। **मुंशी-आयंगर फॉर्मूले** के अंतर्गत् 14 सितंबर, 1949 ई. को **हिंदी** को राजभाषा का संवैधानिक दर्जा प्राप्त हुआ और हिंदी को संघ की राजभाषा के रूप में तथा अंग्रेजी को सहायक भाषा के रूप में स्वीकार किया गया एवं अन्य भारतीय भाषाओं को आठवीं अनुसूची में शामिल किया गया। **संविधान के भाग-17 में कुल 4 अध्याय हैं, जो इस प्रकार हैं–**

1. संघ की राजभाषा, (अनुच्छेद-343 से 344)।
2. राज्य अथवा प्रादेशिक भाषाएं, (अनुच्छेद-345 से 347)।

3. उच्चतम न्यायालय एवं उच्च न्यायालयों इत्यादि की भाषा, (अनुच्छेद-348 से 349)।
4. भाषा संबंधी विशेष निर्देश, (अनुच्छेद-350 से 351)।

1. संघ की राजभाषा

(Official Language of the Union)

अनुच्छेद-343(1) के अंतर्गत् हिंदी को संघ की राजभाषा, जबकि देवनागरी को संघ की लिपि के रूप में स्वीकार किया गया है तथा शासकीय कार्यों के लिए संघ द्वारा आधिकारिक रूप से प्रयोग की जाने वाली संख्याओं का रूप अंतर्राष्ट्रीय होगा, न कि देवनागरी। इस प्रकार 26 जनवरी, 1950 से हिंदी को राजभाषा का स्थान दे दिया गया। संविधान के अनुच्छेद-343(2) के अंतर्गत् प्रावधान है कि संविधान के लागू होने से 15 वर्ष तक उन सभी सरकारी काम-काज एवं प्रयोजनों के लिए अंग्रेजी का प्रयोग होता रहेगा। इस संबंध में विधि के निर्माण का अधिकार संसद को दिया गया है।

इसी प्रावधान के अंतर्गत संसद द्वारा राजभाषा अधिनियम, 1963 पारित किया गया। इसके अनुसार हिंदी संघ की राजभाषा तो रहेगी, लेकिन इसके साथ अंग्रेजी भी संघ के सभी राजकीय कार्यों के लिए प्रयोग की जाएगी। राजभाषा संशोधन अधिनियम, 1967 में यह व्यवस्था की गई कि कुछ विशेष मामलों में हिंदी के साथ अंग्रेजी का प्रयोग किया जाता रहेगा। अंग्रेजी भाषा का प्रयोग समाप्त करने के लिए ऐसे राज्यों के विधानमंडलों द्वारा एक संकल्प पारित करना होगा, जिन्होंने हिंदी को अपनी राजभाषा के रूप में स्वीकार नहीं किया है। गैर-हिंदी भाषी राज्यों के द्वारा पारित इस तरह के संकल्पों पर विचार करने के पश्चात् संसद के दोनों सदनों द्वारा संकल्प पारित करना पड़ेगा, तब जाकर अंग्रेजी को राजकीय कार्यों के प्रयोग से बाहर किया जा सकता है, परंतु उपरोक्त प्रक्रिया पूर्ण न होने की स्थिति में अंग्रेजी अपनी पहले की स्थिति में ही बनी रहेगी। अतः संघ की दूसरी राजभाषा के रूप में अंग्रेजी अनिश्चित काल तक बनी रह सकती है, क्योंकि यदि भारत का कोई एक भी गैर-हिंदी भाषी राज्य अंग्रेजी के पक्ष में रहता है, तब भी अंग्रेजी भारत की सहायक राजभाषा के रूप में अस्तित्त्व में बनी रहेगी।

2. राज्य अथवा प्रादेशिक भाषाएं

(State or Regional Languages)

भारतीय संविधान के अनुच्छेद-345 में प्रत्येक राज्य विधानमंडल को राजकीय कार्यों के लिए प्रयुक्त होने वाली भाषा चुनने का अधिकार दिया गया है। लेकिन जब तक राज्य विधानमंडल किसी भाषा को राजभाषा के रूप में स्वीकार नहीं करता है, तब तक राजकीय अथवा शासकीय कार्यों के लिए अंग्रेजी का प्रयोग होता रहेगा। राज्य विधानमंडलों के सदनों में प्रस्तुत किए गए विधेयक अथवा प्रस्तावित संशोधन एवं पारित सभी अधिनियम राष्ट्रपति अथवा राज्यपाल द्वारा जारी सभी अध्यादेश, संसद/राज्य विधानमंडल द्वारा बनाए गए सभी आदेशों, नियमों, विनियमों एवं उपविधियों के पाठ अंग्रेजी भाषा में होंगे। इसी आधार पर भारत के **नौ राज्यों** (उत्तर प्रदेश, उत्तराखंड, मध्य प्रदेश, छत्तीसगढ़, बिहार, झारखंड, राजस्थान, हरियाणा व हिमाचल प्रदेश) एवं केंद्रशासित प्रदेश दिल्ली द्वारा हिंदी को राजभाषा के रूप में स्वीकार किया गया है। महाराष्ट्र, गुजरात, पंजाब एवं चंडीगढ़ और अंडमान एवं निकोबार द्वीप समूह की सरकारों ने भी हिंदी को द्वितीय राजभाषा के रूप में मान्यता दी है। मेघालय, मिजोरम, अरूणाचल प्रदेश एवं नागालैंड की राजभाषा अंग्रेजी है। उल्लेखनीय है कि राज्यों द्वारा भाषा का चुनाव संविधान में वर्णित 8वीं अनुसूची तक ही सीमित नहीं है। अनुच्छेद-346 के अनुसार, संघ में राजकीय कार्यों में प्रयोग की जाने वाली भाषा ही संघ, राज्य एवं एक राज्य से दूसरे राज्यों के बीच पत्र-व्यवहार की भाषा होगी।

राष्ट्रपति यदि इस बात से पूरी तरह से आश्वस्त हैं कि किसी राज्य की जनसंख्या का पर्याप्त भाग उनके द्वारा बोली जाने वाली भाषा को मान्यता प्रदान करवाना चाहता है, तो वह निर्देश दे सकता है कि उस भाषा को राज्य में सभी जगह या उसके किसी भाग में राजकीय मान्यता दी जाए, (अनुच्छेद-347)।

संघ एवं राज्यों के मध्य अथवा विभिन्न राज्यों के मध्य संपर्क भाषा

राज्यों के मध्य संघ की संपर्क भाषा आधिकारिक रूप से अंग्रेजी होगी, जिसका हिंदी अनुवाद भी होगा। दो या दो से अधिक हिंदी भाषी राज्य आपसी समझौते से राज्यों के बीच हिंदी को संपर्क भाषा के रूप में प्रयोग कर सकते हैं।

3. उच्चतम न्यायालय व उच्च न्यायालयों की भाषा

(Language of the Supreme Court & High Courts)

संविधान के अनुच्छेद-348 के अनुसार, जब तक संसद विधि द्वारा अन्यथा उपबंधित न करे, **तब तक-**

(i) उच्चतम न्यायालय तथा उच्च न्यायालयों की सभी कार्यवाईयां अंग्रेजी भाषा में होंगी। राजभाषा अधिनियम, 1963 के अनुसार, संसद द्वारा उच्चतम न्यायालय में हिंदी भाषा के प्रयोग से संबंधित कोई व्यवस्था नहीं की गई है। इसीलिए उच्चतम न्यायालय द्वारा केवल उन्हीं याचिकाओं को सुनवाई के लिए स्वीकार किया जाता है, जो अंग्रेजी भाषा में होती हैं। एक याचिकाकर्ता द्वारा वर्ष-1971 में एक बंदी प्रत्यक्षीकरण याचिका उच्चतम न्यायालय में बहस के लिए दी गई, लेकिन उच्चतम न्यायालय द्वारा याचिका खारिज कर दी गई, क्योंकि याचिका अंग्रेजी में नहीं दी गई थी तथा उच्चतम न्यायालय में हिंदी के प्रयोग की संवैधानिक व्यवस्था नहीं है।

(ii) उच्च न्यायालयों की कार्यवाई हिंदी भाषा में संचालित हो सकती हैं, यदि राज्यपाल के द्वारा राष्ट्रपति से पूर्व अनुमति प्राप्त हो जाए, परंतु उच्च न्यायालयों के निर्णय, आदेश या डिक्री अंग्रेजी में ही होंगे।

संसद में काम-काज की भाषा

संसद में काम-काज की भाषा हिंदी अथवा अंग्रेजी में होगी। यदि कोई सदस्य हिंदी अथवा अंग्रेजी में नहीं बोल सकता, तो उसे लोक सभा अध्यक्ष अथवा पीठासीन अधिकारी के द्वारा अपनी मातृभाषा में बोलने की अनुमति दी जा सकती है।

4. भाषा संबंधी विशेष निर्देश

(Special Directives)

अनुच्छेद-350 के अनुसार, प्रत्येक नागरिक अपनी समस्याओं के निराकरण के लिए संघ या राज्य के किसी अधिकारी को किसी भी भाषा में आवेदन दे सकता है, जो भाषा संघ या राज्य में प्रयोग की जाती हो। 7वें संविधान संशोधन अधिनियम, 1956 द्वारा अनुच्छेद-350(A) के अंतर्गत् व्यवस्था की गई है कि प्रत्येक राज्य भाषायी अल्पसंख्यक वर्ग के बच्चों को प्राथमिक स्तर पर मातृभाषा में शिक्षा उपलब्ध कराने की व्यवस्था करेगा। अनुच्छेद-350(B) के तहत राष्ट्रपति द्वारा भाषायी अल्पसंख्यक वर्गों के लिए आयुक्त नियुक्त करने का प्रावधान भी किया गया है। यह आयुक्त अल्पसंख्यक मामलों के मंत्रालय के अधीन कार्य करता है। अनुच्छेद-351 के अंतर्गत संघ का कर्त्तव्य निर्धारित किया गया है कि वह हिंदी भाषा का प्रसार बढ़ाएं और उसका विकास करें, जिससे हिंदी भारत की मिली-जुली संस्कृति के सभी तत्त्वों की अभिव्यक्ति का माध्यम बन सके।

राजभाषा आयोग

(Official Languages Commission)

संविधान के अनुच्छेद-344 के अंतर्गत् राष्ट्रपति को राजभाषा के विषय में सलाह देने के लिए एक आयोग और एक संसदीय समिति बनाने का प्रावधान किया गया है। राष्ट्रपति द्वारा संविधान लागू होने से 5 वर्ष की समाप्ति पर और उसके बाद प्रत्येक 10 वर्ष की समाप्ति पर एक आयोग गठित किया जाएगा।

राजभाषा आयोग में एक अध्यक्ष तथा आठवीं अनुसूची में शामिल विभिन्न भाषाओं का प्रतिनिधित्व करने वाले सदस्य शामिल होंगे, जिनकी नियुक्ति राष्ट्रपति द्वारा की जाएगी। इस प्रकार राजभाषा आयोग में अध्यक्ष के अतिरिक्त 22 सदस्य होते हैं। राष्ट्रपति डॉ. राजेन्द्र प्रसाद द्वारा जून, 1955 में प्रथम राजभाषा आयोग का गठन बाल गंगाधर खेर (बी. जी. खेर) की अध्यक्षता में किया गया। **आयोग निम्नलिखित विषयों पर राष्ट्रपति को अपनी सिफारिशें देगा-**

(i) संघ के राजकीय कार्यों के लिए हिंदी भाषा का अधिक से अधिक प्रयोग करने के लिए सुझाव देना।

(ii) राजकीय कार्यों में अंग्रेजी भाषा के प्रयोग को कम करने अथवा निर्बंधन के लिए आवश्यक सुझाव देना।

(iii) उच्चतम न्यायालय एवं उच्च न्यायालयों में प्रयोग की जाने वाली भाषा के विषय में सुझाव देना।

(iv) संघ में प्रयोग किए जाने वाले अंकों के रूप के विषय में सुझाव देना।

(v) संघ और किसी राज्य अथवा एक राज्य तथा दूसरे राज्य के बीच पत्राचार की भाषा तथा उसके प्रयोग के विषय में सुझाव देना।

(vi) राजभाषा से संबंधित अन्य विषय, जो राष्ट्रपति आयोग को सौंपे।

राजभाषा आयोग से यह अपेक्षा की गई थी कि वह अपनी सिफारिशें राष्ट्रपति को देते समय भारत की औद्योगिक, सांस्कृतिक और वैज्ञानिक प्रगति एवं गैर-हिंदी भाषी क्षेत्रों के लोगों के न्याय संगत दावों और हितों का पूरा ध्यान रखे। आयोग ने वर्ष-1956 में अपनी रिपोर्ट राष्ट्रपति को सौंप दी थी।

संयुक्त संसदीय समिति

संविधान के अनुच्छेद-344(4) के अंतर्गत् राजभाषा आयोग की सिफारिशों पर विचार करने के लिए एक संयुक्त संसदीय समिति का गठन किया जाता है, जिसमें 20 सदस्य लोक सभा एवं 10 सदस्य राज्य सभा से सम्मिलित होते हैं। पहली राजभाषा संयुक्त समिति वर्ष-1957 में पंडित गोविंद बल्लभ पंत की अध्यक्षता में गठित की गई थी। पंत समिति ने फरवरी, 1959 में अपना प्रतिवेदन प्रस्तुत किया, जिसके अंतर्गत् प्रथम राजभाषा आयोग द्वारा की गई प्रमुख सिफारिशों को मान लिया गया, जिसमें हिंदी को प्रमुख राजभाषा और अंग्रेजी को केंद्रीय राजभाषा के रूप में बनाए रखने तथा वैज्ञानिक, प्रशासनिक एवं कानून संबंधी हिंदी शब्दावली के विकास और अंग्रेजी कृतियों का हिंदी अनुवाद करने की सिफारिश की गई थी।

स्थायी राजभाषा आयोग का गठन

प्रथम राजभाषा आयोग की सिफारिश एवं राजभाषा संयुक्त संसदीय समिति के प्रतिवेदन के आधार पर वर्ष-1961 में स्थायी राजभाषा आयोग का गठन किया गया। विधि शब्दावली के विकास, केंद्रीय अधिनियमों के हिंदी और अन्य भाषाओं में प्रकाशन के लिए राजभाषा (विधायी) आयोग का गठन किया गया था, जिसे वर्ष-1976 में समाप्त कर दिया गया तथा इसके कार्यों को भारत सरकार के विधायी विभाग को सौंप दिया गया। हिंदी शब्दावली के विकास के लिए शिक्षा मंत्रालय के अंतर्गत् वैज्ञानिक और तकनीकी शब्दावली आयोग का गठन किया गया। यह आयोग वर्तमान में मानव संसाधन विकास मंत्रालय के अधीन कार्य कर रहा है।

राजभाषा विभाग

राजभाषा से संबंधित विधिक एवं संवैधानिक उपबंधों के क्रियान्वयन हेतु गृह मंत्रालय के अंतर्गत वर्ष-1975 में राजभाषा विभाग का गठन किया गया।

प्रारंभिक परीक्षोपयोगी महत्त्वपूर्ण तथ्य

- गुजरात के महान कवि श्री नर्मद (1833-86) ने सर्वप्रथम हिंदी को राष्ट्रभाषा बनाए जाने का विचार प्रस्तुत किया था।
- वर्ष-1918 में बाल गंगाधर तिलक ने हिंदी भाषा को भारत की राजभाषा होने की घोषणा की था।
- संविधान सभा द्वारा अंगीकृत संविधान हिंदी में न होकर, केवल अंग्रेजी भाषा में थी।
- भाषा के आधार पर गठित होने वाला पहला राज्य आंध्र प्रदेश है।
- भारत के जम्मू एवं कश्मीर राज्य में उर्दू को प्रथम राजभाषा का स्थान प्राप्त है।
- मेघालय, मिजोरम एवं नागालैंड की राजभाषा अंग्रेजी है, लेकिन यह भारतीय संविधान की 8वीं अनुसूची में शामिल नहीं हैं।
- 96वें संविधान संशोधन विधेयक, 2011 द्वारा उड़िया भाषा का नाम बदल कर ओडिया कर दिया गया।
- 58वें संविधान संशोधन द्वारा अनुच्छेद-394(1) जोड़कर संविधान का हिंदी भाषा में अनुवाद उपलब्ध करवाया गया है।

अध्याय 3

आपात उपबंध
(Emergency Provisions)

- 1. राष्ट्रीय आपातकाल, • आपातकाल की अवधि का बढ़ाया जाना, • आपातकाल का प्रभाव, • 2. राष्ट्रपति शासन, • 3. वित्तीय आपातकाल

भारतीय संविधान में संघीय शासन प्रणाली अपनाई गई है, जिसमें निर्णय और शक्ति के क्रमशः दो (केंद्र और राज्य) घटक हैं। आपातकाल से संबंधित उपबंध संविधान के भाग-18 में अनुच्छेद-352 से 360 तक हैं। भारतीय संविधान में आपातकाल के प्रावधान आपवादिक हैं, जिनका प्रयोग विशेष परिस्थितियों में किया जाएगा। राष्ट्रीय एकता एवं अखंडता को बनाए रखने के लिए संविधान ने संघ को विशेष शक्तियां प्रदान की हैं, उनमें से एक है-आपातकाल का प्रावधान। जब देश पर कोई संकट आता है, तो केंद्र सरकार आपातकाल घोषित करके विशेष शक्तियां धारण कर लेता है तथा राज्यों की शक्तियां कम हो जाती हैं, जिससे संकट का सामना केंद्रित होकर किया जा सकें आपातकाल के समय संघ और राज्यों के बीच विद्यमान शक्तियों का विभाजन समाप्त हो जाता है एवं शासन एकात्मक रूप में कार्य करने लगता है। **संविधान में तीन प्रकार के आपातकाल का प्रावधान है-**

1. राष्ट्रीय आपातकाल, जो युद्ध, बाह्य आक्रमण एवं सशस्त्र विद्रोह के आधार पर आरोपित किया जाता है, (अनुच्छेद-352)।
2. राज्यों में संवैधानिक तंत्र की विफलता अथवा जिसे लोकप्रिय रूप में राष्ट्रपति शासन के नाम से जाना जाता है, (अनुच्छेद-356)।
3. वित्तीय आपातकाल, जब देश की वित्तीय साख पर खतरा हो, तब इसका प्रयोग किया जा सकता है, (अनुच्छेद-360)।

1. राष्ट्रीय आपातकाल (National Emergency)

अनुच्छेद-352 के अंतर्गत जिस आपातकाल का प्रावधान किया गया है, उसे **राष्ट्रीय आपातकाल** कहा जाता है। राष्ट्रीय आपातकाल की उद्घोषणा युद्ध या बाह्य आक्रमण एवं सशस्त्र विद्रोह के आधार पर की जाती है। उपर्युक्त तीन आधारों पर आपातकाल की उद्घोषणा की जा सकती है, परंतु वास्तविक युद्ध या आक्रमण या सशस्त्र विद्रोह आवश्यक नहीं है। यदि राष्ट्रपति पूर्णतः आश्वस्त हैं कि युद्ध या आक्रमण का संकट देश के ऊपर आने वाला है अथवा संकट नजदीक है, तो आपातकाल की उद्घोषणा की जा सकती है। आपातकाल को संविधान में परिभाषित नहीं किया गया है, परंतु यह एक असामान्य परिस्थिति है, जहां भारत की सुरक्षा पर खतरा उत्पन्न हो गया है, जिस परिस्थिति में सामान्य प्रावधानों के अनुसार शासन का संचालन संभव नहीं है।

यदि लद्दाख पर संकट मंडरा रहा है, तो यह आवश्यक

नहीं है कि भारत के दक्षिणी भाग (केरल या तमिलनाडु) में भी आपातकाल लागू किया जाए। व्यक्ति की स्वतंत्रता पर नियंत्रण और केंद्र सरकार की शक्तियों का विस्तार उसी क्षेत्र तक सीमित रहेगा, जिस पर वर्तमान में संकट है। किस क्षेत्र पर संकट है, इसका निर्धारण राष्ट्रपति करेगा, (44वें संविधान संशोधन, 1978 द्वारा)। 44वें संविधान संशोधन के द्वारा आंतरिक अशांति शब्द को संविधान से हटा दिया गया तथा इसके स्थान पर सशस्त्र विद्रोह शब्द को जोड़ा गया।

न्यायिक पुनरावलोकन

42वें संविधान संशोधन, 1976 के द्वारा आपातकाल को न्यायिक पुनरावलोकन के दायरे से बाहर कर दिया गया था। जबकि 44वें संविधान संशोधन, 1978 के द्वारा आपातकाल को न्यायिक पुनरावलोकन के अंतर्गत् रखा गया है। वर्ष-1975 में लगाए गए आपातकाल के प्रावधानों का अत्यधिक दुरुपयोग किया गया। इसलिए 44वें संविधान संशोधन, 1978 द्वारा जनता पार्टी सरकार ने इसके दुरुपयोग को रोकने के लिए संविधान में प्रावधान किया कि राष्ट्रीय आपातकाल की घोषणा राष्ट्रपति मंत्रिमंडल के लिखित सलाह के आधार पर करेंगे। यह भी उल्लेखनीय है कि मूल संविधान में आपातकाल को समाप्त करने के लिए संसद का कोई नियंत्रण नहीं था, परंतु 44वें संविधान संशोधन, 1978 के बाद आपातकाल को समाप्त करने का विशेष अधिकार लोक सभा को प्रदान किया गया।

आपातकाल की अवधि का बढ़ाया जाना

प्रारंभ में आपातकाल की उद्घोषणा एक (1) माह तक प्रभावी होती है, परंतु 1 माह के अंदर ही यदि संसद के दोनों सदन उद्घोषणा का अनुमोदन करने वाला संकल्प विशेष बहुमत से पारित कर देते हैं, तो राष्ट्रीय आपातकाल उद्घोषणा की अवधि 6 महीने के लिए बढ़ जाएगी। यदि इस दौरान लोक सभा भंग हो जाए, तो इसे राज्य सभा पारित करे तथा पुनर्गठित लोक सभा इसे अपनी स्वीकृति दे। यदि उद्घोषणा की अवधि को पुन: आगे बढ़ाए जाने की आवश्यकता पड़ती है, तो 6 महीने की अवधि समाप्त होने के पूर्व संसद के दोनों सदनों का अनुमोदन आवश्यक है। प्रत्येक अनुमोदन से उद्घोषणा की अवधि केवल 6 माह के लिए बढ़ जाती है। यहां विशेष बहुमत का आशय कुल सदस्य संख्या का बहुमत तथा उपस्थित एवं मत देने वालों का दो-तिहाई बहुमत से है।

संसद एवं राज्य विधान सभा का कार्यकाल

पहला राष्ट्रीय आपातकाल वर्ष-1962 में लगाया गया, जो वर्ष-1968 में समाप्त हुआ। जबकि वर्ष-1967 में लोक सभा एवं विधान सभा का चुनाव कराया गया, जिससे यह प्रतीत होता है कि राष्ट्रीय आपातकाल के दौरान भी निर्वाचन का आयोजन हो सकता है। परंतु वर्ष-1975 में लागू आपातकाल के दौरान लोक सभा का कार्यकाल 1 वर्ष के लिए बढ़ाया गया तथा विधान सभाओं के कार्यकाल भी 1 वर्ष के लिए बढ़ा दिए गए थे। संविधान में यह उल्लिखित है कि राष्ट्रीय आपातकाल के दौरान संसद एवं विधान सभाओं के कार्यकाल को एक बार में एक वर्ष के लिए बढ़ाया जा सकता है और आपातकाल समाप्त होने पर भी 6 महीने तक इसका प्रभाव बना रहेगा।

आपातकाल का प्रभाव

राष्ट्रीय आपातकाल का प्रभाव निम्नलिखित क्षेत्रों पर पड़ता है-

(i) **विधायी प्रभाव**

इसका प्रभाव इस प्रकार है-

- जब आपातकाल लागू हो, तो केंद्र सरकार राज्य सूची के किसी विषय पर विधि-निर्माण कर सकती है। राज्य विधान सभाएं बनी रहती हैं, लेकिन संसद को राज्य सूची पर विधि-निर्माण की समानांतर शक्ति प्राप्त हो जाती है।
- आपातकाल के समय राज्य सूची, समवर्ती सूची बन जाती है। यदि संसद का सत्र नहीं चल रहा है, तो राष्ट्रपति राज्य सूची के विषय पर अध्यादेश भी जारी कर सकता है।
- राज्यों की विधान सभाएं न ही निलंबित और न ही भंग होती है, बल्कि संघ और राज्यों के बीच शक्तियों का विभाजन निलंबित हो जाता है साथ ही संघ और राज्यों के बीच विभाजित होने वाले करों का विभाजन भी स्थगित किया जा सकता है।

(ii) **मूल अधिकारों पर प्रभाव**

राष्ट्रपति के द्वारा राष्ट्रीय आपातकाल यदि युद्ध एवं बाह्य

आक्रमण के आधार पर घोषित किया गया है, तो मूल अधिकारों का अनुच्छेद-19 स्वाभाविक रूप में समाप्त हो जाता है, (अनुच्छेद-358)। इसके अतिरिक्त राष्ट्रपति घोषणा के द्वारा अन्य मौलिक अधिकारों को सीमित कर सकता है, अर्थात् आपातकाल की घोषणा के साथ ही अनुच्छेद-19 का प्रभाव समाप्त हो जाएगा, जबकि अन्य मौलिक अधिकारों की समाप्ति के लिए राष्ट्रपति की घोषणा आवश्यक है, (अनुच्छेद-359)। अत: राष्ट्रीय आपातकाल में अन्य मूल अधिकार अनुच्छेद-19 की तरह स्वाभाविक रूप में स्थगित नहीं होते। यह उल्लेखनीय है कि 44वें संविधान संशोधन, 1978 के बाद यह प्रावधान किया गया है कि राष्ट्रीय आपातकाल के दौरान भी मूल अधिकारों के अनुच्छेद-20 एवं 21 स्थगित नहीं होंगे।

राष्ट्रीय आपातकाल का प्रयोग

राष्ट्रीय आपातकाल के आधार युद्ध, बाह्य आक्रमण एवं सशस्त्र विद्रोह होते हैं। अब तक **तीन बार** राष्ट्रीय आपातकाल लगाया जा चुका है। **पहली बार** वर्ष-1962 में भारत-चीन के आक्रमण के परिणामस्वरूप तथा **दूसरी बार** वर्ष-1971 में पाकिस्तान के द्वारा भारत पर हमले के बाद, जबकि **तीसरी बार** वर्ष-1975 में जय प्रकाश नारायण के द्वारा चलाए गए संपूर्ण क्रांति के आंदोलन एवं इलाहाबाद उच्च न्यायालय द्वारा तत्कालीन प्रधानमंत्री इंदिरा गांधी का चुनाव रद्द करने के बाद आपातकाल लगाया गया। जब वर्ष-1975 में तीसरी बार आपातकाल लगाया गया, तब वर्ष-1971 का आपातकाल चल रहा था, जिसे वर्ष-1977 में समाप्त किया गया। वर्ष-1975 में राष्ट्रीय आपातकाल आंतरिक अशांति के आधार पर लगाया गया था।

दोहरा आपातकाल

38वें संविधान संशोधन के द्वारा इंदिरा गांधी सरकार के द्वारा दोहरे आपातकाल का प्रावधान निर्मित किया गया। वर्ष-1971 में बाह्य आक्रमण के आधार पर आपातकाल जारी था, जबकि जून, 1975 में आंतरिक अशांति के आधार पर भी आपातकाल घोषित कर दिया गया तथा दोनों आपातकाल साथ-साथ विद्यमान थे, जिसे जनता पार्टी सरकार द्वारा वर्ष-1978 में समाप्त किया गया।

लोक सभा द्वारा समाप्ति

लोक सभा के 1/10 सदस्य स्पीकर से अथवा लोक सभा के अधिवेशन में न होने पर राष्ट्रपति से सदन का सत्र बुलाने का अनुरोध कर सकते हैं, तब राष्ट्रपति या लोक सभा अध्यक्ष के द्वारा 14 दिन के अंदर लोक सभा की विशेष बैठक बुलाई जाएगी और लोक सभा के द्वारा राष्ट्रीय आपातकाल को समाप्त करने के लिए सामान्य बहुमत से प्रस्ताव पारित किया जाएगा, जिसके बाद आपातकाल समाप्त हो जाएगा। आपातकाल को हटाने की शक्ति केवल लोक सभा को है, राज्य सभा को नहीं। इसके अतिरिक्त राष्ट्रपति के द्वारा कभी भी राष्ट्रीय आपातकाल को समाप्त किया जा सकता है।

2. राष्ट्रपति शासन (President Rule)

संविधान में इसे आपातकाल के रूप में उल्लिखित नहीं किया गया है, अपितु संवैधानिक तंत्र की विफलता के रूप में वर्णित किया गया है। संविधान में उल्लिखित है कि संघ का कर्त्तव्य होगा कि वह प्रत्येक राज्य की बाहरी खतरे एवं आंतरिक अशांति से रक्षा करे तथा यह व्यवस्था बनी रहनी चाहिए कि राज्य का शासन संविधान के प्रावधानों के द्वारा संचालित होता रहे, (अनुच्छेद-355)। यदि राज्य की मशीनरी संविधान के प्रावधानों के अनुसार कार्य नहीं कर रही हैं, तो राष्ट्रपति (अनुच्छेद-356 के अनुसार) राज्य में राष्ट्रपति शासन लगा सकता है। संविधान में इसे **संवैधानिक तंत्र की विफलता** कहा गया है तथा लोकप्रिय रूप में इसे राष्ट्रपति शासन के रूप में जाना जाता है। अनुच्छेद-356 का प्रयोग अब तक 100 बार से ज्यादा हो चुका है। अनुच्छेद-356 के तहत **आपातकाल लगाने के दो उपबंध हैं-**

प्रथम, अनुच्छेद-355 के अनुसार, राज्य का शासन संवैधानिक उपबंधों के अनुसार कार्य न कर रहा हो, तो ऐसे में राष्ट्रपति निम्नलिखित आधार पर **आपातकाल लगा सकता है-**

- राज्यपाल की रिपोर्ट के आधार पर कि राज्य का शासन संविधान के अनुसार नहीं चल रहा है।
- स्वत: बिना किसी रिपोर्ट के जब संघ को लगे कि राज्य में संवैधानिक तंत्र विफल हो गया है।

द्वितीय, अनुच्छेद-365 में प्रावधान है कि राज्य, केंद्र द्वारा दिए गए निर्देशों का पालन करे, यदि राज्य ऐसा नहीं करते हैं, तो राज्य में संवैधानिक तंत्र की विफलता के आधार पर आपातकाल या राष्ट्रपति शासन लगाया जा सकता है। हालांकि इस आधार पर कभी भी राष्ट्रपति शासन नहीं लगाया गया है।

संसदीय अनुमोदन

आपातकाल की उद्घोषणा राष्ट्रपति (कार्यपालिका) द्वारा की जाती है। आपातकाल की उद्घोषणा के समय किसी प्रकार की संसदीय अनुमति आवश्यक नहीं है, परंतु घोषणा के दो माह की अवधि के अंदर संसद द्वारा अनुमति प्राप्त करना आवश्यक है। यदि दो माह के अंदर लोक सभा विघटित हो जाती है, तो राज्य सभा द्वारा अनुमोदन प्राप्त किया जाएगा। परंतु लोक सभा के पुनर्गठन के बाद 30 दिनों के अंदर लोक सभा द्वारा भी आपातकाल का अनुमोदन प्राप्त करना होगा। आपातकाल प्रस्ताव की मंजूरी देने वाला प्रत्येक विधेयक सामान्य बहुमत से पारित किया जाएगा।

अधिकतम अवधि

एक बार में संसदीय अनुमोदन के उपरांत 6 माह तक के लिए राष्ट्रपति शासन लगाया जा सकता है तथा इसे आगे बढ़ाने के लिए पुन: संसदीय अनुमोदन आवश्यक है। इस तरह अधिकतम 3 वर्षों तक के लिए राज्य में आपातकाल लगाया जा सकता है। परंतु 44वें संविधान संशोधन, 1978 द्वारा यह व्यवस्था दी गई कि 1 वर्ष से अधिक आपातकाल तभी जारी रह सकता है, **जब-**

- पूरे भारत या भारत के किसी भी भाग में राष्ट्रीय आपातकाल लगा है।
- जब चुनाव आयोग यह घोषित करे कि राज्य में चुनाव कराना संभव नहीं है।

राष्ट्रपति शासन का प्रभाव

राष्ट्रपति शासन लागू होते ही राज्य विधान सभा और मंत्रिपरिषद् को या तो भंग कर दिया जाता है या निलंबित। तब राज्य विधान सभा की समस्त शक्तियां राष्ट्रपति के पास आ जाती हैं। राष्ट्रपति, राज्यपाल के माध्यम से सभी कार्य संपादित करता है और राज्य से संबंधित बजट संसद में पारित किया जाता है। राष्ट्रपति यह घोषणा कर सकता है कि राज्य की सभी विधायी शक्तियों का प्रयोग संसद करेगी। राज्य के लिए विधि-निर्माण की शक्ति राष्ट्रपति में निहित हो जाती है। संसद के सत्र में न होने पर राष्ट्रपति अध्यादेश जारी कर सकता है। यह उल्लेखनीय है कि राष्ट्रपति शासन के दौरान मूल अधिकारों तथा उच्च न्यायालय की शक्तियों पर कोई प्रभाव नहीं पड़ता।

राष्ट्रपति शासन का न्यायिक-पुनरावलोकन

उच्चतम न्यायालय ने एस. आर. बोम्मई वाद, 1993 में नौ (9) न्यायाधीशों की बैंच के द्वारा यह निर्णय दिया कि राष्ट्रपति शासन का न्यायिक-पुनरावलोकन किया जाएगा। न्यायपालिका के अनुसार, किसी भी राज्य में राज्य के सत्ताधारी दल के लोक सभा चुनाव में हार के परिणामस्वरूप राष्ट्रपति शासन का प्रयोग नहीं किया जा सकता। अनुच्छेद-356 का प्रयोग करने के पहले राज्यपाल को सभी विकल्पों की तलाश करना आवश्यक है, साथ ही अनुच्छेद-356 का प्रयोग अनुकूल विकल्प के रूप में होना चाहिए। यदि अनुच्छेद-356 का दुरुपयोग किया गया, तो न्यायपालिका के द्वारा भंग विधान सभा को भी पुनर्जीवित किया जा सकता है। न्यायालय ने कहा कि अनुच्छेद-356 की घोषणा की जब तक संसद के द्वारा अनुमोदन न हो जाए, विधान सभा का विघटन नहीं किया जा सकता। न्यायालय का मानना है कि सरकार का विधान सभा में बहुमत का निर्धारण राज्यपाल के स्वविवेक का मुद्दा नहीं है, बल्कि इसका निर्धारण विधान सभा के पटल पर होना चाहिए। राज्य में वित्तीय स्थिति की खराबी अथवा मंत्रिपरिषद् के विरुद्ध भ्रष्टाचार के आरोप अनुच्छेद-356 के लगाने के उचित आधार नहीं हैं।

सरकारिया आयोग

सरकारिया आयोग के द्वारा अनुच्छेद-356 के दुरुपयोग रोकने की महत्त्वपूर्ण अनुशंसा की गई है। आयोग के अनुसार, अनुच्छेद-356 का प्रयोग अंतिम विकल्प के रूप में तथा सरकार के बहुमत का निर्धारण विधान सभा के पटल पर होना चाहिए। यह उल्लेखनीय है कि उच्चतम न्यायालय के द्वारा बोम्मई वाद, 1993 में दिया गया निर्णय सरकारिया आयोग की अधिकांश अनुशंसाओं को प्रमाणित करता है। वर्ष-1990 के बाद संघ में गठबंधन

सरकारों का निर्माण हुआ, जिसमें संघ सरकार में अनेक क्षेत्रीय दल भी शामिल हुए। इसलिए अनुच्छेद-356 के दुरुपयोग पर प्रभावी प्रतिबंध लग गया क्योंकि संघ सरकार में शामिल दल राज्यों में भी सरकार का संचालन कर रहे हैं।

हटाने का प्रावधान

राष्ट्रपति उद्घोषणा द्वारा इसे किसी भी समय समाप्त कर सकता है।

3. वित्तीय आपातकाल (Financial Emergency)

अनुच्छेद-360 के अनुसार, यदि राष्ट्रपति को यह समाधान हो जाता है कि भारत या उसके किसी भाग में वित्तीय अस्थायित्व या भारत की साख (Credit) संकट में है, तो वित्तीय आपातकाल की घोषणा हो सकती है, लेकिन अभी तक भारत में वित्तीय आपातकाल नहीं लगाया गया है। इस संविधान में वित्तीय अस्थायित्व अथवा साख परिभाषित नहीं किया गया है, परंतु अस्थायित्व का अभिप्राय भारत की आर्थिक स्रोत और संसाधनों की प्राप्ति में अनिश्चितता उत्पन्न हो जाए और साख समाप्त होने का आशय है कि अन्य राज्य अथवा वित्तीय संस्थाओं भारत को वित्तीय सहायता अथवा उधार प्रदान करने के लिए सहमत न हों। ऐसी परिस्थिति को आपातकाल माना जाएगा, क्योंकि इस दौरान राज्य के द्वारा अपने कर्मचारियों को वेतन व भत्ता प्रदान करने में भी असमर्थता उत्पन्न हो सकती है और सैन्य सामग्री एवं अन्य सामग्री की खरीद में भी कठिनाई खड़ी हो सकती है।

संसदीय अनुमोदन

वित्तीय आपातकाल की उद्घोषणा राष्ट्रपति करता है, परंतु वित्तीय आपातकाल के दो महीने की अवधि में संसद के दोनों सदनों द्वारा साधारण बहुमत से यह प्रस्ताव अनुमोदित होना आवश्यक है। वित्तीय आपातकाल का अनुमोदन संसद को बार-बार नहीं करना पड़ता, परंतु दो महीने की अवधि में यदि लोक सभा भंग हो जाए, तो पुनर्गठित लोक सभा अपनी पहली बैठक के 30 दिनों की अवधि में इसका अनुमोदन करे, परंतु इस बीच राज्य सभा द्वारा यह अनुमोदित होना चाहिए। वित्तीय आपातकाल की अधिकतम समय सीमा का वर्णन नहीं है।

संघ एवं राज्यों के संबंधों पर प्रभाव

इस दौरान राष्ट्रपति के द्वारा संघ सरकार के अंतर्गत् कार्य करने वाले किसी वर्ग या सभी अधिकारियों के वेतन एवं भत्तों में कटौती की जा सकती है। इसमें उच्चतम न्यायालय और उच्च न्यायालयों के न्यायाधीशों के वेतन व भत्ते भी. सम्मिलित हैं। संघ सरकार के द्वारा राज्यों को किसी भी वित्तीय मामले पर निर्देश दिए जा सकते हैं। अनुच्छेद-207 के अंतर्गत् राज्य विधान मंडल द्वारा पारित धन विधेयक या अन्य विधेयकों को राष्ट्रपति के विचार के लिए आरक्षित किया जा सकता है।

हटाने का प्रावधान

राष्ट्रपति कभी भी वित्तीय आपातकाल को समाप्त करने की उद्घोषणा कर सकता है।

आलोचना

भारत में संघीय शासन प्रणाली अपनाई गई है, परंतु आपातकाल का प्रावधान संघात्मक शासन को एकात्मक शासन के रूप में परिवर्तित कर देता है। आपातकाल के दौरान संघ एवं राज्यों के बीच शक्तियों का विभाजन समाप्त हो जाता है। इसीलिए आलोचक भारतीय संघीय शासन को संघात्मक मानने के लिए तैयार नहीं हैं। आलोचकों के अनुसार, भारतीय संविधान अर्द्ध-संघीय है अथवा यह एकात्मक शासन है, जिसमें थोड़े संघात्मक लक्षण भी विद्यमान हैं।

मंत्रालय एवं दबाव समूह

भाग

11

1) मंत्रालय और विभाग, 2) दबाव समूह

अध्याय 1

मंत्रालय और विभाग

(Ministry and Department)

● कार्य के नियम, ● केंद्रीय सचिवालय की भूमिका, ● मंत्रिमंडलीय सचिवालय, ● मंत्रिमंडलीय समितियां, ● प्रधानमंत्री कार्यालय, ● बदलती भूमिका, ● राज्य सचिवालय, निदेशालय, ● सचिवालय एवं निदेशालय का संबंध

प्रधानमंत्री तथा मंत्रिमंडल को सरकारी कार्यों में प्रत्यक्ष सहायता प्रदान करने के लिए सचिवीय एजेंसियों अथवा नीति-निर्माण कक्षों के रूप में संस्थानिक व्यवस्थाओं का कई वर्षों से विकास होता रहा है, जिसमें मंत्रिमंडल की सहायता के लिए एक केंद्रीय सचिवालय का विकास हुआ है, जो समस्त विभागों में सामंजस्य स्थापित करता है। वे प्रमुख संस्थाएं, जो राजनीति और प्रशासन संबंधी निर्णय लेने में प्रधानमंत्री की सहायता करती हैं। वे प्रमुख रूप से इस प्रकार हैं-मंत्रिमंडल समितियां, मंत्रिमंडल सचिवालय और प्रधानमंत्री कार्यालय इत्यादि। **इन संस्थाओं का विवरण निम्नलिखित हैं-**

केंद्रीय सचिवालय

केंद्रीय सचिवालय से तात्पर्य, विभागों या मंत्रालयों के समूह से है, जिसके प्रशासनिक अध्यक्ष सचिव एवं राजनीतिक अध्यक्ष मंत्री होते हैं। केंद्रीय सचिवालय का भारतीय प्रशासन में महत्त्वपूर्ण स्थान है। मंत्रिपरिषद् की ही भांति सचिवालय एक एकल संस्था के रूप में काम करता है

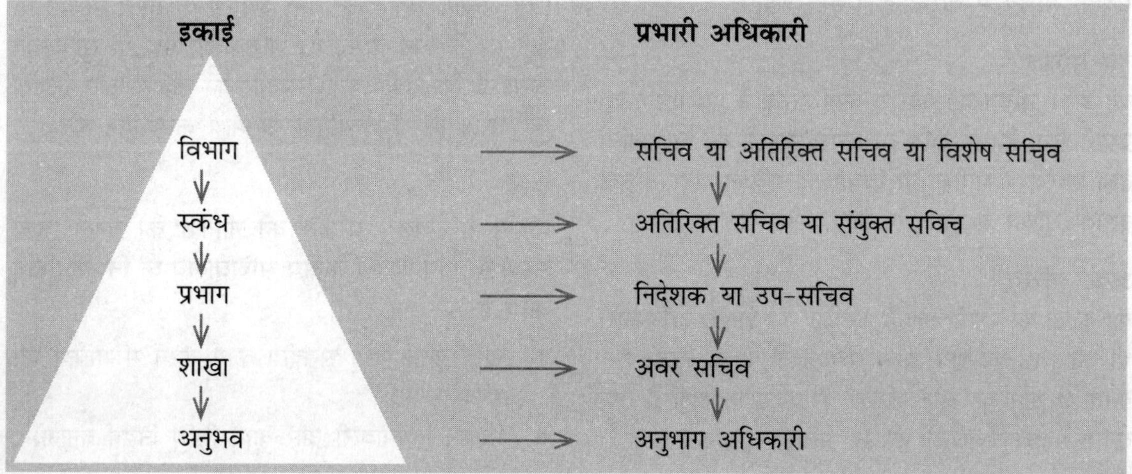

और उसकी सामूहिक जिम्मेदारी होती है। वर्तमान नियमों के अंतर्गत् सचिवालय के प्रत्येक विभाग को किसी मामले का निपटारा करने से पहले, दूसरे किसी विभाग से सलाह लेनी पड़ती है। ऐसी आवश्यकताओं की पूर्ति हेतु सचिवालय की व्यवस्था है, जहां सामूहिक समस्याओं का निदान होता है। इस प्रकार सचिवगण किसी विशिष्ट मंत्री के सचिव न होकर संघ सरकार के सचिव होते हैं।

संरचना

केंद्रीय सचिवालय मंत्रालयों के अधीन होता है। मंत्रालय का मुखिया राजनीतिक व्यक्ति होता है और मंत्री की सहायता हेतु कई राज्य मंत्री व उप-मंत्री होते हैं। इन मंत्रियों के नीचे सचिव होता है, जो सचिवालय का कार्यकारी प्रमुख होता है। इसके बाद के क्रम में संयुक्त सचिव, उप-सचिव, अवर सचिव इत्यादि होते हैं। **सचिवालय की संरचना इस प्रकार हैं-**

सचिव

यह विभाग का प्रमुख होता है तथा वह नीतिगत और प्रशासनिक मामलों के सभी पहलुओं पर मंत्री का प्रमुख सलाहकार होता है। वह संसदीय लोक लेखा समिति के समक्ष अपने मंत्रालय/विभाग का प्रतिनिधित्व करता है।

अपर/संयुक्त सचिव

यह किसी विभाग अथवा विभाग के किसी स्कंध (विंग) का प्रभारी होता है। दूसरी ओर, संयुक्त सचिव किसी विभाग के स्कंध का प्रभारी होता है। संयुक्त सचिव का दर्जा और वेतन अपर सचिव से कम होता है, क्योंकि अपर सचिव, संयुक्त सचिव से वरिष्ठ होता है।

उप-सचिव

यह अवर सचिव की ओर से कार्य करता है एवं प्रभाग का प्रभारी होता है। वह स्वयं अधिकांश मामलों को निपटाता है तथा महत्त्वपूर्ण मामलों पर विभाग के संयुक्त/अपर सचिवों अथवा सचिव से मार्गदर्शन प्राप्त करता है।

अवर सचिव

यह शाखा का प्रभारी होता है, इसलिए इसे **शाखा अधिकारी** भी कहते हैं। वह प्राय: प्राप्त अभ्यावेदनों पर कार्यवाही शुरू करता है और वह छोटे मामलों को स्वयं निपटाता है तथा केवल महत्त्वपूर्ण मामलों को उप-सचिव को प्रस्तुत करता है।

कार्य के नियम (Rules of Business)

भारत सरकार के मंत्रालय विभिन्न विभागों व उप-विभागों में विभाजित किए गए हैं, जिसका उद्देश्य योग्यता तथा कुशलता से कार्य को संपन्न करना है। अनुच्छेद-77(3) के अनुसार, राष्ट्रपति मंत्रालय के कार्य प्रक्रिया का निर्धारण करता है। **यह दो नियमों पर आधारित हैं-**

1. कार्यों का विभाजन। 2. कार्यों का संपादन।

1. **कार्यों का विभाजन** (Location of Business)– इस नियम के अनुसार, नीति-निर्माण तथा नीतियों के कार्यान्वयन के दो अलग-अलग स्वरूप हैं, जिसे एक नहीं किया जाना चाहिए।

2. **कार्यों का संपादन** (Transaction of Business)– इसके तहत् मंत्रालय एवं विभाग के अधीन कार्य करने वाले अधिकारियों का संवर्ग बनाए रखता है।

केंद्रीय सचिवालय की भूमिका

सचिवालय सरकारी नीतियां बनाने में मंत्रियों की मदद करता है व मंत्रिगण इनके द्वारा उपलब्ध कराई गई सूचनाओं के आधार पर नीतियों को अंतिम रूप देते हैं। सचिवालय वह सब सामग्री मंत्री को उपलब्ध कराता है, जो उसे नीति बनाने में मदद देता है। सचिवालय मंत्रियों को उनके विधायी कार्यों में मदद देने के साथ-साथ विधानमंडल में पेश करने के लिए विधायी मसौदे को भी तैयार करता है। वह संसदीय प्रश्नों के उत्तर देने तथा विभिन्न संसदीय समितियों के लिए प्रासंगिक सूचनाएं भी एकत्रित करता है। सचिवालय, सरकार और दूसरी संबद्ध एजेंसियों जैसे-योजना आयोग एवं वित्त आयोग इत्यादि के बीच संप्रेषण के मुख्य माध्यम के रूप में भी कार्य करता है। सचिवालय यह भी सुनिश्चित करता है कि क्षेत्राधिकारी सरकार की नीतियों और निर्णयों को दक्षता और मितव्ययिता के साथ कार्यान्वित करें।

कार्य

केंद्रीय सचिवालय सरकार की नीतियों को बनाने वाली संस्था है। साधारणतया **केंद्रीय सचिवालय के निम्नलिखित कार्य हैं-**

- नीति बनाने तथा संसदीय कार्य करने में मंत्रियों की मदद करना।
- विधान नियमावली और कार्य विधि नियम बनाना।

- क्षेत्रीय आधार पर योजना और कार्यक्रम बनाना।
- मंत्रालय/विभाग का बजट बनाना और खर्च पर नियंत्रण रखना।
- जो कार्य चलाए जाने हैं, उनका वित्तीय और प्रशासनिक अनुमोदन लेना तथा उनमें बाद में संशोधन करना।
- कार्यपालक विभागों या अर्द्ध-कार्यपालिका एजेंसियों के अधिकाधिक कॉर्मिकों और संगठनों में क्षमता विकसित करने के लिए कदम उठाना।

मंत्रिमंडलीय सचिवालय

कार्यपालिका की कैबिनेट व्यवस्था में **मंत्रिमंडलीय सचिवालय** की सबसे महत्त्वपूर्ण भूमिका होती है। भारत में केंद्रीय प्रशासन की धुरी मंत्रिमंडलीय सचिवालय है। इसका अस्तित्व अक्टूबर, 1945 से आया। इसका उद्गम वायसराय की कार्यकारी परिषद् के युद्ध संसाधन एवं पुनर्निर्माण की समन्वय समिति की सेवा के लिए एक छोटे सचिवालय के निर्माण के स्वरूप में देखा जा सकता है। 15 अगस्त, 1947 को कार्यकारी परिषद् का सचिवालय औपचारिक रूप से मंत्रिमंडल सचिवालय बन गया।

संरचना

मंत्रिमंडलीय सचिवालय की नियुक्ति प्रधानमंत्री द्वारा की जाती है। यह प्रधानमंत्री के नियंत्रण में कार्य भी करता है। इस संस्था का प्रमुख **कैबिनेट सचिव** होता है, जिसकी नियुक्ति कार्यपालिका द्वारा की जाती है। यह भारतीय प्रशासनिक सेवा का वरिष्ठतम् अधिकारी होता है। यह पद नौकरशाही का सर्वोच्च पद है। इसके अतिरिक्त इस संस्था में कई अन्य सचिव भी होते हैं।

संगठन

यह संस्था केंद्रीय मंत्रिमंडल की प्रमुख कार्यकारी एजेंसी है, जो प्रधानमंत्री के दिशा-निर्देश पर कार्य करती है तथा यह सरकार में एक विभाग की तरह है। इसमें **तीन विंग** (सिविल विंग, सैन्य विंग तथा आसूचना विंग) होते हैं तथा साथ ही साथ इस संस्था के अधीन कई संगठन भी हैं। जैसे-रिसर्च एंड एनालिसिस विंग (RAW), डायरेक्टर ऑफ सिक्योरिटी, स्पेशल प्रोटेक्शन ग्रुप, ज्वाइंट इंटेलीजेंसी कमेटी इत्यादि।

कार्य

यह सचिवालय मंत्री एवं मंत्रिमंडल की सहायता करता है तथा निर्णयों को कार्यरूप देता है। **मंत्रिमंडलीय सचिवालय निम्नलिखित कार्य करता है–**

- संसद में विधि-निर्माण के लिए किए जाने वाले प्रस्तावों को तैयार करना।
- राष्ट्रपति द्वारा समय-समय पर संसद में दिए जाने वाले अभिभाषणों और संदेशों को तैयार करना।
- मंत्रिमंडल की बैठकों के लिए कार्य सूची तैयार करना।
- मंत्रिमंडल की बैठकों के वाद-विवाद तथा निर्णय और निश्चयों का अभिलेख तैयार करना।
- मंत्रिमंडलीय समितियों, मंत्रिमंडल द्वारा नियुक्त समितियों एवं मंत्रिमंडल के आदेशानुसार स्थापित समितियों के लिए किए जाने वाले कार्यों के प्रस्तावों को तैयार करना।
- विभिन्न मंत्रालयों के महत्त्वपूर्ण कार्यों में समन्वय करना।
- विदेशों के साथ संधियां और समझौते या विचार-विमर्श इत्यादि से संबंधित मामले।
- विदेशों में भेजे जाने वाले शिष्टमंडलों इत्यादि के स्वरूप से संबंधित प्रस्ताव तैयार करना।
- संसद के अधिवेशनों को आरंभ करने तथा स्थगित करने एवं लोक सभा को भंग करने संबंधी प्रस्तावों को तैयार करना।

मंत्रिमंडलीय समितियां

ये मंत्रिमंडल को प्रारंभिक कार्य से राहत दिलाती हैं और ये समितियां मंत्रिमंडल के दिन-प्रतिदिन के कार्यों में सहयोग देने हेतु निर्मित होती हैं, जिससे कि वह अपना अधिकांश समय महत्त्वपूर्ण प्रश्नों के समाधान पर केंद्रित कर सकें। मंत्रिमंडल समिति प्रणाली का प्रयोग विशिष्ट क्षेत्रों के निर्णय लेने की सुविधा के लिए करता है। राजनीतिक और आर्थिक महत्त्व के महत्त्वपूर्ण विषयों पर शीघ्र निर्णय लेने और महत्त्व के अन्य मामलों और प्रशासन द्वारा निर्धारित क्षेत्रों में समन्वय सुनिश्चित करने के लिए कार्य नियमों में मंत्रिमंडल की स्थायी समितियों के गठन की व्यवस्था है। ये समितियां समय की आवश्यकताओं

के अनुसार बदलती रहती हैं तथा आवश्यकता पड़ने पर कभी-कभी तदर्थ समितियों (Ad hoc Committee) की भी नियुक्ति की जाती है।

संरचना

इन समितियों में कैबिनेट स्तर के मंत्री होते हैं तथा आवश्यकता पड़ने पर संबंधित विभागों के राज्य मंत्रियों को भी सम्मिलित किया जाता है। एक समिति में 3 से 8 मंत्री हो सकते हैं तथा सभी समितियों की अध्यक्षता प्रधानमंत्री द्वारा की जाती है। यदि प्रधानमंत्री उपस्थित न हों, तो गृह मंत्री या वित्त मंत्री इन समितियों की अध्यक्षता करते हैं।

भारत में मंत्रिमंडलीय समितियां दो प्रकार की हैं-**स्थायी समिति एवं अस्थायी समिति**। जो समितियां स्थायी आधार पर कार्य करती हैं, वे हैं-राजनीतिक कार्य समिति, आर्थिक कार्य समिति, संसदीय कार्य समिति, नियुक्ति समिति, आवास समिति, उद्योग और व्यापार समिति तथा खाद्य और कृषि समिति। इनमें सबसे शक्तिशाली समिति राजनीतिक कार्य समिति होती है। इस समिति में चूंकि वरिष्ठतम् मंत्री होते हैं। इसलिए यह सरकार को बेहतर निर्देश देने में श्रेष्ठ मंत्रिमंडल के रूप में कार्य करती हैं। इनके अतिरिक्त प्रधानमंत्री द्वारा अस्थायी (Ad hoc) समितियों का गठन आवश्यकता पड़ने पर किया जाता है।

कार्य

मंत्रिमंडलीय समितियां प्रशासन के स्पष्ट तथा परिभाषित क्षेत्रों में समन्वय स्थापित करने तथा मंत्रिमंडल के कार्यभार को कम करने के माध्यम हैं। इन समितियों की सदस्यता में लचीलापन होने के कारण मंत्रिगण विचार-विमर्श कर सकते हैं और मंत्रिमंडल के हस्तक्षेप के बगैर सहमति से समाधान निकाल सकते हैं। इस प्रकार मंत्रिमंडल पर कार्य का दबाव कम हो जाता है। अंत में कार्य में पर्याप्त निपटारा मंत्रिमंडल समितियों के स्तर पर ही हो जाता है, इससे महत्त्वपूर्ण आर्थिक तथा राजनीतिक मसलों पर निरंतर समन्वय और आवश्यकता पड़ने पर शीघ्र निर्णय लेना सुनिश्चित हो जाता है।

आलोचना

वर्तमान परिप्रेक्ष्य में **मंत्रिमंडलीय समिति की आलोचना निम्नलिखित आधारों पर की जाती रही है-**

(i) ये समितियां नियमित रूप से बैठकें आयोजित नहीं करतीं।

(ii) बहुत से महत्त्वपूर्ण विषय इन समितियों द्वारा नहीं अपनाए जाते।

(iii) ये समितियां किसी विषय पर तभी वाद-विवाद कर सकती हैं, जब विषय को किसी मंत्री या मंत्रिमंडल ने प्रेषित किया हो।

इन दुर्बलताओं को तुरंत दूर करने की आवश्यकता है। यह भी महत्त्वपूर्ण है कि सरकार के कार्य के सभी महत्त्वपूर्ण क्षेत्र इन समितियों के मध्य वितरित होने चाहिए।

प्रधानमंत्री कार्यालय

प्रधानमंत्री कार्यालय (PMO) स्वतंत्रता प्राप्ति के बाद अस्तित्व में आया। स्वतंत्रता प्राप्ति के समय इसे प्रधानमंत्री सचिवालय कहा जाता था, जो सरकार के मुखिया प्रधानमंत्री को उसकी सार्वजनिक गतिविधियों और कार्यों में सहायता प्रदान करता था एवं बाद में यह कार्यालय नीति-निर्माण हेतु महत्त्वपूर्ण स्तंभ बन कर उभरा है।

संगठन

प्रधानमंत्री कार्यालय का प्रमुख राजनीतिक रूप से **प्रधानमंत्री** और प्रशासनिक रूप में **प्रधान सचिव** होता है। इसके अलावा दो या तीन अपर सचिव, तीन से पांच तक संयुक्त सचिव और कई निदेशक/उप-सचिव और अवर सचिव होते हैं। विशेष कायाधिकारी, निजी सचिव इत्यादि अन्य अधिकारी भी होते हैं। इन अधिकारियों की सहायता के लिए नियमित कार्यालय की स्थापना होती है।

कार्य

सचिवालय का मुख्य कार्य प्रधानमंत्री को सरकार के प्रमुख के रूप में एवं उसके कार्यों के निष्पादन में सहायता करना होता है। सरकार के लिए यह सचिवालय केंद्रीय मंत्रियों, राष्ट्रपति, राज्यपालों, मुख्यमंत्रियों व भारत में विदेशी सरकारों के प्रतिनिधियों और अन्य प्रकार के व्यक्तियों से संपर्क स्थापित करने तथा जनता के सदस्यों से प्राप्त प्रधानमंत्री को भेजे गए अनुरोध पत्रों और शिकायतों को निपटाने में सहायता करने के लिए जिम्मेदार होता है। सामान्यतया इस सचिवालय के अधिकार क्षेत्र का विस्तार ऐसे सभी विषय और कार्यकलाप तक हो सकते हैं, जो किसी पृथक् मंत्रालय/विभाग को विशेष रूप से आवंटित नहीं किए

गए हैं। यह संसद में उठाए गए कुछ सामान्य विषयों से संबंधित प्रश्नों के उत्तर तैयार करता है, जो कठोर वर्गीकरण के कारण किसी विशेष मंत्रालय को आवंटित नहीं किए गए हों। **प्रधानमंत्री कार्यालय निम्नलिखित कार्यों को करता है। जैसे-**

(i) सरकार के प्रमुख होने के कारण उसकी समग्र जिम्मेदारियों के संबंध में प्रधानमंत्री की सहायता करना।

(ii) योजना आयोग और राष्ट्रीय विकास परिषद् के अध्यक्ष के रूप में उसके उत्तरदायित्वों के संबंध में प्रधानमंत्री की सहायता करना।

(iii) प्रधानमंत्री के जनसंपर्क को देखना तथा प्रेस और जनसाधारण से संपर्क स्थापित करना।

(iv) उन सभी विषयों, जो कार्य नियमावली के अधीन प्रधानमंत्री के पास आते हैं को निपटाना।

(v) निर्धारित नियमों के अधीन आदेश के लिए प्रस्तुत मामलों की परीक्षा में प्रधानमंत्री को सहायता देना।

(vi) राष्ट्रपति, राज्यपालों और देश में विदेशी प्रतिनिधियों से संपर्क बनाए रखना।

प्रधानमंत्री कार्यालय प्रधानमंत्री को मंत्रिमंडल के प्रमुख होने के नाते मिलने वाले कार्यों के लिए उत्तरदायी नहीं है, किंतु यह कार्यालय कुछ सीमा तक उन मामलों के लिए उत्तरदायी है, जिनका प्रधानमंत्री और विभिन्न मंत्रियों के बीच होने वाले पत्र-व्यवहार का निपटारा किया जाता है। यह दलगत नीतियों अथवा घरेलू प्रकार की नीतियों से संबंधित पत्र-व्यवहार को निपटाने के लिए उत्तरदायी होता है।

बदलती भूमिका

प्रत्येक प्रधानमंत्री के साथ प्रधानमंत्री कार्यालय की भूमिका में बदलाव आया है। पंडित जवाहरलाल नेहरू के समय कार्यालय का आकार एवं भूमिका सीमित थी। अत: उनके कार्यकाल में मंत्रालयों और उनके सलाहकारों पर अत्यधिक निर्भर रहने का एक विशिष्ट ढंग था। ऐसा प्रतीत होता है कि इस तरह मंत्रिमंडल सचिव एक प्राथमिक कड़ी था एवं उनके बाद के समय से ही प्रधानमंत्री सचिवालय इसमें सक्रिय भूमिका का निर्वहन करने लगा। हालांकि मंत्रिमंडल से संबंधित सभी मामले मंत्रिमंडल सचिव के माध्यम से ही प्रस्तुत किए जाने चाहिए। इन दोनों के बीच सीमा रेखा कठोर नहीं है और वास्तव में ऐसा हो भी नहीं सकता।

पंडित जवाहरलाल नेहरू के बाद लाल बहादुर शास्त्री प्रधानमंत्री बने, जिन्होंने शक्तिशाली सचिवालय की स्थापना की। श्री लक्ष्मीकांत झा को प्रधानमंत्री लाल बहादुर शास्त्री ने सचिव नियुक्त किया। श्री लक्ष्मीकांत झा के शक्तिशाली और बहुमुखी व्यक्तित्त्व के कारण सचिवालय का स्तर एवं इसका कार्य भी बढ़ गया और इनकी अगुवाई में प्रधानमंत्री कार्यालय ने निर्णय लेने में अपना प्रभाव दिखलाना आरंभ कर दिया। यह प्रवृत्ति इंदिरा गांधी के प्रधानमंत्रित्व काल में और दृढ़ हुई। कार्यभार ग्रहण करते समय इंदिरा गांधी को प्रशासन का बहुत कम अनुभव था। इसलिए उनकी सचिवालय पर निर्भरता विशेष रूप से मिश्रित तथा आर्थिक और विदेश नीति के मसले पर अधिक रहती थी। लक्ष्मीकांत झा के बाद श्री पी. एन. हक्सर सचिव बने, जिनके अधीन प्रधानमंत्री सचिवालय का स्तर इस हद तक बढ़ गया कि यह स्वतंत्र कार्यकारी शक्ति के रूप में उभरकर सामने आया। इस सचिवालय में बहुत सारी देशी और विदेशी नीतियां बनीं व आर्थिक अधिकार प्रधानमंत्री कार्यालय में केंद्रित हो गए। आंतरिक आपात स्थिति की अवधि के दौरान यह शक्ति और भी स्पष्ट हो गई और देश ने प्रधानमंत्री के प्राधिकारवादी शासन के युग में प्रवेश किया। फलस्वरूप प्रधानमंत्री सचिवालय सभी अधिकारों का केंद्र बन गया व इसके आदेशों का पालन सभी केंद्रीय मंत्रालय, विभाग एवं अन्य कार्यकारी एजेंसियों द्वारा किया जाने लगा। श्रीमती इंदिरा गांधी के शासनकाल में प्रधानमंत्री सचिवालय वास्तविक रूप से एक राष्ट्रीय नीति-निर्धारक निकाय बन गया। मंत्रिमंडल सचिवालय नीतियों को लागू करने के लिए प्रधानमंत्री सचिवालय का माध्यम बन गया।

जनता पार्टी के शासनकाल में प्रधानमंत्री सचिवालय का महत्त्व कम हो गया। जून, 1977 में प्रधानमंत्री सचिवालय का नाम **प्रधानमंत्री कार्यालय** रख दिया गया। हालांकि इसके कर्मचारियों की संख्या पिछले दस वर्षों से धीरे-धीरे फिर से बढ़ रही है, परंतु इसका महत्त्व कम हो गया है। अब अतिरिक्त सांविधानिक शक्ति और अधिकार का प्रयोग करने की कोशिश करने की अपेक्षा यह कार्यालय प्रधानमंत्री को उसकी सार्वजनिक गतिविधियों में सहायता करता है।

इंदिरा गांधी के दोबारा प्रधानमंत्री बनने के बाद प्रधानमंत्री कार्यालय की शक्ति में पुन: वृद्धि हुई तथा राजीव गांधी के शासनकाल में यह संस्था एक विशेषज्ञ संस्था बनकर उभरी, जिसमें प्रधानमंत्री द्वारा कई सलाहकार विशेषज्ञों को इस संस्था में सम्मिलित किया गया।

गठबंधन सरकारों के दौर में इस संस्था का महत्त्व बना रहा। प्रधानमंत्री इसी कार्यालय पर सर्वाधिक विश्वास करते रहे और एन.डी.ए. के शासनकाल में पी.एम.ओ. एक लघु मंत्रिमंडल बनकर उभरा, जिसमें बृजेश मिश्रा विदेश सचिव थे। वे एन.डी.ए. के शासनकाल में सर्वाधिक ताकतवर व्यक्ति बनकर उभरे। लेकिन यू.पी.ए. के शासनकाल में प्रधानमंत्री कार्यालय की भूमिका व प्रभाव कम होने लगा, क्योंकि नीतिगत मामलों हेतु कई केंद्र बनकर उभरे। वर्तमान में प्रधानमंत्री नरेन्द्र मोदी के नेतृत्व में प्रधानमंत्री कार्यालय की भूमिका पुन: प्रभावशाली हो गई है तथा प्रधानमंत्री कार्यालय की शक्ति में वृद्धि हुई है।

राज्य सचिवालय

शाब्दिक रूप से सचिवालय का अर्थ है, **सचिव का कार्यालय**। इसका उद्भव उस समय हुआ, जब भारत में वास्तव में सचिवों द्वारा संचालित सरकार थी। स्वतंत्रता के पश्चात् सत्ता के अधिकार जनता द्वारा चुने गए मंत्रियों के हाथों में आ गए तथा इस प्रकार मंत्रालय सत्ता का केंद्र बन गया, परंतु वह सचिव का प्रमुख सलाहकार होता है। इसलिए उसे मंत्री के इर्द-गिर्द ही रहने की आवश्यकता है। वास्तव में सचिवालय उन भवनों के समूह का नाम है, जिनमें मंत्रियों तथा सचिवों के कार्यालय हैं। सचिवालय शब्द उन विभागों के समूह के लिए प्रयोग किया जाता है, जिनके राजनीतिक अध्यक्ष मंत्री तथा प्रशासनिक अध्यक्ष सचिव होते हैं। राज्य स्तर पर सरकार के तीन अंग (मंत्री, सचिव एवं निदेशक) होते हैं। यद्यपि कार्यकारी अध्यक्ष को अन्य नामों से जाना जाता है, परंतु अधिकतर उसे निदेशक ही कहा जाता है। मंत्री और सचिव मिलकर सचिवालय का गठन करते हैं, जबकि कार्यकारी अध्यक्ष का कार्यालय **निदेशालय** के नाम से जाना जाता है।

भूमिका

राज्य सचिवालय राज्य प्रशासन के सर्वोच्च स्तर के रूप में और राज्य सरकार के नीति-निर्माण तथा विधायी कार्यों के निर्वहन में सहायता प्रदान करता है। ये कुछ विशेष प्रकार के निर्णय लेते समय स्मृति भंडारण का कार्य करता है। ये कार्यपालक कार्यवाही के पर्यवेक्षक का भी काम करते हैं। **मुख्य रूप से राज्य सचिवालय के प्रमुख कार्य निम्नलिखित हैं-**

(i) मंत्रियों की नीति-निर्णय और समय-समय पर नीतियों में संशोधन करने एवं उनकी विधायी जिम्मेदारियों को पूरा करने में सहायता करना।
(ii) विधान, नियम तथा विनियमन का प्रारूप तैयार करना।
(iii) नीतियों और कार्यक्रमों का समन्वय और उसके कार्यान्वयन का पर्यवेक्षण तथा नियंत्रण एवं परिणामों का पुनरावलोकन।
(iv) बजट-निर्माण तथा खर्च पर नियंत्रण।
(v) भारत सरकार तथा अन्य राज्य सरकारों के साथ संपर्क बनाए रखना।
(vi) प्रशासनिक मशीनरी के तहत कुशल तथा सुचारू संचालन और कॉर्मिक एवं संगठनात्मक क्षमता को विकसित करने के उपाय करना।

सचिवालय की प्रमुख भूमिका नीति-निर्माण में है तथा यह सरकारी नीतियों के बनाने में मंत्रियों की सहायता करता है। **सचिवालय की प्रमुख भूमिका इस प्रकार है-**

- सचिव, मंत्री को नीति-निर्माण के लिए आवश्यक आंकड़े तथा सूचना प्रदान करता है।
- कभी-कभी सचिव उन कार्यक्रमों को जिनके आधार पर मंत्री सत्ता में आते हैं, विस्तृत रूपरेखा का सार या विषय सामग्री प्रदान करता है।
- विधान मंडल में मंत्री द्वारा पेश किए जाने वाले विधेयकों के प्रारूप सचिवों द्वारा तैयार किए जाते हैं।
- सचिवालय एक संगठित स्मरण शक्ति के रूप में कार्य करता है और सचिवालय में रखे गए रिकॉर्ड तथा फाइलें संगठित स्मरण शक्ति के रूप में कार्य करती हैं।
- सचिवालय एक सरकार से दूसरी सरकार के बीच और सरकार तथा नीति आयोग एवं वित्त आयोग जैसी संस्थाओं के बीच भी संचार का माध्यम है।
- सचिवालय नीति के कार्यान्वयन से संबंधित पूरी जानकारी रखता है तथा क्षेत्रीय एजेंसी द्वारा नीति के कार्यान्वयन का मूल्यांकन करता है।

संरचना

सचिवालय विभाग में दो तरह के सोपानक्रम होते हैं–**पहला,** अधिकारियों का एवं **दूसरा,** कार्यालयी।

अधिकारी : अधिकारियों की श्रेणी में प्रमुख रूप से तीन स्तर होते हैं- सामान्यतया सचिव प्रशासनिक विभाग का अध्यक्ष होता है और उसके अधीन उप-सचिव तथा अवर या सहायक सचिव होता है, परंतु विभिन्न सचिवालय विभागों के कार्यों में वृद्धि के साथ अधिकारियों की श्रेणियों के स्तरों में बढ़ोत्तरी हो रही है।

विभाग का संगठन

विभाग	– सचिव
स्कंध (विंग)	– अपर सचिव/संयुक्त सचिव
प्रभाग	– उप-सचिव/निदेशक
शाखा	– अवर सचिव
अनुभाग	– अनुभाग अधिकारी

कार्यालय : भारत में सचिवालय प्रणाली की एकमात्र विशेषता है, इसके दो विभागों के बीच अंतर। **पहला,** योग्य व वरिष्ठ अधिकारियों का अस्थायी भाग (Transitory Cadre)। **दूसरा,** कार्यालय के कर्मचारियों का स्थायी भाग (Permanent Cadre)। अस्थायी भाग से तात्पर्य प्रत्येक विभाग में अधिकारी निश्चित अवधि के सिद्धांत के कारण आते-जाते रहते हैं, परंतु कार्यालय में काम करने वाले कर्मचारी स्थायी होते हैं, जिनमें सचिवालय के विभागों को निरंतरता प्राप्त होती है। अधिकारियों से भिन्न कार्यालय सचिवालय प्रणाली का स्थायी तत्त्व होता है। कार्यालय के गठन में अधीक्षक, अनुभाग अधिकारी, सहायक, अवर क्लर्क तथा कनिष्ठ क्लर्क, स्टेनो टाइपिस्ट तथा टाइपिस्ट आते हैं। कार्यालय प्रारंभिक तैयारी करता है, जिसके आधार पर अधिकारी विभिन्न मामलों पर विचार कर निर्णय लेते हैं। इस प्रकार कार्यालय अधिकारियों को वह सामग्री प्रदान करता है, जो निर्णय-निर्माण का आधार बनती हैं।

राज्य सचिवालय में विभागीकरण का पैटर्न

प्रत्येक सचिव के अधीन साधारणतया एक से अधिक विभाग होते हैं। इसलिए सचिवालय विभागों की संख्या सचिवों की तुलना में अधिक होती हैं। प्रत्येक राज्य में सचिवालय विभागों की संख्या स्वाभाविक रूप से अलग-अलग होती है तथा उनकी संख्या मुख्य रूप से विभिन्न राज्यों में 10 से 40 के बीच होती है।

आलोचना

सचिवालय में वर्तमान कार्य प्रणाली की आलोचना इस प्रकार है-

(i) विभागों में कार्य वितरण असंतुलित है, क्योंकि कुछ विभागों पर कार्य का बोझ दूसरों की तुलना में अधिक होता है।

(ii) कार्य की एकरूपता के संदर्भ में भी वितरण तर्कसंगत नहीं है। एक विभाग के कार्य न केवल अनेक हैं, जिनका प्रबंध मुश्किल होता है, बल्कि विभिन्नता भी है, जिससे समन्वय की समस्या पैदा होती है।

निदेशालय

राज्य स्तर पर सरकार के तीन घटक (मंत्री, सचिव और कार्यकारी प्रमुख) होते हैं। मंत्री और सचिव को मिलाकर सचिवालय का गठन हुआ है। दूसरी ओर, कार्यकारी प्रमुख के कार्यालय को निदेशालय का नाम दिया गया है। इसका दायित्व सचिवालय द्वारा बनाई गई नीतियों को कार्यरूप देना है। निदेशालय, राज्य सचिवालय के अधीन कार्य करते हैं तथा निदेशालय, सचिवालय से बाहर स्थित होता है। निदेशालय की संगठित इकाइयां अलग-अलग होती हैं। निदेशालय का प्रधान एक **निदेशक** होता है, जिसकी सहायतार्थ के लिए अपर निदेशक, संयुक्त निदेशक, उप-निदेशक और सहायक निदेशक होते हैं। इसके अतिरिक्त निदेशालय के प्रधान को विभिन्न नामों से जाना जाता है। जैसे–आयुक्त, महानिदेशक, महानिरीक्षक, रजिस्टार, नियंत्रक, मुख्य अभियंता एवं मुख्य संरक्षक इत्यादि।

कार्य

निदेशालय के प्रमुख कार्य इस प्रकार हैं-

- मंत्रियों को तकनीकी सलाह देना।
- विभाग का बजट तैयार करना।
- अधीनस्थ अधिकारियों पर नियमानुसार अनुशासनिक शक्तियों का प्रयोग करना।
- पदोन्नति और अनुशासनिक कार्यवाही के संदर्भ में राज्य लोक सेवा आयोग को सलाह देना।

- विभाग के जिला स्तरीय स्टाफ द्वारा कार्यान्वित कार्य का निरीक्षण करना।
- अनुदान का आवंटन करना और बजट को पुनर्विनियोजित करना।
- निर्धारित सीमा और अनुमोदित नियमों के तहत सभी तरह की नियुक्तियों के नियमितीकरण, तैनाती, स्थानांतरण और पदोन्नतियां करना।
- विभागीय अधिकारियों के लिए सेवाकालीन प्रशिक्षण कार्यक्रम का आयोजन करना।
- विभाग की कार्यकुशलता में सुधार लाने के लिए विभागीय अनुसंधान और प्रयोगात्मक कार्यक्रम चलाना।
- अधिकारियों को सम्मेलनों में भाग लेने की अनुमति प्रदान करना।

सचिवालय एवं निदेशालय का संबंध

सचिवालय, एक स्टाफ एजेंसी है तथा सचिवालय नीति-निर्धारण कार्य से संबद्ध है और निदेशालय नीति-कार्यान्वयन से। इस प्रकार निदेशालय राज्य सरकारों के लिए कार्यकारी है। अतः निदेशालय को कार्यकारी विभाग भी कहते हैं, जो सचिवालय के विभागों से बिल्कुल अलग है। सचिवालय और निदेशालय सरकारी मशीनरी के दो पहिए हैं।

अध्याय 2

दबाव समूह

(Pressure Group)

- भारत में दबाव समूहों की विशेषताएं, • 1. व्यापारिक दबाव समूह, • 2. श्रमिक दबाव समूह, • 3. किसान दबाव समूह, • 4. जाति आधारित दबाव समूह, • 5. छात्र दबाव समूह, • भारतीय लोकतंत्र एवं दबाव समूह

दबाव समूह, वह समूह है, जो अपने हितों की पूर्ति के लिए सरकार पर दबाव डालते हैं। ये कभी भी सरकार में सम्मिलित नहीं होते। भारत में समूहों का निर्माण नागरिकों का मूल अधिकार है, जो अनुच्छेद-19 में वर्णित है। दबाव समूह और राजनीतिक दल के बिना हम भारतीय लोकतंत्र के व्यावहारिक पक्ष को नहीं समझ सकते, क्योंकि समाज में विभिन्न समूहों के हित भिन्न-भिन्न या अलग-अलग होते हैं और व्यक्ति इन्हीं समूहों के माध्यम से अपने हितों की पूर्ति का प्रयास करता है। दबाव समूह राजनीतिक सत्ता में भागीदारी के लिए प्रयत्नशील नहीं होते, अपितु इनका मूल उद्देश्य शासन और सत्ता को प्रभावित करना होता है। **दबाव समूह** शब्द की उत्पत्ति अमेरिका से हुई है।

भारत में दबाव समूहों की विशेषताएं

भारतीय राजनीतिक व्यवस्था में जिस कल्याणकारी राज्य की स्थापना की गई, वह राज्य एक आदर्श नियोक्ता है। अत: समाज के सभी समूहों के कल्याण का दायित्व राज्य पर निर्भर है। क्योंकि राज्य के द्वारा श्रमिकों के उचित जीवन स्तर तथा कल्याण के लिए अनेक सुविधाएं प्रदान की गई हैं। भारत में श्रम कल्याण की अनेक योजनाएं राज्य सरकार द्वारा निर्मित हैं, न कि श्रमिक समूहों के दबाव का परिणाम हैं। ठीक इसी प्रकार ग्रामीण जीवन के विकास के लिए सामुदायिक विकास कार्यक्रम तथा शिक्षा के लिए सरकार की अनेक नीतियां हैं, तो दबाव समूहों की प्रासंगिकता क्या है? लेकिन यह बिंदु ध्यान देने योग्य है कि वर्ष-1990 के पश्चात् उदारीकरण के युग में जैसे-जैसे राज्य आर्थिक गतिविधियों से अपने आप को पृथक् कर रहा है तथा निजीकरण का युग प्रभावी हो रहा है। इन परिस्थितियों में दबाव समूहों की प्रासंगिकता निरंतर महत्त्वपूर्ण होगी। **भारत में दबाव समूहों की निम्नलिखित विशेषताएं दिखाई देती हैं-**

(i) भारत में दबाव समूहों का विकास मंदगति से हुआ है तथा यहां जो दबाव समूह हैं, वे अत्यंत कमजोर हैं।

(ii) दबाव समूह के अशक्त होने के कारण प्रशासन तक उनकी पहुंच नहीं है और वे स्वयं को प्रशासन से अलग ही रखना चाहते हैं तथा सरकार को शोषण कारी रूप में देखते हैं।

(iii) दबाव समूहों के अनुसार, सरकारी पदाधिकारी अनुत्तरदाई तथा भ्रष्ट हैं, जबकि सरकारी पदाधिकारी दबाव समूहों को शंका की दृष्टि से देखते हैं।

(iv) भारत में औद्योगिक हित और व्यापारिक हित दोनों का प्रतिनिधित्व एक ही समूह द्वारा किया जाता है।

(v) भारत के व्यापारिक दबाव समूहों में ब्रिटेन के समूहों की भांति एकता नहीं पाई जाती। लगभग प्रत्येक बड़े व्यापारिक और औद्योगिक केंद्रों में अनेक चैम्बर्स हैं तथा अनेक समूहों के होने का मूल कारण देशी और विदेशी पूंजी के मध्य ऐतिहासिक विभाजन है। दूसरी ओर जाति, भाषा व क्षेत्र के आधार पर भी यह विभाजन पाया जाता है।

(vi) विश्व के अन्य देशों की तुलना में भारत में व्यापारिक संघों में तीव्र राजनीतिक अभिमुखीकरण का विकास हुआ है। इन व्यापारिक समूहों को केंद्र में औपचारिक प्रतिनिधित्व प्राप्त था।

(vii) देशी और विदेशी पूंजी के मध्य स्वतंत्रता के पश्चात् विभाजन नहीं पाया जाता। इसलिए एसोचैम एवं फिक्की के मध्य विदेशी तथा देशी पूंजी के आधार पर विभाजन वास्तविक नहीं है।

दबाव समूह के प्रकार

1. व्यापारिक दबाव समूह

भारत में व्यापारिक दबाव समूह, किसान दबाव समूह, छात्र दबाव समूह तथा जाति आधारित अनेक दबाव समूह भी पाए जाते हैं। इनमें सबसे महत्त्वपूर्ण दबाव समूह व्यापारियों का है। फिक्की (FICCI) तथा एसोचैम (ASSOCHAM) जैसे व्यापारिक दबाव संगठन भारत में अत्यंत प्रभावशाली हैं। उदाहरण के लिए, आर्थिक उदारीकरण के संबंध में तथा श्रम कानून में संशोधनों के लिए और निजीकरण अपनाए जाने के पक्ष में ये सरकार पर दबाव का प्रयोग करते हैं। स्वतंत्र भारत में इन दबाव समूहों ने सरकार द्वारा चलाए जा रहे नियोजन का पूर्ण समर्थन किया। लेकिन उसी के साथ निजी क्षेत्रों के विकास के लिए तथा करों में बढ़ोत्तरी न करने के लिए सरकार पर दबाव का प्रयोग किया।

व्यापारिक दबाव समूह राजनीतिक व्यवस्था में दबाव का प्रयोग राजनीतिक दलों से संबद्ध होकर करते हैं और सरकारी, अर्द्ध-सरकारी, परामर्शदात्री संस्थाओं तथा विभिन्न आयोगों में इन समूहों के प्रतिनिधि उपस्थित होते हैं। यही व्यापारिक समूह चुनाव में राजनीतिक दलों को चंदा भी प्रदान करते हैं तथा इनकी मंत्रियों तथा नौकरशाही में पहुंच आसान होती है, जिससे ये अत्यंत प्रभावी रूप में कार्य करने में सक्षम होते हैं। फिक्की के वार्षिक अधिवेशन का उद्घाटन स्वयं प्रधानमंत्री द्वारा किया जाता है और व्यापारी वर्ग की मांग को सरकार तक पहुंचाने में प्रेस की सबसे महत्त्वपूर्ण भूमिका होती है। भारत में अधिकांश बड़े समाचार-पत्रों तथा इलेक्ट्रॉनिक मीडिया पर इन्हीं बड़े व्यापारिक समूहों का ही नियंत्रण है।

2. श्रमिक दबाव समूह

भारत में श्रमिक दबाव समूह या ट्रेड यूनियन राष्ट्रीय आंदोलन के समय गांधीजी के कारण ज्यादा प्रभावी नहीं हो सका, क्योंकि गांधीजी ने श्रमिकों और पूंजीपतियों दोनों को एक साथ करने का प्रयास किया, लेकिन स्वतंत्र भारत में ट्रेड यूनियनों का प्रभावी निर्माण हुआ। प्रत्येक राजनीतिक दलों से संबंधित एक ट्रेड यूनियन का निर्माण हुआ, जिसका मूल उद्देश्य श्रमिकों की स्थिति में सुधार लाना तथा उनके हितों को अधिकतम संरक्षण प्रदान करना, अधिक मजदूरी, कार्य के निश्चित समय तथा कार्य की परिस्थितियों में सुधार लाना था।

उदारीकरण के युग में

उदारीकरण और निजीकरण के युग में ट्रेड यूनियन की भूमिका महत्त्वपूर्ण हो गई है। वर्तमान समय में विशेष आर्थिक क्षेत्र (SEZ) तथा आउटसोर्सिंग क्षेत्र में श्रमिक संगठनों के कार्यकरण पर प्रतिबंध है। उच्चतम न्यायालय के द्वारा बंद को असंवैधानिक घोषित कर दिया गया है तथा सरकार ज्यादा से ज्यादा निवेश आकर्षित करने के लिए वाणिज्यिक घरानों को खुश कर रही है तथा मजदूरों के हितों की उपेक्षा हो रही है। श्रम सुधार, श्रमिकों की छंटनी तथा असंगठित क्षेत्र में कार्य करने वाले श्रमिकों के कल्याण के लिए ये निरंतर प्रयत्नशील हैं। ट्रेड यूनियन दबाव के रूप में धरने, हड़ताल व प्रदर्शन का तुलनात्मक रूप में व्यापक प्रयोग करते हैं। उदारीकरण के पश्चात् ट्रेड यूनियनों के मध्य वैचारिक मतभेद अब उतने प्रासंगिक नहीं रहे हैं, क्योंकि पहले कांग्रेस से संबंधित **इंटक (INTUC)** का मानना था कि श्रमिकों की स्थिति में सुधार संवैधानिक मार्ग द्वारा की जाएगी। जबकि **एटक (AITUC)** और **सीटू (SITU)** जैसे संगठन जो साम्यवादी दल के समर्थक हैं, वे हड़ताल के प्रयोग का ज्यादा समर्थन करते थे। लेकिन

दुर्भाग्यपूर्ण रूप में श्रमिक संगठन का विभाजन दलीय आधार पर इनकी शक्ति को कम कर देता है, क्योंकि मजदूरों की एकता में ही इनकी मूल शक्ति है। भारत में स्वतंत्र मजदूर संगठनों का विकास नहीं हो पाया और दत्ता सामंत तथा शंकर गुहा नियोगी जैसे व्यक्तियों के प्रयासों के बावजूद भी यह सफल न हो सका। दूसरी मूल समस्या असंगठित क्षेत्रों की है, जिनका अपना कोई ट्रेड यूनियन नहीं है।

3. किसान दबाव समूह

समकालीन उदारीकरण के युग में किसानों के समक्ष कृषि निर्मित सस्ती वस्तुओं के आयात से उनकी आजीविका तथा उनके कृषि उपज के मूल्य प्रभावित हुए हैं। उदारीकरण के युग में सब्सिडी को भी नियंत्रित करने का प्रयास किया जा रहा है। रिटेल (खुदरा) क्षेत्र में प्रत्यक्ष विदेशी निवेश (एफ.डी.आई.) का प्रभाव किसानों के लिए लाभकारी है, परंतु व्यावसायिक दबाव समूह के कारण यह लागू नहीं हो सका। स्वतंत्रता के 69 वर्षों के पश्चात् भी भारत अभी भी मूलत: किसानों का ही देश है। अत: किसान दबाव समूह निम्नलिखित मांगों को सामने रखते हैं। जैसे-उत्पादन का लाभकारी मूल्य, सस्ती दर पर बिजली, सरकारी ऋण की माफी, भूमि सुधार, उन्नत कृषि यंत्र तथा बीज प्रदान करना, सिंचाई की सुविधाओं में वृद्धि एवं कृषि श्रमिकों की मजदूरी में वृद्धि इत्यादि।

राष्ट्रीय आंदोलन में वर्ष-1936 के पश्चात् किसान दबाव समूह की उत्पत्ति अखिल भारतीय किसान महासभा के रूप में देखी जा सकती है। जबकि स्वतंत्र भारत में किसान दबाव समूहों की उत्पत्ति वर्ष-1972 में हुई, जब एम. जी. वोकारे और शरद जोशी ने **महाराष्ट्र शेतकारी संगठन** की स्थापना की, जिसका निर्माण महाराष्ट्र के कपास उत्पादकों के हितों की रक्षा के लिए हुआ। यह बिंदु उल्लेखनीय है कि भारत में किसान दबाव समूहों का विकास अखिल भारतीय रूप में नहीं हो सका, बल्कि अलग-अलग क्षेत्रों में अलग-अलग व्यक्तियों ने किसानों के हितों के लिए दबाव समूह का निर्माण किया। उदाहरण के लिए, तमिलनाडु में सी. नारायण स्वामी नायडू, महाराष्ट्र में शरद जोशी, पंजाब में भूपेन्द्र सिंह मान, कर्नाटक में नजुन्दा स्वामी और उत्तर प्रदेश में महेन्द्र सिंह टिकैत के नेतृत्व में किसानों का आंदोलन प्रभावी हुआ। भारत में भी किसान दबाव समूहों को दो श्रेणी में रखा गया। शरद जोशी को बड़े किसानों का हितैषी माना गया, जबकि छोटा किसान शरद जोशी के आंदोलन से प्रभावित नहीं हुआ। पश्चिमी उत्तर प्रदेश में महेन्द्र सिंह टिकैत ने भारतीय किसान यूनियन के नाम से जिस समूह की स्थापना की, उसका प्रभाव विशेषकर जाट किसानों पर ही देखा गया। समकालीन समय में विशेष आर्थिक क्षेत्रों के निर्माण (SEZ) को लेकर किसानों का आंदोलन अत्यंत प्रभावी है। लेकिन इसको दिशा-निर्देश देने के लिए किसी भी अखिल भारतीय किसान दबाव समूह का अभाव है। जबकि सी.पी.आई.(एम.एल.)(CPI (ML)) जैसे दल भारत में समाजवादी क्रांति के लिए किसानों को ही अगुआ बनाने का समर्थन करते हैं। किसान दबाव समूहों के दबाव की नीति धरना, प्रदर्शन, रेल व सड़क रोको जैसे रूपों में सामने आती है।

उदारीकरण के युग में किसान दबाव समूह

वर्ष-1991 की आर्थिक उदारीकरण की नीतियों के अपनाने के बाद किसानों के द्वारा भूमि अधिग्रहण के युग में अनेक आंदोलन किए गए हैं। पश्चिम बंगाल के सिंगूर में किसानों द्वारा टाटा की नैनो फैक्ट्री लगाने तथा पश्चिम बंगाल में ही नंदीग्राम में भूमि अधिग्रहण के विरोध में आंदोलन किया गया। उड़ीसा में पॉसको स्टील परियोजना (POSCO Steel Plant) का किसानों ने विरोध किया तथा नोएडा के भट्टा परसौल (Bhatta Parsaul) में भी किसानों का आंदोलन हुआ। किसानों को यह प्रतीत होने लगा है कि वर्तमान सरकार पूंजीपतियों के हितों के लिए कार्य कर रही है तथा किसानों के हितों की उपेक्षा कर रही है।

भारत में किसान दबाव समूहों का व्यवस्थित रूप में विकास नहीं हो सका, **जिसके अनेक कारण हैं**-

- किसान खेती का कार्य केवल अपनी आजीविका की पूर्ति के लिए करते हैं, पूंजी निर्माण के लिए नहीं।
- किसानों का दृष्टिकोण भाग्यवादी ज्यादा है, तार्किक और वैज्ञानिक नहीं।
- किसान जातीय आधार पर विभाजित हैं। भारत में एक ओर बड़े जमींदार हैं, तो दूसरी ओर भूमिहीन किसान।

इसीलिए किसानों के मध्य संगठन का सदा अभाव रहा है।

- ग्रामीण जीवन समुदाय प्रधान है और ग्रामीण व्यक्तियों का व्यवहार आज्ञा का पालन करना ज्यादा होता है, संघर्ष मूलक नहीं। देश में व्याप्त भौगोलिक विषमता के कारण किसान संगठनों का अखिल भारतीय रूप में निर्माण नहीं हो सका।

4. जाति आधारित दबाव समूह

भारतीय समाज जातीय, परंपरावादी एवं श्रेणीमूलक समाज है, लेकिन ऐसे परंपरागत् समाज में आधुनिक राजनीतिक व्यवस्था का प्रयोग किया गया। परिणामस्वरूप भारत में ऐसे दबाव समूहों की उत्पत्ति हुई, जो पाश्चात्य देशों में प्रभावी नहीं हैं। जैसे ही देश में लोकतांत्रिक चुनाव आरंभ हुए जातियों ने स्वयं को दबाव समूह के रूप में संगठित कर लिया। उदाहरण के लिए, अखिल भारतीय क्षेत्रीय महासभा, अखिल भारतीय कायस्थ महासभा। इन जातीय दबाव समूहों ने प्रभावी रूप में राजनीतिक व्यवस्था तथा दलों के परिणाम को नियंत्रित किया। इसीलिए प्रत्येक राजनीतिक दल में विभिन्न जातीय समूहों के सामंजस्य को बनाए रखने का प्रयास किया जाता है। इससे भी उल्लेखनीय बिंदु यह है कि भारत में व्यवसायियों का दबाव समूह भी जातीय आधार पर विभाजित है। उदाहरण के लिए, गुजराती, पारसी समूहों का प्रभाव एक ओर है, तो मारवाड़ी घरानों का दूसरी ओर। ये जातीय दबाव समूह राजनीतिक दलों एवं प्रदर्शनों के माध्यम से सरकार की नीतियों को प्रभावित करते हैं।

5. छात्र दबाव समूह

छात्र दबाव समूह, भारत में दलीय आधार पर विभाजित हैं। उदाहरण के लिए, कांग्रेस से संबंधित एन.एस.यू.आई. (NSUI), बी.जे.पी. से संबंधित ए.बी.वी.पी. (ABVP), सी.पी.आई. से संबंधित ए.आई.एस.एफ. (AISF), सी.पी.आई.(एम) से संबंधित एस.एफ.आई. (SFI), सी.पी.आई.(एम.एल.) से संबंधित आईसा (AISA) प्रमुख हैं। वस्तुतः पाश्चात्य देशों में 60 के दशक में छात्रों के आंदोलन ने राजनीतिक व्यवस्थाओं को गहरे रूप में प्रभावित किया। भारत में 70 और 80 के दशक में जैसे ही ग्रामीण क्षेत्रों में अधिकाधिक महाविद्यालय खुलते गए तथा पहली बार ग्रामीण छात्र जब शहरी विश्वविद्यालयों में पहुंचे, तो छात्र आंदोलन प्रभावी रूप में सामने आया। यहां यह बिंदु उल्लेखनीय है कि जयप्रकाश नारायण के संपूर्ण क्रांति के पीछे छात्रों के आंदोलन एवं समर्थन मुख्य रूप में था। यदि भारतीय राष्ट्रीय आंदोलन के परिप्रेक्ष्य को देखें, तो भारत छोड़ो आंदोलन में छात्रों की भूमिका अत्यंत महत्त्वपूर्ण थी। छात्रों के संघर्ष का तरीका अन्य दबाव समूहों से पृथक् या अलग होता है। क्योंकि महाविद्यालय या विश्वविद्यालयों में छात्र वेतन भोगी के रूप में काम करने वाले नहीं होते। अतः उनकी आर्थिक स्थिति विश्वविद्यालयों से नियंत्रित नहीं होती। छात्र संगठनों की मांगें इस प्रकार हैं, जैसे-शुल्क में कमी करना, रोजगार के अवसरों में वृद्धि करना, व्यावसायिक शिक्षा को प्राथमिक रूप में अपनाना, छात्रवृत्ति प्रदान करना एवं समकालीन उदारीकरण के युग में शिक्षा संस्थाओं के निजीकरण का विरोध करना इत्यादि। लेकिन भारत में छात्र दबाव समूहों के अशक्त होने का कारण दलीय आधार पर विभाजन है तथा भारत में छात्र राजनीति को अच्छे दृष्टिकोण से नहीं देखा जाता और छात्र अपने कैरिअर पर ज्यादा ध्यान देते हैं, न कि छात्र राजनीति में।

भारतीय लोकतंत्र एवं दबाव समूह

लोकतांत्रिक देश में समूह एवं संगठनों का निर्माण व्यक्ति का मूल अधिकार है। इसलिए प्रत्येक समूह के द्वारा सरकार पर विशेष नीतियों के क्रियान्वयन के लिए दबाव बनाया जाता है और जिन समूह के हितों की उपेक्षा राजनीतिक दल के सदस्य कर देते हैं उन्हें दबाव समूहों के द्वारा पूरा किया जाता है। विभिन्न प्रकार के दबाव समूह सरकार की शक्ति को भी प्रभावी रूप में नियंत्रित करते हैं। इसलिए दबाव समूहों को लोकतंत्र के लिए सकारात्मक माना जाता है और लोकतंत्र में जनता का महत्त्व सर्वाधिक होता है।

वर्ष-2011 में अन्ना हजारे के द्वारा लोकपाल के गठन के लिए नई दिल्ली के रामलीला मैदान में एक बड़ा जन-आंदोलन खड़ा किया गया, जिससे सरकार के गिरने का खतरा उत्पन्न हो गया तथा जनता के द्वारा संसद की विधि-निर्माण की शक्ति को भी चुनौती दी गई। आंदोलन के सदस्यों के द्वारा लोकपाल बिल का ड्राफ्ट

भी प्रस्तुत किया गया। आलोचकों के अनुसार, लोकतंत्र में असहमतियों को सुलझाने की संवैधानिक व्यवस्था है। इसलिए जन-आंदोलन के नाम पर लोकतंत्र की संस्थाओं को नष्ट करने की अनुमति नहीं दी जा सकती। इसलिए दबाव समूह लोकतंत्र के कार्यकरण के लिए बड़ी चुनौती भी उत्पन्न कर रहा है।

देश में आम जनता का दृष्टिकोण दबाव समूहों के विरुद्ध प्रतीत होता है, क्योंकि आम लोगों को यह लगता है कि दबाव समूह केवल व्यापारिक घरानों के हितों को पूर्ण करने का प्रयत्न करते हैं। नीरा राडिया के द्वारा एक व्यावसायिक घराने के पक्ष में लॉबिंग करने का प्रयत्न किया गया था।

भाग
12

भारतीय संवैधानिक योजना की अन्य देशों की संवैधानिक योजनाओं के साथ तुलना

1) ब्रिटेन का संविधान, 2) संयुक्त राज्य अमेरिका का संविधान, 3) फ्रांस का संविधान, 4) चीन का संविधान, 5) स्विट्जरलैंड का संविधान

अध्याय 1

ब्रिटेन का संविधान

(Constitution of Britain)

- ब्रिटिश संविधान की प्रकृति एवं विशेषता, • 2. कॉमन सभा, • स्पीकर, कार्यपालिका,
- दलीय प्रणाली

संयोग और विकास का संविधान

ब्रिटेन का संविधान किसी संविधान सभा के द्वारा लिखित नहीं है, अपितु यह राजतंत्र और लोगों के बीच संघर्ष के परिणामस्वरूप स्वाभाविक रूप से विकसित हुआ है। वर्ष-1215 का मैग्नाकार्टा ब्रिटिश संविधान के विकास के लिए अत्यधिक महत्त्वपूर्ण दस्तावेज माना जाता है, जिसके द्वारा पहली बार यह स्वीकार किया गया कि राजा का हस्तक्षेप चर्च की गतिविधियों पर नहीं होगा तथा सभी नागरिकों को संपत्ति अर्जित करने का अधिकार होगा, विधि की समानता होगी तथा राजा नागरिकों के ऊपर मनमाना करारोपण नहीं करेगा। इसलिए मैग्नाकार्टा साधारण लोगों की राजा के विरुद्ध विजय थी। इसी क्रम में वर्ष-1628 में अधिकारों की याचिका का निर्माण किया गया, जो राजा और संसद की आपसी सहमति का परिणाम था और नागरिकों को इसी के द्वारा स्वतंत्रता प्राप्त हुई और यही उल्लेखित किया गया कि संसद की अनुमति के बिना लोगों पर कोई करारोपण नहीं होगा और बिना किसी कारण के किसी व्यक्ति को हिरासत में नहीं लिया जाएगा तथा शांति के दौरान सैनिक विधि का निर्माण नहीं होगा। वर्ष-1649 में चार्ल्स प्रथम को फांसी दी गई थी।

वर्ष-1688 की गौरवमयी क्रांति के द्वारा ब्रिटेन में संवैधानिक राजतंत्र की स्थापना हुई तथा वर्ष-1689 में संसद के द्वारा अधिकारों का दस्तावेज पारित किया गया, जिसमें यह उल्लिखित है कि राजा का विधि में कोई हस्तक्षेप नहीं होगा और करारोपण राजा की इच्छा से नहीं, बल्कि संसद की सहमति से लागू होगा एवं राजा के विरुद्ध याचिका प्रस्तुत की जा सकती है। संसद के चुनाव में राजा का किसी प्रकार का हस्तक्षेप नहीं होगा।

परंपरा एवं प्रथा का महत्त्व

परंपराओं का आशय, उल्लिखित विधियां हैं, जो लोगों के व्यवहारों को नियंत्रित करती हैं, लेकिन ऐसी परंपराओं के उल्लंघन के लिए किसी भी व्यक्ति को दंडित करने का कोई प्रावधान नहीं है, फिर भी इन परंपराओं का पालन लोगों और सरकार के द्वारा भी किया जाता है। उदाहरण के लिए, ब्रिटेन में यह परंपरा है कि वर्ष में एक बार संसद की बैठक होनी चाहिए। महारानी के द्वारा कॉमन सभा के सदस्य को ही प्रधानमंत्री के रूप में नियुक्त किया जाता है और संसद द्वारा निर्मित किसी भी विधि पर महारानी द्वारा वीटो का प्रयोग नहीं किया जाता है तथा यह भी परंपरा पर आधारित है कि प्रधानमंत्री मंत्रिमंडल की अध्यक्षता करेगा और कॉमन सभा के अध्यक्ष के विरुद्ध कोई प्रत्याशी खड़ा नहीं होगा।

तकनीकी रूप में **परंपरा एवं विधि में अंतर** किया जाता है, क्योंकि विधि के उल्लंघन पर दंड का प्रावधान है, परंपराओं के उल्लंघन पर नहीं। परंतु ब्रिटेन में परंपराओं के उल्लंघन का परिणाम स्वाभाविक रूप में विधि का उल्लंघन हो जाता है। उदाहरण के लिए, ब्रिटेन में परंपरा है कि संसद की बैठक एक वर्ष में एक बार होनी चाहिए, लेकिन यदि बैठक एक बार नहीं होगी, तो बजट पारित नहीं होगा। परिणामस्वरूप सरकार को व्यय के पैसे प्राप्त नहीं होंगे तथा विधि का स्वाभाविक रूप में उल्लंघन होगा।

ब्रिटिश संविधान के मुख्य स्रोतों में संवैधानिक परंपराएं या अभिसमय को शामिल किया जा सकता है। ब्रिटिश संविधान विश्व का सबसे प्राचीन संविधान है और अनेक राजनीतिक प्रथाओं का इससे प्रादुर्भाव हुआ है। सर्वशक्तिशाली संसद, उत्तरदायी मंत्रिमंडल, द्विसदनात्मक व्यवस्थापिका, संवैधानिक कार्यपालिका, कानून का शासन एवं स्वायत्त शासन इत्यादि ब्रिटिश संवैधानिक परंपरा की देन है। मुनरो ने ब्रिटिश संविधान को **'मातृ संविधान'** और ब्रिटिश संसद को **'मातृ संसद'** कहा है।

संविधान के स्रोत

चार्टर और अधिनियम लिखित हैं। न्यायिक निर्णय एवं कॉमन लॉ तथा परंपराएं ब्रिटिश संविधान का सबसे महत्त्वपूर्ण भाग हैं। **संविधान की परंपराओं** शब्द का प्रचलन **डॉयसी** के द्वारा किया गया। डॉयसी के अनुसार, 'परंपराएं राजनीतिक व्यवहार के अलिखित नियम हैं।' जे. एस. मिल के अनुसार, 'परंपराएं संविधान के अलिखित निर्देश हैं।' परंपराओं का पालन इसलिए किया जाता है, क्योंकि यदि परंपराओं का उल्लंघन होगा, तो विधि का भी उल्लंघन होगा, क्योंकि विधि व परंपराएं एक-दूसरे से संबंधित हैं। हर्मन फाइनर इस मत से सहमत नहीं हैं, उन्होंने लॉवेल के मत का समर्थन करते हुए कहा कि 'परंपराओं का पालन इसलिए किया जाता है, क्योंकि उन्हें जनमत का समर्थन प्राप्त होता है।'

ब्रिटिश संविधान की प्रकृति एवं विशेषता

1. अनुभवजनित संविधान

ब्रिटिश संविधान का जनता के अनुभव से प्रादुर्भाव हुआ है। ब्रिटिश संविधान ने अपने अनुभव से आवश्यकता और परिस्थितियों के अनुसार इसमें परिवर्धन व संशोधन किया है। इसलिए इसे **'अवसर और बुद्धि की उपज'** कहा जाता है।

2. अलिखित संविधान

ब्रिटिश संविधान अंशतः लिखित और अधिकांशतः अलिखित है तथा इसके शासन के संचालन की कोई पूर्व निश्चित व्यवस्था नहीं है एवं इसका विधिवत् निर्माण नहीं किया गया और इसका विकास धीरे-धीरे शताब्दियों में हुआ है। इसके लिखित भाग में वे सब कानून हैं, जिन्हें संसद ने समय-समय पर बनाया है। जैसे-वर्ष-1215 का मैग्नाकार्टा, वर्ष-1628 का पिटिशन ऑफ राइट्स और वर्ष-1911 व 1949 के संसदीय कानून इत्यादि।

3. विकसित संविधान

ब्रिटिश संविधान एक विकसित संविधान है, जिसे अपना वर्तमान स्वरूप युगों के विकास के बाद प्राप्त हुआ। यह इतिहास का उत्पाद तथा परिस्थितियों की उपज है। मुनरो ने लिखा है कि ''ब्रिटिश संविधान कोई अंतिम वस्तु नहीं है, वरन् एक विकासशील वस्तु है। वह बुद्धिमत्ता तथा संयोग की संतान है, जिसका मार्गदर्शन कहीं आकस्मिकता, तो कहीं उच्चकोटि की योजनाओं ने किया है।''

4. सिद्धांत व व्यवहार में अंतर

ब्रिटिश संविधान में सैद्धांतिक और व्यावहारिक रूप से विशेष अंतर पाया जाता है। मुनरो के अनुसार, 'इंग्लैंड में कोई बात जैसी दिखाई देती है, वैसी नहीं है और जैसी है, वैसी दिखाई नहीं देती।' बेजहॉट ने संविधान के इन दो रूपों को एक-दूसरे के प्रतिकूल बताया है। उसके लिखित रूप में वह सजीवता नहीं है, जो उसके व्यावहारिक रूप में है, लेकिन उसके व्यावहारिक रूप में वह शालीनता नहीं है, जो उसके लिखित सिद्धांतों में है। ब्रिटिश संविधान के सिद्धांत और व्यवहार के इस अंतर को **निम्नांकित उदाहरणों द्वारा समझा जा सकता है-**

(i) संवैधानिक दृष्टि से ब्रिटिश सम्राट सर्वोपरि है तथा उसी में संपूर्ण शक्ति निहित है, परंतु यह उसका अवास्तविक अथवा सैद्धांतिक रूप है। व्यवहार में सम्राट इन शक्तियों का उपयोग नहीं करता, बल्कि उसकी समस्त शक्तियां संसद अथवा मंत्रिमंडल के द्वारा उपयोग की जाती हैं।

(ii) सिद्धांत के अनुरूप संसद सर्वोच्च है, किंतु व्यवहार में संसद मंत्रिमंडल के हाथ की कठपुतली है। इसी तरह सैद्धांतिक रूप में संपूर्ण व्यवस्थापन संसद समर्थित राजा द्वारा किया जाता है, लेकिन व्यवहार में अधिकांशतः व्यवस्थापन मंत्रिमंडल द्वारा ही होता है। ब्रिटिश मंत्रिमंडल इतना शक्तिशाली है कि अपने बहुमत के बल पर वह संसद में छाया रहता है और अपने संकेत पर नचाता है।

(iii) सिद्धांत में लॉर्ड सभा के पास सर्वोच्च न्यायिक शक्ति है और वह अपील का सबसे बड़ा न्यायालय है, परंतु वास्तव में न्याय संबंधी कार्य कानूनों के लॉर्डों द्वारा ही संपादित किया जाता है।

(iv) ब्रिटिश शासन व्यवस्था में सिद्धांत रूप में शक्ति का पृथक्करण दृष्टिगत होता है, जबकि वास्तव में वहां शासन की शक्ति पूर्णतः केंद्रोन्मुखी तथा ब्रिटेन में संविधान जैसी किसी वस्तु का अस्तित्त्व ही नहीं है।

5. लचीला संविधान

ब्रिटिश संविधान, विश्व के लचीले संविधानों का सर्वोत्तम उदाहरण है। देश की व्यवस्थापिका बिना किसी विशेष प्रक्रिया के संविधान में उसी सरलता से यथेष्ट परिवर्तन, परिवर्धन व संशोधन कर सकती है। ब्रिटिश संविधान में विधि-निर्माण तथा संविधान संशोधन करने वाली शक्ति एक ही है। संवैधानिक एवं साधारण दोनों प्रकार के कानूनों का समान स्तर है और दोनों में संशोधन सामान्य कानून के निर्माण की प्रक्रिया द्वारा किया जाता है। लॉर्ड ब्राइस के अनुसार, 'संविधान की संरचना को बिना तोड़-मरोड़ के ही आवश्यकतानुसार खींचा व मोड़ा जा सकता है।'

6. एकात्मक शासन

ब्रिटिश संविधान, एकात्मक है एवं शासन की समस्त शक्तियां केंद्रीय सरकार में निहित है। यद्यपि प्रशासनिक सुविधा की दृष्टि से वहां विकेंद्रीकरण को अपनाया गया है तथा स्थानीय संस्थाएं अपनी शक्तियां संघीय अधिनियमों से प्राप्त करती हैं।

7. संसदीय शासन व्यवस्था

(i) ब्रिटिश संविधान देश में संसदीय शासन की स्थापना करता है। सम्राट सिर्फ नाममात्र का वैधानिक प्रधान है, जबकि कार्यपालिका की वास्तविक शक्तियां उन मंत्रियों के हाथों में हैं, जो संसद के सदस्य होते हैं और उसके विश्वास पर्यंत अपने पद पर बने रहते हैं।

(ii) कार्यपालिका व व्यवस्थापिका में घनिष्ठ संबंध भी हैं। प्रधानमंत्री की नियुक्ति संसद के बहुमत दल में से होती है। कार्यपालिका, संसद के प्रति ही उत्तरदायी है। मंत्रिगण संसद सदस्य होने के नाते कानूनों को तैयार एवं उसे व्यवस्थापिका में प्रस्तुत व संचालित करते हैं।

(iii) ब्रिटिश कार्यपालिका का कार्यकाल अनिश्चित है, क्योंकि कॉमन सभा का विश्वास मत खोने पर वह कभी भी समाप्त हो सकती है।

8. संसद की सर्वोच्चता

ब्रिटिश संविधान की मूलभूत विशेषता संसद की सर्वोच्चता एवं वैधानिक दृष्टि से उसकी प्रभुसत्ता असीम है। संसद में पारित कानूनों की समीक्षा का अधिकार न्यायपालिका को भी नहीं है तथा देश में कोई संस्थान इन्हें चुनौती नहीं दे सकता। व्यावहारिक दृष्टि से उसकी सर्वोच्चता पर अनेक नैतिक व परंपरागत् बातों का अंकुश लगा रहता है।

9. मिश्रित संविधान

ब्रिटिश संविधान में राजतंत्रीय, सामंती तथा प्रजातंत्रीय सिद्धांतों का विलक्षण मिश्रण पाया जाता है। आंग का मत है कि 'ब्रिटेन में राजव्यवस्था शुद्ध व सैद्धांतिक रूप से निरंकुश राजतंत्र है।'

10. अवरोध व संतुलन के लिए स्थान

इंग्लैंड का संविधान नियंत्रण और संतुलन के सिद्धांत पर आधारित है, वहां किसी भी शक्ति को पूर्ण अधिकार नहीं है, बल्कि प्रत्येक शक्ति पर दूसरी शक्ति का नियंत्रण है। संसद द्वारा पारित कानूनों हेतु सम्राट की स्वीकृति आवश्यक है। इसी प्रकार जहां मंत्रिमंडल सामूहिक रूप से कॉमन सभा के प्रति उत्तरदायी है, तो वहीं प्रधानमंत्री को अधिकार है कि वह सम्राट से कहकर कॉमन सभा को भंग करा दे।

11. पैतृक या आनुवांशिकता का सिद्धांत

ब्रिटिश संविधान, प्रजातांत्रिक सिद्धांत के साथ सामंतशाही पर आधारित पैतृक या आनुवांशिक सिद्धांत का समर्थन करता है।

12. विधि या कानून का शासन

ब्रिटिश संविधान की एक आधारभूत विशेषता विधि व कानून का शासन है। डॉयसी के अनुसार, **इसके प्रमुख लक्षण इस प्रकार हैं-**

(i) व्यक्ति को कानून के उल्लंघन के लिए दंड दिया जा सकता है।

(i) कानूनी समानता अर्थात् सभी वर्ग के लोगों का न्याय साधारण न्यायालय व साधारण कानून के अधीन होता है।

ब्रिटिश संविधान के अनुसार, 'कानून के समक्ष सबकी समानता के कुछ अपवाद भी हैं।' राजा कोई त्रुटि नहीं कर सकता। अत: उस पर किसी न्यायालय में अभियोग नहीं चलाया जा सकता। सरल शब्दों में इसका तात्पर्य यह है कि बहुत से मामलों में जो संविधान में स्पष्ट नहीं है, न्यायालयों के निर्णय ही अंतिम माने जाते हैं। इन सबके बावजूद विधि का शासन आज भी ब्रिटिश राजनीतिक जीवन का अभिन्न अंग है।

संसदीय सर्वोच्चता

ब्रिटेन में संसदीय सर्वोच्चता पाई जाती है और यहां न्यायिक पुनरावलोकन जैसी कोई संकल्पना नहीं है। यह संसदीय सर्वोच्चता का ही तार्किक परिणाम है। दुनिया का कोई भी संविधान न तो पूर्ण रूप से लिखित है और न ही पूर्ण रूप से अलिखित। ब्रिटिश संसद के बारे में डी. लोमे ने कहा है कि 'संसद सब कुछ कर सकती है, सिवाए एक महिला को पुरुष व पुरुष को महिला बनाने के।'

1. लॉर्ड सभा (House of Lords)

यह एक गैर-निर्वाचित सदन है। लॉर्ड सभा का पीठासीन अधिकारी **लॉर्ड चांसलर** कहलाता है तथा यह कैबिनेट का सदस्य भी होता है। लॉर्ड सभा की वर्तमान में भूमिका सिविल व आपराधिक मामलों के सर्वोच्च अपीलीय न्यायालय के रूप में है, जो **कोर्ट ऑफ अपील** में अपील सुनता था। लॉर्ड सभा में न्यायपालिका के रूप में एक लॉर्ड चांसलर के अलावा 12 अन्य लॉर्ड भी होते थे। वर्तमान में इंग्लैंड में पृथक् उच्चतम न्यायालय का गठन किया जा चुका है। इसलिए न्यायिक लॉर्ड अब लॉर्ड सभा में नहीं बैठते हैं। आरंभ में लॉर्ड सभा का संगठन निम्न व्यक्तियों को मिलाकर बनता था। जैसे-राजघराने के लॉर्ड (Princes of the Blood Royal), वंशानुगत् लॉर्ड, स्कॉटिश लॉर्ड, आयरलैंड के लॉर्ड (वर्ष-1922 में जब आयरलैंड एक अलग देश बन गया, तो अब यहां से लॉर्ड नहीं लिए जाते) तथा आध्यात्मिक लॉर्ड भी सदन के सदस्य होते हैं।

लॉर्ड सभा में सुधार

वर्ष-1999 में टोनी ब्लेयर सरकार ने लॉर्ड सभा में एक महत्त्वपूर्ण सुधार करते हुए **वंशानुगत् लॉर्ड** के प्रावधान को समाप्त कर दिया। अत: अब किसी वंशानुगत् लॉर्ड की नियुक्ति नहीं हो सकती, परंतु यह बिंदु ध्यान देने योग्य है कि लॉर्ड सभा में अभी भी 92 वंशानुगत् लॉर्ड हैं। वर्ष-1999 के सुधार के बाद लॉर्ड सभा की संरचना निम्नलिखित हैं, जैसे-आध्यात्मिक लॉर्ड-26, वंशानुगत् लॉर्ड-92, विधि लॉर्ड-27, आजीवन लॉर्ड-525 हैं। अत: लॉर्ड सभा की कुल सदस्य संख्या-670 है एवं लॉर्ड सभा का कोरम-3 है।

लॉर्ड सभा की शक्तियों में कटौती

ब्रिटेन के संसदीय इतिहास में लॉर्ड सभा पहले वास्तविक रूप में उच्च सदन था। लेकिन वर्तमान में उसकी भूमिका द्वितीयक एवं कॉमन सभा की भूमिका प्राथमिक हो गई है। लॉर्ड सभा की शक्तियों को कम करने के लिए **दो महत्त्वपूर्ण विधि उत्तरदायी हैं-**

(i) संसदीय अधिनियम, 1911 में धन विधेयक के संदर्भ में शक्ति सीमित की गई।

(ii) संसदीय अधिनियम, 1949 में गैर-धन विधेयक के संदर्भ में शक्ति सीमित की गई।

वर्ष-1911 के अधिनियम द्वारा धन विधेयक के संदर्भ में लॉर्ड सभा की शक्तियों को कम किया गया और अब लॉर्ड सभा केवल 1 महीने तक धन विधेयक को रोक सकती है। यदि इस अवधि में यह विधेयक को पारित नहीं करती है, तो इसे दोनों सदनों द्वारा पारित समझा जाएगा। वर्ष-1949 के अधिनियम द्वारा गैर-धन विधेयकों के सबंध में भी लॉर्ड सभा की शक्तियों को कम कर दिया गया। अब किसी भी ऐसे विधेयक को कॉमन सभा यदि लगातार दो सत्र में एक ही वर्ष में पारित करती है, तो विधेयक को बिना लॉर्ड सभा की अनुमति के पारित समझा जाएगा। अत: ब्रिटेन में दोनों सदनों की संयुक्त बैठक का प्रावधान

भारतीय संसदीय व्यवस्था तथा ब्रिटिश संसदीय व्यवस्था में अंतर

भारतीय संसदीय व्यवस्था	ब्रिटिश संसदीय व्यवस्था
• भारत का राष्ट्र प्रमुख अर्थात् राष्ट्रपति निर्वाचित होता है। अत: भारत में गणतंत्र पद्धति अपनाई गई है।	• ब्रिटेन का राष्ट्र प्रमुख आनुवंशिक (राजा या रानी) होता है। अत: ब्रिटेन में राजशाही पद्धति अपनाई गई है।
• भारत में संसदीय सर्वोच्चता का सिद्धांत नहीं है, बल्कि संविधान की सर्वोच्चता को अपनाया गया है।	• ब्रिटेन में संसदीय सर्वोच्चता का सिद्धांत अपनाया गया है। इसलिए संसद के विधि-निर्माण की शक्ति पर कोई प्रतिबंध नहीं है।
• भारतीय प्रधानमंत्री संसद के किसी भी सदन का सदस्य हो सकता है।	• ब्रिटेन में निचले सदन का सदस्य ही प्रधानमंत्री बन सकता है।
• भारत में वह व्यक्ति भी मंत्री बन सकता है, जो किसी भी सदन का सदस्य नहीं है, (अधिकतम अवधि 6 माह तक)।	• ब्रिटेन में संसद सदस्य ही मंत्री नियुक्त किए जाते हैं।
• भारत में सभी कार्यपालिकीय कार्य एवं विधियों का निर्माण राष्ट्रपति के नाम से होता है। भारत में नियुक्त मंत्री की कानूनी जिम्मेदारी अथवा बाध्यता नहीं होती। कोई अस्तित्व नहीं है।	• ब्रिटेन में मंत्रियों की कानूनी जिम्मेदारियां होती हैं व महारानी किसी भी कार्य के लिए उत्तरदायी नहीं होतीं।
• भारत में **'परछाई मंत्रिमंडल' (शैडो कैबिनेट)** जैसी किसी संस्था का कोई अस्तित्त्व नहीं है।	• ब्रिटेन में विपक्षी पार्टियों द्वारा सत्तारूढ़ दल के साथ संतुलन संस्था का स्थापित करने के लिए एक अनोखी संस्था **'परछाई मंत्रिमंडल' (शैडो कैबिनेट)** बनाई जाती है।

नहीं है। लॉर्ड सभा आज दुनिया का सबसे कमजोर ऊपरी सदन है, लेकिन यह संख्या के मामले में दुनिया का सबसे बड़ा उच्च सदन है। अब यह केवल विलंबकारी सदन के रूप में ही ज्यादा प्रासंगिक है।

लॉर्ड सभा में सुधार

बेकहम आयोग ने लॉर्ड सभा में सुधार के लिए निम्नलिखित अनुशंसाएं की-कॉमन सभा प्रभावकारी सदन बना रहना चाहिए तथा लॉर्ड सभा में 30 प्रतिशत महिलाओं का प्रतिनिधित्व होना चाहिए। वर्ष-1963 के अधिनियम द्वारा महिलाओं को प्रवेश दिया गया था। किसी भी एक दल का लॉर्ड सभा में बहुमत नहीं होना चाहिए। कम-से-कम 20 प्रतिशत सदस्य ऐसे हों, जो किसी भी दल से संबंधित न हों। आयोग के अनुसार, 'लॉर्ड सभा मूलत: नियुक्त सदन होना चाहिए, निर्वाचित सदन नहीं।'

लॉर्ड सभा में सुधार का प्रस्ताव

वर्ष-2001 में लॉर्ड इरविन ने लॉर्ड सभा में सुधार के लिए निम्नलिखित अनुशंसाएं की-20 प्रतिशत लोग निर्वाचित, 20 प्रतिशत सदस्यों की नियुक्ति स्वतंत्र आयोग द्वारा तथा 60 प्रतिशत सदस्यों की नियुक्ति राजनीतिक दलों के द्वारा होनी चाहिए। लॉर्ड चांसलर, लॉर्ड सभा का पदेन सभापति तथा वह कैबिनेट का सदस्य भी होता है।

2. कॉमन सभा (House of Commons)

कॉमन सभा के सदस्य होने की आयु 18 वर्ष व इसके कोरम की संख्या-40 है तथा इनका कार्यकाल-5 वर्ष और सभी सदस्य प्रत्यक्षत: निर्वाचित होते हैं। सदस्य संख्या-659 तथा कोरम में 40 सदस्य होते हैं। कॉमन सभा को महारानी संदेश भेज सकती है। ब्रिटेन में संसदीय शासन प्रणाली है। इसलिए संवैधानिक प्रधान महारानी है, जबकि वास्तविक प्रधान प्रधानमंत्री होता है।

महारानी एवं क्राउन

ब्रिटेन में संसदीय शासन प्रणाली का विकास हुआ है एवं क्राउन के बारे में कहा जाता है कि 'राजा कभी कोई गलती नहीं कर सकता' (King Can do no Wrong)। ब्रिटेन में जब किसी विधि का निर्माण होता है, तो उस पर मंत्रियों के हस्ताक्षर होते हैं। अत: ब्रिटेन में वैधानिक उत्तरदायित्व (Legal Responsibility) का सिद्धांत है। महारानी सदन को

संबोधित कर सकती है। मीडिया पर सेंसर का कोई प्रावधान नहीं है। महारानी सदन को संदेश भेज सकती हैं। ब्रिटिश महारानी के लिए ज्यादा सही शब्द है, नाममात्र का प्रधान। द्वि-दलीय शासन प्रणाली के कारण महारानी की भूमिका और सीमित हो जाती है। प्रधानमंत्री को पद के कारण वेतन नहीं मिलता तथा प्रधानमंत्री का कार्यकाल-5 वर्ष का होता है। लॉर्ड सभा उच्च सदन है। ब्रिटेन के कारण ही दुनिया में सब जगह उच्च सदन कहा जाने लगा।

स्पीकर

स्पीकर का पद परंपरा की देन है, क्योंकि एक बार का स्पीकर हमेशा के लिए स्पीकर होता है। हर्बर्ट मॉरीसन ने स्पीकर को **सदन का नंबर एक सदस्य** कहा है। स्पीकर हमेशा निर्विरोध निर्वाचित होता है और स्पीकर किसी दल से संबंधित व्यक्ति नहीं होता एवं स्पीकर निर्णायक मत (Casting Vote) का प्रयोग करता है।

कार्यपालिका

वर्ष-1948 के अधिनियम के द्वारा **'एक व्यक्ति, एक मत'** की व्यवस्था की गई तथा बहुल मतदान समाप्त कर दिया गया। वेड व फिलिप्स के अनुसार, क्राउन शब्द संपूर्ण सरकार की शक्तियों का प्रतिनिधित्व करता है। क्राउन का अभिप्राय, कार्यपालिका से है। **संसद का निर्माण लॉर्ड सभा, कॉमन सभा एवं क्राउन से मिलकर होता है।** क्राउन को समूची कार्यपालिकीय शक्तियां प्रदत्त हैं, जो संसदीय व्यवस्था में पाई जाती हैं। क्राउन राज करता है, शासन नहीं। क्राउन को विधायी शक्तियां भी प्राप्त हैं। ब्रिटेन में सभी विधियों का निर्माण क्राउन के नाम पर होता है, लेकिन उस पर मंत्रियों के हस्ताक्षर भी होते हैं। ब्रिटेन में कहावत है कि 'राजा कभी कोई गलती नहीं करता।' राजा नाममात्र का प्रधान है और राजा विधेयक पर वीटो कर सकता है। लेकिन महारानी एन (Ann) के समय से ही वीटो का प्रयोग नहीं किया गया। सम्राट की सभी शक्तियां परंपराओं पर आधारित हैं। बेजहॉट के अनुसार, सम्राट के पास अभी भी तीन (परामर्श का अधिकार, प्रोत्साहित करने का अधिकार एवं चेतावनी देने का अधिकार) महत्त्वपूर्ण शक्तियां हैं।

प्रधानमंत्री व कैबिनेट का संबंध

प्रधानमंत्री व कैबिनेट के सदस्य ब्रिटेन की वास्तविक कार्यपालिका के भाग हैं। कैबिनेट को पहले **'प्रिवी कौंसिल'** के नाम से जाना जाता था। ब्रिटेन में प्रधानमंत्री मंत्रिमंडल का अध्यक्ष होता है। लास्की के अनुसार, **'वह कैबिनेट रूपी मेहराब का मूल पत्थर है'** (Mile Stone & Key Stone)। प्रधानमंत्री की भूमिका केंद्रीय है और कैबिनेट के निर्माण व मृत्यु में इसकी महत्त्वपूर्ण भूमिका है। लॉर्ड मार्ले के अनुसार, 'यह समकक्षों में प्रथम है।' वर्नम् हारकोर्ट के अनुसार, 'प्रधानमंत्री नक्षत्रों में चंद्रमा है।' लास्की के अनुसार, 'यह व्यक्ति व कप्तान दोनों है।' बेजहॉट के अनुसार, 'कैबिनेट ऐसा हाइफन है, जो कार्यपालिका व विधायिका को जोड़ता है।'

प्रधानमंत्री व परंपराएं

प्रधानमंत्री की शक्ति व सत्ता परंपराओं पर आधारित हैं, किसी विधि पर नहीं। आज तक प्रधानमंत्री अपना वेतन **'फर्स्ट लॉर्ड ऑफ ट्रेजरी'** (First Lord of Treasury) के नाम से लेता है, प्रधानमंत्री के रूप में नहीं। वर्ष-1937 में मंत्रियों से संबंधित क्राउन अधिनियम में प्रधानमंत्री को औपचारिक वैधानिक मान्यता प्रदान की गई तथा उनका क्रमिकता में 5वां स्थान है व कैंटरबरी, आर्कबिशप से नीचे है, जो कि प्रधानमंत्री की अनुशंसा पर ही नियुक्त किया जाता है। क्विंटिन के अनुसार, 'प्रधानमंत्री सरकार का यंत्र, मस्तिष्क व राज्य की इच्छा है।'

विकेंद्रीकरण

ब्रिटेन राज्य का निर्माण इंग्लैंड व स्कॉटलैंड नामक राज्यों के मध्य संधि के द्वारा वर्ष-1707 में हुआ। वर्ष-1801 के अधिनियम द्वारा आयरलैंड को भी ब्रिटेन में मिला दिया गया तथा वर्ष-1922 में आयरलैंड अलग हो गया। लेकिन उत्तरी आयरलैंड अभी भी ब्रिटेन का भाग है। यद्यपि उत्तरी आयरलैंड में कैथोलिक समुदाय के लोग इसका विलय आयरलैंड में करना चाहते हैं। जबकि प्रोटेस्टेंट धर्म के मतानुयाई, जो उत्तरी आयरलैंड में रहते हैं, वे ब्रिटेन के साथ रहना चाहते हैं। वर्ष-1998 में स्कॉटलैंड, वेल्स, उत्तरी आयरलैंड को स्वायत्तता प्रदान की गई, जिसके अंतर्गत् स्कॉटलैंड की संसद के लिए

वर्ष-1999 में चुनाव हुए। स्कॉटलैंड की संसद का निर्माण जनमत संग्रह द्वारा किया गया। वर्ष-1998 में एक अधिनियम के द्वारा वेल्स में भी विधान सभा का निर्माण किया गया तथा उत्तरी आयरलैंड में भी विधान सभा का निर्माण करते हुए उसे भी स्वायत्तता प्रदान की गई। स्कॉटलैंड व वेल्स को दिए गए शासन के विषय स्वायत्त व अपने क्षेत्र में संप्रभु हैं। यद्यपि सैद्धांतिक रूप में इस विकेंद्रीकरण से संसदीय संप्रभुता की समाप्ति नहीं हुई है, लेकिन व्यावहारिक रूप में ऐसा प्रतीत होता है कि संसद की शक्तियां कम हुई हैं। इसलिए यहां स्थानीय सरकारें भी पाई जाती हैं।

दलीय प्रणाली

ब्रिटेन में आरंभ में दो (प्रथम, ह्विग दल एवं द्वितीय, टोरी दल) दल थे। ह्विग दल बाद में 'उदारवादी दल' कहलाया, जबकि टोरी दल को 'कंजरवेटिव दल' कहा गया तथा उदारवादी दल बाद में 'लेबर पार्टी' के रूप में बदल गया। वर्तमान समय में उदारवादी दल का पुनः उभार हो रहा है। अनेक दशकों के बाद ब्रिटेन में पहली बार गठबंधन सरकार का निर्माण हुआ है। ब्रिटेन की दो दलीय प्रणाली संसदीय शासन के लिए अत्यधिक उपयुक्त है। क्योंकि एक ओर महामहिम की सरकार का निर्माण होता है, जबकि दूसरी ओर महामहिम के विपक्ष का निर्माण होता है।

अध्याय
2

संयुक्त राज्य अमेरिका का संविधान

(Constitution of United States of America)

● विशेषताएं, ● निर्वाचन, कार्यकाल, ● महाभियोग, ● राष्ट्रपति द्वारा की जाने वाली नियुक्तियां, ● राष्ट्रपति व कैबिनेट के मध्य संबंध, ● 1. सीनेट, ● 2. प्रतिनिधि सदन, ● न्यायपालिका, दलीय प्रणाली

संविधान का निर्माण

4 जुलाई, 1776 को अमेरिकी स्वतंत्रता का घोषणा-पत्र जारी किया गया, जिसके निर्माता **थॉमस जैफर्सन** थे। इस घोषणा-पत्र में पहली बार कहा गया है कि 'सभी व्यक्ति ईश्वर द्वारा समान बनाए गए हैं और उन्हें कुछ अनुलंघनीय अधिकार दिए गए हैं, जिसमें स्वतंत्रता जीवन और सुख की प्राप्ति शामिल है।' संविधान का निर्माण **फिलाडेल्फिया सम्मेलन** (वर्ष-1787) के द्वारा हुआ तथा संविधान का प्रयोग 4 मार्च, 1789 को हुआ। राष्ट्रपति जॉर्ज वाशिंगटन के अनुसार, 'अमेरिका में संविधान द्वारा सीमित सरकार की स्थापना हुई।' मूल अधिकारों को संविधान में पहले 10 संशोधनों के द्वारा शामिल किया गया। अमेरिकी संविधान में मूल अधिकारों पर किसी प्रकार के प्रतिबंध आरोपित नहीं हैं, बल्कि ये प्रतिबंध राज्य द्वारा आरोपित किए गए हैं। अमेरिकी संविधान 'शक्ति पृथक्करण एवं नियंत्रण और संतुलन पर आधारित है।' यह एक कठोर संविधान है। अमेरिका में संविधान का संशोधन दोनों सदनों के दो-तिहाई बहुमत से तथा अनुमोदन तीन-चौथाई अर्थात् 38 राज्यों द्वारा होना चाहिए। संघीय शासन प्रणाली और इकाइयों को **'स्टेट्स'** (States) कहा जाता है। संघीय व्यवस्था का निर्माण आरंभ में 13 राज्यों के आपसी समझौतों के द्वारा हुआ। वर्तमान में अमेरिका के 50 राज्य हैं। राज्यों के नाम व भू-भाग में कोई परिवर्तन राज्यों की सरकारों की अनुमति के बिना नहीं हो सकता (भारत के विपरीत)। राज्यों को सीनेट में बिना उनकी सहमति के प्रतिनिधित्व से वंचित नहीं किया जाएगा। संविधान में केवल संघीय सूची का वर्णन है और बाकी सभी शक्तियां राज्यों के पास हैं। न्यायपालिका ने एक निर्णय में **टेक्सास बनाम व्हॉइट हॉउस केस** में कहा कि **'अमेरिकी संघ, अविनाशी राज्यों का अविनाशी संघ है।'** अमेरिकी संविधान में न्यायिक पुनरावलोकन का प्रावधान और राज्यों का अपना संविधान है। दोहरी नागरिकता, दोहरी सेवा एवं दोहरी न्यायपालिका का अखिल भारतीय सेवाओं की तरह अमेरिकी संविधान में कोई प्रावधान नहीं है।

संविधान की विशेषताएं

1. लिखित संविधान

अमेरिकी संविधान आधुनिक युग का प्राचीनतम लिखित व निर्मित संविधान है। यद्यपि इसमें संशोधन और परिवर्तन होते रहे हैं तथापि संपूर्ण संविधान एक क्रमबद्ध विधान के रूप में है।

2. संक्षिप्त संविधान

अमेरिकी संविधान संक्षिप्त है, जिसमें केवल 7 अनुच्छेद हैं। कुल 4,000 शब्दों का यह संविधान 10 से 12 पृष्ठों में समाहित है तथा संविधान में आधारभूत सिद्धांतों का प्रतिपादन किया गया है।

3. सुनिर्मित संविधान

यह पूर्णतया एक निर्मित संविधान है, जिसकी रचना एक सभा द्वारा हुई थी, जो इसी कार्य के लिए फिलाडेल्फिया में वर्ष-1787 में आमंत्रित की गई थी।

4. कठोर संविधान

अमेरिकी संविधान में संशोधन सामान्य विधि के निर्माण से अलग है तथा संशोधन के लिए एक विशेष बहुमत की आवश्यकता होती है। इसलिए इस संविधान को कठोर संविधान कहा जाता है।

5. संशोधन प्रक्रिया

संविधान में संशोधन करने की **निम्नलिखित प्रक्रिया है-**

(i) दोनों सदनों के दो-तिहाई बहुमत के द्वारा संविधान संशोधन होता है।
(ii) इसके अतिरिक्त राज्यों के तीन-चौथाई बहुमत की आवश्यकता होती है, जिसके कारण संविधान को कठोर संविधान की श्रेणी में रखा जाता है।

6. अध्यक्षात्मक कार्यपालिका

अमेरिकी संविधान अध्यक्षात्मक व्यवस्था का आदर्श उदाहरण प्रस्तुत करता है। राष्ट्रपति संवैधानिक एवं वास्तविक प्रधान होता है तथा संघीय राज्यों की समस्त शक्तियां उसमें निहित हैं। कार्यपालिका पर व्यवस्थापिका का नियंत्रण नहीं है व अमेरिकी कार्यपालिका एकल है। राष्ट्रपति का निर्वाचन एक निश्चित अवधि के लिए तथा वह अपने कार्य के लिए कांग्रेस के प्रति उत्तरदायी नहीं होता। राष्ट्रपति और उसके मंत्रिगण कांग्रेस के सदस्य भी नहीं होते।

7. प्रतिनिधि सत्तात्मक गणराज्य

अमेरिकी संविधान की एक अन्य विशेषता प्रतिनिधियात्मक गणराज्य है। प्रतिनिधियात्मक गणराज्य का स्वरूप जिसमें जनता प्रतिनिधियों द्वारा शासन करती है। देश के बड़े आकार के कारण वह प्रत्यक्ष रूप से शासन कार्य में भाग नहीं ले सकती। राज्यों के अपने पृथक् संविधान हैं, तथापि संविधान में प्रत्येक राज्य को विदेशी आक्रमण से सुरक्षा तथा आंतरिक विद्रोह के समय सहायता की गारंटी दी गई है।

8. संघीय स्वरूप

अमेरिकी संविधान सभी दृष्टिकोण से संघात्मक है और अमेरिकी संघ में 50 राज्य स्थायी रूप से शामिल हैं। संघात्मक पद्धति के अनुसार, केंद्र एवं राज्यों की शक्तियां संविधान द्वारा निर्धारित की गई हैं। साधारणत: यह सिद्धांत अपनाया गया है कि राष्ट्रीय महत्त्व के विषय संघीय सरकार और स्थानीय महत्त्व के विषय राज्यों की सरकार को सौंपे गए हैं। शासन के तीनों अंगों में न्यायपालिका सर्वोच्च है। व्यवस्थापिका के उच्च सदन सीनेट में संघ के सभी राज्यों को समान प्रतिनिधित्व प्राप्त हैं। संविधान में निर्देश है कि इस व्यवस्था को भंग करने वाला कोई भी संशोधन वैध नहीं समझा जाएगा।

9. न्यायिक सर्वोच्चता

अमेरिका के संविधान की एक अन्य विशेषता न्यायिक सर्वोच्चता का सिद्धांत है। मुनरो के अनुसार, 'संवैधानिक विवादों के अंतिम निर्णायक के रूप में उच्चतम न्यायालय का विकास शासन व प्रशासन को अमेरिकी लोगों की सर्वाधिक महत्त्वपूर्ण देन में से एक है तथा उच्चतम न्यायालय के पास संविधान की व्याख्या करने की महत्त्वपूर्ण शक्ति है।' संविधान के नियमों के बारे में उच्चतम न्यायालय को न्यायिक पुनरावलोकन का अधिकार है, जिसके द्वारा विधानमंडल द्वारा पारित कानून जो संवैधानिक नियमों के विरुद्ध हो तथा नागरिकों की स्वतंत्रता व उनके अधिकारों पर कुठाराघात करता है और उसे अवैध घोषित कर सकता है तथा उन्हें देश में लागू होने से रोकता है।

10. मौलिक अधिकारों का समावेश

अमेरिकी संविधान, भारतीय संविधान की भांति ही जनता को अनेक मौलिक अधिकारों की गारंटी, भाषण एवं प्रकाशन की स्वतंत्रता देता है तथा किसी भी व्यक्ति को मनमाने ढंग से बंदी नहीं बनाया जा सकता। मूल वंश, वर्ण, लिंग या दासत्व की पूर्व दशाओं के आधार पर किसी भी व्यक्ति को मताधिकार से वंचित नहीं किया जा सकता। प्रत्येक व्यक्ति को भ्रमण और व्यवसाय तथा नागरिक की व्यक्तिगत संपत्ति हस्तगत नहीं कर सकती।

11. शक्ति का पृथक्करण

शक्ति पृथक्करण अमेरिकी संविधान का मूल आधार है, जिसके अनुसार सरकार के तीनों अंगों (विधायिका, कार्यपालिका एवं न्यायपालिका) के बीच शक्तियों का विभाजन किया गया है। सरकार के तीनों अंगों के कार्य एवं कार्यकाल अलग-अलग हैं। साथ ही तीनों अंगों को प्रशासित करने वाले प्रशासनिक अधिकारी भी अलग-अलग हैं। विधि के निर्माण का कार्य विधायिका का है। राष्ट्रपति कार्यपालिका का संवैधानिक और वास्तविक प्रधान तथा राष्ट्रपति सीधे आम जनता के प्रति उत्तरदायी होता है, न कि विधायिका के प्रति। विधायिका के द्वारा राष्ट्रपति के विरुद्ध अविश्वास प्रस्ताव पारित तथा विधायिका को निश्चित कार्यकाल के पहले भंग भी नहीं किया जा सकता। अमेरिकी संविधान में शक्ति पृथक्करण को अपनाकर व्यक्ति की स्वतंत्रता को संरक्षित करने का प्रयत्न और शक्तियों के केंद्रीयकरण को प्रतिबंधित किया गया है।

12. नियंत्रण एवं संतुलन का सिद्धांत

सरकार के तीनों अंगों के बीच केवल शक्ति का पृथक्करण ही नहीं है, बल्कि तीनों के बीच आपसी संबंध भी हैं, जिसमें सरकार का एक अंग, दूसरे अंग पर निगरानी बनाए रखता है। युद्ध की घोषणा का अधिकार कांग्रेस को लेकिन सेनाओं के संचालन का अधिकार राष्ट्रपति को होता है तथा विधायिका द्वारा पारित किसी भी विधेयक को राष्ट्रपति वीटो कर सकते हैं। संविधान में सेनाओं के संचालन का अधिकार राष्ट्रपति को है, जबकि युद्ध की घोषणा का अधिकार कांग्रेस को है। राष्ट्रपति के द्वारा समूची अंतर्राष्ट्रीय संधियां संपन्न होती हैं। लेकिन इन संधियों की पुष्टि के लिए सीनेट के दो-तिहाई बहुमत की आवश्यकता होती है। राष्ट्रपति द्वारा संघ सरकार से संबंधित अन्य नियुक्तियां भी की जाती हैं, परंतु इसके लिए सीनेट के सामान्य बहुमत द्वारा समर्थन की पुष्टि आवश्यक है। कांग्रेस, राष्ट्रपति के विरुद्ध महाभियोग का प्रस्ताव पारित कर सकती है। कार्यपालिका के द्वारा विधायिका का नियंत्रण वीटो के द्वारा किया जाता है। सदन में संदेश भेजने की शक्ति तथा न्यायाधीशों की नियुक्ति राष्ट्रपति में निहित है।

राष्ट्रपति

अर्नेस्ट ग्रिफीथ के अनुसार, 'अमेरिका का राष्ट्रपति अमेरिकी सरकार की सभी संस्थाओं में सबसे नाटकीय पद है।' ऑग (Ogg) के अनुसार, 'यह विश्व का सबसे महान शासक है।' मुनरो के अनुसार, 'लोकतंत्र में कभी भी किसी व्यक्ति द्वारा इतनी शक्तियां धारण नहीं की गईं।' हैराल्ड लॉस्की ने अपनी रचना-"The American Presidency: An Interpretation" (1940) में लिखा है कि 'दुनिया में अन्य कोई भी ऐसी संस्था नहीं है, जिसकी तुलना अमेरिकी राष्ट्रपति के साथ की जाए।'

निर्वाचन

प्रथम चरण

अमेरिकी राष्ट्रपति के निर्वाचन के पहले चरण में अमेरिका के दो बड़े राजनीतिक दल रिपब्लिकन तथा डेमोक्रेट के द्वारा राष्ट्रपति पद के लिए दल के उम्मीदवारों का चयन किया जाता है, जिसके लिए अमेरिका के 50 राज्यों के द्वारा निर्वाचन के अलग-अलग तरीके अपनाए जाते हैं। कुछ राज्य आम मतदाता के द्वारा दलों के प्रत्याशियों का चयन करते हैं एवं कुछ राज्य प्रत्याशी के चयन के लिए कॉकस का निर्माण करते हैं, जिसके अंतर्गत राजनीतिक दल के पंजीकृत उम्मीदवार अपने दल के प्रत्याशियों के चयन के लिए शहर में एकत्रित होते हैं। जबकि प्राइमरी एक राज्य स्तर का चुनाव है, जिसके द्वारा अमेरिका के 34 राज्यों के दल के सदस्य राष्ट्रपति के प्रत्याशियों का चयन करते हैं। प्रत्येक दल के उम्मीदवारों को निश्चित संख्या में डेलिगेट के समर्थन की आवश्यकता होती है, जिसके बाद ये राष्ट्रपति पद के आधिकारिक उम्मीदवार बन जाते हैं। उदाहरण के लिए, वर्ष-2016 के चुनाव में रिपब्लिकन दल के 16 उम्मीदवारों को पराजित करके ट्रंप ने 1238 डेलिगेट का समर्थन तथा हेलरी क्लिंटन ने 2807 डेलिगेट का समर्थन प्राप्त किया। दोनों दलों के लिए डेलिगेट की संख्या अलग-अलग, क्योंकि दल के सदस्यों की संख्या भिन्न-भिन्न होती है। प्रत्येक राज्य से निश्चित संख्या में डेलिगेट का चयन दल के सदस्य करते हैं।

द्वितीय चरण

दोनों दलों के उम्मीदवार अमेरिका के 538 निर्वाचक

मंडल के सदस्यों का बहुमत प्राप्त करने का प्रयत्न करते हैं। अमेरिका में प्रतिनिधि मंडल के सदस्यों की संख्या 438 तथा सीनेट के 100 सदस्य हैं। इसीलिए राष्ट्रपति के निर्वाचन के लिए अमेरिका के आम जनता के द्वारा 50 राज्यों से 538 सदस्यों का निर्वाचन होता है, जिनका कार्य केवल राष्ट्रपति का निर्वाचन करना तथा राष्ट्रपति के निर्वाचन के बाद इनका कार्य समाप्त हो जाता है। प्रत्येक राज्य से निर्वाचक मंडल के उतने ही सदस्य निर्वाचित होते हैं, जितने उस राज्य के प्रतिनिधि सदन तथा सीनेट के सदस्य होते हैं।

तृतीय चरण

राष्ट्रपति को निर्वाचक मंडल के पूर्ण बहुमत प्राप्त करने की आवश्यकता होती है, अर्थात् 538 सदस्यों का पूर्ण बहुमत। लेकिन यदि कोई उम्मीदवार निर्वाचक मंडल का पूर्ण बहुमत प्राप्त न कर सके, तो प्रथम तीन सर्वाधिक मत प्राप्त व्यक्तियों में से राष्ट्रपति का निर्वाचन प्रतिनिधि सभा के द्वारा किया जाएगा। इस निर्वाचन में प्रतिनिधि सभा के सभी राज्यों को एक मत प्राप्त होता है। अत: आम जनता निर्वाचक मंडल (Electoral College) का निर्वाचन करती है और निर्वाचक मंडल द्वारा राष्ट्रपति का निर्वाचन किया जाता है।

कार्यकाल

राष्ट्रपति का कार्यकाल 4 वर्षों का होता है। 22वें संविधान संशोधन के अनुसार, 'कोई भी राष्ट्रपति दो बार से अधिक राष्ट्रपति नहीं हो सकता।'

महाभियोग (Impeachment)

अमेरिकी राष्ट्रपति को महाभियोग की प्रक्रिया के द्वारा हटाया जा सकता है। महाभियोग की प्रक्रिया केवल प्रतिनिधि सभा में ही प्रारंभ की जा सकती है और सीनेट के द्वारा इसकी जांच की जाती है। लेकिन महाभियोग प्रस्ताव दो-तिहाई बहुमत से पारित होना चाहिए। अमेरिका में नव-नियुक्त राष्ट्रपति अपना कार्यकाल 20 जनवरी से आरंभ करता है, (20वें संविधान संशोधन से यह प्रावधान किया गया है)।

राष्ट्रपति द्वारा की जाने वाली नियुक्तियां

अमेरिकी राष्ट्रपति द्वारा सभी संघीय अधिकारियों की नियुक्ति होती है और उसे हटाने का भी प्रावधान है। **राष्ट्रपति द्वारा की गई नियुक्तियां दो प्रकार की होती हैं-**

(i) कुछ नियुक्तियों की सीनेट द्वारा पुष्टि जरूरी है। जैसे-उच्चतम न्यायालय के न्यायाधीश।

(ii) जबकि सामान्य रूप में अन्य नियुक्तियों की सीनेट द्वारा पुष्टि की आवश्यकता नहीं होती।

सीनेट का आभार (Senatorial Courtesy)

राष्ट्रपति किसी राज्य में संघीय नियुक्तियां करने से पहले उस राज्य के दो सीनेटरों की सहमति लेता है। यदि इस परंपरा का पालन न किया जाए, तो सीनेट राष्ट्रपति की नियुक्ति को अस्वीकृत कर सकती है।

वीटो शक्तियां (Veto Powers)

अमेरिका में कोई भी विधेयक राष्ट्रपति की सहमति के पश्चात् ही विधि बनता है, परंतु राष्ट्रपति उस विधेयक पर 10 दिन की अवधि में अपनी आपत्तियों सहित उसे बताता है तथा वह विधेयक को 10 दिन की अवधि में पुनर्विचार के लिए भी भेज सकता है। अत: अमेरिकी राष्ट्रपति को **दो प्रकार की वीटो शक्तियां** प्राप्त हैं-**प्रथम,** पॉकेट वीटो एवं **द्वितीय,** विशेषित वीटो। यदि 10 दिन के अंदर सदन की बैठक समाप्त हो जाए, तो विधेयक राष्ट्रपति के पास पड़ा रहता है। यह **पॉकेट वीटो** कहलाता है। **विशेषित वीटो,** राष्ट्रपति के द्वारा यदि कोई विधेयक 10 दिन की अवधि में पुनर्विचार के लिए भेजा जाए और कांग्रेस के द्वारा दो-तिहाई बहुमत से प्रस्ताव पारित हो जाए, तो राष्ट्रपति के हस्ताक्षर के बिना भी यह विधि बन जाता है। **लाइन आइटम वीटो,** (Line Item Veto) जब किसी विधेयक के कुछ आंशिक भाग को वीटो कर दिया जाए।

अंतर्निहित शक्तियों का सिद्धांत

(Theory of Implied Power)

संविधान में राष्ट्रपति की शक्तियों का संक्षिप्त उल्लेख है, परंतु उनमें व्यापक शक्तियां परोक्ष रूप में अंतर्निहित हैं, जिनका प्रयोग राष्ट्रपति करता है। संविधान में राष्ट्रपति को सैन्य संचालन की शक्ति दी गई है, जिसमें अनेक सैन्य शक्तियां अंतर्निहित हैं।

व्यावहारिक रूप में राष्ट्रपति के **शक्तिशाली होने के कारण**-

(i) दो विश्व युद्ध एवं शीत युद्ध।

(ii) राष्ट्रपति का व्यक्तित्व।

(iii) कल्याणकारी राज्य का प्रचलन।

(iv) दलीय व्यवस्था का प्रभावी विकास।

राष्ट्रपति व कैबिनेट के मध्य संबंध

अमेरिका में अध्यक्षीय शासन प्रणाली प्रचलित है। इसलिए मंत्रियों की नियुक्ति राष्ट्रपति द्वारा की जाती है और ये मंत्री राष्ट्रपति के प्रति उत्तरदायी होते हैं। अतः अमेरिका में सामूहिक उत्तरदायित्व जैसा सिद्धांत नहीं पाया जाता। अमेरिका में मंत्री राष्ट्रपति के सहयोगी मात्र होते हैं, जिन्हें राष्ट्रपति नियुक्त करते हैं और इच्छानुसार हटा भी सकते हैं। इसलिए राष्ट्रपति जैक्सन के समय **'किचेन कैबिनेट'** शब्द का प्रयोग तथा रूजवेल्ट के समय मंत्रियों के लिए **'ब्रेन ट्रस्ट'** शब्द का प्रयोग किया गया। जबकि राष्ट्रपति केनेडी के समय **'हार्वर्ड ग्रुप'** अत्यधिक प्रभावशाली था।

उप-राष्ट्रपति

भारतीय संविधान की भांति अमेरिका में भी उप-राष्ट्रपति पद के किसी कार्य का वर्णन नहीं है। अमेरिकी उप-राष्ट्रपति भी सीनेट का पदेन सभापति होता है तथा राष्ट्रपति पद रिक्त होने पर उप-राष्ट्रपति, राष्ट्रपति की भूमिका का निर्वाह करते हैं। उप-राष्ट्रपति का चुनाव भी निर्वाचक मंडल के द्वारा और इनका कार्यकाल 4 वर्ष का होता है। लेकिन यदि कोई उप-राष्ट्रपति के निर्वाचन में पूर्ण बहुमत प्राप्त न कर सका, तो इसका निर्धारण सीनेट के द्वारा होता है। उप-राष्ट्रपति को महाभियोग के द्वारा ही हटाया जा सकता है। राष्ट्रपति और उप-राष्ट्रपति के पद की योग्यताएं समान हैं।

योग्यता

कम-से-कम 14 वर्ष अमेरिका में रहा हो, जन्म से अमेरिकी नागरिक हो तथा उसकी कम-से-कम उम्र-35 वर्ष हो। (राष्ट्रपति एवं उप-राष्ट्रपति) दोनों के लिए समान है।

कांग्रेस

अमेरिका में कांग्रेस का निर्माण सीनेट और प्रतिनिधि सदन से मिलकर होता है, जहां सीनेट, उच्च सदन तथा प्रतिनिधि सदन, निम्न सदन है।

1. सीनेट

सीनेट के प्रतिनिधित्व में राज्यों की समानता का सिद्धांत अपनाया गया है। सीनेट में अमेरिका के प्रत्येक राज्यों से दो सदस्य लिए जाते हैं। उदाहरण के लिए, न्यूयॉर्क जैसे बड़े राज्य और नेवादा जैसे छोटे राज्य से भी दो सदस्य लिए जाते हैं। सीनेट में असमान राज्यों की समानता स्थापित की गई है। 17वें संविधान संशोधन के बाद सीनेट के सदस्यों का चुनाव प्रत्यक्ष होता है। सीनेट राज्यों का प्रतिनिधित्व करती है, लोगों का नहीं। **सीनेट** एक स्थायी सदन है, (6 वर्ष) और सीनेट के एक-तिहाई सदस्य प्रत्येक दूसरे वर्ष अवकाश प्राप्त करते हैं। सीनेट का सत्र 3 जनवरी से प्रारंभ होता है तथा कम-से-कम वर्ष में एक बैठक होनी चाहिए। कोरम, सदस्यों की संख्या का बहुमत।

योग्यता

कम-से-कम आयु 30 वर्ष की होनी चाहिए तथा लगातार 9 वर्षों से अमेरिका में रह रहा हो और जिस राज्य का प्रतिनिधित्व कर रहा हो, वहां का निवासी हो।

विशिष्ट शक्तियां

यह दुनिया का सबसे शक्तिशाली **'उच्च सदन'** है। अतः ब्रिटेन की लॉर्ड सभा, भारत के राज्य सभा और जर्मनी की बुंदेसरैट (Bundesrat) इत्यादि सभी उच्च सदनों से यह शक्तिशाली है। राष्ट्रपति द्वारा की गई विशेष नियुक्तियों की पुष्टि और अंतर्राष्ट्रीय संधियों की पुष्टि केवल सीनेट द्वारा की जाती है। सीनेट, धन विधेयक में कोई भी संशोधन कर सकती है। अमेरिका में सभी पदाधिकारियों के महाभियोग की जांच सीनेट करती है तथा महाभियोग के समय सीनेट की अध्यक्षता उच्चतम न्यायालय के मुख्य न्यायाधीश करते हैं।

2. प्रतिनिधि सदन

सदन के सदस्यों की आयु 25 वर्ष होनी चाहिए, परंतु वह 7 वर्षों तक अमेरिका में लगातार रहा हो तथा अमेरिका

भारतीय उच्चतम न्यायालय और अमेरिकी उच्चतम न्यायालय में तुलना

भारतीय उच्चतम न्यायालय	अमेरिकी उच्चतम न्यायालय
• भारत का उच्चतम न्यायालय परिसंघीय न्यायालय के साथ-साथ संविधान का संरक्षक तथा सिविल एवं आपराधिक मामलों में यह देश का सर्वोच्च अपीलीय न्यायालय भी है, (अनुच्छेद-133 व 134)।	• अमेरिकी उच्चतम न्यायालय की अपीलीय अधिकारिता परिसंघीय संबंधों से उत्पन्न होने वाले संवैधानिक विधि मान्यता से संबंधित मामलों तक सीमित है।
• भारत के उच्चतम न्यायालय को भारत के राज्य क्षेत्र में किसी भी न्यायालय या अधिकरण के निर्णय से अपील ग्रहण करने की असाधारण शक्ति है। इस शक्ति अथवा मर्यादा पर कोई बंधन नहीं है, (अनुच्छेद-136)।	• अमेरिकी उच्चतम न्यायालय को ऐसी अधिकारिता अथवा शक्ति प्राप्त नहीं है।
• भारत के उच्चतम न्यायालय के पास सलाहकारी अधिकारिता की शक्ति है, जिसके अंतर्गत राष्ट्रपति द्वारा मांगे गए किसी विधि के प्रश्न पर अपनी राय देने की शक्ति प्राप्त है, (अनुच्छेद-143)।	• अमेरिकी उच्चतम न्यायालय द्वारा सलाहकारी अधिकारिता ग्रहण करने से इनकार कर दिया गया।
• भारत के उच्चतम न्यायालय के क्षेत्र विस्तृत हैं। लेकिन यहां सैन्य न्यायालय के मामलों को छोड़कर किसी भी न्यायालय में चल रहे वाद के खिलाफ अपील की जा सकती है।	• अमेरिकी उच्चतम न्यायालय के पास ऐसी कोई शक्ति नहीं है।

का नागरिक हो। प्रतिनिधि सभा की कुल संख्या-438 है। (435+3 सदस्य **डिस्ट्रिक्ट ऑफ कोलंबिया** से लिए जाते हैं)। अमेरिका के 50 राज्यों से 435 सदस्य तथा 3 सदस्य राजधानी क्षेत्र से निर्वाचित किए जाते हैं तथा प्रत्येक राज्यों को जनसंख्या के अनुपात में सीटें प्रदान की जाती हैं। सदन का चुनाव प्रत्यक्ष रूप से तथा सदस्यों का कार्यकाल 2 वर्ष का होता है और सदन को भंग नहीं किया जा सकता तथा कार्यकाल सुनिश्चित होता है। वर्ष में कम-से-कम एक बार सदन की बैठक अवश्य होनी चाहिए। सदन की बैठक एक निश्चित तिथि 3 जनवरी से आरंभ होती है, (20वां संविधान संशोधन द्वारा यह प्रावधान किया गया)। अमेरिकी राष्ट्रपति को कांग्रेस की बैठक बुलाने का अधिकार नहीं है, लेकिन अति महत्त्वपूण र्ा सत्र के लिए वह सदन की बैठक बुला सकता है तथा सदन की बैठक को स्थगित करने का अधिकार स्वयं सदन में अंतर्निहित है। लेकिन यदि दोनों सदनों में स्थगन को लेकर मतभेद उत्पन्न हो जाए, तो राष्ट्रपति बैठक को स्थगित कर सकता है। कोरम सदन की संख्या का बहुमत माना जाता है और धन विधेयक प्रतिनिधि सदन में ही प्रस्तुत होता है तथा युद्ध की घोषणा का अधिकार कांग्रेस को है।

स्पीकर (प्रतिनिधि सदन)

प्रतिनिधि सभा का स्पीकर राष्ट्रपति के बाद दूसरा सबसे महत्त्वपूर्ण पद माना जाता है, जिसका चुनाव आम सहमति से तथा बहुमत दल का व्यक्ति निर्वाचित होता है। स्पीकर को निर्णायक मत देने का अधिकार तथा इसका कार्य सदन की बैठक का संचालन एवं व्यवस्था बनाए रखना है।

दोनों सदनों में गतिरोध

दोनों सदनों में गतिरोध होने पर एक **संयुक्त समिति** के द्वारा उसका निराकरण किया जाता है।

कांग्रेस की समितियां

अमेरिका में विभागीय समितियों का प्रावधान है। इसी आधार पर भारत में भी विभागीय समितियों का निर्माण किया गया।

न्यायपालिका

अमेरिका में तीन स्तर की संघीय न्यायपालिका है, जिसमें जनपद, प्रांत तथा सर्वोच्च संघीय न्यायालय का प्रावधान किया गया है। अमेरिका के संघीय न्यायपालिका में केवल संघीय मामले ही निपटाए जाते हैं और राज्यों के मामले अपीलीय मामले के रूप में संघीय न्यायपालिका में लाए

जाते हैं। न्यायाधीशों की नियुक्ति राष्ट्रपति द्वारा की जाती है तथा उन्हें केवल महाभियोग द्वारा ही हटाया जा सकता है। न्यायाधीशों की नियुक्ति आजीवन होती है, लेकिन उनकी योग्यता का वर्णन संविधान में नहीं है। यदि वे 15 वर्ष तक सेवा कर चुके हैं, तब 65 वर्ष पर अवकाश प्राप्त कर सकते हैं और यदि वे 10 वर्ष की सेवा पूरी कर चुके हैं, तो 70 वर्ष में अवकाश प्राप्त कर सकते हैं। संघीय उच्चतम न्यायालय में 10 न्यायाधीश हैं, जिसमें मुख्य न्यायाधीश भी सम्मिलित हैं।

दलीय प्रणाली

अमेरिका में अनेक दल विद्यमान हैं, क्योंकि यह एक लोकतांत्रिक देश है और यहां साम्यवादी दल भी पाया जाता है, लेकिन यह अप्रभावी है। अमेरिका में मुख्यत: दो (रिपब्लिकन दल और डेमोक्रेट दल) ही दल प्रभावशाली हैं। राष्ट्रपति ओबामा डेमोक्रेट दल से संबंधित थे। अमेरिकी दलों के लिए यह कहावत प्रचलित है कि 'अमेरिका के दल दो बोतल में बंद एक ही शराब हैं।' क्योंकि यहां दलों के बीच वैचारिक अंतर नहीं पाया जाता।

पाठ संबंधी शब्दकोश

जेरिमेंडरिंग (Gerrymandering)

इसका प्रयोग मेसाचुएट्स के पूर्व गवर्नर जेरी के नाम पर किया जाता है। यह चुनाव क्षेत्र के परिसीमन का एक तरीका है, जिसके द्वारा चुनाव क्षेत्र का परिसीमन इस प्रकार किया जाता है कि सत्ताधारी दल को लाभ हो।

फिलीबूस्टरिंग (Filibustering)

सीनेट की कार्यवाही में बाधा डालने के लिए इसका प्रयोग किया जाता है, क्योंकि सीनेट में किसी भी सदस्य को बोलने से रोकने का अधिकार नहीं है। लेकिन वर्ष-1949 के बाद रोकने का उपाय किया गया। यदि सीनेट के सदस्य दो-तिहाई बहुमत से प्रस्ताव पारित करें, तो किसी भी सदस्य को बोलने से रोका जा सकता है।

लेमडक सेशन (Lame duck Session) **(लूला-बहरा सत्र)**

अमेरिका में पहले विधायिका के सदस्यों का निर्वाचन हो जाता था और उन्हें 2 महीने बाद सदन में प्रवेश दिया जाता था। इस दौरान पुराने सदस्य सदन की कार्यवाही में भाग लेते थे, जिसे लेमडक सेशन कहा जाता था।

लॉग रोलिंग (Log Rolling)

यह अमेरिकी विधायी प्रक्रिया की विशेषता है, जिसमें किसी विधेयक को पारित करने के लिए सभी दलों के सदस्यों के मध्य सहयोग किया जाता है, क्योंकि अमेरिका में दलीय अनुशासन का अभाव है।

अध्याय 3

फ्रांस का संविधान

(Constitution of France)

● फ्रांस के संविधान की विशेषताएं, ● विधायिका, ● संशोधन, ● संवैधानिक परिषद् के कार्य

फ्रांसीसी क्रांति के द्वारा (वर्ष-1789) समूचे विश्व में स्वतंत्रता, समानता एवं बंधुता के विचारों का प्रसार किया गया। वर्ष-1945 के बाद फ्रांस में संसदीय शासन प्रणाली अपनाई गई, परंतु वर्ष-1946 से 1958 के बीच के 12 वर्षों में फ्रांस में 24 सरकारों का निर्माण हुआ। फ्रांसीसियों के द्वारा सरकार के अस्थायित्व का निवारण करने के लिए संसदीय एवं अध्यक्षीय शासन का मिला-जुला रूप अपनाया गया, जो अर्द्ध-अध्यक्षीय कहलाता है। इसलिए फ्रांसीसियों ने इंग्लैंड के संसदीय शासन एवं अमेरिका की अध्यक्षीय शासन के मध्य समन्वय एवं संतुलन स्थापित करने का प्रयत्न किया। इसलिए फ्रांसीसी संविधान को **टेलर मेड संविधान** (Tailor Made Constitution) भी कहा जाता है।

संसदीय एवं अध्यक्षीय शासन का मिला-जुला रूप

फ्रांसीसी संविधान में संसदीय शासन की अनेक विशेषताएं पाई जाती हैं। फ्रांस के राष्ट्रपति का निर्वाचन प्रत्यक्ष होता है, लेकिन निर्वाचन में द्वितीय मत (Second Ballot) का प्रयोग होता है। यदि कोई प्रत्याशी बहुमत प्राप्त नहीं करता, तो सर्वाधिक मत प्राप्त प्रत्याशियों के मध्य पुनः निर्वाचन होता है और फिर सबसे अधिक मत प्राप्त करने वाले व्यक्ति को विजयी घोषित कर दिया जाता है। फ्रांस का राष्ट्रपति गणतंत्र का प्रधान है तथा राष्ट्रपति का कार्यकाल 7 वर्षों का होता था, लेकिन वर्ष-2000 में संशोधन द्वारा इसे 5 वर्ष कर दिया गया है। फ्रांस के प्रधानमंत्री की नियुक्ति राष्ट्रपति के द्वारा तथा प्रधानमंत्री की सलाह पर राष्ट्रपति के द्वारा अन्य मंत्रियों की नियुक्ति की जाती है। फ्रांसीसी संविधान में सामूहिक उत्तरदायित्व का सिद्धांत है, जिसके अनुसार प्रधानमंत्री और मंत्रिपरिषद् विधायिका के निचले सदन के प्रति उत्तरदायी होते हैं। विधायिका के द्वारा प्रधानमंत्री एवं मंत्रिपरिषद् के सदस्यों के विरुद्ध अविश्वास प्रस्ताव पारित किया जा सकता है। इसके अतिरिक्त फ्रांस में अध्यक्षीय शासन की महत्त्वपूर्ण विशेषताओं को भी शामिल किया गया है, जिसके अनुसार फ्रांसीसी राष्ट्रपति सीधे आम जनता के द्वारा निर्वाचित किया जाता है। विधायिका, राष्ट्रपति के विरुद्ध अविश्वास प्रस्ताव नहीं ला सकती। राष्ट्रपति के द्वारा मंत्रिमंडल की बैठक की अध्यक्षता की जाती है और राष्ट्रपति, शासन का संवैधानिक एवं वास्तविक प्रधान होता है एवं राष्ट्रपति ही शासन की नीतियों का निर्माता है। इसलिए संसदीय शासन के माध्यम से उत्तरदायित्व को बढ़ावा दिया गया है। जबकि अध्यक्षीय शासन के द्वारा शासन के स्थायित्व पर बल प्रदान किया गया है।

फ्रांस के संविधान की विशेषताएं

1. निर्मित और लिखित संविधान

फ्रांस के संविधान की पांचवें गणतंत्र का यह नवीन संविधान 40 पृष्ठों का एक लिखित आलेख है, जिसमें प्रस्तावना के अतिरिक्त 15 शीर्षक और 94 धाराएं हैं, जो सरल भाषा में लिखा गया है। यह संविधान लगभग 2 घंटे में सुविधापूर्वक पढ़ा जा सकता है।

2. प्रस्तावना

पंचम गणतंत्र के संविधान की प्रस्तावना में भी कतिपय मूल बातों को समाविष्ट किया गया है। पंचम गणतंत्र के संविधान में अंतर्राष्ट्रीय आभार और फ्रेंच समुदाय को मान्यता दी गई है।

3. जन-संप्रभुता

संविधान की धाराएं-2, 3 एवं 4 प्रभुता से संबंधित हैं। धारा-2 के अनुसार, फ्रांस अविभाज्य, धर्मनिरपेक्ष, प्रजातांत्रिक और सामाजिक गणतंत्र है। स्पष्ट है कि फ्रांस, नवीन संविधान के अंतर्गत् एक धर्मनिरपेक्ष प्रजातांत्रिक एवं सामाजिक गणतंत्र है, जिसका उद्देश्य स्वतंत्रता, समानता एवं बंधुत्व है। संविधान के अनुसार, राष्ट्रीय संप्रभुता का निवास जनता में है और सभी नागरिकों का अधिकार समान है। यह संविधान विश्व के अन्य सभी संविधानों की अपेक्षा राजनीतिक दलों का उल्लेख करता है, जिन्हें राष्ट्रीय संप्रभुता एवं प्रजातंत्र के सिद्धांतों का पालन करते हुए कार्य करने की स्वतंत्रता दी गई है।

4. संसदात्मक और अध्यक्षात्मक व्यवस्था का समन्वय

नवीन संविधान में संसदीय प्रणाली को अपनाया गया है, किंतु एक तरह से यह संसदीय प्रणाली है, क्योंकि मंत्रिमंडल संसद के सम्मुख पूर्णतः उत्तरदायी नहीं है। प्रधानमंत्री का चुनाव राष्ट्रपति के द्वारा किया जाता है, जिसको साधारण शक्तियों के साथ-साथ अनेक असाधारण शक्तियां भी प्राप्त हैं। फ्रांस का राष्ट्रपति केवल नाम मात्र का राज्याध्यक्ष नहीं है, बल्कि अनेक विषयों में वह अमेरिकी राष्ट्रपति का अनुसरण करते हुए कार्यपालिका को विधायिका से अलग रखने का प्रयत्न करता है।

5. एकात्मक तथा केंद्रीयकृत शासन प्रणाली

नवीन संविधान ने केंद्रीयकरण की इस परंपरा को बनाए रखा है, जो फ्रांस के राजनीतिक और संवैधानिक इतिहास का एक स्थायी लक्षण रहा है एवं संपूर्ण देश का शासन एक ही केंद्र से संचालित होता है। स्थानीय प्रशासन के ऊपर केंद्र सरकार के नियंत्रण के बारे में इसने कोई परिवर्तन नहीं किया है।

6. दुष्परिवर्तनशीलता

यह संविधान दुष्परिवर्तनीय है। अनुच्छेद-89 में संशोधन प्रक्रिया का वर्णन किया गया है, जो साधारण विधायी प्रक्रिया से भिन्न है। इस अनुच्छेद का सार है, संविधान में संशोधन के लिए पहल करने की शक्ति प्रधानमंत्री के प्रस्ताव पर गणतंत्र के राष्ट्रपति और संसद (पार्लियामेंट) के सदस्यों के हाथों में रहेगी। देश की भौगोलिक एकता को खतरा हो, तो कोई संशोधन प्रक्रिया नहीं की जाएगी। शासन के गणतंत्रीय रूप के विषय में कोई संशोधन नहीं किया जा सकता।

7. नागरिकों के मौलिक अधिकार और कर्त्तव्य

संविधान में मौलिक अधिकारों के बारे में कोई अध्याय नहीं जोड़ा गया है, संविधान तथापि नागरिकों को मौलिक स्वतंत्रताएं प्रदान करता है। संविधान की प्रस्तावना तथा उसका प्रथम अध्याय और अनुच्छेद-82 गणराज्य के परंपरागत् सिद्धांतों, वर्ष-1789 व वर्ष-1949 के मानवाधिकार घोषणा-पत्रों में विश्वास प्रकट करते हैं। फ्रांसीसी नागरिकों को काम पाने का अधिकार, हड़ताल का अधिकार, भौतिक सुरक्षा, आराम व अवकाश का अधिकार, संगठन बनाने का अधिकार इत्यादि इन अधिकारों को लागू करने का उत्तरदायित्व न्यायपालिका का है।

8. समाज

पंचम गणराज्य के संविधान की धारा-77 से 87 में समाज के एक नवीन विचार का प्रतिपादन किया गया है। धारा-1 के अनुसार, गणतंत्र एवं समुद्रपारीय उपनिवेशों की जनता जो नए संविधान को स्वीकार कर ले। इस प्रकार एक नए समाज की स्थापना करेगी। धारा-77 के अनुसार, आंगिक राज्य स्वाधीन होंगे तथा वे स्वयं अपने पर प्रजातंत्रीय शासन करेंगे और स्वयं ही अपने कार्यों का प्रबंध भी करेंगे। धारा-78 के अनुसार, समाज की नीति, सुरक्षा, आर्थिक नीति व मुद्रा प्रणाली इत्यादि पर पूर्ण अधिकार होगा।

9. समझौतों व संधियों तथा अंतर्राष्ट्रीय कानून संबंधी प्रावधान

संविधान की धारा-88 में बताया गया है कि ''गणतंत्र या समुदाय उन राज्यों से समझौते कर सकता है, जो अपनी सभ्यताओं को विकसित करने के लिए समुदाय या समाज से मिलकर संघ बनाना चाहें।'' संविधान की प्रस्तावना में अंतर्राष्ट्रीय कानून संबंधी सिद्धांत पर प्रकाश डाला गया है कि फ्रेंच गणतंत्र अपनी परंपरा के प्रति निष्ठा रखते हुए अंतर्राष्ट्रीय कानून के नियमों का पालन करेगा। संविधान में शामिल ये सिद्धांत बड़े ही श्रेष्ठ हैं, क्योंकि इससे मानवता की रक्षा की दिशा में एक ठोस व्यवस्था की गई है।

10. शक्तिशाली राष्ट्रपति

पंचम गणतंत्र के संविधान की एक महत्त्वपूर्ण विशेषता राष्ट्रपति की स्थिति में क्रांतिकारी परिवर्तन है। राष्ट्रपति की पहले की शक्तियों में आमूल-चूल परिवर्तन किए गए हैं तथा उसके परमाधिकारों में वृद्धि हुई है व राष्ट्रीय सभा की शक्तियों में अत्यधिक कमी हुई और मंत्रिपरिषद्‌ीय उत्तरदायित्व को कम कर दिया गया है। वह मंत्रिमंडल तथा प्रधानमंत्री की नियुक्ति करता है। संविधान की धारा-16 के अंतर्गत् राष्ट्रपति को आपातकालीन शक्तियां प्रदान की गई हैं, जिनका निर्णायक वह स्वयं है। इसलिए आलोचकों ने इस संविधान को **राजतंत्रात्मक संविधान और संसदीय राजतंत्र** तक कह दिया है।

11. शक्ति विभाजन

पंचम गणतंत्र के संविधान में शक्ति विभाजन के सिद्धांत को मान्यता प्रदान की गई है। कार्यपालिका को व्यवस्थापिका से पृथक् करने का प्रयास किया गया है। राष्ट्रपति का निर्वाचन संसद द्वारा न होकर, एक निर्वाचक मंडल द्वारा किए जाने की व्यवस्था है। मंत्रियों को एक तरफ तो संसद की सदस्यता से वंचित किया गया है, लेकिन दूसरी तरफ उन्हें उसके प्रति उत्तरदायी बना दिया गया है। इस प्रकार शक्ति विभाजन की एक अनूठी व्यवस्था का समावेश किया गया है, जिससे शासन का अजीब स्वरूप बन गया है। इससे शासन व्यवस्था का रूप न तो संसदात्मक ही रह गया है और न ही अध्यक्षात्मक अर्थात् शक्तियों का पूर्ण पृथक्करण भी नहीं हो पाया है।

12. धर्मनिरपेक्षता

धर्मनिरपेक्षता, पंचम गणतंत्र के संविधान की एक अन्य महत्त्वपूर्ण विशेषता है। देश के सभी लोगों को अपने धार्मिक विश्वासों को मानने और धर्म के आधार पर किसी भी व्यक्ति को सरकारी पद या शासन पद धारण करने से वंचित नहीं रहने तथा राज्य के कोई राजकीय धर्म नहीं होने जैसे तथ्यों के आधार पर फ्रांस को धर्मनिरपेक्ष राज्य की संज्ञा दी जा सकती है।

13. संविधान द्वारा मान्यता प्राप्त राजनीतिक दल

दलों को राजनैतिक जीवन के एक अंग के रूप में भी स्वीकार कर लिया गया है।

14. न्यायिक पुनरावलोकन का अभाव

फ्रांस की न्यायपालिका की स्थिति उतनी शक्तिशाली नहीं है, जितनी संयुक्त राज्य अमेरिका या भारत की है, क्योंकि न्यायपालिका को पुनरावलोकन की शक्ति प्राप्त नहीं है।

15. संवैधानिक परिषद् की व्यवस्था

फ्रांस के पंचम गणतंत्र के संविधान में एक ऐसे अभिकरण की स्थापना की गई है, जो शासकीय तथा संसदीय नियमों की वैधानिकता पर विचार करके अपने निर्णय दे सके। अतः इसे संवैधानिक परिषद् का नाम दिया गया है।

16. परामर्शदायी सभा की व्यवस्था

देश की **दो** परामर्शदायी सभाओं की व्यवस्था की गई है-

(i) आर्थिक तथा सामाजिक परिषद्।

(ii) न्यायपालिका की उच्चतर परिषद्।

17. मंत्री तथा संसद सदस्य के रूप में रहना संभव नहीं

संविधान ने यह असंभव बना दिया है कि एक व्यक्ति मंत्री तथा संसद सदस्य एक साथ बना रह सके। यदि ऐसा है, तो उसे सदन की सदस्यता से त्यागपत्र देना होता है। फेरेल हैंडी ने फ्रांस की प्रशासन व्यवस्था को उत्कृष्ट (क्लासिक) कहा है।

विधायिका

विधायिका के निम्न सदन का निर्वाचन प्रत्यक्ष रूप में आम जनता के द्वारा तथा सीनेट के सदस्यों का निर्वाचन अप्रत्यक्ष रूप में होता है, जिसका निर्वाचन म्यूनीसिपल, क्षेत्रीय व विभागीय सरकार द्वारा होता है। ये फ्रांस की

स्थानीय शासन प्रणाली के विभिन्न रूप हैं। राष्ट्रीय सभा का निर्वाचन जनता द्वारा प्रत्यक्ष रूप में होता है एवं निर्वाचन की आयु-18 वर्ष होती है। दोनों सदनों के मध्य गतिरोध के संबंध में दोनों सदनों के सदस्यों से मिलकर एक संयुक्त समिति का गठन होता है। राष्ट्रपति के विरुद्ध महाभियोग प्रस्ताव भी लाया जा सकता है।

संशोधन

फ्रांस का संविधान एक कठोर संविधान का उदाहरण है। क्योंकि फ्रांस में साधारण विधान व संविधान संशोधन प्रक्रिया में अंतर किया गया है। संविधान संशोधन का प्रस्ताव प्रधानमंत्री की सलाह पर राष्ट्रपति प्रस्तुत करता है। संविधान संशोधन के लिए दोनों सदनों का दो-तिहाई बहुमत आवश्यक है, परंतु इसी के साथ यह जनमत संग्रह द्वारा भी स्वीकार होना चाहिए। लेकिन एक परिस्थिति में जनमत संग्रह अनावश्यक है, जब राष्ट्रपति किसी विधेयक को सदन की संयुक्त बैठक को प्रस्तुत करे व इसे उस बैठक में 3/5 भाग से पारित कर दिया जाए।

संवैधानिक परिषद् के कार्य

संवैधानिक परिषद् के निम्नलिखित कार्य हैं-

(i) राष्ट्रपति के चुनाव का निरीक्षण व जनमत संग्रह की घोषणा करना।

(ii) विभिन्न विधियों के निर्माण से पूर्व इस परिषद् से सलाह ली जाती है।

(iii) राष्ट्रपति की आपातकालीन शक्तियों के प्रयोग में राष्ट्रपति को भी सलाह दे सकती है।

(iv) विभिन्न संधियों व विधेयकों की संवैधानिकता का परीक्षण करना, (अधिनियमित होने से पहले)।

फ्रांस में युद्ध की घोषणा करने की अधिकारिता का अधिकार संसद को है, अर्थात् युद्ध की घोषणा संसद द्वारा अनुमोदित होनी चाहिए।

अध्याय 4

चीन का संविधान

(Constitution of China)

- चीनी संविधान की विशेषताएं, ● चीन के संविधान के सामान्य नियम, ● मौलिक अधिकार, ● कर्त्तव्य, ● कार्यपालिका, ● राज्य परिषद्, ● चीन की विधायिका, ● न्यायिक पुनरावलोकन, ● डेंग श्याऊ पिंग का आधुनिकीकरण, ● चीन का लोकतांत्रिकीकरण

चीन में साम्यवादी शासन की स्थापना वर्ष-1949 में हुई। चीन के संविधान को मूलभूत विधि भी कहा जाता है। चीन में 31 राज्य, 22 प्रांत, 5 स्वायत्त अंचल एवं 3 केंद्रशासित नगर पालिकाएं हैं। विधायिका को राष्ट्रीय जनवादी कांग्रेस भी कहा जाता है। कार्यपालिकीय अधिकार राज्य परिषद् (State Council) में निहित होते हैं। राष्ट्रीय जनवादी कांग्रेस के स्थायी कार्यों के लिए एक स्थायी समिति का प्रावधान किया गया है। राष्ट्रीय जनवादी कांग्रेस के प्रतिनिधि 5 वर्षों के लिए निर्वाचित होते हैं। राज्य सभा (State Council) सरकार का केंद्रीय भाग है, जो प्रधानमंत्री एवं उप-प्रधानमंत्री द्वारा निर्मित होती हैं। साम्यवादी चीन की स्थापना अक्टूबर, 1949 की जनक्रांति से हुई, जिसे मॉओत्से तुंग के नेतृत्व में साम्यवादी दल ने किया। चीन में 4 दिसंबर, 1982 को जनवादी कांग्रेस ने एक बार पुनः नए संविधान को स्वीकृत किया, जिसे वर्ष-1982 का संविधान या वर्तमान संविधान की संज्ञा दी जाती है।

चीन की राजनीतिक व्यवस्था उदारवादी एवं लोकतांत्रिक व्यवस्थाओं से पूर्णतः अलग है। उदारवादी देशों में बहुदलीय प्रणाली पाई जाती है, जिसमें अनेक राजनीतिक दलों को निर्वाचन में भाग लेने का अधिकार होता है। जबकि चीन में एक दलीय प्रणाली विद्यमान है, जिसमें साम्यवादी दल की भूमिका केंद्रीय है। व्यावहारिक रूप में चुनाव में एक से ज्यादा दल भाग लेते हैं, परंतु सभी राजनीतिक दलों का वैचारिक आधार साम्यवाद होना चाहिए। जनवादी दल के कार्यकर्ता पूरे चीन में फैले हुए हैं, जिसके कार्यकर्ता आम जनता, सैनिक व प्रशासक भी होते हैं। पूरे चीन से लगभग 2,500 प्रतिनिधियों का चयन होता है।

चीनी संविधान की विशेषताएं

1. लिखित संविधान

चीन का संविधान लिखित है, जिसमें 138 अनुच्छेद हैं। संविधान की प्रस्तावना का भी उल्लेख है तथा पूरे संविधान को चार अध्यायों में विभाजित किया गया है। संविधान में शासन व्यवस्था के स्वरूप पर प्रकाश डाला गया है।

2. व्यापक संविधान

वर्ष-1982 का चीन का संविधान पूर्ववर्ती संविधानों की तुलना में व्यापक है, इसके 138 अनुच्छेद इसकी व्यापकता के परिचायक हैं।

3. लचीला संविधान

संविधान के अनुच्छेद-64 में संशोधन प्रक्रिया का उल्लेख

किया गया है, जिसके अनुसार संविधान में संशोधन का प्रस्ताव राष्ट्रीय जनवादी कांग्रेस की स्थायी समिति द्वारा या राष्ट्रीय जनवादी कांग्रेस के 115 सदस्यों द्वारा प्रस्तावित किया जाना चाहिए तथा यह प्रस्ताव राष्ट्रवादी जनवादी कांग्रेस के कुल सदस्यों के दो-तिहाई बहुमत से स्वीकृत होना चाहिए। अत: यह संविधान संशोधन प्रणाली दुष्परिवर्तनशील है, लेकिन व्यवहार में ऐसा नहीं है। चीन की एकदलीय व्यवस्था के कारण राष्ट्रवादी जनवादी कांग्रेस के दो-तिहाई बहुमत को प्राप्त करना कोई कठिन कार्य नहीं है। अत: यह एक लचीला संविधान ही माना जाएगा।

4. नागरिकों के मूलाधिकार तथा कर्त्तव्य

संविधान के अध्याय-2 तथा अनुच्छेद-33 से 56 तक इनका उल्लेख किया गया है। मूलाधिकारों में चुनाव लड़ने तथा मत देने का अधिकार, शिक्षा पाने का अधिकार, काम तथा रोजगार पाने, विश्राम व अवकाश पाने, कानून के समक्ष समानता, धार्मिक विश्वास इत्यादि के अधिकारों को शामिल किया गया है।

5. जन-संप्रभुता तथा जनवादी गणतंत्र

इसका मूल सार है कि देश की अंतिम शक्ति या सत्ता जनता में निहित है, तो राष्ट्रीय जन-संप्रभुता को मान्यता दी गई है। अत: शासन की अंतिम शक्ति साम्यवादी जनता में निहित है।

6. साम्यवादी दल की केंद्रीय भूमिका

साम्यवादी दल को शासन व्यवस्था में केंद्रीय स्थान प्राप्त है। इस तथ्य का पता इस बात से चलता है कि संविधान की प्रस्तावना में ही साम्यवादी दल की भूमिका की प्रशंसा की गई है। कार्यपालिका, व्यवस्थापिका तथा न्यायपालिका साम्यवादी दल के अधीन रहकर कार्य करती हैं।

7. एकात्मक राज्य

इसका आशय है कि देश की शासन व्यवस्था एक ही केंद्र या इकाई द्वारा संचालित होती है। इस तरह से चीन में संघात्मक व्यवस्था के आदर्श को अस्वीकार किया गया है।

8. समाजवादी राज्य

देश की अर्थव्यवस्था में समाजवादी सिद्धांत को स्वीकार किया गया है।

9. लोकतांत्रिक अधिनायकत्व

संविधान में किसानों तथा श्रमिकों के अधिनायकत्व या तानाशाही को मान्यता दी गई है। ये पूंजीपतियों तथा जमींदारों पर अपना अधिनायकत्व स्थापित करके लोकतांत्रिक व्यवस्था को अक्षुण रखते हैं।

10. राष्ट्रपति पद की पुनर्स्थापना

वर्ष-1982 के प्रस्तावित संविधान में इस पद को पुनर्स्थापित तथा चीन के राष्ट्राध्यक्ष का दर्जा प्रदान किया गया है।

11. मार्क्सवाद, लेनिनवाद तथा माओवाद

ये सिद्धांत संविधान के वैचारिक आधार बने हैं।

12. बहुराष्ट्रीय राज्य की स्थापना

यहां कुल 56 देशों के लोग निवास करते हैं, जिन्हें अपनी भाषा, लिपि तथा संस्कृति के विकास करने की स्वतंत्रता प्राप्त है।

13. केंद्रीय सैनिक आयोग की स्थापना

इस आयोग का उत्तरदायित्व देश की सेवाओं को वांछित निर्देश देना है।

14. न्यायपालिकाओं की कमजोर स्थिति

इसे न तो संविधान की व्याख्या करने और न ही नागरिकों के मूल अधिकारों की रक्षा करने का अधिकार प्राप्त है। इस प्रकार न्यायपालिका के स्वतंत्र अस्तित्व को भी स्वीकार नहीं किया गया एवं इसे देश की संसद के प्रति उत्तरदायी बना दिया गया है।

15. विदेश नीति के सिद्धांतों का समावेश

मूल सिद्धांतों में साम्राज्यवाद तथा उपनिवेशवाद का विरोध एवं शांतिपूर्ण सहअस्तित्त्व का समावेश किया गया है।

16. केंद्रीयकृत प्रशासनिक व्यवस्था

चीन की साम्यवादी व्यवस्था में लोकतांत्रिक मूल्यों को अपनाते हुए भी शक्तियों के केंद्रीयकरण की प्रवृत्ति पाई जाती है। इस कारण प्रांत एवं स्थानीय स्तर की इकाइयां केवल केंद्र के अधीन इकाई की भांति कार्य करती है।

17. विशिष्ट नियंत्रणकारी संगठन

चीन की प्रशासनिक व्यवस्था में व्यवस्थापिका, कार्यपालिका एवं न्यायपालिका में स्पष्ट रूप से विभाजन दिखाई नहीं देता है तथा यहां पर राष्ट्रीय जन कांग्रेस तथा कम्युनिस्ट

पार्टी की केंद्रीय समिति एवं पोलित ब्यूरो की ही वास्तविक सत्ता है। यह पर्यवेक्षण एवं नियंत्रण का प्रमुख संगठन है। इस संस्था के प्रमुख प्रोक्यूरेटोरेट जनरल का निर्वाचन राष्ट्रीय कांग्रेस के द्वारा किया जाता है। यह संस्था चीन में **ओम्बुड्समैन** कहलाती है, जो सरकार द्वारा बनाए गए कानूनों, नियमों एवं संविधान के प्रावधानों का पालन सही प्रकार से हो, इस बात का विशेष ध्यान रखती है।

चीन के संविधान के सामान्य नियम

(i) समाजवादी राज्य।
(ii) संप्रभुता, (यह लोगों में अंतर्निहित होगी)।
(iii) लोकतांत्रिक केंद्रवाद।
(iv) राष्ट्रीयता, अल्पसंख्यक, क्षेत्र एवं भाषा सभी को समान माना गया है, क्योंकि चीन में सभी को राष्ट्रीय स्वायत्तता प्रदान की गई है, लेकिन वे जनवादी चीन के अभिन्न भाग हैं।
(v) भूमि पर राज्य का स्वामित्व।
(vi) समाजवादी शिक्षा तथा परिवार नियोजन।
(vii) प्रशासनिक क्षेत्रों के विशेष रूप।
(viii) विदेशियों के अधिकार।

मौलिक अधिकार

चीन के संविधान में मूल अधिकारों का व्यापक दस्तावेज उल्लिखित है, परंतु इन अधिकारों के हनन के विरुद्ध किसी भी व्यक्ति को सीधे उच्चतम न्यायालय जाने का अधिकार नहीं है, **जो निम्नलिखित हैं-**

(i) नागरिकता और समानता।
(ii) मताधिकार।
(iii) धार्मिक स्वतंत्रता।
(iv) व्यक्तिगत स्वतंत्रता।
(v) अभिव्यक्ति की स्वतंत्रता।
(vi) कार्य का अधिकार (यह कर्त्तव्य भी है)।
(vii) सामाजिक सुरक्षा का अधिकार।
(viii) लैंगिक समानता।

कर्त्तव्य

चीन, एक समाजवादी देश है। इसलिए मूल अधिकारों के साथ मूल कर्त्तव्यों के व्यापक प्रावधान का भी उल्लेख किया गया है और प्रत्येक नागरिक से इन कर्त्तव्यों के पालन की अपेक्षा की जाती है। पति-पत्नी का यह कर्त्तव्य है कि वे परिवार नियोजन को अपनाएं तथा अभिभावकों का यह कर्त्तव्य है कि वे बच्चों का पालन-पोषण करें व उन्हें शिक्षा दें।

जनवादी दल (People's Party)

चीन में एक दलीय शासन प्रणाली विद्यमान है तथा यहां केवल साम्यवादी दल को ही चुनाव लड़ने का अधिकार है। इसलिए शासन के सभी अंगों में दल का अत्यधिक प्रभाव है। चीन जैसे साम्यवादी देश में दल की भूमिका सरकार के केंद्र में होती है या चीन में जो भी लोग विधायिका, न्यायपालिका या शासन के अन्य अंगों के सदस्य होते हैं, वे पहले दल के सदस्य होते हैं। चीन का जनवादी दल समूचे शासन प्रणाली का आधार स्तंभ है और जनवादी दल ही समूची सरकार पर नियंत्रण रखता है तथा अर्थव्यवस्था का निर्धारण करता है और सबसे बढ़कर सेना पर भी दल का नियंत्रण होता है और राष्ट्रपति का निर्वाचन राष्ट्रीय जनवादी कांग्रेस करती है। चीन का साम्यवादी दल यह निर्धारित करता है कि विधायिका, कार्यपालिका व न्यायपालिका में किसको प्रतिनिधित्व दिया जाएगा। चीन के साम्यवादी शासन में शक्ति के पृथक्करण का विचार नहीं पाया जाता, क्योंकि शासन सत्ता का समूचा आधार दल में केंद्रित होता है।

जनवादी दल के कार्य

पार्टी संविधान के अनुसार जनवादी दल के **निम्न अधिकार और कार्य हैं-**

(i) केंद्रीय समिति की रिपोर्ट सुनना और उसका परीक्षण करना।
(ii) केंद्रीय अनुशासन निरीक्षण आयोग की रिपोर्ट सुनना और उसका निरीक्षण करना।
(iii) दल के सामने महत्त्वपूर्ण मुद्दों पर विचार-विमर्श करना और उन पर निर्णय लेना।
(iv) यदि आवश्यक हो, तो दल के संविधान में संशोधन करना।
(v) केंद्रीय समिति का चुनाव करना।
(vi) केंद्रीय अनुशासन निरीक्षण आयोग का चुनाव करना।

केंद्रीय समिति (Central Committee) में 200-300 सदस्य होते हैं। पोलित ब्यूरो में 20-23 सदस्य होते हैं।

(महासचिव)	साम्यवादी दल का महासचिव
7 सदस्य	पोलित ब्यूरो की स्टैंडिंग कमेटी
25 सदस्य	पोलित ब्यूरो
200 सदस्य	केंद्रीय समिति
2500 जनवादी	दल के प्रतिनिधि

केंद्रीय समिति द्वारा निर्वाचित पोलित ब्यूरो की स्थायी समिति में 7 सदस्य होते हैं। केंद्रीय समिति (Central Committee) का महासचिव (Chairperson) पोलित ब्यूरो का महासचिव तथा स्वाभाविक रूप में यही दल का महासचिव होता है। इसलिए चीन में जिस व्यक्ति का स्थान दल में प्रभावी होगा, वह शासन में भी उच्च पद पर होता है। यदि किसी नेता का स्थान दल में प्रभावी नहीं है, तो वह सरकार में प्रभावी नहीं हो सकता।

जनवादी दल के द्वारा केंद्रीय समिति का चुनाव किया जाता है और यह केंद्रीय समिति चीन के राजनीतिक मामलों की सबसे शक्तिशाली संस्था के रूप में कार्य करती है, लेकिन केंद्रीय समिति भी पोलित ब्यूरो का चुनाव करती है तथा यही पोलित ब्यूरो के सदस्य चीन में प्रमुख भूमिका में होते हैं। वर्तमान में सी. जिनपिंग दल के अध्यक्ष और केंद्रीय सैन्य आयोग के अध्यक्ष भी हैं। अतः स्पष्ट है कि साम्यवादी व्यवस्थाओं में शक्ति का विभाजन नहीं पाया जाता। वर्तमान समय में दल में सुधार की मांग भी उठ रही है तथा कुछ लोगों का मानना है कि दल का एकाधिकार सरकार पर नहीं होना चाहिए।

कार्यपालिका

राष्ट्रपति

चीन के संविधान के अनुसार, राष्ट्रपति राज्य का प्रधान तथा संवैधानिक प्रधान भी है। इसलिए सैद्धांतिक रूप में राष्ट्रपति को वास्तविक शक्तियां प्राप्त नहीं हैं, परंतु व्यावहारिक रूप में चीन का राष्ट्रपति साम्यवादी दल का महासचिव होता है। इसलिए राष्ट्रपति दल, सरकार और सैनिक आयोग का प्रधान भी होता है। वास्तविक रूप में राष्ट्रपति अत्यधिक शक्तिशाली हैं तथा वर्तमान राष्ट्रपति सी. जिनपिंग साम्यवादी दल के प्रभावशाली नेता भी हैं। इसलिए वे चीन के सबसे शक्तिशाली नेता हैं। राष्ट्रपति का निर्वाचन जनवादी कांग्रेस के द्वारा होता है।

राज्य परिषद् (State Council)

यह चीन की कार्यपालिकीय संस्था है, जो सरकार की गतिविधियों का केंद्र होती है। राज्य परिषद् का प्रधान प्रधानमंत्री होता है, जो शासन का वास्तविक प्रधान होता है। राज्य परिषद् (State Council) में सरकार के प्रधानमंत्री एवं उप-प्रधानमंत्री आयोग के अध्यक्ष एवं राज्य परिषद् में सामान्यतः 29 मंत्री होते हैं। राज्य परिषद् जनवादी कांग्रेस के प्रति उत्तरदायी होती है और जब कांग्रेस सत्र में नहीं होती, तभी स्टैंडिंग कमेटी के प्रति उत्तरदायी होती है। प्रधानमंत्री का निर्वाचन जनवादी कांग्रेस के द्वारा होता है तथा कार्यपालिका के अन्य सदस्यों का निर्वाचन प्रधानमंत्री की अनुशंसा पर जनवादी कांग्रेस करती है। अतः राज्य परिषद् का जनवादी कांग्रेस के प्रति उत्तरदायित्व संसदीय व्यवस्था के समान प्रतीत होता है।

चीन की विधायिका

चीन की विधायिका एक सदनीय है और विधायिका का निर्वाचन चार वर्षों के लिए होता है। विधायिका को **जनवादी कांग्रेस** कहा जाता है, जिसकी बैठक एक वर्ष में एक बार होती है। जनवादी कांग्रेस के द्वारा इसकी स्टैंडिंग कमेटी का चुनाव होता है, जो व्यावहारिक रूप में विधायिका के समूचे कार्यों का संपादन करती है। राष्ट्रीय जनवादी कांग्रेस, राष्ट्रपति, उप-राष्ट्रपति, प्रधानमंत्री व कैबिनेट के सदस्यों की नियुक्ति करती है। राष्ट्रीय जनवादी कांग्रेस राष्ट्रपति, उप-राष्ट्रपति, प्रधानमंत्री तथा स्टैंडिंग कमेटी के सदस्यों का निर्वाचन करती है।

संविधान का संशोधन राष्ट्रीय जनवादी कांग्रेस द्वारा किया जाता है, जो कि स्टैंडिंग कमेटी के प्रस्ताव पर होता है, (ऐसा प्रस्ताव 20 प्रतिशत सदस्यों द्वारा पारित हो)। राष्ट्रीय जनवादी कांग्रेस के सदस्यों की संख्या लगभग 5,000 है, जिसकी बैठक वर्ष में एक बार होती है। इसलिए जनवादी कांग्रेस के द्वारा स्टैंडिंग कमेटी का चुनाव होता है, जिसकी बैठक एक माह में दो बार होती है। स्टैंडिंग कमेटी, जो कि 200 से 300 सदस्यों से मिलकर बनती है, वह राष्ट्रीय जनवादी कांग्रेस की वास्तविक शक्तियों का प्रयोग करती है। यह पूर्व सोवियत संघ के प्रीजीडियम जैसी संस्था है तथा राष्ट्रपति, राष्ट्र का अध्यक्ष होता है।

न्यायिक पुनरावलोकन

चीन में न्यायिक पुनरावलोकन की कोई व्यवस्था नहीं है। चीन की न्यायपालिका जनवादी कांग्रेस के प्रति उत्तरदायी होती है। अत: चीन के नागरिकों को संवैधानिक उपचार का अधिकार नहीं है। बंदी प्रत्यक्षीकरण (Habeas corpus) का अधिकार नहीं है। सर्वोच्च न्यायिक संस्था उच्चतम न्यायालय है तथा स्थानीय न्यायिक संस्था प्राथमिक जनवादी न्यायालय है।

न्यायाधीशों का चयन राष्ट्रीय जनवादी कांग्रेस द्वारा तथा न्यायाधीशों का कार्यकाल-4 वर्ष का होता है। जब विधानमंडल का अधिवेशन न चल रहा हो, तो स्थायी समिति ही उसकी शक्तियों का प्रयोग करती है। यदि राज्य परिषद् का कोई आदेश या निर्णय संविधान के विरुद्ध हो, तो स्थायी समिति उसे रद्द कर सकती है।

डेंग श्याऊ पिंग का आधुनिकीकरण

सैद्धांतिक रूप में चीन एक समाजवादी देश है, परंतु वर्ष-1979 के बाद चीन में उदारीकरण अपनाया गया और चीन द्वारा समाजवाद और बाजारवाद के मध्य सामंजस्य स्थापित किया गया। चीन में राज्य का आर्थिक व्यवस्थाओं पर प्रभावी नियंत्रण बना हुआ है और आर्थिक विकास के लिए निजी निवेश को बढ़ावा दिया जा रहा है। इसलिए चीन ने प्रभावी आर्थिक प्रगति दर्ज की है। चीनी अर्थव्यवस्था के बाजार के आधार पर अर्थव्यवस्था को कुशल बनाया जा रहा है, जबकि राज्य के द्वारा व्यक्ति को शिक्षा, स्वास्थ्य एवं आवास जैसी मूलभूत सुविधाएं प्रदान की जा रही हैं।

चीन का लोकतांत्रिकीकरण

वर्तमान चीन में लोकतंत्र को लेकर सदैव विरोध होते रहते हैं। इसलिए आर्थिक विकास के साथ लोकतांत्रिक शासन की मांग भी उठ रही है, जो भविष्य में चीनी राजनीतिक व्यवस्था के लिए बड़ी चुनौती है। वर्ष-2014 में चीन के स्वायत्त क्षेत्र हांगकांग में पूर्ण लोकतंत्र बहाली की मांग उठाई गई, जिसे चीनी सरकार के द्वारा अस्वीकार कर दिया गया।

अध्याय 5

स्विट्जरलैंड का संविधान

(Constitution of Switzerland)

- शासन प्रणाली, • संघवाद, विधायिका, • संघीय कार्यपालिका, • बहुल कार्यपालिका, • कार्यपालिका एवं विधायिका का संबंध, • न्यायपालिका, • प्रत्यक्ष लोकतंत्र

स्विट्जरलैंड के संविधान में 3 अध्याय एवं 123 अनुच्छेद हैं। यहां संसदीय लोकतंत्र के बजाए, **जनमत संग्रही लोकतंत्र** पाया जाता है। स्विट्जरलैंड में महिलाओं को वर्ष-1971 में मताधिकार दिया गया तथा वर्ष-1972 के चुनाव में महिलाओं ने पहली बार मतदान में भागीदारी की। स्विट्जरलैंड की शासन प्रणाली **न तो विशुद्ध संसदात्मक है और न ही विशुद्ध अध्यक्षात्मक,** बल्कि इसमें दोनों के लक्षण पाए जाते हैं। स्विट्जरलैंड संविधान में संघ एवं कैंटन के अलावा **'कम्यून'** सबसे छोटी क्षेत्रीय इकाई है। इसकी संघीय व्यवस्था भारत व कनाडा की अपेक्षा संयुक्त राज्य अमेरिका तथा ऑस्ट्रेलिया के अधिक निकट है। **स्विट्जरलैंड राज्य के चार मूलाधार हैं-**

(i) उदारवाद। (ii) लोकतंत्रवाद।
(iii) गणतंत्रवाद। (iv) संघवाद।

स्विट्जरलैंड के संविधान में कोई अधिकार-पत्र अलग अध्याय के रूप में नहीं पाया जाता, परंतु इसके विभिन्न अनुच्छेद व्यक्ति के अधिकारों का उल्लेख करते हैं। स्विट्जरलैंड में लोकतंत्र का विशुद्धतम रूप देखा जा सकता है और यहां प्रत्येक प्रश्न पर नागरिकों का निर्णय ही अंतिम माना जाता है एवं सभी संवैधानिक संशोधनों पर जनमत संग्रह अनिवार्य है। लैंड्सजी माइंड जैसी सभाएं, जिसमें सब मताधिकार प्राप्त नागरिक ऐतिहासिक स्थान पर अपने शासकों का निर्वाचन करने और विधि-निर्माण करने के लिए एकत्रित होते हैं। स्विट्जरलैंड सदैव गणतंत्र रहा है और यहां कभी भी राजतंत्र स्थापित नहीं हुआ। स्विट्जरलैंड के संघवाद को संविधान में राजमंडल (Confederation) कहा गया है। कुल मिलाकर संघ में 22 कैंटन (राज्य) हैं, जिसमें 19 पूर्ण कैंटन (राज्य) तथा 6 आधे कैंटन (राज्य) हैं।

शासन प्रणाली

वास्तव में प्रत्येक प्रश्न पर अंतिम निर्णय तो स्वयं जनता के द्वारा होता है। लेकिन विधानमंडल की प्रधानता स्विट्जरलैंड शासन प्रणाली की एक प्रमुख विशेषता है तथा यह पूर्णतया संसदात्मक नहीं है और इसमें शक्ति पृथक्करण भी नहीं पाया जाता। अत: स्विट्जरलैंड की शासन प्रणाली अमेरिकी एवं ब्रिटेन की प्रणाली से भिन्न है। कार्यपालिका (मंत्रिमंडल) का निर्वाचन स्वयं विधानमंडल करता है। मंत्रिमंडल का अध्यक्ष ही देश का राष्ट्रपति कहलाता है और मंत्रिमंडल के सदस्य विधानमंडल के सदस्य नहीं होते एवं मंत्रिमंडल की अवधि-4 वर्ष निश्चित है। मंत्रिमंडल का एकदलीय होना भी आवश्यक नहीं है, बहुधा वह

बहुदलीय होते हैं। कार्यपालिका, विधानमंडल के बिल्कुल अधीन है तथा दोनों में मतभेद होने पर कार्यपालिका न तो विधानमंडल को भंग कर सकती है और न ही वह पदत्याग कर सकती है, अपितु वह अपनी नीति विधानमंडल के अनुसार बदल देती है।

संघवाद

अमेरिका की भांति स्विट्जरलैंड में भी इकाइयों ने मिलकर संघीय शासन की स्थापना की है। यहां का संविधान लिखित व दुष्परिवर्तनशील (Rigid) है। इसमें केंद्रीय सरकार तथा राज्यों के मध्य अधिकारों का विभाजन किया गया है। स्विट्जरलैंड का संविधान एक निर्मित संविधान है, जिसकी रचना 14 सदस्यों के एक आयोग ने 17 फरवरी से 8 अप्रैल, 1848 तक निरंतर तर्क-वितर्क के उपरांत की, जो 12 सितंबर, 1848 को लागू हुआ। संविधान संशोधन संघ व इकाई दोनों की सहमति से ही होता है। जनता को भी संशोधन प्रस्ताव प्रेषित करने का अधिकार है और संविधान में अभी तक 48 संशोधन हुए हैं। स्विट्जरलैंड की विधायिका के उच्च सदन में सभी राज्यों (कैंटन) को समान प्रतिनिधित्व प्राप्त हैं। संघीय सभा के द्वारा बनाए गए कानूनों को कोई न्यायपालिका चुनौती नहीं दे सकती। हां, यदि 50,000 नागरिक या 8 कैंटन चाहें, तो उन पर जनमत संग्रह की मांग अवश्य कर सकते हैं, जिनमें केवल नागरिकों का बहुमत पर्याप्त होता है। लेकिन यह आवश्यक नहीं है कि कैंटनों का भी बहुमत हो। अवशिष्ट शक्तियां कैंटनों के पास हैं। स्विट्जरलैंड की शासन प्रणाली में संघ सूची एवं समवर्ती सूची है और आवश्यक शक्तियां कैंटन के पास हैं। कैंटनों को संघ से अलग होने का अधिकार नहीं है। कानूनी अधिकारों की रक्षा हेतु कैंटनों को उच्चतम न्यायालय का संरक्षण प्राप्त नहीं है। संविधान तथा न्यायालय कैंटनों से श्रेष्ठ हैं, लेकिन संघीय विधानमंडल से उच्च नहीं। प्रत्येक कैंटनों का अपना संविधान है। **कम्यून** स्विट्ज़रलैंड शासन प्रणाली की सबसे छोटी इकाई है। यहां व्यक्तियों को **तीन प्रकार की नागरिकता प्राप्त होती है-**

(i) कम्यून की।

(ii) राज्यों की।

(iii) संघ सरकार की।

राज्य परिषद् कैंटनों के प्रतिनिधियों का कार्यकाल कैंटन तय करता है।

विधायिका

राज्य परिषद् (State Council) की सदस्य संख्या-44 है। इसमें सभी कैंटन का समान प्रतिनिधित्व होता है। राज्य परिषद् उच्च सदन है। **संघीय परिषद्** (Federal Council) निम्न सदन है। इसकी सदस्य संख्या-200 तथा मतदान की उम्र-20 वर्ष एवं कार्यकाल-4 वर्ष का है। इसके अधिकार राष्ट्रीय परिषद् के समान है, क्योंकि यह भी सार्वजनिक चुनाव द्वारा संगठित की जाती है। स्विट्जरलैंड के संविधान की सबसे बड़ी विशेषता है कि विधायिका के दोनों सदनों की शक्तियां समान तथा दोनों सदनों के बीच विवाद को सुलझाने के लिए संयुक्त बैठक का भी प्रावधान है।

संगठन

संघीय परिषद् के लिए प्रत्येक कैंटन से 2 और अर्द्ध-कैंटन से 1 सदस्य निर्वाचित होते हैं। कार्यकाल व निर्वाचन की विधि सभी सदस्यों के लिए समान नहीं होती, बल्कि यह कैंटनों पर निर्भर करती हैं।

राज्य परिषद्

इसका कार्यकाल-4 वर्ष का होता है। राष्ट्रीय परिषद् में प्रत्येक कैंटनों को उनकी जनसंख्या के अनुसार प्रतिनिधित्व प्राप्त होते हैं। यहां निर्वाचन प्रत्यक्ष रूप से आनुपातिक प्रतिनिधित्व प्रणाली के द्वारा होता है।

संघीय कार्यपालिका

स्विट्जरलैंड की शासन प्रणाली बहुल कार्यपालिका का उदाहरण है। नाममात्र और वास्तविक कार्यकारिणी में कोई अंतर नहीं है। संघीय कार्यपालिका में 7 सदस्य होते हैं, जिनको 7 अलग-अलग विभाग बांटे गए हैं। संघीय कार्यपालिका का कार्यकाल-4 वर्ष होता है। संघीय कार्यपालिका के सदस्य संघीय सभा के सदस्य नहीं हो सकते। यद्यपि संघीय कार्यपालिका के सदस्य विधान सभा द्वारा निर्वाचित होते हैं तथा संघीय कार्यपालिका में 1 कैंटन के 2 व्यक्ति नहीं हो सकते एवं राष्ट्रपति के अधिकार व स्थिति ब्रिटेन या अमेरिका के समान नहीं है।

बहुल कार्यपालिका

बहुल कार्यपालिका के 7 सदस्य अलग-अलग दलों से संबंधित होते हैं, क्योंकि चुनाव में **लिस्ट प्रणाली** का प्रयोग किया जाता है। बहुसदस्यीय कार्यपालिका में 7 सदस्य होते हैं, जो एक-दूसरे के समान होते हैं, जिन्हें मंत्री भी कहा जा सकता है। कार्यपालिका न तो अमेरिका की भांति और न ही ब्रिटिश कार्यपालिका की भांति है। इसी बहुल कार्यपालिका को संघीय परिषद् कहा जाता है। परिषद् के सदस्य मिलकर अपने सदस्यों में से एक अध्यक्ष एवं एक उपाध्यक्ष का चयन करते हैं, जिनका कार्यकाल-1 वर्ष का होता है। संघीय परिषद् का कोरम-4 है तथा संघीय परिषद् का कार्यकाल-4 वर्ष का होता है।

कार्यपालिका एवं विधायिका का संबंध

कार्यपालिकीय प्रधान को विधायिका के विघटन की शक्ति नहीं है तथा कार्यपालिका के विरुद्ध विधायिका अविश्वास प्रस्ताव नहीं ला सकती। संघीय कार्यपालिका के सदस्य विधान सभा के सदस्य नहीं होते, परंतु संघीय कार्यपालिका के सदस्य विधायिका में विधेयक प्रस्तुत करते हैं तथा विधान सभा की गतिविधियों में भाग लेते हैं, परंतु मतदान नहीं करते। अतः अमेरिका की भांति शक्तियों का कठोर विभाजन नहीं पाया जाता है।

न्यायपालिका

केवल संघीय न्यायालय है और न्यायाधीशों का निर्वाचन संघीय विधान सभा करती है तथा कोई भी व्यक्ति जो राष्ट्रीय परिषद् का सदस्य चुने जाने की योग्यता रखता हो, न्यायाधीश बनाया जा सकता है। न्यायालय संविधान का संरक्षक नहीं है। संघीय सभा के विरुद्ध न्यायालय को न्यायिक समीक्षा का अधिकार नहीं है, क्योंकि किसी भी अंतिम निर्णय का अधिकार स्वयं जनता के हाथों में है तथा यहां न्यायिक पुनरावलोकन का प्रावधान भी नहीं है।

प्रत्यक्ष लोकतंत्र

यह जनमत संग्रहीय लोकतंत्र है, संसदीय लोकतंत्र नहीं। इसलिए विधि-निर्माण के बाद आम लोगों से जनमत संग्रह कराया जाता है और आम जनता के अनुरोध पर विधायिका के द्वारा विधि का निर्माण भी किया जाता है। इसलिए निर्वाचित प्रतिनिधियों के बजाए, आम जनता शक्तिशाली होती है।

शासन

भाग 13

1) शासन (गवर्नेंस), 2) ई-गवर्नेंस, 3) सिटीजन चार्टर (नागरिक अधिकार-पत्र), 4) सूचना का अधिकार

अध्याय 1

शासन (गवर्नेंस)

(Governance)

● आयाम, ● 1. मंत्री व सिविल सेवक के बीच संबंध, ● नौकरशाही (लोक सेवक) की कमियां, ● 2. नौकरशाही (लोक सेवकों) की निरंकुशता, ● 3. लोक सेवक एवं मंत्री के संबंधों को निर्धारित करने वाले तत्त्व, ● 4. भारत में सिविल सेवक की भूमिका, ● सिविल सेवा में लैटरल इंट्री, ● सिविल सेवकों की स्वायत्तता और उच्चतम न्यायालय का निर्णय, ● पुलिस सुधार व उच्चतम न्यायालय, ● आलोचना

परंपरागत् रूप में राजव्यवस्था एवं प्रशासन में सरकार शब्द का प्रयोग किया जाता था। सरकार के **तीन अंग** (विधायिका, कार्यपालिका एवं न्यायपालिका) होते हैं। सरकार के इन तीनों अंगों के कार्यों का वर्णन संविधान में तथा विभिन्न प्रशासनिक प्रावधानों में किया गया है। उदारीकरण एवं निजीकरण के वर्तमान युग में सरकार के बजाए, शासन शब्द का प्रयोग होने लगा। शासन का शाब्दिक अर्थ **संचालन** अथवा **नीति-निर्णय** करना है। विशिष्ट रूप में शासन में सरकार के अधिकरण निजी क्षेत्र (व्यापारिक संगठन) तथा नागरिक समाज को शामिल किया जाता है। इसलिए शासन एक व्यापक शब्द है, जिसमें सरकार के अतिरिक्त बाजार, गैर-सरकारी स्वैच्छिक संगठन तथा आम लोगों की सहभागिता को प्रोत्साहित किया जाता है।

परंपरागत् रूप में राज्य द्वारा विधि व्यवस्था के निर्माण का कार्य किया गया। धीरे-धीरे राज्यों के कार्यों में व्यापक परिवर्तन हुआ और राज्य का कार्य विधि व्यवस्था तक सीमित नहीं रहा, बल्कि कल्याणकारी राज्य का उदय हुआ, जिसके अंतर्गत राज्य के द्वारा शिक्षा, स्वास्थ्य, न्यूनतम आवास जैसी मूलभूत सामाजिक सुविधाएं आम लोगों को प्रदान की गईं। राज्य के द्वारा प्रदत्त इन कल्याणकारी सुविधाओं में अब निजी क्षेत्रों तथा नागरिक समाज की सहभागिता बढ़ रही है। पहले यह अवधारणा थी कि समूचे कार्य केवल राज्य के द्वारा संपादित होंगे, परंतु अब यह मान्यता परिवर्तित हो चुकी है और राज्य के अलावा बाजार (व्यापारिक घराने) तथा विभिन्न स्वैच्छिक संगठनों का सहयोग भी राज्य के कार्यों हेतु लिया जा रहा है। उदाहरण के लिए, शिक्षा प्रदान करना, राज्य का मूल कार्य है। परंतु प्रथम जैसे स्वैच्छिक संगठन भी शिक्षा प्रदान करने में अग्रणी भूमिका का निर्वाह कर रहे हैं। विभिन्न आधारभूत संरचनाओं का निर्माण सरकार और निजी क्षेत्रों के सहयोग के द्वारा किया जा रहा है, जिसे लोकप्रिय रूप में सार्वजनिक व निजी सहयोग (PPP) के रूप में भी जाना जाता है।

सरकार व नागरिक के बीच पहला संबंध सरकार द्वारा प्रदत्त सुविधाओं के द्वारा होता है। उदाहरण के लिए, स्वास्थ्य सुविधा के लिए सरकारी अस्पताल की सुविधा प्रदान की जाती है। सरकार की नियंत्रणकारी भूमिका से व्यक्ति के व्यवहार को नियंत्रित किया जाता है। उदाहरण के लिए, पुलिस व कर विभाग के द्वारा व्यक्तियों के व्यवहार पर नियंत्रण रखा जाता है। सरकार व व्यक्ति के बीच तीसरे प्रकार का संबंध याचिकाकर्ता के रूप में होता है, जब व्यक्ति न्यायपालिका में अपने मुद्दे को लेकर जाता

है। वर्तमान दौर में व्यक्ति, सरकार द्वारा संचालित अनेक कार्यक्रमों में भागीदारी भी कर रहा है; जैसे-सरकार द्वारा संचालित जल संभरण कार्यक्रम में नागरिकों की भागीदारी। नागरिक का सरकार से दिन-प्रतिदिन की सुविधाओं के लिए सामना होता रहता है; जैसे-बिजली की समस्या, जलभराव इत्यादि। यदि सरकार लोगों की उपरोक्त अपेक्षा को पूरा न कर सके, तो नागरिक समाज द्वारा सरकार का विरोध किया जाता है। सरकार के द्वारा संपादित कार्यों में निजी क्षेत्र तथा नागरिक समाज की सहभागिता ही शासन (गवर्नेंस) कहलाता है।

सुशासन (Good Governance)

सुशासन के द्वारा नागरिक समाज प्रभावशाली रूप से शासन पर नियंत्रण बनाए रखता है। वर्तमान में शासन को सुशासन के रूप में परिवर्तित करने पर बल दिया जा रहा है। **सुशासन** शब्द का प्रयोग विश्व बैंक के द्वारा लोकप्रिय बनाया गया है। **सुशासन को निम्नलिखित रूप में व्यक्त किया जा सकता है-**

(i) **सरल** (S-Simple)–अर्थात् शासन सरल होना चाहिए और शासन में औपचारिक एवं जटिल प्रक्रियाएं नहीं होनी चाहिए। शासन का उद्देश्य परिणाम अर्जित करना है, प्रक्रिया पर बल देना नहीं।

(ii) **नैतिक** (M-Moral)–अर्थात् शासन में भाग लेने वाले पदाधिकारियों का नैतिक दायित्व है कि वे आम जनता के लिए सुलभ रहें तथा उनकी ईमानदारी से सेवा करें।

(iii) **जबावदेही** (A-Accountable)–अर्थात् शासन को आम जनता के प्रति उत्तरदायी होना चाहिए।

(iv) **उत्तरदायी** (R-Responsible)–अर्थात् शासन को आम लोगों के प्रति अनुक्रियाशील होना चाहिए।

(v) **पारदर्शिता** (T-Transparent)–अर्थात् शासन में गोपनीयता को दूर करके पारदर्शिता का निर्माण होना चाहिए तथा शासन द्वारा संचालित सभी कार्य एवं निर्णय आम जनता के समक्ष प्रस्तुत होने चाहिए। इन्हें सामूहिक रूप में स्मार्ट का नाम दिया जाता है।

आयाम

सुशासन के **आयाम निम्नलिखित हैं-**

1. प्रशासनिक आयाम

शासन उत्तरदायी, पारदर्शी, अनुक्रियाशीलता, सहभागिता, न्यायपूर्ण (त्वरित न्याय), कुशल, आम सहमति पर आधारित विधि का शासन होना चाहिए, जिससे त्वरित व प्रभावी शासन स्थापित हों।

2. आर्थिक आयाम

निजीकरण को बेहतर रूप में आगे ले जाया जाए और कॉर्पोरेट घरानों के ऊपर नियंत्रण हेतु कानून होना आवश्यक है, साथ ही उनका सामाजिक उत्तरदायित्व भी निर्धारित होना चाहिए। सरकार एवं निजी उद्यमों की भागीदारी को बेहतर बनाना चाहिए तथा उद्योगों के बीच बेहतर प्रतिस्पर्धा का वातावरण होना चाहिए। कॉर्पोरेट घरानों के द्वारा समाज से जो लाभ प्राप्त किया जा रहा है, उसका एक अंश समाज की भलाई के लिए भी प्रयुक्त होना चाहिए।

3. सामाजिक (नागरिक समाज और सुशासन)

सुशासन का अभिप्राय, केवल प्रशासनिक कुशलता एवं दक्षता का ही निर्माण नहीं है, बल्कि इसका सामाजिक पहलू भी अत्यधिक महत्त्वपूर्ण है। किसी अभावग्रस्त समाज में सुशासन की कल्पना संभव नहीं है। व्यक्तियों को मूलभूत सुविधाएं प्राप्त होनी चाहिए और गरीबी, विषमता व कुपोषण को समाप्त करने के लिए प्रयत्न करना चाहिए।

सुशासन को बेहतर बनाने का दायित्व नागरिक समाज का भी है। नागरिक समाज समाज का दूसरा रूप है। नागरिक समाज का अभिप्राय, समाज में शामिल वे व्यक्ति हैं, जो समाज की भलाई के लिए कार्य कर रहे हैं और वे सरकार के सदस्य नहीं हैं और न ही वाणिज्यिक संगठनों में शामिल हैं। नागरिक समाज में छात्र, मीडियाकर्मी, फिल्मकार तथा गैर-सरकारी स्वैच्छिक संगठनों में शामिल लोग हैं। नागरिक समाज का प्रभावशाली रूप शासन पर नियंत्रण बनाए रखता है तथा सुशासन को बढ़ावा देता है, क्योंकि लोकतांत्रिक शासन में आम जनता को ही शासन का मूल आधार माना जाता है। सुशासन का मूल आधार आम जनता की शासन में ज्यादा से ज्यादा सहभागिता है, क्योंकि चुनाव के द्वारा केवल सीमित सहभागिता सुनिश्चित होती है। इसलिए नागरिक समाज की नित्य-प्रतिदिन की भागीदारी आवश्यक है। भ्रष्टाचार के विरोध में चलाए गए आंदोलन के परिणामस्वरूप भारत में 40 वर्षों बाद

लोकपाल विधेयक का निर्माण हुआ। नागरिक समाज द्वारा आंदोलन के कारण भारत में सूचना का अधिकार प्राप्त हुआ, जिससे भारत में पारदर्शी शासन की शुरूआत हुई। जब राजनीतिक दल जनता की इच्छा की अवहेलना करें व दबाव समूह केवल प्रभावशाली लोगों के हितों का साधन बन जाए, तो नागरिक समाज के पास आंदोलन का विकल्प बचता है। नागरिक समाज द्वारा समाज में हाशिए पर रहने वाले लोगों की मांग को उठाया जाता है, क्योंकि सुशासन में सर्वसमावेशी विकास अंतर्निहित है।

इसके विपरीत कुछ लोगों का मानना है कि नागरिक समाज शासन के लिए अनेक समस्याएं उत्पन्न करता है। आलोचकों के अनुसार, नागरिक समाज द्वारा बार-बार होने वाले आंदोलन प्रशासनिक दक्षता को कुप्रभावित करते हैं और भीड़ की संस्कृति को आगे बढ़ाते हैं। नागरिक समाज द्वारा सरकार पर अनावश्यक दबाव का प्रयोग किया जाता है और समाज में लोगों के हित अलग-अलग व विभाजित हैं। इसलिए नागरिक समाज जैसा कोई विचार ही नहीं है। नागरिक समाज के दबाव में आकर सरकार द्वारा लोक-लुभावन नीतियों का निर्माण किया जाता है, जो सुशासन के विरुद्ध हैं, जिससे लोगों में असंतोष व्यक्त करने के कई माध्यम हैं। जैसे-सूचना का अधिकार, न्यायालय एवं राजनीतिक दल का निर्माण करना। इसलिए बार-बार होने वाले ये आंदोलन प्रशासन के निर्णय को प्रभावित करते हैं। सरकार व प्रशासन नागरिक समाज का प्रतिनिधि होता है तथा एक सतत् जागरूक नागरिक समाज सुशासन की आवश्यक शर्त है। इसलिए यह सुशासन को बेहतर करने में सहायक है।

सुशासन में भ्रष्टाचार के लिए कोई स्थान नहीं है। भ्रष्टाचार एक आम शब्द है, जिसका अर्थ होता है-व्यक्तिगत लाभ के लिए अपनी सत्ता का दुरुपयोग करना। भ्रष्टाचार शब्द का तात्पर्य है-कदाचारपूर्ण, गैर-कानूनी, अनैतिक और अनुचित व्यवहार करना। अतः भ्रष्टाचार व्यक्तिगत लाभ के उद्देश्य से अपने अधिकार का जान-बूझकर किया गया दुरुपयोग (प्रत्यक्ष या अप्रत्यक्ष) है। व्यक्तिगत लाभ के अंतर्गत आर्थिक लाभ या पदोन्नति या प्रभाव में वृद्धि जैसे तत्त्व आते हैं। भ्रष्टाचार समाप्त करने के लिए निम्नलिखित उपायों का प्रयोग किया जा सकता है। जैसे-प्रक्रियाओं का सरलीकरण, ई-शासन का प्रयोग, सरकारी ठेका देते समय, सरकारी खरीद करते समय व प्राकृतिक संसाधनों के खनन का ठेका देते समय पारदर्शिता का निर्माण, विवेकाधीन शक्तियों को समाप्त करना, सेवा देने वाले निकायों के बीच प्रतिस्पर्द्धा को बढ़ाना, भ्रष्टाचार को रोकने हेतु बेहतर संस्थाओं का निर्माण। जैसे-लोकपाल, चुनाव सुधार व सिविल सेवा सुधार इत्यादि।

सिविल सेवा (नौकरशाही)

सिविल सेवा अर्थात् नौकरशाही का शाब्दिक अर्थ है—मेज का शासन। नौकरशाही का अभिप्राय, मेज पर रखे गए नियमों एवं कानून का शासन है। यह संगठन को संचालित करने का एक तरीका है। वर्तमान जटिल समाज के संचालन के लिए संगठन की आवश्यकता होती है। सरकार के प्रशासन के लिए संगठन और निजी कंपनियों के संचालन के लिए भी संगठन का निर्माण अनिवार्य है। नौकरशाही संगठन को संचालित करने का एक तार्किक रूप है, जिसमें संगठन में कार्य करने वाले सभी पदाधिकारी समान स्थिति में नहीं होते, इसलिए संगठन सोपानिक अथवा अधिक्रमतामूलक होता है एवं संगठन में कार्य का विभाजन होता है। व्यक्ति का महत्त्व नहीं होता, बल्कि व्यक्ति के पद का महत्त्व होता है और संगठन में कार्य करने के लिए व्यक्ति की भावनाओं अथवा इच्छाओं के बजाए, नियमों का महत्त्व ज्यादा होता है। इसलिए यह औपचारिक और अनम्य कहलाता है। संगठन में प्रवेश के लिए प्रतिस्पर्धी परीक्षाओं का आयोजन होता है।

पहले राज्य का मूल कार्य विधि एवं व्यवस्था बनाए रखना था। इसलिए नौकरशाही की भूमिका भी विधि एवं व्यवस्था बनाए रखने में महत्त्वपूर्ण होती थी, परंतु राज्य के कल्याणकारी स्वरूप के उदय के बाद नौकरशाही की परंपरागत् भूमिका में परिवर्तन हुआ और नौकरशाही के द्वारा लोगों के कल्याणकारी कार्यों का संपादन किया गया है। नौकरशाही के इस परिवर्तित स्वरूप को विकास प्रशासन (Development Administration) का नाम दिया गया, जिसमें नौकरशाही आम जनता के कल्याण के लिए प्रतिबद्ध है और इसके द्वारा आम लोगों के साथ सहभागिता को बढ़ावा दिया जा रहा है।

विश्व के प्रत्येक लोकतांत्रिक देश में स्थायी

लोकतंत्र व नौकरशाही की तुलना

लोकतंत्र	नौकरशाही
• इसका अर्थ है-जनता/जन-प्रतिनिधि का शासन।	• इसका अर्थ है-नियुक्त व्यक्तियों का शासन।
• इसमें समानता है।	• इसमें सोपानिकता है।
• इसमें सभी को समान रूप से योग्य माना जाता है।	• इसमें विशेषज्ञता की मांग होती है।
• यहां बहुमत का शासन होता है।	• यहां अल्पमत का शासन होता है।
• यहां अस्थायी कार्यपालिका होती है।	• यहां स्थायी कार्यपालिका होती है।

कार्यपालिका के रूप में नौकरशाही कार्य करती है, जबकि जन-प्रतिनिधि अस्थायी कार्यपालिका के रूप में कार्य करते हैं। इसलिए व्यावहारिक रूप में दोनों एक-दूसरे की सहायता करते हैं। राजनेता जनता की इच्छाओं का प्रतिनिधित्व करते हैं, जबकि नौकरशाह अपने मामलों के विशेषज्ञ होते हैं। नौकरशाहों के द्वारा राजनेताओं को सलाह दी जाती है, जिसे मानना या न मानना राजनेताओं का विवेकाधिकार है। लोकतांत्रिक व्यवस्था में नौकरशाही और राजनेताओं के मध्य संबंधों को **निम्नलिखित रूप में भी व्यक्त किया जा सकता है-**

1. मंत्री व सिविल सेवक के बीच संबंध

लोकतांत्रिक देशों में नौकरशाही व लोकतांत्रिक व्यवस्था के बीच सामंजस्यपूर्ण एवं समन्वयात्मक संबंधों की स्थापना हुई है। मंत्री, मंत्रालय का राजनीतिक प्रधान होता है, जबकि सचिव, मंत्रालय के प्रशासनिक कार्यों का संपादन करता है और सचिव के द्वारा मंत्रियों को प्रत्येक मुद्दे पर तटस्थ व निष्पक्ष सलाह दी जाती है। यह मंत्री का विवेकाधिकार है कि वह किस प्रकार की सलाह स्वीकार करे। मंत्री द्वारा निर्णय लिए जाने के बाद सिविल सेवक का यह कर्त्तव्य है कि उसे तत्काल निष्पक्षता से लागू करें, चाहे यह निर्णय उसकी राय के विरुद्ध ही क्यों न हो? मंत्री, लोकतंत्र में जनभावनाओं का प्रतिनिधित्व करता है और लोक सेवक नीति विषयक मामलों का विशेषज्ञ होता है। यह उल्लेखनीय है कि मंत्रिमंडल उत्तरदायित्व के अंतर्गत सिविल सेवकों द्वारा संपादित कार्य के लिए मंत्री ही उत्तरदायी होता है। एक लोकतांत्रिक व्यवस्था में सिविल सेवकों से **निम्नलिखित प्रकार के दायित्व की उम्मीद की जाती है-**

(i) **निष्पक्षता**

सिविल सेवकों की अपनी व्यक्तिगत मान्यताएं व विश्वास, समुदाय के लिए कार्य करने में बाधा उत्पन्न न करें।

(ii) **कुशलता व प्रभावकारिता**

सिविल सेवकों का यह दायित्व है कि वे समाज के संसाधनों का कुशल व प्रभावी उपयोग करें तथा कार्य के दौरान उच्च व्यावसायिकता व पारदर्शिता का परिचय दें।

(iii) **प्रक्रियात्मक निष्पक्षता**

सिविल सेवकों द्वारा अपनाई गई प्रक्रियाएं उचित, पारदर्शी व न्यायपूर्ण होनी चाहिए तथा निर्णय किन कारणों से लिया गया इसकी भी व्याख्या होनी चाहिए।

(iv) **हितों के संघर्ष को बचाना**

सिविल सेवकों के द्वारा समुदाय की सेवा के लिए निष्पक्ष, प्रभावी व उचित तरीके अपनाने चाहिए, जिसमें सिविल सेवकों के अपने व्यक्तिगत हित व वित्तीय हित में बाधा नहीं होनी चाहिए।

(v) **उत्तरदायित्व**

सिविल सेवक, मंत्री के प्रति उत्तरदायी होता है, तो वहीं मंत्री आम जनता के प्रति उत्तरदायी होता है। सिविल सेवकों का यह दायित्व है कि विधि व्यवस्था बनाए रखें, नीति-निर्माण करें, साथ ही साथ उनका प्रभावी क्रियान्वयन करें।

(vi) **अनुक्रियाशीलता**

समुदाय के कार्यों को निष्पक्ष रूप में संपादित करने के लिए और सरकारी सुविधाओं के समुचित वितरण के दौरान उनका व्यवहार अनुक्रियाशील होना चाहिए। यह उल्लेखनीय है कि नीति-निर्माण व नीति-क्रियान्वयन के मुद्दे पर सिविल सेवक सदैव मंत्री के निर्देश का पालन करेगा, परंतु इसका

यह अभिप्राय नहीं है कि सिविल सेवकों के स्थानांतरण व प्रोन्नति में मंत्रियों को खुली छूट दे दी जाए।

नौकरशाही (लोक सेवक) की कमियां

(i) लॉर्ड हेवर्ट ने प्रदत्त विधि-निर्माण तथा प्रशासनिक अधिनिर्णय के कार्यों को लोक सेवक द्वारा लिए जाने की आलोचना की है। इस घटना को उन्होंने **नई तानाशाही** की संज्ञा दी।

(ii) आलोचकों ने प्रदत्त विधि-निर्माण में वृद्धि का वर्णन नौकरशाही की जीत के रूप में किया।

(iii) आलोचकों ने कहा नौकरशाही की शक्ति आम नागरिकों की स्वतंत्रताओं हेतु खतरा पैदा कर देती है।

(iv) रेम्जेम्योर की पुस्तक-"How Britain is Governed, 1930" में उन्होंने लोक सेवकों की बढ़ती ताकत पर हमला किया है। जनतंत्र के आवरण में यह फ्रैंकेंस्टीन (Frankenstein) के दैत्य की तरह पली और बढ़ी हैं, जो कभी-कभी अपने जन्मदाता को ही नष्ट करती प्रतीत होती हैं।

(v) विदेशी विद्वानों ने नौकरशाही की कमियों को चित्रित करते हुए कहा कि लोक सेवा के विस्तार को नौकरशाही का ऊंचा पिरामिड कहते हैं। नौकरशाही में अपने काम को बढ़ाने और अपने लिए नए रोजगार पैदा करने की प्रवृत्ति होती है।

नौकरशाही ने लोक प्रशासन को अधिक कार्यकुशल, विशेषज्ञीकृत, तर्कसंगत, पूर्वानुमेय तथा अवैयक्तिक बनाया है। विलियम बेबरिज के अनुसार, 'जनतंत्र को अगर अपने काम का पता है, तो उसे नौकरशाही से डरने की कोई आवश्यकता नहीं।' हर्बर मोरिसन के अनुसार, 'नौकरशाही, संसदीय जनतंत्र की कीमत है।'

2. नौकरशाही (लोक सेवकों) की निरंकुशता

नौकरशाही की बढ़ रही शक्ति को लॉर्ड हीवर्ट (Lord Hewart of Bury) ने **नवीन तानाशाही** (The New Despotism,1929) नाम दिया है। हीवर्ट का मानना है कि इस नवीन प्रवृत्ति ने विभागों को संसद से भी अधिक शक्तिशाली बना दिया है और अब ये न्यायालयों के अधिकार क्षेत्र से भी बाहर होते जा रहे हैं। रेम्जेम्योर इस संबंध में लिखते हैं कि "हमारी शासन प्रणाली में नौकरशाही की शक्ति बहुत ज्यादा है, चाहे प्रशासन हो, विधायन हो या वित्त हो।" मंत्री उत्तरदायित्व के पर्दे में नौकरशाही फ्रैंकेंस्टीन के दैत्य की भांति पनपी और विकसित हुई और अब यह पैदा करने वालों को ही खा जाना चाहती है। भारत और ब्रिटेन इत्यादि देशों में नौकरशाही की निरंतर बढ़ रही **शक्तियों के निम्नलिखित कारण हैं-**

(i) मंत्रियों का अपने विभाग के संबंध में विशेषज्ञता न रखना।

(ii) जनता के मध्य मंत्रियों का ही उत्तरदायित्व होता है। अतः कोई गलती किए जाने पर भी लोक सेवक आलोचना से बचे रहते हैं और आलोचना मंत्री को सहनी पड़ती है।

(iii) मंत्रियों का पद अस्थायी होता है, जबकि नौकरशाही स्थायी होती है।

(iv) मंत्रियों द्वारा बनाई जा रही नीतियों के पीछे नौकरशाही का हाथ होता है। कमजोर बहुमत वाले मंत्रिमंडल में लोक सेवक प्रभावित होंगे, क्योंकि तब जनमत शक्ति कम होगी।

3. लोक सेवक एवं मंत्री के संबंधों को निर्धारित करने वाले तत्त्व

लोक सेवक (नौकरशाह) एवं मंत्री के संबंधों को निर्धारित करने वाले **प्रमुख तत्त्व निम्नलिखित हैं-**

(i) राजनीतिक दल की प्रकृति

मंत्री अगर प्रभावशाली व बहुमत दल का सदस्य है, तो वह निःसंदेह रूप से अधिक प्रभावशाली होगा, क्योंकि उसके पीछे उतना ही व्यापक जनमत भी होगा।

(ii) मंत्रिमंडल में स्थिति

यदि किसी मंत्री की अपनी मंत्रिमंडल में प्रभावशाली स्थिति है, तो वह लोक सेवकों पर अधिक प्रभावशाली होगा।

(iii) सामाजिक एवं राजनीतिक संस्कृति

प्रायः मंत्री और लोक सेवकों के मध्य भेद उनकी विभिन्न सामाजिक संस्कृतियों के कारण होते हैं। लोक सेवक औपनिवेशिक काल से ही समाज के उच्च वर्गों से संबद्ध रहे हैं। मंत्रियों तथा उनके दलीय साथियों का निर्वाचन जीतने संबंधी आवश्यकताएं, निर्वाचन प्रणाली, मतदाताओं की प्रकृति इत्यादि घटक भी उक्त संबंधों को सीमित करते हैं।

(iv) **लोक सेवकों के विश्वास, दृष्टिकोण व प्रस्थिति**

नौकरशाह अभी भी पुरानी मान्यताओं पर आधारित तथा वे अपने आपको उच्च शिक्षा प्राप्त वर्ग समझते हैं। यही पूर्वाग्रह सामाजिक, आर्थिक, राजनीतिक एवं सांस्कृतिक स्तर पर मंत्री के साथ उनके संबंधों को प्रभावित करता है।

(v) **वैयक्तिक विशेषताएं एवं लक्ष्य**

मंत्री एवं लोक सेवकों के मध्य जाति, धर्म, भाषा, विचार व पृष्ठभूमि संबंधी एकता उनके मंत्री के साथ संबंधों को बहुत प्रभावित करती हैं। मंत्री प्रायः यह प्रयास करते हैं कि किसी तरह से अपने परिचित प्रशासकों को लाया जाए, ताकि उन पर भरोसा किया जा सके। इसी तरह लोक सेवक भी अपनी शीघ्र पदोन्नति, सेवानिवृत्ति के पश्चात् नियुक्ति एवं आर्थिक लाभ हेतु मंत्री के अनुगामी बन जाते हैं।

(vi) **नीति-निर्माण का स्तर**

मंत्री एवं लोक सेवकों के संबंध विभागीय या निर्णय-निर्माण के स्तरों पर भी निर्भर करते हैं। उच्च स्तर पर उनके संबंध बराबरी और सहयोग, मध्य स्तर पर आदेश-अनुपालन तथा निम्न स्तर पर स्वामी, सेवक जैसे होते हैं।

4. भारत में सिविल सेवक की भूमिका

(i) **ब्रिटिश शासनकाल में**

ब्रिटिश शासन के दौरान भारत में **स्टील फ्रेम** नौकरशाही का विकास हुआ था, क्योंकि नौकरशाही के द्वारा प्रभावी रूप में विधि-व्यवस्था का निर्माण किया गया था। नौकरशाही के कारण ही पूरे भारत में प्रशासनिक एकता का निर्माण भी संभव हुआ। अंग्रेजी शासन के दौरान नौकरशाही की भूमिका विधि-व्यवस्था बनाए रखना एवं राजस्व वसूली की थी।

अतः अंग्रेजों के शासनकाल में नौकरशाही की भूमिका नकारात्मक थी और नौकरशाही की निष्ठा ब्रिटिश साम्राज्य के प्रति थी।

स्वतंत्र भारत में नौकरशाही की भूमिका में बड़ा बदलाव आया और अब सिविल सेवक कल्याणकारी राज्य के कार्यक्रमों को क्रियान्वित करने के मुख्य यंत्र बन गए। लोकतांत्रिक शासन की स्थापना के बाद उनका मूल उद्देश्य नागरिकों का कल्याण करना बन गया। अब उनकी निष्ठा भारतीय संविधान व विधि के प्रति हो गई और देश की आजादी के आरंभिक दशकों में सिविल सेवकों की भूमिका अत्यधिक महत्त्वपूर्ण थी, **जिसके उदाहरण निम्नलिखित हैं-**

- देश के विभाजन के बाद पाकिस्तान से विस्थापित होने वाले लोगों को बसाना।
- देश की एकता एवं अखंडता बनाए रखना।
- सामुदायिक विकास कार्यक्रमों का संचालन।
- पंचवर्षीय योजनाओं का क्रियान्वयन।
- सार्वजनिक उद्यमों की स्थापना व उनके प्रबंध में निर्णायक भूमिका का निर्वहन किया गया।

नौकरशाही के बेहतर प्रदर्शन का कारण मंत्रियों व सिविल सेवकों के बीच बेहतर व मधुर संबंध थे तथा राजनीतिक नेतृत्व भी आदर्शवादी व ईमानदार था और प्रशासनिक अधिकारियों ने अत्यधिक कुशलता व दक्षता का परिचय दिया तथा नीति-निर्माण, नीतियों का क्रियान्वयन, विधि व्यवस्था, राजस्व वसूली और विकास एजेंट के रूप में उन्होंने कार्य किया। प्रधानमंत्री नेहरू के कार्यकाल में नौकरशाही एवं राजनेताओं के बीच अत्यधिक बेहतर संबंध थे और इस दौरान मंत्रियों एवं नौकरशाहों के बीच सामंजस्यपूर्ण संबंधों का विकास हुआ।

प्रतिबद्ध नौकरशाही

वर्ष-1970 के दशक में इंदिरा गांधी ने प्रतिबद्ध नौकरशाही का नारा दिया। इनके अनुसार सिविल सेवकों को सरकार की नीतियों व विचारधारा के प्रति प्रतिबद्ध होना चाहिए। इंदिरा गांधी ने यह भी कहा कि भारत में कल्याणकारी नीतियों के क्रियान्वयन व गरीबी हटाने में नौकरशाही बाधा बन रही है। आलोचकों ने प्रतिबद्ध नौकरशाही के विचार को लोकतंत्र और नौकरशाही के कार्यकरण की मूल मान्यताओं के प्रतिकूल माना, क्योंकि सिविल सेवक विधि के शासन व संविधान के प्रति प्रतिबद्ध होते हैं और उनसे वस्तुनिष्ठता व निष्पक्षता की अपेक्षा की जाती है। राजनीतिक विचारधारा के पालन की अपेक्षा सिविल सेवकों से नहीं की जाती, क्योंकि लोकतंत्र में सरकारें परिवर्तित होती रहती हैं। संघ में एक दल की सरकार तथा राज्यों में दूसरे दल की सरकारें होती हैं। इसलिए प्रतिबद्ध नौकरशाही को आलोचकों ने नौकरशाही का राजनीतिकरण कहा। इंदिरा गांधी के कार्यकाल के दौरान प्रशासनिक अधिकारियों के

भारी तबादले की प्रक्रिया शुरू हुई। तबादले को दंड के रूप में प्रयोग किया गया और ईमानदार व निष्पक्ष अधिकारियों की अवहेलना की गई तथा चाटुकार अधिकारियों को प्राथमिकता प्रदान की गई। अधिकारियों से वस्तुनिष्ठ व निष्पक्ष सलाह देने के बजाए, प्रशासन की कुशलता की दक्षता गंभीर रूप में प्रभावित हुई। जनता पार्टी शासन के द्वारा कहा गया कि नौकरशाही निष्पक्ष एवं तटस्थ नहीं है, बल्कि कांग्रेस के प्रति प्रतिबद्ध है।

वर्ष-1990 के बाद नौकरशाही

वर्ष-1990 के बाद के उदारीकरण व निजीकरण के युग में सिविल सेवकों से सक्रिय पहलकारी भूमिका की अपेक्षा की गई और निजी क्षेत्रों के साथ मिलकर कार्य करने की चुनौती उत्पन्न हुई। साथ ही साथ सिविल सेवकों से निजी क्षेत्रों की सहायताकारी भूमिका की अपेक्षा की गई। उनमें निजी क्षेत्रों जैसी प्रतिस्पर्धा व कुशलता के विकास की अपेक्षा की गई। अब सिविल सेवकों की भूमिका नियंत्रणकारी नहीं रही, बल्कि उनसे निजी निवेश को आकर्षित करने की अपेक्षा की गई। इसलिए सिविल सेवकों में अनुनयात्मक व लचीला दृष्टिकोण होना चाहिए। प्रशासन का मूल बल परिणाम केंद्रित हो गया है, प्रक्रिया केंद्रित नहीं।

वर्तमान युग सूचना तकनीक प्रधान है। इसलिए एक पारदर्शी और उत्तरदायी सिविल सेवक की अपेक्षा की जाती है। सुशासन के इस युग में सरकार का दृष्टिकोण जनकेंद्रित हो गया है, इसलिए प्रशासन द्वारा आम लोगों को जन-सुविधाएं त्वरित व गुणवत्तापूर्ण ढंग से प्रदान की जानी चाहिए। पहले सिविल सेवक के लिए यह कहा जाता था कि केवल सिविल सेवक ही यह कार्य कर सकते हैं। वर्तमान में यह कहा जा रहा है कि सिविल सेवक नागरिकों की सहभागिता के साथ ही बेहतर कार्य कर सकते हैं। पंचायती राज के द्वारा भारत में प्रशासन व योजना का विकेंद्रीकरण किया गया है, जहां सिविल सेवक ग्रामीण जनता के साथ मिलकर ग्रामीण जनता का विकास करेंगे। इसलिए नीति-निर्माण में विकास योजनाओं के क्रियान्वयन में जनता की ज्यादा से ज्यादा सहभागिता को बढ़ावा दिया जा रहा है, क्योंकि भारत जैसे कल्याणकारी राज्य में सिविल सेवकों की भूमिका कभी कम नहीं हो सकती, लेकिन परिवर्तित परिवेश में इनकी नई भूमिका की अपेक्षा है। सिविल सेवक जिला पंचायत के मुख्य कार्यकारी अधिकारी के रूप में कार्य करते हैं। भारत में योजनाओं के क्रियान्वयन में जनता की सहभागिता के साथ इसे बेहतर बनाया जा सकता है।

निजीकरण के इस युग में कल्याणकारी कार्यों पर केवल सरकार का एकाधिकार नहीं है, बल्कि अनेक गैर-सरकारी स्वैच्छिक संगठन (NGO) लोगों के कल्याण में महत्त्वपूर्ण भूमिका का निर्वहन कर रहे हैं। इसलिए वर्तमान युग में सिविल सेवकों व गैर-सरकारी स्वैच्छिक संगठनों के बीच ज्यादा प्रभावशाली समन्वय व सहयोग की अपेक्षा है। गैर-सरकारी स्वैच्छिक संगठनों द्वारा नागरिकों का कल्याण अनौपचारिक रूप से और उनके सहयोग के द्वारा होता है। गैर-सरकारी स्वैच्छिक संगठन को अपने क्षेत्र में विशेषज्ञता भी प्राप्त होती है। इसलिए सिविल सेवक भी गैर-सरकारी स्वैच्छिक संगठन की कार्यशैली अपनाने पर बल दे रहे हैं, जिससे प्रक्रिया व औपचारिकता के बजाए, परिणाम व निष्पादन पर बल दिया जाए। यह भी उल्लेखनीय है कि राज्य के समक्ष इस समय अनेक प्रकार की नवीन चुनौतियां भी विद्यमान हैं, जिसमें साइबर अपराध (Cyber Crime) जैसी चुनौतियां मुख्य हैं। इसलिए सामान्य के साथ-साथ विशेषज्ञों की भूमिका को बढ़ावा देने की आवश्यकता है, विशेष तौर पर सचिवालय स्तर पर विशेषज्ञों की बेहतर उपस्थिति अनिवार्य है, क्योंकि वर्तमान सूचना तकनीक और अंतरिक्ष एवं परमाण्विक युग में विशेषज्ञों की भूमिका अत्यधिक निर्णायक है।

उदारीकरण व निजीकरण के वर्तमान युग में भारतीय समाज का एक बड़ा भाग अभी भी गरीबी व वंचना का शिकार है। इसलिए गरीबी निवारण व सामाजिक न्याय प्रदान करने में सिविल सेवक की भूमिका महत्त्वपूर्ण हैं, जिन क्षेत्रों में निजी क्षेत्रों का प्रवेश नहीं हो रहा है, उसमें अभी भी सरकार की भूमिका महत्त्वपूर्ण है और सिविल सेवकों से उनमें नेतृत्वकारी पहलकारी भूमिका की अपेक्षा है, उनमें समाज के वंचित वर्गों के प्रति संवेदनशीलता की आवश्यकता है।

सिविल सेवा में लैटरल इंट्री (Lateral Entry)

भारत में सिविल सेवकों की नियुक्ति के लिए संघ लोक सेवा आयोग (UPSC) के द्वारा परीक्षा का आयोजन होता है और अखिल भारतीय सेवक जिसमें भारतीय प्रशासनिक

सेवा के अधिकारी मंत्रालयों में सचिव के रूप में कार्य करते हैं। उदारीकरण के युग में संघ सरकार के विभिन्न मंत्रालयों में भारतीय प्रशासनिक सेवा के अधिकारियों के साथ-साथ अर्थशास्त्रियों को भी सचिवों के रूप में नियुक्त किया गया। डॉ. मनमोहन सिंह, मोंटेक सिंह आहलूवालिया तथा अरबिन्द पनगड़िया भारतीय प्रशासनिक सेवा से संबंधित नहीं थे। रघुराम राजन, एम. एस. स्वामीनाथन अपने क्षेत्रों के विशेषज्ञ थे, जिन्होंने भारतीय प्रशासनिक सेवा के अधिकारियों से भी बेहतर कार्य का निष्पादन किया।

मोदी सरकार के द्वारा नौकरशाही को प्रभावशाली बनाने के लिए लैटरल इंट्री (Lateral Entry) को बढ़ावा दिया जा रहा है, ताकि प्रशासन में पारदर्शिता और कुशलता को बढ़ावा दिया जा सके और अनुभव के बजाए, कुशलता को प्राथमिकता देने की आवश्यकता है। आलोचकों का मानना है कि लैटरल इंट्री (Lateral Entry) के द्वारा नौकरशाही में राजनीतिक पक्षपात में वृद्धि होगी, क्योंकि प्रत्येक सरकार के द्वारा अपने समर्थक विशेषज्ञों को सरकार में शामिल किया जाएगा। संघ लोक सेवा आयोग द्वारा आयोजित परीक्षा में आरक्षण का भी प्रावधान होता है। जबकि लैटरल इंट्री (Lateral Entry) के द्वारा आरक्षण के प्रावधान पर भी खतरा उत्पन्न होगा तथा सचिव स्तर के अधिकारियों में भारतीय प्रशासनिक सेवा के अधिकारियों और लैटरल इंट्री (Lateral Entry) के द्वारा नियुक्त विशेषज्ञ अधिकारियों के बीच प्रतिस्पर्धा भी बढ़ेगी।

सिविल सेवा में सुधार

भारत में सुशासन के लक्ष्य को प्राप्त करने के लिए सिविल सेवा में सुधार आवश्यक है। वर्तमान में सिविल सेवकों के चयन के साथ उन्हें परीक्षा में रैंक के आधार पर सेवाओं का आवंटन हो जाता है। प्रशासनिक सुधार आयोग के द्वारा यह अनुशंसा की गई है कि सेवाओं का आवंटन मंसूरी में आयोजित फाउंडेशन कोर्स में प्रदर्शन के आधार पर निर्धारित होना चाहिए।

सिविल सेवकों के कार्यों में राजनीतिक हस्तक्षेप को कम करने के लिए उनकी नियुक्ति और स्थानांतरण के लिए सिविल सेवा बोर्ड की स्थापना की जाए तथा प्रदर्शन के आधार पर उनकी प्रोन्नति होनी चाहिए। सिविल सेवकों का कार्य प्रक्रिया के अनुसार संचालित नहीं होना चाहिए, बल्कि परिणाम के अनुसार निर्धारित होना चाहिए।

सिविल सेवक की समस्याएं

द्वितीय प्रशासनिक सुधार आयोग के द्वारा वर्तमान सिविल सेवकों की **निम्नलिखित समस्याओं को उजागर किया गया है-**

- सिविल सेवकों में व्यावसायिक दृष्टिकोण व क्षमता निर्माण का अभाव।
- सिविल सेवकों में आम जनता से अलगाव व जनता की अपेक्षा को समझने में वे असफल रहे हैं।
- एक अकुशल व्यवस्था का निर्माण हो गया है, जिसमें प्रभावशाली व ईमानदार सिविल सेवकों को हतोत्साहित तथा अकुशल व भ्रष्ट सिविल सेवकों को प्रोत्साहित किया जा रहा है।
- निरर्थक व बेकार प्रक्रियाओं के प्रति प्रतिबद्धता।
- निष्पादनकारी संस्कृति का अभाव।
- प्रोन्नति में कुशलता के मानदंडों का अभाव।
- पारदर्शिता का अभाव।
- भ्रष्टाचार के विरुद्ध आवाज उठाने वाले लोगों की रक्षा का अभाव।
- मनमानी तबादला व बढ़ता राजनीतिक हस्तक्षेप।
- सिविल सेवकों की नैतिकता व मूल्य में होती गिरावट।

सिविल सेवकों की स्वायत्तता और उच्चतम न्यायालय का निर्णय

यह उल्लेखनीय है कि प्रशासनिक सुधार आयोग ने पहले ही अनुशंसा की है कि सिविल सेवकों के स्थानांतरण व प्रोन्नति हेतु एक स्वतंत्र व निष्पक्ष प्रणाली के निर्माण की आवश्यकता है। अक्टूबर, 2013 में उच्चतम न्यायालय ने एक ऐतिहासिक निर्णय देते हुए कहा कि संघ सरकार व राज्य सरकारें सिविल सेवकों के स्थानांतरण, उनकी प्रोन्नति, उनको पुरस्कृत करने तथा उनके विरुद्ध अनुशासनात्मक कार्यवाही की अनुशंसा हेतु एक सिविल सेवा बोर्ड की स्थापना करें। **उच्चतम न्यायालय द्वारा अवकाश प्राप्त सिविल सेवकों की जनहित याचिका** (PIL) **पर यह निर्णय दिया गया-**

- उच्चतम न्यायालय के अनुसार, सिविल सेवा बोर्ड का अध्यक्ष केंद्र में कैबिनेट सचिव व राज्यों में मुख्य सचिव होगा, जिससे सरकार के कार्यों में पारदर्शिता व उत्तरदायित्व को बढ़ावा दिया जाएगा। सरकार सिविल

सेवा बोर्ड के निर्णय को अस्वीकार कर सकती है, परंतु इसका लिखित कारण देना होगा।

- एक अत्यंत महत्त्वपूर्ण निर्देश में उच्चतम न्यायालय ने कहा कि सिविल सेवकों को एक निश्चित कार्यकाल प्रदान किया जाए। न्यायपालिका ने इस निर्णय को तीन महीने में लागू करने का निर्णय दिया।
- एक अन्य निर्देश में उच्चतम न्यायालय ने यह भी कहा कि सिविल सेवक राजनेताओं के मौखिक आदेश को न मानें, बल्कि सदैव उनसे लिखित आदेश प्राप्त करें।
- उच्चतम न्यायालय ने कहा कि सिविल सेवक किसी व्यक्ति के निजी सेवक नहीं हैं। इसलिए उनका उपयोग किसी के निजी हितों को बढ़ावा देने के लिए नहीं हो सकता।
- आलोचकों का मानना है कि उच्चतम न्यायालय ने वर्ष-2006 में प्रकाश सिंह मामले पर पुलिस सुधार हेतु अनेक निर्देश दिए थे, जो अभी तक लागू नहीं हो सका है। इसलिए उच्चतम न्यायालय का यह निर्णय कितने प्रभावी रूप में लागू होगा, यह आने वाला समय बताएगा।

पुलिस सुधार व उच्चतम न्यायालय

- *प्रकाश सिंह वाद* में उच्चतम न्यायालय ने यह कहा था कि पुलिस अधिकारियों को भी 2 वर्ष का निश्चित कार्यकाल प्रदान किया जाए एवं प्रदेश के महानिदेशक (DGP) का चयन प्रदेश के तीन वरिष्ठ भारतीय पुलिस सेवा (IPS) के अधिकारियों में से किया जाए।
- पुलिस के विधि व्यवस्था बनाए रखने के कार्य एवं जांच कार्यों के बीच विभाजन किया जाए।
- न्यायपालिका ने एक पुलिस बोर्ड की स्थापना का निर्देश दिया, जिसके द्वारा पुलिस अधिकारियों के स्थानांतरण व प्रोन्नति के मामलों का निर्धारण किया जाएगा।
- प्रत्येक जनपद में एक पुलिस शिकायत अधिकारिता की स्थापना हो, जो पुलिस अधिकारियों के विरुद्ध आम जनता की शिकायतों की सुनवाई करेगा।
- एक राष्ट्रीय सुरक्षा आयोग संगठनों के निदेशकों की नियुक्ति करेगी, जिसका कार्यकाल 2 वर्ष का होगा।

सिविल सेवकों के लिए आचार संहिता

भारत में कार्मिक शिकायत व पेंशन मंत्रालय द्वारा नैतिकता के कोड का प्रारूप तैयार किया गया है, जिसका समर्थन मुख्यमंत्रियों द्वारा किया गया, **जिसके प्रावधान निम्नलिखित हैं-**

- सिविल सेवकों की ईमानदारी व नैतिकता बनाए रखने के लिए उनसे यह अपेक्षा की जाती है कि वे नागरिकों को आसानी से उपलब्ध रहें।
- पूर्वाग्रह से मुक्त हों।
- सेवाओं की गुणवत्तापूर्ण एवं समयबद्ध उपलब्धता।
- सिविल सेवकों को संविधान के मूल्यों एवं विधि के शासन के प्रति प्रतिबद्धता बनाए रखनी चाहिए तथा अपने वरिष्ठ अधिकारियों के किसी अवैधानिक आदेश का पालन नहीं करना चाहिए।
- किसी राजनीतिक विचारधारा के प्रति उनका लगाव नहीं होना चाहिए।
- उनका दृष्टिकोण व्यावसायिक होना चाहिए तथा अपने कनिष्ठ अधिकारियों को भी अवैधानिक कार्यों के विरोध हेतु प्रोत्साहित करना चाहिए।
- अच्छे कार्य करने वाले अधिकारियों को किसी भी राजनीतिक दल से संबंध बनाने का प्रयत्न नहीं करना चाहिए।
- अपने पद का दुरुपयोग व्यक्तिगत लाभों के लिए नहीं करना चाहिए।

परिणाम

- देश का आर्थिक विकास सुनिश्चित होगा।
- आंतरिक सुरक्षा बेहतर होगी।
- लोकतंत्र जन-केंद्रित होगा।
- पर्यावरण सुरक्षा एवं सतत् विकास होगा।

आलोचना

आलोचकों के अनुसार, सुशासन के नाम पर देश में उदारीकरण व निजीकरण को बढ़ावा देने का प्रयत्न हो रहा है। सुशासन के नाम पर भारत में उन विचारों का प्रयोग हो रहा है, जो पश्चिमी देशों द्वारा निर्देशित तथा वैश्विक आर्थिक संस्थाओं द्वारा प्रायोजित हैं।

अध्याय 2

ई-गवर्नेंस
(E-Governance)

● 1. सामान्य सूचना मॉडल, ● 2. क्रिटिकल सूचना मॉडल, ● 3. प्रचार-प्रसार मॉडल, ● 4. अंतर्क्रिया का मॉडल, ● ई-गवर्नेंस का ● 6-सी मॉडल, ● ई-गवर्नेंस की कमियां, ● ई-गवर्नेंस को बढ़ाने हेतु सरकार की नीतियां, ● डिजिटल इंडिया के 9 स्तंभ निर्धारित किए गया है, ● लोकपाल, वर्तमान स्वरूप में, ● संरचना, नियुक्ति की शर्तें, ● जांच और अभियोजन, ● लोकपाल सर्च कमेटी के नए नियम

सूचना तकनीकी के वर्तमान युग में सरकार के द्वारा लोगों के व्यवहार को नियंत्रित करने के लिए एवं उन्हें सुविधाएं देने के लिए कंप्यूटर (इंटरनेट) एवं मोबाइल का प्रयोग ई-गवर्नेंस है।

मूल उद्देश्य

- ई-गवर्नेंस का मूल उद्देश्य शासन को नागरिक केंद्रित बनाना है तथा नागरिकों व शासन के बीच की दूरी कम करना है। नागरिकों को सूचना प्रदान करके उनका सशक्तिकरण तथा सेवाओं को समय पर उपलब्ध कराना।
- इसके द्वारा शासन को सरल, उत्तरदायी और पारदर्शी बनाया जा रहा है।
- इसका मूल उद्देश्य प्रशासन से संबंधित नागरिकों की मूल आवश्यकताओं व अपेक्षाओं को पूर्ण करना और प्रशासन को कुशल व सभी लोगों के लिए उपलब्ध करा देना है।

ई-गवर्नेंस के लाभ

- लेन-देन (क्रय-विक्रय) की कीमत में कमी तथा लेन-देन (क्रय-विक्रय) को त्वरित रूप में संपादित करना।
- प्रशासन को आम लोगों के लिए सुलभ बनाना।
- अब नागरिकों को सरकारी विभागों का चक्कर काटने की आवश्यकता नहीं पड़ेगी।
- इससे प्रशासन व नागरिकों के बीच सीधी अंतर्क्रिया घटी।
- सरकार के दस्तावेज व प्रपत्र नागरिकों को आसानी से उपलब्ध हों।

ई-गवर्नेंस के मॉडल

1. सामान्य सूचना मॉडल (Broadcasting Model)

यह ई-गवर्नेंस का पहला कदम है, जिसमें परंपरागत् सरकार आधुनिक सरकार के रूप में परिवर्तित हो रही है। इसके द्वारा सरकार की उन सूचनाओं को नागरिकों के लिए इंटरनेट से उपलब्ध कराया जाता है, जो सूचनाएं पहले से उपलब्ध हैं। इसका मूल उद्देश्य है, सरकार की कार्यप्रणाली के संबंध में आम लोगों को जानकारी उपलब्ध कराई जाए। इसके अंतर्गत सरकार द्वारा अपनी विभिन्न योजनाओं एवं कार्यक्रमों की जानकारी आम जनता को प्रदान की जाती है। सरकार की विधियां व नियम भी इंटरनेट पर उपलब्ध

होते हैं और संबंधित विभाग के अधिकारियों के पते व फोन नं. का भी उल्लेख किया जाता है।

2. क्रिटिकल सूचना मॉडल
(Critical Information Model)

इसके अंतर्गत सरकार द्वारा कुछ प्रसंस्करित सूचनाओं को आम लोगों के लिए उपलब्ध कराया जाता है, जिसका लाभ एक विशेष लक्षित समुदाय प्राप्त करता है। इसीलिए इस मॉडल को कार्योन्मुखी मॉडल (Action Oriented Model) भी कहा जाता है। इसके द्वारा आम लोगों का विकास व कल्याण की योजनाओं को आम जनता तक पहुंचाया जाता है। मध्य प्रदेश सरकार द्वारा ज्ञानदूत परियोजना के अंतर्गत धार जिले में पंचायतों में कंप्यूटर व इंटरनेट की सुविधा प्रदान की गई है, जिसके द्वारा ग्रामीण जनता को ऑनलाइन पंजीकरण की सुविधा, भूमि रिकॉर्ड, उनके कृषि उत्पादों के मूल्य एवं सरकारी योजनाओं के संदर्भ में जानकारी प्रदान की जाती है। कर्नाटक ई-गवर्नेंस के संदर्भ में अग्रणी राज्य है और कर्नाटक सरकार द्वारा ई-गवर्नेंस के अंतर्गत बच्चों के स्कूल की प्रवेश परीक्षा आयोजित की जा रही है। सरकारी विद्यालयों में सभी शिक्षकों के वेतन कंप्यूटरीकृत हो गए हैं। कर्नाटक ने भूमि एवं नोन्दानी योजना के अंतर्गत राज्य के सभी भूमि रिकॉर्ड को कंप्यूटराइज कर दिया है और भूमि की रजिस्ट्री भी कंप्यूटराइज हो गई है। क्रांतिक सूचना मॉडल में मानवाधिकार विषयों व पर्यावरणीय मॉडलों की सूचनाएं भी उपलब्ध होती हैं तथा भ्रष्टाचार से संबंधित सूचनाएं उपलब्ध कराई जाती हैं, जिसके आधार पर नागरिक समाज के आंदोलन भी होते हैं।

3. प्रचार-प्रसार मॉडल (Advocacy Model)

इस मॉडल में नागरिक समाज और विशेष तौर पर गैर-सरकारी स्वैच्छिक संगठनों द्वारा किसी सार्वजनिक मुद्दे को आम जनता के बीच प्रचार-प्रसार किया जाता है। इस प्रचार-प्रसार द्वारा सरकार व उसकी नीतियों को प्रभावित करने का प्रयास किया जाता है तथा इसके माध्यम से ज्यादा से ज्यादा लोगों की सहभागिता सुनिश्चित की जाती है और एक आभासी समुदाय का निर्माण हो जाता है। इस मॉडल के अंतर्गत जनता के द्वारा सार्वजनिक मुद्दों पर वाद-विवाद होता है, जिसका प्रभाव सरकारी नीति-निर्माण व सरकार के कार्यों पर होता है तथा इसके द्वारा किसी विशेष नीति के निर्माण हेतु सरकार पर दबाव समूह का निर्माण किया जाता है। इसके द्वारा समाज के पिछड़े एवं वंचित वर्गों हेतु कल्याणकारी कार्य संपादित होते हैं और कल्याणकारी योजनाओं से उनके हितों की रक्षा की जाती है। वर्तमान ई-गवर्नेंस के युग में किसी विशेष मुद्दे पर प्रचार-प्रसार के लिए भारत के अलावा किसी विदेशी विद्वान को भी जोड़ा जा सकता है।

4. अंतर्क्रिया का मॉडल (Interactive Model)

ई-गवर्नेंस का अंतर्क्रिया मॉडल उपरोक्त तीनों मॉडल का समन्वित रूप है, जिसके द्वारा सरकार के कार्यों में आम लोगों की भागीदारी को बेहतर किया जाए, जिससे शासन में सहभागिता, कुशलता व पारदर्शिता उत्पन्न हो। इसके अंतर्गत सरकार व सरकारी प्रतिनिधियों का सीधा आम लोगों से संबंध स्थापित होता है, जिससे आम व्यक्ति सरकारी अधिकारी से सीधे अपनी शिकायत दर्ज करा सकता है तथा सरकार व उसकी नीतियों के संदर्भ में अपना फीडबैक दे सकता है। अंतर्क्रिया मॉडल में आम नागरिकों की भूमिका निष्क्रिय न होकर, सक्रिय होती है, क्योंकि आम लोगों से पहलकारी भूमिका की अपेक्षा की जाती है और इसी भूमिका के कारण सरकार उत्तरदायी व जबावदेह होती है। इसके द्वारा भारत जैसे देश में नागरिक सुविधाओं को प्रदान किया जा रहा है, जिससे सीधे नागरिकों का संपर्क सरकार तक बना रहे व सरकार की ज्यादातर गतिविधियों को ऑनलाइन बना दिया जाए।

ई-गवर्नेंस का 6-सी मॉडल

1. विषय वस्तु (Content)

ई-गवर्नेंस को व्यावहारिक बनाने के लिए सरकार की सभी फाइलों व दस्तावेजों को कंप्यूटरीकृत करना होगा।

2. कुशलता (Competence)

सरकार की सभी फाइलों व दस्तावेजों को कंप्यूटरीकृत करने के लिए तकनीकी कार्यबल की आवश्यकता होगी।

3. कनेक्टिविटी (Connectivity)
ई-गवर्नेंस के लिए पूरे देश को कंप्यूटर नेटवर्क से जोड़ना आवश्यक है तथा कंप्यूटर नेटवर्क से पूर्व समूचे देश में बिजली की आपूर्ति होनी चाहिए।

4. साइबर विधि (Cyber Law)
ई-गवर्नेंस के परिणामस्वरूप व्यक्ति और सरकार के अधिकांश दस्तावेज सार्वजनिक हो जाते हैं। इसलिए इनको सुरक्षित रखना ई-गवर्नेंस की बड़ी चुनौती है। विशेष तौर पर ई-बैंकिंग द्वारा अनाधिकृत व्यक्ति दूसरे के पैसे हथिया रहा है अथवा आपत्तिजनक और अवमाननापूर्ण सूचनाएं भी इंटरनेट पर उपलब्ध होती हैं। इसलिए भारत सरकार द्वारा वर्ष-2000 में सूचना तकनीकी अधिनियम का निर्माण किया गया।

5. नागरिक अंतर्क्रिया (Citizen Interface)
ई-गवर्नेंस नागरिक केंद्रित और प्रयोग करने वालों के लिए सुविधाजनक होना चाहिए।

6. पूंजी (Capital)
उपरोक्त सभी कार्यों को संपादित करने के लिए वित्तीय उपलब्धता की आवश्यकता होती है।

ई-गवर्नेंस की कमियां

- भारत में ई-गवर्नेंस के लिए अभी भी आधारभूत संरचनाओं का अभाव है। ई-गवर्नेंस को प्रभावशाली बनाने के लिए भारत के विभिन्न स्थानीय भाषाओं में सॉफ्टवेयर निर्माण की आवश्यकता है।
- ई-गवर्नेंस मूलतः प्रयोग में आसान (User Friendly) होना चाहिए।
- देश के अनेक भागों में अभी भी पर्याप्त बिजली आपूर्ति और संसाधनों का भी अभाव है।
- भारत में विद्यमान परंपरागत् नौकरशाही का दृष्टिकोण ई-गवर्नेंस के प्रति अनुक्रियाशील नहीं है।

ई-गवर्नेंस को बढ़ाने हेतु सरकार की नीतियां

- ई-गवर्नेंस को क्रियान्वित करना एक जटिल प्रक्रिया है, जिसके लिए एक व्यापक आधारभूत तकनीकी संरचना के निर्माण की आवश्यकता होती है। उदाहरण के लिए, स्टेट वाइड एरिया नेटवर्क (State Wide Area Network), राज्य आंकड़ा केंद्र (State Data Center) व सामान्य सेवा केंद्र (Common Service Center) के निर्माण की आवश्यकता होती है, जिससे ई-गवर्नेंस क्रियान्वित हो सके।
- ई-गवर्नेंस के लिए तकनीकी सहायता व क्षमता निर्माण की आवश्यकता है, जिसको लागू करने के लिए नीतियों एवं मानकों के निर्माण की भी आवश्यकता है। योजना में यह उल्लिखित है कि ई-गवर्नेंस का निर्माण केंद्रित तथा क्रियान्वयन विकेंद्रित और यह मूलतः नागरिक केंद्रित होना चाहिए। योजना को क्रियान्वित करने हेतु सार्वजनिक व निजी क्षेत्रों की आपसी सहभागिता भी चाहिए।
- योजना में सरकार व नागरिकों के बीच अंतर्क्रिया को बढ़ाने पर बल दिया गया है।
- राष्ट्रीय व राज्य दोनों स्तर पर योजनाओं के क्रियान्वयन की रणनीति बनाई गई है, जिसमें तकनीकी सहायता, सूचना तकनीकी व इलेक्ट्रॉनिक्स विभाग द्वारा दिया जाएगा।

डिजिटल इंडिया (Digital India)
भारत में ई-शासन को प्रभावी बनाने के लिए वर्तमान मोदी सरकार के द्वारा समूचे प्रशासन तथा सरकारी सेवाओं की उपलब्धता हेतु ई-शासन के प्रयोग की पहल की गई है। अर्थात् सभी सरकारी सेवाओं तथा दस्तावेजों के डिजिटलीकरण (Digitalization) करने की योजना प्रस्तावित है, जिसे लोकप्रिय रूप में **डिजिटल इंडिया** का नाम दिया गया है।

सरकार द्वारा प्रारंभ की गई यह एक योजना है, जिसका तात्पर्य दूरसंचार साधनों तक सबकी पहुंच सुनिश्चित करना है, जिससे सशक्त, ज्ञानपरक समाज एवं अर्थव्यवस्था का विकास किया जा सके। प्रधानमंत्री द्वारा जुलाई, 2015 में डिजिटल इंडिया कार्यक्रम की शुरूआत की गई है। डिजिटल इंडिया के तहत् मूलरूप से **तीन मुख्य क्षेत्रों** (Key Areas) पर ध्यान दिया जा रहा है-

1. डिजिटल आधारित संरचना के तहत्।
2. मांग के अनुरूप शासन एवं सेवाएं उपलब्ध कराने के तहत्।

3. नागरिकों के डिजिटल सशक्तिकरण के लिए डिजिटल उपलब्धता को बढ़ावा देना।

1. डिजिटल आधारित संरचना के तहत्

- उच्च गति वाले इंटरनेट सेवा का विस्तार।
- डिजिटल पहचान के लिए कदम, जो आजीवन उपलब्ध हों।
- मोबाइल नेटवर्क का विस्तार।
- सबके लिए उपयोगी सेवा केंद्र तक सबकी पहुंच।
- क्लाउड कप्यूटिंग (Cloud Computing) का विस्तार।
- सुरक्षित साइबर स्पेस।

2. मांग के अनुरूप शासन एवं सेवाएं उपलब्ध कराने के तहत्

- मांग के अनुरूप शासन एवं सेवाएं उपलब्ध कराने के तहत् सभी विभागों, मंत्रालयों, संगठनों का दूरसंचार साधनों का उपयोग कर आपस में जोड़ना।
- वास्तविक समाज में ऑनलाइन एवं मोबाइल प्लेटफार्म के माध्यम से सभी सेवाओं की उपलब्धता।
- भारत में व्यवसाय को सरल बनाने (Ease of doing business) के लिए सभी सेवाओं का डिजिटलीकरण।
- वित्तीय लेन-देन को इलेक्ट्रॉनिक रूप में गैर-नकदी (Cashless) रूप में करना।
- जी.आई.एस. (GIS) का विस्तार एवं विकास तथा निर्णय प्रक्रिया में उसका उपयोग।

3. नागरिकों के डिजिटल सशक्तिकरण के लिए डिजिटल उपलब्धता को बढ़ावा देना

- सार्वभौम डिजिटल साक्षरता।
- डिजिटल संसाधनों तक सार्वभौम पहुंच।
- क्लाउड कंप्यूटिंग के तहत् विकसित क्लाउड पर सभी दस्तावेज एवं प्रमाण-पत्रों का उपलब्ध होना।
- सभी भारतीय भाषाओं में डिजिटल सेवाओं का उपलब्ध होना।
- भागीदारी आधारित शासन के प्लेटफार्म के रूप में डिजिटल नेटवर्क का उपयोग।

डिजिटल इंडिया के 9 स्तंभ निर्धारित किए गया है

1. **ब्रॉडबैंड हाइवे**- इसके तहत् दिसंबर, 2014 तक 2.5 लाख ग्राम पंचायतों को (National Optical Fibre Network, (NOFN) के तहत् जोड़ना तथा इसी प्रकार स्टेट वाइड एरिया नेटवर्क (State Wide Area Network, (SWAN) का विस्तार सभी IT क्षेत्रों को ब्रॉडबैंड के दायरे में शामिल करना।
2. मोबाइल कनेक्टिविटी तक सबकी पहुंच, (वर्ष-2014 से 2018 के बीच)।
3. राष्ट्रीय ग्रामीण इंटरनेट मिशन के तहत् सभी ग्राम पंचायतों को मार्च, 2017 तक इंटरनेट से जोड़ना और डाकघरों को बहु-सेवा केंद्र (Multi-Service Center) के रूप में विकसित करना।
4. ई-गवर्नेंस। (e-Governance)
5. सेवाओं के इलेक्ट्रॉनिक रूप से पहुंचाना। (e-Kranti-Electronic Delivery of Services) जैसे-ई-शिक्षा, ई-स्वास्थ्य सुविधा, किसानों के लिए तकनीकी सुरक्षा, वित्तीय सेवाओं के लिए तकनीकी।
6. **सबके लिए सूचना**-ऑनलाइन सूचना आदान-प्रदान में सोशल मीडिया का उपयोग।
7. इलेक्ट्रॉनिक साधनों का निर्माण, जिसके तहत् वर्ष-2020 तक शुद्ध आयात शून्य करना।
8. रोजगारपरक सूचना प्रौद्योगिकी, जिसमें एक करोड़ छात्रों को शामिल करना तथा बी.पी.ओ. (BPO) केंद्रों की स्थापना।
9. Early Harvest Programmes- जिसके तहत् डिजिटल इंडिया कार्यक्रम को लागू करने के लिए बुनियादी ढांचा तैयार करना है।

लोकपाल (Ombudsman)

नागरिकों की शिकायतों का निपटारा करने के लिए दुनिया की सर्वप्रथम जनतांत्रिक संस्था 'स्कंडिनेवियन इंस्टीट्यूशन ऑफ ऑम्बुड्समैन' (Scandinavian institution of Ombudsman) थी। इस संस्था का निर्माण वर्ष-1809 में स्वीडन में हुआ था। **ऑम्बुड** स्वीडिश भाषा का शब्द है। इस पद पर नियुक्त व्यक्ति किसी दूसरे व्यक्ति के प्रतिनिधि के रूप में काम करता है। लोकपाल नागरिकों के निम्नलिखित मामलों की शिकायतों का निपटारा करता है; जैसे-कुप्रशासन, प्रशासनिक भ्रष्टाचार, भाई-भतीजावाद, अशिष्टता एवं प्रशासनिक विवेकाधिकार का दुरुपयोग इत्यादि। स्वीडन में लोकपाल की नियुक्ति संसद द्वारा 4 वर्ष के कार्यकाल के लिए की जाती है। इसको केवल एक ही आधार पर उसके पद से हटाया जा सकता है, जब संसद का विश्वास लोकपाल के ऊपर से समाप्त हो जाए।

लोकपाल अपनी वार्षिक रिपोर्ट संसद में प्रस्तुत करता है। इसलिए उसको **संसदीय लोकपाल** भी कहा जाता है। यह संसद अर्थात् विधायिका के साथ-साथ कार्यपालिका एवं न्यायपालिका से भी स्वतंत्र होता है। लोकपाल एक संवैधानिक पद है और वह सभी सरकारी अधिकारियों, नागरिकों, न्यायिक तथा सैनिकों पर नजर रखता है, ताकि वे निष्पक्षता के साथ वस्तुगत और वैधानिक रूप से कानून के अनुसार काम करें। वह किसी निर्णय को उलटने या रद्द करने का अधिकार नहीं रखता। प्रशासन अथवा न्यायालयों पर उसका कोई सीधा नियंत्रण नहीं होता। वह अपनी कार्यवाही किसी अनुचित प्रशासनिक कार्य के विरुद्ध नागरिक से प्राप्त शिकायत के आधार पर या अपनी पहल पर कर सकता है। वह न्यायाधीशों सहित किसी भी पथभ्रष्ट अधिकारी पर मुकदमा चला सकता है, लेकिन वह स्वयं सजा नहीं दे सकता। उसका काम मामले को उच्चाधिकारियों तक पहुंचाना है। लोकपाल की यह संस्था स्वीडन से स्कंडिनेविया के दूसरे देशों, जैसे-फिनलैंड (1919), डेनमार्क (1955) और नॉर्वे (1962) में फैल गई। इसे भारत में **लोकपाल** कहा गया है। डोनॉल्ड सी. रोवोट के अनुसार, 'यह नौकरशाही के आतंक के विरुद्ध जनतांत्रिक सरकार की दीवार है।' गेरॉल्ड ई. कैडेन ने इसको "संस्थाकृत जनचेतना" कहा है। फ्रांस में प्रशासनिक न्यायालय है। नागरिकों की शिकायत को निपटाने के लिए पूर्व सोवियत संघ, चीन एवं हंगरी इत्यादि देशों में प्राधिकर्ता प्रणाली होती है।

प्रशासनिक सुधार आयोग (ARC) ने वर्ष-1966 में नागरिकों की शिकायत को निपटाने के लिए **लोकपाल एवं लोकायुक्त** नामक दो विशेष अधिकरणों की स्थापना की बात कही थी। इन संस्थानों का गठन **स्कंडिनेवियन** देशों की ऑम्बुड्समैन संस्था और न्यूजीलैंड के संसदीय जांच आयुक्त के नमूने पर किया जाना था। लोकपाल का कार्य केंद्र तथा राज्यों के स्तर पर मंत्रियों और सचिवों के विरुद्ध शिकायतों का निपटारा करना था। लोकायुक्त (एक केंद्र में तथा प्रत्येक राज्यों में एक) का कार्य विशेष उच्च अधिकारियों के विरुद्ध शिकायतों का निपटारा करना है।

प्रशासनिक सुधार आयोग ने न्यूजीलैंड की तरह ही न्यायपालिका को लोकपाल एवं लोकायुक्त के अधिकार क्षेत्र से बाहर रखा था, जबकि स्वीडन में ऑम्बुड्समैन के अधिकार क्षेत्र में न्यायपालिका भी आती है। प्रशासनिक सुधार आयोग (ARC) के अनुसार, लोकपाल की नियुक्ति भारत के मुख्य न्यायाधीश, लोक सभा अध्यक्ष और राज्य सभा के सभापति की सलाह से राष्ट्रपति द्वारा की जाएगी। प्रशासनिक सुधार आयोग (ARC) ने यह भी सिफारिश की थी कि **लोकपाल एवं लोकायुक्त की संस्थाओं में निम्न विशेषताएं होनी चाहिए-**

- वे स्पष्ट रूप से स्वाधीन और निष्पक्ष हों।
- जांच और कार्यवाही गुप्त होनी चाहिए।
- जांच और कार्यवाही अनौपचारिक प्रकृति की होनी चाहिए।
- नियुक्ति जहां तक संभव हो, गैर-राजनीतिक होनी चाहिए।
- उनकी पद, स्थिति देश के सर्वोच्च न्यायिक कार्यकर्त्ताओं के समकक्ष होनी चाहिए।
- उनकी कार्यवाहियां न्यायिक हस्तक्षेप के अधीन नहीं होनी चाहिए।
- उनको विवेकानुसार उन मामलों को निपटाना चाहिए, जिनका संबंध अन्याय, भ्रष्टाचार या पक्षपात के कार्यों से हों।

- अपने कार्यों से संबंधित प्रासंगिक सूचनाओं को प्राप्त करने के लिए उनको अधिकतम छूट और अधिकार मिलने चाहिए।
- कार्यकारी सरकार से उनको किसी प्रकार के हित या आर्थिक लाभ की आशा नहीं करना चाहिए।

लोकपाल विधेयक को संसद की मंजूरी मिल गई है, जिसके दायरे में प्रधानमंत्री को भी रखा गया है।

लोकपाल, वर्तमान स्वरूप में

44 साल तक संसद में तमाम उतार-चढ़ाव देखने के बाद आखिरकार संसद के दोनों सदनों से लोकपाल बिल पास हो गया। प्रसिद्ध समाजसेवी अन्ना हजारे के आंदोलन और जन दबाव के चलते चार दशक से भी लंबे समय से ठंडे बस्ते में पड़े हुए लोकपाल एवं लोकायुक्त बिल को लोक सभा में 27 दिसंबर, 2011 को पास किया गया था। राज्य सभा में तमाम बिंदुओं पर सहमति नहीं बन पाने के कारण उसको सेलेक्ट कमेटी को भेजा गया तथा कमेटी ने अपनी रिपोर्ट में कई सुझाव दिए। 31 जनवरी, 2013 को कैबिनेट ने उनमें से कई सुझावों को स्वीकार कर कुछ को खारिज कर दिया। एक बार फिर अन्ना हजारे के आमरण अनशन के बीच राज्य सभा में संशोधित बिल को पास किया गया। सुझावों के बाद यह मूल बिल से कई मायनों में भिन्न है। संसद से पारित विधेयक की शक्ल वैसी नहीं है, जैसी आंदोलन की मांग थी। वे तीन प्रस्ताव भी इसमें शामिल नहीं हैं, जिन पर संसद ने अन्ना से अनशन तोड़ने का अनुरोध करते हुए आम सहमति जताई थी। इस विधेयक में न तो सिटीजन चार्टर को शामिल किया गया है और न ही लोकपाल की तर्ज पर राज्यों में लोकायुक्तों की नियुक्ति की अनिवार्यता का प्रावधान है। सी.बी.आई. को लोकपाल के मातहत रखने या उसकी अपनी जांच एजेंसी गठित करने का प्रावधान भी नहीं किया गया है, जो कि अन्ना हजारे आंदोलन की एक बहुचर्चित मांग थी। वर्तमान लोकपाल व्यवस्था की प्रमुख सिफारिश थी कि राज्यों में लोकायुक्त के गठन का प्रावधान हटाया जाए। नई धारा-63 जोड़ी गई, जिसके तहत् इस कानून के लागू होने की तारीख से 365 दिन के अंदर राज्य विधान सभा द्वारा एक कानून पारित करके लोकायुक्त संस्था का गठन किया जाएगा।

संरचना

इसमें निम्नलिखित **सदस्य शामिल होंगे**-

(i) लोकपाल का एक अध्यक्ष होगा, जो या तो भारत के पूर्व मुख्य न्यायाधीश या फिर उच्चतम न्यायालय के सेवानिवृत्त न्यायाधीश या फिर कोई महत्त्वपूर्ण व्यक्ति हो सकता है।

(ii) लोकपाल में अधिकतम 8 सदस्य हो सकते हैं, जिनमें से आधे न्यायिक पृष्ठभूमि से होने चाहिए।

(iii) इसके अलावा कम से कम आधे सदस्य अनुसूचित जाति, जनजाति, पिछड़ी जाति, अल्पसंख्यकों एवं महिलाओं में से होने चाहिए।

लोकपाल के अंतर्गत निम्नलिखित व्यक्ति शामिल नहीं हो सकते-

(i) संसद सदस्य या किसी राज्य या केंद्रशासित प्रदेश की विधान सभा का सदस्य।

(ii) ऐसा व्यक्ति, जिसे किसी प्रकार के नैतिक भ्रष्टाचार का दोषी पाया गया हो।

(iii) ऐसा व्यक्ति, जिसकी उम्र अध्यक्ष या सदस्य का पद ग्रहण करने तक 45 साल न हुई हो।

(iv) किसी पंचायत या निगम का सदस्य।

(v) ऐसा व्यक्ति, जिसे राज्य या केंद्र सरकार की नौकरी से बर्खास्त या हटाया गया हो।

चयन समिति

अध्यक्ष एवं सदस्यों की नियुक्ति के लिए एक चयन समिति का प्रावधान किया गया है। **इसके अंतर्गत निम्नलिखित सदस्य शामिल हैं**-

- अध्यक्ष - प्रधानमंत्री।
- सदस्य - लोक सभा के अध्यक्ष, लोक सभा में विपक्ष के नेता, मुख्य न्यायाधीश या उनकी अनुशंसा पर नामित उच्चतम न्यायालय के एक न्यायाधीश एवं राष्ट्रपति द्वारा नामित कोई प्रतिष्ठित व्यक्ति।
- लोकपाल अधिनियम के अनुसार, अध्यक्ष या किसी सदस्य की नियुक्ति इसलिए अवैध नहीं होगी, क्योंकि चयन समिति में कोई पद रिक्त था।

पदमुक्ति के बाद

लोकपाल कार्यालय में नियुक्ति समाप्त होने के बाद अध्यक्ष

और सदस्यों पर कुछ काम करने के लिए प्रतिबंध लग जाता है। इनकी अध्यक्ष या सदस्य के रूप में पुनर्नियुक्ति नहीं हो सकती तथा इन्हें कोई कूटनीतिक जिम्मेदारी भी नहीं दी जा सकती और न ही केंद्रशासित प्रदेश के प्रशासक के रूप में नियुक्ति हो सकती है। इसके अलावा ऐसी कोई भी जिम्मेदारी या नियुक्ति नहीं मिल सकती, जिसके लिए राष्ट्रपति को अपने हस्ताक्षर और मुहर से वारंट जारी करना पड़े। पद छोड़ने के 5 साल बाद तक ये राष्ट्रपति, उप-राष्ट्रपति, संसद के किसी सदन, किसी राज्य विधान सभा या निगम या पंचायत के रूप में चुनाव नहीं लड़ सकते।

अधिकार क्षेत्र

लोक सभा द्वारा 27 दिसंबर, 2011 को पारित विधेयक के अनुसार, लोकपाल के क्षेत्राधिकार में प्रधानमंत्री, मंत्री, संसद सदस्य और केंद्र सरकार के समूह ए, बी, सी और डी के अधिकारी और कर्मचारी आते हैं।

लोकपाल के अधिकार

लोकपाल को तलाशी और जब्तीकरण दोनों प्रकार के अधिकार प्राप्त हैं तथा कुछ मामलों में लोकपाल के पास दीवानी अदालत के अधिकार भी होंगे। लोकपाल के पास केंद्र या राज्य सरकार के अधिकारियों की सेवा का इस्तेमाल करने का अधिकार होगा। संपत्ति को अस्थायी तौर पर नत्थी करने का अधिकार, नत्थी की गई संपत्ति की पुष्टि का अधिकार, विशेष परिस्थितियों में भ्रष्ट तरीके से कमाई गई संपत्ति, आय, प्राप्तियों या फायदों को जब्त करने का अधिकार, भ्रष्टाचार के आरोप वाले सरकारी कर्मचारियों के स्थानांतरण या निलंबन की सिफारिश करने का अधिकार, शुरूआती जांच के दौरान उपलब्ध साक्ष्य को नष्ट होने से बचाने के लिए निर्देश देने का अधिकार एवं अपना प्रतिनिधि नियुक्त करने का अधिकार भी लोकपाल के पास है। केंद्र सरकार को भ्रष्टाचार के मामलों की सुनवाई के लिए उतनी विशेष अदालतों का गठन करना होगा, जितनी लोकपाल बताए। विशेष अदालतों में मामला दायर होने के 1 साल के अंदर उसकी सुनवाई पूरी करना सुनिश्चित करना होगा, अगर 1 साल के समय में यह सुनवाई पूरी नहीं हो पाती, तो विशेष अदालत द्वारा इसका कारण बताना होगा और सुनवाई 3 महीने में पूरी करनी होगी। यह अवधि 3-3 महीने के हिसाब से बढ़ाई जा सकती है।

जांच शाखा

अगर कोई जांच कमेटी मौजूद नहीं है, तो भ्रष्टाचार के आरोपी सरकारी कर्मचारी के खिलाफ शुरूआती जांच के लिए लोकपाल एक जांच शाखा का गठन कर सकता है, जिसका नेतृत्व एक निदेशक करेगा तथा लोकपाल द्वारा गठित जांच शाखा के लिए केंद्र सरकार अपने मंत्रालय या विभाग से उतने अधिकारी और कर्मचारी उपलब्ध करवाएगी, जितनी प्राथमिक जांच के लिए लोकपाल को जरूरत होगी।

अभियोजन शाखा

किसी सरकारी कर्मचारी पर लोकपाल की शिकायत की पैरवी के लिए लोकपाल एक अभियोजन शाखा का गठन करेगा, जिसका नेतृत्व एक निदेशक करेगा तथा लोकपाल द्वारा गठित ऐसी अभियोजन शाखा के लिए केंद्र सरकार अपने मंत्रालय या विभाग से उतने कर्मचारी और अधिकारी उपलब्ध करवाएगी, जितनी प्राथमिक जांच के लिए लोकपाल को जरूरत होगी।

लोकायुक्त (Lokayukta)

लोकायुक्त संस्था की सबसे पहले स्थापना वर्ष-1971 में महाराष्ट्र में की गई थी, जबकि उससे संबंधित विधेयक उड़ीसा में वर्ष-1970 में पारित कर दिया गया था। उड़ीसा में लोकायुक्त अधिनियम, 1983 में लागू हुआ था। अन्य राज्यों में भी लोकायुक्त का गठन किया गया, जो इस प्रकार हैं, जैसे- राजस्थान (1973), बिहार (1974), उत्तर प्रदेश (1975) एवं मध्य प्रदेश (1981) में लोकायुक्त का गठन किया गया।

लोकायुक्त की संरचना सभी राज्यों में एकसमान नहीं है। लोकायुक्त और उप-लोकायुक्त की नियुक्ति राज्यपाल करते हैं। अधिकतर राज्यों में लोकायुक्त का कार्यकाल-5 वर्ष या 65 वर्ष की आयु जो भी पहले हो तय किया गया है। लोकायुक्त दूसरी बार नियुक्त होने का पात्र नहीं होता। राज्यों में लोकायुक्त के अधिकार क्षेत्र अलग-अलग हैं। अधिकांश राज्यों में लोकायुक्त अपनी जांच प्रशासन के अनुचित कार्य के विरुद्ध किसी नागरिक से प्राप्त शिकायत के आधार पर या अपनी पहल पर कर सकता है। किंतु अपनी पहल पर जांच शुरू करने का अधिकार उसे उत्तर प्रदेश, हिमाचल प्रदेश और असम राज्यों में नहीं है। लोकायुक्त शिकायतों तथा आरोपों दोनों प्रकार के

मामलों पर विचार कर सकता है। यह राज्य विधायिका के प्रति उत्तरदायी है। लोकायुक्त राज्य की जांच एजेंसियों की सहायता लेता है और वह राज्य सरकार के विभागों से प्रासंगिक फाइलों और दस्तावेजों को तलब कर सकता है। इसकी सिफारिशें केवल सलाहकारी प्रकृति की होती हैं। राज्य सरकारें सिफारिशों को मानने के लिए बाध्य नहीं हैं।

संरचना

इसमें निम्नलिखित सदस्य शामिल होंगे–

(i) लोकायुक्त का एक अध्यक्ष होगा, जो राज्य के उच्च न्यायालय के मुख्य न्यायाधीश या फिर उच्च न्यायालय के अवकाश प्राप्त न्यायाधीश या फिर कोई महत्त्वपूर्ण व्यक्ति हो सकता है।

(ii) लोकायुक्त संस्था में अधिकतम 8 सदस्य हो सकते हैं, जिनमें से आधे न्यायिक पृष्ठभूमि से होने चाहिए।

(iii) इसके अतिरिक्त कम से कम आधे सदस्य अनुसूचित जाति, जनजाति, पिछड़ी जाति, अल्पसंख्यकों और महिलाओं में से होने चाहिए।

नियुक्ति की शर्तें

न्यायिक सदस्य के रूप में नियुक्ति हो सकती है अगर वह उच्च न्यायालय के न्यायाधीश हों या रह चुके हों। न्यायिक सदस्य के अलावा सदस्य बनने के लिए पूरी तरह ईमानदार, भ्रष्टाचार निरोधी नीति, लोक प्रशासन, सतर्कता, बीमा, बैंकिंग, कानून और प्रबंधन के मामलों में कम से कम 25 साल का विशेष ज्ञान और विशेषज्ञता हो। **निम्नलिखित व्यक्ति इसके सदस्य होने के योग्य नहीं होंगे-**

- संसद सदस्य या किसी राज्य या केंद्रशासित प्रदेश की विधान सभा का सदस्य।
- ऐसा व्यक्ति, जिसे किसी तरह के नैतिक भ्रष्टाचार का दोषी पाया गया हो।
- ऐसा व्यक्ति, जिसकी उम्र अध्यक्ष या सदस्य का पद ग्रहण करने तक 45 साल न हुई हो।
- किसी पंचायत या निगम का सदस्य।
- ऐसा व्यक्ति, जिसे राज्य या केंद्र सरकार की नौकरी से बर्खास्त या हटाया गया हो।
- लोकायुक्त कार्यालय में अपने पद के अलावा किसी लाभ या विश्वास के पद पर हो।
- किसी राजनीतिक दल से संबद्ध हो, व्यापार करता हो एवं पेशेवर के रूप में सक्रिय हो।

चयन समिति

अध्यक्ष एवं सदस्यों के चयन के लिए समिति का प्रावधान किया गया है। **इसमें निम्नलिखित सदस्य शामिल होंगे-**

- अध्यक्ष - मुख्यमंत्री।
- सदस्य - विधान सभा अध्यक्ष, विधान सभा में विपक्ष का नेता, उच्च न्यायालय के मुख्य न्यायाधीश या उनकी अनुशंसा पर नामित उच्च न्यायालय के एक न्यायाधीश एवं राज्यपाल द्वारा नामित कोई प्रतिष्ठित व्यक्ति।
- अध्यक्ष या किसी सदस्य की नियुक्ति इसलिए अवैध नहीं होगी, क्योंकि चयन समिति में कोई पद रिक्त था।

जांच और अभियोजन

अगर कोई जांच कमेटी मौजूद नहीं है, तो भ्रष्टाचार के आरोपी सरकारी कर्मचारी के खिलाफ शुरूआती जांच के लिए लोकपाल एक जांच शाखा का गठन कर सकता है, जिसका नेतृत्व एक निदेशक करेगा। इसके अंतर्गत एक जांच निदेशक और एक अभियोजन निदेशक होंगे, जो राज्य सरकार में अतिरिक्त सचिव से छोटे पद पर नहीं होंगे तथा उनका चयन अध्यक्ष राज्य सरकार द्वारा सुझाए गए नामों में से करेंगे। लोकपाल द्वारा गठित ऐसी जांच शाखा के लिए केंद्र सरकार अपने मंत्रालय या विभाग से उतने अधिकारी और कर्मचारी उपलब्ध करवाएगी, जितनी प्राथमिक जांच के लिए लोकपाल को जरूरत होगी। अभियोजन शाखा के निदेशक लोकायुक्त की शिकायत पर किसी सरकारी कर्मचारी के खिलाफ मुकदमा लड़ेगा।

क्षेत्राधिकार

लोकायुक्त के पास किसी मामले में जांच एजेंसी का निरीक्षण करने और उसे निर्देश देने का अधिकार है। यदि लोकायुक्त को लगता है कि कोई दस्तावेज काम का या किसी जांच से संबंधित हो सकता है, तो वह किसी भी जांच एजेंसी को आदेश दे सकता है कि वह उस स्थान की तलाशी ले और उस दस्तावेज को जब्त कर दे।

लोकायुक्त भ्रष्टाचार के आरोप लगने पर किसी भी मामले की जांच कर या करवा सकता है। **लोकायुक्त**

निम्नलिखित मामलों की जांच कर सकता है-

- ऐसा मामला, जिसमें वर्तमान मुख्यमंत्री या पूर्व मंत्री, राज्य सरकार का वर्तमान या पूर्व मंत्री, राज्य विधान सभा का कोई सदस्य, राज्य सरकार के अधिकारी या कर्मचारी शामिल हों तथा ऐसे सभी कर्मचारी राज्य सरकार के कर्मचारी माने जाएंगे, जो ऐसे किसी भी संस्थान या बोर्ड या कॉरपोरेशन या अथॉरिटी या कंपनी या सोसायटी या ट्रस्ट या स्वायत्त संस्था में काम करते हों, जिनका गठन संसद या राज्य सरकार के कानून द्वारा किया गया हो या राज्य सरकार द्वारा आंशिक या पूर्ण रूप से नियंत्रित या वित्त पोषित हों, की जांच लोकायुक्त द्वारा की जा सकती है।
- भ्रष्टाचार में ऐसा व्यक्ति शामिल हो, जो ऐसी किसी भी सोसायटी, एसोसिएशन का निदेशक, प्रबंधक, सचिव या कोई और अधिकारी हो, जो पूर्ण या आंशिक रूप से राज्य सरकार द्वारा वित्त पोषित या अनुदान प्राप्त हो और जिसकी वार्षिक आय सरकार द्वारा तय की गई सीमा से अधिक हो।
- ऐसा व्यक्ति शामिल हो, जो ऐसी किसी भी सोसायटी, एसोसिएशन का निदेशक, प्रबंधक, सचिव या कोई और अधिकारी हो, जिसे जनता से डोनेशन मिलता हो और जिसकी वार्षिक आय राज्य सरकार द्वारा तय की गई सीमा से अधिक हो या विदेश से प्राप्त होने वाली धनराशि विदेशी चंदा (विनियमन) कानून के तहत 10 लाख रुपए से अधिक हो या फिर केंद्र सरकार द्वारा तय की गई सीमा से अधिक हो।

लोकपाल सर्च कमेटी के नए नियम

सरकार ने लोकपाल सर्च कमेटी के नए नियमों को अधिसूचित कर दिया है, जिसमें उसे भ्रष्टाचार निरोधक निकाय के अध्यक्ष और सदस्यों के नाम प्रस्तावित करने के लिए कार्मिक एवं प्रशिक्षण विभाग की सूची के अतिरिक्त स्वतंत्रता दी गई है। नए नियमों से सरकार ने उन प्रतिबंधों को हटा दिया है, जिसमें सर्च कमेटी को डी.ओ.पी.टी. की ओर से दी गई सूची से ही लोकपाल के नाम की सिफारिश करने की बात कही गई थी। नियमों के अनुसार सर्च कमेटी में कम से कम 7 सदस्य होंगे और उन्हें भ्रष्टाचार निरोधक, लोक प्रशासन और सतर्कता समेत अन्य विषयों के बारे में विशेष जानकारी होनी चाहिए। पूर्व के नियमों में सर्च कमेटी में 8 सदस्य होने की बात कही गई थी। सरकार ने सर्च कमेटी को डी.ओ.पी.टी. की सूची मिलने के बाद उसमें से चयन समिति को नाम प्रस्तावित करने के लिए 30 दिनों की समय सीमा को भी समाप्त कर दिया है।

अध्याय 3

सिटीजन चार्टर (नागरिक अधिकार-पत्र)

(Citizen Charter)

- सिटीजन चार्टर में विद्यमान आवश्यक लक्षण, • द्वितीय प्रशासनिक सुधार आयोग द्वारा अनुशंसा,
- सिटीजन चार्टर की समस्याएं

सिटीजन चार्टर का निर्माण सर्वप्रथम ब्रिटेन में हुआ, जिसमें सरकारी सेवाओं से संबंधित नागरिकों के अधिकारों का वर्णन था। नागरिक चार्टर एक ऐसा वैधानिक अधिकार-पत्र है, जिसमें सरकारी सेवाओं के नियमों से संबंधित नागरिकों के अधिकारों का उल्लेख होता है। वर्तमान निजीकरण के युग में सरकार की भूमिका एक सेवा प्रदान करने वाली संस्था के समान है। अत: नागरिक एक उपभोक्ता भी है, जिसे गुणवत्तापूर्ण एवं अन्य सुविधाएं प्राप्त करने का अधिकार है। एक अच्छे सिटीजन चार्टर के लक्षण इस प्रकार हैं-ग्राहकों की आवश्यकता को केंद्र में रखने के साथ-साथ भाषा सरल होनी चाहिए तथा गुणवत्ता का उल्लेख होना आवश्यक है। नागरिकों को प्रभावी उपचार (शिकायत लेकर कहां जाएं) प्रशिक्षण की व्यवस्था होनी चाहिए तथा कार्यों का विभाजन (अलग-अलग लोगों को देना) उचित तरीके से किया जाना चाहिए और फीडबैक की व्यवस्था होनी चाहिए। सरकार के सभी कार्यों का प्रभावी निरीक्षण किया जाए तथा समय-समय पर पुनरावलोकन होना चाहिए। एक लोकतांत्रिक राजनीतिक व्यवस्था में **नागरिकों की सरकार से निम्नलिखित अपेक्षाएं होती हैं**-

- नागरिक सरकार के प्रदर्शन में विश्वसनीयता की अपेक्षा करते हैं।
- नागरिकों को सही समय पर सेवा उपलब्ध कराने के लिए सरकार को अनुक्रियाशील होनी चाहिए।
- सरकार को उपभोक्ताओं के हितों को सर्वाधिक महत्त्व देना होगा। इसलिए सरकार की सेवाएं विश्वसनीय होनी चाहिए।
- सरकार नागरिकों के प्रति सहानुभूति (Empathy) रखे।
- सेवाओं को प्रदान करते समय सावधानी व विनम्रता का परिचय दिया जाए।

सिटीजन चार्टर में विद्यमान आवश्यक लक्षण

विभाग के द्वारा प्रदान की जा रही सेवाओं के मानक का **स्पष्ट उल्लेख होना चाहिए**-

- विभाग की कार्यप्रणाली खुली हो तथा सभी को सूचना उपलब्ध हों।
- सिटीजन चार्टर में विनम्र व सहयोगी दृष्टिकोण होना चाहिए।
- यदि नागरिकों की अपेक्षाएं पूर्ण न हों, तो उनकी समस्याओं के समाधान का तरीका वर्णित हों।
- पैसे का पूर्ण सदुपयोग।

भारत में इसका प्रयोग

वर्ष-1996 में भारत में मुख्य सचिवों के सम्मेलन में सुशासन को बेहतर बनाए रखने के लिए सिटीजन चार्टर को अपनाने पर बल दिया गया। वर्ष-2011 में सरकार द्वारा संसद में एक विधेयक भी प्रस्तुत किया गया, जो अभी तक पारित नहीं हुआ। सरकार द्वारा प्रस्तावित इस विधेयक में उल्लिखित किया गया है कि प्रत्येक नागरिक को सरकार द्वारा प्रदत्त कुछ निश्चित वस्तु एवं सेवाएं समयबद्ध रूप में प्रदान की जाएंगी। इस विधेयक में यह उल्लेख है कि इस विधेयक के पारित होने के बाद सभी सार्वजनिक विभाग 6 महीने के अंदर सिटीजन चार्टर का निर्माण नहीं करेंगे, तो उन्हें दंडित किया जाएगा। **इसके अतिरिक्त इसके और लाभ निम्नलिखित हैं**-

- नागरिकों को अधिकांश सुविधाएं त्वरित व समयबद्ध रूप में मिलेंगी।
- नागरिकों को सरकार व प्रशासन की कृपा पर निर्भर नहीं रहना होगा।
- इसके द्वारा सेवा केंद्रित प्रशासन का निर्माण होगा।
- सरकार द्वारा दी जाने वाली सेवाएं लोगों की मांगों पर निर्भर होंगी, प्रशासन के विवेकाधिकार पर नहीं।
- सेवा प्रदान होने में विलंब पर व्यक्ति मुआवजे की मांग कर सकता है।
  सिटीजन चार्टर की व्यवस्था से भाई-भतीजावाद तथा भेदभाव रहित सुशासन की स्थापना होगी।

द्वितीय प्रशासनिक सुधार आयोग द्वारा अनुशंसा

- चार्टर में यह स्पष्ट उल्लिखित होना चाहिए कि यदि नागरिकों को गुणवत्तापूर्ण सेवा प्राप्त नहीं हुई है, तो उस संबंध में किस प्रकार का उपचार, सेवा व दंड उपलब्ध हैं।
- आयोग ने यह कहा कि नागरिक चार्टर में उन्हीं सेवाओं का वादा किया जाए, जिन्हें व्यावहारिक रूप में पूरा किया जा सके। इसमें अतिव्यावहारिक वादों का उल्लेख नहीं होना चाहिए।
- नागरिक चार्टर का निर्माण करने से पूर्व विभाग को आंतरिक प्रक्रिया ठीक करनी चाहिए।
- नागरिक चार्टर का निर्माण जमीनी हकीकत के अनुसार होना चाहिए। इसलिए एक ही चार्टर सभी विभागों के लिए उपयुक्त नहीं है।
- सिटीजन चार्टर का निर्माण करते समय उससे संबंधित सभी पक्षों से परामर्श लेना चाहिए।
- सिटीजन चार्टर में प्रतिबद्धताएं दृढ़ एवं स्पष्ट और शिकायत निवारण नागरिक केंद्रित होनी चाहिए।

सिटीजन चार्टर की समस्याएं

- द्वितीय प्रशासनिक सुधार आयोग ने कहा कि भारत में प्रयुक्त नागरिक चार्टर में सेवाओं की गुणवत्ता का उल्लेख सामान्यत: नहीं होता।
- जिन सेवाओं में गुणवत्ता का उल्लेख है, वहां गुणवत्ता जान-बूझकर निम्न रखी गई है।
- ज्यादातर सिटीजन चार्टर का आकार काफी लंबा है।
- सिटीजन चार्टर से वर्णित वादे सार्थक तथा अस्पष्ट व अर्थहीन नहीं होने चाहिए।
- क्षतिपूर्ति प्राप्त करना लगभग असंभव है।
- चार्टर को समय-समय पर पुनरावलोकित नहीं किया गया है।
- सिटीजन चार्टर वरिष्ठ नागरिकों व शारीरिक रूप में अक्षम व्यक्तियों की आवश्यकताओं के अनुरूप नहीं है।
- चार्टर के निर्माण में एन.जी.ओ. (NGO) व आम लोगों से परामर्श नहीं किया जाता।
- नागरिकों के बीच इसके संबंध में जानकारी का अभाव है तथा इसका प्रचार-प्रसार भी नहीं किया जाता।
- सिटीजन चार्टर को व्यवहार में लागू करने के लिए बेहतर प्रशिक्षण का अभाव है।
- अधिकारियों में जबाबदेही व अभिप्रेरणा का अभाव और वे उत्तरदायित्व उठाने को तैयार नहीं हैं।
- सिटीजन चार्टर का निर्माण करने वाले अधिकारियों व उन्हें क्रियान्वित करने वाले कर्मचारियों के बीच बड़ा अंतर है।

अध्याय 4

सूचना का अधिकार

(Right to Information)

● सूचना के अधिकार की प्रस्तावना, ● लोक अधिकारिता, ● प्रक्रिया, सूचना के अधिकार से बाहर संगठन, ● राजनीतिक दल व सूचना का अधिकार, ● निष्कर्ष, ● संरचना, कार्यकाल एवं सेवा शर्तें, ● शक्तियां एवं कार्य, ● संरचना

स्वतंत्र भारत के इतिहास में सूचना का अधिकार (RTI) सबसे महत्त्वपूर्ण अधिनियम है, जिसके द्वारा नागरिकों का सशक्तिकरण तथा सुशासन स्थापित करने का प्रयास किया गया। इस अधिकार का निर्माण नागरिक आंदोलन तथा उच्चतम न्यायालय के अनेक निर्णयों के परिणामस्वरूप वर्ष-2005 में किया गया, **जिसके महत्त्वपूर्ण प्रावधान निम्नलिखित हैं-**

सूचना का आशय

इस अधिकार के अंतर्गत नागरिकों द्वारा किसी भी दस्तावेज, सरकारी रिकॉर्ड, रिपोर्ट, प्रेस विज्ञप्ति, ई-मेल, सर्कुलर की मांग भौतिक रूप में अथवा इलेक्ट्रॉनिक रूप में की जा सकती है।

सूचना के अधिकार का आशय

लोक संस्थाओं द्वारा सूचना प्राप्त करना है, जिसके अंतर्गत किसी कार्य का निरीक्षण, उसके रिकॉर्ड, दस्तावेज तथा प्रमाणित कापी प्राप्त की जा सकती है। यह सूचना वीडियो, कैसेट, टेप, फ्लापी जैसे इलेक्ट्रॉनिक माध्यमों से भी प्राप्त हो सकती हैं। इसलिए सूचना अधिकार अधिनियम की धारा-54(A) में कहा गया है कि प्रत्येक लोक अधिकारी का दायित्व होगा कि वह सभी प्रकार के सूचनाओं को बनाए रखे।

प्रकृति

सूचना का अधिकार, नागरिकों को प्राप्त एक वैधानिक अधिकार है। यह अधिकार नागरिकों को सशक्तिकरण के लिए लाया गया है, जिससे सरकार की कार्यशैली पारदर्शी हो तथा नागरिक केंद्रित शासन का निर्माण किया जा सके। इसलिए नागरिकों के हाथों में सरकार के विरुद्ध यह अत्यधिक प्रभावशाली यंत्र है।

सूचना के अधिकार की प्रस्तावना

भारतीय संविधान में एक लोकतांत्रिक एवं गणतांत्रिक शासन की स्थापना की गई है। लोकतांत्रिक शासन में जागरूक नागरिकों की अपेक्षा की जाती है, जिससे शासन में पारदर्शिता, भ्रष्टाचार नियंत्रित तथा जवाबदेह शासन की स्थापना होगी। इससे संवेदनशील, गोपनीय तथा राजकोषीय संसाधनों से संबंधित सूचनाएं नहीं मांगी जा सकती।

लोक अधिकारिता (Public Authority)

सूचना का अधिकार निजी व्यक्ति या कंपनी के विरुद्ध नहीं है। यद्यपि वर्ष-2006 में उच्चतम न्यायालय ने *सरबजीत राय वाद* में एक ऐतिहासिक निर्णय में कहा कि ऐसी निजी कंपनियां, जो सार्वजनिक सुविधाएं प्रदान कर रही हैं, वे

सूचना के अधिकार (RTI) के दायरे में आती हैं। सूचना अधिकार अधिनियम में संविधान में वर्णित शासन अथवा स्वशासन की **निम्नलिखित संस्थाएं सम्मिलित हैं**–

- संसद द्वारा स्थापित संस्थाएं।
- ऐसी संस्था, जो राज्य विधायिका द्वारा निर्मित हों।
- ऐसी संस्थाएं, जो सरकार के नियंत्रण में हों अथवा सरकार से वित्त की पर्याप्त सहायता प्राप्त करती हैं।
- ऐसे गैर-सरकारी स्वैच्छिक संगठन, जिन्हें सरकार के द्वारा प्रत्यक्ष या परोक्ष रूप में वित्तीय सहायता प्राप्त हो रही हों।

प्रक्रिया

- सूचना के अधिकार को क्रियान्वित करने के लिए प्रत्येक विभाग द्वारा जनसंपर्क अधिकारी की नियुक्ति की जाएगी।
- संबंधित संस्था या विभाग द्वारा 30 दिन की अवधि में सूचना प्रदान की जाएगी, यदि जीवन का अधिकार या स्वतंत्रता का मामला हो, तो यह सूचना 48 घंटे में दी जाएगी।
- यदि सहायक सूचना अधिकारी से सूचना की मांग की गई है, तो वह इसे 35 दिनों में उपलब्ध कराएगा। यदि सूचना किसी तीसरे पक्ष से संबंधित हों, तो 40 दिन में प्रदान की जाएगी।
- सुरक्षा व मानवाधिकार हनन के संबंध में सूचना प्रदान करने की अवधि 45 दिन रखी गई है।

अपील का प्रावधान

भारतीय मूल के व्यक्ति (PIO) द्वारा सूचना प्रदान न करने पर 30 दिन की अवधि में विभाग के उच्च अधिकारी के समक्ष अपील की जा सकती है। यदि इस अपील में अभ्यर्थी को सूचना प्राप्त न हो, तो वह 60 दिन की अवधि में सूचना आयुक्त के समक्ष अपील कर सकता है।

सूचना देने से इनकार का आशय

यदि 30 दिन की अवधि में नागरिकों को सूचना प्राप्त न हो, तो इसे सूचना देने से इनकार माना जाएगा तथा यदि प्रार्थी के प्रार्थना-पत्र को अस्वीकार कर दिया गया है या बिना किसी तार्किक कारण के सूचना प्रदान करने में विलंब तथा जान-बूझकर अधूरी, गलत व भ्रामक सूचना देना और साथ ही जो सूचना मांगी गई हो, उसे नष्ट कर देना, यह सूचना देने से इनकार करना माना जाता है।

किन सूचनाओं को इस अधिकार से छूट है

ऐसी सूचनाएं, जिन्हें प्रदान करने से राष्ट्र की संप्रभुता, एकता, अखंडता एवं विदेशी राज्यों के साथ संबंध प्रभावित होते हैं या इनके द्वारा हिंसा को भड़काए जाने की आशंका हो तथा जिनसे न्यायपालिका की अवमानना होती हो और ये सूचनाएं न्यायपालिका या अधिकरण द्वारा प्रतिबंधित की गई हों। संसद के विशेषाधिकार का उल्लंघन होता हो तथा बौद्धिक संपदाधिकार अथवा किसी वाणिज्यिक संगठनों की गुप्त दस्तावेजों एवं विदेशी सरकार द्वारा प्राप्त सूचना तथा कैबिनेट के दस्तावेज भी सूचना के अधिकार के अंतर्गत नहीं आता है।

दंड का प्रावधान

जनसंपर्क अधिकारी को सूचना न देने के आरोप में प्रतिदिन 250 रुपए का जुर्माना देना होता है, जो अधिकतम 25,000 रुपए तक है तथा सूचना आयुक्त द्वारा ऐसे जनसंपर्क अधिकारी के विरुद्ध अनुशासनात्मक कार्यवाही भी किए जाने का प्रावधान है।

सूचना के अधिकार की कमियां

सूचना के अधिकार अधिनियम की **कमियां इस प्रकार हैं**–

- सूचना अधिकार के अंतर्गत सूचना आयुक्त के समक्ष की गई अपील को निस्तारित करने की समय सीमा का उल्लेख नहीं है। सूचना आयुक्त एक दिन में लगभग 3-4 प्रार्थना-पत्र पर विचार कर सकता है। इसलिए आयुक्त द्वारा इन विषयों पर सुनवाई करने में 6 से 7 महीने लग जाते हैं। इसके परिणामस्वरूप जनसंपर्क अधिकारी सामान्यतः सूचना प्रदान करने से इनकार कर देते हैं।
- सूचना देने से इनकार करने पर आर्थिक दंड सामान्यतः आरोपित नहीं होता तथा नागरिक भी सूचना के अधिकार के प्रति जागरूक नहीं हैं।
- लोक सेवक सूचना के अधिकार को एक बोझ के रूप में देखते हैं, न कि नागरिकों के सशक्तिकरण के अधिकार के रूप में।
- द्वितीय प्रशासनिक सुधार आयोग द्वारा यह उल्लिखित

किया गया है कि सार्वजनिक रिकॉर्ड का प्रबंध भारत में अत्यधिक खराब है।

- सूचना के अधिकार को क्रियान्वित करने के लिए कर्मचारियों एवं धन का भी अभाव है।

सूचना के अधिकार से बाहर संगठन

- केंद्रीय आसूचना एजेंसियां, जैसे–इंटेलिजेंस ब्यूरो (IB), रिसर्च एंड एनालिसिस विंग (RAW)।
- राजस्व आसूचना का निदेशालय।
- केंद्रीय विशेष सैन्य बल, जैसे–सीमा सुरक्षा बल (BSF), केंद्रीय रिजर्व पुलिस बल (CRPF), भारत तिब्बत सीमा बल (ITBP) इत्यादि।

सूचना के अधिकार का प्रशासन पर प्रभाव

सूचना को शक्ति का पर्याय माना जाता है और इस अधिकार के द्वारा नागरिकों को सूचना प्रदान करके उन्हें सशक्त एवं जागरूक बनाया गया है। शासन में जवाबदेही, पारदर्शिता तथा अनुक्रियाशीलता का विकास हुआ है, जिससे लोक सेवक अपने कर्त्तव्य के प्रति ज्यादा सजग हो गए हैं। आदर्श घोटाला, कॉमनवेल्थ घोटाला इत्यादि के उजागर होने में सूचना के अधिकार की भूमिका निर्णायक रही है और इसके आने के परिणामस्वरूप भ्रष्टाचार पर भी अंकुश लगाने में सफलता मिली है, जिससे लोक सेवक पिछली गलतियों को भविष्य में दोहराने से बचेंगे और अब विभाग के अधिकारी दस्तावेजों को संरक्षित रखने का प्रयास करते हैं तथा वे प्रत्येक शिकायत को गंभीरता से भी लेते हैं।

सूचना के अधिकार को प्रभावी बनाने के उपाय

सूचना के अधिकार को प्रभावी बनाए रखने के लिए दो और सहायताकारी विधियों के निर्माण की आवश्यकता है।

व्हिस्टलब्लोअर्स अधिनियम

(Whistleblowers Protection (Amendment)

- इसके द्वारा सूचना के अधिकार के कार्यकर्ताओं के लिए रक्षा का प्रावधान होना चाहिए, क्योंकि भारत में भ्रष्टाचार के विरोध में व सूचना के अधिकार की मांग या आवाज उठाने वाले लोगों की बड़े पैमाने पर हत्या हुई है।
- इसके अलावा एक शिकायत निवारण अधिनियम का निर्माण होना चाहिए।
- सूचना के अधिकार को प्रभावी बनाने के लिए सरकारी एजेंसियों और गैर-सरकारी स्वैच्छिक संगठनों से प्रभावी भूमिका की अपेक्षा है।
- द्वितीय प्रशासनिक सुधार आयोग ने सूचना के अधिकार को बेहतर बनाने हेतु अनुशंसा की है कि प्रत्येक राज्य में एक सार्वजनिक रिकॉर्ड कार्यालय की स्थापना होनी चाहिए, जिसके द्वारा सूचनाओं का प्रबंध किया जाएगा।
- सूचना के अधिकार को प्रभावी बनाए रखने के लिए सार्वजनिक विभाग से अलग से वित्तीय सहायता की आवश्यकता है तथा सूचना के अधिकार के क्रियान्वयन का दायित्व सार्वजनिक विभागों को दिया गया है और आवश्यकता है कि इस सूचना को आयुक्त को सौंपा जाए।
- सूचना के अधिकार को प्रभावी बनाने के लिए ई-शासन एक प्रभावी माध्यम है।

राजनीतिक दल व सूचना का अधिकार

वर्ष-2013 में सूचना आयुक्त के द्वारा एक प्रभावी निर्णय में यह कहा गया है कि राजनीतिक दल विशेष तौर पर अखिल भारतीय राजनीतिक दल सूचना अधिकार अधिनियम के अंतर्गत लोक संस्थाओं में सम्मिलित हैं। क्योंकि अधिनियम में यह उल्लिखित है कि जो संस्थाएं सरकारी वित्त से सहायता प्राप्त करती हैं, वे लोक संस्थाओं में सम्मिलित हैं। राजनीतिक दल सरकार से अनेक वित्तीय सहायता प्राप्त करते हैं। आयोग ने कहा कि भारत के छह राष्ट्रीय दल सरकार द्वारा प्रभावी वित्त प्राप्त करते हैं, इसी कारण से ये लोक संस्थाओं में सम्मिलित हैं और इनके कार्य भी सार्वजनिक हैं।

राजनीतिक दलों की आपत्ति

राजनीतिक दलों का यह तर्क है कि वे सार्वजनिक संस्थाओं की श्रेणी में सम्मिलित नहीं हैं और वे चुनावी खर्च की जानकारी आयकर विभाग को देते हैं, इसलिए वे पहले से सरकार के प्रति उत्तरदायी हैं। राजनीतिक दलों ने यह भी कहा कि उनके द्वारा प्राप्त 20,000 रुपए से अधिक चंदे की जानकारी निर्वाचन आयोग को प्रदान की जाती है, इसलिए वे पहले से ही सरकार के नियंत्रण में हैं।

निष्कर्ष

- निर्वाचित जन-प्रतिनिधियों को सरकार द्वारा वेतन, पेंशन व अन्य सुविधाएं यह सुनिश्चित करती हैं कि वे भी विधि के समक्ष समान हैं।
- राजनेता लोगों का प्रतिनिधित्व करते हैं, राजनीतिक दलों का नहीं।
- सूचना के अधिकार के द्वारा राजनीतिक दलों की गतिविधियों में भी पारदर्शिता आएगी, क्योंकि भारत में राजनीतिक दलों का स्वरूप अत्यधिक अलोकतांत्रिक है, इसलिए नागरिकों को इनसे सूचना प्राप्त करने का अधिकार है।
- सूचना आयुक्त के इस निर्णय के बाद भी राजनीतिक दलों ने इसे क्रियान्वित नहीं किया है, क्योंकि सूचना के अधिकार के क्रियान्वयन में जनसंपर्क अधिकारी की आवश्यकता होती है, जिसे राजनीतिक दलों ने अभी स्वीकार नहीं किया है और तर्क दे रहे हैं कि वे इस अधिनियम में संशोधन करेंगे।

केंद्रीय सूचना आयोग

(Central Information Commission)

केंद्रीय सूचना आयोग (CIC) एक उच्च शक्ति प्राप्त स्वतंत्र संस्था है, जो अन्य विषयों से जुड़ी शिकायतें सुनता है और अपीलों पर निर्णय करता है। यह केंद्र सरकार तथा संघ शासित प्रदेशों के अधीन आने वाले कार्यालयों, वित्तीय संस्थानों और सार्वजनिक क्षेत्र के उपक्रमों से जुड़ी शिकायतें और अपीलें सुनता है।

संरचना

आयोग में एक मुख्य सूचना आयुक्त तथा अधिकतम 10 सूचना आयुक्त शामिल होते हैं और इनकी नियुक्ति राष्ट्रपति द्वारा प्रधानमंत्री की अध्यक्षता वाली एक चयन समिति की सिफारिश के आधार पर की जाती है। इस समिति में प्रधानमंत्री के अलावा लोक सभा में विपक्ष के नेता तथा प्रधानमंत्री द्वारा नामित एक कैबिनेट मंत्री सदस्य के रूप में शामिल होते हैं। आयुक्तों की नियुक्ति ऐसे व्यक्तियों में से की जाती है, जो लोक जीवन में श्रेष्ठता के अलावा कानून, विज्ञान एवं प्रौद्योगिकी, समाज सेवा, प्रबंधन, पत्रकारिता या प्रशासन एवं शासन के क्षेत्र में व्यापक ज्ञान और अनुभव रखते हैं। उन्हें संसद या किसी राज्य या संघ शासित प्रदेश के विधानमंडल का सदस्य नहीं होना चाहिए। किसी लाभ के पद पर नियुक्त या किसी राजनीतिक दल से जुड़े व्यक्ति या कोई भी व्यवसाय या व्यापार संचालित करने वाले व्यक्ति को सूचना आयुक्त के रूप में नियुक्त नहीं किया जा सकता।

कार्यकाल एवं सेवा शर्तें

मुख्य सूचना आयुक्त और अन्य सूचना आयुक्तों की समयावधि 5 वर्ष या 65 वर्ष की आयु पूरा होने तक (जो भी पहले हो) अपना पद धारण करते हैं, वे पुनर्नियुक्ति के पात्र नहीं होते। राष्ट्रपति निम्नलिखित परिस्थितियों में मुख्य सूचना आयुक्त या किसी सूचना आयुक्त को उसके पद से हटा सकता है-

(i) यदि उसे पागल या दिवालिया घोषित किया गया हो।

(ii) यदि वह राष्ट्रपति के मतानुसार शारीरिक या मानसिक अक्षमता के कारण कार्य करने में असमर्थ हो।

(iii) उसे किसी ऐसे अपराध के लिए दोषी सिद्ध किया गया हो, जो राष्ट्रपति के मत में नैतिक भ्रष्टाचार के अंतर्गत आता है।

(iv) यदि वह अपने कार्यकाल के दौरान अपने पद एवं दायित्वों के बाहर किसी भुगतान योग्य रोजगार में संलग्न हो।

इनके अलावा राष्ट्रपति मुख्य सूचना आयुक्त या किसी भी सूचना आयुक्त को कदाचार या अक्षमता के आधार पर भी पद से हटा सकता है, फिर भी इन मामलों में राष्ट्रपति जांच का कार्य उच्चतम न्यायालय को सौंपता है। यदि उच्चतम न्यायालय जांच के बाद पदच्युति के कारण को सही मानता है और इस संबंध में अपना परामर्श देता है, तो राष्ट्रपति उसे पद से हटा सकता है। सूचना आयुक्त का वेतन, भत्ते और सेवा शर्तें मुख्य सूचना आयुक्त के समकक्ष होते हैं और इसी प्रकार अन्य सूचना आयुक्तों के वेतन, भत्ते और सेवा शर्तें चुनाव आयुक्त के समकक्ष होते हैं, किंतु उनके सेवाकाल के दौरान उन्हें मिलने वाले लाभों में कटौती नहीं की जा सकती।

शक्तियां एवं कार्य

केंद्रीय सूचना आयुक्त की शक्तियां एवं कार्य इस प्रकार हैं-

(i) आयोग किसी भी ऐसे व्यक्ति से शिकायतें प्राप्त कर उनकी जांच कर सकता है, जो एक जनसूचना

अधिकारी की नियुक्ति न होने के कारण एक सूचना आवेदन प्रस्तुत करने में असमर्थ रहा हो, जिसने आवेदित सूचना को देने से मना किया हो, जिसे निर्दिष्ट समयावधि के अंदर अपने सूचना आवेदन के बारे में कोई प्रत्युत्तर प्राप्त न हुआ हो, जो यह सोचता हो कि उससे वसूल की गई फीस अनुचित है एवं जो यह सोचता है कि उसे दी गई सूचना अपूर्ण, असत्य और मिथ्याजनक हैं।

(ii) आयोग समुचित आधार पर किसी भी मामले में अपनी पहल पर जांच करने का आदेश दे सकता है।

(iii) जांच करते समय आयोग के पास एक सिविल अदालत की शक्तियां होती हैं।

(iv) किसी शिकायत की जांच के दौरान आयोग किसी ऐसे भी अभिलेख का परीक्षण कर सकता है, जो सार्वजनिक प्राधिकारी के नियंत्रण के अधीन हैं तथा किसी ऐसे अभिलेख को किसी भी आधार पर आयोग को देने से इनकार नहीं किया जा सकता। दूसरे शब्दों में, जांच परीक्षण के दौरान आयोग को सभी सार्वजनिक अभिलेख अनिवार्य रूप से दिए जाने चाहिए।

(iv) आयोग के पास यह शक्ति प्राप्त है कि वह लोक प्राधिकारियों द्वारा अपने निर्णयों का आज्ञापालन सुनिश्चित कर सके। **इसके अंतर्गत शामिल हैं-**

- एक विशिष्ट रूप में सूचना तक पहुंच उपलब्ध कराना।
- एक लोक सूचना अधिकारी न होने की दशा में उसकी नियुक्ति के लिए प्राधिकारी को निर्देशित करना।
- सूचना या सूचना की श्रेणियों का प्रकाशन करना।
- अभिलेखों के प्रबंधन, रख-रखाव और भंजन से जुड़े व्यवहारों में आवश्यक परिवर्तन लाना।
- सूचना के अधिकार पर अधिकारियों हेतु प्रशिक्षण प्रावधान को बढ़ावा देना।
- इस अधिनियम के अनुपालन पर लोक प्राधिकारियों की एक वार्षिक रिपोर्ट मांगना।
- आवेदन द्वारा उठाई गई किसी भी हानि के संबंध में लोक प्राधिकारी से क्षतिपूर्ति की मांग करना।
- इस अधिनियम के तहत् आर्थिक जुर्माना आरोपित करना।
- आवेदन को अस्वीकार करना।

राज्य सूचना आयोग

प्रत्येक राज्य सरकार राजपत्र में अधिसूचना द्वारा आयोग के नाम से एक निकाय का गठन करेगी, जो उसे इस अधिनियम के अधीन प्राप्त शक्तियों का प्रयोग और निर्दिष्ट कृत्यों का पालन करेगा।

संरचना

राज्य सूचना आयोग में निम्नलिखित पदाधिकारी होंगे- राज्य मुख्य सूचना आयुक्त और दस से अनधिक इतने राज्य सूचना आयुक्त जितने आवश्यक समझे जाएं। राज्य मुख्य सूचना आयुक्त और राज्य सूचना आयुक्त निम्नलिखित से मिलकर बनी समिति की सिफारिश पर राज्यपाल द्वारा नियुक्त किए जाएंगे, जिसमें मुख्यमंत्री जो समिति का अध्यक्ष होगा, विधान सभा में प्रतिपक्ष का नेता और एक सदस्य मुख्यमंत्री द्वारा नाम निर्देशित किए जाने पर मंत्रिमंडल का सदस्य। राज्य सूचना आयुक्त के कार्यकलापों का साधारण अधीक्षण, निर्देशन और प्रशासन राज्य मुख्य सूचना आयुक्त में निहित होगा, जिसकी सहायता राज्य सूचना आयुक्त करेंगे और वह ऐसी शक्तियों का प्रयोग और ऐसे सभी कार्य और बातें कर सकेगा, जो इस अधिनियम के अधीन किसी अन्य प्राधिकारी के निर्देशों के अधीन हुए बिना राज्य सूचना आयोग द्वारा स्वायत्तता प्रयुक्त की जा सकेगी।

योग्यता

राज्य मुख्य सूचना आयुक्त एवं अन्य सूचना आयुक्त सार्वजनिक जीवन से संबंधित ऐसे व्यक्ति होंगे, जिन्हें विधि, विज्ञान और तकनीकी, सामाजिक सेवा, प्रबंध, पत्रकारिता, मास मीडिया या प्रशासन और शासन का व्यापक ज्ञान और अनुभव प्राप्त हों।

शर्तें

राज्य मुख्य सूचना आयुक्त या राज्य सूचना आयुक्त संसद का सदस्य या यथास्थिति किसी राज्य या संघ-राज्य क्षेत्रों के विधानमंडल का सदस्य नहीं होगा या लाभ का कोई पद धारण नहीं करेगा या किसी राजनैतिक दल से जुड़ा हुआ नहीं होगा या कोई भी कारोबार या कोई भी व्यवसाय नहीं कर रहा होगा।

पाठ संबंधी शब्दकोश

नव-उदारवाद (Neo-Liberalism)

- नव-उदारवाद की नीतियां भारत में वर्ष-1991 से अपनाई गई, जिसमें आर्थिक प्रबंध में बाजार को (निजी क्षेत्र) मुख्य महत्त्व दिया गया।
- राज्यों के कार्यों (कल्याणकारी कार्यों) में कटौती की गई।
- निजीकरण व उदारीकरण पर बल दिया गया।
- सरकार से निजी क्षेत्रों जैसी कुशलता व प्रतिस्पर्धा की अपेक्षा की गई।
- सरकार की भूमिका नियंत्रक के रूप में न होकर, सहायक के रूप में सामने आई।

प्रशासनिक विकास (Administrative Development)

प्रशासनिक विकास का आशय, प्रशासन का आधुनिकीकरण है अथवा प्रशासनिक आधुनिकीकरण के लिए अपनाए गए तरीके/तकनीकियां हैं।

विकास प्रशासन (Development Administration)

कल्याणकारी राज्य के युग में प्रशासन के कल्याणकारी कार्यों को ही विकास प्रशासन कहा जाता है। **इसके अंतर्गत प्रशासन में निम्नलिखित विशेषताएं पाई जाती हैं-**

(i) प्रशासन अनुनयात्मक होता है।

(ii) सहभागी प्रशासन, सहभागी प्रशासन द्वारा नीति-निर्माण व योजना निर्माण में जनता की ज्यादा से ज्यादा भागीदारी की अपेक्षा की जा रही है, क्योंकि समूचा विकास जनता के लिए हो रहा है।

(iii) प्रशासन कार्योन्मुखी होना चाहिए। इसका अभिप्राय है, प्रक्रियाओं को बनाए रखना। वस्तुनिष्ठता व निष्पक्षता का पालन ही पर्याप्त नहीं है, बल्कि निष्पादन व परिणाम महत्त्वपूर्ण है।

विशेष व सामान्य योग्यता

- जब किसी सेवा में प्रवेश के लिए किसी विशेष योग्यता की अर्हता हो, तो उसे विशेषज्ञता कहते हैं। जैसे-इंजीनियरिंग सेवा, मेडिकल सेवा इत्यादि।
- किसी सेवा में प्रवेश के लिए किसी विशेष विशेषज्ञता की आवश्यकता न हो। जैसे-सिविल सेवा।

यद्यपि यह उल्लेखनीय है कि सिविल सेवा में भी आई.ए.एस. अधिकारियों को छोड़कर ज्यादातर अधिकारियों को विशेष सेवा के लिए प्रशिक्षण दिया जाता है। इसलिए वे सेवा में शामिल होने के बाद विशेषज्ञ बन जाते हैं, क्योंकि आई.ए.एस. अधिकारी मंत्रियों की तुलना में विशेषज्ञ होते हैं।

वर्तमान राजनीतिक मुद्दे

भाग 14

1) क्षेत्रवाद, 2) संप्रदायवाद, 3) पंथनिरपेक्षता

अध्याय 1

क्षेत्रवाद

(Regionalism)

- क्षेत्रवाद का अर्थ, • क्षेत्रवाद व पृथक्तावाद के मध्य अंतर, • क्षेत्रवाद उत्पन्न होने के कारण,
- समकालीन क्षेत्रवादी आंदोलन

भारत, विश्व का सबसे बहुलतावादी देश है, जहां अनेक धर्म, भाषा एवं जाति के लोगों का निवास है। भारत का आकार एक उप-महाद्वीप के समान है। इसलिए भौगोलिक एवं सांस्कृतिक रूप में भारत में अत्यधिक विविधता विद्यमान है। इसी विविधता का उल्लेख करते हुए डॉ. राजेन्द्र प्रसाद ने कहा था कि **'कोस-कोस पर बदले पानी, चार कोस पर बानी।'** किसी भी भौगोलिक क्षेत्र में रहने वाला व्यक्ति, जो उस क्षेत्र विशेष के लिए विशिष्ट राजनीतिक एवं आर्थिक सुविधाओं की मांग करे या अपनी सांस्कृतिक पहचान को बनाए रखने का प्रयास करे, तो यह संकल्पना क्षेत्रवाद है। क्षेत्रवाद, क्षेत्रीय आकांक्षाओं से जुड़ा हुआ है तथा भारत जैसे समाज में लोगों की नवीन आकांक्षाएं निर्मित हो रही हैं, जिसकी पूर्ति के लिए क्षेत्रवाद का सहारा लिया जाता है। भारत में विद्यमान बहुलता एवं विविधता का समायोजन करने के लिए संघीय शासन प्रणाली को अपनाया गया, जिससे विविधता का संरक्षण हो सके तथा राष्ट्र की एकता एवं अखंडता को सुदृढ़ किया जा सके।

क्षेत्रवाद का अर्थ

क्षेत्रवाद का आशय, किसी क्षेत्र विशेष के लोगों की एक सामूहिक पहचान एवं सामूहिक चेतना में निहित है, जिनमें उनके भौगोलिक हित भी सम्मिलित होते हैं। अत: क्षेत्रवाद की धारणा मूलत: राजनीतिक है। क्षेत्रीय पहचान का निर्माण समान भाषा, संस्कृति एवं राजनीतिक चेतना द्वारा ही नहीं, बल्कि आर्थिक तत्त्वों द्वारा भी निर्धारित होता है। भारत, एक विविधतामूलक बहुलवादी देश है। इसलिए पॉल आर. ब्रॉस का मानना है कि 'भारत में बहुलवाद, क्षेत्रवाद और विकेंद्रीकरण की प्रवृत्ति स्वाभाविक रूप में पाई जाती हैं।' क्षेत्रवाद, सांस्कृतिक और नृजातीय दोनों कारणों से पाया जाता है, क्योंकि राजनीतिक प्रतिस्पर्धा सीमित संसाधनों के लिए पाई जाती है और आर्थिक संसाधनों का असमान वितरण, भाषायी और नृजातीय विशेषताओं से जुड़ जाता है। क्षेत्रवाद को एक अन्य रूप **भूमिपुत्र आंदोलन** के रूप में भी जाना जाता है, जिसका अभिप्राय है कि किसी भू-भाग में पैदा होने वाले व्यक्तियों का उस भू-भाग और उसके संसाधन पर पहला अधिकार है। महाराष्ट्र में भूमिपुत्र आंदोलन, क्षेत्रवाद का एक उदाहरण है, जिसके द्वारा मराठियों ने गैर-मराठियों को महाराष्ट्र छोड़ देने का नारा दिया। क्योंकि महाराष्ट्र की अर्थव्यवस्था पर दक्षिण भारत के लोगों का प्रभुत्व है। शिवसेना ने नारा दिया कि **महाराष्ट्र, मराठियों के लिए है।**

क्षेत्रवाद व पृथक्तावाद के मध्य अंतर

क्षेत्रवाद व पृथक्तावाद के मध्य स्पष्ट अंतर है, क्योंकि पृथक्तावाद विघटनकारी है। इसमें एक समुदाय के लोग एक राजनीतिक व्यवस्था से पृथक् या अलग होना चाहते हैं। उदाहरण के लिए, नागालैंड में चलने वाली उपद्रवी गतिविधियां पृथक्तावाद का उदाहरण हैं। क्षेत्रीयतावाद में जन समूह अपने लिए विशेष सुविधाओं की मांग करता है, न कि राजनीतिक व्यवस्था से अलगाव का समर्थन करता है। पृथक्तावाद को उप-राष्ट्रवाद का विचार भी कहा जाता है, जहां एक राष्ट्र के अंदर अन्य राष्ट्र का विकास होने लगता है।

क्षेत्रवाद उत्पन्न होने के कारण

(i) असमान आर्थिक विकास के कारण क्षेत्रवादी आंदोलन उत्पन्न होते हैं। आंध्र प्रदेश में वर्ष-1990 के बाद तेलंगाना क्षेत्र का विकास आंध्र प्रदेश के अन्य भागों की तुलना में बेहतर नहीं हुआ। इसलिए तेलंगाना नामक पृथक् राज्य की मांग की गई।

(ii) सांस्कृतिक पहचान खोने का भय क्षेत्रवादी आंदोलन के उत्पन्न होने का मूल कारण है। भारत के उत्तरी-पूर्वी राज्यों में बाहर से आए लोगों के कारण स्थानीय संस्कृति को खोने का भय उत्पन्न होने लगा। बोडोलैंड के लोग अपनी भाषा बोडो के संरक्षण के लिए एक अलग राज्य बोडोलैंड की मांग कर रहे हैं, क्योंकि असम राज्यों में असमी भाषा का प्रभाव है।

(iii) राजनीतिक प्रभुत्व की वजह से भी क्षेत्रवादी आंदोलन उत्पन्न होते हैं। स्वतंत्रता के बाद दक्षिण भारत में हिंदी विरोधी आंदोलन शुरू हुआ, क्योंकि उन्हें यह भय था कि हिंदी को एकमात्र आधिकारिक भाषा बनाने के कारण गैर-हिंदी भाषी को रोजगार प्राप्त करने में कठिनाई होगी।

(iv) राजनेताओं के व्यक्तिगत स्वार्थपूर्ण हित भी क्षेत्रवाद को बढ़ाने में सहायक हैं। उत्तर प्रदेश और बिहार में पूर्वांचल के निर्माण में राजनेताओं के हित शामिल हैं। इसी प्रकार पश्चिम उत्तर प्रदेश में हरित प्रदेश की मांग उठाई गई, जिससे मुख्यमंत्री के एक नए पद का निर्माण हो सके। वस्तुतः क्षेत्रवाद के उत्पन्न होने में ये सभी कारण शामिल और आपस में अंतर्संबंधी हैं।

क्षेत्रवादी आंदोलन स्वतंत्र भारत में सबसे व्यापक रूप में दक्षिण भारत में उत्पन्न हुआ और डी.एम.के. के नेतृत्व में हिंदी और उत्तर भारत के विरोध का आंदोलन चलाया गया। इसी हिंदी विरोध के कारण वर्ष-1967 में डी.एम.के. को सत्ता भी प्राप्त हुई थी। पंजाब में क्षेत्रवादी आंदोलन पंजाबी सूबा आंदोलन/पंजाबी राज्य आंदोलन के रूप में आया। पंजाबी सूबा आंदोलन मूलतः अकाली दल द्वारा चलाया गया था तथा पंजाबी सूबे आंदोलन की मुख्य मांग पंजाबी भाषायियों के लिए अलग पंजाब राज्य का निर्माण करना था। वर्ष-1966 में पंजाब के रूप में एक अलग राज्य का निर्माण हुआ। बिहार का झारखंड आंदोलन पहले दिकुओं (बाहरी लोगों) के विरुद्ध था। स्वतंत्र भारत में झारखंड आंदोलन ने एक अलग राज्य की मांग की, जिसमें बिहार, मध्य प्रदेश, उड़ीसा एवं पश्चिम बंगाल के 16 जिलों को मिलाकर (जो बाद में 21) एक नए राज्य के निर्माण की मांग थी। इसमें संथाल, ओरो, मुंडा, हो, बिरहोर, गोंड जैसी प्रमुख जनजातियां सम्मिलित होंगी। झारखंड आंदोलन की मांग आर्थिक रूप में भी महत्त्वपूर्ण थी, क्योंकि झारखंड का क्षेत्र पूरे देश के भौगोलिक क्षेत्र का 2.5 प्रतिशत है, लेकिन पूरे देश की 25 प्रतिशत खनिज संपदा इस भौगोलिक क्षेत्र में पाई जाती है।

पश्चिम बंगाल में गोरखालैंड आंदोलन 80 के दशक में शुरू हुआ और दार्जिलिंग, कलिमपोंग, कुर्सीआंग जैसे दार्जिलिंग जिले के क्षेत्र को मिलाकर एक नए गोरखा राज्य की मांग की गई और गोरखाओं ने नेपाली भाषा को आठवीं अनुसूची में सम्मिलित करने का आंदोलन किया। यह आंदोलन सुभाष घिसिंग के नेतृत्व में 'गोरखालैंड नेशनल लिब्रेशन फ्रंट' (GNLF) के नाम से चलाया गया। वर्ष-1988 में एक समझौते के द्वारा 'गोरखा प्रगति विकास परिषद्' की स्थापना की गई, तभी से यह आंदोलन समाप्त हो गया। लेकिन उत्तरी-पूर्वी राज्यों में क्षेत्रवादी आंदोलन, पृथक्तावादी आंदोलन में परिवर्तित हो गया। असम में क्षेत्रवादी आंदोलन का आरंभ 'ऑल असम स्टूडेंट्स यूनियन' द्वारा चलाया गया तथा इस क्षेत्रीय आंदोलन की मुख्य मांग है कि असम में बसे गैर-असमी लोगों को असम से बाहर किया जाए, विशेषकर बंगालियों और बांग्लादेश से आए घुसपैठियों को। इस आंदोलन का नेतृत्व प्रफुल्ल कुमार महंत ने किया और बाद में प्रफुल्ल कुमार महंत ने

असम गण परिषद् का निर्माण किया, जो इसी आंदोलन के परिणामस्वरूप वर्ष-1985 में सत्ता में आई। वर्ष-1985 में ही असम से घुसपैठियों को निकालने का समझौता भी हुआ, लेकिन वह कारगर नहीं हो पाया।

असम के पहाड़ी जिले मिजो क्षेत्र में रहने वाले लोगों ने मांग की कि वे अपने लिए एक पृथक् राज्य का निर्माण करेंगे तथा उन्होंने यह भी सवाल उठाया कि इस क्षेत्र का भारत में विलय नहीं हुआ है। भारतीय सरकार की कार्यवाही के फलस्वरूप लाल डेंगा पाकिस्तान भाग गए, लेकिन 80 के दशक में वे भारत सरकार से समझौता करने के लिए तैयार हो गए तथा 'मिजो नेशनल फ्रंट' और भारत सरकार के मध्य समझौता (1986 में) हुआ, जिसके परिणामस्वरूप मिजो नेशनल फ्रंट ने चुनाव लड़ा और लाल डेंगा मुख्यमंत्री बन गए। मिजोरम को असम से निकालकर एक अलग राज्य बना दिया गया और यहीं से यहां क्षेत्रवाद समाप्त हो गया। जम्मू एवं कश्मीर का भी क्षेत्रवादी आंदोलन पृथक्तावादी आंदोलन में परिवर्तित हो गया है और हुर्रियत कांफ्रेंस इस पृथक्तावादी आंदोलन का नेतृत्व कर रहा है।

समकालीन क्षेत्रवादी आंदोलन

समकालीन समय में देश के विभिन्न क्षेत्रों में अनेक क्षेत्रवादी आंदोलन चल रहे हैं या क्षेत्रवाद की अनेक मांग हैं, जिसमें तेलंगाना आंदोलन सबसे मुख्य मांग थी और वर्ष-2014 में पृथक् तेलंगाना राज्य का निर्माण भी हुआ। हरित प्रदेश की मांग पश्चिमी उत्तर प्रदेश में इसलिए आ रही है कि यह क्षेत्र संपन्न है, जबकि पूर्वी उत्तर प्रदेश में पूर्वांचल की मांग आर्थिक पिछड़ेपन के कारण की जा रही है तथा बुंदेलखंड की भी मांग आर्थिक रूप में पिछड़ेपन के कारण ही है। अतः क्षेत्रवाद की ये मांगें सांस्कृतिक, भाषायी या नृजातीय आधारों के बजाए, आर्थिक विकास के मुद्दों पर केंद्रित हैं।

अध्याय 2

संप्रदायवाद
(Communalism)

- सांप्रदायिकता का विकास,
- स्वतंत्र भारत में पंथनिरपेक्ष राज्य और सांप्रदायिकता

भारतीय राष्ट्रीय आंदोलन में हिंदू कट्टरपंथी, मुस्लिम अलगाववादी तथा पंथनिरपेक्ष विचारधारा के मध्य संघर्ष हुआ। पंथनिरपेक्ष विचारधारा का विरोध सांप्रदायिक शक्तियों के द्वारा किया गया। सांप्रदायिकता मूलतः एक राजनीतिक समस्या है, न कि धार्मिक व सामाजिक। जब धर्म का प्रयोग राजनीतिक उद्देश्यों एवं सत्ता प्राप्ति के लिए किया जाए, तो इसे **सांप्रदायिकता** कहते हैं। जब एक धार्मिक समुदाय के लोग अपने लौकिक हितों को भी समान समझने लगें एवं अन्य धार्मिक समुदायों से अपने लौकिक हित भिन्न प्रकट करें, तब अलग-अलग धार्मिक समुदाय के लौकिक हित भी अलग-अलग होंगे, यह सांप्रदायिकता की धारणा है। इससे भी आगे बढ़कर एक धार्मिक समुदाय लौकिक हित (सामाजिक एवं आर्थिक) को दूसरे समुदाय के विरोधी के रूप में व्यक्त करे, तो सांप्रदायिकता का चरम विकास होता है।

सांप्रदायिकता का आशय, जब व्यक्ति स्वयं की पहचान प्राथमिक रूप में एक धर्म विशेष के सदस्य के रूप में करे, न कि राष्ट्र के नागरिक के रूप में। सांप्रदायिकता का विकास विभिन्न धर्मों की उपस्थिति के कारण नहीं होता। एक सच्चा धार्मिक व्यक्ति, सांप्रदायिक नहीं हो सकता, क्योंकि धर्म, त्याग, अहिंसा एवं सत्य का पाठ सिखाता है। सांप्रदायिकता की धारणा लोकतंत्र विरोधी, मानवीय गरिमा एवं मूल्यों के प्रतिकूल तथा पंथनिरपेक्षता के भी विरुद्ध है। सांप्रदायिकता का अभिप्राय, सांप्रदायिक हिंसा से नहीं देखा जाना चाहिए। सांप्रदायिक हिंसा सांप्रदायिकता का प्रत्यक्ष रूप है, लेकिन इसका अभिप्राय यह नहीं है कि जहां सांप्रदायिक हिंसा नहीं हो रही है, वह समाज सांप्रदायिक नहीं है। **दूसरे शब्दों में,** कोई समाज सांप्रदायिक हो सकता है किंतु संभव है कि वहां सांप्रदायिक हिंसा न हो। महत्त्वपूर्ण बिंदु है कि सांप्रदायिकता आधुनिक धारण ा है, प्राचीन व मध्यकाल में सांप्रदायिकता का विकास नहीं हुआ था, क्योंकि परंपरागत् और मध्यकालीन समाज में अर्थव्यवस्था का संचालन आजीविका के लिए होता था, लाभ कमाने के लिए नहीं। मध्यकाल में राज्य की सेवाएं लोगों की निष्ठा के आधार पर प्रदान की जाती थीं। इन सेवाओं के लिए प्रतिस्पर्धी परीक्षाएं नहीं होती थीं। आधुनिक युग में आर्थिक प्रणाली प्रतिस्पर्धा पर आधारित है तथा राजनीतिक व्यवस्था में चुनाव जीतने के लिए आपसी प्रतिस्पर्धा होती है।

सांप्रदायिकता का विकास

भारतीय राष्ट्रीय आंदोलन में सांप्रदायिकता के विकास के

लिए ब्रिटिश शासन की **'बांटो व राज्य करो'** की नीति को उत्तरदायी माना जाता है, जिसके अंतर्गत् वर्ष-1857 में प्रथम स्वाधीनता संघर्ष के पश्चात् अंग्रेजों ने मुसलमानों के प्रति अत्यंत कठोर भेदभावपूर्ण नीति को अपनाया, क्योंकि वर्ष-1857 की इस घटना के लिए अंग्रेजों ने मुसलमानों को उत्तरदायी ठहराया था। कालांतर में (वर्ष-1857 के बाद) ब्रिटिश शासन ने अपनी नीति में परिवर्तन करते हुए मुसलमानों के संरक्षण को बढ़ावा दिया तथा अंग्रेजों ने हिंदुओं के साथ भेदभाव करना आरंभ कर दिया। यह बिंदु ध्यान देने योग्य है कि जिस प्रकार 80 के दशक में कांग्रेस के विकास की इस घटना से ब्रिटिश शासन राष्ट्रवाद (भारत में राष्ट्रवाद) की पनपती विचार से अत्यंत सतर्क हो गया। दूसरी ओर, अलीगढ़ स्कूल ने अंग्रेजों को मुसलमानों का हितैषी कहा और उन्हें कांग्रेस में शामिल होने से मना किया गया। इसी परिप्रेक्ष्य में ब्रिटिश सरकार ने कांग्रेस को हिंदु एवं मुख्य रूप में एक ब्राह्मणवादी संगठन कहा।

वर्ष-1906 में मुस्लिम लीग की स्थापना के साथ अंग्रेजों ने मुस्लिम लीग का समर्थन व संरक्षण किया था। मुस्लिम लीग अपनी स्थापना के समय मुख्य रूप से सामंतों व जमींदारों की संस्था थी व बंगाल विभाजन के परिप्रेक्ष्य में भारत में गरमपंथी राष्ट्रवादियों को संतुलित करने के लिए अंग्रेजों ने मुस्लिम लीग का प्रयोग किया। वर्ष-1909 में मार्ले-मिंटो सुधार के द्वारा सांप्रदायिक प्रतिनिधित्व को स्वीकारते हुए ब्रिटिश शासन ने भारत में सांप्रदायिकता को वैधानिक रूप दे दिया। यह ध्यान देने योग्य बिंदु है कि गरमपंथियों ने जिन धार्मिक प्रतीकों का प्रयोग किया, उससे भी सांप्रदायिकता के विकास को बढ़ावा मिला। यद्यपि यह महत्त्वपूर्ण है कि क्रांतिकारी (गरमपंथ) आयरलैंड के क्रांतिकारियों से प्रभावित थे, न कि सांप्रदायिक थे। सांप्रदायिकता के विकास में इन दो कारकों के अलावा कांग्रेस को भी उत्तरदायी माना जाता है, इसलिए नहीं कि कांग्रेस ने सांप्रदायिकता को बढ़ावा दिया, बल्कि इसलिए कि कांग्रेस सांप्रदायिकता का यथेष्ट उत्तर नहीं दे सकी या सांप्रदायिकता की घटना को कम करके आंका।

वर्ष-1916 का लखनऊ समझौता भी विवादास्पद माना जाता है, क्योंकि कांग्रेस ने मुस्लिम लीग को वर्ष-1916 के अधिवेशन में मुस्लिम लोगों की प्रतिनिधि संस्था माना। वर्ष-1920 में असहयोग व खिलाफत आंदोलन में हिंदू-मुस्लिम एकता देखने को मिली, लेकिन यह दूरगामी नहीं रही। वर्ष-1920 के ही दशक में आर्य समाज का शुद्धि आंदोलन मुस्लिम का तंजीम, तबलीग आंदोलन के द्वारा भारत में सांप्रदायिक हिंसा भी देखने को मिली। दूसरी ओर, हिंदू महासभा ने स्वयं को हिंदुओं के प्रतिनिधि के रूप में प्रस्तुत किया। भारत में सांप्रदायिकता के विकास का उग्रवादी चरण वर्ष-1937 के पश्चात् देखा जा सकता है। जब वर्ष-1937 के चुनाव में मुस्लिम लीग को चुनावी असफलता मिली, तो मुस्लिम लीग ने आक्रामक नीति का प्रयोग करते हुए इस्लाम के खतरे में होने का नारा दिया व कहा कि अब मुसलमानों के हितों के संरक्षण के लिए एक अलग राष्ट्र की आवश्यकता है। दूसरे शब्दों में, भारत मूल रूप में हिंदुओं का राष्ट्र है। इसी संकल्पना को **द्वि-राष्ट्रवाद** कहा गया। इसी के परिणामस्वरूप वर्ष-1947 में भारत का धर्म के आधार पर विभाजन हो गया।

स्वतंत्र भारत में पंथनिरपेक्ष राज्य और सांप्रदायिकता

भारत, मूलतः एक बहुधर्मी व बहुभाषायी राष्ट्र है। राज्य के लिए सभी व्यक्तियों का महत्त्व समान है, चाहे वह कोई भी धर्मावलंबी क्यों न हो? क्योंकि धर्म व्यक्ति की आस्था का विषय है। इसलिए राज्य का कोई धर्म नहीं होगा तथा राज्य सभी धर्मों के लिए तटस्थ होगा। इसे सामान्यतः पंथनिरपेक्षता (Secularism) की संज्ञा दी जाती है, जिसमें राज्य एवं धर्म का अलगाव होता है। 42वें संविधान संशोधन, 1976 के द्वारा पंथनिरपेक्षता को प्रस्तावना में जोड़ा गया, जिससे इस बात को बल मिलता है कि भारत, एक पंथनिरपेक्ष राष्ट्र है। पंथनिरपेक्षता का यह अभिप्राय नहीं है कि राज्य धर्म का विरोधी होगा, बल्कि धर्म व्यक्ति की आस्था का विषय है, जिसका राज्य से कोई लेना-देना नहीं है। पंथनिरपेक्ष राज्य का अभिप्राय है कि राज्य द्वारा निर्मित सामाजिक एवं आर्थिक नीतियां धर्म से प्रभावित नहीं होंगी। पंथनिरपेक्ष राज्य, धार्मिक राज्य और धर्म विरोधी राज्य के बीच का मार्ग है। भारतीय संविधान में पंथनिरपेक्ष राज्य का विचार अंतर्निहित है। अनुच्छेद-15, अनुच्छेद-16(2), अनुच्छेद-29(2), अनुच्छेद-25(1) के अंतर्गत् धर्म को अंतःकरण से मानने, आचरण और प्रचार

करने की स्वतंत्रता है, जिससे यह स्पष्ट होता है कि धर्म, व्यक्ति की आस्था का विषय है।

भारत का विभाजन सांप्रदायिकता के जहर के कारण हुआ, परंतु स्वतंत्र भारत में भी सांप्रदायिक विचारधारा लोकतंत्र के लिए गहरी चुनौती बनी हुई है। स्वतंत्र भारत में 1960 के दशक से ही सांप्रदायिक दंगे होने लगे। यद्यपि यह उल्लेखनीय है कि सांप्रदायिक दंगे, सांप्रदायिक विचारधारा के परिणाम होते हैं। स्वतंत्र भारत में सांप्रदायिक दंगों का मूल कारण धर्म नहीं, बल्कि राजनीतिक, आर्थिक एवं व्यावसायिक हित हैं। देश में धार्मिक आधार पर राजनीतिक दलों का निर्माण हुआ तथा राजनीतिक दलों के द्वारा वोट प्राप्त करने के लिए धर्म का प्रयोग किया गया। एक तरफ राजनीतिक दलों ने धर्म का प्रयोग चुनाव जीतने के लिए किया, तो दूसरी ओर, धार्मिक आधार पर अल्पसंख्यकों को खुश करने का प्रयत्न किया, जिसे तुष्टिकरण की नीति भी कहा जाता है। वर्ष-1984 में दिल्ली में होने वाला सांप्रदायिक दंगा मूलत: राजनीतिक उद्देश्यों से प्रेरित था, क्योंकि हिंदुओं और सिक्खों के बीच धार्मिक बंधुता के अतिरिक्त खान-पान और साझे वैवाहिक संबंध भी बने रहते हैं।

वर्ष-1990 के बाद भारत में सांप्रदायिक ध्रुवीकरण अत्यधिक गहरा हो गया। वर्ष-1992 में अयोध्या में विवादास्पद ढांचे के गिरने के बाद समूचे भारत में सांप्रदायिक दंगे हुए। इसलिए सांप्रदायिकता को लोकतंत्र के लिए सर्वाधिक खतरनाक माना जाता है, क्योंकि जातिगत आंदोलन, भाषायी आंदोलन तथा क्षेत्रवादी आंदोलन भारत के कुछ विशेष भागों तक ही सीमित होते हैं, इनका प्रभाव अखिल भारतीय नहीं होता, जबकि सांप्रदायिक दंगों का प्रभाव संपूर्ण भारत में देखा जाता है। सांप्रदायिकता के लिए केवल बहुसंख्यक समुदाय ही उत्तरदायी नहीं हैं, बल्कि अल्पसंख्यक समुदाय के राजनेताओं के द्वारा अपने राजनैतिक हितों को पूर्ण करने के लिए धार्मिक संस्थाओं एवं धार्मिक प्रतीकों का प्रयोग किया जाता है। वर्ष-2002 के गोधरा सांप्रदायिक दंगे भारत के इतिहास में अत्यधिक खतरनाक थे, जो भारत में पंथनिरपेक्ष विचारधारा के कमजोर होने के प्रमाण हैं। सांप्रदायिक दंगे न केवल मानव अधिकारों का उल्लंघन करते हैं, बल्कि ये आर्थिक विकास के लिए भी घातक हैं।

उड़ीसा के कंधमाल में व्यापक सांप्रदायिक दंगे हुए, जो हिंदुओं और ईसाईयों के बीच थे। जनजाति क्षेत्रों में सामूहिक धर्म परिवर्तन भी सांप्रदायिक दंगों का एक बड़ा कारण है। एक धार्मिक समुदाय के द्वारा धर्म परिवर्तन का प्रयत्न किया जाता है, जबकि अन्य समुदाय के द्वारा उन्हें मूल धर्म में वापस लाने के लिए ध्रुवीकरण का अभियान चलाया जाता है। वर्ष-2013 में उत्तर प्रदेश के मुजफ्फरनगर में होने वाले सांप्रदायिक दंगे गांव तक फैल गए। जबकि परंपरागत् रूप में भारत में होने वाले सांप्रदायिक दंगों का केंद्र शहर ही रहा है। इसलिए सांप्रदायिकता, स्वतंत्र भारत के लोकतंत्र के लिए सबसे बड़ी चुनौती है।

अध्याय 3

पंथनिरपेक्षता (Secularism)

- पंथनिरपेक्ष राज्य, • भारत में पंथनिरपेक्षता का अभिप्राय

पंथनिरपेक्षता का विकास 14वीं शताब्दी में यूरोप में हुआ, जहां चर्च एवं राज्य के बीच सीधा संघर्ष हुआ, क्योंकि चर्च नामक धार्मिक संस्था के द्वारा समाज के आर्थिक और राजनीतिक मुद्दों पर हस्तक्षेप किया जाता था। यूरोप में राज्य और चर्च के बीच विभाजन से पंथनिरपेक्ष राज्य की संकल्पना का विकास हुआ। जिसके अनुसार राज्य सामाजिक एवं आर्थिक कार्यों का तथा चर्च के द्वारा धार्मिक कार्यों का प्रबंध किया जाएगा। राज्य एवं चर्च के बीच अलगाव ही पंथनिरपेक्ष राज्य कहलाता है।

पंथनिरपेक्षता, एक विचारधारा है, जिसके अंतर्गत जीवन में भौतिक एवं आर्थिक मूल्य प्राथमिक तथा धार्मिक एवं आध्यात्मिक मूल्य द्वितीयक बन जाते हैं। समाज में धार्मिक और पारलौकिक मूल्यों का ह्रास तथा समाज में वैज्ञानिक प्रवृत्ति का विकास दिखाई देता है। पंथनिरपेक्ष विचारधारा के परिणामस्वरूप पंथनिरपेक्षीकरण का विचार उत्पन्न होता है। पंथनिरपेक्षीकरण एक प्रक्रिया है, जिसके अंतर्गत समाज में क्रमिक रूप में भौतिक और वैज्ञानिक प्रवृत्ति प्रभावी होती है।

पंथनिरपेक्ष राज्य

इसके अंतर्गत राज्य एवं धर्म के बीच अलगाव तथा राज्य, धर्म से तटस्थ होता है। पंथनिरपेक्षता का यह अभिप्राय नहीं है कि राज्य, धर्म का विरोधी होगा, बल्कि धर्म, व्यक्ति की आस्था का विषय है, जिसका राज्य से कोई लेना-देना नहीं है। पंथनिरपेक्ष राज्य का अभिप्राय है कि राज्य के द्वारा निर्मित सामाजिक एवं आर्थिक नीतियां धर्म से प्रभावित नहीं होंगी। पंथनिरपेक्ष राज्य, धार्मिक राज्य और धर्म विरोधी राज्य के बीच का मार्ग है। भारतीय संविधान में पंथनिरपेक्ष राज्य का विचार अंतर्निहित है-राज्य के द्वारा धर्म के आधार पर किसी भी नागरिक के साथ भेदभाव नहीं किया जाएगा, (अनुच्छेद-15) और राज्य के अंतर्गत नियुक्ति और सेवाओं में धर्म के आधार पर विभेद नहीं होगा, (अनुच्छेद-16(2))। राज्य द्वारा अनुदान प्राप्त शैक्षणिक संस्थाओं में प्रवेश धर्म के आधार पर प्रतिबंधित नहीं होगा, (अनुच्छेद-29(2)) व धर्म को अंत:करण से मानने, आचरण और प्रचार करने की स्वतंत्रता है, (अनुच्छेद-25(1)), जिससे यह स्पष्ट होता है कि धर्म, व्यक्ति की आस्था का विषय है। राजीव भार्गव के अनुसार, पाश्चात्य विश्व में पंथनिरपेक्षता की **दो प्रकार की संकल्पनाएं प्रचलित हैं-**

1. फ्रांसीसी मॉडल।
2. अमेरिकी मॉडल।

फ्रांसीसी मॉडल के अंतर्गत् यह माना जाता है कि धार्मिक संस्थाओं के द्वारा राज्य की गतिविधियों में किसी प्रकार

का हस्तक्षेप नहीं हो सकता, क्योंकि धर्म एवं राजनीति के मध्य विभाजन ही पंथनिरपेक्षता है। यद्यपि राज्य के द्वारा धार्मिक गतिविधियों में हस्तक्षेप किया जा सकता है, जबकि **अमेरिका मॉडल** में अमेरिका में प्रचलित पंथनिरपेक्षता की संकल्पना के अंतर्गत् राज्य का हस्तक्षेप धार्मिक गतिविधियों में नहीं होगा और न ही धार्मिक संस्थाओं का हस्तक्षेप राज्य की गतिविधियों में होगा। उन्होंने भारतीय पंथनिरपेक्षता की संकल्पना को उपरोक्त दोनों से अलग माना। उनके अनुसार, भारत में राज्य और धार्मिक गतिविधियों के मध्य सैद्धांतिक दूरी की संकल्पना का विकास किया। अतः धर्म का हस्तक्षेप राज्य की गतिविधियों में नहीं होगा, परंतु राज्य के द्वारा धार्मिक गतिविधियों में हस्तक्षेप किया जा सकता है। भारत में पंथनिरपेक्षता का आशय, धर्म एवं राज्य के बीच अलगाव भी नहीं है, बल्कि राज्य द्वारा सभी धर्मों को समान सम्मान प्राप्त होगा। उनके अनुसार, भारत में राज्य द्वारा धार्मिक समुदायों को प्रदान की गई सहायता इसी का उदाहरण है। राज्य के द्वारा धार्मिक रूढ़ियों को समाप्त करने के लिए भी विधि का निर्माण किया गया है। इसलिए भारतीय पंथनिरपेक्षता की संकल्पना समकालीन बहुलवादी समाजों के लिए ज्यादा उपयुक्त है।

संविधान निर्माताओं ने पंथनिरपेक्षता को शासन का मूलभूत आधार माना और भारतीय संविधान के विभिन्न भागों में पंथनिरपेक्षता के मूल सिद्धांत को अपनाया गया है। क्योंकि संविधान में एक ओर धार्मिक स्वतंत्रता प्रदान की गई है, तो दूसरी ओर अल्पसंख्यकों के लिए विशेष शैक्षिक एवं सांस्कृतिक अधिकार प्रदान किए गए हैं। संविधान की इसी मूल भावना को और प्रभावी बनाते हुए 42वें संविधान संशोधन, 1976 द्वारा प्रस्तावना में **पंथनिरपेक्षता** शब्द भी जोड़ा गया। उच्चतम न्यायालय ने बोम्मई केस में कहा कि 'पंथनिरपेक्षता हमारे संविधान का आधारभूत ढांचा है।'

भारत में पंथनिरपेक्षता का अभिप्राय

भारत में पंथनिरपेक्षता का अभिप्राय **निम्नलिखित तथ्यों से समझा जा सकता है**-

- सभी व्यक्तियों के लिए धर्म की स्वतंत्रता।
- राज्य द्वारा सभी धर्मों का समान सम्मान और किसी भी धर्म के साथ भेदभाव नहीं किया जाएगा।
- राज्य का संबंध किसी धर्म विशेष से नहीं होगा, न ही राज्य का कोई धर्म होगा, बल्कि धर्म व्यक्तियों की आस्था का विषय है।
- राज्य, धर्म से तटस्थ है। राज्य न तो किसी धर्म को प्रोत्साहित करेगा और न ही किसी धर्म के विरुद्ध कार्य करेगा।

पूर्व मुख्य न्यायाधीश राजेन्द्र गड़कर ने **पंथनिरपेक्षता को निम्नलिखित रूपों में परिभाषित किया**-

- राज्य का कोई धर्म नहीं होगा।
- पंथनिरपेक्षता का अभिप्राय, अधार्मिक या धर्म विरोधी होना नहीं है।
- इसके अंतर्गत् सभी धर्मावलंबियों को समान स्वतंत्रता प्राप्त होती है।
- नागरिकों को धर्म के द्वारा सामाजिक एवं आर्थिक समस्याओं को हल करने में बाधा उत्पन्न नहीं होगी।
- न्यायपालिका के द्वारा यह स्पष्ट कहा गया कि भारत में पंथनिरपेक्षता का सकारात्मक अर्थ है, जिसके अनुसार, राज्य द्वारा सभी धर्मों का समान सम्मान किया जाएगा।

पक्ष में तर्क

लोकतांत्रिक व्यवस्था में प्रत्येक व्यक्ति को समान महत्त्व दिया जाता है और उसकी चयन की स्वतंत्रता के अंतर्गत् धार्मिक उपासना और अंतःकरण की स्वतंत्रता का अधिकार भी सम्मिलित होते हैं। भारतीय संविधान में स्वतंत्रता के साथ समानता का भी व्यापक उल्लेख किया गया है। पंथनिरपेक्षता, समानता की संकल्पना का एक भाग है और समानता की उपस्थिति पंथनिरपेक्षता के प्रयोग की पूर्व शर्त है। यदि व्यक्तियों को समान अवसर प्रदान किए जा रहे हैं, तो इससे सभी धार्मिक समूहों के साथ भी समानता का व्यवहार होना चाहिए। यदि सरकार पंथनिरपेक्षता के प्रति प्रतिबद्ध नहीं है, तो वह समानता के प्रति भी प्रतिबद्ध नहीं हो सकती। समानता का मूल अभिप्राय है कि किसी भी धार्मिक समूह को विशेष अधिकार प्राप्त न हो और न ही अल्पसंख्यकों के साथ कोई भेदभाव हो तथा बहुमत धर्मावलंबियों को विशेष अधिकार और सुविधाएं प्राप्त नहीं होनी चाहिए। पंथनिरपेक्षता के द्वारा सभी लोगों के साथ समानता का व्यवहार होता है। अल्पसंख्यकों को सुरक्षा प्राप्त होती है और राज्य द्वारा सामाजिक, आर्थिक एवं शैक्षिक नीतियों के निर्माण में धार्मिक आधार पर कोई भेदभाव नहीं होगा।

भारत में अनेक धार्मिक समुदाय के लोग हैं और समाज धार्मिक है। इसलिए पंथनिरपेक्षता की उपयोगिता है और इसके द्वारा अल्पसंख्यक धार्मिक समूहों के प्रति भेदभाव नहीं हो सकता तथा उन्हें पूर्णत: धार्मिक स्वतंत्रता प्राप्त होगी। भारत में सांप्रदायिक दंगों के कारण पंथनिरपेक्षता पर सवाल उठाना तार्किक नहीं है, क्योंकि समस्या पंथनिरपेक्षता से नहीं, बल्कि इसके उल्लंघन से है। इसलिए पंथनिरपेक्षता को अधिक व्यापक और गहरा बनाए जाने की आवश्यकता है।

विपक्ष में तर्क

पंथनिरपेक्षता की संकल्पना पूर्णत: आयातित एवं विदेशी है। भारतीय समाज मूलत: धार्मिक है, जो कभी पंथनिरपेक्ष नहीं हो सकता। भारत में बहुसंख्यक लोग पंथनिरपेक्षता की संकल्पना के समर्थक नहीं हैं, क्योंकि भारत में धर्म और राजनीति का अत्यधिक गहरा समिश्रण है। इन मान्यताकारों के अनुसार, भारत जैसे देश में **आध्यात्मिक मानववाद** की संकल्पना अत्यधिक महत्त्वपूर्ण है। धर्म के द्वारा मूलत: सार्वजनिक नैतिकता का निर्माण होता है, जो पश्चिमी विश्व के पंथनिरपेक्षता एवं राजनीति और नैतिकता के विभाजन से बेहतर है, क्योंकि धर्म का आस्था के रूप में अत्यधिक महत्त्व है, आस्थाएं भिन्न-भिन्न हो सकती हैं। इनके मतानुसार, पंथनिरपेक्षता, सांप्रदायिकता का एक बेहतर समाधान नहीं है, बल्कि समाज में धार्मिक मान्यताओं को सुदृढ़ करके सांप्रदायिकता का सामना किया जा सकता है। आशीष नंदी जैसे विचारकों के अनुसार, पश्चिमी पंथनिरपेक्षता की संकल्पना इस मूल मान्यता पर आधारित है कि व्यक्ति अपने निजी जीवन में धार्मिक होगा, जबकि सार्वजनिक जीवन में वह धर्म का प्रयोग नहीं करेगा अथवा वह वैज्ञानिक प्रवृत्ति अपना लेगा। उनके अनुसार, यह मान्यता त्रुटिपूर्ण व विसंगतिपूर्ण है, क्योंकि नेहरू जैसे लोग निजी और सार्वजनिक दोनों क्षेत्रों में वैज्ञानिक प्रवृत्ति का पालन करते थे। जबकि गांधीजी जैसे लोगों का जीवन निजी और सार्वजनिक दोनों रूपों में धार्मिक था। इसके विपरीत भी उदाहरण मौजूद हैं, जैसे-जिन्ना, निजी जीवन में अत्यधिक वैज्ञानिक प्रवृत्ति के व्यक्ति थे, जबकि सार्वजनिक जीवन व राजनीतिक जीवन में धर्म का प्रयोग किया। ठीक इसी प्रकार सावरकर को भी माना जाता है, क्योंकि उन्होंने भी निजी जीवन में वैज्ञानिक प्रवृत्ति को अपनाया और सार्वजनिक जीवन में धर्म का प्रयोग किया।

पार्था चटर्जी ने इसका उदाहरण देते हुए कहा कि 'पंथनिरपेक्षता के नाम पर मुस्लिम समुदाय पर 'समान नागरिक संहिता' थोपना बिल्कुल उचित नहीं है।' पंथनिरपेक्षता की संकल्पना की समस्या को देखते हुए गांधीजी ने पंथनिरपेक्षता की बजाए, **सर्व धर्म समभाव** का प्रयोग किया था। पंथनिरपेक्षता के विरोधी लोगों के अनुसार, सांप्रदायिकता का मूल कारण धर्म नहीं है, बल्कि वह प्रवृत्ति है, जिसमें किसी धर्म विशेष द्वारा समाज में व्याप्त वर्ग, लिंग और जाति के विभाजन को अस्वीकृत किया जाता है और धर्म का एकहरे व एकांकी रूप में प्रयोग होता है तथा उसकी व्याख्या भी एकीकृत रूप में करने का प्रयत्न किया जाता है। उदाहरण के लिए, देवी-देवता, पूजा स्थान और धार्मिक प्रतीकों को समरूप दिखाने का प्रयत्न किया जाता है। इसलिए इन लोगों ने धर्म को आस्था के रूप को अत्यधिक महत्त्व दिया है, लेकिन यह धर्म के वैचारिक प्रयोग के विरुद्ध है।

पंथनिरपेक्षता के बारे में दूसरा दृष्टिकोण आमूलवादी है। इनके अनुसार, पंथनिरपेक्षता का आशय, नागरिक समाज का पंथनिरपेक्षीकरण है, न कि केवल धर्म और राज्य का अलगाव है। क्योंकि नागरिक समाज के पंथनिरपेक्षीकरण के द्वारा ही पंथनिरपेक्ष राज्य का निर्माण संभव है। इसलिए पंथनिरपेक्षीकरण एक ऐसी प्रक्रिया है, जिसमें धर्म का महत्त्व धीरे-धीरे स्वत: ही समाप्त हो जाएगा और समाज के पंथनिरपेक्षीकरण के द्वारा राज्य तार्किक रूप में पंथनिरपेक्ष होगा, क्योंकि राज्य, समाज का ही सूक्ष्म भाग है। अत: ये विचारक धर्म के पतन को आवश्यक ही नहीं, बल्कि वांछित भी मानते हैं। इनके अनुसार, समाज के आधुनिकीकरण और वैज्ञानिक रूप से विकसित होने के परिणामस्वरूप धर्म का महत्त्व स्वत: कम हो जाएगा। इसलिए ये धर्म के बजाए, आधुनिकता एवं वैज्ञानिक प्रवृत्ति पर बल देते हैं। इन विचारकों ने पंथनिरपेक्षता के भारतीय स्वरूप की कड़ी आलोचना की। इनके अनुसार, पंथनिरपेक्षता की यह भारतीय मान्यता धार्मिक सहिष्णुता पर आधारित हैं, **जिसके दो मूल कारण हैं**-

(i) सहिष्णुता के सिद्धांत में पहले ही मान लिया जाता है कि हिंदू धर्म मूलत: सहिष्णु है, जो भारत का प्रमुख धर्म है।

(ii) जब हिंदू धर्म को सहिष्णु धर्म का दर्जा दिया जाता है, तो इसमें यह मान्यता अंतर्निहित होती है कि हिंदू धर्म अन्य धर्मों से श्रेष्ठ है या हिंदू धर्म के मूल तत्त्व ही सभी धर्मों के मूल तत्त्व हैं।

इन विचारकों के अनुसार, पंथनिरपेक्षता के उपरोक्त विचारक जिस प्रकार पंथनिरपेक्षता और वैज्ञानिक प्रवृत्ति की आलोचना करते हैं यह नितांत विसंगतिपूर्ण है। यद्यपि इन विचारकों ने पहली श्रेणी के विचारकों को सांप्रदायिक नहीं माना, लेकिन ये उपरोक्त श्रेणी के विचारक प्रगति और वैज्ञानिक प्रगति के विरोधी प्रतीत होते हैं। इस श्रेणी के विचारकों ने धर्म को बिल्कुल नकारात्मक रूप में चित्रित किया। ये धर्म का व्यापक और पूर्ण अर्थ समझने में असफल रहे, क्योंकि धार्मिक होना और सांप्रदायिक होना बिल्कुल अलग-अलग है और सांप्रदायिकता धर्म के कारण उत्पन्न नहीं होती है।

परिशिष्ट

परिशिष्ट 1

भारतीय राजव्यवस्था संबंधी प्रमुख शब्द

(Important Words)

उदारवाद (Liberalism)

उदारवाद, एक आधुनिक विचारधारा है, जिसमें व्यक्ति की स्वतंत्रता को केंद्रीय महत्त्व दिया गया। **उदारवाद की निम्नलिखित विशेषताएं हैं-**

(i) व्यक्ति स्वतंत्र, तार्किक और स्वायत्त है।

(ii) सरकार व्यक्तियों की सहमति और समझौते पर आधारित है।

(iii) संवैधानिक व विधि का शासन।

(iv) चयन की स्वतंत्रता, जिसमें सरकार का चयन भी सम्मिलित है।

(v) अवसर की समानता, सामाजिक न्याय एवं सहिष्णुता।

न्याय (Justice)

समाज में सामंजस्य और संतुलन बनाए रखने के लिए दो उपाय किए जाते हैं-**पहला,** दंडित करना तथा **दूसरा,** पुरस्कृत करना। वस्तुतः न्याय, एक जटिल संकल्पना है, जिसका प्रयोग कभी नैतिक रूप में, तो कभी वैधानिक रूप में, तो कभी सामाजिक, राजनीतिक एवं आर्थिक रूप में भी किया जाता है।

समकालीन युग में न्याय का मूल अर्थ सामाजिक न्याय से लिया जाता है। **सामाजिक न्याय** शब्द एक वृहद् शब्द है, जिसमें वैधानिक, राजनीतिक एवं आर्थिक तीनों तरह का न्याय सम्मिलित होता है। न्याय के दो मूल तत्त्व (समानता एवं निष्पक्षता) प्रत्येक विचारकों ने माना है।

(i) **न्याय का नैतिक आयाम**

व्यक्ति द्वारा अपने कर्त्तव्यों का पालन करना न्याय है। न्याय का यह आयाम प्राचीन यूनानी राजनीतिक चिंतक प्लेटो द्वारा परिभाषित किया गया।

(ii) **न्याय का वैधानिक आयाम**

वैधानिक रूप में न्याय का अभिप्राय, विधि के उल्लंघन के परिणामस्वरूप दंड प्रदान करना है। विधि का शासन सुनिश्चित करना ही न्याय है। समाज में सभी व्यक्तियों को विधि के समक्ष समान मानना एवं विधि का निष्पक्ष प्रयोग ही न्याय है।

(iii) **न्याय का राजनीतिक आयाम**

प्रत्येक व्यक्ति को शासन व्यवस्था में भागीदारी देना ही न्याय है।

(iv) **न्याय का सामाजिक आयाम**

लिंग, जाति, धर्म, जन्म स्थान एवं प्रजाति इत्यादि के आधार पर भेद न करना ही न्याय है। वर्तमान में सामाजिक न्याय को व्यापक अर्थों में लिया जा रहा है, जिसमें सामाजिक, आर्थिक व राजनीतिक न्याय सम्मिलित हैं।

लोकतंत्र (Democracy)

डेमोक्रेसी शब्द की उत्पत्ति ग्रीक भाषा के शब्द **डेमोस एवं क्रेसिया** से हुई है। 'डेमोस' का अर्थ-लोग तथा '*क्रेसिया*' का अर्थ-शासन से है। अतः लोकतंत्र का आशय **लोगों के शासन** से है।

अमेरिकी राष्ट्रपति अब्राहम लिंकन ने अपने **गैटिसबर्ग** भाषण में लोकतंत्र को **'जनता का शासन, जनता के द्वारा, जनता के लिए'** रूप में परिभाषित किया।

(i) **दार्शनिक आधार**

व्यक्ति को एक ईकाई मानना तथा व्यक्ति की गरिमा में विश्वास एवं लोगों को स्वतंत्रता व अधिकार प्रदान करना।

(ii) **जीवन शैली के रूप में**

उदारवादी शास्त्रीय लोकतंत्र के समर्थक लोकतंत्र को जीवन शैली के रूप में चित्रित करते हैं। लोकतंत्र जीवन शैली का आशय दूसरे के विचारों के प्रति सहिष्णु होना है। मिल के अनुसार, 'दूसरे के विचारों का सम्मान करना ही लोकतांत्रिक जीवन शैली है।'

(iii) **शासन प्रणाली के रूप में**

- सीमित, संवैधानिक शासन।
- सहमति का शासन।
- उत्तरदायी शासन।
- प्रतिनिधिमूलक शासन।

नियमित चुनाव, लोकतंत्र में अनिवार्य तत्त्व है तथा चुनाव माध्यम है और इससे सामाजिक एवं आर्थिक विकास किया जाता है।

(iv) **समाज के रूप में**

जाति, लिंग व धर्म के आधार पर कोई भेदभाव नहीं तथा समाज में विशेषाधिकारों को समाप्त करना।

समाजवाद (Socialism)

समाज में आर्थिक समानता की स्थापना व विद्यमान विषमता और शोषण को समाप्त करना समाजवाद का मूल उद्देश्य है। इसमें समाज को महत्त्व दिया जाता है तथा व्यक्ति को समाज का भाग माना जाता है। आर्थिक उत्पादन के साधनों पर राज्य एवं सरकार का नियंत्रण होता है एवं समाज में बंधुता को बढ़ावा दिया जाता है। समाजवादी, पूंजीवाद के विरोधी हैं तथा लोकतांत्रिक साधनों के द्वारा समाज में समानता स्थापित करने के समर्थक हैं।

समानता (Equality)

समानता **चाहिए** से संबंधित संकल्पना है। तथ्यात्मक रूप में समानता नहीं होती है। समानता का अर्थ समाज में विशेषाधिकारों एवं विषमताओं को समाप्त करना है। अत: समानता का अर्थ **विभेदों का अंत** है। परंतु समानता का आशय, प्रत्येक प्रकार के विभेदों की समाप्ति नहीं, बल्कि अतार्किक विभेदों की समाप्ति है। अतार्किक विभेदों का आशय लिंग, जाति एवं धर्म के आधार पर किए गए विभेद हैं। अत: समानता का अर्थ, 'उन विषमताओं को हटाना है, जो समाज द्वारा निर्मित हैं, न कि प्राकृतिक विषमताओं का अंत करना।' अत: समानता का आशय सभी के साथ समान व्यवहार नहीं है। समानता का आशय 'समान लोगों के साथ समान व्यवहार करना एवं असमान लोगों के साथ असमान व्यवहार करना ही समानता है।' अत: समानता का समकालीन युग में सबसे सटीक अर्थ है- **अवसर की समानता**। इसके निम्नलिखित **आयाम हैं**-

(i) **आर्थिक समानता**

इसका समर्थन कल्याणकारी राज्य के समर्थक एवं समाजवादी विचारक करते हैं। न्यूनतम आर्थिक आवश्यकताओं की पूर्ति तथा व्यक्तियों को काम का अधिकार प्रदान करना।

(ii) **नैतिक समानता**

समानता का आरंभिक विचार नैतिक समानता के रूप में आया। नैतिक समानता एक आदर्शवादी संकल्पना है। अत: नैतिक समानता का आशय सभी व्यक्तियों के साथ समानता का व्यवहार होना चाहिए, क्योंकि सभी व्यक्ति ईश्वर की समान संतान हैं। हॉब्स एवं लॉक द्वारा वर्णित प्राकृतिक अवस्था में नैतिक समानता विद्यमान थी।

(iii) **राजनीतिक समानता**

प्रत्येक व्यक्ति को राजनीतिक जीवन में सहभागिता का समान अधिकार तथा प्रत्येक व्यक्ति को समान मत देने का अधिकार प्रदान करना, (बेंथम ने सर्वप्रथम एक व्यक्ति, एक मत का विचार दिया)।

(iv) **लैंगिक समानता**

पितृसत्ता की समाप्ति करना और निजी एवं सार्वजनिक जीवन में विभेद की समाप्ति व महिलाओं के घरेलू कार्यों का महत्त्व स्वीकार करना।

(v) **वैधानिक समानता**

वैधानिक समानता का आशय विधि के समक्ष समानता से है। अत: विधि के समक्ष सभी व्यक्ति समान होंगे।

(vi) **सामाजिक समानता**

समाज में धर्म, जाति एवं लिंग के आधार पर विभेद की समाप्ति एवं समाज में विशेषाधिकारों और विषमताओं का अंत करना तथा अल्पसंख्यकों के अधिकारों की रक्षा करना है।

साम्यवाद (Communism)

समाजवाद का एक रूप साम्यवाद है। साम्यवाद में पूंजीवाद के विनाश का नारा दिया गया है। इनके अनुसार, पूंजीवाद के कारण समाज में आर्थिक विषमता एवं शोषण उत्पन्न होता है और राज्य द्वारा इस विषमता का संरक्षण किया जाता है। अत: साम्यवाद राज्य और सरकार का विरोध करता है। साम्यवादी समाजवाद की स्थापना हिंसक और क्रांतिकारी तरीके से करना चाहते हैं। इसीलिए इन्हें साम्यवादी कहा जाता है। इसके प्रतिपादक **कार्ल** मार्क्स थे। इसलिए साम्यवाद को मार्क्सवाद भी कहा जाता है। साम्यवाद एक आदर्श विचार है, जिसके द्वारा विश्व में पूर्ण समानता स्थापित करने का प्रयत्न किया गया।

स्वतंत्रता (Liberty)

व्यक्ति के द्वारा अपने इच्छित कार्यों का संपादन अथवा चयन की स्वतंत्रता है। इसके आयाम निम्नलिखित हैं-

(i) **आर्थिक स्वतंत्रता** (Economic Liberty)

व्यक्ति को रोजगार या न्यूनतम रोजगार की सुनिश्चितता एवं समाज

के अभावग्रस्त लोगों के लिए न्यूनतम आर्थिक आवश्यकताओं की पूर्ति करना।

(ii) **नागरिक स्वतंत्रता** (Civil Liberty)

नागरिक स्वतंत्रता के निम्नलिखित पक्ष हैं-

- अभिव्यक्ति एवं आवागमन की स्वतंत्रता।
- समझौते की स्वतंत्रता।
- जीवन, स्वास्थ्य और शरीर को किसी भी बाह्य खतरे से मुक्त रखने की स्वतंत्रता।

(iii) **राजनीतिक स्वतंत्रता** (Political Liberty)

इसका अभिप्राय मतदान एवं राजनीतिक जीवन में सहभागिता का अधिकार है। राजनीतिक स्वतंत्रता को उपनिवेशवाद एवं साम्राज्यवाद से मुक्ति के रूप में भी देखा जाता है।

(iv) **सामाजिक स्वतंत्रता** (Social Liberty)

बहुमत समाज के विरुद्ध प्रत्येक व्यक्ति द्वारा अपनी इच्छानुसार कार्य करना ही सामाजिक स्वतंत्रता है तथा जाति, धर्म एवं लिंग के आधार पर भेदभाव का अभाव।

परिशिष्ट 2

संविधान के स्रोत

(Source of Constitution)

भारतीय संविधान सभा द्वारा विश्व के लगभग 60 देशों (अमेरिका, ब्रिटेन सहित) के संविधानों का सूक्ष्मता के साथ अध्ययन किया गया तथा जो प्रावधान भारतीय परिस्थितियों के अनुरूप आवश्यक दिखाई पड़े, उनको भारतीय संविधान में शामिल कर लिया गया। भारतीय संविधान का सबसे महत्त्वपूर्ण स्रोत वर्ष-1935 का भारत शासन अधिनियम है, जिसका प्रभाव भारतीय संविधान पर सबसे अधिक है। भारतीय संविधान के लगभग 200 अथवा इससे अधिक प्रावधान सीधे-सीधे भारत शासन अधिनियम, 1935 से लिए गए हैं। इस तरह भारतीय संविधान पर विभिन्न देशों के संविधानों का प्रभाव स्पष्ट दिखाई देता है। **भारतीय संविधान पर विभिन्न स्रोतों का प्रभाव निम्नलिखित हैं-**

भारतीय शासन अधिनियम, 1935

भारतीय संविधान के कुछ प्रमुख प्रावधानों पर वर्ष-1935 के अधिनियम का प्रभाव स्पष्ट दिखाई देता है। जैसे-संघीय व्यवस्था, लोक सेवा आयोग, न्यायपालिका का ढांचा, आपातकालीन उपबंध, राज्यपाल का कार्यालय एवं शक्ति वितरण की तीन सूचियां इत्यादि।

ब्रिटेन का संविधान

भारत, ब्रिटेन का उपनिवेश था और ब्रिटिश शासन से ही भारत को आजादी मिली थी। इसलिए स्पष्ट रूप से ब्रिटिश संसदीय प्रणाली का भारतीय संविधान पर प्रभाव दिखाई पड़ता है। ब्रिटिश संविधान से लिए गए प्रमुख प्रावधानों में शामिल हैं, संसदीय व्यवस्था, विधायी प्रक्रिया, मंत्रिमंडल प्रणाली, राज्याध्यक्ष अथवा राष्ट्रपति का प्रतीकात्मक महत्त्व, द्विसदनवाद, संसदीय विशेषाधिकार, विधि द्वारा स्थापित प्रक्रिया एवं परमाधिकार रिट इत्यादि।

अमेरिका का संविधान

वर्तमान में भारत, विश्व का सबसे बड़ा लोकतांत्रिक देश है, तो वहीं अमेरिका, विश्व के सबसे पुराने लोकतांत्रिक देशों में से एक है। इसलिए भारतीय संविधान पर विश्व के सबसे पुराने लोकतांत्रिक देश के संविधान का प्रभाव पड़ना कोई आश्चर्य की बात नहीं थी। अत: अमेरिकी संविधान से कुछ आवश्यक उपबंधों को भारतीय संविधान में शामिल किया गया। जैसे-राष्ट्रपति पर महाभियोग, न्यायिक पुनर्विलोकन, मूल अधिकार, न्यायपालिका की स्वतंत्रता, उप-राष्ट्रपति का पद तथा उच्चतम व उच्च न्यायालयों के न्यायाधीशों को उनके पद से हटाया जाना इत्यादि।

कनाडा का संविधान

कनाडा के संविधान से जिन प्रावधानों को भारतीय संविधान में शामिल किया गया। वे इस प्रकार हैं-संघीय व्यवस्था, जिसमें केंद्र सरकार शक्तिशाली हो, अवशिष्ट शक्तियों का केंद्र में निहित होना, उच्चतम न्यायालय की परामर्शी न्याय-निर्णयन प्रक्रिया, राज्य के राज्यपालों की नियुक्ति केंद्र द्वारा किया जाना इत्यादि।

ऑस्ट्रेलिया का संविधान

ऑस्ट्रेलिया के संविधान से निम्नलिखित उपबंधों को भारतीय संविधान में शामिल किया गया। जैसे-समवर्ती सूची, संसद के दोनों सदनों की संयुक्त बैठक, व्यापार-वाणिज्य और समागम की स्वतंत्रता इत्यादि।

आयरलैंड का संविधान

भारतीय संविधान में राज्य के नीति-निदेशक सिद्धांत, राज्य सभा के लिए सदस्यों का नामांकन तथा राष्ट्रपति की निर्वाचन प्रणाली को आयरलैंड के संविधान से लिया गया है।

दक्षिण अफ्रीका का संविधान

भारतीय संविधान में कुछ महत्त्वपूर्ण उपबंधों को दक्षिण अफ्रीका के संविधान से लिया गया है, जो इस प्रकार हैं-राज्य सभा के सदस्यों का निर्वाचन एवं संविधान में संशोधन की प्रक्रिया इत्यादि।

भूतपूर्व सोवियत संघ का संविधान

भूतपूर्व सोवियत संघ के संविधान से मूल कर्त्तव्य, प्रस्तावना में सामाजिक, आर्थिक व राजनीतिक न्याय का आदर्श जैसे प्रावधान को भारतीय संविधान में शामिल किया गया।

जर्मनी का वाइमर गणतंत्र का संविधान

भारतीय संविधान में जर्मनी के संविधान से **आपातकाल के दौरान मूल अधिकारों के स्थगन** से संबंधित प्रावधान को शामिल किया गया है।

फ्रांस का संविधान

फ्रांस के संविधान से **बंधुता के आदर्श और गणतंत्रात्मक ढांचा** को भारतीय संविधान में शामिल किया गया है।

परिशिष्ट 3

वर्ष–2018 में भारतीय राज्य और केंद्र शासित प्रदेश

(Indian States and Union Territories)

क्र.सं.	राज्य	स्थापना	भाषाएं	उच्च न्यायालय	राजधानी
1.	आंध्र प्रदेश	1 नवंबर, 1956	तेलगू	हैदराबाद	हैदराबाद (अस्थायी)
2.	अरूणाचल प्रदेश	20 फरवरी, 1987	अंग्रेजी	गुवाहाटी	ईटानगर
3.	असम	15 अगस्त, 1947	असमिया; क्षेत्रीय: बोडो, बंगला	गुवाहाटी	दिसपुर
4.	बिहार	1 अप्रैल, 1912	हिंदी, भोजपुरी, मगही, मैथिली, उर्दू	पटना	पटना
5.	छत्तीसगढ़	1 नवंबर, 2000	छत्तीसगढ़ी, हिंदी	बिलासपुर	रायपुर
6.	गोवा	30 मई, 1987	कोंकणी	मुंबई	पणजी
7.	गुजरात	1 मई, 1960	गुजराती	अहमदाबाद	गांधीनगर
8.	हरियाणा	1 नवंबर, 1966	हिंदी, हरियाणवी (क्षेत्रीय), पंजाबी	चंडीगढ़	चंडीगढ़ (झासा)
9.	हिमाचल प्रदेश	25 जनवरी, 1971	हिंदी, पहाड़ी (क्षेत्रीय)	शिमला	शिमला
10.	जम्मू एवं कश्मीर	26 अक्टूबर, 1947	डोगरी, कश्मीरी, लद्दाखी, उर्दू	श्रीनगर/जम्मू	श्रीनगर (ग्रीष्म) जम्मू (शीत)
11.	झारखंड	15 नवंबर, 2000	हिंदी	रांची	रांची
12.	कर्नाटक	1 नवंबर, 1956	कन्नड़	बैंगलुरू	बंगलौर
13.	केरल	1 नवंबर, 1956	मलयालम्	कोच्चि	तिरूअनंतपुरम्
14.	मध्य प्रदेश	1 नवंबर, 1956	हिंदी	जबलपुर	भोपाल
15.	महाराष्ट्र	1 मई, 1960	मराठी	मुंबई	मुंबई
16.	मणिपुर	21 जनवरी, 1972	मणिपुरी	इम्फाल	इम्फाल
17.	मेघालय	21 जनवरी, 1972	अंग्रेजी, गारो, हिंदी, खासी, प्नर	शिलांग	शिलांग
18.	मिजोरम	20 फरवरी, 1987	मिजो	गुवाहाटी	आइजोल
19.	नागालैंड	1 दिसंबर, 1963	अंग्रेजी	गुवाहाटी	कोहिमा
20.	ओडिशा	1 अप्रैल, 1936	ओडिया	कटक	भुवनेश्वर
21.	पंजाब	1 नवंबर, 1966	पंजाबी	चंडीगढ़	चंडीगढ़ (झासी)
22.	राजस्थान	1 नवंबर, 1956	हिंदी, राजस्थानी, नेपाली,	जोधपुर	जयपुर
23.	सिक्किम	16 मई, 1975	भूटिया, गुरूंग, लेप्चा, लिंबू, मगर, नेवारी, शेर्पा, सुनवर, तामाड़	गंगटोक	गंगटोक
24.	तमिलनाडु	26 जनवरी, 1950	तमिल	चेन्नई	चेन्नई

क्र.सं.	राज्य	स्थापना	भाषाएं	उच्च न्यायालय	राजधानी
25.	तेलंगाना	2 जून, 2014	तेलुगू, उर्दू	हैदराबाद	हैदराबाद
26.	त्रिपुरा	21 जनवरी, 1972	बंगला, त्रिपुरी	अगरतला	अगरतला
27.	उत्तर प्रदेश	26 जनवरी, 1950	हिंदी, उर्दू	इलाहाबाद	लखनऊ
28.	उत्तराखंड	9 नवंबर, 2000	हिंदी, संस्कृत	नैनीताल	देहरादून (अंतरिम, स्थायी राजधानी का विषय विवादित है)
29.	पश्चिम बंगाल	1 नवंबर, 1956	बंगला, अंग्रेजी, नेपाली	कोलकाता	कोलकाता

केंद्र शासित प्रदेश

क्र.सं.	राज्य	भाषाएं	उच्च न्यायालय	राजधानी
1.	अण्डमान निकोबार द्वीप समूह	अंग्रेजी, हिंदी	कोलकाता	पोर्ट ब्लेयर
2.	चंडीगढ़	अंग्रेजी, हिंदी, पंजाबी	चंडीगढ़	चंडीगढ़
3.	दादरा और नगर हवेली	अंग्रेजी, गुजराती, हिंदी, मराठी	मुंबई	सिलवासा
4.	दमन और दीव	अंग्रेजी, गुजराती, हिंदी, मराठी	मुंबई	दमन
5.	लक्षद्वीप	अंग्रेजी, मलयालम्	कोच्चि	कवारत्ती
6.	राष्ट्रीय राजधानी क्षेत्र दिल्ली	अंग्रेजी, हिंदी, पंजाबी, उर्दू	नई दिल्ली	नई दिल्ली
7.	पुडुचेरी	फ्रांसीसी एवं तमिल	चेन्नई	पांडिचेरी

'संघ-राज्य क्षेत्र' शब्दावली के अंतर्गत भारत सरकार द्वारा किसी समय अर्जित किए गए राज्य क्षेत्र भी सम्मिलित हैं।

परिशिष्ट 4

अनुसूचियां
(Schedule)

भारतीय संविधान में निम्नलिखित 12 अनुसूचियां हैं-

प्रथम अनुसूची

संघ एवं राज्य क्षेत्र भारतीय संघ के 29 राज्यों और 7 संघ या केन्द्र शासित राज्यों और उनके विस्तार क्षेत्र का उल्लेख।

राज्य

आंध्र प्रदेश, असम, बिहार, गुजरात, केरल, मध्य प्रदेश, तमिलनाडु, महाराष्ट्र, कर्नाटक, ओडिशा, पंजाब, राजस्थान, उत्तर प्रदेश, पश्चिमी बंगाल, जम्मू-कश्मीर, नागालैंड, हरियाणा, हिमाचल प्रदेश, मणिपुर, त्रिपुरा, मेघालय, सिक्किम, मिजोरम, अरूणाचल प्रदेश, गोवा, छत्तीसगढ़, उत्तराखंड झारखंड एवं तेलंगाना।

संघ-राज्य क्षेत्र

राष्ट्रीय राजधानी क्षेत्र दिल्ली, अंडमान और निकोबार द्वीप समूह, लक्षद्वीप, दादर और नगर हवेली, दमन और दीव, पुडुचेरी एवं चंडीगढ़।

दिल्ली को अनुच्छेद-239(क) के द्वारा राष्ट्रीय राजधानी राज्य क्षेत्र का दर्जा प्रदान किया गया है, पर इसके बावजूद दिल्ली संघ-राज्य क्षेत्र ही है।

दूसरी अनुसूची

भारतीय राजव्यवस्था के पदाधिकारियों के वेतन, भत्ते और पेंशन इत्यादि का उल्लेख (राष्ट्रपति, राज्यपाल, लोक सभा अध्यक्ष और उपाध्यक्ष, राज्य सभा के सभापति और उप-सभापति, राज्यों की विधान सभा के अध्यक्ष और उपाध्यक्ष, विधान परिषद् के सभापति और उप-सभापति, उच्चतम और उच्च न्यायालय के न्यायाधीश, भारत के नियंत्रक महालेखा परीक्षक)। राष्ट्रपति व राज्यपाल के लिए उपलब्धियों (म्वसनउमदजे) शब्द का प्रयोग किया गया है, वेतन का नहीं।

तीसरी अनुसूची

भारतीय संघ के मंत्री, संसद के निर्वाचन के लिए अभ्यर्थी, संसद सदस्य, उच्चतम न्यायालय के न्यायाधीश और भारत के नियंत्रक एवं महालेखा परीक्षक, राज्य के मंत्री, राज्य विधान मंडल के निर्वाचन के लिए अभ्यर्थी, राज्य विधान मंडल के सदस्य तथा उच्च न्यायालय के न्यायाधीश द्वारा पद ग्रहण के समय ली जाने वाली पद और गोपनीयता की शपथ या प्रतिज्ञा के प्रारूप का उल्लेख।

संघ तथा किसी राज्य के मंत्री के लिए पद की शपथ और गोपनीयता की शपथ का प्रारूप अलग-अलग है तथा उसे दोनों की शपथ लेना या प्रतिज्ञान करना पड़ता है। राष्ट्रपति, उप-राष्ट्रपति तथा राज्यपाल के लिए शपथ का प्रारूप संबंधित अनुच्छेदों, (अनुच्छेद-60, 69 तथा 159) में उल्लिखित हैं।

चौथी अनुसूची

विभिन्न राज्यों तथा संघ-राज्य क्षेत्रों (दिल्ली व पुडुचेरी) का राज्य सभा में स्थानों का आवंटन। लोक सभा तथा राज्य विधान मंडल के सदस्यों की संख्या परिसीमन आयोग द्वारा जनसंख्या के आधार पर निर्धारित की जाती है।

पांचवीं अनुसूची

अनुसूचित क्षेत्रों और अनुसूचित जनजातियों के प्रशासन और नियंत्रण के बारे में उपबंध है।

छठी अनुसूची

असम, मेघालय, त्रिपुरा और मिजोरम राज्यों के जनजाति क्षेत्रों के प्रशासन के बारे में उपबंध है।

सातवीं अनुसूची

अनुच्छेद-246 के अनुसार, केंद्र व राज्यों के बीच शक्तियों के बंटवारे के संदर्भ में संघ सूची, राज्य सूची व समवर्ती सूची का उल्लेख किया गया है।

आठवीं अनुसूची

इस अनुसूची में भारत की 22 भाषाओं के नाम दिए गए हैं, जो इस प्रकार हैं-असमिया, बंगला, बोडो, डोगरी, गुजराती, हिंदी, कन्नड़, कश्मीरी, कोंकणी, मैथिली, मलयालम्, मणिपुरी, मराठी, नेपाली, ओड़िया, पंजाबी, संस्कृत, संथाली, सिंधी, तमिल, तेलगू, उर्दू। मूल रूप में इसमें 14 भाषाएं थीं, लेकिन 92वां संविधान संशोधन, 2003 द्वारा मैथिली, संथाली, बोडो व डोंगरी भाषा को जोड़ा गया।

नवीं अनुसूची

प्रथम संविधान संशोधन अधिनियम, 1951 द्वारा जोड़ा गया। इसमें राज्य द्वारा पारित भूमि सुधार संबंधी अधिनियमों का उल्लेख

है, जिसे न्यायालय में चुनौती नहीं दी जा सकती। इसका संबंध अनुच्छेद-31(ख) से है।

वर्ष-2007 में उच्चतम न्यायालय के निर्णय के अनुसार वर्ष-1973 के बाद नवीं अनुसूची में शामिल कानूनों की समीक्षा न्यायालय द्वारा की जा सकती है, पर जिनकी समीक्षा हो चुकी है, उनकी विधि मान्यता को पुनः चुनौती नहीं दी जा सकती।

दसवीं अनुसूची

52वें संविधान संशोधन अधिनियम, 1985 में दल-बदल के आधार पर संसद सदस्यों की निरर्हता का उपबंध है। इसके द्वारा संसदीय लोकतंत्र को सुदृढ़ बनाया गया है तथा **संसद की सर्वोच्चता** के सिद्धांत को वरीयता दी गई है। इसके अनुसार, दल परिवर्तन के आधार पर निरर्हता के बारे में अंतिम विनिश्चय सभापति या अध्यक्ष का होगा तथा इस संबंध में न्यायालय की कोई अधिकारिता नहीं होगी।

ग्यारहवीं अनुसूची

इसमें पंचायतों के कानून क्षेत्र के साथ कुल मिलाकर 29 विषय समाहित हैं। जैसे-मत्स्य उद्योग, लघुवन उत्पत्ति, पीने वाला पानी, ग्रामीण विकास, पुस्तकालय, गरीबी उन्मूलन कार्यक्रम, सांस्कृतिक कार्य, बाजार एवं मेला, परिवार संवृद्धि, महिला एवं बाल विकास इत्यादि।

बारहवीं अनुसूची

इसमें नगर पालिकाओं के कार्य क्षेत्र के साथ कुल मिलाकर 18 क्रियाशील विषय-वस्तु समाहित हैं। जैसे-नगरीय योजना, सड़कें एवं पुल, घरेलू, औद्योगिक एवं वाणिज्यिक प्रयोजनों के लिए जल प्रदाय, अग्नि शमन सेवाएं, नगर-वानिकी, पर्यावरण संरक्षण एवं पारिस्थितिकी आयामों की वृद्धि, नगरीय निर्धनता उन्मूलन इत्यादि।

संविधान संशोधन
(Constitution Amendment)

पहला संविधान संशोधन, 1951

- *रोमेश थापर बनाम स्टेट ऑफ मद्रास (1951) एस.सी.* के मामलों में उच्चतम न्यायालय के निर्णय से उत्पन्न परिस्थितियों को दूर करने के लिए यह संविधान संशोधन पारित किया गया।
- इससे स्वतंत्रता, समानता एवं संपत्ति से संबंधित मूल अधिकारों को लागू किए जाने संबंधी कठिनाइयों को दूर करने का प्रयास किया गया। मूल अधिकारों के अध्याय में अनुच्छेद-15(4) जोड़ा गया।
- वाक् एवं अभिव्यक्ति की स्वतंत्रता पर उचित प्रतिबंध लगाया गया।
- अनुच्छेद-19(2) में प्रतिबंध के तीन नए आधारों को जोड़ा गया-लोक व्यवस्था, विदेशी राज्य से मैत्री संबंध और अपराध करने के लिए बढ़ावा देना।
- इस संशोधन द्वारा नवीं अनुसूची को जोड़ा गया, जिसके अंतर्गत् भूमि संबंधी विधियों को संरक्षण प्रदान किया गया और इन विधियों को न्यायिक पुनर्विलोकन से बाहर रखा गया। इसके लिए अनुच्छेद-31(अ) और 31(ब) जोड़ा गया।

दूसरा संविधान संशोधन, 1952

- वर्ष-1951 की जनगणना के अनुसार संसद में राज्यों के प्रतिनिधित्व को निर्धारित किया गया।

तीसरा संविधान संशोधन, 1954

- इसके द्वारा समवर्ती सूची में संशोधन करके इसमें खाद्यान्न, पशुओं के लिए चारा और कच्चा कपास इत्यादि को सम्मिलित किया गया।

चौथा संविधान संशोधन, 1955

- *बेला बनर्जी वाद* में उच्चतम न्यायालय के विनिश्चय से उत्पन्न हुई कठिनाई को दूर करने के लिए यह संशोधन किया गया।
- इसके अनुसार व्यक्तिगत संपत्ति को लोकहित में राज्य द्वारा छीने जाने की स्थिति में न्यायालय क्षतिपूर्ति के लिए पुनर्निरीक्षण नहीं कर सकता।

5वां संविधान संशोधन, 1955

- अनुच्छेद-3 में संशोधन करके राज्य पुनर्गठन विधेयक के संबंध में यह व्यवस्था की गई कि यदि निर्धारित अवधि के अंदर राज्य अपनी राय नहीं बताते हैं, तो विधेयक को संसद द्वारा पारित मान लिया जाएगा अर्थात् राज्यों की सहमति हेतु समय सीमा निर्धारित की गई।

6ठा संविधान संशोधन, 1956

- संविधान की सातवीं अनुसूची के संघ सूची में 92(क) को शामिल करके केंद्र सरकार को अंतर्राज्यीय क्रय-विक्रय पर कर लगाने की शक्ति प्रदान की गई।

7वां संविधान संशोधन, 1956

- इसके द्वारा संविधान के अनुच्छेद-1 एवं प्रथम सूची में संशोधन करके राज्यों को 14 राज्यों तथा 6 संघ-राज्य क्षेत्रों में पुनर्गठित किया गया।
- अनुच्छेद-230 एवं 231 को संशोधित करके उच्च न्यायालयों के क्षेत्राधिकार को संघ-राज्य क्षेत्रों पर बढ़ा दिया गया।
- दो (2) से अधिक राज्यों के लिए एक (1) उच्च न्यायालय का उपबंध किया गया।

8वां संविधान संशोधन, 1960

- इस संशोधन द्वारा अनुच्छेद-334 में संशोधन करके अनुसूचित जातियों तथा जनजातियों के लिए लोक सभा, राज्य सभा व विधान सभाओं में आरक्षण की अवधि को 20 वर्ष तक के लिए बढ़ा दिया गया।

9वां संविधान संशोधन, 1960

- भारत एवं पाकिस्तान के मध्य भूमि हस्तांतरण के लिए किए गए समझौते को कार्यान्वित करने के लिए भारत के भू-भाग को हस्तांतरित करने का अधिकार दिया गया।
- इसके द्वारा बेरूबारी, खुलना इत्यादि क्षेत्रों को पाकिस्तान को दे दिया गया।

10वां संविधान संशोधन, 1961

- भारत में पुर्तगाली क्षेत्रों दादर एवं नगर हवेली को भारत में शामिल कर उन्हें केंद्रशासित प्रदेश का दर्जा दिया गया।

11वां संविधान संशोधन, 1961

- इसके माध्यम से प्रावधान किया गया कि राष्ट्रपति या उप-राष्ट्रपति के चुनाव को इस आधार पर चुनौती नहीं दी जा सकती कि निर्वाचक मंडल अपूर्ण है।
- उप-राष्ट्रपति के चुनाव के लिए संसद के दोनों सदनों की संयुक्त बैठक बुलाना आवश्यक है।

12वां संविधान संशोधन, 1962

- इसके द्वारा गोवा, दमन एवं दीव को भारत का संघ-राज्य क्षेत्र घोषित किया गया।

13वां संविधान संशोधन, 1962

- इसके द्वारा नागालैंड को राज्य की श्रेणी में रखकर संविधान की प्रथम अनुसूची में शामिल किया गया और अनुच्छेद-271(क) को संविधान में जोड़कर नागालैंड के संबंध में विशेष प्रावधान किया गया।

14वां संविधान संशोधन, 1962

- पांडिचेरी को भारत का अंग तथा संघ-राज्य क्षेत्र में विधान सभा तथा मंत्रिपरिषद् की स्थापना का अधिकार दिया गया।
- अनुच्छेद-239(क) जोड़कर पांडिचेरी के लिए विधान सभा तथा मंत्रिमंडल के गठन हेतु प्रावधान किया गया।

15वां संविधान संशोधन, 1963

- इसके द्वारा उच्च न्यायालयों की अधिकारिता में वृद्धि की गई तथा उच्च न्यायालयों के न्यायाधीशों की सेवानिवृत्ति की आयु को 60 से बढ़ाकर 62 वर्ष कर दिया गया।
- एक नया अनुच्छेद-224(क) जोड़कर उच्च न्यायालय के अवकाश प्राप्त न्यायाधीशों को उच्च न्यायालय में नियुक्ति से संबंधित प्रावधान किया गया।
- अनुच्छेद-226 में एक नया खंड-1(क) जोड़ा गया, जिसके अनुसार उच्च न्यायालय किसी सरकार, प्राधिकारी या व्यक्ति के विरुद्ध रिट जारी कर सकता है।

16वां संविधान संशोधन, 1963

- राज्य की संप्रभुता तथा अखंडता की रक्षा हेतु राज्य मूल अधिकारों पर युक्तियुक्त निर्बंधन लगा सकता है।
- किसी भी राज्य के भारत संघ से पृथक् होने तथा संघ को भंग करने के प्रयास को अवैध घोषित किया गया।
- संसद तथा राज्य विधान मंडल के सदस्यों को भारत की अखंडता बनाए रखने तथा प्रभुत्व संपन्नता की रक्षा की शपथ ग्रहण करनी होगी।

17वां संविधान संशोधन, 1964

- नवीं अनुसूची में 44 अधिनियम जोड़े गए तथा संपत्ति के अधिकार को स्पष्ट किया गया।
- केरल और मद्रास राज्य द्वारा पारित भूमि-सुधार अधिनियमों को संवैधानिक संरक्षण प्रदान किया गया।

18वां संविधान संशोधन, 1966

- अनुच्छेद-3(क) जोड़कर यह व्यवस्था की गई कि संसद किसी राज्य या संघ-राज्य क्षेत्र के एक भाग का गठन कर सकती है।
- पंजाब को पुनर्गठित करके पंजाब एवं हरियाणा राज्य और हिमाचल संघ-राज्य क्षेत्र की स्थापना की गई।
- अनुच्छेद-3 में यह स्पष्टीकरण जोड़ा गया कि **राज्य** शब्द के अंतर्गत् संघ-राज्य क्षेत्र भी आते हैं।

19वां संविधान संशोधन, 1966

- इसके द्वारा निर्वाचन न्यायाधिकरणों को समाप्त करके यह व्यवस्था की गई कि निर्वाचन संबंधी विवादों को सीधे उच्च न्यायालय में दाखिल किया जा सकता है।

20वां संविधान संशोधन, 1966

- संविधान में एक नया अनुच्छेद-233(क) जोड़कर अनियमितता के आधार पर नियुक्त कुछ जिला न्यायाधीशों की नियुक्ति को वैधता प्रदान किया गया।

21वां संविधान संशोधन, 1967

- संविधान की आठवीं अनुसूची में सिंधी भाषा को 15वीं भाषा के रूप में शामिल किया गया।

22वां संविधान संशोधन, 1969

- असम राज्य से मेघालय को अलग करके एक नए राज्य के रूप में स्थापित किया गया।
- अनुच्छेद-244(क), 371(ख) तथा 275(1)(क) जोड़ा गया।

23वां संविधान संशोधन, 1970

- इसके द्वारा अनुसूचित जातियों एवं जनजातियों के लिए लोक सभा तथा विधान सभाओं में आरक्षण की अवधि को अगले 10 वर्ष के लिए बढ़ा दिया गया।

24वां संविधान संशोधन, 1971

- *गोलकनाथ वाद* में उच्चतम न्यायालय द्वारा दिए गए निर्णय से उत्पन्न कठिनाइयों को दूर करने के लिए यह संविधान संशोधन किया गया।
- इसके द्वारा अनुच्छेद-13 और अनुच्छेद-368 में संशोधन किया गया।
- अनुच्छेद-368 में यह स्पष्ट किया गया कि इसके अंतर्गत् संविधान संशोधन की प्रक्रिया और शक्ति दोनों शामिल हैं।

- अनुच्छेद-13 की कोई बात संविधान संशोधन विधि पर लागू नहीं होगी।
- एक नया अनुच्छेद-13 में खंड-4 जोड़ा गया और स्पष्ट किया गया कि अनुच्छेद-368 के अधीन संवैधानिक संशोधन 'विधि' नहीं है।
- *केशवानंद भारती बनाम केरल राज्य वाद* में सुप्रीम कोर्ट ने 24वें संविधान संशोधन को विधि मान्य घोषित किया।

25वां संविधान संशोधन, 1971

- इसके द्वारा अनुच्छेद-31 के खंड-2 का संशोधन किया गया तथा अनुच्छेद-31(ग) जोड़ा गया।

26वां संविधान संशोधन, 1971

- यह संशोधन *माधव राव सिंधिया बनाम भारत संघ (प्रीवी पर्स मामले) वाद* में उच्चतम न्यायालय द्वारा दिए गए निर्णय की कठिनाइयों को दूर करने के लिए किया गया।
- संविधान से अनुच्छेद-291 और 362 को निकाल दिया गया, जो इन विषयों से संबंधित थे।
- एक नया अनुच्छेद-263(क) जोड़कर भूतपूर्व राजाओं के प्रीवी पर्स तथा विशेषाधिकार को समाप्त कर दिया गया।

27वां संविधान संशोधन, 1971

- अरूणाचल प्रदेश और मिजोरम को संघ शासित प्रदेशों के रूप में स्थापित किया गया।
- इस संशोधन द्वारा दो नए अनुच्छेद-239(ख) और 371(ग) जोड़े गए।

28वां संविधान संशोधन, 1972

- अनुच्छेद-312(A) को संविधान में जोड़ा गया तथा अनुच्छेद-314 को निरसित कर दिया गया।

29वां संविधान संशोधन, 1972

- केरल भूमि सुधार संशोधन अधिनियम, 1969-71 को संविधान की नवीं अनुसूची में शामिल किया गया, जिससे इनको न्यायालय में चुनौती न दी जा सके।

30वां संविधान संशोधन, 1972

- अनुच्छेद-133 में संशोधन किया गया।
- उच्चतम न्यायालय में दीवानी विवादों में अपील के लिए 20,000 रूपए से अधिक मूल्य की सीमा समाप्त कर दी गई।

31वां संविधान संशोधन, 1973

- अनुच्छेद-81 में संशोधन करके लोक सभा सदस्यों की संख्या को 525 से बढ़ाकर 545 कर दिया गया।

32वां संविधान संशोधन, 1974

- अनुच्छेद-371 में संशोधन करके 371(D) और 371(E) को जोड़ा गया-

(i) अनुच्छेद-371(D) में आंध्र प्रदेश के लिए विशेष प्रावधान है।

(ii) अनुच्छेद-371(E) संसद को केंद्रीय विश्वविद्यालयों की स्थापना के लिए नियम बनाने का अधिकार प्रदान करता है।

33वां संविधान संशोधन, 1974

- इसके द्वारा संविधान के अनुच्छेद-101 तथा 190 में संशोधन करके यह व्यवस्था की गई कि संसद या राज्य विधानमंडलों के सदस्यों से बलपूर्वक त्यागपत्र नहीं दिलवाया जा सकता।

34वां संविधान संशोधन, 1974

- नवीं अनुसूची में भूमि-सुधार संबंधी अधिनियमों को शामिल किया गया।

35वां संविधान संशोधन, 1974

- सिक्किम को सह-राज्य (Associate State) का दर्जा प्रदान किया गया।

36वां संविधान संशोधन, 1975

- सिक्किम को पूर्ण राज्य का दर्जा प्रदान करके भारत के 22वें राज्य के रूप में संविधान की प्रथम अनुसूची में शामिल किया गया।
- अनुच्छेद-371(च) के अंतर्गत् सिक्किम के लिए विशेष प्रावधान किया गया।

37वां संविधान संशोधन, 1975

- अनुच्छेद-239(क) और 240 में संशोधन किया गया।
- अरूणाचल प्रदेश के लिए विधान सभा और मंत्रिपरिषद् की स्थापना से संबंधित व्यवस्था की गई।

38वां संविधान संशोधन,1975

- अनुच्छेद-352 के अधीन आपात स्थिति की घोषणा करने में राष्ट्रपति के समाधान को किसी न्यायालय में प्रश्नगत नहीं किया जा सकता।
- अनुच्छेद-352 में दो नए खंड-4 और 5, अनुच्छेद-356 खंड-5 और अनुच्छेद-359 में खंड-क और अनुच्छेद-360 में खंड-5 जोड़ा गया।
- राष्ट्रपति, राज्यपाल और उप-राज्यपालों द्वारा अध्यादेश जारी करने के मामलों को न्यायालय के अधिकार क्षेत्र से बाहर कर दिया गया।

39वां संविधान संशोधन, 1975

- राष्ट्रपति, उप-राष्ट्रपति, लोक सभा अध्यक्ष तथा प्रधानमंत्री के निर्वाचन को न्यायालय में चुनौती नहीं दी जा सकती।

40वां संविधान संशोधन, 1976

- इसके द्वारा नवीं अनुसूची में कुछ अधिनियम शामिल किए गए।

41वां संविधान संशोधन, 1976

- अनुच्छेद-316(2) में संशोधन करके राज्यों के लोक सेवा आयोगों के अध्यक्षों तथा सदस्यों की सेवानिवृत्ति की आयु 60 वर्ष से बढ़ाकर 62 वर्ष कर दी गई।

42वां संविधान संशोधन, 1976

- यह संशोधन अभी तक पारित सभी संशोधनों से अधिक व्यापक था।
- इसके द्वारा संविधान में दो नए अध्याय-4(क), 14(क) तथा नौ (9) नए अनुच्छेदों को शामिल किया गया।
- 52 अनुच्छेदों में संशोधन किया गया।
- 42वें संविधान संशोधन को लघु संविधान भी कहा जाता है। इसके प्रमुख संशोधन इस प्रकार से हैं-

(i) संविधान की उद्देशिका में **'पंथनिरपेक्ष, समाजवादी तथा अखंडता'** शब्दों को जोड़ा गया।

(ii) अनुच्छेद-31(ग) जोड़कर यह प्रावधान किया गया कि नीति निदेशक तत्त्वों को प्रभावी करने के लिए मूल अधिकार में संशोधन किया जा सकता है।

(iii) नीति निदेशक तत्त्वों में **तीन (3)** नए निदेशक तत्त्वों को शामिल किया गया-

1. समान न्याय और नि:शुल्क विधिक सहायता, (अनुच्छेद-39(क))।
2. उद्योगों के प्रबंध में कर्मकारों की भागीदारी, (अनुच्छेद-43(क))।
3. पर्यावरण की सुरक्षा और सुधार एवं वन व वन्य जीव की सुरक्षा, (अनुच्छेद-48(क)।

(iv) एक नए अध्याय भाग-4(क) में अनुच्छेद-51(क) जोड़कर नागरिकों के 10 मूल कर्त्तव्यों का उल्लेख किया गया।

(v) अनुच्छेद-74 में यह व्यवस्था की गई कि राष्ट्रपति, मंत्रिपरिषद् की सलाह मानने के लिए बाध्य होगा।

(vi) अनुच्छेद-368 में दो नए खंड-(4) और (5) शामिल किया गया। खंड-4 के अनुसार, संसद द्वारा किए गए संविधान संशोधनों को न्यायालय में चुनौती नहीं दी जा सकेगी।

(vii) वन, संपदा, शिक्षा, जनसंख्या नियंत्रण तथा परिवार नियोजन, जानवर, पक्षियों की सुरक्षा, वाट तथा माप इत्यादि विषयों को समवर्ती सूची के अंतर्गत् कर दिया गया।

(viii) विधान सभा एवं लोक सभा की समयावधि को 5 वर्ष से बढ़ाकर 6 वर्ष कर दिया गया।

(ix) लोक सभा एवं विधान सभा की सभी सीटों की संख्या को वर्ष-2001 तक के लिए स्थिर कर दिया गया।

(x) राष्ट्रपति, पूरे देश के साथ-साथ अब देश के किसी एक भाग में भी अनुच्छेद-352 के तहत् आपात की उद्घोषणा कर सकता है।

(xi) अनुच्छेद-356 के तहत् आपात उद्घोषणा की अवधि को 6 माह से बढ़ाकर 1 वर्ष कर दिया गया।

(xii) संविधान में एक नया भाग-14(क) जोड़ा गया, जिसके अंतर्गत् अनुच्छेद-223(क) और अनुच्छेद-223(ख) आते हैं।

(xiii) इस संशोधन द्वारा केंद्र, राज्यों में केंद्रीय सुरक्षा बलों को तैनात कर सकता है और संसद को यह अधिकार दिया गया कि वह निर्णय कर सकती है कि कौन सा पद लाभ का पद है।

(xiv) संसद तथा राज्य विधानमंडलों के लिए गणपूर्ति की आवश्यकता नहीं है।

43वां संविधान संशोधन, 1977

- 42वें संविधान संशोधन की कुछ धाराओं को समाप्त किया गया।

44वां संविधान संशोधन, 1978

- यह संशोधन भी अत्यंत महत्त्वपूर्ण है।
- 42वें संविधान संशोधन द्वारा किए गए अनावश्यक परिवर्तनों को समाप्त करने के लिए जनता दल की सरकार ने यह संशोधन किया था।
- अनुच्छेद-352 में राष्ट्रीय आपात की उद्घोषणा का आधार **आंतरिक अशांति** के स्थान पर **सशस्त्र विद्रोह** शब्द को शामिल किया गया।
- राष्ट्रपति, राष्ट्रीय आपात की उद्घोषणा तभी कर सकता है, जब उसे मंत्रिमंडल द्वारा लिखित सूचना दे दी जाए।
- मूल अधिकारों में सम्मिलित संपत्ति के अधिकार को समाप्त करके अनुच्छेद-300(क) के अंतर्गत् इसे विधिक अधिकार का दर्जा दिया गया और अनुच्छेद-31 तथा अनुच्छेद-19(1)(f) को निरसित कर दिया गया।
- अनुच्छेद-74 में राष्ट्रपति को अधिकार दिया गया कि वह मंत्रिमंडल की सलाह को एक बार पुनर्विचार के लिए वापस

भेज सकता है, लेकिन मंत्रिमंडल द्वारा दोबारा दी गई सलाह को मानने के लिए बाध्य होगा।

- 44वें संविधान संशोधन द्वारा लोक सभा तथा राज्य विधान सभाओं की अवधि पुनः 5 वर्ष कर दी गई।
- राष्ट्रपति, उप-राष्ट्रपति के निर्वाचन संबंधी विवाद को हल करने की अधिकारिता पुनः उच्चतम न्यायालय को दी गई।

45वां संविधान संशोधन, 1980

- इसके द्वारा लोक सभा तथा राज्य विधान सभाओं में अनुसूचित जातियों व जनजातियों के आरक्षण में 10 वर्ष की वृद्धि की गई।

46वां संविधान संशोधन, 1982

- कुछ वस्तुओं के संबंध में बिक्री कर की समान दर और वसूली की एकसमान व्यवस्था को अपनाया गया।

47वां संविधान संशोधन, 1984

- संविधान की नवीं अनुसूची में कुछ और अधिनियमों को जोड़ा गया।

48वां संविधान संशोधन, 1984

- संविधान के अनुच्छेद-356(5) में परिवर्तन करके यह व्यवस्था की गई कि पंजाब में राष्ट्रपति शासन की अवधि को 2 वर्ष तक बढ़ाया जा सकता है।

49वां संविधान संशोधन, 1984

- अनुच्छेद-244 तथा पांचवीं व छठीं अनुसूची में संशोधन करके त्रिपुरा में स्वायत्तशासी जिला परिषद् की स्थापना का प्रावधान किया गया।

50वां संविधान संशोधन, 1984

- अनुच्छेद-33 को पुनः स्थापित करके सुरक्षा बलों के मूल अधिकारों को प्रतिबंधित किया गया।

51वां संविधान संशोधन, 1985

- मेघालय, नागालैंड, अरूणाचल प्रदेश और मिजोरम की अनुसूचित जनजातियों को लोक सभा में आरक्षण प्रदान किया गया।
- नागालैंड और मेघालय की विधान सभाओं में जनजातियों के लिए आरक्षण की व्यवस्था की गई।

52वां संविधान संशोधन, 1985

- अनुच्छेद-101, 102, 190 तथा 191 में संशोधन करके संविधान में दसवीं अनुसूची को जोड़कर दल-बदल को रोकने के लिए कानून बनाया गया।

53वां संविधान संशोधन, 1986

- मिजोरम को राज्य की श्रेणी में शामिल किया गया तथा अनुच्छेद-371(छ) को जोड़कर राज्य के लिए विशेष व्यवस्था की गई।

54वां संविधान संशोधन, 1986

- उच्चतम न्यायालय तथा उच्च न्यायालयों के न्यायाधीशों के वेतन तथा सेवा शर्तों में सुधार किया गया।

55वां संविधान संशोधन, 1986

- अरूणाचल प्रदेश को पूर्ण राज्य का दर्जा दिया गया तथा अनुच्छेद-371(ज) के अंतर्गत् विशेष व्यवस्था की गई।

56वां संविधान संशोधन, 1987

- गोवा को राज्य की श्रेणी में तथा दमन और दीव को गोवा से अलग करके संघ-राज्य क्षेत्र की श्रेणी में रखा गया।

57वां संविधान संशोधन, 1987

- मेघालय, मिजोरम, नागालैंड तथा अरूणाचल प्रदेश की विधान सभाओं में जनजातियों के लिए आरक्षण की व्यवस्था की गई।

58वां संविधान संशोधन, 1987

- राष्ट्र को संविधान का प्रामाणिक हिंदी संस्करण प्रकाशित करने के लिए अधिकृत किया गया।

59वां संविधान संशोधन, 1988

- पंजाब राज्य में राष्ट्रपति शासन को 3 वर्ष तक बढ़ाने की व्यवस्था की गई।
- केंद्र, पंजाब में आंतरिक अशांति के आधार पर आपात की घोषणा कर सकता है।
- अनुच्छेद-21 द्वारा प्रदत्त व्यक्तिगत स्वतंत्रता तथा जीवन के अधिकार को राष्ट्रपति सिर्फ पंजाब में ही निलंबित कर सकते हैं।

60वां संविधान संशोधन, 1988

- अनुच्छेद-276(2) में संशोधन करके नगर पालिकाओं द्वारा लगाए जाने वाले वृत्ति कर की अधिकतम सीमा 250 रुपए से बढ़ाकर 2,500 रुपए कर दी गई।

61वां संविधान संशोधन, 1989

- अनुच्छेद-326 में संशोधन करके लोक सभा तथा राज्य विधान सभाओं के चुनाव में मतदान करने की न्यूनतम आयु 21 वर्ष से घटाकर 18 वर्ष कर दी गई।

62वां संविधान संशोधन, 1989

- लोक सभा तथा राज्य विधान सभाओं में अनुसूचित जातियों तथा जनजातियों के आरक्षण में 10 वर्ष की और वृद्धि की गई।

63वां संविधान संशोधन, 1990

- इसके द्वारा 59वें संविधान संशोधन की व्यवस्था को समाप्त कर दिया गया।

64वां संविधान संशोधन, 1990

- अनुच्छेद-356(4) में तीसरा **परंतुक** जोड़कर पंजाब के संबंध में आपातकाल की अधिकतम अवधि 3 वर्ष की जगह 3 वर्ष, 6 महीने कर दी गई।

65वां संविधान संशोधन, 1990

- अनुच्छेद-338 में संशोधन करके अनुसूचित जाति तथा जनजाति आयोग के गठन का प्रावधान किया गया।

66वां संविधान संशोधन, 1990

- संविधान की नवीं अनुसूची में कुछ और अधिनियमों को शामिल किया गया।

67वां संविधान संशोधन, 1990

- अनुच्छेद-356 में संशोधन करके पंजाब में राष्ट्रपति शासन की अवधि 4 वर्ष तक कर दी गई।

68वां संविधान संशोधन, 1991

- अनुच्छेद-356 में संशोधन करके पंजाब में राष्ट्रपति शासन की अवधि 5 वर्ष तक कर दी गई।

69वां संविधान संशोधन, 1991

- संविधान में 2 नए अनुच्छेद-239(क) तथा 239(ख) जोड़े गए, जिनके अंतर्गत् संघ क्षेत्र दिल्ली को विशेष दर्जा प्रदान किया गया और उसका नाम राष्ट्रीय राजधानी क्षेत्र दिल्ली रखा गया।
- दिल्ली के लिए 70 सदस्यीय विधान सभा तथा 7 सदस्यीय मंत्रिपरिषद् का प्रावधान किया गया।

70वां संविधान संशोधन, 1992

- दिल्ली तथा पांडिचेरी संघ-राज्य क्षेत्रों की विधान सभा के सदस्यों को राष्ट्रपति के निर्वाचक मंडल में शामिल करने का प्रावधान किया गया।

71वां संविधान संशोधन, 1992

- संविधान की आठवीं अनुसूची में तीन (3) और भाषाओं (कोंकणी, मणिपुरी और नेपाली) को सम्मिलित किया गया, जिससे आठवीं अनुसूची में भाषाओं की संख्या-18 हो गई।

72वां संविधान संशोधन, 1992

- त्रिपुरा विधान सभा में सीटों की संख्या बढ़ाकर 60 कर दी गई और उसी अनुपात में अनुसूचित जातियों के लिए स्थान आरक्षित किया गया।

73वां संविधान संशोधन, 1993

- संविधान में भाग-9 तथा अनुच्छेद-243 से 243(ण) और ग्यारहवीं अनुसूची को जोड़कर संपूर्ण भारत में पंचायती राज की स्थापना का प्रावधान किया गया।

74वां संविधान संशोधन, 1993

- संविधान में भाग-9(क) अनुच्छेद-243(त) से 243(यछ) और बारहवीं अनुसूची जोड़कर नगरीय स्थानीय शासन को संवैधानिक संरक्षण प्रदान किया गया।

75वां संविधान संशोधन, 1994

- किराएदारों और मकान मालिकों के बीच विवादों को सुलझाने के लिए राज्यों में ट्रिब्यूनलों की व्यवस्था की गई।

76वां संविधान संशोधन, 1994

- संविधान की नवीं अनुसूची में संशोधन करके तमिलनाडु सरकार द्वारा पारित पिछड़े वर्ग के लिए सरकारी नौकरियों में 69 प्रतिशत आरक्षण का प्रावधान करने वाले अधिनियम को नवीं अनुसूची में शामिल किया गया।

77वां संविधान संशोधन, 1995

- अनुच्छेद-16 में उपखंड-4(क) को जोड़कर प्रावधान किया गया है कि राज्य के अधीन सेवाओं में पदोन्नति के लिए अनुसूचित जाति/जनजाति को आरक्षण दिया जा सकेगा।

78वां संविधान संशोधन, 1995

- संविधान की नवीं अनुसूची में भूमि-सुधार से संबंधित 27 अतिरिक्त अधिनियम जोड़े गए, जिससे उनका पुनराविलोकन न किया जा सके।
- नवीं अनुसूची में सम्मिलित अधिनियमों की अब तक कुल संख्या-284 हो गई है।

79वां संविधान संशोधन, 1999

- अनुसूचित जाति और जनजाति के लोगों के लिए लोक सभा व राज्य विधान सभाओं में आरक्षण की अवधि को 10 वर्ष और बढ़ाकर संविधान लागू होने की तिथि से 60 वर्ष अर्थात् 2010 तक कर दिया गया।
- इसके द्वारा अनुच्छेद-334 में संशोधन किया गया।

80वां संविधान संशोधन, 2000

- 10वें वित्त आयोग की सिफारिश के आधार पर यह संशोधन किया गया।
- इसके अंतर्गत् कुछ केंद्रीय करों तथा शुल्कों में से होने वाली आय से राज्यों को 29 प्रतिशत देने की सिफारिश की गई।
- इस संशोधन के द्वारा अनुच्छेद-269 के खंड-1 और 2 के स्थान पर नया खंड तथा अनुच्छेद-270 के स्थान पर नया

अनुच्छेद रखा गया है, जबकि अनुच्छेद-272 को समाप्त कर दिया गया है।

- यह संशोधन 1 अप्रैल, 1996 से लागू माना गया है।

81वां संविधान संशोधन, 2000

- अनुसूचित जातियों एवं जनजातियों तथा अन्य पिछड़े वर्गों के लिए सरकारी नौकरियों में आरक्षण की 50 प्रतिशत सीमा जो उच्चतम न्यायालय द्वारा निर्धारित की गई थी, को समाप्त कर दिया गया।
- अब एक वर्ष में न भरी जाने वाली बकाया रिक्तियों को एक पृथक् वर्ग माना जाएगा और अगले वर्ष में भरा जाएगा, भले ही उसकी सीमा 50 प्रतिशत से अधिक हो।
- अनुच्छेद-16 में खंड-4(क) के बाद एक नया खंड-4(ख) जोड़ा गया।

82वां संविधान संशोधन, 2000

- राज्यों की सरकारी नौकरियों में आरक्षित रिक्त पदों की भर्ती हेतु प्रोन्नतियों के मामलों में अनुसूचित जातियों एवं जनजातियों के अभ्यर्थियों के लिए न्यूनतम प्राप्तांकों में छूट प्रदान करने की अनुमति दी गई।
- उच्चतम न्यायालय के एक निर्णय के परिणामस्वरूप इसके पहले वर्ष-1997 में इस छूट को वापस ले लिया गया था।

83वां संविधान संशोधन, 2000

- पंचायती राज संस्थाओं में अनुसूचित जाति के लिए आरक्षण का प्रावधान न करने की छूट प्रदान की गई है, परंतु यह उल्लेखनीय है कि अरूणाचल प्रदेश में कोई भी अनुसूचित जाति न होने के कारण उसे ही यह छूट दी गई है।

84वां संविधान संशोधन, 2001

- लोक सभा तथा विधान सभाओं की सीटों की संख्या में वर्ष-2026 तक कोई परिवर्तन न करने का प्रावधान किया गया है।

85वां संविधान संशोधन, 2001

- अनुच्छेद-16 के खंड-4(क) में संशोधन करके शब्दावली **किसी वर्ग की प्रोन्नति के मामले में** के स्थान पर **किसी वर्ग के प्रोन्नति के मामले में भूतलक्षी ज्येष्ठता** रखी गई है।
- इन वर्गों की प्रोन्नति भूतलक्षी (17 जून, 1995) प्रभाव से दी जाएगी।

86वां संविधान संशोधन, 2002

- 6 से 14 वर्ष के बच्चों के लिए अनिवार्य एवं निःशुल्क शिक्षा को मौलिक अधिकार के रूप में मान्यता देने की व्यवस्था की गई।
- संविधान में अनुच्छेद-21(क) शामिल किया गया तथा अनुच्छेद-51(क) और अनुच्छेद-45 में भी संशोधन किया गया।
- अनुच्छेद-51(क) के द्वारा 11वां मूल कर्त्तव्य जोड़ा गया।

87वां संविधान संशोधन, 2003

- परिसीमन में जनसंख्या का आधार वर्ष-1991 के स्थान पर वर्ष-2001 कर दिया गया।

88वां संविधान संशोधन, 2003

- अनुच्छेद-268(क) को जोड़कर सेवाओं पर कर (Service Tax) का प्रावधान किया गया।

89वां संविधान संशोधन, 2003

- अनुच्छेद-338(क) को संविधान में शामिल कर अनुसूचित जनजाति के लिए पृथक् राष्ट्रीय आयोग की स्थापना की व्यवस्था की गई।

90वां संविधान संशोधन, 2003

- असम विधान सभा में अनुसूचित जनजातियों और गैर-अनुसूचित जनजातियों का प्रतिनिधित्व बरकरार रखते हुए बोडोलैंड टेरीटोरियल काउंसिल क्षेत्र के गैर-जनजातीय लोगों के अधिकारों की सुरक्षा का प्रावधान किया गया।

91वां संविधान संशोधन, 2003

- दसवीं अनुसूची में संशोधन करके दल-बदल व्यवस्था को और कठोर बनाया गया।
- अब केवल संपूर्ण दल के विलय को मान्यता दी जाएगी।
- अनुच्छेद-75 तथा 164 में संशोधन करके मंत्रिपरिषद् का आकार भी निश्चित किया गया।
- केंद्र तथा राज्य में मंत्रिपरिषद् की सदस्य संख्या लोक सभा तथा विधान सभा की कुल सदस्य संख्या का 15 प्रतिशत से अधिक नहीं होगी।
- लेकिन जहां सदन की सदस्य संख्या-40 या उससे कम है, वहां यह संख्या अधिकतम-12 होगी।

92वां संविधान संशोधन, 2003

- संविधान की आठवीं अनुसूची में बोडो, डोगरी, मैथिली और संथाली भाषाओं का समावेश किया गया।
- इस प्रकार अब आठवीं अनुसूची में कुल 22 भाषाएं हो गई हैं।

93वां संविधान संशोधन, 2006

- शिक्षण संस्थानों में अनुसूचित जाति/जनजाति और अन्य पिछड़े वर्गों के नागरिकों के दाखिले के लिए सीटों के आरक्षण की

व्यवस्था संविधान के अनुच्छेद-15 की धारा-4 के प्रावधानों के तहत् की गई है।

94वां संविधान संशोधन, 2006

- इसके द्वारा अनुच्छेद-164 के खंड-1 में बिहार राज्य के स्थान पर **छत्तीसगढ़ और झारखंड** को रखा गया है।

95वां संविधान संशोधन, 2009

- अनुच्छेद-334 में संशोधन करके लोक सभा एवं राज्य विधान सभाओं में अनुसूचित जातियों एवं जनजातियों के लिए चुनावी सीटों के आरक्षण तथा आंग्ल भारतीय सदस्यों के मनोनयन की व्यवस्था को 26 जनवरी, 2010 से अगले 10 वर्ष अर्थात् 2020 तक के लिए बढ़ा दिया गया है।

96वां संविधान संशोधन, 2011

- आठवीं अनुसूची में संशोधन कर भाषा का नाम उड़िया (Oriya) के स्थान पर ओडिया (Odia) किया गया है।

97वां संविधान संशोधन, 2011

- सहकारी समितियों को संवैधानिक संरक्षण प्रदान किया गया।
- सहकारी समिति बनाने के अधिकार को एक मौलिक अधिकार बना दिया गया, (अनुच्छेद-19)।
- राज्यों की नीतियों में एक नए नीति निदेशक सिद्धांत को सम्मिलित किया गया, जिससे सहकारी समितियों को बढ़ावा मिल सके, (अनुच्छेद- 43(ख))।
- भारतीय संविधान में एक नया भाग-9(ख) को जोड़ा गया, जिसका नाम **सहकारी समितियां** है, (अनुच्छेद-243(य ज) से 243(य न)।

98वां संविधान संशोधन, 2012

- इस संविधान संशोधन द्वारा कर्नाटक राज्य के हैदराबाद क्षेत्र में विशेष व्यवस्था के अंतर्गत् ऐसे संस्थागत क्षेत्र की स्थापना करना है, जिससे उस क्षेत्र विशेष में विकास के साथ-साथ मानव संसाधन, शैक्षिक और व्यावसायिक प्रशिक्षण और आरक्षण के साथ रोजगार को बढ़ाने के लिए संस्थानों और कार्यकर्ताओं में धन का समुचित आवंटन सुनिश्चित किया जा सके, (अनुच्छेद-371(झ))।

99वां संविधान संशोधन, 2015

- इस संविधान संशोधन द्वारा राष्ट्रीय न्यायिक नियुक्ति आयोग का गठन किया गया।

100वां संविधान संशोधन, 2015

- भारत तथा बांग्लादेश के मध्य संपन्न भूमि सीमा समझौते (Land Boundary Agreement, (LBA)) को लागू करने के लिए यह संशोधन किया गया। इस संशोधन के तहत् दोनों देशों के मध्य एन्क्लेव (Enclaves) का हस्तांतरण किया गया।

101वां संविधान संशोधन, 2016

- इस संविधान संशोधन के जरिए केंद्र तथा राज्यों द्वारा लगाए जाने वाले सभी अप्रत्यक्ष करों को एकीकृत करने हेतु (Goods and services tax, (GST) को अधिनियमित किया गया।

परिशिष्ट 6

भारत के राष्ट्रपति

(Presidents of India)

क्र. सं.	राष्ट्रपति	अवधि	
1.	डॉ. राजेन्द्र प्रसाद	26-1-1950 से 13-5-1962 तक	
2.	डॉ. सर्वपल्ली राधाकृष्णन	13-5-1962 से 13-5-1967 तक	
3.	डॉ. जाकिर हुसैन	13-5-1967 से 3-5-1969 तक	(मृत्यु)
4.	श्री वाराह गिरि वेंकट गिरि	3-5-1969 से 20-7-1969 तक	(कार्यकारी)
5.	श्री एम. हिदायतुल्ला	20-7-1969 से 24-8-1969 तक	(कार्यकारी)
6.	श्री वाराह गिरि वेंकट गिरि	24-8-1969 से 24-8-1974 तक	
7.	श्री फखरुद्दीन अली अहमद	24-8-1974 से 11-2-1977 तक	(मृत्यु)
8.	श्री बी. डी. जत्ती	11-2-1977 से 25-7-1977 तक	(कार्यकारी)
9.	श्री नीलम संजीव रेड्डी	25-7-1977 से 25-7-1982 तक	
10.	श्री ज्ञानी जैल सिंह	25-7-1982 से 25-7-1987 तक	
11.	श्री एम. हिदायतुल्ला	6-10-1982 से 31-10-1982 तक	(राष्ट्रपति ज्ञानी जैल सिंह की अनुपस्थिति में राष्ट्रपति के कृत्यों का निर्वहन किया)
12.	श्री रामस्वामी वेंकटरामन	25-7-1987 से 25-7-1992 तक	
13.	डॉ. शंकर दयाल शर्मा	25-7-1992 से 25-7-1997 तक	
14.	श्री के. आर. नारायण	25-7-1997 से 25-7-2002 तक	
15.	डॉ. ए.पी.जे. अब्दुल कलाम	25-7-2002 से 25-7-2007 तक	
16.	श्रीमती प्रतिभा देवीसिंह पाटिल	25-7-2007 से 25-7-2012 तक	
17.	श्री प्रणब मुखर्जी	25-7-2012 से 25-7-2017 तक	
18.	श्री राम नाथ कोविंद	25-7-2017 से अब तक	

परिशिष्ट 7

भारत के उप-राष्ट्रपति

(Vice-Presidents of India)

क्र. सं.	उप-राष्ट्रपति	अवधि
1.	डॉ. सर्वपल्ली राधाकृष्णन	1952 से 1962 तक
2.	डॉ. जाकिर हुसैन	1962 से 1967 तक
3.	श्री वी. वी. गिरि	1967 से 1969 तक
4.	श्री गोपाल स्वरूप पाठक	1969 से 1974 तक
5.	श्री बी. डी. जत्ती	1974 से 1979 तक
6.	श्री एम. हिदायतुल्ला	1979 से 1984 तक
7.	श्री रामस्वामी वेंकटरामन	1984 से 1987 तक
8.	डॉ. शंकर दयाल शर्मा	1987 से 1992 तक
9.	श्री के. आर. नारायण	1992 से 1997 तक
10.	श्री कृष्णकान्त	1997 से 2002 तक
11.	श्री भैरों सिंह शेखावत	2002 से 2007 तक
12.	श्री मोहम्मद हामिद अन्सारी	2007 से 2017 तक
13.	श्री एम. वेंकैया नायडू	2017 से अब तक

परिशिष्ट 8

भारत के प्रधानमंत्री

(Prime Ministers of India)

क्र. सं.	प्रधानमंत्री	अवधि	
1.	पंडित जवाहरलाल नेहरू	5-8-1947 से 27-5-1964 तक	(मृत्यु)
2.	गुलजारीलाल नंदा	27-5-1964 से 9-6-1964 तक	(कार्यकारी)
3.	लाल बहादुर शास्त्री	9-6-1964 से 11-1-1966 तक	(मृत्यु)
4.	गुलजारीलाल नंदा	11-1-1966 से 24-1-1966 तक	(कार्यकारी)
5.	श्रीमती इंदिरा गांधी	24-1-1966 से 24-3-1977 तक	
6.	मोरारजी देसाई	24-3-1977 से 28-7-1979 तक	
7.	चौधरी चरण सिंह	28-7-1979 से 14-1-1980 तक	
8.	श्रीमती इंदिरा गांधी	14-1-1980 से 31-10-1984 तक	(मृत्यु)
9.	राजीव गांधी	31-10-1984 से 2-12-1989 तक	
10.	विश्वनाथ प्रताप सिंह	2-12-1989 से 10-11-1990 तक	
11.	चंद्रशेखर	10-11-1990 से 21-6-1991 तक	
12.	पी.वी. नरसिंह राव	21-6-1991 से 16-5-1996 तक	
13.	अटल बिहारी वाजपेयी	6-5-1996 से 1-6-1996 तक	
14.	एच.डी. देवगौड़ा	1-6-1996 से 21-4-1997 तक	
15.	इन्द्र कुमार गुजराल	21-4-1997 से 19-3-1998 तक	
16.	अटल बिहारी वाजपेयी	19-3-1998 से 13-10-1999 तक	
17.	अटल बिहारी वाजपेयी	13-10-1999 से 22-5-2004 तक	
18.	डॉ. मनमोहन सिंह	22-5-2004 से 26-5-2014 तक	
19.	नरेन्द्र दामोदर दास मोदी	26-5-2014 से अब तक	

भारत के उप-प्रधान मंत्री

(Deputy Prime Ministers of India)

क्र. सं.	उप-प्रधानमंत्री	अवधि
1.	सरदार वल्लभ भाई पटेल	1947 से 1950 तक
2.	मोरारजी देसाई	1967 से 1969 तक
3.	जगजीवन राम (कनिष्ठ)	1979 से 1979 तक
4.	चौधरी चरण सिंह (वरिष्ठ)	1979 से 1979 तक
5.	वाई. वी. चव्हाण	1979 से 1980 तक
6.	चौधरी देवी लाल	1989 से 1991 तक
7.	चौधरी देवी लाल	1990 से 1991 तक
8.	लाल कृष्ण आडवाणी	2002 से 2004 तक

परिशिष्ट 10

लोक सभा अध्यक्ष

(Lok Sabha Speaker)

क्र. सं.	लोक सभा अध्यक्ष	अवधि
1.	गणेश वासुदेव मावलंकर	15-5-1952 से 27-2-1956 तक
2.	एम. अनन्तशयनम आयंगर	8-3-1956 से 10-5-1957 तक
3.	एम. अनन्तशयनम आयंगर	11-5-1957 से 16-4-1962 तक
4.	सरदार हुकुम सिंह	17-4-1962 से 16-3-1967 तक
5.	नीलम संजीव रेड्डी	17-3-1967 से 19-7-1969 तक
6.	सरदार गुरदयाल सिंह ढिल्लों	8-8-1969 से 19-3-1971 तक
7.	सरदार गुरदयाल सिंह ढिल्लों	22-3-1971 से 1-12-1975 तक
8.	बलि राम भगत	15-1-1976 से 25-3-1977 तक
9.	नीलम संजीव रेड्डी	26-3-1977 से 13-7-1977 तक
10.	के.एस. हेगड़े	21-7-1977 से 21-01-1980 तक
11.	डॉ. बलराम जाखड़	22-1-1980 से 15-1-1985 तक
12.	डॉ. बलराम जाखड़	16-1-1985 से 18-12-1989 तक
13.	रवि राय	19-12-1989 से 9-7-1991 तक
14.	शिवराज वी. पाटिल	10-7-1991 से 22-5-1996 तक
15.	पी.ए. संगमा	23-5-1996 से 23-3-1998 तक
16.	जी.एम.सी. बालयोगी	24-3-1998 से 21-10-1999 तक
17.	जी.एम.सी. बालयोगी	22-10-1999 से 3-3-2002 तक (मृत्यु)
18.	मनोहर गजानन जोशी	10-5-2002 से 2-6-2004 तक
19.	सोमनाथ चटर्जी	4-6-2004 से 31-5-2009 तक
20.	मीरा कुमार	4-6-2009 से 4-6-2014 तक
21.	श्रीमती सुमित्रा महाजन	5-6-2014 से अब तक

परिशिष्ट 11

भारत के मुख्य निर्वाचन आयुक्त

(Chief Election Commissioner of India)

क्र. सं.	नाम	कार्यकाल
1.	सुकुमार सेन	21-3-1950 से 19-12-1958 तक
2.	के.वी.के. सुंदरम्	9-12-1958 से 30-9-1967 तक
3.	एस.पी. सेन वर्मा	01-10-1967 से 30-9-1972 तक
4.	डॉ. नगेन्द्र सिंह	01-10-1972 से 06-2-1973 तक
5.	टी. स्वामीनाथन	07-2-1973 से 17-6-1977 तक
6.	एस.एल. शकधर	18-6-1977 से 17-6-1982 तक
7.	आर.के. त्रिवेदी	18-6-1982 से 31-12-1985 तक
8.	आर.वी.एस. पेरीशास्त्री	01-1-1986 से 25-11-1990 तक
9.	श्रीमती वी.एस. रमा देवी	26-11-1990 से 11-12-1990 तक
10.	टी.एन. शेषन	12-12-1990 से 11-12-1996 तक
11.	एम.एस. गिल	12-12-1996 से 13-6-2001 तक
12.	जे.एम. लिंगदोह	14-6-2001 से 07-2-2004 तक
13.	टी.एस. कृष्णमूर्ति	08-2-2004 से 15-5-2005 तक
14.	बी.बी. टंडन	16-5-2005 से 29-6-2006 तक
15.	एन. गोपालास्वामी	30-6-2006 से 20-4-2009 तक
16.	नवीन चावला	21-4-2009 से 29-7-2010 तक
17.	एस.वाई. कुरैशी	30-7-2010 से 10-6-2012 तक
18.	वी.एस. सम्पत	11-6-2012 से 15-1-2015 तक
19.	एच. एस. ब्रह्मा	16-1-2015 से 18-4-2015 तक
20.	डॉ. नसीम जैदी	19-4-2015 से 5-7-2017 तक
21.	अचल कुमार ज्योति	6-7-2017 से 21-1-2018 तक
22.	ओम प्रकाश रावत	23-1-2018 से 1-12-2018 तक
23.	सुनील अरोड़ा	2-12-2018 से अब तक

परिशिष्ट 12

वित्त आयोग के अध्यक्ष

(President of Finance Commission of India)

क्र. सं.	गठन का वर्ष	अध्यक्ष का नाम	क्रियान्वयन वर्ष
1.	1951	के. सी. नियोगी	1952 से 1957 तक
2.	1956	के. संथानम्	1957 से 1962 तक
3.	1960	ए. के. चन्दा	1962 से 1966 तक
4.	1964	डॉ. पी. वी. राजमन्नार	1966 से 1969 तक
5.	1968	महावीर त्यागी	1969 से 1974 तक
6.	1972	के. ब्रह्मानन्द रेड्डी	1974 से 1979 तक
7.	1977	जे. एम. शेलेट	1979 से 1984 तक
8.	1983	वाई. वी. चौह्वाण	1984 से 1989 तक
9.	1987	एन. के. पी. सॉल्वे	1989 से 1995 तक
10.	1992	के. सी. पन्त	1995 से 2000 तक
11.	1998	प्रो. ए. एम. खुसरो	2000 से 2005 तक
12.	2002	डॉ. सी. रंगराजन	2005 से 2010 तक
13.	2007	डॉ. विजय एल. केलकर	2010 से 2015 तक
14.	2013	डॉ. वाई वी. रेड्डी	2015 से 2020 तक

परिशिष्ट 13

भारत के उच्च न्यायालय: अधिकारिता व स्थान

(The High Courts of India: Jurisdiction And Seat)

क्र. सं.	नाम	न्यायाधीशों की संख्या (2009 में)	स्थापना वर्ष	अधिकार क्षेत्र	मुख्यालय	खंडपीठ
1.	इलाहाबाद	95	1866	उत्तर प्रदेश	इलाहाबाद	लखनऊ
2.	आंध्र प्रदेश	39	1954	आंध्र प्रदेश	हैदराबाद	
3.	मुंबई	61	1862	महाराष्ट्र, गोवा, दादर और नगर हवेली, दमन और दीव।	मुंबई	नागपुर, औरंगाबाद और पणजी
4.	कोलकाता	63	1862	पश्चिम बंगाल तथा अण्डमान और निकोबार द्वीप समूह।	कोलकाता	पोर्ट ब्लेयर
5.	दिल्ली	36	1966	दिल्ली	दिल्ली	
6.	गुवाहाटी	23	1948	असम, नागालैंड, मिजोरम और अरूणाचल प्रदेश	गुवाहाटी	कोहिमा, आइजोल
7.	गुजरात	42	1960	गुजरात	अहमदाबाद	
8.	हिमाचल प्रदेश	09	1971	हिमाचल प्रदेश	शिमला	
9.	जम्मू एवं कश्मीर	14	1957	जम्मू एवं कश्मीर	श्रीनगर और जम्मू	
10.	कर्नाटक	40	1884	कर्नाटक	बंगलुरु	
11.	केरल	40	1956	केरल और लक्षद्वीप	एर्नाकुलम	
12.	मध्य प्रदेश	42	1956	मध्य प्रदेश	जबलपुर	ग्वालियर, इन्दौर
13.	चेन्नई	47	1862	तमिलनाडु और पाण्डिचेरी	चेन्नई	
14.	उड़ीसा	27	1948	उड़ीसा	कटक	
15.	पटना	43	1916	बिहार	पटना	

क्र. सं.	नाम	न्यायाधीशों की संख्या (2009 में)	स्थापना वर्ष	अधिकार क्षेत्र	मुख्यालय	खंडपीठ
16.	पंजाब और हरियाणा	53	1966	पंजाब, हरियाणा और चंडीगढ़	चंडीगढ़	
17.	राजस्थान	40	1950	राजस्थान	जोधपुर	जयपुर
18.	सिक्किम	03	1975	सिक्किम	गंगटोक	
19.	छत्तीसगढ़	12	2000	छत्तीसगढ़	बिलासपुर	
20.	उत्तराखंड	09	2000	उत्तराखंड	नैनीताल	
21.	झारखंड	12	2000	झारखंड	रांची	
22.	मेघालय	03	2013	मेघालय	शिलांग	
23.	मणिपुर	03	2013	मणिपुर	इंफाल	
24.	त्रिपुरा	04	2013	त्रिपुरा	अगरतला	

परिशिष्ट 14

भारत के मुख्य न्यायाधीश

(Chief Justices of India)

क्र. सं.	मुख्य न्यायाधीश	कार्यकाल
1.	न्यायमूर्ति हीरालाल जे. कानिया	26-1-1950 से 06-11-1951 तक
2.	एम. पतंजलि शास्त्री	07-11-1951 से 03-1-1954 तक
3.	मेहर चन्द्र महाजन	04-1-1954 से 22-12-1954 तक
4.	वी. के. मुखर्जी	23-12-1954 से 31-1-1956 तक
5.	एस. आर. दास	01-2-1956 से 30-9-1959 तक
6.	भुवनेश्वर प्रसाद सिन्हा	01-10-1959 से 31-1-1964 तक
7.	पी. वी. गजेन्द्र गडकर	01-2-1964 से 15-3-1966 तक
8.	ए. के. सरकार	16-3-1966 से 29-6-1966 तक
9.	के. सुब्बाराव	30-6-1966 से 11-4-1967 तक
10.	के. एन. वांचू	12-4-1967 से 24-2-1968 तक
11.	एम. हिदायतुल्ला	25-2-1968 से 16-12-1970 तक
12.	जे. सी. शाह	17-12-1970 से 21-1-1971 तक
13.	एस. एम. सीकरी	22-1-1971 से 25-4-1973 तक
14.	अजीत नाथ रे	26-4-1973 से 27-1-1977 तक
15.	एम. एच. बेग	28-1-1977 से 21-2-1978 तक
16.	वाई. वी. चन्द्रचूड़	22-2-1978 से 11-7-1985 तक
17.	पी. एन. भगवती	12-7-1985 से 20-12-1986 तक
18.	आर. एस. पाठक	21-12-1986 से 18-6-1989 तक
19.	ई. एस. वेंकटरमैया	19-6-1989 से 17-12-1989 तक
20.	सब्यसाची मुखर्जी	18-12-1989 से 25-9-1990 तक
21.	रंगनाथ मिश्रा	26-9-1990 से 24-11-1991 तक
22.	के. एन. सिंह	25-11-1991 से 12-12-1991 तक

क्र. सं.	मुख्य न्यायाधीश	कार्यकाल
23.	एम. एच. कानिया	13-12-1991 से 17-11-1992 तक
24.	ललित मोहन शर्मा	18-11-1992 से 11-2-1993 तक
25.	एम. एन. वेंकटचलैया	12-2-1993 से 24-10-1994 तक
26.	ए. एम. अहमदी	25-10-1994 से 24-3-1997 तक
27.	जे. एस. वर्मा	25-3-1997 से 17-1-1998 तक
28.	एम. एम. पुंछी	18-1-1998 से 09-10-1998 तक
29.	आदर्श सेन आनन्द	10-10-1998 से 31-10-2001 तक
30.	एस. पी. भरूचा	01-11-2001 से 05-5-2002 तक
31.	भूपेन्द्रनाथ कृपाल	06-5-2002 से 07-11-2002 तक
32.	जी. बी. पटनायक	08-11-2002 से 18-12-2002 तक
33.	विशेश्वर नाथ खरे	19-12-2002 से 01-5-2004 तक
34.	एस. राजेन्द्र बाबू	02-5-2004 से 31-5-2004 तक
35.	रमेशचन्द्र लाहोटी	01-6-2004 से 31-10-2005 तक
36.	वाई. के. सब्बरवाल	01-11-2005 से 13-1-2007 तक
37.	के. जी. बालकृष्णन	14-1-2007 से 11-5-2010 तक
38.	एस. एच. कपाड़िया	12-5-2010 से 28-9-2012 तक
39.	अल्तमस कबीर	29-9-2012 से 18-7-2013 तक
40.	पी. सदाशिवम	19-7-2013 से 26-4-2014 तक
41.	आर. एम. लोढ़ा	27-4-2014 से 27-9-2014 तक
42.	एच. एल. दत्तू	28-9-2014 से 02-12-2015 तक
43.	टी. एस. ठाकुर	03-12-2015 से 03-01-2017 तक
44.	जगदीश सिंह खेहर	04-01-2017 से 27-08-2017 तक
45.	दीपक मिश्रा	28-08-2017 से 02-10-2018 तक
46.	रंजन गोगोई	03-10-2018 से अब तक

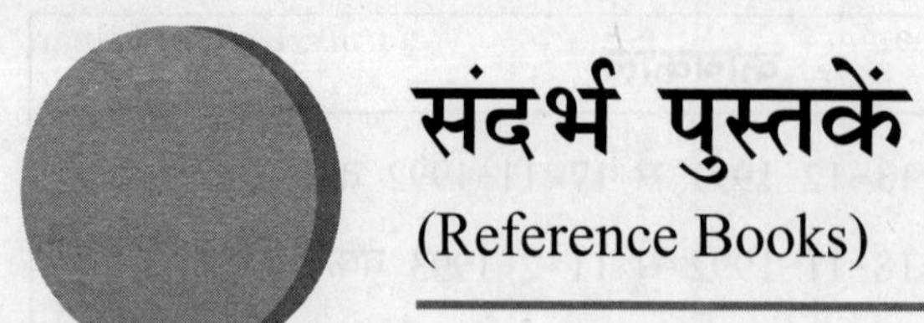

संदर्भ पुस्तकें
(Reference Books)

Agarwala, B. R., (2004), *Our Judiciary*, Delhi : National Book Trust of India, Press.

Arora, Ramesh and K, Goyal Rajani, (2013), *Indian Public Administration, Institutions and Issues*, New Delhi : New Age International Publishers.

Bakshi, P. M., (2007), *The Constitution of India*, Delhi Universal Law Publishing House.

Bombwall, K. R., (1993), *Major Contemporary Constitutional Systems*, Ambala Cantt : Modern Publications.

Bare, Act, (2013), *The Representation of the People Act, 1950, 51*, New Delhi : Universal Law Publishing House,

Baru, Sanjaya, (2014), *The Accidental Prime Minister*, Gurgaon : Penguin Books Press.

Basu, Durgadas, (1999), *Introduction to the Constitution of India*, (7th edition) New Delhi : Wadhwa and Company Law Publisher.

Chakrabarty, Bidyut and Chand, Prakash, (2012), *Public Administration in a Globalizing World*, New Delhi : Sage Publication.

Chakrabarty, Bidyut, Pandey Rajendra Kumar, (2008), *Indian Government and Politics*, New Delhi : Sage Publication.

Chandra, Bipan and Mukherjee Mridula, (2007), *India Since Independence*, New Delhi : Penguin Books Press. Guha, Ram Chandra, (2007), *India after Gandhi*, London : MacMillan Press.

Chandra, Bipin, (1998), *India's Struggle for Independence*, New Delhi : Penguin Books Press.

Chatterjee, Partha, (1997), *State and Politics in India*, New Delhi : Oxford University Press.

Chaube, Shibani Kenkar, (2010), *The Making and Working of the Indian Constitution*, New Delhi : National Book Trust of India.

Godbole, Madhav, (2009), *The Judiciary and Governance India*, New Delhi : Rupa Company.

Hasan, Zoya, (2012), *Congress after India*, New Delhi : Oxford University Press.

Jain, M. P., (2010), *Indian Constitutional Law*, Gurgaon, Haryana : LexisNexis, Press.

Kashyap, Subhash, (1989), *Our Parliament*, Delhi : National Book Trust of India, Press.

Kashyap, Subhash. C. (2001), *Our Constitution*, New Delhi : National Book Trust of India, Press.

Mathur, Kuldeep, (2008), *From Government to Governance: A Brief Survey of the Indian Experience*, New Delhi : National Book Trust, India.

Pai, Sudha and Kumar, Avinash, (2014), *The Indian Parliament, A Critical Appraisal*, New Delhi Orient BlackSwan.

Panday, J. N., (2004), *The Constitutional Law of India*, Allahabad : Central Law Agency Press.

Pillai, Raman. K., Kumar, Suresh, R. K. and Nair, Sukumaran, P., (2013), *Electoral Reforms*, Delhi : Kalpar Publications.

Puri, Balraj, (2012), *Kashmir: Insurgency and After*, New Delhi : Orient Blackswan Press.

Raj, Srinivas. B. (2008), *E-Governance Techniques: Indian & Global Experiences*, New Delhi : New Century Publications.

Singh, M. P., (2011), *Indian Federalism; An Introduction*, New Delhi : National Book Trust of India, Press.

Siwach, J. R., (1990), *Dynamics of Indian Government and Politics*, New Delhi : Sterling Publisheres.

Vayunandan, E. and Mathew, Dolly, (2003), *Good Governance: Initiatives in India*, New Delhi : Prentice-Hall India.

चौधरी, बासुकी नाथ एवं कुमार युवराज, (2011), *भारतीय शासन एवं राजनीति*, नई दिल्ली : ओरियंट ब्लैकस्वॉन।

माहेश्वरी, श्रीराम, (2001), *भारतीय प्रशासन*, नई दिल्ली : ओरियंट लॉग्मैन प्रेस।

मिश्रा, राजेश, 2013, *राजनीति विज्ञान (एक समग्र अध्ययन)*, नई दिल्ली : ओरियंट ब्लैकस्वॉन।

[illegible]

Pillai, Kumar [illegible] and Nair Subramaniam, P. (2011). [illegible] Reforms. Delhi: Kalpaz Publications.

Puri, Balraj (20[illegible]). *Kashmir: Insurgency and After*. New Delhi: Orient BlackSwan Press.

Rai, Srinivas B. (20[illegible]). *Governance: Reforms, Strategies & Global Experiences*. New Delhi: New Century Publications.

Singh, M. [illegible] (20[illegible]). [illegible]. New Delhi: National Book Trust of India Press.

Suresh, [illegible] K. (20[illegible]). *Dynamics of Indian Government and Politics*. New Delhi: Sterling Publishers.

[illegible], L. and Mathur, [illegible] (20[illegible]). *Good Governance: Innovative Practices*. New Delhi: Prentice Hall India.

[illegible] (2011) [illegible]

[illegible] (2009) [illegible]

[illegible]